伊斯蘭
朝代簡史

七世紀至二十世紀的
穆斯林政權

THE NEW ISLAMIC DYNASTIES

A CHRONOLOGICAL AND GENEALOGICAL MANUAL

C. EDMUND BOSWORTH
艾德蒙德・博斯沃茲　著

張人弘、池思親 譯　　林長寬 審訂

導讀

伊斯蘭世界歷史簡述

自西元七世紀起至十六世紀，穆斯林勢力幾乎主導了東亞、歐陸以外地區歷史的發展；而整個中世紀世界文明的發展，除了東亞的中國之外，歐洲地區文明的發展也幾乎是以伊斯蘭中土（central lands of Islam）為向背。伊斯蘭文明的發展歷史無法單獨以區域史看待之，著名的美國伊斯蘭文明歷史學家馬歇爾·哈濟生（Marshall G. S. Hodgson, 1922－1968）[1]即主張必須將伊斯蘭文明史置於世界文明的架框研究之，其在人類文明發展歷史上具有特殊的地位與作用，而我們也應該去理解伊斯蘭文明的發展過程中對歐洲文明發展的影響。因此有些穆斯林學者認為伊斯蘭歷史是中世紀世界史的核心，並將穆斯林視為世界歷史發展的主角。[2]實際上，伊斯蘭文明奠基於古波斯薩珊（Sāsānīids）與羅馬拜占庭文明，並融合之，且將這些文明伊斯蘭化，進而刺激現代西方文明的快速成長。整個伊斯蘭世界歷史的發展從所謂的西亞（中東地區）阿拉伯半島為中心，透過不同的途徑，逐漸含括歐亞非三洲的世界歷史；中世紀的伊斯蘭世界還包含了南歐的伊比利半島（地中海區），現代的伊斯蘭世界更包括東南歐的巴爾幹半島，往東延

---

1 Marshall G. Hodgson, *Rethinking World History: Essays on Europe, Islam, and World History*, Cambridge: Cambridge University Press, 1994.

2 例如 Tamim Ansary 就主張伊斯蘭世界為世界的中心，其歷史發展為世界歷史的核心。參閱：Tamim Ansary, *Destiny Disrupted: A History of the World Through Islamic Eyes*, New York: PublicAffairs, 2009.

伸到東南亞的馬來世界[3]，往西到達大西洋岸的西非，包含所謂的「黑色非洲」[4]地區。雖然阿拉伯人建立了第一個伊斯蘭朝代，或稱之為「阿拉伯帝國」（the Arab Kingdom）[5]，在伊斯蘭世界歷史舞台上扮演主角的並非阿拉伯人，而是波斯人、突厥人，特別是西元十世紀以後的歷史發展。因為伊斯蘭發源於阿拉伯半島，故理解伊斯蘭世界史必須從西亞地區的伊斯蘭中土（central lands of Islam）歷史著手。

伊斯蘭的興起與哈里發政權

伊斯蘭是宗教信仰亦是文明體系。阿拉伯人的先知穆罕默德（Muḥmmad b. ‘Abdallāh）乃為伊斯蘭建立者，他是穆斯林社群（ummah）之宗教與政治領袖。在他歸真之後，哈里發（khalīfah, caliph）成為政治權力的繼承者，領導穆斯林社群。在西元七世紀至十六世紀之間的哈里發政權（khilāfah, caliphate）時期[6]，伊斯蘭為世界

---

3 所謂的「馬來世界」（The Malay World）指的是東南亞以馬來語（Bahasa Melayu，現代馬來語以印尼語為主體）為共通語言之地區，亦即東南亞海島區（Nusantara），以馬來半島、印尼群島、菲律賓南部的岷達那俄為主體，含蓋泰國南部、馬來西亞、印尼、汶萊、菲律賓南部等穆斯林國家。

4 「黑色非洲」（Bilād Sūdān）為阿拉伯古典地理文獻中對以黑色人種為主體之非洲地區的稱呼，含蓋北非、埃及以外的地區。

5 十九世紀德國東方學者 Julius Wellhausen 稱第一個穆斯林朝代為「阿拉伯帝國」（參閱其書：*Das arabische Reich und sein Sturz*,1902; 英文翻譯：*The Arab Kingdom and its Fall*, 1927.）但當代學者比較以「伊斯蘭朝代」稱之。（參閱：G. R. Hawting, *The First Islamic Dynasty: the Umayyad Caliphate AD 661-750*, London: Croom Helm, 1986.）

6 所謂的「哈里發時期」（the Caliphate Era）指的是以「哈里發」（caliph）為中

主要宗教文化之一；而此文化的形成發展與西亞地區的人文地理環境有關。

西元四至六世紀間，西亞地區大致上是由兩大勢力所控制，一為拜占庭帝國，另一是波斯薩珊帝國。雙方在埃及（Miṣr）、大敘利亞（al-Shām）、阿拉伯半島南部地區的勢力互有消長。當時這個地區混雜著三種宗教──猶太教、基督宗教、瑣羅亞斯德教（祆教），不同宗教信仰者雜居其中，並隨著政治勢力的更替而有不同的發展。造成拜占庭和薩珊帝國互相征伐的原因，主要是東方貿易所帶來的豐厚利潤，而麥加（Mecca）的興起也息息相關，因為阿拉伯半島（Arabia）在東西方貿易中佔有重要地位，半島南部的港口乃連接印度洋、地中海的重要轉運站，故成為兩大勢力競逐的折衝區，各自扶植地區代理政權以鞏固勢力。此為先知穆罕默德時代的政治背景。

就地理背景觀之，雖然當時阿拉伯半島文明尚未如兩大勢力開化發展，但其在政治、經濟、文化上仍深受兩大文明影響，宗教信仰多元，泛靈偶像崇拜者與一神信仰並存。泛靈信仰的重鎮是建有卡巴聖殿（Ka'bah）的麥加，而麥地那（Medina，原名為Yathrib）則是一神教徒的聚集地。此兩大聚居城市位於阿拉伯半島西部的漢志（al-Ḥijāz），此地區除了有綠洲定居者，亦有游牧部族，他們不受制於任何勢力。掠奪是游牧部族的經濟來源之一，而劫掠活動通常發生在帝國勢力衰微時的邊緣地區，這也使得強大的部族在地方政權式微時入侵取而代之。此地區部族之間的爭戰所造成的紛亂亦是伊斯蘭興起的主因之一。

央統治者之時期。原則上，哈里發的稱號屬於古萊須部族（Quraysh）出身的聖裔，如伍麥亞朝（the Umayyads）、阿巴斯朝（the 'Abbāsids）、法蒂瑪朝（the Fāṭimids）等政權，其建立者皆宣稱來自先知穆罕默德的氏族。

伊斯蘭之建立

雖然阿拉伯先知穆罕默德為伊斯蘭建立者，但有關其生平的資料卻是歷史學家關注的一大問題。由於伊斯蘭歷史開始有文字記載的時間相當晚，而且穆罕默德生平留下的資料並不多，以至於建構其傳記的史料必需經過嚴謹的考證比對，方能建立客觀無誤的歷史；而建構先知生平最原始的資料則是伊斯蘭的聖典《古蘭經》（al-Qur'ān）與聖訓（al-Ḥadīth）。

先知穆罕默德大約出生在西元570年的麥加，屬於古萊須（Quraysh）部族的哈須姆族（Hāshim）。西元610年，穆罕默德開始接受到真主阿拉（Allāh）的啟示（waḥy），並且開始他的傳道（da'wah）生涯。在傳道初期，受到當地古萊須聖裔的強力反對。後來為了逃避古萊須人的迫害，先知曾將他的追隨者（ṣaḥābah，複數型為aṣḥāb）送往東非伊索比亞（al-Ḥabashah）的基督教王國，但仍然無法得到適當的庇護。西元620年，他獲得麥地那人的支持邀請，於是發生伊斯蘭歷史上著名的遷徙（hijrah）事件。西元622年，先知成功在麥地那建立了伊斯蘭社群（Islamic ummah），此年後來被第二任哈里發歐瑪爾（Abū Ḥafṣ 'Umar b. al-Khaṭṭāb, r. 634－644）訂為伊斯蘭曆（al-Hijrī）元年。

雖然成功地在麥地那建立政治勢力，但麥地那本來就是猶太教徒的聚集地，社群內部也因為宗教和政治因素發生鬥爭。宗教方面當然是猶太教徒與穆斯林信仰的爭執；而在政治方面，則有伴隨先知的遷士（muhājirūn）與當地後來改信伊斯蘭的輔士（anṣār）兩大群體的爭權。這些因素都造成了初期麥地那社群內部的不安。而在先知解決完麥地那的內部問題後，便開始對外宣揚伊斯蘭，穆斯林的影響力不斷擴大，也對麥加的古萊須族進行抗戰。最後，先知成功和平地征服了麥加。西元632年先知歸真後，伊斯蘭社群更透過宗教與政治同盟，而非軍事暴力征服，迅速地往外擴張。

先知去世後，由其資深門徒阿布 巴克爾（Abū Bakr）繼承為第一任哈里發。阿布 巴克爾首先面對的挑戰便是一連串因先知逝世所引發的部族反叛，因而發動歷史上有名的叛教戰爭（riddah）。叛教平定後，游牧部族被整合組織機動力強大的軍隊，不斷向外擴張，以滿足他們的經濟需求。伊斯蘭便在短短的幾年內迅速地擴張到大敘利亞、埃及，以及現今的伊朗、阿富汗、中亞等地區。在此早期擴張中，穆斯林採納舊有文明體制，建立行政官僚制度，為整個西亞地區帶來重大改變與影響。因為新制度的建立，政治權力和財富重新分配，更改變了整個經濟結構。舊階級的沒落，自然也促成了新階級的興起。

由於沒有人可以繼承穆罕默德的宗教權力，但伊斯蘭社群卻必須以宗教領導政治，所以哈里發制度也具有宗教權力的意涵，因為早期繼承者都是先知的第一代門徒，在社群中具宗教威望。這些領導人被稱為「信仰者之統領」（Amīr al-Mu’minīn），而非「哈里發」。在第二位領導者歐瑪爾（‘Umar）逝世後，歐斯曼（‘Uthmān）被推舉為領導者，但由於偏袒其氏族的行為，以及在軍人對於戰利品分配所引發的不滿上處理不當，遂被暗殺而死。

之後，先知堂弟兼女婿阿里（‘Alī）被繼任為第四任領導者，但是歐斯曼的族人（屬於伍麥亞族）、敘利亞總督穆阿維亞（Mu‘āwiyah）不滿阿里對於歐斯曼暗殺事件的處置，遂引發了第一次內戰（fitnah）。這次內戰在伊斯蘭歷史上有相當重大的意義，因為這是穆斯林社群內部分裂開端，也代表了各群體為了己身利益而展開鬥爭，並產生所謂的教派，如出走派（Khārijī）、什葉派（Shi‘ī）[7]、順尼派（Sunnī）[8]。

---

7 指的是阿里的支持者（Shi‘at ‘Alī）。

8 指的是奉先知傳統（Sunnah）為正統者，以別於什葉派。

第一次內戰結束於西元661年，出走派暗殺了阿里。阿里死後，穆阿維亞建立第一個伊斯蘭朝代——伍麥亞朝（the Umayyads, 661－750 AD），但是社群領導者的合法性問題仍舊沒有解決。因此在穆阿維亞死後，爆發了第二次內戰，最後由其子雅濟德（Yazīd）獲勝，開創家天下傳統。雖然這兩次內戰的影響並非立即可見，但這些戰爭卻突顯社群領導權位的合法性問題，不同教派之間對權力的詮釋存在極大的歧異；但無論如何，哈里發制度都扮演了重要角色，因為它代表了伊斯蘭社群的統一性。

西元八至十世紀中葉阿拉伯—伊斯蘭政權（al-Dawlah）的發展

伊斯蘭國家建立初期，其體制結構並非嚴密完整；但是，穆斯林認知信仰者應該在今世依照神的旨意建立新政體的責任，而努力不懈。雖然他們對領導權位繼承之合法性有不同的爭論，但卻有共同目標，那就是整合社群以產生統一的領導。西元700到950年間為整個阿拉伯—伊斯蘭（Arabo-Islamic）哈里發政權的全盛期，政治官僚體制、宗教文化，以及國家經濟發展都達到顛峰。伍麥亞朝之後，先知穆罕默德的族人建立了阿巴斯朝（the ‘Abbāsids, 750－1258 AD）。而一些哈里發為了維持統治的合法性，不斷地以「jiḥād」（奮戰）的名義對外發動戰爭，將焦點轉向對非穆斯林地區的征服。因此，若沒有那些統治者有組織地推動，穆斯林社群在北非、中亞地區的擴張是不太可能發生的。

帝國擴張期間，伊斯蘭社群的發展遠超過帝國擴張的速度，因為帝國擴張必須配合軍事力量與活動，而伊斯蘭信仰的傳播卻透過商人與蘇非行者（ṣūfī），傳播到軍隊無法企及之處。然而，穆斯林在廣大帝國境內仍然是少數群體，因為改信伊斯蘭並未普及。穆斯林成為多數群體的現象則是西元850年之後才出現。此時期的另外一個特色是什葉派與出走派不斷對抗哈里發政權。帝國初期，順尼派與什葉派教義的區別並不明顯，但是在阿巴斯朝統治者不斷打壓什葉派份子後，終於在西元九世紀時出現分野，什葉派份子之政治意識更被凝聚以對抗順泥派的政治壓迫，形成具體的教派，在神學、法學上與之分道揚鑣，成為另一支重要教派，延續至今日。之後，阿巴斯朝哈里發政教權力沒落，其主要原因是宗教學者（‘ulamā’）勢力的壯大；透過對《古蘭經》與聖訓的詮釋而發展出的伊斯蘭法學者（faqīh）體制，逐漸掌握了宗教權力，並藉此影響政治發展。

此時期建立了許多關鍵性的機構，特別是帝國內部的軍隊，以及複雜的行政官僚體制。軍隊的建立首先是由部族開始，掌權者透過經濟的資助以獲得部族的效忠（bay‘ah），整合發展成帝國初期的軍隊，但組織並不嚴密，也缺乏專業訓練。之後受到拜占庭與薩珊帝國遺緒影響才發展出專業訓練的軍隊——「ghulām」，甚至有所謂傭兵（mamlūk）[9]的出現。這些傭兵起初未必是穆斯林，也非操阿拉伯語者（主要是突厥語），因此更容易與原有的居民與文化產生摩擦。傭兵勢力逐漸壯大後，便開始操控政權，原本的哈里發遂成為有名無實的傀儡，西元940年之後，哈里發除了在宗教上尚有些許的影響力外（如他們名為麥加、麥地那兩聖城之守護者），已經沒有任何政治實權。而軍隊將領（amīr）與哈里發之間，對於行政官僚體制控制的競爭更形激烈；此情況持續到

9 所謂的「傭兵」（mamlūk 意指「被擁有者」，即奴隸，故有學者稱之為 slave soldiers）指的是被阿巴斯朝哈里發引進的中亞突厥裔奴隸軍人。這些人從小就被訓練承驍勇善戰的士兵，以捍衛哈里發權位（類似近衛軍），並自稱為「順尼伊斯蘭捍衛者」。哈里發權位式微後，這些自由人傭兵擁軍隊自立，成為地方獨立政權。他們持續發展伊斯蘭政權，但也造成政治權力系統的混亂，伊斯蘭世界已無大一統帝國地方政權起伏不定。然而，政治雖亂，但伊斯蘭文化卻持續開花綻放。

蒙古入侵攻陷巴格達（1258 AD）。雖然哈里發制度式微，但此時期經濟、文化的發展卻相當輝煌燦爛。

伍麥亞朝滅亡後，一位後裔逃至北非，透過與當地阿拉伯部族勢力的結合，跨越了直布羅陀海峽，在伊比利半島南部安達盧斯（al-Andalūs, Andalucia）建立了新政權。西元1031年時，「後伍麥亞朝」（the post-Umayyads, 756－1031 AD）政權崩潰，分裂成許多小王國（ṭā'ifah, mulūk ṭawā'if）。而由於巴格達哈里發無法有效掌控北非地區，當地遂成為出走派棲息之地。透過出走派商人的傳播，伊斯蘭信仰向南越過了撒哈拉沙漠；而出走派後來也在北非如今日的利比亞、突尼西亞、阿爾及利亞建立了一些獨立的小政權。此外，後來在地的柏柏族（Berbers）後裔亦建立兩個重要的伊斯蘭政權，即「穆拉比特朝」（al-Murābiṭūn , Almoravids, 1062－1147 AD）與「穆哈德朝」（al-Muwaḥḥidūn, Almohads, 1130－1269 AD），加強了北非的伊斯蘭化，其勢力曾跨越到安達盧斯。而埃及地區亦落入突厥傭兵出身的將領手中，建立形同獨立的政權，後來更有什葉派分支伊斯瑪儀里派（Ismā'īlī）所建立的法蒂瑪朝（the Fāṭimids, 909－1171 AD），其首都開羅至今仍要居伊斯蘭文化中心。

伊朗地區在阿拉伯人征服之前，高度的波斯文化早就存在著，但是在被征服之後，整個伊朗地區流行著所謂的「阿拉伯—伊斯蘭式（Arabo-Islamic）的」文化傳統。之後，在地波斯人勢力抬頭後，遂逐漸醞釀出新的「波斯—伊斯蘭式」（Perso-Islamic）之文化傳統；這代表著伊斯蘭文化不再以阿拉伯元素為其主要內涵，而後來的傭兵更是將「突厥要素」（Türkism）融入伊斯蘭文化。這種對伊斯蘭文化內涵的重新建構，在今日仍然影響重大，並且在不同地區產生了更多具地方特色的伊斯蘭文化多元性。

十世紀中葉至十六世紀地方政權（Sultanate, Amirate, Shahdom）時代

西元十世紀阿巴斯朝中央政權式微後，開啟了地方統領統治；中亞、北亞游牧民族的進入伊斯蘭境域（Dār al-Islām）帶動了族群融合，中央集權的瓦解也導致各地區的文化和商業活動陷入低迷。然而，從另外一個層面來看，此時代的巨變激發了下一個時代的重建；許多新的組織和地方政權為後來的歐斯曼帝國（the Osmanlıs, cr. 1280－1924 AD）、薩法維帝國（the Ṣafavids, 1051－1722 AD）與蒙兀兒帝國（the Mughals, 1526－1858 AD）政權立下良好的基礎。

從西元950年到1500年，「伊斯蘭境域」的發展約可分為四個時期。第一個時期是950至1050年間，此時期在埃及和敘利亞有法蒂瑪朝，在伊拉克則有哈姆丹朝（the Ḥamdānids）；伊朗西半部與大部分的伊拉克地區則由來自代蘭姆（Daylam）地區的軍人所控制；伊朗東半部與河中區（Mā warā' nahr, Transoxiania）則由薩曼朝（the Samānids）所統治，他們取代了之前的嘎茲納朝（the Ghaznavids），而嘎茲納朝則是第一個被巴格達哈里發賜封「蘇丹」（sulṭān）[10]頭銜的傭兵政權。

第二個時期是1040至1200年間，統一的中央政權已不復存在，地方政權勢力都忙於抵抗來自東部游牧民族的入侵。由於西元七世紀中國唐朝向西擴張已經抵達中亞，迫使當地的游牧民族往西邊遷徙，導致這些游牧民族後來陸續進入中東地區。而這些游牧部族到達鹹海地區後，開始接觸到農業和貿易，並接受行政官僚機構的觀念，也逐漸開始改信

10 「sulṭān」意為「握有權力者」，中央哈里發授權地方軍事統領權力行區域之統治。根據聖訓，原則上，只有出自古萊須部族的中央統治者方能號稱「哈里發」，地方政權只能採用「sulṭān」或「amīr」（統領）之稱號。故阿巴斯朝之後，非阿拉伯政權即無「哈里發」之稱號。

伊斯蘭。十世紀時，嘎拉汗國（the Qarakhānids）在河中區建立。而突厥烏古斯族（Oghūz）在塞爾柱（the Seljūqs）氏族的帶領下，於西元1040年入佔呼羅珊地區（Khurāsān），進而在西元1055年佔據巴格達與阿巴斯朝的大部分領土，並建立了一些分支政權。而且這些突厥人更進入佔有屬於拜占庭帝國（Rūm）的領土，例如亞美尼亞、喬治亞和安那托利亞高原等。塞爾柱蘇丹政權最重要的一個分支則是建立在安那托利亞地區的「魯姆蘇丹國」（the Sultanate of Rūm）[11]，這個蘇丹國乃歐斯曼帝國的前身。塞爾柱政權帶來了表面的統一與穩定，但事實上統治氏族和軍事將領之間仍為了權力而互相征伐，加上普遍實行土地分封制度（iqtā'），更造成政治權力的分散破碎，最後形成許多獨立的小政權。

第三階段是1150至1350年間。其中最重要的事件莫過於蒙古入侵。蒙古人入侵後被同化，改信伊斯蘭建立的伊兒汗國（the Ilkhānids），開啟了伊朗藝術與文化的光輝時期。此時在埃及、敘利亞則是由（瑪穆魯克）傭兵政權（the Mamlūks）領導對抗蒙古的入侵。之後，號稱具蒙古血統後裔的帖木兒所建立的政權（the Timürids）統治了河中區與伊朗。如同伊兒汗國，帖木兒朝在文化、藝術、建築各方面都有傑出的表現。這個時期也由於游牧民族入侵，在人口的移動上有極大的變化，例如突厥人遷徙到了興都庫什山脈、美索不達米亞。這些人的遷徙促成當地深度的伊斯蘭化，更多人改信了伊斯蘭。因此，突厥人的遷移象徵著伊斯蘭區域的擴大。此外，種族的移動也引發生活的變化，例如突厥人在其所到之處接受施行農業建設，突厥部族政治傳統也影響了當地的文化發展。突厥人的擴張與之前阿拉伯人的擴張相較下，

11 所謂的「Rūm」即是阿拉伯人對拜占庭帝國的稱呼，指的是東羅馬帝國的安那托利亞地區（Anatolia）。

可以發現兩者間的相似性；但其差異是阿拉伯人的擴張為中東帶來新的宗教與文化認同，突厥人則是推動伊斯蘭化。雖然他們也保有突厥語言與身分的認同，但卻是阿拉伯—波斯文化發展的支撐者。

軍事（火藥）帝國的興起

西元十五、十六、十七世紀時伊斯蘭世界由三大勢力所主導，亦即軍事帝國的興起，開啟了伊斯蘭世界歷史與文明的新階段。這些軍事帝國除了擁有當時新進的軍事科技外，更重要的是其背後的政治組織結構，使得軍事帝國能夠長久延續。而其宗教文化的發展，以及與歐洲的交流更將伊斯蘭文明推至更高峰，引起歐洲勢力的覬覦，並往外擴張，啟動了以基督教文明為基礎之殖民帝國勢力的發展。中東歐斯曼、薩法維以及南亞的蒙兀兒帝國皆是此時期軍事帝國的代表，在其統治境內伊斯蘭體制、文化皆達到顛峰，其中更重要的是，薩法維帝國將什葉伊斯蘭立為國家宗教，對抗其他順尼派所主導的穆斯林社群，影響相當深遠。而近代伊斯蘭文明的衰退也是從這三大帝國的式微開始。

一、歐斯曼帝國（the Osmanlıs, cr. 1280 － 1924 AD）[12]

三大火藥帝國中，歐斯曼帝國將近七個世紀的統治對世界歷史發展的影響可謂最大者。歐斯曼政權的誕生實是受到早期兩股巨大潮流的影響：突厥人的遷徙與「後阿巴斯時期」之社會重建過程，而其政權的建立則是奠基於之前蒙古人、波斯人、突厥人所建立諸多政權留下之文

---

12 The Osmanlıs 之中文音譯，至今無統一，常可見如「鄂圖曼」（台灣傳統用詞）或「奧圖曼」（中國現代用詞）皆由英文的「Ottoman」轉譯而來。比較接近土耳其文原音之音譯應為「歐斯曼」，此字的土耳其文「Osman」源自阿拉伯文的「‘Uthmān」。

化遺產。歐斯曼人整合了這些文化，並且以自有特色呈現，成為中世紀以來獨特的中東具多元性的伊斯蘭文明。

塞爾柱突厥的擴張將烏古斯部族帶到了喬治亞、亞美尼亞和安那托利亞高原地區。這些小型的游牧部族透過「bey」（戰士首領）和「bābā」（蘇非、宗教導師）的領導，建立了據點。游牧部族相當尊敬首領，並透過蘇非聖人（walīy）的領導，不僅在當地建立宗教組織，亦將宗教影響注入各種日常行政事務的運作。而一些塞爾柱聖裔往往在與拜占庭接壤的前沿地帶，建立起類似伊朗地區之中央集權式的小政權，並且延攬伊朗地區突厥 波斯後裔的宗教學者擔任行政和宗教法官的職務。

在當地政治與宗教並行運作下，安那托利亞地區遂被納入伊斯蘭境域。在塞爾柱突厥統治期間（1071－1243 AD），希臘、亞美尼亞、喬治亞和敘利亞地區有相當多的人口改信伊斯蘭。這事實上是導因於拜占庭帝國的積弱、東正教的衰微，以及安那托利亞地區社會的破碎。穆斯林征服者積極從事社會建設，對於非穆斯林也採取容忍的態度（dhimmah），加上伊斯蘭與基督宗教有共通的教義、理念，最後使得穆斯林成為社會多數群體。

在安那托利亞地區，蘇非行者（ṣūfī）在改宗伊斯蘭的活動中扮演相當重要的角色。由於蘇非行者對於非伊斯蘭宗教儀式採取彈性態度，並相當包容非伊斯蘭的儀式，只要沒有違背《古蘭經》與聖訓的教義皆包容之。[13] 蘇非行者也會在當地建立組織（ṭarīqah），推動地方社會福利計劃與伊斯蘭教育。在巴爾幹半島，雖然後來也有許多人改信伊斯

13 蒙古人進入伊斯蘭世界後，出現了大量的蘇非道團，致力於伊斯蘭的傳播，伊斯蘭逐漸在中土外興起，在儀式上產生在地化現象（syncretisation）。這種現象在東南亞馬來世界、黑色非洲最為明顯。

蘭，但大多數人口仍是基督宗教徒，原因是當地突厥人口本來就不多，再加上歐斯曼人在此地區乃透過基督宗教徒運作當地的行政組織，所以使得基督宗教徒並沒有太強烈的意願改信伊斯蘭。

雖然中央釋權，地方行政較容易運作，但是地方的歐斯曼政權與中央塞爾柱蘇丹政權之間，長期存在緊張關係。由於中央政府一再強化本身的權力，而地方政權卻希望維持自治，這種狀態刺激了地方政權往拜占庭帝國領土前進擴張；因為他們不但可以藉此榮耀伊斯蘭，也可以逐漸遠離中央的控管，進而保持獨立。

歐斯曼政權早期兩世紀之奠基者為艾爾圖魯勒（Ertughrul, d. c.1280 AD），他的後裔在西元1326年征服了安那托利亞西部的布爾薩（Bursa），並建都於此。西元1345年，歐斯曼人穿越了加里波立（Gallipoli）海峽，進入巴爾幹地區，又在西元1389年的科索沃（Kosovo）戰役擊敗了塞爾維亞。成功征服巴爾幹之後，便以此為根據地，於西元1453年擊敗了拜占庭帝國，攻陷君士坦丁堡。君士坦丁堡的征服開啟了歐斯曼政權轉向世界帝國的野心。征服者梅赫美德（Mehmed the Conqueror）自認為羅馬帝王與阿拉伯哈里發的繼承者。他的勝利被認知為古老突厥天命觀的落實，歐斯曼人自傲為世界的統治者，並且要在這個世界上積極地散發伊斯蘭光芒，君士坦丁堡的征服則加強了他們的信心與自傲。對於巴爾幹的征服，也讓他們以兩個世紀長的時間與歐洲強權競爭，他們在歐洲大陸更是哈布斯堡（Habsburg）政權的敵對者。

歐斯曼人也在地中海地區積極擴張，最後在西元1580年與西班牙國王菲利普二世（Philip II）簽訂領土協議。這份協議之重要性在於它再次劃分出穆斯林與基督宗教徒在地中海的勢力界線。往北的擴張行動也與當時的俄羅斯有許多接觸，並且一度取得黑海、裡海和烏克蘭的部份地區。

梅赫美德與他的繼承者也不斷向東前進，進入伊朗地區，並控制阿拉伯半島，他們的野心遠達印度洋，並與當時的葡萄牙人競爭香料貿易。歐斯曼人的擴張往西達到歐洲維也納，往北則是到達黑海和烏克蘭地區，東則與薩法維帝國接壤，並控制了埃及、敘利亞、葉門，在北非沿海的控制則是遠至摩洛哥地區。三個世紀的擴張，使歐斯曼帝國成為最偉大的穆斯林政權。大部分歐斯曼帝國擴張的歷史都是以伊斯蘭之名形塑的而成，他們也相當自傲於「jiḥād」（奮戰）教義的宣揚。歐洲人視他們為上帝帶來的懲罰，這樣的恐懼長達數世紀之久。

歐斯曼帝國的成就有幾個因素。第一，戰術應用的成功，他們有效地控制許多貿易和交通要道。其次，他們維持了領土的完整，不讓部族首領控制地方。第三，他們彈性的政治手段為他們創造了許多跨越宗教、部族的同盟。而且「ghāzī」（前線戰士）的意識形態，鼓勵他們以伊斯蘭「jiḥād」名義積極地發動戰爭；而為了自身利益又會對同盟或敵人採取較為彈性的政策。

此外，歐斯曼人成功地執行中央集權，並有效地對抗地方突厥將領（amīr），力行效率極高的官僚體系。他們消滅「ghāzī」領袖後，鎮壓地方政權，並以官僚取代當地的領導菁英；在成功拿下君士坦丁堡後，中央集權更加穩固。王權觀取代了原本統治者應該是長老或部族首長的概念，奴隸傭兵的啟用取代了部族武力。

整體而言，歐斯曼蘇丹的權力實建立在中東地區不同的文化傳統。其權力合法性建立於突厥—蒙古政治文化中的統治氏族觀念，統治者被認為坐擁至高無上的地位，並肩負征服世界的責任，而權位世襲制度則是源自中亞地區突厥部族的傳統。這種觀念在歐斯曼帝國早期相當明顯；統治者死後，其兒子之間總是透過鬥爭產生繼承者，最後的贏家則自詡為神所指定的世界統治者，並將統治的整個國家視為私人財產。就伊斯蘭政治傳統而言，歐斯曼人聲稱是伊斯蘭的捍衛者，也是阿巴斯朝哈里發的繼承者，所以蘇雷曼一世（Süleymān I）自詡為「Halīfe-i Rū-i Zemin」（世界的哈里發）。[14] 對歐斯曼人而言，「蘇丹」意謂著伊斯蘭捍衛者、穆斯林保護者，因此蘇丹便透過「ghāzī」執行「jiḥād」，擴張領土，並協助穆斯林對抗基督宗教徒敵人。此外，歐斯曼蘇丹更是麥加、麥地那兩聖城的守護者（Ṣāḥib al-Ḥaramayn）[15]；而在歐斯曼帝國境外的穆斯林社群，也會向伊斯坦堡蘇丹尋求援助。

在順尼穆斯林眼中，歐斯曼帝國擁有絕對的合法性，因為他們的統治立基於伊斯蘭法（al-Sharī'ah）。他們保護穆斯林免受外敵侵擾，並鼓勵贊助伊斯蘭學術、社會福利活動。他們力行伊斯蘭法，並修訂增補規則，即引進伊斯蘭法所不足的法律，編輯成法典（qanūn）。蘇丹有如立法者，其地位似乎等同早期先知穆罕默德或前四位正統哈里發，身兼宗教、行政、司法三權。

歐斯曼帝國文化乃國際性文化之融合，含括阿拉伯、波斯、突厥、拜占庭和歐洲等文化要素。他們認為自己也是羅馬帝國的繼承者，

---

14 歐斯曼蘇丹如塞里姆（Selīm）曾自封為「Ṣāḥib-i Qirān」（神的影子）。這種稱謂實際上是古波斯「君權神授」的觀念，後來被阿巴斯朝哈里發採用，以別於伍麥亞朝哈里發「Khalīfat Allah」（神之代理人）的內涵。

15 麥加與麥地那兩聖城的掌控象徵順尼伊斯蘭社群的領導地位。後來，歐斯曼帝國打敗埃及的瑪穆魯克傭兵政權，並接管了巴勒斯坦的耶路撒冷，伊斯蘭的三大聖地皆被納入其統治下，歐斯曼蘇丹在伊斯蘭世界的領導地位，更是其他政權或帝國統領所望塵莫及。麥加、麥地那兩聖城在歐斯曼勢力退出阿拉伯半島後，遂由沙烏地阿拉伯國王接手，意謂其為伊斯蘭世界的宗教領袖。沙烏地阿拉伯的建國趕走了歐斯曼人，象徵著阿拉伯人重回宗教舞台，但這僅是阿拉伯順尼世界的認知，什葉派穆斯林未必認同沙烏地阿拉伯國王其「兩聖城守護者」之身份與權力。

所以他們採用「padishāh」（至高的國王）稱號。蘇丹梅赫美德二世（Mehmed II）生平極力贊助波斯詩歌文學、歐洲繪畫藝術，阿拉伯與波斯作家、義大利藝術家、希臘和塞爾維亞詩人更是常伴左右，表現其採納歐洲文化的包容心態。不少受到贊助的藝術作品更是以讚頌歐斯曼政權為主題，例如宮廷藝術、文學工坊的創作皆是描繪蘇丹的偉大，後來才轉變為各種不同體裁、主題的文學作品。西元1530年代，蘇雷曼大君（Süleyman II the Magnificent）更強調與歐洲的交流，1532年他向威尼斯的工匠訂做了一個可以媲美教皇的冠冕，還包括了其他的禮服、權杖等，之前這些象徵性的物品都不曾出現在歐斯曼的傳統中。十六世紀的藝術作品經常描繪當代的歷史場景，蘇丹也因此被以寫實的面貌呈現。

此外，對於哲學、科學和其他學科的資助證明歐斯曼政權的普世性。蘇丹興建了許多清真寺與伊斯蘭學院（madrasah）。在建築藝術方面，歐斯曼朝廷更是延攬歐洲著名的基督教建築師參與，例如聖索非亞（Aya Sofia）大教堂被改建成大清真寺，但保留了基督宗教的建築特色，並將之融入其他清真寺的建築結構之中；而歐斯曼宮殿建築結構則是顯現出統治者權力為宇宙本質的意涵。蘇丹也透過不同的場合、情境表現其高於庶民的地位，如公開的慶典或私人的娛樂宴會。歐斯曼蘇丹的權力也透過不同的儀式加以合法化，而伊斯坦堡更是這些慶典儀式的舞台。透過慶典儀式，歐斯曼蘇丹被視為神在人世的代理者。

歐斯曼帝國菁英來自於不同的背景，但這並不是反映出帝國境內人口的組成比例。菁英的出現是因為透過教育、聖裔禮儀、宮廷和政治功能，以及個人對統治者的貢獻。但是歐斯曼帝國也不是全然的穆斯林政權，官員中包括了猶太人、希臘人、歐洲人的附庸者（mawālī）。基本上，帝國內的人民並沒有太大的差別，因為它是一個語言文化多元的政權，穆斯林和非穆斯林對於統治者與聖裔而言皆是子民，被稱為「reaya」（羊群、子民）[16]，是稅收和利益的來源。非穆斯林享有宗教自由，組織運作其社群，亦有低度的自治權。

歐斯曼帝國也成為當時地中海區與中東地區猶太人的避難所。征服者梅赫美德曾邀請許多猶太人遷徙到帝國境內，並給予他們建立新猶太教堂的特權，這是基督宗教徒所沒有的權利。這些猶太人形成一個個半獨立的自治團體，但彼此之間並沒有太多的互動，也沒有一個統一的組織。帝國內所有人民依其信仰被分為小團體，稱為「millet」（社群制度）[17]，協助政府執行政策與稅收。雖然他們仍須對蘇丹及其政府負責，但是這些由神職人員所帶領的團體頗滿意其自治權益。歐斯曼中央政府實際上並未設立特殊部門來管理這些半自治的宗教團體，但是問題出現時也都能適時地介入調解社群內部糾紛。這些非穆斯林被歸類為「dhimmī」（受保護者），指有「經書的子民」，必須繳納特別稅（jizya）。

歐斯曼帝國前幾世紀的統治體制實建立在區域政治、文化基礎上。然而，到了十七、十八世紀，帝國的建設不再，社會發展逐漸轉變成不利於中央集權統治。蘇丹權力遭受破壞的最關鍵因素是中央政府的衰微。奴隸出身的「janissary」（新軍）菁英份子與宗教機構開始控制中央官僚體制，並謀自身利益，蘇丹或政府不再是其效忠對象。很明顯

16 「Reaya」源自於阿拉伯文的「Ri‘āyah」，指的是「子民」或是受照顧的「羊群」，後期則是對基督教徒的通稱。

17 Millet（社群）制度，可謂歐斯曼蘇丹為了有效統治境內少數族群所建立的制度，顯示出統治菁英對非伊斯蘭文化的包容與接受；事實上，歐斯曼帝國超越了之前的阿巴斯朝，建構更多元的文化與文明，更直接擁抱基督教文明。有關「millet」一詞之定義與應用參閱：M. O. H. Ursinus, “Millet” in *Encyclopaedia of Islam*, new edition vol.vii, Leiden: Brill, 1993, pp. 61-64。

的是新軍為免稅階級，被允許建立氏族經濟事業，最後即使不再提供國家軍事服務，政府也仍然給付薪水。而地方官員也急於擺脫中央的控制，開始掌握地方經濟，將農田稅收轉變為私人財產，並建立私人的武裝部隊，效法蘇丹氏族，建立起自己的氏族體制。農村地區的地方領袖也開始積極建立自己的政治勢力，而這些地方權貴如bey、pasha、ayan逐漸控制了地方政治經濟，甚至介入宗教事務。

蘇丹無法掌握經濟變化，也導致了中央政府的衰弱。由於新航路的發現，使得絲綢和礦產等資源不再經由帝國領域運往歐洲，破壞了價格的穩定性。歐洲人贏得了國際貿易的控制權。由於來自其他地方商品價格更低，導致歐斯曼帝國的商品喪失競爭力。加上境內人口大量增加，國家無法負擔龐大的財政支出，因此許多無業遊民、無給薪的軍人與無耕地的農民結合在一起，劫掠農村；地方官員與非法的軍隊更是大肆對抗中央軍隊。

中央政府所做的回應政策似乎只造成反效果。政府為了減少財政支出，解僱了許多軍人，這些軍人後來轉變為劫掠農村的盜匪。之前為了強化中央政府權力，設置了一些永久性的要塞，但這些要塞後來卻被地方利益團體把持，並利用他們的職位滿足自我利益。這些劇烈的變動其背後有更深層的政治影響。由於中央政府的衰微和地方強權的興起，安那托利亞地區的穆斯林也開始要求和統治菁英一樣享有特權。叛變不再是一場犯罪或農村的抗議運動，而是人民開始尋求政治權力的鬥爭。

就中央蘇丹的立場而言，這些巴爾幹地區的叛亂目的是分化中央權力與侵佔土地、稅收，並強化對歐洲的貿易量。由於貿易的增加刺激了當地權貴脫離中央政府掌控的企圖，並藉由與歐洲的貿易來強化自身勢力。商人拒絕將貨品運往伊斯坦堡，而是直接與歐洲貿易商交易，藉此保障自身權益。依此，巴爾幹地區逐漸產生自治思潮，新政治思想遂深植於民眾心中，激發出民族意識與文化傳統的認知與覺醒，這對帝國內內多元信仰與種族和諧造成很大的衝擊。

此外，一連串軍事的失敗也是造成中央權力衰微的主因。雖然帝國在十六世紀時仍然持續對外擴張，但是到了十七世紀停滯後，便開始落後於俄羅斯和哈布斯堡。1792年時，俄國人控制了黑海地區，直接威脅了伊斯坦堡；而在1798年法國皇帝拿破崙則是進佔了埃及。這一連串的失敗顯示，如同商業貿易，帝國的軍隊也已落後歐洲人，甚至讓人懷疑帝國領土的完整性是否能夠延續。

在這一連串的危機中，帝國內部產生一系列改革的聲音。保守派呼籲要回歸到蘇雷曼大君時期的政策；激進的改革派則要求採用歐洲的制度。當時歐洲文明與藝術文化在帝國境內甚為風行，也因為這股文化風格的變動，使得十九世紀的歐斯曼帝國產生了一股新的變革(Tanzimat)。由於積弊已深，此次變革並不成功，後來內部產生革命，傾向歐化的世俗主義者發動軍事政變，推翻蘇丹政權，建立「土耳其共和國」，國家發展以歐洲馬首是瞻，而宗教則被貶入私人領域。

二、伊朗薩法維帝國（the Ṣafavids, 1501 － 1722 AD）[18]

薩法維政權的建立乃受到政治、宗教組織，以及之前文化成就的遺緒形塑而成。突厥人與蒙古人的遷徙深深改變了伊朗地區的人口結構與社會形態，許多地方從農業轉換成畜牧業。而突厥人政權的領土則是分封給部族的領袖，並形成一個個政治的小單元，被稱為「uymaq」，他們是當時伊朗北部實質的地方統治者。

此外，由於蒙古人進入伊斯蘭世界後，宗教發展亦有嶄新的面

18 有關薩法維統治下的伊朗可參閱 Andrew J. Newman, *Safavid Iran: rebirth of a Persian empire*, London: I. B. Tauris, 2006。

貌，特別是民間蘇非主義（taṣawwuf, ṣufism）與其道團組織的盛行。宗教領導者的出現乃是為了捍衛當地人民，在混亂的地區，產生了許多以蘇非行者作為領導的政教運動，來對抗突厥與蒙古的外來統治者，例如導師薩非丁（Shaykh Ṣāfī al-Dīn）以伊朗北部的阿爾達比勒（Ardabīl）為據點，建立了政教合一的薩法維蘇非道團（Ṣafawī ṭarīqah），並且定訂階級體制。薩法維道團的成員，無論其政治背景為何，都認為自己是虔誠的穆斯林社群引導者（murshid）。十五世紀時，他們相信其蘇非導師（shaykh, pīr）是正統哈里發阿里轉世，而隱遁的伊瑪目則是他們所等待今世末日前的引領者（mahdī）。在動盪的十五世紀，帖木兒政權瓦解後，薩法維道團遂國家化，從事軍事性的政治活動，他們以「jiḥād」的名義攻打喬治亞和亞美尼亞。並藉由宗教信仰向突厥部族發動戰爭，在西元1500至1510年間，快速佔據了整個伊朗地區。由於突厥部族間的鬥爭和宗教運動的推行，伊朗地區終於在阿巴斯朝瓦解後，出現了一個穩定的政權。然而，這樣的穩定並不是直接來自於宗教活動或組織化的影響，而是因為統治者伊斯瑪儀勒（Shāh Ismā'īl）以其對蘇非主義的熱情融入中央集權的官僚組織中。藉由宗教熱誠，統治者建立效忠中央政權的群體，並透過中央集權的官僚體制直接控制地方稅收與行政。

此外，統治者也想建立一套其國家自有的文化政策，不僅透過蘇非道團的宗教活動，也希望重建伊朗早期的君王制度。他們開始贊助各種藝文活動，如建立工作坊推廣手抄書之裝飾藝術。其中最重要的作品是《列王記》（*Shāhnameh, Book of Kings*），該書之抄寫以及書中之纖細畫（miniature）插圖技術乃是結合了伊斯蘭與古典伊朗風格的傑出創作。到了十七世紀，創作的風格更有所改變，作品所追求的是更世俗的景象。第一個階段所要追求的是政治合法性，而第二個階段則是要表現出聖裔、軍人和上階層官員的生活面貌。這種藝術風格最極致的表現，當屬首都伊斯法罕（Iṣfahān）的建築藝術。宏偉的伊斯法罕城建築裝飾藝術，至今仍為伊斯蘭世界的傑作，所謂的「伊斯法罕半天下」即是形容其鼎盛風華。

薩法維帝國在伊斯蘭發展史上最大的作用，即是將什葉伊斯蘭提昇為帝國的官方宗教，作為統治者鞏固權力最重要的手段。在當時的伊朗地區，大部分的穆斯林仍是遵行順尼伊斯蘭（Sunnism），只有少數的什葉派存在於庫姆（Qumm）與伊斯法罕。雖然薩法維朝的宗教學者聲稱法統源自伊斯瑪儀里派的教義系統（Ismā'iliyyah），但是統治者（shāh，國王）所提倡的什葉伊斯蘭卻是以十二伊瑪目派（Ithnà 'Ashariyyah）教義為主。雖然這不符合伊朗地區的文化、歷史，上階層宗教學者也不接受，卻是提昇統治者個人在臣民間支持度之良策。

薩法維帝國建立新什葉伊斯蘭為官方宗教體制，約經過一個世紀才完全成熟。統治者先是從敘利亞、伊拉克等地引進什葉派學者[19]，作為新組成之行政系統的核心成員，並由政府統一控制運作。行政系統的主要官員稱為「ṣadr」[20]，起初扮演宗教學者與統治者間溝通的角色，但後來卻擁有司法、宗教行政的權力，如指派法官、蘇非導師，以及運

---

19 伊拉克自始即為阿拉伯什葉伊斯蘭發展中心，因為「什葉意識」實源自此地區之政治鬥爭。位於伊拉克中部的納傑夫（Najaf）至今仍為阿拉伯世界什葉伊斯蘭的中心，第四位正統哈里發阿里之墳墓即位於此。關於什葉伊斯蘭在伊拉克的發展可參閱：M. Litvak, *Shi'i Scholars of Nineteenth-century Iraq, the 'Ulama' of Najaf and Karbala*, Cambridge: Cambridge University Press, 1998。

20 「Ṣadr」之阿拉伯文原意為「心」、「起源」，用於對宗教學者的尊稱，之後在不同時代被引用於政治體制。參閱 Ahmad Shboul, "Sadr" in J. Esposito ed., *The Oxford Encyclopedia of the Modern Islamic World*, vol.3, New York: Oxford University Press, 1995, pp. 449-50。

用行政資源的權力，甚至協助政府成立國家最高宗教法庭。透過對活動的宗教資助（waqf），薩法維統治者也開始操控宗教，宗教學者遂成為支持政權的聖裔。

此行政組織的建立，實為早期伊朗人實踐伊斯蘭之延伸，而在某些方面有所創新。之前，塞爾柱蘇丹透過贊助宗教活動，獲得控制宗教菁英份子的權力，薩法維統治者亦採取相同的政策，使得宗教學者更為國王（shāh）所掌控，宗教學者成為統治者的僕人，而非神之意志的執行者。薩法維政權也在其轄內境域禁止其他教派的活動，例如順尼派或其他蘇非道團皆遭受迫害；而他們也不強調前往麥加朝聖的活動，取而代之的是前往什葉派伊瑪目陵寢的巡禮（ziyārah）。十二伊瑪目什葉派成功地建立，不只是國家權力的宣張，在薩法維官方的資助下，什葉伊斯蘭教義深入社會民心，成為伊朗文化在宗教、文學、哲學、藝術、音樂等方面的主流；而初期蘇非主義與什葉伊斯蘭教義結合的「蘇非 什葉」神學思想逐漸被排斥，甚至禁止。對阿里及其子胡笙（Ḥusayn）的崇敬逐漸被體制化，阿里後裔之伊瑪目及其家人（被稱為 imāmzādeh）的陵墓（imāmbarā）也被逐一重建，特別是在阿巴斯一世（Shāh ‘Abbās I）統治時期（1588－1629 AD），成為什葉伊斯蘭的聖地。

儘管什葉伊斯蘭受到統治者支持強調而發展有成，但是統治者與宗教學者之間的關係卻趨向緊張。十七世紀時，宗教菁英份子的地位有了微妙的轉變，他們不再對政治抱持高度熱情，也開始爭辯國王（shāh）是否具有隱遁伊瑪目的地位。宗教學者開始自認為宗教的最高權力，並且是隱遁伊瑪目在人世間的真正代表。宗教體制開始脫離政治控制後，宗教學者進而討論自身權力的來源，大部分學派主張宗教學者應該擁有實踐獨立宗教判斷（ijtihād）的權力。[21] 到了十八世紀，雖然宗教體制由政府所立，但實質的運作卻是獨立於統治者或政府的行政權，此精神至今在伊朗仍有極大的影響力。

薩法維政權自十七世紀末逐漸走向衰亡，其原因不明。早期建構的軍隊已不再是有利的戰爭機器，中央官僚體制也分崩離析。在某些層面上，該政權延續了伊兒汗國（Ilkhānate）與帖木兒帝國（Timürids）之遺緒。雖然採用了伊朗的王權體制，但卻無法完全使地方部族順服，導致後來被地方部族所推翻。到了十八世紀初，薩法維政權被來自阿富汗地區的吉勒查伊（Ghilzay Afghāns）部族所消滅。薩法維帝國無疑為現代的伊朗留下了許多遺產──波斯傳統的王權光輝、部族林立的社會，以及龐大但自由獨立的宗教體制。

三、南亞伊斯蘭與蒙兀兒帝國（the Mughals, 1526 － 1858 AD）

伊斯蘭在南亞印度地區的發展基本上是波斯伊斯蘭的復興延續。事實上，從早期印度亞利安（Aryan）時期（西元前1000 年）以來，南亞地區的社會流動與政治組織便存在類似中世紀伊斯蘭政治社會結構體，那就是經常對外侵略的軍事化社會；國家領導者透過軍事武力掌控權力，宣稱具有神的權力，並透過贊助學者來強化這種主張，同時藉由設立紀念碑或是紀念一些過往的宗教英雄與統治者事蹟活動來推動臣民對統治者的順服。其中最為顯著的例子是亞歷山大大帝（Alexander the Great）和阿索卡仁君（Asoka the Munificent），他們為南亞地區留下了

21 什葉派宗教學者極強調「ijtihād」（獨立思考、詮釋）之權力，因此他們又被稱為「mujtahid」（理性思考者），為隱遁伊瑪目今世的代理人，對其社群掌有宗教與政治權力。現代伊朗何梅尼（Khomeini）所建立的伊斯蘭共和國即試圖落實「mujtahid」之本質。參閱：J. Calmard, “Mudjtahid” in *Encyclopaedia of Islam*, new edtion, Leiden: Brill, 1993, vol.vii, pp. 295-404。

希臘和佛教的文化遺產。亞歷山大把 亞里斯多德的學術帶入其贊助的學者圈，並在當地建立類似於波斯的學術體系；而阿索卡則是在當地興建了許多佛教建築。雖然沒有文字記載證明其影響，但是之後在穆斯林所建立的政權中，卻可以看到這種統治方式不斷重現。

雖然伊斯蘭往南亞傳播過程中輸出了阿拉伯與突厥的文化元素，但所顯示的只是穆斯林勢力之擴展到南亞，並未實質影響最深層的文化組成。由於地緣關係，波斯傳統後來成為南亞伊斯蘭文化之要素。馬歇爾・哈濟生所創造的「Persianate」（波斯要素）一詞之意涵是「連結波斯語言和自我認知的文化力量」，但這並不只是一種語言或民族的認同，更重要的是所有印度亞利安統治者皆共享的價值觀。其中最重要的因素是：種姓制度（社會的各個階層由不同的等級所組成）與服從意識（特別是對於在上位的君王要展現全然的順服），而行政官僚與軍事體制正是展現這兩個要素的途徑。

從十一世紀起，四位源於中亞、阿富汗地區的突厥穆斯林統治者：嘎茲納的瑪赫穆德（Maḥmūd of Ghaznah）、伊勒圖特米胥（Iltutmish）、穆罕默德・賓・圖魯革（Muḥammad ibn Tughluq）、阿克巴爾（Akbar），在南亞地區實現新突厥—波斯伊斯蘭文化。瑪赫穆德統治下所開啟的風氣，使他的遺緒備受後世爭議。他曾經多次從嘎茲納（Ghaznah）派遣遠征軍突襲印度，並要求史家將他描述成一位功績偉大的統治者。他不但進行掠奪，並在其統治範圍內大興土木，建城市。此外，他也熱衷贊助藝文活動。西元1020年時，著名的詩人菲爾道西（Firdawsī）為他獻上Shāhnāmeh（中譯《列王記》）一書；西元1018年，瑪赫穆德禮聘比魯尼（al-Birūnī）為御用學者，跟隨他出征印度，並寫下了著名的Kitāb al-Hind（中譯為《印度之書》），紀錄了當時印度地區的社會制度與風俗文化。

雖然這些南亞的新興穆斯林菁英是突厥後裔，但卻高度波斯化，在南亞復興了波斯伊斯蘭文化。他們以伊斯蘭名義合法化其統治，並尋求中央哈里發的承認。他們在入侵伊朗呼羅珊失敗後，便往東邊與南邊擴張，在印度北部建立一個新城市拉合爾（Lahore），努力經營使之成為南亞伊斯蘭文化中心。

西元1192年，古爾朝（the Ghūrids, 1011－1215 AD）的建立取代瑪赫穆德的嘎茲納朝（the Ghaznavids, 972－1186 AD），並且將突厥—伊斯蘭文化（Turko-Islamicate）帶進亞利安人的心臟地區，建立首都德里（Delhi）。從此，延續古爾朝的突厥人所建立的政權如哈勒吉朝（the Khaljis, 1290－1320 AD）、圖魯革朝（the Tughluqids, 1320－1414 AD）、賽伊德朝（the Sayyids, 1414－1451 AD）以及羅迪朝（the Lodis, 1451－1526 AD）等成為印度伊斯蘭發展的主幹。從十三世紀到十六世紀間，他們統治了印度北部地區。而在蒙古入侵伊斯蘭世界後，他們更收容了來自河中區與呼羅珊的穆斯林難民，其中不乏受過波斯文化薰陶的高級知識份子以及手工藝匠。

伊斯蘭於南亞的發展在蒙兀兒帝國時期達到顛峰。蒙兀兒帝國的建立者並非蒙古人，而是在印度的帖木兒朝（the Timürids）統治者的後裔。[22] 帖木兒是一位具有突厥 波斯特質的統治者，不但是軍事的征服者，更是宗教的精神領導者。他的功績更使他被視為神權的代表。蒙兀兒帝國統治者對帖木兒的歌功頌德皆表現於極致精美的藝術創作，而最重要的贊助者即蘇丹阿克巴爾。阿克巴爾自比為帖木兒，將印度—帖木兒式（Indo-Timürid）的文化提升到另一高峰。

一般認為，阿克巴爾十三歲即開展統治生涯，他早期幾乎是在戰

22 他們傳承自征服印度的突厥人帖木兒，雖然他自稱是成吉思汗的後裔，但並不是蒙古人，而是具蒙古軍事與統治特質的繼承者。

場上渡過；曾贏得許多重要的戰役，進而掌控了印度北、中、西部。阿克巴爾除了在軍事活動相當成功外，對於經濟發展亦有所為。他經濟上的成就在於結合了古嘉拉特（Gujarat）海上貿易與旁遮普（Punjāb）、恆河盆地（Gange）的農業，使得農產品有效地藉由海路貿易往外輸出，賺取營利。此外，在外交上，他也使用了極富謀略的遠交進攻途徑來緩和與對手間的競爭。

阿克巴爾本身亦具備吸引印度教徒與穆斯林菁英的魅力。他的主要稅收官托達爾・瑪勒（Todar Mal）為印度教徒，阿克巴爾不顧穆斯林朝臣的反對，堅持重用他。透過托達爾・瑪勒，阿克巴爾改革稅制，並建立了一套完整的行政制度。至於宗教體制，阿克巴爾則重用蘇非導師取代傳統的宗教學者，作為宗教顧問，並取代朝臣總攬全國宗教行政。如同其先祖巴布爾（Babūr）[23]，阿克巴爾也試圖為自己立傳，以留下輝煌事蹟。Akbarnāmeh（中譯《阿克巴爾傳》）這本著作是關於阿克巴爾生平的官方歷史紀錄，由阿布—法茲勒（Abū al-Fazl）在阿克巴爾的指導下完成，當中記載了他的功績、資助藝術發展，以及他對於其蘇非導師薩里姆大師（Shaykh Salīm）的信賴。阿克巴爾時期，蘇非行者往往對統治者在國家宗教、政治的發展有關鍵性的作用，導致蘇非主義透過政治力量，由上而下的傳播，成為普羅大眾信仰。[24]

---

23 巴布爾的回憶錄《巴布爾傳》（*Babūrnāmeh*）被視為中世紀印度地區伊斯蘭文學經典著作，蒙兀兒帝國的蘇丹更視之為帝國開創之精神指標。阿克巴爾統治時期曾將這部著作從察合台突厥語原著，翻譯成帝國官方語言的波斯文，以流通於帝國宮廷內。有關巴布爾生平參閱：Francis Robinson, *The Mughal Emperors and the Islamic Dynasties of India, Iran and Central Asia, 1206-1925*, London: Thames & Hudson, 2007, pp.114-120。

24 蘇非主義出現後，蘇非行者一直是伊斯蘭傳播的重要載體，特別是在游牧部族之間的擴展。部族首長一旦成為地方政權的統領，更是依賴蘇非導師作為治國之顧除了阿克巴爾之外，蒙兀兒帝國重要的統治者以奧朗吉布（Aurangzeb，也被稱為Alamgīr）最為著名，他在印度伊斯蘭發展史上扮演頗為重要的角色。從1658到1707年之間，奧朗吉布維持了廣大疆域的大一統。不若之前的統治者主張將印度宗教要素融入伊斯蘭，奧朗吉布強調突厥 波斯伊斯蘭傳統，以之視為統治國家的指標，建構一個真正符合真主阿拉旨意的伊斯蘭國家。他過著簡樸虔誠的生活，並提倡以抄寫《古蘭經》所得來增加國庫收入，對於窮人更是加以施捨。奧朗吉布不僅個人是非常虔誠的穆斯林，他也將伊斯蘭虔誠性延伸到整個國家的行政體系中落實。他在伊斯蘭上的努力為他贏得所有宗教階級的支持，他也在各個城鎮設立了宗教督導（muḥtasib），引導人民的宗教行為。1769年時，他重新針對非穆斯林（dhimm）徵收人頭稅（jizyà），顯示他對早期伊斯蘭法制的重視。

整體而言，蒙兀兒帝國與前面所述的歐斯曼、薩法維帝國皆是繼阿巴斯朝之後的伊斯蘭帝國，其所創立的文化內涵比阿巴斯朝的黃金時期有過之而無不及。儘管僅侷限在南亞，蒙兀兒帝國所呈現的伊斯蘭更是多元，而且與歐洲的交流也更為積極，甚至在國際經貿上是互相競爭的對手。蒙兀兒帝國所延續的是突厥和帖木兒政權的傳統，並且主張波斯伊斯蘭文化的世界觀才是理想的伊斯蘭帝國，統治者在在以伊斯蘭之名重新定義其統治之合法性與永恆性。

四、東南亞伊斯蘭的發展

伊斯蘭在東南亞的發展與印度穆斯林對外擴展有密切關係，但也顯現出獨特差異性。東南亞地區透過海上貿易路線，連結了印度和中國

問。歐斯曼帝國蘇丹更是以蘇非導師作為國師，而薩法維帝國早期發展更是由蘇非行道所主導。

地區。十八世紀以前，有關伊斯蘭在東南亞地區發展的文獻訊息並無系統性的資料可資參考，學者必須廣泛地從官方或非官方的文獻紀錄中去挖掘理解之。一般而言，伊斯蘭在東南亞馬來世界的發展是點狀，而非面狀。[25]

亞齊（Acheh）是伊斯蘭進入馬來世界的門戶，其蘇丹國則是此地區第一個近代穆斯林政權。西元1292年，馬可波羅在蘇門答臘（Sumatra）的北部海岸會見了一位穆斯林統治者，半個世紀後穆斯林旅行家伊本—巴杜達（Ibn Baṭṭūṭah）在較南部的地方登陸此地域。而葡萄牙的航海家畢列斯（Tome Pires）在十六世紀時留下有關於該地區伊斯蘭的最早紀錄。他的紀錄中強調此地區穆斯林社群（政權）的零散性。穆斯林地區的政治特色是中央為一強而有力的統治者，但地方周圍卻散佈著半自治性的海港城市。中央與地方之間並沒有緊張的軍事活動，而是以溝通與協調作為連結。如同伊斯蘭中土，亞齊地區的穆斯林統治者居住在豪華的宮殿，獎勵伊斯蘭學術，倡導伊斯蘭法的遵行。政府的收入主要來自納貢、稅收以及使用港口的租費。

亞齊的穆斯林統治者後來也與蒙兀兒、歐斯曼兩帝國結盟，以從中獲取利益。穆斯林政權從未往內陸擴張，縱使是在鼎盛時期的十六、十七世紀，蘇丹的權力也只限定在首都附近的地區。亞齊內部也劃分為許多小行政區，統治權位世襲，而彼此之間也經常有衝突，其中擁有亞齊港口（Bandar Acheh）的統治者地位最為崇高，擁有蘇丹的稱號。

撒穆德拉（Samudra）地區的歷史發展雖然與亞齊相關，但是在政治、宗教方面的發展卻是獨立的。依傳述，撒穆德拉第一個穆斯林政權

25 有關伊斯蘭之傳入馬來世界參閱：林長寬，〈馬來世界伊斯蘭探源：爪哇地區的伊斯蘭化〉，《馬來西亞與印尼的宗教與認同：伊斯蘭、佛教與華人信仰》，台北市：中研院亞太區域研究中心，2009，頁 3-51。

是由梅拉・西魯（Merah Silu）所建立的，他採用了「al-Malik al-Ṣāliḥ」（正君）的稱號。伊斯蘭在馬來世界傳播的過程中，撒穆德拉具有中樞地位。從間接的史料得知，當地政權的權力與影響力都與港口城市息息相關，透過對港口的影響力，統治者經由這些通商港口城市之權力運作，向各地傳播伊斯蘭。而港口城市政權通常透過貿易取得財富，十四世紀以前的貿易都掌控在穆斯林手中，因此港口遂成為地區的伊斯蘭中心，並建構出在地化的伊斯蘭文化，當地固有的傳統被融入伊斯蘭中。因此，該地區的伊斯蘭體制具有二元特色，即傳統的伊斯蘭律法（ḥukum）與當地傳統律法（adat）並行。

據傳大約在西元1400年，麻六甲地區（Melaka）即存在穆斯林政權。麻六甲蘇丹國（Melaka sultanate）政權的發展，除了向北擴張外，其南部也有許多附庸政權。因此，麻六甲蘇丹國所形塑的伊斯蘭文化風格成為當時其他政權所追隨的典範，在群島地區的影響相當深遠。伊斯蘭於麻六甲在地化的結果，使伊斯蘭法及其行政體制與當地的律法得以並行，都市菁英都能夠以官方的馬來語（Bahasa Melayu）來表達伊斯蘭的教義，並將馬來傳統適度融入伊斯蘭規範之中。由南亞地區傳入此地的伊斯蘭，使得原來保有印度文化的當地人更能接受而改信伊斯蘭，因此人們具有穆斯林與馬來人（Malay）雙重的文化認同，其影響流傳至今。十五世紀後期，葡萄牙為了壟斷亞洲的香料貿易，將麻六甲視為海路擴張的重要據點。而在葡萄牙擁有武力的優勢以及麻六甲內部政治衝突的情況下，麻六甲蘇丹國在1511年淪為葡萄牙殖民地。而在十七世紀後期，荷蘭人更取代了葡萄牙，開始其東南亞的殖民。

伊斯蘭透過亞齊與麻六甲的穆斯林政權傳入進入了蘇拉威西（Sulawesi, Celebes）。當馬來語在十五、十六世紀成為群島區的通用語時，受到此文化、商貿訊息交流的影響，蘇拉威西統治者理解到亞齊政權受到彼時歐斯曼帝國統治者蘇雷曼大君的扶持，而確保政權安全性以穩定發展，因此也試圖引進穆斯林政權模式，而在1605年由統治者帶領人民改信伊斯蘭。雖然蘇拉威西當地人對阿拉伯人存有偏見，但是統治者若曾前往麥加朝聖，仍會增加其權力的神聖性。每位蘇拉威西統治者往往效法亞齊統治者，透過宮廷史家和蘇非詩人的描述，來強化統治的合法性。然而蘇拉威西地區的政治仍是以通商港口為中心，並沒有一個完整的結構體，統治者仍然依據港口都市的稅收來維持其統治權。

伊斯蘭在當地發展出一種政治與宗教結合的體制，蘇丹自稱具有神聖性，是國家最高的仲裁者兼統治者，一種極為中央集權的統治，伊斯蘭法與在地傳統律法同時並存，作為統治的基礎與合法性。因此產生兩種不同類型的領導者互相競爭著：一種是透過改信伊斯蘭來加強其統治政權的合法性；另一種是傳統的統治者，雖然改信伊斯蘭，卻以巫術、迷信與預言等傳統途徑維持統治權力。

雖然今日的爪哇伊斯蘭其發展在東南亞地區相當重要，但在歐洲殖民時期之前，此區的重要性並不如其他地區。一般而言，爪哇地區伊斯蘭宗教權力之發展主要是在農村，而非城市；即使伊斯蘭化之後，仍然維持此一特質。1478年，穆斯林消滅了伊斯蘭進入之前即存在的印度教滿者伯夷政權（Majapahit），但是當地的傳統文化仍然延續著，在穆斯林社群生活中呈現，形成爪哇伊斯蘭的特色。

整體而言，東南亞的伊斯蘭可以與南亞具「突厥 波斯」（Turko-Persianate）內涵的伊斯蘭文化作連結，幾乎所有的在地政權皆採用了蘇丹制（sultanate），而且以清真寺、宮殿的建築來突顯其伊斯蘭性。事實上，此地區的穆斯林很具彈性地將伊斯蘭內化到日常生活中，與過去的傳統融合，伊斯蘭中土的傳統（sunnah）在地的風俗（adat）幾乎同時並存。當地人會採用符合他們需求的伊斯蘭觀點，而不是全盤接受境外穆斯林所帶來的理念。

五、黑色非洲伊斯蘭的發展

根據現代研究，伊斯蘭從三個方向進入黑色非洲傳播。首先，是從北非穿越撒哈拉沙漠進入所謂的「黑色國家」（Bilād al-Sūdān, the lands of black peoples），其範圍大約介於大西洋與查德湖之間。其次，是從埃及南進，期間雖然有努比亞基督教徒的抵抗，但是仍成功地進入了整個尼羅河谷，並西傳到達爾夫爾（Darfu）與瓦答伊（Wadai）。最後，是從阿拉伯半島跨過紅海，從非洲之角進入，沿著東部海岸傳播。

伊斯蘭在黑色非洲的落地生根，一開始是因為穆斯林的禮拜儀式和護身符打敗了當地傳統的祭司儀式。而統治者則是伊斯蘭最早的接受者，並且從他的宮廷開始，逐漸影響到平民身上；但即使統治者是個虔誠的穆斯林，伊斯蘭之前的在地習俗仍然存在。大約在1500年的時候松海（Songhay）、卡涅姆（Kano）和博爾努（Bornu）的統治者開始想要改革伊斯蘭，但成果卻是有限的。穆斯林宗教學者和統治者之間互相合作，但較為激進的學者則是遠離政治中心，在偏遠地區過著以農村型態為主的自治生活，伊斯蘭的武裝運動遂由這些地方展開。伊斯蘭之前所保留下的習慣，是為了當地傳統與伊斯蘭結合作調和下所產生的結果，但被伊斯蘭的激進武裝運動份子視為異端而不可容忍。接受融合主義（syncretism）的穆斯林統治者，也成為聖戰（jihād）討伐的對象。

在蘇丹地區，三個主要的穆斯林政權——Funj、Darfur、Wadai——中，伊斯蘭是全體人民信仰和政府行政事務的依據。所有順服的臣民都被視為穆斯林，不管他們的生活方式為何（純伊斯蘭式或融合式）；但是如果不服從國家領導者，便會被視為不遵守伊斯蘭的叛教者。十七世紀末，以都市商業貿易為基礎的穆斯林中產階級開始興起，他們帶來了新的文化，並以阿拉伯人的伊斯蘭為認同對象。是否遵守伊斯蘭的律法、儀式成為判別穆斯林的標準。在十八世紀最後的二十五年中，蘇丹地區的伊斯蘭和一般平民生活更密切結合。

在與伊斯蘭的對抗中，只有位於伊索匹亞高原的基督宗教王國延續了好幾個世紀。伊索匹亞的地區的軍事活動也刺激了伊斯蘭軍隊的建立與發展，例如在1529年由Ahmad Gran所發起的聖戰運動。基督宗教徒和穆斯林的衰弱讓大量的歐羅姆人（Oromo）移民來到了伊索匹亞地區。到了十八世紀，歐羅姆人逐漸改信成為穆斯林之後，便扮演了在此地區積極擴展伊斯蘭的重要角色。[26]

伊斯蘭在東非海岸的擴張大約起於十三世紀，穆斯林逐漸大量地移居此地，並因為貿易的發展而伊斯蘭更加興盛。十六世紀歐洲人抵達後，沿海的城鎮幾乎都已經成為伊斯蘭的勢力範圍。阿拉伯半島的歐曼人（'Umānī）[27]十八世紀時跨海移入，並在1820年代建立了尚西巴（Zanzibar）政權，為東非沿海建立了正式的伊斯蘭宗教機構與行政組織，這地區也成為南阿拉伯穆斯林政權的殖民地。

整體而言，伊斯蘭世界歷史發展的主導者由阿拉伯半島在地的「阿拉伯人」、伊朗的波斯人、中亞的突厥人，東南亞的馬來人，甚至黑色非洲人，將伊斯蘭多元包容的特質發揮淋漓，這也證明了伊斯蘭文明是多民族、文化融合的結果。今日的中國地區，雖然漢語穆斯林人口相當多，但是伊斯蘭傳入之後，該地區的穆斯林社群並無建立長期的伊斯蘭政權，穆斯林文化亦非中國地區的主體文化，故不被納入「伊斯蘭世

---

26 相關歷史參閱：J.S, Trimingham, *Islam in Ethiopia*, London: Routledge, 1952, 2008 reprint。

27 臨波斯灣、印度洋的阿拉伯國家 'Umān（英文通拼為 Oman），其中文音譯目前皆以「阿曼」稱之（「阿曼」為中華人民共和國的通用音譯）。事實上，早期台灣的音譯採用「歐曼」，較接近阿拉伯文的原音。「阿曼」的中文音譯若回復阿拉伯文則為「Aman」，容易與約旦的首都「Amman」混淆，故應回復使用「歐曼」之音譯。

界」[28]，即使1856至1873年之間雲南地區的漢語穆斯林試圖在大里建立獨立的政權「平南國」（又稱「大里蘇丹國」），但失敗而遭到大屠殺。[29] 儘管如此，漢語穆斯林在中國地區所發展出來的伊斯蘭文明，亦是伊斯蘭世界多元文明的一個要素。

博斯沃茲的《伊斯蘭朝代簡史》

去年剛過世的英國伊斯蘭史學巨擘艾德蒙德・博斯沃茲（C. Edmund Bosworth, 1928－2015）[30]所編撰的*Islamic Dynasties: A Chronological and Genealogical Manual*（中譯《伊斯蘭朝代簡史》）為研究伊斯蘭世界編年史的重要工具書，此書乃博斯沃茲教授數十年學術研究成果的副產品，出版至今已被翻譯成數種語言：俄文、阿拉伯文、波斯文、土耳其文、法文等，其重要性自不在話下。伊斯蘭世界的廣大，其歷史的複雜，尤其是各個地區政權的起伏更替，若無相當豐富的治學經驗，則難以釐清。

這本書內容的規劃能夠使研讀伊斯蘭歷史者建立一個較清晰的朝

28 維吾爾人（Uyghur）居住的「新疆」雖隸屬於今日的中華人民共和國的版圖，但在民族學（ethnography）研究將之歸屬於「突厥斯坦」（Turkestan，突厥人之鄉）；而維吾爾人故土「維吾爾斯坦」（Uyghurstan）即西方所稱的「東突厥斯坦」，則屬於伊斯蘭世界之最東界。

29 有關所謂「雲南回變」的漢語穆斯林建國運動，參閱：Chang-Kuan Lin, “Panthay”, *Encyclopaesia of Islam*, new ed. Vol. viii, Leidin: E. J. Brill, 1995, pp. 259-261; David Atwill, *The Chinese Sultanate : Islam, Ethnicity, and the Panthay Rebellion in Southwest China, 1856-1873*, Stanford : Stanford University Press, 2005。

30 博斯沃茲本身為荷蘭 E. J. Brill 所出版最具學術權威的《伊斯蘭百科全書》（*Encyclopaedia of Islam*, new edition）主編之一。

代發展脈絡之歷史觀點。該書分為十七章，時間從西元七世紀到二十世紀，地區含括了整個伊斯蘭世界，即歐亞非三大洲。每一章的內容以某一區域內之政權的朝代表與簡史呈現；而從英文書名更可得知這是一本穆斯林政權之紀年與族系手冊。該書將伊斯蘭世界的政權歷史區分為：哈里發時期（Caliphs）、西班牙地區、北非、埃及與敘利亞、塞爾柱突厥政權前的兩河流域（'Irāq and Jazīrah）、阿拉伯半島、西非、東非、塞爾柱突厥政權前的高加索與波斯西部、塞爾柱突厥政權前的波斯東部與中亞、塞爾柱政權及其附庸國、安那托利亞的突厥政權、蒙古人與其中亞及東歐的繼承者、蒙古政權後的波斯、蒙古政權後的中亞、阿富汗與南亞、東南亞與印尼。

一般而言，伊斯蘭帝國主要指的是早期的哈里發政權，即正統哈里發時期、伍麥亞朝、阿巴斯朝、後伍麥亞朝、法蒂瑪朝，其中伍麥亞、阿巴斯兩朝建構了伊斯蘭世界文明的基礎，西班牙的後伍麥亞朝與埃及的法蒂瑪朝則較被視為區域性政權。阿巴斯朝瓦解後地方勢力林立，其中較大者首推塞爾柱突厥所建立的政權，以及之後的傭兵政權，這些勢力後來被統合成三大軍事帝國，即歐斯曼、薩法維、蒙兀兒帝國，其他地區則是屬於零散的地方政權或是屬國，但是他們之間並非無相互關係。《伊斯蘭朝代簡史》這本書將這些政權或國家羅列清楚，明白交代他們了的起伏更替，以及相互隸屬或敵對競爭的關係。

由於伊斯蘭世界種族的多元性，伊斯蘭語言相對複雜；但通行的伊斯蘭語言除了阿拉伯語文、波斯語文、土耳其語文，尚有烏爾都語文（Urdu）、馬來—印尼語文（Bahasa Melayu）、斯瓦西里語文（Swahili）等，因此在拼寫穆斯林人名、地名、專有名詞時就會產生不少問題。這本書的名詞拼音採國際羅馬拼音，以荷蘭萊登大學E. J. Brill 所出版的《伊斯蘭百科全書》（*Encyclopaedia of Islam*, new edition, Leiden: E. J.

Brill, 1960-2009.）之音譯系統為主，但稍作修改，以忠於原文的呈現為原則；如此，讀者較容易追溯原文的拼音與意涵。中文版的音譯則儘量以趨近原來語文（如阿拉伯文、波斯或土耳其文）的拼音轉譯之；但因為不同語系的關係，無法全然如羅馬拼音系統般精準；故所謂的「國語」（北京話）之語音無法將伊斯蘭語文中的一些字母正確地轉音（台語的發音倒是比較有可能，如M的音），拼音語系日文在這方面就比較沒問題。

這本伊斯蘭朝代手冊亦可視為伊斯蘭政治簡史入門之讀本，或是以工具書參考使用，查閱朝代年表與統治者族系。此書詳細地列出朝代名稱與統治者姓名表，建構了政權變革脈絡，並以傳統伊斯蘭姓名學系統拼出完整的人名，這是伊斯蘭歷史治學必備的基本知識。其中，對每一朝代政權的簡介，也讓讀者能夠更有邏輯性與歷史脈絡地全面理解伊斯蘭世界的政治發展，而每一篇簡介亦附有參考與延伸閱讀資料。這本書羅列了一百八十六個政權系譜，可謂相當完整；當然有些朝代是大帝國下的地區侯國，或獨立政權，這也顯示出伊斯蘭世界政治文化的多元面貌。

個人在英國求學時曾受教於博斯沃茲教授，得到他所屬之歐陸傳統伊斯蘭學（Islamology）的薰陶。在學期間，他也鼓勵我研究中國地區的伊斯蘭歷史，即使中國地區並不被視為伊斯蘭世界的一部份，但其境內穆斯林社群發展的複雜歷史不容忽視。博斯沃茲教授治學嚴謹，在史料收集方面更是鉅細靡遺。作為一位專業的歷史學家，他不主張妄加斷言，應該讓史料說話；而如何讓史料呈現真理，即是一位學者應有的涵養。博斯沃茲教授研究中東與中亞伊斯蘭歷史的成就，至今尚無人能超越；其超過七百多項的學術成果是中、新生代學者所望塵莫及的；他本身就是一部百科全書，為《伊斯蘭百科全書》所撰寫的條文就超過兩百條，而且內容相當精闢。博斯沃茲教授一生治學孜孜不倦，研究從不中輟，1993 年退休後，仍持續研究、寫作出版，直到歸真前夕。

得知博斯沃茲教授於去年（2015 年）的2月28日歸真，個人乍聽之下，不勝唏噓，深深懷念在曼徹斯特大學（University of Manchester）追隨他寫論文的那段時間。雖然他相當忙碌， 但都會抽空仔細修改論文，給予相當中肯的評語與建議，每次與他見面時總是可以挖掘新的資訊與治學技術。博斯沃茲教授桃李滿天下，許多歐美、阿拉伯、印度、巴基斯坦、伊朗的學生（不論是穆斯林或非穆斯林）皆慕名投入他的門下，他曾經一年中同時指導了二、三十篇碩、博士論文，其學術影響力早已遍及全世界。「二二八」在台灣是一個悲劇的紀念日，湊巧的是這一天也是博斯沃茲教授歸真的安息日。但願這本《伊斯蘭朝代簡史》中文版的問世可為其學術成就增添些許光輝。謹此紀念博斯沃茲導師。

林長寬

寫於鳳凰府城成功湖畔

2016 年6 月16 日

目次

導讀：伊斯蘭世界歷史簡述（林長寬） iii
編輯體例 11
參考文獻縮寫對照表 12
導論 14

第一章 哈里發時期 35

1. 正統哈里發時期 36
2. 伍麥亞朝 40
3. 阿巴斯朝 45

第二章 西班牙地區 57

4. 西班牙伍麥亞朝 58
5. 西班牙統領侯國 64
6. 嘎尼亞部族 85
7. 納斯爾朝 88

第三章 北非 95

8. 伊德里斯朝 96
9. 魯斯塔姆朝 100
10. 米德拉爾朝 104
11. 阿格拉布朝 107

12. 卡勒卜朝 110
13. 吉爾朝與罕瑪德朝 113
14. 穆拉比特朝 118
15. 穆哈德朝 122
16. 馬林朝 127
17. 阿布杜—瓦德朝 133
18. 哈夫斯朝 138
19. 瓦塔斯朝 145
20. 薩俄德朝 148
21. 阿拉維朝 154
22. 胡笙統領政權 159
23. 嘎拉曼里朝 163
24. 薩努希道團政權 165

第四章 埃及與敘利亞 169

25. 圖倫朝 170
26. 伊赫胥德朝 173
27. 法蒂瑪朝 176
28. 米爾達斯朝 182
29. 敘利亞尼查里伊斯瑪儀里派（暗殺派） 185
30. 艾尤布朝 188
31. 瑪姆魯克傭兵政權 203
32. 黎巴嫩的瑪安統領政權 215
33. 黎巴嫩的胥哈卜統領政權 218
34. 穆罕默德・阿里家族政權 220

第五章 塞爾柱突厥政權前的兩河流域 225

35. 哈姆丹朝 226
36. 瑪茲亞德朝 231
37. 瑪爾萬朝 234
38. 伍蓋勒朝 237
39. 努麥爾朝 243

第六章 阿拉伯半島 245

40. 嘎爾瑪提派的阿布—薩義德・賈納比政權 246
41. 葉門的柴迪派伊瑪目政權 250
42. 濟亞德朝 258
43. 尤俄非爾朝 260
44. 納賈赫朝 263
45. 蘇萊赫朝 265
46. 祖萊俄朝 268
47. 哈姆丹朝 271
48. 瑪赫迪朝 274
49. 拉蘇勒朝 276
50. 塔希爾朝 280
51. 朱蘭達家族 282
52. 穆克拉姆朝 284
53. 雅俄魯卜朝 286
54. 布—薩義德家族 289
55. 蘇伍德家族 293
56. 奧恩氏族的麥加哈須姆大公 298
57. 拉胥德家族 303

第七章　西非　307

58. 凱塔馬利王國　308
59. 松海王國　313
60. 卡涅姆與博爾努政權　318
61. 豪撒的伕拉尼政權　330

第八章　東非　335

62. 基勒瓦蘇丹政權　336
63. 帕泰島的納卜罕氏族　342
64. 瑪茲魯伊家族　347
65. 東非的布—薩義德家族　350
66. 哈拉爾蘇丹政權　353

第九章　塞爾柱突厥政權前的高加索與波斯西部　359

67. 夏爾萬王國　360
68. 哈胥姆朝　367
69. 朱斯坦朝　372
70. 薩吉朝　375
71. 穆薩非爾朝　377
72. 拉瓦德朝　381
73. 夏達德朝　384
74. 杜拉夫朝　388
75. 布伊朝　390
76. 哈薩努伊朝　399
77. 阿納茲朝　401
78. 卡庫伊朝　403

79. 達布伊朝 406
80. 巴萬德氏族的將領 409
81. 濟亞爾朝 414

第十章 塞爾柱突厥政權前的波斯東部與中亞 417

82. 塔希爾朝與穆斯阿卜朝 418
83. 薩曼朝 423
84. 剎法爾朝 427
85. 巴尼朱爾朝 432
86. 希姆朱爾朝 434
87. 伊里亞斯朝 436
88. 穆赫塔吉朝 438
89. 花剌子模王國 440
90. 喀喇汗國 447

第十一章 塞爾柱政權及其附庸國 457

91. 塞爾柱政權 458
92. 柏爾朝 468
93. 贊吉朝 470
94. 貝格提金朝 475
95. 魯俄魯俄朝 477
96. 阿爾圖革朝 479
97. 阿爾曼朝 485
98. 阿赫瑪迪勒朝 488
99. 艾勒迪居茲朝 490
100. 巴杜斯潘朝 493

101. 波斯尼查里伊斯瑪儀里派 498
102. 哈札爾阿斯普朝 501
103. 薩魯爾朝 504
104. 亞茲德大統領政權 507
105. 古特魯汗國 510
106. 尼姆魯茲政權 513

第十二章 安那托利亞的突厥政權 519

107. 東羅馬地區的塞爾柱政權 520
108. 達尼胥面德朝 526
109. 蒙居杰克朝 530
110. 薩勒圖革朝 533
111. 嘎拉希朝 535
112. 剎魯汗朝 537
113. 艾丁朝 539
114. 面帖舍朝 541
115. 伊南吉朝 544
116. 杰爾米揚朝 546
117. 剎希卜・阿塔朝 548
118. 哈密德朝和特克朝 550
119. 阿拉尼亞統領政權 553
120. 阿胥拉夫朝 555
121. 江達爾朝 557
122. 帕爾瓦納朝 560
123. 丘班朝 562
124. 嘎拉曼朝 564

125. 也列特納朝　568
126. 嘎迪・布爾漢丁政權　570
127. 塔吉丁朝　572
128. 拉瑪丹朝　574
129. 杜勒嘎迪爾朝　577
130. 歐斯曼帝國　580

第十三章　蒙古人與其中亞及東歐的繼承者　589

131. 中國元朝　594
132. 察合台汗國　599
133. 伊兒汗國　605
134. 金帳汗國　610
135. 克里米亞哥萊汗國　618
136. 阿斯特拉汗國　628
137. 卡贊汗國　630
138. 嘎希莫夫汗國　634

第十四章　蒙古政權後的波斯　639

139. 卡爾特朝　640
140. 穆查法爾朝　643
141. 因朱俄朝　647
142. 賈拉伊爾朝　649
143. 薩爾巴達爾朝　652
144. 帖木兒朝　655
145. 黑羊汗國　662
146. 白羊汗國　666

147. 穆夏俄夏俄朝 671
148. 薩法維朝 677
149. 阿夫夏爾朝 682
150. 贊德朝 685
151. 嘎賈爾朝 688
152. 巴列維朝 692

第十五章 蒙古政權後的中亞 695

153. 胥班朝 696
154. 托蓋・鐵木爾朝 700
155. 滿吉特朝 703
156. 昆格拉特朝 706
157. 敏朝 709

第十六章 阿富汗與南亞 713

158. 嘎茲納朝 714
159. 古爾朝 719
160. 德里蘇丹政權 724
161. 孟加拉的總督與蘇丹政權 737
162. 喀什米爾蘇丹政權 748
163. 古嘉拉特蘇丹政權 754
164. 焦恩普爾的夏爾基蘇丹政權 759
165. 馬勒瓦蘇丹政權 762
166. 馬俄巴爾（馬都拉）蘇丹政權 767
167. 巴赫曼朝 770
168. 法魯基朝 776

169. 巴里德朝　780
170. 阿迪勒朝　782
171. 尼查姆朝　785
172. 伊瑪德朝　788
173. 古特卜朝　790
174. 阿爾袞朝　793
175. 蒙兀兒帝國　796
176. 孟加拉的納瓦卜政權　804
177. 阿瓦者的納瓦卜政權　807
178. 海德拉巴德的尼札姆朝　810
179. 邁蘇爾的穆斯林政權　813
180. 阿布達利朝與阿富汗王國　815

第十七章　東南亞與印尼　821

181. 麻六甲政權　822
182. 亞齊蘇丹政權　825
183. 馬塔拉姆朝　830
184. 梭羅蘇丹政權　833
185. 日惹蘇丹政權　836
186. 汶萊蘇丹政權　839

朝代支系一覽表　845
阿拉伯文拼音對照表　861
索引　862

編輯體例

一、《伊斯蘭朝代簡史》一共分為十七章，第一章為主要的三個世界性的哈里發帝國，之後每章以區域區分，再以編號列出各個地方性政權的朝代名稱、時間、主要分布地區、統治者年表，並簡述該朝代所發生的重要事件。

二、各朝代的年表包括統治者在位的年份與全名，全名分為中文音譯名與原文拼音，例如：

- 阿布—巴克爾・阿提各，伊本—阿比—古哈法（中文音譯名）
- Abū Bakr ʻAtīq, Ibn Abī Quḥāfa（原文拼音）

三、《伊斯蘭朝代簡史》書中列出經考證的統治者全名，包含本名、別名、父名、別號、頭銜等不同元素，而索引條目為方便讀者查考，則採用歷史研究中常見、較簡短的統治者名稱。（關於穆斯林的命名方式，可參閱本書〈導論〉第28～30頁。）

四、《伊斯蘭朝代簡史》全書年份皆並列伊斯蘭曆與西元紀年，並以斜線區隔，例如：11 / 632，即代表伊曆11年與西曆632年。

五、書中部分年代與統治者名稱附有「？」者，表示年份和名字已不可考，只有約略的考據。

六、《伊斯蘭朝代簡史》中文版書末新增〈朝代支系一覽表〉與〈阿拉伯文拼音對照表〉，便利讀者查考與轉寫拼音。

參考文獻縮寫對照表

縮寫	作者名／著作名
Album	Stephen Album, *A Checklist of Popular Islamic Coins*, Santa Rosa, CA 1993
AIEO Alger	*Annales de l'Institut d'Etudes Orientales, Alger*
AMI	*Archäologische Mitteilungen aus Iran*
ANS	*The American Numismatic Society*
BIFAO	*Bulletin de l'Institut Français d'Archéologie Orientale du Caire*
Bosworth-Merçil-İpşirli	C. E. Bosworth, tr. Erdoğan Merçil and Mehmet İpşirli, *Islâm devletleri tarihi (kronoloji ve soyütüğü elkitabı)*, Istanbul 1980
CT	*Cahiers de Tunisie*
EI [1]	*Encyclopaedia of Islam*, 1st edn, Leiden 1913-36
EI [2]	*Encyclopaedia of Islam*, 2st edn, Leiden 1960-2009
EIr	*Encyclopaedia Iranica*, London, etc. 1985-
HJAS	*Harvard Journal of Asiatic Studies*
İA	*İslam Ansiklopedisi*, Istanbul 1940-85
IC	*Islamic Culture*
Iran, JBIPS	*Iran, Journal of the British Institute of Persian Studies*
JA	*Journal Asiatique*
JAOS	*Journal of the American Oriental Society*
JASB	*Journal of the Asiatic Society of Bengal*
JBBRAS	*Journal of the Bombay Branch of the Royal Asiatic Society*

JRAS	*Journal of the Royal Asiatic Society*
Justi	F. Justi, *Iranisches Namenbuch*, Marburg 1895
Khalīl Ed'hem	Khalīl Ed'hem, *Düwel-i Islāmiyye*, Istanbul 1345 / 1927
Lane-Poole	Stanley Lane-Poole, *The Mohammadan Dynasties. Chronological and Genealogical Tables with Historical Introductions*, London 1893
Méms DAFA	Mémoires de la Délégation Archéologique Française en Afghanistan
NC	*Numismatic Chronicle*
NZ	*Numismatische Zeitschrift*
REI	*Revue des Etudes Islamiques*
Sachau	Eduard Sachau, 'Ein Verzeichnis Muhammedanischer Dynastien', *Abhandlungen der Preussischen Akademie de Wissenschaften*, Phil.-hist. Klasse (Berlin 1923), no. 1
SAD	*Selçuklu Araştırmalar Dergisi (Journal of Seljuk Studies)*
SBWAW	*Sitzungsberichte der Wiener Akademie der Wissenschaften*, Phil.-hist. Klasse
TP	*T'oung-Pao*
Zambaur	E. de Zambaur, *Manuel de généalogie et de chronologie pour l'histoire de l'Islam*, Hanover 1927
ZfN	*Zeitchrift für Numismatik*

導　論

本書《伊斯蘭朝代簡史》（*The Islamic Dynasties: A Chronological and Genealogical Handbook*）的前身為收錄於1967年由愛丁堡大學出版社出版的《伊斯蘭研究》（*Islamic Surveys*）系列第五冊，它建構中東、北非中土地區，以及中亞和南亞各伊斯蘭朝代的年表與歷史背景，是一部適切的參考文獻。這本書不只是對伊斯蘭歷史學者，對伊斯蘭藝術史學家和古貨幣研究家而言也都相當實用。然而，比起他們研究不列顛史或是歐洲史的同行，這群學者仍然缺少了更多這類在年代表、系譜以及歷史地圖方面的適當輔具。[1] 往後一些撰寫伊斯蘭世界通史或是其組成區域和人口的作者，以及那些列舉朝代與統治者、描寫世界或特別是伊斯蘭地區的相關著作，明顯都是以《伊斯蘭朝代簡史》為參考資料；其中有些會在致謝辭中提及本書，有些則未必。[2]

就我所知，本書已有四種東歐與中東語言的版本。在1971年，莫斯科也有了授權譯本——*Musulmanskie dynastii. Spravochnik po khronologii i genealogii*, Izdatel'stvo <<Nauka>> Glavnaya Redaktsiya

---

1　見《伊斯蘭朝代簡史》（舊版，*The Islamic Dynasties*）導論，第 xi 頁和註 1。

2　兩部當今最完整、資訊最新、關於世界統治者與政府的著作，都在致謝辭中提及本書：G. C. Allen (ed.), *Rulers and Governments of the World*, 3 vols, London 1978（按年份編排）；Peter Truhart, *Regents of Nations. Systematic Chronology of States and their Political Representatives in Past and Present: A Biographical Reference Book*, 3 vols. in 4 parts, Munich 1984-8（按區域編排；第二冊包含了亞洲與大洋洲）。我們可以說這幾部作品已經取代了幾部過時的先驅作品，像是 A. M. H. J. Stokvis, *Manuel d'histoire, de généalogie et de chronologie de tous les états du globe*, 3 vols, Leiden 1888-91；以及 B. Spuler (ed.), *Regenten und Regierungen der Welt*, 2nd edition, Würzburg 1962。

Vostochnoi Literaturï, 324 pp. 並由P. A. Gryaznevich翻譯，經過I. P. Petrushevskiy的通盤審訂，並由我作序。該文本純粹是譯作，但是在各朝代尾部的索引目錄中添加了豐富的俄文相關著作，這對高加索、中亞以及一般稱為伊朗世界等地區的讀者顯然是一大福音。1980年時，官方授權的土耳其文版本在伊斯坦堡問世——*Islâm devletleri tarihi (kronoloji ve soykütügü elkitabi)*, Oğuz Press, xxvii + 385pp. 由Erdoğan Merçil與Mehmet İpşirli所譯。該書附加了一些資料，由Merçil博士另外添加的第十一章〈Anadolu beylikleri〉，在東羅馬地區的塞爾柱蘇丹國（Rūm Seljuqs）的式微一直到歐斯曼帝國（Ottomans）這段過渡期中補充了安那托利亞地區（Anatolia）各地方政權的詳細資訊。事實上，我個人運用這篇相當實用的章節，大幅增訂了第十二章〈安那托利亞的突厥政權〉的內容。該書亦在1371 / 1982年時出現了由Farīdūn Badra'ī所譯、非正式的波斯文譯本——*Silsilahā-yi Islāmī*, Mu'assasa-yi Muṭāla'at wa Taḥqīqāt Farhangī, 358pp.。科威特則於1994年有了正式授權的阿拉伯文譯本——*al-Usar al-ḥākima fi 'l-Islām. Dirāsa fi 'l-ta'rīkh wa'l-ansāb*, Mu'assasat al-Shirā al-'Arabī, 293pp. 由Ḥusayn 'Alī al-Lubūdī翻譯，並在Sulaymān Ibrāhīm al-'Askarī的監修下完成。

雖然愛丁堡大學出版社的原版著作，不論精裝本或是平裝本都已絕版（平裝本在1980年再版時有微幅的字詞校錯），但原書透過翻譯，顯然對譯本所在的地區相當有益。早在該書絕版以前，我便一直在紀錄書中的錯誤，並為增補的新版本收集資料。這三十年來大量爆炸性的知識，倘若未能讓伊斯蘭編年史學家與系譜學家從這些歷史性研究、碑銘和古幣學領域中找出新的知識，未免太不合理。然而，有許多意義重大的資料都十分零碎，特別是那些記載於碑銘和古幣上的資訊通常只會出現在相關國家的在地出版品中，對英國以及西歐國家而言，這些著作遙不可及。儘管如此，我仍竭盡所能，透過一些專家同事與朋友（我在本文末詳列出這些應該感謝的人）的幫助與建議，讓我盡可能地納入這些新資料，雖然其中一些時期或區域仍然（或許也將永遠）混沌不明。

對讀者而言，最明顯的改變是本書內容的份量遠大於1967年的版本，它有十七章，涵蓋了一百八十六個朝代，而初版的《伊斯蘭朝代簡史》則只有十章、八十二個朝代。篇幅大為增加的新章節包含了穆斯林統治的西班牙，其中對統領侯國（Mulūk al-Ṭawā'if）有更多的記述（第二章）；關於阿拉伯半島也同樣添加了大量的細節（第六章）；西非與東非，以及東北方非洲之角（Horn of Africa）的部分都添加了全新的章節（第七、八章）；第十二章〈安那托利亞的突厥政權〉補充了該地突厥諸國（beylik）的細部資訊；關於蒙古政權後的中亞也加入了一個豐富的新篇章，內容紀錄了那些自突厥化蒙古人（Turco-Mongol）於內亞地區（Inner Asia）的政權中脫離自立的各汗國（khanate），直到俄羅斯帝國的勢力入侵中亞（第十五章）；阿富汗與印度次大陸也有所增幅，例如，加入了德干蘇丹政權（Sultanates of the Deccan）和十八、十九世紀的印度朝代（第十六章）；至於東南亞與印尼群島，也同樣增加了一個新篇章探討此新區域（第十七章）。但實際上除了以上特別提出的部分，每個章節都有一定程度的增補。

如此一來，此新版涵蓋的範圍，遠比1967年的版本更適用於從塞內加爾（Senegal）到婆羅洲（Borneo）之間的整個伊斯蘭世界。因為過去常被詬病的問題在於：像這樣嘗試探討伊斯蘭或是伊斯蘭世界的著作，往往都傾向將焦點著重於阿拉伯—波斯—突厥（Arab-Persian-Turkish）等伊斯蘭中土地帶，而忽略了邊緣地區，儘管現今如南亞、東南亞以及印尼群島等外圍區域，多數人口皆為穆斯林。然而，我必須為過去偏重這些中土地區的情形辯護，因為我們勢必得承認，那些邊緣地區的史學家和編年史學家能夠仰賴的資料往往較不穩定。中土地區經歷了長期的伊斯蘭化，已有可供史料編纂的古老傳統、可靠的朝代紀錄典籍，以及刻著名字與封號等大量資訊、年代可考的古幣。反之，像撒哈拉以南的非洲地區（sub-Saharan Africa）、東南亞與印尼群島等邊緣地區，則較關注地方的部族與朝代傳統，但具備明確時間記載的歷史文獻卻較為零碎；而這些紀錄往往還參雜了統治氏族與階級所創造出的傳奇故事，因為他們意欲證明自己在久遠以前便已經改信伊斯蘭，統治著仍舊長期維持異教信仰的臣民。這些統治階層的錢幣制度，比起伊斯蘭中土區和印度次大陸總是不夠完整，不論是在鑄造時間或是錢幣上銘刻的具體資訊都有所不足。要在這樣的情況下詳列統治者的順序與年表，在以下幾個例子就會出現問題：松海王國（Songhay）（編號59）、卡涅姆帝國（Kanem）與博爾努（Bornu）的政權（編號60）、基勒瓦（Kilwa，編號62）以及汶萊（Brunei）蘇丹政權（編號186）。

況且，就連相對接近中土的區域（如早期的伊斯蘭中亞），都少有清晰明瞭的歷史紀錄。奧地利學者札姆鮑爾（Zambaur）在七十年前便已坦承：在他的觀念中，河中區（Transoxania）的喀喇汗國（Qarakhanids）與突厥斯坦（Turkestan）東部，是「一個系譜仍然不明的重要穆斯林朝代」（la seule grande dynastie musulmane dont la généalogie est restée obscure）（*Manuel*, 206 n.1）。而烏克蘭學者普立札克（Omeljan Pritsak）和塔吉克學者達維朵維琪（Elena A. Davidovich）等學者也已經提出許多新的闡釋，但是這些重要的問題如今仍然存在；不過隨著蘇聯瓦解，數量龐大的古錢幣從中亞與阿富汗地區傳入西方，這也許能夠釐清這些長久以來模糊不明的資訊。

我在1967年版的導論中，羅列出伊斯蘭編年紀錄與系譜研究的發展，從連普勒（Stanley Lane-Poole）的開創性著作《穆斯林朝代》（*The Mohammadan Dynasties*, 1893），到鳩斯提（F. Justi）的《伊朗典籍》（*Iranisches Namenbuch*, 1895）一書中的專題研究，還有巴爾托勒德

（W. Barthold）改進連普勒著作所寫成的《穆斯林朝代》（*Muslumanskiy dynastii*, 1899）、薩修（E. Sachau）的〈穆罕默德教徒（穆斯林）朝代表〉（'Ein Verzeichnis Muhammedanischer Dynastien', 1923）、艾德亥姆（Khalīl Ed'hem）的《伊斯蘭國家》（*Düwel-i Islāmiyye*, 1345 / 1927），以及札姆鮑爾創新的不朽名著《伊斯蘭史的系譜與年表手冊》（*Manuel de généalogie et de chronologie pour l'histoire de l'Islam*, 1927）。[3] 在此應該沒必要重述所有細節，唯必須注意，在札姆鮑爾的著作出版以後，再也沒有人嘗試以整體的角度進行更新；儘管它在當時是一部意義深遠的巨著，但隨著時光推移，書中的一些錯誤內容與名詞謬譯仍日趨明顯。

在1967年版的導論中，我提到如此的修正與改寫或許只能仰賴伊斯蘭世界各領域史學家的合作，並搭配碑文與古幣學者的協助方能完成。但到了1995年，這種共同研究的期待從二十九年前至今似乎毫無實際的落實。因此我向學術界呈獻這部新版的《伊斯蘭朝代簡史》（*New Islamic Dynasties*），其中不強調如札姆鮑爾巨著所主張的完整性（而他實際上並未達成這個目標；他在處理撒哈拉以南的非洲、印度洋列島以及印尼群島的朝代時，採納了零碎且不可靠的資料），但我可以大膽地說，本書包含了時至今日，憑藉一己之力所能夠蒐羅的最廣泛伊斯蘭列朝史訊。我盡力將所有規模第一、第二乃至第三級別的朝代都納入此書，務求盡可能地提供最新且正確的資訊。當然還有其他第四級別的朝代，而不同的讀者也可能認為他們所認知的朝代與統治氏族並未被列入書中；但我只能懇求包容，我已為其他的研究者保留大量的機會與空間。舉例來說，這些讀者也許會希望能關注布哈拉（Bukhara）的領導者（Ṣudūr）、巴達赫尚（Badakhshān）的蘇非聖者（Wālīs）、西伯利

3 《伊斯蘭朝代簡史》（舊版），第 xi 至 xiii 頁。

亞（Sibir）的汗王（Khans）、蘇祿群島（Sulu archipelago）的蘇丹（Sultans）以及菲律賓群島南部民答那峨島（Mindanão）上的穆斯林統治者（Moro rulers）等。此外，未來的研究者仍在另一個相當廣闊的領域擁有足夠的發揮空間，札姆鮑爾曾經大膽跳入這個領域，並有相當的收穫，那就是阿巴斯朝（'Abbāsids）、法蒂瑪朝（Fāṭimids）、布伊朝（Būyids）、塞爾柱帝國（Great Seljuqs）、歐斯曼帝國（Ottomans）的大臣支系及其旁系。札姆鮑爾甚至更列舉出阿拉伯哈里發政權中駐紮於軍屯城市（amṣār）的總督，亦曾短暫構思第二版的《手冊》（儘管作者一直到1941年過世以前，此書始終未能付梓），試圖處理諸多東伊斯蘭世界城市中的地方統治者，如塔布里茲（Tabriz）、伊斯法罕（Isfahan）、哈瑪詹（Hamadhan）、木鹿（Marw）、布哈拉以及撒馬爾干（Samarkand）等地。毫無疑問，隨著學者對阿巴斯朝、塞爾柱朝、歐斯曼帝國（例如在土耳其學者達尼斯孟德理〔Ismail Hami Danismendli〕的《歐斯曼帝國紀年解析》〔*İzahlı Osmanlı tarihi kronolojisi*, Istanbul 1947－71〕一書的年代研究）大臣的理解日增，應該能夠針對大臣的列表，做出更完整、更精準的整理，尤其是不可勝數且替換頻繁的歐斯曼大臣。同樣地，伊朗與中亞地區自古典時期到近代的輝煌歷史，透過各種形式著作的出版，將有助於重建上述由札姆鮑爾所提及的許多城市的歷史，以及其統治階層的編年表。

連普勒《穆斯林朝代》的特色之一，即在每一個朝代敘述之前先提出簡短的歷史結論，其解釋為：

> 不要試著去連結每一個朝代的歷史關係：我所呈現的不過是它們各自的地位與其他朝代的關係，追溯它們的源頭、主要的領土擴張與衰微；我試圖界定它們的統治分界，以及描述它們權勢消長的主要歷程。（第vi頁）

札姆鮑爾也認同「能夠在每一個朝代的敘述開始就點出它的起源、發展與結局的簡明概況，是非常令人欣悅的」，但考量到篇幅與經濟的因素，他仍然放棄了「連普勒具吸引力的導論」（*Manuel*, p. vii）。儘管如此，我仍認為連普勒在此所做的解釋對著述與研究大有助益，尤其是在《伊斯蘭百科全書》（*Encyclopaedia of Islam*）問世以前的年代，也正因為如此，其書始終是一部令我特別傾心的伊斯蘭列朝紀年著作。對伊斯蘭史學家和古幣學家等專家而言，一份不加添飾的統治者年表無疑相當實用，如此一來，他們便清楚要在哪裡找到自己正在探討的朝代歷史資訊（儘管這可能會引導他們走向某些冷僻的領域）。但在我看來，對學生和非專家學者而言，各朝代的史學導論仍然是必需的。在1967年時，我個人的目標與連普勒相似：我並不想要只是提供一些隱晦不明的朝代，任其埋沒在浩瀚無邊的伊斯蘭歷史之中，我還想要概述一些該時期的歷史走向，並在適當處點出一些該朝代的成就。比起1967年的版本，我嘗試將各章節的參考文獻補充得更完整，另外還納入特別有益於闡明各朝代統治年表以及統治頭銜的著作。我為每一個相關朝代列出一系列平易近人的參考著作，並盡量避免挑選專業的學術研究。這些參考文獻並非要力求詳盡，既不是為了取代新版《伊斯蘭百科全書》之中為各朝代羅列出的細部資訊，也不是為了取代卡亨（Claude Cahen）最新的法文版著作《七至十五世紀的伊斯蘭世界史》（*Introduction à l'histoire du monde musluman médiéval VII ᵉ－XV ᵉ siècle. Méthodologie et éléments de bibliographie*, Paris 1982），進而成為它的修訂版本，亦非為了擴充、更新索瓦傑（Jean Sauvaget）的《東穆斯林地區的歷史》（*Introduction à l'histoire de l'Orient Musluman: éléments de bibliographie*，新增內容修訂版，Paris 1946。該書的英文版本為*Introduction to the History of the Muslim East: A Bibliographical Guide*, Berkeley and Los Angels 1965。無奈該書有許多草率、有疑慮的引用內容）。此外，近期也出現了一部《十至十五世紀的伊斯蘭世界列朝與文化》（*Etats sociétés et cultures du monde musulman an medieval X^e－XVe siècles*, Tome 1, Paris 1995），它是由一個專家團隊（包括Jean-Claude Garçin、Michel Ballivet、Thierry Bianquis、Henri Bresc、Jean Calmard、Marc Gaborieau、Pierre Guichard以及Jean-Louis Triaud）合寫而成，其中收錄了一個篇幅龐大的章節〈工具指南〉，整理出許多最新的參考文獻、地圖以及系譜（第vii至ccxi頁）。有關較近代的伊斯蘭世界史，同樣也有可供參考的文獻，像是Ira Lapidus的《伊斯蘭社會史》（*A History of Islamic Societies*, Cambridge 1998）、 Francis Robinson的百科式著作《1500年以後的伊斯蘭世界圖集》（*Atlas of the Islamic World since 1500*, Oxford 1982）、Trevor Mostyn與Albert Hourani合編的《劍橋中東與北非百科全書》（*The Cambridge Encyclopedia of the Middle East and North Africa*, Cambridge 1988）、Francis Robinson編寫的《劍橋印度、巴基斯坦、孟加拉與斯里蘭卡史》（*The Cambridge History of India, Pakistan, Bangladesh, Sri Lanka*, Cambridge 1989）以及John L. Esposito所編的《牛津現代伊斯蘭世界百科全書》（*The Oxford Encyclopedia of the Modern Islamic World*, Oxford 1995）；這些全都是在近期出版，並包含了最新書目資訊的著作。而有關古典時期的伊斯蘭歷史，在上述Lapidus的著作以及Robinson的《伊斯蘭世界圖集》（它的時間軸涵蓋了中世紀晚期與現代）等書中都能夠找到有用的資訊，不過在查閱新版的《伊斯蘭百科全書》時，得要注意查閱的條目內容會因字母排序而有時間差異，較前半部的條目是1940、1950年代晚期、第二版剛上市時所撰寫（舉例來說，像是阿巴斯朝和布伊朝），而較後半部則是近幾年的敘述（例如傭兵政權〔Mamlūks〕[4]、蒙兀兒帝國

4　編註：「mamlūk」指的是「傭兵」，意為「被擁有者」，大約從九世紀開始，阿

〔Mughals〕、歐斯曼帝國以及薩法維帝國〔Ṣafawids〕）；倘若是前者，那麼其參考文獻無疑已經過時，我在此則嘗試提供一些較新的資訊。

有鑑於這麼多年以來有許多的古幣學家同事告訴我，1967 年的版本對他們的助益良多，這次的新書理當為古幣學家納入更多資訊。長久以來有關古幣的考究，也就是那些針對古幣上所記載資訊（頭銜、登基日期、統治時間、領土範圍等）的研究，對伊斯蘭朝代和政治史學家而言都是建構、補充學術的寶貴知識（就各種理由來說，對經濟史學家與社會史學家亦如是）。[5] 我嘗試在每一處可行的地方，善加利用古幣學證據來編輯統治者的系譜與年表，並在各個朝代的參考文獻中列出重要的古幣學資料來源。再者，本書的另一創新要素是，我在年表中標記出那些自行發行錢幣的統治者，我按照札姆鮑爾在他的《手冊》一書中所建立的慣例，在這些統治者的在位年代與名稱前加上「◇」的符號，以求能為古幣學家與歷史學家提供有價值的附加內容。一般來說，我較少理會札姆鮑爾所提供的古幣學資訊，因為其中有許多錯誤的認定。我自己引用的資訊，都盡可能取自古幣圖鑑，以及各種針對特定朝代幣制的研究──例如伊德里斯朝（Idrīsids）、西班牙的穆斯林列朝、法蒂瑪朝、艾尤布朝（Ayyūbids）與傭兵政權──或是加州（California）聖羅莎（Santa Rosa）的艾爾布姆（Stephen Album）先生為了古幣買賣所提供的月鑑。特定朝代和統治者可能是發行自己專屬的貨幣，或是慣於以其宗主國的名號來發行錢幣，這兩種情況的判定相當困難；例如一直存續至十九世紀末的突尼斯統領（Beys of Tunis）、的黎波里（Tripoli）的嘎

巴斯政權開始雇用游牧民族作為補充兵力，後來這些傭兵勢力逐漸壯大為軍勢統治集團，西元 1250 年在埃及建立傭兵政權，也音譯為「瑪姆魯克朝」。

5 有一本 Philip Grierson 的研究著作內容簡明，值得參考：*Numismatics and History*, Historical Association pamphlets, General series no. G19, London 1951。

拉曼里朝（Qaramānlī）總督，以及統治埃及直到二十世紀初的穆罕默德・阿里（Muḥammad ‘Ali）氏族，這些政權長期都以其宗主國歐斯曼蘇丹哈里發（Sultan-Caliph）的名義鑄造錢幣（儘管這些宗主與附庸關係最後可能都已變得有名無實）。整體而言，我傾向只將那些刻有完整姓名和確切鑄造機關頭銜的古幣，視為是一個朝代或統治者獨立發行幣制的證據，但我也意識到這可能會讓前後文間的某些矛盾日漸浮現。

仿照連普勒的方法，我在紀年方面同時提供了伊斯蘭曆（Hijrī）與西曆。對穆斯林歲曆系統不熟悉的讀者應該注意的是：伊斯蘭以前的阿拉伯人所使用的是具十二個月份的陰曆（因為在沙漠環境下，觀察月相是唯一可行的計時方式），並在每兩、三年後加入一個額外的閏月，除了用以保持與太陽年和農時規律的連結，同時也是為了配合阿拉伯半島一年一度的朝聖集會時間。先知穆罕默德（Prophet Muḥammad）引進了一種排除閏月的陰曆系統，但卻因此使得古老的阿拉伯紀年系統亂掉。一直到第二任哈里發歐瑪爾・賓・哈塔卜（‘Umar b. al-Khaṭṭāb）巧妙地調整了整個系統；他下令繼續沿用有十二個月份的陰曆，但將穆罕默德自麥加「遷徙」（Hijra）至麥地那的時間——西元622年7月16日，視為阿拉伯伊斯蘭曆的第一天。除此之外，歐瑪爾在每隔月的月底多增加一天，並在每三年一次的閏年年底再增加一天（像這樣的閏年被稱為「sana kabīsa」）。因此，伊斯蘭曆一年一般來說共有354天，平均分配於二十九或三十天不等的十二個月份之中，但在閏年之中，則會有355天。因此，伊曆的月份並不會像格列哥里曆（Gregorian calendar，也就是一般的西曆）或是猶太曆一樣與一年的四季配合，而是每年比太陽曆提早約十一天。舉例來說，伊曆1387年的齋戒月（Ramaḍān）是從西元1967年的12月3日開始，因為這十一天的差距，使得來年的齋戒月會從1968年的11月22日開始。大約要經過32.5個西元年以後，齋戒月才會再次開始於十二月初（事實上，西元1999年12月9日正是伊曆1420年齋戒月的第一天）。如此一來，一百個伊曆年約略等同於九十七個西元年。

想要迅速地轉換西曆年與伊曆年是件相當困難且繁冗的工作，所以我們只能夠遵循傳統，參考對照表。[6]（如今透過電腦程式即時運算的協助下，年份轉換對坐在電腦前的學者已不再是件難事，但毫無疑問，對研究碑銘或是建築物上獻辭的旅行家和研究者而言，參考書本裡的對照表仍舊是最方便的途徑。）事實上，固定的陰曆不論是在安排週期性農業行動或是經濟活動都有著明顯的缺點，因此伊斯蘭世界很快就開始採用陽曆，以因應這些實際需求。如今，大部分的伊斯蘭世界在單純的世俗事物和日常行事上都是遵循歐洲的格列哥里西曆。倒是伊朗和阿富汗在二十世紀的前數十年採用了一種「伊斯蘭陽曆」，它同樣是以穆罕默德遷徙的年份（西元622年）為起點，但是以太陽的運行來計算。然而無論如何，在伊斯蘭歷史之中，一直到十九世紀（在某些地區則是到二十世紀）為止，絕大部分透過早期印刷或平版印刷出版的手

---

6 有許多著作都包含了這些資料，如：C. H. Philips (ed.), *Handbook of Oriental History*, The Royal Historical Society, London 1951, 33-40；Sir Thomas W. Haig, *Comparative Tables of Muhammadan and Christian Dates*, London 1932；H. G. Cattenoz, *Tables de concordance des ères chrétiennes et hégiriennes*, Rabat 1954；V. V. Tsybulskiy, *Sovremenny kalendari stran blizhnetsa i srednogo vostoka*, Moscow 1964；G. S. P. Freeman-Grenville, *The Islamic and Christian Calendars AD 622-2222 (AH1-1650). A Complete Guide for Converting Christian and Islamic Dates and Dates of Festivals*, Garnet Publishing, Reading 1995（這是1963年於倫敦出版的 *The Muslim and Christian Calendars* 的新版本，對於初版再刷時未能處理的錯誤進行修正）。而最完整的論述是由 F. Wüstenfeld 和 E. Mahler 合寫的 *Vergleichungs-Tabellen zur islamischen und iranischen Zeitrechnung*, 3rd edn, revised by J. Mayr and B. Spuler, Wiesbaden, 1961；它納入的不只有伊曆，還有中東與伊朗地區在各個不同時間點所使用的各種歲曆。

稿，或是古幣和碑銘上記載的紀錄，一貫都是使用伊曆系統，所以本書的登基日期、死亡、在位時間等也以此系統表示。

鑑於西曆年和伊曆年幾乎無法直接對應，因此除非知道這些伊斯蘭世界的歷史事件之確切伊曆日期，否則便不可能標註相對應的西元年份。（嚴格來說，還需要知道該事件確切發生在一天中的哪個時間點，因為實際上，穆斯林和猶太教徒一樣，視日落為一日之初，而不是從午夜過後開始計算。）儘管某些中世紀伊斯蘭史學家能夠留下精準的事件發生時間，但其他人則未必如此，他們可能只會記下事件發生的年份。銘文上的資料通常都有確切的時間記錄，但古幣卻只會偶爾記錄鑄造的月份。因此在本書中，我遵循兩種基本的原則來詳列伊曆年及其相對應的西曆年（另外在下列所提的極少數情況下，則是列出西曆年以及其相對應的伊曆年）。

第一種，是我能夠從資料來源中查明確切日期，或至少是確切月份的事件，並以此為基礎轉換為西曆年。札姆鮑爾只列出伊曆年份，並在許可的情況下列舉出確切的日期與月份，但他並沒有提供相對應的西曆年。連普勒則是將兩種紀年都列出來，他解釋自己的基本原則是列出該事件之伊曆年開始的年份，以及其相對應的西元年份，但若該伊曆年的起始點接近西元年的年尾，則改記為下一年份（*The Mohammadan Dynasties*, p. vii n.*），他認為這種方法在實務上可以滿足需求。第二種，是缺乏確切發生日期或月份的事件，我只簡單地列出該伊曆年大約對應的西曆年，但如果該伊曆年是從西曆年的年中（如六月底或七月初）開始的，我則會採用該伊曆年前半年所在的西曆年。倘若使用連普勒的系統，像這樣對應的年份顯然並不總是完全正確；但對我來說，這樣的做法比起麻煩地列出兩個西曆年，仍然是整體文章脈絡中比較可行的選擇。因此，我會記為「741 / 1340」，而不是「741 / 1340－1」。

要正確列出西曆紀年和伊曆紀年，是完成伊斯蘭年代表的過程中必須面對的一大難題，另一個則是統治者登基時間的紛亂情況。像是塔巴里（al-Ṭabarī）和伊茲丁・伊本—阿西爾（‘Izz al-Dīn Ibn al-Athīr）等偉大的阿拉伯編年史學家（札姆鮑爾相當仰賴後者對十三世紀以前、中東心臟地帶列朝的時間記錄，關於這一點請參閱其著作《手冊》中的第 v 至 vi 頁），通常都相當精準地記錄了事發日期，有時還能夠細載事情發生於一日之間的何時。然而，面對心臟地帶重要朝代以外的朝代時，資料來源往往趨於匱乏，有時甚至幾乎不存在。有時文字證據甚至與錢幣上的刻文和碑銘相悖；眾所皆知，像這樣的貨幣或銘刻文本並不總是反映現實，它可能是因為偏見或是宣傳意圖，而產生與史實不符的偏袒或穿鑿附會的情況。就算知道全部相關事件的時間點，要挑出一個準確的登基日期可能仍然有困難。在中世紀的基督教國家，君王登基的確切時間點通常是在加冕儀式以後。在中世紀的英格蘭（England），則必須同時獲得世俗與宗教的核准（即加冕禮前的「認證禮」〔Recognition〕與「塗膏禮」〔Anointing〕），而整個儀式更可能在加冕禮以後好幾個月才完成（在盎格魯撒克遜〔Anglo-Saxon〕時期，麥西亞王國的埃德加王〔Edgar of Mercia〕等了整整十四年才完成登基！）。在伊斯蘭中相對應的儀式，是由國家的顯赫人士以及宗教機構的代表所主持的「效忠」（bay‘ah）儀式，該辭彙的字面意義為「緊握的雙手」（可以對照中世紀歐洲的「奴隸解放儀式」〔manumissio〕），並在儀式中對即位者立下效忠誓言（所謂的「立誓」〔mubāya‘a〕）。這樣的效忠儀式可能是在統治者登基（julūs，即坐上「王位」〔‘arsh, sarīr〕之意）時進行，即位者通常會公開揮舞代表榮譽的佩劍（al-taqlīd bi ‘l-sayf，在歐斯曼突厥語為 qïlïch qushanmasï）、權杖（qaḍīb, khayzurān）或是職杖（‘aṣā），以伍麥亞朝（Umayyad）和阿巴斯朝的哈里發來說，擁有權杖者往往被認為是先知穆罕默德的遺緒。[7] 而一名權力主張者首度取得權勢、佔領首都或王國中的重要地區時，其時間點必定早於登基儀式；而這是否應該被視為其統治時期的起點呢？同樣地，在歐斯曼帝國早期一直到西元1600年左右，在蘇丹逝世以後經常會有短暫的權力空窗期，嚴格來說，此時期的王位一直到新的繼任者登基以前都是空懸的。前任統治者死亡的消息會對大眾隱瞞，一直到王位的繼承人——「王儲」（walī 'l-ʻahd）——自他擔任總督的省份返回，承接統治權位，以防爆發動亂或是敵對者掀起內戰。[8] 除此之外，登上「王位」的人也可能會被追封第二次的登基儀式，這種情況有時會發生在波斯（Persia）的伊兒汗國（Il Khānid）；在這種情況下，遠在哈拉和林（Qaraqorum）或北京（Peking）的大汗（Great Khān）會發表聲明，准許省份的汗王（Khān）繼承權位，理論上這些汗王的地位低於大汗；因此，伊兒汗國的阿爾袞（Arghun）在683 / 1284年處決他的叔父鐵古迭兒（Tegüder）後便已登基為王，但他又在二十個月以後，也就是685 / 1286年的時候接受二次冊封，因為大汗忽必烈（Qubilay）的冊封令（yarligh）到了此時才送達伊兒汗國。[9]

要想建構一整個朝代年表也不能總是倚靠可用的伊曆時間。像是格拉納達（Granada）的納斯爾朝（Naṣrids），在其統治的最後一個世紀（十五世紀），就有許多國王的統治時間只能夠從西班牙卡斯提爾王國（Castilian）的年史裡查到，而有關該時期統治者的古幣資料，我們也只能知道其中少數幾位；因此，印度洋沿岸小國、印度半島、馬來西

---

7 Freeman-Grenville 博士向我指出，在東非的基勒瓦蘇丹國（Kilwa，見編號62）也有這種現象，正式的認證儀式會在星期五禮拜的宣講（khuṭba）時間進行。

8 參見 A. D. Alderson, *The Structure of the Ottoman Dynasty*, Oxford 1956, 37-45。

9 參見 *EIr*, art. ‘Argūn Khan’ (Peter Jackson)。

亞與印尼、葡萄牙、荷蘭以及英國的歷史資料都相當重要。而西非的列朝，像是馬利（Mali）、松海和豪撒（Hausaland）的蘇丹，普遍都流傳著記有相關伊曆紀年的諸王列表。

而藉由前後一致又淺顯易懂的形式來記錄統治者名號時，還會面臨另一個問題，那就是來自阿拉伯文和伊斯蘭的命名系統，尤其是統治者和國家顯赫人士的人名。除了本名（ism，這種名字的種類數量並不多）之外，每一名穆斯林可能都有專屬於他的別名（kunya），這些別名可能是由阿布（Abū，意即「……之父」），或是溫姆（Umm，意即「……之母」）等詞彙所組成（就連生理上尚未能擔任父親或母親的孩童都有別名[10]）。此外可能還包含了「nisba」，用以表明其職業、信仰、法學派別、來源地或是氏族等資訊，像是「薩拉吉」（al-Sarrāj）代表「製作馬鞍的工匠」，「哈那菲」（al-Ḥanafī）代表奉行阿布—哈尼法（Abū Ḥanīfa）法學傳統者，「迪瑪胥基」（al-Dimashqī）代表出身大馬士革等等。有些穆斯林可能還會有別號（nabaz, laqab），像是「塔阿巴塔・夏朗」（Ta'abbata Sharran）意為「胸懷惡意者」，或是「阿赫塔爾」（al-Akhṭal）意為「耳朵肥垂者」。除此之外，隨著時間推移，統治者本身或是統治階層、軍隊、百姓等等，幾乎都會有用以表示尊敬的頭銜或是別號（也稱為「laqab」），舉例來說，像是「擁有兩職責（指軍事和公民兩職責）者」（Dhu'l-Riyāsatayn）或是「國家的顯貴者」（Jalāl al-Dawla）。其中某個或某些要素可能會成為一個人最普遍為人所知的稱謂（也就是他或她的「著稱」〔shuhra〕），而有些人的名號在中世紀時可能未必與其今日為人所知的名號相同；因此，在古典阿拉伯文獻

10　編註：孩童的別名指的是父名（nasab），穆斯林並沒有「姓氏」，但會以其他形式連結其父親名，像是「伊本」（Ibn）意即「……之子」，「伊本」在名字中間時，有時也簡化為「賓」（bin），而「賓特」（bint）則是指「……之女」。

中，詩人穆塔納比（al-Mutanabbī）的名字普遍會以他的別名「阿布—塔伊布」（Abu'l-Ṭayyib）來記錄。[11]

自西元十世紀起，這些表達敬意的名號在掌權的統治者中開始激增，最後甚至拓展到宗教學者和文人身上，無可避免地削弱了它們的重要性。研究這些頭銜對於史學家、碑銘學家或是古幣學家而言是件迷人的工作，它經常能夠為解析歷史事件或是歷史趨勢帶來重大的助益[12]，然而單一統治者卻累積了大量誇大不實的尊號，這對伊斯蘭編年史學家反倒造成大麻煩。整體名號變得太過冗長、誇大的例子並不在少數，因

---

11 L. Caetani 和 G. Gabrieli 在他們的一本著作中，納入一篇卓越的阿拉伯文名字及其組成的專論：*Onomasticon arabicum ossia repertorio alfabetico dei nomi di persona e di luogo contenuti nelle principali opera storiche, biografiche e geographiche, stampate e manoscritto, relative all'Islām. I fonti – Introduzione*, Rome 1915。遺憾的是，這篇專論被埋沒了大半個世紀，但很高興它現在又再次由 Mme Jazqueline Sublet 所領導的一個巴黎國際團隊接手，他們正著手製作新版的 *Onomasticon* 以及 *Cahiers d'onomastique arabe* 系列。其中包括最新、詳盡且富學術價值的阿拉伯名字論述，包含了文化、文字和歷史等各種層面的剖析。詳細內容可參考 Jacqueline Sublet, *Le voile du nom. Essai sur le nom propre arabe*, Paris, 1991。若要找相對簡要的指南，請參閱 Annemarie Schimmel, *Islamic Names*, Edinburgh, 1989。若特別想瞭解「別號」，則可見 EI^2 的「laqab」條目（C. E. Bosworth）。

12 因此，P. Guichard 才會在最近提出：十世紀晚期位於穆斯林西班牙的阿密爾朝（'Āmirid）內侍大臣（hājib）伊本—阿比—阿密爾（Ibn Abī 'Āmir），只是簡單地以「曼蘇爾」（al-Manṣūr，意即〔神的〕「勝利」），作為他的別號，而他之後的阿密爾氏族成員也都使用相似的尊號（見第二章編號 4），以反映他們在承接伍麥亞哈里發的統治權時所能夠主張的有限合法性；在日後的西班牙後伍麥亞朝，他們往往也都像阿巴斯朝一樣使用這種類型的別號，然後再補上「bi 'llāh」或是「'alā 'llāh」，以表達神的幫助或是對神的仰賴。參見他的專文 '*Al-Manṣūr* ou *al-Manṣūr bi llāh*? Les laqab/s des 'Āmirides d'après la numismatique et les documents officiels', *Archéologie Islamique*, 5(1995), 47-53。

此我必須有所選擇：究竟哪個（或哪些）名號應該被列入本書呢？其中一個考量的因素在於，這些名號是否為該統治者自古以來皆為人所知的別號。某些情況下，要做出選擇相當容易；例如嘎茲納的瑪赫穆德（Maḥmūd of Ghazna）就是以「國家的右輔」（Yamīn al-Dawla，音譯為「雅敏─道拉」）聞名於世。但在其他的例子中，這樣的選擇則未必如此明朗。在1967年版的《伊斯蘭朝代簡史》中，我在記錄尊名方面採取較開放的態度；我首先會列出本名，加上為人所知的別名，然後再嘗試陳列出他的父名，或是往上追溯至少一代的父輩關係，像是阿赫瑪德・賓・哈珊（Aḥmad b. al-Ḥasan），或是在需要表明、核定身分的必要情況下再往上多回溯一代，例如阿赫瑪德・賓・哈珊・賓・賈俄法爾（Aḥmad b. al-Ḥasan b. Ja'far）[13]。在很多情況下，「父名」能夠建構出一個朝代的統治權之中普遍可見的父子、爺孫或是兄弟繼承關係。當然，像這樣直接的繼承關係根本遠非伊斯蘭世界的實際情況，繼承問題經常都會受到武力介入。不僅如此，在新信仰和新社會開創初期，仍舊存有一種觀念：統治權力能夠由氏族或氏族內任何一位有能力的男性所繼承；只有在阿巴斯朝的哈里發，才有較普遍的父死子繼情形，儘管這個傳統在當時一點也不盛行。當突厥汗國和接續的突厥化蒙古（Turco-Mongol）汗國在之後的中世紀出現時，他們的部族傳統和權力分享的世襲觀念，經常導致王位繼承權不必然是傳給兒子，也可能傳至其他統治氏族的成員手中。當一個朝代發生這樣的情況時，我會嘗試藉由提供我所知的新統治者與前任者之血緣連繫，來標示出兩者的關係。

---

13 編註：「阿赫瑪德・賓・哈珊」這個名字中，「阿赫瑪德」為本名，「賓・哈珊」為別名，意即「哈珊之子」，列出其父親的名字「哈珊」。而再加上「賓・賈俄法爾」，代表了「哈珊」是「賈俄法爾之子」，也就是說，「賈俄法爾」是「阿赫瑪德」的祖父。

當然，理想的情況是要像連普勒、巴爾托勒德、札姆鮑爾以及艾德亥姆一樣建構一份系譜。無奈，像過去的出版商不計篇幅、甘於面對世系表可能帶來的印刷困難，甚至鼓勵使用內嵌式摺頁表，但那個時代早已不再。為了呈現系譜內的父子關係，我選擇提供兩組甚至更多的父名，像這樣的作法是次佳的，僅次於提供一整個篇幅龐大的完整系譜。我希望在此使用的方法在某種程度上能夠消除一些針對1967年版本所作的負面評價（部分評價相當合理），因為此書畢竟是一本編年史手冊，而不是一本系譜總覽。

在中東和北非等阿拉伯核心區的統治系譜中，阿拉伯文名字有著上述整理與選擇方面的困難。而十到十二世紀時，庫德人（Kurdish）、代拉姆人（Daylamī）和高加索人（Caucasian）等族群的勢力發展至顛峰，後來被俄國學者敏諾爾斯基（V. Minorsky）稱為「伊朗中歇期」（Iranian intermezzo）；在這個時期裡，不時也能看到屬於方言或是暱稱的伊朗名字。當遇到這種情況，便可以求助於鳩斯提的著作《伊朗人名錄》（*Iranisches Namenbuch*）。由突厥奴隸或是突厥部族所建立，並在十三世紀後由突厥化蒙古人所承接的幾個朝代，自十一世紀起便急遽擴張，期領土涵蓋了西亞、南亞與北非伊斯蘭世界的北方邊界，突厥部族首領最終統治了西起阿爾及爾（Algiers），東至孟加拉（Bengal）與阿薩姆（Assam）的大部分伊斯蘭領土，並向南延伸至阿拉伯半島的葉門（Yemen）以及南印度（South India）的德干（Deccan）。而要轉譯這些掌權者的突厥名字則會遇上更多的麻煩，因為這些名字經常出現在已臻變形的阿拉伯文手稿之中，有時則是在幾乎無法辨識的譯本中看到。我記下了可查證的正確突厥語或是蒙古語名字，但是那些和阿拉伯文拼法有相當大分歧的名字，最後則統一用括號附註的方式註記，像是旭烈兀（Hülegü〔Hūlakū〕）、俄勒傑圖（Öljeytü〔Uljāytū〕）以及聶居貝（Negübey〔Nīkpāy〕）。不過，我仍舊保留了「Tīmūr」（帖木兒）這個適用於那位偉大征服者的轉寫拼音，而較正確的轉寫拼音「鐵木爾」（Temür）也使用在其他同名者的名字中，像是托蓋・鐵木爾朝（Toqay Temürids）。阿拉伯文名字若以歐斯曼突厥語發音，會與標準阿拉伯語發音有些許的區別，這些同樣會有所註記，像是穆罕默德（Muḥammad〔Meḥemmed〕）、歐斯曼（'Uthman〔'Othman〕）、巴雅濟德（Bāyāzīd〔Bāyezīd〕）以及蘇萊曼（Sulaymān〔Süleymān〕）。[14] 而在撒哈拉以南的東、西非各朝代中，我會直接採用以當地語言轉寫過後的阿拉伯文名字，例如布卡魯（Bukaru）即是阿布—巴克爾（Abū Bakr），而阿利尤（Aliyu）即是阿里（'Alī）；同樣的轉寫名字也可見於馬來西亞和印尼群島各朝。

我盡可能完整地補充索引表，在必要處註明可辨識統治者身分的連結，以求能夠更簡單地辨識各個統治者；此外，我更進一步加上標準的歐化譯名，像是「Saladin」（薩拉丁）以及「Tamerlane」（帖木兒）。

一如既往，我很高興能夠對許多同事表達我的感謝之意，他們都曾經耐心地回答各種問題，或是提供他們在伊斯蘭歷史各個專長領域的資料。這些人包含了Barbara Watson Andaya教授（印尼群島和馬來西亞）、Mohamed Ben Madani博士（突尼斯的統治者）、A. D. H. Bivar教授（西非）、Peter Carey博士（爪哇群島）、E. van Donzel博士（哈拉爾〔Harar〕）、Antonio Fernández-Puertas教授（穆斯林統治的西班牙）、Greville Freeman-Grenville博士（東非）、Peter Jackson博士（德里蘇丹政權）、Irfan Habib教授（孟拉加的代表〔Nawwābs〕）、Alexander Knysh教授（蒙古政權後的中亞）、David Morgan博士（蒙古人）、Giovanni Oman教授（西西里島）、C. E. R. Pennell博士（印尼群

14 編註：其中突厥語和阿拉伯語發音差異較大者為「穆罕默德」，中譯本則採用另一中譯名「梅赫美德」。

島和馬來西亞）、Muhammad Yusuf Siddiq 博士（孟加拉）以及G. Rex Smith 教授（阿拉伯半島）。在古幣學研究上，我同樣受益於艾爾布姆先生（Stephen Album）、Helen Mitchell Brown 夫人、J. Leyton 博士以及William F. Spengler 先生，也感謝曼徹斯特（Manchester）大學約翰・萊藍斯圖書館（John Rylands University LIbrary）、倫敦大學亞非學院圖書館（LIbrary of the School of Oriental and African Studies）、牛津大學印度研究中心圖書館（Indian Institute LIbrary）以及牛津阿什莫林博物館的海博登古幣圖書館（Heberden Coin Room LIbrary of Ashmolean Museum），提供許多的背景文獻。此外，Freeman-Grenville 博士也為棘手的時代與年表提供了許多真知灼見。最後，很高興能夠出版本書的新版本，它原本收錄於愛丁堡大學出版社所出版的「伊斯蘭研究系列」，我亦非常感謝該系列的顧問Carole Hillenbrand 博士，感謝她的鼓勵與支持，也感謝出版社全體人員，以及為本書繁雜的原稿排字的所有同仁。

附言

《伊斯蘭朝代簡史》初版的法文譯本——*Les dynasties musulmanes*, Editions Sindbad, Paris 1996, 340 pp. ——已經出版了，是由Yves Thoraval 所翻譯，該版本針對近三個世紀裡仍然存續的朝代，收錄了部分的更新以及新的參考書目，主要是為了幫助法文的讀者。

第一章

哈里發時期

The Caliphs

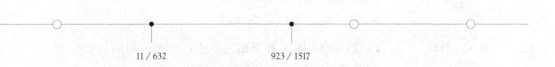

11 / 632

923 / 1517

1.

正統哈里發時期（The Rightly Guided or ‘Patriarchal’ or ‘Orthodox’ Caliphs〔al-Khulafā’ al-Rāshidūn〕）

- 伊曆 11 ～ 40 年
- 西曆 632 ～ 661 年

年份	統治者名稱／重要事件
11 / 632	●伊本—阿比—古哈法，阿布—巴克爾・阿提各 ● Abū Bakr ‘Atīq, Ibn Abī Quḥāfa ●人稱「誠信者」（al-Ṣiddīq）。
13 / 634	●阿布—哈夫斯・歐瑪爾（一世）・賓・哈塔卜 ● Abū Ḥafṣ ‘Umar (I) b. al-Khaṭṭāb ●人稱「明辨是非者」（al-Fārūq）。
23 / 644	●阿布—阿姆爾（阿布—阿布達拉、阿布—蕾拉）・歐斯曼・賓・阿凡 ● Abū ‘Amr or Abū ‘Abdallāh or Abū Laylā ‘Uthmān b. ‘Affān ●人稱「具有兩道光芒者」（Dhu ’l-Nūrayn）。
35 − 40 / 656 − 661	●阿布—哈珊・阿里・賓・阿比—塔立卜 ● Abu ’l-Ḥasan ‘Alī b. Abī Ṭālib ●人稱「被認可的伊瑪目」（al-Imām al-Murtaḍā）。
40 / 661	●**伍麥亞朝的哈里發（Umayyad caliphs）**。

當穆罕默德（Prophet Muḥammad）在11 / 632年於麥地那（Medina）歸真[1]後，不論是透過婚姻或是血緣而與他有親戚關係的四名「追隨者」，繼承了他在初創的穆斯林社群（ummah）中的世俗領導地位。他們承擔著一份責任，必須維護並傳播穆罕默德子民們的新信仰與福祉，他們採用「哈里發」（Khalīfah或是Caliph，字面意義為「跟隨者」、「繼承者」）的頭銜，而且至少前三任哈里發成為普世認同的新信仰闡釋者，以及社群的宗教領袖。

阿布—巴克爾（Abū Bakr）是先知的幼妻阿伊夏（'Ā'ishah）之父，同時也是他最年長、最信任的支持者。在許多貝都因部族宣告中止他們對穆罕默德的個人忠誠後（「叛教戰爭」，Riddah Wars），阿布—巴克爾將麥地那的政權拓展至諸如內志（Najd）、巴林（Baḥrayn）、歐曼（'Umān）以及葉門（Yemen）等阿拉伯半島的邊陲地區。

歐瑪爾（'Umar）的女兒哈芙莎（Ḥafṣa）也是先知的其中一名妻子，而憑藉歐瑪爾強而有力的領導，沙漠阿拉伯人的軍事力量轉向半島以外，對抗敘利亞、巴勒斯坦與埃及等拜占庭帝國疆域，以及波斯薩珊帝國（Sāsānid Persian）的伊拉克與波斯地區。歐瑪爾同時也是一位出色的組織者，他在所征服的省份引入基本的行政組織，建立財政部門（dīwān）以支付阿拉伯戰士們的軍餉也是他的建樹之一。在他任內期間，逐漸捨棄了「真主使者繼承者之繼承者」（Successor of the Successor of the Messenger of God）這個冗長的稱號，轉而使用較簡潔的「哈里發」頭銜；他更進一步採用「信仰者的領導人」（Amīr al-

---

1 編註：在伊斯蘭中，死亡代表回歸到真主身邊，所以凡是穆斯林去世，就稱之為「歸真」。

Mu'minīn）此一頭銜，顯露出他領導地位中的宗教和世俗政治要素。

歐斯曼（'Uthmān）娶了先知的女兒盧蓋雅（Ruqayyah）為妻，成為先知的女婿。在歐瑪爾遭到謀殺後，由幾名先知門徒所組成的諮詢會議（shūrā）推選歐斯曼為哈里發。然而，不滿歐斯曼之人發起了叛亂行動，他又於35 / 656年逝世，而結束了統治。這起歐斯曼的暗殺事件開啟了一段充滿社群內部鬥爭的衝突時期（fitna，「內戰時期」，字面意義為〔對信仰者們的〕「誘惑」、「試煉」），也因為如此，這起暗殺在日後被通稱為「（內戰之）門的開啟」（al-Bāb al-Maftū ）。

最後一名正統哈里發阿里（'Alī）則是與穆罕默德有著雙重關係，他既是先知的堂弟，也透過與法蒂瑪（Fāṭimah）的婚姻而成為穆罕默德的女婿，而且自幼與穆罕默德一同被教養長大。因此，對日後成為「阿里追隨者」（或簡稱「什葉派」〔Shī'a〕）的某些虔敬信仰者而言，阿里特別適合繼承先知的遺緒繼承者。不過，阿里始終無法將他的統治權力擴及至伊斯蘭全境，因為敘利亞和埃及地區都掌握在敘利亞總督穆阿維亞（Muʿāwiyah）的手中。阿里將首都麥地那遷離阿拉伯半島，移至伊拉克的庫法（Kūfa），試圖整合伊拉克的阿拉伯部族勢力，徵求他們的支持。他雖與穆阿維亞在幼發拉底河上游的錫芬（Ṣiffīn）決戰，卻未能獲得決定性的勝利。40 / 661年，他遭到出走派（Khārijīs）殺害，他們是一支自阿里的軍隊中脫離出來的激進平等主義團體。阿里的大兒子哈珊（al-Ḥasan）半推半就，繼承了伊拉克的哈里發權位，但很快就在穆阿維亞的威脅利誘下放棄權位，統治權也自此轉移到伍麥亞氏族（Umayyads）手中。（見編號2）

往後的幾個世紀中，首四任哈里發的時代在宗教虔誠的浪漫氛圍下，被視作信仰、公理正義，以及純樸的伊斯蘭美德蓬勃發展的「黃金時代」，因此他們被冠予「正統」的美名，而與之後的伍麥亞朝作出區隔。伍麥亞朝統治者在信仰者們的眼中只是不虔誠且世俗的「君王」

（mulūk），並不是在信仰上鼓舞人心的社群領袖。

●參考資料

* Lane Poole, 3-5, 9; Zambaur, 3.
* *EI* [1], ''Omar b. al-Khaṭṭāb', ''Othmān b. 'Affān' (G. Levi Della Vida). *EI* [2], 'Abu Bakr' (W. Montgomery Watt), ''Alī b. Abī Ṭālib' (L. Veccia Vaglieri).
* L. Veccia Vaglieri, 'The Patriarchal and Umayyad caliphates', in P. M. Holt, A. K. S. Lambton and B. Lewis (eds), *The Cambridge History of Islam*, Cambridge1970, I, 57-103.
* H. Kennedy, *The Prophet and the Age of the Caliphs, The Islamic Near East from the Sixth to the Eleventh Century*, London 1986, 50-81，第 402 頁附有世系表。
* Noth, 'Früher Islam', in U. Haarmann (ed.), *Geschichte der arabischen Welt*, Munich 1987, 11-100.

2.

伍麥亞朝（The Umayyad Caliphs）

- 伊曆 41 ～ 132 年
- 西曆 661 ～ 750 年

一、蘇夫揚支系（Sufyānids）

年份	統治者名稱／重要事件
◇41 / 661	●阿布─阿布杜─拉赫曼・穆阿維亞一世・賓・阿比─蘇夫揚 ●Abū ‘Abd al-Raḥmān Mu‘āwiya I b. Abī Sufyān
60 / 680	●阿布─哈利德・雅濟德一世・賓・穆阿維亞 ●Abū Khālid Yazīd I b. Mu‘āwiya
64 / 683	●穆阿維亞二世・賓・雅濟德一世 ●Mu‘āwiya II b. Yazīd I

二、瑪爾萬支系（Marwānids）

年份	統治者名稱／重要事件
64 / 684	●阿布─阿布杜─瑪立克・瑪爾萬一世・賓・哈卡姆 ●Abū ‘Abd al-Malik Marwān I b. al-Ḥakam
◇65 / 685	●阿布─瓦立德・阿布杜─瑪立克・賓・瑪爾萬一世，阿布─穆魯克 ●Abu ’l-Walīd ‘Abd al-Malik b. Marwān I, Abu ’l-Mulūk
◇86 / 705	●阿布─阿巴斯・瓦立德一世・賓・阿布杜─瑪立克 ●Abu ’l-‘Abbās al-Walīd I b. ‘Abd al-Malik

◇96 / 715	●阿布—艾尤布・蘇萊曼・賓・阿布杜—瑪立克 ● Abū Ayyūb Sulaymān b. ʻAbd al-Malik
◇99 / 717	●阿布—哈夫斯・歐瑪爾（二世）・賓・阿布杜—阿濟茲 ● Abū Ḥafṣ ʻUmar (II) b. ʻAbd al-ʻAzīz
◇101 / 720	●阿布—哈利德・雅濟德二世・賓・阿布杜—瑪立克 ● Abū Khālid Yazīd II b. ʻAbd al-Malik
◇105 / 724	●阿布—瓦立德・希夏姆・賓・阿布杜—瑪立克 ● Abu ʼl-Walīd Hishām b. ʻAbd al-Malik
◇125 / 743	●阿布—阿巴斯・瓦立德二世・賓・雅濟德二世 ● Abu ʼl-ʻAbbās al-Walīd II b. Yazīd II
◇126 / 744	●阿布—哈利德・雅濟德三世・賓・瓦立德一世 ● Abū Khālid Yazīd III b. al-Walīd I
◇126 / 744	●易卜拉欣・賓・瓦立德一世 ● Ibrāhīm b. al-Walīd I ●於 132 / 750 年遭殺害。
◇127 − 132 / 744 − 750	●阿布—阿布杜—瑪立克・瑪爾萬二世・賓・穆罕默德 ● Abū ʻAbd al-Malik Marwān II b. Muḥammad ●別號「捲髮驢子」（al-Jaʻdī al-Ḥimār）。
132 / 750	**●阿巴斯朝哈里發（ʻAbbāsid caliphs）。**

在阿里及哈珊（al-Ḥasan）之後，穆阿維亞（Muʻāwiya）接任穆斯林的哈里發，他以「為歐斯曼復仇」為號召，對抗阿里以及他那些曾經

弒殺歐斯曼的支持者們（穆阿維亞是歐斯曼的親族，他們同屬麥加（Mecca）的伍麥亞氏族，或稱阿布杜—閃姆斯〔‘Abd Shams〕氏族）。穆阿維亞曾經統治敘利亞長達二十年，領導對抗拜占庭帝國的海陸戰事，他也握有一支紀律嚴明且訓練精良的軍隊，用以對抗無政府控管的伊拉克貝都因人，他們是支持阿里的主力。他開啟了伍麥亞朝的第一個支系——蘇夫揚朝；然而哈里發穆阿維亞二世（Mu‘āwiya II）短暫在位後即逝世，蘇夫揚朝也隨之滅亡，權力轉移到伍麥亞氏族另一個平行支系裡的瑪爾萬一世（Marwān I）。此次轉移歷經了一段危機四伏的時期，社群的領導權幾乎落入祖拜爾氏族（Zubayrids）的手中，他們是另一個顯赫的先知門徒氏族。日後伍麥亞朝所有的哈里發（包括西班牙的後伍麥亞朝，見編號4）都是瑪爾萬一世的後裔。

伍麥亞朝最偉大的三位哈里發為穆阿維亞、阿布杜—瑪立克（‘Abd al-Malik）以及希夏姆（Hishām），各自分別統治了首都大馬士革（Damascus）二十年之久，在阿拉伯人征服而擴大的帝國中，他們展現出頂尖的統馭能力。在伍麥亞朝之前，不曾有伊斯蘭政府統治過如此廣闊的領土、種族與信仰如此多元的人口，伍麥亞朝的掌權者卻能夠強而有力地領導，甚至脫離早期僵化且困頓環境下所產生的社會體制，變得更有彈性；就此而論，伍麥亞朝的統治者堪稱居功甚偉的創新者。如今他們已經控制了過去的希臘和波斯領地，在其他事務上，他們積極調整政府體制，並吸收希臘與波斯人的行政經驗。在伍麥亞朝後期，似乎引進了許多薩珊帝國文明技術與禮儀，在阿巴斯朝的統治下，此一過程更加速地運行。

軍事擴張也飛速進行，尤其在瓦立德一世（al-Walīd I）統治時期，儘管輕鬆容易的戰役早已完成，但阿拉伯軍隊仍然必須持續遠距離的行軍作戰，而且往往必須面對高山地區與惡劣的氣候條件；在初期的阿拉伯擴張，要劫掠戰利品也並非易事。穆斯林遠征軍佔領了埃及以西的整個北非，越過直布羅陀海峽（GIbraltar），進入西班牙，緊接著越過庇里牛斯山（Pyrenees），直搗日後的梅洛文加朝（Merovingian）與加洛林朝（Carloingian）所在的法國。在埃及，他們將壓力施加於努比亞（Nubia）的基督教王國；跨過高加索山（Caucasus），他們與突厥哈札爾人（Khazars）有所接觸，並且不斷侵擾安那托利亞（Anatolia）與亞美尼亞（Armenia）東南方的希臘疆界；在波斯東部地區的邊界，花剌子模（Khāwarazm）遭到阿拉伯人入侵，而在河中地區（Transoxania），雖遇上在地伊朗統治者與突厥聯盟的頑強抵抗，阿拉伯穆斯林仍一一征服他們。最後，一名阿拉伯總督穿越瑪克蘭（Makrān）進入信地地區（Sind），這是歷史上伊斯蘭首次傳入印度大地。以上所有的征戰不只提升了帝國的稅收資源，還帶來大量的奴隸與附庸者，這些勞動力讓少數阿拉伯人能夠在帝國征服的土地上以收稅階層自居，從中剝削肥沃月彎等地區的經濟潛能。

然而，領土擴張以及經濟與行政的進展，未能阻止伍麥亞朝垮臺。在帝國的核心區，哈里發面對著來自伊拉克的阿拉伯部族，以及如出走派等不同派系不斷的反抗。以麥地那為核心建構起來的宗教體制，使兩座阿拉伯人的「聖城」（麥加、麥地那）成為反對派的大本營，特別是其中一些反對勢力主張，阿里後裔應該擁有社群領導地位，阿里後裔即所謂的「先知氏族」（Ahl al-Bayt，他們視自己為伊瑪目〔imam〕，或是先知責任的神聖繼承者）。伍麥亞朝的哈里發並不只是扮演一般世俗君王的角色，而與伊斯蘭信仰對立，也並未將外來的世襲繼承傳統引入帝國，一直到後繼的阿巴斯朝時期，才出現反對伍麥亞朝的觀點。我們如今可以辨別，伍麥亞朝的統治者對於自身責任的宗教性本質抱持著崇高的看法，這一點可以從他們的稱號「神的哈里發」（Khalifāt Allāh）

得知，他們不只要擔任先知的繼承者，更要成為神本身的代理人，他們自認為擁有足夠的能力來建構、詮釋新生的伊斯蘭教義。不過，社會階層間的緊張關係普遍出現在哈里發政權中，新的社會階級如同之前被統治而改宗伊斯蘭的附庸者（Mawālī），開始憑藉其人口數量與技藝，在社群內追求較好的社會與政治角色。

伍麥亞朝在麥加的敵對氏族（也就是穆罕默德叔父的後代）更巧妙利用了各種不平的聲浪，於是在128 / 746年以後，一位極具影響力的鼓動者阿布—姆斯林（Abū Muslim）在呼羅珊（Khurasan，波斯東部地區）發起革命運動。反伍麥亞氏族的勢力贏得了軍事勝利，而阿里後裔對伊瑪目繼承權的宣告也很快被忽視，阿巴斯氏族隨即在132 / 750年繼承了哈里發權位（見編號3）。在阿巴斯人對落敗的伍麥亞氏族的大屠殺中，有一位倖存者，他是哈里發希夏姆的孫子阿布杜—拉赫曼（'Abd-al-Raḥmân）。他輾轉逃往北非，最後在西班牙建立了一個嶄新且更為長久的後伍麥亞朝（見編號4）。

●參考資料

* Lane-Poole, 4-6, 9; Zambaur, 3 and Table F; Album, 7-11.

* *EI* [1] 'Umaiyads' (G. Levi Della Vida).

* Veccia Vaglieri, 'The Patriarchal and Umayyad caliphates', in *The Cambridge History of Islam*, I, 57-103.

* H. Kennedy, *The Prophet and the Age of the Caliphates. The Islamic Near East from the Sixth to the Eleventh Century*, 82-123，第403頁附有世系表。

* G. R. Hawting, *The First Dynasty of Islam. The Umayyad Caliphate AD 661-750*, London 1986，第xv頁附有世系表。

* A. Noth, 'Früher Islam', in Haarmann (ed.), *Geschichte der arabischen Welt*, 11-100.

3.

阿巴斯朝（The ‘Abbāsid Caliphs）

- 伊曆 132 ～ 923 年
- 西曆 750 ～ 1517 年

一、伊拉克和巴格達的哈里發（132 － 656 / 749 － 1258）

年份	統治者名稱／重要事件
◇132 / 749	●阿布—阿巴斯・剎法赫，阿布達拉・賓・穆罕默德・伊瑪目 ●‘Abdallāh b. Muḥammad al-Imām, Abu ’l-‘Abbās al-Ṣaffāḥ
◇136 / 754	●阿布—賈俄法爾・曼蘇爾，阿布達拉・賓・穆罕默德・伊瑪目 ●‘Abdallāh b. Muḥammad al-Imām, Abū Ja‘far al-Manṣūr
◇158 / 775	●阿布—阿布達拉・瑪赫迪，穆罕默德・賓・曼蘇爾 ●Muḥammad b. al-Manṣūr, Abū ‘Abdallāh al-Mahdī
◇169 / 785	●阿布—穆罕默德・哈迪，穆薩・賓・瑪赫迪 ●Mūsā b. al-Mahdī, Abū Muḥammad al-Hādī
◇170 / 786	●阿布—賈俄法爾・拉胥德，哈倫・賓・瑪赫迪 ●Hārūn b. al-Mahdī, Abū Ja‘far al-Rashīd
◇189 / 809	●阿布—穆薩・阿敏，穆罕默德・賓・拉胥德 ●Muḥammad b. al-Rashīd, Abū Mūsā al-Amīn
◇193 / 813	●阿布—賈俄法爾・瑪蒙，阿布達拉・賓・拉胥德 ●‘Abdallāh b. al-Rashīd, Abū Ja‘far al-Ma’mūn
◇201 － 203 / 817 － 819	**●易卜拉欣・賓・瑪赫迪** **●Ibrāhīm b. al-Mahdī** **●統治巴格達，逝於 224 / 839 年。**

◇218 / 833	●阿布—易斯哈格・穆俄塔席姆，穆罕默德・賓・拉胥德 ● Muḥammad b. al-Rashīd, Abū Isḥāq al-Mu‘taṣim
◇227 / 842	●阿布—賈俄法爾・瓦西格，哈倫・賓・穆俄塔席姆 ● Hārūn b. al-Mu‘taṣim, Abū Ja‘far al-Wāthiq
◇232 / 847	●阿布—法德勒・穆塔瓦基勒，賈俄法爾・賓・穆俄塔席姆 ● Ja‘far b. al-Mu‘taṣim, Abu ’l-Faḍl al-Mutawakkil
◇247 / 861	●阿布—賈俄法爾・蒙塔席爾，穆罕默德・賓・穆塔瓦基勒 ● Muḥammad b. al-Mutawakkil, Abū Ja‘far al-Muntaṣir
◇248 / 862	●阿布—阿巴斯・穆斯塔因，阿赫瑪德・賓・穆罕默德 ● Aḥmad b. Muḥammad, Abu ’l-‘Abbās al-Musta‘īn
◇252 / 866	●阿布—阿布達拉・穆俄塔茲，穆罕默德・賓・穆塔瓦基勒 ● Muḥammad b. al-Mutawakkil, Abū ‘Abdallāh al-Mu‘tazz
◇255 / 869	●阿布—易斯哈格・穆赫塔迪，穆罕默德・賓・瓦西格 ● Muḥammad b. al-Wāthiq, Abū Isḥāq al-Muhtadī
◇256 / 870	●阿布—阿巴斯・穆俄塔米德，阿赫瑪德・賓・穆塔瓦基勒 ● Aḥmad b. al-Mutawakkil, Abu ’l-‘Abbās al-Mu‘tamid
◇279 / 892	●阿布—阿巴斯・穆俄塔迪德，阿赫瑪德・賓・穆瓦法各 ● Aḥmad b. al-Muwaffaq, Abu ’l-‘Abbās al-Mu‘taḍid
◇289 / 902	●阿布—穆罕默德・穆克塔非，阿里・賓・穆俄塔迪德 ● ‘Aiī b. al-Mu‘taḍid, Abū Muḥammad al-Muktafī
295 / 908	●阿布—法德勒・穆各塔迪爾，賈俄法爾・賓・穆俄塔迪德 ● Ja‘far b. al-Mu‘taḍid, Abu ’l-Faḍl al-Muqtadir ●首次統治。

296 / 908	●**伊本—穆俄塔茲・穆爾塔達・蒙塔席夫** ●**Ibn al-Mu'tazz al-Murtaḍā al-Muntaṣif** ●**統治巴格達。**
◇296 / 908	●賈俄法爾・穆各塔迪爾 ●Ja'far al-Muqtadir ●第二次統治。
317 / 929	●阿布—曼蘇爾・嘎希爾，穆罕默德・賓・穆俄塔迪德 ●Muḥammad b. al-Mu'taḍid, Abū Manṣūr al-Qāhir ●首次統治，統治巴格達。
317 / 929	●賈俄法爾・穆各塔迪爾 ●Ja'far al-Muqtadir ●第三次統治。
◇320 / 932	●穆罕默德・嘎希爾 ●Muḥammad al-Qāhir ●第二次統治，逝於339 / 950年。
◇322 / 934	●阿布—阿巴斯・拉迪，阿赫瑪德・賓・穆各塔迪爾 ●Aḥmad b. al-Muqtadir, Abu 'l-'Abbās al-Rāḍī
◇329 / 940	●阿布—易斯哈格・穆塔基，易卜拉欣・賓・穆各塔迪爾 ●Ibrāhīm b. al-Muqtadir, Abū Isḥāq al-Muttaqī ●逝於357 / 968年。
◇333 / 944	●阿布—嘎希姆・穆斯塔克非，阿布達拉・賓・穆克塔非 ●'Abdallāh b. al-Muktafī, Abu 'l-Qāsim al-Mustakfī ●逝於338 / 949年。
◇334 / 946	●阿布—嘎希姆・穆提俄，法德勒・賓・穆各塔迪爾 ●al-Faḍl b. al-Muqtadir, Abu 'l- Qāsim al-Muṭī' ●逝於364 / 974年。

◇363 / 974	●阿布—法德勒・塔伊，阿布杜—卡里姆・賓・穆提俄 ● ‘Abd al-Karīm b. al-Muṭī‘, Abu ’l-Faḍl al-Ṭā’i‘ ●逝於 393 / 1003 年。
◇381 / 991	●阿布—阿巴斯・嘎迪爾，阿赫瑪德・賓・易斯哈格 ● Aḥmad b. Isḥāq, Abu ’l-‘Abbās al-Qādir
◇422 / 1031	●阿布—賈俄法爾・嘎伊姆，阿布達拉・賓・嘎迪爾 ● ‘Abdallāh b. al-Qādir, Abū Ja‘far al-Qā’im
◇467 / 1075	●阿布—嘎希姆・穆各塔迪，阿布達拉・賓・穆罕默德 ● ‘Abdallāh b. Muḥammad, Abu ’l-Qāsim al-Muqtadī
◇487 / 1094	●阿布—阿巴斯・穆斯塔茲希爾，阿赫瑪德・賓・穆各塔迪 ● Aḥmad b. al-Muqtadī, Abu ’l-‘Abbās al-Mustaẓhir
◇512 / 1118	●阿布—曼蘇爾・穆斯塔爾胥德，法德勒・賓・穆斯塔茲希爾 ● al-Faḍl b. al-Mustaẓhir, Abū Manṣūr al-Mustarshid
◇529 / 1135	●阿布—賈俄法爾・拉胥德，曼蘇爾・賓・穆斯塔爾胥德 ● al-Manṣūr b. al-Mustarshid, Abū Ja‘far al-Rāshid
◇530 / 1136	●阿布—阿布達拉・穆各塔非，穆罕默德・賓・穆斯塔茲希爾 ● Muḥammad b. al-Mustaẓhir, Abū ‘Abdallāh al-Muqtafī
◇555 / 1160	●阿布—穆查法爾・穆斯坦吉德，優素夫・賓・穆各塔非 ● Yūsuf b. al-Muqtafī, Abu ’l-Muẓaffar al-Mustanjid
◇566 / 1170	●阿布—穆罕默德・穆斯塔迪俄，哈珊・賓・穆斯坦吉德 ● al-Ḥasan b. al-Mustanjid, Abū Muḥammad al-Mustaḍī’
◇575 / 1180	●阿布—阿巴斯・納席爾，阿赫瑪德・賓・穆斯塔迪俄 ● Aḥmad b. al-Mustaḍī’, Abu ’l-‘Abbās al-Nāṣir

◇622 / 1225	●阿布—納斯爾．札希爾，穆罕默德．賓．納席爾 ● Muḥammad b. al-Nāṣir, Abū Naṣr al-Ẓāhir
◇623 / 1226	●阿布—賈俄法爾．穆斯坦席爾，曼蘇爾．賓．札希爾 ● al-Manṣūr b. al-Ẓāhir, Abū Ja'far al-Mustanṣir
◇640－656 / 1242－1258	●阿布—阿赫瑪德．穆斯塔俄希姆，阿布達拉．賓．穆斯坦席爾 ● 'Abdallāh b. al-Mustanṣir, Abū Aḥmad al-Musta'ṣim
656 / 1258	●**蒙古人攻陷巴格達。**

二、阿勒坡（Aleppo）、哈蘭（Ḥarrān）和敘利亞北部的哈里發（659－660 / 1261）

年份	統治者名稱／重要事件
◇659 － 660 / 1261	●阿布—阿巴斯．哈基姆一世，阿赫瑪德．賓．哈珊 ● Aḥmad b. al-Ḥasan, Abu 'l-Abbās al-Ḥākim I
661 / 1258	●**遷往開羅。**

三、開羅的哈里發（659－923 / 1261－1517）

年份	統治者名稱／重要事件
659 － 660 / 1261	●阿布—嘎希姆．穆斯坦席爾，阿赫瑪德．賓．札希爾 ● Aḥmad b. al-Ẓāhir, Abu 'l-Qāsim al-Mustanṣir
661 / 1262	●阿布—阿巴斯．哈基姆一世，阿赫瑪德．賓．哈珊 ● Aḥmad b. al-Ḥasan, Abu 'l-'Abbās al-Ḥākim I
701 / 1302	●阿布—拉畢阿．穆斯塔克非一世，蘇萊曼．賓．哈基姆一世 ● Sulaymān b. al-Ḥākim I, Abū Rabī'a, al-Mustakfī I

740 / 1340	●阿布─易斯哈格・瓦西格一世，易卜拉欣・賓・穆罕默德・穆斯塔姆希克 ●Ibrāhīm b. Muḥammad al-Mustamsik, Abū Isḥāq al-Wāthiq I
741 / 1341	●阿布─阿巴斯・哈基姆二世，阿赫瑪德・賓・穆斯塔克非一世 ●Aḥmad b. al-Mustakfī I, Abu 'l-'Abbās al-Ḥākim II
753 / 1352	●阿布─法特赫・穆俄塔迪德一世，阿布─巴克爾・賓・穆斯塔克非一世 ●Abū Bakr b. al-Mustakfī I, Abu 'l-Fatḥ al-Mu'taḍid I
763 / 1362	●阿布─阿布達拉・穆塔瓦基勒一世，穆罕默德・賓・穆俄塔迪德一世 ●Muḥammad b. al-Mu'taḍid I, Abū 'Abdallāh al-Mutawakkil I ●首次統治。
779 / 1377	●阿布─雅赫亞・穆俄塔席姆，查克利亞・賓・瓦西格一世 ●Zakariyyā' b. al-Wāthiq I, Abū Yaḥyā al-Mu'taṣim ●首次統治。
779 / 1377	●穆罕默德・穆塔瓦基勒一世 ●Muḥammad al-Mutawakkil I ●第二次統治。
785 / 1383	●阿布─哈夫斯・瓦西格二世，歐瑪爾・賓・瓦西格一世 ●'Umar b. al-Wāthiq I, Abū Ḥafṣ al-Wāthiq II
788 / 1386	●查克利亞・穆俄塔席姆 ●Zakariyyā' al-Mu'taṣim ●第二次統治。
791 / 1389	●穆罕默德・穆塔瓦基勒一世 ●Muḥammad al-Mutawakkil I ●第三次統治。

808 / 1406	●阿布—法德勒・穆斯塔因，阿巴斯（雅俄固卜）・賓・穆塔瓦基勒一世 ● ʻAbbās or Yaʻqūb b. al-Mutawakkil I, Abu ʼl-Faḍl al-Mustaʻīn ●也在815 / 1412 年宣告就任蘇丹，見編號31、32。
816 / 1414	●阿布—法特赫・穆俄塔迪德二世，達伍德・賓・穆塔瓦基勒一世 ● Dāwūd b. al-Mutawakkil I, Abu ʼl-Fatḥ al-Muʻtaḍid II
845 / 1441	●阿布—拉畢阿・穆斯塔克非二世，蘇萊曼・賓・穆塔瓦基勒一世 ● Sulaymān b. al-Mutawakkil I, Abū Rabīʻa al-Mustakfī II
855 / 1451	●阿布—巴克爾・嘎伊姆，哈姆查・賓・穆塔瓦基勒一世 ● Ḥamza b. al-Mutawakkil I, Abū Bakr al-Qāʼim
859 / 1455	●阿布—瑪哈欣・穆斯坦吉德，優素夫・賓・穆塔瓦基勒一世 ● Yūsuf b. al-Mutawakkil I, Abu ʼl-Maḥāsin al-Mustanjid
884 / 1479	●阿布—儀茲・穆塔瓦基勒二世，阿布杜—阿濟茲・賓・穆斯塔因 ● ʻAbd al-ʻAzīz b. al-Mustaʻīn, Abu ʼl-ʻIzz al-Mutawakkil II
903 / 1497	●阿布—剎卜爾・穆斯塔姆希克，雅俄固卜・賓・穆塔瓦基勒二世 ● Yaʻqūb b. al-Mutawakkil II, Abu ʼl-Ṣabr al-Mustamsik ●首次統治。
914 / 1508	●穆塔瓦基勒三世・賓・穆斯塔姆希克 ● al-Mutawakkil III b. al-Mustamsik ●首次統治。
922 / 1516	●雅俄固卜・穆斯塔姆希克 ● Yaʻqūb al-Mustamsik ●第二次統治。

923 / 1517	●穆塔瓦基勒三世 ●al-Mutawakkil III ●第二次統治，逝於伊斯坦堡（Istanbul）。
923 / 1517	**●歐斯曼帝國（Ottoman）征服埃及。**

原則上，阿巴斯氏族乃透過一場麥加氏族間的激烈鬥爭，才獲得哈里發的權位。阿巴斯氏族是穆罕默德的叔父阿巴斯（al-'Abbās）的後裔，屬於麥加的哈須姆氏族（Hāshim），也因為這樣的血緣關係，讓他們能夠在正統的順尼派（Sunnī）宗教階層之中保有伍麥亞氏族所缺乏的領導正當性。儘管如此，在阿巴斯氏族統治的第一個世紀裡，仍然需要對抗阿里後裔所發起的頻繁抗爭，這些反對者是阿里的兩個兒子哈珊和胡笙（al-Ḥusayn）的後人，哈珊和胡笙是穆罕默德的孫子，在什葉派人士眼中，他們所支持者更適合繼承哈里發與伊瑪目的權位，領導社群來奉循先知所接受的神聖啟示（Waḥy）。為了自我防衛，阿巴斯的捍衛者強調：先知的男性血緣應優於女性血緣（阿里是透過與穆罕默德的女兒法蒂瑪聯姻，其後裔才具有先知的血統）。另外，為了統治的正統性，這些哈里發開始採用宗教性的「尊號」（別名，alqāb，單數為laqab）系統，在登基時便訂立自己的尊銜，前朝的伍麥亞氏族中並未出現這種習慣；這些頭銜表彰了他們對神的依賴與虔誠性，並為阿巴斯氏族的統治添上神意的支持。他們也以其他方式，開始逐漸強調新統治勢力中的「君權神授」本質，而阿巴斯氏族更竭盡所能尋求正統宗教機構與階層的支持。就實質的政府意涵而言，古波斯重視神性統治與治國

權術的傳統，在當時仍然廣為流傳並保有相當程度的影響力，因此阿巴斯氏族在波斯地區發起的革命，不再只是原先單純的阿拉伯人運動，更利用了部分波斯人的不滿情緒。阿巴斯朝的首都從敘利亞的大馬士革轉移到伊拉克地區，最後定都於巴格達（Baghdad），這顯示出哈里發政權向東發展的政策方向，而在往後的幾個世紀中，波斯的物質與文化傳統，及其帶來的影響，在帝國的發展中日漸明顯。

伊斯蘭帝國的勢力範圍大約在伍麥亞朝達到顛峰，而在阿巴斯朝早期，伊斯蘭境域的擴張卻幾乎停滯。只有少數哈里發將自己定位為戰場上的軍事將領，例如瑪蒙（al-Ma'mūn）以及穆俄塔席姆（al-Mu'taṣim），他們都成功領導了進入安那托利亞（Anatolia）、對抗拜占庭帝國的擴張行動；但到了十、十一世紀初，在強盛的希臘馬其頓國王的猛烈進攻下，穆斯林不得不屈居守勢。大約在九世紀時，政治統一的哈里發政權就已經開始瓦解，早期與阿巴斯朝敵對的一支伍麥亞支系統治了西班牙（見編號4），而北非又因為距離遙遠，無法嚴密控制。其他像是埃及的圖倫朝（Ṭūlūnids，見編號25）、波斯的塔希爾朝（Ṭāhirids，見編號82）以及薩吉朝（Sājids，見編號70），它們的領導者雖然仍保持效忠巴格達的附庸關係，這些朝代的存在卻都替波斯世界東方邊陲地區日後的諸多自治國打下基礎，例如河中地區的薩曼朝（Sāmānids，見編號83）以及錫斯坦（Sīstān）的剎法爾朝（Saffārids，見編號84），他們都只向巴格達哈里發上繳少量的稅賦，有時甚至全然不予理會。阿巴斯朝的治權漸漸縮減至伊拉克中部，尤其是在十世紀時，當時一群激進的什葉派政治份子，短暫襲捲了伊斯蘭帝國境內大部分的中部與東部地區。

法蒂瑪朝人（Fātimids）首先佔領了北非，接著是埃及與敘利亞南部（見編號27），他們在開羅建國，抗衡巴格達哈里發的權位。興起於代拉姆地區（Daylam）的布伊氏族（Būyids，見編號75）在334 / 945年攻入巴格達，控制了伊拉克和波斯西部地區，他們限縮阿巴斯氏族的權力。阿巴斯氏族的哈里發除了作為順尼伊斯蘭的精神領袖外，幾乎不再握有任何實權權力，只能淪為傀儡。

隨著十一世紀塞爾柱突厥人（Turkish Seljuqs，見編號91）出現在中東地區，阿巴斯氏族與順尼派的困境得到緩解；不過塞爾柱人基於他們在宗教立場上對先知傳統（Sunna）的支持，並不打算冒險破壞剛建立的蘇丹制度（Sultanate）來恢復哈里發的政治權力。只有到了十二世紀，塞爾柱政權分裂、權力衰微時，阿巴斯氏族才在穆各塔非（al-Muqtafī）和納席爾（al-Nāṣir）等強勢哈里發的領導下，開始逆轉頹勢。然而，這股復甦的實質統治權力與道德影響力，卻被蒙古之禍中斷，旭烈兀（Hülegü）的蒙古大軍在656 / 1258年殺害了統治巴格達的最後一任阿巴斯朝哈里發（見編號133）。

阿巴斯朝前三個世紀（西元八至十一世紀）的統治見證了中世紀伊斯蘭文明的輝煌發展。受到波斯、希臘和拜占庭文化的薰陶與影響，文學、神學、哲學以及自然科學全都在這個時期大鳴大放。經濟與商業活動廣泛地進行著，尤其是在更古老、更早便已開發的波斯、肥沃月彎以及埃及地區；同時，也與歐亞草原、遠東、印度以及黑色非洲（撒哈拉以南）等外圍區域建立起貿易連結。除了十至十一世紀所面臨的中央政治崩解，以及部族與教派之間的暴力鬥爭，穆斯林仍持續著整體的物質與文化互動，瑞士東方學者Adam Mez也因此稱十世紀為「伊斯蘭文藝復興時期」（'Renaissance of Islam'）。突厥（Turkmen）游牧民族從中東地區的北界侵入後，隨後建立起不同的地方政權朝代，為帝國內土地利用與經濟生活層面帶來了大規模的改變，而這些突厥政權也都被吸收、納入伊斯蘭的文化與宗教結構之中；反倒是與伊斯蘭為敵數十載的蒙古人，引入了異於中東定居農業經濟型態的游牧生活，對伊拉克與波斯地區的經濟與社會穩定帶來嚴重破壞。

蒙古人廢除了巴格達的哈里發體制，但不久後，埃及瑪穆魯克傭兵政權的蘇丹（Mamlūk Sultan）貝巴爾斯（Baybars，見編號31之1）決定自行擁立一名哈里發。於是他邀請阿赫瑪德．穆斯坦席爾（Aḥmad al-Mustanṣir）前往埃及（659 / 1261年），阿赫瑪德宣稱自己是巴格達最後一名哈里發阿巴斯的叔父，當時被囚禁在巴格達，直到蒙古人釋放他之後，才有機會到開羅（Cairo）宣布就任哈里發。這位哈里發領導了一支軍隊，不切實際地企圖反攻巴格達，他很可能是在這次的嘗試中戰死，此後就消失在歷史上。這段期間裡，另一名可能真正是穆斯塔爾胥德（al-Mustarshid）後人的阿巴斯氏族成員，憑藉阿古胥統領（Amīr Aqqush）的支持，在同年以「哈基姆」（al-Ḥākim）之名於阿勒坡（Aleppo）宣布就任哈里發，並在不久後受立於開羅（661 / 1262年）。在開羅設立哈里發，是為了合法化瑪穆魯克的統治，並將他們的勢力拓展到如北非與印度等遙遠地區；在此同時，重立哈里發也成為穆斯林對抗十字軍與蒙古人的一種精神武器；此外，與巴格達阿巴斯朝晚期一樣，這些哈里發又更進一步扮演「青年團」（Futuwwah）或正義秩序的領導者。不過，他們在傭兵政權統治的區域內並沒有實質的權力，顯然也沒有任何與蘇丹分權的機會。最後一任哈里發穆塔瓦基勒三世（al-Mutawakkil III）在923 / 1517年被歐斯曼帝國的「堅定不懈者」塞里姆（Selīm）擄往伊斯坦堡，當時哈里發將他的權力轉移給歐斯曼蘇丹的傳聞，實際上只是十九世紀時偽造的。

從阿巴斯朝建立於132 / 749年起，可以看出統治者地位普遍提升，此後，開始以統治者為中心來建構宮廷儀禮，這可能反映了前述的波斯文化對阿巴斯朝社會的影響。伍麥亞朝的哈里發慣於以單純的名字作為自己的統治稱號，而自從曼蘇爾（al-Manṣūr）登基以後，阿巴斯朝的哈里發則開始採用尊號，來傳達統治的神聖性，例如「瑪赫迪」

（al-Mahdī，意為「受神引導者」）；或者強調在履行神所創造的世界規劃時，統治者佔據首要的地位，像是「嘎伊姆」（al-Qā'im，意為「崛起者、承接者」），或是「札希爾」（al-Ẓāhir，意為「得勝者」），這類型的名稱通常還會加上「li-dīn Allāh」（to/for God's religion，意為「為了神的宗教」），或是「bi-amr Allāh」（in the furtherance of God's affair/command，意為「推動神的事務與命令」）。然而，一旦哈里發體制的一統性開始瓦解、各個省份的自治政權逐漸興起時，地方統治者遂開始角逐哈里發權位，並採用誇大、響亮的頭銜。各種荒謬、不符合統治者性質的名號隨即變得屢見不鮮。

●參考資料

* Lane-Poole, 6-8, 12-13; Zambaur, 4-5 and Table G; Album, 11-13.
* *EI* [2], 'Abbāsids' (B. Lewis).
* D. and J. Sourdel, *La civilization de l'Islam classique*, Paris 1968, chs 2 and 3, 61-126.
* D. Sourdel, 'The 'Abbāsid caliphate', in *The Cambridge History of Islam*, I, 104-39.
* H. Kennedy, *The Early Abbasid Caliphate: A Political History*, London 1981.
* idem, *The Prophet and the Age of the Caliphs. The Islamic Near East from the Sixth to the Eleventh Century*, 124-99，第404頁附有世系表。
* T. Nagal, 'Das Kalifat der Abbasiden', in Haarmann (ed.), *Geschichte der arabischen Welt*, 101-65.
* P. M. Holt, 'Some observations on the 'Abbāsid caliphate of Cairo', *Bulletin of the School of Oriental [and African] Studies*, 47 (1987), 501-7.
* S. Heidenmann, *Das Aleppiner Kalifat (A.D. 1261). Vom Ende des Kalifates in Bagdad über Aleppo zu den Restaurationen in Kairo*, Leiden 1994.

第二章

西班牙地區

Spain

138 / 756

897 / 1492

4.

西班牙伍麥亞朝（The Spanish Umayyads）

- 伊曆 138 ～ 422 年
- 西曆 756 ～ 1031 年
- 北方基督教王國勢力以外的伊比利半島

年份	統治者名稱／重要事件
◇138 / 756	●阿布—穆塔利夫・達希勒，阿布杜—拉赫曼一世・賓・穆阿維亞 ●ʻAbd al-Raḥmān I b. Muʻāwiya, Abu ʼl-Muṭarrif al-Dākhil
◇172 / 788	●阿布—瓦立德，希夏姆一世・賓・阿布杜—拉赫曼一世 ●Hishām I b. ʻAbd al-Raḥmān I, Abu ʼl-Walīd
◇180 / 796	●阿布—阿斯，哈卡姆一世・賓・希夏姆一世 ●al-Ḥakam I b. Hishām I, Abu ʼl-ʻĀṣ
◇206 / 822	●阿布—穆塔利夫・穆塔瓦希特，阿布杜—拉赫曼二世・賓・哈卡姆一世 ●ʻAbd al-Raḥmān II b. al-Ḥakam I, Abu ʼl-Muṭarrif al-Mutawassiṭ
◇238 / 852	●阿布—阿布達拉，穆罕默德一世・賓・阿布杜—拉赫曼二世 ●Muḥammad I b. ʻAbd al-Raḥmān II, Abū ʻAbdallāh
◇273 / 886	●阿布—哈卡姆，蒙迪爾・賓・穆罕默德一世 ●al-Mundhir b. Muḥammad I, Abu ʼl-Ḥakam
◇275 / 888	●阿布—穆罕默德，阿布達拉・賓・穆罕默德一世 ●ʻAbdallāh b. Muḥammad I, Abū Muḥammad
◇300 / 912	●阿布—穆塔利夫・納席爾，阿布杜—拉赫曼三世・賓・穆罕默德 ●ʻAbd al-Raḥmān III b. Muḥammad, Abu ʼl-Muṭarrif al-Nāṣir

◇350 / 961	●阿布—穆塔利夫・穆斯坦席爾，哈卡姆二世・賓・阿布杜—拉赫曼三世 ●al-Ḥakam II b. ʻAbd al-Raḥmān III, Abu ʼl-Muṭarrif al-Mustanṣir
◇366 / 976	●阿布—瓦立德・穆艾亞德，希夏姆二世・賓・哈卡姆二世 ●Hishām II b. al-Ḥakam II, Abu ʼl-Walīd al-Muʼayyad ●首次統治。
◇399 / 1009	●瑪赫迪，穆罕默德二世・賓・希夏姆二世 ●Muḥammad II b. Hishām II, al-Mahdī ●首次統治。
◇400 / 1009	●穆斯塔因，蘇萊曼・賓・哈卡姆 ●Sulaymān b. al-Ḥakam, al-Mustaʻīn ●首次統治。
◇400 / 1010	●希夏姆二世 ●Hishām II ●第二次統治。
◇403 / 1013	●蘇萊曼 ●Sulaymān ●第二次統治。
407 / 1016	**●納席爾，阿里・伊本—哈穆德** **●ʻAlī Ibn Ḥammūd, al-Nāṣir** **●隸屬於哈穆德氏族。**
◇408 / 1018	●穆爾塔達，阿布杜—拉赫曼四世・賓・穆罕默德 ●ʻAbd al-Raḥmān IV b. Muḥammad, al-Murtaḍā
408 / 1018	**●瑪蒙，嘎希姆・伊本—哈穆德** **●al-Qāsim Ibn Ḥammūd, al-Maʼmūn** **●隸屬於哈穆德氏族，首次統治。**

412 / 1021	● **穆俄塔里，雅赫亞・賓・阿里** ● **Yaḥyā b. ‘Alī, al-Mu‘talī** ● **隸屬於哈穆德氏族，首次統治。**
413 / 1023	● **嘎希姆** ● **al-Qāsim** ● **隸屬於哈穆德氏族，第二次統治。**
◇414 / 1023	● 穆斯塔茲希爾，阿布杜—拉赫曼五世・賓・希夏姆 ● ‘Abd al-Raḥmān V b. Hishām, al-Mustaẓhir
◇414 / 1024	● 穆斯塔克非，穆罕默德三世・賓・阿布杜—拉赫曼 ● Muḥammad III b. ‘Abd al-Raḥmān, al-Mustakfī ● 416 / 1025 年遭殺害。
416 / 1025	● **雅赫亞** ● **Yaḥyā** ● **隸屬於哈穆德氏族，第二次統治。**
◇418－422 / 1027－1031	● 穆俄塔德，希夏姆三世・賓・穆罕默德 ● Hishām III b. Muḥammad, al-Mu‘tadd ● 逝於428 / 1036 年，**進入統領侯國時期**。

阿拉伯與柏柏軍隊在92 / 711 年從摩洛哥（Morocco）穿越直布羅陀海峽抵達西班牙，並迅速推翻當時統治西班牙的日耳曼軍事聖裔——西哥德人（Visigoth）。往後的數十年內，穆斯林軍隊逐漸將西哥德人的殘餘勢力趕往伊比利半島最北方的坎塔布連山脈（Cantabrian Mountains），他們甚至穿越庇里牛斯山，攻入法蘭克人統治的高盧地區

（Gaul）。一直到114 / 732年，在阿拉伯人稱為「烈士之戰」（Balāṭ al-Shuhadā'）的戰役中，夏賀勒・瑪赫提勒（Charles Martel，「鐵鎚查理」）才在波吉耶（Poitiers）的北方打敗穆斯林軍隊。起初，由東方派來的阿拉伯總督統治西班牙，作為伊斯蘭帝國最西方的行省。在阿拉伯文中稱這個地區為「安達盧斯」（al-Andalus，幾乎可以確定其字源並非「Vandalicia」一字〔意即「汪達爾人的土地」〕，汪達爾人統治時期早了兩百年，幾乎沒有留下任何可供追溯的歷史痕跡。「al-Andalus」一字更可能源自於日耳曼辭彙，代表「被分享、分配的土地」）。然而，到了138 / 756年，日後被稱為「al-Dākhil」（意即「侵入者」）的阿布杜—拉赫曼一世（'Abd al-Raḥmān I），逃過阿巴斯革命對伍麥亞氏族的屠殺，抵達西班牙，建立伍麥亞侯國（Umayyad amirate）。

在當時，地理因素限制了中央的控制權以及穩固政權的根基，因此伍麥亞氏族能夠在半島上建國無疑是一大創舉。伍麥亞侯國的據點位於塞維爾（Seville，阿拉伯文拼音為Ishbīliya）和哥多華（Cordova，阿拉伯文拼音為Qurṭuba），但駐守在其他邊陲省份的將領卻無法確保安全無虞。儘管有一定比例的西裔羅馬人皈依為穆斯林（被稱為Muwalladūn，意指「混血的受保護者」），但仍有大量人口保留他們的基督教信仰（他們被稱為「阿拉伯化者」〔Must'arabūn〕，英文為「Mozarabs」），並尋求北方獨立基督教勢力的精神與信仰支持，尤其是在西哥德人的古老首都托雷多（Toledo，阿拉伯文拼音為Ṭulayṭila），它除了是西班牙的基督教會中心，也是反抗穆斯林政權的根據地。穆斯林方面，許多地方將領或親王透過其領導的軍事力量，幾乎獨立於首都哥多華的統治外；這些地方勢力主要分布在東北方的伊布羅河谷（Ebro）、日後的亞拉岡王國（Aragon）與加泰隆尼亞王國（Catalonia），例如薩拉戈薩的圖吉布氏族（Tujībids of Saragossa），以及圖德拉的嘎希氏族（Banū Qasī of Tudela）。在九世紀後期，兩股長期對抗哥多華政權的穆斯林地方勢力分別是：加利西亞人（Galician）伊本—瑪爾萬（Ibn Marwān）領導的巴達霍茲（Badajoz）勢力，以及伊本—哈夫順（Ibn Ḥafṣūn）領導的格拉那達山區（Granada）勢力。

儘管政權有這些弱點，也持續面臨北方各個基督教小國的問題，西班牙伍麥亞朝使哥多華成為非凡的工藝與商業中心，更是阿拉伯文化、學術與藝術中心，僅次於巴格達與開羅。西元十世紀時，號稱「勝利者」（al-Nāṣir）的阿布杜—拉赫曼三世（'Abd-al-Raḥmān III），統治長達四十年的時間（300－50 / 913－61），他將權位推向新的高峰，宮廷禮儀可能也因為仿照拜占庭的傳統而變得更為細緻。為了打擊敵對的法蒂瑪朝（Fāṭmids），阿布杜—拉赫曼三世更公開自稱哈里發，並以「眾信仰者的領導人」（Commander of the Faithful）取代過去單純的「統領」（amīr）頭銜。如此一來，他們放棄了存續一百五十年的模糊國家概念，這概念使得伍麥亞朝難以界定自己屬於伊斯蘭世界（儘管只是外圍）的一部分，還是他們在統治一個信仰伊斯蘭的地方性伊比利侯國，但有自己的政治領導人。阿布杜—拉赫曼三世明確違反了正統教義，因為傳統上通常認定哈里發權位獨一且不可切割。他不再依賴安達盧斯的阿拉伯軍隊（jund），也不再派遣駐軍至各個領地，而是為軍隊注入北非柏柏部族的新血，也任用基督教歐洲帶回來的奴隸部隊（Ṣaqāliba）。此時，北方的基督教徒受到鎮壓，而反抗法蒂瑪朝的運動也正在北非盛行。然而，當哈卡姆二世（al-Hakam II）逝於366 / 976年後，較軟弱的後人繼承了統治權，於是國家實權落入人稱「勝利者」曼蘇爾（al-Manṣūr，基督教世界的記錄為Almanzor）的首席內侍大臣（Ḥājib）伊本—阿比—阿密爾（Ibn Abī 'Amir）手中；他也是佔領巴塞隆納（Barcelona）的將軍，曾一度攻陷加利西亞的康波斯特拉（Compostella）聖詹姆士聖地（shrine of St. James）。

但是到了十一世紀初，阿密爾氏族的內侍大臣卻失去了控制權，而整個伍麥亞哈里發政權也隨之分崩離析。許多歷史學家探討了其可能原因，例如有些史家認為在阿布杜—拉赫曼三世統治時期，安達盧斯的穆斯林人口因為基督教徒轉信而大量增加，讓穆斯林史無前例地成為該地區的多數群體，這導致他們抱持過度的自信心，而認為不再需要一個強而有力的中央政府來維護伊比利半島上伊斯蘭的存續，因此加速瓦解。倘若如此，這樣的自信顯然是錯誤的。儘管握有柏柏人與歐洲奴隸組成的軍力，短暫的伍麥亞朝最後仍然無法在傳統的安達盧斯穆斯林（主要是阿拉伯人與混血的受保護者）之間維持信仰權力，他們短暫的統治權移轉到柏柏化的阿拉伯哈穆德氏族（Ḥammūdids）手中，他們是馬拉加（Malaga）、休達（Ceuta）、丹吉爾（Tangier）以及阿爾赫西拉斯（Algeciras）地方的統治者（見編號5，統領侯國，條目1、2）。伍麥亞朝終於在422 / 1031 年滅亡，而穆斯林統治的西班牙也陷入一段政治分裂期，由許多地方領主和民族團體掌權（Age of the Mulūk al-Tawā'if，「統領侯國時期」，西班牙文為Reyes de Taifas）；一直到該世紀末，穆拉比特朝（Almoravids）出現，才讓安達盧斯再度統一。

●參考資料

* Lane-Poole, 19-22; Zambaur, 3-4 and Table F; Album, 13-14.

* *EI* [1] 'Umaiyads. II' (E. Lévi-Provençal).

* G. C. Miles, *The Coinage of the Umayyads of Spain*, ANS Hispanic Numismatic Series, Monographs, no. 1, New York 1950.

* E. Lévi-Provençal, *Histoire de l'Espagne musulmane*, Paris 1950-67, I-II，表格收錄於第二冊 346 頁。

5.

西班牙統領侯國（The Mulūk al-Ṭawā'if or Reyes de Taifas in Spain）

- 伊曆五世紀至七世紀初
- 西曆十一世紀至十三世紀初
- 西班牙中部與南部、休達以及巴利阿里群島（Balearic Islands）

從阿密爾氏族（'Āmirid）內侍大臣統治的終結，一直到穆拉比特朝出現的七、八十年間，伍麥亞朝瓦解後，許多地方政權於穆斯林西班牙各地竄起；然而，雖然處於政治分裂期，燦爛的文化仍高度發展，其實這種情形在歷史上並不少見。

整個過程始於後阿密爾政權的內戰，422 / 1031 年伍麥亞朝垮台前，已經長期處於叛亂狀態，主要的幾個統領侯國政權也逐漸穩固。在統領割據的這數十年間，前首都哥多華從不曾建立超過地方規模的權力核心，取而代之的是各個地方勢力組成的馬賽克鑲嵌畫，大衛・瓦舍斯坦（David Wasserstein）列出三十九個擁有實權的侯國的地理中心：

	阿拉伯文地名	西班牙文地名	地方勢力
1	●加濟拉・哈德拉 ●al-Jazīra al-Khaḍrā	●阿爾赫西拉斯 ●Algeciras	●哈穆德朝 ●Ḥammūdids
2	●瑪莉亞 ●al-Mariya	●阿爾梅里亞 ●Almería	●述瑪迪赫氏族 ●Banū Ṣumādiḥ

3	●本特 ●al-Bunt	●阿爾蓬特 ●Alpuente	●嘎希姆氏族 ●Banū 'l-Qāsim
4	●阿爾庫須 ●Arkush	●阿爾科斯 ●Arcos	●哈茲倫氏族 ●Banū Khazrūn
5	●巴塔勒耀思 ●Baṭalyaws	●巴達霍斯 ●Badajoz	●阿夫塔斯朝 ●Afṭasids
6	●巴斯塔 ●Basṭa	●巴薩 ●Baza	●逑瑪迪赫氏族 ●Banū Ṣumādiḥ
7	●嘎勒阿特—艾尤布 ●Qal'at Ayyūb	●嘎拉塔尤德 ●Calatayud	●胡德朝 ●Hūdids
8	●嘎勒阿特—拉巴赫 ●Qal'at Rabāḥ	●嘎拉特拉瓦 ●Calatrava	●逑瑪迪赫氏族 ●Banū Ṣumādiḥ
9	●嘎爾穆納 ●Qarmūna	●卡爾莫納 ●Carmona	●比爾查勒氏族 ●Banū Birzāl
10	●撒卜塔 ●Sabta	●休達 ●Ceuta	●哈穆德氏族 ●Ḥammūdids
11	●古爾圖巴 ●Qurṭuba	●哥多華 ●Cordova	●賈赫瓦爾朝 ●Jahwarids
12	●達尼亞 ●Dāniya	●德尼亞 ●Denia	●穆賈希德氏族 ●Banū Mujahīd
13	●馬尤爾嘎與東加扎伊爾 ●Mayūrqa and al-Jazā'ir al-Sharqiyya	●馬猷卡與巴利阿里群島 ●Majorca and Balearic Islands	●穆賈希德氏族、北非列朝總督以及嘎尼亞部族（Banū Ghāniya）的獨立統治者。 ●見編號6。

14	●嘎爾那塔 ●Gharnāṭa	●格拉納達 ●Granada	●吉爾朝 ●Zīrids
15	●瓦勒巴或奧納巴，與夏勒提須 ●Walba or Awnaba and Shaltīsh	●輝勒瓦與薩爾提斯 ●Huelva and Saltes	
16	●瓦須嘎 ●Washqa	●輝斯卡 ●Huesca	●胡德朝 ●Hūdids
17	●傑洋 ●Jayyān	●哈恩 ●Jaén	
18	●拉利達 ●Lārida	●列伊達 ●Lérida	●胡德朝 ●Hūdids
19	●馬尤爾嘎 ●Mayūrqa	●馬猷卡島 ●Majorca	●穆賈希德氏族 ●Banū Mujahīd
20	●馬拉嘎 ●Mālaqa	●馬拉加 ●Málaga	●哈穆德氏族 ●Ḥammūdids
21	●麥地那・薩里姆 ●Madīnat Sālim	●梅迪納塞利 ●Medinaceli	
22	●馬爾圖拉 ●Martula	●梅爾托拉 ●Mértola	
23	●毛魯爾 ●Mawrūr	●莫隆 ●Morón	●努赫氏族 ●Banū Nūḥ
24	●穆爾西亞 ●Mursiya	●莫夕亞 ●Murcia	●許多統治者，包含塔希爾朝（Ṭāhirids）。
25	●穆爾貝塔爾 ●Murbayṭar	●莫維多 ●Murviedro	

26	●拉布拉與賈巴勒·伍尤恩 ●Labla and Jabal al-'Uyūn	●涅夫拉與希夫拉萊翁 ●Niebla and GIbraleón	●亞赫蘇卜朝 ●Yaḥṣubids
27	●倫達 ●Runda	●隆達 ●Ronda	
28	●撒赫拉 ●al-Sahla	●拉薩赫拉或阿爾瓦拉辛 ●La Sahla or Albarracin	●拉辛氏族 ●Banū Razīn
29	●尚塔瑪利亞·嘎爾卜或烏克休努巴 ●Shantamariya al-Gharb or Ukshūnuba	●阿爾加維的聖塔·瑪麗亞或歐克索諾巴 ●Santa Maria de Algarve or Ocsonoba	●哈倫氏族 ●Banū Hārūn
30	●撒拉固斯塔 ●Saraquṣṭa	●薩拉戈薩 ●Saragossa	●圖吉布朝（Tujībids），接著是胡德朝。
31	●夏古拉 ●Shaqūra	●塞古拉 ●Segura	
32	●伊須比利亞 ●Ishbīliya	●塞維爾 ●Seville	●阿巴德氏族 ●'Abbādids
33	●須勒卜 ●Shilb	●錫爾維斯 ●Silves	●穆宰因氏族 ●Banū Muzayn
34	●圖雷提拉 ●Ṭulayṭila	●托雷多 ●Toledo	●朱努恩朝 ●Dhu 'l-Nūnids
35	●杜爾突夏 ●Ṭurṭūsha	●托爾托薩 ●Tortosa	
36	●圖提拉 ●Tutīla	●圖德拉 ●Tudela	●胡德朝 ●Hūdids

37	●巴蘭西亞 ●Balansiya	●瓦倫西亞 ●Valencia	●阿密爾朝 ●'Āmirids
38	●比勒吉 ●Bilj	●比勒契斯 ●Vilches	
39	●阿須拉夫堡 ●Ḥiṣn al-Ashrāf		

其中有某些侯國，尤其是在南方、東南方以及東方較繁榮的區域，發展程度只略高於城邦，然而，其他如阿夫塔斯朝（位於半島西南方的巴達霍斯）、朱努恩朝（位於穆斯林領土北界的托雷多）以及胡德朝（位於伊布羅河谷）等勢力，都統治著相當廣闊的疆域。這些朝代各由不同的種族與背景組成，反映出後伍麥亞朝晚期各族群競逐權力的趨勢。許多阿密爾政權的軍事菁英以及他們的雇主也都崛起，有些是來自淵遠的阿拉伯部族，像是塞維爾的阿巴德氏族（'Abbādids）、阿爾蓬特的嘎希姆族（Banū Qāsim），以及薩拉戈薩的胡德氏族；其他勢力則多屬於柏柏族，像是米克納薩氏族（Miknāsa）的阿夫塔斯朝、浩瓦拉氏族（Hawwāra）的朱努恩朝（原先是吉努恩柏柏部族〔Zennun〕的一支）；或是柏柏化的阿拉伯人，例如阿爾赫西拉斯、休達與馬拉加的哈穆德氏族（最後成為伊德里斯朝〔Idrīsids〕的源頭）。許多柏柏統領源自於大量出現的北非軍隊，這些軍隊都是由十世紀末的伊本—阿比—阿密爾所促成，像是桑哈賈氏族（Ṣanhāja）在格拉納達建立的吉爾朝。儘管西班牙的歐洲奴隸勢力在十一世紀中葉以後開始式微，但在東南方和南方的某些城鎮，例如阿爾梅里亞、巴達霍斯、莫夕亞、瓦倫西亞以及托爾托薩等地，都有歐奴將領奪得權力。

隨著鄰國勢力衰微，較強大的統領持續向外拓展。阿巴德朝幾乎將領土擴張到托雷多，而為了更進一步完成佔領計畫，他們重新扶植一名統治者——希夏姆三世（Hishām III），他自稱為後伍麥亞朝最後一任哈里發，一般認為他在遭罷黜後便默默死去。許多統領甚至聯合基督教徒，藉此打擊他們的穆斯林競爭對手；在穆拉比特朝人進入西班牙之後，末代阿夫塔斯朝君主歐瑪爾．穆塔瓦基勒（'Umar al-Mutawakkil）早已準備好將葡萄牙中部割讓給雷昂與卡斯提亞的阿馮索六世（Alfonso VI of Léon and Castile），以換取共同對抗柏柏族勢力的協助。

到了十一世紀末，這波浪潮顯然襲捲了西班牙的穆斯林世界。一個世紀以前，西班牙北部的貧弱小國仍須向偉大的哥多華哈里發納貢，但如今整體的情勢已大不相同；許多統領都轉向基督教王國繳交「保護稅」（parias），成為其治下的封國。托雷多在478 / 1085年向阿馮索六世投降時幾乎面對著程度相當的內部與外部鬥爭。對統領統治者以及西班牙的宗教階層而言，求助於西方最強穆斯林勢力——茅利塔尼亞與摩洛哥的穆拉比特朝人，似乎是唯一的解決之道；然而，到了479年 / 1086年，穆拉比特朝人在薩格拉加斯之役（Battle of Sagrajas，阿拉伯文拼音為札拉嘎〔al-Zallāqa〕，「滑地之戰」[1]）告捷，這為往後幾年剷除統領侯國的行動揭開序幕。最後，薩拉戈薩的胡德朝也勢衰力微，於503 / 1110年告終。

從西班牙穆拉比特朝瓦解，到穆哈德朝（Almohad）於540 / 1145年掌權的這段期間（見編號14、15），又有一些地區短暫建立起統領侯國，像是瓦倫西亞、哥多華、莫夕亞和梅爾托拉；當穆哈德朝在西班牙的權勢開始衰退時，地方的將軍得以在某些地區再次掌權，例如瓦倫西亞、涅夫拉，長久一點的則像是莫夕亞，一直到基督教徒收復這些城市為止。

---

1 譯註：由於該役戰況慘烈，大量的死傷使得鮮血流遍戰場，導致將士紛紛滑倒，故得名。

一、馬拉加的哈穆德朝（The Ḥammūdids of Málaga）

年份	統治者名稱／重要事件
◇404 / 1014或 405 / 1015	●納席爾，阿里・賓・哈穆德 ●‘Alī b. Ḥammūd, al-Nāṣir
◇408 / 1017	●瑪蒙，嘎希姆・賓・哈穆德 ●al-Qāsim b. Ḥammūd, al-Ma’mūn ●首次統治。
◇412 / 1021	●穆俄塔立，雅赫亞一世・賓・阿里 ●Yaḥyā I b. ‘Alī, al-Mu‘talī ●首次統治。
413 / 1022	●嘎希姆一世 ●al-Qāsim I ●第二次統治。
417 / 1026	●雅赫亞一世・穆俄塔立 ●Yaḥyā I al-Mu‘talī ●第二次統治。
◇427 / 1036	●穆塔俄亞德，伊德里斯一世・賓・阿里 ●Idrīs I b. ‘Alī, al-Muta’ayyad
431 / 1039	●嘎伊姆，雅赫亞二世・賓・伊德里斯 ●Yaḥyā II b. Idrīs, al-Qā’im
◇431 / 1040	●穆斯坦席爾，哈珊・賓・雅赫亞一世 ●al-Ḥasan b. Yaḥyā I, al-Mustanṣir
◇434 / 1043	●阿里，伊德里斯二世・賓・雅赫亞一世 ●Idrīs II b. Yaḥyā I, al-‘Alī ●首次統治。

◇438 / 1046	●瑪赫迪，穆罕默德一世・賓・伊德里斯 ●Muḥammad I b. Idrīs, al-Mahdī
444 / 1052	●薩米・穆瓦法各，伊德里斯三世・賓・雅赫亞二世 ●Idrīs III b. Yaḥyā II, al-Sāmī al-Muwaffaq
◇445 / 1053	●伊德里斯二世・阿里・札非爾 ●Idrīs II al-'Alī al-Ẓāfir ●第二次統治。
? 至 448 / 1056	●穆斯塔俄立，穆罕默德二世・賓・伊德里斯 ●Muḥammad II b. Idrīs, al-Musta'li
	●**馬拉加哈穆德朝的直系血統止於格拉納達的吉爾朝，而阿爾赫西拉斯的旁系血脈也在446 / 1054年或451 / 1059年逝於塞維爾的阿巴德氏族之手。**

二、休達的哈穆德朝（The Ḥammūdids of Ceuta）

年份	統治者名稱／重要事件
400 / 1010	●納席爾，阿里・賓・哈穆德 ●'Alī b. Ḥammūd, al-Nāṣir
408 / 1017	●瑪蒙，嘎希姆・賓・哈穆德 ●al-Qāsim b. Ḥammūd, al-Ma'mūn
412 / 1021或414 / 1023至427 / 1036	●穆俄塔立，雅赫亞一世・賓・阿里 ●Yaḥyā I b. 'Alī, al-Mu'talī
426 / 1035	●穆塔俄亞德，伊德里斯一世・賓・阿里 ●Idrīs I b. 'Alī, al-Muta'ayyad
431 / 1039	●嘎伊姆，雅赫亞二世・賓・伊德里斯 ●Yaḥyā II b. Idrīs, al-Qā'im
431 / 1040	●穆斯坦席爾，哈珊・賓・雅赫亞一世 ●al-Ḥasan b. Yaḥyā I, al-Mustanṣir

442 / 1050	●阿里，伊德里斯二世・賓・雅赫亞一世 ●Idrīs II b. Yaḥyā I, al-'Alī
至 453 / 1061	●**由哈穆德朝總督統治，接續是巴嘎瓦塔柏柏部族聯盟（Barghawāta）的獨立統治者。**

三、塞維爾的阿巴德朝（The 'Abbādids of Seville）

年份	統治者名稱／重要事件
414 / 1023	●阿布—嘎希姆，穆罕默德一世・賓・伊斯瑪儀・伊本—阿巴德 ●Muḥammad I b. Ismā'īl Ibn 'Abbād, Abu 'l-Qāsim ●最初隸屬於三國同盟的一員。
◇433 / 1042	●阿布—阿姆爾・法赫爾—道拉・穆俄塔迪德，阿巴德・賓・穆罕默德一世 ●'Abbād b. Muḥammad I, Abu 'Amr Fakhr al-Dawla al-Mu'taḍid
◇461－484 / 1069－1091	●阿布—嘎希姆・穆俄塔米德，穆罕默德二世・賓・阿巴德 ●Muḥammad II b. 'Abbād, Abu 'l-Qāsim al-Mu'tamid ●逝於487 / 1095年。
484 / 1091	●**被穆拉比特朝征服。**

四、卡爾莫納的比爾查勒氏族（The Banū Birzāl in Carmona）

年份	統治者名稱／重要事件
414 / 1023	●阿布—阿布達拉，穆罕默德・賓・阿布達拉・比爾查里 ●Muḥammad b. 'Abdallāh al-Birzālī, Abū 'Abdallāh
434 / 1043	●易斯哈格・賓・穆罕默德 ●Isḥāq b. Muḥammad

444－459 / 1052－1067	●穆斯塔茲希爾，阿濟茲（伊茲）・賓・易斯哈格 ● al-'Azīz or al-'Izz b. Isḥāq, al-Mustaẓhir
459 / 1067	●**被阿巴德朝併吞。**

五、阿爾柯斯的哈茲倫氏族（The Banū Khazrūn in Arcos）

年份	統治者名稱／重要事件
402 / 1012	●阿布—阿布達拉・伊瑪德—道拉，穆罕默德・伊本—哈茲倫 ● Muḥammad Ibn Khazrūn, Abū 'Abdallāh 'Imād al-Dawla
?	●阿卜敦・伊本—哈茲倫 ● 'Abdūn Ibn Khazrūn
448－458 / 1056－1066	●穆罕默德・賓・阿卜敦 ● Muḥammad b. 'Abdūn
459 / 1067	●**被阿巴德朝併吞。**

六、格拉納達的吉爾朝（The Zīrids of Granada）

年份	統治者名稱／重要事件
403 / 1013	●札維・賓・吉里・桑哈吉 ● Zāwī b. Zīrī al-Sanhājī
410 / 1019	●哈布斯・賓・瑪克桑 ● Ḥabbūs b. Māksan
◇429 / 1038	●穆查法爾・納席爾，巴迪斯・賓・哈布斯 ● Bādīs b. Ḥabbūs, al-Muẓaffar al-Nāṣir
465－483 / 1073－1090 （兩人共治）	●賽伊夫—道拉，阿布達拉・賓・布魯勤・賓・巴迪斯 ● 'Abdallāh b. Buluggīn b. Bādīs, Sayf al-Dawla ●統治格拉納達，逝於流放。

	●塔敏・賓・布魯勤 ●Tamīm b. Buluggīn ●統治馬拉加，逝於488 / 1095年。
483 / 1090	**●被穆拉比特朝征服。**

七、阿爾梅里亞的述瑪迪赫氏族（The Banū Ṣumādiḥ of Almería）

年份	統治者名稱／重要事件
約403 / 1013	●黑蘭・薩各拉比 ●Khayrān al-Saqlabī
419 / 1028	●祖黑爾・薩各拉比 ●Zuhayr al-Ṣaqlabī
429－433 / 1038－1042	**●瓦倫西亞的曼蘇爾，阿布杜—阿濟茲・賓・阿布杜—拉赫曼・伊本—阿比—阿密爾** **●'Abd al-'Azīz b. 'Abd al-Raḥmān Ibn Abī 'Āmir, al-Manşūr of Valencia**
429 / 1038	●述瑪迪赫氏族（Banū Ṣumādiḥ）出任瓦倫西亞阿密爾朝的總督。
433 / 1042	●伊本—述瑪迪赫，瑪安・賓・穆罕默德 ●Ma'n b. Muḥammad, Ibn Ṣumādiḥ
◇443 / 1051	●阿布—雅赫亞・穆俄塔席姆，穆罕默德・賓・瑪安 ●Muḥammad b. Ma'n, Abū Yaḥyā al-Mu'taṣim
484 / 1091	●穆儀茲—道拉，阿赫瑪德・賓・穆罕默德 ●Aḥmad b. Muḥammad, Mu'izz al-Dawla ●逝於流放。
484 / 1091	**●被穆拉比特朝征服。**

八、德尼亞與馬猷卡的穆賈希德氏族（The Banū Mujāhid of Denia and Majorca）

年份	統治者名稱／重要事件
◇約 403 / 約 1012	●穆瓦法各，穆賈希德・賓・阿布達拉・艾米里 ● Mujāhid b. ‘Abdallāh al-‘Āmirī, al-Muwaffaq
◇436－468 / 1045－1076	●易各巴勒─道拉，阿里・賓・穆賈希德 ● ‘Alī b. Mujāhid, Iqbāl al-Dawla
468 / 1076	●**被胡德朝併吞。**

九、十一世紀至十二世紀初的馬猷卡統治者

年份	統治者名稱／重要事件
405－468 / 1015－1076	●**德尼亞的穆賈希德氏族總督** ● **Governors of the Banū Mujāhid of Denia**
◇468 / 1076	●阿布達拉・穆爾塔達 ● ‘Abdallāh al-Murtaḍā
◇486－508 / 1093－1114	●納席爾─道拉，穆巴胥須爾・賓・蘇萊曼 ● Mubashshir b. Sulaymān, Nāṣir al-Dawla
508 / 1114	●**被穆拉比特朝征服。**

十、哥多華的賈赫瓦爾朝（The Jahwarids of Cordova）

年份	統治者名稱／重要事件
422 / 1031	●阿布─哈茲姆，賈赫瓦爾・賓・穆罕默德・伊本─賈赫瓦爾 ● Jahwar b. Muḥammad Ibn Jahwar, Abu ’l-Hazm ●最初隸屬於三國同盟的一員。

◇435 / 1043	●阿布—瓦立德・拉胥德，穆罕默德・賓・賈赫瓦爾 ● Muḥammad b. Jahwar, Abu 'l-Walīd al-Rashīd
450 − 461 / 1058 − 1069	●朱西亞達泰恩・曼蘇爾・札非爾，阿布杜—瑪立克・賓・穆罕默德 ● 'Abd al-Malik b. Muḥammad, Dhu 'l-Siyādatayn al-Manṣūr al-Ẓāfir ●逝於流放。
461 / 1069	●**被阿巴德朝征服。**

十一、穆拉比特朝—穆哈德朝過渡期的哥多華統治者

年份	統治者名稱／重要事件
◇538 / 1144	●曼蘇爾，哈姆丁・賓・穆罕默德 ● Ḥamdīn b. Muḥammad, al-Manṣūr ●首次統治。
◇539 / 1145	●賽伊夫—道拉，阿赫瑪德三世・賓・阿布杜—瑪立克 ● Aḥmad III b. 'Abd al-Malik, Sayf al-Dawla ●屬於胡德氏族，逝於540 / 1146年。
540 / 1146	●哈姆丁・賓・穆罕默德 ● Ḥamdīn b. Muḥammad ●第二次統治。
541 / 1146	●伊本—嘎尼亞，雅赫亞・賓・阿里 ● Yaḥyā b. 'Alī, Ibn Ghāniya
543 / 1148	●**被穆哈德朝征服。**

十二、巴達霍斯的阿夫塔斯朝（The Afṭasids of Badajoz）

年份	統治者名稱／重要事件
403 / 1012－1013	●**薩布爾・薩各拉比** ●**Sābūr al-Ṣaqlabī**
413 / 1022	●阿布—穆罕默德・曼蘇爾，阿布達拉・賓・穆罕默德・伊本—阿夫塔斯 ●‘Abdallāh b. Muḥammad Ibn al-Afṭas, Abū Muḥammad al-Manṣūr
437 / 1045	●阿布—巴克爾・穆查法爾，穆罕默德・賓・阿布達拉 ●Muḥammad b. ‘Abdallāh, Abū Bakr al-Muẓaffar
◇460 / 1068	●雅赫亞・賓・穆罕默德 ●Yaḥyā b. Muḥammad
◇460－487 / 1068－1094	●阿布—哈夫斯・穆塔瓦基勒，歐瑪爾・賓・穆罕默德 ●‘Umar b. Muḥammad, Abū Ḥafṣ al-Mutawakkil ●487 / 1094 年或488 / 1095 年遭殺害。
487 / 1094	●**被穆拉比特朝征服。**

十三、托雷多的朱努恩朝（The Dhu ’l- Nūnids of Toledo）

年份	統治者名稱／重要事件
約403 / 約1094	●**阿布—巴克爾・嘎迪，雅儀胥・賓・穆罕默德** ●**Ya‘īsh b. Muḥammad, Abū Bakr al-Qāḍī**
◇409 / 1018	●阿布—穆罕默德・朱利亞薩泰恩・札非爾，伊斯瑪儀・賓・阿布杜—拉赫曼・伊本—朱努恩 ●Ismā‘īl b. ‘Abd al-Raḥmān Ibn Dhi ’l-Nūn, Abū Muḥammad Dhu ’l-Riyāsatayn al-Ẓāfir

◇435 / 1043	●阿布—哈珊・夏拉夫—道拉・瑪蒙・朱瑪吉代恩，雅赫亞一世・賓・伊斯瑪儀 ● Yaḥyā I b. Ismā'īl, Abu 'l-Ḥasan Sharaf al-Dawla al-Ma'mūn Dhu 'l-Majdayn
◇467 / 1075	●嘎迪爾，雅赫亞二世・賓・伊斯瑪儀・賓・雅赫亞一世 ● Yaḥyā II b. Ismā'īl b. Yaḥyā I, al-Qādir ●首次統治。
472 / 1080	●**被阿夫塔斯朝的歐瑪爾・穆塔瓦基勒（'Umar al-Mutawakkil）佔領。**
◇473－478 / 1081－1085	●嘎迪爾，雅赫亞二世 ● Yaḥyā II, al-Qādir ●第二次統治，485 / 1092 年遭殺害。
478 / 1085	●**被雷昂與卡斯提亞的阿馮索六世征服，雅赫亞被安置於瓦倫西亞，作為傀儡統治者。**

十四、瓦倫西亞的阿密爾朝（The 'Āmīrds of Valencia）

年份	統治者名稱／重要事件
401 / 1010－1011	●**穆巴拉克・薩各拉比，與穆查法爾・薩各拉比** ● Mubārak al-Saqlabī and Muẓaffar al-Saqlabī
408 或 409 / 1017－1018	●**拉比卜・薩各拉比** ● Labīb al-Saqlabī
◇411 / 1020 或 412 / 1021	●曼蘇爾，阿布杜—阿濟茲・賓・阿布杜—拉赫曼（桑切羅）・伊本—阿比—阿密爾 ● 'Abd al-'Azīz b. 'Abd al-Raḥmān (Sanchuelo) Ibn Abī 'Āmīr, al-Manṣūr
◇452 / 1060	●尼查姆—道拉・穆查法爾，阿布杜—瑪立克・賓・阿布杜—阿濟茲 ● 'Abd al-Malik b. 'Abd al-'Azīz, Niẓām al-Dawla al-Muẓaffar

457 － 468 / 1065 － 1076	●**被朱努恩朝佔領。**
468 / 1076	●曼蘇爾，阿布—巴克爾・賓・阿布杜—阿濟茲 ●Abū Bakr b. ʻAbd al-ʻAzīz, al-Manṣūr
478 / 1085	●嘎迪，歐斯曼・賓・阿比—巴克爾 ●ʻUthmān b. Abī Bakr, al-Qāḍī
478 － 485 / 1085 － 1092	●**朱努恩朝的雅赫亞・賓・伊斯瑪儀・嘎迪爾（Dhu 'l-Nūnid Yaḥyā b. Ismāʻīl al-Qādir）被阿馮索六世立為傀儡統治者。**
487 －492/ 1094 －1099	●**瓦倫西亞被「席德」（Cid）* 佔領。**
495 / 1102	●**被穆拉比特朝征服。**

* 編註：「Cid」原為頭銜「Sayyid」，後轉變為人名。

十五、穆拉比特朝—穆哈德朝過渡期的瓦倫西亞統治者

年份	統治者名稱／重要事件
539 / 1144	●嘎迪，曼蘇爾・賓・阿布達拉 ●Manṣūr b. ʻAbdallāh, Qāḍī
◇542 / 1147	●伊本—瑪爾達尼胥，阿布—阿布達拉・穆罕默德・賓・薩俄德 ●Abū ʻAbdallāh Muḥammad b. Saʻd, Ibn Mardanīsh ●別號為「狼王」（Rey Lobo or Lope）。
567 / 1172	●伊本—瑪爾達尼胥，希拉勒・賓・穆罕默德 ●Hilāl b. Muḥammad, Ibn Mardanīsh ●臣服於穆哈德朝。

十六、薩拉戈薩的圖吉布朝（The Tujībīds of Saragossa）

年份	統治者名稱／重要事件
400 / 1010	●**蒙迪爾一世・賓・雅赫亞・圖吉布** ●**al-Mundhir I b. Yaḥyā al-Tujībī** ●**伍麥亞朝總督。**
◇414 / 1023	●穆查法爾，雅赫亞・賓・蒙迪爾一世 ●Yaḥyā b. al-Mundhir I, al-Muẓaffar
◇420 / 1029	●穆儀茲—道拉・曼蘇爾，蒙迪爾二世・賓・雅赫亞 ●al-Mundhir II b. Yaḥyā, Mu'izz al-Dawla al-Manṣūr
◇430 － 431 / 1039 － 1040	●穆查法爾，阿布達拉・賓・哈卡姆 ●'Abdallāh b. al-Ḥakam, al-Muẓaffar
431 / 1040	●**胡德朝繼承統治權。**

十七、在薩拉戈薩、輝斯卡、圖德拉、列伊達，以及後續的德尼亞、托爾托薩、嘎拉塔尤德（Calatayud）的胡德朝

年份	統治者名稱／重要事件
◇431 / 1040	●阿布—艾尤布・穆斯塔因一世，蘇萊曼・賓・穆罕默德・伊本—胡德・朱達米 ●Sulaymān b. Muḥammad Ibn Hūd al-Judhāmī, Abū Ayyūb al-Musta'īn I ●逝於 438 / 1046 年。
◇約 439 / 約 1047	●塔吉—道拉，蘇萊曼・賓・優素夫 ●Sulaymān b. Yūsuf, Tāj al-Dawla
◇約 439 －440 / 約 1047 －1048	●阿杜德—道拉，穆罕默德・賓・蘇萊曼 ●Muḥammad b. Sulaymān, 'Aḍud al-Dawla ●統治嘎拉塔尤德。

◇約439－442 / 約1047－1050	● ？蒙迪爾・賓・蘇萊曼 ● ? al-Mundhir b. Sulaymān ● 統治圖德拉。
◇441－475 / 1049－1082	● 阿赫瑪德一世・賓・蘇萊曼，賽伊夫—道拉・伊瑪德—道拉・穆各塔迪爾 ● Aḥmad I b. Sulaymān, Sayf al-Dawla 'Imād al-Dawla al-Muqtadir
◇474 / 1081	● 穆俄塔敏，優素夫・賓・阿赫瑪德一世 ● Yūsuf b. Aḥmad I, al-Mu'tamin
◇474－483 / 1081－1090	● 伊瑪德—道拉，蒙迪爾・賓・阿赫瑪德 ● al-Mundhir b. Aḥmad, 'Imād al-Dawla ● 統治德尼亞和托爾托薩。
◇476 / 1083	● 賽伊夫—道拉・穆斯塔因，阿赫瑪德二世・賓・優素夫 ● Aḥmad II b. Yūsuf, Sayf al-Dawla al-Musta'īn
◇483－約492 / 1090－約1099	● 賽伊德—道拉，蘇萊曼・賓・蒙迪爾 ● Sulaymān b. al-Mundhir, Sayyid al-Dawla ● 先統治德尼亞，後統治托爾托薩。
503 / 1110	● 伊瑪德—道拉，阿布杜—瑪立克・賓・阿赫瑪德二世 ● 'Abd al-Malik b. Aḥmad II, 'Imād al-Dawla ● 同年統治盧埃達・德哈隆（Rueda de Jalón，阿拉伯文拼音為Rūṭa）。
503 / 1110	● **穆拉比特朝佔領薩拉戈薩。**
512 / 1118	● **基督教徒佔領薩拉戈薩。**
524－540 / 1030－1046	● 賽伊夫—道拉，阿赫瑪德三世・賓・阿布杜—瑪立克 ● Aḥmad III b. 'Abd al-Malik, Sayf al-Dawla ● 先統治盧埃達・德哈隆，後統治西班牙中部。

540 / 1146	●**亞拉岡王國（Aragon）之「威武者」阿馮索一世（Alfonso I el Batallador）與拉米羅二世（Ramiro II）佔領原先西班牙中部的胡德朝領土。**

十八、莫夕亞的統治者，包含塔希爾朝與胡德朝

年份	統治者名稱／重要事件
403 / 1012－1013	●**阿爾梅里亞的黑蘭・薩各拉比** ●**Khayrān al-Ṣaqlabī of Almería**
419 / 1028	●**阿爾梅里亞的祖黑爾・薩各拉比** ●**Zuhayr al-Ṣaqlabī of Almería**
429 / 1038	●**瓦倫西亞的曼蘇爾，阿布杜—阿濟茲・賓・阿布杜—拉赫曼・伊本—阿比—阿密爾** ●**‘Abd al-‘Azīz b. ‘Abd al-Raḥmān Ibn Abī ‘Āmir, al-Manṣūr of Valencia**
436 / 1045	●**德尼亞的穆賈希德・賓・阿布達拉・艾米里** ●**Mujāhid b. ‘Abdallāh al-‘Āmirī of Denia**
◇約 440 / 約 1049	●阿布—巴克爾・伊本—塔希爾，阿赫瑪德 ●Aḥmad, Abū Bakr Ibn Ṭāhir
455 / 1063	●穆罕默德・賓・阿赫瑪德・伊本—塔希爾 ●Muḥammad b. Aḥmad Ibn Ṭāhir
471 / 1078	●**代表塞維爾的阿巴德朝的總督掌權。**
484 / 1091	●**被穆拉比特朝征服。**
489－490 / 1096－1097	●阿布—賈俄法爾，阿赫瑪德・賓・阿比—賈俄法爾・阿布杜—拉赫曼・伊本—塔希爾 ●Aḥmad b. Abī Ja‘far ‘Abd a-Raḥmān Ibn Ṭāhir, Abū Ja‘far ●**再度受穆拉比特朝控制。**
540 / 1145	●阿布達拉・賓・伊亞德（‘Abdallāh b. ‘Iyād）與阿布達拉・賓・法拉吉・沙格利（‘Abdallāh b. Faraj al-Thaghrī）爭權。

◇543 / 1148	●伊本—瑪爾達尼胥，阿布—阿布達拉・穆罕默德・賓・薩俄德 ● Muḥammad b. Sa‘d, Abū ‘Abdallāh, Ibn Mardanīsh ●來自瓦倫西亞，別號為「狼王」（Rey Lobo or Lope）。
567 / 1172	●**被穆哈德朝佔領。**
◇625 / 1228	●阿布—阿布達拉・穆塔瓦基勒，穆罕默德・賓・優素夫・伊本—胡德 ● Muḥammad b. Yūsuf Ibn Hūd, Abū ‘Abdallāh al-Mutawakkil ●同時統治瓦倫西亞，直到636 / 1238年基督教徒攻入瓦倫西亞。
◇635 / 1238	●阿布—巴克爾・瓦西格，穆罕默德・賓・穆罕默德 ● Muḥammad b. Muḥammad, Abū Bakr al-Wāthiq ●首次統治。
636 / 1239	●迪亞—道拉，阿濟茲・賓・阿布杜—瑪立克 ● al-‘Azīz b. ‘Abd al-Malik, Diyā al-Dawla
◇638 / 1241	●阿布—賈俄法爾・巴哈俄—道拉，穆罕默德・伊本—胡德 ● Muḥammad Ibn Hūd, Abū Ja‘far Bahā’ al-Dawla
660 / 1262	●穆罕默德・賓・阿比—賈俄法爾・穆罕默德 ● Muḥammad b. Abī Ja‘far Muḥammad
662 / 1264	●阿布—巴克爾，穆罕默德・賓・穆罕默德 ● Muḥammad b. Muḥammad, Abū Bakr ●第二次統治。
?	●伊本—阿胥吉盧拉，阿布達拉・賓・阿里 ● ‘Abdallāh b. ‘Alī, Ibn Ashqīlūla ●來自格拉納達納斯爾氏族（Naṣrids）。
664 / 1266	●**被亞拉岡人征服。**

●參考資料

* Zambaur, 53-8 and Map 1; Lane-Poole, 23-6; Album, 14-15.
* A.Prieto y Vives, *Los Reyes de Taifas, estudio histórico-numismático de los Musulmanes españoles en el siglo V de la Hégira (XI de J. C.)*, Madrid 1926.
* H. W. Harard, *The Numismatic History of Late Medieval North Africa*, ANS Numismatic Studies, no.8, New York 1952, 57-8, 96, 233-6, 281-2（關於馬拉加、阿爾赫西拉斯與休達的胡德朝）。
* G. C. Miles, *Coins of the Spanish Mulūk al-Ṭawā'if*, ANS Hispanic Numismatic Series, Monographs, no.3, New York 1954.
* D. Wasserstein, *The Rise and Fall of the Party Kings. Politics and Society in Islamic Spain 1002-1086*, Princeton 1985.
* *EI* [1] art. '‘Tudjīb (Banū)', ‘Zīrids' (E. Lévi-Provençal).
* *EI* [2] arts. ‘‘Abbādids', ‘Afṭasids', ‘Balansiya' (Lévi-Provençal), ‘Dhu 'l-Nūnids' (D. M. Dunlop), ‘Djahwarids', ‘Ḥammūdids' (A. Huici Miranda), ‘Hūdids' (Dunlop), ‘Ibn Mardanīsh', ‘Ḳarmūna', ‘Mayūrḳa' (J. Bosch-Vilá), ‘Saraḳusṭa' (M. J. Viguera).

6.

嘎尼亞部族（The Banū Ghāniya）

- 伊曆 520 ～ 599 年
- 西曆 1126 ～ 1203 年
- 巴利阿里群島

年份	統治者名稱／重要事件
520 / 1126	●伊本—嘎尼亞，穆罕默德・賓・阿里・賓・優素夫・瑪斯蘇非 ● Muḥammad b. ‘Alī b. Yūsuf al-Massūfī, Ibn Ghāniya ●穆拉比特朝的巴利阿里群島總督。
550 / 1155	●阿布達拉・賓・穆罕默德 ● ‘Abdallāh b. Muḥammad
550 / 1155	●阿布—易卜拉欣・易斯哈格・賓・穆罕默德 ● Abū Ibrāhīm Isḥāq b. Muḥammad
579 / 1183	●穆罕默德・賓・易斯哈格 ● Muḥammad b. Isḥāq ●認穆拉比特朝為宗主國。
580 / 1184	●阿里・賓・易斯哈格 ● ‘Alī b. Isḥāq
583 －600 / 1187 －1203	●阿布達拉・賓・易斯哈格 ● ‘Abdallāh b. Isḥāq
600 / 1203	●**穆哈德朝佔領巴利阿里群島，穆哈德總督統治。**
627 － 628 / 1230 － 1231	●**亞拉岡人征服馬猷卡。**

桑哈賈（Ṣanhāja）柏柏政權控制巴利阿里群島長達八十年，並在日後穆哈德朝統治東北非地區時扮演重要的角色，其建立者是穆拉比特朝的母系後裔，他的名字「伊本—嘎尼亞」（Ibn Ghāniya）源自穆拉比特朝統治者的女兒——阿里・賓・優素夫（'Alī b. Yūsuf）的妻子。阿里的兒子雅赫亞（Yaḥyā）長期守護著穆拉比特朝的西班牙領土，抵抗穆哈德朝（見編號15）的入侵，一直到最後，殘存的伊本—嘎尼亞部族才撤退到巴利阿里群島。他們在那裡建立並發展獨立的後穆拉比特侯國，尤其透過劫掠基督教徒來壯大勢力。其中一名氏族成員——阿里・賓・易斯哈格（'Alī b. Isḥāq）——決定離開巴利阿里群島，在東北非地區繼續對抗穆哈德朝。數十年間，他和他的繼任者雅赫亞・賓・易斯哈格（Yaḥyā b. Isḥāq），在北非西部（Ifrīqiya）[1] 事務與現今阿爾及利亞東部地區的影響力逐漸削弱，一直到阿里於633 / 1227年戰死；而雅赫亞在北非失利後，也在635 / 1236年逝世。嘎尼亞部族在這個地區的活動是導致穆哈德朝在東北非權力衰退的潛在因素。與此同時，穆哈德朝的哈里發納席爾（al-Nāṣir）入侵馬猷卡，並在當地安插自己的總督，終結嘎尼亞部族在巴利阿里群島的統治；穆哈德朝和他們的追隨者控制群島將近三十年之久，一直到接近686 / 1287年，亞拉岡王國的詹姆斯一世（James I of Aragon）陸續將馬猷卡、伊比薩島（Ibiza）以及米諾卡島（Minorca）納入基督教徒的手中，才終止穆哈朝的統治。

1　編註：約現今的突尼西亞、利比亞西北部以及阿爾及利亞東部。

●參考資料

* Zambaur, 57.

* *EI* [2] 'G͟hāniya, Banū' (G. Marçais); 'Mayūrḳa' (J. Bosch-Vilá).

* A. Bel, *Les Benou Ghânya, derniers représentants de l'Empire almoravide et lute contre l'Empire almohade*, Publications de l'Ecole des Letters d'Alger, Bull. de Correspondance Africaine, XXVII, Paris 1903，第 26 頁附有世系表。

7.

納斯爾朝（The Naṣrids or Banu ’l-Aḥmar）

- 伊曆 629 ～ 897 年
- 西曆 1232 ～ 1492 年
- 格拉納達

年份	統治者名稱／重要事件
◇629 / 1232	●阿布—阿布達拉・嘎立卜（謝赫），穆罕默德一世・賓・優素夫 ●Muḥammad I b. Yūsuf, Abū ‘Abdallāh al-Ghālib or al-Shaykh ●一般被稱為「伊本—阿赫瑪爾」（Ibn al-Aḥmar）。
671 / 1273	●阿布—阿布達拉・法基赫，穆罕默德二世・賓・穆罕默德一世 ●Muḥammad II b. Muḥammad I, Abū ‘Abdallāh al-Faqīh
701 / 1302	●阿布—阿布達拉・瑪赫盧，穆罕默德三世・賓・穆罕默德二世 ●Muḥammad III b. Muḥammad II, Abū ‘Abdallāh al-Makhlū
708 / 1309	●阿布—朱尤胥，納斯爾・賓・穆罕默德二世 ●Nāsr, b. Muḥammad II, Abu ’l-Juyūsh ●713 / 1314 年後，擔任瓜迪克斯（Guadix）總督。
713 / 1314	●阿布—瓦立德，伊斯瑪儀一世・賓・法拉吉 ●Ismā‘īl I b. Faraj, Abu ’l-Walīd
◇725 / 1325	●阿布—阿布達拉，穆罕默德四世・賓・伊斯瑪儀 ●Muḥammad IV b. Ismā‘īl, Abū ‘Abdallāh
◇733 / 1333	●阿布—哈賈吉・穆艾亞德，優素夫一世・賓・伊斯瑪儀一世 ●Yūsuf I b. Ismā‘īl I, Abu ’l-Ḥajjāj al-Mu’ayyad

◇755 / 1354	●阿布—阿布達拉，穆罕默德五世・賓・優素夫一世 ● Muḥammad V b. Yūsuf I, Abū ʻAbdallāh ●首次統治。
760 / 1359	●阿布—瓦立德，伊斯瑪儀二世・賓・優素夫一世 ● Ismāʻīl II b. Yūsuf I, Abu ʼl-Walīd
761 / 1360	●阿布—阿布達拉・嘎立卜，穆罕默德六世・賓・伊斯瑪儀 ● Muḥammad VI b. Ismāʻīl, Abū ʻAbdallāh al-Ghālib ●在基督教的文獻中，他被稱為「紅髮」穆罕默德（el Bermejo）。
◇763 / 1362	●嘎尼，穆罕默德五世 ● Muḥammad V, al-Ghani ●第二次統治。
793 / 1391	●阿布—哈賈吉・穆斯塔各尼，優素夫二世・賓・穆罕默德五世 ● Yūsuf II b. Muḥammad V, Abu ʼl-Ḥajjāj al-Mustaghnī
794 / 1392	●阿布—阿布達拉・穆斯塔因，穆罕默德七世・賓・優素夫二世 ● Muḥammad VII b. Yūsuf II, Abū ʻAbdallāh al-Mustaʻīn
810－820 / 1408－1417	●阿布—哈賈吉・納席爾，優素夫三世・賓・優素夫二世 ● Yūsuf III b. Yūsuf II, Abu ʼl-Ḥajjāj al-Nāṣir
◇西元1417年	●阿布—阿布達拉・穆塔瑪希克，穆罕默德八世・賓・優素夫三世 ● Muḥammad VIII b. Yūsuf III, Abū ʻAbdallāh al-Mutamassik ●外號為「矮小」穆罕默德（al-Ṣaghīr，西班牙文為el Pequeño），首次統治。
◇西元1419年	●阿布—阿布達拉・嘎立卜，穆罕默德九世・賓・納斯爾 ● Muḥammad IX b. Naṣr, Abū ʻAbdallāh al-Ghālib

	●外號為「左撇子」穆罕默德（al-Aysar，西班牙文為el Zurdo），首次統治。
西元1427年	●穆罕默德八世 ●Muḥammad VIII ●第二次統治。
西元1429年	●穆罕默德九世 ●Muḥammad IX ●第二次統治。
西元1432年	●阿布—哈賈吉，優素夫四世 ●Yūsuf IV, Abu 'l-Ḥajjāj ●外號為「伊本—茅勒」（Ibn al-Mawl），西班牙文為Abenalmao。
西元1432年	●穆罕默德九世 ●Muḥammad IX ●第三次統治。
西元1445年	●阿布—阿布達拉，穆罕默德十世・賓・歐斯曼 ●Muḥammad X b. 'Uthmān, Abū 'Abdallāh ●外號為「畸足」穆罕默德（al-Aḥnaf），西班牙文為el Cojo，首次統治。
西元1445年	●阿布—哈賈吉，優素夫五世・賓・阿赫瑪德・賓・穆罕默德五世 ●Yūsuf V b. Aḥmad b. Muḥammad V, Abu 'l-Ḥajjāj ●外號為「伊本—伊斯瑪儀」（Ibn Ismā'īl），西班牙文為Aben Ismael，首次統治。
西元1446年	●穆罕默德十世 ●Muḥammad X ●第二次統治。

西元1447－1453年	●穆罕默德九世 ●Muḥammad IX ●第四次統治，1451至1453年和穆罕默德十一世共治。
西元1451－1455年	●穆罕默德十一世・賓・穆罕默德八世 ●Muḥammad XI b. Muḥammad VIII ●外號「矮小」穆罕默德（el Chiquito），1454至1455年與薩俄德（Sa'd）爭權。
西元1454－1464年	●穆斯塔因，阿布—納斯爾・薩俄德・賓・阿里・賓・優素夫二世 ●Abū Naṣr Sa'd b. 'Alī b. Yūsuf II, al-Musta'īn ●西班牙人稱之為西里薩（Ciriza）、薩俄德（Sīdī Sa'd）、查德王（Muley Zad）、洽赫（Çah）。1462年與優素夫五世爭權，第二次統治。
◇西元1464年	●阿布—哈珊，阿里・賓・薩俄德 ●'Alī b. Sa'd, Abu 'l-Ḥasan ●西班牙人稱之為「哈珊王」（Muley Hácen），首次統治。
◇887 / 1482	●阿布—阿布達拉・祖固比，穆罕默德十二世・賓・阿比—哈珊・阿里 ●Muḥammad XII b. Abī 'l-Ḥasan 'Alī, Abū 'Abdallāh al-Zughūbī ●西班牙文為Boabdil el Chico，首次統治。
西元1483年	●阿里・賓・薩俄德 ●'Alī b. Sa'd ●第二次統治。
西元1485年	●札嘎勒，穆罕默德・賓・薩俄德 ●Muḥammad b. Sa'd, al-Zaghal ●自1486年起與第二次統治的姪子穆罕默德十二世爭權。

896－897 / 1490－1492	●穆罕默德十二世 ●Muḥammad XII ●第三次統治，逝於940 / 1533年。
897 / 1492	●**被西班牙人征服。**

當穆哈德朝（見編號15）在西班牙被擊潰，大部分穆斯林城鎮都迅速落入基督教徒手中，例如哥多華在633 / 1236年淪陷，而塞維爾則在646 / 1248年失守。其中一名穆斯林領袖穆罕默德（一世）・嘎立卜（Muḥammad I al-Ghālib），他自稱為麥地那的先知門徒的後裔，企圖控制山區，並藉此建造伊比利半島極南方的防線，這條防線橫跨現今的格拉納達、馬拉加等省份，並包含一部分卡地斯（Cádiz）、哈恩（Jaén）和莫夕亞的阿爾梅里亞省。他將格拉納達設為首都，而他的居所，也就是為人所知的「紅宮」（al-Hamrā，西班牙文為Alhambra）[1]，則成為他的行政中心。起初，他同意向卡斯提亞與雷昂的斐爾迪南三世（Ferdinand III）繳納保護稅，接著又向斐爾迪南的繼任者阿馮索十世（Alfonso X）投誠。納斯爾朝蘇丹與摩洛哥的馬林朝（Marīnids，見編號16）長期爭奪直布羅陀海峽的控制權，穆罕默德二世（Muḥammad II）和穆罕默德五世（Muḥammad V）分別在705 / 1305至709 / 1309年以及786 / 1384至789 / 1387年，實質控制了休達，並在當地發行貨幣，但他們最終仍然必須尋求馬林朝的協助，以抵抗卡斯提亞與亞拉岡基督教王國的威脅；然而，穆斯林原先期望馬林朝介入伊比利半島、抵

1　編註：亦中譯為「阿罕布拉宮」，現今為西班牙格拉納達著名的觀光景點。

擋基督教徒，但是馬林朝蘇丹阿布—哈珊・阿里（Abu 'l-Ḥasan 'Alī）和納斯爾朝蘇丹優素夫一世（Yūsuf I）在741 / 1340年的「塔利法之戰」（Battle of Tarifa，在基督教文獻中被稱為「里奧薩拉多之戰」〔Battle of Rio Salado〕）中，敗給卡斯提亞人與葡萄牙人，而使穆斯林的寄望破滅。

儘管納斯爾朝蘇丹的處境危險（部分是因為卡斯提亞與雷昂王國的侵擾），仍然在兩個半世紀間維持了伊斯蘭文明的中心地位，吸引西穆斯林世界眾多的學者文人。史學家伊本—哈勒敦（Ibn Khaldūn）曾經在一次前往塞維爾會見卡斯提亞的佩德羅一世（Pedro I）的任務中，擔任穆罕默德五世的使節，這項任務在格拉納達納斯爾朝大臣利珊丁・伊本—哈提卜（Lisān al-Dīn Ibn al-Khaṭīb，他所撰寫的格拉納達歷史是相當重要的資料來源）筆下亦保存了相關的文獻記載。不過在十五世紀時，卻因為薩拉吉氏族（Banu 'l-Sarrāj）唆使競敵自相殘殺，而使格拉納達內部的團結有所減弱。亞拉岡的斐爾迪南二世（Ferdinand II，日後成為卡斯提亞與亞拉岡王國的斐迪南五世）與卡斯提亞的伊莎貝拉（Isabella）在1469年的聯姻，促成相當大範圍的基督教西班牙隸屬於單一王權下，也使蘇丹的存亡蒙上一層陰影。在納斯爾朝末代蘇丹任內，內部鬥爭逐漸惡化，穆罕默德十二世（Muḥammad XII，西班牙文為Boabdil）也在897 / 1492年將格拉納達割讓給基督教徒，往後的一年又數個月，他繼續維持自己在蒙杜哈爾（Mondújar）和阿勒普哈拉斯（Alpujarras）的王位，直到轉往摩洛哥。

有關納斯爾朝末代統領的歷史與編年史都非常混亂；上表有些統治者的上任年份只列出西元紀年，這代表了該年表的某些部分只能夠透過基督教徒的文獻紀錄來建構，而沒有任何阿拉伯文文獻提及他們的在位時間。

● 參考資料

* Lane-Poole, 28-9; Zambaur, 58-9; Album, 15.

* 就現今既有的知識背景來看，Lane-Poole 和 Zambaur 提供的列表相當不精確。更精確的年表請見 *EI* [2] ‘Naṣrids’ (J. D. Latham)，該表格運用了 Rachel Arié 的標準歷史 *L’Espagne musulmane au temps des Naṣrids (1232-1492)*, enlarged 2nd edn, Paris 1990，在插圖 XII 後附有世系表，以及 *El reino naṣrí de Granada*, Madrid 1992; and L. P. Harvey, *Islamic Spain 1250-1500*, Chicago and London 1990, 第 17 至 19 頁附有世系表。

* F. Codera y Zaydín, *Tratado de numismática arábigo-española*, Madrid 1879.

* A. Vives y Escudero, *Monedas de las dinastías arábigo-españolas*, Madrid 1893.

* H. W. Hazard, *The Numismatic History of Late Medieval North Africa*, 84-5, 228, 279, 285（關於納斯爾朝在休達鑄造的錢幣。）

* M. A. Ladero Quesada, *Granada, historia de un país islámico (1232-1571)*, 2nd edn, Madrid 1979.

* J. J. Rodriguez Lorente, *Nusmática Naṣrí*, Madrid 1983.

第三章

北非

North Africa

8.

伊德里斯朝（The Idrīsids）

- 伊曆 172 ～ 375 年
- 西曆 789 ～ 985 年
- 摩洛哥

年份	統治者名稱／重要事件
◇172 / 789	●伊德里斯一世（阿克巴爾）・賓・阿布達拉 ●Idrīs I (al-Akbar) b. ‘Abdallāh
175 / 791	●遺腹子伊德里斯二世（Idrīs II）的攝政集團
◇187 / 803	●伊德里斯二世（阿斯嘎爾或阿茲哈爾）・賓・伊德里斯一世 ●Idrīs II (al-Aṣghar or al-Azhar) b. Idrīs I
◇213 / 828	●蒙塔席爾，穆罕默德・賓・伊德里斯二世 ●Muḥammad b. Idrīs II, al-Muntaṣir
◇221 / 836	●阿里一世・海達拉・賓・穆罕默德 ●‘Alī I Ḥaydara b. Muḥammad
◇234 / 849	●雅赫亞一世・賓・穆罕默德 ●Yaḥyā I b. Muḥammad
◇249 / 863	●雅赫亞二世・賓・雅赫亞一世 ●Yaḥyā II b. Yaḥyā I
◇252 / 866	●阿里二世・賓・歐瑪爾 ●‘Alī II b. ‘Umar
?	●雅赫亞三世・賓・嘎希姆，米各達姆・朱提 ●Yaḥyā III b. al-Qāsim, al-Miqdām al-Jūṭī

292 / 905	●雅赫亞四世・賓・伊德里斯 ●Yaḥyā IV b. Idrīs ●307 / 919 年遭罷黜。
305 / 917 後	**●向法蒂瑪朝（Fāṭimids）納貢，法蒂瑪朝派任總督穆薩・賓・阿比—阿菲亞（Mūsā b. Abī 'l-'Āfiya）**
313 － 315 / 925 － 927	●哈賈姆，哈珊・賓・穆罕默德 ●al-Ḥasan b. Muḥammad, al-Ḥajjām
326 / 938	●嘎希姆・甘努恩・賓・穆罕默德 ●al-Qāsim Gannūn b. Muḥammad ●在鷹岩堡（Ḥajar al-Naṣr）登基，統治中心為里夫高地（Rīf）和摩洛哥西北部。
337 / 948	●阿布—艾胥，阿赫瑪德・賓・嘎希姆 ●Aḥmad b. al-Qāsim, Abu 'l-'Aysh ●在阿西拉（Aṣīlā）登基。
343 －363 / 954 －974	●哈珊・賓・嘎希姆 ●al-Ḥasan b. al-Qāsim ●在鷹岩堡登基，首次統治。
375 / 985	●哈珊 ●al-Ḥasan ●第二次統治，375 / 985 年遭殺害。
375 / 985	**●西北非（Western Maghrib）整合併入法蒂瑪帝國。**

儘管簡化了儀式教義，伊德里斯朝是第一個將什葉伊斯蘭（Shī'ism）引入北非（Maghrib）[1] 的朝代。當時，在北非這個充滿了異

1 編註：「Maghrib」意為「西方」，指的是伊斯蘭世界的西部，也就是今日埃及以

教思想與基督教信仰的地區，最強大的伊斯蘭勢力是奉行基本教義與平等主義的出走派（Khārijism）。伊德里斯一世（Idrīs I）是哈珊・賓・阿里・賓・阿比—塔立卜（al-Ḥasan b. 'Ali b. Abi Ṭālib）的曾孫，因此與什葉的伊瑪目有血緣關係。他參與了169 / 786年阿里追隨者在漢志地區（Ḥijāz）的起義，這是由他的姪子，即人稱「設圈套者」（Ṣāḥib Fakhkh）的胡笙（al-Ḥusayn）所領導的反阿巴斯朝運動，最後被迫逃往埃及、再到北非。因為他帶有阿里的血統，而在當地頗富聲望，許多摩洛哥北部的札納塔（Zanāta）柏柏部族首領都擁戴他為領導人。他以瓦利拉（Walīla，羅馬人稱之為Volubilis）作為根據地，同時似乎也著手建立軍事據點法斯城（Madīnat Fās，今日摩洛哥的非斯城〔Fez〕前身）；該地迅速聚居了大量人口，吸引了西班牙安達魯西亞、北非中西、東北地區的移民，並成為伊德里斯朝的首都。法斯城成為了聖城，是具社會聲望的先知孫子哈珊及胡笙後裔（Shorfā，意為「聖裔」）的居所，這些聖裔聖裔自此在摩洛哥歷史上扮演重要角色（見編號20、21）。對於將伊斯蘭文化傳播給甫歸化的柏柏部族，伊德里斯朝也有相當重大的貢獻。

然而，在穆罕默德・蒙塔席爾（Muḥammad al-Muntaṣir）統治時期，他決定重新分配兄弟間的大量封地（伊德里斯氏族在摩洛哥掌控的土地主要是城市，鮮有鄉野地區），這使得伊德里斯朝的領土面臨政治性的分裂。伊德里斯政權同時遭受敵對的柏柏部族侵擾，但在十世紀初，他們更關鍵、危險的勁敵是位於北非西部、激進什葉派的法蒂瑪朝（Shī'ī Fāṭimids）。到了雅赫亞四世（Yaḥyā IV）任內，他必須得承認瑪

西的北非地區，包括利比亞、突尼西亞、阿爾及利亞、摩洛哥等國。在翻譯時為求文意通順，視情況改譯為「北非」，並標註（Maghrib）。

赫迪・伍貝達拉（Mahdī ‘Ubaydallāh）[2] 的宗主地位；許多領土甚至被剝奪、分封給柏柏部族米克納薩（Miknāsa）的首領穆薩・賓・阿比—阿非亞（Mūsā b. Abī ’l-‘Afiya）；而伊德里斯氏族隨後也被迫遷移至摩洛哥的外圍地區，因此在南方的湯杜特（Tamdult）等地有一些氏族支系，本家則是在摩洛哥北部里夫地區（Rīf）的古瑪拉柏柏部族（Ghumāra）中發展。最後，他們轉向西班牙的後伍麥亞朝輸誠；當時後伍麥亞朝在哈里發阿布杜—拉赫曼三世（‘Abd al-Raḥmān III）的領導下，正試圖將影響力拓展到整個北非，甚至是法蒂瑪朝的領土。到了 353 / 974 年，伊德里斯氏族的哈珊（al-Ḥasan）只能向後伍麥亞朝投降，並被囚禁於哥多華（Cordova）。幾年以後，經由法蒂瑪朝的協助，他意圖東山再起，卻被後伍麥亞軍隊殺害，伊德里斯朝也隨之覆滅。

即使如此，在十一世紀初後伍麥亞朝衰微之際，仍有一支伊德里斯的遠房族系——哈穆德氏族（Ḥammūdids）成功在馬拉加（Málaga）和阿爾赫西拉斯（Algeciras）建立起統領侯國政權（見編號5-1、5-2）。

● 參考資料

* Lane-Poole, 35; Zambaur, 65 and Table 4; Album, 15.

* *EI* [2] ‘Idrīs I’, ‘Idrīs II’, ‘Idrīsids’ (D. Eustache).

* H. Terrasse, *Histoire du Maroc des origines à l’établissement du Protectorat français*, Casablanca 1949-50, I, 107-34.

* D. Eustache, *Corpus de dirhams Idrīsides et contemporains. Collection de la Banque du Maroc et autres collections mondiales, publiques et privées*, Rabat 1970-1，第 3ff 頁附有統治者列表與世系表，第 17 至 24 頁附有註釋。

2　編註：瑪赫迪 ・ 伍貝達拉為法蒂瑪朝的開朝哈里發。

9.

魯斯塔姆朝（The Rustamids）

- 伊曆 161 ～ 296 年
- 西曆 778 ～ 909 年
- 阿爾及利亞西部的塔哈爾特（Tahert，阿拉伯文拼音為 Tāhart）

年份	統治者名稱／重要事件
161 / 778	● 阿布杜—拉赫曼・賓・魯斯塔姆 ● ‘Abd al-Raḥmān b. Rustam
171 / 788	● 阿布杜—瓦哈卜・賓・阿布杜—拉赫曼 ● ‘Abd al-Wahhāb b. ‘Abd al-Raḥmān
208 / 824	● 阿布—薩義德，阿夫拉赫・賓・阿布杜—瓦哈卜 ● Aflaḥ b. ‘Abd al-Wahhāb, Abū Sa‘īd
258 / 872	● 阿布—巴克爾・賓・阿夫拉赫 ● Abū Bakr b. Aflaḥ
260 / 874	● 阿布—雅各尚，穆罕默德・賓・阿夫拉赫 ● Muḥammad b. Aflaḥ, Abu ’l-Yaqẓān
281 / 894	● 阿布—哈提姆，優素夫・賓・穆罕默德 ● Yūsuf b. Muḥammad, Abū Ḥātim ● 首次統治。
282 / 895	● 雅俄固卜・賓・阿夫拉赫 ● Ya‘qūb b. Aflaḥ ● 首次統治。
286 / 899	● 優素夫・賓・穆罕默德 ● Yūsuf b. Muḥammad ● 第二次統治。

?	●雅俄固卜・賓・阿夫拉赫 ● Ya'qūb b. Aflaḥ ●第二次統治。
294－296 / 907－909	●雅各尚・賓・穆罕默德 ● Yaqẓān b. Muḥammad
296 / 909	●**法蒂瑪朝摧毀塔哈爾特城。**

雖然魯斯塔姆朝的政權短暫且有其侷限性，但在北非的伊斯蘭歷史上仍具有高度重要性。八世紀時，多數的北非柏柏人屬於奉行平等主義的激進出走派，這可能是他們民族團結、以對抗阿拉伯順尼派（Sunnī）統治者的一種表現。在伊斯蘭世界東部，除了特定的區域外，出走派更像是一種極端暴力傾向的少數群體思想；而儘管北非的出走派同樣暴力，卻更類似大眾運動。出走派分支伊巴迪派（Ibāḍiyya）由巴斯拉的阿布達拉・賓・伊巴德（'Abdallāh b. Ibāḍ of Baṣra）的追隨者組成，他們的北非中心位於現今的黎波里塔尼亞（Tripolitania）的納夫薩山（Jabal Nafūsa），當地人口以札納塔部族的柏柏人為主；伊巴迪派短暫佔領北非中西部（突尼西亞）的阿拉伯軍事要地蓋拉萬（Kairouan，阿拉伯文拼音為Qayrawān）之後，控制了從巴爾卡（Barca）到摩洛哥邊緣的廣大土地。當阿拉伯人的領土被大規模重新分配時，有部分的伊巴迪派在阿布杜—拉赫曼・賓・魯斯塔姆（'Abd al-Raḥmān b. Rustām，他的名字顯示出他可能具有波斯血統；他在日後以一份假造的族譜來辯稱自己與薩珊王室的關係）領導下，逃往現今的阿爾及利亞西部。

144 / 761 年，阿布杜—拉赫曼在新興城鎮塔哈爾特（靠近現今阿爾及利亞的提亞雷〔Tiaret〕）建立了一個出走派侯國，大約十五年後，他被推舉為北非伊巴迪派的伊瑪目。位於塔哈爾特的核心群體，以及位於奧雷斯山地（Aurès）、突尼西亞南部、納夫薩山的伊巴迪社群，甚至南至費贊（Fezzān）綠洲的許多群體，都承認伊巴迪伊瑪目為精神領袖。魯斯塔姆朝四面為敵，它的敵對者包含了西邊的什葉派伊德里斯朝（見編號8）、順尼派阿巴斯朝總督，以及東邊的阿格拉布朝（Aghlabids），於是他們轉向與西班牙的後伍麥亞朝結盟，並尋求經濟援助。然而，摩洛哥的什葉派法蒂瑪朝以「救世主」（Mahdī）之名崛起，對魯斯塔姆朝而言仍是相當致命的敵手，法蒂瑪朝對其他北非在地政權也構成威脅，像是蘇夫利出走派的米德拉爾朝（Ṣufrī Khārijī Midrārids，見編號10）以及阿格拉布朝。九世紀時，魯斯塔姆朝與的黎波里塔尼亞的出走派分裂，而在296 / 909 年，法蒂瑪朝宣教士（dā‘ī）阿布—阿布達拉（Abū ‘Abdallāh）在庫塔瑪部族（Kutāma）的柏柏追隨者也攻陷塔哈爾特，許多魯斯塔姆氏族成員被屠殺，倖存者則輾轉逃向南方的瓦爾格拉綠洲（Ouargla，阿拉伯文拼音為 Wargla）。

就像西吉勒馬薩（Sijilmasa），塔哈爾特也是橫越撒哈拉商隊路徑其中一個重要的北方終點站，在魯斯塔姆朝的統治下發展出高度的物質繁榮，甚至博得了「北非（Maghrib）的伊拉克」的美名。除了吸引了世界各地的人們前往（包含為數可觀的波斯人和基督教徒人口），塔哈爾特還是學術中心。它最重要的歷史角色是出走派在整個北非的中樞與聚集點；儘管塔哈爾特終究屈服於法蒂瑪朝，但伊巴迪派的教義仍然在北非（Maghrib）保有長久的影響力，甚至到了今天，在部分地區，如突尼西亞的姆札卜綠洲（Mzāb）、傑爾巴島（Djerba，阿拉伯文拼音為 Jarba）以及納夫薩山區，都仍然存在著伊巴迪派的思想。

值得注意的是，至今尚未發現任何魯斯塔姆朝的貨幣。

●參考資料

* Sachau, 24-5 no.55; Zambaur, 64.

* *EI*[1] ‘Tāhert’ (G. Marçais), *EI*[2] ‘Ibāḍiyya’ (T. Lewicki), ‘Rustamids’ (M. Talbi).

* H. Terrasse, *Histoire du Maroc des origines à l’établissement du Protectorat français*, Casablanca 1949-50, I, 107-34.

* Chikh Békri, ‘Le Kharijisme berbère: quelques aspects du royaume rustumide’, *AIEO Alger*, 15 (1957), 55-108.

10.

米德拉爾朝（The Midrārids）

- 伊曆 208 ～ 366 年
- 西曆 823 ～ 977 年
- 摩洛哥東南部的西吉勒馬薩（Sijilmāsa）

年份	統治者名稱／重要事件
208 / 823	●阿布—瑪立克，蒙塔席爾・賓・伊里亞薩 ●al-Muntaṣir b. Ilyasaʻ, Abū Mālik ●人稱米德拉爾（Midrār）。
253 / 867	●阿米爾，麥蒙・賓・蒙塔席爾，伊本—沙基亞 ●Maymūn b. al-Muntaṣir, Ibn Thaqiyya, al-Amīr
263 / 877	●穆罕默德・賓・麥蒙 ●Muḥammad b. Maymūn
270 / 884	●阿布—曼蘇爾，伊里亞薩・賓・蒙塔席爾 ●Ilyasaʻ b. al-Muntaṣir, Abu 'l-Manṣūr
296 / 909	●瓦蘇勒・法特赫・賓・麥蒙・阿米爾 ●Wāsūl al-Fatḥ b. Maymūn al-Amīr
300 / 913	●阿赫瑪德・賓・麥蒙・阿米爾 ●Aḥmad b. Maymūn al-Amīr
309 / 921	●阿布—蒙塔席爾・穆俄塔茲，穆罕默德・賓・（？）薩魯 ●Muḥammad b. (?) Sārū, Abu 'l-Muntaṣir al-Muʻtazz
321 / 933	●蒙塔席爾，薩姆固・賓・阿比—蒙塔席爾 ●Samgū b. Abī 'l-Muntaṣir, al-Muntaṣir ●首次統治。

◇331 / 943	●夏奇爾，穆罕默德・賓・瓦蘇勒・法特赫 ● Muḥammad b. Wāsūl al-Fatḥ, al-Shākir
347 / 958	●薩姆固・蒙塔席爾 ● Samgū al-Muntaṣir ●第二次統治。
352 － 336 或 369 / 963 － 977 或 980	●阿布—穆罕默德，（？）阿布達拉・賓・穆罕默德 ● (?)ʻAbdallāh b. Muḥammad, Abū Muḥammad
約 366 / 約 977	●**米德拉爾朝遭廢除。**

米德拉爾氏族（Banū Midrār）是一個源自米克納薩部族的柏柏氏族，他們興起於西吉勒馬薩地區的一個城鎮（位處摩洛哥的撒哈拉沙漠邊緣）。該城鎮大約建立（或是重建）於八世紀下半葉（或不久之後），原先似乎只是蘇夫利出走派的一個據點，日後卻發展成西非商隊在穿越撒哈拉的貿易路線上的北方終點站。米德拉爾氏族向商隊收取過路費，並對來自摩洛哥南部和茅利塔尼亞的礦產收取貨物稅（然而，該城鎮在米德拉爾氏族統治下的相關文化活動史料上幾乎不提）。根據有限資料，米德拉爾氏族的領袖在當地漸趨活躍，但要確立該朝開始的時間相當困難；其中一個較為可信的時間點是208 / 823 年，當時正由人稱米德拉爾（Midrār，意即「源源不絕」〔乳品、慷慨捐贈等〕）的阿布—瑪立克・蒙塔席爾（Abū Mālik al-Muntaṣir）掌權。

起初，米德拉爾朝只是阿巴斯朝哈里發政權下一個有名無實的封國，但與塔哈爾特的魯斯塔姆朝（見編號9）同屬出走派而有所關連。然而到了十世紀初，後來的法蒂瑪朝（見編號27）開朝哈里發瑪赫迪・伍貝達拉（Mahdī ‘Ubaydallāh）的黨羽追隨「引導者」（Mahdī）將會降生於西吉勒馬薩的預言，於296 / 909年攻陷西吉勒馬薩；自此，米德拉爾氏族大致轉變為法蒂瑪朝的封國。不過，穆罕默德・賓・瓦蘇勒（Muḥammad b. Wāsūl）卻與蘇夫利出走派斷絕關係，轉信瑪立基順尼派（Mālikī Sunnism），表明了他對西班牙後伍麥亞朝的效忠。這樣的變節行為，再加上穆罕默德本身企圖效法後伍麥亞朝，僭取崇高的哈里發地位，因此激怒了法蒂瑪朝哈里發，促使他們再次發兵攻打西吉勒馬薩。米德拉爾朝的控制權限縮回原本的城鎮範圍，但旋即大約在366 / 977年（甚至更早），與西班牙後伍麥亞朝交好的馬格拉瓦（Maghrāwa）柏柏部族領導氏族「哈茲倫氏族」（Khazrūn）殺害最後一名米德拉爾朝統治者，為這個朝代畫下了句點。（十一世紀初，哈茲倫氏族的後裔在西班牙的阿爾科斯〔Arcos〕建立了統領侯國，見編號5-5。）

● 參考資料

* Sachau, 25 no.56; Zambaur, 64-5, 66; Album, 16.

* *EI* [1] ‘Sidjilmāsa’ (G. S. Colin); *EI* [2], ‘Midrār, Banū’ (Ch. Pellat).

11.

阿格拉布朝（The Aghlabids）

- 伊曆 184 ～ 296 年
- 西曆 800 ～ 909 年
- 北非西部、阿爾及利亞與西西里島（Sicily）

年份	統治者名稱／重要事件
◇184 / 800	●易卜拉欣一世・賓・阿格拉布 ●Ibrāhīm I b. al-Aghlab
◇197 / 812	●阿布—阿巴斯，阿布達拉一世・賓・易卜拉欣一世 ●‘Abdallāh I b. Ibrāhīm I, Abu ’l-‘Abbās
◇201 / 817	●阿布—穆罕默德，吉亞達塔拉一世・賓・易卜拉欣一世 ●Ziyādat Allāh I b. Ibrāhīm I, Abū Muḥammad
◇223 / 838	●阿布—伊嘎勒，阿格拉布・賓・易卜拉欣一世 ●al-Aghlab b. Ibrāhīm I, Abū ‘Iqāl
◇226 / 841	●阿布—阿巴斯，穆罕默德一世・賓・阿格拉布 ●Muḥammad I b. al-Aghlab, Abu ’l-‘Abbās
◇242 / 856	●阿布—易卜拉欣，阿赫瑪德・賓・穆罕默德一世 ●Aḥmad b. Muḥammad I, Abū Ibrāhīm
◇249 / 863	●吉亞達塔拉二世・賓・穆罕默德一世 ●Ziyādat Allāh II b. Muḥammad I
◇250 / 863	●阿布—阿布達拉・阿布—嘎拉尼各，穆罕默德二世・賓・阿赫瑪德 ●Muḥammad II b. Aḥmad, Abū Abdallāh Abu ’l-Gharānīq
◇261 / 875	●阿布—易斯哈格，易卜拉欣二世・賓・阿赫瑪德 ●Ibrāhīm II b. Aḥmad, Abū Isḥāq

◇289 / 902	●阿布—阿巴斯，阿布達拉二世・賓・易卜拉欣二世 ●'Abdallāh II b. Ibrāhīm II, Abu 'l-'Abbās
◇290 － 296 / 903 － 909	●阿布—穆達爾，吉亞達塔拉三世・賓・阿布達拉二世 ●Ziyādat Allāh III b. Abdallāh II, Abū Muḍar ●逝於流放。
290 / 909	●**被法蒂瑪朝征服。**

易卜拉欣・賓・阿格拉布（Ibrāhīm b. al-Aghlab）的父親是阿巴斯朝軍隊裡的一名呼羅珊（Khurāsān）的拉伯將領，184 / 800 年，哈里發哈倫・拉胥德（Hārūn al-Rashīd）將北非西部行省授予易卜拉欣，並收取每年四萬迪納爾幣（dīnār）的納貢回饋。這份授予包含了高度的自治權，而北非與巴格達之間的遙遠距離，也確保了阿格拉布朝不會受到哈里發過多的干涉；但自九世紀中葉開始，阿格拉布朝就面臨日漸激烈的繼承權衝突與內部動亂。不過，在易卜拉欣一世即位以後，阿格拉布朝一直保持著名義上的封國身分，儘管並未將哈里發的名字鑄刻於錢幣上，但始終在星期五（主麻）禮拜的講道（khuṭba）中尊奉哈里發的名號。阿格拉布朝的開朝君主曾經鎮壓領土內的柏柏族出走派；接著，氏族中數一數二能幹、活躍的吉亞達塔拉一世（Ziyādat Allāh I）帶領軍隊，於217 / 827 年展開了征服拜占庭西西里島的偉大計畫，他們以一支龐大的海盜船隊拿下地中海，這也讓他們成功侵擾義大利南部海岸、撒丁尼亞島（Sardinia）、科西嘉島（Corsica），甚至是阿爾卑斯山脈的濱海地區（Maritime Alps）。256 / 870 年，他們攻克了馬爾他（Malta），自此，該地區受穆斯林統治長達兩百多年之久，直到諾曼人

（Norman）再次奪回馬爾他，才結束了穆斯林的統治。在阿格拉布朝早期，統領必須設法解決西北非的內部衝突，也就是由蓋拉萬的瑪立基法學家（fuqahā'）所領導的強烈反彈聲浪，因此，征服西西里島的行動普遍被認為是為了將宗教的好戰性格轉化為對抗異教徒的「戰鬥」（jihād）。在十世紀初，征服行動便已大致完成，而西西里島持續受穆斯林統治，最早的統治者是阿格拉布朝的總督，接著是法蒂瑪朝，其中也包含卡勒卜朝（Kalbids，見編號12），一直到諾曼人於十一世紀下半葉收復此地，於是西西里島轉變為基督教歐洲中傳播伊斯蘭文化的一個重要中心。

然而在九世紀末，阿格拉布朝對北非西部的控制力轉弱。由什葉派宣教士阿布—阿布達拉領導的什葉蘇非道團，對山區（現今阿爾及利亞東北部）的庫塔瑪柏柏部族影響深遠。庫塔瑪部族的軍隊屢次重挫阿格拉布軍隊；而氏族的最後一員——吉亞達塔拉三世——被迫於296 / 909年拋棄其祖父易卜拉欣二世（Ibrāhīm II）建立的首都拉嘎達（al-Raqqāda），並在阿巴斯朝援救未果的情況下逃往埃及，隨後亦逝於該地。北非西部自此成為法蒂瑪朝的北非領土核心，他們在那裡建立了首都瑪赫迪亞（al-Mahdiyya），取代了拉嘎達。

● 參考資料

* Lane-Poole, 36-8; Zambaur, 67-8; Album, 15-16.

* *EI* [2] 'Aghlabids' (G. Marçais).

* M. Vonderheyden, *La Berbérie orientale sous la dynastie des Benoû Arlab 800-909*, Paris 1927，第332頁附有世系表。

* O. Grabar, *The Coinage of the Ṭūlūnids*, ANS Numismatic Notes and Monographs, no. 139, New York 1957, 51-4.

* M. Talbi, *L'émirat aghlabide*, Paris 1966.

12.

卡勒卜朝（The Kalbids）

- 伊曆 337 ～ 445 年
- 西曆 948 ～ 1053 年
- 西西里島總督

年份	統治者名稱／重要事件
337 / 948	●哈珊・賓・阿布達拉・賓・阿比─胡笙・卡勒比 ● al-Ḥasan b. ʻAbdallāh b. Abī ʼl-Ḥusayn al-Kalbī
342 / 953	●阿布─胡笙，阿赫瑪德・賓・哈珊 ● Aḥmad b. al-Ḥasan, Abu ʼl-Ḥusayn
359 / 970	●阿布─嘎希姆，阿里・賓・哈珊 ● ʻAlī b. al-Ḥasan, Abu ʼl-Qāsim
372 / 982	●賈希爾・賓・阿里 ● Jāhir b. ʻAlī
373 / 983	●賈俄法爾・賓・穆罕默德・賓・阿里 ● Jaʻfar b. Muḥammad b. ʻAlī
375 / 985	●阿布達拉・賓・穆罕默德・賓・阿里 ● ʻAbdallāh b. Muḥammad b. ʻAlī
379 / 989	●阿布─夫圖赫・西嘎特─道拉，優素夫・賓・阿布達拉 ● Yūsuf b. ʻAbdallāh, Abu ʼl-Futūḥ Thiqat al-Dawla
388 / 998	●塔吉─道拉，賈俄法爾・賓・優素夫 ● Jaʻfar b. Yūsuf, Tāj al-Dawla

410 / 1019	●阿布—賈俄法爾・塔俄伊德—道拉，阿赫瑪德・阿克哈勒・賓・優素夫 ● Aḥmad b. al-Akḥal b. Yūsuf, Abū Ja'far Ta'yīd al-Dawla ●逝於429 / 1038年。
431 —約445 / 1040 —約1053	●剎姆剎姆—道拉，哈珊・剎姆剎姆・賓・優素夫 ● al-Ḥasan al-Ṣamṣām b. Yūsuf, Ṣamṣām al-Dawla
436 / 1044後	●**當諾曼人於452 / 1060年開始征服行動後，西西里島的阿拉伯穆斯林政權分裂為諸多封國。**

自212 / 827年起，北非西部阿格拉布朝（見編號11）派出的阿拉伯軍隊征服了拜占庭統治下的西西里，前後統治長達七十餘年，並在289 / 902年攻陷陶爾米納（Taormina）時權力達到顛峰。阿格拉布朝及其296 / 909年後的北非繼承者法蒂瑪朝（見編號27），都指派自己的總督管理西西里島。卡勒卜朝總督的漫長統治，始於哈里發曼蘇爾（al-Manṣūr）指派哈珊・賓・阿里・卡勒比（Ḥasan b. 'Alī al-Kalbī）管理；儘管一直到359 / 970年，哈里發穆儀茲（al-Mu'izz）才承認他們的世襲繼承權。法蒂瑪朝將權力中心遷往埃及，實際上也意謂著始終忠心不二的卡勒卜氏族獲得更多自由的空間；不過，他們雖然獲得了哈里發冊封的尊銜，同時也面臨北非吉爾朝（Zīrids，見編號13）反抗的壓力。在他們統治的前數十年中，卡勒卜朝與拜占庭帝國相抗衡，並屢次針對嘎拉布里亞（Calabria）以及義大利本土的其他地區發動突襲，最遠甚至到達拿坡里（Naples）。然而，大約421 / 1040年以後，因為拜

占庭帝國以及比薩（Pisa）等義大利城邦的攻擊，卡勒卜朝的力量逐漸衰退，進而引發了西西里島的阿拉伯政權分裂，如同西班牙分裂為一系列的統領侯國（見編號5）時，也導致1060年諾曼人首次登陸，日後使西西里島重新併入基督教王國。

卡勒卜朝似乎從未以主權國的名義鑄造貨幣，不過，令人費解的是西西里島上發現了大量卡勒卜朝時期的玻璃砝碼，其數量遠多過秤量貴重金屬所需要的用量，現今普遍推論這些砝碼可能被當作次級交易的當地貨幣來使用。

●參考資料

* Sachau, 26 no. 64; Zambaur, 67-9.
* *EI* ² 'Kalbids' (U. Rizzitano); 'Siḳilliya' (R. Traini, G. Oman and V. Grassi).
* M. Amari, *Storia dei Musulmani di Sicilia*, 2nd edn, C. A. Nallino, Catania 1933-9, II, 241-490.
* Aziz Aḥmad, *A History of Muslim Sicily*, Edinburgh 1975, 30-40.

13.

吉爾朝與罕瑪德朝（The Zīrids and Ḥammādids）

- 伊曆 361 ～ 547 年
- 西曆 972 ～ 1152 年
- 突尼西亞與阿爾及利亞東部

一、北非的法蒂瑪朝吉爾系總督

年份	統治者名稱／重要事件
336 / 947 後	●吉里・賓・瑪納德 ●Zīrī b. Manād
361 / 972	●優素夫・布魯勤一世・賓・吉里 ●Yūsuf Buluggīn I b. Zīrī
373 / 984	●曼蘇爾・賓・布魯勤一世 ●al-Manṣūr b. Buluggīn I
386 / 996	●納席爾─道拉，巴迪斯・賓・曼蘇爾 ●Bādīs b. al-Manṣūr, Nāṣir al-Dawla ●**權力分裂。**

二、蓋拉萬的吉爾支系

年份	統治者名稱／重要事件
405 / 1015	●巴迪斯 ●Bādīs
◇406 / 1016	●穆儀茲・賓・巴迪斯 ●al-Mu'izz b. Bādīs

454 / 1062	●塔敏・賓・穆儀茲 ● Tamīm b. al-Mu'izz
501 / 1108	●雅赫亞・賓・塔敏 ● Yaḥyā b. Tamīm
509 / 1116	●阿里・賓・雅赫亞 ● 'Alī b. Yaḥyā
515－543 / 1121－1148	●哈珊・賓・阿里 ● al-Ḥasan b. 'Alī ●先後遭遇諾曼人與穆哈德朝的征服行動，擔任總督至558 / 1163年，逝於563 / 1168年。

三、嘎勒阿特—罕瑪德（Qal'at Banī Ḥammād）的罕瑪德氏族

年份	統治者名稱／重要事件
405 / 1015	●罕瑪德・賓・布魯勤一世 ● Ḥammād b. Buluggīn I
419 / 1028	●夏拉夫—道拉，嘎伊德・賓・罕瑪德 ● al-Qā'id b. Ḥammād, Sharaf al-Dawla
446 / 1054	●穆赫辛・賓・嘎伊德 ● Muḥsin b. al-Qā'id
447 / 1055	●布魯勤二世・賓・穆罕默德 ● Buluggīn II b. Muḥammad
454 / 1062	●納席爾・賓・阿蘭納斯 ● al-Nāṣir b. 'Alannās
481 / 1088	●曼蘇爾・賓・納席爾 ● al-Manṣūr b. al-Nāṣir

498 / 1105	●巴迪斯・賓・曼蘇爾 ● Bādīs b. al-Manṣūr
498 / 1105	●阿濟茲・賓・曼蘇爾 ● al-'Azīz b. al-Manṣūr
◇515 或 518 − 547 / 1121 或 1124 − 1152	●雅赫亞・賓・阿濟茲 ● Yaḥyā b. al-'Azīz ●逝於 557 / 1162 年。
547 / 1152	●**被穆哈德朝征服。**

吉爾氏族（Zīrids）是定居於北非（Maghrib）中部的桑哈賈部族（Ṣanhāja）支系，早期他們認同法蒂瑪朝，共同經營北非事務，並曾在 334 / 945 年出走派叛軍「騎驢者」（the Man on the Donkey）阿布─雅濟德・努卡利（Abū Yazīd al-Nukkarī）圍攻法蒂瑪朝首都瑪赫迪亞時，帶兵馳援救駕。因此，當法蒂瑪朝哈里發穆儀茲（al-Mu'izz）轉往埃及時，阿布─雅濟德指派布魯勤一世・賓・吉里（Buluggīn I b. Zīrī）擔任北非西部的大總督（他的氏族在這之前就已經以地方總督的身分為哈里發效勞）。布魯勤讓他的人民對游牧的札納塔（Zanāta）柏柏部族保持強烈的敵對意識，並橫掃整個北非地區，西至休達。吉里的另一個兒子札維（Zāwī）則帶著他的支族，投身內侍大臣穆查法爾・賓・曼蘇爾・伊本─阿比─阿密爾（al-Muẓaffar b. al-Manṣūr Ibn Abī 'Amir）的麾下，並在 403 / 1013 年後於格拉納達建立了自己的統領侯國（見編號 5、6）。

布魯勤的孫子巴迪斯（Bādīs）將西半部的管轄權託付給他的叔父

罕瑪德・賓・布魯勤一世（Ḥammād b. Buluggīn I），罕瑪德也在北非中部姆西拉地區（Msila）的霍德納高原（Hodna），為自己以及他的氏族建立首都嘎勒阿特─罕瑪德（Qal'at Banī Ḥammād）。405 / 1015年，罕瑪德與巴迪斯之間的衝突爆發，因為罕瑪德短暫地向阿巴斯朝投誠，這造成了一種「國家分裂」（divisio imperii）的現象：吉爾氏族的本系仍然待在北非，定都於蓋拉萬，但支族罕瑪德氏族卻接管了更西方的土地。

北非豐富的資源與財富誘使吉爾氏族的穆儀茲・賓・巴迪斯（al-Mu'izz b. Bādīs）背叛他的法蒂瑪主君，他在433 / 1041年轉向阿巴斯朝效忠（罕瑪德氏族的嘎伊德〔al-Qā'id〕在短暫承認巴格達哈里發的權位後，又重回法蒂瑪朝的陣營）。因此不久以後，埃及的法蒂瑪朝便派遣從下埃及遷至北非（Maghrib），野蠻、未開化的希拉勒（Hilāl）與蘇萊姆（Sulaym）貝都因部族攻打吉爾朝。這些阿拉伯人一步步進逼鄉野，對城鎮遭成莫大威脅，最後迫使吉爾氏族自蓋拉萬撤退，逃向沿岸城市瑪赫迪亞，而罕瑪德氏族則轉往較不易到達的布吉港（Bougie，阿拉伯文拼音為Bijāya），並將它改名為納席利亞（al-Nāṣiriyya），以紀念建造它的納席爾・賓・阿蘭納斯（al-Nāṣir b. 'Alannās）。失去土地的控制權後，兩支親族轉向海洋發展他們的艦隊；無疑正是這個時期揭開了柏柏人海盜時代的序幕。可是，縱使他們在日後都與諾曼國王建立了和平的商業關係，他們依舊未能阻止穆斯林西西里島落入諾曼人的手中。到了十二世紀時，吉爾朝面臨了龐大的壓力；西西里島的羅傑二世（Roger II）攻陷瑪赫迪亞以及突尼西亞沿岸，迫使吉爾氏族的哈珊・賓・阿里（al-Ḥasan b. 'Alī）向他納貢。另一方面，穆哈德朝（見編號15）持續進逼北非東部，罕瑪德朝飽受侵擾，一直到最後一任統治者雅赫亞（Yaḥyā）向君士坦丁大帝

（Constantine）投降，並在摩洛哥的流放歲月中逝世，罕瑪德朝方告終止。最後一名吉爾氏族成員哈珊（al-Ḥasan）一度在穆哈德朝的統治下，被授予瑪赫迪亞總督的身分，一直到穆哈德朝蘇丹阿布杜—穆俄敏（'Abd al-Mu'min）逝於558 / 1163年逝世；八年後，哈珊也在摩洛哥逝世。

●參考資料

* Lane-Poole, 39-40; Zambaur, 70-1; Album, 16.
* *EI* [1] 'Zīrids' (G. Marçais); *EI* [2] 'Ḥammādids' (H. R. Idris).
* H. W. Hazard, *The Numismatic History of Late Medieval North Africa*, ANS Numismatic Studies, no. 8, New York 1952, 53-7, 89-96, 233.
* H. R. Idris, *La Berbérie orientale sous les Zīrides Xᵉ-XIIᵉ siècles*, 2 vols, Paris 1962，第二卷第830頁附有詳細的世系表與年表，並修訂了Zambaur的許多資料。
* Amin T. Tibi, *The Tibyān. Memoirs of 'Abd Allāh b. Buluggīn, last Zīrid Amīr of Granada*, Leiden 1986，第30頁附有穆斯林西班牙的吉爾氏族世系表，說明他們與北非親族的關係。

14.

穆拉比特朝（The Almoravids or al-Murābiṭūn）

- 伊曆 454 ～ 541 年
- 西曆 1062 ～ 1147 年
- 西北非與西班牙

撒哈拉的柏柏領袖，他們承認摩洛哥學者阿布達拉・賓・亞欣（‘Abdallāh b. Yāsīn）的信仰權力。

●雅赫亞・賓・易卜拉欣・古達利（賈達利）

●Yaḥyā b. Ibrāhīm al-Gudālī or al-Jaddālī

●雅赫亞・賓・歐瑪爾・蘭姆圖尼

●Yaḥyā b. ‘Umar al-Lamtūnī

●逝於447 / 1055 或448 / 1056 年。

●阿布—巴克爾・賓・歐瑪爾・蘭姆圖尼◇

●Abū Bakr b. ‘Umar al-Lamtūnī

●逝於480 / 1087 年。

年份	統治者名稱／重要事件
◇453 / 1061	●優素夫・賓・塔休芬 ●Yūsuf b. Tāshufīn
◇462 －467 / 1070 －1075	●易卜拉欣・賓・阿比—巴克爾 ●Ibrāhīm b. Abī Bakr ●西吉勒馬薩統治者。
◇500 / 1107	●阿里・賓・優素夫 ●‘Alī b. Yūsuf

◇537 / 1142	●塔休芬・賓・阿里 ● Tāshufīn b. 'Alī
◇540 / 1146	●易卜拉欣・賓・塔休芬 ● Ibrāhīm b. Tāshufīn
◇540－541 / 1146－1147	●易斯哈格・賓・阿里 ● Isḥāq b. 'Alī
541 / 1147	●**被穆哈德朝征服**。

北非歷史上不時會出現柏柏人宗教振興的浪潮，而穆拉比特朝人正是靠著這樣的宗教浪潮才崛起。在十一世紀早期，領土橫跨現今西屬撒哈拉（Spanish Sahara）以及茅利塔尼亞的桑哈賈部族（古達拉柏柏部族〔Gudāla〕），其領導人雅赫亞・賓・易卜拉欣（Yaḥyā b. Ibrāhīm）出發前往麥加朝聖。帶著滿腔熱血，雅赫亞回到他的部族，並帶回一名摩洛哥學者阿布達拉・賓・亞欣（'Abdallāh b. Yāsīn），意圖宣揚嚴謹的順尼派瑪立基法學思想。日後的當地歷史學家認為，阿布達拉・賓・亞欣帶入的好戰、擴張主義思維，受到穆拉比特社群（Murābiṭūn）推動，「穆拉比特」指的是塞內加爾河口和茅利塔尼亞沿岸一間修道院（ribāṭ）的成員；然而，即使穆拉比特（dār al-murābitīn）軍事兄弟會真的存在，它的重要性也許被誇大了。無論如何，這個稱呼居住於修道院或是邊防堡壘者的詞「穆拉比特」，後來轉化為西班牙文「Almorávides」一字，用來指稱他們日後統治的朝代，法文的「marabout」一字（聖賢、得聖者），來特指北非穆斯林重要的蘇非道團

領袖。這些來自撒哈拉的柏柏戰士會在臉上穿戴阻擋風沙的面紗（他們的現代後裔圖瓦雷克人〔Tuaregs〕也有此習俗），因此他們也以「蒙面者」（al-mutalaththimūn）之名稱著名於世。

拉姆圖納氏族（Lamtunā）領導人雅赫亞、阿布—巴克爾・賓・歐瑪爾（Abu Bakr b. 'Umar）及其副官優素夫・賓・塔休芬（Yūsuf b. Tāshufīn）領導穆拉比特軍隊，進軍北方的摩洛哥，征服了北非，最遠曾將勢力推展至現今的阿爾及利亞（Algeria）中部。隨著阿布—巴克爾向南轉進撒哈拉西部地區，優素夫則在454 / 1062年將馬拉喀什（Marrakech，阿拉伯文拼音為Marrākush）立為首都；摩洛哥穆拉比特朝自此拉開序幕，在優素夫死後，塔休芬氏族的名號也被明確刻印於錢幣上。穆拉比特朝承認阿巴斯朝哈里發為其伊斯蘭精神領袖，奉行保守的瑪立基法學派，並在出走派實質衰亡後，統治了西班牙與北非地區。

此時，穆斯林統治的西班牙處於統領侯國林立的分裂時期（見編號5），基督教復國運動（Christian Reconquista）也正在醞釀，顯然只有剛剛崛起且狂熱的穆拉比特朝能夠拯救陷於紛爭之中的年幼王儲。優素夫・賓・塔休芬在479 / 1086年橫越非洲，並在鄰近巴達霍斯（Badajoz）的札拉嘎（Zallāqa）打敗雷昂與卡斯提亞王國的阿馮索六世（Alfonso VI of Léon and Castile）。儘管基督教徒仍然掌握了近期才失去的托雷多，但朝向西方的行軍仍舊收復，或確保了許多穆斯林領土的安全。在往後的數年內，優素夫幾乎鎮壓了所有的統領侯國，唯有胡德朝（Hūdids）被准許維持薩拉戈薩的統治（見編號5-17），而當時偉大的東方伊斯蘭神學家格嘎扎里（al-Ghazālī）提倡嚴守清律的伊斯蘭思想，風行於普羅大眾，也被導入西班牙。

但在十二世紀初的數年間，新崛起的穆哈德氏族（Almohads，見編號15），以及他們在摩洛哥南部的瑪斯穆達柏柏部族（Masmūda）支持者所發起的政治宗教行動，威脅了穆拉比特朝在北非的地位。因為上述因素所造成的壓力，才導致512 / 1118年時，穆拉比特朝無法在基督教徒的攻勢下守住薩拉戈薩。541 / 1147年，瑪拉喀什的最後一任穆拉比特統治者易斯哈格・賓・阿里（Isḥāq b. ‘Alī）被阿布杜—穆俄敏（‘Abd al-Mu’min）的軍隊所殺，穆哈德氏族也從那時起開始進入西班牙。當最後一任穆拉比特總督雅赫亞・賓・嘎尼亞・瑪斯蘇非（Yaḥyā b. Ghāniya al-Massūfī，他的氏族因為聯姻而與穆拉比氏族建立關係）逝於543 / 1148年，穆拉比特朝就此正式告終。然而，嘎尼亞部族裡的後穆拉比特血統仍然延續著，並控制了巴利阿里群島（Balearic Islands），一直到十三世紀初才斷絕。

北非（Maghrib）摩洛哥地區的穆拉比特朝在當時迅速內化了安達魯西亞地區的伊斯蘭文化。阿布—巴克爾・賓・歐瑪爾和優素夫・賓・塔休芬否認他們的柏柏族出身，宣稱自己屬於南阿拉伯的嘎赫坦族（Qaḥṭānī）。而他們更促成了瑪立基法學派在北非的支配地位，其法學規範更被抬升至與《古蘭經》和聖訓同等位階；反之，辯證神學（kalām）則被視為危及信仰的傳統。然而，穆拉比特朝所留下最長遠的遺緒乃是他們對伊斯蘭傳播的推廣，尤其是穆拉比特的教義，向南穿過撒哈拉沙漠，進入西非的薩西勒（Sāḥil）與薩凡納地區（Savannah），相當於現代的塞內加爾（Senegal）、尼日（Niger）、馬利（Mali）以及奈及利亞（Nigeria）北部。

● 參考資料

* Lane-Poole, 41-4; Zambaur, 73-4; Album, 16.
* *EI*[2] ‘al-Murābiṭūn’ (H. T. Norris and P.Chalmeta).
* H. Terrasse, Histoire du Maroc, I, 211-60.
* J. Bosch Vilá, *Los Almorávides*, Instituto General Franco de Estudios y investigación hispano-árabe, *Historia de Marruecos*, Tetouan 1950.
* H. W. Hazard, *The Numismatic History of Late Medieval North Africa*, 59-64, 95-143, 236-63, 282-3.

15.

穆哈德朝（The Almohads or al-Muwaḥḥidūn）

- 伊曆 524 ～ 668 年
- 西曆 1130 ～ 1269 年
- 北非和西班牙

年份	統治者名稱／重要事件
	●穆罕默德・賓・圖瑪特 ● Muḥammad b. Tūmart ●逝於524 / 1130 年。
◇524 / 1130	●阿布杜─穆俄敏・賓・阿里・庫米 ● ‘Abd al-Mu’min b. ‘Alī al-Kūmī
◇558 / 1163	●阿布─雅俄固卜，優素夫一世・賓・阿布杜─穆俄敏 ● Yūsuf I b. ‘Abd al-Mu’min, Abū Ya‘qūb
◇580 / 1184	●阿布─優素夫・曼蘇爾，雅俄固卜・賓・優素夫一世 ● Ya‘qūb b. Yūsuf I, Abū Yūsuf al-Manṣūr
◇595 / 1199	●阿布─阿布達拉・納席爾，穆罕默德・賓・雅俄固卜 ● Muḥammad b. Ya‘qūb, Abū ‘Abdallāh al-Nāṣir
◇610 / 1213	●阿布─雅俄固卜・穆斯坦席爾，優素夫二世・賓・穆罕默德 ● Yūsuf II b. Muḥammad, Abū Ya‘qūb al-Mustanṣir
621 / 1224	●阿布─穆罕默德・瑪赫盧，阿布杜─瓦希德・賓・優素夫一世 ● ‘Abd al-Wāḥid b. Yūsuf I, Abū Muḥammad al-Makhlū‘

◇621 / 1224	●阿布—穆罕默德・艾迪勒，阿布達拉・賓・雅俄固卜 ●'Abdallāh b. Ya'qūb, Abū Muḥammad al-'Ādil
◇624 － 633 / 1227 － 1235	●阿布—查克利亞・穆俄塔席姆，雅赫亞・賓・穆罕默德 ●Yaḥyā b. Muḥammad, Abū Zakariyyā' al-Mu'taṣim ●失去摩洛哥的統治權，這段期間的統治者為：624－630 / 1227－1232年的伊德里斯一世・賓・雅俄固卜，阿布—伍拉・瑪蒙（Idrīs I b. Ya'qūb, Abu 'l-'Ulā al-Ma'mūn），以及630 / 1232年之後的阿布—穆罕默德・拉胥德，阿布杜—瓦希德・賓・伊德里斯一世（'Abd al-Wāḥid b. Idrīs I, Abū Muḥammad al-Rashīd）。
◇633 / 1235	●拉胥德，阿布杜—瓦希德・賓・伊德里斯一世 ●'Abd al-Wāḥid b. Idrīs I, al-Rashīd
◇640 / 1242	●阿布—哈珊・薩義德，阿里・賓・伊德里斯一世 ●'Alī b. Idrīs I, Abu 'l-Ḥasan al-Sa'īd
◇646 / 1248	●阿布—哈夫斯・穆爾塔達，歐瑪爾・賓・易斯哈格 ●'Umar b. Isḥāq, Abū Ḥafṣ al-Murtaḍā
◇665 － 668 / 1266 － 1269	●阿布—伍拉・阿布—達布斯・瓦西格，伊德里斯二世・賓・穆罕默德 ●Idrīs II b. Muḥammad, Abu 'l-'Ulā Abū Dabbūs al-Wāthiq ●**基督教徒自西元七世紀中自十三世紀征服格拉納達以外的西班牙全境；穆哈德朝在北非的領土分裂為哈夫斯朝（Ḥafṣids）、阿布杜—瓦德朝（'Abd al-Wādids）以及馬林朝（Marīnids）。**

穆哈德朝人（Almohads，其西班牙字源為「al-Muwaḥḥidūn」一詞，意為「宣揚神的獨一性者」）代表了一股勢力，他們在理性與神學層面上，反對盛行於北非、保守且恪守教義的瑪立基法學派，也反對穆拉比特朝（見編號14）晚期社會的縱情逸樂。他們的建立者是瑪斯穆達柏柏族的伊本─圖瑪特（Maṣmūda Berber Ibn Tūmart），他曾前往東伊斯蘭世界求學，而學習到靈修、改革的理念。回到摩洛哥時，他在515 / 1121年被支持者擁戴為「引導者」（Mahdī），被視為能夠恢復並帶領真正普世的伊斯蘭邁向勝利的領導者。他利用摩洛哥南部柏柏人的語言，為他們撰寫伊斯蘭教義、神學與法學著作，他的使命之一可能就是表達山區柏柏人的宗教情懷，對抗以城市立場為出發點的瑪立基法學家，這些法學家在當時是穆拉比特朝宗教權力的主體。伊本─圖瑪特的軍事副手阿布杜─穆俄敏（'Abd al-Mu'min）在他死後接掌領導權；他繼續對穆拉比特朝發動戰爭，一步步佔領摩洛哥，並在542 / 1147年將穆拉比特朝首都馬拉喀什據為己有。

在穆拉比特朝衰亡後，西班牙穆斯林地區出現一段權力真空時期，當時如前一世紀統領侯國的地方勢力又再次興起，像是瓦倫西亞（Valencia）、哥多華、穆爾奇亞（Murcia）以及梅爾托拉（Mertola）（見編號5-11、5-15、5-18）。然後到了540 / 1145年，阿布杜─穆俄敏派遣一支軍隊前往西班牙，迅速控制了絕大部分的穆斯林領土。強盛的穆哈德政權建都於塞維爾（Seville），佔據了直布羅陀海峽的兩岸。自東方聚集而來的游牧阿拉伯人，對北非中部與東部的鄉村造成了經濟阻斷以及政治與社會侵擾，沿岸地區也受到諾曼人基督教徒突擊隊的掠奪。藉由高效率的軍力與海軍艦隊，阿布杜─穆俄敏最遠進攻至突尼斯

（Tunis）與的黎波里（Tripoli），並藉此將整個北非納入穆哈德朝的統治之下；艾尤布朝（Ayyūbids）蘇丹薩拉丁（Saladin，阿拉伯文拼音為Ṣalāḥ al-Dīn，見編號30）亦曾向穆哈德朝尋求結盟，以對付法蘭克十字軍（雖然最後證明了是徒勞無功）。穆哈德朝統治者從此自承崇高的哈里發地位以及「眾信仰者的領導者」之名。

穆哈德政權的架構不僅反映出伊本—圖瑪特原始教誨中的彌賽亞權力式本質，更圍繞哈里發身旁的顧問與親信所建構而成。最重要的是，他們的宮廷是輝煌的藝術與學術中心，因為伊本—圖非勒（Ibn Ṭufayl，拉丁文為Abubacer）和伊本—魯胥德（Ibn Rushd，拉丁文為Averroes）等學者積極的活動，因而促成了伊斯蘭哲學的最後一次興盛期，而當時他們都是穆哈德朝的宮廷醫師；北非與塞維爾簡約但具紀念性的建築風格，更在穆哈德朝達到顛峰。然而，智性思維卻只侷限於宮廷的小圈子內，其他地區充斥著固執保守的宗教正統威權。此時期，維持猶太教和基督教信仰的受保護者（Dhimmī）因為極端的敵意與騷擾而受苦，這一點可見於西班牙與摩洛哥對猶太教徒的屠殺，而這幾場屠殺也觸發了猶太人的大遷徙，他們紛紛遷至基督教歐洲與近東地區；在這些移居近東的人口中，包含了醫學家兼哲學家的邁蒙尼德（Maimonides），他從哥多華逃往埃及定居。

阿布—優素夫・雅俄固卜在591 / 1195年於阿拉爾寇斯（Alarcos，阿拉伯文拼音為al-Arak）打敗西班牙基督教徒，他的繼任者更從嘎尼亞部族（見編號6）手中解放了遠至利比亞與巴利阿里群島的北非（Maghrib）東部地區。然而，609 / 1212年穆罕默德・納席爾（Muḥammad al-Nāṣir）在托洛薩地區的拉斯納瓦斯之戰（Las Navas de Tolosa，阿拉伯文拼音為al-'Iqāb）慘敗於半島上的基督教諸國王後，穆哈德朝在西班牙與摩洛哥的統治權力就因為內部的叛亂與爭執，以及伊德里斯・瑪蒙（Idrīs al-Ma'mūn）對其威權的否認，而開始衰微。穆哈德朝漸漸捨棄了西班牙地區，當地人民只能獨自面對基督教收復失地軍隊的衝擊，而他們對北非的掌控也開始動搖。到了627 / 1230年，北非的哈夫斯氏族（Ḥafṣid）統領宣布獨立（見編號18），而十年後興起於北非中部的雅格穆拉珊・賓・宰揚（Yaghmurāsan b. Zayyān or Ziyān）領軍，以提里姆桑（Tlemcen，阿拉伯文拼音為Tilimsān）為首都，建立了阿布杜—瓦德王國（'Abd al-Wādid Kingdom）。在摩洛哥，馬林氏族（Marīnids，見編號16）開始壓制穆哈德朝的殘存勢力，他們於668 / 1269年終結穆哈德朝在馬拉喀什的統治，並在八年後掃蕩穆哈德人的發源地廷馬拉勒（Tinmallal）；摩洛哥省的首府也自此遷往非斯（Fez）。

● 參考資料

* Lane-Poole, 45-7; Zambaur, 73-4; Album, 16-7.
* *EI* 2 'al-Muwaḥḥidūn' (M. Shatzmiller).
* H. Terrasse, *Histoire du Maroc*, I, 261-367.
* H. W. Hazard, *The Numismatic History of Late Medieval North Africa*, 64-8, 143-58, 262-73, 283.
* A. Huici Miranda, *Historia politica del imperio Almohade*, 2 vols, Instituto General Franco de Estudios y investigación hispano-árabe, Tetouan 1956-7.

16.

馬林朝（The Marīnids）

- 伊曆 614 ～ 869 年
- 西曆 1217 ～ 1465 年
- 北非

年份	統治者名稱／重要事件
	●阿布—穆罕默德，阿布杜—哈格一世・馬林尼 ●‘Abd al-Ḥaqq I al-Marīnī, Abū Muḥammad
614 / 1217	●阿布—薩義德，歐斯曼一世・賓・阿布杜—哈格一世 ●‘Uthmān I b. ‘Abd al-Ḥaqq I, Abū Sa‘īd
638 / 1240	●阿布—瑪俄魯夫，穆罕默德一世・賓・阿布杜—哈格一世 ●Muḥammad I b. ‘Abd al-Ḥaqq I, Abū Ma‘rūf
◇642 / 1244	●阿布—雅赫亞，阿布—巴克爾・賓・阿布杜—哈格一世 ●Abū Bakr b. ‘Abd al-Ḥaqq I, Abū Yaḥyā
◇656 / 1258	●阿布—優素夫，雅俄固卜・賓・阿布杜—哈格一世 ●Ya‘qūb b. ‘Abd al-Ḥaqq I, Abū Yūsuf
◇685 / 1286	●阿布—雅俄固卜・納席爾，優素夫・賓・雅俄固卜 ●Yūsuf b. Ya‘qūb, Abū Ya‘qūb al-Nāṣir
706 / 1307	●阿布—沙比特，阿姆爾・賓・優素夫 ●‘Amr b. Yūsuf, Abū Thābit
708 / 1308	●阿布—拉畢俄，蘇萊曼・賓・優素夫 ●Sulaymān b. Yūsuf, Abu ’l-Rabī‘

◇710 / 1310	●阿布—薩義德，歐斯曼二世・賓・雅俄固卜 ● ʻUthmān II b. Yaʻqūb, Abū Saʻīd
◇731 / 1331	●阿布—哈珊，阿里・賓・歐斯曼二世 ● ʻAlī b. ʻUthmān II, Abu ʼl-Ḥasan
◇749 / 1348	●阿布—儀南・穆塔瓦基勒，法里斯・賓・阿里 ● Fāris b. ʻAlī, Abū ʻInān al-Mutawakkil
759 / 1358	●阿布—宰揚（吉揚）・薩義德，穆罕默德二世・賓・法里斯 ● Muḥammad II b. Fāris, Abū Zayyān or Ziyān al-Saʻīd ●首次統治。
759 / 1358	●阿布—雅赫亞，阿布—巴克爾・賓・法里斯 ● Abū Bakr b. Fāris, Abū Yaḥyā
◇760 / 1359	●阿布—薩里姆，易卜拉欣・賓・阿里 ● Ibrāhīm b. ʻAlī, Abū Sālim
762 / 1361	●阿布—阿姆爾，塔休芬・賓・阿里 ● Tāshufīn b. ʻAlī, Abū ʻAmr
◇763 / 1362	●蒙塔席爾，穆罕默德二世・賓・法里斯 ● Muḥammad II b. Fāris, al-Muntaṣir ●第二次統治。
763 / 1362	●阿布—穆罕默德，阿布杜—哈里姆・賓・歐瑪爾 ● ʻAbd al-Ḥalīm b. ʻUmar, Abū Muḥammad ●只統治西吉勒馬薩。
◇764 − 765 / 1363 − 1364	●阿布—瑪立克，阿布杜—穆俄敏・賓・歐瑪爾 ● ʻAbd al-Muʼmin b. ʻUmar, Abū Mālik ●只統治西吉勒馬薩。
◇767 / 1366	●阿布—法里斯・穆斯坦席爾，阿布杜—阿濟茲一世・賓・阿里 ● ʻAbd al-ʻAzīz I b. ʻAlī, Abū Fāris al-Mustanṣir

◇774 / 1372	●阿布—宰揚（吉揚）・薩義德，穆罕默德三世・賓・阿布杜—阿濟茲 ●Muḥammad III b. ʻAbd al-ʻAzīz, Abū Zayyān or Ziyān al-Saʻīd
◇775 / 1373	●阿布—阿巴斯・穆斯坦席爾，阿赫瑪德一世・賓・易卜拉欣 ●Aḥmad I b. Ibrāhīm, Abu ʼl-ʻAbbās al-Mustanṣir
◇776 － 784 / 1374 － 1382	●阿布—柴德，阿布杜—拉赫曼・賓・阿比—伊法盧欣 ●ʻAbd al-Raḥmān b. Abī Ifallūsin, Abū Zayd ●馬拉喀什的統治者。
◇786 / 1384	●阿布—法里斯，穆薩・賓・法里斯 ●Mūsā b. Fāris, Abū Fāris
◇788 / 1386	●阿布—宰揚（吉揚）・蒙塔席爾，穆罕默德四世・賓・阿赫瑪德一世 ●Muḥammad IV b. Aḥmad I, Abū Zayyān or Ziyān al-Muntaṣir
788 / 1386	●阿布—宰揚（吉揚）・瓦西格，穆罕默德五世・賓・阿里 ●Muḥammad V b. ʻAlī, Abū Zayyān or Ziyān al-Wāthiq
789 / 1387	●阿布—阿巴斯，阿赫瑪德二世・賓・阿赫瑪德一世 ●Aḥmad II b. Aḥmad I, Abu ʼl-ʻAbbās
◇796 / 1393	●阿布—法里斯，阿布杜—阿濟茲二世・賓・阿赫瑪德二世 ●ʻAbd al-ʻAzīz II b. Aḥmad II, Abū Fāris
◇799 / 1397	●阿布—阿密爾，阿布達拉・賓・阿赫瑪德二世 ●ʻAbdallāh b. Aḥmad II, Abū ʻAmir
◇800 / 1398	●阿布—薩義德，歐斯曼三世・賓・阿赫瑪德二世 ●ʻUthmān III b. Aḥmad II, Abū Saʻīd

823 – 869 / 1420 – 1465	● 阿布—穆罕默德，阿布杜—哈格二世・賓・歐斯曼三世 ● 'Abd al-Ḥaqq II b. 'Uthmān III, Abū Muḥammad ● **面臨瓦塔斯朝（Waṭṭāsids）干政後，在他們的控制下擔任名存實亡的統治者。**

馬林朝承繼了摩洛哥及其東部大部分北非地區（Maghrib）的穆哈德朝（見編號15）遺緒。馬林氏族是札納塔柏柏部族的一支，他們在撒哈拉沙漠的西北邊界過著游牧的生活，約莫是現今以東北、西南方向跨越阿爾及利亞與摩洛哥邊界的地區。他們應該屬於牧羊族群，甚至以自己的族名，將品質優良的羊毛命名為美麗諾羊毛（merino wool，音似「馬林」），並在中世紀早期就已經從義大利輸入歐洲。馬林氏族的文化水準也許較為低落；穆拉比特朝和穆哈德朝的運動曾受宗教激情啟發，但馬林氏族並非如此，甚至皈依伊斯蘭的時間也不長。這些事實再加上其他為數不多的原因，無疑解釋了馬林朝為何會在十三世紀中葉與晚期的穆哈德朝糾纏甚久。他們於613 / 1216年首次次從撒哈拉沙漠出發，入侵摩洛哥，但被穆哈德政權擋下，一直到668 / 1269年以前，馬林政權都未能攻下穆哈德朝首都馬拉喀什，而西吉勒馬薩也在四年後才被攻克。

馬林朝立都於非斯後，開始萌生作為穆哈德朝繼承者的強烈抱負，他們試圖在北非重建帝國，最後也成功達成目標。他們更進一步培養人民的「奮戰」（jihād）精神，並利用北非大眾的宗教激情，重新發起對西班牙的征戰。幾位馬林朝蘇丹御駕親征，攻打伊比利半島。阿布

—優素夫・雅俄固卜（Abū Yūsuf Ya'qūb）回應格拉納達納斯爾朝（Naṣrids）的求助，在674 / 1275年的埃西哈之役（Battle of Ecija）中獲得勝利。709 / 1309年，基督教徒奪取直布羅陀海峽後，馬林朝人的軍隊又再次踏上西班牙的土地，然而在741 / 1340年，卡斯提亞的阿馮索十一世（Alfonso XI），以及其岳父葡萄牙的阿馮索四世（Alfonso IV）的聯軍，卻在里奧薩拉多（Rio Salado）打敗了阿布—哈珊・阿里（Abū 'l-Ḥasan 'Alī），馬林朝此後不曾再嘗試直接介入西班牙。在北非，馬林朝壓制了鄰近的阿布杜—瓦德朝（'Abd al-Wādids，見編號17），分別於737 / 1337年和753 / 1352年佔領他們的首都提里姆桑，並曾於748 / 1347年短暫地將哈夫斯朝（Ḥafṣids）逐出突尼斯，一度控制住整個北非地區（Maghrib）。在十三世紀晚期以及十四世紀前三分之二的時間裡，摩洛哥同樣可見輝煌的文化與藝術盛世，像是龐大的清真寺建築群、學校以及其他公共建設，再再體現出活躍的瑪立基法學派風格，以及日漸盛行的蘇非主義（Ṣūfism）與道團精神（maraboutism）。

到了十四世紀末，馬林朝明顯開始衰微。在803 / 1401年，卡斯提亞的亨利三世（Henry III）向德圖安（Tetouan，阿拉伯文拼音為Tittāwīn）發動攻擊，葡萄牙人則於818 / 1415年奪取休達（Ceuta，阿拉伯文拼音為Sabta），這些基督教收復失地軍隊在北非的擴張行動，激起了一波強烈的宗教情感，促使北非穆斯林發起對抗異教徒的聖戰。長久以來，馬林朝的蘇丹政權都面臨一系列的繼承危機，馬林氏族的親王往往都只短暫地掌權，接著就因為阿拉伯和柏柏部族所發起的宮廷政變而被推翻。823 / 1420年，蘇丹阿布—薩義德・歐斯曼三世（Abū Sa'īd 'Uthmān III）被暗殺後，與馬林朝相親的瓦塔斯氏族（Banū Waṭṭās，見編號19）實際上便已經接收北非（Maghrib）西部的統治權；他們出身於年幼君主阿布—穆罕默德・阿布杜—哈格二世（Abū Muḥammad 'Abd al-Ḥaqq II）的攝政團，但在869 / 1465年發生的謀殺事件後，瓦塔斯氏族便短暫地繼承了馬林朝在摩洛哥的政權與名號。

● 參考資料

* Lane-Poole, 57-9; Zambaur, 79-80; Album, 18.

* *EI* [1] 'Merīnids' (G. Marçais); *EI* [2] 'Marīnids' (Maya Shatzmiller)，附有詳細的世系表，修正並取代 Zambaur 的版本。

* H. Terrasse, *Histoire du Maroc*, II, 3-104.

* H. W. Hazard, *The Numismatic History of Late Medieval North Africa*, 79-84, 192-227, 275-8, 284-5.

17.

阿布杜—瓦德朝（The ‘Abd al-Wādids or Zayyānids or Ziyānids）

- 伊曆 633 ～ 962 年
- 西曆 1236 ～ 1555 年
- 阿爾及利亞西部

年份	統治者名稱／重要事件
◇633 / 1236	●阿布—雅赫亞，雅格穆拉珊・賓・宰揚（吉揚） ● Yaghmurāsan b. Zayyān or Ziyān, Abū Yaḥyā
681 / 1283	●阿布—薩義德，歐斯曼一世・賓・雅格穆拉珊 ● ‘Uthmān I b. Yaghmurāsan, Abū Sa‘īd
703 / 1304	●阿布—宰揚（吉揚）・穆罕默德一世・賓・歐斯曼 ● Muḥammad I b. ‘Uthmān, Abū Zayyān or Ziyān
◇707 / 1308	●阿布—漢姆，穆薩一世・賓・歐斯曼 ● Mūsā I b. ‘Uthmān, Abū Ḥammū
◇718 / 1318	●阿布—塔休芬，阿布杜—拉赫曼一世・賓・穆薩一世 ● ‘Abd al-Raḥmān I b. Mūsā I, Abū Tāshufīn
737 / 1337	●**首次被馬林朝征服。**
749 / 1348 （兩人共治）	●歐斯曼二世・賓・阿布杜—拉赫曼一世 ● ‘Uthmān II b. ‘Abd al-Raḥmān I ●阿布—沙比特，阿布—薩義德・札伊姆・賓・阿布杜—拉赫曼一世 ● Abū Sa‘īd al-Za‘īm b. ‘Abd al-Raḥmān I, Abū Thābit
753 / 1352	●**再度被馬林朝征服。**

◇760 / 1359	●阿布―漢姆，穆薩二世・賓・優素夫 ●Mūsā II b. Yūsuf, Abū Ḥammū
◇791 / 1389	●阿布―塔休芬，阿布杜―拉赫曼二世・賓・穆薩二世 ●‘Abd al-Raḥmān II b. Mūsā II, Abū Tāshufīn
796 / 1394	●阿布―沙比特，優素夫一世・賓・阿布杜―拉赫曼二世 ●Yūsuf I b. ‘Abd al-Raḥmān II, Abū Thābit
796 / 1394	●阿布―哈賈吉，優素夫二世・賓・穆薩二世 ●Yūsuf II b. Mūsā II, Abu ’l-Ḥajjāj
◇797 / 1395	●阿布―宰揚（吉揚），穆罕默德二世・賓・穆薩二世 ●Muḥammad II b. Mūsā II, Abū Zayyān or Ziyān
◇802 / 1400	●阿布―穆罕默德，阿布達拉一世・賓・穆薩二世 ●‘Abdallāh I b. Mūsā II, Abū Muḥammad
◇804 / 1402	●阿布―阿布達拉・瓦西格，穆罕默德三世・賓・穆薩二世 ●Muḥammad III b. Mūsā II, Abū ‘Abd Allāh al-Wāthiq
813 / 1411	●阿布―塔休芬，阿布杜―拉赫曼三世・賓・穆罕默德三世 ●‘Abd al-Raḥmān III b. Muḥammad III, Abū Tāshufīn
814 / 1411	●薩義德・賓・穆薩二世 ●Sa‘īd b. Mūsā II
◇814 / 1411	●阿布―瑪立克，阿布杜―瓦希德・賓・穆薩二世 ●‘Abd al-Wāḥid b. Mūsā II, Abū Mālik ●首次統治。
◇827 / 1424	●阿布―阿布達拉，穆罕默德四世・賓・阿布杜―拉赫曼三世 ●Muḥammad IV b. ‘Abd al-Raḥmān III, Abū ‘Abdallāh

831 / 1428	●阿布杜—瓦希德・賓・穆薩二世 ●'Abd al-Wāḥid b. Mūsā II ●第二次統治。
◇833 / 1430	●阿布—阿巴斯，阿赫瑪德一世・賓・穆薩二世 ●Aḥmad I b. Mūsā II, Abu 'l-Abbās
◇866 / 1462	●阿布—阿布達拉・穆塔瓦基勒，穆罕默德五世・賓・穆罕默德 ●Muḥammad V b. Muḥammad, Abū 'Abdallāh al-Mutawakkil
873 / 1469	●阿布—塔休芬・賓・穆罕默德五世 ●Abū Tāshufīn b. Muḥammad V
873 / 1469	●阿布—阿布達拉・沙比提，穆罕默德六世・賓・穆罕默德五世 ●Muḥammad VI b. Muḥammad V, Abū 'Abdallāh al-Thābitī
◇910 / 1504	●阿布—阿布達拉・沙比提・穆罕默德七世・賓・穆罕默德六世 ●Muḥammad VII b. Muḥammad VI, Abū 'Abdallāh al-Thābitī ●918 / 1512 年以後成為亞拉岡斐迪南二世（Ferdinand II of Aragon）的附庸。
923 / 1517	●阿布—漢姆，穆薩三世・賓・穆罕默德五世 ●Mūsā III b. Muḥammad V, Abū Ḥammū
934 / 1528	●阿布—穆罕默德，阿布達拉二世・賓・穆罕默德五世 ●'Abdallāh II b. Muḥammad V, Abū Muḥammad
◇947 / 1540	●阿布—阿布達拉，穆罕默德八世・賓・阿布達拉二世 ●Muḥammad VIII b. 'Abdallāh II, Abū 'Abdallāh
947 / 1541	●阿布—宰揚（吉揚），阿赫瑪德二世・賓・阿布達拉二世 ●Aḥmad II b. 'Abdallāh II, Abū Zayyān or Ziyān ●首次統治。

949 / 1543	●**被西班牙人佔領。**
951 / 1544	●阿赫瑪德二世・賓・阿布達拉二世 ●Aḥmad II b. ʻAbdallāh II ●第二次統治，成為歐斯曼帝國（Ottoman）附庸。
957 / 1550	●哈珊・賓・阿布達拉二世 ●al-Ḥasan b. ʻAbdallāh II
962 / 1555	●**提里姆桑被阿爾及爾（Algiers）的剎拉赫大將軍（Ṣalāḥ Re'īs Pasha）征服。**

阿布杜—瓦德朝人（ʻAbd al-Wādids，或稱宰揚氏族〔Zayyānids〕、吉揚氏族〔Ziyānids〕）來自札納塔柏柏部族的瓦辛氏族（Wāsīn），因此也是馬林氏族（見編號16）的親族。他們崛起於現今阿爾及利亞的西北部，藉由支持穆哈德朝，他們的首領雅格穆拉珊（Yaghmurāsan、Yaghamrāsan）才能夠以提里姆桑為根據地，建立自己的封國。然而宗主國穆哈德朝的衰微，使雅格穆拉珊暴露於非斯馬林朝人的攻擊，馬林朝人甚至在他死後兩度佔領提里姆桑。阿布杜—瓦德氏族的親王們為了阻擋馬林朝擴大的企圖，曾試圖與馬林朝的敵人——信仰基督教的卡斯提爾以及格拉納達的納斯爾朝（見編號7）——結盟。然而，入侵的希拉勒氏族（Banū Hilāl）以及蘇萊姆氏族（Banū Sulaym）等游牧阿拉伯人，蹂躪了阿布杜—瓦德氏族所繼承的土地，限縮了他們的經濟與軍事資源。阿布杜—瓦德氏族唯一能夠考慮的擴張方向是東方，但他們的侵襲行動大致上仍受哈夫斯氏族（見編號18）監控。就算馬林朝統治者

的權力開始式微，較不具侵略性的瓦塔斯朝（Waṭṭāsids）取代了馬林朝，緩解了來自摩洛哥方面的壓力，但阿布杜—瓦德氏族的封國在遭受佔領以後，始終都無法恢復過往的光景。到了十五世紀，哈夫斯朝（Ḥafṣids）勢力是提里姆桑的主要威脅，他們曾一度成功拿下鄉野地區，向當地阿布杜—瓦德朝的親王們強收稅賦；到了十六世紀，歐藍（Oran）的西班牙人（Spaniard）以及阿爾及爾的歐斯曼帝國帕夏（pasha）接續成為另一波威脅。962 / 1555 年，阿布杜—瓦德朝在這兩股勢力的壓力下垮台，最後一位統治者的兒子哈珊（Ḥasan）也改信基督教，並更名為卡洛斯（Carlos）。

提里姆桑在中世紀的盛世與成就，絕大部分必須歸功於阿布杜—瓦德朝。提里姆桑開啟了從阿爾及利亞到摩洛哥的東西向主要幹道，也提供一條前往撒哈拉地區的南向貿易路線，在鄰近的胡奈因（Hunayn）更擁有自己的港埠，能夠與西地中海地區的基督教強權進行貿易。而提里姆桑完善的公共建設，也都證明了這些親王們對學術發展的鼓勵與明智的資金捐助。

● 參考資料

* Lane-Poole, 51, 54; Sachau, 25 no.57; Zambaur, 77-8; Album, 17.
* *EI* [1] ‘Tlemcen’ (A. Bel); *EI* [2] ‘‘Abd al-Wādids’ (G.Marçais).
* H. W. Hazard, *The Numismatic History of Late Medieval North Africa*, 75-9, 181-92, 274-5, 284.

18.

哈夫斯朝（The Ḥafṣids）

- 伊曆 627～982 年
- 西曆 1229～1574 年
- 突尼西亞與阿爾及利亞東部

年份	統治者名稱／重要事件
◇627 / 1229	●阿布—查克利亞，雅赫亞一世・賓・阿布杜—瓦希德 ●Yaḥyā I b. 'Abd al-Wāḥid, Abū Zakariyyā'
◇647 / 1249	●阿布—阿布達拉・穆斯坦席爾，穆罕默德一世・賓・雅赫亞一世 ●Muḥammad I b. Yaḥyā I, Abū 'Abdallāh al-Mustanṣir
◇675 / 1277	●阿布—查克利亞・瓦西格，雅赫亞二世・賓・穆罕默德一世 ●Yaḥyā II b. Muḥammad I, Abū Zakariyyā' al-Wāthiq
◇678 / 1279	●阿布—易斯哈格，易卜拉欣一世・賓・雅赫亞一世 ●Ibrāhīm I b. Yaḥyā I, Abū Isḥāq ●682 / 1283 年遭殺害。
681 / 1282	**●阿赫瑪德・賓・阿比—烏瑪拉（Aḥmad b. Abī 'Umāra）篡位。**
◇683 / 1284	●阿布—哈夫斯，歐瑪爾一世・賓・雅赫亞一世 ●'Umar I b. Yaḥyā I, Abū Ḥafṣ ●684 / 1285 年後只統治突尼斯。
◇684 / 1285	●阿布—查克利亞・蒙塔哈卜，雅赫亞三世・賓・易卜拉欣一世 ●Yaḥyā III b. Ibrāhīm I, Abū Zakariyyā' al-Muntakhab ●統治中心在布吉港（Bougie）和君士坦丁（Constantine），直到689 / 1299 年。

◇694 / 1295	●阿布—阿布達拉（阿布—阿希達），穆罕默德二世・賓・雅赫亞二世 ● Muḥammad II b. Yaḥyā II, Abū ʻAbdallāh (or Abū ʻAṣīda)
◇709 / 1309	●阿布—雅赫亞・夏希德，阿布—巴克爾一世・賓・阿布杜—拉赫曼 ● Abū Bakr I b. ʻAbd al-Raḥmān, Abū Yaḥyā al-Shahīd ● 709 / 1309 年後統治中心在君士坦丁，712 / 1312 年後轉向布吉港。
◇709 / 1309	●阿布—巴嘎，哈利德一世・賓・雅赫亞三世 ● Khālid I b. Yaḥyā III, Abu ʼl-Baqāʼ
◇711 / 1311	●阿布—雅赫亞，查克利亞一世・賓・阿赫瑪德，利赫亞尼 ● Zakariyyāʼ I b. Aḥmad, al-Liḥyānī, Abū Yaḥyā ●統治中心在突尼斯。
◇717 / 1317	●阿布—阿布達拉（阿布—達爾巴）・利赫亞尼・穆斯坦席爾，穆罕默德三世・賓・查克利亞一世 ● Muḥammad III b. Zakariyyāʼ I, Abū ʻAbdallāh or Abū Ḍarba al-Liḥyānī al-Mustanṣir ●統治中心在突尼斯。
◇718 / 1318	●阿布—雅赫亞・穆塔瓦基勒，阿布—巴克爾二世・賓・雅赫亞三世 ● Abū Bakr II b. Yaḥyā III, Abū Yaḥyā al-Mutawakkil
◇747 / 1346	●阿布—哈夫斯，歐瑪爾二世・賓・阿比—巴克爾二世 ● ʻUmar II b. Abī Bakr II, Abū Ḥafṣ
748 / 1348	●**馬林朝人首次佔領突尼斯。**
◇750 / 1350	●阿布—阿巴斯・法德勒・穆塔瓦基勒，阿赫瑪德一世・賓・阿比—巴克爾二世 ● Aḥmad I b. Abī Bakr II, Abu ʼl-Abbās al-Faḍl al-Mutawakkil

◇750 / 1350	●阿布─易斯哈格・穆斯坦席爾，易卜拉欣二世・賓・阿比─巴克爾二世 ●Ibrāhīm II b. Abī Bakr II, Abū Isḥāq al-Mustanṣir ●首次統治。
758 / 1357	●**馬林朝第二次統治突尼斯與君士坦丁。**
◇758 / 1357	●易卜拉欣二世・賓・阿比─巴克爾二世 ●Ibrāhīm II b. Abī Bakr II ●第二次統治；直到770 / 1369年統治中心在突尼斯，其他哈夫斯氏族親王則統治布吉港和君士坦丁。
770 / 1369	●阿布─巴嘎，哈利德二世・賓・易卜拉欣二世 ●Khālid II b. Ibrāhīm II, Abu 'l-Baqā' ●統治中心在突尼斯。
◇772 / 1370	●阿布─阿巴斯・穆斯坦席爾，阿赫瑪德二世・賓・穆罕默德 ●Aḥmad II b. Muḥammad, Abu 'l-Abbās al-Mustanṣir ●原先統治中心在布吉港和君士坦丁。
◇796 / 1394	●阿布─法里斯・穆塔瓦基勒，阿布杜─阿濟茲・賓・阿赫瑪德二世 ●'Abd al-'Azīz b. Aḥmad II, Abū Fāris al-Mutawakkil
837 / 1434	●阿布─阿布達拉・蒙塔席爾，穆罕默德四世・賓・穆罕默德・曼蘇爾 ●Muḥammad IV b. Muḥammad al-Manṣūr, Abū 'Abdallāh al-Muntaṣir
◇839 / 1435	●阿布─阿姆爾（歐瑪爾），歐斯曼・賓・穆罕默德・曼蘇爾 ●'Uthmān b. Muḥammad al-Manṣūr, Abū 'Amr or 'Umar
893 / 1488	●阿布─查克利亞，雅赫亞四世・賓・穆罕默德・瑪斯伍德 ●Yaḥyā IV b. Muḥammad al-Mas'ūd, Abū Zakariyyā'

894 / 1489	●阿布—穆罕默德，阿布杜—穆俄敏・賓・阿比—薩里姆・易卜拉欣 ●'Abd al-Mu'min b. Abī Sālim Ibrāhīm, Abū Muḥammad
895 / 1490	●阿布—雅赫亞，查克利亞二世・賓・雅赫亞四世 ●Zakariyyā' II b. Yaḥyā IV, Abū Yaḥyā
◇899 / 1494	●阿布—阿布達拉・穆塔瓦基勒，穆罕默德五世・賓・阿比—穆罕默德・哈珊 ●Muḥammad V b. Abī Muḥammad al-Ḥasan, Abū 'Abdallāh al-Mutawakkil
◇932 / 1526	●阿布—阿布達拉，哈珊・賓・穆罕默德五世 ●al-Ḥasan b. Muḥammad V, Abū 'Abdallāh ●首次統治。
941 / 1534	**●突厥人首次征服突尼斯，由亥爾丁・巴巴羅薩（Khayr al-Dīn Barbarossa）領軍。**
942 / 1535	●哈珊・賓・穆罕默德五世 ●al-Ḥasan b. Muḥammad V ●第二次統治，成為查爾斯五世（Charles V）的附庸國。
◇950 / 1543	●阿布—宰揚（吉揚），阿赫瑪德三世・賓・哈珊 ●Aḥmad III b. al-Ḥasan, Abū Zayyān or Ziyān
977 / 1569	**●突厥人二度征服突尼斯，由伍魯吉・阿里（'Ulūj 'Alī）領軍。**
981 / 1573	●阿布—阿布達拉，穆罕默德六世・賓・哈珊 ●Muḥammad VI b. al-Ḥasan, Abū 'Abdallāh ●成為西班牙的附庸。
982 / 1574	**●突厥人三度（最後一次）征服突尼斯，希南帕夏（Sinān Pasha）從奧地利的唐・約翰（Don John of Austria）手中拿下突尼斯。**

哈夫斯朝（Ḥafṣids）是北非西部中世紀晚期的歷史中最重要朝代，朝代名稱取自他們的領袖（Shaykh）阿布—哈夫斯・歐瑪爾・興塔提（Abū Ḥafṣ ‘Umar al-Hintātī，逝於571 / 1176年），他是穆哈德運動的領導人——伊本—圖瑪特（見編號15）——的追隨者之一，也是阿布杜—穆俄敏麾下的統領。他的後代在穆哈德朝中擔任許多重要職位，包含了北非西部的總督，甚至一度獨立建國；早期的哈夫斯朝在許多方面都沿襲了穆哈德朝的傳統。其中一名哈夫斯朝總督查克利亞・雅赫亞一世（Zakariyyā’ Yaḥyā I）從627 / 1229年開始，不再效忠穆哈德朝哈里發，他指控哈里發背棄了信仰者真正的傳統，並自立為統領。此時他開始向西方的北非（Maghrib）中部擴張，他征服了君士坦丁、布吉港以及阿爾及爾，將提里姆桑的阿布杜—瓦德朝（見編號17）納為自己的附庸國，迫使摩洛哥的馬林朝承認其權位，並曾在受困穆斯林的求助下，出兵援助西班牙。他更與地中海西部強權建立緊密貿易關係，而後成為當地傳統，像是西西里的安哲文王國（Angevin Sicily）以及亞拉岡王國（Aragon）。哈夫斯朝的國力在他的兒子阿布—阿布達拉・穆罕默德一世（Abū ‘Abdallāh Muḥammad I）的統治下依然強盛，他擊退法蘭西的路易九世（Louis IX of France）和安茹查爾斯（Charles of Anjou）的聯軍（668 / 1270年的十字軍），並採用哈里發的頭銜，以及「眾信仰者的統領」與偉大的「穆斯坦席爾」（al-Mustanṣir）尊號，他從麥加的穆罕默德後裔（Sharīf）[1]手中獲得這些封號，並主張自己是當時勢力逐漸

1 編註：先知穆罕默德的堂弟阿里，娶了先知的女兒法蒂瑪為妻，生下兩個兒子哈珊和胡笙，哈珊的子嗣被稱作「Sharīf」，而胡笙的子嗣則被稱作「Sayyid」，都是穆罕默德的後裔。

衰弱的巴格達阿巴斯氏族（見編號3-1）的子嗣。

然而，到了十三世紀末，哈夫斯侯國的統一開始鬆動，尤其布吉港與君士坦丁的統治權都分別落入不同的哈夫斯氏族成員，突尼西亞南部與賈利德地區（Djerid）也都在統治權衰弱時期脫離控制。有許多統治不同鄉鎮的競爭者不時競逐突尼斯地區的權位，到了十四世紀，馬林朝（見編號16）甚至兩度短暫佔領哈夫斯朝的首都。一直到十五世紀，在阿布─法里斯・阿布杜─阿濟茲・穆塔瓦基勒（Abū Fāris ʻAbd al-ʻAzīz al-Mutawakkil）以及其孫子阿布─歐瑪爾・歐斯曼（Abū ʻUmar ʻUthman）等統治者強而有力的領導下，整個朝代才再次統一。然而到了十六世紀，阿爾及爾與其他港口的突厥政權興起，哈夫斯朝又無法約束在地中海西部地區大肆劫掠的海盜，讓基督教徒有機可乘，開始對哈夫斯朝進行攻擊與報復。一支突厥軍隊於941／1535年佔領突尼斯，趕走了哈夫斯朝的統治者，直到查爾斯五世（Charles V）於該年底建立起拉格雷塔（La Goletta）的西班牙邊防要塞，才讓統治者復位。最後幾任的哈夫斯朝統治者苟延度日，政權衰微，在西班牙人的幫助下，才能對抗突厥人的侵擾；到了981／1573年，奧地利的唐・約翰（Don John）攻克突尼斯，但隔年歐斯曼帝國的將領希南帕夏（Sinān Pasha）便再次奪回突尼斯，而末代的哈夫斯朝統治者也被俘虜至伊斯坦堡。

哈夫斯氏族統治下的突尼斯曾享有一段繁盛的復興時期。在柏柏海盜（Barbary pirates）的分裂行動導致衰退以前，哈夫斯朝與西西里安哲文王國、義大利與法國南部城市、亞拉岡王國簽訂的貿易協議，為他們帶來豐碩的成果。這片土地上的經濟與文化都受益於從西班牙湧入的穆斯林難民（其中有史學家伊本─哈勒敦〔Ibn Khaldūn〕的祖先）。當時的突尼斯成為偉大的藝術與學識中心，此外，哈夫斯朝也在十三世紀引入經學院（madrasa）系統，這個系統早已盛行於伊斯蘭世界的中部與東部。

● 參考資料

* Lane-Poole, 49-50, 52-3; Zambaur, 74-6; Album, 17.

* *EI* [2] 'Ḥafṣids' (H. R. Idris).

* R. Brunschvig, *La Berbérie orientale sous les Ḥafṣides des origins à la fin du XV e siècle*, 2 vols, Paris 1940-7，第二卷第 446 頁附有世系表。

* H. W. Hazard, *The Numismatic Hostory of Late Medieval North Africa*, 69-75, 159-81, 273-4, 284.

19.

瓦塔斯朝（The Waṭṭāsids）

- 伊曆 831 ～ 946 年
- 西曆 1428 ～ 1549 年
- 摩洛哥與北非（Maghrib）中部

年份	統治者名稱／重要事件
831 / 1428	●阿布—查克利亞，雅赫亞一世・賓・宰揚・瓦塔希 ● Yaḥyā I b. Zayyān al-Waṭṭāsī, Abū Zakariyyā' ●先為馬林朝的攝政，後為實質的統治者。
852 / 1448	●阿里・賓・優素夫 ● 'Alī b. Yūsuf ●馬林朝的實質統治者。
863 / 1458 – 1459	●雅赫亞二世・賓・雅赫亞一世 ● Yaḥyā II b. Yaḥyā I ●馬林朝的實質統治者。
863 – 869 / 1459 – 1465	**●馬林朝的「阿布杜—哈格二世」（'Abd al-Ḥaqq II）直接統治。**
869 – 875 / 1465 – 1471	**●由非斯（Fez）的伊德里斯人（Idrīsids）的穆罕默德後裔（Shorfā）所統治。**
◇876 / 1472	●阿布—阿布達拉—謝赫，穆罕默德一世・賓・雅赫亞一世 ● Muḥammad I b. Yaḥyā I, Abū 'Abdallāh al-Shaykh
◇910 / 1504	●阿布—阿布達拉・布爾圖嘎里，穆罕默德二世・賓・穆罕默德一世 ● Muḥammad II b. Muḥammad I, Abū 'Abdallāh al-Burtuqāli
◇932 / 1526	●阿布—哈珊（哈順），阿里・賓・穆罕默德二世

	● ‘Alī b. Muḥammad II, Abu ’l-Ḥasan or Abū Ḥassūn ●與阿赫瑪德（Aḥmad）競逐權力，首次統治。
◇932 / 1526	●阿赫瑪德・賓・穆罕默德二世 ● Aḥmad b. Muḥammad II ●首次統治。
◇952 / 1545	●納席爾丁，穆罕默德三世・賓・阿赫瑪德，嘎斯里 ● Muḥammad III b. Aḥmad, al-Qaṣrī, Nāṣir al-Dīn
954－956 / 1547－1549	●阿赫瑪德・賓・穆罕默德二世 ● Aḥmad b. Muḥammad II ●第二次統治。
956 / 1549	**●薩俄德朝（Sa‘did）的穆罕默德後裔統治。**
961 / 1554	●阿里・賓・穆罕默德二世 ● ‘Alī b. Muḥammad II ●短暫佔領非斯，第二次統治。
961 / 1554	**●薩俄德朝的穆罕默德後裔統治。**

馬林朝（編號16）的衰微促成了瓦塔斯氏族（Banū Waṭṭās）的興起，他們同屬於馬林氏族的柏柏人，是馬林朝開國君主阿布杜—哈格一世（‘Abd al-Ḥaqq I）的旁系血親。瓦塔斯氏族定居於摩洛哥東北部與里夫高地（Rīf），是實質獨立的自治總督，但仍維持與馬林親族的連結，擔任他們指派的高等職位和蘇丹的特別照顧。

當摩洛哥於1420年代陷入無政府狀態，同時還面對基督教徒在沿岸的大範圍侵擾，馬林朝的阿布—薩義德・歐斯曼三世（Abū Sa‘īd ‘Uthmān III）又遭殺害，瓦塔斯氏族的薩雷（Salé，阿拉伯文拼音為

Salā）總督阿布—查克利亞・雅赫亞（Abū Zakariyyā' Yaḥyā），推舉已故蘇丹的幼子阿布杜—哈格二世（'Abd al-Ḥaqq II）繼位（後來的發展顯示，他是馬林朝的最後一位統治者），自己則擔任攝政。瓦塔斯氏族的攝政一直持續到阿布杜—哈格二世成年。成年不久，阿布杜—哈格二世便打算脫離瓦塔斯氏族的監護。然而，到了876 / 1472年，瓦塔斯氏族便返回非斯重拾權力，成為獨立的統治政權；就某種程度而言，在他們的統治下，當地的繁榮不亞於馬林朝的統治時期，穆斯林地理學家兼探險家利奧・阿非利加努斯（Leo Africanus）也是在此時造訪非斯。

此時，伊比利半島的基督教勢力快速成長，但897 / 1492年格拉納達淪陷，反而在摩洛哥掀起了新的伊斯蘭浪潮，以摩洛哥南部薩俄德氏族（Sa'did，見編號20）的穆罕默德後裔為先鋒。他們朝北方前進，分別於929 / 1523年與956 / 1549年奪取馬拉喀什與非斯。瓦塔斯氏族曾試圖向查爾斯五世以及葡萄牙人求援（雖然徒勞無功），但都無法遏止薩俄德氏族的侵略行動。靠著提里姆桑的歐斯曼突厥人協助、所進行的復仇行動，也只獲得短暫的勝利，而這場行動最後的失敗也註定了瓦塔斯朝的終結；另有一部分殘存的瓦塔斯氏族逃往伊比利半島，並轉信基督宗教。

●參考資料

* Lane-Poole, 58; Sachau, 26 no.62; Zambaur, 79-80; Album, 18.

* *EI*[2] 'Waṭṭāsids' (E. Lévi-Provençal).

* A. Cour, *La dynastie marocaine des Beni Waṭṭās (1420-1534)*, Constantine 1920.

* H. De Castries (ed.), *Les sources inédites de l'histoire du Maroc de 1530 à 1845, Série 1, Dynastie saadienne 1530-1660*, vol. IV, part I, Paris 1921，第162～163頁附有詳細的瓦塔斯氏族世系表。

* H. Terrasse, *Histoire du Maroc*, II, 105-57.

* H. W. Hazard, *The Numismatic History of Late Medieval North Africa*, 85-6, 229-30, 279-80, 285

20.

薩俄德朝（The Sa‘dids Sharīfs）

- 伊曆 916 ～ 1069 年
- 西曆 1510 ～ 1659 年
- 摩洛哥

年份	統治者名稱／重要事件
916 / 1510	●阿布─阿布達拉・嘎伊姆・瑪赫迪，穆罕默德一世・賓・阿布杜─拉赫曼 ● Muḥammad I b. ‘Abd al-Raḥmān, Abū ‘Abdallāh al-Qā’im al-Mahdī ●統治中心在蘇斯（Sūs）。
923 / 1517	●阿赫瑪德・阿俄拉吉・賓・穆罕默德・瑪赫迪 ● Aḥmad al-A‘raj b. Muḥammad al-Mahdī ●統治中心在亞特拉斯山脈（Atlas）北部，930 / 1524 年後轉往馬拉喀什，直到950 / 1543 年。
◇923 / 1517	●阿布─阿布達拉・瑪赫迪・伊瑪目，瑪哈瑪德─謝赫・賓・穆罕默德・瑪赫迪 ● Maḥammad al-Shaykh b. Muḥammad al-Mahdī, Abū ‘Abdallāh al-Mahdī al-Imām ●統治中心在蘇斯，950 / 1543 年後轉往馬拉喀什，956 / 1549 年後再轉往非斯，成為摩洛哥唯一的薩俄德朝統治者。
◇964 / 1557	●阿布─穆罕默德・嘎立卜，阿布達拉・賓・瑪哈瑪德─謝赫 ● ‘Abdallāh b. Maḥammad al-Shaykh, Abū Muḥammad al-Ghālib
◇981 / 1574	●穆塔瓦基勒・瑪斯路赫，穆罕默德二世・賓・阿布達拉 ● Muḥammad II b. ‘Abdallāh, al-Mutawakkil al-Maslūkh

◇983 / 1576	●阿布—瑪爾萬，阿布杜—瑪立克・賓・瑪哈瑪德—謝赫 ●‘Abd al-Malik b. Maḥammad al-Shaykh, Abū Marwān
◇986 / 1578	●阿布—阿巴斯・曼蘇爾・達哈比，阿赫瑪德・賓・瑪哈瑪德—謝赫 ●Aḥmad b. Maḥammad al-Shaykh, Abu ’l-Abbās al-Manṣūr al-Dhahabī
◇1012 / 1603	●阿赫瑪德・曼蘇爾（Aḥmad al-Manṣūr）的兒子們競逐蘇丹王位： ●宰丹，阿布—瑪阿里・納席爾 ●Zaydān, Abu ’l-Ma‘ālī al-Nāṣir ●1013 / 1604 年前統治中心在非斯，接著轉往蘇斯，再於 1018 / 1609 年轉往馬拉喀什，逝於 1036 / 1627 年，結束統治。 ●阿布達拉，阿布—法里斯・瓦西格 ●‘Abdallāh, Abū Fāris al-Wāthiq ●直到 1015 / 1606 年，統治中心在瑪拉喀什，接著轉往非斯，逝於 1018 / 1609 年。 ●瑪哈瑪德—謝赫・瑪蒙 ●Maḥammad al-Shaykh al-Ma’mūn ●從 1015 / 1606 年開始統治，中心在非斯，於 1022 / 1613 年遭到殺害。
◇1015 / 1606	●嘎立卜，阿布達拉・賓・瑪哈瑪德—謝赫・瑪蒙 ●‘Abdallāh b. Maḥammad al-Shaykh al-Ma’mūn, al-Ghālib ●起初統治中心在瑪拉喀什，於 1018 / 1609 年轉往非斯，逝於 1032 / 1623 年，結束統治。
◇1032 / 1623	●穆俄塔席姆，阿布杜—瑪立克・賓・瑪哈瑪德—謝赫 ●‘Abd al-Malik b. Maḥammad al-Shaykh, al-Mu‘taṣim ●統治中心在非斯，到 1036 / 1627 年結束統治。

◇1036 / 1627	●阿布—瑪爾萬，阿布杜—瑪立克・賓・宰丹・納席爾 ●'Abd al-Malik b. Zaydān al-Nāṣir, Abū Marwān ●繼承他父親的馬拉喀什統治中心，直到他逝於1040 / 1631年。
◇1037 － 1038 / 1628 － 1629	●阿布—阿巴斯，阿赫瑪德・賓・宰丹・納席爾 ●Aḥmad b. Zaydān al-Nāṣir, Abu 'l-Abbās ●自行主張統治權。
◇1040 / 1631	●穆罕默德・瓦立德・賓・宰丹・納席爾 ●Muḥammad al-Walīd b. Zaydān al-Nāṣir ●統治中心在馬拉喀什。
◇1045 / 1636	●瑪哈瑪德—謝赫・阿斯嘎爾（薩吉爾）・賓・宰丹・納席爾 ●Maḥammad al-Shaykh al-Aṣghar or al-Ṣaghīr b. Zaydān al-Nāṣir ●統治中心在馬拉喀什。
1065 / 1655	●阿赫瑪德・阿巴斯・賓・瑪哈瑪德—謝赫・阿斯嘎爾 ●Aḥmad al-'Abbās b. Maḥammad al-Shaykh al-Aṣghar
1069 － 1079 / 1659 － 1668	●**摩洛哥政權分裂為塔菲拉勒特（Tafilalt）的菲拉里（Filālī，或稱阿拉維〔'Alawī〕）氏族穆罕默德後裔，以及亞特拉斯山區（Atlas）的迪拉儀氏族導師（Dilā'ī marabouts）。**

自中世紀起，摩洛哥的先知穆罕默德後裔（Shorfā，古典阿拉伯文拼音為Shurafā，單數為Sharīf）就在政治歷史上扮演重要的角色。北非

（Maghrib）普遍樂於接受彌賽亞式、充滿個人魅力的領導人，而民間伊斯蘭中最典型的形式便是對蘇非聖人、賢士以及導師（marabouts，阿拉伯文拼音為murābit，見編號14）的崇拜，各個信仰道團也多是圍繞經學院（zāwiyas）組織而成；經學院在當時是宗教軍事中心。摩洛哥地區最顯著的伊斯蘭特色是強盛的蘇非道團傳統（maraboutism）以及先知穆罕默德後裔社會聲望的提升，因為摩洛哥位處大西洋與地中海沿岸，又鄰近西班牙與葡萄牙，自十三世紀起承受了基督教十字軍艦隊與大軍的衝擊，因此激起了穆斯林的強烈反彈。

一般來說，「Sharīf」指的是先知穆罕默德的後裔，但是在摩洛哥，大部分的「Sharīf」血緣都是回溯至先知的孫子哈珊・賓・阿里（al-Ḥasan b. ʻAlī），而薩俄德氏族與後繼的阿拉維氏族（ʻAlawī，或稱菲拉里氏族〔Filālī〕）也都以此自稱，特別是源自哈珊的孫子——穆罕默德・賓・阿布達拉（Muḥammad b. ʻAbdallāh，145 / 767年於麥地那遭殺害），他被稱為「納夫斯・扎奇亞」（al-Nafs al-Zakiyya），意即「純淨的靈魂」。伊德里斯氏族（見編號8）是第一支在摩洛哥獲得權力的穆罕默德後裔血統，但在往後的幾個世紀，這個地區則是由米德拉爾朝（見編號10）以及穆拉比特朝（見編號14）等柏柏人政權所支配。不過，十六世紀非斯的瓦塔斯柏柏氏族（見編號19）勢力明顯式微時，穆罕默德的後裔便獲得機會。兩百多年來，穆罕默德後裔的薩俄德支系悄悄在摩洛哥南部鞏固地位，逐步從該地區的蘇斯（Sūs）向北擴張，他們在930 / 1524年奪取馬拉喀什，並在956 / 1549年從瓦塔斯朝末代統治者的手中奪取非斯。

薩俄德支系奠基者的完整頭銜是「引導者穆罕默德，阿拉命令的執行者」（Sīdī Muḥammad al-Mahdī al-Qā'im bi-amr Allāh），表現出早期薩俄德氏族如何利用摩洛哥人對救世主的期望、對宗教地位提升的感受，以及對反基督教的奮戰思維（jihād）。此時，他們的統治權達到顛峰，而且幾乎涵蓋了摩洛哥全境，甚至凌駕了所有蘇丹號令所及的稅收地（Bilād al-Makhzan，即蘇丹稅賦與軍隊的來源）。在東方，薩俄德氏族面對強敵阿爾及爾的突厥人，他們竭盡所能地試圖擴展其宗主國歐斯曼帝國在北非的勢力。因此，為了對抗歐斯曼突厥人的擴張，薩俄德朝在十六世紀時毫不猶豫地與西班牙和納瓦拉王國（Navarre）等強權結盟，但薩俄德朝實際的長期目標是將葡萄牙人驅趕出他們在大西洋沿岸建造的城寨（presidios）。在該朝最偉大的統治者阿赫瑪德・曼蘇爾大師（Mawlāy Aḥmad al-Manṣūr）的領導下，他們與基督教強權建立起貿易的傳統，並與遠方英格蘭的巴巴利公司（Barbary Company）簽訂在摩洛哥的貿易特權。不過，他最偉大的成就乃是於999 / 1590年大舉向南擴張，穿越蘇丹地區（Sudan）來到尼日河（Niger）河谷，打敗了加歐（Gao，位於現今的馬利〔Mali〕）當地的統治者阿斯基亞（Askia），一舉將西非薩希勒（Sāḥil）與薩凡納（Savannah）一帶的摩洛哥領土，從塞內加爾拓展至博爾努地區（Bornu）。曼蘇爾從蘇丹地區開採的黃金，更為他贏得了「金匠」（al-Dhahabī）的尊名，而他對撒哈拉西部鹽田的控制也為摩洛哥帶來更龐大的經濟利益。自此，先知穆罕默德後裔在社會與財政上的特權隨著每一任新蘇丹的就任而越發穩固，當時，先知穆罕默德後裔也是摩洛哥情感的主要形塑者，這種情感是一種強烈的排外情緒，而且深受奮戰精神影響，力圖保護這塊土地、抵禦基督教徒和突厥人的入侵。

然而，十七世紀初期一連串的爭權行動推翻了薩俄德政權，摩洛哥大半土地都陷入無政府狀態，許多地方的傭兵與蘇非導師都加入權力鬥爭的行列。最後幾位薩俄德氏族成員的權力大多侷限於馬拉喀什地區，儘管當時受到英國人與荷蘭人等外來勢力的援助，薩俄德氏族仍然在1069 / 1659年亡佚，阿拉維（菲拉里）氏族的穆罕默德後裔隨著薩俄德氏族的衰微而日漸成長，最終取而代之。

值得注意的是，薩俄德和菲拉里氏族的先知後裔蘇丹，經常在他們的名字加上「Mawlāy」（意為「我的導師」）頭銜，除了那些以穆罕默德為名的氏族成員，他們更常採用「賽伊迪」（Sayyidī）和「希迪」（Sīdī）作為他們的尊名（與「Mawlāy」同義）；不過若是以轉化過的「瑪哈瑪德」（Maḥammad）為名，就不會避免使用「Mawlāy」一詞。（「瑪哈瑪德」的口語化形式為「穆哈梅德」〔M'hammed〕，在北非〔Maghrib〕會採用「穆哈梅德」為名，以求先知穆罕默德的祝福〔baraka〕，但又不至於褻瀆其名諱。）

●參考資料

* Lane-Poole, 60-2; Zambaur, 81 and Table C; Album, 18.
* *EI* [1] 'Shorfā'' (E. Lévi-Provençal); *EI* [2] 'Ḥasanī' (G. Deverdun)，附有世系表；'al-Maghrib, al-Mamlaka al-Maghribiyya II. History' (G. Yver*), 'Sa'dids' (Chantal de la Véronne)，附有世系表。
* H. Terasse, *Histoire du Maroc*, II, 158-235.
* H. de Castries (ed.), *Les sources inédites de l'histoire du Maroc de1530 à 1845, Series I, Dynastie saadienne 1530-1660*, vol. I, part 1, Paris 1905，在第382～383頁附有詳細世系表。

21.

阿拉維朝（The ‘Alawid or Filāli Sharīfs）

- 伊曆 1041 年至今
- 西曆 1631 年至今
- 摩洛哥

年份	統治者名稱／重要事件
1041 / 1631	●穆罕默德一世．夏利夫 ● Muḥammad I al-Sharīf ●統治中心在塔非拉勒特，逝於 1069 / 1659 年。
1045 / 1635	●瑪哈瑪德（穆罕默德）二世．賓．穆罕默德一世．夏利夫 ● Maḥammad or Muḥammad II b. Muḥammad I al-Sharīf ●統治中心在摩洛哥東部，於 1075 / 1664 年遭殺害。
◇1076 / 1666	●拉胥德．賓．穆罕默德一世．夏利夫 ● al-Rashīd b. Muḥammad I al-Sharīf ●統治中心在非斯，最初在烏季達（Oujda，阿拉伯文拼音為 Wajda）。
◇1082 / 1672	●薩敏，伊斯瑪儀．賓．穆罕默德一世．夏利夫 ● Ismā‘īl b. Muḥammad I al-Sharīf, al-Samīn ●米克納薩（Meknès，阿拉伯文拼音為 Miknāsa）總督，後在非斯就任蘇丹。
1139 / 1727	●達哈比，阿赫瑪德．賓．伊斯瑪儀 ● Aḥmad b. Ismā‘īl, al-Dhahabī ●兩度統治，在第二次統治結束時逝世（1171 / 1757 年）；他面對幾位兄弟爭奪權力：1139 / 1727 年的阿布杜—瑪立克．賓．伊斯瑪儀（‘Abd al-Malik b. Ismā‘īl）、隨後的阿布達拉（‘Abdallāh，他曾五度統治，始於 1141 / 1729 年，並在他 1171 / 1757 年逝

	世時告終）、阿里・宰因・阿比丁（'Alī Zayn al-'Ābidīn，兩度統治）以及穆斯塔迪俄，穆罕默德・賓・阿拉比亞（Muḥammad b. al-'Arabiyya, al-Mustadī'）等等。
◇1171 / 1757	●穆罕默德三世・賓・阿布達拉 ●Muḥammad III b. 'Abdallāh
◇1204 / 1790	●雅濟德・賓・穆罕默德三世 ●Yazīd b. Muḥammad III
◇1205 － 1209 / 1790 － 1794	●胡笙 ●Ḥusayn ●統治中心在馬拉喀什。
◇1206 / 1792	●希夏姆・賓・穆罕默德三世 ●Hishām b. Muḥammad III
◇1207 / 1793	●蘇萊曼・賓・穆罕默德三世 ●Sulaymān b. Muḥammad III
◇1238 / 1822	●阿布杜—拉赫曼・賓・希夏姆 ●'Abd al-Raḥmān b. Hishām
◇1276 / 1859	●穆罕默德四世・賓・阿布杜—拉赫曼 ●Muḥammad IV b. 'Abd al-Raḥmān
◇1290 / 1873	●阿布—阿里，哈珊一世・賓・穆罕默德四世 ●al-Ḥasan I b. Muḥammad IV, Abū 'Alī
◇1311 / 1894	●阿布杜—阿濟茲・賓・哈珊一世 ●'Abd al-'Azīz b. al-Ḥasan I ●於1326 / 1908年遭罷黜。
◇1325 / 1907	●（阿布杜—）哈非茲・賓・哈珊一世 ●('Abd) al-Ḥafīẓ b. al-Ḥasan I
◇1330 / 1912	●優素夫・賓・哈珊一世 ●Yūsuf b. al-Ḥasan I

◇1346 / 1927	●穆罕默德五世・賓・優素夫 ● Muḥammad V b. Yūsuf ●首次統治。
◇1372 / 1953	●穆罕默德・賓・阿拉法 ● Muḥammad b. ‘Arafa
◇1375 / 1955	●穆罕默德五世・賓・優素夫 ● Muḥammad V b. Yūsuf ●第二次統治。
◇1380 －/ 1961 －	●哈珊二世・賓・穆罕默德五世 ● al-Ḥasan II b. Muḥammad V

十七世紀中期的數年間，薩俄德氏族於馬拉喀什與非斯建立的兩個政權（makhzan）被瓦解（見編號20），而後內部派系鬥爭撕裂了摩洛哥，尤其是聲勢浩大的宗教導師階層。阿拉維（菲拉里）氏族與逐漸衰微的薩俄德氏族同屬於哈珊後裔，他們從最初的根據地塔非拉勒特（Tafilalt，位於摩洛哥東南方的濟茲河河谷〔Wādī Zīz〕，也是「菲拉里」一詞的來源）出軍，在混亂的內部鬥爭中強行建立新的秩序。拉胥德（Mawlāy al-Rashīd）是這個氏族第一位就任蘇丹的成員，他著手平定各地的戰事，並試圖恢復摩洛哥的中央統治權力，但結果是個相當漫長的過程，因為地方主義和無政府狀態已經深植於這片土地。即使像伊斯瑪儀（Mawlāy Ismā‘īl）這樣的強人嘗試透過徵募新兵來解決這些問題，仍然徒勞無功；除了固有的常備軍（gīsh，古典阿拉伯文拼音為jaysh）或是蘇丹的阿拉伯響軍，還招募由黑人奴隸所組成的黑色軍團

「阿比德—布哈里」（‘abīd al-Bukhārī，口語上多被稱作Bwākher，他們是薩俄德氏族引進的黑奴的後裔）。伊斯瑪儀還將米克納薩發展為首都，他自己與十八世紀後的子嗣都偏愛居住在這座城市。然而，伊斯瑪儀卻無能將基督教徒逐出被佔領的港口，在他死後，統治權落入敵方陣營手中，摩洛哥自此陷入無政府狀態與劫掠四起的困境。

到了該世紀末，一定程度的秩序與繁榮已經恢復，馬札甘（Mazagan，阿拉伯文拼音為al-Jadīda）於1182 / 1769年被接管，那是葡萄牙人在大西洋沿岸最後的立足之地，但西班牙人仍未能被逐出休達和梅立拉（Mellila）。為了與歐洲進行貿易，摩洛哥有限度地開放，而也建立了名為莫加多（Mogador）或艾索維拉（Essouaira，阿拉伯文拼音為al-Suwayra）的新市鎮，來隔離異教商人或領事，並提供他們住宿，蘇丹通常不情願接待這些異教徒，但仍然必須准許他們進入。然而，因為摩洛哥的守舊本質，他們並未接觸到十九世紀期間廣泛影響埃及、歐斯曼帝國以及波斯等伊斯蘭境域的衝擊，因此在面對法國（1260 / 1844年）與西班牙（1277 / 1859至1860年）的兩場毀滅性戰役時，摩洛哥顯然缺乏準備。到了十九世紀末，阿拉維朝已經搖搖欲墜，蘇丹的權力受到許多王位覬覦者的挑戰，而國際事變也讓蘇丹權力備受威脅，如西元1911年阿加迪爾危機（Agadir）等。法國在1330 / 1912年將摩洛哥納為其保護國，除了讓阿拉維氏族逃過滅亡的命運，摩洛哥也免於受到外國列強的瓜分，但蘇丹政權仍然耗費了二十年之久才恢復、平亂；一直到西元1930年，政府才完全回歸蘇丹的掌控之下，摩洛哥的現代化與公共建設也才能夠順利推動。穆罕默德五世（Sīdī Muḥammad V）在西元1934年與提倡摩洛哥民族主義的獨立黨（Istiqlāl）結盟。在第二次世界大戰以後，摩洛哥民族主義帶來的摩擦、對獨立的渴望都日漸高漲，民眾面對受法國保護的統治當局也抱持警戒態度。保守、奉行傳統的摩洛哥軍隊在西元1953年支援罷免穆罕默德五世的行動，但很快便發現摩洛哥的大眾輿論不只支持蘇丹，同時也迫切渴望摩洛哥能夠完全獨立，因此不得不在兩年後重新恢復穆罕默德五世的權位。摩洛哥在西元1956年宣布獨立，而穆罕默德五世也在西元1957年就任為國王。因此，他的兒子兼繼承人哈珊二世（al-Ḥasan II）是今日阿拉伯世界中少數仍然存續的君主政體。[1]

● 參考資料

* Lane-Poole, 60-2; Zambaur, 81 and Table C; Album, 18-19.
* *EI* [2] "Alawīs' (H. Terrasse), 'Ḥasanī' (G. Deverdun)，附有世系表；'al-Magh̲rib, al-Mamlaka al-Magh̲ribiyya. II. History' (G. Yver*), 'S̲h̲urafā'' (E. Lévi-Provençal and Chantal de La Véronne).
* H. de Castries and Pierre de Cenival (eds.), *Les sources inédites de l'histoire du Maroc ...*, Series II, *Dynastie filalienne. Archives et bibliothèques de France*, Paris 1922-31.
* H. Terrasse, *Histoire du Maroc*, II, 239-406.

---

1 編註：現任（2016年）的摩洛哥國王是哈珊二世的長子穆罕默德六世（Muḥammad V），他登基於西元1999年，曾在西元2011年進行憲政改革公投，擴大議會權限、強調司法獨立。

22.

胡笙統領政權（The Ḥusaynid Beys）

- 伊曆 1117 ～ 1376 年
- 西曆 1705 ～ 1957 年
- 突尼西亞

年份	統治者名稱／重要事件
1117 / 1705	●胡笙一世・賓・阿里・圖爾基 ●al-Ḥusayn I b. 'Alī al-Turki ●於 1152 / 1746 年遭殺害。
1148 / 1735	●阿里一世・賓・穆罕默德 ●'Alī I b. Muḥammad
1170 / 1756	●穆罕默德一世・賓・胡笙一世 ●Muḥammad I b. al-Ḥusayn I
1172 / 1759	●阿里二世・賓・胡笙一世 ●'Alī II b. al-Ḥusayn I
1196 / 1782	●哈穆達帕夏・賓・阿里二世 ●Ḥam(m)ūda Pasha b. 'Alī II
1229 / 1814	●歐斯曼・賓・阿里二世 ●'Uthmān b. 'Alī II
1229 / 1814	●瑪赫穆德・賓・穆罕默德一世 ●Maḥmūd b. Muḥammad I
1239 / 1824	●胡笙二世・賓・瑪赫穆德 ●al-Ḥusayn II b. Maḥmūd
1251 / 1835	●穆斯塔法・賓・瑪赫穆德 ●Muṣṭafā b. Maḥmūd

1253 / 1837	●阿赫瑪德一世・賓・穆斯塔法 ● Aḥmad I b. Muṣṭafā
◇1271 / 1855	●穆罕默德二世・賓・胡笙二世 ● Muḥammad II b. al-Ḥusayn II
◇1276 / 1859	●穆罕默德三世・剎迪各・賓・胡笙二世 ● Muḥammad III al-Ṣādiq b. al-Ḥusayn II
◇1299 / 1882	●阿里三世・賓・胡笙二世 ● 'Alī III b. al-Ḥusayn II
◇1320 / 1902	●穆罕默德四世・哈迪・賓・阿里三世 ● Muḥammad IV al-Hādī b. 'Alī III
◇1324 / 1906	●穆罕默德五世・納席爾・賓・穆罕默德二世 ● Muḥammad V al-Nāṣir b. Muḥammad II
◇1341 / 1922	●穆罕默德六世・哈畢卜・賓・穆罕默德五世 ● Muḥammad VI al-Habīb b. Muḥammad V
◇1347 / 1929	●阿赫瑪德二世・賓・阿里三世 ● Aḥmad II b. 'Alī III
◇1361 / 1942	●穆罕默德七世・蒙席夫・賓・穆罕默德五世 ● Muḥammad VII b. al-Munṣif (Moncef) b. Muḥammad V
◇1362 / 1943	●穆罕默德八世・阿敏・賓・穆罕默德六世 ● Muḥammad VIII al-Amīn (Lamine) b. Muḥammad VI ●逝於1382 / 1962年。
◇1376 / 1957	●胡笙・納斯爾・賓・穆罕默德五世 ● Ḥusayn al-Naṣr b. Muḥammad V
1376 / 1957	●拉夏德・瑪赫迪・賓・胡笙 ● Rashād al-Mahdī b. Ḥusayn ●別號「突尼西亞人的國王」(King of Tunisians)。
1376 / 1957	●**共和政體**。

胡笙政權發跡於阿爾及爾的歐斯曼突厥駐軍。突尼斯的前任統領（Bey）於1117 / 1705年遭到罷黜，將領胡笙・賓・阿里（al-Ḥusayn b. ʻAlī）甫獲得一場軍事勝利，被提拔為新任統領。當他承認歐斯曼帝國的宗主國地位時，歐斯曼蘇丹也授予胡笙氏族總督或是「Beylerbey」（所有統領的總指揮）等職位，胡笙和他的後裔被賦予地方將領的長子世襲繼承權。不過，實際上長子繼承的情況並不常發生，後期這些繼承權就轉移至氏族內較年長的的旁系親屬，但這些長者往往不再能夠勝任各項統治事務。儘管如此，雖然胡笙氏族在晚期被納入法國保護，但他們仍然統治了兩個半世紀之久。在沒有歐斯曼人干預的情況下，統領能夠獨自與法國、英國和義大利城邦等歐洲列強簽定外交協議，而在1226 / 1811年，哈穆達帕夏（Ḥammūda Pasha）鎮壓地方突厥近衛軍團（Janissaries）以後，他們在突尼西亞境內的權力也更趨穩固。

到了十九世紀，有些跡象顯示出統領在伊斯坦堡的宗主國之外尋求更多自主權。突尼西亞統領與歐斯曼宗主國之間的關係，對突尼斯仍有所助益，因為能夠接受歐斯曼帝國的外交與軍事保護，就如1260 / 1843至1260 / 1844年與撒丁尼亞（Sardinia）之間情勢緊繃時，突尼斯因此免於淪陷。突尼西亞的分遣隊在希臘革命（Greek Revolt）以及克里米亞戰爭（Crimean War）期間加入了歐斯曼帝國軍隊，但在1261 / 1845年，統領阿赫瑪德一世（Aḥmad I）打算在法國的外交支持下，拋棄對伊斯坦堡的納貢義務。雖然歐斯曼當局仍然視胡笙朝為自己的從屬，認定他們是地方的軍事元帥（mūshīr）或總督（wālī），但他們之間的關係大致上只是象徵性的，無論實際情況為何，都在1298 / 1881年中止了從屬關係。統領們毫無節制的花費，加上附帶龐大利益的奴隸買賣遭到廢止，歐洲逐漸加強對突尼西亞的貿易滲透，行政部門又營私舞弊，使得統領穆罕默德・剎迪各（Muḥammad al-Ṣādiq）在1286 / 1869年財務臨近崩潰，這導致突尼西亞必須接受國際金融委員會的接管以控制其債務。到了1298 / 1881年，法國勢力的威脅最終導致突尼西亞遭受軍事佔領，緊接著在1300 / 1883年被納為法國的保護國，而統領也轉為由法國駐地將軍掌控。儘管統領們來自其他地區，有時仍大力爭取突尼西亞的國家利益；但到了二十世紀，由憲法黨（Destour）以及後來的新憲法黨（Néo-Destour）所領導的民族主義運動更加蓬勃發展。到了西元1956年，法國同意突尼西亞完全獨立，然而最後一任胡笙氏族的統治者雖然在蓋拉萬被擁立為「突尼西亞人的國王」，卻只統治兩個月便被哈畢卜・布魯蓋巴（Habib Bourgiba，阿拉伯文拼音為Habīb Bū Ruqayba）所領導的新憲法黨逼退，最後一位胡笙朝統治者被驅離出境，新的共和政體也因而建立。

統領們在突尼斯鑄造只刻有歐斯曼蘇丹名號的錢幣，來表現他們對歐斯曼帝國的附庸關係，直到1272 / 1856年，穆罕默德二世・賓・胡笙二世（Muḥammad II b. al-Ḥusayn II）才開始在錢幣上加上自己的名字；在法國佔領期間，統領與晚期的國王便發行自己的錢幣。

●參考資料

* Zambaur, 84-5.

* *EI* [1] 'Tunisia. 2. History' (R. Brunschvig); *EI* [2] 'Ḥusaynids" (R. Mantran).

* P. Grandchamp, 'Arbre génélogique de la famille Ḥassanite (1705-1941)', *Rev. Tunisienne*, nos 45-7 (1941), 233.

* R. Mantran, 'La titulature des beys de Tunis au XIXe siècle d'après les documents d'archives turcs du Dar-el-Bey (Tunis)', *CT*, nos 19-20 (1957), 341-8.

* L. Carl Brown, *The Tunisia of Aḥmad Bey 1837-1855*, Princeton 1974，第xv～xviii頁附有世系表。

* Hugh Montgomery-Massingberd (ed.), *Burke's Royal Families of the World. II. Africa and the Middle East*, London 1980, 225-9.

23.

嘎拉曼里朝（The Qaramānlīs）

- 伊曆 1123 ～ 1251 年
- 西曆 1711 ～ 1835 年
- 的黎波里塔尼亞（Tripolitania）

年份	統治者名稱／重要事件
1123 / 1711	●嘎拉曼里，阿赫瑪德貝一世・賓・優素夫 ● Aḥmad Bey I b. Yūsuf, Qaramānlī
1157 / 1745	●穆罕默德・賓・阿赫瑪德 ● Muḥammad b. Aḥmad
1167 / 1754	●阿里一世・賓・穆罕默德 ● ‘Alī I b. Muḥammad
1209 / 1795	●阿赫瑪德二世・賓・阿里 ● Aḥmad II b. ‘Alī
1210 / 1796	●優素夫・賓・阿里 ● Yūsuf b. ‘Alī ●逝於 1254 / 1838 年。
1248 － 1251 / 1832 － 1835	●阿里二世・賓・優素夫 ● ‘Alī II b. Yūsuf
1251 / 1835	**●再度受歐斯曼帝國直接統治。**

嘎拉曼里氏族起源於一支突厥軍隊，似乎是北非的突厥近衛軍與

當地女子聯姻後而生下的後代（Qulughlī）。十八世紀早期，的黎波里塔尼亞由歐斯曼帝國統治，且充滿混亂與內部鬥爭，阿赫瑪德・嘎拉曼里（Aḥmad Qaramānlī，從他的名字可以推論他或他的祖先，應該來自安那托利亞的嘎拉曼地區〔Qaramān〕）在當地奪得了權力，並在最後獲得伊斯坦堡蘇丹賜予的統領（Beylerbey）與帕夏（Pasha）頭銜，建立起幾乎完全獨立的政權。阿赫瑪德從的黎波里（Tripoli，阿拉伯文拼音為Tarābulus al-Gharb）出發，將控制範圍擴展至現今絕大部分的利比亞地區。儘管的黎波里事實上是柏柏海盜的大本營，與英國和法國等國家都訂有貿易協議，但阿赫瑪德與他的子孫仍然意圖控制地方的歐斯曼突厥人與阿拉伯人派系。在十九世紀初期，嘎拉曼里統治氏族內不同的權位競逐者，都試圖尋求阿赫瑪德支系或柏柏海盜的支持。但是當西元1830年法國人出現在阿爾及利亞時，歐斯曼朝廷（Sublime Porte）便開始有所警戒，趁著嘎拉曼里氏族陷入紛爭之時，蘇丹瑪赫穆德二世（Maḥmūd II）派遣一支遠征軍進攻的黎波里，剷除了嘎拉曼里氏族勢力，並建立起來自伊斯坦堡的直接統治，這段統治一直延續到二十世紀初義大利人攻陷利比亞。

● 參考資料

* Zambaur, 85.

* *EI* ² 'Karamānlī' (R. Mantran).

24.

薩努希道團政權（The Sanūsī Chiefs and Rulers）

- 伊曆 1253 ～ 1389 年
- 西曆 1837 ～ 1969 年
- 蘇丹（Sudan）東部與利比亞

年份	統治者名稱／重要事件
1253 / 1837	●伊德里西・薩努希・卡畢爾，穆罕默德・賓・阿里 ●Sayyid Muḥammad b. ‘Alī, al-Idrīsi al-Sanūsī al-Kabīr ●薩努希道團（Sanūsiyya）的創立者，逝於1275 / 1859年。
1276 / 1859	●穆罕默德・瑪赫迪・賓・穆罕默德・賓・阿里・薩努希 ●Sayyid Muḥammad al-Mahdī b. Muḥammad b. ‘Alī al-Sanūsī
1320 / 1902	●阿赫瑪德・夏利夫・賓・穆罕默德・夏利夫 ●Sayyid Aḥmad al-Sharīf b. Muḥammad al-Sharīf ●於1336 / 1918 年放棄軍事和政治領導權，但仍然保留宗教領導權，直到他於1351 / 1933 年逝於麥地那。
◇1336 － 1389 / 1969	●穆罕默德・伊德里斯・賓・穆罕默德・瑪赫迪 ●Sayyid Muḥammad Idrīs b. Muḥammad al-Mahdī ●起初是軍事政治領袖；1371 / 1951 年成為利比亞國王，逝於1401 / 1982 年。
1389 / 1969	●**共和政體**。

穆罕默德・賓・阿里（Muḥammad b. ‘Alī），人稱「偉大的薩努希」（Great Sanūsī），他在十八世紀末出生於阿爾及利亞。他在非斯求學時深受摩洛哥地區蘇非主義（Ṣūfism）影響，尤其是提賈尼道團（Tijāniyya）的教義；不久後，他在漢志（Ḥijāz）求學時曾加入一些道團，並繼承了先知穆罕默德後裔的摩洛哥蘇非阿赫瑪德・賓・伊德里斯（Aḥmad b. Idrīs）的衣缽。除了傾向密契主義（mysticism），他也發展出改革與創新的思維，因此在阿赫瑪德・賓・伊德里斯逝於1253 / 1837年以後，他便在麥加組織自己的道團（ṭarīqa）——薩努希道團（Sanūsiyya）。他注意到自己的家鄉阿爾及利亞正遭受法國侵擾，於是定居在席蘭尼加（Cyrenaica），當時歐斯曼突厥人剛剛取代廢除的嘎拉曼里氏族帕夏（見編號23），直接統治該地。他選擇遷往沙漠內部而不是沿岸地區，此時期建造了許多薩努希蘇非修道中心（zāwiyas，宗教、教育與社會活動中心），包括1272 / 1856年於埃及邊界嘉格布卜地區（Jaghbūb）建立的經學院。該座經學院是道團的總部，一直到1313 / 1895年道團向南遷往人跡罕至的庫夫拉綠洲（Oasis of Kufra），接著抵達現今查德（Chad）的北部。薩努希道團向北非和蘇丹東部的沙漠居民宣傳他們的教義。對「偉大的薩努希」的敬重符合該地區禮遇導師和聖賢的傳統，而人們靠著穩固的道團組織，讓宗教熱忱發揮實際作用，並為他們設立目標。對「末世引導者」（Mahdī，能夠恢復伊斯蘭原始純粹狀態之人）的期待仍然風行於該地區，十九世紀晚期爆發於東哥拉（Dongola）的瑪赫迪運動（Mahdiyya movement）便是最好的證明。薩努希道團期望能夠讓所有信仰伊斯蘭的族群重新統一、復興，歐斯曼帝國蘇丹阿布杜—哈密德二世（‘Abd al-Ḥamīd II，見編號130）也希望能夠獲得他們的支持，來推動自己的泛伊斯蘭（pan-Islamic）政策。事實上，薩努希道團確實抱持強烈的傳教熱忱，在漢志、埃及、費贊（Fezzān），甚至是更南遠至瓦達伊（Wadai）以及查德湖（Lake Chad）等地區都可以看到他們的中心，他們的信仰更透過橫跨撒哈拉沙漠的貿易路線向外傳播。

薩努希道團站在抵禦法國進取查德與蘇丹中部的最前線，並在西元1911年後的二十多年間協助在地的利比亞人抵抗義大利入侵者，尤其是席蘭尼加地區。第一次世界大戰爆發時，義大利於西元1915年加入協約國陣營，薩努希道團無可避免地被迫插手歐斯曼帝國事務，道團的領袖阿赫瑪德（Sayyid Aḥmad）不得不在西元1918年前往伊斯坦堡；在那之後，絕大部分席蘭尼加的軍事反抗被交由當地的薩努希道團領導人平定。到了第二次世界大戰期間，英國政府承認了穆罕默德・伊德里斯（Muḥammad Idrīs）的地位，此時他已在埃及流亡長達二十年，英國政府不只認可他的宗教領袖地位，也承認他是席蘭尼加的軍事與政治領導人。在1371 / 1951年，他成為獨立的利比亞聯合王國國王，統治領土涵蓋了席蘭尼加、的黎波里塔尼亞以及費贊地區；到了1382 / 1963年，聯合王國成為單一的國體。就現代伊斯蘭運動而言，薩努斯氏族從宗教運動領袖發展至現代阿拉伯國家領導人的歷程，某種程度上令人聯想到沙烏地阿拉伯瓦哈比運動（Wahhābiyya）的發展過程，儘管利比亞的伊德里斯朝君主政體註定相當短暫。這個新建立的國家無法發展出能夠符合新興階層理想的政治體系，也沒有完善的社會體制，因此無法妥善解決從西元1955年起出現、前所未有的石油繁榮所帶來的社會壓力。在西元1969年，國王伊德里斯因為軍方政變而遭廢黜，利比亞在陸軍上校穆阿瑪爾・格達費（Mu'ammar Gaddafi，阿拉伯文拼音為Qadhdhāfī）的統治下轉型為共和政體。[1]

● 參考資料

* Zambaur, 89; *EI* ² 'al-Sanūsī', Muḥammad b. 'Alī', 'Sanūsiyya' (J.-C. Triaud).

* E. E. Evans-Pritchard, *The Sanusi of Cyrenaica*, Oxford 1949，第 20 頁附有世系表。

* N. A. Ziadeh, *Sanūsīyah: A Study of a Revivalist Movement In Islam*, Leiden 1959.

* J. Wright, *Libya: A Modern History*, London 1981.

---

1 編註：西元 2011 年的阿拉伯之春浪潮延燒利比亞，格達費被俘身亡，結束了長達 42 年的統治，但在獨裁政權垮台後，因為爭奪石油資源、權力鬥爭等因素，使利比亞陷入內戰狀態。

第四章

埃及與敘利亞

Egypt and Syria

254 / 868

1372 / 1953

25.

圖倫朝（The Ṭūlūnids）

- 伊曆 254 ～ 292 年
- 西曆 868 ～ 905 年
- 埃及與敘利亞

年份	統治者名稱／重要事件
◇254 / 868	●阿赫瑪德・賓・圖倫 ●Aḥmad b. Ṭūlūn
◇270 / 884	●阿布—傑胥，胡瑪拉維赫・賓・阿赫瑪德 ●Khumārawayh b. Aḥmad, Abu 'l-Jaysh
◇282 / 896	●阿布—阿薩奇爾，傑胥・賓・胡瑪拉維赫 ●Jaysh b. Khumārawayh, Abu 'l-'Asākir
◇283 / 896	●阿布—穆薩，哈倫・賓・胡瑪拉維赫 ●Hārūn b. Khumārawayh, Abū Mūsā
292 / 904	●阿布—瑪納吉卜，謝班・賓・阿赫瑪德 ●Shaybān b. Aḥmad, Abu 'l-Manāqib
292 / 905	**●被阿巴斯朝將軍穆罕默德・賓・蘇萊曼（Muḥammad b. Sulaymān）征服。**

圖倫朝是巴格達阿巴斯朝哈里發體制外，第一個在埃及與敘利亞具相當程度自治權的地方政權。阿赫瑪德・賓・圖倫（Aḥmad b.

Ṭūlūn，Ṭūlūn的突厥語為dolun，意為「滿月」，等同於阿拉伯文的badr）是一名突厥士兵，他的父親是九世紀早期從布哈拉（Bukhara）納貢給哈里發的奴隸。阿赫瑪德第一次踏上埃及的土地是以阿巴斯朝總督代理人的身分，但他接著就承接總督職位，同時將勢力拓展至巴勒斯坦（Palestine）與敘利亞。哈里發穆瓦法各（al-Muwaffaq）因為無暇顧及阿赫瑪德，而助長了他的野心；穆瓦法各是哈里發穆俄塔米德（al-Mu'tamid，見編號3-1）的弟弟，同時也是實際的掌權者，當時正忙於平定下伊拉克地區（Lower Iraq）的黑奴（Zanj）叛亂，代表阿赫瑪德不會被軍隊逐出西伊斯蘭世界。在阿赫瑪德的兒子胡瑪拉維赫（Khumārawayh）的統治下，圖倫朝的經濟狀況一直相當好。279 / 892年，新任哈里發穆俄塔迪德（al-Mu'tadid，見編號3-1）統治期間將埃及、敘利亞到陶魯斯山脈（Taurus Mountain）以及加濟拉地區（Jazīra，美索不達米亞北部）三十年的統治權授予胡瑪拉維赫與他的後代（但不包含摩蘇爾〔Mosul，阿拉伯文拼音為Mawṣil〕），並每年收取三十萬迪納爾幣（dīnār）的納貢回饋。這份協議在日後有所修訂，縮減了圖倫朝的利益，然而直到282 / 896年胡瑪拉維赫逝世之前，圖倫朝的國庫就已經因為胡瑪拉維赫的奢華生活與鋪張浪費而消耗殆盡，國家的整體架構也因此鬆動，趨於分裂。圖倫朝的末代統治者無能壓制敘利亞沙漠的嘎爾瑪提什葉派（Carmathian）激進份子，導致阿巴斯朝哈里發必須出軍鎮壓，這支軍隊征服了敘利亞，並奪取圖倫朝首都夫斯塔特（Fusṭāṭ，或稱舊開羅）。他們將圖倫氏族殘存的成員擄往巴格達，並直接控制埃及長達三十年之久。

中世紀的埃及史學家認為圖倫氏族統治時期是黃金歲月。阿赫瑪德透過一支多種族的軍隊鞏固自己的權力，軍隊成員有貝都因人、希臘人以及努比亞黑人（black Nubian），又因為遏止了政府的徇私舞弊而減輕埃及人民的財政重擔；但到了胡瑪拉維赫任內，混亂的行政部門以及軍隊反抗等問題又再度浮現。鑑於自埃及經由海路是控制敘利亞的最佳途徑，阿赫瑪德也為此建立了一支強大的艦隊。在首都夫斯塔特，阿赫瑪德還是一名偉大的城市經營者，他規劃了新的軍事城區嘎塔伊（al-Qatā'ī'），並建造著名的伊本—圖倫清真寺（Mosque of Aḥmad ibn Ṭūlūn）；當時阿姆爾・賓・阿斯（'Amr b. al-Ās，埃吉征服者）大清真寺的空間不足，伊本—圖倫清真寺為士兵們提供更多空間進行禮拜。

● 參考資料

* Lane-Poole, 68; Zambaur, 93; Album, 20.
* *EI* [1] 'Ṭūlūnids' (H. A. Gibb).
* Z. M. Ḥassan, *Les Tulunides: étude de l'Egypte musulmane à la fin du IX [e] siècle*, Paris 1933.
* O. Grabar, *The Coinage of the Ṭūlūnids*, ANS Numismatic Notes and Monographs, no. 139, New York 1957.

26.

伊赫胥德朝（The Ikhshīdids）

- 伊曆 323 ～ 358 年
- 西曆 935 ～ 969 年
- 埃及與敘利亞南部

年份	統治者名稱／重要事件
◇323 / 935	●阿布—巴克爾・伊赫胥德，穆罕默德・賓・圖革吉 ●Muḥammad b. Ṭughj, Abū Bakr al-Ikhshīd
◇334 / 946	●阿布—嘎希姆・烏努朱爾（？維吾爾名）・賓・穆罕默德 ●Ūnūjūr (? On Uyghur) b. Muḥammad Abu 'l-Qāsim
◇349 / 961	●阿布—哈珊，阿里・賓・穆罕默德 ●'Alī b. Muḥammad, Abu 'l-Ḥasan
◇355 / 966	**●阿布—米斯克，卡富爾・拉比** **●Kafūr al-Lābī, Abu 'l-Misk** **●最初為阿里・賓・穆罕默德統治時期的攝政，後來成為唯一統治者，直到逝於 357 / 968 年。**
◇357 / 968	●阿布—法瓦里斯，阿赫瑪德・賓・阿里 ●Aḥmad b. 'Alī, Abu 'l-Fawāris ●逝於 371 / 981 年。
358 / 969	**●被埃及法蒂瑪朝（Fāṭimid）將領焦哈爾（Jawhar）征服。**

穆罕默德・賓・圖革吉（Muḥammad b. Tughj）出自一個原已效忠阿巴斯朝兩個世代的突厥軍事氏族。他在323 / 935年被任命為埃及總督，持續維持與哈里發的臣屬關係。他也從拉迪（al-Rāḍī，見編號3-1）手中獲得了「伊赫胥德」（al-Ikhshīd）的頭銜；其阿拉伯文的定義不清，但穆罕默德・賓・圖革吉顯然相當清楚在其祖先居住的中亞故鄉，這個頭銜代表了相當尊貴的意涵（實際上，這是一個伊朗頭銜，代表「君王」或「統治者」，粟特〔Soghdia〕和費爾干納〔Farghāna〕地區的地方統治者曾採用此頭銜）。穆罕默德・賓・圖革吉抵擋了哈里發的大統領（Amīr al-Umarā'）穆罕默德・賓・拉伊各（Muḥammad b. Rā'iq）的進攻，並在敘利亞阻擋哈姆丹朝（Ḥamdānids，見編號35-2）的攻勢，固守大馬士革（Damascus）。然而，在他之後繼承權位的兩個兒子都淪為傀儡，國家的大權落入穆罕默德・賓・圖革吉的努比亞奴隸卡富爾（Kāfūr，意即「樟腦」，幽默的對比於他的深膚色）的手中，他在穆罕默德・賓・圖革吉死後被指派為兩位親王的攝政。

當阿里・賓・穆罕默德（'Alī b. Muḥammad）逝於355 / 956年時，卡富爾成為一名肆無忌憚的統治者。不過，他仍然有力抵抗了法蒂瑪朝向北非沿岸的威脅進逼（見編號27），並遏止哈姆丹朝入侵敘利亞北部。在卡富爾逝世後不久，穆罕默德・賓・圖革吉疲弱且短命的孫子在夫斯塔特被擁立為王，但幾乎立刻就因為法蒂瑪朝成功的入侵行動而垮台。卡富爾以其開明、獎勵文藝而聞名，大詩人穆塔納比（al-Mutanabbī）也曾經在他的宮廷待過一段時間。

●參考資料

* Lane-Poole, 69; Zambaur, 93; Album, 20.
* *EI*[1] 'Ikhshīdids' (C. H. Becker); *EI*[2] 'Kāfūr' (A. S. Ehrenkreutz), 'Muḥammad b. Ṭughdj' (J. L. Bacharach).
* P. Balog, 'Tables de référence des monnaies ikhchidites', *Revue Belge de Numismatique*, 103 (1957), 107-34.
* J. L. Bacharach, 'The Career of Muḥammad b. Ṭughj al-Ikhshīd, a tenth-century governor of Egypt', *Speculum*, 50 (1975), 586-612.

27.

法蒂瑪朝（The Fāṭimids）

- 伊曆 297 ～ 567 年
- 西曆 909 ～ 1171 年
- 北非，再擴張到埃及與敘利亞南部

年份	統治者名稱／重要事件
	● **什葉派宣教士（dāʻī）阿布—阿布達拉（Abū ʻAbdallāh al-Shīʻī）活躍於北非，並為後來的統治者鋪路：**
◇297 / 909	●阿布—穆罕默德・瑪赫迪，阿布達拉（伍貝達拉）・賓・胡笙 ● ʻAbdallāh (or ʻUbaydallāh) b. Ḥusayn, Abū Muḥammad al-Mahdī
◇322 / 934	●阿布—嘎希姆・嘎伊姆，穆罕默德・賓・（？）瑪赫迪 ● Muḥammad b. (?) al-Mahdī, Abu ʼl-Qāsim al Qāʼim
◇334 / 946	●阿布—塔希爾・曼蘇爾，伊斯瑪儀・賓・嘎伊姆 ● Ismāʻīl b. al Qāʼim, Abū Ṭāhir al-Manṣūr
◇341 / 953	●阿布—塔敏・穆儀茲，瑪阿德・賓・曼蘇爾 ● Maʻadd b. al-Manṣūr, Abū Tamīm al-Muʻizz
◇365 / 975	●阿布—曼蘇爾・阿濟茲，尼查爾・賓・穆儀茲 ● Nizār b. al-Muʻizz, Abū Manṣūr al-ʻAzīz
◇386 / 996	●阿布—阿里・哈基姆，曼蘇爾・賓・阿濟茲 ● al-Manṣūr b. al-ʻAzīz, Abū ʻAlī al-Ḥākim
◇411 / 1021	●阿布—哈珊・札希爾，阿里・賓・哈基姆 ● ʻAlī b. al-Ḥākim, Abu ʼl-Ḥasan al-Ẓāhir
◇427 / 1036	●阿布—塔敏・穆斯坦席爾，瑪阿德・賓・札希爾 ● Maʻadd b. al-Ẓāhir, Abū Tamīm al-Mustanṣir

◇487 / 1094	●阿布—嘎希姆・穆斯塔俄里，阿赫瑪德・賓・穆斯坦席爾 ● Aḥmad b. al-Mustanṣir, Abu 'l-Qāsim al-Musta'lī
◇495 / 1101	●阿布—阿里・阿米爾，曼蘇爾・賓・穆斯塔俄里 ● al-Manṣūr b. al-Musta'lī, Abū 'Alī al-Āmir
◇524 / 1130	**●權位空窗期；由攝政哈非茲（al-Ḥāfiẓ）統治，但他並未篡位哈里發；此時期的錢幣上鑄有「al-Muntaẓar」（被等待者）的名號。**
◇525 / 1131	●阿布—麥蒙・哈非茲，阿布杜—瑪吉德・賓・穆罕默德 ● 'Abd al-Majīd b. Muḥammad, Abu 'l-Maymūn al-Ḥāfiẓ
◇544 / 1149	●阿布—曼蘇爾・札非爾，伊斯瑪儀・賓・哈非茲 ● Ismā'īl b. al-Ḥāfiẓ, Abu 'l-Manṣūr al-Ẓāfir
◇549 / 1154	●阿布—嘎希姆・法儀茲，以薩・賓・札非爾 ● 'Īsā b. al-Ẓāfir, Abu 'l- Qāsim al-Fā'iz
◇555 －567 / 1160 －1171	●阿布—穆罕默德・阿迪德，阿布達拉・賓・優素夫 ● 'Abdallāh b. Yūsuf, Abū Muḥammad al-'Āḍid **●被艾尤布朝的薩拉丁（Ṣalāḥ al-Dīn〔Saladīn〕）征服。**

法蒂瑪朝人宣稱為阿里的後裔，其朝代名稱承襲自先知的女兒、同時也是第四任哈里發阿里（見編號1）的妻子法蒂瑪（Fāṭima）。順尼派與他們主要的什葉派對手通常稱他們為伍貝迪人（'Ubaydiyyūn），是阿布達拉・瑪赫迪（'Abdallāh al-Mahdī，他們稱其為「伍貝達拉」〔'Ubaydallāh〕）的後裔，明確地否認他們具備阿里後裔的身分；而

我們也並不清楚法蒂瑪朝的哈里發是否曾經以「法蒂瑪氏族」自稱。某些法蒂瑪朝人的敵人甚至指控他們的祖先是猶太人（這在中世紀的伊斯蘭是相當標準的毀謗）。他們與阿里家族血緣關係，也就是與第六任伊瑪目賈俄法爾・剎迪各（Ja'far al-Ṣādiq）的兒子伊斯瑪儀（Ismā'īl）的連結確實是有疑慮的。阿布達拉・瑪赫迪的祖先比較可能源自庫法（Kūfa）的極端什葉派——「ghulāt」，或是阿里同父異母的兄弟阿基勒・賓・阿比—塔立卜（'Aqīl b. Abī Ṭālib）。但無論如何，法蒂瑪哈里發政權的建立是激進的什葉伊斯瑪儀里派（Ismā'īlī Shī'ism）在當時最成功、長久的政治成就。

在法蒂瑪朝的第一任哈里發從敘利亞的薩拉米亞（Salamiya）前往北非地區時，當地什葉道團的宣教活動已經創造出良好的環境。憑著長期定居在當地的庫塔瑪柏柏部族（Kutāma）的支持，他的代理人宣教士阿布—阿布達拉（Abū 'Abdallāh）推翻了北非西部的阿格拉布朝（見編號11）統領以及塔哈爾特（Tahert）出走派（Khārijī）的魯斯塔姆朝（見編號9）；並隨後將非斯（Fez）的伊德里斯朝（見編號8）納為法蒂瑪朝的附庸。297 / 909年，瑪赫迪在北非西部的拉嘎達（al-Raqqāda）就任哈里發，與巴格達的阿巴斯朝哈里發分庭抗禮，不久之後佔領西西里島，並著手對拜占庭帝國，發動海洋軍事行動。法蒂瑪朝以北非西部的瑪赫迪亞（al-Mahdiyya）為基地，開始累積麾軍東方所需的資源補給與資金，而他們的將軍焦哈爾（Jawhar）也在358 / 969年攻入舊開羅（夫斯塔特），廢除末代伊赫胥德朝（見編號26）統治者。在完成瑪赫迪亞的建設後，法蒂瑪朝開始建立他們在埃及的新首都開羅（al-Qāhira，意為「勝利之城」）。

法蒂瑪朝從埃及向巴勒斯坦、敘利亞進軍，並在穆斯坦席爾（al-Mustanṣir）的長期統治（幾乎涵蓋整個十一世紀）下，將國力發展至顛峰。初期與拜占庭帝國在敘利亞的衝突之後，哈里發大致與希臘維持平和的關係；到了十一世紀晚期，來自敘利亞、安那托利亞的塞爾柱突厥人（Seljuqs）和突厥（Turkmen）傭兵的普遍威脅，使兩方的關係更趨密切。法蒂瑪朝的伊斯瑪儀里派宣教士離開北非，遠至葉門與印度的信地（Sind）進行傳教，而巴格達更曾在451 / 1059年短暫落入穆斯坦席爾的掌握中。十一世紀末的第一次十字軍東征，導致十字軍與法蒂瑪總督爭奪耶路撒冷，當時的法蒂瑪朝大致上仍然只佔有巴勒斯坦與敘利亞地區的沿岸城市；但整體而言，十字軍帶給敘利亞其他突厥統治者的威脅遠比對法蒂瑪朝來的更大。有些順尼派穆斯林史學家宣稱法蒂瑪朝曾鼓勵法蘭克人進軍黎凡特（Levant），但這說法並不可信。法蒂瑪朝的大臣在十二世紀中期與統治阿勒坡和大馬士革的贊吉朝的努爾丁（Zangid Nūr al-Dīn，見編號93-2）合作對抗十字軍，但仍然在548 / 1153年失去阿斯加隆（Ascalon，阿拉伯文拼音為‘Asqalān）。不久後，法蒂瑪哈里發政權內部開始瓦解；此時的哈里發失掉許多權力，由朝內大臣接管絕大部分的行政與軍事領導權。因此在567 / 1171年，當最後一任哈里發苟延殘喘時，艾尤布朝的薩拉丁（Ṣalāḥ al-Dīn，見編號30）輕易地終結了法蒂瑪朝的統治。

法蒂瑪朝與阿巴斯朝對立，自認為真正的哈里發，並冠上能夠表達其彌賽亞式、君權神授本質的統治頭銜，像是瑪赫迪、嘎伊姆（al-Qā’im，意即「奮起者」）以及札非爾（al-Ẓāfir，意即「勝利者」）。然而他們大部分的臣民仍屬於順尼派，他們在法蒂瑪朝普遍寬容的統治下保有絕大部分的信仰自由。許多在埃及新建的愛智哈爾大學（al-Azhar）受訓的宣教士皆前往領土外的各個角落宣揚他們的教義。而除了哈基姆（al-Ḥākim）統治初期局勢尚未穩固以外，此時期的基督教徒與猶太教徒大多也受到相對友善的對待，有些人甚至位居政府要職。也是在哈基姆的統治期間，極端的德魯茲（Druzes）什葉派宗教運動開始深植於利比亞南部與敘利亞地區；因為哈基姆對德魯茲派（al-Duruzī）宣教士的鼓勵，德魯茲派成員開始將哈里發尊奉為神的化身。在穆斯坦席爾死後，伊斯瑪儀里派面臨一場嚴重的分裂，他的兩名兒子尼查爾（Nizār）和穆斯塔俄里（al-Musta'lī）各擁勢力。前者的追隨者較為激進，日後轉變為波斯與敘利亞地區的暗殺派（Assassins，見編號29），而較溫和的穆斯塔俄里追隨者則成為現代孟買與古嘉拉特地區（Gujarāt）的布赫拉伊斯瑪儀里派（Bohrā Ismā'ilī）的先驅。穆斯塔俄里雖然仍繼續維持哈里發政權，但法蒂瑪朝的信仰基礎卻已經遭受一定程度的削弱，尤其阿米爾（al-Āmir）在525 / 1130年逝世後，帶來進一步的信仰與政治危機（日後影響葉門與印度地區的泰伊比伊斯瑪儀里派〔Tayyibī Ismā'ilī〕便是由此分裂出去）。

在法蒂瑪氏族的統治下，埃及與開羅的經濟欣欣向榮，文化也充滿活力，絲毫不亞於同時期的伊拉克與巴格達。他們也始終維持著與非伊斯蘭世界的貿易關係，包含了印度與地中海地區的基督教列國；在活躍的貿易活動中，猶太商人似乎扮演了重要的角色，卡林姆商會（Kārimī merchants）的先驅可能源於此時，並聞名於日後的艾尤布朝與瑪穆魯克時期（Mamlūk）。同時，該時期的埃及工坊也生產出最精美的伊斯蘭工藝品，如金屬製品、陶器、紡織品以及玻璃藝品，而法蒂瑪朝的建築遺跡也都仍然可見於北非和埃及。

● 參考資料

* Lane-Poole, 70-3; Zambaur, 94-5; Album, 20-1.
* *EI* [2] 'Fāṭimids' (M. Canard).
* G. C. Miles, *Fatimid Coins in the Collections of the University Museum. Philadelphia, and the American Numismatic Society*, ANS Numismatic Notes and Monographs, no. 121, New York 1951.
* H. W. Hazard, *The Numismatic History of Late Medieval North Africa*, 52-3.
* Ḥusayn b. Faḍl Allāh al-Ḥamdānī and Ḥasan Sulaymān Maḥmūd al-Juhanī, *al-Ṣulayḥiyyūn wa 'l-ḥaraka al-Fāṭimiyya fi 'l-Yaman (min sanat 628 h. ilā sanat 626 h.)*, Cairo 1955，第 343 頁附有詳細的表格。
* F. Dachraoui, *Le califat fatimide au Maghreb 296-362/909-973. Histoire politique et institutions*, Tunis 1981.
* H. Halm, 'Die Fatimiden', in Haarmann (ed.), *Geschichte der arabischen Welt*, 166-99.
* idem, *Das Reich der Mahdi. Der Aufstieg der Fatimiden (875-973)*, Munich 1991.

28.

米爾達斯朝（The Mirdāsids）

- 伊曆 415 ～ 472 年
- 西曆 1024 ～ 1080 年
- 敘利亞北部與中部

年份	統治者名稱／重要事件
◇415 / 1024	●阿薩德─道拉，剎里赫・賓・米爾達斯 ●Ṣāliḥ b. Mirdās, Asad al-Dawla ●最初於 399 / 1009 年擔任拉赫巴（Raḥba）的統領。
◇420 / 1029	●阿布─卡米勒・胥卜勒─道拉，納斯爾一世・賓・剎里赫 ●Naṣr I b. Ṣāliḥ, Abū Kāmil Shibl al-Dawla
◇429 / 1038	**●法蒂瑪朝人首次佔領阿勒坡。**
◇433 / 1042	●阿布─伍勒萬・穆儀茲─道拉，錫瑪勒・賓・剎里赫 ●Thimāl b. Ṣāliḥ, Abū ʻUlwān Muʻizz al-Dawla ●首次統治。
◇449 / 1057	**●法蒂瑪朝人二度佔領阿勒坡。**
◇452 / 1060	●拉胥德─道拉，瑪赫穆德・賓・納斯爾一世 ●Maḥmūd b. Naṣr I, Rashīd al-Dawla ●首次統治。
◇453 / 1061	●錫瑪勒・賓・剎里赫 ●Thimāl b. Ṣāliḥ ●第二次統治。
454 / 1062	●阿布─朱阿巴，阿提亞・賓・剎里赫 ●ʻAṭiyya b. Ṣāliḥ, Abū Dhu'āba ●463 / 1071 年前，統治中心都在拉赫巴和拉嘎（Raqqa）。

457 / 1065	●瑪赫穆德・賓・納斯爾一世 ●Maḥmūd b. Naṣr I ●第二次統治。
467 或 468 / 1075 － 1076	●阿布—穆查法爾・賈拉勒—道拉，納斯爾二世・賓・瑪赫穆德 ●Naṣr II b. Maḥmūd, Abu ’l-Muẓaffar Jalāl al-Dawla
◇468 － 472 / 1076 － 1080	●阿布—法達伊勒，薩比各・賓・瑪赫穆德 ●Sābiq b. Maḥmūd, Abu ’l-Faḍā’il
472 / 1080	●**伍蓋勒朝（‘Uqaylid）佔領阿勒坡。**

米爾達斯氏族是奇拉卜地區（Kilāb）的一支北阿拉伯部族，他們在十一世紀早年從東北方的幼發拉底河（Euphrates）流域遷往阿勒坡，他們的領導人剎里赫・賓・米爾達斯（Ṣāliḥ b. Mirdās）在415 / 1024年佔領當地，承繼哈姆丹朝（Ḥamdānids，見編號35-2）的遺緒。米爾達斯氏族的遷徙帶動部分的貝都因人（他們多是名義上的什葉派，但米爾達斯氏族並不是什葉派）集體於十、十一世紀早期遷往伊拉克以及敘利亞的邊陲地區；而嘎爾瑪提派（Carmathian）的興起在敘利亞沙漠所造成的動盪局勢，很可能也刺激了遷移。

在阿勒坡建朝以後，剎里赫和他的兒子納斯爾（Naṣr）、錫瑪勒（Thimāl）一方面得要抵擋法蒂瑪朝奪回敘利亞北部的計畫，另一方面則必須提防在「保加利亞屠夫」巴西爾二世（Basil II Bulgaroctonus）以及羅曼努斯三世・阿爾吉魯斯（Romanus III Argyrus）的統治下再次興起的拜占庭勢力，整體而言，希臘人對他們的支持是米爾達斯朝能夠獨立統治半個世紀的原因之一。429／1038到433／1042年之間的四年，法蒂瑪朝的大馬士革總督阿努胥堤勤（Anūshtigin）佔領了阿勒坡，而阿勒坡當地不服管控的奇拉卜部族（Kilābī）也帶來壓力，錫瑪勒被迫在他第二次統治期間放棄阿勒坡，以交換敘利亞—巴勒斯坦地區（Syro-Palestine）的沿岸城鎮。隨著塞爾柱突厥人西進、出現許多敘利亞北部的突厥軍團以及軍事傭兵，再加上法蒂瑪朝的影響力日漸式微，使得米爾達斯朝必須面對嶄新的局面。他們的權宜之計則是從法蒂瑪朝轉向擁戴順尼派的阿巴斯朝，並且臣服於塞爾柱蘇丹阿勒普・阿爾斯蘭（Alp Arslan）的權力。日後，將領們為了自保而不得不徵募突厥傭兵，這些傭兵與奇拉卜部族發生爭執，因此削減了米爾達斯朝在阿勒坡的影響力，一直到468／1076年，米爾達斯氏族的兩兄弟，薩比各（Sābiq）與瓦沙卜（Waththāb）之間爆發內戰。而塞爾柱統治者圖突胥（Tutush）試圖在敘利亞地區開拓自己的領地，也開始對阿勒坡施加壓力，最後在472／1080年時，強迫薩比各將這座城市獻給伍蓋勒朝（'Uqaylid）的姆斯林・賓・古萊胥（Muslim b. Quraysh，見編號38），殘存的米爾達斯氏族成員則被授予敘利亞其他的幾個城鎮作為補償，並且在日後十字軍第一次入侵該區域的時候協助作戰。

● 參考資料

* Lane-Poole, 114-15; Zambaur, 133, 135; Album, 22.
* *EI* [2] 'Mirdās, Banū' (The Bianquis).
* Suhayl Zakkār, *The Emirate of Aleppo 1004-1094*, Beirut 1391/1971.
* The Bianquis, *Damas et la Syrie sous la domination fatimide (359-468/969-1076). Essai d'interpretation de chroniques arabes médiévales*, Damascus 1986-9.

29.

敘利亞尼查里伊斯瑪儀里派（暗殺派）（The Chief *dāʻīs* of the Nizārī Ismāʻīlīs or Assassins in Syria）

- 伊曆六世紀初～八世紀中
- 西曆十二世紀～十四世紀
- 敘利亞西部山區

年份	統治者名稱／重要事件
約 493 / 約 1100	●哈基姆 · 穆納吉姆 ●al-Ḥakīm al-Munajjim ●逝於 496 / 1103 年。
496 / 1103	●阿布—塔希爾 · 剎伊格 ●Abū Ṭāhir al-Ṣā'igh ●逝於 507 / 1113 年。
約 507 / 約 1113	●巴赫拉姆 ●Bahrām ●敘利亞伊斯瑪儀里派領導人，逝於 522 / 1128 年。
522 / 1128	●伊斯瑪儀 · 阿賈米 ●Ismāʻīl al-ʻAjamī ●逝於 524 / 1130 年。
524 / 1131	●阿布—法特赫 ●Abu 'l-Fatḥ
?	●阿布—穆罕默德 ●Abū Muḥammad
?	●赫瓦嘉 · 阿里 · 賓 · 瑪斯伍德 ●Khwāja ʻAlī b. Masʻūd

557 / 1162	●阿布—哈珊・拉胥德丁，希南・賓・薩勒曼（蘇萊曼）・巴斯里 ● Sinān b. Salmān or Sulaymān al-Baṣrī, Abu 'l-Ḥasan Rashīd al-Dīn ●逝於588 / 1192或589 / 1193年。
589 / 1193或590 / 1194	●阿賈米，阿布—曼蘇爾・賓・穆罕默德（納斯爾） ● Abū Manṣūr b. Muḥammad or Naṣr, al-'Ajamī
620 − 656 / 1223 − 1258	●卡瑪勒丁，哈珊・賓・瑪斯伍德 ● al-Ḥasan b. Mas'ūd, Kamāl al-Dīn ●與以下四人共治：瑪吉德丁（Majd al-Dīn）；希拉吉丁，穆查法爾・賓・胡笙（Muẓaffar b. al-Ḥusayn, Sirāj al-Dīn）；塔吉丁，阿布—夫圖赫・賓・穆罕默德（Abu 'l-Futūḥ b. Muḥammad, Tāj al-Dīn）；拉迪丁，阿布—瑪阿里（Abu 'l-Ma'ālī, Raḍī 'l-Dīn）。
660 / 1262	●納吉姆丁，伊斯瑪儀・賓・夏俄拉尼 ● Ismā'īl b. al-Sha'rānī, Najm al-Dīn ●逝於672 / 1274年，由夏姆斯丁・賓・納吉姆丁（Shams al-Dīn b. Najm al-Dīn）和薩里姆丁・穆巴拉克・賓・拉迪丁（Mubārak b. Raḍī 'l-Dīn, Sārim al-Dīn）輔佐。
669 / 1271	●夏姆斯丁・賓・納吉姆丁 ● Shams al-Dīn b. Najm al-Dīn ●**伊斯瑪儀里派堡壘在671 / 1273年向傭兵政權的貝巴爾斯（Baybars）投降。**

尼查里派（Nizārī）的宣教行動（da'wa）興起自487 / 1094年穆斯坦席爾死亡所引致的法蒂瑪朝分裂，他的繼承人尼查爾（Nizār）因為一場支持其兄弟（他日後成為哈里發穆斯塔俄里，延續了法蒂瑪族系，

見編號27）所屬意的叛亂行動而遭到廢黜。尼查爾的理念遂由宣教士哈珊・剎巴赫（Ḥasan-i Ṣabbāḥ）延續，他在穆斯坦席爾晚年就已經在一些波斯地區建立起伊斯瑪儀里派的威信（關於該宣教行動在波斯地區的領導人，以及日後的總教長〔Grand Master〕及其歷史，見編號101）。此時，獨立的尼查里派新宣教活動〔da'wa jadīda〕更藉由來自阿拉穆特（Alamūt）山的宣教士深植於敘利亞地區。從那時起，尼查里伊斯瑪儀里派轉而周旋於其政敵及敘利亞各城市的紛爭之間，儘管一直到十二世紀中期，敘利亞的伊斯瑪儀里派才成功奪取當地的堡壘，如同在波斯的情況，但他們只佔據了敘利亞西部的山區，也就是日後的安薩利亞山（Jabal Anṣāriyya）。

這些駐軍城市和社群偶爾在十字軍與穆斯林附庸國之間的鬥爭中扮演重要角色，而他們最偉大的領導人，即伊拉克的宣教士拉胥德丁・希南（Rashīd al-Dīn Sinān），他成功地讓敘利亞的宣教活動獨立，過去當地的宗教運動大多是由波斯的伊斯瑪儀里派所控制，而那些波斯領袖則與艾尤布朝（Ayyūbids，見編號30）保持著友善的關係。儘管尼查里派日後在蒙古軍的猛攻下存活下來，但卻成為傭兵政權的附庸，他們的堡壘一步步被貝巴爾斯（Baybars）攻擊，最後的卡赫夫堡壘（Kahf）則於671／1273年淪陷，但日後將中心轉往敘利亞山區以西的薩拉米亞地區（Salamiya），儘管如此，敘利亞的伊斯瑪儀里派社群仍舊存活下來，並在往後的幾個世紀中維持他們的凝聚力與傳統；反倒是波斯的伊斯瑪儀里社群再也未能從蒙古入侵所造成的破壞之中恢復。

●參考資料

* Zambaur, 103.
* *EI* ^{2} 'Ismā'īliyya' (W. Madelung).
* Farhad Daftary, *The Ismā'īlīs: Their History and Doctrines*, Cambridge 1990, 357-61, 374-80, 396-403, 419-21, 430-4.

30.

艾尤布朝（The Ayyūbids）

- 伊曆 564 年～九世紀末
- 西曆 1169 年～十五世紀末
- 埃及、敘利亞、迪亞巴克爾（Diyār Bakr）、加濟拉（Jazīra）西部與葉門

一、埃及支系

年份	統治者名稱／重要事件
◇564 / 1169	●阿布—穆查法爾・薩拉丁，納席爾一世・優素夫・賓・納吉姆丁・艾尤布・賓・夏吉 ●al-Malik al-Nāṣir I Yūsuf b. Najm al-Dīn Ayyūb b. Shādhī, Abu 'l-Muẓaffar Ṣalāḥ al-Dīn (Saladin)
◇589 / 1193	●阿布—法特赫・伊瑪德丁，阿濟茲一世・歐斯曼・賓・納席爾一世・薩拉丁・優素夫 ●al-Malik al-'Azīz 'Uthmān b. al-Nāṣir I Ṣalāḥ al-Dīn Yūsuf, Abu 'l-Fatḥ 'Imād al-Dīn
◇595 / 1198	●納席爾丁，曼蘇爾・穆罕默德・賓・阿濟茲・伊瑪德丁・歐斯曼 ●al-Malik al-Manṣūr Muḥammad b. al-'Azīz 'Imād al-Dīn 'Uthmān, Nāṣir al-Dīn
◇596 / 1200	●阿布—巴克爾・賽伊夫丁，阿迪勒一世・穆罕默德（阿赫瑪德）・賓・納吉姆丁・艾尤布 ●al-Malik al-'Ādil I Muḥammad or Aḥmad b. Najm al-Dīn Ayyūb, Abū Bakr Sayf al-Dīn ●來自大馬士革。
◇615 / 1218	●阿布—瑪阿里・納席爾丁，卡米勒一世・穆罕默德・賓・阿迪勒一世・穆罕默德（阿赫瑪德）・賽伊夫丁 ●al-Malik al-Kāmil I Muḥammad b. al-'Ādil I Muḥammad or Aḥmad Sayf al-Dīn, Abu 'l-Ma'ālī Nāṣir al-Dīn

	●來自大馬士革。
◇635 / 1238	●賽伊夫丁，阿迪勒二世・阿布—巴克爾・賓・卡米勒・穆罕默德・納席爾丁 ●al-Malik al-ʻĀdil II Abū Bakr b. al-Kāmil Muḥammad Nāṣir al-Dīn, Sayf al-Dīn ●來自大馬士革，逝於645 / 1248年。
◇637 / 1240	●納吉姆丁，剎里赫二世・艾尤布・賓・卡米勒・穆罕默德・納席爾丁 ●al-Malik al-Ṣāliḥ II Ayyūb b. al-Kāmil Muḥammad Nāṣir al-Dīn, Najm al-Dīn ●來自大馬士革。
◇647 / 1249	●穆阿俄札姆・圖蘭・夏赫・賓・優素夫・薩拉丁二世・賓・穆罕默德・吉亞斯丁 ●al-Malik al-Muʻaẓẓam Tūrān Shāh b. Yūsuf Ṣalāḥ al-Dīn II b. Muḥammad Ghiyāth al-Dīn ●來自大馬士革。
◇648 − 650 / 1250 − 1252	●穆查法爾丁，阿胥拉夫二世・穆薩・賓・瑪斯伍德・優素夫・薩拉丁・賓・卡米勒・穆罕默德・納席爾丁 ●al-Malik al-Ashraf II Mūsā b. al-Masʻūd Yūsuf Ṣalāḥ al-Dīn b. al-Kāmil Muḥammad Nāṣir al-Dīn, Muẓaffar al-Dīn
650 / 1252	**●遭到傭兵政權的艾巴克（Aybak）奪權，不過清真寺宣講時仍會提及瑪立克・阿胥拉夫二世的名號，直到652 / 1254年。**

二、大馬士革支系

年份	統治者名稱／重要事件
◇582 / 1186	●阿布—哈珊・努爾丁，阿夫達勒・阿里・賓・納席爾・優素夫・薩拉丁一世 ●al-Malik al-Afḍal ʻAlī b. al-Nāṣir Yūsuf Ṣalāḥ al-Dīn I, Abu ʼl-Ḥasan Nūr al-Dīn

◇592 / 1196	●阿布—巴克爾．賽伊夫丁，阿迪勒一世．穆罕默德（阿赫瑪德）．賓．艾尤布．納吉姆丁 ●al-Malik al-ʻĀdil I Muḥammad or Aḥmad b. Ayyūb Najm al-Dīn, Abū Bakr Sayf al-Dīn ●來自埃及與阿勒坡。
597 － 615 / 1201 － 1218	●**夏拉夫丁，穆阿俄札姆．以薩** ●**al-Malik al-Muʻaẓẓam ʻĪsā, Sharaf al-Dīn** ●**擔任總督**。
615 / 1218	●夏拉夫丁，穆阿俄札姆．以薩．賓．阿迪勒一世．穆罕默德（阿赫瑪德）．賽伊夫丁 ●al-Malik al-Muʻaẓẓam ʻĪsā b. al-ʻĀdil I Muḥammad or Aḥmad Sayf al-Dīn, Sharaf al-Dīn
624 / 1227	●薩拉丁，納席爾二世．達伍德．賓．穆阿俄札姆．以薩．夏拉夫丁 ●al-Malik al-Nāṣir II Dāwūd b. al-Muʻaẓẓam ʻĪsā Sharaf al-Dīn, Ṣalāḥ al-Dīn
626 / 1229	●阿布—法特赫．穆查法爾丁，阿胥拉夫一世．穆薩．賓．阿迪勒二世．阿布—巴克爾．賽伊夫丁 ●al-Malik al-Ashraf I Mūsā b. al-ʻĀdil II Abū Bakr Sayf al-Dīn, Abu ʼl-Fatḥ Muẓaffar al-Dīn ●來自迪亞巴克爾。
◇635 / 1237	●伊瑪德丁，剎里赫一世．伊斯瑪儀．賓．阿迪勒二世．阿布—巴克爾．賽伊夫丁 ●al-Malik al-Ṣāliḥ I Ismāʻīl b. al-ʻĀdil II Abū Bakr Sayf al-Dīn, ʻImād al-Dīn ●首次統治。
◇635 / 1238	●阿布—瑪阿里．納席爾丁，卡米勒一世．穆罕默德．賓．阿迪勒一世．穆罕默德（阿赫瑪德）．賽伊夫丁 ●al-Malik al-Kāmil I Muḥammad b. al-ʻĀdil I Muḥammad or Aḥmad Sayf al-Dīn, Abu ʼl-Maʻālī Nāṣir al-Dīn

635 / 1238	●阿迪勒二世・阿布—巴克爾・賓・卡米勒・穆罕默德・納席爾丁 ●al-Malik al-ʻĀdil II Abū Bakr b. al-Kāmil Muḥammad Nāṣir al-Dīn
◇636 / 1239	●納吉姆丁，剎里赫二世・艾尤布・賓・卡米勒・穆罕默德・納席爾丁 ●al-Malik al-Ṣāliḥ II Ayyūb b. al-Kāmil Muḥammad Nāṣir al-Dīn, Najm al-Dīn ●首次統治。
◇637 / 1239	●伊瑪德丁，剎里赫一世・伊斯瑪儀 ●al-Malik al-Ṣāliḥ I Ismāʻīl, ʻImād al-Dīn ●第二次統治。
◇643 / 1245	●納吉姆丁，剎里赫二世・艾尤布 ●al-Malik al-Ṣāliḥ II Ayyūb, Najm al-Dīn ●來自埃及，第二次統治。
◇647 / 1249	●吉亞斯丁，穆阿俄札姆・圖蘭・夏赫・賓・剎里赫二世・艾尤布・納吉姆丁 ●al-Malik al-Muʻaẓẓam Tūrān Shāh b. al-Ṣāliḥ II Ayyūb Najm al-Dīn, Ghiyāth al-Dīn ●同時統治埃及。
648 – 658 / 1250 – 1260	●薩拉丁，納席爾二世・優素夫・賓・阿濟茲・穆罕默德・吉亞斯丁 ●al-Malik al-Nāṣir II Yūsuf b. al-ʻAzīz Muḥammad Ghiyāth al-Dīn, Ṣalāḥ al-Dīn ●來自阿勒坡。
658 / 1260	**●蒙古短暫征服，之後由傭兵政權的貝巴爾斯接續統治。**

三、阿勒坡支系

年份	統治者名稱／重要事件
◇579 / 1183	●阿布—法特赫（阿布—曼蘇爾）・吉亞斯丁一世，札希爾・嘎濟・賓・納席爾一世・優素夫・薩拉丁 ●al-Malik al-Ẓāhir Ghāzī b. al-Nāṣir I Yūsuf Ṣalāḥ al-Dīn, Abu 'l-Fatḥ or Abū Manṣūr Ghiyāth al-Dīn I ●接替其父親的總督權位。
579 / 1183	●阿布—巴克爾・賽伊夫丁，阿迪勒一世・穆罕默德（阿赫瑪德）・賓・艾尤布・納吉姆丁 ●al-Malik al-'Ādil I Muḥammad or Aḥmad b. Ayyūb Najm al-Dīn, Abū Bakr Sayf al-Dīn
◇582 / 1186	●阿布—法特赫（阿布—曼蘇爾）・吉亞斯丁一世，札希爾・嘎濟・賓・納席爾一世・優素夫・薩拉丁 ●al-Malik al-Ẓāhir Ghāzī b. al-Nāṣir I Yūsuf Ṣalāḥ al-Dīn, Abu 'l-Fatḥ or Abū Manṣūr Ghiyāth al-Dīn I
◇613 / 1216	●吉亞斯丁二世，阿濟茲・穆罕默德・賓・札希爾・嘎濟・吉亞斯丁一世 ●al-Malik al-'Azīz Muḥammad b. al-Ẓāhir Ghāzī Ghiyāth al-Dīn I, Ghiyāth al-Dīn II
634 － 640 / 1236 － 1242	**●黛法・哈屯・賓特・阿迪勒一世** **●Ḍayfa Khatūn bt. al-Malik al-'Ādil I** **●女性攝政。**
◇634 － 658 / 1236 － 1260	●薩拉丁，納席爾二世・優素夫・賓・阿濟茲・穆罕默德・吉亞斯丁二世 ●al-Malik al-Nāṣir II Yūsuf b. al-'Azīz Muḥammad Ghiyāth al-Dīn II, Ṣalāḥ al-Dīn
658 / 1260	**●先被蒙古征服，後被傭兵政權征服。**

四、希姆斯（Ḥimṣ）支系

年份	統治者名稱／重要事件
574 / 1178	●納席爾丁，嘎希爾・穆罕默德・賓・胥爾庫赫一世・阿薩德丁・賓・夏吉 ●al-Malik al-Qāhir Muḥammad b. Shīrkūh I Asad al-Dīn b. Shādhī, Nāṣir al-Dīn
581 / 1186	●薩拉丁，穆賈希德・胥爾庫赫二世・賓・嘎希爾・穆罕默德・納席爾丁 ●al-Malik al-Mujāhid Shīrkūh II b. al-Qāhir Muḥammad Nāṣir al-Dīn, Ṣalāḥ al-Dīn
637 / 1240	●納席爾丁，曼蘇爾・易卜拉欣・賓・穆賈希德・胥爾庫赫二世・薩拉丁 ●al-Malik al-Manṣūr Ibrāhīm b. al-Mujāhid Shīrkūh II Ṣalāḥ al-Dīn, Nāṣir al-Dīn
644 － 662 / 1246 － 1263	●穆查法爾丁，阿胥拉夫・穆薩・賓・曼蘇爾・易卜拉欣・納席爾丁 ●al-Malik al-Ashraf Mūsā b. al-Manṣūr Ibrāhīm Nāṣir al-Dīn, Muẓaffar al-Dīn ●646 / 1248 至 648 / 1250 年同時擔任帖勒巴須爾（Tell Bashīr）的君主。
	●**傭兵政權直接統治。**

五、哈馬特（Ḥamāt）支系

年份	統治者名稱／重要事件
574 / 1178	●阿布—薩義德・塔吉丁，穆查法爾一世・歐瑪爾・賓・夏罕夏赫・努爾丁 ●al-Malik al-Muẓaffar I ʻUmar b. Shāhanshāh Nūr al-Dīn, Abū Saʻīd Taqī ʼl-Dīn

◇587 / 1191	●阿布—瑪阿里・納席爾丁，曼蘇爾一世・穆罕默德・賓・穆查法爾一世・歐瑪爾・塔吉丁 ●al-Malik al-Manṣūr Muḥammad b. al-Muẓaffar I ʻUmar Taqī ʼl-Dīn, Abu ʼl-Maʻālī Nāṣir al-Dīn
617 / 1221	●薩拉丁，納席爾・基立吉・阿爾斯蘭・賓・曼蘇爾 ●al-Malik al-Nāṣir Qilij Arslan b. al-Manṣūr, Ṣalāḥ al-Dīn
◇626 / 1229	●塔基丁，穆查法爾二世・瑪赫穆德・賓・曼蘇爾一世・穆罕默德・納席爾丁 ●al-Malik al-Muẓaffar II Maḥmūd b. al-Manṣūr I Muḥammad Nāṣir al-Dīn, Taqī ʼl-Dīn
◇642 / 1244	●賽伊夫丁，曼蘇爾二世・穆罕默德・賓・穆查法爾二世・瑪赫穆德・塔吉丁 ●al-Malik al-Manṣūr II Muḥammad b. al-Muẓaffar II Maḥmūd Taqī ʼl-Dīn, Sayf al-Dīn
658 / 1260	●**被蒙古征服，接著被傭兵政權征服；艾尤布朝的哈馬特地區隨後成為傭兵政權的附庸。**
683 / 1284	●塔基丁，穆查法爾三世・瑪赫穆德・賓・曼蘇爾二世・穆罕默德・賽伊夫丁 ●al-Malik al-Muẓaffar III Maḥmūd b. al-Manṣūr II Muḥammad Sayf al-Dīn, Taqī ʼl-Dīn
698 / 1299	●**受傭兵政權統領納席爾・穆罕默德・納席爾丁（Mamlūk al-Nāṣir Muḥammad Nāṣir al-Dīn）直接控制。**
710 / 1310	●阿布—非達・伊瑪德丁，剎里赫・穆艾亞德・伊斯瑪儀・賓・阿夫達勒・阿里・努爾丁 ●al-Malik al-Ṣāliḥ Muʼayyad Ismāʻīl b. al-Afḍal ʻAlī Nūr al-Dīn, Abu ʼl-Fidāʼ ʻImād al-Dīn
732 / 1332	●阿夫達勒・穆罕默德・賓・剎里赫・伊斯瑪儀・伊瑪德丁 ●al-Malik al-Afḍal Muḥammad b. al-Ṣāliḥ Ismāʻīl ʻImād al-Dīn ●遭傭兵政權短暫廢黜，逝於 742 / 1342 年。

六、迪亞巴克爾（馬亞法爾勤〔Mayyāfāriqīn〕與辛賈爾山區〔Jabal Sinjār〕）支系

年份	統治者名稱／重要事件
◇581 / 1185	●納席爾一世・薩拉丁・賓・艾尤布・納吉姆丁 ●al-Malik al-Nāṣir I Ṣalāḥ al-Dīn b. Ayyūb Najm al-Dīn
◇591 / 1195	●阿布—巴克爾・賽伊夫丁，阿迪勒一世・穆罕默德（阿赫瑪德）・賓・艾尤布・納吉姆丁 ●al-Malik al-'Ādil I Muḥammad or Aḥmad b. Ayyūb Najm al-Dīn, Abū Bakr Sayf al-Dīn ●來自大馬士革。
◇596 / 1200	●納吉姆丁，奧哈德・艾尤布・賓・阿迪勒一世・穆罕默德（阿赫瑪德）・賽伊夫丁 ●al-Malik al-Awḥad Ayyūb b. al-'Ādil I Muḥammad or Aḥmad Sayf al-Dīn, Najm al-Dīn
◇607 / 1210	●阿布—法特赫・穆查法爾丁，阿胥拉夫一世・穆薩・賓・阿迪勒一世・穆罕默德（阿赫瑪德）・賽伊夫丁 ●al-Malik al-Ashraf I Mūsā b. al-'Ādil I Muḥammad or Aḥmad Sayf al-Dīn, Abu 'l-Fatḥ Muẓaffar al-Dīn
◇617 / 1220	●胥哈卜丁，穆查法爾・嘎濟・賓・阿迪勒一世・穆罕默德（阿赫瑪德）・賽伊夫丁 ●al-Malik al-Muẓaffar Ghāzī b. al-'Ādil I Muḥammad or Aḥmad Sayf al-Dīn, Shihāb al-Dīn
628 / 1231	●**遭到蒙古短暫征服。**
◇642 － 658 / 1244 － 1260	●納席爾丁，卡米勒二世・穆罕默德・賓・穆查法爾・嘎濟・胥哈卜丁 ●al-Malik al-Kāmil II Muḥammad b. al-Muẓaffar Ghāzī Shihāb al-Dīn, Nāṣir al-Dīn
	●**最終遭到蒙古征服。**

七、迪亞巴克爾（希森—凱法〔Ḥiṣn Kayfā〕、阿密德〔Āmid〕與阿赫拉特地區〔Akhlāṭ〕）支系

年份	統治者名稱／重要事件
◇629 / 1232	●納吉姆丁，剎里赫二世・艾尤布・賓・卡米勒一世・瑪赫穆德・納席爾丁 ●al-Malik al-Ṣāliḥ II Ayyūb b. al-Kāmil I Maḥmūd Nāṣir al-Dīn, Najm al-Dīn
636 / 1239	●穆阿俄札姆・圖蘭・夏赫・賓・剎里赫二世・艾尤布・納吉姆丁 ●al-Malik al-Mu‘aẓẓam Tūrān Shāh b. al-Ṣāliḥ II Ayyūb Najm al-Dīn
◇647 / 1249	●塔吉丁，穆瓦希德・阿布達拉・賓・穆阿俄札姆・圖蘭・夏赫 ●al-Malik al-Muwaḥḥid ‘Abdallāh b. al-Mu‘aẓẓam Tūrān Shāh, Taqī ’l-Dīn
657 / 1259 開始	●**蒙古征服迪亞巴克爾；希森—凱法殘存的艾尤布氏族先後承認蒙古伊兒汗國（Il Khānids）與突厥朝代為宗主國。**
◇682 / 1283	●阿布—巴克爾，卡米勒三世・穆罕默德・賓・穆瓦希德・阿布達拉・塔吉丁 ●al-Malik al-Kāmil III Muḥammad b. al-Muwaḥḥid ‘Abdallāh Taqi ’l-Dīn, Abū Bakr
?	●穆吉爾丁，阿迪勒三世・穆罕默德・賓・卡米勒三世・穆罕默德 ●al-Malik al-‘Ādil III Muḥammad b. al-Kāmil III Muḥammad, Mujīr al-Dīn
?	●胥哈卜丁，阿迪勒四世・嘎濟・賓・阿迪勒三世・穆罕默德・穆吉爾丁 ●al-Malik al-‘Ādil IV Ghāzī b. al-‘Ādil III Muḥammad Mujīr al-Dīn, Shihāb al-Dīn

?	●剎里赫三世・阿布—巴克爾・賓・阿迪勒四世・嘎濟・胥哈卜丁 ●al-Malik al-Ṣāliḥ III Abū Bakr b. al-ʻĀdil IV Ghāzī Shihāb al-Dīn
◇780 / 1378	●法赫爾丁，阿迪勒五世・蘇萊曼一世・賓・阿迪勒四世・嘎濟・胥哈卜丁 ●al-Malik al-ʻĀdil V Sulaymān I b. al-ʻĀdil IV Ghāzī Shihāb al-Dīn, Fakhr al-Dīn
◇828 / 1425	●夏拉夫丁，阿胥拉夫二世・阿赫瑪德・賓・阿迪勒五世・蘇萊曼 ●al-Malik al-Ashraf II Aḥmad b. al-ʻĀdil V Sulaymān, Sharaf al-Dīn
836 / 1433	●剎里赫四世・哈利勒・賓・阿胥拉夫二世 ●al-Malik al-Ṣāliḥ IV Khalīl b. al-Ashraf II
◇856 / 1452	●納席爾丁，卡米勒（阿迪勒）・阿赫瑪德・賓・剎里赫四世・哈利勒 ●al-Malik al-Kāmil or al-ʻĀdil Aḥmad b. al-Ṣāliḥ IV Khalīl, Nāṣir al-Dīn
◇?	●阿迪勒六世・哈拉夫・賓・穆罕默德・賓・阿胥拉夫二世 ●al-Malik al-ʻĀdil VI Khalaf b. Muḥammad b. al-Ashraf II
◇866 / 1462	●卡米勒・哈利勒二世・賓・蘇萊曼一世・賓・阿胥拉夫二世（？） ●al-Malik al-Kāmil Khalīl II b. Sulaymān I b. al-Ashraf II
?	●蘇萊曼二世・賓・哈利勒二世 ●Sulaymān II b. Khalīl II
?	●胡笙・賓・哈利勒二世 ●al-Ḥusayn b. Khalīl II
?	**●在十五世紀下半葉被白羊汗國（Aq Qoyunlu）征服。**

八、葉門支系

年份	統治者名稱／重要事件
◇569 / 1174	●夏姆斯丁，穆阿俄札姆・圖蘭・夏赫一世・賓・艾尤布・納吉姆丁 ●al-Malik al-Mu'aẓẓam Tūrān Shāh I b. Ayyūb Najm al-Dīn, Shams al-Dīn
◇577 / 1181	●阿布―法瓦里斯・札希爾丁・賽伊夫・伊斯蘭，阿濟茲・多提金・賓・艾尤布・納吉姆丁 ●al-Malik al-'Azīz Tughtigin b. Ayyūb Najm al-Dīn, Abu 'l-Fawāris Ẓāhir al-Dīn Sayf al-Islam
◇593 / 1197	●穆儀茲丁，伊斯瑪儀・賓・阿濟茲・多提金 ●Ismā'īl b. al-'Azīz Tughtigin, Mu'izz al-Dīn
◇598 / 1202	●納席爾・艾尤布・賓・阿濟茲・多提金 ●al-Malik al-Nāṣir Ayyūb b. al-'Azīz Tughtigin
611 / 1214	●穆阿俄札姆（？穆查法爾）・蘇萊曼・賓・夏罕夏赫・薩俄德丁 ●al-Malik al-Mu'aẓẓam (? al-Muẓaffar) Sulaymān b. Shāhanshāh Sa'd al-Dīn ●逝於649 / 1251年。
◇612 － 626 / 1215 － 1229	●薩拉丁，瑪斯伍德・優素夫・賓・卡米勒一世・穆罕默德・納席爾丁 ●al-Malik al-Mas'ūd Yūsuf b. al-Kāmil I Muḥammad Nāṣir al-Dīn, Ṣalāḥ al-Dīn
627 / 1229	**●拉蘇勒朝（Rasūlids）接續統治，拉蘇勒勢力在628 / 1230年仍承認有名無實的艾尤布朝政權，包含在錢幣上註記艾尤布朝的名稱。**

九、巴俄勒巴克（Ba'lbakk）、卡拉克（Karak）、巴尼亞斯（Bāniyās）、蘇貝巴堡（Subayba）及布斯拉（Buṣrā）的次要地方政權（詳細可見Zambaur, 98-9）

艾尤布朝的創朝先驅納吉姆丁・艾尤布（Najm al-Dīn Ayyūb）與阿薩德丁・胥爾庫赫・賓・夏己（Asad al-Dīn Shīrkūh b. Shādhī）來自庫德族（Kurds）的哈茲巴尼部族（Hadhbānī），不過這個氏族似乎因為效力於突厥軍隊而有一定程度的突厥化。摩蘇爾（Mosul）與阿勒坡的突厥將軍詹吉・賓・阿各・松固爾（Zangī b. Aq Sonqur，見編號93-1）大量徵募好戰的突厥人，艾尤布於532 / 1138年加入，不久後他的兄弟胥爾庫赫（Shīrkūh）也加入詹吉威名顯赫的兒子努爾丁（Nūr al-Dīn）的陣營。564 / 1169年，最後一任法蒂瑪朝哈里發阿迪德（al-ʻĀḍid，見編號27）死後，胥爾庫赫取得埃及的控制權，但旋即過世，於是軍隊推舉胥爾庫赫的姪子薩拉丁・賓・納吉姆丁・艾尤布（Ṣalāḥ al-Dīn b. Najm al-Dīn Ayyūb）來繼承他的權位。

一般認為，法蘭克十字軍名聞遐邇的死敵薩拉丁是艾尤布朝真正的創立者。他剷除了法蒂瑪朝在埃及殘存的統治勢力，並以強勢的順尼派信仰傳統和教育政策取代風行於當地兩世紀之久的什葉伊斯瑪儀里派教義；艾尤布朝統治時期的大量清真寺和學校建設便是一部分政策的展現。就此而言，艾尤布朝延續了敘利亞贊吉朝（Zangids）的政策，同時還效法前朝塞爾柱帝國的政策（塞爾柱政權在伊拉克和波斯地區引入順尼教義，取代了什葉派的布伊朝〔Būyids，見編號75〕）。儘管艾尤布朝實際上並非如贊吉朝一般對聖戰（jihād）狂熱，但西方學界常把薩拉丁和他在巴勒斯坦的成功事蹟連結在一起，因為他的熱忱使他能夠以共同的理想，團結庫德人、突厥人和阿拉伯人。當他在583 / 1187年取得哈亭（Ḥaṭṭīn）之戰的勝利後，聖城耶路撒冷在歷經基督教徒八十年的統治之後再次回歸穆斯林的手中。法蘭克人大致上被驅趕回敘利亞—

巴勒斯坦地區的沿岸城鎮，除了短暫奪回耶路撒冷和下列所述的其他失地，他們都未能再次恢復大部分的失土。

薩拉丁在逝世（589 / 1193 年）前，將艾尤布蘇丹國的國土分封給許多氏族成員，包含了敘利亞各個城鎮、迪亞巴克爾、加濟拉地區西部以及葉門，他的用意是希望讓最高權位的蘇丹能夠常駐於埃及。阿迪勒・賽伊夫丁・穆罕默德（阿赫瑪德）（al-Mālik al-ʻĀdil Sayf al-Dīn Muḥammad or Aḥmad）與他的兒子卡米勒・納席爾丁・穆罕默德（al-Kāmil Nāṣir al-Dīn Muḥammad）的統治，仍正常維繫氏族的團結力量，直到後者逝於635 / 1238 年。在這兩位蘇丹任內，以溫和的和平政策取代薩拉丁對法蘭克人的激進方針，尤其此時北方迪亞巴克爾與加濟拉地區的氏族分支正面臨著安那托利亞的塞爾柱蘇丹國（Rūm Seljuqs，見編號107）及花剌子模國王（Khwārazm Shāhs，見編號89）的壓力，也無暇與法蘭克人針鋒相對。這項新政策在卡米勒統治期間達到顛峰，626 / 1229 年時，他將耶路撒冷以及薩拉丁在前個世代征服的疆土割讓給腓特烈二世（Frederick II）；事實上，十字軍只收復了聖城耶路撒冷以及包含拿撒勒（Nazareth）在內的一、兩座城鎮，十年後便再次由大馬士革的納席爾・達伍德・賓・穆阿俄札姆・以薩（al-Nāṣir Dāwūd b. al-Muʻaẓẓam ʻĪsā）奪回。儘管如此，這段承平時期仍為埃及與敘利亞帶來經濟利益，與地中海西岸基督教勢力之間的貿易也再次復甦。

卡米勒死後，艾尤布朝的內部鬥爭轉趨激烈。駐守埃及的最高蘇丹不再能夠專權擅政，此時的艾尤布蘇丹國更像是一個由地方封邑所組成的聯邦（尤其是那些在敘利亞與迪亞巴克爾的封邑，其國界更是時常變動）；這些封邑全對最高蘇丹的中央集權意圖有所抗拒。此時，法蘭克人的第六次十字軍東征受到壓制，其領導人法蘭克國王聖路易（Saint Louis，即路易九世）也遭到俘虜，但是在剎里赫・納吉姆丁・艾尤布（al-Ṣāliḥ Najm al-Dīn Ayyūb）死後不久，巴赫里（Baḥrī）突厥傭兵在埃及掌權，將他們的首領艾巴克（Aybak）推舉為首任大統領（Atabeg），並在648 / 1250年就任蘇丹。阿迪勒一世・賽伊夫丁・穆罕默德（阿赫瑪德）（al-ʻĀdil I Sayf al-Dīn Muḥammad or Aḥmad）指派他最年幼的孫子瑪斯伍德・薩拉丁・優素夫（al-Masʻūd Ṣalāḥ al-Dīn Yūsuf）帶領一名大統領前往葉門，以延續艾尤布朝的統治，但該政權最後仍然無法繼續維持，而這塊土地的統治權也移轉到他們原本的從屬，即拉蘇勒突厥部族（Turkish Rasūlids，見編號49）的手中。

旭烈兀（Hülegü）蒙古大軍的出現，使北方較小的艾尤布朝支系走向滅亡，而馬亞法爾勤（Mayyāfāriqīn）的君主以及他的兄弟們也都遭到伊兒汗（Il Khān）親手殺害。在敘利亞，只有哈馬特（Ḥamāt）一脈靠著隱匿行蹤與臣服，繼續存續至十四世紀中期，然而他們之中仍出現一名偉大的史學與地理學家，即當朝的倒數第二任將領阿布－菲達（Abu 'l-Fidā'）。不過，在迪亞巴克爾的希森－凱法（Hiṣn Kayfā）也有一個庫德族艾尤布封邑逃過伊兒汗國和帖木兒汗國的毒手，一直延續到十五世紀晚期才被白羊汗國（White Sheep）的突厥人殲滅。

艾尤布朝統治者的頭銜都是以「君王、統治者」（al-Malik）為首，這是其朝代統治尊號的其中一個特色，再加上像是力量、榮譽、虔信及正義等點綴的形容詞，來表達他們的特質，於是有了瑪立克・穆阿俄札姆（al-Malik al-Muʻaẓẓam）和瑪立克・卡米勒（al-Malik al-Kāmil）等尊名。這些名號通常出現在統治者所鑄造的錢幣上，不過這些頭銜有時也會被賜予勢力明顯較為薄弱的其他艾尤布氏族成員。而這項傳統也和艾尤布朝其他行政與宮廷傳統一起被後繼的傭兵政權傳承下來。

●參考資料

* Justi, 462-3; Lane-Poole, 74-9; Sachau, 19 nos 36-8（巴俄勒巴克、嘎拉克和希森—凱法的世系表）；Zambaur, 97-101 and Table H; Album, 22-3.
* *EI* ² 'Ayyūbids' (Cl. Cahen), 'Hamāt' (D. Sourdel), 'Ḥimṣ' (N. Elisséeff), 'Mayyāfārikīn. 2' (Carole Hillenbrand).
* H. A. R. Gibb, 'The Aiyūbids', in K. M. Setton et al. (eds), *A History of the Crusades. II. The Later Crusades 1189-1311*, Philadelphia 1962, 693-714.
* H. F. A. al-Ḥamdānī and H. S. M. al-Juhanī, *al-Ṣulayḥiyyūn wa 'l-ḥaraka al-Fāṭimiyya fi 'l-Yaman*，葉門的艾尤布氏族世系表在第 347 頁。
* G. R. Smith, *The Ayyūbids and Early Rasūlids in the Yemen (567-694/1173-1295)*, 2 vols, London 1974-8，葉門的艾尤布氏族世系表在第二卷第 50 頁。
* R. S. Humphreys, *From Saladin to the Mongols. The Ayyubids of Damascus, 1193-1260*, Albany 1977，第 88 ～ 91 頁附有世系表。
* P. Balog, *The Coinage of the Ayyūbids*, Royal Numismatic Society, Special Publication, no. 12, London 1980.
* N. D. Nicol, 'Paul Balog's The Coinage of the Ayyubids: additions and corrections', *NC,* 9th series, vol. 146, (1986), 119-54.
* H. Halm, 'Die Ayyubiden', in Haarmann (ed.), *Geschichte der arabischen Welt*, 200-16.

31.

瑪姆魯克傭兵政權（The Mamlūks）

- 伊曆 648 ～ 923 年
- 西曆 1250 ～ 1517 年
- 埃及與敘利亞

一、巴赫里支系（Baḥrī）648－792 / 1250－1390

年份	統治者名稱／重要事件
◇648 / 1250	**●烏姆—哈利勒・儀斯瑪特・敦亞・瓦丁，夏賈爾・杜爾** **●Shajar al-Durr, Umm Khalīl ‘Iṣmat al-Dunyā wa ’l-Dīn** **●艾尤布朝瑪立克・剎里赫二世・艾尤布・賓・穆罕默德・納席爾丁，納吉姆丁（al-Malik al-Ṣāliḥ II Ayyūb b. Muḥammad Nāṣir al-Dīn）的遺孀。**
648 / 1250	●伊茲丁，穆儀茲・艾巴克・圖爾庫瑪尼 ●al-Malik Mu‘izz Aybak al-Turkumānī, ‘Izz al-Dīn ●首次統治。
◇648 / 1250	**●阿胥拉夫・穆薩** **●al-Malik al-Ashraf Mūsā** **●艾尤布朝的虛位蘇丹。**
◇652 / 1254	●伊茲丁，艾巴克 ●Aybak, ‘Izz al-Dīn ●第二次統治。
◇655 / 1257	●努爾丁，曼蘇爾・阿里一世・賓・艾巴克・伊茲丁 ●al-Malik al-Manṣūr ‘Alī I b. Aybak ‘Izz al-Dīn, Nūr al-Dīn
◇657 / 1259	●賽伊夫丁，穆查法爾・古圖茲・穆儀齊 ●al-Malik al-Muẓaffar Qutuz Mu‘izzī, Sayf al-Dīn

◇658 / 1260	●魯昆丁，札希爾・貝巴爾斯一世・本杜各達利 ●al-Malik al-Ẓāhir Baybars I al-Bunduqdārī, Rukn al-Dīn
658 － 659 / 1260 － 1261	●阿拉姆丁，穆賈希德・珊賈爾 ●al-Malik al-Mujāhid Sanjar, ‘Alam al-Dīn ●在大馬士革發起反叛行動。
◇676 / 1277	●納席爾丁，薩義德・巴拉卡（貝爾克）汗・賓・貝巴爾斯一世・魯昆丁 ●al-Malik al-Sa‘īd Baraka or Berke Khān b. Baybars I Rukn al-Dīn, Nāṣir al-Dīn
◇678 / 1279	●巴德爾丁，阿迪勒・薩拉米胥（修雷米胥）・賓・貝巴爾斯一世・魯昆丁 ●al-Malik al-‘Ādil Salāmish or Süleymish b. Baybars I Rukn al-Dīn, Badr al-Dīn
◇678 / 1279	●阿布—瑪阿里・賽伊夫丁，曼蘇爾・嘎拉溫・阿勒非 ●al-Malik al-Manṣūr Qalāwūn al-Alfī, Abu ’l-Ma‘ālī Sayf al-Dīn
◇678 － 679 / 1279 － 1280	●賽伊夫丁，卡米勒・順固爾・阿胥嘎爾 ●al-Malik al-Kāmil Sunqur al-Ashqar, Sayf al-Dīn ●在大馬士革發起反叛行動。
◇689 / 1290	●薩拉丁，阿胥拉夫・哈利勒・賓・嘎拉溫・賽伊夫丁 ●al-Malik al-Ashraf Khalīl b. Qalāwūn Sayf al-Dīn, Ṣalāḥ al-Dīn
693 / 1293	●（？）巴德爾丁，阿迪勒・貝達拉 ●(?) al-Malik al-‘Ādil Baydarā, Badr al-Dīn
◇693 / 1293	●納席爾丁，納席爾・穆罕默德一世・賓・嘎拉溫・賽伊夫丁 ●al-Malik al-Nāṣir Muḥammad I b. Qalāwūn Sayf al-Dīn, Nāṣir al-Dīn ●首次統治。
◇694 / 1294	●宰恩丁，阿迪勒・基特布嘎 ●al-Malik al-‘Ādil Kitbughā, Zayn al-Dīn

◇696 / 1296	●胡薩姆丁，曼蘇爾・拉欽（拉金）・阿胥嘎爾 ●al-Malik al-Manṣūr Lāchīn or Lājīn al-Ashqar, Ḥusām al-Dīn
◇698 / 1299	●納席爾丁，穆罕默德一世・賓・嘎拉溫 ●Muḥammad I b. Qalāwūn, Nāṣir al-Dīn ●第二次統治。
◇708 / 1309	●魯昆丁，穆查法爾・貝巴爾斯二世・賈胥納奇爾 ●al-Malik al-Muẓaffar Baybars II al-Jāshnakīr, Rukn al-Dīn ●布爾吉突厥人（Burjī）。
◇709 / 1310	●納席爾丁，穆罕默德一世・賓・嘎拉溫 ●Muḥammad I b. Qalāwūn, Nāṣir al-Dīn ●第三次統治。
◇741 / 1341	●賽伊夫丁，曼蘇爾・阿布—巴克爾・賓・穆罕默德・納席爾丁 ●al-Malik al-Manṣūr Abū Bakr b. Muḥammad Nāṣir al-Dīn, Sayf al-Dīn
◇742 / 1341	●阿拉俄丁，阿胥拉夫・庫猶克（屈丘克）・賓・穆罕默德・納席爾丁 ●al-Malik al-Ashraf Kūjūk or Küchük b. Muḥammad Nāṣir al-Dīn, ‘Alā’ al-Dīn
◇742 / 1342	●胥哈卜丁，納席爾・阿赫瑪德一世・賓・穆罕默德・納席爾丁 ●al-Malik al-Nāṣir Aḥmad I b. Muḥammad Nāṣir al-Dīn, Shihāb al-Dīn
◇743 / 1342	●伊瑪德丁，剎里赫・伊斯瑪儀・賓・穆罕默德・納席爾丁 ●al-Malik al-Ṣāliḥ Ismā‘īl b. Muḥammad Nāṣir al-Dīn, ‘Imād al-Dīn
◇746 / 1345	●賽伊夫丁，卡米勒・夏俄班一世・賓・穆罕默德・納席爾丁 ●al-Malik al-Kāmil Sha‘bān I b. Muḥammad Nāṣir al-Dīn, Sayf al-Dīn

◇747 / 1346	●賽伊夫丁，穆查法爾・哈吉一世・賓・穆罕默德・納席爾丁 ●al-Malik al-Muẓaffar Ḥājjī I b. Muḥammad Nāṣir al-Dīn, Sayf al-Dīn
◇748 / 1347	●納席爾丁，納席爾・哈珊・賓・穆罕默德・納席爾丁 ●al-Malik al-Nāṣir al-Ḥasan b. Muḥammad Nāṣir al-Dīn, Nāṣir al-Dīn ●首次統治。
◇752 / 1351	●薩拉丁，剎里赫・剎里赫・賓・穆罕默德・納席爾丁 ●al-Malik al-Ṣāliḥ Ṣāliḥ b. Muḥammad Nāṣir al-Dīn, Ṣalāḥ al-Dīn
◇755 / 1354	●納席爾丁，哈珊・賓・穆罕默德・納席爾丁 ●al-Ḥasan b. Muḥammad Nāṣir al-Dīn, Nāṣir al-Dīn ●第二次統治。
◇762 / 1361	●薩拉丁，曼蘇爾・穆罕默德二世・賓・哈吉一世・賽伊夫丁 ●al-Malik al-Manṣūr Muḥammad II b. Ḥājjī I Sayf al-Dīn, Ṣalāḥ al-Dīn
◇764 / 1363	●納席爾丁，阿胥拉夫・夏俄班二世・賓・阿姆賈德・胡笙 ●al-Malik al-Ashraf Sha'bān II b. al-Malik al-Amjad Ḥusayn, Nāṣir al-Dīn
◇778 / 1377	●阿拉俄丁，曼蘇爾・阿里二世・賓・夏俄班二世・納席爾丁 ●al-Malik al-Manṣūr 'Alī II b. Sha'bān II Nāṣir al-Dīn, 'Alā' al-Dīn
◇783 / 1382	●薩拉丁，剎里赫（曼蘇爾・哈吉二世）・賓・夏俄班二世・納席爾丁 ●al-Malik al-Ṣāliḥ or al-Manṣūr Ḥājjī II b. Sha'bān II Nāṣir al-Dīn, Ṣalāḥ al-Dīn ●首次統治。

◇784 / 1382	●賽伊夫丁，札希爾・巴爾固各・雅勒卜嘎維 ●al-Malik al-Ẓāhir Barqūq al-Yalbughāwī, Sayf al-Dīn ●布爾吉突厥人（Burjī），首次統治。
◇791 － 792 / 1389 － 1390	●薩拉丁，穆查法爾・哈吉二世・賓・夏俄班二世・納席爾丁 ●al-Malik al-Muẓaffar Ḥājjī II b. Sha'bān II Nāṣir al-Dīn, Ṣalāḥ al-Dīn ●第二次統治，逝於814 / 1411 年。

二、布爾吉支系（Burjī）784 －922 / 1382 －1517

年份	統治者名稱／重要事件
◇784 / 1382	●賽伊夫丁，札希爾・巴爾固各・雅勒卜嘎維 ●al-Malik al-Ẓāhir Barqūq al-Yalbughāwī, Sayf al-Dīn ●首次統治。
◇791 / 1389	●薩拉丁，哈吉二世・賓・夏俄班二世・納席爾丁 ●Ḥājjī II b. Sha'bān II Nāṣir al-Dīn, Ṣalāḥ al-Dīn ●巴赫里（Baḥrī）突厥人，第二次統治。
◇792 / 1390	●賽伊夫丁，巴爾固各 ●Barqūq, Sayf al-Dīn ●第二次統治。
◇801 / 1399	●納席爾丁，納席爾・法拉吉・賓・巴爾固各・賽伊夫丁 ●al-Malik al-Nāṣir Faraj b. Barqūq Sayf al-Dīn, Nāṣir al-Dīn ●首次統治。
◇808 / 1405	●伊茲丁，曼蘇爾・阿布杜—阿濟茲・賓・巴爾固各・賽伊夫丁 ●al-Malik al-Manṣūr 'Abd al-'Azīz b. Barqūq Sayf al-Dīn, 'Izz al-Dīn ●逝於809 / 1406 年。

◇808 / 1405	●納席爾丁，法拉吉・賓・巴爾固各・賽伊夫丁 ● Faraj b. Barqūq Sayf al-Dīn, Nāṣir al-Dīn ●第二次統治。
◇809 / 1407	●阿迪勒・阿布達拉・賈卡姆 ● al-Malik al-ʻĀdil ʻAbdallāh Jakam ●在阿勒坡發起反叛行動。
◇**815 / 1412**	**●阿布—法德勒・穆斯塔因，阿迪勒・阿巴斯（雅俄固卜）・賓・穆塔瓦基勒一世** **● al-Malik al-ʻĀdil al-ʻAbbās or Yaʻqūb b. al-Mutawakkil I, Abu 'l-Faḍl al-Mustaʻīn** **●阿巴斯朝哈里發，被擁立為蘇丹。**
◇815 / 1412	●賽伊夫丁，穆艾亞德—謝赫・瑪赫穆迪・札希里 ● al-Malik al-Mu'ayyad Shaykh al-Maḥmūdī al-Ẓāhirī, Sayf al-Dīn
◇824 / 1421	●穆查法爾・阿赫瑪德二世・賓—謝赫・賽伊夫丁 ● al-Malik al-Muẓaffar Aḥmad II b. Shaykh Sayf al-Dīn
◇824 / 1421	●賽伊夫丁，札希爾・塔塔爾 ● al-Malik al-Ẓāhir Ṭāṭār, Sayf al-Dīn
◇824 / 1421	●納席爾丁，剎里赫・穆罕默德三世・賓・塔塔爾・賽伊夫丁 ● al-Malik al-Ṣāliḥ Muḥammad III b. Ṭāṭār Sayf al-Dīn, Nāṣir al-Dīn
◇825 / 1422	●阿布—納斯爾・賽伊夫丁，阿胥拉夫・巴爾斯貝 ● al-Malik al-Ashraf Barsbay, Abu 'l- Naṣr Sayf al-Dīn
◇841 / 1438	●賈瑪勒丁，阿濟茲・優素夫・賓・巴爾斯貝・賽伊夫丁 ● al-Malik al-ʻAzīz Yūsuf b. Barsbay Sayf al-Dīn, Jamāl al-Dīn
◇842 / 1438	●賽伊夫丁，札希爾・恰各瑪各（賈各瑪各） ● al-Malik al-Ẓāhir Chaqmaq or Jaqmaq, Sayf al-Dīn
◇857 / 1453	●法赫爾丁，曼蘇爾・歐斯曼 ● al-Malik al-Manṣūr ʻUthmān, Fakhr al-Dīn

◇857 / 1453	●阿布─納斯爾・賽伊夫丁，阿胥拉夫・伊納勒・阿拉儀・札希里 ●al-Malik al-Ashraf Ināl al-ʻAlā'ī al-Ẓāhirī, Abu 'l-Naṣr Sayf al-Dīn
◇865 / 1461	●胥哈卜丁，穆艾亞德・阿赫瑪德三世・賓・伊納勒・賽伊夫丁 ●al-Malik al-Muʻayyad Aḥmad III b. Ināl Sayf al-Dīn, Shihāb al-Dīn
◇865 / 1461	●賽伊夫丁，札希爾・胡胥嘎達姆 ●al-Malik al-Ẓāhir Khushqadam, Sayf al-Dīn
◇872 / 1467	●賽伊夫丁，札希爾・亞勒貝 ●al-Malik al-Ẓāhir Yalbay, Sayf al-Dīn
◇872 / 1467	●札希爾・提穆爾布嘎 ●al-Malik al-Ẓāhir Timurbughā
◇872 / 1468	●阿布─納斯爾・賽伊夫丁，阿胥拉夫・嘎伊特貝・札希里 ●al-Malik al-Ashraf Qāyit Bay al-Ẓāhirī, Abu 'l-Naṣr Sayf al-Dīn
◇901 / 1496	●納席爾・穆罕默德四世・賓・嘎伊特貝 ●al-Malik al-Nāṣir Muḥammad IV b. Qāyit Bay
◇904 / 1498	●札希爾・甘紹赫一世 ●al-Malik al-Ẓāhir Qānṣawh I
◇905 / 1500	●阿胥拉夫・將布拉特 ●al-Malik al-Ashraf Jānbulāṭ
◇906 / 1501	●賽伊夫丁，阿迪勒・圖曼貝一世 ●al-Malik al-ʻĀdil Ṭūmān Bay I, Sayf al-Dīn
◇906 / 1501	●阿胥拉夫・甘紹赫二世・嘎烏里 ●al-Malik al-Ashraf Qānṣawh II al-Ghawrī
◇922 － 923 / 1516 － 1517	●阿胥拉夫・圖曼貝二世 ●al-Malik al-Ashraf Ṭūmān Bay II
923 / 1517	●**被歐斯曼帝國征服。**

傭兵政權繼承了原先由艾尤布朝所掌控的埃及與敘利亞統治權。一如歷史上大部分主要的伊斯蘭朝代，艾尤布朝發現他們勢必要倚賴來自贊吉朝（Zangids，見編號93）的職業奴兵以及肥沃月彎的其他地方勢力，才能支撐自己的權勢，而「Mamlūk」（意為「被擁有者、奴隸」）[1]便是崛起自統治埃及與大馬士革的瑪立克・剎里赫・納吉姆丁（見編號30-1、30-2）的軍團。在兩個半世紀的獨立統治之下，傭兵政權因為人為因素，被區分為兩條蘇丹血統：他們分別是巴赫里系（Baḥrī）以及布爾吉系（Burjī）；前者為艾尤布朝戍衛，原先是在尼羅河（Nile，阿拉伯文亦稱為al-Baḥr，音近巴赫里）的勞答島（al-Rawda）上建立他們的軍營，因此得名；後者為蘇丹嘎拉溫（Qalāwūn）在埃及的堡壘（阿拉伯文拼音為al-Burj，音近布爾吉）安插的駐軍，故名。許多巴赫里系蘇丹，如貝巴爾斯一世（Baybars I）以及嘎拉溫（他的後裔成功繼承了三代的霸業），都試圖建立私人的世襲政權，但都以失敗告終，在巴赫里系掌權的最後五十多年，更有數十名蘇丹群起爭權。至於布爾吉系的統治模式，則是傾向由傭兵政權的總將領奪取蘇丹的權位，並在他死後傳位給自己的子嗣；接著在幾年後，又會面臨另一次的奪權。這些領導將軍大部分來自於前任蘇丹的軍事氏族，其中又以巴爾固各氏族（Barqūq）和嘎伊特貝氏族（Qāyit Bay）為主，在日後出現了特別多位統治者。

就種族而言，巴赫里系主要是來自俄羅斯南部大草原的欽察突厥

1 編註：「mamlūk」指的是「傭兵」，意為「被擁有者」，大約從九世紀開始，阿巴斯政權開始雇用游牧民族作為補充兵力，後來這些傭兵勢力逐漸壯大為軍勢統治集團，西元1250年在埃及建立傭兵政權，也音譯為「瑪姆魯克朝」。

部族（Qïpchaq）所組成，並混有其他種族的血統，包含了瓦菲迪亞人（Wāfidiyya）、庫德族人以及其他突厥人，甚至還有來自東方的蒙古人加入傭兵軍隊。另一方面，布爾吉系的主要人口則是來自高加索地區北方基督教區域的切爾克斯人（Circassians，又作 Charkas、Jarkas）。十九世紀初，傭兵漸漸不再是埃及穩固的社會群體，切爾克斯人在此時提供了大量人力。根據傭兵政權過去一些歷史學家的主張，其氏族成員的階級鮮少能夠延續二至三代以上，因為傭兵雖然看似繼承所有的權力，但繼承這些權位的後代往往都不再追尋過去的軍事生活；取而代之的是，他們回歸一般常民生活，轉而擔任宗教學者（ulamā）、教法學家或是管理慈善基金（awqāf）的行政官。傭兵政權的軍事領袖也因此必須仰賴不斷引進的新傭兵軍隊，藉以維持其統治權位。

傭兵政權的傭兵出身背景反映在他們發展出的繁複命名系統上，而蘇丹也是如此。來自俄羅斯南部大草原的瑪穆魯克新成員一開始都只使用單純的個人名字，而且一般來說都是突厥名，像是阿茲達穆爾（Azdamur，或作 Özdemür，「良鐵」、「品質最好的鐵」）、曼庫巴爾斯（Mankūbars，或作 Mengü-bars，「永存之虎」），或是塔嘎里比爾迪（Taghrībirdi，或作 Tangrï-verdi，「神的賜予」）。然而一旦進入伊斯蘭的統治階層，傭兵就能夠以將他引進埃及的奴隸商人氏族名稱命名（nisba），例如穆吉里（al-Mujīri）便是取自穆吉爾丁（Mujīr al-Dīn），或是在某些情況下會以其買賣價格為名，像是阿勒非（al-Alfī，「以一千迪納爾購買的」）；還有某些人會以其氏族或是仲介的領導將軍之名為族名，像是以賽伊夫丁（Sayf al-Dīn）為名的賽非（al-Sayfī），或是以剎里赫（al-Malik al-Ṣāliḥ）為名的剎利希（al-Ṣāliḥī）。到了最後，如果傭兵飛黃騰達，他就會另外再選取自己的尊名，像是胡薩姆丁（Ḥusām al-Dīn，意即「信仰之劍」），或巴德爾丁（Badr al-Dīn，意即

「信仰的滿月」)。

像這樣的統治組織是以不同的階層所組成的，其中又以蘇丹的傭兵位居最頂層。要想成功奪取權力，北方非穆斯林區出身的背景以及奴隸的身分，都是不可或缺的條件，前一代傭兵的後裔因為自由人的身分，在軍隊之中往往只有次等的地位（相似的地位也可見於歐斯曼帝國的奴隸制度中，在帝國全盛期時，宮廷奴隸〔Qapï Qullarï〕甚至比自由人擁有更多晉升的機會)。蘇丹的專制權力受到將軍和官僚體系的掌控，而在大部分時間內，迅速發生權位更迭，以及蘇丹納席爾丁・穆罕默德・賓・嘎拉溫（Nāṣir al-Dīn Muḥammad b. Qalāwūn）的三度分期統治，便可以看出蘇丹體制的不穩定性。

傭兵政權延續艾尤布朝強勢的順尼派政策，蘇丹、總督和統領都在埃及、大馬士革、阿勒坡等各個地區廣設清真寺、學校以及其他的宗教慈善機構。因為他們對抗異教蒙古人、殘存的法蘭克十字軍（見後述）以及努塞里派（Nusayrīs）或是敘利亞西部山區的伊斯瑪儀里派等異端穆斯林，使他們成為順尼伊斯蘭的守護者，並從中博得良好聲望。傭兵政權在埃及仍然保留了虛位的阿巴斯朝哈里發族系，這可能與他們對傳統（Sunna）的推崇有關。

傭兵政權的非凡成就相當令人欽佩，並受到當代歷史學家的盛讚，他們稱突厥人是由神所派遣，前來保護伊斯蘭境域文化的一群人。658 / 1260年，古圖茲（Qutuz）在巴勒斯坦的賈魯特泉（'Ayn Jālūt）擊敗旭烈兀的蒙古大軍，即使蒙古伊兒汗國的威脅一直到十四世紀初都未見削弱，古圖茲的繼任者仍然進一步鞏固勝利，建立獨立的新政權。到了十三世紀末，他們掃蕩了十字軍在敘利亞—巴勒斯坦地區的最後一座堡壘；然後殲滅魯本氏族的西亞美尼亞或稱奇里細亞王國（Rupenid kingdom of Little Armenia or Cilicia）；到了十五世紀，賽普勒斯的基督教王國（Christian kingdom of Cyprus）更一度成為他們的附庸國。傭兵政權的疆土大幅擴展，向西擴張至席蘭尼加，南抵努比亞與馬薩瓦（Massawa，阿拉伯文拼音為Masawwa‘），北達托魯斯山脈（Taurus Mountains），在阿拉伯半島上，他們自命為兩處聖地（麥加與麥地那）的守護者。然而在十五世紀期間，歐斯曼人取代了蒙古人，躍升為傭兵政權的頭號敵人。嘎拉曼朝（Qaramānids，見編號124）等歐斯曼人的仇敵因而受到傭兵的支持，而傭兵政權也持續支持在迪亞巴克爾西部的突厥附庸——杜勒嘎迪爾朝（Dulghadïr Oghullarï，阿拉伯文拼音為Dhū 'l-Qadrids），成為兩國間的緩衝。然而歐斯曼人的武力優勢與氣勢，搭配高度發展的火砲與手槍，逐漸贏得優勢，反觀此時的傭兵仍然還堅持使用配備槍劍的武裝騎兵團。922 / 1516年，在與歐斯曼人的戰鬥中，倒數第二任瑪穆魯克蘇丹甘紹赫二世・嘎烏里（Qānsawh II al-Ghawrī）逝於阿勒坡附近的達比各草原（Marj Dābiq），隔年，歐斯曼蘇丹塞里姆一世（Selīm I）更擊敗了埃及的最後一任瑪穆魯克統治者。敘利亞與埃及自此成為歐斯曼帝國的領土，儘管如此，瑪穆魯克的軍事與社會階層實際上仍然控制著埃及內部，直到1226 / 1811年，穆罕默德・阿里帕夏（Muḥammad 'Alī Pasha，見編號34）才摧毀他們的勢力。

可以肯定的是，在十五世紀面臨經濟與人口危機以前，埃及與敘利亞在傭兵政權的統治下享有高度的繁榮，此時也是文化與藝術的全盛時期，在建築、陶藝以及冶煉金屬等領域都達到非凡的成就；紋章學的發展也可追溯至艾尤布朝，而傭兵政權時期更是大為興盛。他們與地中海的基督教勢力，例如亞拉岡王國、西西里島以及其他義大利半島上國家，也都維持密切的貿易關係，儘管此時近東地區的反基督教政策正日漸升溫，在埃及境內受保護者（dhimmī）的處境則明顯趨於惡化，尤其是基督教徒。然而在開羅，納席爾丁・穆罕默德・賓・嘎拉溫毫無節制的花費與好大喜功的建設政策，過度消耗國家未來的財政資源，再加上黑死病疫嚴重影響了埃及與敘利亞。日後在巴赫里支系，以及接下來的切爾克斯蘇丹的統治下，國家的稅收日漸縮減，社會安全也因為貝都因人的劫掠而有所衰退。此時，傭兵甚至還必須毫無回報地支出阿拉伯海與印度洋地區的花費，以防範葡萄牙人的擴張，並確保他們與印度大陸和日後更遠地區之間的貿易關係。在如此困頓的情況下，曾經盛極一時的傭兵政權因為歐斯曼帝國主義的猛攻而敗下陣來，也屬正常趨勢。

● 參考資料

* Lane-Poole, 803; Zambaur, 103-6; Album, 23-6.
* *EI* [2] 'Mamlūks' (P. M. Holt).
* P. Balog, *The Coinage of the Mamlūk Sultans of Egypt and Syria,* ANS Numismatic Studies, no. 12, New York 1964.
* Idem, *Supplement to The Coinage of the Mamlūk Sultans of Egypt and Syria, in ANS Museum Notes*, 16 (1970), 113-71.
* P. M. Holt, *The Age of the Crusades. The Near East from the Eleventh Century to 1517*, London 1986，第 299 到 231 頁附有世系表。
* R. Irwin, *The Middle East in the Middle Ages. The Early Mamluk Sultanate 1250-1382*, London 1986，第 161 頁附有統治者列表。
* U. Haarmann, 'Der arabische Osten im späten Mittelalter 1250-1517', in idem (ed.), *Geschichte der arabischen Welt*, 217-52.

32.

黎巴嫩的瑪安統領政權（The Ma‘n Amīrs of Lebanon）

- 伊曆十世紀～ 1109 年
- 西曆十六世紀～ 1697 年
- 黎巴嫩南部

年份	統治者名稱／重要事件
	●法赫爾丁一世，歐斯曼・瑪安・賓・哈吉・優努斯 ●‘Uthmān Ma‘n b. al-Ḥājj Yūnus, Fakhr al-Dīn I ●逝於912 / 1506 年。
	●優努斯・瑪安・賓・？・歐斯曼・法赫爾丁 ●Yūnus Ma‘n b. ? ‘Uthmān Fakhr al-Dīn ●逝於917 / 1511 年。
約 922 / 約 1516	●歐斯曼附庸國的領袖： ●寇爾各瑪茲一世・賓・（？）優努斯・瑪安 ●Qorqmaz I b. ? Yūnus Ma‘n ●阿拉姆丁，瑪安 ●Ma‘n, ‘Alam al-Dīn ●宰恩丁，瑪安 ●Ma‘n, Zayn al-Dīn
?	●寇爾各瑪茲二世・賓・夫蘭・賓・（？）寇爾各瑪茲一世 ●Qorqmaz II b. Fulān b. ? Qorqmaz I ●逝於993 / 1585 年。
993 / 1585	●法赫爾丁二世・賓・寇爾各瑪茲二世 ●Fakhr al-Dīn II b. Qorqmaz II

1042 / 1633	●穆勒希姆・賓・優努斯 ● Mulḥim b. Yūnus
1068 − 1108 / 1658 − 1697	●阿赫瑪德・賓・穆勒希姆 ● Aḥmad b. Mulḥim
1108 / 1697	**●瑪安氏族的直接統治結束，由胥哈卜氏族（Shihāb）接續統治。**

瑪安氏族（Banū Ma‘n）是一支德魯茲派的阿拉伯氏族，在黎巴嫩南部的修夫地區（Shūf）擔任封地領主，十六、十七世紀時，他們在歐斯曼人的統治下展現出相當亮眼的政績。當歐斯曼人在922 / 1516年取得敘利亞後，瑪安氏族取代了嘎爾卜地區（Gharb）的布赫圖爾氏族（Buhtur），自此也開始出現該氏族成員的明確歷史紀錄。法赫爾丁二世（Fakhr al-Dīn II）曾經擔任歐斯曼帝國的稅收員，以及統治從賽頓（Sidon）到貝魯特（Beirut）和薩法德地區（Safad）各城鎮的總督。高明的政治斡旋不僅使他獲得基斯拉萬地區（Kisrawān）馬隆教派（Maronites）的支持，更拉攏托斯卡尼的梅迪奇公爵（Medici Duke of Tuscany，他被放逐義大利多年）等外部勢力，最後，他成為大半個敘利亞的統治者，統領範圍東起帕米拉（Palmyra）、北至安那托利亞邊緣。他的野心最後無疑激起了歐斯曼帝國的反擊，促使歐斯曼勢力舉兵鎮壓並將他處決。儘管法赫爾丁二世是位殘忍的暴君，但是他仍然基於對稅收利益的追求而增進農業與貿易的發展；由他所開創的與德魯茲馬隆教派的合作先例，也是日後黎巴嫩建構國家認同的要素之一，因此黎

巴嫩人視他為生不逢時的黎巴嫩現代國家創建者。

在他死後，他的繼承者以歐斯曼總督的身分統治黎巴嫩山區，繼續維持實質的自治，然而當阿赫瑪德・賓・穆勒希姆（Aḥmad b. Mulḥim）逝於1108 / 1697年後，瑪安氏族的直系血統斷絕，那個地區的統治權也由他們的父系親族胥哈卜氏族（Banū Shihāb，見編號33）所繼承。

● 參考資料

* Zambaur, 109.
* *EI* 2 'Fakhr al-Dīn', 'Ma'n, Banū' (K. S. Salibi).
* Adel Ismail, *Histoire du Liban duXVIIe siècle à nos jours. Le Liban au temps de Fakhred-Din II (1590-1633)*, Paris 1955.
* P. K. Hitti, *Lebanon in History*, London 1957.
* P. M. Holt, *Egypt and the Fertile Crescent 1516-1922: A Political History*, Ithaca and London 1966，第311頁附有世系表。

33.

黎巴嫩的胥哈卜統領政權（The Shihāb Amīrs of Lebanon）

- 伊曆 1109～1257 年
- 西曆 1697～1842 年
- 黎巴嫩

年份	統治者名稱／重要事件
1109 / 1697	●巴胥爾一世・賓・胡笙 ●Bashīr I b. Ḥusayn ●來自拉夏亞（Rāshayyā）。
1118 / 1707	●海達爾・賓・穆薩 ●Ḥaydar b. Mūsā ●來自哈斯巴亞（Ḥāṣbayyā）。
1144 / 1735	●穆勒希姆・賓・海達爾 ●Mulḥim b. Ḥaydar
1167 / 1754	●曼蘇爾・賓・海達爾 ●Manṣūr b. Ḥaydar
1184 / 1770	●優素夫・賓・穆勒希姆 ●Yūsuf b. Mulḥim
1203 / 1788	●巴胥爾二世・賓・嘎希姆・賓・穆勒希姆 ●Bashīr II b. Qāsim b. Mulḥim
1256 / 1840	**●英土同盟干政，歐斯曼帝國對抗埃及總督易卜拉欣（Ibrāhīm Pasha）。**
1256 － 1257 / 1840 － 1842	●巴胥爾三世・賓・嘎希姆・賓・歐瑪爾 ●Bashīr III b. Qāsim b. ‘Umar ●在同盟的庇護下擔任統領。
1257 / 1842	**●歐斯曼帝國強制徵收，進行直接統治。**

因為巴賀爾一世・賀哈卜（Bashīr I Shihāb）是阿赫瑪德・瑪安・賓・穆勒希姆（Aḥmad Ma'n b. Mulḥim）的外孫，因此當瑪安朝（見編號32）終結於1109 / 1697年以後，順尼派穆斯林的名門賀哈卜氏族（Shihāb）便順勢掘起，擔任黎巴嫩的統領。當馬隆教派從十八世紀晚期開始日益壯大時，賀哈卜氏族統治的侯國實際上卻受到德魯茲派分封地主的控制，並因為派系鬥爭逐漸被撕裂。由以下現象可以看出這些勢力此消彼長，穆勒希姆（Mulḥim）的兒子們改信基督教，而優素夫・賓・穆勒希姆（Yūsuf b. Mulḥim）執政後，成為第一位馬隆教派的賀哈卜氏族統領。賀哈卜人成功固守住他們在黎巴嫩山的勢力，並得以對抗統治西頓地區（Sidon）和沿岸鄉鎮的歐斯曼總督阿赫瑪德・賈札爾帕夏（Aḥmad Jazzār Pasha）。到了巴賀爾二世（Bashīr II）統治期間，他雖然一方面斡旋於自拿破崙入侵以來政治情勢日漸複雜的近東地區，另一方面謹慎地與穆罕默德・阿里帕夏（Muḥammad 'Alī Pasha，見編號35）調節，但是到了西元1840年，他卻在自己的國土內被孤立，而當埃及人失利於敘利亞的戰事後，便失去了權力。在這段短暫的插曲以後，歐斯曼帝國便於1257 / 1842年恢復了對黎巴嫩的直接統治。

● 參考資料

* Zambaur, 108 and Table K.

* *EI* [2] 'Bas͟hīr S͟hihāb II' (A. J. Rustum).

* P. M. Holt, *Egypt and the Fertile Crescent 1516-1922: A Political History*，第312頁附有世系表。

* K. S. Salibi, *The Modern History of Lebanon*, London 1965.

34.

穆罕默德・阿里家族政權（The House of Muḥammad ‘Alī）

- 伊曆 1220 ～ 1372 年
- 西曆 1805 ～ 1953 年
- 埃及

年份	統治者名稱／重要事件
1220 / 1805	●穆罕默德・阿里帕夏 ●Muḥammad ‘Alī Pasha
1264 / 1848	●易卜拉欣帕夏・賓・穆罕默德・阿里 ●Ibrāhīm Pasha b. Muḥammad ‘Alī
1264 / 1848	●阿巴斯・希勒米一世帕夏・賓・圖順帕夏 ●‘Abbās Ḥilmī I Pasha b. Ṭūsūn Pasha
1270 / 1854	●穆罕默德・薩義德帕夏・賓・穆罕默德・阿里 ●Muḥammad Sa‘īd Pasha b. Muḥammad ‘Alī
1280 / 1863	●伊斯瑪儀・帕夏・賓・易卜拉欣 ●Ismā‘īl Pasha b. Ibrāhīm ●於 1284 / 1867 年採用頭銜「赫迪夫」（Khedive，「殖民總督」），逝於 1312 / 1895 年。
1296 / 1879	●穆罕默德・陶非各・賓・伊斯瑪儀 ●Muḥammad Tawfīq b. Ismā‘īl
1309 / 1892	●阿巴斯・希勒米二世・賓・陶非各 ●‘Abbās Ḥilmī II b. Tawfīq ●逝於 1364 / 1944 年。
◇1333 / 1914	●胡笙・卡米勒一世・賓・伊斯瑪儀 ●Ḥusayn Kāmil I b. Ismā‘īl ●採用頭銜「蘇丹」，逝於 1335 / 1917 年。

◇1335 / 1917	●阿赫瑪德・夫阿德一世・賓・伊斯瑪儀 ● Aḥmad Fu‘ād I b. Ismā‘īl ●於1340 / 1922年採用頭銜「國王」。
◇1355 / 1936	●法魯革・賓・夫阿德一世 ● Fārūq b. Fu‘ād I ●逝於1384 / 1965年。
1371 − 1372 / 1952 − 1953	●阿赫瑪德・夫阿德二世・賓・法魯革 ● Aḥmad Fu‘ād II b. Fārūq
1371 / 1953	●**共和政體建立。**

穆罕默德・阿里（Muḥammad ‘Alī，大約生於1180 / 1760年代末）是一名來自馬其頓卡瓦拉（Kavalla of Macedonia）的將領，他曾跟隨地方軍隊加入歐斯曼—阿爾巴尼亞（Albanian）聯軍，這支聯合軍隊是歐斯曼朝廷為阻止法國佔領埃及而派遣的。穆罕默德・阿里憑藉熟練的軍事技巧，在那裡成為實質上的統治者，強迫蘇丹封他為總督（或帕夏），並殘忍地除去舊有的切爾克斯傭兵統治階級（見編號31-2）。像穆罕默德・阿里這樣的統治者其實並不少見，他們試圖藉由總督的職權來建立屬於自己氏族的世襲政權，但在歐斯曼宮廷不懈地對其他領土展現其統治權力的情況下，他竟仍成功建立起一個自治且世襲的政權，並且逐步推動中央集權，顯現出他的不凡之處。當統治權力穩固以後，穆罕默德・阿里意識到向西方學習能夠提升埃及的軍事力量與科技發展，而他們的教育也才能夠追上西方的腳步。因此，穆罕默德・阿里與同時代的塞里姆三世（Selīm III）以及瑪赫穆德二世（Maḥmūd II），

共同擠身中東地區西化的先鋒，他培養了一支新軍以抑制蘇丹地區（Sudan）的勢力，並榨取當地豐富的奴隸市場；其間高等教育機構也開始建立，並雇用許多歐洲人的職員與顧問。他也針對財務政策進行改革，以因應日漸增長的稅收需求。對外，穆罕默德・阿里和他能幹的兒子易卜拉欣（Ibrāhīm）加入歐斯曼帝國的陣營，共同介入希臘獨立戰爭，並繼續進行阿拉伯半島東部與中部對抗瓦哈比（Wahhābī）統治者成效卓著的戰役，成功推翻了首次建立的沙烏地王國，甚至幾乎殲滅了當地的沙烏地政權（見編號55）。

然而穆罕默德・阿里的統治結束時，埃及早已陷於龐大的債務負擔，任憑他的繼承者果斷停下改革的步伐也無力挽回困局。而十九世紀中葉的統治者甚至還意圖複製歐洲王室的生活品質，更凸顯出他們債台高築的窘境。綜觀整個氏族，伊斯瑪儀（Ismā'īl）是首位捨棄「蘇丹」頭銜、轉而使用古伊朗「赫迪夫」（khedive）稱號的統治者，並首次在埃及建立世襲體制。此外，蘇伊士運河（Suez Canal）也在伊斯瑪儀的統治期間完工，無奈衣索比亞和蘇丹地區的埃及，仍然對埃及的經濟穩定造成衝擊。和歐斯曼帝國一樣，此時的埃及正處於歐洲債權國家的經濟控管之下。在1299 / 1882年由伍拉比帕夏（'Urābī Pasha）領導的民族主義起義爆發以後，英國接管埃及財政，並建立常態性的駐軍，而埃及的受保護國身分也一直維持到1340 / 1922年才終止。

該朝最後兩名重要的統治者，夫阿德一世（Fu'ād I）與法魯革（Fārūq）在位期間，受到內部主要政黨瓦夫德黨（Wafd）的支配，外部則須面對亟欲擺脫英國控制的殘餘勢力抗爭。在君主政體瓦解前不久，納哈斯帕夏（Naḥḥās Pasha）廢除了英國對蘇丹地區的共管協議（Condominium Agreement），並推舉法魯革為「埃及與蘇丹的國王」。儘管如此，不滿的聲浪仍然日漸上升，尤其是西元1947年以阿戰爭潰敗以後，人民普遍咎責於王室的腐敗與無能，尤其埃及王室長久以來都被認為傾向突厥出身，而非阿拉伯血統。一直到西元1952年，法魯革在由穆罕默德・納吉布（Muḥammad Najīb，或作Neguib）和賈瑪勒・阿布杜—納席爾（Jamal ‘Abd al-Nāṣir，或作Nasser）等自由軍官（Free Officers）發動的政變下被迫退位；而他的兒子仍然在名義上保有攝政團輔佐下的權位，一直到西元1953年六月君主政體廢除。

穆罕默德・阿里和他的繼承者們都在埃及鑄製刻有其宗主歐斯曼蘇丹名號的錢幣，一直到第一次世界大戰後，他們才在法源上與伊斯坦堡切割，自此，胡笙・卡米勒一世（Ḥusayn Kāmil I）和他的繼承者們才在埃及的錢幣上添加自己的名號。

● 參考資料

* Lane-Poole, 84-5; Zambaur, 107.

* *EI* [2] ‘Muḥammad ‘Alī Pasha’ (E. R. Toledano).

* P. M. Holt, *Egypt and the Fertile Crescent 1516-1922: A Political History*，第312頁附有世系表。

* P. J. Vatikiotis, *The History of Egypt from Muḥammad Ali to Sadat*, London 1980.

第五章

塞爾柱突厥政權前的兩河流域

Iraq and Jazīra before the Seljuqs

293 / 906

564 / 1169

35.

哈姆丹朝（The Ḥamdānids）

- 伊曆 293 ～ 394 年
- 西曆 906 ～ 1004 年
- 加濟拉（Jazīra）與敘利亞北部

一、摩蘇爾與加濟拉支系

年份	統治者名稱／重要事件
約 254 / 868	●哈姆丹・賓・哈姆敦・塔格利比 ● Ḥamdān b. Ḥamdūn al-Taghlibī ●馬爾丁（Mārdīn）與摩蘇爾地區的領導人。
282 － 303 / 895 － 916	●胡笙・賓・哈姆丹 ● al-Ḥusayn b. Ḥamdān ●哈里發之下的吉巴勒（Jibāl）與迪亞爾拉比俄地區（Diyār Rabīʻa）總督，逝於 306 / 918 年。
293 / 906	●阿布─海賈俄，阿布達拉・賓・哈姆丹 ● ʻAbdallāh b. Ḥamdān, Abu ʼl-Hayjāʼ ●哈里發之下的摩蘇爾總督。
◇317 / 929	●阿布─穆罕默德・納席爾─道拉，哈珊・賓・阿比─海賈俄・阿布達拉 ● al-Ḥasan b. Abī ʼl-Hayjāʼ ʻAbdallāh, Abū Muḥammad Nāṣir al-Dawla ●逝於 358 / 969 年。
◇356 / 967	●阿布─塔格立卜・烏達特─道拉・嘎丹法爾，法德勒拉・賓・哈珊 ● Faḍl Allāh b. al-Ḥasan, Abū Taghlib ʻUddat al-Dawla al-Ghaḍanfar
369 / 979	**●被布伊朝（Būyids）征服。**

379 － 387 / 981 － 989	●阿布—阿布達拉，胡笙・賓・哈珊，與阿布—塔希爾，易卜拉欣・賓・哈珊 ● al-Ḥusayn b. al-Ḥasan, Abū ‘Abdallāh and Ibrāhīm b. al-Ḥasan, Abū Ṭāhir ●成為布伊朝的附庸。
387 / 989	**●伍蓋勒朝（‘Uqaylids）征服摩蘇爾，瑪爾萬朝（Marwānids）征服迪亞巴克爾。**

二、阿勒坡與敘利亞北部支系

年份	統治者名稱／重要事件
◇333 / 944	●阿布—哈珊・賽伊夫—道拉，阿里一世・賓・阿比—海賈俄・阿布達拉 ● ‘Alī I b. Abī ’l-Hayjā’ ‘Abdallāh, Abu ’l-Ḥasan Sayf al-Dawla
◇356 / 967	●阿布—瑪阿里・薩俄德—道拉，夏利夫一世・賓・阿里 ● Sharīf I b. ‘Alī, Abu ’l-Ma‘ālī Sa‘d al-Dawla
◇381 / 991	●阿布—法達伊勒・薩義德—道拉，薩義德・賓・夏利夫 ● Sa‘īd b. Sharīf, Abu ’l-Faḍā’il Sa‘īd al-Dawla
◇392 － 394 / 1002 － 1004	●阿布—哈珊，阿里二世・賓・薩義德，以及阿布—瑪阿里，夏利夫二世・賓・薩義德 ● ‘Alī II b. Sa‘īd, Abu ’l-Ḥasan and Sharīf II b. Sa‘īd, Abu ’l-Ma‘ālī ●受攝政魯俄魯俄（Lu’lu’）控制。
394 － 406 / 1004 － 1015	**●魯俄魯俄直接統治，逝於399 / 1009年。接著他的兒子阿布—納斯爾・穆爾塔達—道拉，曼蘇爾（Manṣūr, Abū Naṣr Murtaḍā ’l-Dawla）繼承統治，成為法蒂瑪朝的附庸。**

哈姆丹氏族（Ḥamdānids）來自塔格立卜（Taghlib）阿拉伯部族，長期定居在加濟拉地區（但有專家認為他們是塔格立卜部族的附庸者〔mawālī〕）。氏族勢力的奠基者哈姆丹・賓・哈姆敦（Ḥamdān b. Ḥamdūn）在十九世紀晚期與加濟拉地區的出走派結盟，共同反抗哈里發；後來，哈姆丹氏族則開始追隨敘利亞沙漠邊緣大多數阿拉伯部族所信奉的什葉派。儘管如此，哈姆丹的兒子胡笙（al-Ḥusayn）仍然成為效忠阿巴斯朝哈里發的將領，並在打擊敘利亞沙漠的嘎爾瑪提派（Carmathian，阿拉伯文拼音為Qarāmiṭa）時表現傑出（見編號40）。293 / 905年，他的另一個兒子阿布—海賈俄・阿布達拉（Abu 'l-Hayjā' 'Abdallāh）被指派為摩蘇爾總督，而阿布達拉的獨子哈珊（al-Ḥasan）最後以納席爾—道拉（Nāṣir al-Dawla）之名繼承其父親權位，獨立於巴格達哈里發之外，並將他的勢力範圍從原先哈姆丹朝中心所在的迪亞爾拉比俄地區（Diyār Rabī'a）中部，向西拓展至敘利亞北部。哈珊的兒子是人稱嘎丹法爾（al-Ghadanfar，意為「雄獅」）的阿布—塔格立卜（Abū Taghlib），他不幸適逢布伊朝統領阿杜德—道拉（'Aḍud al-Dawla）權位鼎盛時期，376 / 978年，阿杜德—道拉從他姪子儀茲—道拉（'Izz al-Dawla，見編號75）的手中奪下伊拉克。阿杜德—道拉向北進軍，驅逐了阿布—塔格立卜，他逃往法蒂瑪朝尋求支援，但以失敗告終。日後在布伊朝的許可下，他的兩名兄弟於摩蘇爾恢復了一段時間的統治，直到另一位阿拉伯統領的氏族——伍蓋勒氏族（'Uqaylids，見編號38）奪走摩蘇爾。

然而，敘利亞當地仍然留存哈姆丹氏族的旁系支族；十世紀中，阿布—塔格立卜著名的叔父賽伊夫—道拉（Sayf al-Dawla）從伊赫脣德朝（Ikhshīdids，見編號26）手中奪取阿勒坡、希姆斯（Ḥimṣ）以及其他城鎮後，便執行統治。當敘利亞的哈姆丹侯國建立起來，拜占庭帝國也在強而有力的馬其頓君王領導下迎來興盛時期，賽伊夫—道拉無法在希臘人的進逼下守護疆土，導致許多土地都遭受侵佔。他的兒子薩俄德—道拉（Sa'd al-Dawla）在面對拜占庭帝國多次入侵敘利亞時也無力抵抗，甚至短暫失去阿勒坡與希姆斯，但希臘人最後讓他們保留這兩座城市，以收取納貢稅金；除此之外，敘利亞南部更出現一股新的威脅，那就是積極擴張的法蒂瑪朝（Fāṭimids）。最後，賽伊夫—道拉的前任奴隸統領魯俄魯俄（Lu'lu'）可能教唆了一場謀殺行動，薩俄德—道拉的兒子薩義德—道拉（Sa'īd al-Dawla）遭到殺害。魯俄魯俄原本是薩義德—道拉兩名兒子的攝政，但日後他卻獨攬權力，成為法蒂瑪朝的附庸；他的兒子兼繼承人穆爾塔達—道拉・曼蘇爾（Murtaḍā 'l-Dawla Manṣūr）最後則面臨逃亡的命運，在拜占庭的難民營中度過餘生。

哈姆丹朝素有阿拉伯藝文資助者的盛名，尤其是賽伊夫—道拉支持獎勵著大詩人穆塔納比（al-Mutanabbī）；這名末代統領作為一名對抗希臘的聖戰領導者，同時也獲得同時代人們的盛讚，即使他在戰事上的成就並未如此成功。而雖然哈姆丹朝統治了廣袤的疆土，控制許多城市的經濟活動，但在一定程度上保留了貝都因人責任感低且具破壞性的多重性格。根據旅行家暨地理學家伊本—浩嘎勒（Ibn Ḥawqal）的記載，敘利亞與加濟拉地區本來即免不了遭受戰火的摧殘，但哈姆丹氏族的專橫與貪婪更加重整體的破壞，哈姆丹朝晚期的氏族成員更可說是衰退與無能的象徵。

●參考資料

* Lane-Poole, 111-13; Zambaur, 133-4; Album, 21.
* *EI* [2] 'Ḥamdānids' (M. Canard).
* M. Canard, *Histoire de la dynastie des H'amdanides de Jazîra et de Syrie*, I, Algiers 1951.
* Ramzi J. Bikhazi, *The Ḥamdānid Dynasty of Mesopotamia and Northern Syria 241-404/868-1014*, University Microfilms, Ann Arbor 1981.

36.

瑪茲亞德朝（The Mazyadids）

- 約伊曆 350 ～ 545 年
- 約西曆 961 ～ 1150 年
- 希拉（Ḥilla）與伊拉克中部

年份	統治者名稱／重要事件
約 350 / 約 961	●薩納俄─道拉，阿里一世・賓・瑪茲亞德・阿薩迪・納胥里 ● ‘Alī I b. Mazyad al-Asadī al-Nāshirī, Sanā’ al-Dawla ●擔任布伊朝在伊拉克中部的總督。
408 / 1017	●阿布─阿俄茲（阿嘎爾？）・努爾─道拉，杜拜斯一世・賓・阿里一世 ● Dubays I b. ‘Alī I, Abu ’l-A‘azz (al-Agharr?) Nūr al-Dawla
474 / 1082	●阿布─卡米勒・巴哈俄─道拉，曼蘇爾一世・賓・杜拜斯一世 ● Manṣūr I b. Dubays I, Abū Kāmil Bahā’ al-Dawla
479 / 1086	●阿布─哈珊・賽伊夫─道拉・法赫爾丁，剎達嘎一世・賓・曼蘇爾 ● Ṣadaqa I b. Manṣūr, Abu ’l-Ḥasan Sayf al-Dawla Fakhr al-Dīn ●別號「阿拉伯人之王」（Malik al-‘Arab）。
501 / 1108	●阿布─阿俄茲（阿嘎爾？）・努爾─道拉，杜拜斯二世・賓・剎達嘎一世 ● Dubays II b. Ṣadaqa I, Abu ’l-A‘azz (al-Agharr?) Nūr al-Dawla
529 / 1135	●賽伊夫─道拉，剎達嘎二世・賓・杜拜斯二世 ● Ṣadaqa II b. Dubays II, Sayf al-Dawla
532 / 1138	●穆罕默德・賓・杜拜斯二世 ● Muḥammad b. Dubays II

540 / 1145	●阿里二世・賓・杜拜斯二世 ● ‘Alī II b. Dubays II
545 － ? / 1150 － ?	●穆哈勒希勒・賓・阿里二世 ● Muhalhil b. ‘Alī II
558 / 1163	●**哈里發的軍隊佔領希拉。**

瑪茲亞德朝（Mazyadids）隸屬於北阿拉伯的阿薩德部族（Asad），高度認同什葉派。345 / 956～352 / 963 年之間，布伊朝將領穆儀茲─道拉（Mu‘izz al-Dawla）將希特（Hīt）到庫法之間的土地，讓渡給這個政權。根據喬治・馬克迪西（George Makdisi）的研究，過去西方文獻所記錄的阿里・賓・瑪茲亞德（‘Alī b. Mazyad）統治起點（十一世紀初），必定晚於實際的時間。而瑪茲亞德朝的首都希拉在十一世紀初期也早已成為政權據點，而非臨時的駐紮營地，並且逐步合併、取代舊首都賈米艾恩（Jāmi‘ayn）；在偉大的剎達嘎一世・賓・曼蘇爾（Ṣadaqa I b. Manṣūr）統治下，這座城鎮的四周建造起堅固的城牆，成為了瑪茲亞德朝在伊拉克的穩固核心。

儘管是貝都因人出身，瑪茲亞德朝統治者仍然展現出優秀的組織能力與外交謀略，讓他們身處在塞爾柱統治時期裡，變幻莫測的同盟勢力中，成為重要的力量。他們早期的對手是統治摩蘇爾與加濟拉的伍蓋勒朝（見編號38），在杜拜斯一世・賓・阿里一世（Dubays I b. ‘Alī I）的統治期間，伍蓋勒氏族支持杜拜斯的兄弟穆嘎拉德（Muqallad）競逐瑪茲亞德朝統領的權位。當多里勒（Ṭoghrīl）與他的塞爾柱大軍出現在伊拉克時，杜拜斯因為畏懼突厥人的入侵，而在巴格達扶植前法蒂瑪朝的突厥統領阿爾斯蘭・巴薩西里（Arslan Basāsīrī）。塞爾柱蘇丹貝爾克・亞魯各（Berk-yaruq）任內情勢紛亂，人稱「阿拉伯人之王」（在拉丁文的十字軍文獻中曾提及「Rex ArAlbum」）的剎達嘎一世（Ṣadaqa I）登基，極具影響力，然而一旦塞爾柱蘇丹穆罕默德・賓・夏赫（Muḥammad b. Malik Shāh）鞏固了權位，便著手剷除他手下勢力過大的附庸國，並在501 / 1108年的戰役中擊敗、殺害剎達嘎。後來，瑪茲亞德朝人轉而與一些和蘇丹瑪斯伍德・賓・穆罕默德（Mas'ūd b. Muḥammad）為敵的統領結盟，而希拉也陸續受到不同的塞爾柱突厥軍及哈里發軍隊佔領。剎達嘎的兒子杜拜斯二世（Dubays II）在法蘭克十字軍中名氣頗盛，更是阿拉伯詩人慷慨的贊助者，無奈卻在哈里發穆斯塔爾胥德（al-Mustarshid）被殺的同時，也慘遭暗殺派（見編號29與101）的毒手。

阿里二世・賓・杜拜斯二世（'Alī II b. Dubays II）逝於545 / 1150年，而希拉的統治權位似乎是由他的兒子穆哈勒希勒（Muhalhil）所繼承。他的生平不明，也甚少有歷史文獻記載他在希拉的統治事蹟與在位時間；該城最終於558 / 1163年併入再次興起的阿巴斯朝哈里發穆斯坦吉德（al-Mustanjid）的領土中，瑪茲亞德氏族與阿薩德部族在當地的勢力也就此完結。

並沒有跡象顯示瑪茲亞德氏族曾經鑄製屬於他們自己的錢幣。

● 參考資料

* Lane-Poole, 119-20; Zambaur, 137.
* *EI* [2] 'Asad' (W. Caskel), 'Mazyad, Banū' (C. E. Bosworth).
* G. Makdisi, 'Notes on Ḥilla and the Mazyadids in medieval Islam', *JAOS*, 74 (1954), 249-62.
* 'Abd al-Jabbār Nājī, *al-Imāra al-Mazyadiyya, dirāsa fī waḍ'ihā al-siyāsī wa 'l-iqtiṣādī wa 'l-ijtimā'ī*, Basra 1970.

37.

瑪爾萬朝（The Marwānids）

- 伊曆 372 ～ 478 年
- 西曆 983 ～ 1085 年
- 迪亞巴克爾

年份	統治者名稱／重要事件
372 / 983	**●巴茲・庫爾迪** **● Bādh al-Kurdī** **●自哈姆丹朝手中奪取迪亞巴克爾的諸多城鎮。**
◇380 / 990	●阿布—阿里，哈珊・賓・瑪爾萬 ● al-Ḥasan b. Marwān, Abū ‘Alī
◇387 / 997	●阿布—曼蘇爾・穆瑪希德—道拉，薩義德・瑪爾萬 ● Sa‘īd b. Marwān, Abū Manṣūr Mumahhid al-Dawla
◇401 / 1011	●阿布—納斯爾・納斯爾—道拉，阿赫瑪德・賓・瑪爾萬 ● Aḥmad b. Marwān, Abū Naṣr Naṣr al-Dawla
453 / 1061	●阿布—嘎希姆・尼查姆丁，納斯爾・賓・阿赫瑪德 ● Naṣr b. Aḥmad, Abu ’l-Qāsim Niẓām al-Dīn
472 － 478 / 1079 － 1085	●納席爾—道拉，曼蘇爾・賓・納斯爾 ● Manṣūr b. Naṣr, Nāṣir al-Dawla ●逝於 489 / 1096 年
478 / 1085	**●被塞爾柱人征服。**

迪亞巴克爾、希拉特（Khilāṭ）以及馬拉茲吉爾德（Malāzgird）的瑪爾萬朝（Marwānids）出身自庫德族（Kurdish）。開啟族系的巴茲（Bādh）是一名庫德族首領，曾經奪取亞美尼亞（Armenia）與庫德斯坦（Kurdistan）邊境的諸多要塞；372 / 983 年阿杜德—道拉（‘Aḍud al-Dawla，見編號75）死後，布伊朝對當地的影響力衰退，巴茲乘勢從哈姆丹朝（見編號35）手中奪取整個迪亞巴克爾，短暫佔領了摩蘇爾，甚至一度對巴格達造成威脅。

他的姪子哈珊・賓・瑪爾萬（al-Ḥasan b. Marwān）取得馬亞法爾勤（Mayyāfārqīn）與阿米德地區（Āmid）的鄉鎮後，正式建立瑪爾萬朝，不過是在其弟伊本—瑪爾萬，納斯爾—道拉・阿赫瑪德（Naṣr al-Dawla Aḥmad, Ibn Marwān）五十年的統治下，將瑪爾萬侯國帶向輝煌與富裕的高峰。迪亞巴克爾優異的戰略地位，掌控了從敘利亞與安那托利亞到伊拉克與東方的各條路徑，而這也代表伊本—瑪爾萬需要高明的外交策略，竭盡全力才能夠生存於強權之間，來維持他們在該區域的影響力。起初，他們雖承認阿巴斯朝哈里發的權力，但同時在鄰近的敘利亞北部還面臨法蒂瑪朝的威脅；在伊本—瑪爾萬任內，法蒂瑪朝具有相當強大的文化影響力，他可能還一度承認法蒂瑪朝哈里發穆斯坦席爾（al-Mustanṣir，見編號27）為他的宗主。在那以前，他曾短暫被迫納貢給摩蘇爾的伍蓋勒朝（見編號38），並在421 / 1030 年向他們割讓尼希賓（Nisībīn，也作Nusaybīn）。伊本—瑪爾萬在迪亞巴克爾統治許多基督教徒，並和拜占庭帝國保持友好關係，而君士坦丁十世・杜卡斯（Constantine X Ducas）也靠著伊本—瑪爾萬的大力協助，成功說服塞爾柱蘇丹多里勒（Toghrïl）釋放被俘的喬治亞（Georgian）親王利帕里特（Liparit）。烏古斯突厥游牧部族（Oghuz）於433 / 1041～1042年被逐出迪亞巴克爾，而多里勒一直到448 / 1056年才進軍該地，將伊本—瑪爾萬納為附庸。這個地區如阿米德、馬亞法爾勤以及希森—凱法等城鎮，都在瑪爾萬朝的統治下享有高度繁榮與活力充沛的文化生活；就連馬亞法爾勤的地方史學家伊本—阿茲拉各（Ibn al-Azraq）也曾描述伊本—瑪爾萬如何減輕賦稅，並在當地推動公共與慈善事業。

453 / 1061年伊本—瑪爾萬死後，他的領土在兒子納斯爾（Naṣr）與薩義德（Sa'īd）的爭奪下一分為二，瑪爾萬朝的勢力也自此開始衰退。法赫爾—道拉・伊本—賈希爾（Fakhr al-Dawla Ibn Jahīr，他曾經為伊本—瑪爾萬效力）是哈里發的大臣，他在此時開始產生私慾；儘管瑪爾萬朝未曾對塞爾柱勢力造成傷害，但法赫爾—道拉與他的兒子阿米德—道拉（'Amīd al-Dawla）仍然獲得蘇丹瑪立克・夏赫（Malik Shāh）的許可，領導塞爾柱軍隊入侵瑪爾萬朝領土。478 / 1085年，經過猛烈的交戰後，攻擊方獲得勝利，瑪爾萬侯國也被併入塞爾柱朝。瑪爾萬朝的最後一名成員曼蘇爾・賓・納斯爾（Manṣūr b. Naṣr）繼續在吉茲雷（Cizre，舊稱加濟拉特・伊本—歐瑪爾〔Jazīrat Ibn 'Umar〕）生活了十年左右的時間，但在往後的幾個世紀中，迪亞巴克爾都受到幾個突厥政權控制，並一步步的走向突厥化。

● 參考資料

* Lane-Poole, 118; Zambaur, 136; Album, 21.
* *EI* ² 'Djahīr (Banū)' (Cl. Cahen), 'Marwānids' (Carole Hillenbrand), 'Naṣr al-Dawla' (H. Bowen).
* H. F. Amedroz, ' The Marwānid dynasty at Mayyāfāriqīn in the tenth and eleventh centuries A.D. ', *JRAS* (1903), 123-54.

38.

伍蓋勒朝（The ‘Uqaylids）

- 約伊曆 380 ～ 564 年
- 約西曆 990 ～ 1169 年
- 伊拉克、加濟拉與敘利亞北部

一、在吉茲雷、尼希賓（Niṣībīn）以及穆罕默德・賓・穆賽亞卜・伍蓋里（Muḥammad b. al-Musayyab al-‘Uqaylī）的巴拉德地區（Balad）的支系

年份	統治者名稱／重要事件
◇約 380 / 約 990	●阿布―達瓦德，穆罕默德・賓・穆賽亞卜 ● Muḥammad b. al-Musayyab, Abu ’l-Dhawwād
◇386 / 996	●阿布―哈珊・賈納赫―道拉，阿里・賓・穆罕默德 ● ‘Alī b. Muḥammad, Abu ’l-Ḥasan Janāḥ al-Dawla
◇390 / 1000	●阿布―阿姆爾・希南―道拉，哈珊・賓・穆罕默德 ● al-Ḥasan b. Muḥammad, Abū ‘Amr Sinān al-Dawla
◇393 / 1003	●阿布―瑪拉赫・努爾―道拉，穆斯阿卜・賓・穆罕默德 ● Muṣ‘ab b. Muḥammad, Abū Maraḥ Nūr al-Dawla

二、在摩蘇爾，後在吉茲雷、尼希賓及巴拉德地區的支系，與穆賽亞卜（al-Musayyab）支系

年份	統治者名稱／重要事件
約 382 / 約 992	●阿布―達瓦德，穆罕默德・賓・穆賽亞卜 ● Muḥammad b. al-Musayyab, Abu ’l-Dhawwād

◇386 / 996	●阿布—哈山・胡薩姆—道拉・穆嘎拉德・賓・穆賽亞卜 ●al-Muqallad b. al-Musayyab, Abū Ḥassan Ḥusām al-Dawla
◇391 / 1001	●阿布—瑪尼・穆俄塔米德—道拉，基勒瓦胥・賓・穆嘎拉德 ●Qirwāsh b. al-Muqallad, Abu 'l-Manī' Mu'tamid al-Dawla
442 / 1050	●阿布—卡米勒・查伊姆—道拉，巴拉卡・賓・穆嘎拉德 ●Baraka b. al-Muqallad, Abū Kāmil Za'īm al-Dawla
443 / 1052	●阿布—瑪阿里・阿拉姆丁，古萊胥・賓・阿比—法德勒・巴德蘭 ●Quraysh b. Abī 'l-Faḍl Badrān, Abu 'l-Ma'ālī 'Alam al-Dīn
◇453 / 1061	●阿布—瑪卡里姆・夏拉夫—道拉，姆斯林・賓・古萊胥 ●Muslim b. Quraysh, Abu 'l-Makārim Sharaf al-Dawla
478 / 1085	●阿布—姆斯林，易卜拉欣・賓・古萊胥 ●Ibrāhīm b. Quraysh, Abū Muslim
486 − 489 / 1093 − 1096	●阿里・賓・姆斯林 ●'Alī b. Muslim
489 / 1096	●**被塞爾柱帝國征服。**

三、塔克利特（Takrīt）的瑪安・賓・穆嘎拉德（Ma'n b. al-Muqallad）繼承人支系

年份	統治者名稱／重要事件
?	●阿布—穆賽亞卜，拉非俄・賓・胡笙・賓・瑪安 ●Rāfi' b. al-Ḥusayn b. Ma'n, Abu 'l-Musayyab
427 / 1036	●阿布—曼阿，哈密斯・賓・塔格立卜 ●Khamīs b. Taghlib, Abū Man'a

435 / 1044	●阿布—嘎夏姆・賓・哈密斯 ● Abū Ghashshām b. Khamīs
444 / 1052	●以薩・賓・哈密斯 ● ʻĪsā b. Khamīs
448 / 1056	●納斯爾・賓・以薩 ● Naṣr b. ʻĪsā
449 － ? / 1057 － ?	**●阿布—嘎納伊姆（Abu 'l-Ghanā'im）代表以薩的遺孀擔任總督，後來被塞爾柱人征服。**

四、希特（Hīt）支系

年份	統治者名稱／重要事件
487 / 1094	●巴哈俄—道拉，薩爾萬・賓・瓦赫卜 ● Tharwān b. Wahb, Bahā' al-Dawla
?	●卡西爾・賓・瓦赫卜 ● Kathīr b. Wahb
?	●曼蘇爾・賓・卡西爾 ● al-Manṣūr b. Kathīr
496 － ? / 1103 － ?	●穆罕默德・賓・拉非俄 ● Muḥammad b. Rāfiʻ

五、伍克巴拉（ʻUkbarā）的瑪安・賓・穆嘎拉德繼承人支系

年份	統治者名稱／重要事件
◇401 / 1011	●阿布—希南・賽伊夫丁・卡瑪勒—道拉，嘎利卜・賓・穆罕默德 ● Gharīb b. Muḥammad, Abū Sinān Sayf al-Dīn Kamāl al-Dawla

425 － ? / 1034 － ?	●阿布—萊亞恩・賓・嘎利卜 ● Abu ’l-Rayyān b. Gharīb

六、其他在阿那（Āna）、哈蒂沙（al-Ḥadītha）以及嘎勒阿特—賈俄巴爾（Qal‘at Ja‘bar）的次要分支（詳細可見Lane-Poole和Zambaur著作的相關著述）。

伍蓋勒朝人（‘Uqaylids）來自阿拉伯北方由阿密爾・賓・剎俄剎阿（‘Āmir b. Ṣa‘ṣa‘a）所領導的貝都因部族，這個部族還包含了伊拉克沙漠邊緣的哈法賈部族（Khafāja），以及巴塔伊赫地區（Baṭā’iḥ，下伊拉克的沼澤地）的蒙塔非各部族（Muntafiq）。隨著摩蘇爾哈姆丹朝最後一任統治者衰微（見編號35-1），該城鎮移轉至伍蓋勒氏族的穆罕默德・賓・穆賽亞卜（Muḥammad b. al-Musayyab）手上，他控制了該地，並在名義上成為布伊朝統領巴哈俄—道拉（Bahā’ al-Dawla）的附庸。穆罕默德死後，他的兒子們上演互相殘殺的權力鬥爭，但到了最後，摩蘇爾與其他伍蓋勒朝統治的城鄉，以及加濟拉地區的城堡都落入他的姪子基勒瓦胥・賓・穆嘎拉德（Qirwāsh b. al-Muqallad）手中。當布伊朝在伊拉克的影響力式微，基勒瓦胥的首要問題是十一世紀三、四十年代期間，從波斯西部與伊拉克地區偷襲的突厥入侵者，並且須致力保護統治權力不受傷害，而這項防禦工作也迫使他與伊拉克另一股威脅勢力——希拉的瑪茲亞德朝（見編號36）結盟。

在基勒瓦胥優秀的姪子姆斯林・賓・古萊胥（Muslim b.

Quraysh）的領導下，伍蓋勒朝的領土有了最大幅度的拓展，幾乎從阿勒坡延伸到巴格達。身為一名什葉派教徒，姆斯林本能地傾向支持法蒂瑪朝，以對抗順尼派的塞爾柱蘇丹國，但是他仍然與塞爾柱蘇丹阿勒普・阿爾斯蘭（Alp Arslan）以及瑪立克・夏赫（Malik Shāh）結盟，以奪取米爾達斯朝（見編號28）在敘利亞北部的領土。然而，伍蓋勒朝轉向支持法蒂瑪朝的行為，導致塞爾柱蘇丹國進軍摩蘇爾，姆斯林只能被迫逃往阿米德與阿勒坡，他最終在478 / 1085年逝於與塞爾柱反叛勢力蘇萊曼・賓・古塔勒米胥（Sulaymān b. Qutalmïsh）之間的戰爭。伍蓋勒氏族在摩蘇爾地區，繼續以塞爾柱蘇丹國總督的身分延續著，一直到486 / 1093年圖突胥・賓・阿勒普・阿爾斯蘭（Tutush b. Alp Arslan）在摩蘇爾欽點自己的伍蓋勒親信為統治者，不久後該氏族在當地的支系就隨之斷絕。不過，伍蓋勒氏族的其他分支仍然存續，在往後的幾十年內繼續擔任伊拉克中部與迪亞巴克爾的地方領主，拉嘎（Raqqa）與嘎勒阿特—賈俄巴爾（Qal'at Ja'bar）的分支在巴德蘭・賓・穆嘎拉德（Badrān b. al-Muqallad）的後裔統治下延續，直至564 / 1169年努爾丁・瑪赫穆德・賓・詹吉（Nūr al-Dīn Maḥmūd b. Zangī，見編號93）征服該地才告終。伍蓋勒朝大致失去伊拉克的權勢後，向南遷往過去在阿拉伯半島東部的牧地——哈賈爾（Hajar）與亞瑪麻（Yamāma），並建立起伍斯夫爾氏族（Banū 'Uṣfūr）的統治者（Shaykh）族系。

伍蓋勒朝似乎並不只是以掠奪為主的貝都因政權，他們至少引入了某些阿巴斯朝的標準行政體制，因此歷史記載顯示，姆斯林・賓・古萊胥在封邑內的每個城鎮都安設驛站長與情報官（ṣāḥib al-khabar）。許多伍蓋勒氏族的成員還是頗富盛名的詩人。伍蓋勒朝與瑪茲亞德朝的終結，說明阿拉伯侯國不再能夠掌握綿延伊拉克與敘利亞的大半土地統治權，無法繼續苟活於法蒂瑪朝、布伊朝以及塞爾柱帝國等強權之間。這些侯國普遍認同什葉派，又能夠控制西進迪亞巴克爾與安那托利亞的良好戰略地位，無可避免，他們因此必須面對日漸擴張的順尼派塞爾柱蘇丹國，以及需要更多牧場以供應牲口的突厥追隨者。而從那時起，伊拉克、加濟拉以及敘利亞的政治與軍事領導權，也幾乎完全掌握在突厥人手中。

● 參考資料

* Lane-Poole, 116-17，附有世系表；Zambaur, 37, 135; Album, 21.
* *EI* [1] 'Oḳailids' (K. V. Zetterstéen).
* H. C. Kay, 'Notes on the history of the Banu 'Oḳayl', *JRAS*, new series, 18 (1886), 491-526，第 526 頁附有世系表。

39.

努麥爾朝（The Numayrids）

- 伊曆 380 ～約 474 年
- 西曆 990 ～約 1081 年
- 哈蘭（Ḥarrān）、薩魯吉（Sarūj）、嘎勒阿特—賈俄巴爾與拉嘎

年份	統治者名稱／重要事件
◇380 / 990	●阿布—嘎瓦姆・穆艾伊德—道拉，瓦沙卜・賓・薩比各・努麥里 ● Waththāb b. Sābiq al-Numayrī, Abū Qawām Mu'ayyid al-Dawla
◇410 / 1019	●阿布—納斯爾・剎尼阿特—道拉，夏畢卜・賓・瓦沙卜 ● Shabīb b. Waththāb, Abū Naṣr Ṣanī'at al-Dawla
◇431 / 1040 （短暫分治）	●穆塔因・賓・瓦沙卜 ● Muṭa'in b. Waththāb ●統治中心為拉嘎。 ●哈珊・賓・瓦沙卜 ● Ḥasan b. Waththāb ●統治中心為薩魯吉。 ●嘎瓦姆・賓・瓦沙卜 ● Qawām b. Waththāb ●統治中心為哈蘭。
◇431 － 455 / 1040 － 1063	●阿布—濟瑪姆・納吉卜—道拉・拉迪—道拉，瑪尼・賓・夏畢卜 ● Manī' b. Shabīb, Abu 'l-Zimām Najīb al-Dawla Raḍī 'l-Dawla ●最終成為唯一的統治者。
	●哈蘭的努麥爾朝一直延續到大約474 / 1081 年，但是這些統治者的名號並沒有被記錄下來。

十世紀晚期與十一世紀，努麥爾朝是活躍於迪亞穆達爾（Diyār Mudar）諸多城鎮的一支統領族系，短暫佔有埃德薩（Edessa），大部分時間則是興盛於哈蘭（Ḥarrān）、薩魯吉（Sarūj）、嘎勒阿特—賈俄巴與拉嘎。他們的族名源自他們所屬的北阿拉伯部族，因此他們的血統也相似於阿勒坡的米爾達斯氏族（見編號28）。努麥爾部族成員很早就以哈姆丹朝等強權之後備軍援的身分，參與敘利亞北部與加濟拉的戰役，直到380 / 990年，瓦沙卜（Waththāb）在哈蘭建立獨立於哈姆丹朝之外的統治政權，並以該地為起點，陸續征服當地周邊的堡壘。起初，努麥爾朝被迫向西方邊界的希臘人納貢，而在拜占庭的攻擊下也未能把守短暫佔領的埃德薩。當法蒂瑪朝將勢力擴張至敘利亞北部時，夏畢卜・賓・瓦沙卜（Shabīb b. Waththāb）於430 / 1038年承認法蒂瑪朝哈里發穆斯坦席爾；不過到了452 / 1060年，法蒂瑪朝將領阿爾斯蘭・巴薩西里（Arslan Basāsīrī）發起的巴格達佔領行動失敗後，努麥爾朝可能就轉而投誠阿巴斯朝。如同在這個地區的瑪爾萬朝（見編號37）等其他小封國，塞爾柱蘇丹國的出現對努塞爾朝更是致命的威脅。沒有歷史文獻清楚記載哈蘭的努麥爾朝最後幾名統治者的名字。他們的鄉鎮最後落入塞爾柱蘇丹國的盟友伍蓋勒朝（見編號38）手中，不過該氏族的成員仍然在下個世紀佔據一些城堡。

● 參考資料

* Zambaur, 138（資料解釋含糊有誤）; Album, 22.
* D. S. Rice, 'Medieval Ḥarrān. Studies on its topography and monuments. I', *Anatolian Studies*, 2 (1952), 36-84，第 84 頁附有世系表。

第六章

阿拉伯半島

The Arabian Peninsula

203 / 818

now

40.

嘎爾瑪提派的阿布—薩義德・賈納比政權（The Carmathian or Qarmaṭī Rulers of the Line of Abū Sa‘īd al-Jannābī）

- 約伊曆 273 ～ 470 年
- 約西曆 886 ～ 1078 年
- 原本在敘利亞沙漠地區與伊拉克，後來轉往阿拉伯半島東部

年份	統治者名稱／重要事件
273 / 886 或 281 / 894	●阿布—薩義德，哈珊・賓・巴赫拉姆・賈納比 ● al-Ḥasan b. Bahrām al-Jannābī, Abū Sa‘īd
301 / 913	●阿布—嘎希姆，薩義德・賓・阿比—薩義德・賈納比 ● Sa‘īd b. Abī Sa‘īd al-Jannābī, Abu ’l-Qāsim
305 / 917	●阿布—塔希爾，蘇萊曼・賓・阿比—薩義德 ● Sulaymān b. Abī Sa‘īd, Abū Ṭāhir
332 / 944	●阿布—薩義德・哈珊的四個兒子，與薩布爾・賓・阿比—塔希爾・蘇萊曼（Sābūr b. Abī Ṭāhir Sulayman）五人共治： ●阿赫瑪德，阿布—曼蘇爾 ● Aḥmad, Abū Manṣūr ●薩義德，阿布—嘎希姆 ● Sa‘īd, Abu ’l-Qāsim ●法德勒，阿布—阿巴斯 ● al-Faḍl, Abu ’l-‘Abbās ●優素夫，阿布—雅俄固卜 ● Yūsuf, Abū Ya‘qūb

◇約 351 / 962	●阿布—阿里・阿剎姆，哈珊・賓・阿赫瑪德・賓・阿比—薩義德 ●al-Ḥasan b. Aḥmad b. Abī Sa'īd, Abū 'Alī al-'Aṣam ●逝於366 / 977年。
361 / 972	●阿布—雅俄固卜，優素夫 ●Yūsuf, Abū Ya'qūb ●逝於366 / 977年。
366 / 977	●阿布—薩義德，哈珊的六個孫子共治（al-Sāda al-Ru'asā'）。
470 / 1078	**●阿赫薩綠洲地區（al-Aḥsā）被穆拉部族（Banū Murra）的伍云氏族（'Uyūnid family）佔領。**

嘎爾瑪提運動成形於八世紀晚期至九世紀，它是一種彌賽亞式的激進什葉派運動，受伊斯瑪儀里派激發產生，據說是由一位名為哈姆丹・嘎爾瑪特（Ḥamdān Qarmaṭ）的宣教士（dā'ī）在伊拉克所推動。十世紀初，敘利亞沙漠邊緣陷入查卡魯亞派（Zakarūya，也作Zakrawayh）所鼓吹的革命行動，一直到293 / 906年才被鎮壓，恢復平靜。這波嘎爾瑪提宣教運動在186 / 899年從敘利亞的伊斯瑪儀里派群體中分裂出來，在不願意承認法蒂瑪朝（見編號27）政權的情況下，嘎爾瑪提派舉起「古代信仰者」（Old Believer）的旗幟，主張他們為第六任伊瑪目賈俄法爾・剎迪各（Ja'far al-Ṣādiq）的兒子伊斯瑪儀（Ismā'īl）真正的繼承人，傳承自伊斯瑪儀的兒子穆罕默德（Muḥammad）；自此，他們與法蒂瑪朝的決裂再也無法完全修復。

嘎爾瑪提派轉而在下伊拉克地區奠基，當地於九世紀晚期爆發的黑奴叛亂（Zanj rebellion）留下了許多不滿社會與宗教的情緒，同樣的氣氛也圍繞在阿拉伯半島東北方阿赫薩（al-Aḥsā，也就是巴林〔Baḥrayn〕）地區的貝都因部族中。阿布—薩義德・賈納比（Abū Sa'īd al-Jannābī）在這裡建立日後普遍稱之為阿布—薩義德朝（Abū Sa'īdis）的長久政權。當地嘎爾瑪提派社群所建立的政權有別於一般的伊斯蘭國家，這點無疑深深刺激了順尼正統的奉行者。他們似乎曾試圖針對財產與物資，推行共有權的概念，雖然很快就遭到廢止；但無論如何，嘎爾瑪提政權的經濟基礎仍然建立於黑奴勞役上。阿布—薩義德朝的統治氏族受到了一支長者議會——伊克達尼亞（'Iqdāniyya，意即「有能力約束〔和放寬〕者」）的支持；當時的許多旅行家與造訪者都曾經盛讚阿赫薩地區的公正風氣與良好秩序。

在較活躍的早期，嘎爾瑪提派與法蒂瑪朝的關係持續緊張。他們突襲伊拉克以及法爾斯（Fars，阿拉伯文拼音為Fārs，即現今的波斯地區）的沿岸地區，並侵擾敘利亞與巴勒斯坦邊緣；他們在葉門也有追隨者，更一度征服歐曼地區（Oman，阿拉伯文拼音為'Umān）。他們最成功的活動是在317 / 930年奪取麥加卡巴聖殿（Ka'ba）的黑石，因為他們認為這個物體代表了迷信崇拜，一直到二十年以後，在法蒂瑪朝哈里發曼蘇爾（al-Manṣūr）的要求下，他們才同意將黑石重新擺回去。一直到十世紀末，嘎爾瑪提派的基調轉趨溫和，他們的政權也逐漸發展為某種相似於共和政體的組織，由長者所組成的議會所運作，但阿布—薩義德・賈納比的氏族仍然位居顯要。他們似乎以這樣的形式存續至十一世紀晚期，因為來自伊拉克的塞爾柱人與阿巴斯朝聯軍，以及地方貝都因領袖（他是日後阿拉伯半島東部的烏雍氏族〔'Uyūnids〕的創立者）共同作戰，嘎爾瑪提政權失敗而結束。雖然殘餘的嘎爾瑪提派成員後來可能轉向法蒂瑪朝輸誠，但在往後的兩到三個世紀內都仍然能在阿赫薩地區看到阿布—薩義德的後裔。

伊斯瑪儀里派在許久前便消失於阿拉伯半島東部，但在其現代所在地——現代的沙烏地阿拉伯、卡達（Qatar）以及巴林島，可能都還留有一些十二伊瑪目派社群的久遠影響。

嘎爾瑪提朝的錢幣直到十世紀下半葉都仍然存在，它們似乎是由駐紮巴勒斯坦與敘利亞邊境的總督或將領所鑄造，而不是來自哈薩地區。

●參考資料

* Zambaur, 116; Album, 20.
* *EI* [2] 'Ismā'īliyya', 'Ḳarmaṭī' (W. Madelung).
* M. J. de Goeje, 'La fin de l'Empire des Carmathes du Bahraïn', *JA*, 9th series, 5 (1985), 1-30.
* W. Madelung, 'Fatimiden und Baḥrainqarmaten', *Der Islam*, 34 (1959), 34-88, English tr. 'The Fatimids and the Qarmaṭīs of Baḥrayn', in F. Daftary (ed.) *Medieval Isma'ili History and Thought*, Cambridge 1996, 21-83.
* George T. Scanlon, 'Leadership in the Qarmaṭian sect', *BIFAO*, 59 (1959), 29-48，第 35 頁附有暫定的世系表。
* François de Blois, 'The 'Abu Sa'īdīs or so-called "Qarmatians" of Bahrayn', *Proceedings of the Seminar for Arabian Studies*, 16 (1986), 13-21.
* F. Daftary, *The Ismā'īlīs, their History and Doctrines*, Cambridge 1990, 103-34, 160-5, 17-6, 220-2.
* H. Halm, *Shiism*, Edinburgh 1991, 166-77.

41.

葉門的柴迪派伊瑪目政權（The Zaydī Imāms of Yemen）

- 伊曆 284 ～ 1382 年
- 西曆 897 ～ 1962 年
- 大致分布於葉門高地，在山阿（Ṣa‘da，又作 Ṣan‘ā’）也有據點；二十世紀統一全葉門

一、早期：拉斯支系（Rassid）

年份	統治者名稱／重要事件
	●嘎希姆・賓・易卜拉欣・哈珊尼・拉希 ● al-Qāsim b. Ibrāhīm al-Ḥasanī al-Rassī ●246 / 860 年逝於麥地那。
	●胡笙・賓・嘎希姆 ● al-Ḥusayn b. al-Qāsim ●同樣定居於麥地那。
◇284 / 897	●哈迪・伊拉—哈各，雅赫亞・賓・胡笙 ● Yaḥyā b. al-Ḥusayn, al-Hādī ilā ’l-Ḥaqq ●統治中心在薩俄達。
298 / 911	●穆爾塔達，穆罕默德・賓・雅赫亞 ● Muḥammad b. Yaḥyā, al-Murtaḍā ●逝於 310 / 922 年。
◇301 / 913	●納席爾，阿赫瑪德・賓・雅赫亞 ● Aḥmad b. Yaḥyā, al-Nāṣir
322 / 934	●雅赫亞・賓・阿赫瑪德 ● Yaḥyā b. Aḥmad ●逝於 345 / 956 年。

358 / 968	●曼蘇爾・達伊，優素夫・賓・雅赫亞 ● Yūsuf b. Yaḥyā, al-Manṣūr al-Dā‘ī ●逝於403 / 1012年。
389 / 998	●阿布─胡笙・曼蘇爾，嘎希姆・賓・阿里・伊亞尼 ● al-Qāsim b. ‘Alī al-‘Iyānī, Abu ’l-Ḥusayn al-Manṣūr ●逝於393 / 1003年。
401 / 1010	●瑪赫迪，胡笙・賓・嘎希姆 ● al-Ḥusayn b. al-Qāsim, al-Mahdī ●逝於404 / 1013年。
413 / 1022	●賈俄法爾・賓・嘎希姆 ● Ja‘far b. al-Qāsim
426 / 1035	●阿布─哈胥姆，哈珊・賓・阿布杜─拉赫曼 ● al-Ḥasan b. ‘Abd al-Raḥmān, Abū Hāshim ●逝於431 / 1040年。
437 / 1045	●代拉密・納席爾，阿布─法特赫・賓・胡笙 ● Abu ’l-Fatḥ b. al-Ḥusayn, al-Daylamī al-Nāṣir
	●柴迪派伊瑪目的衰微期，蘇萊赫氏族（Ṣulayḥids）於454 / 1062年奪取山阿，哈提姆・賓・嘎胥姆（Ḥātim b. al-Ghashīm）支系的哈姆丹氏族（Hamdānid）於492 / 1099年統治該地。
?	●哈姆查・賓・阿比─哈胥姆 ● Ḥamza b. Abī-Hāshim ●逝於458 / 1066年。
458 / 1067	●法迪勒・賓・賈俄法爾 ● al-Fāḍil b. Ja‘far ●逝於460 / 1068年。
?	●穆罕默德・賓・賈俄法爾 ● Muḥammad b. Ja‘far ●逝於478 / 1085年。

511 / 1117	●阿布—塔立卜，雅赫亞・賓・穆罕默德 ● Yaḥyā b. Muḥammad, Abū Ṭālib
531 / 1137	●阿里・賓・柴德 ● ‘Alī b. Zayd
532 / 1138	●穆塔瓦基勒，阿赫瑪德・賓・蘇萊曼 ● Aḥmad b. Sylaymān, al-Mutawakkil ●逝於566 / 1171年。
566 / 1171	**●哈姆丹朝佔領山阿。**
569 － 626 / 1174 － 1229	**●艾尤布朝征服並佔領葉門。**
◇583 / 1187	●曼蘇爾，阿布達拉・賓・哈姆查 ● ‘Abdallāh b. Ḥamza, al-Manṣūr ●逝於614 / 1217年。
614 / 1217	●納吉姆丁・哈迪・伊拉—哈各，雅赫亞・賓・哈姆查 ● Yaḥyā b. Ḥamza, Najm al-Dīn al-Hādī ilā ’l-Ḥaqq ●統治中心在薩俄達。
614 / 1217	●伊茲丁・納席爾，穆罕默德・賓・阿布達拉 ● Muḥammad b. ‘Abdallāh, ‘Izz al-Dīn al-Nāṣir ●統治中心在南部地區，直到623 / 1226年。
626 － / 1229 －	**●拉蘇勒朝（Rasūlid）在山阿建立統治。**
◇646 － 656 / 1248 － 1258	●瑪赫迪・穆提俄，阿赫瑪德・賓・胡笙 ● Aḥmad b. al-Ḥusayn, al-Mahdī al-Mūṭi’
	●柴迪派的伊瑪目地位由氏族旁系的成員繼承。

二、較晚期：嘎希姆支系（Qāsimid）

年份	統治者名稱／重要事件
約 1000 / 約 1592	●曼蘇爾，嘎希姆・賓・穆罕默德 ●al-Qāsim b. Muḥammad, al-Manṣūr
◇1029 / 1620	●穆艾亞德，穆罕默德・賓・嘎希姆 ●Muḥammad b. al-Qāsim, al-Mu'ayyad
◇1054 / 1644	●穆塔瓦基勒，伊斯瑪儀・賓・嘎希姆 ●Ismā'īl b. al-Qāsim, al-Mutawakkil
◇1087 / 1676	●瑪赫迪，阿赫瑪德・賓・哈珊 ●Aḥmad b. al-Ḥasan, al-Mahdī ●穆艾亞德，嘎希姆・賓・穆罕默德（al-Qāsim b. Muḥammad, al-Mu'ayyad）在葉門南部自承為伊瑪目，與其對立。
◇1092 / 1681	●穆塔瓦基勒，穆罕默德・賓・阿赫瑪德 ●Muḥammad b. Aḥmad, al-Mutawakkil
◇1097 / 1686	●納席爾・哈迪・瑪赫迪，穆罕默德・賓・穆罕默德 ●Muḥammad b. Muḥammad, al-Nāṣir al-Hādi al-Mahdī
◇1128 / 1716	●穆塔瓦基勒，嘎希姆・賓・胡笙 ●al-Qāsim b. al-Ḥusayn, al-Mutawakkil
◇1139 / 1726	●胡笙・曼蘇爾 ●al-Ḥusayn al-Manṣūr
◇1160 / 1747	●瑪赫迪，阿巴斯・賓・胡笙 ●al-'Abbās b. al-Ḥusayn, al-Mahdī
◇1189 / 1775	●曼蘇爾，阿里・賓・阿巴斯 ●'Alī b. al-'Abbās, al-Manṣūr
1221 / 1806	●瑪赫迪，阿赫瑪德・賓・胡笙 ●Aḥmad b. al-Ḥusayn, al-Mahdī

◇1223 / 1808	●穆塔瓦基勒，阿赫瑪德・賓・阿里 ●Aḥmad b. ‘Alī, al-Mutawakkil
◇1231 / 1816	●瑪赫迪，阿布達拉・賓・阿赫瑪德 ●‘Abdallāh b. Aḥmad, al-Mahdī
1257 / 1841	●嘎希姆・瑪赫迪 ●al-Qāsim al-Mahdī
◇1261 / 1845	●穆塔瓦基勒，穆罕默德・雅赫亞 ●Muḥammad Yaḥyā, al-Mutawakkil
1265 / 1849	**●歐斯曼帝國首次攻打山阿。**
1288 – 1336 / 1871 – 1918	**●歐斯曼帝國佔領葉門。**
1308 / 1890	●哈密德丁，曼蘇爾，穆罕默德・賓・雅赫亞 ●Muḥammad b. Yaḥyā, Ḥamīd al-Dīn al-Manṣūr
◇1322 / 1904	●穆塔瓦基勒，雅赫亞・賓・穆罕默德・曼蘇爾 ●Yaḥyā b. Muḥammad al-Manṣūr, al-Mutawakkil
◇1367 – 1382 / 1948 – 1962	●賽伊夫・伊斯蘭，阿赫瑪德・賓・雅赫亞 ●Aḥmad b. Yaḥyā, Sayf al-Islām ●逝於1382 / 1962年。
◇1382 / 1962	●巴德爾・賓・阿赫瑪德（Badr b. Aḥmad），與共和軍對峙，直到西元1970年葉門阿拉伯共和國建立。

柴迪派（Zaydīs）是一支溫和的什葉支派，他們認為哈里發阿里是因為個人功績而受到先知穆罕默德指派，擔任穆斯林社群的伊瑪目，並不是基於前任統治者的指定（naṣṣ）才繼承領導地位，而什葉派的第五

任伊瑪目也應該是在伍麥亞哈里發希夏姆（Hishām，見編號2）的統治下殉難的柴德（Zayd），而非其兄長穆罕默德・巴基爾（Muḥammad al-Bāqir）。當時代拉姆（Daylam）與裡海（Caspian Sea）西南方沿岸的土地全然封閉、難以進入（幾乎完全沒有伊斯蘭化），以至於傳教的過程困難重重，但是藉由適當的宣傳，柴德的後裔與追隨者仍舊爭取到當地波斯人的支持。

阿拉伯半島西南部的葉門地區也同樣受到遠方阿巴斯朝哈里發的控制，而哈珊（al-Ḥasan，第二任阿里後裔伊瑪目）的後裔塔爾朱曼丁・嘎希姆・賓・易卜拉欣・塔巴塔巴（Tarjumān al-Dīn al-Qāsim b. Ibrāhīm Tabātabā）也於哈里發瑪蒙（al-Ma'mūn）任內，在麥地那建立自己的政權，同時也在此建立起一個法學與神學學派——柴迪派。「拉斯系」（Rassids）是西方學者用以簡稱其後延續伊瑪目族系的名字，其地理字源是漢志地區（Ḥijāz）的拉斯（al-Rass）；不過當地的葉門史學家並不常用這個詞彙。

至此，拉斯系定居於葉門北部的薩俄達（Sa'da），並在那裡與當地出走派、嘎爾瑪提派以及其他敵對勢力相抗衡。不只是薩俄達，他們也屢次佔有山阿（Ṣan'ā'）[1]。一直到下個世紀，葉門始終是柴迪派的宣道中心，他們的宣教者走入裡海地區的省份以及伊斯蘭世界的其他角落。山阿在十一世紀下半葉被蘇萊赫朝（Ṣulayḥids，見編號45）奪取，到了十二世紀則是有整整五十年的時間都處在哈姆丹氏族（見編號47）阿拉伯領袖的控制下；只有在十世紀伊瑪目納席爾，阿赫瑪德・賓・雅赫亞（Aḥmad b. Yaḥyā, al-Nāṣir）之子——穆塔瓦基勒，阿赫瑪德・賓・蘇萊曼（Aḥmad b. Sylaymān, al-Mutawakkil）的統治下，才恢復

1　編註：即今日的葉門首都，一般將「Ṣan'ā'」譯為「沙那」，但與阿拉伯語發音不符，本書統一譯為「山阿」。

柴迪派的聲勢。艾尤布朝（見編號30-8）於569 / 1174年征服了葉門，他們在當地建立起長達半個世紀的統治，大幅限縮了伊瑪目的權力；在葉門拉蘇勒朝（Rasūlids of Yemen，見編號49）第一任統治者執政期間，伊瑪目們的勢力再次興起，直到內部的爭執與爆發的內戰導致葉門政權終結。

該朝許多伊瑪目的名字都有留下歷史記錄，但是其他哈珊支系（Ḥasanid）伊瑪目，以及反伊瑪目勢力似乎經常介入其繼承權。其中一個較明確的族系是約莫出現於1000 / 1592年前後的嘎西姆・賓・穆罕默德（al-Qāsim b. Muḥammad）支系。在此之前，葉門曾遭受歐斯曼人的征服，由歐茲德米爾（Özdemir）帕夏領導的軍隊於954 / 1547年進入山阿，葉門自此成為歐斯曼帝國的一省，柴迪派伊瑪目承認歐斯曼的宗主國地位，並在內部保有相當程度的行政自由。不過到了1038 / 1629年，伊瑪目在山阿重新被推舉，他們也於1045 / 1635年擺脫了歐斯曼帝國的掌控。在之後兩個半世紀，葉門內部的歷史也相繼陷入混亂，直到歐斯曼帝國於十九世紀晚期重新入主葉門正北方的阿西爾地區（'Asīr），並在1288 / 1871年一舉拿下山阿。但柴德伊瑪目派仍然活躍於葉門高地，並不時短暫佔領山阿。歐斯曼人在第一次世界大戰結束後離開葉門，伊瑪目從此能夠在葉門全境實行他們的權力，並享有受國際承認的獨立地位。可是，封閉且陳腐的獨裁體制在第二次世界大戰後愈來愈難以維持，而葉門也於西元1962年的軍事政變後建立共和體制，隨之而來的是一場漫長且血腥的內戰，一直到西元1970年統治的哈密德丁（Ḥamīd al-Dīn）氏族被聯合的共和政體取代，這個朝代才告終。

●參考資料

* Sachau, 22 no.45; Zambaur, 122-4 and Table B.
* *EI* [1] 'Zaidīya' (R. Strothmann); *EI* [2] 'Ṣan'ā'' (G. R. Smith).
* H. C. Kay, *Yaman: Its Early Mediaeval History*, London 1892，第 302 頁附有詳細的世系表。
* 'Abd al-Wāsi' b. Yaḥyā al-Wās'ī, *Furjat al-humūm wa 'l-ḥuzn fī ḥawādith wa-ta'rīkh al-Yaman*, Cairo 1346/1927-8.
* Ramzi J. Bikhazi, 'Coins of al-Yaman 139-569 A. H.', *al-Abḥāth*, 23 (1970), 17-127.
* G. R. Smith, *The Ayyūbids and Early Rasūlids in Yemen (567-694 / 1173-1295)*, London 1974-8, II, 76-81，第 76、77、81 頁附有伊瑪目列表與世系表。

42.

濟亞德朝（The Ziyādids）

- 伊曆 203 ～ 409 年
- 西曆 818 ～ 1018 年
- 葉門，首都建於札畢德（Zabīd）

年份	統治者名稱／重要事件
203 / 818	●穆罕默德・賓・濟亞德 ● Muḥammad b. Ziyād
245 / 859	●易卜拉欣・賓・穆罕默德 ● Ibrāhīm b. Muḥammad
283 / 896	●濟亞德・賓・易卜拉欣 ● Ziyād b. Ibrāhīm
289 / 902	●（伊本—）濟亞德 ● (Ibn) Ziyād
◇299 / 911	●阿布—傑胥，易斯哈格・賓・易卜拉欣 ● Isḥāq b. Ibrāhīm, Abu 'l-Jaysh
371 / 981	●阿布達拉・賓・易卜拉欣（或濟亞德？・賓・易斯哈格） ● 'Abdallāh b. Ibrāhīm or Ziyād (?) b. Isḥāq
402 − 409 / 1012 − 1018	●易卜拉欣（阿布達拉）・賓・阿布達拉 ● Ibrāhīm or 'Abdallāh b. 'Abdallāh
409 / 1018	**●濟亞德朝的奴隸大臣繼承權位，包含了濟亞德朝北部領土內的納賈赫氏族（Najāḥids）。**

該朝代的創立者是穆罕默德・賓・濟亞德（Muḥammad b. Ziyād），他自稱為伍麥亞朝的伊拉克總督濟亞德・賓・阿畢希（Ziyād b. Abīhi）的後裔，但這個說法可能並未屬實。他曾被阿巴斯朝哈里發瑪蒙（al-Ma'mūn）指派為葉門總督，期望能夠平定當地的什葉異議份子，而濟亞德朝也始終尊崇巴格達的最高統治地位。穆罕默德的權力核心位於葉門低地沿岸的提哈瑪地區（Tihāma），他試圖將權力向東擴展至哈德拉毛特（Ḥaḍramawt）與葉門部分的高地，儘管最後在山阿成功建立政權的是尤俄非爾氏族（Yu'firids，見編號43）。日後，濟亞德朝不斷遭受到尤俄非爾朝與地方領主的威脅，只有當阿布—傑胥・易斯哈格（Abu 'l-Jaysh Isḥāq）長期統治時，才恢復了濟亞德朝的聲勢。最後一任濟亞德朝統治者的統治時間並不明確，但他無疑相當昏庸，到了十一世紀早期，札畢德地區（Zabīd）的統治權力移轉至他們的阿比西尼亞（Ḥabashī）黑奴大臣們手中，而其中一名大臣更建立起了納賈赫朝（Najāḥids，見編號44）。

●參考資料

* Lane-Poole, 90-1; Zambaur, 115; Album, 26.
* *EI* [1] 'Ziyādīs' (R. Strothmann).
* H. C. Kay, *Yaman: Its Early Mediaeval History*, 2-18, 234ff.
* Ramzi J. Bikhazi, 'Coins of al-Yaman 139-569 A. H.', 64ff.
* G. R. Smith, in W. Daum (ed.), *Yemen: 3000 Years of Art and Civilisation in Arabia Felix*, Innsbruck n. d. [c. 1988], 130, 138，附有統治者列表。

43.

尤俄非爾朝（The Yu‘firids or Ya‘furids）

- 伊曆 232 ～ 387 年
- 西曆 847 ～ 997 年
- 葉門，統治中心為山阿與賈納德（Janad）

年份	統治者名稱／重要事件
232 / 847	●尤俄非爾・賓・阿布杜—拉赫曼・希瓦利・希姆亞利 ●Yu‘fir b. ‘Abd al-Raḥmān al-Ḥiwālī al-Ḥimyarī
258 / 872	●穆罕默德・賓・尤俄非爾 ●Muḥammad b. Yu‘fir ●逝於269 / 882年，阿布—尤俄非爾，易卜拉欣・賓・穆罕默德（Ibrāhīm b. Muḥammad, Abū Yu‘fir）為代理人。
269 / 882	●易卜拉欣・賓・穆罕默德 ●Ibrāhīm b. Muḥammad ●唯一統治者，逝於273 / 886年。
273 / 886	●**混亂時期。**
約 285 / 約 898	●阿布—哈山，阿斯阿德・賓・易卜拉欣 ●As‘ad b. Ibrāhīm, Abū Ḥassān ●首次統治。
	●**混亂時期，山阿經常面臨柴迪派伊瑪目與支持法蒂瑪朝的領袖奪權。**
◇303 / 915	●阿斯阿德・賓・易卜拉欣 ●As‘ad b. Ibrāhīm ●第二次統治。

332 / 944	●穆罕默德・賓・易卜拉欣（？） ● ? Muḥammad b. Ibrāhīm
344 − 387 / 955 − 997	●阿布達拉・賓・嘎赫坦 ● ‘Abdallāh b. Qaḥṭān ●他的統治權備受爭議。
387 / 997	**●尤俄非爾氏族淪為低階的地方領袖。**

九世紀中葉，尤俄非爾・賓・阿布杜―拉赫曼（Yu‘fir b. ‘Abd al-Raḥmān）脫離阿巴斯朝在葉門高地的統治權而獨立，他佔領了山阿與賈納德（Janad），並且成為第一個地方政權。他的氏族來自山阿西北方的須巴姆（Shibām），宣稱自己是伊斯蘭前圖巴俄王國（Tubba‘）的後裔。不過，尤俄非爾仍然謹慎地維持他對阿巴斯朝哈里發的忠誠。他們的敵對勢力為控制山阿與葉門北部而發起的混戰，尤俄非爾的繼承者們因此被捲入戰爭之中；此時出現的新勢力是於284 / 897年抵達的柴迪派伊瑪目（見編號41）以及隨後出現的法蒂瑪朝的嘎爾瑪提派支持者（見編號27、40）。在阿斯阿德・賓・易卜拉欣（As‘ad b. Ibrāhīm）的統治下，尤俄非爾朝達到穩定的局面，但在他死後，整個政權因為爭執而分崩離析，並在387 / 997年失去他們的統治權，不過他們顯然仍然在葉門擔任幕後的地方領主。

●參考資料

* Lane-Poole, 91; Zambaur, 116.

* *EI* [1] 'Ya'fur b. 'Abd al-Raḥmān' (R. Strothmann).

* H. C. King, *Yaman: Its Early Mediaveal History*, 5-6, 223ff.

* Ḥ. F. al-Hamdānī and Ḥ. S. M. al-Juhanī, *al-Ṣulayḥiyyūn wa 'l-ḥaraka al-Fāṭimiyya fi 'l-Yaman*，第 333 頁附有世系表。

* G. R. Smith, in W. Daum (ed.), *Yemen: 3000 Years of Art and Civilisation in Arabia Felix*, 130-1, 138.

44.

納賈赫朝（The Najāḥids）

- 伊曆 412 ～ 553 年
- 西曆 1022 ～ 1158 年
- 葉門，首都建於札畢德

年份	統治者名稱／重要事件
◇412 / 1022	●穆艾亞德・納席爾丁，納賈赫 ●Najāḥ, al-Mu'ayyad Nāṣir al-Dīn
約 452 / 約 1060	**●蘇萊赫朝人（Ṣulayḥid）佔領札畢德。**
473 / 1081	●阿赫瓦勒，薩義德・賓・納賈赫 ●Sa'īd b. Najāḥ, al-Aḥwal ●首次統治。
475 / 1083	**●蘇萊赫朝復辟。**
479 / 1086	●薩義德・賓・納賈赫 ●Sa'īd b. Najāḥ ●第二次統治。
◇482 / 1089	●阿布—塔米，傑亞胥・賓・納賈赫 ●Jayyāsh b. Najāḥ, Abū Ṭāmī
約 500 / 約 1107	●法提克一世・賓・傑亞胥 ●Fātik I b. Jayyāsh
503 / 1109	●曼蘇爾・賓・法提克一世 ●al-Manṣūr b. Fātik I
518 / 1124	●法提克二世・賓・曼蘇爾 ●Fātik II b. al-Manṣūr

531 / 1137	●法提克三世・賓・穆罕默德 ● Fātik III b. Muḥammad
約 553 / 約 1158	**●法提克三世遭到柴迪派人罷黜，瑪赫迪朝（Mahdids）於 554 / 1159 年奪取札畢德。**

當濟亞德朝（見編號42）滅亡時，其中一名阿比西尼亞黑奴大臣納賈赫（Najāḥ）成功剷除異己，於札畢德獨立政權，而其尊奉的阿巴斯朝哈里發也冊封他為附庸，將領土向北拓展至提哈瑪地區。納賈赫與他的繼承者也和之前的濟亞德朝一樣，引進許多阿比西尼亞的奴隸軍團藉以鞏固他們的權力，也因此導致了現代葉門低地多民族混雜的局面。薩義德・賓・納賈赫（Sa'īd b. Najāḥ）不只一次遭遇蘇萊赫朝（見編號45）奪權，而曼蘇爾・賓・法提克一世（al-Manṣūr b. Fātik I）更是成為他們的附庸。十二世紀時，納賈赫朝的統治陷入混亂，同時還得面對來自瑪赫迪勢力（Mahdids，見編號48）日增的壓力。儘管法提克三世・賓・穆罕默德（Fātik III b. Muḥammad）以退位換取柴迪伊瑪目穆塔瓦基勒，阿赫瑪德・賓・蘇萊曼（Aḥmad b. Sulaymān, al-Mutawakkil）的軍事協助，瑪赫迪朝仍然於554 / 1159 年攻入札畢德。

●參考資料

* Lane-Poole, 92-3; Zambaur, 117-18; Album, 26.
* *EI* ² 'Nadjāḥids' (G. R. Smith).
* H. C. Kay, *Yaman: Its Early Mediaeval History*, 14ff.
* Ḥ. F. A. al-Hamdānī and Ḥ. S. M. al-Juhanī, *al-Ṣulayḥiyyūn wa 'l-ḥaraka al-Fāṭimiyya fi 'l-Yaman*，第 339 頁附有世系表。
* G. R. Smith, *The Ayyūbids and Early Rasūlids in the Yemen (567-694/1173-1295)*, II, 55-9.
* idem, in W. Daum (ed.), *Yemen: 3000 Years of Art and Civilisation in Arabia Felix*, 131-2, 138

45.

蘇萊赫朝（The Ṣulayḥids）

- 伊曆 439 ～ 532 年
- 西曆 1047 ～ 1138 年
- 葉門，首都為山阿，後遷往朱—吉卜拉（Dhū Jibla）

年份	統治者名稱／重要事件
◇439 / 1047	●阿布—卡米勒・達伊，阿里・賓・穆罕默德・蘇萊希 ●‘Alī b. Muḥammad al-Ṣulayḥī, Abū Kāmil al-Dā‘ī
◇459 / 1067 或 473 / 1080	●穆卡拉姆，阿赫瑪德・賓・阿里 ●Aḥmad b. ‘Alī, al-Mukarram
◇467 / 1075 或 479 / 1086	●穆卡拉姆・阿斯嘎爾，阿里・賓・阿赫瑪德・賓・阿里 ●‘Alī b. Aḥmad b. ‘Alī, al-Mukarram al-Aṣghar ●受控於阿爾娃・賓特・阿赫瑪德・賓・賈俄法爾（al-Sayyida Arwā bt. Aḥmad b. Ja‘far）的統治。
約 484 / 約 1091	●曼蘇爾・薩巴俄・賓・阿赫瑪德・賓・穆查法爾 ●al-Manṣūr Saba’ b. Aḥmad b. al-Muẓaffar ●隸屬於最高統治者阿爾瓦・賓特・阿赫瑪德・賓・賈俄法爾，逝於 492 / 1099 年。
◇492 － 532 / 1099 － 1138	●賽伊妲・阿爾瓦・賓特・阿赫瑪德 ●al-Sayyida Arwā bt. Aḥmad
532 / 1138	**●統治權力由亞丁的祖萊俄氏族（Zuray‘ids of Aden）承接。**

葉門除了因為遠離伊拉克哈里發政權而成為什葉柴迪派（見編號41）的中心外，同時也被證明是發展什葉伊斯瑪儀里派傳統的沃土，十世紀初也開始出現嘎爾瑪提派活動的紀錄。當十世紀下半葉法蒂瑪朝（見編號27）的政權建立於埃及時，漢志地區兩聖地也承認了開羅的哈里發，埃及與葉門的關係因此變得緊密。

蘇萊赫朝以伊斯瑪儀里派擁護者的身分統治葉門，並成為法蒂瑪朝的附庸。阿里・賓・穆罕默德（'Alī b. Muḥammad）是一名來自南阿拉伯哈姆丹部族的成員，同時也是當地夏菲儀法學派（Shāfi'ī）法官（qāḍī）之子，他後來成為法蒂瑪朝在葉門宣教者蘇萊曼・賓・阿布達拉－札瓦希（Sulaymān b. 'Abdallāh al-Zawāḥī）的繼承者（khalīfa），因此能夠在葉門高地上建立封地。他擊敗了提哈瑪納賈赫的阿比西尼亞黑奴政權（見編號44）；到了455／1063年，他自柴迪派伊瑪目政權的手中奪取山阿並進軍漢志；隔年，再自瑪安氏族的手中取得亞丁（Aden）。在他的兒子穆卡拉姆・阿赫瑪德（al-Mukarram Aḥmad）的統治下，蘇萊赫朝的領土拓展至最大幅員。但到了十一世紀後，他們再也無法鎮守住征服而來的土地。此時，納賈赫朝再次興起，亞丁地區通常處於自治狀態，而在葉門北部，柴迪派伊瑪目則繼續維持他們在山阿的統治中心。從阿赫瑪德統治晚期到他逝世於532／1138年的期間，實際的統治權是由他積極且能幹的配偶阿爾娃（al-Sayyida Arwā）所支配。她把蘇萊赫朝的首都遷往朱－吉卜拉（Dhū Jibla），從那裡控制葉門南部和提哈瑪地區，建立一段輝煌的統治時期，從而獲得「碧勒吉絲第二」（Second Bilqīs，《古蘭經》中以Bilqīs稱呼葉門的沙巴王后〔Queen of Sheba〕）的美名。

當阿爾娃以九十二歲的高齡逝世後，統治權力移轉至祖萊俄氏族（Zuray‘ids）手中。他們持續掌權，直至569 / 1174年艾尤布朝的圖蘭・夏赫（Tūrān Shāh，見編號30-8）上任；儘管到了十二世紀末，某些蘇萊赫朝親王仍然掌握葉門的部分城堡。

● 參考資料

* Lane-Poole, 94; Zambaur, 118-19（兩者皆不甚精確）; Album, 26.
* *EI* ² ‘Ṣulayḥids’ (G. R. Smith).
* H. C. Kay, *Yaman: Its Early Mediaeval History*, 19-64，第335頁附有世系表。
* Ḥ. F. A. al-Hamdānī and Ḥ. S. M. al-Juhanī, *al-Ṣulayḥiyyūn wa ’l-ḥaraka al-Fāṭimiyya fi ’l-Yaman*，第335頁附有詳細的世系表。
* Ramzi J. Bikhazi, ‘Coins of al-Yaman 139-569’, 77ff.
* G. R. Smith, in W. Daum (ed.), *Yemen: 3000 Years of Art and Civilisation in Arabia Felix*, 132, 138.

46.

祖萊俄朝（The Zuray‘ids or Banu ’l-Karam）

- 伊曆 473 ～ 571 年
- 西曆 1080 ～ 1175 年
- 葉門南部，建都於亞丁

年份	統治者名稱／重要事件
473 / 1080	●阿巴斯・賓・穆卡拉姆（瑪克拉姆、卡拉姆）・賓・迪俄卜，與瑪斯伍德・賓・穆卡拉姆 ●al-‘Abbās b. al-Mukarram or al-Makram or al-Karam b. al-Dhi’b and al-Mas‘ūd b. al-Mukarram ●共同成為蘇萊赫朝的附庸。
477 / 1084	●瑪斯伍德・賓・穆卡拉姆，與祖萊俄・賓・阿巴斯 ●al-Mas‘ūd b. al-Mukarram and Zuray‘ b. al-‘Abbās ●兩人共治。
504 － 532 / 1110 － 1138	●兩支敵對支系——瑪斯伍德的子孫與祖萊俄俄的子孫相互爭奪統治權的混亂時期（在位日期不明）： ●阿布—蘇伍德・賓・祖萊俄與阿布—嘎拉特・賓・瑪斯伍德 ●Abu ’l-Su‘ūd b. Zuray‘ and Abu ’l-Ghārāt b. al-Mas‘ūd ●薩巴俄・賓・阿比—蘇伍德 ●Saba’ b. Abī ’l-Su‘ūd ●穆罕默德・賓・阿比—嘎拉特 ●Muḥammad b. Abī ’l-Ghārāt ●阿里・賓・穆罕默德 ●‘Alī b. Muḥammad

約 532 / 約 1138	●薩巴俄・賓・阿比—蘇伍德 ● Saba' b. Abī 'l-Su'ūd ●唯一統治者，統治中心在亞丁，逝於533 / 1139年。
533 / 1139	●阿俄茲（？阿嘎爾）・阿里・賓・薩巴 ● 'Alī b. Saba', al-A'azz (? al-Agharr)
◇534 / 1140	●穆阿俄札姆・穆罕默德・賓・薩巴 ● Muḥammad b. Saba', al-Mu'aẓẓam
◇約 548 / 約 1153	●伊姆蘭・賓・穆罕默德 ● 'Imrān b. Muḥammad ●逝於561 / 1166年。
561 / 1166	**●阿比西尼亞裔大臣統治時期，包含伊姆蘭幼子的攝政焦哈爾・穆阿札米（Jawhar al-Mu'aẓẓamī）。**
571 / 1175	**●艾尤布朝征服亞丁。**

祖萊俄氏族（Zuray'ids）屬於亞姆部族（Banū Yām）的朱夏姆（Jusham）分系，並和蘇萊赫氏族（見編號45）一樣尊奉伊斯瑪儀里派，奉法蒂瑪朝為至高統治權。蘇萊赫氏族的阿赫瑪德・穆卡拉姆（Aḥmad al-Mukarram）把瑪安氏族（Banū Ma'n）逐出亞丁，並擁立祖萊俄氏族的阿巴斯（al-'Abbās）與瑪斯伍德（al-Mas'ūd）兩兄弟為共同統治者，以回報他們對法蒂瑪朝的效勞，祖萊俄氏族因此崛起。他們向蘇萊赫朝的王后阿爾娃納貢，直至484 / 1091年阿赫瑪德・穆卡拉姆死後，王后因為內部紛爭而分身乏術，表親阿布—嘎拉特（Abu 'l-Ghārāt）與祖萊俄（Zuray'，該朝代通常以後者的姓名為名，不過有

些葉門歷史學家稱這個氏族為卡拉姆氏族〔Banu 'l-Karam〕）也順勢脫離蘇萊赫朝的統治。自此，祖萊俄朝雖然仍然隸屬於遠方法蒂瑪朝的至高統治權，但實質上獨立統治著亞丁地區周邊的封邑。

然而在往後的幾十年內，氏族的兩支支族之間，即瑪斯伍德的後裔以及阿巴斯與祖萊俄的後裔，爭執與內戰頻傳。我們雖然知道後繼統治者的名號，但無從得知他們掌權的確切時期。直到大約532／1138年，薩巴俄・賓・阿比—蘇伍德（Saba' b. Abī 'l-Su'ūd）才成功整合、建立亞丁地區的統治權，並傳承給他的後代。祖萊俄朝統治者因為與阿爾娃聯姻結盟，因而取得許多蘇萊赫朝的城市與堡壘，不過在祖萊俄朝君主兼葉門的宣道領袖伊姆蘭（'Imrān）死後，他的幼子們便受到阿比西尼亞奴隸大臣的控制。571／1175年艾尤布朝（見編號30-8）佔領亞丁之後，祖萊俄朝的獨立統治也實際地畫下句點。

●參考資料

* Lane-Poole, 97; Zambaur, 117; Album, 26.
* H. C. Kay, *Yaman: Its Early Mediaeval History*, 158-61, 307-8，第307頁附有世系表。
* Ramzi J. Bikhazi, 'Coins of al-Yaman 139-569', 102ff.
* G. R. Smith, *The Ayyūbids and Early Rasūlids in the Yemen*, II, 63-7，第63頁附有世系表。
* idem, in W. Daum (ed.), *Yemen: 3000 Years of Art and Civilisation in Arabia Felix*, 133, 138，第138頁附有統治者列表。

47.

哈姆丹朝（The Ḥamdānids）

- 伊曆 492 ～ 570 年
- 西曆 1099 ～ 1174 年
- 葉門北部，首都建於山阿

一、哈提姆氏族（Banū Ḥātim）的第一支系

年份	統治者名稱／重要事件
492 / 1099	●哈提姆・賓・嘎胥姆・哈姆丹尼 ● Ḥātim b. al-Ghashīm al-Hamdānī
502 / 1109	●阿布達拉・賓・哈提姆 ● ‘Abdallāh b. Ḥātim
504 － 510 / 1111 － 1116	●瑪安・賓・哈提姆 ● Ma‘n b. Ḥātim

二、古貝卜氏族（Banu ’l-Qubayb）支系

年份	統治者名稱／重要事件
510 / 1116	●希夏姆・賓・古貝卜・賓・魯沙赫 ● Hishām b. al-Qubayb b. Rusaḥ
518 / 1124	●胡瑪斯・賓・古貝卜 ● al-Ḥumās b. al-Qubayb
527 － 533 / 1132 － 1139	●哈提姆・賓・胡瑪斯 ● Ḥātim b. al-Ḥumās

三、哈提姆氏族的第二支系

年份	統治者名稱／重要事件
533 / 1139	●哈密德—道拉，哈提姆・賓・阿赫瑪德 ● Ḥātim b. Aḥmad, Ḥamīd al-Dawla
556 － 570 / 1161 － 1174	●瓦希德，阿里・賓・哈提姆 ● ‘Alī b. Ḥātim, al-Waḥīd
570 / 1174	●**艾尤布朝征服山阿。**

這個朝代包含了三支來自哈姆丹部族的小支族，可以確定第三支是法蒂瑪朝的擁護者，前兩者可能亦同。哈提姆・賓・嘎胥姆（Ḥātim b. al-Ghashīm）是一名勢力強大的部族領袖，在492 / 1099年蘇萊赫朝失去了山阿的實質統治權後，他奪下該城（見編號45）。隨後，哈姆丹部族內部紛生不滿情緒，導致瑪安（Ma‘n）遭受到罷黜，第一支氏族的政權也因此中斷，權力遂由古貝卜（Qubayb）的兒子們掌控，建立起第二支系的統治。

然而，哈提姆・賓・胡瑪斯（Ḥātim b. al-Ḥumās）死後，他的兒子們陷入鬥爭，因此權力旁落，哈姆丹部族領袖哈提姆・賓・阿赫瑪德（Ḥātim b. Aḥmad）成為該朝最偉大的統治者，領導山阿人民抵禦柴迪派伊瑪目阿赫瑪德・賓・蘇萊曼・穆塔瓦基勒（Aḥmad b. Sulaymān al-Mutawakkil）的攻擊。他的氏族成功維持對葉門北部大部分地區的控制，並在569 / 1174年自亞丁擊退瑪赫迪朝勢力（Mahdids，見編號48）。一如其他的葉門氏族，他們深受艾尤布朝人侵擾的威脅，艾尤布朝人於570 / 1174年進軍山阿，並全面佔領該地（見編號30-8）；儘管如此，往後的二十年內，哈姆丹部族仍舊在葉門北部軍事史上扮演重要角色。

● 參考資料

* Lane-Poole, 94; Zambaur, 119.

* *EI* [2] 'Hamdānids' (C. L. Geddes).

* G. R. Smith, *The Ayyūbids and Early Rasūlids in the Yemen*, II, 68-75，第68～69頁附有世系表。

* idem, in W. Daum (ed.), *Yemen: 3000 Years of Art and Civilisation in Arabia Felix*, 133-4, 138，第138頁附有統治者列表。

48.

瑪赫迪朝（The Mahdids）

- 伊曆 554 ～ 569 年
- 西曆 1159 ～ 1173 年
- 葉門，建都於札畢德

年份	統治者名稱／重要事件
531 / 1137	●阿布─哈珊，阿里・賓・瑪赫迪・魯艾尼・辛亞里 ●‘Alī b. Mahdī al-Ru‘aynī al-Ḥimyarī, Abu ’l-Ḥasan ●在提哈瑪地區宣揚自己的教義，554 / 1159 年轉往札畢德。
554 / 1159	●瑪赫迪・賓・阿里 ●Mahdī b. ‘Alī ●可能與他的兄弟阿布杜─納比（‘Abd al-Nabī）共治。
◇559 － 569 / 1163 － 1174	●阿布杜─納比・賓・阿里 ●‘Abd al-Nabī b. ‘Alī ●於 571 / 1176 年遭殺害。
569 / 1174	**●艾尤布朝佔領札畢德。**

如同其他的葉門領導人，阿里・賓・瑪赫迪（‘Alī b. Mahdī）將自己的血緣追溯至伊斯蘭以前的圖巴俄王國（Tubba‘）統治者。在提哈瑪，他以奉行禁慾主義與傳播嚴謹的伊斯蘭教義而聞名，儘管有些人形容他為過時的出走派份子，但這似乎與實情有所出入。阿里稱他的追隨

者為輔士（Anṣār）和遷士（Muhājirūn），憑藉著他們的力量，阿里發動一系列的軍事行動，對象包含當時近乎亡國的納賈赫朝（見編號44），直到最後拿下札畢德，推翻了原先的統治朝代。阿里與兒子們的擴張野心，引導他們針對包含亞丁在內的葉門低地以及塔伊茲（Ta'izz）的南方高地，發動一連串的攻勢。瑪赫迪朝的暴行也可能是導致艾尤布朝的圖蘭・夏赫（Tūrān Shāh，見編號30-8）入侵葉門的原因之一。無論如何，艾尤布朝的軍隊迅速擊敗了瑪赫迪朝，到了571 / 1176年，當阿布杜—納比（'Abd al-Nabī）與他的其中一名兄弟明顯意圖重新奪取札畢德，艾尤布朝遂將二人予以處決。

● 參考資料

* Lane-Poole, 96; Zambaur, 118; Album, 26.
* *EI* [2] 'Mahdids' (G. R. Smith).
* H. C. Kay, *Yaman: Its Early Mediaeval History*, 124-34.
* G. R. Smith, *The Ayyūbids and Early Rasūlids in the Yemen*, II, 56-62，第56頁附有世系表。
* idem, in W. Daum (ed.), *Yemen: 3000 Years of Art and Civilisation in Arabia Felix*, 134-5, 138，第138頁附有統治者列表。

49.

拉蘇勒朝（The Rasūlids）

- 伊曆 626 ～ 858 年
- 西曆 1228 ～ 1454 年
- 葉門南部與提哈瑪，首都建於塔伊茲

年份	統治者名稱／重要事件
◇626 / 1229	●努爾丁・嘎珊尼，曼蘇爾・歐瑪爾一世・賓・阿里・拉蘇勒 ●al-Malik al-Manṣūr ʻUmar I b. ʻAlī b. Rasūl, Nūr al-Dīn al-Ghassānī
◇647 / 1250	●夏姆斯丁，穆查法爾・優素夫一世・賓・歐瑪爾一世 ●al-Malik al-Muẓaffar Yūsuf I b. ʻUmar I, Shams al-Dīn
◇694 / 1295	●阿布—法特赫・穆瑪希德丁，阿胥拉夫・歐瑪爾二世・賓・穆查法爾 ●al-Malik al-Ashraf ʻUmar II b. al-Muẓaffar, Abu ʼl-Fatḥ Mumahhid al-Dīn
◇696 / 1296	●希查卜爾丁，穆艾亞德・達伍德・賓・優素夫一世 ●al-Malik al-Muʼayyad Dāwūd b. Yūsuf I, Hizabr al-Dīn
◇721 / 1321	●賽伊夫丁，穆賈希德・阿里・賓・達伍德 ●al-Malik al-Mujāhid ʻAlī b. Dāwūd, Sayf al-Dīn
◇764 / 1363	●迪爾嘎姆丁，阿夫達勒・阿巴斯・賓・阿里 ●al-Malik al-Afḍal al-ʻAbbās b. ʻAlī, Ḍirghām al-Dīn
◇778 / 1377	●阿胥拉夫・伊斯瑪儀一世・賓・阿巴斯 ●al-Malik al-Ashraf Ismāʻīl I b. al-ʻAbbās

◇803 / 1400	●薩拉丁，納席爾・阿赫瑪德・賓・伊斯瑪儀一世 ●al-Malik al-Nāṣir Aḥmad b. Ismā'īl I, Ṣalāḥ al-Dīn
◇827 / 1424	●曼蘇爾・阿布達拉・賓・阿赫瑪德 ●al-Malik al-Manṣūr 'Abdallāh b. Aḥmad
◇830 / 1427	●阿胥拉夫・伊斯瑪儀二世・賓・阿布達拉 ●al-Malik al-Ashraf Ismā'īl II b. 'Abdallāh
◇831 / 1428	●札希爾・雅赫亞・賓・伊斯瑪儀二世 ●al-Malik al-Ẓāhir Yaḥyā b. Ismā'īl II
842 / 1439	●阿胥拉夫・伊斯瑪儀三世・賓・雅赫亞 ●al-Malik al-Ashraf Ismā'īl III b. Yaḥyā
845 － 858 / 1442 － 1454	●穆查法爾・優素夫二世・賓・歐瑪爾 ●al-Muẓaffar Yūsuf II b. 'Umar
*846 / 1442	●阿夫達勒・穆罕默德・賓・伊斯瑪儀・賓・歐斯曼 ●al-Malik al-Afḍal Muḥammad b. Ismā'īl b. 'Uthmān
*846 / 1442	●納席爾・阿赫瑪德・賓・雅赫亞 ●al-Malik al-Nāṣir Aḥmad b. Yaḥyā
*847 － 858 / 1443 － 1454	●薩拉丁，瑪斯伍德・賓・伊斯瑪儀三世 ●al-Malik al-Mas'ūd b. Ismā'īl III, Ṣalāḥ al-Dīn
*855 － 858 / 1451 － 1454	●穆艾亞德・胡笙・賓・塔希爾 ●al-Malik Mu'ayyad al-Ḥusayn b. Ṭāhir
858 / 1454	**●塔希爾朝人（Ṭāhirid）佔領亞丁。**

* 這四名統治者互為敵對陣營，各自主張擁有拉蘇勒朝權位繼承權。

心有所圖的史學家與系譜學家為拉蘇勒氏族（Rasūlids）假造族譜，使他們往前追溯至伊斯蘭以前的嘎珊部族（Ghassānids），更遠回溯到古老的嘎赫坦大部族（Qaḥṭānī），即南阿拉伯人的遠祖。不過他們更可信的來源應是烏古斯突厥（Oghuz Turks）的門吉克氏族（Menjik clan），他們曾經參與塞爾柱突厥人領導的入侵中東行動，而拉蘇勒氏族的祖先亦曾被聘請為阿巴斯朝哈里發的使節（rasūl）。

有一些拉蘇勒氏族統領曾在艾尤卜氏族（見編號30-8）首次進入葉門時隨侍在側；626 / 1229年，當最後一名艾尤卜統治者（也就是卡米勒〔al-Malik al-Kāmil〕之子——瑪斯伍德・薩拉丁・優素夫〔al-Malik al-Mas'ūd Ṣalāḥ al-Dīn Yūsuf〕）離開葉門前往敘利亞時，他讓努爾丁・歐瑪爾・拉蘇里（Nūr al-Dīn 'Umar al-Rasūlī）留守並擔任其代理人。結果，艾尤卜氏族再也沒有踏上葉門的土地，拉蘇勒氏族開始了在提哈瑪與南部高地的獨立統治，並承認艾尤布朝蘇丹以及阿巴斯朝哈里發為他們的最高統治者；艾尤布朝遺留的傳統在新的封國內仍然相當盛行，不難在他們的統治頭銜上看出這一點。具有強烈順尼派傾向的拉蘇勒朝很快將勢力推上高峰，他們成功自柴迪派政權手中奪取山阿，並執行了長達數十年的統治，向東則拓展至哈德拉毛特，以及歐曼蘇丹國的南部大城、現今薩拉拉（Salāla）所在的祖法爾地區（Ẓufār）。在十三世紀末到十四世紀期間，拉蘇勒朝的政治權力與文化發展達到顛峰。就塔伊茲和札畢德等城市而言，這些蘇丹不僅是偉大的建設家，同時也是阿拉伯文藝慷慨的贊助者，甚至有不少蘇丹本身就是技巧嫻熟的作家。以亞丁為出發點，遠播的貿易向外直通印度、東南亞、中國與東非，對於從葉門派遣至中國的使節也有所記載，這無疑都是受到與遠東之間貿易連接的刺激。然而在薩拉丁・阿赫瑪德（Ṣalāḥ al-Dīn Aḥmad）逝於827 / 1424年後，拉蘇勒朝便出現瓦解的徵兆；隨著拉蘇勒朝奴隸軍隊的紀律蕩然無存，覬覦權位的人們掀起了一連串的短期統治與相互殘殺的內戰。因此，當亞丁統領胡笙・賓・塔希爾（al-Ḥusayn b. Ṭāhir）向塔希爾朝（Ṭāhirid，見編號50）投降並獻上他的城市，而薩拉丁・賓・伊斯瑪儀三世（Ṣalāḥ al-Dīn b. Ismā'īl III）也轉往麥加時，這個氏族長達兩個世紀多的統治也就此宣告結束。

●參考資料

* Lane-Poole, 99-100; Zambaur, 120; Album, 27.

* *EI* ² 'Rasūlids' (G. R. Smith).

* G. R. Smith, *The Ayyūbids and Early Rasūlids in the Yemen*, II, 83-90，第83～84頁附有世系表。

* idem, in W. Daum (ed.), *Yemen: 3000 Years of Art and Civilisation in Arabia Felix*, 136-7, 139，第139頁附有統治者列表。

50.

塔希爾朝（The Ṭāhirids）

- 伊曆 858 ～ 923 年
- 西曆 1454 ～ 1517 年
- 葉門南部與提哈瑪，建都於米各拉納（al-Miqrāna）與朱班（Juban）

年份	統治者名稱／重要事件
858 / 1454 （兄弟共治）	●薩拉丁，札非爾・阿密爾一世・賓・塔希爾 ●al-Malik al-Ẓāfir ʻĀmir I b. Ṭāhir, Ṣalāḥ al-Dīn ●夏姆斯丁，穆賈希德・阿里・賓・塔希爾 ●al-Malik al-Mujāhid ʻAlī b. Ṭāhir, Shams al-Dīn
864 / 1460	●夏姆斯丁，穆賈希德・阿里・賓・塔希爾 ●al-Malik al-Mujāhid ʻAlī b. Ṭāhir, Shams al-Dīn ●唯一的統治者。
◇883 / 1478	●塔吉丁，曼蘇爾・阿布杜―瓦哈卜・賓・達伍德・賓・塔希爾 ●al-Malik al-Manṣūr ʻAbd al-Wahhāb b. Dāwūd b. Ṭāhir, Tāj al-Dīn
◇894 － 923 / 1489 － 1517	●薩拉丁，札非爾・阿密爾二世・賓・阿布杜―瓦哈卜 ●al-Malik al-Ẓāfir ʻĀmir II b. ʻAbd al-Wahhāb, Ṣalāḥ al-Dīn
923 / 1517	**●埃及傭兵政權征服葉門。**
924 － 945 / 1518 － 1538	**●一些塔希爾朝親王仍然固守葉門高地上的城堡；其中歷史記載的共有五人，從阿赫瑪德・賓・阿密爾二世（Aḥmad b. ʻĀmir II）到阿密爾三世・賓・達伍德（ʻĀmir III b. Dāwūd）。**

塔希爾氏族（Ṭāhirids）是在地的順尼派葉門氏族，他們的聲望在拉蘇勒氏族（見編號49）統治的末期日漸高漲，並在拉蘇勒朝完結後接管葉門南部的土地與提哈瑪地區。四名蘇丹的共同統治（或是先後繼承）維持了前朝遺留下來的行政傳統。他們也繼承了拉蘇勒朝的建設與發展特質，在札畢德等葉門順尼派宗教中心廣設清真寺與學校；當時亞丁是葉門的主要港口，也是抵禦埃及傭兵政權與葡萄牙人（919 / 1513年，首先遭遇阿爾布革爾革的阿馮索〔Afonso d'Albuquerque〕圍攻）的首要防線，於是他們也在亞丁建立商業處所與防禦城牆。在葉門高地，他們的勢力日漸擴張，力抗柴迪派伊瑪目政權並奪取了山阿。然而埃及傭兵政權意圖掌控葉門，以作為他們在印度洋進行的反葡萄牙行動基地，921 / 1515年後，埃及人展開了攻勢，最終導致傭兵政權取得葉門大部分的土地，並終結了塔希爾朝的統治。只有少數塔希爾氏族領袖繼續活動於高地地區，直到歐斯曼朝總督蘇萊曼（Süleymān）於945 / 1538年處決最後一名塔希爾氏族成員阿密爾三世・賓・達伍德（'Āmir III b. Dāwūd）。

●參考資料

* Lane-Poole, 101; Zambaur, 121; Album, 27.
* G. R. Smith, in W. Daum (ed.), *Yemen: 3000 Years of Art and Civilisation in Arabia Felix*, 137-9，第139頁附有統治者列表。
* Venetia A. Porter, *The History and Monuments of the Tahirid Dynasty of the Yemen 858-923 / 1454-1517*, University of Durham Ph.D. thesis 1992, unpubl., I，第295～297頁附有世系表。

51.

朱蘭達家族（The Āl al-Julandā）

- 伊曆一世紀～二世紀
- 西曆七世紀～八世紀
- 歐曼（Oman）

年份	統治者名稱／重要事件
	●薩義德（Sa‘īd）與蘇萊曼・賓・阿巴德・賓・阿布杜—賓・朱蘭達（Sulaymān b. ‘Abbād b. ‘Abd b. al-Julandā）共治，他們在哈里發阿布杜—瑪立克（‘Abd al-Malik）統治期間放棄歐曼的領地。
131 － 133 / 748 － 751	●朱蘭達・賓・瑪斯伍德・賓・賈俄法爾・賓・朱蘭達 ● al-Julandā b. Mas‘ūd b. Ja‘far b. al-Julandā ●歐曼首位伊巴迪派（Ibādī）伊瑪目。
? － 177 / ? － 793	●拉胥德・賓・納茲爾，與穆罕默德・賓・查伊達 ● Rashīd b. al-Naẓr and Muḥammad b. Zā’ida ●代表阿巴斯朝政權，實行共治。
二世紀末 / 九世紀初	**●朱蘭德氏族的在歐曼的勢力式微。**

在伊斯蘭建立以前以及歐曼早期的伊斯蘭歷史中，朱蘭達是一個顯要氏族，但似乎不可能為其建立明確的統治年表，因為在伊斯蘭的歷史文獻中，對他們的歷史僅有潦潦數筆的幾項記述。這支氏族源自阿茲

迪部族（Azdī），幾乎可以確定他們在伊斯蘭以前便自漢志遷徙至歐曼，當他們抵達時，薩珊波斯帝國早已控制了歐曼的沿岸地帶。而當阿拉伯穆斯林席捲阿拉伯半島東部的大擴張以後，朱蘭德領袖成為麥地那政府的他方代表。然而，歐曼是出走派與其他異議份子的避難所，促使當時擔任伊拉克與東部地區總督的哈賈吉・賓・優素夫（al-Ḥajjāj b. Yūsuf）發起遠征行動，導致朱蘭德氏族的兩兄弟薩義德（Sa‘īd）與蘇萊曼（Sulaymān）被迫逃往東非。

伊巴迪出走派人（Ibāḍī Khārijīs，見編號9）遊說朱蘭達・賓・瑪斯伍德（al-Julandā b. Mas‘ūd），於是他成為伊巴迪派在歐曼的第一任伊瑪目（當地現行效忠伊巴迪教義的傳統便是啟始於此）；然而到了133 / 751年，阿巴斯朝哈里發剎法赫（al-Ṣaffāḥ，見編號3-1）所派遣的剽悍遠征部隊殺害了他。此後，朱蘭德族系似乎便捨棄了伊巴迪派的領導身分，然而共同統治的拉胥德・賓・納茲爾（Rashīd b. al-Naẓr）與穆罕默德（Muḥammad b. Zā’ida）卻在177 / 793年爆發的部族反叛中被推翻，經歷了在歐曼地區呼風喚雨的三個世紀之後，朱蘭德氏族的權力就此衰微，只有非常零星的氏族成員出現於九世紀的歷史記載中。

● 參考資料

* Zambaur, 125-6.
* G. P. Badger, *History of the Imâms and Seyyids of 'Omân, by Salîl Ibn Razîḳ, from A.D. 661-1856*, London 1871.
* J. C. Wilkinson, 'The Julanda of Oman', Journal of Oman Studies, 1 (1975), 97-108，第106頁附有世系表。
* 'Isam 'Ali Ahmed al-Rawas, *Early Islamic Oman (ca. 622-1280/893)*, Durham University Ph.D. thesis 1992, unpubl., 166ff.

52.

穆克拉姆朝（The Mukramids）

- 約伊曆 390 ～ 443 年
- 約西曆 1000 ～ 1040 年
- 歐曼沿岸地區

年份	統治者名稱／重要事件
390 至 394 間 / 1000 至 1004 間	● 阿布—穆罕默德一世，胡笙・賓・穆克拉姆 ● al-Ḥusayn b. Mukram, Abū Muḥammad I
◇415 / 1024 前	● 阿布—嘎希姆・納席爾丁，阿里・賓・胡笙 ● ‘Alī b. al-Ḥusayn, Abu ’l-Qāsim Nāṣir al-Dīn ● 逝於 428 / 1037 年。
◇428 / 1037	● 納席爾丁，阿布—傑胥・賓・阿里 ● Abu ’l-Jaysh b. ‘Alī, Nāṣir al-Dīn ● 上任統領後不久即逝世。
431 － 433 / 1040 － 1042	● 阿布—穆罕默德二世・賓・阿里 ● Abū Muḥammad II b. ‘Alī
433 / 1042	● **布伊朝（Būyids）篡位，進行直接統治。**

據信，穆克拉姆氏族（Mukramids）是在地的歐曼部族，該氏族大約在十一世紀初由波斯的布伊朝（Būyids，見編號 75）指派為歐曼沿岸地區的總督，並在蘇哈爾（Ṣuḥār）建立首府，然而當地伊巴迪出走派

社群所推舉的伊瑪目仍然掌握了歐曼地區的權力。穆克拉姆朝的阿布─穆罕默德一世・胡笙（Abū Muḥammad I al-Ḥusayn）隨後向法爾斯（Fars）的布伊朝統領效忠。阿布─穆罕默德二世（Abū Muḥammad II）發起對宗主國的反叛行動後，這個短暫的世襲總督族系告終，布伊朝也於433 / 1042 年立自己的親王為歐曼總督。

● 參考資料

* S. M. Stern and A.D. H. Bivar, 'The coinage of Oman under Abū Kālījār the Buwayhid', *NC*, 6th series, 18 (1958), 147-56，第 149 頁附有穆克拉姆氏族世系表。

53.

雅俄魯卜朝（The Ya‘rubids）

- 伊曆 1034 ～ 1156 年
- 西曆 1625 ～ 1743 年
- 歐曼，以盧斯塔克（al-Rustāq）為政權中心

年份	統治者名稱／重要事件
1034 / 1625	●納席爾・賓・穆爾胥德 ●Nāṣir b. Murshid
1059 / 1649	●蘇勒壇一世・賓・賽伊夫 ●Sulṭān I b. Sayf
約 1091 － 1103 / 約 1680 － 1692	●阿布—阿拉卜・賓・賽伊夫 ●Abu ’l-‘Arab b. Sayf ●統治中心為賈布林（Jabrīn）。
1103 / 1692	●賽伊夫一世・賓・蘇勒壇一世 ●Sayf I b. Sulṭān I ●統治盧斯塔克。
1123 / 1711	●蘇勒壇二世・賓・賽伊夫一世 ●Sulṭān II b. Sayf I ●統治中心為哈茲姆（Haẓm）。
*1131 / 1719	●賽伊夫二世・賓・蘇勒壇二世 ●Sayf II b. Sulṭān II ●逝於 1156 / 1743 年。
*1134 / 1722	●雅俄魯卜・賓・阿比—阿拉卜 ●Ya‘rub b. Abī ’l-‘Arab

* 兩人互相競逐權力。

1137－1140 / 1724－1728	●穆罕默德・賓・納席爾・嘎非里 ●Muḥammad b. Nāṣir al-Ghāfirī ●賽伊夫二世的保護者，宣布就任伊瑪目
1151 / 1738	●蘇勒壇・賓・穆爾胥德 ●Sulṭān b. Murshid ●敵對的伊瑪目
1167 / 1754	**●阿里・布—薩義德（'Alī Bū Sa'īd）繼承統治權。**

葡萄牙人威脅歐曼沿岸地區，納卜罕氏族（Nabhānis）等來自巴林與波斯的非伊巴迪派阿拉伯移民，也佔領了絕大部分的歐曼內陸地區，在這樣的情勢下，接任伊巴迪派伊瑪目的雅俄魯卜氏族領袖正在累積他們的聲望。納席爾・賓・穆爾胥德（Nāṣir b. Murshid）登基於1034 / 1625年後的二、三十年內，雅俄魯卜朝抵禦了葡萄牙人與波斯的薩法維朝等外敵，並鞏固了他們的權力。但是到了十八世紀初，出身自旁系氏族的賽伊夫二世・賓・蘇勒壇二世（Sayf II b. Sulṭān II）繼承權位，此舉引發了希納威部族（Hināwīs）與嘎非里（Ghāfirīs）部族之間的內部爭執，導致許多敵對的伊瑪目人選紛紛浮上檯面，甚至讓波斯人介入馬斯喀特（Muscat，阿拉伯文拼音為Masqaṭ）與蘇哈爾的統治。後來，崛起的布—薩義德家族（Āl Bū Sa'īdīs，見編號54、65）驅離入侵者，取代了晚期紛擾的雅俄魯卜朝，並確立他們在歐曼與東非沿岸的獨一統治權。

●參考資料

* Zambaur, 128.
* *EI* [1] 'Ya'rub' (A. Grohmann).
* R. D. Bathurst, *The Ya'rubī Dynasty of Oman*, Oxford University D.Phil. thesis 1967, unpubl.
* J. C. Wilkinson, *The Imamite Tradition of Oman*, Cambridge 1987, 12-13，第 13 頁附有世系表。

54.

布—薩義德家族（The Āl Bū Sa‘īd）

- 約伊曆 1167 年至今
- 約西曆 1754 年至今
- 馬斯喀特（Muscat），轉往尚西巴（Zanzibar），目前執政於歐曼

一、聯合蘇丹政權

年份	統治者名稱／重要事件
約 1167 / 約 1754	●阿赫瑪德・賓・薩義德 ●Aḥmad b. Sa‘īd ●被推選為伊巴迪派伊瑪目。
1198 / 1783	●薩義德・賓・阿赫瑪德 ●Sa‘īd b. Aḥmad ●擔任伊瑪目。
約 1200 / 約 1786	●賽伊德，哈密德・賓・薩義德 ●Ḥāmid b. Sa‘īd, Sayyid ●擔任攝政。
1206 / 1792	●蘇勒壇・賓・阿赫瑪德 ●Sulṭān b. Aḥmad
1220 / 1806	●薩里姆・賓・蘇勒壇，與薩義德・賓・蘇勒壇 ●Sālim b. Sulṭān and Sa‘īd b. Sulṭān ●兩人共治，直到前者逝於 1236 / 1821 年。
1236 / 1821	●薩義德・賓・蘇勒壇 ●Sa‘īd b. Sulṭān ●單獨統治。
1273 / 1856	●**薩義德死後，蘇丹政權分裂。**

二、歐曼的蘇丹支系

年份	統治者名稱／重要事件
1273 / 1856	●素維尼・賓・薩義德 ● Thuwaynī b. Sa'īd
1282 / 1866	●薩里姆・賓・素維尼 ● Sālim b. Thuwaynī
1285 / 1858	●阿詹・賓・蓋斯 ● 'Azzān b. Qays
1287 / 1870	●圖爾基・賓・薩義德 ● Turkī b. Sa'īd
◇1305 / 1888	●費瑟勒・賓・圖爾基 ● Fayṣal b. Turkī
1331 / 1913	●泰穆爾・賓・費瑟勒 ● Taymūr b. Fayṣal
◇1350 / 1932	●薩義德・賓・泰穆爾 ● Sa'īd b. Taymūr
◇1390 － / 1970 －	●嘎布斯・賓・薩義德 ● Qābūs b. Sa'īd

三、尚西巴的蘇丹支系（見編號65）

布—薩義德家族繼承了雅俄魯卜朝（見編號53）在歐曼與東非沿岸的統治。當雅俄魯卜朝末年陷入內部紛爭之際，阿赫瑪德・賓・薩義德（Aḥmad b. Sa‘īd）當時為歐曼沿岸蘇哈爾地區的總督，但很快便成為歐曼的實質統治者；因此，伊巴迪派的宗教學者（‘ulamā’）約在1167 / 1754年正式推舉他為伊瑪目。他的兒子兼繼承人薩義德（Sa‘īd）同樣擁有伊瑪目的頭銜，但在他之後，布—薩義德統治者往往自稱為先知後裔（Sayyids），並以其蘇丹頭銜廣為人知。

馬斯喀特（它最終成為布—薩義德朝的首都）長久以來是位居國際要衝的港口，在對抗葡萄牙人時扮演了重要角色，同時也是日後控管荷蘭人與波斯灣間貿易的中樞。蘇丹・賓・阿赫瑪德（Sulṭān b. Aḥmad）繼續推行擴張政策，將其勢力向外延伸至巴林島、阿巴斯港（Bandar ‘Abbās）、基須姆（Kishm）以及法爾斯南部沿岸的呼爾穆茲地區（Hurmuz）。然而，先知後裔的地位在十九世紀早期仍然受到內志地區（Najd）瓦哈比激進主義者（Wahhābīs）的威脅。英國因為馬斯喀特位居前往印度的路線上，而希望該城受控於友善的統治者；因此布—薩義德朝與英國結盟，反擊瓦哈比份子。1212 / 1798年，他們正式簽訂與東印度公司之間的第一份協議；十九世紀時，英國更利用他們在馬斯喀特的影響力，終止了波斯灣奴隸貿易。

雅俄魯卜朝在十八世紀晚期與波斯的戰爭中，失去了大部分在東非沿岸的領土，實質上只剩下尚西巴、奔巴島（Pemba）以及基勒瓦（Kilwa）還保留在布—薩義德家族手中。不過在薩義德・賓・蘇勒壇（Sa‘īd b. Sulṭān）漫長統治期間，其宗主國地位擴展至阿拉伯半島全境以及斯瓦希里（Swahili）殖民地，北起摩加迪休（Mogadishu），南至德勒加杜角（Cape Delgado），1242 / 1827年後更實質統治了尚西巴。當他於1273 / 1856年逝世時，布—薩義德朝的國土分裂為兩個不同的蘇丹國，素維尼（Thuwaynī）統治的領土範圍包含馬斯喀特到歐曼一帶，而他的兄弟瑪吉德（Mājid）則統治尚西巴與東非沿岸地區；有關這支氏族的最後支系，請見編號65。

歐曼隨後因為政權的內部紛爭而陷入動亂，而在二十世紀初期，嚴謹的伊巴迪派宗教學認為該氏族在沿岸地區的統治為腐化的象徵，遂撤出布—薩義德朝，並於1331 / 1913年重建伊瑪目制度，並發起反叛行動，對抗蘇丹以及被他們認定為包庇者的英國。然而，有別於能夠良好適應全新局勢的蘇伍德家族及其瓦哈比支持者，他們反而受到內部守舊勢力的限制，使得伊瑪目制度最後只能淪為展現部族力量的道具。由伊瑪目嘎立卜・賓・阿里（Ghālib b. ʻAlī，他獲得了蘇伍德家族與埃及的支持）在1950年代發動的武裝叛變，在該年代末期便盡數遭到掃平；而到了1390 / 1970年，保守又吝嗇的薩義德・賓・泰穆爾（Saʻīd b. Taymūr）遭到他的兒子嘎布斯（Qābūs）罷黜後，歐曼便向世界敞開門戶，國家內部不同群體間也達成了大和解。

●參考資料

* Zambaur, 129 and Table M.

* *EI* [2] ʻBū Saʻīdʼ (C. F. Beckingham)，附有世系表，對 Zambaur 的列表有諸多修正；ʻMasḳaṭʼ (J. C. Wilminson).

* J. C. Wilkinson, *The Imamate Tradition of Oman*，第 14 頁附有世系表。

55.

蘇伍德家族（The Āl Su‘ūd or Sa‘ūd）*

- 伊曆 1148 至今
- 西曆 1735 至今
- 原先在內志地區東南部；二十世紀成為漢志與內志的國王，之後統治沙烏地阿拉伯

年份	統治者名稱／重要事件
1148 / 1735	●穆罕默德・賓・蘇伍德・賓・穆罕默德 ●Muḥammad b. Su‘ūd b. Muḥammad ●迪爾伊亞地區（Dir‘iyya）統領。
1179 / 1765	●阿布杜—阿濟茲一世・賓・穆罕默德 ●‘Abd al-‘Azīz I b. Muḥammad
1218 / 1803	●蘇伍德一世・賓・阿布杜—阿濟茲一世 ●Su‘ūd I b. ‘Abd al-‘Azīz I
1229 / 1814	●阿布達拉一世・賓・蘇伍德一世 ●‘Abdallāh I b. Su‘ūd I ●1234 / 1819 年遭殺害。
1233 – 1238 / 1818 – 1822	●**歐斯曼突厥埃及首次佔領。**
1237 / 1822	●圖爾基・賓・阿布達拉一世・賓・穆罕默德 ●Turkī b. ‘Abdallāh I b. Muḥammad
1249 / 1834	●穆夏里・賓・阿布杜—拉赫曼 ●Mushārī b. Abd al-Raḥmān
1249 / 1834	●費瑟勒一世・賓・圖爾基 ●Fayṣal I b. Turkī ●首次統治。

* 編註：一般常見譯名為「沙烏地」或「沙特」，正確的發音較接近「蘇伍德」。

1254 – 1259 / 1838 – 1846	**● 歐斯曼突厥埃及二次佔領。**
1254 / 1838	● 哈利德・賓・蘇伍德一世 ● Khālid b. Su'ūd I ● 成為歐斯曼埃及的附庸。
1257 / 1841	● 阿布達拉二世・賓・舒內揚・賓・蘇伍德・賓・穆罕默德 ● 'Abdallāh II b. Thunayyān b. Su'ūd b. Muḥammad ● 仍屬歐斯曼埃及的附庸。
1259 / 1843	● 費瑟勒一世 ● Fayṣal I ● 第二次統治。
1282 / 1865	● 阿布達拉三世・賓・費瑟勒一世 ● 'Abdallāh III b. Fayṣal I ● 首次統治。
1288 / 1871	● 蘇伍德二世・賓・費瑟勒一世 ● Su'ūd II b. Fayṣal I
1291 / 1874 (? 1288 / 1871)	● 阿布達拉三世・賓・費瑟勒一世 ● 'Abdallāh III b. Fayṣal I ● 第二次統治。
1305 / 1887	● 穆罕默德・賓・蘇伍德二世 ● Muḥammad b. Su'ūd II
1305 / 1887	**● 哈伊勒地區（Ḥā'il）的穆罕默德・賓・阿布達拉・伊本—拉胥德（Muḥammad b. 'Abdallāh Ibn Rashīd）征服利雅德（Riyāḍ），並由阿布達拉三世擔任利雅德統領，直到1307 / 1889 年。**
1307 / 1889	● 阿布杜—拉赫曼・賓・費瑟勒一世 ● Abd al-Raḥmān b. Fayṣal I ● 在拉胥德家族的統治下擔任利雅德統領。

1309 / 1891	●穆塔威，穆罕默德・賓・費瑟勒一世 ● Muḥammad b. Fayṣal I, al-Muṭawwi‘ ●在拉胥德家族（Āl Rashīd）的統治下成為附庸統領。
1309 / 1891	**●穆罕默德・伊本—拉胥德** **● Muḥammad Ibn Rashīd** **●直接統治利雅德。**
◇1319 / 1902	●阿布杜—阿濟茲二世・賓・阿布杜—拉赫曼 ● Abd al-‘Azīz II b. Abd al-Raḥmān ●利雅德統領，1344 / 1926 年成為漢志與內志的國王，1350 或1351 / 1932 年成為沙烏地阿拉伯國王。
◇1373 / 1952	●蘇伍德三世・賓・阿布杜—阿濟茲 ● Su‘ūd III b. Abd al-‘Azīz
◇1384 / 1964	●費瑟勒二世・賓・阿布杜—阿濟茲 ● Fayṣal II b. Abd al-‘Azīz
◇1395 / 1975	●哈利德・賓・阿布杜—阿濟茲 ● Khālid b. Abd al-‘Azīz
◇1401 − 1426 / 1982 − 2005	●法赫德・賓・阿布杜—阿濟茲 ● Fahd b. ‘Abd al-‘Azīz
◇1426 − 1436 / 2005 − 2015	●阿布達拉・賓・阿布杜—阿濟茲 ● ‘Abdallāh b. Abd al-‘Azīz
1436 − / 2015 −	●薩勒曼・賓・阿布杜—阿濟茲 ● Salmān b. ‘Abd al-‘Azīz

來自阿納札部族（‘Anaza）的蘇伍德・賓・穆罕默德・賓・穆

葛林（Su‘ūd b. Muḥammad b. Muqrin，逝於1148 / 1735年）是內志瓦地—哈尼法（Wādī Ḥanīfa）的迪爾伊亞地區（Dir‘iyya）統領，長期以來，迪爾伊亞一直是蘇伍德家族的統轄地，直到十九世紀初易卜拉欣（Ibrāhīm）總督摧毀該地，並終結了第一個蘇伍德政權。這個氏族的興起與穆罕默德・賓・阿布杜—瓦哈卜（Muḥammad b. ‘Abd al-Wahhāb）的運動有關，他遵循漢巴里法學派（Ḥanbalism）以及十三、十四世紀大馬士革宗教領袖伊本—泰米亞（Ibn Taymiyya）的保守法學傳統，是一名主張禁慾主義的改革家。他強調神超然且獨一的本質，還強調人們有義務避免任何以物配主（shirk）的行為，這樣的訴求所造成的其中一個實質影響，就是促使他與阿拉伯半島上受大眾崇拜的眾多蘇非聖人及聖地為敵；因此當蘇伍德家族將瓦哈比派的勢力拓展至阿拉伯半島的大部分地區時，他們便有系統地摧毀任何形式的異端行為（bid‘a）。蘇伍德家族的將領們似乎是看中瓦哈比份子的宗教熱忱，能夠幫助他們在內志地區進行政治拓展。當他們在十八世紀末將整個內志地區納入征服後，便入侵歐斯曼帝國所掌控的敘利亞與伊拉克，並於1218 / 1803年攻陷什葉派聖城卡爾巴拉俄（Karbalā’），因為他們認為該城是迷信崇拜之地；他們也在這個時期控制聖城麥加與麥地那，並破除城內所有的偶像崇拜。

第一個的蘇伍德政權因為頻頻挑釁歐斯曼帝國而被擊潰。歐斯曼蘇丹派遣埃及總督穆罕默德・阿里（Muḥammad ‘Alī，見編號34）統治阿拉伯半島，因此在1233 / 1818年，穆罕默德・阿里的兒子易卜拉欣便征服並徹底摧毀了迪爾伊亞，將蘇伍德家族統領帶回伊斯坦堡處決。在該世紀中葉，第二次的蘇伍德政權悄悄在阿拉伯半島東部復興。以首都利亞德為起點，費瑟勒一世（Fayṣal I）將他的勢力擴展至阿拉伯半島東部沿岸的阿赫薩綠洲地區，然而歐斯曼埃及人於1254 / 1838

至1259／1843年進行第二次佔領，費瑟勒被帶往埃及，蘇伍德家族也因此成為歐斯曼帝國的附庸。費瑟勒後來從囚禁中逃脫，並於1259／1843年成功地奪回他在家鄉佔有的權力，他的第二次統治時期也被視為蘇伍德家族權勢的高峰。然而當他死後，氏族因為內部的紛爭而分裂，阿赫薩遭遇伊拉克的歐斯曼總督米德哈特（Midḥat）攻佔；到了1305／1887年，蘇伍德家族的對手哈伊勒地區的穆罕默德・伊本―拉胥德（Muḥammad Ibn Rashīd of Ḥā'il）佔領利雅德，第二次的蘇伍德王國就此結束，而蘇伍德家族也只能夠逃往科威特避難。

在二十世紀第三度建立的現代蘇伍德王國要歸功於長壽且非凡的人物阿布杜―阿濟茲・伊本―蘇伍德（Abd al-'Azīz Ibn Su'ūd），藉由英國的暗中支持，他終於壓制了拉胥德家族（Āl Rashīd）的統治，他更併吞掉阿西爾地區（'Asīr），以阻止胡笙大公（Sharīf Ḥusayn，見編號56）1924年自封為哈里發。不久，伊本―蘇伍德接管漢志，成為漢志與內志的國王，日後更成為沙烏地阿拉伯的國王，統治整個半島近四分之三的土地。在伊本―蘇伍德統治期間，阿拉伯半島東部大規模的石油開發使得沙烏地阿拉伯從原本的沙漠國度一夕致富，成為掌握國際經濟命脈的強權，尤其是西元1970年代石油價格爆漲以後。不過，這些發展也為其國家內部帶來宗教與社會的緊張狀態。

●參考資料

* Zambaur, 124 and Table L.

* *EI* [1] 'Ibn Sa'ūd' (J. H. Mordtmann); *EI* [2] 'Su'ūd, Āl' (Elizabeth M. Sirriyyeh).

* Naval Intelligence Division, Geographical Handbook series, *Western Arabia and the Red Sea*, London 1946, 265-70, 283-6，第286頁附有世系表。

* H. St J. Philby, *Arabian Jubilee*, London 1952，第250～271頁附有詳細的世系表。

* idem, *Saudi Arabia*, London 1955.

* R. Bayley Winder, *Saudi Arabia in the Nineteenth Century*, London 1965.

56.

奧恩氏族的麥加哈須姆大公（The Hāshimite Sharīfs of Mecca from the ‘Awn Family）

- 伊曆 1243 ～ 1344 年
- 西曆 1827 ～ 1925 年
- 麥加與之後的漢志，在肥沃月彎地區的國家中也有分支

一、在阿拉伯半島西部的原始支系

年份	統治者名稱／重要事件
1243 / 1827	●阿布杜—穆塔立卜・賓・嘎立卜 ● ‘Abd al-Muṭṭalib b. Ghālib ●屬於先知後裔的柴德（Zayd）支系，首次統治。
1243 / 1827	●穆罕默德・賓・阿布杜—穆因・賓・奧恩 ● Muḥammad b. ‘Abd al-Mu‘īn b. ‘Awn ●麥加的第一位先知後裔統領，屬於奧恩氏族的阿巴迪拉系（‘Abādila）分支，首次統治。
1267 / 1851	●阿布杜—穆塔立卜・賓・嘎立卜 ● ‘Abd al-Muṭṭalib b. Ghālib ●第二次統治。
1272 / 1856	●穆罕默德・賓・阿布杜—穆因 ● Muḥammad b. ‘Abd al-Mu‘īn ●第二次統治。
1274 / 1858	●阿布達拉・賓・穆罕默德 ● ‘Abdallāh b. Muḥammad
1294 / 1877	●胡笙・賓・穆罕默德 ● al-Ḥusayn b. Muḥammad

1297 / 1880	●阿布杜—穆塔立卜・賓・嘎立卜 ● ‘Abd al-Muṭṭalib b. Ghālib ●第三次統治。
1299 / 1882	●奧恩・拉非各・賓・穆罕默德 ● ‘Awn al-Rafīq b. Muḥammad
1323 / 1905	●阿里・賓・阿布達拉 ● ‘Alī b. ‘Abdallāh
◇1326 / 1908	●胡笙・賓・阿里 ● Ḥusayn b. ‘Alī ●於1335 / 1916年前擔任麥加與漢志的大公，之後成為漢志國王，於1343 / 1924年自宣為哈里發，逝於1350 / 1931年。
1343 / 1925	●阿里・賓・胡笙 ● ‘Alī b. Ḥusayn ●逝於1353 / 1934年。
1344 / 1925	**●阿布杜—阿濟茲・伊本—蘇伍德（‘Abd al-Azīz Ibn Su‘ūd）征服漢志。**

二、第一次世界大戰後，哈須姆部族在肥沃月彎地區國家中的支系

（一）敘利亞支系

年份	統治者名稱／重要事件
◇1338 / 1920	●費瑟勒・賓・胡笙・賓・阿里 ● Fayṣal b. Ḥusayn b. ‘Alī ●被選為大敘利亞的國王，後來成為伊拉克國王。
1338 / 1920	**●敘利亞受法國託管。**

（二）伊拉克支系

年份	統治者名稱／重要事件
◇1340 / 1921	●費瑟勒一世・賓・胡笙 ● Fayṣal I b. Ḥusayn ●被指派為伊拉克國王。
◇1352 / 1933	●嘎濟・賓・費瑟勒 ● Ghāzī b. Fayṣal
◇1358 － 1377 / 1939 － 1958	●費瑟勒二世・賓・嘎濟 ● Fayṣal II b. Ghāzī
1377 / 1958	●**君主制被推翻，由共和政體取代。**

（三）外約旦以及約旦支系

年份	統治者名稱／重要事件
◇1339 / 1921	●阿布達拉・賓・胡笙 ● ‘Abdallāh b. Ḥusayn ●自行宣布就任外約旦統領，於1365/1946年成為外約旦國王，後成為約旦國王。
1370 / 1951	●塔拉勒・賓・阿布達拉 ● Ṭalāl b. ‘Abdallāh ●逝於1392/1972年。
◇1371 － 1419 / 1952 － 1999	●胡笙・賓・塔拉勒 ● Ḥusayn b. Ṭalāl
◇1419 － / 1999 －	●阿布達拉二世・賓・胡笙 ● ‘Abdallāh II b. Ḥusayn

麥加哈須姆大公（Sharīf，意為「聖裔」、「聖裔」）的祖先，可以直接回溯至先知穆罕默德以及他在麥加的氏族——哈須姆氏族（Hāshim）。這些先知後裔自十世紀起便在聖城掌權，後來則受到埃及傭兵政權以及隨後的歐斯曼帝國保護。十九世紀初，部族統領蘇伍德・賓・阿布杜—阿濟茲（Su'ūd b. Abd al-'Azīz，他於1218 / 1803年佔領麥加，見編號55）領導了內志瓦哈比份子進攻行動，他們因此屈服。當易卜拉欣・賓・穆罕默德・阿里（Ibrāhīm b. Muḥammad 'Alī）總督的埃及軍隊在1228 / 1813年征服阿拉伯半島以後，整個十九世紀間，「Sharīf」的頭銜便在柴德與奧恩兩氏族之間傳遞，直到1299 / 1882年才在奧恩氏族的阿巴迪拉系（'Abādila）中定下來，當時距離歐斯曼帝國將漢志納為行省，已經大約有四十年的時間。

隨著歐斯曼帝國加入同盟國陣營並參與第一次世界大戰，胡笙大公便投身1916年的阿拉伯革命（Arab Revolt），透過從埃及支援的英國武力，他們擊潰了漢志地區除麥地那以外的所有歐斯曼軍隊，最後從歐斯曼人手中成功解放大敘利亞地區。在革命早期，胡笙自稱「阿拉伯的國王」，然而協約國方面卻只願意承認他是漢志國王。1918年以後，他的統治權力被限制於漢志地區，而當穆斯塔法・凱末爾（Muṣṭafā Kemāl）廢除歐斯曼帝國哈里發制度之後，胡笙於1924年意圖自立哈里發權位的不智舉動，更為他在漢志地區樹立許多的敵人，這導致他的長子兼繼承人阿里，在面對蘇伍德家族入侵者阿布杜—阿濟茲・伊本—蘇伍德的攻勢時，只能放棄漢志的領地，而伊本—蘇伍德不久後也在漢志與內志地區，建立起他自己的統一王國。

不過當歐斯曼帝國統治的阿拉伯領土在第一次世界大戰後被重新

分配時，胡笙的其他兒子們都扮演了相當重要的角色。他的第三個兒子費瑟勒（Fayṣal）自1918年開始便嘗試奪取大敘利亞地區的權力；1920年的第二次敘利亞阿拉伯議會（Second Syrian General Arab Congress）時，費瑟勒被推舉為敘利亞國王，但在短暫的統治後，敘利亞就被交由法國托管，費瑟勒也只能撤出敘利亞。接著他於1921年，在英國的支持下轉而擔任伊拉克國王，但有名無實，由英國託管；儘管哈須姆氏族與伊拉克並沒有特殊淵源，但當時顯然並沒有更好的人選。雖然哈須姆氏族後來成為第一個能夠擺脫托管控制的阿拉伯國家，但他們在伊拉克當地的統治始終未能穩固紮根，他們於1958年遭到推翻，一場由阿布杜—卡里姆・嘎希姆（'Abd al-Karīm al-Qāsim）發動的血腥政變推翻了政府，費瑟勒二世（Fayṣal II）也在這次政變中被殺害。較為成功且持久的政權由胡笙的二兒子阿布達拉（'Abdallāh）所建立，他擔任遭託管的巴勒斯坦以外的外約旦地區統領，該地也在第二次世界大戰後獨立成為哈須姆約旦王國，直到今天仍然由阿布達拉的孫子，同時也是成功斡旋於中東政治關係的胡笙・賓・塔拉勒（Ḥusayn b. Ṭalāl）國王所統治。[1]

● 參考資料

* Zambaur, 23.
* *EI* ² 'Hāshimids' (C. E. Dawn); 'Ḥusayn b. 'Alī' (S. H. Longrigg); 'Makka. 2. From the 'Abbāsid to the modern period' (A. J. Wensinck and C. E. Bosworth).
* C. Snouck Hurgronie, *Mecca in the Later Part of the Nineteenth Century*, Leiden 1931.
* Naval Intelligence Division, *Geographical Handbook series, Western Arabia and the Red Sea*, 268ff.，第282頁附有世系表。
* Gerald de Gaury, *Rulers of Mecca*, London 1951，第288～293頁附有麥加的統治者列表。

1 編註：約旦的胡笙國王已於1999年逝世，並由他的兒子阿布達拉二世・賓・胡笙（'Abdallāh II b. Ḥusayn）繼位，統治至今（2016年）

57.

拉胥德家族（The Āl Rashīd）

- 伊曆 1252 ～ 1340 年
- 西曆 1836 ～ 1921 年
- 內志北部

年份	統治者名稱／重要事件
約 1248 / 約 1832	●阿布達拉・賓・阿里・賓・拉胥德 ● ‘Abdallāh b. ‘Alī b. Rashīd ●擔任瓦哈比政權（Wahhābī）的總督。
1252 / 1836	●阿布達拉・賓・阿里 ● ‘Abdallāh b. ‘Alī ●成為獨立統治者。
1264 / 1848	●塔拉勒・賓・阿布達拉 ● Ṭalāl b. ‘Abdallāh
1285 / 1868	●穆特阿卜（方言為米特阿卜）一世・賓・阿布達拉 ● Mut‘ab (colloquially, Mit‘ab) I b. ‘Abdallāh
1286 / 1869	●班達爾・賓・塔拉勒 ● Bandar b. Ṭalāl
1286 / 1869	●穆罕默德・賓・阿布達拉 ● Muḥammad b. ‘Abdallāh
1315 / 1897	●阿布杜─阿濟茲・賓・穆特阿卜 ● ‘Abd al-‘Azīz b. Mut‘ab
1324 / 1906	●穆特阿卜（米特阿卜）二世・賓・阿布杜─阿濟茲 ● Mut‘ab (Mit‘ab) II b. ‘Abd al-‘Azīz ● 1324 / 1906 年遭殺害。

1325 / 1907	●蘇勒壇・賓・哈穆德 ● Sulṭān b. Ḥammūd
1325 / 1908	●蘇伍德一世・賓・哈穆德 ● Su'ūd I b. Ḥammūd
1328 / 1910	●蘇伍德二世・賓・阿布杜─阿濟茲 ● Su'ūd II b. 'Abd al-'Azīz ●1338 / 1920年遭殺害。
1339 / 1920	●阿布達拉・賓・穆特阿卜二世 ● 'Abdallāh b. Mut'ab II ●該年逝世。
1339 / 1921	●穆罕默德・賓・塔拉勒 ● Muḥammad b. Ṭalāl ●該年逝世。
1340 / 1921	●**被蘇伍德家族征服。**

拉胥德家族屬於阿拉伯半島北部夏瑪爾山區（Jabal Shammar）的夏瑪爾部族聯盟（Shammar），他們以哈伊勒為中心，擔任聯盟中阿卜達部族（'Abda）的領袖。透過利雅德的蘇伍德家族統治者費瑟勒・賓・圖爾基（Fayṣal b. Turkī，見編號55）的支持，阿布達拉・賓・阿里（'Abdallāh b. 'Alī）於哈伊勒地區取得權力，取代了和他有血緣關係的伊本─阿里氏族（Āl Ibn 'Alī），與蘇伍德家族一樣是瓦哈比主義的擁護者，但主要是基於信仰而非政治因素。到了十九世紀中葉，拉胥德酋長國（shaykhdom）臻至盛世顛峰，他們以哈伊勒為中心建立起繁

榮的商隊貿易，穆罕默德・賓・阿布達拉（Muḥammad b. ‘Abdallāh）更將他的統治權力向西擴張至瓦地—西爾罕（Wādī Sirḥān），最遠甚至到達敘利亞的帕米拉（Palmyra）以及位於東南方內志中心的嘎夕姆（Qaṣīm）。他曾自蘇伍德家族手中短暫奪取利雅德，並於1309 / 1891年將他們自內志趕往科威特；科威特港在拉胥德家族的統治下，也轉變為向內陸地區輸送武器的運輸港。

綜觀拉胥德家族的歷史，暴力與弒親衝突屢見不鮮（氏族中大部分的統領都是逝於戰爭或是暗殺），然而在穆罕默德死後，內部的激烈鬥爭，加上東山再起的蘇伍德家族在阿布杜—阿濟茲・賓・阿布杜—拉赫曼・伊本—蘇伍德（‘Abd al-‘Azīz b. ‘Abd al-Raḥmān Ibn Su‘ūd）的領導下屢屢進逼，遂使得拉胥德家族的權力急轉直下。就算有來自歐斯曼帝國的普遍支持，包含了派遣帝國正規軍支援內志，也無法拯救拉胥德家族，伊本—蘇伍德最後仍於1340 / 1921年征服哈伊勒。拉胥德朝的領土也被併入一統的內志侯國，並在不久後成為蘇伍德家族的內志與漢志王國（見編號55），而拉胥德家族也被放逐至利雅德。

沒有任何一位拉胥德家族的統領曾經發行貨幣。

●參考資料

* Zambaur, 125-6.

* *EI* ² ‘Ḥāyil’ (J. Mandaville); ‘Ra<u>sh</u>īd, Āl’ (Elizabeth M. Sirriyyeh).

* Naval Intelligence Division, Geographical Handbooks Series, *Western Arabia and the Red Sea*, 269ff.，第286頁附有世系表。

* H. St J. Philby, *Saudi Arabia*, London 1955.

* Madawi Al-Rasheed, *Politics in an Arabian Oasis: The Rashidi Tribal Dynasty*, London 1991，第55～56頁附有世系表與統領列表。

第七章

西非

West Africa

third century / ninth century

now

58.

凱塔馬利王國（The Keita Kings of Mali）

- 伊曆七世紀初～九世紀中
- 西曆十三世紀初～十五世紀中
- 現今馬利的中西部地區、幾內亞（Guinea）北部、甘比亞（Gambia）及塞內加爾（Senegal）

年份	統治者名稱／重要事件
627 / 1230	●瑪里・順・迪亞塔（瑪里・賈塔）一世 ●Mari Sun Dyāta (Mārī Jāta) I ●納瑞・法・馬甘（Nare fa Maghan）之子。
653 / 1255	●曼薩・烏里（烏勒） ●Mansā Ulī or Ule ●瑪里・順・迪亞塔之子。
668 / 1270	●曼薩・瓦提 ●Mansā Wātī ●瑪里・順・迪亞塔之子。
672 / 1274	●曼薩・哈里法 ●Mansā Khalīfa ●瑪里・順・迪亞塔之子。
673 / 1275	●曼薩・阿布─巴克爾一世 ●Mansā Abū Bakr I ●人稱巴塔─曼德─博里（Bata-Mande-Bori），瑪里・順・迪亞塔某個女兒的兒子，並收養了瑪里・順・迪亞塔的兒子。
684 / 1285	**●薩巴庫拉（薩庫拉）** **●Sabakura or Sākūra** **●王室解放的奴隸。**

699 / 1300	●曼薩・高烏（古） ●Mansā Gaw or Qū ●曼薩・烏里之子。
704 / 1305	●曼薩・瑪瑪杜（穆罕默德） ●Mansā Mamadu or Muḥammad ●曼薩・高烏之子，逝於712 / 1312年。
709 / 1310	●曼薩・阿布─巴克爾二世 ●Mansā Abū Bakr II ●瑪里・順・迪亞塔一世之兄弟巴卡利（Bakari，或阿布─巴克爾〔Abū Bakr〕）的後裔。
712 / 1312	●曼薩・穆薩一世 ●Mansā Mūsā I ●阿布─巴克爾二世之子。
737 / 1337	●穆罕默德，曼薩・瑪甘（瑪嘎）一世 ●Mansā Maghan or Maghā I, Muḥammad ●穆薩一世之子。
742 / 1341	●曼薩・蘇萊曼 ●Mansā Sulaymān ●穆薩一世之兄弟。
761 / 1360	●曼薩・坎巴（剛巴、嘎薩） ●Mansā Kamba or Qanba or Qāsā ●蘇萊曼之子。
762 / 1361	●曼薩・瑪里・迪亞塔（瑪里・賈塔二世） ●Mansā Mari Dyāta or Mārī Jāṭa II ●瑪甘一世之子。
775 / 1374	●曼薩・穆薩二世 ●Mansā Mūsā II ●瑪里・迪亞塔二世之子。

789 / 1382	●曼薩・馬甘二世 ● Mansā Maghan II ●瑪里・迪亞塔二世之子。
790 或 791 / 1388 或 1389	●山迪基（Sandigi，或稱雙迪奇〔Ṣandiki〕，即「大臣」）篡位。
792 / 1390	●瑪赫穆德，曼薩・瑪甘三世 ● Mansā Maghan III, Maḥmūd ●高烏的後裔。
	●**一連串的衝突與混亂爆發，到了九世紀中葉 / 十五世紀中葉才由松海王國（Songhay）挾其優勢武力平息。**

馬利王國（Mali）是迦納索寧克王國（Soninke kingdom of Ghana）的承繼者，他們統治西非地區，領土主要涵蓋了尼日河（Niger）上游（大約是現今馬利西部以及茅利塔尼亞〔Mauritania〕東南部）北部的薩希勒地區（Sāḥil），他們的首都位於迦納，有時也被稱為庫姆比・剎里赫（Kumbi Ṣāliḥ，位於現今茅利塔尼亞的極南方）。長期以來，迦納廣為古典穆斯林地理學家與史學家所知，因為當地在八世紀時曾經是黃金的主要產地。早期的人們普遍認為，迦納曾經於十一世紀晚期遭受穆拉比特柏柏氏族（見編號14）的征服，但事實似乎並非如此，更可能是來自撒哈拉、勾結黑色非洲在地反叛勢力等其他柏柏部族入侵了迦納；這使迦納在十二世紀時明顯地衰退，但這片原先信奉異教傳統的地區也成為伊斯蘭之地。十三世紀初，來自娑索氏族（Soso）的索寧克（Soninkes）異教徒佔領了首都迦納。娑索氏族的統治反映出尼日河上

游地區的反伊斯蘭氣氛，但由順・瑪里・迪亞塔（Sun Mari Dyāta，他是凱塔氏族〔Keita〕的領袖）所領導的馬林科人（Malinke，或Mandinka）很快便對娑索氏族的統治發動成功的反抗行動，而瑪里・順・迪亞塔（Mari Sun Dyāta）也承接起曼薩（Mansā）的頭銜，成為了所有馬林科人的領袖。

順・迪亞塔的繼承人們將馬利打造成一個強國，他們的首都可能位於山嘎拉尼河畔（Sankarani，尼日河上游右岸的支流）的尼亞內（Nyane，儘管馬利在不同時期顯然建都於不同的城市）。這個王國與北非、埃及等伊斯蘭地區都有著強烈的文化與宗教關聯性，他們與摩洛哥的馬林朝（見編號16）以及埃及的傭兵政權（見編號31）都保有外交與宗教關係。幾位馬利國王都曾經前往阿拉伯半島朝聖，其中又以曼薩・穆薩一世（Mansā Mūsā I）最為著名（摩洛哥旅行家伊本—巴杜達〔Ibn Baṭṭūṭa〕也是在他統治期間來到此地）。儘管如此，泛靈崇拜信仰仍然活躍於官員與伊斯蘭統治階層之間，而地方的伊斯蘭信仰也明顯發展出融合的新型態。他們與廷巴克圖（Timbuktu，靠近尼日河灣的最北處，原先可能是圖瓦雷克人〔Touareg〕的據點）之間的黃金與奴隸貿易橫越了撒哈拉沙漠，而廷巴克圖也在十四世紀發展為商隊貿易的終點站，並成為伊斯蘭學識傳授的重要學術中心。

馬利王國在十四世紀晚期因為繼承紛爭而衰微，到了十五世紀初，更被圖瓦雷克人奪走廷巴克圖以及大部分的薩希勒地區。同時，他們也受到崛起之松海王國（見編號59）的威脅，松海王國奪走了馬利王國東部與中部的土地，使得馬利勢力侷限於馬林科人的核心地帶，約莫為現今的馬利西部與幾內亞，只能維持地方性的統治權力；他們在十六世紀末持續抵禦來自摩洛哥的壓力，但仍於1081 / 1670年被興起於塞古（Segu）及卡爾塔（Karta）的巴姆巴拉國（Bambara）吞併。

● 參考資料

* *EI*[1] 'Soso' (Maurice Delafosse); *EI*[2] 'Gh̲āna' (R. Cornevin), 'Mali' (N. Levtzion).

* J. Spencer Trimingham, *A History of Islam in West Africa*, London 1962, 47-83，第 236 頁附有世系表。

* Nehemia Levtzion, 'The thirteenth- and fourteenth-century kings of Mali', *Journal of African History*, 3 (1963), 34-56，第 353 頁附有世系表。

* idem, *Ancient Ghana and Mali*, London 1973, chs 5-7，第 71 頁附有世系表。

* M. Ly Tall, *L'Empire du Mali*, Dakar 1977.

59.

松海王國（The Kings of Songhay）

- 伊曆三世紀（？）～1000年
- 西曆九世紀（？）～1592年
- 馬利尼日河灣沿岸的薩凡納地區（Savannah）及以西地區

一、加歐地區（Gao）的札支系（Zas，或稱祖瓦支系〔Zuwas〕）

年份	統治者名稱／重要事件
三世紀（？）/九世紀	●阿勒亞曼 ●Alyaman
五世紀 / 十一世紀	●科索伊（柯賽伊）・姆斯林・達姆 ●Kosoy or Kosay Muslim Dam
	●接著是其他十四或十六位統治者，他們的名號被記錄於瑪赫穆德・卡提（Maḥmūd al-Kātī）氏族所著的《調查者之史》（*Ta'rīkh al-Fattāsh*），以及阿布杜—拉赫曼・薩俄迪（'Abd al-Raḥmān al-Sa'dī）的《黑色國家史》（*Ta'rīkh al-Sūdan*）之中，後者的紀錄以札・畢希・巴羅（貝爾）（Za Bisi Baro or Ber）為最後一位統治者。但不同著作的姓名紀錄具有差異性。

二、希支系（Sis，或稱松尼支系〔Sonnis〕）

年份	統治者名稱／重要事件
約674 / 約1275 (?)	●阿里・古羅姆（寇隆） ●'Alī Golom or Kolon
?	●薩勒曼・納里 ●Salmān Nari

?	●易卜拉欣・卡巴亞歐 ●Ibrāhīm Kabayao
約 720 / 約 1320	●歐斯曼・吉弗（卡納法） ●'Uthmān Gifo or Kanafa
?	●其他十二或十五位繼任統治者，他們的名號在資料中有差異性，在《調查者之史》與《黑色國家史》中所記載的最後一位統治者皆為： ●蘇萊曼・達瑪（丹迪） ●Sulaymān Dama or Dandi
868 或 869 / 1464 或 1465	●阿里 ●'Alī ●希・瑪・果戈（瑪赫穆德・達俄歐）（Si Ma Gogo or Maḥmūd Da'o）之子，人稱「貝爾」（Ber，意即「偉大」）。
897 － 898 / 1492 － 1493	●阿布—巴克爾（巴卡利、巴魯） ●Abū Bakr or Bakari or Baru ●阿里・貝爾之子。

三、阿斯奇亞支系（Askiyas）

年份	統治者名稱／重要事件
898 / 1493	●穆罕默德・圖瑞 ●Muḥammad Ture ●阿布—巴克爾之子，人稱阿斯奇亞（Askiya）或是西奇亞（Sikiya），逝於 945 / 1538 年。
934 / 1528	●穆薩 ●Mūsā ●穆罕默德・圖瑞之子。

937 / 1531	●穆罕默德二世・邊坎 ●Muḥammad II Benkan ●歐瑪爾・康迪阿古（‘Umar Kamdiagu）之子。
943 / 1537	●伊斯瑪儀 ●Ismā‘īl ●穆罕默德・圖瑞之子。
946 / 1539	●易斯哈格一世 ●Isḥāq I
956 / 1549	●達伍德 ●Dāwūd ●穆罕默德・圖瑞之子。
990 / 1582	●穆罕默德三世 ●Muḥammad III
994 / 1586	●穆罕默德四世・巴尼 ●Muḥammad IV Bani ●達伍德之子。
996 / 1588	●易斯哈格二世 ●Isḥāq II
999 / 1591	**●被摩洛哥人征服。**
999 － 1000 / 1591 － 1592	●穆罕默德・加歐（高告）（Muḥammad Gao or Kawkaw），遭到摩洛哥人殺害，並建立起阿斯奇亞傀儡政權。

松海人（Songhay，其字源不可考）是血統混雜的一個群體，他們定居於尼日河灣北端沿岸，可能在河川的右岸建立屬於他們自己的城鎮，並根據九世紀的阿拉伯歷史文獻記載，掌管著加歐（Gao，或稱高告〔Kawkaw〕）地區的封邑。根據薩俄迪（al-Sa‘dī）記載的傳說，首先於十一世紀改信伊斯蘭的是第十五任札（Za，當地的統治者頭銜）──科索伊（Kosoy）──他也被人們稱為姆斯林・達姆（Muslim Dam，意即「穆斯林先鋒」）。大約674 / 1275年後，當地出現了一支被稱為「希」的新支系（Sis，或稱松尼族系〔Sonnis〕），它由阿里・古羅姆（‘Alī Golom）所創立，並自馬利王國（見編號58）的手中解放了加歐地區。然而，在伊本─巴杜達於754 / 1353年造訪高告時，他曾暗示當時的政治階層仍然受到馬利王國掌控，而且根據他的描述，當地也如其他地區，只有統治階級與商人是穆斯林，普羅大眾都仍然維持泛靈信仰。

到了十四世紀末，松海王國已全然獨立於馬利王國外，由松尼・阿里「大君」（Sonni ‘Alī the Great，他是希支系的倒數第二位統治者，也是松海王國真正的建立者）所建立的陸軍與海軍，更使松海蛻變為一個強盛帝國。松尼・阿里死後不久，他的將軍，即索寧克人出身的穆罕默德・圖瑞（Muḥammad Ture）便奪取王位，建立起自己的阿斯奇亞朝（Askiyas）。伊斯蘭在他的統治下被定為國教，廷巴克圖也成為了伊斯蘭學識發展的中心。和馬利的統治者一樣，穆罕默德・圖瑞也於901 / 1496至902 / 1497年前往麥加朝聖，並在當地被先知後裔阿巴斯（Sharīf ‘Abbās）封為塔克如爾（Takrūr，狹義為塞內加爾河流域，但廣義上在中世紀伊斯蘭也被用以指稱蘇丹西部，像是「塔克如爾之地」

〔Bilād al-Takrūr〕）的統治者。他將松海王國的勢力向西擴展至塞內加爾以及迦納王國的故土，向東則到達豪撒地區（Housaland），並建立起具有彈性空間、分權的封邑行政體系。但他的繼任者們卻彼此紛爭不斷且略顯無能；在他兒子達伍德（Dāwūd）的統治下，覬覦蘇丹地區財富的摩洛哥薩俄德朝（Sa'did）蘇丹阿赫瑪德・曼蘇爾・達哈比（Aḥmad al-Manṣūr al-Dhahabī，見編號20），向松海王國派遣了紀律嚴明的軍隊，他們挾著強勢的火砲之力進軍加歐地區（999 / 1591 年），松海王國也因此淪為猛烈攻勢下的犧牲品。加歐、廷巴克圖以及杰內（Jenne）這三個主要城鎮都落到入侵者手中。尼日地區中部就此陷入政治分裂與失序的局面，摩洛哥為廷巴克圖指派的總督（pasha）只統治了一段短暫的時間，約莫1070 / 1660 年以後，摩洛哥對當地的直接統治似乎便已經瓦解。

●參考資料

* *EI* ² 'Songhay' (J. O. Hunwick).

* J. Spencer Trimingham, *A History of Islam in West Africa*, 83-103.

* Nehmia Levtzion, *Ancient Ghana and Mali*, 84-93.

60.

卡涅姆與博爾努政權（The Rulers of Kanem and Bornu or Borno）

- 伊曆三世紀（？）至今
- 西曆九世紀（？）至今
- 蘇丹中部與東部

一、卡涅姆的「紅派」（或稱白派）賽伊夫支系（Sayfī，也作Sefuwa，或稱亞贊支系〔Yazanī〕）統治者

年份	統治者名稱／重要事件
約 478 / 約 1085	●胡梅（伍梅）・吉勒米 ●Hume or Ume Jilmi ●瑟勒瑪（Selema）之子。根據博爾努國王列表（Bornu King List），他是該族系中第一位穆斯林統治者。
490 / 1097	●杜納瑪・伍梅米・穆罕默德 ●Dunama Umemi Muḥammad ●胡梅之子。
546 / 1151	●歐斯曼・比里 ●'Uthmān Biri ●杜納瑪之子。
569 / 1174	●阿布達拉・比庫爾・賓・歐斯曼 ●'Abdallāh Bikur b. 'Uthmān
590 / 1194	●阿布杜—賈利勒（吉勒、瑟勒瑪）・賓・阿布達拉 ●'Abd al-Jalīl (Jīl) or Selema b. 'Abdallāh
618 − 657 / 1221 − 1259	●穆罕默德，杜納瑪・迪巴勒米 ●Dunama Dibalemi, Muḥammad ●瑟勒瑪之子。根據瑪各利基（al-Maqrīzī）的記載，他是該族系的首位穆斯林統治者。

二、卡涅姆政權的「黑派」統治者

年份	統治者名稱／重要事件
?	●卡德・賓・杜納瑪 ● Kade b. Dunama
?	●卡契姆・比里・賓・杜納瑪，比里，易卜拉欣（歐斯曼） ● Biri, Ibrāhīm or ‘Uthmān, Kachim Biri b. Dunama
?	●賈利勒（吉勒）・賓・杜納瑪 ● Jalīl or Jil b. Dunama
?	●迪爾克・克勒姆・賓・杜納瑪 ● Dirke Kelem b. Dunama
689 / 1290	●易卜拉欣・尼卡勒・賓・比里 ● Ibrāhīm Nikale b. Biri
711 / 1311	●阿布達拉・賓・卡德 ● ‘Abdallāh b. Kade
722 / 1322	●瑟勒瑪・賓・阿布達拉 ● Selema b. ‘Abdallāh
726 / 1326	●庫瑞・嘎納・賓・阿布達拉 ● Kure Gana b. ‘Abdallāh
727 / 1327	●庫瑞・庫拉・賓・阿布達拉 ● Kure Kura b. ‘Abdallāh
728 / 1328	●穆罕默德・賓・阿布達拉 ● Muḥammad b. ‘Abdallāh
729 / 1329	●伊德里斯・賓・易卜拉欣・尼卡勒 ● Idrīs b. Ibrāhīm Nikale
754 / 1353	●達伍德・賓・易卜拉欣・尼卡勒 ● Dāwūd b. Ibrāhīm Nikale

764 / 1363	●歐斯曼・賓・達伍德 ● ‘Uthmān b. Dāwūd
767 / 1366	●歐斯曼・賓・伊德里斯 ● ‘Uthmān b. Idrīs
769 / 1368	●阿布—巴克爾・賓・達伍德 ● Abū Bakr b. Dāwūd
770 / 1369	●伊德里斯・賓・達伍德，與（或）杜納瑪・賓・易卜拉欣 ● Idrīs b. Dāwūd and / or Dunama b. Ibrāhīm
778 / 1376	●歐瑪爾・賓・伊德里斯 ● ‘Umar b. Idrīs
789 / 1387	●薩義德・賓・伊德里斯 ● Sa‘īd b. Idrīs
790 / 1388	●穆罕默德・賓・伊德里斯 ● Muḥammad b. Idrīs
791 / 1389	●卡德・阿夫努・賓・伊德里斯 ● Kade Afunu b. Idrīs
792 / 1390	●歐斯曼・賓・伊德里斯 ● ‘Uthmān b. Idrīs
825 / 1422	●歐斯曼・卡里努穆瓦・賓・達伍德 ● ‘Uthmān Kalinumuwa b. Dāwūd
826 / 1423	●杜納瑪・賓・歐瑪爾 ● Dunama b. ‘Umar
828 / 1425	●阿布達拉・賓・歐瑪爾 ● ‘Abdallāh b. ‘Umar
836 / 1433	●易卜拉欣・賓・歐斯曼 ● Ibrāhīm b. ‘Uthmān

844 / 1440	●卡德・賓・歐斯曼 ● Kade b. ‘Uthmān
848 / 1444	●比里・賓・杜納瑪 ● Biri b. Dunama
849 / 1445	●杜納瑪・賓・比里 ● Dunama b. Biri
853 / 1449	●穆罕默德 ● Muḥammad
854 / 1450	●伍梅（阿梅爾、阿瑪爾瑪） ● Ume or Amer or Amarma
855 / 1451	●穆罕默德・賓・卡德 ● Muḥammad b. Kade
860 / 1456	●嘎濟 ● Ghāzī
865 / 1461	●歐斯曼・賓・卡德 ● ‘Uthmān b. Kade
870 / 1466	●歐瑪爾・賓・阿布達拉 ● ‘Umar b. ‘Abdallāh
871 － 876 / 1467 － 1472	●穆罕默德・賓・穆罕默德 ● Muḥammad b. Muḥammad

三、博爾努蘇丹的新支系，自承為賽伊夫支系後裔的統治者（Mais）

年份	統治者名稱／重要事件
875 / 1470	●阿里・嘎濟・卡努里・賓・杜納瑪 ● ‘Alī Ghāzī Kanuri b. Dunama

908 / 1503	●伊德里斯・卡塔加爾瑪貝・賓・阿里 ● Idrīs Katagarmabe b. ‘Alī ●同時擁有卡涅姆地區的宗主權。
931 / 1525	●穆罕默德・賓・伊德里斯 ● Muḥammad b. Idrīs
951 / 1544	●阿里・賓・伊德里斯 ● ‘Alī b. Idrīs
953 / 1546	●杜納瑪・穆罕默德・賓・穆罕默德 ● Dunama Muḥammad b. Muḥammad ●阿里的兄弟。
970 / 1563	●阿布達拉・賓・杜納瑪・穆罕默德 ● ‘Abdallāh b. Dunama Muḥammad ●最初可能由阿里・凡納米・賓・穆罕默德（‘Alī Fannami b. Muḥammad）攝政。
977 / 1569	●伊德里斯・阿勞瑪・賓・阿里 ● Idrīs Alawma b. ‘Alī ●也統治卡涅姆，最初可能與期母親瑪濟拉（Magira，「王母」）阿伊夏（艾莎）・基里・恩吉爾瑪拉瑪（‘Āisha〔Aisa〕Kili Ngirmarama）共同統治。
約 1012 / 約 1603	●穆罕默德・賓・伊德里斯 ● Muḥammad b. Idrīs
約 1027 / 約 1618	●易卜拉欣・賓・伊德里斯 ● Ibrāhīm b. Idrīs
約 1034 / 約 1625	●歐瑪爾・賓・伊德里斯 ● ‘Umar b. Idrīs
1055 – 1095 / 1645 – 1684	●阿里 ● ‘Alī

約 1110 / 約 1699	●杜納瑪・賓・阿里 ● Dunama b. ‘Alī
約 1138 / 約 1726	●哈姆敦・賓・杜納瑪 ● Ḥamdūn b. Dunama
約 1143 / 約 1731	●穆罕默德・埃爾加瑪・賓・哈姆敦 ● Muḥammad Ergama b. Ḥamdūn
1160 / 1747	●杜納瑪・嘎納・賓・（？）穆罕默德 ● Dunama Gana b. ? Muḥammad
1163 / 1750	●阿里・賓・哈姆敦 ● ‘Alī b. Ḥamdūn
1205 / 1791	●阿赫瑪德・賓・阿里 ● Aḥmad b. ‘Alī ●在 1223 / 1808 年的伕拉尼聖戰（Fulani jihād）中被奪取博爾努王位，逃往卡涅姆，並在卡涅姆人的協助下重登王位。
1223 / 1808	●杜納瑪・勒非阿米・賓・阿赫瑪德 ● Dunama Lefiami b. Aḥmad ●視卡涅姆政權為宗主國，首次統治
1226 / 1811	●穆罕默德・恩吉勒魯瑪・賓・阿里・賓・哈姆敦 ● Muḥammad Ngileruma b. ‘Alī b.Ḥamdūn
1229 / 1814	●杜納瑪・勒非阿米 ● Dunama Lefiami ●第二次統治。
1232 / 1817	●易卜拉欣・賓・阿赫瑪德 ● Ibrāhīm b. Aḥmad ● 1262 / 1846 年遭卡涅姆人殺害。

1262 / 1846	●阿里・賓・易卜拉欣 ●'Alī b. Ibrāhīm ●在戰爭中遭殺害，為賽伊夫支系的最後一位統治者。

四、博爾努與迪克瓦（Dikwa）的卡涅姆卜支系（Kanembu）統治者（Shaykhs，或作酋長〔Shehus〕）

年份	統治者名稱／重要事件
	●拉米努，穆罕默德・阿敏・卡涅米 ●Muḥammad Amīn al-Kānemī, Shehu Laminu ●自杜納瑪・勒非阿米後，博爾努帝國的實質統治者，逝於1251 / 1835年。
1251 / 1835	●歐瑪爾・賓・穆罕默德・阿敏 ●'Umar b. Muḥammad Amīn ●博爾努的第一位法理酋長，首次統治。
1269 / 1853	●阿布杜—拉赫曼・賓・穆罕默德・阿敏 ●'Abd al-Raḥmān b. Muḥammad Amīn
1270 / 1854	●歐瑪爾・賓・穆罕默德・阿敏 ●'Umar b. Muḥammad Amīn ●第二次統治。
1297 / 1880	●阿布—巴克爾（布卡爾）一世・庫拉・賓・歐瑪爾 ●Abū Bakr or Bukar I Kura b. 'Umar
1301 / 1884	●易卜拉欣・賓・歐瑪爾 ●Ibrāhīm b. 'Umar
1302 / 1885	●哈胥姆・賓・歐瑪爾 ●Hāshim b. 'Umar ●1311 / 1893 年遭殺害。

1311 / 1893	●穆罕默德・阿敏・基阿利・賓・布卡爾・庫拉 ● Muḥammad Amīn Kiari b. Bukar Kura ● 1311 / 1893 年遭殺害。
1311 / 1893	●山達・里瑪那姆貝・烏杜洛瑪・賓・布卡爾・庫拉 ● Sanda Limanambe Wuduroma b. Bukar Kura ● 1311 / 1893 年遭殺害。
1311 – 1319 / 1893 – 1901	**●拉比赫・賓・法德勒拉（Rābiḥ b. Faḍl Allāh）征服博爾努與迪克瓦，1319 / 1901 年遭殺害。**

（一）英國人復權的博爾努酋長

年份	統治者名稱／重要事件
1320 / 1902	●布卡爾・加爾巴伊・賓・易卜拉欣 ● Bukar Garbai b. Ibrāhīm ●原為迪克瓦酋長。
1340 / 1922	●歐瑪爾・山達・庫拉・賓・易卜拉欣 ● ‘Umar Sanda Kura b. Ibrāhīm
1354 – ? / 1937 – ?	●歐瑪爾・山達・基阿利米・賓・穆罕默德・阿敏・基阿利 ● ‘Umar Sanda Kiarimi b. Muḥammad Amīn Kiari ●原為迪克瓦酋長。

（二）法國人復權的迪克瓦酋長與統治者

年份	統治者名稱／重要事件
1318 / 1900	●酋長歐瑪爾・山達・庫拉・賓・易卜拉欣 ● Shehu ‘Umar Sanda Kura b. Ibrāhīm ●首次統治。

1319 / 1901	●酋長布卡爾・加爾巴伊・賓・易卜拉欣 ● Shehu Bukar Garbai b. Ibrāhīm ●日後成為博爾努酋長。
1320 / 1902	●酋長歐瑪爾・山達・曼達拉瑪・賓・布卡爾一世・庫拉 ● Shehu 'Umar Sanda Mandarama b. Bukar I Kura ●首次統治。
1323 / 1905	●酋長易卜拉欣・賓・布卡爾一世・庫拉 ● Shehu Ibrāhīm b. Bukar I Kura
1324 / 1906	●酋長歐瑪爾・山達・曼達拉瑪・賓・布卡爾一世・庫拉 ● Shehu 'Umar Sanda Mandarama b. Bukar I Kura ●第二次統治。
1335 / 1917	●酋長歐瑪爾・山達・基阿利米・賓・穆罕默德・阿敏・基阿利 ● Shehu 'Umar Sanda Kiarimi b. Muḥammad Amīn Kiari ●日後成為博爾努酋長。
1356 / 1937	●阿巴・穆斯塔法一世（瑪斯塔）・賓・穆罕默德・阿敏・基阿利 ● Mai Abba Muṣṭafā I or Masta b. Muḥammad Amīn Kiari
1369 / 1950	●布卡爾・賓・酋長歐瑪爾・山達・基阿利米 ● Mai Bukar b. Shehu 'Umar Sanda Kiarimi
1371 / 1952	●阿巴・穆斯塔法二世（瑪斯塔）・賓・謝胡・山達・曼達拉瑪 ● Mai Abba Muṣṭafā II or Masta b. Shehu Sanda Mandarama
1373 －？/ 1954 －？	●歐瑪爾・阿巴・亞瑞瑪・賓・酋長易卜拉欣 ● Mai 'Umar Abba Yarema b. Shehu Ibrāhīm

在伊斯蘭時期，卡涅姆與博爾努兩國歷史經常糾葛在一起，他們共同建立了最古老且最持久的西非穆斯林國家之一。卡涅姆國位處查德湖東方，相當於現今查德共和國（Republic of Chad）的所在地，而博爾努國則位在查德湖（Lake Chad）的西南方，大約是現今奈及利亞（Nigeria）的東北部。

據說早在伍麥亞朝時期，阿拉伯人的劫掠軍隊便已經穿越利比亞南部的費贊地區（Fezzan），抵達提貝斯提高原（Tibesti）以及圖布人（Tubu）的所在地（相當於現今的查德北部），不過卡涅姆國據信是由撒哈拉沙漠的游牧部族札嘎瓦人（Zaghāwa）所建立的。圖布人可能是在十一世紀將伊斯蘭信仰從北部引入卡涅姆國。據考證，這個時期有一個地方統治政權，他們自稱為希姆亞里（Himyarite）國王賽伊夫・賓・吉亞贊（Sayf b. Dhī Yazan）的後裔，這位國王在伊斯蘭建立以前曾經統治阿拉伯半島南部。撒哈拉沙漠與埃及、北非地區之間始終保有連結，是黑奴買賣的重要交通網，杜納瑪・達巴勒米（Dunama Dabalemi）更曾於655 / 1257年將著名的禮物「長頸鹿」贈送給突尼斯的哈夫斯朝（Ḥafṣid，見編號18）統治者。

到了十四世紀末，這些卡涅姆的賽伊夫氏族統治者，在國內敵對的布拉拉氏族（Bulālas，或作Bilālīs）的強勢進逼下轉往博爾努地區。此時來到博爾努的賽伊夫氏族，再一次由阿里・嘎濟（‘Alī Ghāzī）創立了馬伊（Mai）的統治頭銜，並將他們的首都建於查德湖西方的恩加札加姆（N’gazargamu，或稱噶斯爾・勾摩〔Qaṣr Gomo〕），該城市到1811年前一直都是博爾努國的首都。博爾努統治者在不久後重新奪回卡涅姆帝國，並將他們的勢力向西擴展至位處阿伊爾（Aïr）西北方，並與東北方的圖布（Tubu）對峙的豪撒地區。到了十六世紀晚期，他們發現火槍在戰事中的價值，於是大量引進歐斯曼人的火槍兵，並在特定領域引進伊斯蘭法（Sharī'a），使國家伊斯蘭化。然而，在往後的兩個世紀中，博爾努國面臨豪撒人與撒哈拉的圖瓦雷克人的威脅，而發展停滯或衰退。到了十九世紀初，爆發的伕拉尼聖戰（Fulani jihād，見編號61）為博爾努國帶來負面的影響，在位的馬伊被指控為失格的穆斯林，因此在1224 / 1809年，阿赫瑪德・賓・阿里（Aḥmad b. 'Alī）只好向穆罕默德・阿敏・卡涅米（Muḥammad Amīn al-Kānemī）求援，以抵抗伕拉尼人的進攻。卡涅米氏族的介入意謂博爾努賽伊夫氏族的統治權力被架空，而在1262 / 1846年以後，卡涅姆卜系（Kanembu）的酋長（Shaykhs，或作Shehus）自原先的宗教學者升格為當地合法的統治領袖。來自瓦達伊（Wadai）的入侵者拉比赫（Rābiḥ）統治、佔領博爾努數年，但1318 / 1900年拉畢赫死後，卡涅姆卜系重新在博爾努帝國以及友邦迪克瓦蘇丹國（Dikwa）恢復統治之際，英、德、法等殖民列強不久便瓜分了他們的領土。而博爾努的酋長與迪克瓦的馬伊仍然繼續擔任地方統治者，勢力範圍約在現今奈及利亞共和國東北方的博爾努州，並以馬伊杜古魯（Maiduguru）作為其行政中心。

完整的博爾努列王世系表，是由許多西方學者（包含了德國、法國與英國的學者，最早是1850年代德國巴思〔Barth〕的學者們）依據博爾努宮廷書記留下的文獻記載所完成，無疑是一件相當艱鉅的工程。這些參考文獻中的統治者名號有一定程度的精確性，但統治時間則有所出入。我上述提供的列表與統治時間多是根據下列參考書目而來，其中引用最多的是Hogben與Kirk-Greene的著作，以及Cohen編纂的統治時間表與名號索引。

●參考資料

* *EI* [1] 'Bornū' (G. Yver); *EI* [2] 'Bornū' (C. E. J. Whitting), 'Kanem' (G. Yver*).
* Y. Urvoy, *Histoire de l'Empire de Bornou*, Paris 1949.
* J. Spencer Trimingham, *A History of Islam in West Africa*, 104-26, 207-13.
* S. J. Hogben and A. H. M. Kirke-Greene, *The Emirates of Northern Nigeria: A Preliminary Survey of their Historical Traditions*, London 1966, 307-42，第 341 ～ 342 頁附有博爾努統治者列表與世系表，第 353 頁附有迪克瓦統治者的世系表。
* Ronald Cohen, 'The Bornu king lists', in *Boston University Papers on Africa. II. African history*, ed. Jeffrey Butler, Boston 1966, 41-83，第 80 ～ 83 頁附有統治者列表。
* J. F. A. Ajayi and M. Crowder, *History of West Africa*, 2nd edn, London 1976, I, chs 6 (J. O. Hunwick) and13 (R. A. Adeleye), II, ch. 4 (R. Cohen and L.Brenner).
* H. Montgomery-Massingberd (ed.), *Burke's Royal Families of the World. II. Africa and the Middle East*, London 1980, 178-80.

61.

豪撒的伕拉尼政權（The Fulani Rulers in Hausaland, as Sultans and Caliphs of Sokoto）

- 伊曆 1218 年至今
- 西曆 1804 年至今
- 奈及利亞北部與鄰近的尼日河谷

年份	統治者名稱／重要事件
1218 / 1804	●歐斯曼・賓・夫迪（烏蘇瑪努・丹・弗迪歐） ● ʻUthmān b. Fūdī (Usumanu dan Fodio) ●於該年宣布發動他的「遷徙」與「聖戰」，逝於1232 / 1817 年。
1223 / 1808 （兩人共治）	●阿布達拉（阿布達拉希）・賓・夫迪 ● ʻAbdallāh (Abdallahi) b. Fūdī ●擔任其兄長的大臣，統治豪撒西部，建都於關都（Gwandu）。 ●穆罕默德・貝洛・賓・歐斯曼 ● Muḥammad Bello b. ʻUthmān ●擔任其父親的大臣，統治豪撒東部，建都於索科托。
1232 / 1817	●穆罕默德・貝洛 ● Muḥammad Bello ●人稱馬伊烏爾諾（Mai Wurno），與阿布達拉（ʻAbdallāh）共治，逝於1243 / 1828 年。
1253 / 1837	●阿布—巴克爾・阿提各（阿提庫）・賓・歐斯曼 ● Abū Bakr ʻAtīq (Atiku) b. ʻUthmān ●人稱馬伊卡圖魯（Mai Katuru）。

1258 / 1842	●阿里（阿利尤）・巴巴・賓・穆罕默德・貝洛 ● 'Alī (Aliyu) Babba b. Muḥammad Bello ●人稱馬伊契納卡（Mai Cinaka）。
1275 / 1859	●阿赫瑪德（阿赫瑪杜、查拉庫）・賓・阿比—巴克爾・阿提各 ● Aḥmad (Aḥmadu) or Zaraku b. Abī Bakr 'Atīq ●人稱馬伊契默拉（Mai Cimola）。
1283 / 1866	●阿里・卡拉姆（阿利尤・卡拉米）・賓・穆罕默德・貝洛 ● 'Alī Karām (Aliyu Karami) b. Muḥammad Bello
1284 / 1867	●阿赫瑪德（阿赫瑪杜・拉法耶）・賓・歐斯曼・賓・夫迪 ● Aḥmad (Aḥmadu Rafaye) b. 'Uthmān b. Fūdī
1290 / 1873	●阿布—巴克爾・阿提各（阿提庫・納・拉巴赫）・賓・穆罕默德・貝洛 ● Abū Bakr 'Atīq (Atiku na Rabah) b. Muḥammad Bello
1294 / 1877	●穆阿德（穆阿祖、摩亞薩）・阿赫瑪杜・賓・穆罕默德・貝洛 ● Mu'ādh (Mu'azu, Moyasa) Aḥmadu b. Muḥammad Bello
1298 / 1881	●歐瑪爾（烏瑪魯）・賓・阿里・巴巴 ● 'Umar (Umaru) b. 'Alī Babba
1308 / 1891	●阿布杜—拉赫曼（丹嚴・卡斯寇）・賓・阿比—巴克爾・阿提各 ● 'Abd al-Raḥmān (Danyen Kasko) b. Abū Bakr 'Atīq
1320 / 1902	●穆罕默德・塔希爾一世・賓・阿赫瑪德・阿提各 ● Muḥammad Ṭāhir I b. Aḥmad 'Atīq
1321 / 1903	●穆罕默德・塔希爾二世・賓・阿里・巴巴 ● Muḥammad Ṭāhir II b. 'Alī Babba

1322 / 1904	● **英國人征服索科托（Sokoto）。**
1333 / 1915	● 穆罕默德・賓・阿赫瑪德・阿提各 ● Muḥammad b. Aḥmad ʻAtīq ● 人稱馬伊圖拉瑞（Mai Turare）。
1342 / 1924	● 穆罕默德・賓・穆罕默德・賓・阿赫瑪德・阿提各 ● Muḥammad b. Muḥammad b. Aḥmad ʻAtīq ● 人稱塔姆巴里（Tambari）。
1349 / 1930	● 哈珊・賓・穆阿德・阿赫瑪德 ● Ḥasan b. Muʻādh Aḥmad
1357 － / 1938 －	● 阿布—巴克爾・賓・謝胡・賓・穆阿德・阿赫瑪德 ● Abū Bakr b. Shehu b. Muʻādh Aḥmad

自十八世紀晚期，隨著各種激進與蘇非運動出現，盛行於蘇丹西部（位於尼日河與塞內加爾河源頭的富塔賈隆高原區〔Futa Jallon〕）的伕拉尼人（Fulani 或 Fulbe）群體，有時還帶有千禧年運動的概念，伊斯蘭在西非的地位開始轉變。這些信仰復興運動由富塔・托羅（Futa Toro）的托寇羅爾人（Tokolor）所發起，一直向塞內加爾河南部傳播，有許多來自托寇羅爾宗教階層的伊瑪目（Imām，當地也稱之為「阿勒瑪米」〔almami〕）在當地建立世俗的統治政權，直到法國人於十九世紀末進入該地區才瓦解；其中著名的統治者包括統治尼日河上游地區、來自瑪西納的哈瑪杜・巴利（Ḥamadu Bari of Masina），以及統治尼日河上游到塞內加爾河上游地區的哈吉・歐瑪爾・賓・薩義德・塔勒（al-Ḥājj ʻUmar b. Saʻīd Tal）。而這些信仰運動中，又以嘎迪里

（Qādiriyya）與提賈尼（Tijāniyya）等積極的蘇非道團最引人注目。

托寇羅爾人的宗教領袖歐斯曼・賓・夫迪（'Uthmān b. Fūdī，或作佛迪歐〔Fodio〕，意為「有識者」、「聖者」）崛起自豪撒地區的戈比爾（Gobir），他開始鼓吹聖戰（jihād），對抗那些他認為信仰不虔誠的穆斯林（因為他們與周遭的異教思想妥協），以及黑色非洲人民之中居於主流的泛靈信仰。他採用古代穆斯林社群的政治與宗教領袖頭銜「眾信仰者的領導人」（Amīr al-Mu'minīn），在豪撒語中他被稱為「薩爾欽・穆蘇勒米」（Sarkin Musulmi），他在索科托的後裔也繼承了這個頭銜（繼正統哈里發歐斯曼自封為「眾信仰者的領導人」後，他們自封為「哈里發」或「蘇丹」）。透過他的伕拉尼追隨者，歐斯曼壓制了豪撒政權大部分不願妥協的反抗勢力，其麾下的伕拉尼領導人也各自開拓出自己的封邑，向東直達喀麥隆（Cameroon）北部的阿達姆瓦高原（Adamwa plateau），並繼承統領（amīr）或是拉米督（lamidu）的頭銜。

自穆罕默德・貝洛（Muḥammad Bello）以降，歐斯曼的繼承者們樹立起一個以州為單位的行政體系，這無疑是以他們征服的古豪撒地區的傳統為雛形，再以1224／1909年建立的索科托（或稱Sakwato）等城市作為他們的新行政中心，而歐斯曼的墓地也隨之成為信仰者朝聖之地。原先激發聖戰的信仰因素也逐漸消散，而在伕拉尼人的統治下，人們漸趨墮落，劫掠奴隸的經濟結構大肆發展，土地荒廢、人口也開始銳減，並趨於窮困。雖然統治權力落入地方總督手中，但唯有索科托的宗教權力普遍受到人們承認。到了十九世紀末，英國、法國與德國等殖民列強齊聚豪撒，瓜分了這塊土地。在毫無抵抗的情況下，英國軍隊於1322／1904年進入索科托，索科托隨後被併入四年前建立的北奈及利亞保護國。不過，在英國的間接統治下，索科托的蘇丹族系仍然存續，維持著奈及利亞的統治結構，直到邁入現代的共和時期。索科托如今是奈及利亞共和國西北州的行政首府。

●參考資料

* *EI* [2] 'Sokoto' D. M. Last, ' Fulbe' (R. Cornevin).

* J. Spencer Trimingham, *A History of Islam in West Africa*, 160-207.

* S. J. Hogben and A. H. M. Kirke-Greene, *The Emirates of Northern Nigeria: A Preliminary Survey of their Historical Traditions*, 367-417，第 414 頁附有世系表。

* D. Murray Last, *The Sokoto Caliphate*, London 1967.

* H. A. S. Johnston, *The Fulani Empire of Sokoto*, London 1967.

* J. F. A. Ajayi and M. Crowler (eds), *History of West Africa*, 2nd edn, II, ch. 3 (R. A. Adeleye).

* H. Montgomery-Massingberd (ed.), *Burke's Royal Families of the World. II. Africa and the Middle East*, 192-4.

第八章

東非

East Africa and the Horn of Africa

fourth century / tenth century

1383 / 1964

62.

基勒瓦蘇丹政權（The Sultans of Kilwa）

- 伊曆四世紀（？）～約957年
- 西曆十世紀（？）～約1550年
- 現今坦尚尼亞沿岸

一、須拉濟支系（Shīrāzī）

年份	統治者名稱／重要事件
◇約346 / 約957 (?)	●阿里・賓・胡笙・賓・阿里 ●ʻAlī b. al-Ḥusayn b. ʻAlī
?	●穆罕默德・賓・阿里 ●Muḥammad b. ʻAlī
386 / 996	●阿里・賓・巴斯哈特・賓・阿里 ●ʻAlī b. Basḥat b. ʻAlī
389 － 393 / 999 － 1003	●達伍德・賓・阿里 ●Dāwūd b. ʻAlī
395 / 1005	●哈珊・賓・蘇萊曼 ●al-Ḥasan b. Sulaymān
433 － 493 / 1042 － 1110	●阿里・賓・達伍德 ●ʻAlī b. Dāwūd
499 / 1106	●哈珊・賓・達伍德 ●al-Ḥasan b. Dāwūd
523 / 1129	●蘇萊曼 ●Sulaymān
525 / 1131	●達伍德・賓・蘇萊曼 ●Dāwūd b. Sulaymān

565 / 1170	●蘇萊曼・賓・哈珊・賓・達伍德 ● Sulaymān b. al-Ḥasan b. Dāwūd
585 / 1189	●達伍德・賓・蘇萊曼 ● Dāwūd b. Sulaymān
586 / 1190	●塔魯特・賓・蘇萊曼 ● Ṭālūt b. Sulaymān
587 / 1191	●哈珊・賓・蘇萊曼 ● al-Ḥasan b. Sulaymān
612 / 1215	●哈利德・賓・蘇萊曼 ● Khālid b. Sulaymān
622 / 1225	●？・賓・蘇萊曼 ● ? b. Sulaymān
661 － 665 / 1263 － 1267	●阿里・賓・達伍德 ● 'Alī b. Dāwūd
	● **權力轉移到瑪赫達勒聖裔（Mahdalis）。**

二、瑪赫達勒聖裔（Mahdali Sayyids）

年份	統治者名稱／重要事件
◇676 / 1277	●哈珊・賓・塔魯特 ● al-Ḥasan b. Ṭālūt
◇693 / 1294	●蘇萊曼・賓・哈珊 ● Sulaymān b. al-Ḥasan
708 / 1308	●達伍德・賓・蘇萊曼 ● Dāwūd b. Sulaymān ●首次統治。

◇710 / 1310	●阿布─瑪瓦希卜，哈珊・賓・蘇萊曼 ● al-Ḥasan b. Sulaymān, Abu 'l-Mawāhib
◇733 / 1333	●達伍德・賓・蘇萊曼 ● Dāwūd b. Sulaymān ●第二次統治。
757 / 1356	●蘇萊曼・賓・達伍德 ● Sulaymān b. Dāwūd
757 / 1356	●胡笙・賓・蘇萊曼 ● al-Ḥusayn b. Sulaymān
763 / 1362	●塔魯特・賓・胡笙 ● Ṭālūt b. al-Ḥusayn
◇765 / 1364	●蘇萊曼・賓・胡笙 ● Sulaymān b. al-Ḥusayn
767 / 1366	●蘇萊曼・賓・蘇萊曼・賓・哈珊 ● Sulaymān b. Sulaymān b. al-Ḥasan
791 / 1389	●胡笙・賓・蘇萊曼 ● al-Ḥusayn b. Sulaymān
◇815 / 1412	●阿迪勒，穆罕默德・賓・蘇萊曼 ● Muḥammad b. Sulaymān, al-'Ādil
824 / 1421	●蘇萊曼・賓・穆罕默德 ● Sulaymān b. Muḥammad
846 / 1442	●伊斯瑪儀・賓・胡笙・賓・蘇萊曼 ● Ismā'īl b. al-Ḥusayn b. Sulaymān
858 / 1454	●瑪茲魯姆，穆罕默德・賓・胡笙・賓・穆罕默德・賓・蘇萊曼 ● Muḥammad b. al-Ḥusayn b. Muḥammad b. Sulaymān, al-Maẓlūm
859 / 1455	●阿赫瑪德・賓・蘇萊曼・賓・穆罕默德 ● Aḥmad b. Sulaymān b. Muḥammad

860 / 1456	●哈提卜，哈珊・賓・伊斯瑪儀 ● al-Ḥasan b. Ismā‘īl, al-Khaṭīb
870 / 1466	●薩義德・賓・胡笙 ● Sa‘īd b. al-Ḥusayn
881 / 1476	●蘇萊曼・賓・穆罕默德・賓・胡笙 ● Sulaymān b. Muḥammad b. al-Ḥusayn
882 / 1477	●阿布達拉・賓・哈珊 ● ‘Abdallāh b. al-Ḥasan
883 / 1478	●阿里・賓・哈珊 ● ‘Alī b. al-Ḥasan
884 / 1479	●哈珊・賓・蘇萊曼 ● al-Ḥasan b. Sulaymān ●首次統治。
890 / 1485	●薩卜哈特・賓・穆罕默德・賓・蘇萊曼 ● Sabḥat b. Muḥammad b. Sulaymān
891 － 894 / 1486 － 1489	●哈珊・賓・蘇萊曼 ● al-Ḥasan b. Sulaymān ●第二次統治。
895 / 1490	●易卜拉欣・賓・穆罕默德 ● Ibrāhīm b. Muḥammad
900 / 1495	●穆罕默德・賓・基瓦卜 ● Muḥammad b. Kiwāb ●篡位，蘇萊曼・賓・穆罕默德的兄弟。
900 － 904 / 1495 － 1499	●夫代勒・賓・蘇萊曼 ● Fuḍayl b. Sulaymān
	●而後六名統治者，或為篡位者或由葡萄牙人任命，約至957 / 1550 年時結束統治。

基勒瓦島（葡萄牙航海家稱之為基洛阿島〔Quiloa〕，即現今的基爾瓦基斯瓦尼〔Kilwa Kisawani〕）位於現今坦尚尼亞的東部外海，大約在達爾沙拉姆（Dar es Salaam）南方140英哩處，是一系列穆斯林蘇丹政權的所在地，這些蘇丹控制著東非的沿岸貿易，直到十六世紀葡萄牙人入主該地區。第一位蘇丹來自所謂的須拉濟氏族（Shīrāzī，雖然這個氏族的名稱暗示他們來自波斯城市須拉子〔Shiraz〕，但實際上不太可能），或許是在十世紀時開始統治，但須拉濟氏族是在十二世紀才明確地在歷史上嶄露頭角。十三世紀末，瑪赫達勒聖裔（Mahdali Sayyids）接替須拉濟氏族統治，直到葡萄牙人接管東非沿岸貿易，導致基勒瓦島及其貿易活動逐漸式微。後繼的這個族系包含了在基勒瓦編年史（Kilwa Chronicle）中被稱為「阿布—瑪瓦希卜」（Abu 'l-Mawāhib）的氏族。隨後，姓名不詳的幾位蘇丹仍然接續統治著基勒瓦，並成為葡萄牙人以及日後歐曼人（Omani）的附庸，直到1843年尚西巴（Zanzibar）的布—薩義德家族（Bū Sa'īdīs，見編號65）罷黜了最後一任蘇丹。

透過考古研究，有不少蘇丹的錢幣出土（其中又以瑪赫達勒氏族為最），然而它們大多缺乏確切的鑄造日期，而有關蘇丹的世系表與統治年表也仍不可考；上述列表所提供的時間，是以基勒瓦編年史提供的統治時間為根據推敲而來，皆僅是概略的年份。

● 參考資料

* Zambaur, 309（資料零碎不全）; Album, 28-9.

* *EI* [2] 'Kilwa' (G. S. P. Freeman-Grenville).

* J. Walker, 'History and coinage of the Sultans of Kilwa', *NC*, 5th series, 16 (1936), 41-8.

* idem, 'Some new coins from Kilwa', *NC*, 5th series, 19 (1939), 223-7.

* G. S. P. Freeman-Grenville, *The Medieval History of the Coast of Tanganyika, with Special Reference to Recent Archaeological Discoveries*, London 1962，書末附有世系表。

* idem, *The French at Kilwa Island*, Oxford 1965, 28ff.

* Elias Saad, 'Kilwa dynastic historiography: a critical study', *History in Africa*, 6 (1979), 177-207.

63.

帕泰島的納卜罕氏族（The Nabhānī Rulers of Pate）

- 伊曆 600 ～ 1312 年
- 西曆 1203 ～ 1894 年
- 帕泰島（The island of Pate），位於現今肯亞外海

年份	統治者名稱／重要事件
600 / 1203	●蘇萊曼・賓・穆查法爾 ● Sulaymān b. Muẓaffar
628 / 1227	●穆罕默德・賓・蘇萊曼 ● Muḥammad b. Sulaymān
650 / 1252	●阿赫瑪德・賓・蘇萊曼 ● Aḥmad b. Sulaymān
670 / 1272	●阿赫瑪德・賓・穆罕默德・賓・蘇萊曼 ● Aḥmad b. Muḥammad b. Sulaymān
705 / 1305	●穆罕默德・賓・阿赫瑪德 ● Muḥammad b. Aḥmad
732 / 1332	●歐瑪爾・賓・穆罕默德 ● ‘Umar b. Muḥammad
749 / 1348	●穆罕默德・賓・歐瑪爾 ● Muḥammad b. ‘Umar
797 / 1395	●阿赫瑪德・賓・歐瑪爾 ● Aḥmad b. ‘Umar
840 / 1436	●阿布—巴克爾・賓・穆罕默德 ● Abū Bakr b. Muḥammad

875 / 1470	●穆罕默德・賓・阿比—巴克爾 ● Muḥammad b. Abī Bakr
900 / 1495	●阿布—巴克爾・賓・穆罕默德 ● Abū Bakr b. Muḥammad
945 / 1538	●巴瓦納・姆庫一世・賓・穆罕默德 ● Bwana Mkuu I b. Muḥammad
973 / 1565	●穆罕默德・賓・阿比—巴克爾 ● Muḥammad b. Abī Bakr
1002 / 1594	●巴瓦納・巴卡利一世・賓・巴瓦納・姆庫一世 ● Bwana Bakari I b. Bwana Mkuu I
1011 / 1602	●阿布—巴克爾・巴瓦納・果戈・賓・穆罕默德 ● Abū Bakr Bwana Gogo b. Muḥammad
1061 / 1651	●巴瓦納・姆庫二世・賓・巴瓦納・巴卡利一世 ● Bwana Mkuu II b. Bwana Bakari I
1100 / 1689	●巴瓦納・巴卡利二世・賓・巴瓦納・姆庫二世 ● Bwana Bakari II b. Bwana Mkuu II
1103 / 1692	●阿赫瑪德・賓・阿比—巴克爾 ● Aḥmad b. Abī Bakr
1111 / 1699	●阿布—巴克爾・賓・穆罕默德・巴瓦納・姆提提，巴瓦納・塔姆・姆庫 ● Bwana Tamu Mkuu, Abū Bakr b. Muḥammad Bwana Mtiti
1152 / 1739	●阿赫瑪德・賓・阿比—巴克爾・賓・穆罕默德 ● Aḥmad b. Abī Bakr b. Muḥammad
1160 / 1747	●阿布—巴克爾，巴瓦納・塔姆・姆托托 ● Bwana Tamu Mtoto, Abū Bakr

1177 / 1763	●姆瓦納・哈蒂嘉・賓特・巴瓦納・姆庫・賓・阿比—巴克爾・巴瓦納・果戈 ● Mwana Khadīja bt. Bwana Mkuu b. Abī Bakr Bwana Gogo
1187 / 1773	●巴瓦納・姆庫・賓・謝黑・賓・阿比—巴克爾・巴瓦納・塔姆・姆庫 ● Bwana Mkuu b. Shehe b. Abī Bakr Bwana Tamu Mkuu
1191 / 1777	●穆罕默德・賓・阿比—巴克爾・巴瓦納・塔姆・姆托托，巴瓦納・夫莫・瑪迪 ● Bwana Fumo Madi, Muḥammad b. Abī Bakr Bwana Tamu Mtoto
1224 / 1809	●阿赫瑪德・賓・謝黑・賓・夫莫・魯提 ● Aḥmad b. Shehe b. Fumo Luti
1230 / 1815	●夫莫・魯提・基潘加・賓・巴瓦納・夫莫・瑪迪 ● Fumo Luti Kipanga b. Bwana Fumo Madi
1236 / 1821	●夫莫・魯提・賓・謝黑・賓・夫莫・魯提 ● Fumo Luti b. Shehe b. Fumo Luti
1236 / 1821	●巴瓦納・謝黑・賓・穆罕默德・巴瓦納・夫莫・瑪迪 ● Bwana Shehe b. Muḥammad Bwana Fumo Madi ●首次統治。
1239 / 1824	●巴瓦納・瓦濟里・賓・巴瓦納・塔姆・賓・謝黑，阿赫瑪德 ● Aḥmad, Bwana Waziri b. Bwana Tamu b. Shehe ●首次統治。
1241 / 1826	●巴瓦納・謝黑 ● Bwana Shehe ●第二次統治。
1247 / 1831	●巴瓦納・瓦濟里，阿赫瑪德 ● Aḥmad, Bwana Waziri ●第二次統治。

1250 / 1835	●夫莫・巴卡利・賓・巴瓦納・謝黑 ● Fumo Bakari b. Bwana Shehe
1262 / 1846	●阿赫瑪德・賓・謝黑・賓・夫莫・魯提 ● Aḥmad b. Shehe b. Fumo Luti
1273 / 1857	●阿赫瑪德・辛巴・賓・夫莫・魯提・賓・謝黑 ● Aḥmad Simba b. Fumo Luti b. Shehe
1306 / 1889	●夫莫・巴卡利・賓・阿赫瑪德 ● Fumo Bakari b. Aḥmad ●逝於1308 / 1891年，統治中心在維圖（Witu）。
1308 / 1890	●巴瓦納・謝黑・賓・阿赫瑪德・賓・謝黑 ● Bwana Shehe b. Aḥmad b. Shehe
1308 － 1312 / 1890 － 1894	●夫莫・歐瑪利・賓・阿赫瑪德・賓・謝黑 ● Fumo Omari b. Aḥmad b. Shehe ●帕泰島的最後一任統治者
1312 / 1894	●**英國統治**。
1312 － 1326後 / 1894 － 1908後	●奧瑪爾・瑪迪 ● Omar Madi ●以英國為宗主國。

這支統治者氏族似乎與先於雅俄魯卜朝（Ya'rubids，見編號53）統治歐曼的納卜罕氏族屬於同一個部族，但他們應該不是直接源自當權的納卜罕氏族。他們從十三世紀起開始統治拉姆群島（Lamu archipelago，位於肯亞外海）中的帕泰島，同時他們也視歐曼為宗主

國，並在1109 / 1698年（歐曼人於該年自葡萄牙人手中奪取蒙巴薩〔Mombasa〕）以後向尚西巴繳納關稅。帕泰島的統治者同時也掌控了內陸的維圖地區（Witu），但隨即於十九世紀末遭到英國人接管。一份出色的帕泰島統治者列表是來自該氏族的斯瓦希里語（Swahili）口傳歷史，一直到十九世紀末才記載成書（見下列參考書目），而上述所列出的統治時間也只能夠退而求其次地參考該文本，無疑不夠精確。

●參考資料

* *EI* [2] 'Lamu', 'Pate' (G. S. P. Freeman-Grenville).
* G. S. P. Freeman-Grenville (tr. and introd.), *Habari za Pate: the History of Pate ...*, unpublished paper.
* J. S. Kirkman, 'The early history of Oman in East Africa', *Journal of Oman Studies* VI (1980), 41-58，第56～57頁附有帕泰島統治者列表與納卜罕氏族的世系表。

64.

瑪茲魯伊家族（The Mazrui〔Mazrū‘ī〕*Liwalis* or Governors of Mombasa）

- 約伊曆 1109 ～ 1253 年
- 約西曆 1698 ～ 1837 年
- 蒙巴薩與位於東非外海的奔巴島（Pemba Island）

年份	統治者名稱／重要事件
約 1109 / 約 1698	●納席爾・賓・阿布達拉・瑪茲魯伊 ●Nāṣir b. ‘Abdallāh Mazrū‘ī
1141 / 1729	**●穆罕默德・賓・薩義德・瑪阿米利** **●Muḥammad b. Sa‘īd al-Ma‘āmirī** **●非瑪茲魯伊家族的總督。**
1142 / 1730	**●剎里赫・賓・穆罕默德・哈德拉米** **●Ṣāliḥ b. Muḥammad al-Ḥaḍramī** **●非瑪茲魯伊家族的總督。**
1146 / 1734	●穆罕默德・賓・歐斯曼・賓・阿布達拉 ●Muḥammad b. ‘Uthmān b. ‘Abdallāh
1159 / 1746	**●賽伊夫・賓・哈拉夫** **●Sayf b. Khalaf** **●非瑪茲魯伊家族的總督。**
1160 / 1747	●阿里・賓・歐斯曼 ●‘Alī b. ‘Uthmān
1167 / 1754	●瑪斯伍德・賓・納席爾 ●Mas‘ūd b. Nāṣir

1193 / 1779	●阿布達拉・賓・穆罕默德・賓・歐斯曼 ● ‘Abdallāh b. Muḥammad b. ‘Uthmān
1196 / 1782	●阿赫瑪德・賓・穆罕默德・賓・歐斯曼 ● Aḥmad b. Muḥammad b. ‘Uthmān
1227 / 1812	●阿布達拉・賓・阿赫瑪德 ● ‘Abdallāh b. Aḥmad
1238 / 1823	●蘇萊曼・賓・阿里 ● Sulaymān b. ‘Alī
1240 / 1825	●薩里姆・賓・阿赫瑪德 ● Sālim b. Aḥmad
1253 / 1837	●**布—薩義德家族主張其統治權力。**

瑪茲魯伊家族（斯瓦希里文稱為「瓦瑪茲魯伊家族」〔Wamazrui〕）來自阿拉伯半島東部，在十七世紀末從歐曼遷徙至東非。在約莫一個半世紀的統治中，他們在蒙巴薩組成了一支幾乎未曾中斷的總督族系（斯瓦希里文稱總督為「liwali」，阿拉伯文拼音為「al-wālī」），其中還包含了奔巴島與其他地方的支族。他們的勢力時而大到足以進犯尚西巴的布—薩義德家族（見編號65），有時更會介入帕泰島的事務（見編號63）。儘管如此，尚西巴的布—薩義德統治者薩義德・賓・蘇勒壇（Sa‘īd b. Sulṭān）仍然於1253 / 1837 年鎮壓瑪茲魯伊家族在蒙巴薩的族系，但瑪茲魯伊家族依然在沿岸地區延續了他們的宗教與學識地位，一直到今日都對當地有著莫大的影響力。一如基勒瓦與

帕泰島的族系，當地也有一份瑪茲魯伊家族的統治年表，然而是在不久前（大約於1946年）才編纂完成的。

●參考資料

* *EI* [2] 'Mazrū'ī', 'Mombasa' (G. S. P. Freeman-Grenville).

* G. S. P. Freeman-Grenville and B. G. Martin, 'A preliminary handlist of the Arabic inscriptions of the eastern Africans coast', *JRAS* (1973), 98-122.

* Shaykh al-Amīn b. 'Alī al-Mazrū'ī, *History of the Mazrui*, ed. And tr. J. McL. Ritchie, The British Academy, Fontes Historiae Africanae, London 1995.

65.

東非的布—薩義德家族（The Āl Bū Sa‘īd in East Africa）

- 伊曆 1256 ～ 1383 年
- 西曆 1840 ～ 1964 年
- 尚西巴（Zanzibar）與東非沿岸

年份	統治者名稱／重要事件
1256 / 1840	●薩義德・賓・蘇勒壇・賓・阿赫瑪德 ● Sa‘īd b. Sulṭān b. Aḥmad ●勢力長期根植於尚西巴，自 1242 / 1827 年起間斷統治當地。
1273 / 1856	●瑪吉德・賓・薩義德・賓・蘇勒壇 ● Majīd b. Sa‘īd b. Sulṭān
◇1287 / 1870	●巴爾嘎胥・賓・薩義德 ● Barghash b. Sa‘īd
1305 / 1888	●哈里法・賓・巴爾嘎胥 ● Khalīfa b. Barghash
1307 / 1890	●阿里・賓・薩義德 ● ‘Alī b. Sa‘īd
1310 / 1893	●哈密德・賓・素維尼 ● Ḥāmid b. Thuwaynī
1314 / 1896	●哈穆德・賓・穆罕默德 ● Ḥammūd b. Muḥammad
◇1320 / 1902	●阿里・賓・哈穆德 ● ‘Alī b. Ḥammūd
1329 / 1911	●哈里法・賓・哈魯卜 ● Khalīfa b. Kharūb

1380 / 1960	●阿布達拉・賓・哈里法 ● ‘Abdallāh b. Khalīfa
1383 / 1963 － 1964	●賈姆胥德・賓・阿布達拉 ● Jamshīd b. ‘Abdallāh
1383 / 1964	●**布─薩義德家族被推翻，共和政體建立於尚西巴。**

一如編號54的段落所述，歐曼的布─薩義德家族（Āl Bū Sa‘īd），如同先於其統治的雅俄魯卜氏族（見編號53），直接或間接地統治了絕大部分的東非沿岸地區。1830年代期間，強而有力的薩義德・賓・蘇勒壇（Sa‘īd b. Sulṭān）分別統治著馬斯喀特（Muscat）與尚西巴，然而，自1256 / 1840年起則因為商業因素而永久定居尚西巴。他將丁香的栽種技術引進尚西巴和比鄰的奔巴島，並以此作為出口作物，從而賺取大筆的財富；西方的歐洲列強與美國也在這段時期於尚西巴設立了領事館。在薩義德死後，布─薩義德家族的領土就此分裂為兩個不同的蘇丹國，一個位於歐曼，以馬斯喀特為中心，另一個則是奠基於尚西巴。

到了1307 / 1890年，尚西巴與奔巴島被納入英國保護，位於德屬東非外海。布─薩義德家族曾於1963年十二月短暫獨立，但蘇丹賈姆胥德（Jamshīd）的統治隨後便在1964年一月發生的政變下結束，而到了1964年四月時，尚西巴便被納入坦干伊喀（Tanganyika）之中，該地起初被稱為坦干伊喀與尚西巴聯合共和國（United Republic of Tanganyika and Zanzibar），日後則成為坦尚尼亞共和國（Republic of Tanzania）。

● 參考資料

* 見編號 54 的參考文獻。
* *EI* [2] 'Sa'īd b. Sulṭān' (G. S. PO. Freeman-Grenville).

66.

哈拉爾蘇丹政權（The Sultans of Harar）

- 伊曆 912 ～ 1304 年
- 西曆 1506 ～ 1887 年
- 衣索匹亞東南部的哈拉爾

一、哈拉爾與奧薩（Ausa）的阿赫瑪德・格蘭（Aḥmad Grāñ）支系

年份	統治者名稱／重要事件
912 / 1506	●剎希卜・法特赫，阿赫瑪德・格蘭・賓・易卜拉欣，伊瑪目 ●Aḥmad Grāñ b. Ibrāhīm, Imām, Ṣāḥib al-Fatḥ
950 / 1543	●（巴特伊阿）・蝶勒・汪芭拉 ●(Bat'iah) Dël Wanbarā ●阿赫瑪德・格蘭的遺孀，與她的兒子阿里・賈拉德（'Alī Jarād）共治。
959 / 1552	●剎希卜・法特赫二世，努爾・賓・穆賈希德 ●Nūr b. Mujāhid, Ṣāḥib al-Fatḥ al-Thānī ●阿赫瑪德・格蘭的姪子，逝於975 / 1567 年。
975 / 1567	●歐斯曼 ●'Uthmān
977 / 1569	●塔勒哈・賓・阿巴斯・瓦濟爾 ●Ṭalḥa b. 'Abbās al-Wazīr ●採用蘇丹頭銜。
979 / 1571	●納席爾・賓・歐斯曼 ●Nāṣir b. 'Uthmān

980 / 1572	●穆罕默德・賓・納席爾 ● Muḥammad b. Nāṣir ●於985 / 1577年遭殺害。
985 / 1577	●伊瑪目，穆罕默德・賈薩 ● Muḥammad Jāsā, Imām ●他將首都遷往奧薩，其兄弟留在哈拉爾並成為受其管轄的大臣。於991 / 1583年遭殺害。
993 / 1585	●薩俄德丁 ● Sa'd al-Dīn
1022 / 1613	●剎卜爾丁・賓・阿達姆 ● Ṣabr al-Dīn b. Ādam ●逝於1034 / 1625年或1041 / 1632年。
1041 / 1632	●剎迪各 ● Ṣādiq
1056 / 1646	●瑪拉各・阿達姆・賓・剎迪各 ● Malāq Ādam b. Ṣādiq
1057 / 1647	●阿赫瑪德・賓・瓦濟爾・阿布拉姆 ● Aḥmad b. al-Wazīr Abrām
1083 －？/ 1672 －？	●伊瑪目・歐瑪爾丁・賓・阿達姆 ● Imām 'Umar al-Dīn b. Ādam ●被阿法爾人（'Afar）推翻（時間不明）。

二、哈拉爾的阿里・賓・達伍德（'Alī b. Dāwūd）支系，位於奧薩的獨立政權

年份	統治者名稱／重要事件
1057 / 1647	●阿里・賓・達伍德 ● 'Alī b. Dāwūd

1073 / 1662	●哈胥姆・賓・阿里 ● Hāshim b. ʻAlī
1081 / 1671	●阿布達拉一世・賓・阿里 ● ʻAbdallāh I b. ʻAlī
1111 / 1700	●塔勒哈・賓・阿布達拉 ● Ṭalḥa b. ʻAbdallāh
1134 / 1721	●阿布─巴克爾一世・賓・阿布達拉 ● Abū Bakr I b. ʻAbdallāh
1144 / 1732	●哈拉夫・賓・阿比─巴克爾 ● Khalaf b. Abī Bakr
1146 / 1733	●哈密德・賓・阿比─巴克爾 ● Ḥāmid b. Abī Bakr
1160 / 1747	●優素夫・賓・阿比─巴克爾 ● Yūsuf b. Abī Bakr
1169 / 1755	●阿赫瑪德一世・賓・阿比─巴克爾 ● Aḥmad I b. Abī Bakr
◇1197 / 1782	●阿布杜─夏庫爾・穆罕默德一世・賓・優素夫 ● ʻAbd al-Shakūr Muḥammad I b. Yūsuf
◇1209 / 1794	●阿赫瑪德二世・賓・穆罕默德 ● Aḥmad II b. Muḥammad
1236 / 1820	●阿布杜─拉赫曼・賓・穆罕默德 ● ʻAbd al-Raḥmān b. Muḥammad
◇1240 / 1825	●阿布杜─卡里姆・賓・阿比─巴克爾 ● ʻAbd al-Karīm b. Abī Bakr
◇1250 / 1834	●阿布─巴克爾二世・賓・阿夫塔勒・賈拉德 ● Abū Bakr II b. Aftal Jarād

◇1268 / 1852	●阿赫瑪德三世・賓・阿比—巴克爾 ● Aḥmad III b. Abī Bakr
◇1272 – 1292 / 1856 – 1875	●穆罕默德二世・賓・阿里 ● Muḥammad II b. 'Alī
1292 – 1302 / 1875 – 1885	**●被埃及人佔領。**
◇1302 – 1304 / 1885 – 1886	●阿布達拉二世・賓・穆罕默德・賓・阿里 ● 'Abdallāh II b. Muḥammad b. 'Alī
1304 / 1887	**●遭到衣索匹亞統治者梅內里克（Menelik）征服。**

哈拉爾自古以來便是非洲之角（Horn of Africa）的伊斯蘭中心，同時也是向內陸加拉人（Galla）與索馬利人（Somali）傳道的重鎮；反之，沿岸地區的伊斯蘭化則是以摩加迪休（Maqdishū，又作 Mogadishu）等海岸重鎮為起點。（我們從錢幣上得知許多摩加迪休的蘇丹名號，但他們的氏族關係與統治年表幾乎全然不可考。）十六世紀初，伊法特地區（Ifat）的瓦拉胥瑪蘇丹國（Walashma'，阿姆哈拉語〔Amharic〕也作 Walasma）將其勢力移轉至哈拉爾，而其中一名瓦拉胥瑪的將領阿赫瑪德・格蘭（Aḥmad Grāñ，「Grāñ」為阿姆哈拉語的「左撇子」之意）持續支持衣索匹亞境內的伊斯蘭信仰，直到950 / 1543年，他在與衣索匹亞基督教徒以及葡萄牙軍隊的戰鬥中身亡。在那之後，許多阿赫瑪德的後人都曾統治哈拉爾與奧薩。一直到十七世紀中葉，阿里・賓・達伍德（'Alī b. Dāwūd）的蘇丹支系奪取他們在哈拉

爾的權力，並展開超過兩個多世紀的統治。自阿布杜—卡里姆・賓・阿比—巴克爾（'Abd al-Karīm b. Abī Bakr）以降，該族系的最後幾名蘇丹與阿里・賓・達伍德族系之間的關聯仍有待商榷。

一支突厥化的埃及軍隊於1292 / 1875年佔領哈拉爾，並處決了當地的蘇丹，而到了1304 / 1887年，統治者梅內里克（Menelik）征服哈拉爾，並將之納入衣索匹亞王國（Ethiopian kingdom）。

●參考資料

* Zambaur, 89, 309（資料不全）。

* *EI* [2] 'Harar' (E. Ullendorff).

* R. Basset, 'Chronologie des rois de Harar (1637-1887)', *JA*, 11th series,3 (March-April 1914), 245-58.

* E. Cerulli, 'Gli emiri di Harar dal secolo XVI alla conquista egiziana (1875)', *Rassegna di Studi Etiopici*, 2 (1942), 3-20.

* E. Wagner, *Legende und Geschichte. Der Fatḥ madīnat Harar von Yaḥyā Naṣrallāh*, Wiesbaden 1978.

* Ahmed Zakaria, 'Harari coins: a preliminary survey', *Journal of Ethiopian Studies*, Institute of Ethiopian Studies, Addis Ababa University, 24 (Novermber 1991), 23-46.

第九章

塞爾柱突厥政權前的高加索與波斯西部

Tha Caucasus and the Western Persian Lands before the Seljuqs

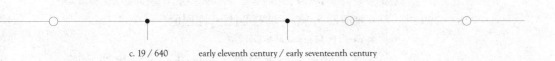

c. 19 / 640 early eleventh century / early seventeenth century

67.

夏爾萬王國（The Sharwān Shāhs）

- 伊曆 183 年～十一世紀初
- 西曆 799 年～十七世紀初
- 外高加索（Transcaucasia）東部的夏爾萬（Sharwān），以及最初的政權中心雅濟迪亞（Yazīdiyya）

一、第一支王國族系：雅濟德支系（Yazīdī）

年份	統治者名稱／重要事件
183 / 799	●雅濟德・賓・瑪茲亞德・謝巴尼 ●Yazīd b. Mazyad al-Shaybānī ●亞美尼亞、亞塞拜然（Azerbaijan）、阿爾蘭地區（Arrān）、夏爾萬與巴布・阿卜瓦布（Bāb al-Abwāb）的總督，逝於 185 / 801 年。
◇205 / 820	●哈利德・賓・雅濟德 ●Khālid b. Yazīd ●逝於 228 / 843 年或 230 / 845 年。
230 / 845	●穆罕默德・賓・哈利德 ●Muḥammad b. Khālid ●亞美尼亞、亞塞拜然、阿爾蘭地區與夏爾萬的總督，定居於阿爾蘭地區。
247 / 861	●海沙姆・賓・哈利德 ●Haytham b. Khālid ●以夏爾萬國王的身分獨立統治夏爾萬。
?	●穆罕默德・賓・海沙姆 ●Muḥammad b. Haytham ●統治中心為雷贊（Layzān）。

◇?	●海沙姆・賓・穆罕默德 ● Haytham b. Muḥammad ●統治中心為雷贊。
300 / 913 前	●阿里・賓・海沙姆 ● ʻAlī b. Haytham ●統治中心為雷贊，於305 / 917 年遭到罷黜。
304 / 916	●阿布—塔希爾，雅濟德・賓・穆罕默德・賓・雅濟德 ● Yazīd b. Muḥammad b. Yazīd, Abū Ṭāhir ●統治中心為夏爾萬，後也著重於巴布・阿卜瓦布地區。
337 / 948	●穆罕默德・賓・雅濟德 ● Muḥammad b. Yazīd
345 / 956	●阿赫瑪德・賓・穆罕默德 ● Aḥmad b. Muḥammad
370 / 981	●穆罕默德・賓・阿赫瑪德 ● Muḥammad b. Aḥmad
◇381 / 991	●雅濟德・賓・阿赫瑪德 ● Yazīd b. Aḥmad
418 / 1028	●瑪努契赫爾一世・賓・雅濟德 ● Manūchihr I b. Yazīd
◇425 / 1034	●阿布—曼蘇爾，阿里・賓・雅濟德 ● ʻAlī b. Yazīd, Abū Manṣūr
435 / 1043	●古巴者・賓・雅濟德 ● Qubādh b. Yazīd
441 / 1049	●布赫特納刹爾・阿里・賓・阿赫瑪德・賓・雅濟德 ● Bukhtnaṣṣar ʻAlī b. Aḥmad b. Yazīd

◇約 445 / 1053	●薩拉爾・賓・雅濟德 ●Sallār b. Yazīd
◇455 / 1063	●法利布爾茲・賓・薩拉爾・賓・雅濟德 ●Farīburz b. Sallār b. Yazīd
約 487 / 約 1094	●法利敦一世・賓・法利布爾茲 ●Farīdūn I b. Farīburz ●逝於 514 / 1120 年。
◇約 487 / 約 1094	●瑪努契赫爾二世・賓・法利布爾茲 ●Manūchihr II b. Farīburz ●可能是法利布爾茲的前任或是繼任統治者，也可能與法利敦一世同時期統治夏爾萬。
◇約 514 / 約 1120	●瑪努契赫爾三世・賓・法利敦 ●Manūchihr III b. Farīdūn
◇約 555 / 約 1160	●阿赫希坦一世・賓・瑪努契赫爾三世 ●Akhsitān I b. Manūchihr III ●逝於 593 / 1197 到 600 / 1204 年間。
◇約 575 / 約 1179	●夏罕夏赫・賓・瑪努契赫爾三世 ●Shāhanshāh b. Manūchihr III ●可能與阿赫希坦在同時期擔任統治者，直到大約 600 / 1204 年。
583 / 1187	●法利敦二世・賓・瑪努契赫爾三世 ●Farīdūn II b. Manūchihr III ●可能也與他的兄弟們在同時期擔任統治者，直到大約 600 / 1204 年。
583 後 / 1187 後	●法利布爾茲二世・賓・法利敦二世 ●Farīburz II b. Farīdūn II ●可能也與他的父親和（或）叔伯們在同時期擔任統治者。

583 後 / 1187 後	●法魯赫查德一世・賓・瑪努契赫爾三世 ● Farrukhzād I b. Manūchihr III ●可能也與他的姪子和（或）兄弟們在 622 / 1225 年以前擔任同時期的統治者。
◇600 後 / 1204 後	●加爾夏斯普一世・賓・法魯赫查德一世 ● Garshāsp I b. Farrukhzād I
◇約 622 / 約 1225	●法利布爾茲三世・賓・加爾夏斯普一世 ● Farīburz III b. Garshāsp I ●統治直到阿拉俄丁（'Alā' al-Dīn）崛起（641 / 1243）之前。
◇約 653 / 1255	●阿赫希坦二世・賓・法利布爾茲三世 ● Akhsitān II b. Farīburz III
656 / 1258	●加爾夏斯普二世（古胥納斯普）・賓・阿赫希坦二世 ● Garshāsp II or Gushnāsp b. Akhsitān II
約 663 / 約 1265	●法魯赫查德二世・賓・阿赫希坦二世 ● Farrukhzād II b. Akhsitān II
……	●不詳的統治者
約 746 / 約 1345	●卡伊・古巴者 ● Kay Qubādh
◇749 / 1348	●卡伊・卡伍斯・賓・卡伊・古巴者 ● Kay Kāwūs b. Kay Qubādh
約 774 − 780 或 784 / 約 1372 − 1378 或 1382	●胡襄・賓・卡伊・卡伍斯 ● Hūshang b. Kay Kāwūs

二、第二支王國族系

年份	統治者名稱／重要事件
◇780 / 1378	●易卜拉欣一世・賓・穆罕默德・賓・卡伊・古巴者 ● Ibrāhīm I b. Muḥammad b. Kay Qubādh
◇821 / 1418	●哈利勒一世・賓・易卜拉欣一世 ● Khalīl I b. Ibrāhīm I
◇867 / 1463	●法魯赫希亞爾・賓・哈利勒一世 ● Farrukhsiyar b. Khalīl I
905 / 1500	●貝拉姆・賓・法魯赫希亞爾 ● Bayram b. Farrukhsiyar
907 / 1502	●嘎濟・賓・法魯赫希亞爾 ● Ghāzī b. Farrukhsiyar
◇908 / 1503	●瑪赫穆德・賓・嘎濟 ● Maḥmūd b. Ghāzī
◇908 / 1503	●易卜拉欣二世（謝赫・夏赫） ● Ibrāhīm II or Shaykh Shāh ●瑪赫穆德・賓・嘎濟的叔父。
◇930 / 1524	●哈利勒二世・賓・易卜拉欣二世 ● Khalīl II b. Ibrāhīm II
◇942 / 1535	●魯赫・賓・法魯赫・賓・易卜拉欣二世 ● Shāh Rukh b. Farrukh b. Ibrāhīm II ●於946 / 1539年遭殺害。
945 / 1538	●**被薩法維朝人（Ṣafawid）佔領。**
951 / 1544	●布爾罕・阿里・賓・哈利勒二世（Burhān ʻAlī b. Khalīl II）領導報復行動失敗，逝於958 / 1551年。
958 / 1551	●**被薩法維朝人佔領。**

987－？/ 1579－？	●阿布—巴克爾・賓・布爾罕・阿里 ● Abū Bakr b. Burhān ʻAlī ●擔任歐斯曼帝國（Ottoman）總督。
1016 / 1607	**●薩法維人確立統治政權。**

夏爾萬國王（Sharwān Shāh）的頭銜應當可以回溯至薩珊帝國統治時期。阿拉伯夏爾萬國王的穆斯林族系始於總督雅濟德・賓・瑪茲亞德（Yazīd b. Mazyad）的統治，他廣大的領土除了亞美尼亞、波斯西北部與外高加索東部之外，還有介於高加索山脈東南角與庫拉河（Kur River）下游谷地之間的夏爾萬。

據說，海沙姆・賓・穆罕默德（Haytham b. Muḥammad）是第一位專門統治夏爾萬的總督，他讓夏爾萬實質獨立，並以夏爾萬國王的頭銜建立起世襲的統治政權。在四世紀 / 十世紀早期，王國建都於亞濟迪亞（Yazīdiyya），可能就是早期的夏馬希（Shammākhī）所立，不過他們也經常入侵裡海沿岸的巴布・阿卜瓦布（Bāb al-Abwāb，或稱達爾班德〔Darband，見編號68〕），偶爾也成功掌控該地。數十年間，國王們必須抵禦來自西方的喬治亞人（Georgian），並在五世紀 / 十一世紀對抗自波斯北部入侵的突厥人。在法利布爾茲一世・賓・薩拉爾（Farīburz I b. Sallār）的統治盛世後，關於後繼國王統治年份與尊號的資料就變得相當零碎且不可靠，因為後來一名歐斯曼帝國史學家所記載的當地（夏爾萬與巴布・阿卜瓦布）早期歷史，只記錄到法利布爾茲一世任期結束；關於後世的統治者，我們大多只能根據夏爾萬以外地區的文獻資料與錢幣上的證據來瞭解。這些國王似乎另以卡斯蘭朝（Kasrānids）之名見聞於世（「卡斯蘭」似乎是法利敦一世・賓・法利布爾茲〔Farīdūn I b. Farīburz〕的一個名字或是尊銜），儘管他們與前朝的統治者之間有著相當具體的連結；這些阿拉伯人的後裔如今也和他們的名字一樣深深伊朗化，甚至自稱為薩珊國王巴赫拉姆・古爾五世（Bahrām Gūr）的後人。

這支族系在帖木兒（Tīmūr）的征討下終結，不過後期的歐斯曼帝國史學家穆內吉姆・巴胥（Münejjim Bashï）詳細描述了所謂的「第二支夏爾萬王國族系」，並將該族系延長到十六世紀晚期；同時，我們也透過錢幣上鑄刻的文字，得知該族系統治者的許多資訊。在十六世紀中，夏爾萬地區的統治權在薩法維帝國（Ṣafawids）與歐斯曼帝國之間移轉，一直到十七世紀早期才結束，而夏爾萬地區也在往後的兩個世紀中成為了薩法維帝國統治下的地方行省。

●參考資料

* Justi, 454; Sachau, 12 no. 18; Zambaur, 181-2; Album, 53.
* *EI* ² 'al-Ḳabḳ' (C. E. Bosworth); 'Shīrwān Shāhs' (W. Barthold and Bosworth).
* V. Minorsky, *A History of Sharvān and Darband in the 10th-11th centuries*, Cambridge 1958.
* D. K. Kouymjian, *A Numismatic History of Southeastern Teanscaucasia and Adharbayjān based on the Islamic Coinage of the 5th / 11th to the 7th / 13th Centuries*, Columbia University Ph.D. thesis 1969, unpubl. (UMI Dissertation Services, Ann Arbor), 61-6, 136-242，第 242 頁附有世系表。
* W. Madelung, 'The minor dynasties of northern Iran', in *The Cambridge History of Iran*. IV. *From the Arab Invasion to the Saljuqs*, ed. R. N. Frye, Cambridge 1975, 243-9.

68.

哈胥姆朝（The Hāshimids）

- 伊曆 255 ～ 468 年
- 西曆 869 ～ 1075 年
- 巴布・阿卜瓦布（達爾班德）及其內陸地區

年份	統治者名稱／重要事件
255 / 869	●哈胥姆・賓・蘇拉嘎・蘇拉米 ●Hāshim b. Surāqa al-Sulamī ●在阿巴斯朝統治下擔任總督，之後宣布獨立。
271 / 884	●歐瑪爾・賓・哈胥姆 ●‘Umar b. Hāshim
272 / 885	●穆罕默德・賓・哈胥姆 ●Muḥammad b. Hāshim
303 / 916	●阿布杜—瑪立克・賓・哈胥姆 ●‘Abd al-Malik b. Hāshim
327 / 939	●阿赫瑪德・賓・阿布杜—瑪立克 ●Aḥmad b. ‘Abd al-Malik ●首次統治。
327 / 939	**●海沙姆・賓・穆罕默德** **●Haytham b. Muḥammad** **●首次統治，來自夏爾萬（Sharwān）。**
329 / 941	●阿赫瑪德・賓・阿布杜—瑪立克 ●Aḥmad b. ‘Abd al-Malik ●第二次統治。

330 / 941	● **海沙姆・賓・穆罕默德** ● **Haytham b. Muḥammad** ● **第二次統治。**
330 / 942	● **阿赫瑪德・賓・雅濟德** ● **Aḥmad b. Yazīd** ● **來自夏爾萬。**
342 / 953	● **哈胥拉姆・阿赫瑪德・賓・穆納比赫** ● **Khashram Aḥmad b. Munabbih** ● **來自拉克茲（Lakz）。**
342 / 954	● 阿赫瑪德・賓・阿布杜—瑪立克 ● Aḥmad b. 'Abd al-Malik ● 第三次統治。
366 / 976	● 麥蒙・賓・阿赫瑪德 ● Maymūn b. Aḥmad
387 / 997	● 穆罕默德・賓・阿赫瑪德 ● Muḥammad b. Aḥmad
393 / 1003	● 曼蘇爾・賓・麥蒙 ● Manṣūr b. Maymūn ● 首次統治。
410 / 1019	● **雅濟德・賓・阿赫瑪德** ● **Yazīd b. Aḥmad** ● **首次統治，來自夏爾萬。**
412 / 1021	● 曼蘇爾・賓・麥蒙 ● Manṣūr b. Maymūn ● 第二次統治。
414 / 1023	● **雅濟德・賓・阿赫瑪德** ● **Yazīd b. Aḥmad** ● **第二次統治，來自夏爾萬。**

415 / 1024	●曼蘇爾・賓・麥蒙 ● Manṣūr b. Maymūn ●第三次統治。
425 / 1034	●阿布杜—瑪立克・賓・曼蘇爾 ● ‘Abd al-Malik b. Manṣūr ●首次統治。
425 / 1034	**●阿里・賓・雅濟德** **● ‘Alī b. Yazīd** **●來自夏爾萬。**
426 / 1035	●阿布杜—瑪立克・賓・曼蘇爾 ● ‘Abd al-Malik b. Manṣūr ●第二次統治。
434 / 1043	●曼蘇爾・賓・阿布杜—瑪立克 ● Manṣūr b. ‘Abd al-Malik ●首次統治。
446 / 1054	●拉胥卡利・賓・阿布杜—瑪立克 ● Lashkarī b. ‘Abd al-Malik
447 / 1055	●曼蘇爾・賓・阿布杜—瑪立克 ● Manṣūr b. ‘Abd al-Malik ●第二次統治。
457 / 1065	●阿布杜—瑪立克・賓・拉胥卡利 ● ‘Abd al-Malik b. Lashkarī ●首次統治，擔任夏爾萬的法利布爾茲一世・賓・薩拉爾（Farīburz I b. Sallār of Sharwān）的附庸。
461 / 1068	**●法利布爾茲・賓・薩拉爾** **● Farīburz b. Sallār** **●來自夏爾萬。**

463 / 1070	● 阿布杜—瑪立克・賓・拉胥卡利 ● 'Abd al-Malik b. Lashkarī
468 / 1075	● 麥蒙・賓・曼蘇爾 ● Maymūn b. Manṣūr
468 / 1075	● **塞爾柱將領薩烏提金（Sāwtigin）佔領巴布・阿卜瓦布。**

巴布・阿卜瓦布（或稱達爾班德）掌控了裡海西岸與達吉斯坦（Dāghistān）山區之間沿岸的狹窄道路，因此擁有相當重要的戰略地位；也因為如此，它足以抵擋北方的哈札爾突厥（Turkish Khazars）等草原民族，成為伊斯蘭的一個穩固堡壘（阿拉伯文拼音為thaghr）。除此之外，巴布・阿卜瓦布也是貿易蓬勃的海港，裡海的交易加上南俄大草原的奴隸輸運都帶來了高度的繁榮。

哈胥姆氏族（Hāshimids，可能是蘇萊姆氏族〔Banū Sulaym〕的附庸者，而不是原生的阿拉伯人）的起源可以回溯至伍麥亞時期，他們最初似乎是被任命為達爾班德總督。藉著阿巴斯朝哈里發政權於九世紀中葉爆發的內亂，總督哈胥姆・賓・蘇拉嘎（Hāshim b. Surāqa）在達爾班德宣布獨立，雖然時常遭受干預，他的繼承者們也在往後的二百多年裡掌權。達爾班德的勢力實際上與鄰近的夏爾萬緊密連結，而夏爾萬的國王也屢次介入達爾班德的內政（這也許是因為國王本身即擁有較高的社會威望，見編號67）。然而，其中一個導致哈胥姆氏族的政權基礎不甚穩固的原因，乃是達爾班德內部強大且具影響力的權貴人士，他們組成了城市內的上層階級，頻繁挑戰統領的權力，甚至經常成功壓制其權力。據信在塞爾柱蘇丹阿勒普・阿爾斯蘭（Alp Arslan）將外高加索的土地賞賜給他的奴隸將領薩烏提金（Sāwtigin）後，哈胥姆氏族最終走到了盡頭，完全消失於當地。

不過，根據一些零碎的資料（其中主要是來自出土的錢幣），我們概略地得知在十二世紀時，出現了另一支達爾班德國王系統（Maliks of Darband，他們可能自稱為前朝哈胥姆氏族的後裔）。在十三世紀初的數年間，當達爾班德完全落入夏爾萬國王手中時，該族系似乎便結束。

●參考資料

* Sachau, 13-14 no. 21; Zambaur, 185.
* *EI* [1] 'Derbend' (W. Barthold); *EI* [2] 'Bāb al-Abwāb' (D. M. Dunlop); 'al-Ḳabḳ' (C. E. Bosworth).
* V. Minorsky, *A History of Sharwān and Darband.*
* D. K. Kouymijian, *A Numismatic History of Southeastern Caucasia and Adharbayjān*, 66-8, 243-87，第 287 頁附有世系表（關於十二世紀的瑪立克族系）。
* W. Madelung, in *The Cambridge History of Iran*, IV, 243-9.

69.

朱斯坦朝（The Justānids）

- 伊曆二世紀晚期～五世紀
- 西曆八世紀晚期～十一世紀
- 代拉姆地區（Daylam），其中心分布於魯德巴爾地區（Rūdbār）至夏赫魯德河谷（Shāh Rūd valleys）之間

年份	統治者名稱／重要事件
175 / 791	●「代拉姆國王」(？朱斯坦一世) ● the 'King of Daylam' (? Justān I) ●庇護阿里後裔（'Alids）。
189 / 805	●瑪爾祖班・賓・朱斯坦一世 ● Marzubān b. Justān I ●他在拉伊（Rayy）承認哈里發哈倫・拉胥德（Hārūn al-Rashīd）。
?	●朱斯坦二世・賓・瑪爾祖班 ● Justān II b. Marzubān ●約逝於251 / 865年。
約251－292 / 約865－905	●瓦赫蘇旦・賓・朱斯坦二世 ● Wahsūdān b. Justān II
約292 / 約905	●朱斯坦三世・賓・瓦赫蘇旦 ● Justān III b. Wahsūdān ●約於304 / 916年遭殺害。
307 / 919	●阿里・賓・瓦赫蘇旦 ● 'Alī b. Wahsūdān ●自大約300 / 913年起，於伊斯法罕（Isfahān）及拉伊為阿巴斯朝效力。

?	●忽斯勞・非魯茲・賓・瓦赫蘇旦 ●Khusraw Fīrūz b. Wahsūdān ●魯德巴爾地區的統治者，於307 / 919 年後遭殺害。
?	●瑪赫迪・賓・忽斯勞・非魯茲 ●Mahdī b. Khusraw Fīrūz ●統治中心為魯德巴爾。
?	●朱斯坦四世 ●Justān IV ●逝於328 / 940 年，可能是瑪納札爾（Manādhar）的父親。
336 / 947	●瑪納札爾・賓・朱斯坦四世 ●Manādhar b. Justān IV ●統治中心為魯德巴爾，可能逝於358 / 969 至361 / 972 年間。
◇361 － 363 / 972 － 974	●忽斯勞・夏赫・賓・瑪納札爾 ●Khusraw Shāh b. Manādhar ●統治中心為魯德巴爾，可能逝於392 / 1002 至396 / 1006 年間。
	●**該朝滅逝於五世紀 / 十一世紀期間。**

朱斯坦氏族（Justānids）以「代拉姆國王」的身分出現於八世紀末，他們的勢力核心從阿拉穆特山（Alamūt）的魯德巴爾地區直入夏赫魯德河谷，並在往後的二個世紀多，因為作為伊斯瑪儀里派尼查里分支（Nizārī Ismā'īlis，見編號101）在波斯的宣教中心而惡名遠播；不過在這之前，他們主要仍統治著代拉姆地區。在伊斯蘭的歷史上，他們參

與了隱匿許久的波斯西北部族群勢力崛起的過程，如代拉姆人、庫德人等等。所謂的「代拉姆中歇期」（Daylamī intermezzo，以布伊朝〔Būyids，見編號75〕為高峰）包含了朱斯坦朝與其他列朝，自阿巴斯朝哈里發政權以及波斯西部阿拉伯總督勢力瓦解，一直到橫掃中東的塞爾柱帝國（見編號91之1）建立以前的這段時間內，正是這段中歇期組成、拓展了波斯西部與中部的歷史。

當瑪爾祖班・賓・朱斯坦一世（Marzubān b. Justān I）於189 / 805年改信伊斯蘭以後，古老的朱斯坦氏族就此與代拉姆地區阿里後裔的什葉柴迪派建立關係，似乎也因此奉行什葉教義。在十世紀時，儘管朱斯坦氏族仍然以布伊朝的盟友之姿，掌控著代拉姆高地上的魯德巴爾地區，但他們似乎因為其強勢且積極擴張的代拉姆友邦——塔魯姆的穆薩非爾朝（Musāfirids of Ṭārum〔Sallārids〕，他們與朱斯坦氏族有緊密的姻親關係，見編號71之2）而漸趨式微。到了十一世紀，偶爾仍有歷史記載提及朱斯坦氏族，他們承認嘎茲納朝（Ghaznavids）以及日後入主的塞爾柱帝國的宗主國地位，但之後他們便消逝於歷史洪流之中。

● 參考資料

* Justi, 440; Zambaur, 192（兩者皆資料零碎不全）。
* *EI* ² 'Daylam' (V. Minorsky).
* R. Vasmer, 'Zur Chronologie der Ǧastāniden und Sallāriden', *Islamica*, 3 (1927), 165-70, 177-9, 482-5，第184頁附有修正 Zambaur 著作的世系表。
* Sayyid Aḥmad Kasravī, *Shahriyārān-i gum-nām*, Tehran 1307/1928, I, 22-34，第111頁附有世系表。
* W. Madelung, in *The Cambridge History of Iran*, IV, 208-9, 223-4.

70.

薩吉朝（The Sājids）

- 伊曆 276 ～ 312 年
- 西曆 889 ～ 929 年
- 亞塞拜然（Azebajian，又作 Ādharbāyjān）

年份	統治者名稱／重要事件
276 / 889	●穆罕默德・賓・阿比─薩吉・迪烏達德一世・賓・迪烏達斯特 ● Muḥammad b. Abī ’l-Sāj Dīwdād I b. Dīwdast
288 / 901	●阿布─穆薩非爾，迪烏達德二世・賓・穆罕默德 ● Dīwdād II b. Muḥammad, Abu ’l-Musāfir
◇288 / 901	●阿布─嘎希姆，優素夫・賓・阿比─薩吉・迪烏達德一世 ● Yūsuf b. Abī ’l-Sāj Dīwdād I, Abu ’l-Qāsim
◇315 － 317 / 928 － 929	●阿布─穆薩非爾，法特赫・賓・穆罕默德・賓・阿比─薩吉 ● Fatḥ b. Muḥammad b. Abī ’l-Sāj, Abu ’l- Musāfir
317 / 929	●**該總督族系終結。**

薩吉朝是阿巴斯朝哈里發政權下、位於波斯西北部的一支總督族系，始於一名效忠阿巴斯朝、文化上已阿拉伯化的粟特裔（Sogdian）

將領。阿布—薩吉・迪烏達德一世（Abu 'l- Sāj Dīwdād I）是巴格達與呼濟斯坦（Khūzistān）的總督，不過隨著他的兒子穆罕默德（Muḥammad b. Abī 'l-Sāj Dīwdād I）於276 / 889年被任命為亞塞拜然總督，他的氏族獲得往後四十年的統治根基。薩吉氏族掌權期間，領導了許多戰役，對抗巴格拉特氏族（Bagratids）以及瓦斯普拉坎的阿爾茲倫氏族（Ardzrunids of Vaspurakan）等亞美尼亞親王，並將他們納為自己的附庸國。然而，在阿布—穆薩非爾・法特赫（Abu 'l- Musāfir Fatḥ）被暗殺以後，薩吉氏族在亞塞拜然的統治也隨之告終，當地的統治權隨後移轉至為數眾多的代拉姆人以及庫德族首領手中。

在阿拉伯人於外高加索東部的亞美尼亞省份拓展政治與文化影響力的過程中，薩吉朝的統治扮演舉足輕重的角色；然而，一如塔希爾朝（Ṭāhirids，見編號82），薩吉朝始終維持著對巴格達阿巴斯朝宗主的忠誠，自始至終都被視為是自治政權，而非獨立於巴格達政權之外。

● 參考資料

* Lane-Poole, 126; Zambaur, 179; Album, 33.

* *EI* ² 'Sādjids' (C. E. Bosworth). *EIr* 'Banū Sāj' (W. Madelung).

* C. Defrémery, 'Mémoire sur la famille des Sadijides', *JA*, 4th series, 9 (1847), 409-16; 10 (1847), 396-436.

* W. Madelung, in *The Cambridge of Iran*, IV 228-32.

71.

穆薩非爾朝（The Musāfirids or Sallārids）

- 伊曆 304 年前～約 483 年
- 西曆 916 年前～約 1090 年
- 代拉姆，其中心分布於塔魯姆（Ṭārum）與薩米蘭（Samīrān），之後也包含亞塞拜然與阿爾蘭地區

年份	統治者名稱／重要事件
304 前 / 916 前	●穆罕默德・賓・穆薩非爾 ●Muḥammad b. Musāfir
	●氏族分裂為兩支系。

一、亞塞拜然支系

年份	統治者名稱／重要事件
◇330 / 941	●瑪爾祖班一世・賓・穆罕默德 ●Marzubān I b. Muḥammad ●逝於 346 / 957 年。
◇346 － 349 / 957 － 960	●朱斯坦一世・賓・瑪爾祖班一世 ●Justān I b. Marzubān I
◇349 / 960	●伊斯瑪儀・賓・瓦赫蘇旦 ●Ismā‘īl b. Wahsūdān
◇351 － 373 / 962 － 983	●易卜拉欣一世・賓・瑪爾祖班一世 ●Ibrāhīm I b. Marzubān I

◇355 / 966	●阿布—哈珊，努赫・賓・瓦赫蘇旦 ●Nūḥ b. Wahsūdān, Abu 'l-Ḥasan ●統治中心為阿爾達比勒（Ardabīl），之後統治薩米蘭，直到大約379 / 989年。
373 / 983	**●拉瓦德族人（Rawwādids）征服了亞塞拜然大部分的疆土。**
373 － 374 / 983 － 984	●瑪爾祖班二世・賓・伊斯瑪儀・賓・瓦赫蘇旦 ●Marzubān II b. Ismā'īl b. Wahsūdān ●統治小部分的亞塞拜然（可能是米亞納〔Miyāna〕），直到被拉瓦德族人罷黜。

二、代拉姆支系

年份	統治者名稱／重要事件
◇330 / 941	●阿布—曼蘇爾，瓦赫蘇旦・賓・穆罕默德 ●Wahsūdān b. Muḥammad, Abū Manṣūr ●首次統治。
約354 / 約965	**●布伊朝人佔領塔魯姆。**
355 / 966	●瓦赫蘇旦・賓・穆罕默德 ●Wahsūdān b. Muḥammad ●第二次統治。
?	●瑪爾祖班二世・賓・伊斯瑪儀・賓・瓦赫蘇旦 ●Marzubān II b. Ismā'īl b. Wahsūdān
387 / 997	●易卜拉欣二世・賓・瑪爾祖班二世 ●Ibrāhīm II b. Marzubān II ●420 / 1029年，嘎茲納朝人（Ghaznawids）短暫奪取了他的權位。

?	●阿布—刹里赫，朱斯坦二世・賓・易卜拉欣二世 ● Justān II b. Ibrāhīm II, Abū Ṣāliḥ ●437 / 1045 年在位。
?	●穆薩非爾・賓・易卜拉欣二世 ● Musāfir b. Ibrāhīm II ●454 / 1062 年在位。
?	**●被阿拉穆特（Alamūt）的伊斯瑪儀里派終結。**

位於代拉姆的穆薩非爾朝是朱斯坦朝（見編號69）的友邦，雙方關係密切；不過，作為一個新興且似乎更為強勢的氏族，穆薩非爾在代拉姆內外都有十足的影響力。因為濟亞爾氏族（Ziyārids，見編號81）與布伊氏族（見編號75）爭相競逐波斯北部的肥沃土地（後者也入侵波斯南部與伊拉克），穆薩非爾氏族於是向西擴張，進入亞塞拜然與亞美尼亞的東部邊緣地帶，彼時，當地也正因為薩吉氏族總督（見編號70）式微而陷入權力真空狀態。「穆薩非爾」一詞明顯來自阿拉伯化的波斯名「阿斯法爾」（Asfār，或作Asvār），在其他的文獻中也曾以「薩拉爾氏族」（Sallārids，波斯文為Sālār，意即「軍事將領」）或「朗嘎爾氏族」（Langarids，可能源於某個人的名字，這個用法比起「坎加爾氏族」〔Kangarids〕更為可信）稱呼他們。

穆罕默德・賓・穆薩非爾（Muḥammad b. Musāfir）是這個朝代首位出現於歷史記載上的成員，他掌握薩非魯德河谷（Sāfīd Rūd valley）之中，塔魯姆與薩米蘭等地的主要要塞，並以此為基礎壯大他的勢力，逐步地蠶食較古老的朱斯坦朝。穆罕默德於330 / 941 年遭到他的兒子們囚禁以後，整個朝代分裂為兩個支系，瓦赫蘇旦（Wahsūdān）一脈仍然固守塔魯姆，而他的兄弟瑪爾祖班（Marzubān）則是將勢力向北方與西方擴展至亞塞拜然、阿爾蘭地區與亞美尼亞東部的部分地區，最遠甚至到達裡海沿岸的達爾班德。這段期間內，穆薩非爾氏族似乎開始奉行風靡代拉姆地區的伊斯瑪儀里派什葉傳統。兩分支之間頻繁鬥爭，瑪爾祖班族系也漸漸難以抵擋日漸壯大的塔布里茲（Tabrīz）強權——拉瓦德氏族（Rawwādids，見編號72）。而在代拉姆的族系也短暫面臨布伊朝的強力施壓，甚至一度將夏米蘭（Shamirān）割讓給拉伊的法赫爾—道拉（Fakhr al-Dawla of Rayy）。代拉姆支系的聲勢在不久後再次興起，因此能夠將勢力向南擴張至贊江地區（Zanjān）；無奈有關該朝的歷史記載在這之後漸不可考。他們持續抵抗進犯的嘎茲納朝（見編號158），但在日後臣服於塞爾柱帝國的開國君主多里勒—別克（Toghrīl Beg）。之後的歷史便沒有任何記載，但很可能是位於阿拉穆特山的伊斯瑪儀里派（見編號101）消滅了穆薩非爾氏族。

●參考資料

* Justi, 441（以瓦赫蘇旦氏族的普遍稱號連結穆薩非爾氏族和拉瓦德氏族）; Sachau, 14 no. 23; Zambaur, 180（有所缺漏）; Album, 33-4.

* *EI* ² 'Musāfirids' (V. Minorsky).

* R. Vasmer, 'Zur Chronoloie der Ğastāniden und Sallāriden', 170-81，第184頁附有修正 Zambaur 著作的世系表。

* Sayyid Aḥmad Kasravī, *Shahriyārān-i gum nām*, I, 52-120，第112頁附有世系表。

* V. Minorsky, *Studies in Caucasian History*, London 1953.

* C. E. Bosworth, 'The political and dynastic history of the Iranian world (A.D. 1000-1217)', in *The Cambridge History of Iran*. V. *The Saljuq and Mongol Periods*, ed. J. A. Boyle, Cambridge 1968, 30-2.

* W. Madelung, in *The Cambridge History of Iran*, IV, 232-6.

72.

拉瓦德朝（The Rawwādids）

- 伊曆四世紀初～ 463 年
- 西曆十世紀初～ 1071 年
- 亞塞拜然，其中心位於塔布里茲（Tabriz，又作 Tabrīz）

年份	統治者名稱／重要事件
?	●穆罕默德・賓・胡笙・拉瓦迪 ● Muḥammad b. Ḥusayn al-Rawwādī
344 / 955	●阿布—海賈俄，胡笙一世・賓・穆罕默德 ● Ḥusayn I b. Muḥammad, Abu 'l-Hayjā'
◇378 / 988	●阿布—海賈俄，瑪姆蘭（穆罕默德）一世・賓・胡笙 ● Mamlān or Muḥammad I b. Ḥusayn, Abu 'l-Hayjā'
391 / 1001	●阿布—納斯爾，胡笙二世・賓・瑪姆蘭一世 ● Ḥusayn II b. Mamlān I, Abū Naṣr
416 / 1025	●阿布—曼蘇爾，瓦赫蘇旦・賓・瑪姆蘭一世 ● Wahsūdān b. Mamlān I, Abū Manṣūr
451 / 1059	●阿布—納斯爾，瑪姆蘭（穆罕默德）二世・賓・瓦赫蘇旦 ● Mamlān or Muḥammad II b. Wahsūdān, Abū Naṣr
463 / 1071	**●塞爾柱人佔領亞塞拜然。**
?	●阿赫瑪迪勒・賓・易卜拉欣・賓・瓦赫蘇旦 ● Aḥmadīl b. Ibrāhīm b. Wahsūdān ● 510 / 1116 年逝於馬拉加（Marāgha）。
510 / 1116	**●馬拉加的阿赫瑪迪勒系大將領（Aḥmadīlī Atabegs）。**

儘管在十世紀時，代拉姆人是波斯北部所有伊朗人之中最顯要的族群，但其他族群所扮演的角色也不容忽視。阿爾蘭地區的夏達德氏族（Shaddādids，見編號73）很可能有庫德族血統，而拉瓦德氏族（Rawwādids，後來文獻中常以「拉瓦迪人」〔Rawādi〕稱呼他們）在十世紀時也被認定帶有庫德血統。然而事實上，拉瓦德氏族的祖先仍極有可能屬於葉門的阿茲德阿拉伯部族（Azd），並曾於阿巴斯朝初期擔任塔布里茲的總督；但隨著雅濟德系的夏爾萬國王（見編號67）轉向伊朗化，拉瓦德氏族也隨之庫德化，他們改用「瑪姆蘭」（Mamlān）與「阿赫瑪迪勒」（Aḥmadīl）等庫德化的阿拉伯名字，來代替「穆罕默德」（Muḥammad）與「阿赫瑪德」（Aḥmad）等等。

一如他們的近鄰穆薩非爾氏族，拉瓦德氏族也利用了亞塞拜然在薩吉氏族統治後陷入混亂的局勢。儘管有布伊朝的支援，穆薩非爾氏族在亞塞拜然奠基的支族仍然逐漸遭到阿布—海賈俄・瑪姆蘭一世（Abu 'l-Hayjā' Mamlān I）驅逐，到了374 / 984年，亞塞拜然全境皆已落入拉瓦德氏族手中。十一世紀中，拉瓦德朝最傑出的成員當屬瓦赫蘇旦・賓・瑪姆蘭一世（Wahsūdān b. Mamlān I）。藉著周邊庫德族的協助，他成功化解烏古斯突厥游牧部族（Oghuz）的第一次入侵，但仍在446 / 1054年臣服於塞爾柱君主多里勒—別克。之後，拉瓦德氏族便以塞爾柱帝國附庸國身分進行統治，直到阿勒普・阿爾斯蘭從安那托利亞的征戰中返回，並罷黜瑪姆蘭二世・賓・瓦赫蘇旦（Mamlān II b. Wahsūdān），才結束拉瓦德氏族的統治。儘管如此，該氏族至少仍有一位成員廣為人知，即是馬拉加的阿赫瑪迪勒（Aḥmadīl of Marāgha），在阿赫瑪迪勒之後衍生出一支突厥僕役支系（ghulām），而該支系以他為名，稱為阿赫瑪迪勒系（Aḥmadīlīs，見編號98），因此他的名字能夠長存於十二世紀的歷史中。

●參考資料

* Justi, 441; Zambaur, 180（他與Justi一樣誤將拉瓦德氏族視為穆薩非爾氏族的分支）; Album, 34.

* *EI*² 'Tabrīz' (V. Minorsky); *EI*² 'Rawwādids' (C. E. Bosworth).

* Sayyid Aḥmad Kasravī, *Shahriyārān-i gum-nām*, II, 130-58.

* V. Minorsky, *Studies in Caucasian History*, 167-9，第167頁附有世系表。

* C. E. Bosworth, in *The Cambridge History of Iran*, V, 32-4.

* W. Madelung, in ibid., IV, 236-9.

73.

夏達德朝（The Shaddādids）

- 約伊曆 340 ～ 570 年
- 約西曆 951 ～ 1174 年
- 阿爾蘭地區與亞美尼亞東部

一、位於甘賈（Ganja）與德凡（Dvīn）的主要支系

年份	統治者名稱／重要事件
約 340 / 約 951	●穆罕默德・賓・夏達德・賓・Q.r.t.q. ●Muḥammad b. Shaddad b. Q.r.t.q. ●統治中心為德凡。
360 / 971	●阿里・拉胥卡利・賓・穆罕默德 ●‘Alī Lashkarī b. Muḥammad ●統治中心為甘賈。
368 / 978	●瑪爾祖班・賓・穆罕默德 ●Marzubān b. Muḥammad
◇375 / 985	●法德勒一世・賓・穆罕默德 ●Faḍl I b. Muḥammad
422 / 1031	●阿布—法特赫，穆薩・賓・法德勒一世 ●Mūsā b. Faḍl I, Abu ’l-Fatḥ
425 / 1034	●阿里・拉胥卡利二世・賓・穆薩 ●‘Alī Lashkarī II b. Mūsā
440 / 1049	●阿布—阿斯瓦爾，夏烏爾一世・賓・法德勒一世 ●Shāwur I b. Faḍl I, Abu ’l-Aswār ●自 413 / 1022 年起統治德凡，441 / 1049 年後也統治甘賈。

459 / 1067	●法德勒二世・賓・阿比—阿斯瓦爾・夏烏爾一世 ● Faḍl II b. Abu ’l-Aswār Shāwur I
466 － 468 / 1073 － 1075	●法德勒三世（法德倫）・賓・法德勒二世 ● Faḍl III (Faḍlūn) b. Faḍl II
468 / 1075	**●塞爾柱將領薩烏提金佔領阿爾蘭地區。**

二、阿尼（Ānī）支系

年份	統治者名稱／重要事件
約 465 / 約 1072	●阿布—休賈俄，瑪努契赫爾・賓・阿比—阿斯瓦爾・夏烏爾一世 ● Manūchihr b. Abī ’l-Aswār Shāwur I, Abū Shujā‘
約 512 / 約 1118	●阿布—阿斯瓦爾，夏烏爾二世・賓・瑪努契赫爾 ● Shāwur II b. Manūchihr, Abu ’l-Aswār
518 / 1124	**●被喬治亞人佔領。**
約 519 / 約 1125	●法德勒四世（法德倫）・賓・阿比—阿斯瓦爾・夏烏爾二世 ● Faḍl IV (Faḍlūn) b. Abī ’l-Aswār Shāwur II ●逝於 524 / 1130 年。
約 525 / 約 1131	●乎胥契赫爾・賓・阿比—阿斯瓦爾・夏烏爾二世 ● Khūshchihr b. Abī ’l-Aswār Shāwur II
?	●瑪赫穆德・賓・阿比—阿斯瓦爾・夏烏爾二世 ● Maḥmūd b. Abī ’l-Aswār Shāwur II
?	●法赫爾丁，夏達德・賓・瑪赫穆德 ● Shaddād b. Maḥmūd, Fakhr al-Dīn ● 549 / 1154 年在位。

550 / 1155	●法德勒五世・賓・瑪赫穆德 ● Faḍl V b. Maḥmūd
556 / 1161	●**被喬治亞人佔領。**
◇559 − 570 / 1164 − 1174	●夏罕夏赫・賓・瑪赫穆德 ● Shāhanshāh b. Maḥmūd
570 / 1174	●**被喬治亞人佔領。**
?	●蘇勒壇（也許與夏罕夏赫為同一人）・賓・瑪赫穆德 ● Sulṭān (? = Shāhanshāh) b. Maḥmūd ●於595 / 1199年出現於歷史記載中。

夏達德朝是另一個在「代拉姆中歇期」興起於波斯西北部的朝代，很有可能出身庫德族。在波斯西北部與毗鄰的高加索這樣語言及民族皆極盡複雜的地區，夏達德氏族的名字自然相當多元；他們必須在亞塞拜然的代拉姆人，以及亞美尼亞的基督教徒與喬治亞人之間尋求生存空間，這無疑解釋了為什麼夏達德家譜中既有代拉姆化的名字，如拉胥卡利（Lashkarī），同時還會出現阿休拓（Ashūṭ）或阿斯霍特（Ashot）等亞美尼亞名字。

十世紀中葉時，庫德族傭兵穆罕默德・賓・夏達德（Muḥammad b. Shaddād）於德凡（Dvīn，鄰近現今亞美尼亞共和國的葉里溫〔Erivan〕，這個城鎮當時由穆薩非爾朝〔見編號71〕所掌控）自立為王。儘管曾嘗試向拜占庭帝國求援，穆罕默德仍然無法阻止代拉姆人奪回德凡，不過他的兒子們於360 / 971年成功將甘賈的穆薩非爾朝人逐出阿爾蘭地區（庫拉河〔Kur〕與阿拉斯河〔Araxes〕流域之間的外高加索土地）；之後，甘賈（日後俄羅斯帝國統治下的伊莉莎白波爾省〔Elizavetapol〕，位於現今亞塞拜然共和國境內）成為夏達德主要支系統治下的首都，長達一個世紀之久。他們肩負守護該地區伊斯蘭信仰的職責，力抗喬治亞的巴格拉特氏族、亞美尼亞眾親王、拜占庭帝國人、阿蘭人（Alan，或稱奧賽提人〔Ossetian〕）以及高加索地區以外的俄羅斯人（Rūs）；這些氏族成員中，又以阿布—阿斯瓦爾・夏烏爾一世（Abu 'l-Aswār Shāwur I）最富盛名，他被同時代的人們盛讚為信仰的鬥士。當塞爾柱君主多里勒—別克首次出現在高加索南部時，夏達德氏族便臣服於他的統治之下，然而到了468 / 1075年，阿勒普・阿爾斯蘭麾下的將領薩烏提金入侵阿爾蘭地區，法德勒三世（Faḍl III，或稱法德倫〔Faḍlūn〕）只得被迫放棄他的祖傳領地。不過，465 / 1072年塞爾柱人佔領他們的故土時，該氏族的另一支族系遂轉往亞美尼亞的巴格拉特朝首都阿尼（Ānī）建立他們的統治。該朝歷經多次興衰，一直到喬治亞人於十二世紀下半葉再次興起而遭終結；不過，一份來自阿尼的十二世紀末波斯文獻上，仍然出現了一名夏達德氏族成員的記載。

●參考資料

* Justi, 443; Sachau, 14 no.22; Zambaur, 184-5（資料皆不完整）; Album, 34.
* *EI*[2] 'Shaddādids' (C. E. Bosworth).
* Sayyid Aḥmad Kasravī, *Shahriyārān-i dum-nām*, III, 270-332，第338～339頁附有世系表。
* V. Minorsky, *Studies in Caucasian History*，第6、106頁附有世系表。
* C. E. Bosworth, in *The Cambridge History of Iran*, V, 34-5.
* W. Madelung, in ibid.,IV, 239-43.

74.

杜拉夫朝（The Dulafids）

- 伊曆三世紀初～ 284 年
- 西曆九世紀初～ 897 年
- 吉巴勒（Jibāl）中部，其中心位於卡拉吉（Karaj）

年份	統治者名稱／重要事件
?	●阿布—杜拉夫，嘎希姆・賓・以薩・伊吉利 ● al-Qāsim b. ʻĪsā al-ʻIjlī, Abū Dulaf ●擔任吉巴勒總督，約逝於 225 / 840 年。
◇約 225 / 約 840	●阿布杜—阿濟茲・賓・阿比—杜拉夫 ● ʻAbd al-ʻAzīz b. Abī Dulaf
◇260 / 874	●杜拉夫・賓・阿布杜—阿濟茲 ● Dulaf b. ʻAbd al-ʻAzīz
◇265 / 879	●阿布—阿巴斯，阿赫瑪德・賓・阿布杜—阿濟茲 ● Aḥmad b. ʻAbd al-ʻAzīz, Abu ʼl-ʻAbbās
◇280 / 893	●歐瑪爾・賓・阿布杜—阿濟茲 ● ʻUmar b. ʻAbd al-ʻAzīz
283 － 284 / 896 － 897	●阿布—雷拉，哈里斯・賓・阿布杜—阿濟茲 ● al-Ḥārith b. ʻAbd al-ʻAzīz, Abū Laylā
284 / 897	**●杜拉夫朝人將領地歸還給哈里發。**

阿布—杜拉夫（Abū Dulaf）擁有古老的阿拉伯部族血統，而他的部族長久以來效忠於阿巴斯朝哈里發。哈倫・拉胥德指派他為吉巴勒（或稱米迪亞〔Media〕）總督，而後，他也繼續在當地服務繼任的哈里發，同時獲得「勇敢的軍事領袖」、「文學家」以及「米西納斯」（Maecnas，古羅馬著名的文藝資助者）的美名。他的封地（fief，阿拉伯文拼音為īghār，意即「世襲地」）位於卡拉吉與哈瑪詹（Hamadan，阿拉伯文拼音為Hamadhān）和伊斯法罕之間，有豁免稅賦的特許權，因此在當地以「阿布—杜拉夫的卡拉吉」（Karaj Abī Dulaf）之名聞名。他的兒子阿布杜—阿濟茲（‘Abd al-‘Azīz）及其後裔都擔任阿巴斯朝的總督，為阿巴斯氏族貢獻自己的軍事才能，從而成功地鞏固繼承權，並且在哈里發的認可下鑄造他們專屬的錢幣（杜拉夫氏族始終對哈里發保持堅定的忠誠），一直到哈里斯・賓・阿布杜—阿濟茲（al-Ḥārith b. ‘Abd al-‘Azīz）於284 / 897年的戰役中身亡。之後，阿巴斯朝再度直接統治該區域，不過杜拉夫氏族的後裔在往後的一個世紀多，仍然持續活躍於阿巴斯朝的公共事務領域。

●參考資料

* Lane-Poole, 125; Zambaur, 199; Album, 32.

* *EI* [2] ‘Dulafids’ (E. Marin); ‘al-Ḳāsim b. ‘Īsā’ (J. E. Bencheikh); *EIr* ‘Abū Dolaf ‘Ejlī’ (F. M. Donner).

* M. Canard, *Histoire de dynastie des H’amdanides de Jazîra et de Syrie*, I, Algiers 1951, 311-13.

75.

布伊朝（The Būyids or Buwayhids）

- 伊曆 320 ～ 454 年
- 西曆 932 ～ 1062 年
- 波斯北、西、南部與伊拉克

一、吉巴勒支系

年份	統治者名稱／重要事件
◇320 / 932	●阿布─哈珊・伊瑪德─道拉，阿里・賓・布亞 ●‘Alī b. Būya, Abu ’l-Ḥasan ‘Imād al-Dawla
◇335 － 366 / 947 － 977	●阿布─阿里・魯昆─道拉，哈珊・賓・布亞 ●Ḥasan b. Būya, Abū ‘Alī Rukn al-Dawla

（一）哈瑪詹與伊斯法罕分支

年份	統治者名稱／重要事件
◇366 / 977	●阿布─曼蘇爾・穆艾伊德─道拉，布亞・賓・魯昆─道拉・哈珊 ●Būya b. Rukn al-Dawla Ḥasan, Abū Manṣūr Mu’ayyid al-Dawla
◇373 / 983	●阿布─哈珊・法赫爾─道拉，阿里・賓・魯昆─道拉・哈珊 ●‘Alī b. Rukn al-Dawla Ḥasan, Abu ’l-Ḥasan Fakhr al-Dawla
◇387 / 997	●阿布─塔希爾・夏姆斯─道拉，夫蘭・賓・法赫爾─道拉・阿里 ●Fulān b. Fakhr al-Dawla ‘Alī, Abū Ṭāhir Shams al-Dawla

◇412－約419 / 1021－約1028	●阿布—哈珊・薩瑪阿—道拉，夫蘭・賓・夏姆斯—道拉 ● Fulān b. Shams al-Dawla, Abu ’l-Ḥasan Samā’ al-Dawla ●成為卡庫伊朝（Kākūyid）的附庸。

（二）拉伊分支

年份	統治者名稱／重要事件
◇366 / 977	●阿布—哈珊・法赫爾—道拉，阿里・賓・魯昆—道拉・哈珊 ● ‘Alī b. Rukn al-Dawla Ḥasan, Abu ’l-Ḥasan Fakhr al-Dawla
◇387 － 420 / 997 － 1029	●阿布—塔立卜・瑪吉德—道拉，魯斯塔姆・賓・法赫爾—道拉・阿里 ● Rustam b. Fakhr al-Dawla ‘Alī, Abū Ṭālib Majd al-Dawla
420 / 1029	●被嘎茲納朝人（Ghaznawid）征服。

二、法爾斯（Fars，阿文拼音為Fārs）與呼濟斯坦（Khūzistān）支系

年份	統治者名稱／重要事件
◇322 / 934	●阿布—哈珊・伊瑪德—道拉，阿里・賓・布亞 ● ‘Alī b. Būya, Abu ’l-Ḥasan ‘Imād al-Dawla
◇338 / 949	●阿布—休賈俄・阿杜德—道拉，法納・忽斯勞・賓・魯昆—道拉・哈珊 ● Fanā Khusraw b. Rukn al-Dawla Ḥasan, Abū Shujā‘ ‘Aḍud al-Dawla
◇372 / 983	●阿布—法瓦里斯・夏拉夫—道拉，胥爾濟勒・賓・法納・忽斯勞・阿杜德—道拉 ● Shīrzīl b. Fanā Khusraw ‘Aḍud al-Dawla, Abu ’l-Fawāris Sharaf al-Dawla

◇380 / 990	●阿布—卡利賈爾・剎姆剎姆—道拉，瑪爾祖班・賓・法納・忽斯勞・阿杜德—道拉 ●Marzubān b. Fanā Khusraw ‘Aḍud al-Dawla, Abū Kālījār Ṣamṣām al-Dawla
◇388 / 998	●阿布—納斯爾・巴哈俄—道拉，非魯茲・賓・法納・忽斯勞・阿杜德—道拉 ●Fīrūz b. Fanā Khusraw ‘Aḍud al-Dawla, Abū Naṣr Bahā’ al-Dawla
◇403 / 1012	●蘇勒壇—道拉，阿布—休賈俄・賓・非魯茲・巴哈俄—道拉 ●Abū Shujā‘ b. Fīrūz Bahā’ al-Dawla, Sulṭān al-Dawla
◇415 / 1024	●伊瑪德丁，阿布—卡利賈爾・瑪爾祖班・賓・阿比—休賈俄・蘇勒壇—道拉 ●Abū Kālījār Marzubān b. Abī Shujā‘ Sulṭān al-Dawla, ‘Imād al-Dīn
◇440 / 1048	●阿布—納斯爾・瑪立克・拉希姆，忽斯勞・非魯茲・賓・瑪爾祖班・伊瑪德丁 ●Khusraw Fīrūz b. Marzubān ‘Imād al-Dīn, Abū Naṣr al-Malik al-Raḥīm
447 － 454 / 1055 － 1062	●阿布—曼蘇爾，夫拉德・蘇頓・賓・瑪爾祖班・伊瑪德丁 ●Fūlād Sutūn b. Marzubān ‘Imād al-Dīn, Abū Manṣūr ●只統治法爾斯。
454 / 1062	**●法爾斯的統治權被夏班卡拉俄（Shabānkāra’ī）庫德部族領袖法德魯亞（Faḍlūya）奪取。**

三、奇爾曼（Kirman，阿拉伯文拼音為Kirmān）支系

年份	統治者名稱／重要事件
324 / 936	●阿布─胡笙・穆儀茲─道拉，阿赫瑪德・賓・布亞 ● Aḥmad b. Būya, Abu 'l-Ḥusayn Mu'izz al-Dawla
◇338 / 949	●阿布─休賈俄・阿杜德─道拉，法納・忽斯勞・賓・哈珊・魯昆─道拉 ● Fanā Khusraw b. Ḥasan Rukn al-Dawla, Abū Shujā' 'Aḍud al-Dawla
◇372 / 983	●阿布─卡利賈爾・剎姆剎姆─道拉，瑪爾祖班・賓・法納・忽斯勞・阿杜德─道拉 ● Marzubān b. Fanā Khusraw 'Aḍud al-Dawla, Abū Kālījār Ṣamṣām al-Dawla
◇388 / 998	●阿布─納斯爾・巴哈俄─道拉，非魯茲・賓・法納・忽斯勞・阿杜德─道拉 ● Fīrūz b. Fanā Khusraw 'Aḍud al-Dawla, Abū Naṣr Bahā' al-Dawla
◇403 / 1012	●嘎瓦姆─道拉，阿布─法瓦里斯・賓・非魯茲・巴哈俄─道拉 ● Abu 'l-Fawāris b. Fīrūz Bahā' al-Dawla, Qawām al-Dawla
419 － 440 / 1028 － 1048	●阿布─卡利賈爾・伊瑪德丁，瑪爾祖班・賓・阿比─休賈俄・蘇勒壇─道拉 ● Marzubān b. Abī Shujā' Sulṭān al-Dawla, Abū Kālījār 'Imād al-Dīn
440 / 1048	**●塞爾柱的嘎烏爾德族系（Qāwurd）統治。**

四、伊拉克支系

年份	統治者名稱／重要事件
◇334 / 945	●阿布─胡笙・穆儀茲─道拉，阿赫瑪德・賓・布亞 ● Aḥmad b. Būya, Abu 'l-Ḥusayn Mu'izz al-Dawla

◇356 / 967	●阿布—曼蘇爾・儀茲—道拉，巴赫提亞爾・賓・阿赫瑪德・穆儀茲—道拉 ●Bakhtiyār b. Aḥmad Mu'izz al-Dawla, Abū Manṣūr 'Izz al-Dawla
◇367 / 978	●阿布—休賈俄・阿杜德—道拉，法納・忽斯勞・賓・哈珊・魯昆—道拉 ●Fanā Khusraw b. Ḥasan Rukn al-Dawla, Abū Shujā' 'Aḍud al-Dawla
◇372 / 983	●阿布—卡利賈爾・剎姆剎姆—道拉，瑪爾祖班・賓・法納・忽斯勞・阿杜德—道拉 ●Marzubān b. Fanā Khusraw 'Aḍud al-Dawla, Abū Kālījār Ṣamṣām al-Dawla
376 / 987	●阿布—法瓦里斯・夏拉夫—道拉，胥爾濟勒・賓・法納・忽斯勞・阿杜德—道拉 ●Shīrzīl b. Fanā Khusraw 'Aḍud al-Dawla, Abu 'l-Fawāris Sharaf al-Dawla
◇379 / 989	●阿布—納斯爾・巴哈俄—道拉，非魯茲・賓・法納・忽斯勞・阿杜德—道拉 ●Fīrūz b. Fanā Khusraw 'Aḍud al-Dawla, Abū Naṣr Bahā' al-Dawla
◇403 / 1012	●蘇勒壇—道拉，阿布—休賈俄・賓・非魯茲・巴哈俄—道拉 ●Abū Shujā' b. Fīrūz Bahā' al-Dawla, Sulṭān al-Dawla
412 / 1021	●阿布—阿里・穆夏利夫—道拉，哈珊・賓・非魯茲・巴哈俄—道拉 ●Ḥasan b. Fīrūz Bahā' al-Dawla, Abū 'Alī Musharrif al-Dawla
◇416 / 1025	●阿布—塔希爾・賈拉勒—道拉，胥爾濟勒・賓・非魯茲・巴哈俄—道拉 ●Shīrzīl b. Fīrūz Bahā' al-Dawla, Abū Ṭāhir Jalāl al-Dawla
◇435 / 1044	●阿布—卡利賈爾・伊瑪德丁，瑪爾祖班・賓・阿比—休賈俄・蘇勒壇—道拉 ●Marzubān b. Abī Shujā' Sulṭān al-Dawla, Abū Kālījār 'Imād al-Dīn

440 – 447 / 1048 – 1055	● 阿布—納斯爾，忽斯勞・非魯茲・賓・瑪爾祖班・伊瑪德丁 ● Khusraw Fīrūz b. Marzubān 'Imād al-Dīn, Abū Naṣr
447 / 1055	**● 塞爾柱朝人佔領巴格達。**

五、受到歐曼地方領袖承認的統治者

年份	統治者名稱／重要事件
◇約 361 / 972	● 阿布—休賈俄・阿杜德—道拉，法納・忽斯勞 ● Fanā Khusraw, Abū Shujā' 'Aḍud al-Dawla
◇380 / 990	● 阿布—卡利賈爾・剎姆剎姆—道拉，瑪爾祖班 ● Marzubān, Abū Kālījār Ṣamṣām al-Dawla
◇388 / 998	● 阿布—納斯爾・巴哈俄—道拉，非魯茲 ● Fīrūz, Abū Naṣr Bahā' al-Dawla
◇403 / 1012	● 阿布—休賈俄・蘇勒壇—道拉 ● Abū Shujā' Sulṭān al-Dawla
◇415 – 442 / 1024 – 1050	● 阿布—卡利賈爾・伊瑪德丁，瑪爾祖班 ● Marzubān, Abū Kālījār 'Imād al-Dīn
442 / 1050	**● 當地的伊巴迪派（Ibādīs）領袖奪取統治權。**

在阿巴斯朝哈里發政權衰弱，並力守對各個行省的控制之際，波斯地區出現許多代拉姆朝代；這些朝代之中，布伊朝是最強大、統治範圍最廣的一個政權。在戰功彪炳的代拉姆傭兵瑪爾達維吉・賓・濟亞爾（Mardawīj b. Ziyar，他同時也是濟亞爾朝〔Ziyārids，見編號81〕

的開朝統治者）旗下，布伊氏族起初只是擔任地位較低的將領。在瑪爾達維吉遭暗殺之際，布亞（Būya）的三個兒子之中最年長的阿里（‘Alī）掌控著伊斯法罕，並在不久後控制整個法爾斯地區；同時，他的兄弟哈珊（Ḥasan）掌控吉巴勒，而阿赫瑪德（Aḥmad）則佔有奇爾曼（Kirman）與呼濟斯坦（Khūzistān）。阿赫瑪德於339 / 945年入主巴格達，自此，阿巴斯朝長達一百一十年都臣服於布伊朝統領（他們普遍採用伊拉克的頭銜「大統領」〔Amīr al-Umarā’〕）的統治，而這也是哈里發政權最低潮的時期。在十世紀下半葉的前二十五年內，穆儀茲—道拉．阿赫瑪德（Mu‘izz al-Dawla Aḥmad）的兒子阿杜德—道拉（‘Aḍud al-Dawla）統一了三個布伊朝侯國，囊括了波斯南部、西部以及伊拉克，他的權力甚至跨越波斯灣，擴展至歐曼地區（Oman），歐曼的地方領袖穆克拉姆氏族（Mukramids，見編號52）也承認他的繼承人為宗主；阿杜德—道拉的統治象徵著布伊朝權勢的頂峰。阿杜德—道拉推行強而有力的擴張政策，藉助代拉姆步兵與突厥騎兵，他在東方對抗塔巴里斯坦（Ṭabaristān）及古爾干（Gurgān）的濟亞爾朝與呼羅珊（Khurasan）的薩曼朝（Sāmānids），並在西方力抗賈濟拉（Jazīra）的哈姆丹朝（Ḥamdānids）。

然而，源自過往代拉姆部族歷史的權力世襲觀念，仍然深植於布伊朝眾親王的心中，因此當強勢的統治逐漸衰微，政權便出現分裂的趨勢。阿杜德—道拉死後，布伊朝爆發了許多內戰；這些內部糾紛，讓原先勢力居劣的庫德族與代拉姆的各封國能夠趁勢在札格羅斯山（Zagros）與吉巴勒建立自己的權力，最後更在420 / 1029年，促使嘎茲納（Ghazna）的瑪赫穆德（Maḥmūd）從布伊朝人手中併吞拉伊（Rayy）與大部分的吉巴勒地區。這些情勢導致布伊朝面對外來勢力時逐漸衰弱，當時他們面臨入侵的烏古斯突厥游牧部族，以及從西方驅兵而來的塞爾柱多里勒—別克，多里勒高舉順尼派大旗，召集眾人解放由什葉異端統治的「西方土地」（即波斯）以及伊拉克地區。巴格達於447 / 1055年遭到佔領，不過法爾斯的布伊朝君主仍然繼續維持了七年的統治，直到夏班卡拉俄庫德部族（Shabānkāra'ī）奪取了他的領土，而那些土地在不久後落入塞爾柱帝國的手中。

布伊朝統治者和大多數的代拉姆人一樣屬於什葉派，起初可能信奉柴迪派，後轉為十二伊瑪目派（或稱賈俄法爾里派〔Ja'farīs〕）。傳統的什葉慶典與習俗被引進他們的統治區域，其境內的什葉派學者們也都致力於系統化和理性化什葉派神學與法學，過去這些學科被認為曖昧不明且過度訴諸感性。這支什葉派系可能曾宣揚反阿拉伯的思想，而推崇伊朗民族情感，並意圖為布伊朝創造一份能夠回溯至薩珊君王的家譜，並採用古代的波斯君王頭銜「王中王」（Shāhanshāh），以與古老文明連結。巴格達哈里發的世俗權力與權力基礎無可避免地受到這些攝政的限制，但布伊朝統治者不曾嘗試廢除哈里發制度，而且敵對西方的競爭者——伊斯瑪儀里派的法蒂瑪朝（Ismā'īlī Fāṭmids）。在文化上，布伊朝內部的什葉派高度包容基督教、猶太教與瑣羅亞斯德教等其他信仰，這使得這些宗教的社群能夠活躍於布伊朝各行省的首都中，並刺激學術研究蓬勃發展。儘管如此，這些學術知識基本上仍是以阿拉伯文化為中心，對於萌生自東方波斯土地上的新波斯文學與文化復興，布伊朝並沒有給予太多的關心與鼓勵。

●參考資料

* Justi, 442; Lane-Poole 139-44, Zambaur, 212-13 and Table Q; Album, 35-6.
* *EI* [2] 'Buwayhids' (Cl. Cahen); *EIr* 'Buyids' (Tilman Nagel).
* R. Vasmer, 'Zur Geschichte und Münzkunde von 'Omān im X. Jahrhundert', *ZfN*, 37 (1927), 274-87.
* H. Bowen, 'The last Buwayhids', *JRAS* (1929), 229-45.
* S. M. Stern and A.D. H. Bivar, 'The coinage of Oman under Abū Kālījār the Buwayhid', *NC*, 6th series, 18 (1958), 147-56.
* H. Busse, *Chalif und Großkönig, die Buyiden im Iraq (945-1055)*, Beirut and Wiesbaden 1969，第 610 頁附有世系表。
* idem, 'Iran under the Būyids', in The *Cambridge History of Iran*, IV, 250-304.
* C. E. Bosworth, in ibid., V, 36-53.

76.

哈薩努伊朝（The Ḥasanūyids or Ḥasanawayhids）

- 約伊曆 350 ～ 406 年
- 約西曆 961 ～ 1015 年
- 庫德斯坦（Kurdistan）南部

年份	統治者名稱／重要事件
約 350 / 約 961	●阿布—法瓦里斯，哈薩納維赫・賓・胡笙・巴爾濟卡尼 ● Ḥasanawayh b. Ḥusayn al-Barzīkānī, Abu 'l-Fawāris ●逝於 369 / 979 年。
◇370 / 980	●阿布—納吉姆・納席爾丁，巴德爾・賓・哈薩納維赫 ● Badr b. Ḥasanawayh, Abu 'l-Najm Nāṣir al-Dīn ●逝於 405 / 1014 年。
404 / 1013	●塔希爾（札希爾）・賓・希拉勒・賓・巴德爾 ● Ṭāhir or Ẓāhir b. Hilāl b. Badr ●統治中心為夏赫拉祖爾（Shahrazūr）。
405 / 1014	●希拉勒・賓・巴德爾 ● Hilāl b. Badr
405 － 406 / 1014 － 1015	●塔希爾・賓・希拉勒 ● Ṭāhir b. Hilāl
406 / 1015	**●被阿納茲朝人（'Annāzids）征服。**

哈薩納維赫（Ḥasanawayh）是巴爾濟卡尼庫德部族（Barzīkānī）的一名領袖，他在嘎爾馬辛（Qarmāsīn，也就是後來的奇爾曼夏赫〔Kirmānshāh〕）的周邊地區建立自己的封國。他與兒子巴德爾（Badr）成為布伊朝（見編號75）的附庸，藉此具有謀略地鞏固勢力。在各方權力競逐者之中，他們一面協助布伊侯國北部的法赫爾—道拉（Fakhr al-Dawla），另一方面則支持法爾斯和伊拉克的阿杜德—道拉與他的繼承者。他們還一度因為對庫德族公正、友善的統治，而獲得同時代人們的盛讚（當時庫德族是暴力與掠奪的同義詞）。然而，另一支敵對的庫德領導部族阿納茲（'Annāzids，見編號77）隨後便使哈薩努伊朝的統治相形失色，他們殺害塔希爾・賓・希拉勒（Ṭāhir b. Hilāl），並大致取代了哈薩努伊朝在庫德斯坦中部的統治。這個氏族最後只成功守住薩爾馬吉（Sarmāj）等鄰近比蘇頓（Bīsutūn）的要塞，直到巴德爾的一名後裔在439 / 1047年卒於當地。

●參考資料

* Lane-Poole, 138; Zambaur, 211; Album, 36.
* *EI* ² 'Ḥasanawayh' (Cl. Cahen).

77.

阿納茲朝（The ‘Annāzids）

- 伊曆 381 年～六世紀晚期
- 西曆 991 年～十二世紀晚期
- 庫德斯坦南部與盧利斯坦（Luristān）

年份	統治者名稱／重要事件
381 / 991	●阿布—法特赫，穆罕默德・賓・阿納茲 ● Muḥammad b. ‘Annāz, Abu ’l-Fatḥ
401 / 1011 （三人共治）	●阿布—夏烏克・胡薩姆—道拉，法里斯・賓・穆罕默德 ◇ ● Fāris b. Muḥammad, Abu ’l-Shawk Ḥusām al-Dawla ●統治胡勒萬（Ḥulwān），逝於 437 / 1046 年。 ●穆哈勒希勒・賓・穆罕默德 ● Muhalhil b. Muḥammad ●統治中心為夏赫拉祖爾（Shahrazūr）。 ●蘇爾哈卜・賓・穆罕默德 ● Surkhāb b. Muḥammad ●統治中心為班達尼金（Bandanījīn）。
437 － / 1046 －	●穆哈勒希勒・賓・穆罕默德 ● Muhalhil b. Muḥammad ●分散統治，逝於 447 / 1055 年。
438 － / 1046 －	●薩俄迪（蘇俄達）・賓・法里斯 ● Sa‘dī or Su‘dā b. Fāris ●分散統治，約逝於 446 / 1054 年後。
447 / 1055	**●庫德斯坦落入塞爾柱人的控制。**

?	●蘇爾哈卜・賓・巴德爾・賓・穆哈勒希勒 ●Surkhāb b. Badr b. Muhalhil ●逝於500 / 1107年。
500 － ? / 1107 － ?	●阿布—曼蘇爾・賓・蘇爾哈卜 ●Abū Manṣūr b. Surkhāb
六世紀晚期 / 十二世紀晚期	●蘇爾哈卜・賓・阿納茲 ●Surkhāb b. ‘Annāz

如同哈薩努伊氏族（見編號76），阿納茲朝是另一支庫德族系，他們的權力核心來自夏丹江部族（Shādanjān）。其開朝君主阿布—法特赫・穆罕默德（Abu ’l-Fatḥ Muḥammad）自胡勒萬（Hulwān）開始他的統治，而他的三個兒子及其繼承者，則分別統治庫德斯坦南部的幾個區域，並持續抵禦布伊朝與卡庫伊朝（Kākūyids，見編號78）的威脅，但塞爾柱的易卜拉欣・伊納勒（Ibrāhīm Inal）所領導的烏古斯突厥部族入侵行動，讓他們的領土飽受摧殘。阿納茲朝數十年間的情況相當混亂，因為該氏族的分支繁多，統治疆域也時常變化。447 / 1055年多里勒—別克抵達伊拉克以後，歷史文獻便甚少提到阿納茲朝，偶有記載一些氏族成員繼續在庫德斯坦與盧利斯坦（Luristān）維持一定程度的權勢，直到570 / 1174年以後的某個時間點才告終。

●參考資料

* Zambaur, 212.
* *EI* [2] “Annāzids’ (V. Minorsky); *EIr* “Annāzids’ (K. M. Aḥmad).

78.

卡庫伊朝（The Kākūyids or Kākawayhids）

- 獨立統治：約伊曆 398 ～ 443 年、約西曆 1008 ～ 1051 年
- 之後成為塞爾柱帝國的附庸，直到伊曆六世紀中、西曆十二世紀中
- 吉巴勒與庫德斯坦

年份	統治者名稱／重要事件
◇398 之前 / 1008 之前	●阿布—賈法爾・阿拉俄—道拉，穆罕默德・賓・魯斯塔姆・杜胥曼濟亞爾 ● Muḥammad b. Rustam Dushmanziyār, Abū Ja'far 'Alā' al-Dawla ●統治中心為伊斯法罕。
◇433 － 443 / 1041 － 1051	●阿布—曼蘇爾・札希爾丁・夏姆斯・穆勒克，法拉穆爾茲・賓・穆罕默德 ● Farāmurz b. Muḥammad, Abū Manṣūr Ẓahīr al-Dīn Shams al-Mulk ●統治中心為伊斯法罕，逝於 455 / 1063 年後。
433 －約 440 / 1041 －約 1048	●阿布—卡利賈爾・阿拉俄—道拉，加爾夏斯普一世・賓・穆罕默德 ● Garshāsp I b. Muḥammad, Abū Kālījār 'Alā' al-Dawla ●統治哈瑪詹與尼哈萬德（Nihāwand），逝於 443 / 1051 年。
? － 488 / ? － 1095	●阿布—曼蘇爾・穆艾伊德—道拉（阿拉俄—道拉），阿里・賓・法拉穆爾茲 ● 'Alī b. Farāmurz, Abū Manṣūr Mu'ayyid al-Dawla or 'Alā' al-Dawla ●統治亞茲德（Yazd）。
488 － ?536 / 1095 － ?1141	●阿布—卡利賈爾・阿拉俄—道拉・阿杜德丁，加爾夏斯普二世 ● Garshāsp II, Abū Kālījār ʿAlāʾ al-Dawla ʿAḍud al-Dīn

● 亞茲德的大將領（Atabeg）繼任統治。

卡庫伊朝是札格羅斯山區的庫德族與代拉姆列朝中的一支，它在布伊朝政權（見編號75）日漸衰弱時崛起，直到波斯的塞爾柱勢力興起時，才失去其獨立統治權並淪為塞爾柱朝的附庸。杜胥曼吉亞爾（Dushmanziyār）長久以來便效忠拉伊的布伊朝，而他的兒子穆罕默德（在文獻中他被稱作伊本—卡庫亞〔Ibn Kākūya〕，這個名字在代拉姆的方言中為「舅舅」之意，因為穆罕默德是布伊朝統領瑪吉德—道拉〔Majd al-Dawla〕的舅父）則約莫在398 / 1008年擔任伊斯法罕總督。他很快便將勢力擴展至哈瑪詹，接著深入庫德斯坦，並在當地建立起一度具備高度政治重要性的侯國；他還建立了自己的宮廷，甚至將哲學家伊本—西那（Ibn Sīnā，也作Avicenna）立為自己的大臣。420 / 1029年後，嘎茲納朝將勢力擴張至吉巴勒，穆罕默德遂短暫地被迫臣服，然而當嘎茲納人發現難以繼續維持漫長的遠征行動時，穆罕默德便再次恢復獨立，甚至還一度佔領了拉伊。

烏古斯突厥游牧部族的入侵改變了波斯北部的政治與經濟情勢，同時也迫使卡庫伊朝如其他的代拉姆與庫德勢力一樣屈居守勢。法拉穆爾茲・賓・穆罕默德（Farāmurz b. Muḥammad）不得不將伊斯法罕割讓給多里勒（他在443 / 1051年以後將該地訂為塞爾柱帝國的首都），但這位塞爾柱君主仍將阿巴古赫（Abarqūh）與亞茲德（Yazd）賜予卡庫伊氏族，以示補償。法拉穆爾茲的兄弟加爾夏斯普一世（Garshāsp I）從庫德斯坦逃往布伊朝的統治中心法爾斯。靠著在波斯中部打下基礎，卡庫伊朝不久後便充分適應塞爾柱帝國的統治，並透過頻繁的聯姻與蘇丹建立關係。在加爾夏斯普二世（Garshāsp II）之後，該朝代政權的歷史便漸趨模糊不清，但加爾夏斯普的女兒藉由聯姻加入了掌控亞茲德的突厥將領（Atabegs）族系，長久延續她的氏族，直至十三世紀的伊兒汗國（Il Khānids，見編號133）時代。

● 參考資料

* Justi, 445; Lane-Poole, 145; Zambaur, 216-17; Album, 36.
* *EI* ² 'Kākūyids' (C. E. Bosworth).
* G. C. Miles, 'The coinage of the Kākwayhid dynasty', *Iraq*, 5 (1938), 89-104.
* idem, 'Notes on Kākwayhid coins', *ANS*, Museum Notes, 9 (1960), 231-6.
* C. E. Bosworth, 'Dailamīs in central Iran: the Kākūyids of Jibāl and Yazd', *Iran, JBIPS*, 8 (1970), 73-95.

79.

達布伊朝（The Dābūyid Ispahbadhs）

- 約伊曆 19～144 年
- 約西曆 640～761 年
- 吉蘭（Gīlān）、盧揚（Rūyān）與塔巴里斯坦沿岸，其中心位於薩里（Sārī）

年份	統治者名稱／重要事件
約 19 / 約 640	●吉勒伊・吉蘭・法胥瓦德加夏赫，高巴拉，吉勒・賓・吉蘭夏赫 ●Gīl b. Gīlānshāh, Gāwbāra, Gīl-i Gīlān Farshwādgarshāh
約 40 / 約 660	●達布亞・賓・高巴拉 ●Dābūya b. Gāwbāra
約 56 / 約 676	●胡爾胥德一世・賓・高巴拉 ●Khurshīd I b. Gāwbāra
◇93 / 712	●法魯罕伊・布佐格，法魯罕一世・賓・達布亞，朱瑪納基卜 ●Farrukhān I b. Dābūya, Dhu 'l-Manāqib, Farrukhān-i Buzurg
◇110 後 / 728 後	●達德布魯茲密赫爾・賓・法魯罕一世 ●Dādburzmihr b. Farrukhān I
123 / 741	●庫巴里，法魯罕二世・賓・法魯罕一世，法魯罕伊・庫契克 ●Farrukhān II b. Farrukhān I, Farrukhān-i Kūchik, Kubālī
◇131 － 143 / 749 － 760	●胡爾胥德二世・賓・達德布魯茲密赫爾 ●Khurshīd II b. Dādburzmihr ●逝於 144 / 761 年。
143 / 760	**●阿巴斯朝人征服塔巴里斯坦。**

❖

吉蘭與馬贊達蘭（Māzandarān，在伊斯蘭早期被稱為塔巴里斯坦）的裡海沿岸地區，以及隔開這兩個地區與波斯中央高原的厄爾布爾茲山脈（Elburz）廣大屏障，長久以來表現著與波斯地區截然不同的人文樣貌。尤其該地還是不同族群與思想的庇護地，因此當各個民族的分支、古老或異端的宗教信仰、古代的語言與文獻以及社會風貌，已經在波斯其他已開發且較為開放的地區中消失，往往得以留存下來。伊斯蘭較晚才傳至裡海地區，而且在這之後還有許多小朝代更迭出現，其中亦不乏薩珊帝國的晚期後裔。其中，巴萬德朝（Bāwandids）傳承了六、七個世紀，直到伊兒汗國時期（見編號80）才瓦解，而巴杜斯潘朝（Bāduspānids，見編號100）則是自塞爾柱時期開始，一直存續至薩法維朝（Ṣafawid）阿巴斯一世（'Abbās I）統治時期（約至十六世紀末，見編號148），當時該族系遭受鎮壓，而其裡海地區的省份也被完全併入薩法維王國之中。

達布伊氏族（Dābūyid）是一支伊斯帕赫巴者（Ispahbadhs，字面意義為「軍事領袖」，此處為「地方親王」之意）族系，他們似乎是在薩珊帝國晚期，從吉蘭西南方的裡海高地崛起。他們是王國的地方總督，並自承為薩珊王室的後裔，不過他們在法魯罕一世（Farrukhān I）任內向東遷徙，同時還控制了位於裡海地區東南角的塔巴里斯坦，並以薩里作為他們的據點。該朝的歷史絕大部分是來自裡海地區史學家伊本－伊斯凡迪亞爾（Ibn Isfandiyār）的文獻，而他所留下的、關於達布伊朝早期傳承情況的資料與年表僅具部分歷史參考價值。阿拉伯人對塔巴里斯坦的入侵始自哈里發歐斯曼（'Uthmān），不過真正猛烈的攻勢則是在98 / 716年，由伊拉克與東方的總督雅濟德・賓・穆哈拉卜

（Yazīd b. al-Muhallab）所發動。達布伊朝的胡爾胥德二世（Khurshīd II）協助阿布—姆斯林（Abū Muslim）對抗阿巴斯朝哈里發曼蘇爾（al-Manṣūr），以及後來爆發於呼羅珊順巴者（Sunbādh）地區的瑣羅亞斯德教反叛運動。因此在141 / 758年，哈里發便對塔巴里斯坦發動決定性的征服行動，成功驅逐了胡爾胥德二世並終結達布伊朝的統治（達布伊朝人作為瑣羅亞斯德教的信仰者，從來不曾皈依伊斯蘭；他們是以裡海眾多朝代先驅的身分列於此書，而在短暫的幾年後，該地便接受了新的信仰、在歷史上被納入伊斯蘭哈里發的統治之下）。

● 參考資料

* Justi, 430; Zambaur, 186.
* *EI*[2] ‘Dābūya’ (B. Spuler); *EIr* ‘Dabuyids’ (W. Madelung).
* H. L. Rabino, ‘Les dynasties du Māzandarān de l’an 50 avant l’Hégire à l’an 1006 de l’Hégire (572 à 1597-1598) d’après les chroniques locales’, *JA*, 228 (1936), 437-43，第438頁附有世系表。
* W. Madelung, in *The Cambridge History of Iran*, IV, 198-200.

80.

巴萬德氏族的將領（The Bāwandid Ispahbadhs）

- 伊曆 45 ～ 750 年
- 西曆 665 ～ 1349 年
- 塔巴里斯坦高地與吉蘭

一、卡伍斯支系（Kāwūsiyya，統治塔巴里斯坦），政權中心位於非里姆（Firrīm）

年份	統治者名稱／重要事件
45 / 665	●巴烏 ●Bāw ●可能是塔巴里斯坦的將領。
60 / 680	**●瓦拉胥（Walash）的王位中斷期。**
68 / 688	●蘇爾哈卜一世・賓・巴烏 ●Surkhāb I b. Bāw
98 / 717	●米赫爾・瑪爾丹・賓・蘇爾哈卜一世 ●Mihr Mardān b. Surkhāb I
138 / 755	●蘇爾哈卜二世・賓・米赫爾・瑪爾丹 ●Surkhāb II b. Mihr Mardān
155 / 772	●夏爾溫一世・賓・蘇爾哈卜二世 ●Sharwīn I b. Surkhāb II
201 前 / 817 前	●夏赫利亞爾一世・賓・嘎林 ●Shahriyār I b. Qārin
210 / 825	●夏普爾（賈俄法爾）・賓・夏赫利亞爾一世 ●Shāpūr or Ja'far b. Shahriyār I

210 － 224 / 825 － 839	**●瑪茲亞爾・賓・嘎林・賓・汪達德・呼爾穆茲德（Māzyār b. Qārin b. Wandād Hurmuzd）奪權。**
224 / 839	●阿布—穆魯克，嘎林一世・賓・夏赫利亞爾一世 ●Qārin I b. Shahriyār I, Abu 'l-Mulūk
253 / 867	●魯斯塔姆一世（？賓・蘇爾哈卜）・賓・嘎林 ●Rustam I (? b. Surkhāb) b. Qārin
282 / 895	●夏爾溫二世・賓・魯斯塔姆一世 ●Sharwīn II b. Rustam I
318 / 930	●夏赫利亞爾二世・賓・夏爾溫二世 ●Shahriyār II b. Sharwīn II
◇約 353 － 369 / 約 964 － 980	●魯斯塔姆二世・賓・夏爾溫二世 ●Rustam II b. Sharwīn II
358 / 969	●達拉・賓・魯斯塔姆二世 ●Dārā b. Rustam II
◇約 376 / 約 986	●夏赫利亞爾三世・賓・達拉 ●Shahriyār III b. Dārā
396 / 1006	●魯斯塔姆三世・賓・夏赫利亞爾三世 ●Rustam III b. Shahriyār III
449 － 466 / 1057 － 1074	●嘎林二世・賓・夏赫利亞爾三世 ●Qārin II b. Shahriyār III
466 / 1074	**●統治中斷。**

二、伊斯帕赫巴者支系（Ispahbadhiyya，統治塔巴里斯坦與吉蘭），政權中心位於薩里（Sārī）

年份	統治者名稱／重要事件
◇約 466 / 約 1074	●胡薩姆—道拉，夏赫利亞爾・賓・嘎林 ●Shahriyār b. Qārin, Ḥusām al-Dawla

約 508 / 約 1114	●納吉姆—道拉，嘎林・賓・夏赫利亞爾 ● Qārin b. Shahriyār, Najm al-Dawla
511 / 1117	●夏姆斯・穆魯克，魯斯塔姆一世・賓・嘎林 ● Rustam I b. Qārin, Shams al-Mulūk
◇511 / 1118	●阿拉俄—道拉，阿里・賓・夏赫利亞爾 ● 'Alī b. Shahriyār, 'Alā' al-Dawla
◇約 536 / 約 1142	●努斯拉特丁，嘎濟・魯斯塔姆・賓・阿里 ● Shāh Ghāzī Rustam b. 'Alī, Nuṣrat al-Dīn
◇560 / 1165	●阿拉俄—道拉・夏赫・穆魯克，哈珊・賓・嘎濟・魯斯塔姆 ● Ḥasan b. Shāh Ghāzī Rustam, 'Alā' al-Dawla Sharaf al-Mulūk
568 / 1173	●胡薩姆—道拉，阿爾達胥爾・賓・哈珊 ● Ardashīr b. Ḥasan, Ḥusām al-Dawla
602 － 606 / 1206 － 1210	●魯斯塔姆二世・賓・阿爾達胥爾 ● Rustam II b. Ardashīr
606 / 1210	**●花剌子模人（Khwārazmian）與蒙古人先後統治塔巴里斯坦。**

三、金赫瓦爾支系（Kīnkhwāriyya，作為伊兒汗國的附庸），政權中心位於阿穆勒（Āmul）

年份	統治者名稱／重要事件
635 / 1238	●胡薩姆—道拉，阿爾達胥爾・賓・金赫瓦爾 ● Ardashīr b. Kīnkhwār, Ḥusām al-Dawla
647 後 / 1249 後	●夏姆斯・穆魯克，穆罕默德・賓・阿爾達胥爾 ● Muḥammad b. Ardashīr, Shams al-Mulūk
約 669 / 約 1271	●阿拉俄—道拉，阿里・賓・阿爾達胥爾 ● 'Alī b. Ardashīr, 'Alā' al-Dawla

約 669 / 約 1271	●塔吉—道拉，亞茲達基爾德・賓・夏赫利亞爾 ● Yazdagird b. Shahriyār, Taj al-Dawla
約 700 / 約 1300	●納席爾—道拉，夏赫利亞爾・賓・亞茲達基爾德 ● Shahriyār b. Yazdagird, Nāṣir al-Dawla
約 710 / 約 1310	●魯昆—道拉，卡伊・忽斯勞・賓・亞茲達基爾德 ● Kay Khusraw b. Yazdagird, Rukn al-Dawla
728 / 1328	●夏拉夫・穆魯克・賓・卡伊・忽斯勞 ● Sharaf al-Mulūk b. Kay Khusraw
734 － 750 / 1334 － 1349	●法赫爾—道拉，哈珊・賓・卡伊・忽斯勞 ● Ḥasan b. Kay Khusraw, Fakhr al-Dawla
750 / 1349	**●阿夫拉希雅卜氏族（Afrāsiyābids）於馬贊達蘭（Māzandarān）繼任統治。**

巴萬德朝是裡海眾小朝中持續最久的朝代，它的歷史長達六或七個世紀，而巴萬德氏族的存在，同時也證明一個氏族即使孤立於主流的伊斯蘭化波斯文化之外，仍可使氏族長久存續，這在伊斯蘭世界十分少見。他們自稱為巴烏（Bāw）的後裔，並宣稱能夠溯源至薩珊國王卡瓦者（Kawādh）。他們原先的統治中心為非里姆（Firrīm），它位於環繞塔巴里斯坦的厄爾布爾茲山脈東部。

此朝代較為確實的歷史文獻，始於阿拉伯人於阿巴斯朝哈里發政權早期對塔巴里斯坦發動的侵略。當時，巴萬德氏族與敵對的嘎林氏族（Qārinids）競逐權力，九世紀的這場鬥爭以一場慘烈的叛亂行動以及瑪茲亞爾・賓・嘎林（Māzyār b. Qārin）的垮台（224 / 839 年）作為落幕。而統治的將領們（Ispahdbadh）也正是在這個時刻徹底皈依為穆斯林。他們隨後反抗塔巴里斯坦低地的柴迪派伊瑪目政權，並在十世紀時被捲入因布伊朝（見編號75）與濟亞爾朝（見編號81）爭奪波斯北部而爆發的衝突之中，因為他們與這兩個氏族都有聯姻關係；巴萬德氏族也在成為布伊朝附庸時，轉信什葉十二伊瑪目派。

第一支族系式微後，承接他們的後續族系也缺乏可靠記載。這支將領族系勢必信奉十二伊瑪目什葉派。在與塞爾柱朝之間的從屬架構下，他們想方設法保全其地方統治權力；有時，他們會附和塞爾柱統治者的主張，甚至與上層階級聯姻。隨著塞爾柱政權在十二世紀中葉式微，武斷又強而有力的夏赫・嘎濟・魯斯塔姆（Shāh Ghāzī Rustam）得以成為波斯北部主要且獨立的政治要角；他與阿拉穆特山的伊斯瑪儀里派（見編號101）戰鬥，並推行獨立政策，以擴展他在厄爾布爾茲山脈南部的領地。然而，十三世紀初興起的花剌子模國王（Khwārazm Shāhs，見編號89）最後仍憑藉著在馬贊達蘭（而塔巴里斯坦在十二世紀後廣泛成為該地的稱呼）的武力，終結了這個族系。

三十年以後，巴萬德氏族以旁系的金赫瓦爾族系（Kīnkhwāriyya）的身分復興，他們附屬於蒙古伊兒汗國，並將首都建於阿穆勒（Āmul），直到基亞・阿夫拉希亞卜・裘拉比（Kiyā Afrāsiyāb Chulabī）領導馬贊達蘭的另一個地方氏族推翻他們，永遠終結巴萬德政權的統治。

●參考資料

* Justi, 431-2; Sachau, 5-7, nos 3-5; Zambaur, 187-9; Album, 34-5.

* *EI* [2] 'Bāwand' (R. N. Frye); *EIr* "Āl-e Bāvand' (W. Madelung).

* H. L. Rabino, 'Les dynasties du Māzandarān', 409-37，第 416 頁附有世系表。

* G. C. Miles, 'The coinage of the Bāwandids of Ṭabaristān ' in C. E. Bosworth (ed.), *Iran and Islam, in memory of the late Vladimir Minorsky*, Edinburgh 1971, 443-60.

* W. Madelung, in *The Cambridge History of Iran*, IV, 200-5, 216-18.

81.

濟亞爾朝（The Ziyārids）

- 伊曆 319 ～約 483 年
- 西曆 931 ～約 1090 年
- 塔巴里斯坦與古爾干

年份	統治者名稱／重要事件
◇319 / 931	●阿布—哈賈吉，瑪爾達維吉・賓・濟亞爾 ●Mardāwīj b. Ziyār, Abu 'l-Ḥajjāj
◇323 / 935	●阿布—曼蘇爾・札希爾—道拉，烏胥姆基爾・賓・濟亞爾 ●Wushmgīr b. Ziyār, Abū Manṣūr Ẓahīr al-Dawla
◇356 / 967	●阿布—曼蘇爾・札希爾—道拉，比蘇頓・賓・烏胥姆基爾 ●Bīsutūn b. Wushmgīr, Abū Manṣūr Ẓahīr al-Dawla
◇367 / 978	●阿布—哈珊・夏姆斯・瑪阿里，嘎布斯・賓・烏胥姆基爾 ●Qābūs b. Wushmgīr, Abu 'l-Ḥasan Shams al-Ma'ālī ●首次統治。
371 － 387 / 981 － 997	**●被布伊朝人佔領。**
◇387 / 997	●嘎布斯・賓・烏胥姆基爾 ●Qābūs b. Wushmgīr ●第二次統治。
◇402 / 1012	●法拉克・瑪阿里，瑪努契赫爾・賓・嘎布斯 ●Manūchihr b. Qābūs, Falak al-Ma'ālī

420 / 1029	●阿布—卡利賈爾，阿努胥爾萬・賓・瑪努契赫爾 ● Anūshirwān b. Manūchihr, Abū Kālījār ●可能逝於441 / 1049年。
426 / 1035	●達拉・賓・嘎布斯 ● Dārā b. Qābūs ●擔任嘎茲納朝的塔巴里斯坦與古爾干總督。
441 / 1049	●溫蘇爾・瑪阿里，卡伊・卡伍斯・賓・伊斯坎達爾・賓・嘎布斯 ● Kay Kāwūs b. Iskandar b. Qābūs, 'Unṣur al-Ma'ālī ●約逝於480 / 1087年。
約480－約483 / 約1087－約1090	●吉蘭・夏赫・賓・卡伊・卡伍斯 ● Gīlān Shāh b. Kay Kāwūs
	●**塞爾柱總督統治塔巴里斯坦與古爾干的低地。**

十世紀初，有一群男性士兵自遙遠且落後的裡海西南角代拉姆高地崛起，並成為哈里發帝國與其他地方勢力旗下的軍力。濟亞爾氏族正是起源於這群士兵中最好鬥的傭兵隊長——瑪爾達維吉・賓・濟亞爾（Mardāwīj b. Ziyār），他是吉蘭地區的貴族後裔。在薩曼朝統領阿斯法爾・賓・胥魯亞（Asfār b. Shīrūya）發起的叛亂中，瑪爾達維吉趁勢奪取波斯北部大部分的土地。他很快地便向南擴展勢力，直至伊斯法罕與哈瑪詹，卻於323 / 935年遭到旗下突厥奴隸軍謀殺，而他盛極一時的政權也隨之分崩離析。他的兄弟烏胥姆基爾（Wushmgīr）勉強在東部的裡海省份建立據點，承認薩曼朝為其宗主國，在往後的數十年間，

濟亞爾氏族深陷薩曼朝與布伊朝爭奪波斯北部的爭鬥之中。在嘎布斯・賓・烏胥姆基爾（Qābūs b. Wushmgīr）任內，該朝創造了呼羅珊與東部地區的阿拉伯學術全盛期；嘎布斯後來因為布伊朝人佔領了他的家鄉，而被流放至尼夏普爾（Nishapur）長達十七年，但對當地造成深遠影響。濟亞爾朝有個特點幾乎異於所有代拉姆朝代，那就是他們信奉順尼派教義（至少在後期如此），而非什葉派。

到了十一世紀早期，濟亞爾朝必須承認強大的新興勢力嘎茲納朝（見編號158）為宗主國，而兩個政權之間也透過聯姻建立同盟。塞爾柱人於433 / 1041年入侵古爾干並奪取沿岸地區，但是濟亞爾朝似乎在這波攻勢中倖存，並在某些不明的情況下成為塞爾柱人在高地地區的附庸國。此朝代其中一名末代統領卡伊・卡伍斯・賓・伊斯坎達爾（Kay Kāwūs b. Iskandar），因為其遠近馳名的波斯著作《嘎布斯之書》（*Qābūs-nāma*，卡伊・卡伍斯以其祖父之名為此書命名）而頗負盛名。他的兒子吉蘭・夏赫（Gīlān Shāh）是該政權已知的最後一名統治者。他顯然遭到尼查里伊斯瑪儀里派（見編號101）推翻，當時，該派勢力正席捲厄爾布爾茲山區，而濟亞爾朝也隨著吉蘭・夏赫垮台消失於歷史洪流之中。

●參考資料

* Justi, 441; Lane-Poole, 136-7; Justi, 441; Zambaur, 210-11; Album, 35.

* *EI* [1] 'Ziyārids' (Cl. Huart); *EI* [2] 'Mardāwīdj' (C. E. Bosworth).（該著作收錄的濟亞爾朝晚期年表對於該朝的早期紀錄全都相當混亂且不可靠。）

* C. E. Bosworth, 'On the chronology of the later Ziyārids in Gurgān and Ṭabaristān', *Der Islam*, 40 (1964), 25-34，第33頁附有世系表。

* G. C. Miles, 'The coinage of the Ziyārid dynasty of Ṭabaristān and Gurgān', *ANS, Museum Notes*, 18 (1972), 119-37.

* W. Madelung, in *The Cambridge History of Iran*, IV, 212-16.

第十章

塞爾柱突厥政權前的波斯東部與中亞

The Eastern Persian Lands, Transoxania and Khwārazm before the Seljuqs

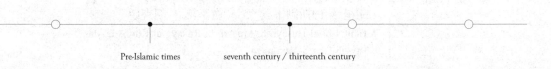

Pre-Islamic times

seventh century / thirteenth century

82.

塔希爾朝與穆斯阿卜朝（The Ṭāhirids and Muṣ‘abids）

- 伊曆 205 ～ 278 年
- 西曆 821 ～ 891 年
- 呼羅珊、巴格達與伊拉克總督

一、呼羅珊總督及其附庸（205 － 259 / 821 － 873）

年份	統治者名稱／重要事件
◇205 / 821	●阿布—泰伊卜・朱亞米納因，塔希爾一世・賓・胡笙・穆斯阿卜・賓・盧宰葛・胡查伊 ● Ṭāhir I b. al-Ḥusayn b. Muṣ‘ab b. Ruzayq al-Khuzā‘ī, Abu ’l-Ṭayyib Dhu ’l-Yamīnayn
◇207 / 822	●塔勒哈・賓・塔希爾一世 ● Ṭalḥa b. Ṭāhir I
◇213 / 828	●阿布—阿巴斯，阿布達拉・賓・塔希爾一世 ● ‘Abdallāh b. Ṭāhir I, Abu ’l-‘Abbās
◇230 / 845	●塔希爾二世・賓・阿布達拉 ● Ṭāhir II b. ‘Abdallāh
◇248 － 259 / 862 － 873	●穆罕默德・賓・塔希爾二世 ● Muḥammad b. Ṭāhir II
259 / 873	**●剎法爾朝（Ṣaffārid）佔領尼夏普爾（Nishapur，阿拉伯文拼音為 Nīshāpūr）。**
259 – 267, 268 – / 873 – 881, 882 –	●穆罕默德・賓・塔希爾二世擔任呼羅珊總督，有名無實。
263 / 876	●胡笙・賓・塔希爾二世 ● al-Ḥusayn Muḥammad b. Ṭāhir II ●於尼夏普爾短暫復位。

261 – / 875 –	**●剎法爾朝與各路的軍事傭兵爭奪呼羅珊。**

二、巴格達和伊拉克軍事總督（Aṣḥāb al-Shurṭa）（207－278 / 822－891）

年份	統治者名稱／重要事件
205 / 820	●塔希爾一世・賓・胡笙・賓・穆斯阿卜 ●Ṭāhir I b. al-Ḥusayn b. Muṣ'ab
207 / 822	●易斯哈格・賓・易卜拉欣・賓・穆斯阿卜 ●Isḥāq b. Ibrāhīm b. Muṣ'ab
235 / 849	●穆罕默德・賓・易斯哈格 ●Muḥammad b. Isḥāq
236 / 850	●阿布達拉・賓・易斯哈格 ●'Abdallāh b. Isḥāq
237 / 851	●穆罕默德・賓・阿布達拉・賓・塔希爾一世 ●Muḥammad b. 'Abdallāh b. Ṭāhir I
253 / 867	●伍貝達拉・賓・阿布達拉・賓・塔希爾一世 ●'Ubaydallāh b. 'Abdallāh b. Ṭāhir I ●首次統治。
255 / 869	●蘇萊曼・賓・阿布達拉・賓・塔希爾一世 ●Sulaymān b. 'Abdallāh b. Ṭāhir I
266 / 879	●伍貝達拉・賓・阿布達拉 ●'Ubaydallāh b. 'Abdallāh ●第二次統治。
271 / 884	●穆罕默德・賓・塔希爾二世 ●Muḥammad b. Ṭāhir II

276 － 278 / 890 － 891	●伍貝達拉・賓・阿布達拉 ●‘Ubaydallāh b. ‘Abdallāh ●第三次統治。
278 / 891	●**突厥傭兵軍官巴德爾・穆俄塔迪地（Badr al-Mu‘taḍidī）與穆俄尼斯・哈迪姆（Mu’nis al-Khādim）統治。**
約 297 / 約 910	●穆罕默德・賓・伍貝達拉 ●Muḥammad b. ‘Ubaydallāh ●穆俄尼斯的軍事總督代理。

雖然偏好塔希爾朝者極力證明塔希爾・賓・胡笙（Ṭahir b. al-Ḥusayn）是阿拉伯聖裔胡扎阿部族（Khuzā‘a）的後裔，但他卻很可能源自波斯附庸者（mawlā）的氏族。塔希爾受到阿巴斯朝哈里發瑪蒙（al-Ma’mun）重用，194 / 810 年時在一場骨肉相殘的戰爭中反對阿敏（al-Amīn），擔任瑪蒙的將領。巴格達淪陷後，塔希爾接管巴格達與加濟拉地區（Jazīra），最後受命為東伊斯蘭世界行省總督。塔希爾死前不久，他開始在每週星期五的講道（khuṭba）上忽略哈里發瑪蒙的名字，等同於公開放棄效忠瑪蒙，或宣告獨立。然而，由於找不到更恰當的總督人選，瑪蒙指派塔希爾的兒子塔勒哈（Ṭalḥa）接任總督。因此，塔希爾氏族在尼夏普爾（Nishapur）成為世襲的總督族系，但仍然尊奉阿巴斯朝，並定期向中央政府納貢（貢品之一的突厥軍事奴隸成為阿巴斯朝哈里發軍隊的主力），不過阿布達拉・賓・塔希爾（‘Abdallāh b. Ṭāhir）作風謹慎，不曾為了巴格達而離開呼羅珊。因此，我們可以說塔希爾朝是實質自治的政府，並非像其對手剎法爾朝（Ṣaffarids）的獨

立政權。塔希爾朝帶有強烈的順尼正統立場，又偏好阿拉伯和波斯軍事階級地主，使塔希爾朝握有來自高層的絕對支持。此外，他們也相當保護人民利益、鼓勵農業與灌溉，並慷慨贊助學者和詩人。

塔希爾朝在呼羅珊的主要政治和軍事力量，最初用以鎮壓並制約嘎林朝的瑪茲亞爾（Qārinid Māzyār，見編號80）等反抗勢力，以及裡海地區省份什葉的柴迪派。然而，隨後他們的地位深受位於錫斯坦（Sīstān）的剎法爾朝（見編號84之1）威脅；錫斯坦是呼羅珊的行政附屬區，塔希爾朝未能抵抗此一崛起勢力。穆罕默德・賓・塔希爾二世（Muḥammad b. Ṭahir II）於259 / 873年打了敗仗，將尼夏普爾割讓給雅俄固卜・賓・雷斯（Ya'qūb b. al-Layth），而後逃亡至伊拉克境內。哈里發再度指派他擔任呼羅珊總督，但他並未接受這個職位；接下來的二十幾年間，剎法爾朝與幾位地方將領為了呼羅珊政權問題而爭執不斷。

然而，呼羅珊是唯一由穆斯阿卜・賓・盧宰葛的氏族（Muṣ'ab b. Ruzayq）所掌管的地區，其他族系成員則在巴格達或伊拉克擔任軍事總督直至九世紀末，比他們在呼羅珊的親戚任期來得更加長久。塔希爾一世離開巴格達前往東方後，巴格達的政權首先落入了與他們並列的穆斯阿卜支系，到了237 / 851年，才由塔希爾一世的後代接任。塔希爾朝在巴格達的地位基礎是其龐大財產，其中最具特色的是「Ḥarīm」──位於曼蘇爾（al-Manṣūr）巴格達圓城北方的複合建築和市集。巴格達的總督以支持阿拉伯文化聞名，其中某些總督也相當喜歡被冠上文人雅士的稱號，如伍貝達拉・賓・阿布達拉（'Ubaydallāh b. 'Abdallāh）。

● 參考資料

* Justi, 436; Lane-Poole, 128; Sachau, 19-20 no. 39; Zambaur, 197-8; Album, 32.
* *EI* [1] 'Ṭāhirids' (W. Barthold).
* Sa'īd Nafīsī, *Ta'rīkh-i khāndān-i Ṭāhirī. I. Ṭahir b. Ḥusayn*, Tehran 1335/1956，最後附有世系表。
* C. E. Bosworth, 'The Ṭāhirids and Ṣaffārids', in *The Cambridge History of Iran*, IV, 90-106, 114-15.
* Mongi Kaabi, *Les Ṭāhirides au Ḫurāsān et en Iraq (III ième H./IX ième J.C.)*, 2 vols, Tunis 1983，第一冊第 409 頁附有世系表。

83.

薩曼朝（The Sāmānids）

- 伊曆 204 ～ 395 年
- 西曆 819 ～ 1005 年
- 河中區（Transoxania）和呼羅珊

年份	統治者名稱／重要事件
◇204 / 819	●阿赫瑪德一世・賓・阿薩德・賓・薩曼・胡達 ● Aḥmad I b. Asad b. Sāmān Khudā ●原為費爾干納（Farghāna）總督，後為粟特（Soghdia）總督。
◇250 / 864	●納斯爾一世・賓・阿赫瑪德一世 ● Naṣr I b. Aḥmad I ●撒馬爾干（Samarkand）的統治者。
◇279 / 892	●阿布—易卜拉欣・阿米爾・瑪迪，伊斯瑪儀・賓・阿赫瑪德一世 ● Ismā‘īl b. Aḥmad I, Abū Ibrāhīm al-Amīr al-Māḍī
◇295 / 907	●阿布—納斯爾・阿米爾・夏希德，阿赫瑪德二世・賓・伊斯瑪儀 ● Aḥmad II b. Ismā‘īl, Abū Naṣr al-Amīr al-Shahīd
◇301 / 914	●阿米爾・薩義德，納斯爾二世・賓・阿赫瑪德一世 ● Naṣr II b. Aḥmad I, al-Amīr al-Sa‘īd
◇331 / 943	●阿米爾・哈密德，努赫一世・賓・納斯爾二世 ● Nūḥ I b. Naṣr II, al-Amīr al-Ḥamīd
◇343 / 954	●阿布—法瓦里斯・阿米爾・穆艾亞德（穆瓦法各），阿布杜—瑪立克一世・賓・努赫一世 ● ‘Abd al-Malik I b. Nūḥ I, Abu ’l-Fawāris al-Amīr al-Mu’ayyad or al-Muwaffaq

◇350 / 961	●阿布—剎里赫・阿米爾・薩迪德，曼蘇爾一世・賓・努赫一世 ●Manṣūr I b. Nūḥ I, Abū Ṣāliḥ al-Amīr al-Sadīd
◇365 / 976	●阿米爾・拉迪，努赫二世・賓・曼蘇爾一世 ●Nūḥ II b. Manṣūr I, al-Amīr al-Raḍī
◇387 / 997	●阿布—哈里斯，曼蘇爾二世・賓・努赫二世 ●Manṣūr II b. Nūḥ II, Abu 'l-Ḥārith
◇389 / 999	●阿布—法瓦里斯，阿布杜—瑪立克二世・賓・努赫二世 ●'Abd al-Malik II b. Nūḥ II, Abu 'l-Fawāris
◇390 − 395 / 1000 − 1005	●阿布—易卜拉欣・蒙塔席爾，伊斯瑪儀二世・賓・努赫二世 ●Ismā'īl II b. Nūḥ II, Abū Ibrāhīm al-Muntaṣir
395 / 1005	●**嘎拉汗國（Qarakhanids）和嘎茲納朝（Ghaznawids）最後瓜分薩曼朝領土。**

雖然薩曼朝的後期統治者宣稱他們是伊斯蘭前波斯薩珊帝國君主的後裔，但薩曼朝的創立者事實上是某位名為薩曼・胡達（Sāmān Khudā）者，他是現今阿富汗北部的巴勒赫城（Balkh）地主。薩曼・胡達成為穆斯林後，他的四名孫子擔任阿巴斯朝哈里發瑪蒙在呼羅珊的塔希爾政府（見編號82之1）之次要官員：努赫（Nūḥ）受命管理撒馬爾干，阿赫瑪德（Aḥmad）被指派到費爾干納，雅赫亞（Yaḥyā）成為夏胥地區（Shāsh，即日後的塔什干〔Tashkent〕）的總督，伊里亞斯（Ilyās）則負責統治赫拉特城（Herat，阿拉伯文拼音為Harāt）。當時烏

滸河（Oxus）南方的支系並未蓬勃發展，而其他支系則在河中區立下穩固的統治基礎，因此在263 / 875年，阿巴斯朝的虛位哈里發穆俄塔米德（Mu‘tamid）任命納斯爾・賓・阿赫瑪德（Naṣr b. Aḥmad）接任呼羅珊總督。這個豐饒區域成為薩曼朝核心地區時，薩曼朝也肩負保衛河中區領土及其商業利益的責任，確保這塊土地得以免於草原突厥異教徒的侵略。薩曼朝在草原上對葛邏祿（Qarluq）部族和其他突厥部族發動戰爭，並確保河中區北方與費爾干納等地為穆斯林的領土。薩曼朝藉由在草原上壯大自己的軍權，使其他部族畏懼，並確保亞洲內陸商隊的路線暢通，他們因此擁有雄厚的經濟實力；從九世紀開始，透過薩曼朝的仲介，中部和東部地區穆斯林親王們的軍隊引進許多突厥奴隸。在薩曼朝統治者的支持下，這些親王位於布哈拉（Bukhara）的宮廷不僅是阿拉伯學術中心，更是新波斯語言和古文學的復興地。薩曼朝統治期間，菲爾道西（Firdawsī）開始創作波斯民族史詩《列王記》（*Shāh-nāma*）。

287 / 900年，伊斯瑪儀・賓・阿赫瑪德（Ismā‘īl b. Aḥmad）擊敗剎法爾朝的阿姆爾・賓・雷斯（‘Amr b. al-Layth，見編號84之1），受到哈里發激賞重用，成為繼任塔希爾朝和剎法爾朝的呼羅珊總督。薩曼朝成為東伊斯蘭世界最強大的勢力，同時也是正統順尼派的強力支持者，將偏遠地區如花剌子模（Khwārazm）、烏滸河上游地區與錫斯坦等地納為附庸；而在波斯北部，薩曼朝則是布伊朝的敵對勢力（見編號75）。然而好景不常，薩曼朝在十世紀中葉開始式微，一系列宮廷革命顯示軍隊反對聖裔的集權政策，並開始握有實權。呼羅珊的叛亂也使得該省份脫離布哈拉的直接統治。因此，突厥喀喇汗國（Qarakhanids，見編號90）和嘎茲納朝人（Ghaznawids，見編號158）佔領薩曼朝領土並非難事，而最後一位薩曼朝統治者伊斯瑪儀・穆塔西爾（Ismā‘īl al-

Muntaṣir），395 / 1005 年遇刺身亡。薩曼朝的覆滅，意謂著後續烏滸河北邊的伊朗領土轉由突厥人統治，開啟了種族和語言突厥化，直至現代；不過，現今的塔吉克共和國（Tajikistan Republic）和烏茲別克地區（Uzbekistan）較未受到影響。

● 參考資料

* Justi, 440; Lane-Poole, 131- 3; Zambaur, 202- 3; Album, 33.
* *EI* ² 'Sāmānids' (C. E. Bosworth).
* W. Barthold, *Turkestan down to the Mongol Invasion*, 3rd edn, London 1968.
* R. N. Frye, 'The Sāmānids', in *The Cambridge History of Iran*, IV, 136-61.
* W. L. Treadwell, *The Political History of the Sāmānid State*, D.Phil. thesis, Oxford 1991, unpubl.

84.

剎法爾朝（The Ṣaffārids）

- 伊曆 247 ～ 393 年
- 西曆 861 ～ 1003 年
- 以錫斯坦（Sīstān）為政權中心，有時擴張至波斯與阿富汗東部

一、雷斯支系（Laythid）

年份	統治者名稱／重要事件
◇247 / 861	●阿布—優素夫，雅俄固卜・賓・雷斯・剎法爾 ● Ya'qūb b. al-Layth al-Ṣaffār, Abū Yūsuf
◇265 / 879	●阿布—哈夫斯，阿姆爾・賓・雷斯 ● 'Amr b. al-Layth, Abū Ḥafṣ
◇261 － 268 / 875 － 882	**●阿布—休賈俄，阿赫瑪德・賓・阿布達拉・呼濟斯坦尼** **● Aḥmad b. 'Abdallāh Khujistānī, Abū Shujā'** **●在尼夏普爾發動叛亂。**
◇268 － 283 / 882 － 896	**●拉非俄・賓・哈爾沙瑪** **● Rāfi' b. Harthama** **●先在尼夏普爾，後在拉伊（Rayy）發動叛亂，並擔任哈里發的總督。**
◇287 / 900	●阿布—哈珊，塔希爾・賓・穆罕默德・賓・阿姆爾，及其兄弟阿布—優素夫，雅俄固卜 ● Ṭāhir b. Muḥammad b. 'Amr, Abū 'l-Ḥasan, with his brother Ya'qūb, Abū Yūsuf
◇296 / 909	●雷斯・賓・阿里・賓・雷斯 ● al-Layth b. 'Alī b. al-Layth
298 / 910	●穆罕默德・賓・阿里 ● Muḥammad b. 'Alī

◇298 / 910	●穆阿達勒・賓・阿里 ●al-Mu'addal b. 'Alī
298 / 911	●**薩曼朝人首次佔領錫斯坦。**
299 / 912	●**穆罕默德・賓・胡爾穆茲（Muḥammad b. Hurmuz）發動叛亂。**
299 － 300 / ?	●阿布─哈夫斯，阿姆爾・賓・雅俄固卜・賓・穆罕默德・賓・阿姆爾 ●'Amr b. Ya'qūb b. Muḥammad b. 'Amr, Abū Ḥafṣ
300 － 301 / 912 － 914	●**薩曼朝人二度佔領。**
301 － 311 / 914 － 923	●**由地方將領控權：阿赫瑪德・尼亞（Aḥmad Niyā）、庫沙伊爾・賓・阿赫瑪德（Kuthayyir b. Aḥmad）、◇阿赫瑪德・賓・古達姆（Aḥmad b. Qudām）與◇阿布達拉・賓・阿赫瑪德（'Abdallāh b. Aḥmad）。**

二、哈拉夫支系（Khalafid）

年份	統治者名稱／重要事件
◇311 / 923	●阿布─賈俄法爾，阿赫瑪德・賓・穆罕默德・賓・哈拉夫 ●Aḥmad b. Muḥammad b. Khalaf, Abū Ja'far
◇352 － 393 / 963 － 1003	●阿布─阿赫瑪德・瓦里─道拉，哈拉夫・賓・阿赫瑪德 ●Khalaf b. Aḥmad, Abū Aḥmad Walī 'l-Dawla ●逝於309 / 1009年。
◇352 － 358 / 963 － 969	●阿布─胡笙，塔希爾・賓・穆罕默德 ●Ṭāhir b. Muḥammad, Abū 'l-Ḥusayn ●阿里・賓・雷斯（'Alī b. al-Layth）的後裔，為哈拉夫的攝政，逝於359 / 970。

◇359－373／970－983	●胡笙・賓・塔希爾・塔米米 ●Ḥusayn b. Ṭāhir Tamīmī ●反叛者政權。
393／1003	●被嘎茲納朝人佔領。

剎法爾朝的名號源自於其創立者雅俄固卜（Ya'qūb）的職業稱謂，「ṣaffār」在波斯文中意為「銅匠」。在雅俄固卜與阿姆爾・賓・雷斯（'Amr b. al-Layth）的統治下，錫斯坦省成為政權中心。剎法爾朝地域廣袤，除了波斯西北部、裡海地區以及延伸至印度的邊界，幾乎含括整個波斯，但朝代壽命卻相當短。西曆九世紀時，錫斯坦地區社會紛亂、內部派別糾紛多，無數反抗者、叛亂份子來此避難，他們跨越波斯逃往東邊，其中包括被伍麥亞朝（Umayyad）總督擊垮而分散四地的出走派（Khārijīs）。也許因為雅俄固卜本身曾為出走派的一員，儘管他的勢力主要仰賴錫斯坦當地捍衛順尼派的警衛隊，他的軍隊中仍有許多出走派成員。雅俄固卜倚靠這支軍隊，往東擴張至喀布爾地區（Kabul，又作Kābul），再到印度邊境的異教徒地區，並推翻當地的政權。259／873年，雅俄固卜向西入侵塔希爾朝（見編號82），佔領首都尼夏普爾，終結了塔希爾朝在呼羅珊的統治。雅俄固卜驍勇善戰，甚至帶兵侵略伊拉克，並針對哈里發政權的中心發動攻擊，但他的侵略行動在262／876年時終止於底格里斯河岸（Tigris）。

塔希爾朝（見編號82）與薩曼朝（見編號83）遵從宗教正統並傾向維持社會現狀，但剎法爾朝的領導者們出身平民且深以為傲，無懼公開表示對於阿巴斯朝的蔑視。因此，他們實質摧毀了「哈里發的虛幻」，行省的總督與地方統治者都是透過這種對哈里發的想像遵從，而獲得政權的合法性，也就是假藉伊斯蘭社群領袖（哈里發）授權他們職位。阿姆爾獲得阿巴斯朝哈里發的認可，負責管理數個波斯省份，最終成為呼羅珊的總督。然而，阿姆爾並未滿足於握有的領土，覬覦名義上由塔希爾朝統治的河中區。只不過，河中區真正的掌權者是薩曼朝人，他們比剎法爾朝更加強勢有力；阿姆爾高估了自己，慘吞敗仗。身為軍事征服者，剎法爾朝痛失呼羅珊，而經過在十世紀初連續幾位勢力衰弱且任期短暫的總督統治，呼羅珊暫時交由薩曼朝統治。

儘管如此，剎法爾朝仍舊重振旗鼓，他們某程度而言也代表了錫斯坦人的利益和野心，因為他們正是從群眾中崛起。自311 / 923年開始，剎法爾氏族重新以地方統治者的身分，出現在錫斯坦與其周邊地區。錫斯坦的兩位統領來自氏族的旁系，他們皆是有名的藝文活動贊助者；其中，哈拉夫・賓・阿赫瑪德（Khalaf b. Aḥmad）本身還是位宗教學者。393 / 1003年，好侵略擴張的嘎茲納朝（見編號158）的瑪赫穆德（Maḥmūd）將錫斯坦納入他的領土；錫斯坦一位無名的愛國作家在地方史《錫斯坦史》（*Ta'rīkh-i Sīstān*）中，將此歷史事件形容為國家的悲劇。

值得注意的是，將剎法爾朝簡單劃分的「雷斯支系」和「哈拉夫支系」，可以對應到札姆鮑爾（Zambaur）所劃分的剎法爾「第一支系」與「第二支系」。然而，札姆鮑爾分類中的第三與第四支系，和剎法爾朝統治者並無直接關聯，這兩個支系事實上屬於尼姆魯茲王國（統治者）族系（Maliks of Nīmrūz），詳見編號106。

●參考資料

* Justi，439; Lane-Poole, 129-30（只列出最初幾位的剎法爾氏族成員）; Sachau, 11 no.16; Zambaur, 199-201（只列出最初幾位的剎法爾氏族成員）; Album，32.
* *EI* ² 'Ṣaffārids' (C. E. Bosworth).
* Milton Gold (tr.), *The Tārikh-e Sistān*, Rome 1976.
* C. E. Bosworth, 'The Ṭāhirids and Ṣaffārids', in *The Cambridge History of Iran*, IV, 106-35.
* idem, *The History of the Saffarids of Sīstān and the Maliks of Nimruz (247/861 to 949/1542-3)*, Costa Mesa CA and New York 1994, 67-361，第 xxiii ～ xxiv 頁附有世系表。

85.

巴尼朱爾朝（Bānījūrids or Abu Dawudids）

- 約伊曆 233 ～約 295 年
- 約西曆 848 ～約 908 年
- 巴勒赫（Balkh）與圖哈里斯坦（Ṭukhāristān）

年份	統治者名稱／重要事件
?	●哈胥姆・賓・巴尼朱爾 ● Hāshim b. Bānījūr ●統治中心為呼塔勒（Khuttal），逝於 243 / 857 年。
◇233 / 848	●達伍德・賓・阿巴斯・賓・哈胥姆 ● Dāwūd b. al-'Abbās b. Hāshim ●統治中心為巴勒赫，逝於 259 / 873 年。
◇260 / 874	●阿布—達伍德，穆罕默德・賓・阿赫瑪德・賓・巴尼朱爾 ● Muḥammad b. Aḥmad b. Bānījūr, Abū Dāwūd ●原先擔任安達拉巴（Andaraba）與潘吉希爾（Panjhir）總督，285 / 898 或 286 / 899 年仍然在位。
◇?	●阿赫瑪德・賓・穆罕默德 ● Aḥmad b. Muḥammad ●統治中心為巴勒赫和安達拉巴，掌權至約 295 / 908 年。

巴尼朱爾朝是一支地方統治者的族系，同時也是薩曼朝（見編號83）的附庸，他們統治圖哈里斯坦至烏滸河中游的巴勒赫（Balkh）與圖哈里斯坦（Ṭukhāristān）地區，也擴及潘吉希爾（Panjhīr）的興都庫什山脈（Hindu Kush，以出產銀礦聞名）。巴尼朱爾朝極有可能承接了伊朗人的血統。他們的祖先巴尼朱爾和初期幾位阿巴斯朝哈里發屬於同一時代，與費爾干納地區有所連繫，其族系的從屬關係和編年表都已佚散而不清楚。十世紀初起，其他的地方將領似乎統治了圖哈里斯坦地區，但胡塔勒地區（Khuttal）烏滸河中游北部的其中一支親王族系，可能與巴尼朱爾氏族有血緣關係。

●參考資料

* Zambaur, 202, 204; Album, 33.

* *EI*[2] Suppl. 'Bānīdjūrids' (C. E. Bosworth).

* R. Vasmer, 'Beiträge zur muhammedanischen Münzkunde. I. Die Münzen der Abū Dā'udiden', *NZ*, N. F. 18 (1925), 49-62.

* Muḥammad Abū-l-Faraj 'Ush, 'Dirhams Abu Dāwūdides (Banū Bānījūrī)', *Revue Numismatique*, 6th series, 15 (1973), 169-76.

86.

希姆朱爾朝（The Sīimjūrids）

- 伊曆 300 ～ 392 年
- 西曆 913 ～ 1002 年
- 呼羅珊總督與古希斯坦（Quhistān）封國

年份	統治者名稱／重要事件
300 － 301 / 913 － 914	●阿布—伊姆蘭，希姆朱爾・達瓦提 ● Sīmjūr al-Dawātī, Abū ‘Imrān ●錫斯坦的薩曼朝總督，逝於 318 / 930～324 / 936 年間。
310 － 314 / 922 － 926	●阿布—阿里，易卜拉欣・賓・希姆朱爾 ● Ibrāhīm b. Sīmjūr, Abū ‘Alī ●首次統治，統治中心為呼羅珊。
333 － 334 / 945 － 946	●易卜拉欣・賓・希姆朱爾 ● Ibrāhīm b. Sīmjūr ●第二次統治，逝於 336 / 948 年。
345 － 349 / 956 － 960	●阿布—哈珊，穆罕默德一世・賓・易卜拉欣 ● Muḥammad I b. Ibrāhīm, Abū ’l-Ḥasan ●首次統治，統治中心為呼羅珊。
350 － 371 / 961 － 982	●穆罕默德一世・賓・易卜拉欣 ● Muḥammad I b. Ibrāhīm ●第二次統治，逝於 378 / 989 年。
◇374 － 377 / 984 － 987	●阿米爾・伍瑪拉（大統領），穆罕默德二世・賓・穆罕默德一世，阿布—阿里・穆查法爾・伊瑪德—道拉 ● Muḥammad II b. Muḥammad I, Abū ‘Alī al-Muẓaffar ‘Imād al-Dawla, Amīr al-Umarā’ ●人稱「來自薩瑪俄的穆艾亞德」（al-Mu’ayyad min al-Samā’），首次統治，統治中心為呼羅珊。

385 / 995	●穆罕默德二世 ●Muḥammad II ●第二次統治，逝於387 / 997年。
?	●阿布—嘎希姆，阿里・賓・穆罕默德一世 ●'Alī b. Muḥammad I, Abū 'l-Qāsim ●擔任呼羅珊將領至392 / 1002年，之後逝世。

希姆朱爾朝原為薩曼朝（見編號83）的突厥傭兵，希姆朱爾（Sīmjūr）原為擔任伊斯瑪儀・賓・阿赫瑪德（Ismā'īl b. Aḥmad）官方儀式的掌印者（dawātī）。當薩曼朝暫時將剎法爾政權（見編號84）逐出錫斯坦並佔領該地時，希姆朱爾開始崛起。十世紀時，希姆朱爾氏族因為替薩曼朝服務、征戰而聞名，他們通常擔任呼羅珊總督，並以古希斯坦（Quhistān）為據地，擁有來自波斯北方和東方的軍隊。最後，希姆朱爾朝也捲入了薩曼政權分崩離析的爭亂中，此後極少再出現希姆朱爾朝的歷史記載。

●參考資料

* Sachau, 11 no. 15; Zambaur, 205.
* *EI* [2] 'Sīmdjūrids' (C. E. Bosworth).
* Erdoğan Mençil, *Sîmcûrîler*, n. p. n. d. = a series of articles in *Tarih Dergisi*, no. 32 (1979), 71-88; *Tarih Enstitüsü Dergisi*, nos 10-1 1 (1979-80), 91-6; *Tarih Dergisi*, no. 33 (1980-1), 115-32; *Belleten*, 49, no. 195 (1985), 547; and *Tarih Enstitüsü Dergisi*, no. 13 (1989), 123-38，第 138 頁附有世系表。

87.

伊里亞斯朝（The Ilyāsids）

- 伊曆 320 ～ 357 年
- 西曆 932 ～ 968 年
- 奇爾曼（Kirman）

年份	統治者名稱／重要事件
320 － 322 / 932 － 934	● 阿布—阿里，穆罕默德・賓・伊里亞斯 ● Muḥammad b. Ilyās, Abū ʻAlī ● 薩曼朝的總督，首次掌權。
322 / 934	**● 總督遭瑪坎・賓・卡奇（Mākān b. Kākī）驅逐。**
324 / 936	● 穆罕默德・賓・伊里亞斯 ● Muḥammad b. Ilyās ● 二次掌權，356 / 967 年遭罷黜。
356 － 357 / 967 － 968	● 伊里亞薩・賓・穆罕默德 ● Ilyasaʻ b. Muḥammad
357 / 968	**● 布伊朝人（Buyid）征服奇爾曼。**

穆罕默德・賓・伊里亞斯（Muḥammad b. Ilyās）為粟特人，擔任薩曼朝（見編號83）納斯爾二世・賓・阿赫瑪德（Naṣr II b. Aḥmad）的總督。317 / 929 年，布哈拉地區總督親兄弟反叛失敗後，穆罕默德・賓・伊里亞斯向南撤退至奇爾曼（Kirman）；自從阿巴斯朝在波

斯南部勢力漸衰後，奇爾曼便進入權力真空期。他成功在當地掌權，擊敗代拉姆（Daylam）總督瑪卡恩（Mākān），名義上成為薩曼朝的總督，實質上卻是獨立自治。穆罕默德・賓・伊里亞斯執政三十六年，被兒子迫使放棄王位；此時，強大的布伊朝（Būyid）統領阿杜德—道拉（‘Aḍud al-Dawla）將注意力轉向奇爾曼，給予伊里亞斯朝致命一擊；該支系壽命十分短暫，最後伊里亞薩（Ilyasa‘）被驅逐至河中區。幾位伊里亞斯人企圖展開報復行動，但直到塞爾柱人（Seljuq，見編號91之3）出現之前，奇爾曼地區仍大致上受到布伊朝控制。

●參考資料

* Sachau, 10-11 no. 14; Zambaur, 16.
* *EI* ² ‘Ilyāsids’ (C. E. Bosworth).
* C. E. Bosworth, ‘The Banū Ilyās of Kirmān (320-57/932-68)’, in idem (ed.), *Iran and Islam, in memory of the late Vladimir Minorsky*, 107-24.

88.

穆赫塔吉朝（The Muḥtājids）

- 伊曆 321 ～ 343 年
- 西曆 933 ～ 954 年
- 呼羅珊總督與洽嘎尼揚（Chaghāniyān）統領

年份	統治者名稱／重要事件
321 / 933	●阿布—巴克爾，穆罕默德・賓・穆查法爾・賓・穆赫塔吉 ● Muḥammad b. al-Muẓaffar b. Muḥtāj, Abū Bakr ●呼羅珊總督，逝於 329 / 941 年。
◇327 / 939	●阿布—阿里，阿赫瑪德・賓・穆罕默德 ● Aḥmad b. Muḥammad, Abū 'Alī ●首度統治，中心位於呼羅珊。
333 / 945	**●易卜拉欣・賓・希姆朱爾（Ibrāhīm b. Sīmjūr）掌權。**
335 / 946	●阿赫瑪德・賓・穆罕默德 ● Aḥmad b. Muḥammad ●第二次統治。
335 / 947	**●曼蘇爾・賓・嘎拉提金（Manṣūr b. Qaratigin）掌權。**
340 － 343 / 952 － 954	●阿赫瑪德・賓・穆罕默德 ● Aḥmad b. Muḥammad ●第三次統治，逝於 344 / 955 年。
四世紀末、五世紀初 / 十世紀、十一世紀	●阿布—穆查法爾・法赫爾—道拉，穆罕默德・賓・？ ● Muḥammad b. ?, Abū al-Muẓaffar Fakhr al-Dawla ●洽嘎尼揚統領，不確定是否出身穆赫塔吉氏族。

穆赫塔吉朝是位於烏滸河中游北岸洽嘎尼揚侯國的世襲政權；然而，我們並不清楚他們是否為伊朗原生居民、阿拉伯入侵時代的洽汗胡達人（Chaghan Khudas），抑或是波斯化的阿拉伯人。十世紀二零年代，穆赫塔吉氏族先是擔任薩曼朝將領，而後接任呼羅珊總督，並擔任重要將領。阿布—阿里・阿赫瑪德（Abū ‘Alī Aḥmad）是穆赫塔吉朝的傑出人物，最後卻在流亡中喪命。儘管穆赫塔吉氏族的親緣關係已無從得知，從紀錄中述及幾名洽嘎尼揚親王這點來看，他們似乎一直到十一世紀為止，都在當地掌握相當勢力。

●參考資料

* Zambaur, 204; Album, 33.
* *EI* [2] ‘Muḥtādjids’ (C. E. Bosworth); *EIr* ‘Āl-e Moḥtāj’ (Bosworth).
* C. E. Bosworth, ‘The rulers of Chaghāniyān in early Islamic times’, *Iran, JBIPS*, 19 (1981), 1-20.

89.

花剌子模王國（The Khwārazm Shāhs）

- 伊斯蘭前～伊曆七世紀
- 伊斯蘭前～西曆十三世紀
- 花剌子模

一、卡斯地區（Kāth）的阿夫里格支系（Afrīghids）（伊斯蘭前～385 / 995 年）

比魯尼（al-Bīrūnī）記錄了十六位國王，其中第十位阿爾沙姆赫・賓・布茲卡爾（Arthamūkh b. Būzkār）據稱與先知穆罕默德同時代。第十七任國王是首位擁有穆斯林名字的統治者：

- 阿布達拉・賓・T.r.k.s.・巴沙
- ‘Abdallāh b. T.r.k.s. bātha
- 可能於三世紀 / 九世紀早期即位。

- 曼蘇爾・賓・阿布達拉
- Manṣūr b. ‘Abdallāh

- 伊拉各・賓・曼蘇爾
- ‘Irāq b. Manṣūr
- 285 / 898 年在位。

- 穆罕默德・賓・伊拉各
- Muḥammad b. ‘Irāq
- 309 / 921 年在位。

- 阿布達拉・賓・阿胥卡姆
- ‘Abdallāh b. Ashkam
- 比魯尼未記載，約於 332 / 944 年在位。

	●阿布—薩義德，阿赫瑪德・賓・穆罕默德◇ ● Aḥmad b. Muḥammad, Abū Sa'īd ●於356 / 967年在位。
	●阿布—阿布達拉，穆罕默德・賓・阿赫瑪德◇ ● Muḥammad b. Aḥmad, Abū 'Abdallāh ●逝於385 / 995年。
	●被瑪蒙支系人（Ma'mūnids）征服。

二、古爾干吉（Gurgānj）的瑪蒙支系（Ma'mūnids）（385－408 / 995－1017）

年份	統治者名稱／重要事件
385 / 995	●阿布—阿里，瑪蒙一世・賓・穆罕默德 ● Ma'mūn I b. Muḥammad, Abū 'Alī
◇387 / 997	●阿布—哈珊，阿里・賓・瑪蒙一世 ● 'Alī b. Ma'mūn I, Abū 'l- Ḥasan
399 / 1009	●阿布—阿巴斯，瑪蒙二世・賓・瑪蒙一世 ● Ma'mūn II b. Ma'mūn I, Abū 'l-Abbās
407 － 408 / 1017	●阿布—哈里斯，穆罕默德・賓・阿里 ● Muḥammad b. 'Alī, Abū 'l- Ḥārith
408 / 1017	**●被嘎茲納朝（Ghaznawid）征服。**

三、嘎茲納朝總督，以花剌子模國王為頭銜（408－432 / 1017－1041）

年份	統治者名稱／重要事件
408 / 1017	●阿勒屯塔胥・哈吉卜 ●Altuntash Ḥājib ●嘎茲納朝的軍事將領。
423 / 1032	●哈倫・賓・阿勒屯塔胥 ●Hārūn b. Altuntash ●擔任名義上的花剌子模國王薩義德・賓・瑪斯伍德（Sā'īd b. Mas'ūd）的副官，隨後從嘎茲納朝獨立出來，可能自封為花剌子模國王。
425 / 1034	●伊斯瑪儀・賓・哈恩丹・賓・阿勒屯塔胥 ●Ismā'īl b. Khāndān b. Altuntash ●從嘎茲納朝獨立，自封為花剌子模國王。
432 / 1041	**●江德地區（Jand）的烏古斯部族亞卜烏（Oghuz Yabghu）佔領花剌子模，由阿布—法瓦里斯，賓・阿里（Shāh Malik b. 'Alī, Abu 'l-Fawāris）領導，可能是嘎茲納的瑪斯伍德（Mas'ūd of Ghazna）授予他花剌子模國王的頭銜。**

四、阿努胥提金・西赫納支系（Anūshtigin Shiḥna），原受封為塞爾柱朝總督，採用花剌子模國王頭銜，直至十二世紀中葉幾乎成為花剌子模的獨立統治者，有時統治河中區及波斯地區。（約470－628 / 1077－1231）

年份	統治者名稱／重要事件
約470 / 約1077	●阿努胥提金・嘎爾洽伊 ●Anūshtigin Gharcha'ī ●名義上是花剌子模國王。

490 / 1097	●**艾金奇・賓・庫奇嘎爾** ●**Ekinchi b. Qochqar** ●**突厥總督，採用花剌子模國王頭銜。**
490 / 1097	●古特卜丁，阿爾斯蘭—提金・穆罕默德・阿努胥提金，阿布—法特赫 ●Arslan Tigin Muḥammad b. Anūshtigin, Abu ’l-Fatḥ, Quṭb al-Dīn ●花剌子模國王。
◇521 / 1127	●阿布—穆查法爾・阿拉俄丁，奇茲勒・阿爾斯蘭・阿濟茲・穆罕默德 ●Qïzïl Arslan Atsïz b. Muḥammad, Abu ’l-Muẓaffar ‘Alā’ al-Dīn
◇551 / 1156	●阿布—法特赫，伊勒・阿爾斯蘭・阿濟茲 ●Il Arslan b. Atsïz, Abu ’l-Fatḥ
◇567 / 1172	●阿布—穆查法爾・塔吉・敦亞瓦丁，特奇胥・賓・伊勒・阿爾斯蘭 ●Tekish b. Il Arslan, Abu ’l-Muẓaffar Tāj al-Dunyā wa ’l-Dīn
◇**567 － 589 / 1172 － 1193**	●**賈拉勒・敦亞瓦丁，瑪赫穆德・伊勒・阿爾斯蘭，阿布—嘎希姆・蘇丹・夏赫** ●**Maḥmūd b. Il Arslan, Abu ’l-Qāsim Sulṭān Shāh, Jalāl al-Dunyā wa ’l-Dīn** ●**與呼羅珊北部統治者敵對，逝於589 / 1193年。**
◇596 / 1200	●阿拉俄丁，穆罕默德・賓・特奇胥 ●Muḥammad b. Tekish, ‘Alā’ al-Dīn
◇617 － 628 / 1220 － 1231	●賈拉勒丁，蒙居比爾提・賓・穆罕默德 ●Mengübirti b. Muḥammad, Jalāl al-Dīn ●彼得・傑克森（Dr. Peter Jackson）指出，「Mengübirti」這個神秘突厥名字常見的翻譯之一是「Mingīrinī」，意為「擁有上千人力」，與波斯名字「Hazārmard」意義相近。
	●**蒙古人征服河中區與波斯地區。**

花剌子模（Khwārazm）即古典的呼拉斯米亞（Chorasmia），為烏滸河下游豐饒、灌溉充沛的農業地區，此地也是幾世紀後希瓦汗國（Khanate of Khiva）的立基處。花剌子模四周皆為草原和沙漠，地理位置孤立，因而得以長期維持獨立的政治狀態，並保有獨特的伊朗語言和文化。花剌子模極有可能是伊朗人早期的故鄉；根據當地史學家暨古文物研究者比魯尼（al-Bīrūnī，逝於440 / 1048年）的記載，當地最早的政治活動始於西曆前一世紀以前。比魯尼記載的伊朗阿夫里格支系（Afrīghid），約始於西曆305年，直到385 / 995年朝代滅亡，共有二十二任國王。花剌子模地區於93 / 712年首度出現在伊斯蘭歷史記載上，當時呼羅珊的阿拉伯總督古泰巴・賓・姆斯林（Qutayba b. Muslim）入侵花剌子模地區，根據歷史記載，這次侵略行動對原生文明造成嚴重破壞。花剌子模可能就此成為穆斯林的附庸地區，但直到八世紀末或九世紀初，有位阿夫里格統治者才真正開始轉而信奉新信仰，從他的名字「阿布達拉」（'Abdallāh）可以看出這一點，這是傳統上皈依穆斯林常用的姓名。因此也證實了繼任國王伊斯蘭姓名的正確性，儘管編年表並不精確，因為比魯尼在記載中並未提供確切的年代與日期。

十世紀左右，烏滸河左岸的古爾干吉在經濟和政治方面的重要性逐漸提升，主要原因可能是古爾干吉乃駱駝商隊橫越草原至窩瓦河地區（Volga）與俄羅斯（Russia）的終點站。385 / 995年，當地的瑪蒙氏族（Ma'mūnids）暴力推翻卡斯地區（Kāth，位於烏滸河右岸）的阿夫里格支系，並以傳統的花剌子模國王封號自稱。瑪蒙支系統治時間相當短暫卻成就輝煌，著名學者如哲學家兼科學家伊本—西那（Ibn Sīnā，又作Avicenna），以及文學家沙阿里比（al-Tha'ālibī），都在瑪蒙支系贊助之下，得以潛心研究或寫作。花剌子模地區理論上是薩曼朝的附庸國，但在實質統治上形同獨立。408 / 1017年，嘎茲納朝的瑪赫穆德繼承了薩曼朝在呼羅珊地區的權力，決心將花剌子模納入其勢力範圍，瑪蒙支系在此地的統治也因而劃下句點。大約在接下來的十年期間，花剌子模由嘎茲納朝軍事將領統治，隨後落入烏古斯突厥部族的亞卜烏（Oghuz Turkish Yabghu，即錫爾河口〔Syr Darya〕江德地區〔Jand〕的統治者）[1]瑪立克・夏赫（Shāh Malik）手中。然而，夏赫很快就在432 / 1041年被對手烏古斯的塞爾柱氏族推翻（見編號91），花剌子模則在不久後交由塞爾柱朝統治。

塞爾柱蘇丹在花剌子模地區指派總督，而瑪立克・夏赫任下的突厥奴隸將領阿努胥提金・嘎爾洽伊（Anushtigin Gharcha'ī）原為皇室盥洗器具的管理人（ṭasht-dār），成為虛位的花剌子模國王；然而，他似乎從未真正到過花剌子模地區。儘管如此，阿努胥提金的繼承者成為花剌子模的世襲總督，實際採用頭銜「Shāh」（國王）。阿努胥提金此一支系的國王擁有強烈的突厥特質，這點可由他們之中常見的突厥姓名得知；他們還透過聯姻等方式，與亞洲內陸草原鞏固緊密的關係。阿努胥提胥金的孫子阿濟茲（Atsïz）名義上是蘇勒壇・夏赫封臣，實際上卻具有獨立的野心。535 / 1141年，珊賈爾（Sanjar）被喀喇契丹人（Qara Khitay，見編號90）擊潰之後，阿濟茲的企圖有了落實的可能性，只不過花剌子模國王仍舊被迫臣屬於這些來自遠東新入侵者，承認他們為宗主國。事實上，喀喇契丹人經常指派自己人擔任花剌子模的統治者；十二世紀最後的數十年裡，呼羅珊的勢力爭奪不休，整個伊朗東部都深陷當地國王和阿富汗古爾朝（Ghūrids，見編號159）之間的政爭。十三世紀最初的幾年內，花剌子模國王相當強盛，勢力範圍擴及全

1　編註：「亞卜烏」（Yabghu）為突厥地方統治者的頭銜。

波斯地區，徹底消滅塞爾柱朝殘存的影響力，甚至勇於挑戰巴格達的阿巴斯朝哈里發。他們因此成為一個帝國的統治者，領土從印度邊境直至安那托利亞地區（Anatolia）。然而，這樣令人震懾的勢力轉瞬即逝。617 / 1220 年，成吉思汗（Chingiz Khān）的蒙古軍征服了河中區。最後一位花剌子模國王賈拉勒丁（Jalāl al-Dīn）勇敢迎戰，卻未能阻止蒙古軍入侵中東地區。

之後幾個世紀，花剌子模地區由突厥蒙古人（Turco-Mongol）或來自突厥中亞草原的民族統治，該地原有的伊朗特質完全消失。然而，直至十五世紀，帖木兒朝（Tīmūrids）的花剌子模總督，似乎都仍然採用花剌子模國王的頭銜。

● 參考資料

* Justi, 428; Lane-Poole, 176-8（只包含阿努提胥金支系）; Sachau, 12 no. 17（瑪蒙支系）; Zambaur, 208-9; Album, 38-9.
* E. Sachau, 'Zur Geschichte und Chronologie von Khwârazm', *SBWAW*, 73 (1873), 471-506; 74 (1873), 285-330，附有比魯尼的阿夫里格支系列表。
* W. Barthold, *Turkestan down to the Mongol Invasion*, 3rd edn, 144-55, 185, 275-9, 323ff.
* İbrahim Kafesoğlu, *Harezmşahlar devleti tarihi (485-617 / 1092-1229)*, Ankara 1956，關於阿努胥提金支系。
* C. E. Bosworth, in *The Cambridge History of Iran*, V, 140ff., 181ff., 185-95，關於阿努胥提金支系。
* L. Richter-Bernburg, 'Zur Titulatur der Ḫwārezm-Šāhe aus der Dynastie Anūštegins', *AMI*, N. F., 9 (1976), 179-205.

90.

喀喇汗國（The Qarakhānids）

- 伊曆 382 ～ 609 年
- 西曆 992 ～ 1212 年
- 河中區、費爾干納（Farghāna）、塞米瑞奇（Semirechye，又稱七河地區）與突厥斯坦（Turkestan）東部

河中區喀喇汗國聯邦的共同創立者：

- 阿里・賓・穆薩・賓・薩圖各・布格拉汗
- ‘Alī b. Mūsā b. Satuq Bughra Khān
- 逝於 388 / 998 年。

- 胥哈卜—道拉，哈倫（哈珊）・賓・蘇萊曼・薩圖各・布格拉汗，伊利格，布格拉汗
- Hārūn or Ḥasan b. Sulaymān b. Satuq Bughra Khān, Ilig, Bughra Khān, Shihāb al-Dawla
- 逝於 382 / 992 年。

一、聯盟國的可汗（Great Qaghans）

年份	統治者名稱／重要事件
◇?	●阿布—哈珊・阿爾斯蘭汗・嘎拉汗，阿里・賓・穆薩 ●‘Alī b. Mūsā, Abu ’l-Ḥasan Arslan Khān Qara Khān
◇388 / 998	●納席爾・哈各・古特卜—道拉，阿赫瑪德・賓・阿里，阿爾斯蘭・嘎拉汗，多干汗 ●Aḥmad b. ‘Alī, Arslan Qara Khān, Toghan Khān, Nāṣir al-Ḥaqq Quṭb al-Dawla
◇408 / 1017	●努爾—道拉，曼蘇爾・賓・阿里，阿爾斯蘭汗 ●Manṣūr b. ‘Alī, Arslan Khān, Nūr al-Dawla

◇415 / 1024	●多干汗，穆罕默德（阿赫瑪德）・賓・哈倫（哈珊）・布格拉汗 ●Muḥammad or Aḥmad b. Hārūn or Ḥasan Bughra Khān, Toghan Khān
◇417 － 424 / 1026 － 1032	●納席爾一道拉（東方與中國之王），優素夫・賓・哈倫（哈珊）・布格拉汗，嘎迪爾汗 ●Yūsuf b. Hārūn or Ḥasan Bughra Khān, Qadïr Khān, Nāṣir al-Dawla Malik al-Mashriq wa 'l-Ṣīn

二、西部王國（河中區，包括布哈拉〔Bukhara〕與撒馬爾干，有時也包括費爾干納地區）的大可汗，中心位於撒馬爾干

年份	統治者名稱／重要事件
◇約 411 後 / 約 1020 後	●阿里・提金・賓・哈倫（哈珊）・布格拉汗 ●'Alī Tigin b. Hārūn Bughra Khān ●掌控粟特地區，逝於 425 / 1034 年。
425 / 1034	●優素夫（◇）與阿爾斯蘭・提金・賓・阿里・提金 ●Yūsuf and Arslan Tigin b. 'Alī Tigin ●繼承父親於粟特地區之權力。
◇約 433 / 約 1042	●阿爾斯蘭・嘎拉汗・穆艾伊德・阿德勒・艾因一道拉，穆罕默德・賓・納席爾・阿里 ●Muḥammad b. Naṣr b. 'Alī, Arslan Qara Khān Mu'ayyid al-'Adl 'Ayn al-Dawla
◇約 444 / 約 1052	●塔姆嘎奇（塔卜嘎奇）・布格拉汗，易卜拉欣・賓・納斯爾・阿里，阿布一易斯哈格・波里・提金 ●Ibrāhīm b. Naṣr b. 'Alī, Abu Isḥāq Böri Tigin, Tamghach or Tabghach Bughra Khān ●打敗阿里・提金之子。

460 / 1068	●阿布—哈珊・夏姆斯・穆勒克・瑪立克・瑪胥立各・瓦辛，納斯爾・賓・易卜拉欣 ● Naṣr b. Ibrāhīm, Abu 'l-Ḥasan Shams al-Mulk Malik al-Mashriq wa 'l-Ṣīn
472 / 1080	●阿布—休賈俄，希德爾・賓・易卜拉欣 ● Khiḍr b. Ibrāhīm, Abū Shujā'
? 473 / 1081	●阿赫瑪德・賓・希德爾 ● Aḥmad b. Khiḍr
482 / 1089	●雅俄固卜・賓・蘇萊曼・賓・優素夫・嘎迪爾汗 ● Ya'qūb b. Sulaymān b. Yūsuf Qadïr Khān
488 / 1095	●瑪斯伍德・賓・穆罕默德・易卜拉欣 ● Mas'ūd b. Muḥammad b. Ibrāhīm
◇490 / 1097	●嘎迪爾・塔姆嘎奇（塔卜嘎奇）汗，蘇萊曼・賓・達伍德・賓・易卜拉欣 ● Sulaymān b. Dāwūd b. Ibrāhīm, Qadïr Tamghach or Tabghach Khān
◇490 / 1097	●瑪赫穆德・賓・…・曼蘇爾・賓・阿里・阿布—嘎希姆・阿爾斯蘭汗 ● Maḥmūd b. … Manṣūr b. 'Alī Abu 'l-Qāsim Arslan Khān
◇492 / 1099	●嘎迪爾汗，吉卜拉伊勒・賓・歐瑪爾 ● Jibrā'īl b. 'Umar, Qadïr Khān
◇495 / 1102	●阿爾斯蘭汗，穆罕默德・賓・蘇萊曼 ● Muḥammad b. Sulaymān, Arslan Khān
? 523 / 1129	●納斯爾・賓・穆罕默德 ● Naṣr b. Muḥammad
◇? 523 / 1129	●嘎迪爾汗，阿赫瑪德・賓・穆罕默德 ● Aḥmad b. Muḥammad, Qadïr Khān

524 / 1130	●賈拉勒・敦亞瓦丁，哈珊・賓・阿里 ●Ḥasan b.ʻAlī, Jalāl al-Dunyā wa ʼl-Dīn
? 526 / 1132	●阿布―穆查法爾・魯昆・敦亞瓦丁，易卜拉欣・賓・蘇萊曼 ●Ibrāhīm b. Sulaymān, Abu ʼl-Muẓaffar Rukn al-Dunyā wa ʼl-Dīn
526 / 1132	●瑪赫穆德・賓・穆罕默德 ●Maḥmūd b. Muḥammad ●隨後在塞爾柱珊賈爾（Seljuq Sanjar）之後統治呼羅珊，見編號91之1。
536 / 1141	●**喀喇契丹人（Qara Khitay）佔領河中區。**
536 / 1141	●塔姆嘎奇（塔卜嘎奇）汗，易卜拉欣・賓・穆罕默德 ●Ibrāhīm b. Muḥammad, Tamghach or Tabghach Khān
551 / 1156	●查格里汗，阿里・賓・哈珊 ●ʻAlī b. Ḥasan, Chaghrï Khān
◇556 / 1161	●魯昆・敦亞瓦丁，瑪斯伍德・賓・哈珊，阿布―穆查法爾・塔姆嘎奇（塔卜嘎奇）汗 ●Masʻūd b. Ḥasan, Abu ʼl-Muẓaffar Tamghach or Tabghach Khān, Rukn al-Dunyā wa ʼl-Dīn
566 / 1171	●吉亞斯・敦亞瓦丁，穆罕默德・賓・瑪斯伍德，塔姆嘎奇（塔卜嘎奇）汗 ●Muḥammad b Masʻūd, Tamghach or Tabghach Khān, Ghiyāth al-Dunyā wa ʼl-Dīn ●逝於569 / 1174。
574 / 1178	●阿爾斯蘭汗・烏魯格・蘇丹・薩拉廷・努斯拉特・敦亞瓦丁，易卜拉欣・賓・胡笙 ●Ibrāhīm b. Ḥusayn, Arslan Khān Ulugh Sulṭān al-Salāṭīn Nuṣrat al-Dunyā wa ʼl-Dīn ●574 / 1178年前，統治中心為費爾干納地區，之後亦包括撒馬爾干地區。

600 － 609 / 1204 － 1212	● 烏魯格・蘇丹・薩拉廷，歐斯曼・賓・易卜拉欣 ● 'Uthmān b. Ibrāhīm, Ulugh Sulṭān al-Salātīn ● 某些西遼與花剌子模國王的封臣。
609 / 1212	● **花剌子模國王佔領河中區。**

三、東部王國（以拉各〔Īlāq〕、塔拉斯〔Talas〕、夏須〔Shāsh〕，有時包括費爾干納、塞米瑞奇、喀什噶爾〔Kāshghar〕與和闐〔Khotan〕等地）的可汗，中心位於巴拉沙古恩（Balāsāghūn），之後則是喀什噶爾

年份	統治者名稱／重要事件
423 / 1032	● 夏拉夫—道拉，蘇萊曼・賓・優素夫，阿布—休賈俄・嘎迪爾汗，阿爾斯蘭汗 ● Sulaymān b. Yūsuf, Abū Shujā' Qadïr Khan, Arslan Khān, Sharaf al-Dawla
448 / 1056	● 嘎瓦姆—道拉，穆罕默德・賓・優素夫・嘎迪爾汗，布格拉汗 ● Muḥammad b. Yūsuf Qadïr Khān, Bughra Khān, Qawām al-Dawla
449 / 1057	● 易卜拉欣・賓・穆罕默德 ● Ibrāhīm b. Muḥammad
451 / 1059	● 尼查姆—道拉，瑪赫穆德・賓・優素夫・嘎迪爾汗，多里勒・嘎拉汗 ● Maḥmūd b. Yūsuf Qadïr Khān, Ṭoghrïl Qara Khān, Nizām al-Dawla
467 / 1074	● 多里勒・提金，歐瑪爾・賓・瑪赫穆德 ● 'Umar b. Maḥmūd, Ṭoghrïl Tigin
467 / 1075	● 納席爾・哈各，哈倫（哈珊）・賓・蘇萊曼，阿布—阿里・塔姆嘎奇（塔卜嘎奇）・布格拉・嘎拉汗 ● Hārūn or Ḥasan b. Sulaymān, Abū 'Alī Tamghach or Tabghach Bughra Qara Khān, Nāṣir al-Ḥaqq

496 / 1103	●努爾—道拉，阿赫瑪德（哈倫）・賓・哈倫（哈珊） ● Aḥmad or Hārūn b. Hārūn or Ḥasan, Nūr al-Dawla
522 / 1128	●易卜拉欣・賓・阿赫瑪德（哈倫） ● Ibrāhīm b. Aḥmad or Hārūn
553 / 1158	●阿爾斯蘭汗，穆罕默德・賓・易卜拉欣 ● Muḥammad b. Ibrāhīm, Arslan Khān
?	●阿布—穆查法爾・阿爾斯蘭汗，優素夫・賓・穆罕默德 ● Yūsuf b. Muḥammad, Abu 'l-Muẓaffar Arslan Khān ●逝於 601 / 1205 年。
607 / 1211	●阿布—法特赫，穆罕默德・賓・優素夫 ● Muḥammad b. Yūsuf, Abu 'l-Fatḥ ●逝於 607 / 1211 年。
607 / 1211	**●乃蠻蒙古人（Nayman Mongol）屈出律（Küchlüg）佔領塞米瑞奇和費爾干納。**

四、費爾干納地區的汗王，中心位於烏茲根德（Uzgend）

年份	統治者名稱／重要事件
◇386 － 403 / 996 － 1013	●伊利格汗，納斯爾・賓・阿里・賓・穆薩，提金 ● Naṣr b.'Alī b. Mūsā, Tigin, Ilig Khān
◇403 － 415 / 1013 － 1024	●夏拉夫—道拉，曼蘇爾・賓・阿里・賓・穆薩，阿布—穆查法爾・阿爾斯蘭汗 ● Manṣūr b.'Alī b. Mūsā, Abu 'l-Muẓaffar Arslan Khān, Sharaf al-Dawla
◇約 432 / 約 1041	●艾因—道拉，穆罕默德・賓・納斯爾・阿里 ● Muḥammad b. Naṣr b.'Alī, 'Ayn al-Dawla ●東部王國的附庸國，約逝於 444 / 1052 年。

◇約 451 / 1059	●阿布—易斯哈格・塔姆嘎奇（塔卜嘎奇）汗，易卜拉欣・賓・納斯爾 ● Ibrāhīm b. Naṣr, Abū Isḥāq Tamghach or Tabghach Khān
?	●阿布杜—穆俄敏 ● 'Abd al-Mu'min
?	●阿里・賓・阿布杜—穆俄敏 ● 'Alī b.'Abd al-Mu'min
?	●哈珊（提金）・賓・阿里 ● Ḥasan (Tigin) b.'Alī
526 / 1132	●賈拉勒・敦亞瓦丁，胡笙・賓・哈珊（提金） ● Ḥusayn b. Ḥasan(Tigin), Jalāl al-Dunyā wa 'l-Dīn
◇551 / 1156	●多干汗，瑪赫穆德・賓・胡笙 ● Maḥmūd b. Ḥusayn, Toghan Khān
◇559 / 1164	●阿爾斯蘭汗，易卜拉欣・賓・胡笙 ● Ibrāhīm b. Ḥusayn, Arslan Khān ● 574 / 1178 年後，統治中心也擴展至撒馬爾干。
◇574 / 1178	●納斯爾・賓・胡笙 ● Naṣr b. Ḥusayn
◇?	●穆罕默德・賓・納斯爾 ● Muḥammad b. Naṣr ●約逝於 578 / 1182 年。
◇約 606 / 1209	●賈拉勒・敦亞瓦丁，嘎迪爾汗・賓・胡笙（納斯爾） ● Qadïr Khān b. Ḥusayn or Naṣr, Jalāl al-Dunyā wa 'l-Dīn ●花剌子模國王的附庸。
◇? － 610 / ? － 1213	●瑪赫穆德・賓・阿赫瑪德 ● Maḥmūd b. Aḥmad ●花剌子模國王的附庸，之後臣服於屈出律。

這個突厥朝代「喀喇汗國」（Qarakhānids）的名字是由歐洲東方學者所命名，因為突厥統治者的封號經常出現「qara」一字，意為「黑色」、「北方」（早期的突厥人多來自北方）、「強盛」；也有人稱呼他們為伊利格汗（Ilek Khān，更正確的拼音為Ilig Khān），這也是官員階層的頭銜之一；還有人稱之為阿夫拉希亞卜氏族（Āl-i Afrāsiyāb），因為他們認為這個氏族與菲爾道西的《列王記》中所記錄的圖蘭（Tūrān）統治者有血緣關係，但實際上並非如此。喀喇汗國研究專家歐梅勒揚・普利查克（Omeljan Pritsak）認為喀喇汗國源於葛邏祿部族（Qarlug），是維吾爾部族聯盟的一支，在早期的草原發展歷史中扮演重要角色。另一位學者伊莉娜・達維多維奇（Elena Davidovich）則認為喀喇汗國與亞格瑪部族（Yaghma）或奇吉勒部族（Chigil）相關，這兩個部族同樣也都源自於葛邏祿。

十世紀中，喀喇汗國成為伊斯蘭國家，當時的國王薩圖各・布格拉汗（Satuq Bughra Khān）採用了穆斯林名字「阿布杜—卡里姆」（‘Abd al-Karīm）。他的孫子哈倫（哈珊）・布格拉汗（Hārūn or Ḥasan Bughra Khān）因為發現薩曼朝衰微而導致河中區混亂不平，有機可趁，而決定向南拓展，他也在392 / 992年短暫佔領了布哈拉。數年後，伊利格汗・納斯爾（Ilig Khān Naṣr）與嘎茲納朝的瑪赫穆德（Maḥmūd）終於消滅了薩曼朝，並瓜分領土。於是烏滸河成為兩國邊界，此後的兩個世紀，喀喇汗國的疆土從布哈拉和錫爾河下游，一直向西延伸至塞米瑞奇和東邊的喀什噶爾（Kashgharia）。喀喇汗國是一個結構鬆散的聯邦，而非單一的統一國家，氏族中幾位成員各有封地，同一人可能擁有多塊並不相鄰的土地。喀喇汗國很快便開始出現內部鬥爭，大約到了432 / 1041年後，汗國的領地主要分為兩區，一是以河中區撒馬爾干為中心的西部汗國，有時包括費爾干納地區；其二則是包括錫爾河谷中部地區在內的東部汗國，有時也包括費爾干納、塞米瑞奇、東突厥斯坦的喀什噶爾等地，東部汗國有一軍事首都（也就是統治者的軍營〔ordu〕）鄰近巴拉沙古恩（Balāsāghūn），宗教及文化中心則是位於喀什噶爾。費爾干納是重要的封地，往往擁有世襲的次級統治者。一般而言，阿里・賓・穆薩（'Alī b. Mūsā）大汗的繼承者（普利查克簡單稱之為阿里支系）統治西邊，而他的堂親哈倫（哈珊）・布格拉汗・賓・蘇萊曼（Hārūn or Ḥasan Bughra Khān b. Sulaymān）等人（哈珊支系），則統治東邊。這二個區塊的的界線並非固定不變，雙方的成員也可能統治喀喇汗國的其他區域。十二世紀晚期，哈珊支系統治撒馬爾干地區；西邊的汗國在易卜拉欣・塔姆嘎奇（塔卜嘎奇）汗（Ibrāhīm Tamghach or Tabghach Khān）的統治下蓬勃發展，但到了十一世紀晚期，西汗國卻淪為塞爾柱朝的附庸。然而，536 / 1141年，珊賈爾在嘎特萬（Qaṭwān）草原致命的一役戰敗後，天山山脈西邊的突厥斯坦地區轉由來自中國北方的喀喇契丹（Qara Khitay，或稱西遼）佛教徒統治。殘存的西喀喇汗國仍是西遼封臣，卻未能抵擋來自花剌子模國王阿拉俄丁・穆罕默德（'Alā' al-Dīn Muḥammad，見編號89之4）的攻擊，他在609 / 1212年殺害當地的統治者歐斯曼（'Uthmān）。成吉思汗軍隊大舉入侵中亞之前，東喀喇汗國則由蒙古的屈出律（Küchlüg）統治。

出身突厥的嘎茲納朝蘇丹，以波斯—伊斯蘭（Perso-Islamic）模式建立了穩固的中央集權體制，而喀喇汗國卻保有過去部族與草原的統治模式，權力體系較為鬆散，由統治氏族自行分配封地，絕大多數的人民很可能仍舊維持游牧民族的生活方式。統治氏族的可汗與共治可汗

（Co-Qaghan）制度亦常見於其他阿爾泰語系（Altaic）族群之中，可汗之下還有次級的統治者。每位可汗皆擁有相應的突厥頭銜，通常還會結合圖騰崇拜式的頭銜，經常取自動物、鳥類等生物的名稱，例如「arslan」（阿爾斯蘭）意為「獅子」，「bughra」（布格拉）意即「駱駝」，「toghrïl」（多里勒）和「chaghrï」（查格里）則是「獵鷹、老鷹」之意。由於氏族成員的權力階級不斷提升，並擁有新的名字和封號，要闡述喀喇汗國的族系關係和年代變得相當困難；相關的歷史記載並不多，儘管有大量的喀喇汗國錢幣流傳至今，這些錢幣上的名字和封號也只會徒增研究者的困擾。正如導論所言，札姆鮑爾在七十多年前便發現：主要的幾個伊斯蘭朝代中，喀喇汗國是唯一族系不清的朝代；他更坦言自己嘗試建立的族譜必然概略不全。儘管中亞當地進行許多當代研究，也有許多錢幣出土，但還是無法釐清其族系，而錢幣也時常被移至西方。上述的年代表主要是根據普利查克的研究，並以伊莉娜・達維多維奇更近期的研究為輔。

●參考資料

* Zambaur, 206-7; Album, 34.
* *EI* ² 'Ilek <u>Kh</u>āns'(C. E. Bosworth).
* O. Pritsak, 'Karachanidische Streitfragen 1-4', *Oriens*, 3 (1950), 209-28.
* O. Pritsak, 'Die Karachaniden', *Der Islam*, 31 (1954), 17-68.
* Reşat Genç, *Karahanlı devlet teşkilatı (XI. yüzyıl) (Türk hâkimiyet anlayısı ve Karahanlılar)*, Istanbul 1981.
* Elena A. Davidovich, 'The Qarakhanids', in *History of the Civilisations of Gentral Asia*, IV / 1, *The Ago of Achievement*, UNESCO, Paris 1997, ch. 6.

第十一章

塞爾柱政權及其附庸國

The Seljuqs, Their Dependants and the Atabegs

421 / 1030

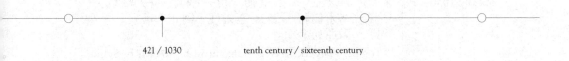

tenth century / sixteenth century

91.

塞爾柱政權（The Seljuqs）

- 伊曆 431 ～ 590 年
- 西曆 1040 ～ 1194 年
- 波斯、伊拉克和敘利亞

一、波斯與伊拉克地區的塞爾柱政權（431 －590 / 1040 －1194）

年份	統治者名稱／重要事件
◇431 / 1040	●「世界之王」，多里勒一世—別克・穆罕默德・賓・米卡儀勒・賓・塞爾柱，阿布—塔立卜・魯昆・敦亞瓦丁 ●Ṭoghrïl (Ṭughril) I Beg Muḥammad b. Mīkā'īl b. Seljuq, Abū Ṭālib Rukn al-Dunyā wa 'l-Din, Malik al-Mashriq wa 'l Maghrib ●波斯北部、西部和南部統治者與大蘇丹，逝於455 / 1063 年。
◇431 / 1040	●「王中王」，查格里—別克・達伍德・賓・米卡儀勒・賓・塞爾柱 ●Chaghrï Beg Dāwūd b. Mīkā'īl b. Seljuq, Malik al-Mulūk ●呼羅珊的統治者，逝於452 / 1060 年。
◇455 / 1063	●迪亞丁，穆罕默德・阿勒普・阿爾斯蘭・賓・查格里—別克・達伍德，阿布—休賈俄・阿杜德—道拉 ●Muḥammad Alp Arslan b. Chaghrï Beg Dāwūd, Abū Shujā' 'Aḍud al-Dawla, Ḍiyā' al-Dīn
◇465 / 1073	●阿布—法特赫・穆儀茲丁・賈拉勒—道拉，夏赫一世・賓・阿勒普・阿爾斯蘭 ●Malik Shāh I b. Alp Arslan, Abu 'l-Fatḥ Mu'izz al-Dīn Jalāl al-Dawla

◇485 / 1092	●納席爾・敦亞瓦丁，瑪赫穆德一世・賓・夏赫 ● Maḥmūd I b. Malik Shāh, Nāṣir al-Dunya wa ’l-Dīn
◇487 / 1094	●阿布—穆查法爾・魯昆・敦亞瓦丁，貝爾克・亞魯各（巴爾基亞魯各）・賓・夏赫 ● Berk Yaruq (Barkiyāruq) b. Malik Shāh, Abu ’l-Muẓaffar Rukn al-Dunyā wa ’l-Dīn
◇498 / 1105	●賈拉勒—道拉，夏赫二世・賓・貝爾克・亞魯各，魯昆・敦亞瓦丁 ● Malik Shāh II b. Berk Yaruq, Rukn al-Dunya wa ’l-Dīn, Jalāl al-Dawla
◇498 / 1105	●阿布—休賈俄・吉亞斯・敦亞瓦丁，穆罕默德一世・塔帕爾・賓・夏赫 ● Muḥammad I Tapar b. Malik Shāh, Abū Shujā‘ Ghiyāth al-Dunyā wa ’l-Dīn
◇511 － 552 / 1118 － 1157	●阿杜德—道拉，阿赫瑪德・珊賈爾・賓・夏赫一世，阿布—哈里斯・穆儀茲・敦亞瓦丁 ● Aḥmad Sanjar b. Malik Shāh I, Abu ’l-Ḥārith Mu‘izz al-Dunyā wa ’l-Dīn, ‘Aḍud al-Dawla ● 490 － 552 / 1097 － 1157 年為呼羅珊統治者，511 / 1118 年後為塞爾柱朝大蘇丹。
552 / 1157	**●呼羅珊政權掌握在幾位烏古斯（Ghuzz）與突厥奴隸將領手中。**
	●以下統治者只統治伊拉克和波斯西部地區：
◇511 / 1118	●阿布—嘎希姆・穆吉斯・敦亞瓦丁・賈拉勒—道拉，瑪赫穆德二世・賓・穆罕默德一世 ● Maḥmūd II b. Muḥammad I, Abu ’l-Qāsim Mughīth al-Dunyā wa ’l-Dīn Jalāl al-Dawla
◇525 / 1131	●阿布—法特赫・吉亞斯・敦亞瓦丁，達伍德・賓・瑪赫穆德二世 ● Dāwūd b. Maḥmūd II, Abu ’l-Fatḥ Ghiyāth al-Dunyā wa ’l-Dīn

	●統治中心為亞塞拜然（Azerbaijan）與吉巴勒（Jibāl）地區，逝於538 / 1143年。
◇526 / 1132	●魯昆・敦亞瓦丁，多里勒二世・賓・穆罕默德一世 ●Ṭoghrïl II b. Muḥammad I, Rukn al-Dunyā wa ’l-Dīn ●逝於529 / 1134年。
◇529 / 1134	●阿布—法特赫・吉亞斯・敦亞瓦丁，瑪斯伍德・賓・穆罕默德一世 ●Mas‘ūd b. Muḥammad I, Abu ’l-Fatḥ Ghiyāth al-Dunyā wa ’l-Dīn
◇547 / 1152	●穆因・敦亞瓦丁，夏赫三世・瑪赫穆德二世 ●Malik Shāh III b. Maḥmūd II, Mu‘īn al-Dunyā wa ’l-Dīn
◇548 / 1153	●魯昆・敦亞瓦丁，穆罕默德二世・賓・瑪赫穆德二世 ●Muḥammad II b. Maḥmūd II, Rukn al-Dunyā wa ’l-Dīn ●逝於554 / 1159年。
◇555 / 1160	●吉亞斯・敦亞瓦丁，蘇萊曼國王・賓・穆罕默德一世 ●Sulaymān Shāh b. Muḥammad I, Ghiyāth al-Dunyā wa ’l Dīn ●逝於556 / 1161年。
◇556 / 1161	●阿布—穆查法爾・穆儀茲・敦亞瓦丁，阿爾斯蘭（國王）・賓・多里勒二世 ●Arslan (Shāh) b. Ṭoghrïl II, Abu ’l-Muẓaffar Mu‘izz al-Dunyā wa ’l-Dīn
◇571 － 590 / 1176 － 1194	●魯昆・敦亞瓦丁，多里勒三世・阿爾斯蘭（國王） ●Ṭoghrïl III b. Arslan (Shāh), Rukn al-Dunyā wa ’l-Dīn
	●**被花剌子模人征服。**

二、敘利亞的塞爾柱政權（471－511 / 1078－1117）

年份	統治者名稱／重要事件
◇471 / 1078	●阿布―薩義德・塔吉―道拉，圖突胥一世・賓・阿勒普・阿爾斯蘭 ● Tutush I b. Alp Arslan, Abū Sa'īd Tāj al-Dawla
◇488－507 / 1095－1113	●法赫爾・穆勒克，里德萬・賓・圖突胥 ● Riḍwān b. Tutush, Fakhr al-Mulk ●統治中心為阿勒坡（Aleppo），逝於 507 / 1113 年。
488－497 / 1095－1104	●阿布―納斯爾・夏姆斯・穆魯克，杜嘎各・賓・圖突胥一世 ● Duqaq b. Tutush I, Abū Naṣr Shams al-Mulūk ●統治中心為大馬士革，逝於 497 / 1104 年。
497 / 1104	●圖突胥二世・賓・杜嘎各 ● Tutush II b. Duqaq ●統治中心為大馬士革，上任後不久逝世。
507 / 1113	●阿勒普・阿爾斯蘭・阿赫拉斯・賓・里德萬 ● Alp Arslan al-Akhras b. Riḍwān ●統治中心為阿勒坡。
◇508－517 / 1114－1123	●蘇勒壇・夏赫・賓・里德萬 ● Sulṭān Shāh b. Riḍwān ●統治中心為阿勒坡。
517 / 1123	**●波里德・阿塔別克・多提金（Börid Atabeg Ṭughtigin）於大馬士革繼位；阿爾圖基德・努爾―道拉・巴拉克（Artuqid Nūr al-Dawla Balak）與阿各・順固爾・布爾蘇基（Aq Sunqur al-Bursuqī）統治阿勒坡。**

三、奇爾曼的塞爾柱政權（440－約584 / 1048－約1188）

年份	統治者名稱／重要事件
◇440 / 1048	●伊瑪德丁・瓦道拉，阿赫瑪德・嘎伍爾德・賓・查格里—別克・達伍德，嘎拉・阿爾斯蘭—別克 ● Aḥmad Qāwurd b. Chaghrï Beg Dāwūd, Qara Arslan Beg, ‘Imād al-Dīn wa ’l-Dawla
◇465 / 1073	●奇爾曼・夏赫・賓・嘎伍爾德 ● Kirmān Shāh b. Qāwurd
◇467 / 1074	●胡笙・賓・嘎伍爾德 ● Ḥusayn b. Qāwurd
◇467 / 1074	●魯昆丁・瓦道拉，蘇勒壇・夏赫・易斯哈格・賓・嘎伍爾德 ● Sulṭān Shāh Isḥāq b. Qāwurd, Rukn al-Dīn wa ’l-Dawla
◇477 / 1085	●穆希丁・伊瑪德—道拉，圖蘭・夏赫一世・賓・嘎伍爾德 ● Tūrān Shāh I b. Qāwurd, Muḥyī ’l-Dīn‘Imād al-Dawla
◇490 / 1097	●巴哈俄丁・瓦道拉，伊蘭・夏赫・賓・圖蘭・夏赫一世 ● Īrān Shāh b. Tūrān Shāh I, Bahā’ al-Dīn wa ’l-Dawla
◇494或495 / 1101	●穆希—伊斯蘭・瓦穆斯林敏，阿爾斯蘭・夏赫一世・賓・奇爾曼・夏赫 ● Arslan Shāh I b. Kirmān Shāh, Muḥyī ’l-Islām wa ’l Muslimīn ●可能逝於540 / 1145年。
537 / 1142	●穆吉斯・敦亞瓦丁，穆罕默德一世・賓・阿爾斯蘭・夏赫一世 ● Muḥammad I b. Arslan Shāh I, Mughīth al-Dunyā wa ’l- Dīn
◇551 / 1156	●穆希・敦亞瓦丁，多里勒・夏赫・賓・穆罕默德一世 ● Ṭoghrïl Shāh b. Muḥammad I, Muhyī ’l-Dunyā wa ’l-Dīn

◇565 / 1170	●阿布—曼蘇爾，巴赫拉姆・夏赫・賓・多里勒・夏赫 ●Bahrām Shāh b. Ṭoghrïl Shāh, Abū Manṣūr ●首次統治。
◇565 / 1170	●阿爾斯蘭・夏赫二世・賓・多里勒・夏赫 ●Arslan Shāh II b. Ṭoghrïl Shāh ●首次統治。
約 566 / 約 1171	●巴赫拉姆・夏赫・賓・多里勒・夏赫 ●Bahrām Shāh b. Ṭoghrïl Shāh ●第二次統治。
約 568 / 約 1172	●阿爾斯蘭・夏赫二世 ●Arslan Shāh II ●第二次統治。
約 571 / 約 1175	●巴赫拉姆・夏赫・賓・多里勒・夏赫 ●Bahrām Shāh b. Ṭoghrïl Shāh ●第三次統治。
約 571 / 約 1175	●穆罕默德・夏赫・賓・巴赫拉姆・夏赫 ●Muḥammad Shāh b. Bahrām Shāh ●首次統治。
約 571 / 約 1175	●阿爾斯蘭・夏赫二世 ●Arslan Shāh II ●第三次統治，逝於 572 / 1177 年。
◇572 / 1177	●圖蘭・夏赫二世・賓・多里勒・夏赫 ●Turān Shāh II b. Ṭoghrïl Shāh ●逝於 579 / 1183 年。
約 579 / 約 1183	●穆罕默德・夏赫 ●Muḥammad Shāh ●第二次統治。

約 584 / 約 1188	●烏古斯人入侵、佔領。

塞爾柱人源自於烏古斯突厥部族的基尼葛（Qīnīq）酋長氏族，分布在裡海和阿拉伯海北方的草原。他們在十世紀末時成為穆斯林，進入花剌子模和河中區，他們進入這個區域的方式和舊大陸（Old World）的異族相同，亦即加入作為征戰力量的次要軍隊，因此參與了薩曼朝（Sāmānids）末朝、喀喇汗國（Qarakhānid）與嘎茲納朝（Ghaznawids）之間的戰爭。塞爾柱朝的游牧追隨者及其牧群，逐漸從嘎茲納朝人手中接下呼羅珊的統治權，暫時於429 / 1038年統治首都尼夏普爾（Nishapur），領袖多里勒—別克（Ṭoghrïl Beg）則自封為蘇丹。多里勒讓兄弟查格里—別克（Chaghrï Beg）擔任呼羅珊總督，他自己則開始刻意拉攏正統順尼派權力，並主張他的政權讓阿巴斯朝的哈里發能夠脫離什葉派布伊朝的控制，這使他贏得來自正統順尼派的同情，讓塞爾柱人得以將權力延伸至波斯，壓制當地的代拉姆（Daylami）和庫德（Kurdish）親王。447 / 1055年，多里勒進入巴格達，由哈里發授予他蘇丹頭銜；幾年後，布伊朝在法爾斯地區（Fars）徹底亡於塞爾柱人手中（見編號75）。

塞爾柱朝的蘇丹體制演變成為波斯—伊斯蘭君主模式的階級制度，波斯和阿拉伯官僚體系以及由突厥奴隸將領主導的多種族軍隊，支持著大蘇丹；這些專業的軍隊核心由放牧突厥部族的將領組成。然而，突厥人在塞爾柱蘇丹體制中持續維持一定的影響力，這意謂著塞爾柱朝的蘇丹制從未發展到像嘎茲納朝那樣的專制獨裁體制，且全然脫離統治者原有的草原環境背景。在阿勒普・阿爾斯蘭以及兒子瑪立克・夏赫的統治下，塞爾柱朝進入顛峰時期。這兩位領導者都相當依賴能幹的波斯大臣尼查姆・穆勒克（Niẓām al-Mulk）。他們將東邊的花剌子模和現今的阿富汗西部從嘎茲納朝人手中搶奪過來；瑪立克・夏赫統治末期，塞爾柱人入侵河中區，喀喇汗國威勢不再；在烏茲根德地區（Uzgend），來自喀什噶爾（Kāshghar）與和闐地區（Khotan）東方支系的汗王（Khān）也相當尊敬塞爾柱朝。塞爾柱人也向西拓展，侵略外高加索地區（Transcaucasia）的基督教亞美尼亞親王和喬治亞國王。那時法蒂瑪朝（Fāṭimid）在敘利亞和加濟拉地區（Jazīra）的勢力已被排除，那些受到什葉派影響的小政權，如伊拉克北部和加濟拉的伍蓋勒朝（'Uqaylids，見編號38）也被推翻，改由奠基於敘利亞、可靠的突厥總督統治。阿勒普・阿爾斯蘭於463 / 1071年的馬拉茲吉爾德戰役（Mantzikert, Malāzgird）中，擊敗拜占庭帝國皇帝羅曼努斯・狄奧吉尼斯（Romanus Diogenes），更促進了突厥對安那托利亞地區的侵略。這些日漸強化的入侵行動，也為小亞細亞的幾個突厥封國的建立奠定基礎，包括孔亞（Konya, Qūnya）地區的一個塞爾柱支系（見第十二章）。瑪立克・夏赫的兄弟圖突胥及其子孫，在阿勒坡和大馬士革建立了短暫的小塞爾柱支系。塞爾柱軍隊甚至滲透阿拉伯半島，遠至葉門和巴林等地。查格里—別克的兒子嘎伍爾德（Qāwurd）在波斯東南部的奇爾曼地區建立地方的塞爾柱政權，統治長達一個半世紀，直到呼羅珊的烏古斯部族約於584 / 1188年接管當地。就文化和文明層面而言，伊拉克和波斯地區的正統順尼派伊斯蘭經學院加速成立，蘇丹鼓勵學術，其附屬學者融合了傳統的神學、法學研究，以及更自由的蘇非主義（Ṣūfism），這也體現在學者的日常生活與著作中，如阿布杜—卡里姆・古薛里（'Abd al-Karīm al-Qushayrī，逝於465 / 1072年）和穆罕默德・嘎扎里（Muḥammad al-Ghazālī，逝於505 / 1111年）。

像塞爾柱朝這樣的大國，一但強勢的控制開始鬆動，便時常出現權力分散的傾向；因此塞爾柱朝同時存在舊有的突厥統治者世襲觀念，以及統治氏族中幾位成員瓜分領土的勢力。瑪立克・夏赫死後，儘管塞爾柱朝在呼羅珊地區的統治保持穩定，但伊拉克和波斯西部的領土仍在爭執和內亂中被瓜分。瑪立克・夏赫的兒子珊賈爾是呼羅珊的第一任總督，他擔任大蘇丹的兄弟穆罕默德（Muḥammad）於511 / 1118年去世後，珊賈爾被認可為朝代的資深成員，同時擔任大蘇丹。在伊拉克，阿巴斯朝哈里發的政治與軍隊權力又再次增強，為塞爾柱朝帶來威脅；547 / 1152年後，塞爾柱政權永久從巴格達消失。在波斯、外高加索、加濟拉和敘利亞地區，地方的大將領（Atabeg）支系興起，削弱蘇丹在該地行使權力的自由，也減少了用以支付軍隊薪餉的稅收。這些大將領是塞爾柱軍隊的奴隸將領，原先奉命擔任年輕的塞爾柱親王們的家教兼監護人（「Atabeg」在突厥語中意為「父親—統領」，即「大將領」之意），而這些親王通常擔任省份的總督。然而事實上，大將領經常迅速取得實權，在該省建立起世襲制度（實例參見編號92：柏爾朝〔Börids〕、贊吉朝〔Zangids〕、艾勒迪居茲朝〔Eldigüzids〕、薩魯爾朝〔Salghurids〕等）。

塞爾柱朝以及他們游牧追隨者的入侵，在中東的「北部區域」開啟了一段社會、經濟與種族的改變歷程，這段過程漫長而影響深遠，勢力擴張範圍從東方的阿富汗到波斯，以及西方的庫德斯坦到安那托利亞；這些改變之一是相當程度的農牧化和突厥化。塞爾柱領土中仍有為數不少的突厥游牧民族，絕大多數都不習慣定居生活，並厭惡中央政權的控制，特別是受中央控制而須繳納的稅收。塞爾柱蘇丹從未能解決這些游牧民族在國境內的問題。珊賈爾的統治在烏古斯部族崛起後以悲劇收場；烏古斯人認為他們長期遭受中央政權漠視，於是俘虜蘇丹。蘇丹死後不久，呼羅珊便迅速脫離塞爾柱的統治。最後一位在西方的塞爾柱蘇丹是多里勒三世，他極欲脫離艾勒迪居茲朝大將領的掌控，而輕率發動了一場對抗花刺子模國王特克希（Tekish，見編號89之3）的戰爭，特克希不僅深具影響力且野心勃勃，導致多里勒三世於590 / 1194年遭殺害。只有在安那托利亞中部東羅馬地區（Rūm）的塞爾柱蘇丹支系，又再存續了一世紀左右，並以孔亞為首都（見編號107）。

●參考資料

* Justi, 452-3; Lane-Poole, 149-54; Zambaur, 221-2 and Table R; Album, 22, 37-8.
* *EI* [2] 'Kirmān. History' (A. K. S. Lambton), 'Saldjūḳids. I-IV. l' (C. E. Bosworth), 'VIII. l. Numismatics' (R. Darley-Doran).
* Cl. Cahen, 'The Turkish invasion: the Selchükids', in K. M. Setton and M. W. Baldwin (eds), *A History of the Crusades. I . The First Hundred Years*, Philadelphia 1955, 135-76.
* C. E. Bosworth, in *The Cambridge History of Iran*, V, 11-184.
* Ç. Alptekin, 'Selçuklu paralari', *SAD*, 3 (1971), 435-591.
* Gary Leiser (ed. and tr.), *A History of the Seljuks. İbrahim Kafesoğlu's Interpretation and the Resulting Controversy*, Carbondale and Edwardsville IL 1988.

92.

柏爾朝（The Börids or Būrids）

- 伊曆 497 ～ 549 年
- 西曆 1104 ～ 1154 年
- 大馬士革和敘利亞南部

年份	統治者名稱／重要事件
◇497 / 1104	●阿布—曼蘇爾．札希爾丁，多提金 ●Ṭughtigīn, Abū Manṣūr Ẓahīr al-Dīn
◇522 / 1128	●阿布—薩義德．塔吉．穆魯克，柏里．賓．多提金 ●Böri b. Ṭughtigīn, Abū Sa‘īd Tāj al-Mulūk
526 / 1132	●夏姆斯．穆魯克，伊斯瑪儀．賓．柏里 ●Ismā‘īl b. Böri, Shams al-Mulūk
◇529 / 1135	●阿布—嘎希姆．胥哈卜丁，瑪赫穆德．賓．柏里 ●Maḥmūd b. Böri, Abu ’l-Qāsim Shihāb al-Dīn
533 / 1139	●夏姆斯—道拉，穆罕默德．賓．柏里，阿布—曼蘇爾．賈瑪勒丁 ●Muḥammad b. Böri, Abū Manṣūr Jamāl al-Dīn, Shams al-Dawla
◇534 － 549 / 1140 － 1154	●阿布—薩義德．穆吉爾丁，阿巴各．賓．穆罕默德 ●Abaq b. Muḥammad, Abū Sa‘īd Mujīr al-Dīn ●逝於 564 / 1169 年。
549 / 1154	**●贊吉朝的努爾丁（Zangid Nūr al-Dīn）在大馬士革接續統治。**

此一大將領朝代始於多提金（Ṭughtigin），他是效忠塞爾柱朝大馬士革總督杜嘎各・賓・圖突胥一世（Duqaq b. Tutush I，見編號91之2）的將領；杜嘎各的兒子圖突胥二世・賓・杜嘎各（Tutush II b. Duqaq）早逝後，他便成為大馬士革唯一的統治者，在該地建立了長達半世紀的政權。多提金與兒子柏里（Böri）想方設法維持政權，巧妙地和法蒂瑪朝建立外交關係，並適時與法蘭克十字軍（Frankish Crusaders）簽訂協議；然而，阿巴斯朝哈里發與伊拉克的塞爾柱蘇丹並不支持他們的這些權衡政策。因此，晚期的柏爾朝屢次承受摩蘇爾（Mosul）與阿勒坡地區崇尚正統順尼派且好戰的贇吉朝的壓力（見編號93）。贇吉朝於529 / 1135年攻下大馬士革；549 / 1154年，最後一位柏爾朝統治者阿巴各（Abaq）不得不將他的首都拱手讓給努爾丁・瑪赫穆德・賓・贇吉（Nūr al-Dīn Maḥmūd b. Zangī）。

●參考資料

* Lane-Poole, 161; Zambaur, 225; Album, 22.

* *EI* [2] 'Būrids' (R. Le Tourneau); 'Dimashḳ' (N. Elisséeff).

* M. Canard, 'Fāṭimides et Būrides à l'époque du calife al-Ḥāfiẓ li-dīn-illāh', *REI*, 35 (1967), 103-17.

93.

贊吉朝（The Zangids）

- 伊曆 521 ～ 649 年
- 西曆 1127 ～ 1251 年
- 加濟拉和敘利亞

一、摩蘇爾與阿勒坡的主要支系

年份	統治者名稱／重要事件
◇521 / 1127	●伊瑪德丁，贊吉一世・賓・嘎希姆—道拉・阿各・順固爾 ●Zangī I b. Qasīm al-Dawla Aq Sunqur, ʻImād al-Dīn
541 / 1146	●賽伊夫丁，嘎濟一世・賓・贊吉一世 ●Ghāzī I b. Zangī I, Sayf al-Dīn
◇544 / 1149	●古特卜丁，毛杜德・賓・贊吉一世 ●Mawdūd b. Zangī I, Quṭb al-Dīn
◇565 / 1170	●賽伊夫丁，嘎濟二世・賓・毛杜德 ●Ghāzī II b. Mawdūd, Sayf al-Dīn
◇576 / 1180	●伊茲丁，瑪斯伍德一世・賓・毛杜德 ●Masʻūd I b. Mawdūd, ʻIzz al-Dīn
◇589 / 1193	●阿布—哈里斯・努爾丁，阿爾斯蘭・夏赫一世・賓・瑪斯伍德 ●Arslan Shāh I b. Masʻūd, Abu 'l-Ḥārith Nūr al-Dīn
◇607 / 1211	●嘎希爾・伊茲丁，瑪斯伍德二世・賓・阿爾斯蘭・夏赫 ●Masʻūd II b. Arslan Shāh, al-Malik al-Qāhir ʻIzz al-Dīn
◇615 / 1218	●努爾丁，阿爾斯蘭・夏赫二世・賓・瑪斯伍德二世 ●Arslan Shāh II b. Masʻūd II, Nūr al-Dīn

◇616 / 1219	●嘎希爾・納席爾丁，瑪赫穆德・賓・瑪斯伍德二世 ●Maḥmūd b. Mas'ūd II, al-Malik al-Qāhir Nāṣir al-Dīn
631 / 1234	●首相巴德爾丁・魯俄魯俄（Badr al-Dīn Lu'lu'）統治摩蘇爾。

二、大馬士革支系，隨後轉往阿勒坡

年份	統治者名稱／重要事件
◇541 / 1147	●阿布－嘎希姆・瑪立克・阿迪勒・努爾丁，瑪赫穆德・賓・贊吉 ●Maḥmūd b. Zangī, Abu 'l-Qāsim al-Malik al-'Ādil Nūr al-Dīn ●統治中心為阿勒坡，隨後轉往大馬士革。
◇569 － 577 / 1174 － 1181	●剎里赫・努爾丁，伊斯瑪儀・賓・瑪赫穆德 ●Ismā'īl b. Maḥmūd, al-Malik al-Ṣāliḥ Nūr al-Dīn
◇577 / 1181	●阿布－法特赫・瑪立克・阿迪勒・伊瑪德丁，贊吉二世・賓・毛杜德 ●Zangi II b. Mawdūd, Abu 'l-Fatḥ al-Malik al-'Ādil 'Imād al-Dīn ●來自辛賈爾（Sinjār）。
579 / 1183	**●被艾尤布朝（Ayyubid）的薩拉丁・優素夫（Ṣalāḥ al-Dīn Yūsuf〔Saladin〕）征服。**

三、辛賈爾支系

年份	統治者名稱／重要事件
◇566 / 1171	●贊吉二世・賓・毛杜德 ●Zangī II b. Mawdūd ●577 －579 / 1181 －1183 年間亦統治阿勒坡。

◇594 / 1197	●古特卜丁，穆罕默德・賓・贊吉二世 ● Muḥammad b. Zangī II, Quṭb al-Dīn
616 / 1219	●伊瑪德丁，夏罕夏赫・賓・穆罕默德 ● Shāhānshāh b. Muḥammad, ‘Imād al-Dīn
616 / 1219	●賈拉勒丁，瑪赫穆德・賓・穆罕默德 ● Maḥmūd b. Muḥammad, Jalāl al-Dīn
616 － 617 / 1219 － 1220（兩人共治）	●法特赫丁，歐瑪爾・賓・穆罕默德 ● ‘Umar b. Muḥammad, Fatḥ al-Dīn
617 / 1220	●**艾尤布朝統治。**

四、加濟拉支系

年份	統治者名稱／重要事件
◇576 / 1180	●穆儀茲丁，珊賈爾・夏赫・賓・嘎濟二世・賓・毛杜德 ● Sanjar Shāh b. Ghāzī II b. Mawdūd, Mu‘izz al-Dīn
◇605 / 1208	●穆阿俄札姆・穆儀茲丁，瑪赫穆德・賓・珊賈爾・夏赫 ● Maḥmūd b. Sanjar Shāh, al-Malik al-Mu‘aẓẓam Mu‘izz al-Dīn
◇639 － 648 / 1241 － 1250	●札希爾，瑪斯伍德・賓・瑪赫穆德 ● Mas‘ūd b. Maḥmūd, al-Malik al-Ẓāhir
648 / 1250	●**艾尤布朝統治。**

五、夏赫拉祖爾（Shahrazūr）支系

年份	統治者名稱／重要事件
? － 630 / ? － 1233	●伊瑪德丁，贊吉三世・賓・阿爾斯蘭・夏赫二世 ● Zangī III b. Arslan Shāh II, ‘Imād al-Dīn

630 － 649 / 1233 － 1251	●努爾丁，伊勒・阿爾斯蘭・賓・贊吉三世 ●Il Arslan b. Zangī III, Nūr al-Dīn

贊吉（Zangī）為阿各・順固爾（Aq Sunqur）之子，順固爾於479 / 1086至487 / 1094年間擔任塞爾柱朝瑪立克・夏赫的突厥奴隸將領兼阿勒坡地區總督（贊吉一名來源不明；其表面的語意為「黑非洲人」，可能是指黝黑的膚色，但突厥人的膚色通常不深）。521 / 1127年，蘇丹瑪赫穆德・賓・穆罕默德（Maḥmūd b. Muḥammad）指派贊吉擔任摩蘇爾的總督，與蘇丹兩名兒子的大將領。當時西方塞爾柱政權仍舊動盪不安，加上其他紛沓而至的勢力，例如半獨立的大將領與突厥侯國，包括柏爾朝（見編號92）與阿爾圖革朝（Artuqids，見編號96），在在助長了贊吉朝的興起。贊吉立都摩蘇爾，擁有絕佳的地理優勢，向西透過加濟拉擴張至敘利亞，向北至安那托利亞東部與庫德斯坦。贊吉多次對抗塞爾柱蘇丹，並與當地的阿拉伯和突厥將領正面交鋒，也曾和拜占庭與法蘭克軍隊作戰。贊吉於539 / 1144年與伯爵喬瑟林二世（Count Jocelyn II）一役，奪下埃德薩（Edessa）或烏爾法（Urfa）地區，終結了埃德薩的十字軍統治，也使他成為順尼世界人人稱道的英雄。

贊吉過世後，他的領土由兒子瓜分；大兒子賽伊夫丁・嘎濟一世（Sayf al-Dīn Ghāzī I）繼承摩蘇爾及其附庸國辛賈爾（Sinjār）、伊爾比勒（Irbil）與加濟拉等地；小兒子努爾丁・瑪赫穆德（Nūr al-Dīn Maḥmūd）則接手了贊吉在敘利亞征服的土地。其後，有第三支贊吉氏族支系統治辛賈爾地區長達五十年之久。而瑪斯伍德・賓・毛杜德

（Mas‘ūd b. Mawdūd）在摩蘇爾成為艾尤布朝（Ayyūbids）的附庸後，第四支贊吉支系則持續統治加濟拉地區。第五支系曾短暫統治庫德斯坦的夏赫拉祖爾（Shahrazūr）。努爾丁在敘利亞和巴勒斯坦對抗十字軍的政策，以及法蒂瑪朝的衰微，皆為薩拉丁（Saladin）和艾尤布朝的創建鋪路。贊吉朝在摩蘇爾的支系吸收了敘利亞支系，接著無可避免地與艾尤布朝正面衝突，當時的艾尤布朝人在加濟拉和迪亞巴克爾（Diyārbakr）等地實施擴張政策。薩拉丁分別於578 / 1182和581 / 1185年，企圖攻下摩蘇爾城，但皆失敗。瑪斯伍德・賓・毛杜德被迫妥協，承認艾尤布朝為其宗主國。

贊吉朝的統治在巴德爾丁・魯俄魯俄（Badr al-Dīn Lu’lu’）於摩蘇爾執政時正式宣告終結；魯俄魯俄曾經是阿爾斯蘭・夏赫二世・賓・瑪斯伍德二世（Arslan Shāh II b. Mas‘ūd II）的奴隸，在阿爾斯蘭去世後成為該侯國的攝政。最後一位贊吉統治者瑪赫穆德・賓・瑪斯伍德二世（Maḥmūd b. Mas‘ūd II）逝世於631 / 1234年，很可能被謀殺。魯俄魯俄成為摩蘇爾的大將領，和兒子們在當地建立了短暫的政權（見編號95），直到旭烈兀（Hülegü）與蒙古人出現。

● 參考資料

* Justi, 461; Lane-Poole, 162-4; Sachau, 27 no. 71; Zambaur, 226-7; Album, 40-1.

* *EI* [2] ‘Nūr al-Dīn Maḥmūd b. Zankī’ (N. Elisséeff).

* Elisséeff, *Nūr al-Dīn, un grand prince musulman de Syrie au temps des Croisades (511-569 H. / 1118-1174)*, Damascus 1967.

* Ç. Alptekin, *The Reign of Zangi (521-541 / 1127-1146)*, Erzurum 1978.

* D. Patton, *Badr al-Dīn Lu’lu’, Atabeg of Mosul, 1211-1259*, Seattle and London 1991.

* W. F. Spengler and W. G. Sayles, *Turkoman Figural Bronze Coins and their Iconography. II. The Zengids*, Lodi WI 1996.

94.

貝格提金朝（The Begtiginids）

- 伊曆 529 年前～ 630 年
- 西曆 1145 年前～ 1233 年
- 伊拉克東北和庫德斯坦，以伊爾比勒（Irbil）為中心，敘利亞北部地區以哈蘭（Harran）為中心。

年份	統治者名稱／重要事件
539 前 / 1145 前	●宰恩丁，阿里・居丘克・賓・別克提金 ● 'Alī Küchük b. Begtigin, Zayn al-Dīn ●539 / 1145 年擔任摩蘇爾總督。
563 / 1168	●努爾丁，優素夫・賓・阿里・居丘克 ● Yūsuf b.'Alī Küchük, Nūr al-Dīn ●統治中心為伊爾比勒，逝於586 / 1190 年。
◇563 / 1168	●阿布—薩義德・穆查法爾丁，葛克柏里・賓・阿里・居丘克 ● Gökböri b.'Alī Küchük, Abū Sa'īd Muẓaffar al-Dīn ●直到586 / 1190 年，統治中心為哈蘭，隨後轉往伊伊爾比勒，逝於630 / 1233 年。
630 / 1233	**●阿巴斯朝哈里發於伊爾比勒地區繼位。**

正如摩蘇爾的魯俄魯俄朝（見編號95），貝格提金朝起源於一位贊吉朝的突厥軍隨從阿里・居丘克（'Alī Küchük），他隸屬於贊吉・

賓・阿各・順固爾之下。539 / 1145 年，贊吉指派阿里擔任摩蘇爾總督；在此同時，阿里已經掌控了伊拉克北部庫德斯坦的大片土地，建立位於伊爾比勒的首都。阿里持續效忠贊吉朝，獲得領土世襲的權力。阿里於583 / 1168 年去世後，他的幾位兒子便繼承了伊爾比勒、夏赫拉祖爾和敘利亞北部的領土。葛克柏里（Gökböri）最終成為握有全數土地的唯一統治者，他具謀略地支持薩拉丁和艾尤布朝，以壓制魯俄魯俄朝崛起的野心。葛克柏里並無子嗣，便將土地全數贈予阿巴斯朝哈里發穆斯坦席爾（al-Mustanṣir）。由此看來，貝格提金朝雖從未成為完全獨立的侯國，卻在各個鄰近強國的勢力之間、將近一世紀的時間裡，仍舊握有不少在地的統治實權。

● 參考資料

* Lane-Poole, 165; Zambaur, 228; Album, 41.

* *EI* ² 'Begteginids' (Cl. Cahen).

95.

魯俄魯俄朝（The Lu'lu'ids）

- 伊曆 631 ～ 660 年
- 西曆 1234 ～ 1262 年
- 摩蘇爾與加濟拉

年份	統治者名稱／重要事件
◇631 / 1234	●阿布—法達伊勒・瑪立克・拉希姆・巴德爾丁，魯俄魯俄・阿布達拉 ●Lu'lu'b. 'Abdallāh, Abu 'l-Faḍā'il al-Malik al-Raḥīm Badr al-Dīn ●逝於657 / 1259 年。
◇657 － 660 / 1259 － 1262	●剎里赫・魯昆丁，伊斯瑪儀・賓・魯俄魯俄 ●Ismā'īl b. Lu'lu', al-Malik al-Ṣāliḥ Rukn al-Dīn ●統治中心為摩蘇爾與辛賈爾，於660 / 1262 年遭殺害。
657 / 1259	●穆查法爾・阿拉俄丁，阿里・賓・魯俄魯俄 ●'Alī b. Lu'lu', al-Malik al-Muẓaffar 'Alā' al-Dīn ●統治中心為辛賈爾。
657 － 660 / 1259 － 1262	●穆賈希德・賽伊夫丁，易斯哈格・賓・魯俄魯俄 ●Isḥāq b. Lu'lu', al-Malik al-Mujāhid Sayf al-Dīn ●統治中心為加濟拉・伊本—歐瑪爾地區（Jazīrat Ibn 'Umar）。
660 / 1262	●**蒙古人征服摩蘇爾和加濟拉。**

魯俄魯俄是摩蘇爾贊吉朝的自由人（見編號93），應該出身亞美尼亞。魯俄魯俄原本擔任贊吉朝最後一位親王的攝政，而後經阿巴斯朝哈里發同意認可，於631 / 1234年正式成為摩蘇爾的統治者。接下來的數年間，他趁著艾尤布朝在加濟拉地區的勢力逐漸衰退，將勢力範圍擴張至該地，隨後卻因蒙古人在伊拉克步步進逼的入侵行動而被迫逃亡。魯俄魯俄與在地的艾尤布朝親王成為了蒙古人的附屬，而魯俄魯俄此後的政權也都依附於蒙古勢力。在652 / 1254年鑄造的錢幣上，可以清楚看見魯俄魯俄與蒙古人的從屬關係。魯俄魯俄試圖將權力世襲傳承，將統治權分配給幾個兒子。然而，在魯俄魯俄死後，伊兒汗・旭烈兀（Il Khān Hülegü）於658 / 1260年入侵敘利亞，魯俄魯俄的兒子們逃亡埃及，向傭兵政權尋求庇護，於是蒙古人徹底掌控了伊拉克和加濟拉地區。

●參考資料

* Lane-Poole, 162-4; Sachau, 27 no. 72; Zambaur, 226; Album, 41.
* *EI*² 'Lu'lu', Badr al-Dīn' (Cl. Cahen).
* D. Patton, *Badr al-Dīn Lu'lu', Atabeg of Mousul, 1211-1259*.

96.

阿爾圖革朝（The Artuqids）

- 約伊曆 494 ～ 812 年
- 約西曆 1101 ～ 1409 年
- 迪亞巴克爾（Diyār Bakr）

一、希森—凱法（Ḥiṣn Kayfā）與阿米德（Āmid）支系（495 －629 / 1102 －1232）

年份	統治者名稱／重要事件
	●札希爾—道拉，阿爾圖革・賓・伊克希卜（伊克希克） ● Artuq b. Ekseb or Eksek, Ẓahīr al-Dawla ●塞爾柱朝將領，逝於 483 / 1090 年。
495 / 1102	●穆因—道拉，佘克曼一世・賓・阿爾圖克 ● Sökmen I b. Artuq, Mu'īn al-Dawla ●統治中心為希森—凱法，後轉往馬爾丁（Mārdīn）。
498 / 1104	●易卜拉欣・賓・佘克曼一世 ● Ibrāhīm b. Sökmen I ●統治中心為馬爾丁。
502 / 1109	●魯昆—道拉，達伍德・賓・佘克曼一世 ● Dāwūd b. Sökmen I, Rukn al-Dawla ●統治中心為希森—凱法，後轉往哈爾特佩特（Khartpert）。
◇539 / 1144	●法赫爾丁，嘎拉・阿爾斯蘭・賓・達伍德 ● Qara Arslan b. Dāwūd, Fakhr al-Dīn ●統治中心為希森—凱法和哈爾特佩特。

◇562 / 1167	●努爾丁，穆罕默德・賓・嘎拉・阿爾斯蘭 ●Muḥammad b. Qara Arslan, Nūr al-Dīn ●同時也統治阿米德。
◇581 / 1185	●瑪斯伍德・古特卜丁，佘克曼二世・賓・穆罕默德 ●Sökmen II b. Muḥammad, al-Malik al-Mas'ūd Quṭb al-Dīn
◇597 / 1201	●剎里赫・納席爾丁，瑪赫穆德・賓・穆罕默德 ●Maḥmūd b. Muḥammad, al-Malik al-Ṣāliḥ Nāṣir al-Dīn
◇619 － 629 / 1222 － 1232	●瑪斯伍德・魯昆丁，毛杜德・賓・瑪赫穆德 ●Mawdūd b. Maḥmūd, al-Malik al-Mas'ūd Rukn al-Dīn
629 － 630 / 1232 － 1233	●**艾尤布朝人征服希森—凱法和阿米德。**

二、哈爾特佩特支系（581 －631 / 1185 －1234）

年份	統治者名稱／重要事件
◇581 / 1185	●伊瑪德丁，阿布—巴克爾・賓・嘎拉・阿爾斯蘭 ●Abū Bakr b. Qara Arslan, 'Imād al-Dīn
600 / 1204	●尼查姆丁，易卜拉欣・賓・阿比—巴克爾 ●Ibrāhīm b. Abī Bakr, Niẓām al-Dīn
620 / 1223	●伊茲丁，阿赫瑪德・希德爾・賓・易卜拉欣 ●Aḥmad Khiḍr b. Ibrāhīm, 'Izz al-Dīn
631 / 1234	●努爾丁，阿爾圖革國王・賓・阿赫瑪德 ●Artuq Shāh b. Aḥmad, Nūr al-Dīn
631 / 1234	●**被塞爾柱人征服。**

三、馬爾丁和馬亞法爾勤（Mayyāfāriqīn）支系（約494－811 / 約1101－1408）

年份	統治者名稱／重要事件
約494 / 約1101	●亞固提・賓・阿勒普・亞魯各・賓・阿爾圖革 ● Yāqūtī b. Alp Yaruq b. Artuq
497 / 1104	●阿里・賓・阿勒普・亞魯各 ● ‘Alī b. Alp Yaruq
497 / 1104	●穆因丁，佘克曼一世・賓・阿爾圖革 ● Sökmen I b. Artuq, Mu‘īn al-Dīn
507 / 1114 或 508 / 1115	●納吉姆丁，伊勒・嘎濟一世・賓・阿爾圖革 ● Il Ghāzī I b. Artuq, Najm al-Dīn ●在馬爾丁崛起，512 / 1118 年中心位於馬亞法爾勤。
◇516 / 1122	●薩義德・胡薩姆丁，鐵木爾・塔胥・賓・伊勒・嘎濟一世 ● Temür Tash b. Il Ghāzī I, al-Malik al-Sa‘īd Ḥusām al-Dīn
◇548 / 1154	●納吉姆丁，阿爾匹一世・賓・鐵木爾・塔胥 ● Alpï I b. Temür Tash, Najm al-Dīn
◇572 / 1176	●古特卜丁，伊勒・嘎濟二世・賓・阿爾匹 ● Il Ghāzī II b. Alpï, Quṭb al-Dīn
◇580 / 1184	●胡薩姆丁，優魯克・阿爾斯蘭・賓・伊勒・嘎濟二世 ● Yülük Arslan b. Il Ghāzī II, Ḥusām al-Dīn ●581 / 1185 年馬亞法爾勤淪陷。
◇599 / 1203	●曼蘇爾・納席爾丁，阿爾圖革・阿爾斯蘭・賓・伊勒・嘎濟二世 ● Artuq Arslan b. Il Ghāzī II, al-Malik al-Manṣūr Nāṣir al-Dīn
◇637 / 1239	●札希爾（薩義德）・納吉姆丁，嘎濟一世・賓・優魯克・阿爾斯蘭 ● Ghāzī I b. Yülük Arslan, al-Malik al-Ẓāhir or al-Sa‘īd Najm al-Dīn

658 / 1260	● 穆查法爾・法赫爾丁，嘎拉・阿爾斯蘭・賓・嘎濟一世 ● Qara Arslan b. Ghāzī I, al-Malik al-Muẓaffar Fakhr al-Dīn
691 / 1292	● 薩義德・夏姆斯丁，達伍德一世・嘎拉・阿爾斯蘭 ● Dāwūd I b. Qara Arslan, al-Malik al-Sa'īd Shams al-Dīn
◇693 / 1294	● 曼蘇爾・納吉姆丁，嘎濟二世・嘎拉・阿爾斯蘭 ● Ghāzī II b. Qara Arslan, al-Malik al-Manṣūr Najm al-Dīn
712 / 1312	● 阿迪勒・伊瑪德丁，阿里・阿爾匹・賓・嘎濟二世 ● 'Alī Alpï b. Ghāzī II, al-Malik al-'Ādil 'Imād al-Dīn
◇712 / 1312	● 剎里赫・夏姆斯丁，瑪赫穆德・嘎濟二世 ● Maḥmūd b. Ghāzī II, al-Malik al-Ṣāliḥ Shams al-Dīn
◇765 / 1364	● 曼蘇爾・胡薩姆丁，阿赫瑪德・賓・瑪赫穆德 ● Aḥmad b. Maḥmūd, al-Malik al-Manṣūr Ḥusām al-Dīn
◇769 / 1368	● 穆查法爾・法赫爾丁，達伍德二世・瑪赫穆德 ● Dāwūd II b. Maḥmūd, al-Malik al-Muẓaffar Fakhr al-Dīn
◇778 / 1368	● 札希爾・瑪吉德丁，以薩・賓・達伍德二世 ● 'Isā b. Dāwūd II, al-Malik al-Ẓāhir Majd al-Dīn ● 於809 / 1407年遭殺害。
◇809 － 812 / 1407 － 1409	● 剎里赫・胥哈卜丁，阿赫瑪德・賓・以薩 ● Aḥmad b. 'Isā, al-Malik al-Ṣāliḥ Shihāb al-Dīn
812 / 1409	● **被黑羊汗國（Qara Qoyunlu）征服。**

位於迪亞巴克爾的阿爾圖革突厥朝代由阿爾圖革・賓・伊克希卜（Artuq b. Ekseb）所創立。阿爾圖革原為烏古斯的多吉爾部族（Döger）首長，在安那托利亞對抗拜占庭的戰役中成名。其後，塞爾柱的瑪立克・夏赫（見編號91之1）派遣阿爾圖革在帝國邊境（如巴林、敘利亞和呼羅珊等地）作戰，其他的突厥將領和首長也在此地作戰。阿爾圖革最後擔任巴勒斯坦總督，逝於耶路撒冷。他的兒子無法抵抗法蒂瑪朝和十字軍入侵，轉而在希森—凱法（Ḥiṣn Kayfā）和馬爾丁（Mārdīn）附近的迪亞巴克爾建立朝代。接著，伊兒・嘎濟一世・賓・阿爾圖革（Il Ghāzī I b. Artuq）逐漸接管塞爾柱朝在當地的領土；在埃德薩，他是積極的反法蘭克人士，並於515 / 1121年（或516 / 1122年）取得馬亞法爾勤（Mayyāfāriqīn）的統治權。氏族中兩個主要分支，其一為佘克曼一世（Sökmen）在希森—凱法的後代，其二是阿米德（Āmid）以及佘克曼的兄弟伊勒・嘎濟一世在馬爾丁和馬亞法爾勤的後代。另外還有第三支位於哈爾特佩特（Khartpert）的旁支，在掌權半世紀之後，臣服於東羅馬地區的塞爾柱朝。

阿爾圖革朝是一個突厥政權，勢力範圍位於許多突厥將領及其追隨者定居的區域，因此留下了許多鮮明的突厥特色，例如親王會採用「阿勒普」（Alp / Alpï，意即「戰士、英雄」）等名號。不過，基督教徒在迪亞巴克爾仍舊是主要人口。然而，阿爾圖革政權對於基督教徒似乎相當寬容，而敘利亞雅各卜教派（Jacobite）主教亦定期居住於阿爾圖革朝境內。阿爾圖革朝的文化具有鮮明的藝術和圖像特徵，例如鑄有統治者形象的錢幣，呈現出顯著的古典拜占庭風格與圖像。

贊吉朝的崛起（見編號93）終結了阿爾圖革朝的擴張計畫，使他們不得不淪為努爾丁的侯國。隨後，艾尤布人再度削弱阿爾圖革朝的力量，奪走希森—凱法、阿米德和馬亞法爾勤等地的統治權。十三世紀初，他們一度成為東羅馬地區的塞爾柱朝和花剌子模地區統治者賈拉勒丁・蒙居比爾提（Jalāl al-Dīn Mengübirti）的侯國。最後，位於馬爾丁的支系是唯一延續下來的分支，嘎拉・阿爾斯蘭（Qara Arslan）則是臣服於蒙古的旭烈兀的伊兒汗國。歷經一個半世紀後，突厥游牧民族隨著帖木兒朝人（Tīmūrid）入侵此地，阿爾圖革朝宣告滅亡。阿爾圖革朝最後幾位統治者被黑羊汗國（Qara Qoyunlu）聯盟圍剿。812 / 1409年，阿赫瑪德・賓・以薩（Aḥmad b. ʻĪsā）被迫放棄馬爾丁地區，將統治權拱手交給黑羊汗國的領袖嘎拉・優素夫（Qara Yūsuf，見編號145）。

● 參考資料

* Lane-Poole, 166-9; Zambaur, 228-30; Album, 40.
* *İA* ‘Artuk Oğullari’ (M. F. Köprülü); *EI* [2] ‘Artuḳids’ (Cl. Cahen).
* O. Turan, *Doğu Anadolu Türk devletleri tarihi*, Istanbul 1973, 133-240，第 244、281 頁附有世系表。
* L. Ilisch, *Geschichte der Artuqidenherrschaft von Mardin zwischen Mamluken und Mongolen 1260-1410 AD*, diss. Münster 1984.
* G. Väth, *Die Geschichte der artuqidischen Fürstentümer in Syrien und der Ǧazīra’l-Furātīya (496-812 / 1002 [sic]-1409)*, Berlin 1987，第 216 ～ 218 頁附有世系表。
* W. F. Spengler and W. G. Sayles, *Turkoman Figural Bronze Coins and their Iconography. I. The Artuqids*, Lodi WI 1992.

97.

阿爾曼朝（The Shāh-i Armanids）

- 伊曆 493 ～ 604 年
- 西曆 1100 ～ 1207 年
- 安那托利亞東部的阿赫拉特地區（Akhlāṭ）

一、佘克曼朝（Sökmenids）

年份	統治者名稱／重要事件
493 / 1100	●佘克曼一世・古特比 ● Sökmen I al-Quṭbī
506 / 1112	●札希爾丁，易卜拉欣・賓・佘克曼一世 ● Ibrāhīm b. Sökmen I, Ẓahīr al-Dīn ●逝於 520 / 1126 年。
520 或 521 / 1126 或 1127	●阿赫瑪德（雅俄固卜）・賓・佘克曼一世 ● Aḥmad b. Sökmen I or Ya‘qūb b. Sökmen I
522 / 1128	●納席爾丁，佘克曼二世・賓・易卜拉欣 ● Sökmen II b. Ibrāhīm, Nāṣir al-Dīn ●逝於 581 / 1185 年。

二、佘克曼奴隸將領

年份	統治者名稱／重要事件
◇581 / 1185	●賽伊夫丁，貝格提姆爾 ● Begtimur, Sayf al-Dīn

589 / 1193	●巴德爾丁，阿各・順固爾・哈查爾丁納里 ● Aq Sunqur Hazārdīnārī, Badr al-Dīn
593 / 1197	●休賈俄丁，古特魯 ● Qutlugh, Shujā' al-Dīn
593 / 1197	●曼蘇爾，穆罕默德・賓・貝格提姆爾 ● Muḥammad b. Begtimur, al-Malik al-Manṣūr
603 － 604 / 1207	●伊茲丁，巴拉班 ● Balabān, 'Izz al-Dīn
604 / 1207	●**艾尤布朝佔領阿赫拉特。**

493／1100年，突厥奴隸將領佘克曼（Sökmen）佔領位於凡湖（Lake Van）西北岸的阿赫拉特城（Akhlāṭ，又作Khilāṭ），在馬拉茲吉爾德（Malāzgird，又作Mantzikert）戰役後，阿赫拉特從亞美尼亞人所控制的地區轉為塞爾柱人的領土。身為當地亞美尼亞親王的繼承者，佘克曼和後來的三代繼承人皆採用頭銜「夏赫・阿爾曼」（Shāh-i Arman）。他們迅速將阿赫拉特轉變為軍事基地，用以抵抗亞美尼亞和喬治亞，並與鄰近政權結盟，例如馬亞法爾勤的阿爾圖革朝人（見編號96之3），成為加濟拉和安那托利亞東部突厥侯國的部分重要地區，在塞爾柱朝的西邊形成一道保護網。佘克曼二世（Sökmen II）沒有子嗣，當他於581／1185年過世後，阿赫拉特城落入數位佘克曼朝奴隸將領的手中。然而，迪亞巴克爾和加濟拉的艾尤布朝始終相當覬覦阿赫拉特；604 / 1207年，馬亞法爾勤的納吉姆丁・艾尤布（Najm al-Dīn Ayyūb，見編號30之6）佔領該城。

●參考資料

* Khalīl Ed’hem, 242; Zambaur, 229; Bosworth-Merçil-İpşirli, 85-7.

* *EI*[2] ‘Shāh-i Armanids’ (C. Hillenbrand).

* O. Turan, *Doğu Anadolu Türk devletleri tarihi, 83-106*，第 243、279 頁附有世系表。

98.

阿赫瑪迪勒朝（The Aḥmadīlīs）

- 約伊曆 516～617 年後
- 約西曆 1122～1220 年後
- 亞塞拜然的馬拉加（Marāgha）和盧因・迪茲（Rū'īn Diz）

年份	統治者名稱／重要事件
約 516 / 1122	●阿各・順固爾一世・阿赫瑪迪里 ●Aq Sunqur I Aḥmadīlī
約 528 / 1134	●努斯拉特丁，阿各・順固爾二世（阿爾斯蘭・阿巴）・賓・阿各・順固爾一世 ●Aq Sunqur II or Arslan Aba b. Aq Sunqur I, Nuṣrat al-Dīn
約 570 / 1175	●法拉克丁・賓・阿各・順固爾二世 ●Falak al-Dīn b. Aq Sunqur II
約 584 / 1188	●阿拉俄丁，克爾普・阿爾斯蘭 ●Körp Arslan, 'Alā' al-Dīn
604 / 1208	●？・賓・克爾普・阿爾斯蘭 ●? b. Körp Arslan ●逝於605 / 1209 年。
605 / 1209	**●艾勒迪居茲朝（Eldigüzids）佔領馬拉加。**
?	●蘇拉法王后 ●Sulāfa Khātūn ●克爾普・阿爾斯蘭的孫女，於617 / 1220 年統治馬拉加和盧因・迪茲。

這支突厥的大將領族系統治了馬拉加城與鄰近的盧因・迪茲要塞的部分區域，時間長達一世紀之久，並與勢力更強大的鄰國相抗衡，例如掌控亞塞拜然其他地區的艾勒迪居茲朝大將領（見編號99）。十二世紀初期，馬拉加由塞爾柱朝的庫德族將領阿赫瑪迪勒・賓・易卜拉欣（Aḥmadīl b. Ibrāhīm）統治，他很可能是亞塞拜然早期的拉瓦德朝人（Rawwādids）後代（見編號72），而阿各・順固爾・阿赫瑪迪里（Aq Sunqur Aḥmadīlī）很可能是他所解放的奴隸。他成為塞爾柱親王達伍德・賓・瑪赫穆德二世（Dāwūd b. Maḥmūd II）的大將領，在親王擔任蘇丹的短暫期間給予支持（見編號91之1）。十二世紀晚期，阿赫瑪迪勒捲入亞塞拜然複雜的政治情勢中，包括塞爾柱政權末朝、艾勒迪居茲朝和其他聯合勢力的權力爭奪。這一在地支系大將領的編年史零星散佚，也沒有出土錢幣作為證據，因此要重建編年和系譜相當困難。直到605 / 1209年，他們似乎都統治馬拉加地區，統治盧因・迪茲地區的時間則更長；而在蒙古於618 / 1221年入侵馬拉加地區時，氏族中的一位女性成員蘇拉法王后（Sulāfa Khātūn）再次掌控這些地區。

●參考資料

* *EI* [2] 'Aḥmadīlīs' (V. Minorsky); *EIr* 'Atābakān-e Marāgā' (K. A. Luther).

* C. E. Bosworth, in *The Cambridge History of Iran*, V, 170-1, 176-9.

99.

艾勒迪居茲朝（The Eldigüzids or Ildegizids）

- 約伊曆 540 ～ 622 年
- 約西曆 1145 ～ 1225 年
- 亞塞拜然、阿爾蘭（Arrān）與吉巴勒北部

年份	統治者名稱／重要事件
◇約 530 / 約 1136	●夏姆斯丁，艾勒迪居茲 ●Eldigüz, Shams al-Dīn ●在亞塞拜然實質獨立。
◇571 / 1175	●阿布—賈俄法爾・努斯拉特丁，賈漢・帕赫拉萬・穆罕默德・賓・艾勒迪居茲 ●Jahān Pahlawān Muḥammad b Eldigüz, Abū Ja'far Nuṣrat al-Dīn
◇582 / 1186	●穆查法爾丁，吉茲勒・阿爾斯蘭・歐斯曼・賓・艾勒迪居茲 ●Qïzïl Arslan 'Uthmān b. Eldigüz, Muẓaffar al-Dīn
587 / 1191	●古特魯・伊南契 ●Qutlugh Inanch ●賈漢・帕赫拉萬・穆罕默德（Jahān Pahlawān Muḥammad）的繼子，統治中心為阿爾蘭，隨後擔任吉巴勒的總督。
◇587 / 1191	●努斯拉特丁，阿布—巴克爾・賓・賈漢・帕赫拉萬・穆罕默德 ●Abū Bakr b. Jahān Pahlawān Muḥammad, Nuṣrat al-Dīn ●自 582 / 1186 年起統治亞塞拜然。

◇607 － 622 / 1210 － 1225	●穆查法爾丁，俄茲別克・賓・賈漢・帕赫拉萬・穆罕默德 ● Özbeg b. Jahān Pahlawān Muḥammad, Muẓaffar al-Dīn ●自 600 / 1204 年起統治吉巴勒北部。
622 / 1225	●**被花剌子模人征服。**

十二世紀下半葉，波斯西部與伊拉克地區的塞爾柱政權全面衰微，無法抵抗當地已然實際獨立的勢力崛起。當時除了阿赫瑪迪勒朝大將領統治馬拉加周圍地區以外，艾勒迪居茲朝（見編號98）則是另一支突厥將領族系，他們掌控了大部分的亞塞拜然、阿爾蘭（Arrān）和吉巴勒北方等地。

艾勒迪居茲（阿拉伯—波斯文獻拼寫為「'、y、l、d、k、z」，亞美尼亞和喬治亞的轉寫則為「Eldiguz」）原先是塞爾柱大臣希米魯密（Simirumī）的齊普查克（Qïpchaq）軍隊奴隸，隨後蘇丹瑪斯伍德・賓・穆罕默德（Mas'ūd b. Muḥammad）任命他為阿爾蘭地區的總督。艾勒迪居茲策略性地與塞爾柱國王多里勒二世・賓・穆罕默德（Ṭoghrïl II b. Muḥammad）的寡妻結婚，使他得以擁護多里勒的兒子阿爾斯蘭（夏赫）（Arslan〔Shāh〕）於556 / 1161 年登基，艾勒迪居茲一直以來都是阿爾斯蘭的大將領；於是他在阿爾斯蘭統治期間運籌帷幄，實質掌控塞爾柱政權。他們的領土擴張範圍南至伊斯法罕（Iṣfahān）、西至阿赫拉特，北至夏爾萬（Sharwān）和喬治亞等地邊境。蘇丹多里勒三世・賓・阿爾斯蘭（Ṭoghrïl III b. Arslan）在位期間，皆由艾勒迪居茲氏族嚴密掌控，他們甚至一度宣稱掌握了蘇丹政權。這種情況持續到了587 / 1191年，多里勒三世在古特魯・伊南契（Qutlugh Inanch）執政時扭轉情勢，終於得以在他生命的最後三年，行使自主的決策權。

到了艾勒迪居茲朝末朝，他們再度成為亞塞拜然和外高加索東部地區的地方統治者，而後承受來自喬治亞的強大侵略壓力，因此未能撐過十三世紀早期的混亂時期。艾勒迪居茲朝在亞塞拜然持續統治了一段時期，成功推翻敵對的阿赫瑪迪勒朝，卻敗給更具優勢的花剌子模統治者。622 / 1225年，賈拉勒丁・蒙居比爾提終於罷黜俄茲別克・賓・賈漢・帕赫拉萬・穆罕默德（Özbeg b. Jahān Pahlawān Muḥammad）。這些大將領存在的歷史意義，在於塞爾柱朝晚期，他們對於多數波斯西北地區的絕對掌控，以及他們在外高加索地區所扮演的「伊斯蘭提倡者」的角色，同時對抗東山再起的巴格拉提朝（Bagratid）的喬治亞君主。

● 參考資料

* Justi, 461; Lane-Poole, 171; Zambaur, 231; Album, 41-2.

* *EI* ² 'Ildeñizids or Eldigüzids' (C. E. Bosworth); *EIr* 'Atābakān-e Āḏarbayjān' (K. A. Luther).

* Bosworth, in *The Cambridge History of Iran*, V, 169-71, 176-83.

* D. K. Kouymijan, *A Numismatic History of Southeastern Caucasia and Adharbayjān*, 56-60, 288-368，第368頁附有世系表。

100.

巴杜斯潘朝（The Bādūspānids）

- 約伊曆 493 年～十世紀
- 約西曆 1100 年～十六世紀
- 裡海地區沿海的盧揚（Rūyān）和盧斯塔姆達爾（Rustamdār）

一、一統侯國的統治者

年份	統治者名稱／重要事件
◇?	●納席爾—道拉，納斯爾・賓・夏赫里瓦胥（？夏赫爾努胥），夏拉夫丁 ●Naṣr b. Shahrīwash (? Shahrnūsh), Sharaf al-Dīn, Nāṣir al-Dawla ●502 / 1109 年執政。
?	●夏赫里瓦胥・賓・哈札爾阿斯普 ●Shahrīwash b. Hazārasp ●約 553 / 1168 年執政。
?	●卡伊・卡伍斯・賓・哈札爾阿斯普 ●Kay Kāwūs b. Hazārasp ●約逝於 580 / 1184 年
約 580 – 581/ 約 1184 – 1185	●哈札爾阿斯普・賓・夏赫里瓦胥 ●Hazārasp b. Shahrīwash
?	●查爾林・卡瑪爾・賓・朱斯坦・賓・卡伊・卡伍斯 ●Zarrīn Kamar b. Justān b. Kay Kāwūs ●逝於 610 / 1213 年。
610 – 620 / 1213 – 1223	●比蘇頓・賓・查爾林・卡瑪爾 ●Bīsutūn b. Zarrīn Kamar ●逝於 620 / 1223 年。

620 年代晚期 / 1230 年代早期	● 法赫爾—道拉，納瑪瓦爾・賓・比蘇頓 ● Nāmāwar b. Bīsutūn, Fakhr al-Dawla ● 逝於 640 / 1242 年。
640 / 1242	● 胡薩姆—道拉，阿爾達胥爾・賓・納瑪瓦爾 ● Ardashīr b. Nāmāwar, Ḥusām al-Dawla ● 統治中心為代拉姆（Daylam），逝於 640 / 1242 年。
640 / 1242	● 伊斯坎達爾・賓・納瑪瓦爾 ● Iskandar b. Nāmāwar ● 統治中心為盧揚。
640 / 1242	● 夏赫拉吉姆・賓・納瑪瓦爾 ● Shahrāgīm b. Nāmāwar ● 統治中心為代拉姆與盧揚地區，逝於 671 / 1273 年。
671 / 1273	● 法赫爾—道拉，納瑪瓦爾國王・嘎濟・賓・夏赫拉吉姆 ● Nāmāwar Shāh Ghāzī b. Shahrāgīm, Fakhr al-Dawla
701 / 1302	● 卡伊・忽斯勞・賓・夏赫拉吉姆 ● Kay Khusraw b. Shahrāgīm
712 / 1312	● 夏姆斯・穆魯克，穆罕默德・賓・卡伊・忽斯勞 ● Muḥammad b. Kay Khusraw, Shams al-Mulūk
717 / 1317	● 納斯爾丁，夏赫里亞爾・賓・卡伊・忽斯勞 ● Shahriyār b. Kay Khusraw, Naṣr al-Dīn
725 / 1325	● 塔吉—道拉，濟亞爾・賓・卡伊・忽斯勞 ● Ziyār b. Kay Khusraw, Tāj al-Dawla
734 / 1334	● 賈拉勒—道拉，伊斯坎達爾・賓・濟亞爾 ● Iskandar b. Ziyār, Jalāl al-Dawla
761 / 1360	● 法赫爾—道拉，嘎濟・賓・濟亞爾 ● Shāh Ghāzī b. Ziyār, Fakhr al-Dawla

781 / 1379	●阿杜德─道拉，古巴德・賓・嘎濟 ● Qubād b. Shāh Ghāzī, ʻAḍud al-Dawla ●逝於 783 / 1381 年。
783 － 792 / 1381 － 1190	●**瑪爾阿胥（Marʻashī）先知後裔統治盧揚地區。**
792 / 1390	●薩俄德─道拉，圖斯・賓・濟亞爾 ● Ṭūs b. Ziyār, Saʻd al-Dawla ●逝於 796 / 1394 年。**帖木兒佔領裡海沿海地區。**
約 802 / 約 1400	●卡尤瑪爾斯・賓・比蘇頓・賓・古斯塔姆・賓・濟亞爾 ● Kayūmarth b. Bīsutūn b. Gustahm b. Ziyār
857 / 1453	●**王國一分為二。**

二、庫朱爾（Kujūr）的統治者（採用「國王」〔Malik〕為頭銜）

年份	統治者名稱／重要事件
約 858 / 約 1454	●伊斯坎達爾・賓・卡尤瑪爾斯 ● Iskandar b. Kayūmarth
881 / 1476	●塔吉─道拉・賓・伊斯坎達爾 ● Tāj al-Dawla b. Iskandar
897 / 1492	●阿胥拉夫・賓・塔吉─道拉 ● Ashraf b. Tāj al-Dawla
915 / 1509	●卡伍斯・賓・阿胥拉夫 ● Kāwūs b. Ashraf
950 / 1543	●卡尤瑪爾斯・賓・卡伍斯 ● Kayūmarth b. Kāwūs
963 / 1556	●賈漢吉爾・賓・卡伍斯 ● Jahāngīr b. Kāwūs

975 / 1568	●蘇丹・穆罕默德・賓・賈漢吉爾 ●Sulṭān Muḥammad b. Jahāngīr
998 － 1004 或 1006 / 1590 － 1596 或 1598	●賈漢吉爾・賓・穆罕默德 ●Jahāngīr b. Muḥammad ●**受薩法維朝（Ṣafawids）直接統治。**

三、努爾地區（Nūr）的統治者（採用「國王」〔Malik〕為頭銜）

年份	統治者名稱／重要事件
約 838 / 約 1454	●卡伍斯・賓・卡尤瑪爾斯 ●Kāwūs b. Kayūmarth
871 / 1467	●賈漢吉爾・賓・卡伍斯 ●Jahāngīr b. Kāwūs
904 / 1499	●比蘇頓・賓・賈漢吉爾 ●Bīsutūn b. Jahāngīr
913 / 1507	●巴赫曼・賓・比蘇頓 ●Bahman b. Bīsutūn
957 / 1550	●卡尤瑪爾斯・賓・巴赫曼 ●Kayūmarth b. Bahman ●逝於 984 / 1576 年後。
?	●蘇丹・阿濟茲・賓・卡尤瑪爾斯 ●Sulṭān ‘Azīz b. Kayūmarth
? － 1002 / ? － 1594	●賈漢吉爾・賓・阿濟茲 ●Jahāngīr b. ‘Azīz
1002 / 1594	●**薩法維朝統治。**

裡海地區的巴杜斯潘朝宣稱他們與盧揚地區（Rūyān）的早期統治者有血緣關係，但這一點未經證實；而到後期他們自稱是半傳奇人物巴杜斯潘（Bādūspān）的後裔，與巴杜斯潘和吉蘭（Gīlān）的達布伊朝（Dābūyids，見編號97）同時期，因此代表他們可以溯源至薩珊帝國晚期。自十一世紀晚期開始，巴杜斯潘朝廣為人知，並採用具歷史性的在地頭銜「烏斯坦達爾」（Ustāndār），隨後亦有「瑪立克」（Malik，意為「國王」）等稱號，但他們和先前的烏斯坦達爾支系似乎沒有任何關連。巴杜斯潘朝最初是塞爾柱朝的封國，在裡海地區則和鄰近的巴萬德朝（Bāwandids，見編號80）及其他旁支的統治者聯姻，其中包括稍晚的來自馬贊達爾蘭（Māzandarān）的瑪爾阿胥（Mar'ashī）先知後裔。巴杜斯潘朝歷經蒙古人與帖木兒朝時期依舊屹立，卻在十五世紀中期後分裂為兩個平行支系，分別統治庫朱爾（Kujūr）與努爾地區（Nūr），直到國王阿巴斯一世（'Abbās I）將他們的土地併入薩法維帝國的領土中。

● 參考資料

* Justi, 433-5; Sachau, 8-9 nos 8-10; Zambaur, 190-1（後兩者較不可靠。）
* *EI* [2] 'Bādūsbānids' (B. Nikitine); *EIr* 'Baduspanids' (W. Madelung)（最可靠的資料，上述年表多依據此文獻。）
* H. M. Rabino, 'Les dynasties du Māzandarān de l'an 50 l'Hégire à l'an 1006 de l'Hégire (572 à 1597-1598) d'après les chroniques locales', *JA*, 228 (1936), 443-74.

101.

波斯尼查里伊斯瑪儀里派（The Nizārī Ismāʻīlīs or Assassins in Persia）

- 伊曆 483 ～ 654 年
- 西曆 1090 ～ 1256 年
- 波斯多數山區，主要中心在於阿拉穆特（Alamūt）

年份	統治者名稱／重要事件
483 / 1090	●哈珊・剎巴赫（哈珊・賓・阿里・賓・剎巴赫） ●Ḥasan-i Ṣabbāḥ (al-Ḥasan b. ʻAlī b. al-Ṣabbāḥ) ●波斯北部與西部的宣教士（dāʻī），先效忠法蒂瑪朝，後加入尼查里派。
518 / 1124	●奇亞・布祖爾格・烏米德・賓・哈珊・剎巴赫 ●Kiyā Buzurg Ummīd b. Ḥasan-i Ṣabbāḥ
◇532 / 1138	●穆罕默德一世・賓・奇亞・布祖爾格・烏米德 ●Muḥammad I b. Kiyā Buzurg Ummīd
◇557 / 1162	●阿臘・迪克里希―薩拉姆，哈珊二世・賓・穆罕默德一世 ●Ḥasan II b. Muḥammad I, ʻAlā Dhikrihi ʻi-Salām
561 / 1166	●努爾丁，穆罕默德二世・賓・哈珊二世 ●Muḥammad II b. Ḥasan II, Nūr al-Dīn
607 / 1210	●賈拉勒丁，哈珊三世・賓・穆罕默德二世 ●Ḥasan III b. Muḥammad II, Jalāl al-Dīn
◇618 / 1221	●阿拉俄丁，穆罕默德三世・賓・哈珊三世 ●Muḥammad III b. Ḥasan III, ʻAlā al-Dīn

653 － 654 / 1255 － 1256	●魯昆丁，赫悟爾夏赫・賓・穆罕默德三世 ● Khwurshāh b. Muḥammad III, Rukn al-Dīn ●於654 / 1256年遭殺害。
654 / 1256	**●蒙古人佔領阿拉穆特。**

如前面章節所述，敘利亞伊斯瑪儀里派（Ismā‘īlī，見編號29）中的尼查里派宣教運動（Nizārī da‘wa）分裂自法蒂瑪朝。早在哈里發穆斯坦席爾在487 / 1094年逝世時，穆斯塔俄里（al-Musta‘lī）和尼查爾（Nizār）因為伊斯瑪儀里派伊瑪目的繼承權而分裂之前，哈珊・剎巴赫（Ḥasan-i Ṣabbāḥ）便已經在波斯地區傳播伊斯瑪儀里派的教義。波斯地區的追隨者承認尼查爾，於是哈珊・剎巴赫在當地沒有伊瑪目的情況下，成為了他們的尼查里派領袖，並採用頭銜「Ḥujja」（意為「真理之彰顯」）。哈珊掌控了波斯西北部代拉姆（Daylam）的阿拉穆特山區（Alamūt）要塞，該地有異端與認同什葉派的悠久傳統。從此地開始，哈珊還組織了敘利亞的宣教行動（見編號29），並於波斯境內的裡海地區要塞與伊斯法罕等地，針對塞爾柱朝展開一連串的攻擊。伊斯瑪儀里派人數相對較少，因此他們的攻擊行動多為游擊戰，而非規模完整的戰役，他們還執行宗教和政治謀殺，在經常誇大伊斯瑪儀里派權力的順尼派之間，製造恐慌和疑慮。因此在後來的十字軍文獻中，他們被稱作所謂的暗殺集團（Assassins）（也就是「Ḥashīshiyyūn」或者「Ḥashshāshūn」，意為吸食大麻者，因為人們認為伊斯瑪儀里派透過服用迷幻藥，啟發他們執行刺殺行動）；自此，這個名稱深植人心。

阿拉穆特的第四位君主為哈珊二世（Ḥasan II），就任成為地位更高並具有宗教權力的伊瑪目。到了十三世紀，伊斯瑪儀里派的極端主義轉向溫和路線，而阿巴斯朝哈里發納席爾（al-Nāṣir）在當時的順尼世界進行一場相當成功的宣教行動，使哈珊三世（Ḥasan III）又重新返回正統的順尼派。然而，最後一位君主赫悟爾夏（Khwurshāh）無法抵擋旭烈兀領導的蒙古入侵；蒙古勢力於654 / 1256年入侵阿拉穆特，赫悟爾夏似乎遭到刺殺身亡。自此，伊斯瑪儀里派在波斯某些偏遠地區仍維持衰微的統治，但波斯地區伊瑪目體制發展的歷史一直到十八世紀都相當模糊。

● 參考資料

* Justi, 457; Sachau, 15 no. 26; Zambaur, 217-18（有誤）; Album, 42.
* *EI* ² 'Ismā'īliyya' (W. Madelung).
* M. G. S. Hodgson, *The Order of Assassins: The Struggle of Early Nizârî Ismâ'îlîs against the Islamic World*, The Hague 1955, 37-270，附表於第42頁。
* G. C. Miles, 'Coins of the Assassins of Alamūt', *Orientalia Lovaniensia*, 3 (1972), 155-62.
* Farhad Daftary, *The Ismā'īlīs: Their History and Doctrines*, 324-434，附表於第553頁。

102.

哈札爾阿斯普朝（The Hazāraspids）

- 伊曆 543 ～ 827 年
- 西曆 1148 ～ 1424 年
- 盧里斯坦（Luristān）

年份	統治者名稱／重要事件
543 － 556 / 1148 － 1161	●阿布─塔希爾（？賓・阿里）・賓・穆罕默德 ● Abū Ṭāhir (? b. ʻAlī) b. Muḥammad ●逝於556 / 1161 年。
約 600 / 約 1204	●努斯拉特丁，哈札爾阿斯普・賓・阿里・塔希爾 ● Malik Hazārasp b. Abī Ṭāhir, Nuṣrat al-Dīn ●逝於626 / 1229 或650 / 1252 年。 ●若哈札爾阿斯普逝於626 / 1229 年的時間正確，他的兩位兒子則為統治者： ●伊瑪德丁・賓・哈札爾阿斯普 ● ʻImād al-Dīn b. Hazārasp ●逝於646 / 1248 年。 ●努斯拉特丁・賓・哈札爾阿斯普 ● Nuṣrat al-Dīn b. Hazārasp ●逝於649 / 1251 年。
655 前 / 1257 前	●帖克勒（德克勒）・賓・哈札爾阿斯普 ● Tekele or Degele b. Hazārasp ●約於657 / 1259 年遭殺害。
約 657 / 約 1259	●夏姆斯丁，阿勒普・阿爾袞・哈札爾阿斯普 ● Alp Arghu(n) b. Hazārasp, Shams al-Dīn

673 / 1274	●優素夫・夏赫一世・賓・阿勒普・阿爾袞 ● Yūsuf Shāh I b. Alp Arghu(n)
約 687 / 約 1288	●阿夫拉希亞卜一世・賓・優素夫・夏赫一世 ● Afrāsiyāb I b. Yūsuf Shāh I ●逝於 695 / 1296 年。
696 / 1296	●努斯拉特丁，阿赫瑪德・賓・阿勒普・阿爾袞 ● Aḥmad b. Alp Arghu(n), Nuṣrat al-Dīn
730 或 733 / 1330 或 1333	●魯昆丁，優素夫・夏赫二世・賓・阿赫瑪德 ● Yūsuf Shāh II b. Aḥmad, Rukn al-Dīn
740 / 1339	●穆查法爾丁，阿夫拉希亞卜二世・阿赫瑪德・賓・優素夫・夏赫二世（賓・阿赫瑪德） ● Afrāsiyāb II Aḥmad b. Yūsuf Shāh II (or b. Aḥmad), Muẓaffar al-Dīn
756 / 1355	●納烏爾・瓦爾德・賓・阿夫拉希亞卜二世 ● Nawr al-Ward b. Afrāsiyāb II
756 / 1355	●夏姆斯丁，帕襄・賓・？・優素夫・夏赫二世 ● Pashang b. ? Yūsuf Shāh II, Shams al-Dīn
780 / 1378	●皮爾・阿赫瑪德・賓・帕襄 ● Pīr Aḥmad b. Pashang ●任內早期受到兄弟胡襄（Hūshang）挑戰。
811 / 1408	●阿布—薩義德・賓・皮爾・阿赫瑪德 ● Abū Sa'īd b. Pīr Aḥmad
約 820 / 約 1417	●胡笙・賓・阿比—薩義德 ● Shāh Ḥusayn b. Abī Sa'īd
827 / 1424	●吉亞斯丁・賓・卡伍斯・賓・胡襄 ● Ghiyāth al-Dīn b. Kāwūs b. Hūshang
827 / 1424	**●被帖木兒朝（Tīmūrids）征服。**

盧里斯坦的大將領支系統治了魯爾・布祖爾格（Lur-i Buzurg），也就是盧里斯坦東部和南部地區，位於以伊札基（Īdhaj）或馬拉米爾（Mālamīr）為中心的波斯西部。他們基本上是庫德族後代，而創立者阿布—塔希爾（Abū Ṭāhir）則將他的祖先族系回溯至塞爾柱朝早期的夏班卡拉俄部族（Shabānkāra'ī）領袖法德魯亞（Faḍlūya）。阿布—塔希爾身為薩魯爾朝（Salghurid，見編號103）的將領，最後在盧里斯坦獨立，將領土延伸至遠東的伊斯法罕地區，並冠上當時顯赫的突厥封號——「大將領」（Atabeg）。接下來的哈札爾阿斯普朝則在伊兒汗國（Il Khanids）的庇護下維持政權，他們不時需要提供汗國軍隊支援，卻也在日後法爾斯的穆查法爾朝（Muẓaffarids，見編號140）時期捲入內戰。當帖木兒侵略波斯西南部時，賦予了哈札爾阿斯普朝人權力，但帖木兒的孫子易卜拉欣・賓・魯赫（Ibrāhīm b. Shāh Rukh）卻在827 / 1424年終結他們的統治。

值得注意的是，從十二世紀晚期到薩法維朝的阿巴斯一世在位期間，另一支魯里（Lurī）支系也採用大將領封號，統治著魯爾・庫奇克地區（Lur-i Kūchik），也就是盧里斯坦的北部和西部地區。

● 參考資料

* Justi, 460-1; Lane-Poole, 174-5; Zambaur, 234-5.
* *EI* ² 'Hazāraspids' (B. Spuler), 'Lur-i Buzurg', 'Lur-i Kūčik' (V. Minorsky); *EIr* 'Atābakān-e Lorestān' (Spuler).
* Spuler, *Die Mongolen in Iran. Politik, Verwaltung und Kultur der Ilchanzeit 1220-1350*, 4th edn, Leiden 1985, 134-5.

103.

薩魯爾朝（The Salghurids）

- 伊曆 543 ～ 681 年
- 西曆 1148 ～ 1282 年
- 法爾斯（Fars）

年份	統治者名稱／重要事件
◇543 / 1148	●穆查法爾丁，順固爾・賓・毛杜德 ● Sunqur b. Mawdūd, Muẓaffar al-Dīn
◇556 / 1161	●穆查法爾丁，贊吉・賓・毛杜德 ● Zangī b. Mawdūd, Muẓaffar al-Dīn
◇570 / 1175 或 574 / 1178	●帖克勒（德克勒）・賓・贊吉 ● Tekele or Degele b. Zangī
◇594 / 1198	●阿布─休賈俄・穆查法爾丁，薩俄德一世・賓・贊吉 ● Sa‘d I b. Zangī, Abū Shujā‘ Muẓaffar al-Dīn
◇623 / 1126	●阿布─巴克爾・穆查法爾丁，古特魯汗・賓・薩俄德一世 ● Qutlugh Khān b. Sa‘d I, Abū Bakr Muẓaffar al-Dīn
◇658 / 1260	●穆查法爾丁，薩俄德二世・賓・古特魯汗 ● Sa‘d II b. Qutlugh Khān, Muẓaffar al-Dīn
658 / 1260	●阿杜德丁，穆罕默德・賓・薩俄德二世 ● Muḥammad b. Sa‘d II, ‘Aḍud al-Dīn
661 / 1262	●穆查法爾丁，穆罕默德・夏赫・賓・薩魯爾・夏赫・賓・薩俄德一世 ● Muḥammad Shāh b. Salghur Shāh b. Sa‘d I, Muẓaffar al-Dīn
661 / 1263	●穆查法爾丁，塞爾柱・夏赫・賓・薩魯爾・夏赫 ● Seljuq Shāh b. Salghur Shāh, Muẓaffar al-Dīn

◇662 / 1263	●穆查法爾丁，艾比熙王后・賓・薩俄德二世 ● Ābish Khātūn b. Sa'd II, Muẓaffar al-Dīn
◇663 － 681 / 1264 － 1282	●艾比熙王后 ● Ābish Khātūn ●與丈夫蒙居・鐵木爾・賓・旭烈兀（Mengü Temür b. Hülegü）聯合統治。
681 / 1282	**●伊兒汗國直接統治。**

薩魯爾朝的大將領們統治法爾斯地區長達一世紀多，他們先是塞爾柱朝的附庸侯國，後來在十三世紀時又成為花剌子模國王和蒙古人的侯國。他們出身突厥，很可能來自薩魯爾部族（Salghur，又作 Salur），屬於烏古斯部族的一部分，並在塞爾柱朝入侵時期向西擴張，在東羅馬地區建立蘇丹政權（見編號107）時扮演了重要角色。法爾斯支系的創立者順固爾（Sunqur），在法爾斯被另一位突厥大將領波茲・阿巴（Boz Aba）掌控後，巧妙利用擾亂塞爾柱蘇丹瑪斯伍德・賓・穆罕默德政權的戰亂和紛爭，企圖強化他在波斯南部的地位。隨著塞爾柱朝的衰微，薩魯爾人便能不受干預地佔領法爾斯地區，強勢對抗當地的夏班卡拉俄庫德部族，並持續介入鄰近奇爾曼的末代塞爾柱人的繼承權糾紛（見編號91之3）。

在薩俄德一世・賓・贊吉（Sa'd I b. Zangī）的統治下，法爾斯高度繁榮，儘管他隨後不得不承認花剌子模為其宗主國，並透過婚姻聯盟。波斯作家薩俄迪（Sa'dī）將他的詩集《果園》（*Bustān*）和《薔薇園》（*Gulistān*）分別獻給薩俄德一世和短暫統治的兒子薩俄德二世

（Sa‘d II），薩俄迪這個筆名也是取自薩俄德二世的名字。在薩俄德一世的兒子與其繼承者阿布─巴克爾（Abū Bakr）統治期間，蒙古大汗窩闊台（Great Khān Ögedey）以及伊兒汗國的旭烈兀，先後成為法爾斯地區的宗主國（見編號133）；蒙古人甚至授予阿布─巴克爾「古特魯汗」（Qutlugh Khān）的封號。在一連串短暫的薩魯爾朝統治之後，旭烈兀立薩俄德二世的女兒艾比熙（Ābish Khātūn）為法爾斯地區的大將領。艾比熙和她的丈夫，也就是伊兒汗的兒子蒙居・鐵木爾（Mengü Temür），迅即掌握實權，直到蒙居・鐵木爾的逝世徹底終結了薩魯爾朝的權力，而法爾斯地區則直接併入伊兒汗國。

●參考資料

* Justi, 460; Lane-Poole, 172-3; Zambaur, 232; Album, 42.
* *EI* ² ‘Salghurids’ (C. E. Bosworth); *EIr* ‘Atābakān-e Fārs’ (B. Spuler).
* B. Spuler, *Die Mongolen in Iran*, 4th edn, 117-21.
* Bosworth, in *The Cambridge History of Iran*, V, 172-3.
* Erdoğan Merçil, *Fars Atabegleri Salgurlular*, Ankara 1975，第 146 頁附有世系表。

104.

亞茲德大統領政權（The Atabegs of Yazd）

- 約伊曆 536 ～ 696 年
- 約西曆 1141 ～ 1297 年

年份	統治者名稱／重要事件
約 536 / 1141	●魯昆丁，薩姆・賓・瓦爾丹魯茲 ● Sām b. Wardānrūz, Rukn al-Dīn ●逝於 590 / 1194 年。
約 584 / 1188	●伊茲丁，朗嘎爾・賓・瓦爾丹魯茲 ● Langar b. Wardānrūz, ‘Izz al-Dīn ●父親生前繼任，統治近二十年，逝於 604 / 1207 年。
604 / 1207	●穆希丁，瓦爾丹魯茲・朗嘎爾 ● Wardānrūz b. Langar, Muḥyī ’l-Dīn
616 / 1219	●阿布—曼蘇爾・古特卜丁，伊斯法赫薩拉爾・賓・朗嘎爾 ● Isfahsālār b. Langar, Abū Manṣūr Quṭb al-Dīn
626 / 1229	●瑪赫穆德・夏赫・賓・阿比・曼蘇爾・伊斯法赫薩拉爾 ● Maḥmūd Shāh b. Abī Manṣūr Isfahsālār
639 / 1241	●薩魯爾・夏赫・賓・瑪赫穆德・夏赫 ● Salghur Shāh b. Maḥmūd Shāh
650 / 1252	●多安・夏赫・賓・薩魯爾・夏赫 ● Ṭogha(n) Shāh b. Salghur Shāh
◇670 / 1272	●阿拉俄—道拉・賓・多安・夏赫 ● ‘Alā’ al-Dawla b. Ṭogha(n) Shāh

◇673 / 1275	●優素夫・夏赫・賓・多安・夏赫 ● Yūsuf Shāh b. Ṭogha(n) Shāh
696 / 1297	**●被蒙古人征服。**
約715－718 / 約1315－1318	●哈吉・夏赫・賓・優素夫・夏赫 ● Ḥājjī Shāh b. Yūsuf Shāh ●被當地的敵對勢力推翻。
719 / 1319	**●受穆查法爾朝總督統治。**

波斯中部亞茲德地區（Yazd）的地方統治者，繼承了當地的卡庫伊朝（Kākūyids）支系（見編號78）。從他們早期成員的姓名判斷，他們出身波斯，卻如同哈札爾阿斯普朝（見編號102），也採用了突厥「大將領」的頭銜；這是因為當時的塞爾柱朝君主珊賈爾，約於536 / 1141年，任命該支系創建者薩姆・賓・瓦爾丹魯茲（Sam b. Wardānrūz），擔任最後一位卡庫伊朝的逝世統治者阿布—卡利賈爾・加爾夏斯普一世（Abū Kalījār Garshāsp I）女兒們的大將領。薩姆的繼承者原先是塞爾柱朝的附庸，接著在下個世紀時成為蒙古人的封國；654 / 1256年時，大將領多安・夏赫・賓・薩魯爾・夏赫（Ṭogha[n] Shāh b. Salghur Shāh）必須提供軍力給蒙古軍隊，協助他們出兵討伐阿拉穆特和波斯北方地區的伊斯瑪儀里派據點。倒數第二任的大將領優素夫・夏赫（Yūsuf Shāh）因為拖欠進貢禮，只得在伊兒汗國的合贊（Ghazan）派出軍隊之前，逃到錫斯坦（Sistan）。那之後，蒙古的警衛隊將領（darugha）奉命管理亞茲德地區；大約於715 / 1315年時，將領的其中

一個兒子再度奉命擔任亞茲德的大將領，卻在三年後遭在地的敵對勢力推翻，亞茲德地區很快落入穆查法爾朝的統治（見編號140），並成為伊兒汗國的附庸國。

●參考資料

* Sachau, 27 no. 66; Zambaur, 231.
* *EI* ² 'Atābakān-e Yazd' (S. C. Fairbanks).
* Ja'far b. Muḥammad b. Ḥasan Ja'farī, *Ta'rīkh-i Yazd*, ed. Īraj Afshār, Tehran 1338 / 1960, 23-9.
* Aḥmad b. Ḥusayn b. 'Alī Kātib, *Ta'rīkh-i jadīd-i Yazd*, ed. Afshār, Tehran 1345 / 1966, 66-79.

105.

古特魯汗國（The Qutlughkhānids）

- 伊曆 619 ～ 706 年
- 西曆 1222 ～ 1307 年
- 奇爾曼

年份	統治者名稱／重要事件
619 / 1222	●納席爾・敦亞瓦丁，巴拉各・哈吉卜・賓・K. l.d.z.，阿布─法瓦里斯・古特魯蘇丹 ●Baraq Ḥājib b. K.l.d.z, Abu ’l-Fawāris Qutlugh Sulṭān, Nāṣir al-Dunya wa ’l-Dīn
632 / 1235	●阿布─法特赫・古特卜丁，穆罕默德・賓・哈米頓（？） ●Muḥammad b. ? Khamītūn, Abu ’l-Fatḥ Quṭb al-Dīn ●首次統治。
633 / 1236	●魯昆丁，穆巴拉克・賓・巴拉各 ●Mubārak b. Baraq, Rukn al-Dīn
650 / 1252	●穆罕穆德・賓・哈米頓（？） ●Muḥammad b. ? Khamītūn ●第二次統治。
655 / 1257	●古特卜丁二世・伊斯瑪特・敦亞瓦丁，古特魯・帖爾肯 ●Qutlugh Terken, Quṭb al-Dīn II ‘Iṣmat al-Dunyā wa ’l-Dīn ●擔任穆罕默德・賓・哈米頓兒子哈賈吉・蘇勒壇（Ḥajjāj Sulṭān）的攝政。
681 / 1282	●阿布─穆查法爾・賈拉勒丁，索尤爾阿特米胥・賓・穆罕默德 ●Soyurghatmīsh b. Muḥammad, Abu ‘l-Muẓaffar Jalāl al-Dīn ●於 693 / 1294 年遭殺害。

691 / 1292	●剎夫瓦特丁，帕蒂夏女王・賓特・穆罕默德 ● Pādishāh Khātūn bt. Muḥammad, Ṣafwat al-Dīn ●於694 / 1295年遭殺害。
◇695 / 1296	●阿布—哈里斯・穆查法爾丁，穆罕默德・夏赫・蘇勒壇・賓・哈賈吉・蘇勒壇 ● Muḥammad Shāh Sulṭān b. Ḥajjāj Sulṭān, Abu 'l-Ḥārith Muẓaffar al-Dīn
703 / 1304	●古特卜丁，賈漢・賓・索尤爾阿特米胥 ● Shāh Jahān b. Soyurghatmïsh, Quṭb al-Dīn ● 704 / 1305年遭罷黜。
706 / 1306	**●蒙古總督被派任於此地。**

奇爾曼地區的統治者源自一位為信奉佛教的喀喇汗國（Qara Khitay）服務的將領，他從中國北方遷徙至此，十二世紀中葉大肆入侵河中區（見編號90）。這位古特魯汗（Qutlughkhānid）支系的創立者巴拉各（Baraq）到後期才改信伊斯蘭，阿巴斯朝哈里發授予他「古特魯蘇丹」（Qutlugh Sulṭān）的封號。他奉命統治奇爾曼地區，這個地區成為該支系的權力中心，時間長達將近一世紀。古特魯蘇丹的族人和繼承者與蒙古人關係密切，臣服遙遠的蒙古帝國，後統治奇爾曼成為伊兒汗國的附庸國。其中兩位握有權力的女性相當引人注目，也就是攝政古特魯・帖爾肯（Qutlugh Terken）和帕蒂夏女王（Pādishāh Khātūn）。最後一位古特魯朝的統治者夏赫・賈漢・賓・索尤爾阿特米胥（Shāh Jahān b. Soyurghatmïsh），因為未如期進貢伊兒汗國，而遭俄勒傑圖

（Öljeytü）罷黜。夏赫・賈漢的女兒之後嫁給了法爾斯地區穆查法爾朝的創立者穆巴里茲丁・穆罕默德（Mubāriz al-Dīn Muḥammad，見編號140），他自此接續掌管奇爾曼地區。

● 參考資料

* Lane-Poole, 179-80; Zambaur, 237.
* *EI* [2] 'Kirmān. History' (A. K. S. Lambton); 'Ḳutlugh-Khānids' (V. Minorsky).

106.

尼姆魯茲政權（The Maliks of Nīmrūz）

- 伊曆 421 年～約 949 年
- 西曆 1030 年～約 1542 年
- 錫斯坦

一、納斯爾支系（Naṣrids）

年份	統治者名稱／重要事件
421 − 422 / 1330 − 1331, 425 − 427 / 1034 − 1036, 429 − 465 / 1038 − 1073	●阿布—法德勒・塔吉丁一世，納斯爾・賓・阿赫瑪德 ● Naṣr b. Aḥamd, Abu 'l-Faḍl Tāj al-Dīn I
465 / 1073	●巴哈俄—道拉，塔希爾・賓・納斯爾・塔吉丁一世 ● Ṭāhir b. Naṣr Tāj al-Dīn I, Bahā' al-Dawla
480 / 1088	●巴德爾—道拉，阿布—阿巴斯・賓・納斯爾・塔吉丁一世 ● Abu 'l-'Abbās b. Naṣr Tāj al-Dīn I, Badr al-Dawla
482 / 1090	●巴哈俄—道拉，哈拉夫・賓・納斯爾・塔吉丁一世 ● Khalaf b. Naṣr Tāj al-Dīn I, Bahā' al-Dawla
◇499 / 1106	●阿布—法德勒・塔吉丁二世，納斯爾・賓・哈拉夫 ● Naṣr b. Khalaf, Abu 'l-Faḍl Tāj al-Dīn II
◇559 / 1164	●夏姆斯丁，穆罕默德（阿赫瑪德）・賓・納斯爾・塔吉丁二世 ● Muḥammad or Aḥmad b. Naṣr Tāj al-Dīn II, Shams al-Dīn

◇564 / 1169	●塔吉丁三世，哈爾卜・賓・穆罕默德・伊茲・穆魯克・賓・納斯爾 ●Ḥarb b. Muḥammad ʻIzz al-Mulūk b. Naṣr, Tāj al-Dīn III
610 / 1213	●雅敏丁，巴赫拉姆・夏赫・賓・哈爾卜・塔吉丁三世 ●Bahrām Shāh b. Ḥarb Tāj al-Dīn III, Yamīn al-Dīn
◇618 － 619 / 1221 － 1222	●塔吉丁四世，努斯拉特（納斯爾）・賓・巴赫拉姆・夏赫・雅敏丁 ●Nuṣrat or Naṣr b. Bahrām Shāh Yamīn al-Dīn, Tāj al-Dīn IV
618 / 1221	●胥哈卜丁，瑪赫穆德・賓・哈爾卜・塔吉丁三世 ●Maḥmūd b. Ḥarb Tāj al-Dīn III, Shihāb al-Dīn
◇618 － 619 / 1221 － 1222	●魯昆丁，瑪赫穆德・賓・巴赫拉姆・夏赫・雅敏丁 ●Maḥmūd b. Bahrām Shāh Yamīn al-Dīn, Rukn al-Dīn
◇619 / 1222	●阿布—穆查法爾，阿里・賓・哈爾卜・塔吉丁三世 ●ʻAlī b. Ḥarb Tāj al-Dīn III, Abu ʼl-Muẓaffar
620 / 1223	●阿拉俄丁，阿赫瑪德・賓・歐斯曼・納席爾丁・賓・哈爾卜・塔吉丁三世 ●Aḥmad b. ʻUthmān Nāṣir al-Dīn b. Ḥarb Tāj al-Dīn III, ʻAlāʼ al-Dīn
622 / 1225	●歐斯曼・夏赫・賓・歐斯曼・納席爾丁 ●ʻUthmān Shāh b. ʻUthmān Nāṣir al-Dīn
622 / 1225	**●花剌子模的伊納勒提金（Inaltigin Khwārazmī）掌權。**

二、米赫拉班支系（Mihrabānids）

年份	統治者名稱／重要事件
633 / 1236	●夏姆斯丁，阿里・賓・瑪斯伍德・賓・哈拉夫・賓・米赫拉班 ●'Alī b. Mas'ūd b. Khalaf b. Mihrabān, Shams al-Dīn
◇653 / 1255	●納席爾丁，穆罕默德・賓・阿比─法特赫・穆巴里茲丁 ●Muḥammad b. Abī 'l-Fatḥ Mubāriz al-Dīn, Nāṣir al-Dīn
◇718 / 1318	●努斯拉特丁，穆罕默德・賓・穆罕默德・納席爾丁 ●Muḥammad b. Muḥammad Nāṣir al-Dīn, Nuṣrat al-Dīn
◇731 / 1330	●古特卜丁一世，穆罕默德・賓・瑪赫穆德・魯昆丁 ●Muḥammad b. Maḥmūd Rukn al-Dīn, Quṭb al-Dīn I
◇747 / 1346	●塔吉丁・賓・穆罕穆德・古特卜丁一世 ●Tāj al-Dīn b. Muḥammad Quṭb al-Dīn I
◇751 / 1350	●賈拉勒丁，瑪赫穆德・賓・瑪赫穆德・魯昆丁 ●Maḥmūd b. Maḥmūd Rukn al-Dīn, Jalāl al-Dīn
◇753 / 1352	●伊茲丁・卡爾曼・賓・瑪赫穆德・魯昆丁 ●'Izz al-Dīn Karmān b. Maḥmūd Rukn al-Dīn
◇782 / 1380	●古特卜丁二世・賓・伊茲丁 ●Quṭb al-Dīn II b. 'Izz al-Dīn
788 / 1386	●塔吉丁，夏漢・阿布─法特赫・賓・瑪斯伍德・胥赫納 ●Shāh-i Shāhān Abu 'l-Fatḥ b. Mas'ūd Shiḥna, Tāj al-Dīn
◇806 / 1404	●古特卜丁三世，穆罕默德・賓・阿里・夏姆斯丁 ●Muḥammad b. 'Alī Shams al-Dīn, Quṭb al-Dīn III

◇822 / 1419	●夏姆斯丁（阿拉俄丁），阿里・賓・穆罕默德・古特卜丁三世 ●'Alī b. Muḥammad Quṭb al-Dīn III, Shams al-Dīn or 'Alā' al-Dīn
842 / 1438	●尼查姆丁，雅赫亞・賓・阿里・夏姆斯丁（阿拉俄丁） ●Yaḥyā b. 'Alī Shams al-Dīn or 'Alā' al-Dīn, Niẓām al-Dīn ●逝於885 / 1480年。
?約890 / 約1485	●夏姆斯丁，穆罕默德・賓・雅赫亞・尼查姆丁 ●Muḥammad b. Yaḥyā Niẓām al-Dīn, Shams al-Dīn
?900 / 1495 或906 / 1501	●蘇丹瑪赫穆德・賓・雅赫亞・尼贊姆丁 ●Sulṭān Maḥmūd b. Yaḥyā Niẓām al-Dīn ●可能於949 / 1542年在塔赫瑪斯普一世・薩法維（Shāh Ṭahmāsp I Ṣafawī）任內逝世。
	●**錫斯坦納入薩法維朝領土。**

札姆鮑爾（Zambaur）認為，尼姆魯茲（錫斯坦古地名，後來又逐漸為人使用且普及）的統治者形成了早期剎法爾朝（Ṣaffārids，見編號84）的第三和第四支系。然而，闡述同時代的波斯歷史的無名作者在《錫斯坦史》（*Ta'rīkh-i Sīstān*）一書中，指出剎法爾朝在993 / 1003年遭嘎茲納朝人佔領時，便宣告終結。從後來繼續撰寫此著作的作者和其他錫斯坦地方歷史的撰述者文獻（例如瑪立克・夏赫・胡笙〔Malik Shāh Ḥusayn〕的著作《諸王復興史》〔*Iḥyā' al-mulūk*〕）中判斷，納斯爾支系（Naṣrids）和米赫拉班支系（Mihrabānids）顯然是兩支截然不

同的政權，與早期的統治者並沒有明確的關係；雙方則都來自於錫斯坦的地主氏族。

納斯爾支系勢力崛起於十一世紀前半葉，當時適逢錫斯坦對外來的嘎茲納支系統治的不滿聲浪逐漸升高。有鑑於錫斯坦人民只願意服從在地權力，納斯爾朝統治者巧妙將嘎茲納朝宗主國轉換為即將到來的塞爾柱朝，而到了十二世紀時，他們偶爾還為塞爾柱軍隊提供援助。他們同時也阻擋了來自鄰近古希斯坦地區（Quhistān）的伊斯瑪儀里派人入侵。當時錫斯坦的米勒・嘎希姆阿巴德（Mīl-i Qāsimābād）宣禮塔，便是獻給了塔吉丁二世・阿布─法德勒・納斯爾（Tāj al-Dīn II Abu 'l-Faḍl）的建築；但是這座尖塔已經在二十世紀中倒塌。到了十二世紀末，錫斯坦曾經一度受古爾朝（Ghūrids，見編號159）掌控，接著花剌子模國王又在十三世紀早期短暫統治該地。然而，619 / 1222 年蒙古人侵略錫斯坦地區與破壞，終於結束了殘存的納斯爾支系勢力。

米赫拉班支系起初是蒙古大汗的侯國，後來又成為伊兒汗國的侯國；他們以進貢換取宗主國的保護，用以抵抗赫拉特城（Herat）的卡爾特統治者（Kart Maliks，見編號139）的擴張政策，和無政治體制的突厥化蒙古強盜，如聶古德人（Negüders，又作Nīkūdārīs）。無論如何，米赫拉班支系始終都受到錫斯坦當地敵對領導氏族勢力的內部挑戰。若想了解這些統治者，《諸王復興史》（見前段）是大約於718 / 1318 年後期間，唯一可靠的資料來源，當時正是錫斯坦的社會和經濟各方面開始衰退的時期。十四世紀末來自帖木兒及其軍隊的劫掠，使錫斯坦地區日益衰敗，當地的灌溉系統也遭受嚴重破壞。錫斯坦是中心位於赫拉特的帖木兒朝附庸國，受到來自白羊汗國（Aq Quyunlu）的威脅（見編號146），最後終於被納入薩法維朝的勢力範圍內。米赫拉班支系最後的數十年歷史記載不清，然而烏茲別克人對薩法維朝東部邊境的威脅漸增，似乎迫使薩法維國王塔赫瑪斯普一世（Shāh Ṭahmāsp I）決心任命吉茲勒・巴胥（Qïzïl Bash）將領們護衛錫斯坦地區。米赫拉班支系缺乏文字和貨幣記載，相關資料來源短缺，因此後來的繼承和宗族關係仍舊模糊不清。

● 參考資料

* Justi, 439（只包含納斯爾支系）; Zambaur, 200-1（概略不實）; Album, 50.

* *EI* ^{2} 'Sīstān' (C. E. Bosworth).

* C. E. Bosworth, *The History of the Saffarids of Sistan and the Maliks of Nimruz* (247 / 861 to 949 / 1542-3), 365-477, Costa Mesa CA and New York, 1994，第 xxv ～ xxvi 頁附有世系表。

第十二章

安那托利亞的突厥政權

The Turks in Anatolia

473 / 1081　　1342 / 1924

107.

東羅馬地區的塞爾柱政權（The Seljuqs of Rūm）

- 伊曆 473 ～ 707 年
- 西曆 1081 ～ 1307 年
- 發源於安那托利亞中西部，首都為孔亞（Konya）；其後統治大部分的安那托利亞地區，除了西部邊境外

年份	統治者名稱／重要事件
473 / 1081	●蘇萊曼・賓・古塔勒米胥（古特魯穆胥）・賓・阿爾斯蘭・亞布烏 ● Sulaymān b. Qutalmïsh (Qutlumush) b. Arslan Yabghu
478 / 1086	●阿勒普・阿爾斯蘭・賓・蘇萊曼 ● Alp Arslan b. Sulaymān ●統治中心為尼西亞城（Nicaea）。
485 / 1092	●基利吉・阿爾斯蘭一世・賓・蘇萊曼 ● Qïlïch Arslan I b. Sulaymān ●統治中心為尼西亞，於 500 / 1107 年遭殺害。
502 / 1109	●夏赫（夏罕夏赫）・賓・基利吉・阿爾斯蘭一世 ● Malik Shāh or Shāhānshāh b. Qïlïch Arslan I ●統治中心為馬拉蒂亞城（Malatya）。
◇510 / 1116	●魯昆丁，瑪斯伍德一世・賓・基利吉・阿爾斯蘭一世 ● Mas'ūd I b. Qïlïch Arslan I, Rukn al-Dīn ●統治中心為孔亞。
◇551 / 1156	●伊茲丁，基利吉・阿爾斯蘭二世・賓・瑪斯伍德一世 ● Qïlïch Arslan II b. Mas'ūd I, 'Izz al-Dīn ●約逝於 581 / 1185 年，將王國領土分賜給十個兒子。

◇588 / 1192	●吉亞斯丁，卡伊・忽斯勞一世・賓・基利吉・阿爾斯蘭二世 ● Kay Khusraw I b. Qïlïch Arslan II, Ghiyāth al-Dīn ●首次統治。
◇593 / 1197	●魯昆丁，蘇萊曼二世・賓・基利吉・阿爾斯蘭二世 ● Sulaymān II b. Qïlïch Arslan II, Rukn al-Dīn
600 / 1204	●伊茲丁，基利吉・阿爾斯蘭三世・賓・蘇萊曼二世 ● Qïlïch Arslan III b. Sulaymān II, ʻIzz al-Dīn
◇601 / 1205	●卡伊・忽斯勞一世 ● Kay Khusraw I ●第二次統治。
◇608 / 1211	●伊茲丁，卡伊・卡伍斯一世・賓・卡伊・忽斯勞一世 ● Kay Kāwūs I b. Kay Khusraw I, ʻIzz al-Dīn
◇616 / 1220	●阿拉俄丁，卡伊・古巴者一世・賓・卡伊・忽斯勞一世 ● Kay Qubādh I b. Kay Khusraw I, ʻAlā' al-Dīn
◇634 / 1237	●吉亞斯丁，卡伊・忽斯勞二世・賓・卡伊・古巴者一世 ● Kay Khusraw II b. Kay Qubādh I, Ghiyāth al-Dīn
◇644 / 1246	●伊茲丁，卡伊・卡伍斯二世・賓・卡伊・忽斯勞二世 ● Kay Kāwūs II b. Kay Khusraw II, ʻIzz al-Dīn
646 / 1248 （兩人共治）	●卡伊・卡伍斯二世 ● Kay Kāwūs II ●魯昆丁，基利吉・阿爾斯蘭四世・賓・卡伊・忽斯勞二世 ● Qïlïch Arslan IV b. Kay Khusraw II, Rukn al-Dīn

◇647 / 1249 （三人共治）	●卡伊・卡伍斯二世 ●Kay Kāwūs II ●基利吉・阿爾斯蘭四世 ●Qïlïch Arslan IV ●阿拉俄丁，卡伊・古巴者二世・賓・卡伊・忽斯勞二世 ●Kay Qubādh II b. Kay Khusraw II, ‘Alā’ al-Dīn
655 / 1257 （兩人共治）	●卡伊・忽斯勞二世 ●Kay Khusraw II ●基利吉・阿爾斯蘭四世 ●Qïlïch Arslan IV
◇657 / 1259	●基利吉・阿爾斯蘭四世 ●Qïlïch Arslan IV
◇663 / 1265	●吉亞斯丁，卡伊・忽斯勞三世・賓・基利吉・阿爾斯蘭四世 ●Kay Khusraw III b. Qïlïch Arslan IV, Ghiyāth al-Dīn
◇681 / 1282	●吉亞斯丁，瑪斯伍德二世・賓・卡伊・卡伍斯二世 ●Mas‘ūd II b. Kay Kāwūs II, Ghiyāth al-Dīn ●首次統治。
◇683 / 1284	●阿拉俄丁，卡伊・古巴者三世・賓・法拉穆爾茲・賓・卡伊・卡伍斯二世 ●Kay Qubādh III b. Farāmurz b. Kay Kāwūs II, ‘Alā’ al-Dīn ●首次統治。
683 / 1284	●瑪斯伍德二世 ●Mas‘ūd II ●第二次統治。
692 / 1293	●卡伊・古巴者三世 ●Kay Qubādh III ●第二次統治。

693 / 1294	●瑪斯伍德二世 ● Mas'ūd II ●第三次統治。
◇700 / 1301	●卡伊・古巴者三世 ● Kay Qubādh III ●第三次統治，於 702 / 1303 年遭殺害。
◇702 / 1303	●瑪斯伍德二世 ● Mas'ūd II ●第四次統治。
707 / 1307	●吉亞斯丁，瑪斯伍德三世・賓・卡伊・古巴者三世 ● Mas'ūd III b. Kay Qubādh III, Ghiyāth al-Dīn
707 / 1307	**●被蒙古征服。**

塞爾柱蘇丹阿勒普・阿爾斯蘭（Alp Arslan）在馬拉茲吉爾德（Malāzgird）打敗拜占庭不久之後，安那托利亞的塞爾柱氏族庫塔勒米胥（Qutalmïsh，又作 Qutlumush）另一名成員的四個兒子，開始展開行動。四兄弟其中一人的後代蘇萊曼（Sulaymān），後來建立了安那托利亞在地的塞爾柱蘇丹政權，主要以孔亞（Iconium，Konya 的古名）為首都。蘇萊曼的勢力範圍遠及尼西亞（Nicaea，即小亞細亞西北部的伊茲尼克〔Iznik〕），但由第一批十字軍支援、逐漸崛起的科穆寧（Comneni）拜占庭勢力，開始在西部重新建立希臘據點。這個地方的塞爾柱政權最終將中心建立於安那托利亞中西部的孔亞，使孔亞自此成為長久以來此內陸侯國的首都。蘇萊曼的兒子基利吉・阿爾斯蘭一世

（Qïlïch Arslan I）企圖佔領迪亞巴克爾（Diyār Bakr）和加濟拉地區（Jazīra），然而蘇萊曼去世之後，他的繼承者主要受更東方的塞爾柱勢力抗衡，仍然只能控制安那托利亞地區。孔亞的塞爾柱政權開始侵略奇里細亞（Cilicia）的西亞美尼亞王國（Little Armenian kingdom）和埃德薩（Edessa）的法蘭克人，瑪斯伍德一世（Mas'ūd I）和基利吉・阿爾斯蘭二世（Qïlïch Arslan II）佔領孔亞為據點，更在與敵對的侯國達尼胥面德政權（Dānishmendids，見編號108）競爭中取得優勢。572 / 1176年，由基利吉・阿爾斯蘭二世領導的一場戰役，為拜占庭對孔亞的攻擊報了一箭之仇，他在埃伊爾迪爾湖（Lake Eğridir）附近的密列奧賽法隆（Myriocephalon）打敗了拜占庭的希臘人，希臘人欲重新征服安那托利亞地區的願望就此破滅。然而，阿爾斯蘭二世晚年時，無法控制兒子們的野心，於是領土遭到瓜分。586 / 1190年，國王腓特烈一世（Frederick Barbarosssa）和第三波十字軍短暫地佔領了孔亞地區。

1204年，十字軍征服君士坦丁堡，讓塞爾柱人有機會重新掌政。從塞爾柱政權的固有領土安那托利亞內陸開始，塞爾柱朝將勢力範圍拓展至地中海地區，建立阿拉尼亞城（Alanya，又作'Alā'iyya，根據阿拉俄丁・卡伊・古巴者一世〔'Alā' al-Dīn Kay Qubādh I〕的名字命名）的港口。因為取得了阿拉尼亞港以及突厥人控管的北部沿海，埃及和地中海東岸地區的轉口貿易大為興盛，這段貿易路線跨越了安那托利亞、黑海、克里米亞（Crimea）和蒙古金帳汗國（Golden Horde，見編號134）等地，1225年後，他們也和義大利的貿易城市建立商業關係，持續繁榮。東羅馬地區（Rūm）的塞爾柱蘇丹政權這幾十年間的繁盛，顯現於孔亞和其他安那托利亞地區輝煌的建築與文化。其後，638 / 1240年具有領袖魅力的行者巴巴・易斯哈格（Baba Isḥāq）領導展開反叛行動；蒙古人又於641 / 1243年入侵安那托利亞東部，在錫瓦斯（Sivas）

東方的科色達格（Köse Dagh）擊潰塞爾柱朝，於是塞爾柱勢力開始衰微。在那之後，東羅馬地區的蘇丹國成為蒙古伊兒汗國（Il Khans，見編號133）的附庸國。676／1277年後，蒙古總督直接統治此地。直至702／1303年，塞爾柱人的名字都持續出現在錢幣上，然而塞爾柱人實際上已經喪失統治權；這個朝代最後的蘇丹可能一度統治阿拉尼亞城，歐斯曼帝國（Ottoman）的編年史曾提及十五世紀時在阿拉尼亞出現的一位塞爾柱蘇丹後裔。安那托利亞地區歷史的全新時期開始於707／1307年後，當地的政權分裂成一系列的小型侯國（beylik，見編號106～124）。

● 參考資料

* Lane-Poole, 155; Sachau, 16 no. 30; Khalīl Ed'hem, 216-17, 219; Zambaur, 143-4; Album, 29.
* *EI*[2] 'Saldjūḳids. III. 5, IV. 2, VII. 2' (C. E. Bosworth).
* Cl. Cahen, *Pre-Ottoman Turkey. A General Survey of the Material and SPīritual Culture and History c. 1071-1330*, London 1968, 73-138, 269-301.
* O. Turan, *Selçuklular zamanında Türkiye. Siyasi tarih Alp Arsaln'dan Osman Gazi'ye (1071-1318)*, Istanbul 1971, 45ff.，最後附有世系表。

108.

達尼胥面德朝（The Dānishmendids）

- 伊曆490年前～573年
- 西曆1097年前～1178年
- 原先中心在安那托利亞中北部，之後也包括安那托利亞東部地區

一、錫瓦斯支系（?－570 / ?－1175）

年份	統治者名稱／重要事件
	●達尼胥面德・嘎濟 ●Dānishmend Ghāzī ●490 / 1097年首度出現在文獻中，逝於497 / 1104年。
◇497 / 1104	●阿米爾・嘎濟・居密胥提金・賓・達尼胥面德 ●Amīr Ghāzī Gümüshtigin b. Dānishmend
◇529 / 1134	●穆罕默德・賓・阿米爾・嘎濟 ●Muḥammad b. Amīr Ghāzī
◇536 / 1142	●伊瑪德丁，朱努恩・賓・穆罕默德 ●Dhu 'l-Nūn b. Muḥammad, 'Imād al-Dīn ●首次統治。
◇537 / 1142	●亞吉巴珊・賓・阿米爾・嘎濟・居密胥提金 ●Malik Yaghībasan b. Amīr Ghāzī Gümüshtigin
559 / 1164	●阿布—瑪哈米德・賈瑪勒丁，穆賈希德・嘎濟・賓・亞吉巴珊 ●Malik Mujāhid Ghāzī b. Yaghībasan, Abu 'l-Maḥāmid Jamāl al-Dīn
562 / 1166	●夏姆斯丁，易卜拉欣・賓・穆罕默德 ●Malik Ibrāhīm b. Muḥammad, Shams al-Dīn

◇562 / 1166	●夏姆斯丁，伊斯瑪儀・賓・易卜拉欣 ●Malik Ismā'īl b. Ibrāhīm, Shams al-Dīn
567 － 570 / 1172 － 1174	●朱努恩・賓・穆罕默德 ●Malik Dhu 'l-Nūn b. Muḥammad ●當時的封號為納席爾丁（Nāṣir al-Dīn），第二次統治。
570 / 1174	●**被東羅馬地區的塞爾柱朝征服。**

二、馬拉蒂亞與阿勒比斯坦（Elbistan）支系

年份	統治者名稱／重要事件
◇約 537 / 約 1142	●艾恩—道拉，伊斯瑪儀・賓・阿米爾・嘎濟・居密胥提金 ●Ismā'īl b. Amīr Ghāzī Gümüshtigin, 'Ayn al-Dawla
◇547 / 1152	●朱嘎爾納因・賓・伊斯瑪儀 ●Dhu 'l-Qarnayn b. Ismā'īl
◇557 / 1162	●納席爾丁，穆罕默德・賓・伊斯瑪儀 ●Muḥammad b. Ismā'īl, Nāṣir al-Dīn ●首次統治。
◇565 / 1170	●法赫爾丁，嘎希姆・賓・伊斯瑪儀 ●Qāsim b. Ismā'īl, Fakhr al-Dīn
567 / 1172	●阿夫里敦・賓・伊斯瑪儀 ●Afrīdūn b. Ismā'īl
570 － 573 / 1175 － 1178	●穆罕默德 ●Muḥammad ●第二次統治。
573 / 1178	●**被東羅馬地區的塞爾柱朝征服。**

達尼胥面德朝的權力中心原先位於安那托利亞中北部及卡帕多奇亞（Cappadocia），西部最遠至安卡拉的托卡特（Tokat）、阿馬西亞（Amasya）與錫瓦斯等地；因此，他們也掌控了突厥人進入小亞細亞地區的北方路徑，而安那托利亞的塞爾柱朝則控管了較南方的路線。達尼胥面德朝的建立者達尼胥面德（Dānishmend，在波斯文中意為「智慧且學識淵博的人、學者」）的生平沒有詳細歷史記載，他似乎是安那托利亞的戰士（ghāzī），曾在卡帕多奇亞與第一波十字軍正面衝突，卻在某種程度上成為塞爾柱朝基利吉・阿爾斯蘭一世的對手，他是英雄史詩《達尼胥面德傳》（*Dānishmend-nāme*）的主角；這是一部融合了真實傳統與傳奇色彩的文學作品，文中所敘述的事件兩個世紀後被記載下來，而史詩則將達尼胥面德與先前在馬拉蒂亞城（Malatya）作戰的阿拉伯邊境戰士希迪・巴塔勒（Sīdī Baṭṭāl）相提並論。因此，在釐清達尼胥面德朝的血統時，很難將事實和虛構的傳說分開。在十二世紀早期，達尼胥面德朝至少擁有和塞爾柱朝一樣強大的勢力。阿米爾・嘎濟・居密胥提金（Amīr Ghāzī Gümüshtigin）在奇里細亞城與亞美尼亞人作戰，並於埃德薩對抗法蘭克人，更在521 / 1127年時，攻陷了開塞利（Kayseri）和安卡拉（Ankara）等地；也因為他對抗基督教徒的驍勇善戰，阿巴斯朝哈里發穆斯塔爾胥德（al-Mustarshid）賦予他「瑪立克」（，意為「國王」）的封號，使得阿米爾成為擁有主權的合法穆斯林統領。

然而，去世的瑪立克・穆罕默德（Malik Muḥammad）的兒子與他的兄弟因內部爭執而引發衝突。536 / 1142年後，錫瓦斯的亞吉巴珊（Yaghïbasan），及其統治馬拉蒂亞和阿勒比斯坦（Elbistan）的兄弟艾恩—道拉・伊斯瑪儀（‘Ayn al-Dawla Ismā‘īl）和開塞利的朱努恩（Dhu 'l-Nūn），瓜分了達尼胥面德朝的領土。亞吉巴珊去世後，塞爾柱朝的基利吉・阿爾斯蘭二世多次介入錫瓦斯支系的統治，終於在570 / 1174年殺害朱努恩並奪取其領土。而最後的達尼胥面德朝統治者穆罕默德（Muḥammad），則必須以塞爾柱侯國的身分統治馬拉蒂亞，直到基利吉・阿爾斯蘭二世於573 / 1178年掠奪該城；根據歷史學家伊本—畢比（Ibn Bībī）的記載，日後存續的達尼胥面德政權都臣服於塞爾柱朝。

●參考資料

* Justi, 455; Lane-Poole, 156（兩者皆相當零碎）; Sachau, 15 no. 27; Khalīl Ed'hem, 220-3; Zambaur, 146-7; Album, 29.

* *EI* ² 'Dānishmendids' (Irène Mélikoff); *İA* 'Dânişmendliler' (M. H. Yınanç)，附有世系表。

* Cl. Cahen, *Pre-Ottoman Turkey*, 82-103.

* O. Turan, *Selçuklular zamanında Türkiye*, 112-90.

109.

蒙居杰克朝（The Mengūjekids）

- 伊曆 512 年前～七世紀中
- 西曆 1118 年前～十三世紀中
- 安那托利亞北部，以埃爾津詹（Erzincan）、迪夫里伊（Divriği）和克馬赫（Kemakh）為中心

年份	統治者名稱／重要事件
?	●蒙居杰克・阿赫瑪德 ●Mengüjek Aḥmad ●統治中心為克馬赫。
512 前 / 1118 前	●易斯哈格・賓・蒙居杰克 ●Isḥāq b. Mengüjek
約 536 / 約 1142	**●蒙居杰克朝領土分裂。**

一、埃爾津詹和克馬赫支系

年份	統治者名稱／重要事件
約 536 / 約 1142	●達伍德一世・賓・易斯哈格 ●Dāwūd I b. Isḥāq
◇560 / 1165	●薩義德・法赫爾丁，巴赫拉姆・夏赫・賓・達伍德 ●Bahrām Shāh b. Dāwūd, al-Malik al-Sa'īd Fakhr al-Dīn
622 － 625 / 1225 － 1228	●阿拉俄丁，達伍德二世・賓・巴赫拉姆・夏赫 ●Dāwūd II b. Bahrām Shāh, 'Alā' al-Dīn
625 / 1228	**●東羅馬地區的塞爾柱朝接管此地。**

二、迪夫里伊支系

年份	統治者名稱／重要事件
約 536 / 約 1142	●蘇萊曼一世・賓・易斯哈格 ● Sulaymān I b. Isḥāq
◇約 570 / 約 1175	●阿布－穆查法爾・賽伊夫丁，夏罕夏赫・賓・蘇萊曼 ● Shāhānshāh b. Sulaymān, Abu 'l-Muẓaffar Sayf al-Dīn
約 593 / 約 1197	●蘇萊曼二世・賓・夏罕夏赫 ● Sulaymān II b. Shāhānshāh
約 626 / 約 1229	●阿布－穆查法爾・胡薩姆丁，阿赫瑪德・賓・蘇萊曼二世 ● Aḥmad b. Sulaymān II, Abu 'l-Muẓaffar Ḥusām al-Dīn
640 後 / 1242 後	●賓・阿赫瑪德 ● Malik Shāh b. Aḥmad ● 650 / 1252 年在位。
	●**被東羅馬地區的塞爾柱朝征服。**

這一個由戰士（ghāzī）所建立的朝代到512 / 1118年以前歷史不明，那年達尼脅面德朝（見編號108）的姻親易斯哈格・賓・蒙居杰克（Isḥāq b. Mengüjekid），從鄰近埃爾津詹的克馬赫要塞直接威脅了馬拉蒂亞城。蒙居杰克朝領土位處西方的達尼脅面德朝與東方的薩勒圖革朝（Saltuqids，見編號110）之間，除了克馬赫與埃爾津詹以外，還包括迪夫里伊與庫古尼亞（Kughūniya，又作Seben Karahisar）等地。易斯哈格於536 / 1142年逝世後，他的兒子根據突厥父系傳承傳統，瓜

分財產，整個氏族因而分裂成為兩個支系。埃爾津詹支系的巴赫拉姆・夏赫（Bahrām Shāh）將朝廷打造成文化中心，而他也是波斯詩人尼查米（Niẓāmī）與哈嘎尼（Khāqānī）詩作的「讚頌對象」（mamdūḥ）。另一方面，迪夫里伊支系的統治者則在當地留下了雄偉的清真寺建築。蒙居杰克朝和東羅馬地區的塞爾柱朝發生衝突，他們企圖與其他勢力結盟，諸如特拉比宗（Trebizond）的拜占庭統治者。然而，孔亞蘇丹的勢力大勝，埃爾津詹最後的統治者達伍德二世（Dāwūd II）在625 / 1228年時，將埃爾津詹和克馬赫讓給了卡伊・古巴者一世（Kay Qubādh I），先決條件是交換阿克謝須爾城（Akşehir）與伊勒勤（İlgin）。迪夫里伊支系則持續了更長的時間，直至十三世紀中葉。迪夫里伊朝的終結，很可能和蒙古人進入安那托利亞東部地區有關。

● 參考資料

* Sachau, 14 no. 25; Khalīl Ed'hem, 244-6; Zambaur, 145-6; Bosworth-Merçil-İpşirli, 279-82.

* *EI* ² 'Mengüček' (Cl. Cahen); *İA* 'Mengücükler' (F. Sümer)，附有世系表。

* O. Turan, *Doğu Anadolu Türk devletleri tarihi, 55-79*, 242（附有列表）, 278（附有世系表）。

110.

薩勒圖革朝（The Saltuqids）

- 伊曆五世紀晚期～ 598 年
- 西曆十一世紀晚期～ 1202 年
- 安那托利亞東部地區，首都位於埃爾祖魯姆（Erzurum）

年份	統治者名稱／重要事件
五世紀晚期 / 十一世紀晚期	●阿布─嘎希姆，薩勒圖革一世 ● Saltuq I, Abu ’l-Qāsim
496 / 1102	●阿里・賓・薩勒圖革一世 ● ‘Alī b. Saltuq I
約 518 / 約 1124	●迪亞丁，阿布─穆查法爾・嘎濟 ● Abu ’l-Muẓaffar Ghāzī, Ḍiyā’ al-Dīn
◇ 526 / 1132	●伊茲丁，薩勒圖革二世・賓・阿里 ● Saltuq II b. ‘Alī, ‘Izz al-Dīn
◇ 563 / 1168	●納席爾丁，穆罕默德・賓・薩勒圖革二世 ● Muḥammad b. Saltuq II, Nāṣir al-Dīn
587 − 597 / 1191 − 1201	●瑪瑪女王・賓特・薩勒圖革二世 ● Māmā Khātūn bt. Saltuq II
約 597 − 598 / 約 1201 − 1202	●阿拉俄丁，阿布─曼蘇爾・賓・穆罕默德（瑪立克・夏赫・賓・穆罕默德） ● Abū Manṣūr b. Muḥammad, ‘Alā’ al-Dīn, or Malik Shāh b. Muḥammad
598 / 1202	**●被東羅馬地區的塞爾柱朝征服。**

薩勒圖革朝的源起並不可考，可以確知，薩勒圖革（Saltuq）是十一世紀最後數十年間安那托利亞地區的突厥將領之一。根據歷史記載，他的兒子阿里（ʻAlī）掌控以埃爾祖魯姆與該地區其他城市為主體的一個侯國，有時其領土包括卡爾斯（Kars，又作 Qarṣ）；薩勒圖革朝的統治者以精美的建築物裝飾埃爾祖魯姆城，該城是位於安那托利亞北部、發展興盛的轉口貿易中心。從阿里開始，這些統治者們都被賦予「國王」（Malik）的封號。當時，薩勒圖革朝在政治和軍事方面與喬治亞人對戰，喬治亞人從大衛四世國王（David the Restorer, 1089－1125）的時代便開始向南擴張，時常與阿爾曼朝（Shāh-i Armanids，見編號 97）結盟；有趣的是，穆罕默德・賓・薩勒圖革二世（Muḥammad b. Saltuq II）的兒子表示為了和喬治亞著名的王后塔瑪爾（Tʻamar）結婚，而想要皈依為基督教徒。薩勒圖革朝最後幾年的狀況不得而知，但在598 / 1102年時，東羅馬地區的塞爾柱蘇丹蘇萊曼二世（Sulaymān II）在前往與喬治亞人作戰的途中，終結了薩勒圖革朝；此後的三十幾年間，埃爾祖魯姆成為兩位塞爾柱親王統治的封地。627 / 1230年，卡伊・古巴者一世將此地併入統轄之中。

●參考資料

* Khalīl Ed'hem, 277-8; Zambaur, 145; Bosworth-Merçil-İpşirli, 283-4.
* *EI* [2] 'Saltuḳ O<u>gh</u>ullari' (G. Leiser).
* Cl. Cahen, *Pre-Ottoman Turkey*, 106-8.
* Faruk Sümer, 'Saltuklular', *SAD*, 3 (1971), 391-433，第 394 頁附有世系表。
* O. Turan, *Selçuklular zamanında Türkiye*, 251-4.
* idem, *Doğu Anadolu Türk devletleri tarihi*, Istanbul 1973, 3-52, 241（附有列表）, 277（附有世系表）。

111.

嘎拉希朝（The Qarasï〔Karasï〕Oghullarï *）

- 約伊曆 696 年～約 761 年
- 約西曆 1297 年～約 1360 年
- 安那托利亞西南部

年份	統治者名稱／重要事件
?	●嘎拉希—別克・賓・嘎勒姆—別克 ● Qarasï Beg b. Qalem Beg
?	●阿吉蘭—別克・賓・嘎拉希 ● ‘Ajlān Beg b. Qarasï ●約逝於 735 / 1335 年。
約 730 / 約 1330	●德米爾汗 ● Demir Khān ●統治中心為巴勒克西爾（Balıkesir）。 ●休賈俄丁（？杜爾順），亞赫胥汗 ● Yakhshï Khān, Shujā‘ al-Dīn (? Dursun) ●統治中心為貝爾加馬（Bergama）。
約 747 / 約 1346	**●併入歐斯曼帝國。** ●蘇萊曼・賓・德米爾汗 ● Sulaymān b. Demir Khān ●於 758 / 1357 統治特羅瓦（Trova）與恰納卡萊（Çanakkale）。

* 編註：「Oghullarï」一字為突厥文「兒子、後代子嗣」之意，為求譯文簡潔，中譯名省略此字。

嘎拉希統治者在傳統的米西亞地區（Mysia，即達達尼爾海峽〔Dardanelles〕亞洲一側的海岸與內陸，以及向南延伸的領土）發展、茁壯，其中心位於巴勒克埃西爾（Balıkesir）和貝爾加馬（Bergama）。有人認為嘎拉希朝的統治者與達尼胥面德朝（見編號108）之間具有血緣關係，但這很有可能只是傳奇色彩的訛傳。嘎拉希朝人可能在十四世紀早期建立侯國，並於愛琴海與馬爾摩拉海（Sea of Marmora）地區發展海軍勢力，而對達達尼爾海峽的拜占庭構成壓力，因而替歐斯曼帝國橫掃歐洲的行動奠定基礎。嘎拉希朝併入歐斯曼帝國之後——此為歐斯曼勢力擴張領土的第一步——至少有其中的一位嘎拉希統治者似乎仍握有權力，或許是以封侯身分掌權，因為其他幾位嘎拉希將領都已投入歐斯曼帝國的陣營；然而，這個朝代的歷史未經任何銘文記載，留存的錢幣數量也相當有限，因此，對於短暫的嘎拉希朝，我們知之甚少。

●參考資料

* Khalīl Ed'hem, 274-5; Zambaur, 150; Bosworth-Merçil-İpşirli, 309-11.

* *EI* [2] 'Ḳarasi' (Cl. Cahen); *İA* 'Karası-Oğulları' (İ. H. Uzunçarşılı).

* İ. H. Uzunçarşılı, *Anadolu beylikleri ve Akkoyunlu, Karakoyunlu devletleri*, Ankara 1969, 96-103.

112.

剎魯汗朝（The Ṣarukhān Oghullarï）

- 約伊曆 713 ～ 813 年
- 約西曆 1313 ～ 1410 年
- 安那托利亞西部

年份	統治者名稱／重要事件
◇約 713 / 約 1313	●剎魯汗—別克・賓・阿爾帕吉 ●Ṣarukhān Beg b. Alpagï ●逝於749 / 1348 年後。
◇約 749 / 約 1348	●法赫爾丁，伊里亞斯・賓・剎魯汗 ●Ilyās b. Ṣarukhān, Fakhr al-Dīn
◇約 758 / 約 1357	●穆查法爾丁，易斯哈格・切勒比・賓・伊里亞斯 ●Isḥāq Chelebi b. Ilyās, Muẓaffar al-Dīn ●約逝於790 年 / 1388 年。
◇約 790 − 792 / 約 1388 − 1390	●希德爾・夏赫・賓・易斯哈格 ●Khiḍr Shāh b. Isḥāq ●首次統治。
792 / 1390	●**被歐斯曼帝國併吞。**
◇805 / 1402	●歐爾汗・賓・易斯哈格 ●Orkhan b. Isḥāq
◇807 − 813 後 / 1404 − 1410 後	●希德爾・夏赫 ●Khiḍr Shāh ●第二次統治。
813 / 1410	●**被歐斯曼帝國永久併吞。**

剎魯汗政權統治了臨海且擁有富庶農業的傳統利底亞地區（Lydia），而剎魯汗─別克（Ṣarukhān Beg）則大約在713 / 1313年時，征服了馬格尼西亞地區（Magnesia，又作Manisa）。自此，剎魯汗朝與鄰近的艾丁朝（Aydïn，見編號113）成為一股愛琴海的海軍勢力，而對熱那亞（Genoese）和拜占庭產生影響。同時，從十四世紀中葉起，在嘎拉希朝（見編號111）併入歐斯曼帝國後，他們便和歐斯曼帝國的領土接壤。歐斯曼帝國的巴雅濟德一世（Bāyazīd I）併吞了剎魯汗朝領土，卻於804 / 1402年帖木兒戰勝安卡拉的蘇丹後，旋即回歸剎魯汗朝。八年後，才再度與歐斯曼帝國永久合併，馬格尼西亞則成為一位歐斯曼親王的居住地。

● 參考資料

* Khalīl Ed'hem, 276-8; Zambaur, 150; Bosworth-Merçil-İpşirli, 323-5.

* *EI* ² 'Ṣarūkhān' (Elizabeth A. Zachariadou); *İA* 'Saruhan-Oğulları' (M. Çağatay Uluçay).

* İ. H. Uzunçarşılı, *Anadolu beylikleri*, 84-91.

113.

艾丁朝（The Aydïn Oghullarï）

- 伊曆 708 ～ 829 年
- 西曆 1308 ～ 1426 年
- 安那托利亞西部

年份	統治者名稱／重要事件
◇708 / 1308	●穆巴里茲丁・嘎濟，穆罕默德—別克 ● Muḥammad Beg, Mubāriz al-Dīn Ghāzī
◇734 / 1334	●巴哈俄丁・嘎濟，烏穆爾一世—別克・賓・穆罕默德 ● Umur I Beg b. Muḥammad, Bahā' al-Dīn Ghāzī
749 / 1348	●希德爾・賓・穆罕默德 ● Khiḍr b. Muḥammad
◇約 761 － 792 / 約 1360 － 1390	●以薩・賓・穆罕默德 ● 'Īsā b. Muḥammad
792 / 1390	●**被歐斯曼帝國併吞。**
805 / 1402 （兩人共治）	●穆薩・賓・以薩 ● Mūsā b. 'Īsā ●烏穆爾二世・賓・以薩 ● Umur II b. 'Īsā
◇805 / 1403	●烏穆爾二世・賓・伊薩 ● Umur II b. 'Īsā
◇808 － 829 / 1405 － 1426	●朱內德・賓・易卜拉欣・巴哈杜爾・賓・穆罕默德 ● Junayd b. Ibrāhīm Bahādur b. Muḥammad
829 / 1426	●**被歐斯曼帝國永久併吞。**

艾丁・烏魯・穆罕默德—別克（Aydïn Oghlu Muḥammad Beg）曾經擔任杰爾米揚朝（Germiyān Oghullarï，見編號116）軍隊的將領，他的氏族所佔有的領土包括了安那托利亞西部沿海及內陸地區，也就是傳統的美歐尼亞地區（Maeonia）；它的中心位於艾丁（Aydïn），或稱特拉里亞（Tralleia），也就是後來的古澤勒・希薩爾（Güzel Hisar），大門德雷斯河（Büyük Menderes river）下游流經此地。因此艾丁朝位於北方的剎魯汗朝和南方的面帖舍（Menteshe，見編號114）之間。烏姆爾一世（Umur I）佔領士麥那（Smyrna，即現今的伊茲米爾〔Izmir〕），讓艾丁朝成為愛琴海地區對抗拉丁基督教徒的重要海軍勢力，而他也成為歷史詩作（destān）裡的英雄。後來巴雅濟德一世併吞了艾丁朝領土，卻遭到帖木兒恢復。最後一位統領朱內德（Junayd）支持歐斯曼的對立蘇勒壇——都茲梅・穆斯塔法（Düzme Muṣṭafā，見編號130），並遭穆拉德二世（Murād II）打敗後，政權中心艾丁便被併入歐斯曼帝國領土。

●參考資料

* Khalīl Ed'hem, 279-80; Zambaur, 151; Bosworth-Merçil-İpşirli, 287-9.

* *EI* ² 'Aydin-Oghlu' (Irène Mélikoff); *İA* 'Aydın' (Besim Darkot and Mükrimin Halil Yınanç).

* İ. H. Uzunçarşılı, *Anadolu beylikleri*, 104-20.

* E. A. Zachariadou, *Trade and Crusade: Venetian Crete and the Emirates of Menteshe and Aydin (1300-1415)*, Venice 1983.

114.

面帖舍朝（The Menteshe Oghullarï）

- 伊曆七世紀晚期～ 847 年
- 西曆十三世紀晚期～ 1424 年
- 安那托利亞西南部

年份	統治者名稱／重要事件
約 679 / 約 1280	●面帖舍—別克 ● Menteshe Beg
約 695 / 約 1296	●瑪斯伍德・賓・面帖舍—別克 ● Mas'ūd b. Menteshe Beg ●嘎拉曼・賓・面帖舍—別克 ● Qaramān b. Menteshe Beg ●統治中心為利西亞地區（Lycia）的弗克（Föke，又作 Finike）。
約 719 / 約 1319	●休賈俄丁，歐爾汗・賓・瑪斯伍德 ● Orkhan b. Mas'ūd, Shujā' al-Dīn
◇約 745 / 約 1344	●易卜拉欣・賓・歐爾汗 ● Ibrāhīm b. Orkhan
約 761 / 約 1360	●易卜拉欣的兒子穆薩（Mūsā，逝於 777 / 1375 年）、穆罕默德和塔吉丁・阿赫瑪德（Tāj al-Dīn Aḥmad，逝於 793 / 1391 年）瓜分領土。
793 / 1391	●**被歐斯曼帝國併吞。**
◇805 / 1402	●穆查法爾丁（休賈俄丁），伊里亞斯・賓・穆罕默德・賓・易卜拉欣 ● Ilyās b. Muḥammad b. Ibrāhīm, Muẓaffar al-Dīn or Shujā' al-Dīn

◇824 － 827 / 1421 － 1424 （兩人共治）	●雷斯・賓・伊里亞斯 ●Layth b. Ilyās ●阿赫瑪德・賓・伊里亞斯 ●Aḥmad b. Ilyās
827 / 1424	●**被歐斯曼帝國永久併吞。**

面帖舍朝政權佔領了安那托利亞西南部沿海與內陸地區，亦即傳統的卡里亞地區（Caria），中心城市為米拉斯（Milas，又作Mylasa）、沛青（Pechin）、巴拉特（Balāṭ，又作Miletus）等地。面帖舍—別克（Menteshe Beg）的父親可能曾經統治後來東羅馬地區塞爾柱政權的沿海地區，但面帖舍朝直到十三世紀末才出現在歷史記載上。十四世紀時，面帖舍朝統領們以海上和陸地行動，對抗威尼斯人以及羅德騎士團（Knights Hospitaller in Rhodes），其中包括了爭奪士麥那地區的戰役。歐斯曼帝國奪得面帖舍朝東部鄰國杰爾米揚朝與哈密德朝（Ḥamīd Oghullarï）的領土之後，面帖舍朝的領土被歐斯曼帝國的蘇丹巴雅濟德一世佔領，後又遭帖木兒恢復。伊里亞斯—別克（Ilyās Beg）被迫承認歐斯曼帝國的穆罕默德一世（Muḥammad I）為其宗主；到了827 / 1424年時，穆拉德二世終於將面帖舍納入帝國領土之中。

● 參考資料

* Khalīl Ed'hem, 283-5; Zambaur, 153-4; Bosworth-Merçil-İpşirli, 313-16.
* *EI* [2] 'Menteshe Oghullari' (E. Merçil); *İA* 'Menteşe-Oğulları' (İ. H. Uzunçarşılı).
* P. Wittek, *Das Fürstentum Mentesche*, Istanbul 1934.
* İ. H. Uzunçarşılı, *Anadolu beylikleri*, 70-83.
* E. A. Zachariadou, *Trade and Crusade: Venetian Crete and the Emirates of Menteshe and Aydin.*

115.

伊南吉朝（The Inanj Oghullarï）

- 伊曆 659 ～ 769 年
- 西曆 1261 ～ 1369 年
- 安那托利亞西南部的德尼茲利（Deñizli）

年份	統治者名稱／重要事件
659 / 1261	●穆罕默德—別克 ●Muḥammad Beg ●於 660 / 1262 年遭殺害。
660 / 1262	●阿里—別克 ●‘Alī Beg ●於 676 / 1278 年遭殺害。
675 / 1277	**●被剎希卜・阿塔朝人（Ṣāḥib Atā）與杰爾米揚朝人（Germiyān Oghullarï）佔領。**
?	●休賈俄丁，伊南吉—別克・賓・阿里 ●Inanj Beg b. ‘Alī, Shujā‘ al-Dīn ●714 / 1314 年在位，逝於 734 / 1334 年後。
◇約 735 / 約 1335	●穆拉德・阿爾斯蘭・賓・伊南吉—別克 ●Murād Arslan b. Inanj Beg
◇約 761 － 770 / 約 1360 － 1369	●易斯哈格—別克・賓・穆拉德・阿爾斯蘭 ●Isḥāq Beg b. Murād Arslan
?	**●被杰爾米揚朝統治。**

安那托利亞西南部的城市拉迪革（Lādīq，又作 Ladik），古稱勞迪西亞（Laodicea），位於面帖舍和杰爾米揚侯國之間的邊界據點，十四世紀時被鄰近的德尼茲利（Deñizli，又作 Toñuzlu）取代。657 / 1259 年，拉迪革從拜占庭落入塞爾柱朝手中，而在接下來的一個世紀裡，在地的突厥將領穆罕默德（Muḥammad）將拉迪革打造成為小型突厥政權（beylik）的中心。拉迪革接著由杰爾米揚政權所統治，杰爾米揚的統領將之交由他們的親族伊南吉—別克（Inanj Beg）統治，再經由伊南吉的子孫統治了兩個世代，直到杰爾米揚朝取回該地。不久之後，於 792 / 1390 年，杰爾米揚侯國便併入歐斯曼帝國。

●參考資料

* Khalīl Ed'hem, 295; Zambaur, 152; Bosworth-Merçil-İpşirli, 311-13.

* *EI* [2] 'Deñizli' (Mélikoff).

* İ. H. Uzunçarşılı, *Anadolu beylikleri*, 55-7.

* O. Turan, *Selçuklular zamanında Türkiye*, 514-18.

116.

杰爾米揚朝（The Germiyān Oghullarï）

- 約伊曆 699 ～ 832 年
- 約西曆 1299 ～ 1428 年
- 安那托利亞西部

年份	統治者名稱／重要事件
約 699 / 約 1299	●雅俄固卜一世・賓・卡里姆丁・阿里・胥爾 ● Ya'qūb I b. Karīm al-Dīn 'Alī Shīr
◇727 後 / 1327 後	●穆罕默德・查赫夏丹・賓・雅俄固卜 ● Muḥammad Chakhshadān b. Ya'qūb
◇約 764 / 約 1363	●蘇萊曼・夏赫・賓・穆罕默德 ● Sulaymān Shāh b. Muḥammad
◇789 － 792 / 1387 － 1390	●雅俄固卜二世・切勒比・賓・蘇萊曼 ● Ya'qūb II Chelebi b. Sulaymān ●首次統治。
792 / 1390	**●被歐斯曼帝國併吞。**
◇805 / 1402	●雅俄固卜二世・切勒比 ● Ya'qūb II Chelebi ●第二次統治。
814 / 1411	**●被嘎拉曼朝佔領。**
816 － 832 / 1413 － 1428	●雅俄固卜二世・切勒比 ● Ya'qūb II Chelebi ●以歐斯曼帝國附庸國身分三度統治。
832 / 1428	**●被歐斯曼帝國永久併吞。**

杰爾米揚朝起初是臣服位於馬拉蒂亞城東羅馬地區塞爾柱朝的突厥部族。十三世紀晚期，他們遷徙至安那托利亞西部，以屈塔希亞（Kütahya）為基礎，建立起突厥政權（beylik），成為塞爾柱朝的附庸國，日後也成為伊兒汗國（Il Khanids）的封地。塞爾柱朝的衰微，讓杰爾米揚朝的創立者雅俄固卜一世（Ya'qūb I）有機可趁，在安那托利亞西部建立當時幅員最廣且最有力的突厥侯國，納入大部分的傳統佛里吉亞地區（Phrygia），大大受益於橫跨門德列斯河流域的貿易路線。同時，雅俄固卜一世將鄰近政權的統領納為附庸，例如艾丁朝（見編號113），連拜占庭皇帝也成為他的進貢者。然而，由於十四世紀下半葉各個沿海的突厥政權逐漸成長，杰爾米揚朝進入愛琴海的通道遭到阻斷，也被夾在北方歐斯曼帝國和東南方的嘎拉曼朝（Qaramānids）之間。杰爾米揚朝最後一位總督雅俄固卜二世（Ya'qūb II），於792 / 1390年敗給巴雅濟德一世並失去領土，但在安卡拉之戰後由帖木兒恢復；最後，他將領土贈與歐斯曼帝國，由穆拉德二世接管杰爾米揚部族。

●參考資料

* Khalīl Ed'hem, 292-4; Zambaur, 152; Bosworth-Merçil-İpşirli, 301-3.

* *EI* [2] 'Germiyān-Oghullari' (Irène Mélikoff); *İA* 'Germiyan-Oğulları' (İ. H. Uzunçarşılı).

* İ. H. Uzunçarşılı, *Anadolu beylikleri*, 39-54.

117.

剎希卜・阿塔朝（The Ṣāḥib Atā Oghullarï）

- 約伊曆 670 年～約 742 年
- 約西曆 1271 年～約 1341 年
- 安那托利亞中西部

年份	統治者名稱／重要事件
約 670 / 約 1271（兩人共治）	●塔吉丁，胡笙・賓・阿里・法赫爾丁・剎希卜・阿塔 ● Ḥusayn b. 'Alī Fakhr al-Dīn Ṣāḥib Atā, Tāj al-Dīn ●努斯拉特丁，哈珊・賓・阿里・法赫爾丁 ● Ḥasan b. 'Ali Fakhr al-Dīn, Nuṣrat al-Dīn
676 後 / 1277 後	●夏姆斯丁，穆罕默德・賓・哈珊・努斯拉特丁 ● Muḥammad b. Ḥasan Nuṣrat al-Dīn, Shams al-Dīn
686 －約 742 / 1287 －約 1341	●努斯拉特丁，阿赫瑪德・賓・穆罕默德 ● Aḥmad b. Muḥammad, Nuṣrat al-Dīn
約 742 / 約 1341	●**被杰爾米揚朝併吞。**

剎希卜・阿塔朝是一個小型侯國，以阿菲永・嘎拉希薩爾（Afyon Karahisar）為中心，位於杰爾米揚朝和哈密德朝突厥政權之間。剎希卜・阿塔朝的名字來自於東羅馬地區塞爾柱政權的大臣法赫

爾丁・阿里（Fakhr al-Dīn ‘Alī），人稱剎希卜・阿塔（Ṣāḥib Atā，逝於687 / 1288年）。他的兩個兒子接收了幾座城鎮，包括屈塔希亞和阿克謝須爾城，並更長久統轄拉迪革和阿菲永・嘎拉希薩爾等地。他們後代子孫的勢力，僅足以在杰爾米揚朝的保護之下延續；杰爾米揚朝在十四世紀中將剎希卜・阿塔朝的土地併入他們自己的領土內。

● 參考資料

* Khalīl Ed'hem, 273; Zambaur, 148; Bosworth-Merçil-İpşirli, 321-3.
* *EI* [2] 'Ṣāḥib Atā Oghullari' (C. H. Imber).
* İ. H. Uzunçarşılı, *Anadolu beylikleri*, 150-2.
* Cl. Cahen, *Pre-Ottoman Turkey*.

118.

哈密德朝和特克朝（The Ḥamīd Oghullarï and the Tekke Oghullarï）

- 約伊曆 700 ～ 826 年
- 約西曆 1301 ～ 1423 年
- 安那托利亞中西部與西南部沿海地區

一、埃爾迪爾（Eğridir）的哈密德朝

年份	統治者名稱／重要事件
約 700 / 約 1301	●法拉克丁，敦達爾—別克・賓・伊里亞斯・賓・哈密德 ●Dündār Beg b. Ilyās b. Ḥamīd, Falak al-Dīn
724 － 728 / 1324 － 1327	**●被伊兒汗總督鐵木爾・塔胥・賓・丘班（Temür Tash b. Choban）佔領。**
728 / 1327	●希德爾—別克・賓・敦達爾 ●Khiḍr Beg b. Dündār
728 / 1328	●納吉姆丁，易斯哈格・賓・敦達爾 ●Isḥāq b. Dündār, Najm al-Dīn
約 745 / 約 1344	●穆查法爾丁，穆斯塔法・賓・穆罕默德・賓・敦達爾 ●Muṣṭafā b. Muḥammad b. Dündār, Muẓaffar al-Dīn
?	●胡薩姆丁，伊里亞斯・賓・穆斯塔法 ●Ilyās b. Muṣṭafā, Ḥusām al-Dīn
約 776 － 793/ 約 1374 － 1391	●卡瑪勒丁，胡笙・賓・伊里亞斯 ●Ḥusayn b. Ilyās, Kamāl al-Dīn
793 / 1391	**●被歐斯曼帝國併吞。**

二、安塔利亞（Antalya）的特克朝

年份	統治者名稱／重要事件
721 / 1321	●優努斯・賓・伊里亞斯・賓・哈密德 ● Yūnus b. Ilyās b. Ḥamīd
?	●瑪赫穆德・賓・優努斯 ● Maḥmūd b. Yūnus ●逝於 724 / 1324 年。
727 / 1327	●希南丁，希德爾・賓・優努斯 ● Khiḍr b. Yūnus, Sinān al-Dīn
約 774 / 約 1372	●穆巴里茲丁，穆罕默德・賓・瑪赫穆德 ● Muḥammad b. Muḥmūd, Mubāriz al-Dīn ●逝於 779 / 1378 年後。
?	●歐斯曼・切勒比・賓・穆罕默德 ● 'Uthmān ('Othmān) Chelebi b. Muḥammad ●首次統治。
約 793 / 約 1391	●**被歐斯曼帝國入侵。**
805 － 826 / 1402 － 1423	●歐斯曼・切勒比 ● 'Uthmān Chelebi ●第二次統治。
826 / 1423	●**被歐斯曼帝國永久併吞。**

伊里亞斯・賓・哈密德（Ilyās b. Ḥamīd）與其父親皆是塞爾柱朝前線將領，他以傳統的皮西迪亞（Pisidia）內陸地區的埃爾迪爾

（Eğridir）為中心，開疆闢土。此外，日後他的勢力中心轉移到安塔利亞城（Antalya）時，也活躍於南部沿海地區的利底亞與潘非利亞（Pamphylia）等地。因此，哈密德朝掌控了橫跨安納托利亞西部的重要南北貿易路線。伊里亞斯的兩個兒子分別在哈密德領地的北部與特克（Tekke）南部地區建立政權。前者大約於 793 / 1391 年遭巴雅濟德一世永久併吞，而特克朝雖然同樣被歐斯曼帝國佔領，但最終被帖木兒所恢復。826 / 1423 年，歐斯曼帝國打敗並刺殺特克朝最後的統治者歐斯曼・切勒比（'Uthmān Chelebi），政權就此正式結束。

● 參考資料

* Khalīl Ed'hem, 286, 289-91; Zambaur, 153; Bosworth-Merçil-İpşirli, 304-6.
* *EI* [1] 'Teke-eli', 'Teke-oghlu' (F. Babinger); *EI* [2] 'Ḥamīd or Ḥamīd Oghullari' (X. de Planhol); *İA* 'Hamîd-Oğulları' (İ. H. Uzunçarşılı), 'Teke-Oğulları' (M. C. Şihâbettin Tekindağ).
* İ. H. Uzunçarşılı, *Anadolu beylikleri*, 62-9.

119.

阿拉尼亞統領政權（The Beys of Alanya）

- 伊曆 692 ～ 876 年
- 西曆 1293 ～ 1471 年
- 安那托利亞南部沿海地區

年份	統治者名稱／重要事件
692 / 1293	●瑪吉德丁（巴德爾丁），瑪赫穆德 ● Maḥmūd, Majd al-Dīn or Badr al-Dīn ●嘎拉曼朝總督。
730 － 737 / 1330 － 1337	●優素夫 ● Yūsuf ●嘎拉曼朝總督。
?	●紹齊・賓・穆罕默德・夏姆斯丁 ● Sawchï b. Muḥammad Shams al-Dīn
◇?	●嘎拉曼・賓・紹齊 ● Qaramān b. Sawchï
830 / 1427	●**傭兵政權佔領阿拉尼亞城**。
?	●魯特菲・賓・紹齊 ● Luṭfī b. Sawchï ● 848 / 1444 年在位。
◇約 865 － 876 / 約 1461 － 1471	●基利吉・阿爾斯蘭・賓・魯特菲 ● Qïlïch Arslan b. Luṭfī
867 / 1471	●**被歐斯曼帝國併吞**。

阿拉尼亞港口早期的名字為阿拉伊亞（‘Alā’iyya），取名自塞爾柱蘇丹阿拉俄丁・卡伊・古巴者一世，這位蘇丹曾於617 / 1220年征服此城。692 / 1293年後，阿拉尼亞轉由嘎拉曼朝統治（見編號124），嘎拉曼朝的統治者偶爾會採用「沿海地區統領」（amīr al-sawāḥil）這個頭銜；不過十四世紀後半葉，阿拉尼亞城曾一度被塞普勒斯（Cyprus）的魯西格南（Lusignan）國王統治。十五世紀初，埃及傭兵政權（Mamlūks of Egypt）掌管了這座城市一段時間，接著該城又落入東羅馬地區的塞爾柱朝後裔手中，直至867 / 1471年歐斯曼帝國征服此城。

●參考資料

* Bosworth-Merçil-İpşirli, 285-6.

* *EI* ² ‘Alanya’ (F. Taeschner).

* İ. H. Uzunçarşılı, *Anadolu beylikleri*, 92-5.

120.

阿胥拉夫朝（The Ashraf〔Eshref〕Oghullarï）

- 伊曆？～726年
- 西曆？～1326年
- 安那托利亞中南部

年份	統治者名稱／重要事件
	●賽伊夫丁，蘇萊曼一世・賓・阿胥拉夫（埃胥里夫） ● Sulaymān I b. Ashraf (Eshref), Sayf al-Dīn ●於684／1285年擔任孔亞攝政，逝於702／1302年。
◇702／1302	●穆巴里茲丁，穆罕默德・賓・蘇萊曼 ● Muḥammad b. Sulaymān, Mubāriz al-Dīn
◇720－726／1320－1326	●蘇萊曼二世・夏赫・賓・穆罕默德 ● Sulaymān II Shāh b. Muḥammad
726／1326	**●被伊兒汗國併吞。**

蘇萊曼・阿胥拉夫・烏魯（Sulaymān Ashraf Oghlu）是一名效忠塞爾柱朝的軍隊將領，他趁著孔亞地區蘇丹權勢衰微之時，以傳統皮西迪亞城的貝伊謝希爾（Beyşehir）為中心，建立小型侯國。蘇萊曼的繼承者將勢力範圍向鄰近的其他城鎮擴張，如阿克謝須爾城與博爾瓦丁（Bolvadin），然而後來此政權卻被安那托利亞的伊兒汗國總督鐵木爾・塔胥・賓・丘班（Temür Tash b. Choban）掌管，臣服於伊兒汗

國的統治。鐵木爾・塔胥殺死貝伊謝希爾最後一位統治者，在這位蒙古總督死後，該領土由哈密德朝與嘎拉曼朝瓜分。

●參考資料

* Khalīl Ed'hem, 287-8; Zambaur, 154; Bosworth-Merçil-İpşirli, 299-300.

* *EI*[2] 'Ashraf Oghullari' (İ. H. Uzunçarşılı).

* İ. H. Uzunçarşılı, *Anadolu beylikleri*, 58-61.

121.

江達爾朝（The Jāndār Oghullarï or Isfandiyār〔Isfendiyār〕Oghullarï）

- 伊曆 691 ～ 866 年
- 西曆 1292 ～ 1462 年
- 黑海沿岸

年份	統治者名稱／重要事件
691 / 1292	●夏姆斯丁，（？）亞曼・（賓・）江達爾 ●(?) Yaman (b.) Jāndār, Shams al-Dīn
◇約 708 / 約 1308	●休賈俄丁，蘇萊曼一世・賓・亞曼 ●Sulaymān I b. Yaman, Shujā' al-Dīn
約 740 / 約 1340	●吉亞斯丁，易卜拉欣・賓・蘇萊曼 ●Ibrāhīm b. Sulaymān, Ghiyāth al-Dīn
◇746 / 1345	●阿迪勒・賓・雅俄固卜・賓・亞曼 ●'Ādil b. Ya'qūb b. Yaman
◇約 762 / 約 1361	●賈拉勒丁，巴雅濟德・柯特呂姆・賓・阿迪勒 ●Bāyazīd Kötörüm b. 'Ādil, Jalāl al-Dīn ●786 / 1384 年後統治錫諾普（Sinop）。
◇786 / 1384	●蘇萊曼二世・夏赫・賓・巴雅濟德 ●Sulaymān II Shāh b. Bāyazīd ●統治卡斯塔穆努（Kastamonu）。
787 / 1385	●穆巴里茲丁，伊斯凡迪亞爾（伊斯芬迪亞爾）・賓・巴雅濟德 ●Isfandiyār (Isfendiyār) b. Bāyazīd, Mubāriz al-Dīn ●統治錫諾普，首次統治。
795 / 1393	**●被歐斯曼帝國併吞。**

◇805 / 1402	● 伊斯凡迪亞爾 ● Isfandiyār ● 統治卡斯塔穆努、錫諾普與薩姆松（Samsun），第二次統治。
◇843 / 1440	● 塔吉丁，易卜拉欣・賓・伊斯凡迪亞爾 ● Ibrāhīm b. Isfandiyār, Tāj al-Dīn
◇847 / 1443	● 卡瑪勒丁，伊斯瑪儀・賓・易卜拉欣 ● Ismā'īl b. Ibrāhīm, Kamāl al-Dīn
◇865 － 866 / 1461 － 1462	● 吉茲勒・阿赫瑪德・賓・易卜拉欣 ● Qïzïl Aḥmad b. Ibrāhīm
866 / 1462	● **被歐斯曼帝國併吞。**

這一首領支系的創立者為夏姆斯丁・（？）・亞曼・賓・江達爾（Shams al-Dīn〔？〕Yaman b. Jāndār），他在伊兒汗國的保護下統治卡斯塔穆努地區（Kastamonu），並沿著黑海沿岸及其內陸地區（即傳統的帕夫拉戈尼亞地區〔Paphlagonia〕）拓展領土。十四世紀中葉之後，江達爾朝擺脫了伊兒汗國附庸國的身分，將領土擴張至錫諾普（Sinop），卻也在歐斯曼蘇丹巴雅濟德一世手中喪失部分領土。此時的政權也以當時其中一位總督伊斯凡迪亞爾（Isfandiyār〔Isfendiyār〕）的名字為政權命名（十六世紀時，這個朝代也採用吉茲勒・阿赫瑪德〔Qïzïl Aḥmadlï〕之名命名）。帖木兒日後也恢復了該政權，但領地仍逐漸被歐斯曼帝國佔領，最終則是由穆罕默德二世併吞。雖然如此，江達爾氏族在歐斯曼蘇丹的統治下，依舊在該地享有諸多特權與勢力。

●參考資料

* Khalīl Ed'hem, 306-7; Zambaur, 149; Bosworth-Merçil-İpşirli, 290-3.
* *EI* ² 'Ḳasṭamūnī' (C. J. Heywood), 'Isfendiyār Og͟hlu' (J. H. Mordtmann*).
* İ. H. Uzunçarşılı, *Anadolu beylikleri*, 121-47.

122.

帕爾瓦納朝（The Parwāna Oghullarï）

- 伊曆 676 ～ 722 年
- 西曆 1277 ～ 1322 年
- 錫諾普、黑海沿岸

年份	統治者名稱／重要事件
676 / 1277	●穆因丁，穆罕默德・賓・蘇萊曼・穆因丁・帕爾瓦納 ● Muḥammad b. Sulaymān Mu‘īn al-Dīn Parwāna, Mu‘īn al-Dīn
696 / 1297	●穆哈吉卜丁，瑪斯伍德・賓・穆罕默德 ● Mas‘ūd b. Muḥammad, Muhadhdhib al-Dīn
700 － 722 / 1301 － 1322	●嘎濟・切勒比・賓・瑪斯伍德 ● Ghāzī Chelebi b. Mas‘ūd
722 / 1322	**●被江達爾朝（Jāndār Oghullarï）併吞。**

這一政權存續的時間相當短暫，由穆因丁・蘇萊曼（Mu‘īn al-Dīn Sulaymān）的後裔所組成。到641 / 1243年，塞爾柱朝在科色達格遭到蒙古人擊敗後（見編號107），穆因丁・蘇萊曼成為勢力衰退的東羅馬地區塞爾柱朝領地的實質統治者。他採用「帕爾瓦納」（Parwāna）此一頭銜，意為「蘇丹之輔佐」。帕爾瓦納於676 / 1277年遭到處決之後，他的後代子孫在錫諾普、托卡特、黑海沿岸及內陸地區（帕爾瓦納

曾在這裡擁有個人領地）等地建立小型政權。這樣的情況持續到了722 / 1322年，此一支系的最後一位蘇丹去世後，因為沒有男性子嗣傳承，錫諾普地區由江達爾朝（見編號121）接手統治。

● 參考資料

* Khalīl Ed'hem, 272; Zambaur, 147; Bosworth-Merçil-İpşirli, 316-18.

* *EI* ² 'Mu'īn al-Dīn Sulaymān Parwāna' (Carole Hillenbrand).

* Cl. Cahen, *Pre-Ottoman Turkey*, 312-13.

* İ. H. Uzunçarşılı, *Anadolu beylikleri*, 148-9.

* O. Turan, *Selçuklular zamanında Türkiye*, 617-31.

* Nejat Kaymaz, *Pervâne Mu'înü'd-Dîn Süleyman*, Ankara 1970.

123.

丘班朝（The Chobān Oghullarï）

- 約伊曆 624 ～約 708 年
- 約西曆 1227 ～約 1309 年
- 卡斯塔穆努（Kastamonu，又作 Qasṭamūnī）

年份	統治者名稱／重要事件
約 624 / 約 1227	●胡薩姆丁，丘班 ●Chobān, Ḥusām al-Dīn
?	●胡薩姆丁，阿勒普・尤魯克・賓・丘班 ●Alp Yürük b. Chobān, Ḥusām al-Dīn
679 / 1280 前	●穆查法爾丁，優魯克・阿爾斯蘭・賓・阿勒普・尤魯克 ●Yülük Arslan b. Alp Yürük, Muẓaffar al-Dīn
691 −約 709/ 1292 −約 1309	●納席爾丁，瑪赫穆德・賓・優魯克・阿爾斯蘭 ●Maḥmūd b. Yülük Arslan, Nāṣir al-Dīn
約 709 / 約 1309	**●被江達爾朝併吞。**

丘班（Chobān）出身自烏古斯的嘎伊部族（Qayï），是效忠塞爾柱朝的將領，後來成為統治卡斯塔穆努的總督，他可能是從608 / 1211 年開始掌權，並於622 / 1225 年，奉阿拉俄丁・卡伊・古巴者一世之命，遠征克里米亞地區。他的繼承者似乎在塞爾柱朝與伊兒汗國的宗主

權之下，於卡斯塔穆努地區握有零星而有限的權力。伊兒汗國派遣代表穆因丁・蘇萊曼・帕爾瓦納，行使管轄權（見編號122），而該地最後轉由江達爾朝統治（見編號121）。

●參考資料

* Zambaur, 148; Bosworth-Merçil-İpşirli, 272-3.

* *EI* [2] 'Ḳasṭamūnī' (C. J. Heywood).

* Cl. Cahen, *Pre-Ottoman Turkey*, 243-4, 310-12.

* O. Turan, *Selçuklular zamanında Türkiye*, 608-13.

124.

嘎拉曼朝（The Qaramān Oghullarï or Qaramānids）

- 約伊曆 654 ～ 880 年
- 約西曆 1256 ～ 1475 年
- 安那托利亞中南部與地中海沿岸地區

年份	統治者名稱／重要事件
約 654 / 約 1256	●嘎拉曼・賓・努爾丁（努拉・蘇非） ● Qaramān b. Nūr al-Dīn or Nūra Ṣūfī
660 / 1261	●夏姆斯丁，穆罕默德一世・賓・嘎拉曼 ● Muḥammad I b. Qaramān, Shams al-Dīn
677 / 1278	●居聶里一別克・賓・嘎拉曼 ● Güneri Beg b. Qaramān ●瑪赫穆德・賓・嘎拉曼（Maḥmūd b. Qaramān）為其統治副手。
699 / 1300	●巴德爾丁，瑪赫穆德・賓・嘎拉曼 ● Maḥmūd b. Qaramān, Badr al-Dīn
707 / 1307	●亞赫胥・賓・瑪赫穆德 ● Yakhshï b. Maḥmūd
約 717 / 約 1317	●巴德爾丁，易卜拉欣一世・賓・瑪赫穆德 ● Ibrāhīm I b. Maḥmūd, Badr al-Dīn ●傭兵政權的附庸，與其他嘎拉曼朝親王統治該侯國的各個城鎮。
745 － 750 / 1344 － 1349	●法赫爾丁，阿赫瑪德・賓・易卜拉欣一世 ● Aḥmad b. Ibrāhīm I, Fakhr al-Dīn ●逝於 750 / 1349 年之前。

◇約 750 / 約 1349	●夏姆斯丁・賓・易卜拉欣一世 ● Shams al-Dīn b. Ibrāhīm I
753 / 1352	●蘇萊曼・賓・哈利勒・賓・瑪赫穆德・賓・嘎拉曼 ● Sulaymān b. Khalīl b. Maḥmūd b. Qaramān
◇762 － 800 / 1361 － 1398	●阿拉俄丁・賓・哈利勒 ● 'Alā' al-Dīn b. Khalīl
800 / 1398	●**被歐斯曼帝國併吞。**
◇804 / 1402	●穆罕默德二世・賓・阿拉俄丁 ● Muḥammad II b. 'Alā' al-Dīn ●首次統治。
◇822 / 1419	●阿里・賓・阿拉俄丁 ● 'Alī b. 'Alā' al-Dīn ●首次統治。
◇824 / 1421	●穆罕默德二世 ● Muḥammad II ●第二次統治。
◇826 / 1423	●阿里 ● 'Alī ●第二次統治。
◇827 / 1424	●塔吉丁，易卜拉欣二世・賓・穆罕默德二世 ● Ibrāhīm II b. Muḥammad II, Tāj al-Dīn
◇869 / 1464 （兩人共治）	●易斯哈格・賓・易卜拉欣二世 ● Isḥāq b. Ibrāhīm II ●皮爾・阿赫瑪德・賓・易卜拉欣二世 ● Pīr Aḥmad b. Ibrāhīm II

◇870 – 880 / 1465 – 1475	●皮爾・阿赫瑪德 ●Pīr Aḥmad
880 / 1475	●被歐斯曼帝國永久併吞（嘎希姆・賓・易卜拉欣〔Qāsim b. Ibrāhīm〕擔任歐斯曼封侯，直到888 / 1483年逝世為止）。

嘎拉曼朝是安那托利亞的突厥列朝中，最具權勢且統治期間最久的政權，並與歐斯曼帝國同時發展，但最後被歐斯曼帝國併吞。他們似乎出身阿夫夏爾突厥部族（Afshār），而嘎拉曼（Qaramān）的父親努爾丁（Nūr al-Dīn）則是一位著名的蘇非導師（Ṣūfī shaykh）；嘎拉曼朝因而也與其他出身蘇非行者的安那托利亞支系較為相似。他們原先的政權核心位於托魯斯山脈（Taurus Mountains）西北部的厄爾門涅克—穆特地區（Ermenek-Mut）。在當地，他們算是孔亞地區塞爾柱蘇丹魯昆丁・基利吉・阿爾斯蘭四世（Rukn al-Dīn Qïlïch Arslan IV）的附庸，但時有反叛行動，他們也是抵抗蒙古伊兒汗國佔領安那托利亞的頑強對手。這些權勢角力持續至十四世紀，當時的嘎拉曼朝已經繼承塞爾柱朝，成為完全獨立的勢力，掌控大多數的安那托利亞中南部地區。埃及和敘利亞的傭兵政權削弱嘎拉曼城（Qaramān，又作Karaman、Sis. Larande，為嘎拉曼朝取得孔亞之前的首都）的西亞美尼亞王國後，傭兵政權成為嘎拉曼朝的鄰國，因此嘎拉曼朝曾一度承認傭兵政權為宗主國。嘎拉曼朝也成為重要的文學與藝術活動推動者，至少在現今突厥人的眼中，嘎拉曼朝頗富盛名，因為他們鼓勵使用突厥語，而非波斯語作為行政語言。

嘎拉曼朝和歐斯曼帝國的關係必然相當棘手。阿拉俄丁・賓・哈利勒（'Alā' al-Dīn b. Khalīl）打了敗仗並被巴雅濟德刺殺後，嘎拉曼朝的領土落入歐斯曼帝國手中，卻又被帖木兒恢復。而在歐斯曼帝國於832 / 1428年併吞安那托利亞西北部的杰爾米揚朝（見編號116），以及866 / 1462年吞併黑海沿岸的江達爾朝之後（見編號121），嘎拉曼朝成為歐斯曼帝國在安那托利亞最強大的敵對勢力。這個朝代的最後一位偉大的統治者塔吉丁・易卜拉欣二世（Tāj al-Dīn Ibrāhīm II），成為地中海基督教徒與穆斯林勢力的核心，以對抗歐斯曼帝國的領土擴張行動。威尼斯、羅馬教皇（Papacy）與他們的東部鄰國——白羊汗國（Aq Qoyunlu）的烏尊・哈珊（Uzun Ḥasan，見編號146），都曾與「大嘎拉曼」（Grand Caraman）聯盟合作，而覬覦歐斯曼帝國王位的杰姆親王（Prince Jem）後來也受到聯盟的支持。不過，聯盟內部的爭執有利於歐斯曼勢力介入，蘇丹穆罕默德二世的目標是併吞嘎拉曼朝的土地，最終於880 / 1475年達成，嘎拉曼朝遂宣告滅亡。

值得注意的是，自692 / 1293年起，嘎拉曼朝的其中一個支系掌控了阿拉尼亞城（見編號114）。

● 參考資料

* Lane-Poole, 184; Khalīl Ed'hem, 296-302; Zambaur, 158, 160.

* *EI* ² 'Ḳaramān-Og͟hullari' (F. Sümer); *İA* 'Karamanlılar' (M. C. Şihâbeddin Tekindağ).

* Cl. Cahen, *Pre-Ottoman Turkey*.

* İ. H. Uzunçarşılı, *Anadolu beylikleri*, 1-38.

125.

也列特納朝（The Eretna Oghullarï）

- 伊曆 736 ～ 782 年
- 西曆 1336 ～ 1380 年
- 安那托利亞東北部

年份	統治者名稱／重要事件
◇736 / 1336	●阿拉俄丁，也列特納・賓・賈俄法爾 ●Eretna b. Ja‘far, ‘Alā’ al-Dīn
◇753 / 1352	●吉亞斯丁，穆罕默德一世・賓・也列特納 ●Muḥammad I b. Eretna, Ghiyāth al-Dīn
◇767 / 1366	●阿拉俄丁，阿里・賓・穆罕默德 ●‘Alī b. Muḥammad, ‘Alā’ al-Dīn
782 / 1380	●穆罕默德二世・切勒比・賓・阿里 ●Muḥammad II Chelebi b. ‘Alī
782 / 1380	**●嘎迪・布爾漢丁（Qāḍī Burhān al-Dīn）統治，最後在錫諾普就任。**

也列特納（Eretna）的名字很可能源於梵文的「ratna」一字，意為「珠寶」，他是出身於維吾爾族（Uyghur）的軍隊將領（來自突厥斯坦〔Turkestan〕東部），很可能是為丘班朝（Chobanids）與宗主國的伊兒汗國末代統治者服務。鐵木爾・塔胥・賓・丘班（見編號120）的政

權瓦解之後，也列特納便統轄了從西部的安卡拉、北部的薩姆松（Samsun，又作Ṣāmsūn）直到東部的埃爾津詹的大片領地，首都先是設於錫瓦斯，接著轉至開塞利，並受到埃及與敘利亞的傭兵保護。但在也列特納死後，他的領土逐漸被西邊的歐斯曼帝國與東邊的白羊汗國蠶食鯨吞，實際的政權則操縱在嘎迪・布爾漢丁（Qāḍī Burhān al-Dīn）手中。嘎迪・布爾漢丁於782 / 1380年時消滅了也列特納朝，並於錫瓦斯建立起短暫的突厥政權（見編號126）。

●參考資料

* Khalīl Ed'hem, 384-6; Zambaur, 155; Bosworth-Merçil-İpşirli, 297-9.
* *EI* ² 'Eretna' (Cl. Cahen); *İA* 'Eretna' (İ. H. Uzunçarşılı).
* İ. H. Uzunçarşılı, *Anadolu beylikleri*, 155-61.

126.

嘎迪・布爾漢丁政權（The Qāḍī Burhān al-Dīn Oghullarï）

- 伊曆 783 ～ 800 年
- 西曆 1381 ～ 1398 年
- 安那托利亞東北部

年份	統治者名稱／重要事件
◇783 / 1391	●嘎迪・布爾漢丁，阿赫瑪德・賓・穆罕默德・夏姆斯丁 ● Aḥmad b. Muḥammad Shams al-Dīn, Qāḍī Burhān al-Dīn
800 / 1398	●阿拉俄丁，阿里・宰因・阿比丁・賓・阿赫瑪德 ● ‘Alī Zayn al-‘Ābidīn b. Aḥmad, ‘Alā’ al-Dīn
800 / 1398	**●被歐斯曼帝國併吞。**

嘎迪・布爾漢丁來自於開塞利的烏古斯部族，也列特納朝（見編號125）衰微時，成為其統治者的大臣和大統領，直到政權滅之，嘎迪・布爾漢丁在當地掌權。他的一生不斷出兵征討，為了保護自己的政權，先後與歐斯曼帝國、嘎拉曼朝以及其他地方勢力征戰，也曾對抗傭兵政權與白羊汗國；儘管忙於戰爭，嘎迪・布爾漢丁仍是一位多產的學者與詩人。然而，他被白羊汗國勢力刺殺身亡後，錫瓦斯當地的聖裔終究還是將政權拱手讓給了歐斯曼的巴雅濟德一世。

●參考資料

* Khalīl Ed'hem, 387-8; Zambaur, 155; Bosworth-Merçil-İpşirli, 307-9.

* *EI* ² 'Sīwās' (S. Faroqhi); *İA* 'Kadı Bürhaneddin' (Mirza Bala).

* İ. H. Uzunçarşılı, *Anadolu beylikleri*, 162-8.

* Yaşar Yücel, *Kadı Burhaneddin ve devleti (1344-1398)*, Ankara 1970.

127.

塔吉丁朝（The Tāj al-Dīn Oghullarï）

- 約伊曆 749 ～ 831 年
- 約西曆 1348 ～ 1428 年
- 札尼克地區（Canik，又作 Jānīk），黑海岸的內陸地區

年份	統治者名稱／重要事件
約 749 / 約 1348	●塔吉丁・賓・多干・夏赫 ● Tāj al-Dīn b. Doghan Shāh
789 － 800 / 1387 － 1398	●瑪赫穆德・賓・塔吉丁 ● Maḥmūd b. Tāj al-Dīn ●統治中心為尼克薩爾地區（Niksar），逝於 826 / 1423 年。
794 / 1394	●阿勒普・阿爾斯蘭・賓・塔吉丁 ● Alp Arslan b. Tāj al-Dīn ●統治部分尼克薩爾地區。
796 / 1396	●胡薩姆丁，哈珊・賓・阿勒普・阿爾斯蘭 ● Ḥasan b. Alp Arslan, Ḥusām al-Dīn ●胡薩姆丁，穆罕默德・雅弗茲・賓・阿勒普・阿爾斯蘭 ● Muḥammad Yavuz b. Alp Arslan, Ḥusām al-Dīn ●兩人在薩姆松與洽爾祥巴（Çarşamba）地區聯合統治，首次統治。
800 / 1398	●**被歐斯曼帝國併吞。**
805 － 831 / 1402 － 1428	●哈珊・賓・阿勒普・阿爾斯蘭 ● Ḥasan b. Alp Arslan

805 － 831 / 1402 － 1428	●穆罕默德・賓・阿勒普・阿爾斯蘭 ● Muḥammad b. Alp Arslan ●兩人在薩姆松與洽爾祥巴地區聯合統治，第二次統治。
831 / 1428	●**被歐斯曼帝國永久併吞。**

札尼克地區位於薩姆松的南方，而突厥首領塔吉丁在他父親死後，也是在此區波恩特山脈（Pontic range）南坡的尼克薩爾（Niksar）建立起他的小政權。塔吉丁的父親是多干・夏赫（Doghan Shāh），他在世時，因為有安那托利亞東部伊兒汗國的保護，而十分具有影響力。他與位於東部邊境的特列比松拜占庭帝國建立起具有保護作用的聯姻關係，卻還是無法抵抗來自錫瓦斯的嘎迪・布爾漢丁的攻勢（見編號126），他的兒子也向歐斯曼帝國投降。塔吉丁的孫子由帖木兒復辟，但最後仍將領地統治權交給了蘇丹穆拉德二世。

●參考資料

* Bosworth-Merçil-İpşirli, 326-8.

* İ. H. Uzunçarşılı, *Anadolu beylikleri*, 153-4.

128.

拉瑪丹朝（The Ramaḍān Oghullarï）

- 約伊曆 780 ～ 1017 年
- 約西曆 1378 ～ 1608 年
- 奇里細亞（Cilicia）與西亞美尼亞地區

年份	統治者名稱／重要事件
	●拉瑪丹—別克 ●Ramaḍān Beg ●於754 / 1353 年出現於文獻記載。
約 780 / 約 1378	●剎里姆丁，易卜拉欣一世・賓・拉瑪丹—別克 ●Ibrāhīm I b. Ramaḍān Beg, Ṣārim al-Dīn
785 / 1383	●胥哈卜丁，阿赫瑪德・賓・拉瑪丹—別克 ●Aḥmad b. Ramaḍān Beg, Shihāb al-Dīn
819 / 1416	●剎里姆丁，易卜拉欣二世・賓・阿赫瑪德 ●Ibrāhīm II b. Aḥmad, Ṣārim al-Dīn
821 / 1418	●伊茲丁，哈姆查・賓・阿赫瑪德 ●Ḥamza b. Aḥmad, ‘Izz al-Dīn
832 / 1429	●穆罕默德一世・賓・阿赫瑪德 ●Muḥammad I b. Aḥmad
?	●艾呂克 ●Eylük ●逝於843 / 1439 年。
861 / 1457	●敦達爾 ●Dündār

?	●歐瑪爾 ●'Umar
885 / 1480	●嘎爾斯丁，哈利勒・賓・達伍德・賓・易卜拉欣二世 ●Khalīl b. Dāwūd b. Ibrāhīm II, Ghars al-Dīn
916 / 1510	●瑪赫穆德・賓・達伍德 ●Maḥmūd b. Dāwūd
922 / 1516	●**成為歐斯曼帝國的附庸。**
922 / 1516	●塞里姆・賓・歐瑪爾 ●Selīm b. 'Umar
922 / 1516	●古巴者・賓・哈利勒 ●Qubādh b. Khalīl
約 923 / 約 1517	●皮里・穆罕默德・賓・哈利勒 ●Pīrī Muḥammad b. Khalīl
976 / 1568	●達爾維胥・賓・皮里・穆罕默德 ●Darwīsh b. Pīrī Muḥammad
977 / 1569	●易卜拉欣三世・賓・皮里・穆罕默德 ●Ibrāhīm III b. Pīrī Muḥammad
994 / 1586	●穆罕默德二世・賓・易卜拉欣三世 ●Muḥammad II b. Ibrāhīm III
1014 － 1017 / 1605 － 1608	●皮爾・曼蘇爾・賓・穆罕默德二世 ●Pīr Manṣūr b. Muḥammad II
1017 / 1608	●**被歐斯曼帝國併吞。**

拉瑪丹—別克（Ramaḍān Beg）的名字據稱源自於烏古斯部族，但這一個以奇里細亞的阿達那（Adana）為首都的朝代，一直到拉瑪丹—別克的兒子剎里姆丁・易卜拉欣一世（Ṣārim al-Dīn Ibrāhīm I）統治時，才受到歷史學者的重視，因為剎里姆丁曾經協助杜勒嘎迪爾朝（Dulghadïr Oghullarï，見編號129）與嘎拉曼朝（見編號124）對抗傭兵政權。隨後，拉瑪丹朝在支持傭兵政權和嘎拉曼朝之間搖擺不定，但整體政策較傾向於支持傭兵政權。拉瑪丹朝也成為了傭兵政權與歐斯曼帝國之間的緩衝國。922 / 1516 年時，歐斯曼帝國蘇丹塞里姆一世（Selīm I）在前往討伐敘利亞傭兵政權的途中，迫使拉瑪丹朝臣服，於是之後的統治者則成為歐斯曼帝國在阿達那的總督；直到十七世紀初期，阿達那完全併入歐斯曼帝國的行省（eyālet），總督則由伊斯坦堡指派。

●參考資料

* Sachau, 16 no.29; Khalīl Ed'hem, 313-17; Zambaur, 157; Bosworth-Merçil-İpşirli, 318-20.

* *EI* ² 'Adana' (F. Taeschner), 'Ramaḍān Og͟hullari' (F. Babinger*); *İA* 'Ramazan-Oğulları' (F. Sümer).

* İ. H. Uzunçarşılı, *Anadolu beylikleri*, 176-9.

129.

杜勒嘎迪爾朝（The Dulghadïr Oghullarï or Dhu 'l-Qadrids）

- 伊曆 738 ～ 928 年
- 西曆 1337 ～ 1521 年
- 安那托利亞東南部

年份	統治者名稱／重要事件
738 / 1337	●札希爾・宰因丁，嘎拉賈・賓・杜勒嘎迪爾 ● Qaraja b. Dulghadïr, al-Malik al-Ẓāhir Zayn al-Dīn
754 / 1353	●嘎爾斯丁，哈利勒・賓・嘎拉賈 ● Khalīl b. Qaraja, Ghars al-Dīn
788 / 1386	●夏俄班・蘇里・賓・嘎拉賈 ● Sha'bān Sūlī b. Qaraja
800 / 1398	●納席爾丁，穆罕默德・賓・哈利勒 ● Muḥammad b. Khalīl, Nāṣir al-Dīn
846 / 1442	●蘇萊曼・賓・穆罕默德 ● Sulaymān b. Muḥammad
858 / 1454	●阿爾斯蘭・賓・蘇萊曼 ● Malik Arslan b. Sulaymān
870 / 1465	●布達各 ● Shāh Budaq ●首次統治。
871 / 1466	●蘇瓦爾・賓・蘇萊曼 ● Shāh Suwār b. Sulaymān

877 / 1472	●布達各 ●Shāh Budaq ●第二次統治。
884 / 1479	●阿拉俄—道拉，波茲古爾德・賓・蘇萊曼 ●Bozqurd b. Sulaymān, 'Alā' al-Dawla
921 – 928 / 1515 – 1521	●阿里・賓・蘇瓦爾 ●'Alī b. Shāh Suwār
928 / 1521	●**被歐斯曼帝國併吞。**

這一支系的創立者來自托魯斯山脈與幼發拉底河上游地區，是烏古斯部族首領嘎拉賈・賓・杜勒嘎迪爾（Qaraja b. Dulghadïr，杜勒嘎迪爾為突厥名，意義不明，後來阿拉伯化或融合當地方言，轉化為「朱嘎德爾」，意為「有力的」）。杜勒嘎迪爾朝以馬拉須（Maraş，又作Mar'ash）和阿勒比斯坦（Elbistan，又作Albistān）為中心，而杜勒嘎迪爾更曾率領突厥人進入西亞美尼亞地區。他的繼承者們維持了朝代的政權，時而成為傭兵政權的附庸國，並在帖木兒的攻勢之下存活下來。十五世紀時，杜勒嘎迪爾朝與嘎拉曼朝的敵手歐斯曼帝國之間，以及傭兵政權，皆維持著良好關係，並抵抗來自於白羊汗國統治者烏尊・哈珊的壓力（見編號146）。伊斯坦堡與開羅的統治者皆企圖在安那托利亞東南部發揮影響力，並且為了取得權力，在阿勒比斯坦與馬拉須等地支持敵對的王位候選人。然而，塞里姆一世於922 / 1516至923 / 1517年間戰勝傭兵政權，局勢明顯轉為有利於歐斯曼帝國一方，因此歐斯曼

不久之後便終結了杜勒嘎迪爾朝，將他們的轄區轉變為朱嘎德利亞省（Dhu'l-Qadriyya）。

● 參考資料

* Sachau, 15-16 no.28; Khalīl Ed'hem, 308-12; Zambaur, 158; Bosworth-Merçil-İpşirli, 294-6.
* *EI* [2] 'D̲h̲u 'l-Ḳadr' (J. H. Mordtmann and V. L. Ménage); *İA* 'Dulkadırlılar' (J. H. Mordtmann and Mükrimin Halil Yınanç).
* İ. H. Uzunçarşılı, *Anadolu beylikleri*, 169-75.

130.

歐斯曼帝國（The Ottomans or Osmanlis）

- 伊曆七世紀晚期～ 1342 年
- 西曆十三世紀晚期～ 1924 年
- 原先帝國中心位於安那托利亞西北部，後成為統治安那托利亞、巴爾幹半島地區、自伊拉克至阿爾及利亞的阿拉伯國家，南至厄立特里亞（Eritrea）阿拉伯人地區等地的帝國統治者。

年份	統治者名稱／重要事件
?	●艾爾托格魯 ●Ertoghrul ●約逝於679 / 1280 年
◇680 / 1281	●嘎濟，歐斯曼一世・賓・艾爾托格魯 ●‘Uthmān (‘Othmān) I b. Eroghrul, Ghāzī
◇724 / 1324	●歐爾汗・賓・歐斯曼一世 ●Orkhan b. ‘Uthmān I
◇761 / 1360	●穆拉德一世・賓・歐爾汗 ●Murād I b. Orkhan
◇791 / 1389	●「雷霆」，巴雅濟德（巴耶濟德）一世・賓・穆拉德一世 ●Bāyazīd (Bāyezīd) I b. Murād I ●別號為「雷霆」（Yïldïrïm）。
804 / 1402	**●帖木兒朝人入侵。**
◇805 / 1403	●穆罕默德（梅赫美德）一世・切勒比・賓・巴雅濟德一世 ●Muḥammad (Meḥemmed) I Chelebi b. Bāyazīd I ●最初僅統治安那托利亞地區，816 / 1413 年後亦統治魯梅利（Rumeli）。

◇806 / 1403	●蘇萊曼一世・賓・巴雅濟德一世 ● Sulaymān (Süleymān) I b. Bāyazīd I ●814 / 1411 年前只統治魯梅利。
◇814 / 1411	●穆薩・切勒比・賓・巴雅濟德一世 ● Mūsā Chelebi b. Bāyazīd I ●魯梅利的敵對蘇丹勢力，直至816 / 1413 年。
◇824 / 1421	●穆拉德二世・賓・穆罕默德一世 ● Murād II b. Muḥammad I ●首次統治。
◇824 / 1421	●杜茲梅，穆斯塔法・切勒比・賓・穆罕默德一世 ● Muṣṭafā Chelebi b. Muḥammad I, Düzme ●魯梅利的敵對蘇丹勢力，直至825 / 1422 年。
◇848 / 1444	●穆罕默德二世・賓・穆拉德二世 ● Muḥammad II b. Murād II ●別號「征服者」(Fātiḥ)，首次統治。
◇850 / 1446	●穆拉德二世 ● Murād II ●第二次統治。
◇855 / 1451	●穆罕默德二世 ● Muḥammad II ●第二次統治。
◇886 / 1481	●巴雅濟德二世・賓・穆罕默德二世 ● Bāyazīd II b. Muḥammad II
◇918 / 1512	●薩里姆（塞里姆）一世・賓・巴雅濟德二世 ● Salīm (Selīm) I b. Bāyazīd II ●別號「堅定不懈者」(Yavuz)。

◇926 / 1520	●嘎努尼，蘇萊曼二世・賓・塞里姆一世 ●Sulaymān II b. Selīm I, Qānūnī ●別號「立法者」(Qānūnī，西方用法亦意為「大君」)。
◇974 / 1566	●薩里姆二世・賓・蘇萊曼二世 ●Salīm II b. Sulaymān II
◇982 / 1574	●穆拉德三世・賓・塞里姆二世 ●Murād III b. Selīm II
◇1003 / 1595	●穆罕默德三世・賓・穆拉德三世 ●Muḥammad III b. Murād III
◇1012 / 1603	●阿赫瑪德（阿赫梅德）一世・賓・穆罕默德三世 ●Aḥmad (Aḥmed) I b. Muḥammad III
◇1026 / 1617	●穆斯塔法一世・賓・穆罕默德三世 ●Muṣṭafā I b. Muḥammad III ●首次統治。
◇1027 / 1618	●歐斯曼二世・賓・阿赫瑪德一世 ●‘Uthmān II b. Aḥmad I
◇1031 / 1622	●穆斯塔法一世 ●Muṣṭafā I ●第二次統治。
◇1032 / 1623	●穆拉德四世・賓・阿赫瑪德一世 ●Murād IV b. Aḥmad I
◇1049 / 1640	●易卜拉欣・賓・阿赫瑪德一世 ●Ibrāhīm b. Aḥmad I
◇1058 / 1648	●穆罕默德四世・賓・易卜拉欣 ●Muḥammad IV b. Ibrāhīm
◇1099 / 1687	●蘇萊曼三世・賓・易卜拉欣 ●Sulaymān III b. Ibrāhīm

◇1102 / 1691	●阿赫瑪德二世・賓・易卜拉欣 ● Aḥmad II b. Ibrāhīm
◇1106 / 1695	●穆斯塔法二世・賓・穆罕默德四世 ● Muṣṭafā II b. Muḥammad IV
◇1115 / 1703	●阿赫瑪德三世・賓・穆罕默德四世 ● Aḥmad III b. Muḥammad IV
◇1143 / 1730	●瑪赫穆德一世・賓・穆斯塔法二世 ● Maḥmūd I. b. Muṣṭafā II
◇1168 / 1754	●歐斯曼三世・賓・穆斯塔法二世 ● 'Uthmān III b. Muṣṭafā II
◇1171 / 1757	●穆斯塔法三世・賓・阿赫瑪德三世 ● Muṣṭafā III b. Aḥmad III
◇1187 / 1774	●阿布杜—哈密德（阿布杜勒—哈密德）一世・賓・阿赫瑪德三世 ● 'Abd al-Ḥamīd ('Abd ül-Ḥamīd) I b. Aḥmad III
◇1203 / 1789	●薩里姆三世・賓・穆斯塔法三世 ● Salīm III b. Muṣṭafā III
◇1222 / 1807	●穆斯塔法四世・賓・阿布杜—哈密德一世 ● Muṣṭafā IV b. 'Abd al-Ḥamīd I
◇1223 / 1808	●瑪赫穆德二世・賓・阿布杜—哈密德一世 ● Maḥmūd II b. 'Abd al-Ḥamīd I
◇1255 / 1839	●阿布杜—瑪吉德（阿布杜勒—梅吉德）一世・賓・瑪赫穆德二世 ● 'Abd al-Majīd ('Abd ül-Mejīd) I b. Maḥmūd II
◇1277 / 1861	●阿布杜—阿濟茲・賓・瑪赫穆德二世 ● 'Abd al-'Azīz b. Maḥmūd II
◇1293 / 1876	●穆拉德五世・賓・阿布杜—瑪吉德一世 ● Murād V b. 'Abd al-Majīd I

◇1293 / 1876	●阿布杜—哈密德二世・賓・阿布杜—瑪吉德一世 ●'Abd al-Ḥamīd II b. 'Abd al-Majīd I
◇1327 / 1909	●穆罕默德五世・拉夏德（雷夏德）・賓・阿布杜—瑪吉德一世 ●Muḥammad V Rashād (Reshād) b. 'Abd al-Majīd I
◇1336 / 1918	●穆罕默德六世・瓦希德丁・賓・阿布杜—瑪吉德一世 ●Muḥammad VI Waḥīd al-Dīn b. 'Abd al-Majīd I ●末代蘇丹。
1341 – 1342 / 1922 – 1924	●阿布杜—瑪吉德二世・賓・阿布杜—阿濟茲 ●'Abd al-Majīd II b. 'Abd al-'Azīz ●虛位哈里發。
1342 / 1924	●**穆斯塔法・凱末爾（Muṣṭafā Kemāl）的共和政權。**

歐斯曼帝國的起源頗富傳奇色彩，因為關於西曆1300年以前的帝國史實，我們知之甚少。來自當時的錢幣證據顯示，艾爾托格魯勒（Ertoghrul）似乎確有其人，然而「歐斯曼」（'Uthmān，又作'Othmān）這個朝代名稱很可能是源於突厥名字「阿特曼」（Atman），隨後轉而採用第三位正統哈里發之名（見編號1）。根據一則傳說，歐斯曼氏族源自於突厥嘎伊部族，在小亞細亞地區統領一群游牧部族。無論他們真正的血統為何，當時有許多突厥人從東方西遷，並逐漸將拜占庭帝國的勢力往西推，而歐斯曼帝國顯然就是這波遷徙潮的一部分。歐斯曼帝國與孔亞的塞爾柱蘇丹有所來往，然而蒙古伊兒汗國出現在安那托利亞，以及隨之而來十三世紀晚期塞爾柱朝的衰微，可能都促使不同的突厥部族

向西移動，遷徙至拜占庭帝國在小亞細亞西北部的一些剩餘領地；當時，拜占庭帝國因為君士坦丁堡的拉丁軍隊佔領而積弱不振。一派較舊的觀點（包含奧地利學者保羅・惠帖克〔Paul Whittek〕）認為，歐斯曼帝國的領土分布於傳統的比提尼亞地區（Bithynia，日後成為歐斯曼省份的胡達文迪加爾〔Hüdavendigâr，又作Khudāwendigār〕），因為歐斯曼人邊境戰士（ghāzī）的身分，賦予他們特殊的權力，而此散播伊斯蘭信仰的活力與熱忱，讓歐斯曼帝國最終戰勝了安那托利亞的其他政權，並且消滅了拜占庭帝國。但實際上，歐斯曼帝國似乎只是安那托利亞西部的幾個突厥政權中最為成功的一支，並且涉入當地錯綜複雜的政治局勢，而且他們的動力大多是源自於對世俗性掠奪行動的偏好，而非對伊斯蘭信仰的狂熱。

無論如何，歐斯曼帝國都有能力向外擴張、抵抗愛琴海與馬爾馬拉海（Marmara sea）地區希臘人與義大利人的入侵。755 / 1354年，歐斯曼人攻下蓋利博盧（Gelibolu，又作Gallipoli），他們以此地為據點，趁著巴爾幹地區斯拉夫人內部糾紛未解，以及東正教徒和天主教徒之間的宗教紛爭，開始征討東南歐地區。他們很快便攻下了絕大部分的巴爾幹半島，而這些佔領的地區最後成為魯梅利省（Rūmeli，又作Rumelia）。歐斯曼蘇丹於767 / 1366年，將首都自布爾薩（Bursa）遷至舊稱阿德里阿諾波勒（Adrianople）的埃迪爾內（Edirne），從這點可以明顯看出帝國的新重心已從亞洲移轉移至歐洲。軍事方面，帝國對於突厥追隨者的依賴也已逐漸減少，因為這些突厥人往往是異教徒。當時還出現了封建騎士，這些騎士配有莊園可供生活；蘇丹近衛軍（Yeñi Cheri，意為「新軍」）又替歐斯曼帝國在基督教歐洲建立起殘暴難以侵犯的形象，歐斯曼帝國從巴爾幹半島的基督教順民幼童中徵召近衛軍，讓他們改信伊斯蘭，訓練成菁英部隊勢力。796 / 1394年，建樹甚少的開羅阿巴斯朝哈里發穆塔瓦基勒一世（al-Mutawakkil，見編號3之3）授予巴雅濟德一世「東羅馬地區蘇丹」（Sultan of Rūm）的封號，正式成為安那托利亞地區塞爾柱朝的接班人。然而，帖木兒帝國的勢力於805 / 1402年擊敗安卡拉的蘇丹，巴雅濟德一世的亞洲帝國頓時瓦解。帖木兒恢復了許多當時被巴雅濟德併吞的政權領地。一直要到數十年後，安那托利亞的歐斯曼政權才又重新建立，並消滅最後的主要敵對勢力，也就是嘎拉曼朝（見編號124）；同時，征服者穆罕默德二世也終於在857 / 1453年攻下君士坦丁堡。

十六世紀是歐斯曼帝國的黃金時期。922 / 1516至923 / 1517年間，「堅定不懈者」薩里姆一世（Salīm I the Grim）擊敗勢力衰微的傭兵政權，征服了敘利亞與埃及；而「偉大統治者」蘇萊曼（Sulaymān the Magnificent）也在932 / 1526年於匈牙利莫哈奇斯（Mohács）的勝仗後，在一個半世紀內，將大多數的匈牙利納入突厥的統轄之下；帝國還在義大利南部立下穩固基礎，並於突尼斯（Tunis）和阿爾及爾（Algiers）海盜政權的地區建立領地。位於帝國東部邊境的什葉派薩法維朝（Ṣafawids，見編號148）是歐斯曼帝國的強勁對手，但帝國也於920 / 1514年時，在亞塞拜然西北部的查勒迪蘭（Chāldirān）成功擊潰薩法維朝，同時也入侵亞塞拜然；並在印度洋地區，歐斯曼海軍勢力則在阿拉伯半島南部，對抗葡萄牙人的入侵。

歐斯曼朝是一個擁有多元族群的帝國，而在帝國全盛時期，他們對於境內的少數宗教社群（millet）抱持包容的態度，但也保持一定的距離，例如，在基督宗教為主的歐洲中心地區與伊伯利亞半島，猶太教徒便得以免受迫害。一直要到十七世紀末期，歐洲東部才開始全面抵制歐斯曼人。歐斯曼帝國並未好好把握歐洲陷入三十年戰爭（Thirty Years' War）混亂的時機，唯一一次的重要勝戰，就是成功地從威尼斯人手中奪得克里特島（Crete）。然而，歐斯曼帝國要到1094 / 1683年，才真正從維也納撤離；即使失去了匈牙利和外西凡尼亞（Transylvania），但他們仍掌控巴爾幹半島的斯拉夫（Slav）、希臘、阿爾巴尼亞（Albanian）與羅馬尼亞（Rumanian）等地。當時歐洲的工業技術明顯佔了上風，在海陸軍事上握有絕對優勢，但歐洲地區的政治與外交分裂和互相猜忌的情形，反而有利於衰微中的歐斯曼帝國，使之持續在此地發展長達兩世紀之久。帝國的蘇丹皆曾一度致力於軍事現代化，但直到1241 / 1826年瑪赫穆德二世（Maḥmūd II）統治之時，才真正瓦解缺乏規範、反對任何軍事改革的近衛軍勢力。經濟方面，突厥和阿拉伯人紛紛開始感受到西方的商品與優越商業技術的競爭壓力、在地製造業和內部稅收日漸蕭條；十九世紀時，由於蘇丹對於所費不貲的歐洲風格情有獨鍾，帝國甚至時而瀕臨破產邊緣。

歐洲勢力崛起後，俄羅斯的擴張行動尤其對帝國造成威脅。十八世紀晚期，俄羅斯已經成功征服了歐斯曼帝國的盟友，也就是克里米亞的韃靼人（見編號135之1），因此黑海不再是歐斯曼突厥人的湖泊，俄羅斯沙皇也更急於掌控伊斯坦堡與海峽地帶，於是大舉入侵地中海地區。十九世紀初，將領穆罕默德・阿里（Muḥammad ʻAlī）成為埃及總督，他本身也是實質上的自治統治者（見編號34）；希臘人叛變，並於1829年取得獨立；阿爾及利亞則割讓給法國統治。由法國大革命及其後續效應所催生、滋長的民族主義和種族情緒，導致巴爾幹半島人民群起反抗歐斯曼人的統治。到了1912與1913年間的第二次巴爾幹戰爭結束時，歐斯曼突厥帝國在歐洲的領土已經退回到現今的色雷斯地區（Thrace）東部。歐斯曼突厥帝國於世界第一次大戰期間加入同盟國，但這是個不明智的決策，導致他們喪失了阿拉伯省份的領土。而1920年時簽訂的色佛爾條約（Treaty of Sevres），導致近東地區國界的重劃。

同時，歐洲勢力企圖奪取歐斯曼發源地，因而爆發土希戰爭（Greco-Turkish War）。這一切的事件共同激發了突厥人的民族情感，並對歐斯曼政權厭倦；當時伊斯坦堡已受到歐洲勢力控制，突厥民族主義份子在安卡拉聚集，且遠離首都的世界性氣氛，而逐漸將歐斯曼政權視為阻礙國家進步的絆腳石，並且認為歐斯曼帝國又將面臨與前兩個世紀相同的情況——權力被推翻又飽受羞辱。在突厥民族主義領袖穆斯塔法・凱末爾（Muṣṭafā Kemāl，他日後被稱為「突厥之父」〔Atatürk〕）的刺激下，歐斯曼帝國蘇丹於1922年首先遭到罷黜，緊接著在1924年，哈里發政權結束，最後一位歐斯曼君主阿布杜—瑪吉德二世（'Abd al-'Majīd II）被罷黜後並流放國外。

●參考資料

* Lane-Poole, 186-97; Khalīl Ed'hem, 320-30; Zambaur, 160-1 and Table O.
* *EI* [2] "Othmānli. l. Political and dynasties history' (C. E. Bosworth, E. A. Zachariadou and J. H. Kramers*).
* A.D. Alderson, *The Structure of the Ottoman Dynasty*, Oxford 1956.
* Halil Inalcik, *The Ottoman Empire: The Classical Age 1300-1600*, London 1973.
* M. A. Cook (ed.), *A History of the Ottoman Empire*, Cambridge 1976.
* S. J. and Ezel Kural Shaw, *History of the Ottoman Empire and Modern Turkey*, Cambridge 1976-7
* R. Mantran (ed.), *Histoire de l'Empire Ottoman*, Paris 1989.

第十三章

蒙古人與其中亞及東歐的繼承者

The Mongols and their Central Asian and Eastern Europe Successors

602 / 1206

1208 / 1792

蒙古人，或稱成吉思汗後裔（Chingizids）

蒙古人的文字歷史一直到十二世紀末和十三世紀初才開始，因為十三世紀出現的《蒙古秘史》（*Secret History of the Mongols*）一書，以及當時一些波斯文和中文史料可用，其後才由文字記載下來。然而，關於蒙古人最早的歷史記載指出，他們居住於貝加爾湖（Lake Baikal）周圍的西伯利亞（Siberia）和外蒙古森林邊境，以及貝加爾湖東南方的河川流域；雖然他們是草原上的征服者，跨上馬背、馳騁遼遠的土地，但他們似乎是來自森林的民族，而非草原游牧民族。而蒙古人似乎也從一開始，便和居住在現今蒙古國（Mongolia）的突厥部族交流、聯姻，因此所有蒙古人的遷徙與征服，更確切地說其實是突厥化蒙古人（Turco-Mongol）的活動。

成吉思汗（Chingiz，蒙古文為Chinggis）的父親也速該（Yesügey）是一支蒙古部族的小酋長。成吉思汗可能出生於西曆1167年左右，原名為鐵木真（Temüjin，「鐵匠」之意）。在克來特突厥部族（Kereyt）酋長多里勒王（汗王）（Ṭoghrïl, Wang / Ong Khān / Qa'an，即馬可波羅遊記中的傳教士國王約翰〔Prester John〕）的贊助支持之下，成吉思汗在蒙古地區逐漸聞名。之後，鐵木真與多里勒之間發生爭執，多里勒戰敗，接著鐵木真又打敗了蒙古國的對手賈穆嘎（Jamuqa）。當時，鐵木真已經擁有「成吉思」（Chinggis，可能源自突厥語的「tengiz」一字，意為「海洋」，表示他是天下四海的汗王）這個封號，並在1206年召開的突厥化蒙古酋長的集會——庫里勒台大會（Quriltay）中，被推舉為突厥化蒙古人的最高首領。此時他已將勢力擴張至蒙古以外的地區，率軍抵抗中國西北部甘肅與鄂爾多斯（Ordos）等地的西夏唐古特人（Tibetan Tanguts），並於1213年入侵中國本土，1215年劫掠中國皇帝的北方首都，逐漸與中國權位抗衡。1218年時，成吉思汗向西入侵塞米瑞奇（Semirechye），使得蒙古帝國與信仰伊斯蘭的花剌子模王國領地接壤（見編號89之4）。兩方勢力雖然已經建立一些和平的外交關係，但615 / 1218年，在錫爾河（Syr Darya）畔的烏特拉爾（Utrār），花剌子模總督刺殺成吉思汗的幾位使者以及整支隨行的穆斯林商隊，導致蒙古人入侵伊斯蘭領土。616 / 1219至617 / 1220年，蒙古征服了河中區（Transoxania）；成吉思汗的兒子托雷（Toluy）被派遣至呼羅珊，接著在阿富汗的帕爾萬（Parwān）一場決定性的勝仗後，花剌子模的最後一位國王賈拉勒丁（Jalāl al-Dīn）於618 / 1221年被驅趕至印度。成吉思汗的另外兩個兒子，拙赤（Jochi）與察合台（Chaghatay），入侵錫爾河下游和花剌子模，並將之破壞。賈拉勒丁晚年不斷逃亡，在蒙古人入侵之前又逃往更西邊的地區。

蒙古帝國的部族酋長根據草原習俗，將土地分配給部族中的其他成員。成吉思汗於624 / 1227年去世前，將牧場（yurt，又作nuntuq）與牲畜分配給他們的繼承者。當時的蒙古帝國領土過於廣大，不適合以中央集權的方式統治，加上蒙古政權的政治與行政體系分工不精細，蒙古語甚至尚未發展出一套書寫系統。因此，為分配戰利品並替汗王徵稅，蒙古帝國必須在征服的土地上迅速建立起行政體系。蒙古政權還制訂了這些區域的官僚階級，包括了契丹人（Khitan）、維吾爾人、中國人與波斯人等階級，其中特別值得注意的是信仰佛教的維吾爾的書記官（bitikchis）。我們對於早期的蒙古人及其歷史的瞭解，主要來自兩名為蒙古帝國服務的波斯穆斯林——阿塔・瑪立克・朱維尼（‘Aṭā’ Malik Juwaynī）和拉胥德丁・法德勒拉（Rashīd al-Dīn Faḍl Allāh）的著作。成吉思汗的土地由四位兒子及其子嗣以下列方式均分：

一、最年長的拙赤，事實上比父親還早逝；根據傳統的草原游牧民族習俗，離氏族營區最遙遠的牧場會分配給最年長的兒子。拙赤繼承的土地因而傳承給他的兒子拔都（Batu）。拙赤分配到的土地包括西伯利亞西部與欽察草原（Qïpchaq），延伸至俄羅斯南部與花剌子模地區，花剌子模在文化和經濟上時常和窩瓦河（Volga）的下游地區有關。拔都在俄羅斯南部建立青帳汗國（Blue Horde），俄羅斯南部也是後來金帳汗國（Golden Horde）的核心地帶，而拙赤的長子窩爾達（Orda）則在西伯利亞西部建立了白帳汗國（White Horde）。兩汗國於十四世紀時合併，在那之後的諸多俄羅斯與西伯利亞汗國都是從這兩汗國分裂出來（見編號136～138）。十五與十六世紀時，拙赤另一個兒子昔班（Shïban）的後代，也就是昔班朝（Shïbānids）或烏茲別克朝（Özbegs）建立者，自封為花剌子模與河中區的統治者（見編號153）。

二、二兒子察合台則分配到中亞至河中區北部的領地，大致上和喀喇契丹（Qara Khitay）的領土重疊，為今日所知的蒙古斯坦（Mogholistan），一直延伸到東突厥斯坦（Turkestan），或日後中國的突厥斯坦；窩闊台（Ögedey）統治時期，又接納了整個河中區。察合台在河中區繼承者的西部分支，迅速受到伊斯蘭宗教和文化影響，但後來由帖木兒（Tīmūr Lang）統治。東部分支則是位於塞米瑞奇、塔里木盆地（Tarim basin）的天山地區以及伊犁盆地（Ili basin），對伊斯蘭則更加抗拒。然而，察合台的東部繼承者最終仍舊催化了東突厥斯坦的伊斯蘭傳播。他們統治該地直至十七世紀晚期（見編號132）。

三、成吉思汗在世時最鍾愛三兒子窩闊台，並期望他能繼任成為大汗（Great Khān）；627 / 1229年，由各蒙古部族酋長召開的庫里勒台大會，確立了窩闊台的大汗地位。然而，不到一個世代的時間，最高的大汗地位便落入成吉思汗四子托雷的後代手中，但窩闊台的孫子海都（Qaydu）仍掌控帕米爾高原（Pamirs）與天山等地，並受察合台汗國所認可，因此始終和托雷支系的大汗忽必烈（Qubilay）保持著敵對關係，直到海都於703 / 1304年去世為止。

四、根據傳統的草原習俗，氏族中的么兒是「中心守護者」（otchigin）。成吉思汗最小的兒子托雷因而接收了蒙古帝國的核心地帶，也就是蒙古本土。托雷的兒子蒙居汗（Möngke）和忽必烈則延續了窩闊台的地位成為大汗，然而卻只有蒙居汗仍將首都維持在新建的政權中心哈拉和林（Qaraqorum）。大汗也佔領中國地區，也就是後來中國人所稱的元朝，並且統治中國直至十四世紀下半葉。中國悠久的文明與宗教文化對在元朝首都北京的大汗極富有吸引力；他們皈依成為佛教徒，佛教信仰也逐漸成為蒙古地區的主要宗教。然而，佛教同時也導致蒙古和西亞、俄羅斯等地附屬汗王之間的裂隙，因為這些汗王分別在不同時期選擇皈依伊斯蘭。忽必烈的手足之一旭烈兀（Hülegü）在伊斯蘭世界開啟新一波的征服行動，並於波斯建立伊兒汗國（Il Khānid）；因此西亞地區的附屬汗國政權，為了實質的利益，不再承認蒙古與北京大汗的正統性。

●參考資料

* *EI* [2] 'Mongols' (D. O. Morgan).
* R. Grousset, *L'Empire des steppes*, Paris 1939, Eng. tr. *The Empire of the Steppes. A History of Central Asia*, New Brunswick NJ 1970.
* J. J. Saunders, *The History of the Mongol Conquests*, London 1971.
* B. Spuler, *The Mongols in History*, London 1971.
* D. O. Morgan, *The Mongols*, Oxford 1986.

131.

中國元朝（The Mongol Great Khāns, Descendants of Ögedey and Toluy, Later the Yüan Dynasty of China）

- 伊曆 602 ～ 1043 年
- 西曆 1206 ～ 1634 年
- 蒙古與其征服地、中國，後蒙古本地

年份	統治者名稱／重要事件
◇602 / 1206	●成吉思汗 ●Chinggis (Chingiz) ●也速該（Yesügey）之子，逝於 624 / 1227 年。
◇626 / 1229	●窩闊台汗 ●Ögedey Khān ●成吉思汗之子。
◇639 / 1241	●昭慈王后 ●Töregene Khātūn ●窩闊台之寡妻，擔任攝政。
644 / 1246	●貴由 ●Güyük ●窩闊台之子。
646 / 1248	●海迷失王后 ●Oghul Ghaymish ●貴由之寡妻，擔任攝政。
◇649 / 1251	●蒙居汗 ●Möngke (Mengü) ●托雷（Toluy）之子，逝於 657 / 1259 年。

◇658 / 1260	●忽必烈 ● Qubilay ●托雷之子。
◇658 － 662 / 1260 － 1264	●阿里不哥 ● Ariq Böke ●托雷之子，忽必烈的競爭者。
693 / 1294	●鐵穆耳・俄勒傑圖 ● Temür Öljeytü ●真金（Chen-chin〔Jim Gim〕）之子，忽必烈之孫。
706 / 1307	●海山・居呂克 ● Qayshan Gülük (Hai-shan) ●答剌麻八剌（Darmabala）之子，真金之孫，忽必烈之曾孫。
711 / 1311	●愛育黎拔力八德拉（布揚圖） ● Ayurparibhadra (Ayurbarwada) or Buyantu ●答剌麻八剌之子。
720 / 1320	●碩德八剌・格堅汗 ● Suddhipala Gege'en or Gegen (Shidebala) ●布揚圖之子。
723 / 1323	●也遜・鐵木爾 ● Yesün Temür ●坎馬拉（Kammala）之子，真金之孫。
728 / 1328	●阿里嘎巴 ● Arigaba (Aragibag) ●也遜鐵木爾之子。
728 / 1328	●吉加嘎圖・圖各・鐵木爾 ● Jijaghatu Toq Temür ●海山之子，首次統治。

729 / 1329	●忽都篤汗 ●Qoshila Qutuqtu ●海山之子。
729 / 1329	●圖各・鐵木爾 ●Jijaghatu Toq Temür ●第二次統治。
733 / 1332	●懿璘質班 ●Rinchenpal (Irinchinbal) ●忽都篤汗之子。
733 － 771 / 1333 － 1370	●脫歡・鐵木爾 ●Toghan Temür ●忽都篤汗之子。
	●**統治中國的元朝大汗於770 / 1368年滅亡，明朝取而代之，而托雷的後代子孫繼續稱霸蒙古地區，直至十七世紀。**

窩闊台統治時期蒙古帝國對外的征伐可說是百戰百勝。儘管南方的宋朝一直要到西曆1279年才真正徹底被消滅，中國北方地區（也就是在推翻中國朝代併吞高麗的滿州地區〔Manchuria〕）在當時也被納入蒙古帝國的一部分。在舊大陸（Old World）的另一端，拔都正大肆劫掠俄羅斯南方的草原地帶與中歐地區，威震中世紀的基督教世界（Christendom，見編號134之1）。儘管窩闊台之子貴由（Güyük）多子多孫，但他在1248年4月逝世，導致至高統治權轉移到蒙居汗一系，以及托雷的後裔。蒙居之弟忽必烈因為敵對的氏族並未與會，在蒙古庫

里勒台大會受封為大汗，窩闊台後裔於是群起叛變，在海都和兒子查八兒（Chapar）統治期間，他們是大汗的眼中釘。窩闊台後裔最後臣服於托雷氏族，其後窩闊台氏族的幾位領袖皆於動盪不安的時期崛起，帖木兒汗（見編號144）便在河中區擁立兩位統治者——索尤爾嘎特米胥（Soyurghatmïsh）以及他的兒子瑪赫穆德（Maḥmūd），企圖取代當地的察合台汗國（Chaghatayids）。

當時有些來自西歐地區的旅行家或造訪者，例如馬可波羅（Marco Polo），抑或來自近東地區如亞美尼亞的亥頓國王（Hayton），根據他們的記載，哈拉和林或蒙居統治時期之後北京（或稱汗八里〔Khān balïq〕，意為「汗王之城」）的大汗，過著放蕩不羈、恣肆妄為的生活。來自蒙古征服地區的掠奪財物不斷湧進首都，各式各樣的工匠也聚集該地，學者、作家與宗教領袖紛紛進駐汗王所在的元大都。蒙古統治者展現了草原傳統對於宗教的包容力，也可能是對宗教漠不關心，他們願意傾聽拉丁和景教徒（Nestorian）、穆斯林、佛教徒和儒家的辯論和糾紛。無可避免的是，在蒙古以及中國北部，蒙古人的泛靈信仰薩滿教（Shamanism）被地位更高的藏傳喇嘛佛教所取代。自那時起，藏傳佛教成為東亞蒙古人的主要信仰，甚至在十七世紀早期的一次大遷徙中，由瓦剌蒙古人（Oyrot Mongols）或卡爾梅克人（Kalmucks）西傳至窩瓦河與庫班河（Kuban）等地。

蒙古大汗政權也逐漸發展而安定下來，成為另一個異族的中國朝代——元朝（Yüan）。元朝被中國傳統史學家認定為中國歷史上第二十一個正式朝代，自1280年起開始統治中國。直到1368年，元朝被漢人所建立的明朝推翻，然而早在那之前，他們對於中亞與西亞地區蒙古附屬汗國的影響力便已經減弱。只有在蒙古地區，大汗的後代才擁有一些獨立權力，但仍然屬於明朝皇帝的藩國。

●參考資料

* Lane-Poole, 201-16; Zambaur, 241-3; Album, 43.

* *EI* [2] 'Čingiz-Khān' (J. A. Boyle), 'Ḳubilay' (W. Barthold and J. A. Boyle), 'Öldjeytü' (D. O. Morgan); *EIr* .'Čengīz' (D. O. Morgan).

* L. Hambis, *Le chapitre CVII du Yuan Che, les généalogies impériales mongoles dans l'historie chinoise officielle de la dynastie mongole* (= Supplement to TP, 38, Leiden 1945), 51-2, 71-3, 85-9, 106-9, 114-17, 128-32, 136-44. 153-5, 157-8（其中列表是根據中文與波斯文獻）。

* F. W. Cleaves, 'The Mongol names and terms in the *History of the Nation of Archers* by Grigor of Akanc'', *HJAS*, 12 (1949), 400-43.

* J. A. Boyle, 'On the titles given in Juvainī to certain Mongol princes', *HJAS*, 19 (1956), 146-54.

* idem, *The Successors of Genghis Khan, translated from the Persian of Rashīd al-Dīn*, New York and London 1971，第 342 頁附有世系表。

* D. O. Morgan, *The Mongols*，第 222 ～ 223 頁附有世系表。

132.

察合台汗國（The Chaghatayids, Descendants of Chaghatay）

- 伊曆 624 ～ 764 年
- 西曆 1227 ～ 1363 年
- 河中區、蒙古斯坦，包括塞米瑞奇與突厥斯坦東部

年份	統治者名稱／重要事件
◇624 / 1227	●察合台 ●Chaghatay ●成吉思汗之子。
◇642 / 1244	●卡拉旭烈 ●Qara Hülegü ●莫阿圖肯（Mö’etüken）之子，察合台之孫，首次統治。
◇644 / 1246	●也速・蒙居 ●Yesü Möngke ●察合台之子。
649 / 1251	●卡拉旭烈 ●Qara Hülegü ●第二次統治。
◇650 / 1252	●歐齊娜王后 ●Orqina Khātūn ●卡拉旭烈之寡妻。
◇658 / 1260	●阿魯古 ●Alughu ●貝達爾（Baydar）之子，察合台之孫。

664 / 1266	●穆巴拉克・夏赫 ●Mubārak Shāh ●卡拉旭烈之子。
◇約 664 / 約 1266	●吉亞斯丁，巴拉各 ●Baraq, Ghiyāth al-Dīn ●也遜都阿（Yesūn Du'a）之子，莫阿圖肯之孫。
670 / 1271	●聶居貝 ●Negübey (Nīkpāy) ●薩爾邦（Sarban）之子，察合台之孫。
◇670 / 1272	●布嘎（托嘎）・鐵木爾 ●Buqa or Toqa Temür ●查達奇・色千（Qadaqchi Sechen）之子，莫阿圖肯之曾孫。
◇約 681 / 約 1282	●都阿（都瓦） ●Du'a (Duwa) ●巴拉各之子。
706 / 1306	●肯切克 ●Könchek ●都阿之子。
708 / 1308	●塔力古 ●Taliqu ●查達奇色千之子，莫阿圖肯之曾孫。
709 / 1309	●奇貝克（柯佩克） ●Kebek (Köpek) ●都阿之子，首次統治。
◇709 / 1309	●阿森・布嘎 ●Esen Buqa ●都阿之子。

◇約 720 / 約 1320	●奇貝克 ●Kebek (Köpek) ●第二次統治。
◇726 / 1326	●阿勒吉傑代 ●Eljigedey ●都阿之子。
726 / 1326	●都阿・鐵木爾 ●Du'a Temür ●都阿之子。
◇726 / 1326	●阿拉俄丁，塔爾瑪胥林 ●Tarmashīrīn, 'Alā' al-Dīn ●都阿之子。
734 / 1334	●布贊 ●Buzan ●都阿・鐵木爾之子。
◇734 / 1334	●強胥 ●Changshi ●阿布根（Ebügen）之子，都阿之孫。
◇約 739 / 約 1338	●也遜・鐵木爾 ●Yesün Temür ●阿布根之子。
◇742 － 744 / 1341 － 1343	●阿里・哈利勒（拉） ●'Alī Khalīl (Allāh) ●窩闊台後裔。
◇約 743 / 約 1342	●穆罕默德 ●Muḥammad ●普拉德（Pūlād）之子，肯切克（Könchek）之孫。

◇744 / 1343	●合贊 ●Qazan ●亞薩烏爾（Yasa'ur）之子，都阿之孫，於747 / 1347年遭殺害。
◇747 / 1346	●達尼胥面德吉 ●Dānishmendji ●阿里・蘇勒壇（'Alī Sulṭān）之子，窩闊台之孫。
◇749 / 1358	●布揚・古里 ●Buyan Quli ●蘇魯古・烏古勒（Surughu Oghul）之子，都阿之孫，於759 / 1358年遭殺害。
760 / 1359	●鐵木爾・賓・阿布達拉・賓・嘎茲干 ●Shāh Temür b. 'Abdallāh b. Qazghan
◇760 － 764 / 1359 － 1363	●圖魯革・鐵木爾 ●Tughluq Temür ●可能是阿森・布嘎之子。
◇764 / 1363	**●帖木兒（Tīmūr Lang）統治西察合台汗國，察合台後裔仍統治東汗國，直到十七世紀晚期。**

成吉思汗死後，察合台因為是尚存的兒子當中最年長者，也是公認的蒙古部族律法（Yasa）專家，而頗富盛名；察合台確實堅決反對伊斯蘭法，並且堅持遵照蒙古部族律法，其中許多法規和伊斯蘭法（Sharī'a）相牴觸，例如為了食用而宰殺動物的方式，以及使用流動的活水來沐浴。察合台的封地橫跨天山地區，從東部的維吾爾斯坦

（Uyghurstan）到西部的粟特地區（Soghdia），然而察合台汗國在察合台死後才建立。察合台子孫之間爭執不休，又共謀抵抗蒙居大汗，而根據弗拉芒（Flemish）教士盧卜魯克的威廉（William of Rubruck）記載（他曾經造訪哈拉和林蒙古朝廷），蒙古帝國約於1250年在蒙居和拙赤的兒子拔都手中分裂。察合台汗國真正的創立者是察合台的孫子阿魯古（Alughu），他趁著忽必烈和阿里不哥兩兄弟內戰時佔領花剌子模、突厥斯坦西部和阿富汗，名義上是為了阿里不哥出兵，實則是為了自己的利益。這些疆土成為察合台汗國的核心地帶，略小於先前察合台的封地，名義上雖隸屬於大汗，事實上直到十三世紀末，都和中亞地區的窩闊台孫子海都共享權力，直到海都於702 / 1303年去世為止。

從地理位置來看，察合台汗國不像他們位於波斯的族人伊兒汗國（見編號133）直接受到伊斯蘭影響，因此也得以更長久地保持游牧部族的生活方式。這些因素很可能導致河中區綠洲、突厥斯坦東部以外的中亞地區都市生活與農業逐漸衰退。於664 / 1266年短暫統治的穆巴拉克・夏赫（Mubārak Shāh），則是第一位改信伊斯蘭的察合台汗國統治者，然而大約從681 / 1282年起，都阿及其後裔便徹底轉為異教徒，並居住在汗國的東部領土。奇貝克（Kebek）是第一位返回河中區的統治者，他在納赫夏卜（Nakhshab，又作Qarshi，蒙古文的意思為「王宮」）建造王宮，而塔爾瑪胥林（Tarmashīrīn，可以看出他的名字經過波斯化，原來應為佛教梵文的「Dharmasīla」，意為「守佛法者」）則改信伊斯蘭，但734 / 1334年時，強烈反對伊斯蘭的蒙古游牧部族在汗國的東部崛起反叛，將他殺害。

隨著帖木兒在河中區掌權，察合台汗國的一統政權很快地開始分裂。突厥將領在河中區冊立了幾位察合台汗國君主，而在764 / 1363年之後，帖木兒扶植了一些窩闊台的後代子孫。儘管如此，察合台汗國還是存續下來，在帖木兒死後，他們仍繼續統治蒙古地區，直到十五世紀中葉的阿森・布嘎二世・賓・烏維斯汗（Esen Buqa II b. Uways Khān）的統治時期（大約是833 / 1429至867 / 1462年間）；阿森・布嘎二世是日後帖木兒朝（Tīmūrids）的強勁對手。十六世紀初，察合台汗國的河中區領土落入胥班朝人（Shībānids，見編號153）手中。唯有東部支系在塞米瑞奇地區持續統治，其首都先是位於伊犁河上游地區的阿勒馬里葛（Almalīgh）；另外他們也掌控了塔里木盆地，從該地起，他們向外擴張至吐魯番（Turfan），並於喀什噶爾地區（Kāshghar）和杜格拉特突厥部族（Dughlat）共享權力，直到察合台汗國於1089 / 1678年正式滅亡。汗國在突厥斯坦東部的地位，則由在地的納各胥班迪蘇非道團（Naqshbandī）領袖赫瓦嘉（Khōja）所取代。

●參考資料

* Lane-Poole, 241-2; Sachau, 30 no. 77; Zambaur, 248-50; Album, 43-4.
* *EI* [2] 'Čaghatay-Khān', 'Čaghatay Khānate' (W. Barthold and J. A. Boyle); *EIr* 'Chaghatayid dynasty' (P. Jackson).
* L. Hambis, *Le chapitre CVII du Yuan Che*, 56-64.
* J. A. Boyle, *The Successors of Genghis Khan*，第345頁附有世系表。

133.

伊兒汗國（The Il Khānids, Descendants of Qubilay's Brother Hülegü）

- 伊曆 654 ～ 754 年
- 西曆 1256 ～ 1353 年
- 波斯、伊拉克、安那托利亞東部與中部

年份	統治者名稱／重要事件
◇654 / 1256	●旭烈兀（胡拉庫） ●Hülegü (Hūlākū) ●托雷之子。
◇663 / 1265	●阿巴嘎 ●Abaqa ●旭烈兀之子，逝於680 / 1282 年。
◇681 / 1282	●阿赫瑪德・帖居德（塔庫達爾） ●Aḥmad Tegüder (Takūdār) ●旭烈兀之子。
◇683 / 1284	●阿爾袞 ●Arghun ●阿巴嘎之子。
◇690 / 1291	●蓋哈圖 ●Gaykhatu ●阿巴嘎之子。
◇694 / 1295	●貝都 ●Baydu ●塔拉蓋（Taraqay）之子，旭烈兀之孫。

◇694 / 1295	●瑪赫穆德・合贊一世 ● Maḥmūd Ghazan (Ghāzān) I ●阿爾袞之子。
◇703 / 1304	●吉亞斯丁，穆罕默德・胡達邦達・俄勒傑圖（伍萊圖） ● Muḥammad Khudābanda Öljeytü (Ūljāytū), Ghiyāth al-Dīn ●阿爾袞之子。
◇716 / 1316	●巴哈都爾，阿布—薩義德，阿拉俄・敦亞瓦丁 ● Abū Sa'īd, 'Alā' al-Dunyā wa 'l-Dīn, Bahādur ●俄勒傑圖之子。
◇736 / 1335	●阿爾帕・克俄云（加翁） ● Arpa Ke'ün (Gawon) ●托雷之子——阿里不哥後裔。
◇736 / 1336	●穆薩 ● Mūsā ●阿里之子，貝都之孫。
◇737 － 738 / 1337 － 1338	●穆罕默德 ● Muḥammad ●旭烈兀之子，蒙居・鐵木爾的後代。
◇739 － 754 / 1338 － 1353	●托哈・鐵木爾 ● Togha(y) Temür ●成吉思汗兄弟之一，奧特肯（Ötken）或拙斥的後代，掌管呼羅珊西部和古爾干（Gurgān）地區。
754 － 790 / 1353 － 1388	●路各曼・賓・托哈・鐵木爾 ● Luqmān b. Togha(y) Temür ●呼羅珊地區零星出現的反叛人士。

738 － 754 / 1338 － 1353	●**此期間波斯各地汗王彼此敵對，這些汗王由賈拉伊爾朝（Jalāyirid）的將領哈珊・布祖爾格（Amīr Ḥasan Buzurg）（◇托哈・鐵木爾和◇賈漢・鐵木爾〔Jahān Temur〕在位期間）和丘班朝（Chobanid）的將領哈珊・居丘克（Amīr Ḥasan Küchük）（◇莎提─別克王后〔Sati Beg Khātūn〕、◇蘇萊曼〔Sulaymān〕、◇阿努胥爾萬〔Anūshirwān〕和◇合贊二世〔Ghazan II〕在位期間）所擁立。之後，波斯由在地朝代瓜分，如賈拉伊爾朝、穆查法爾朝（Muẓaffarids）和薩爾巴達爾朝（Sarbadarids）。**

自從窩闊台去世後，伊斯蘭世界烏滸河（Oxus）南方絕大部分的統治權都已不在蒙古人手中，因此蒙居大汗將復興並鞏固蒙古帝國在西亞領地權力的重責大任交付其弟旭烈兀。旭烈兀為此向西拓展勢力範圍，他於654 / 1256年成功抵擋來自伊斯瑪儀里派（Ismāʻīlī，或稱波斯北部的暗殺派，見編號101）攻擊。另外，他還指揮伊拉克的哈里發軍隊，於656 / 1258年刺殺最後一位阿巴斯朝哈里發穆斯塔俄希姆（al-Mustaʻṣim）。接著，他也進攻敘利亞，但蒙古軍卻在此遭到挫敗，止步於巴勒斯坦的艾因・賈魯特（ʻAyn Jālūt），於658 / 1260年敗給統治埃及和敘利亞的傭兵政權（見編號31）。即使如此，旭烈兀已代表大汗，成為波斯、伊拉克、外高加索（Transcaucasia）與安那托利亞等地的統治者，被賦予伊兒汗（Il Khān，意為「地區的汗王」）的封號，臣服於大汗。

伊兒汗國雖然建立，卻必須面對許多外敵，其中包括傭兵政權，他們摧毀了蒙古勢力屹立不搖的印象，成為對抗異教災禍的主要領導者。察合台汗國（見編號132）以及金帳汗國（見編號134）其他的蒙古部族，也都為了高加索地區及波斯東北部邊境的領土爭議而互相敵對。傭兵政權與金帳汗國因為對伊兒汗國懷抱共同敵意，而建立起政治與商業聯盟。另一方面，伊兒汗國則企圖結合歐洲的基督教勢力、在黎凡特（Levant）沿海城鎮殘存的十字軍，以及奇里細亞（Cilicia）的西亞美尼亞王國（Little Armenian kingdom），共同成立與穆斯林敵對的聯盟。旭烈兀的妻子朵古姿王后（Doquz Khātūn）信仰基督教的聶斯脫里派，而初期的伊兒汗國統治者在信仰方面則傾向於基督教和佛教。

伊兒汗國對於外敵似乎處之泰然。然而，忽必烈大汗於693 / 1294年逝世後，蒙古地區和中國年長的蒙古氏族成員之間的關係變得相當疏離，特別是因為波斯地區的文化與宗教壓力，使得統治者合贊（Ghazan）及其繼承者紛紛皈依伊斯蘭（合贊之前短暫的統治者阿赫瑪德・帖居德〔Aḥmad Tegüder〕也改信伊斯蘭）。阿布—薩義德（Abū Sa'īd）是最後一位伊兒汗國統治者，他在723 / 1323年與傭兵政權達成和平協議，因此終止了敘利亞地區的領土爭議，但與金帳汗國針對高加索地區控制權征戰仍舊持續。遺憾的是，阿布—薩義德沒有子嗣，也沒有任何關係密切的族人繼承他的權位。他死後的二十年內，內部權位繼承問題不斷，敵對的賈拉伊爾朝（Jalāyirid）和丘班朝（Chobanid）的將領各自擁立統治者，直到伊兒汗國分崩離析，被波斯地區的地方政權取代。一個世代之後，帖木兒才再度統一了波斯地區。

對於波斯而言，儘管內憂外患不斷，伊兒汗國統治時期仍舊是當地的興盛期。合贊成為穆斯林之後，蒙古—突厥軍隊、統治階層和波斯人民之間暫時和解。位於亞塞拜然的伊兒汗國首都塔布里茲（Tabrīz）與馬拉加（Maragha）成為學術中心，自然科學、天文學和歷史撰寫方面特別興盛。707 / 1307年後，俄勒傑圖（Öljeytü）計畫在嘎茲溫

（Qazwīn）附近的蘇勒坦尼亞（Sulṭāniyya）建立新首都；藝術家、建築師和工匠受到激勵，與眾不同的藝術風格因而興起，例如伊兒汗國特有的建築與繪畫。蒙古統治者的國際關係態度，以及他們與其他古文明（如中國）的連結為波斯世界帶來全新的知識、商業與藝術影響。義大利貿易商的移民出現在首都塔布里茲，而伊兒汗國也扮演著波斯與遠東及印度等地的重要貿易橋梁。

● 參考資料

* Lane-Poole, 217-21; Zambaur, 244-5; Album, 45-8.
* *EI* [2] 'Īlkhāns' (B. Spuler).
* L. Hambis, *Le chapitre CVII du Yuan Che*, 90-4
* J. A. Boyle, *The Successors of Genghis Khan*，第 343 頁附有世系表。
* B. Spuler, *Die Mongolen in Iran. Politik, Verwaltung und Kultur der Ilchanzeit 1220-1350*, 4th edn, Leiden 1985，第 382 頁附有世系表。
* D. O. Morgan, *The Mongols*，第 225 頁附有世系表。

134.

金帳汗國（The Khāns of the Golden Horde, Descendants of Jochi）

- 伊曆 624 ～ 907 年
- 西曆 1227 ～ 1502 年
- 西伯利亞西部、花剌子模地區與俄羅斯南部

一、拔都支系（Batu'ids），位於俄羅斯南部、花剌子模與欽察草原西部的青帳汗國汗王

年份	統治者名稱／重要事件
624 / 1227	●拔都 ●Batu ●拙赤之子，可能逝於653 / 1255 年。
654 / 1256	●薩爾塔各 ●Sartaq ●拔都之子。
655 / 1257	●烏拉其 ●Ulaghchi ●薩爾塔克之子或兄弟。
655 / 1257	●貝爾克（貝拉卡） ●Berke (Baraka) ●拙赤之子。
◇665 / 1267	●蒙居・鐵木爾 ●Möngke (Mengü) Temür ●托托罕（Toqoqan）之子，拔都之孫。

◇679 / 1280	●托德・蒙居 ● Töde Möngke (Mengü) ●托托罕之子。
◇687 / 1287	●托勒・布嘎 ● Töle Buqa ●塔爾圖（Tartu）之子，托托罕之孫。
◇690 / 1291	●吉亞斯丁，托各塔 ● Toqta, Ghiyāth al-Dīn ●蒙居・鐵木爾（Möngke Temür）之子。
◇713 / 1313	●吉亞斯丁，穆罕默德・俄茲別克 ● Muḥammad Özbeg, Ghiyāth al-Dīn ●托格利爾加（Toghrīlcha）之子，蒙居・鐵木爾之孫。
742 / 1341	●提尼—別克 ● Tīnī Beg ●俄茲別克之子。
◇743 / 1342	●賈尼—別克 ● Jānī Beg (Jambek) ●俄茲別克之子。
758 – 782 / 1357 – 1380	**●無政府時期，同時存在數位權力爭奪者，包括穆罕默德・貝爾迪—別克（Muḥammad Berdi Beg）、古勒帕（Qulpa）、穆罕默德・納烏魯茲—別克（Muḥammad Nawrūz Beg）、希德爾（Khiḍr）、穆拉德（Murād）、穆罕默德・柏拉各（Muḥammad Bolaq）等人。**

二、窩爾達（Orda）支系，西伯利亞西部及欽察草原東部的白帳汗國汗王；780 / 1378 年後，青帳汗國與白帳汗國皆併入俄羅斯南部的金帳汗國

年份	統治者名稱／重要事件
623 / 1226	●窩爾達 ●Orda ●拙赤之子。
679 / 1280	●柯丘 ●Köchü
701 / 1302	●布揚 ●Buyan
708 / 1309	●薩希布嘎（？薩里格・布嘎） ●Sāsibuqa (? Sarïgh Buqa)
約 715 / 約 1315	●伊勒巴桑 ●Ilbasan
720 / 1320	●穆巴拉克・赫瓦嘉 ●Mubārak Khwāja
745 / 1344	●齊姆泰 ●Chimtay
776 / 1374	●烏魯斯 ●Urus ●齊姆泰之子。
778 / 1376	●托各塔基亞 ●Toqtaqiya ●烏魯斯之子。
778 / 1377	●鐵木爾・瑪立克 ●Temür Malik ●烏魯斯之子。

◇778 / 1377	●吉亞斯丁，托各塔米胥 ●Toqtamïsh, Ghiyāth al-Dīn ●托里・赫瓦嘉（Toli Khwāja）之子，抑或是窩爾達兄弟托蓋・鐵木爾（Toqa Temür）的後代。
◇797 / 1395	●鐵木爾・古特魯 ●Temür Qutlugh ●鐵木爾・瑪立克（Temür Malik）之子。
◇803 / 1401	●夏迪—別克 ●Shādī Beg ●鐵木爾・瑪立克之子。
◇810 / 1407	●普拉德汗 ●Pūlād (Bolod) Khān ●鐵木爾・瑪立克之子。
813 / 1410	●鐵木爾 ●Temür ●鐵木爾・古特魯之子。
◇815 / 1412	●賈拉勒丁 ●Jalāl al-Dīn ●托各塔米胥之子。
815 / 1412	●卡里姆・貝爾迪 ●Karīm Berdi ●托各塔米胥之子。
◇817 / 1414	●奇貝克 ●Kebek ●托各塔米胥之子。
820 / 1417	●葉勒姆費爾登 ●Yeremferden (? Jabbār Berdi) ●托各塔米胥之子。

◇822 / 1419	●烏魯格・穆罕默德 ●Ulugh Muḥammad ●首次統治，與道拉特・貝爾迪（Dawlat Berdi）、巴拉各（Baraq）敵對。
◇823 / 1420	●道拉特・貝爾迪 ●Dawlat Berdi ●與烏魯格・穆罕默德、巴拉各敵對。
825 / 1422	●巴拉各 ●Baraq ●與烏魯格・穆罕默德、道拉特・貝爾迪敵對。
832 / 1427	●烏魯格・穆罕默德 ●Ulugh Muḥammad ●第二次統治，後統治嘎贊地區（Qazan）。
約 838 / 約 1433	●阿赫瑪德一世 ●Sayyid Aḥmad I
◇約 840 / 約 1435	●居丘克・穆罕默德 ●Küchük Muḥammad ●鐵木爾之子。
約 871 / 約 1465	●阿赫瑪德 ●Aḥmad ●鐵木爾之子。
886 － 903 / 1481 － 1498, 904 － 907 / 1499 － 1502	●阿赫瑪德 ●Shaykh Aḥmad ●逝於 911 / 1505 年，阿赫瑪德之子，與賽伊德・阿赫瑪德二世（Sayyid Aḥmad II）共治。
886 － / 1481 －	●阿赫瑪德二世 ●Sayyid Aḥmad II ●阿赫瑪德之子，與謝赫・阿赫瑪德共治。

886 － 904 / 1481 － 1499	●穆爾塔達 ●Murtaḍā
907 / 1502	●**克里米亞地區哥萊朝（Giray）汗王擊敗謝赫・阿赫瑪德，金帳汗國被克里米亞的韃靼汗國（Tatar Horde）收編。**

成吉思汗長子拙赤分配到的封地為西伯利亞西部與欽察草原，他在624 / 1227年逝世後，其封地的東部地區（亦即西伯利亞西部）轉由拙赤的長子窩爾達（Orda）統治，窩爾達成為拙赤後裔名義上的領導者，並建立白帳汗國。關於早期白帳汗國的統治者，我們所知甚少，不過強勢又活躍的托各塔米胥（Toqtamïsh，逝於809 / 1406年）則是草原與東歐歷史上的要角。托各塔米胥統一了拔都支系的青帳汗國（如今稱之為金帳汗國）和白帳汗國，並且再度讓金帳汗國在俄羅斯地區成為重要勢力，於784 / 1382年入侵下諾夫哥羅德（Nizhniy Novgorod）與莫斯科地區（Moscow）。然而他卻和帖木兒敵對，帖木兒於是將托各塔米胥從窩瓦河畔的首都薩萊（Saray）驅逐出境，托各塔米胥被迫和立陶宛（Lithuania）的大公維托德（Vitold，又作Vitautas）一起流放。

拙赤封地的西半部，也就是花剌子模和俄羅斯南方的欽察草原等地，則交由二兒子拔都（Batu）統治。拔都大肆掠奪俄羅斯，幾乎遠達下諾夫哥羅德地區，他拿下基輔，再入侵波蘭和匈牙利等地。拔都於638 / 1241年在波蘭利格尼茨（Liegnitz）戰勝，蒙古軍也討伐匈牙利國王貝拉四世（Béla IV），進逼亞得里亞海（Adriatic）沿岸地區；一直到窩闊台大汗逝世後，蒙古軍才撤離，基督教歐洲方得以倖免。拔都的青帳汗國以首都薩萊為基地，成為金帳汗國的中心（金帳汗國的名字顯然來自於俄文「Zolotaya Orda」，雖然俄羅斯和波蘭—立陶宛文的資料中時常簡稱之為「大汗國」〔the Great Horde〕）。俄茲別克（Özbeg，逝於742 / 1341年）之後，金帳汗國的歷任汗王皆為穆斯林，這意謂著金帳汗國的統治階層以及他們廣大東正教俄羅斯臣民之間，存在著一道宗教的鴻溝，但基督教的拉丁傳教士仍在欽察草原持續傳教一陣子。汗國與安那托利亞政權和敘利亞與埃及的傭兵帝國之間，有著重要的商業關係；汗國為傭兵政權補充奴隸人力，而汗國的文化則直接受到地中海地區的伊斯蘭文化影響，這和波斯化的伊兒汗國不大相同。只不過，歐斯曼帝國勢力成長，並在755 / 1354年後掌控達達尼爾海峽（Dardanelles），因此切斷了汗國與地中海以及傭兵政權之間的關係，使其勢力範圍僅僅維持在俄羅斯地區內部。

托各塔米胥死後，金帳汗國的實權掌握在能幹的「朝廷首長」艾迪居（Edigü）手中。然而艾迪居於822 / 1419年去世後，發生了一連串與內部鬥爭與分裂。十四世紀晚期，波蘭立陶宛聯邦及莫斯科侯國（Princedom of Muscovy）崛起，威脅蒙古汗王的權力，歐斯曼帝國及其盟友——如克里米亞的韃靼人也對汗王抱持敵意。907 / 1502年時，克里米亞的統治者孟里・哥萊（Mengli Giray）擊敗汗國的統治者，將大部分的人力併入他的勢力。然而在這之前，其他汗國便已在拙赤三兒子托蓋・鐵木爾（Toqa Temür）幾位後代統治之下，從金帳汗國分裂出來。這其中包括了阿斯特拉汗國（Astrakhan，直到俄羅斯於961 / 1554年征服該地，見編號136）、卡贊汗國（Kazan，直到俄羅斯於959 / 1552年征服該地，見編號137）、嘎希莫夫汗國（Qāsimov，接近俄羅斯的利阿贊地區〔Ryazan〕，直到大約1092 / 1681年，見編號138），以及克里米亞的汗國（見編號135）等等。

●參考資料

* Lane-Poole, 222-31，第 240 頁附有列表 ; Zambaur, 244, 246-7 and Table S; Album, 44.
* L. Hambis, *Le chapitre CVII du Yuan Che*, 52-7.
* B. Spuler, *Die Goldene Horde. Die Mongolen in Russland 1223-1502*, 2nd edn, Wiesbaden 1965，第 453 至 454 頁附有世系表。
* J. A. Boyle, *The Successors of Genghis Khan*，第 344 頁附有世系表。
* D. O. Morgan, *The Mongols*，第 224 頁附有世系表。

135.

克里米亞哥萊汗國（The Giray Khāns of the Crimea, Descendants of Jochi）

- 伊曆 853 ～ 1208 年
- 西曆 1449 ～ 1792 年
- 克里米亞與烏克蘭南部

一、克里米亞的汗王

年份	統治者名稱／重要事件
九世紀初 / 十五世紀	●道拉特・比爾迪・哥萊・賓・塔胥・鐵木爾 ● Dawlat Birdi Giray (Kerey) b. Tash Temür ●830 / 1427 年後，由哥萊・賓・吉亞斯丁・賓・塔胥・鐵木爾（Ḥājjī Giray b. Ghiyāth al-Dīn b.Tash Temür）繼任，他們都是附屬於金帳汗國的克里米亞地區統治者。
◇853 / 1449	●哥萊・賓・吉亞斯丁・賓・塔胥・鐵木爾 ● Ḥājjī Giray I b. Ghiyāth al-Dīn b. Tash Temür ●獨立統治，首次統治。
860 / 1456	●海達爾・哥萊・賓・哈吉一世 ● Ḥaydar Giray b. Ḥājjī I
860 / 1456	●哥萊一世 ● Ḥājjī Giray I ●第二次統治。
◇870 / 1466	●努爾・道拉特・哥萊・賓・哈吉一世 ● Nūr Dawlat Giray b. Ḥājjī I ●首次統治。

◇871 / 1467	●孟里・哥萊・賓・哈吉一世 ●Mengli Giray b. Ḥājji I ●首次統治。
879 / 1474	●努爾・道拉特 ●Nūr Dawlat ●第二次統治。
880 / 1475	●孟里・哥萊 ●Mengli Giray ●第二次統治
881 / 1476	●努爾・道拉特・哥萊 ●Nūr Dawlat Giray ●第三次統治。
883 / 1478	●孟里・哥萊 ●Mengli Giray ●第三次統治。
◇920 / 1514	●穆罕默德・哥萊一世・賓・孟里 ●Muḥammad Giray I b. Mengli
931 / 1523	●嘎濟・哥萊一世・賓・穆罕默德一世 ●Ghāzī Giray I b. Muḥammad I
◇932 / 1524	●薩阿達特・哥萊一世・賓・孟里 ●Sa‘ādat Giray I b. Mengli
939 / 1532	●伊斯蘭・哥萊一世・賓・穆罕默德一世 ●Islām Giray I b. Muḥammad I
◇939 / 1532	●剎希卜・哥萊一世・賓・孟里 ●Ṣāḥib Giray I b. Mengli
◇958 / 1551	●道拉特・哥萊一世・賓・穆巴拉克・賓・孟里 ●Dawlat Giray I b. Mubārak b. Mengli

◇985 / 1577	●穆罕默德・哥萊二世・賓・道拉特一世 ●Muḥammad Giray II b. Dawlat I
◇992 / 1584	●伊斯蘭・哥萊二世・賓・道拉特一世 ●Islām Giray II b. Dawlat I
◇998 / 1588	●嘎濟・哥萊二世・賓・道拉特一世 ●Ghāzī Giray II b. Dawlat I ●首次統治。
1005 / 1596	●法特赫・哥萊一世・賓・道拉特一世 ●Fatḥ Giray I b. Dawlat I
1006 / 1596	●嘎濟・哥萊二世 ●Ghāzī Giray II ●第二次統治。
1016 / 1608	●托各塔米胥・哥萊・賓・嘎濟二世 ●Toqtamïsh Giray b. Ghāzī II
◇1017 / 1608	●薩拉瑪特・哥萊一世・賓・道拉特一世 ●Salāmat Giray I b. Dawlat I
1019 / 1610	●穆罕默德・哥萊三世・賓・薩阿達特・賓・穆罕默德二世 ●Muḥammad Giray III b. Sa‘ādat b. Muḥammad II ●首次統治。
◇1019 / 1610	●賈尼—別克・哥萊・賓・穆巴拉克・賓・道拉特一世 ●Jānī Beg Giray b. Mubārak b. Dawlat I ●首次統治。
1032 / 1623	●穆罕默德・哥萊三世 ●Muḥammad Giray III ●第二次統治。

◇1033 / 1624	●賈尼—別克・哥萊 ●Jānī Beg Giray ●第二次統治。
1033 / 1624	●穆罕默德・哥萊三世 ●Muḥammad Giray III ●第三次統治。
◇1036 / 1627	●加尼—別克・哥萊 ●Jānī Beg Giray ●第三次統治。
1044 / 1635	●伊納亞特・哥萊・賓・嘎濟二世 ●'Ināyat Giray b. Ghāzī II
1046 / 1637	●巴哈杜爾・哥萊一世・賓・薩拉瑪特一世 ●Bahādur Giray I b. Salāmat I
1051 / 1641	●索夫，穆罕默德・哥萊四世・賓・薩拉瑪特一世 ●Muḥammad Giray IV b. Salāmat I, Ṣofu ●首次統治。
◇1054 / 1644	●伊斯蘭・哥萊三世・賓・薩拉瑪特一世 ●Islām Giray III b. Salāmat I
◇1064 / 1654	●穆罕默德・哥萊四世 ●Muḥammad Giray IV ●第二次統治。
◇1076 / 1666	●阿迪勒・哥萊・賓・道拉特・法特赫一世 ●'Ādil Giray b. Dawlat b. Fatḥ I
◇1082 / 1671	●薩里姆・哥萊一世・賓・巴哈杜爾 ●Salīm Giray I b. Bahādur ●首次統治。

◇1089 / 1678	●穆拉德・哥萊・賓・穆巴拉克・賓・薩拉瑪特一世 ●Murād Giray b. Mubārak b. Salāmat I
1094 / 1683	●哥萊二世・賓・齊里姆・賓・薩拉瑪特一世 ●Ḥājjī Giray II b. Qïrïm b. Salāmat I
◇1095 / 1684	●薩里姆・哥萊一世 ●Salīm Giray I ●第二次統治。
1103 / 1691	●薩阿達特・哥萊二世・賓・齊里姆・賓・薩拉瑪特一世 ●Sa'ādat Giray II b. Qïrïm b. Salāmat I
◇1103 / 1691	●剎法・哥萊・賓・剎法俄・賓・薩拉瑪特一世 ●Ṣafā' Giray b. Ṣafā' b. Salāmat I
◇1104 / 1692	●薩里姆・哥萊一世 ●Salīm Giray I ●第三次統治。
◇1110 / 1699	●道拉特・哥萊二世・賓・薩里姆一世 ●Dawlat Giray II b. Salīm I ●首次統治。
1114 / 1702	●薩里姆・哥萊一世 ●Salīm Giray I ●第四次統治。
◇1116 / 1704	●嘎濟・哥萊三世・賓・薩里姆一世 ●Ghāzī Giray III b. Salīm I
◇1119 / 1707	●嘎普蘭・哥萊一世・賓・薩里姆一世 ●Qaplan Giray I b. Salīm I ●首次統治。

◇1120 / 1708	●道拉特・哥萊二世 ● Dawlat Giray II ●第二次統治。
◇1125 / 1713	●嘎普蘭・哥萊一世 ● Qaplan Giray I ●第二次統治。
1128 / 1716	●道拉特・哥萊三世・賓・阿迪勒・賓・薩拉瑪特一世 ● Dawlat Giray III b. ‘Ādil b. Salāmat I
◇1129 / 1717	●薩阿達特・哥萊三世・賓・薩里姆一世 ● Sa‘ādat Giray III b. Salīm I
◇1137 / 1724	●孟里・哥萊二世・賓・薩里姆一世 ● Mengli Giray II b. Salīm I ●首次統治。
◇1143 / 1730	●嘎普蘭・哥萊一世 ● Qaplan Giray I ●第三次統治。
◇1149 / 1736	●法特赫・哥萊二世・賓・道拉特二世 ● Fatḥ Giray II b. Dawlat II
1150 / 1737	●孟里・哥萊二世 ● Mengli Giray II ●第二次統治
◇1152 / 1740	●薩拉瑪特・哥萊二世・賓・薩里姆一世 ● Salāmat Giray II b. Salīm I
◇1156 / 1743	●薩里姆・哥萊二世・賓・嘎普蘭一世 ● Salīm Giray II b. Qaplan I

◇1161 / 1748	●阿爾斯蘭・哥萊・賓・道拉特二世 ● Arslan Giray b. Dawlat II ●首次統治。
◇1169 / 1756	●哈里姆・哥萊・賓・薩阿達特三世 ● Ḥalīm Giray b. Sa'ādat III
◇1172 / 1758	●齊里姆・哥萊・賓・道拉特二世 ● Qïrïm Giray b. Dawlat II ●首次統治。
◇1178 / 1764	●薩里姆・哥萊三世・賓・法特赫二世 ● Salīm Giray III b. Fatḥ II ●首次統治。
1180 / 1767	●阿爾斯蘭・哥萊 ● Arslan Giray ●第二次統治。
◇1181 / 1767	●瑪各蘇德・哥萊・賓・薩拉瑪特二世 ● Maqṣūd Giray b. Salāmat II ●首次統治。
◇1182 / 1768	●齊里姆・哥萊 ● Qïrïm Giray ●第二次統治。
◇1182 / 1769	●道拉特・哥萊四世・賓・阿爾斯蘭 ● Dawlat Giray IV b. Arslan ●首次統治。
◇1183 / 1769	●嘎普蘭・哥萊二世・賓・薩里姆二世 ● Qaplan Giray II b. Salīm II
1184 / 1770	●薩里姆・哥萊三世 ● Salīm Giray III ●第二次統治。

1185 / 1771	●瑪各蘇德・哥萊 ● Maqṣūd Giray ●第二次統治。
◇1186 / 1772	●剎希卜・哥萊二世・賓・薩里姆三世 ● Ṣāḥib Giray II b. Salīm III
◇1189 / 1775	●道拉特・哥萊四世 ● Dawlat Giray IV ●第二次統治。
◇1191 / 1777	●夏辛・哥萊・賓・阿赫瑪德・賓・道拉特二世 ● Shāhīn Giray b. Aḥmad b. Dawlat II ●首次統治。
1196 – 1197 / 1782 – 1783	●巴哈杜爾二世・哥萊・賓・阿赫瑪德・賓・道拉特二世 ● Bahādur II Giray b. Aḥmad b. Dawlat II
1197 / 1783	●**俄羅斯人併吞克里米亞。**
1197 – 1201 / 1783 – 1787	●夏辛・哥萊 ● Shāhīn Giray ●第二次統治，成為俄羅斯的附庸。

二、布賈各（Bujaq，又作Bessarabia）的韃靼汗王，由歐斯曼帝國任命

年份	統治者名稱／重要事件
1201 / 1787	●夏赫巴茲・哥萊・賓・阿爾斯蘭 ● Shāhbāz Giray b. Arslan
1203 – 1206 / 1789 – 1792	●巴赫特・哥萊 ● Bakht Giray

拙赤之子托蓋・鐵木爾後裔的其中一個支系趁著760 / 1359年後金帳汗國的內亂時期，在克里米亞地區建立自己的政權。起初，他們是托各塔米胥的封國，十五世紀早期，他們逐漸在塔胥・鐵木爾的後代統治之下獨立，統治者哈吉・哥萊（Ḥājjī Giray）於853 / 1449年，正式宣布自己為齊里姆（Qïrïm）統治者。哥萊朝的名稱很可能來自於金帳汗國其中一支部族克里（Kerey），這支部族曾經支持哈吉・哥萊。此克里米亞汗國成為成吉思汗後代統治者中最持久的政權。直到十五世紀末，他們也統治黑海沿岸北部的諾蓋地區（Noghay），西至布賈各（Bujaq，又作Bessarabia）。

歐斯曼人和哥萊人站在同一陣線，起初共同反抗金帳汗國，因為金帳汗國一直將克里米亞地區視為他們的附屬國；接著，十六世紀之後，歐斯曼和哥萊政權也共同反抗俄羅斯人。哥萊人擊敗金帳汗國統治者之後，自稱是金帳汗國後裔，並將金帳汗國大部分的軍力併入哥萊朝勢力中（見編號134），並於十六世紀一段時間統治卡贊地區（Kazan，見編號137）。907 / 1502年後，隨著軍事力量增強，再加上哥萊朝的牧場相較金帳汗國位於窩瓦河下游的中心更靠近莫斯科，因此，他們給予莫斯科侯國的軍事壓力相對來說也更大；哥萊朝人對莫斯科的攻擊與侵略一直持續到十八世紀。十六世紀晚期開始，哥萊朝的首都位於巴格其・薩萊（Baghche Saray，又作Simferopol），統治範圍包括大部分的烏克蘭南方以及頓河—庫班河（Don-Kuban）下游地區，成為東歐地區歐斯曼帝國與基督宗教勢力之間的緩衝國。事實上，十七世紀早期，哥萊朝經常和波蘭—立陶宛勢力結盟，聯手反抗俄羅斯沙皇。歐斯曼帝國將克里米亞地區的韃靼人視為他們的附庸，要求哥萊朝的一位親王待在歐斯曼帝國朝廷，作為人質，儘管他們鮮少和哥萊朝聯姻。當時的人們隱約感受到，若是歐斯曼帝國滅亡（十七世紀時有一度這個假設並非無稽之談），哥萊朝就有可能宣稱繼承歐斯曼突厥人地區的統治權。

俄羅斯的南向擴張行動，促使彼得大帝（Peter the Great）於1699年掠奪亞速地區（Azov），並將克里米亞韃靼人的土地一分為二。十八世紀時，來自俄羅斯的壓力驟增，積弱的歐斯曼帝國無能與之抵抗，凱薩琳大后（Catherine the Great）的軍隊於是在1197 / 1783年併吞克里米亞地區。不過，歐斯曼中央政府（Porte）任命了兩名哥萊朝統治者，連續幾年擔任布賈各地區韃靼人的領袖。

● 參考資料

* Lane-People, 235-7，第240頁附有列表；Zambaur, 247-8 and Table S; Album, 44-5.
* *İA* 'Giray'(Halil İnalcık)，附有世系表；*EI* ² 'Girāy'(idem), 'Ḳirim'(B. Spuler)，附有統治者列表。
* Alan W. Fisher, *The Crimean Tatars*, Stanford CA 1978, 1-69.

136.

阿斯特拉汗國（The Khāns of Astrakhan〔Astrakhān, Ashtarkhān〕）

- 伊曆 871 ～ 964 年
- 西曆 1466 ～ 1557 年
- 窩瓦河下游地區與鄰近的草原地帶

年份	統治者名稱／重要事件
871 / 1466	●嘎希姆・賓・瑪赫穆德・賓・居丘克・穆罕默德 ● Qāsim b. Maḥmūd b. Küchük Muḥammad
895 / 1490	●阿布杜—卡里姆・賓・瑪赫穆德・賓・居丘克・穆罕默德 ● ‘Abd al-Karīm b. Maḥmūd b. Küchük Muḥammad
909 / 1504	●嘎希姆（嘎薩依）・賓・賽伊德・阿赫瑪德 ● Qāsim or Qasay b. Sayyid Aḥmad
938 / 1532	●阿各・柯貝克・賓・穆爾塔達 ● Aq Köbek b. Murtaḍā ●首次統治。
941 / 1534	●阿布杜—拉赫曼・賓・阿布杜—卡里姆 ● ‘Abd al-Raḥmān b.‘Abd al-Karīm
945 / 1538	●海達爾・賓—謝赫・阿赫瑪德 ● Shaykh Ḥaydar b. Shaykh Aḥmad
948 / 1541	●阿各・柯貝克 ● Aq Köbek ●第二次統治。
951 / 1544	●雅格穆爾奇・賓・比爾迪—別克 ● Yaghmurchi b. Birdi Beg

961 / 1554	● **被俄羅斯人征服。**
961 － 964 / 1554 － 1557	● **達爾維宥・阿里・賓─謝赫・海達爾** ● Darwīsh ʻAlī b. Shaykh Ḥaydar ● 由俄羅斯任命。
964 / 1557	● **汗國併入俄羅斯。**

在金帳汗國衰微時期（見編號134），位於窩瓦河口附近的阿斯特拉汗（這個城鎮自古以來因地理位置而佔據重要地位，其貿易路線沿窩瓦河而下，直到裡海及更遙遠的地區），有一支諾蓋地區韃靼汗王的勢力崛起，他們源於托各塔米宥、窩爾達的白帳汗國。前幾位汗王所掌控的領地範圍北至卡贊汗國（見編號137），東至奧仁堡（Orenburg，又作Chkalov），西至克里米亞的韃靼汗國等地。直到西元1530年期間，阿布杜─拉赫曼（ʻAbd al-Raḥmān）受到來自克里米亞與諾蓋等地汗王的勢力威脅，向俄羅斯沙皇求援；然而，961 / 1554年，伊凡四世（Ivan IV，即「恐怖伊凡」）征服了阿斯特拉汗國。三年後，當魁儡汗王達爾維宥・阿里（Darwīsh ʻAlī）開始向鄰近的韃靼穆斯林求助，便遭俄羅斯人罷黜，阿斯特拉汗則被併入俄羅斯帝國的版圖。

● 參考資料

* Lane-Poole, 229，第240頁附有列表 ; Zambaur, 247（零碎不全） and Table S.
* *İA* ʻAstırhan, Astrḫanʼ (R. Rahmenti Arat); *EI* ² ʻAstra<u>kh</u>ānʼ (B. Spuler).

137.

卡贊汗國（The Khāns of Kazan〔Qāzān〕）

- 伊曆 840 ～ 959 年
- 西曆 1437 ～ 1552 年
- 窩瓦河地區中部

一、烏魯格・穆罕默德（Ulugh Muḥammad）支系

年份	統治者名稱／重要事件
840 / 1437	● 烏魯格・穆罕默德・賓・賈拉勒丁・賓・托各塔米胥 ● Ulugh Muḥammad b. Jalāl al-Dīn b. Toqtamïsh
849 / 1445	● 瑪赫穆德（瑪赫穆達克）・賓・烏魯格・穆罕默德 ● Maḥmūd (Maḥmūdak) b. Ulugh Muḥammad
866 / 1462	● 哈利勒・賓・瑪赫穆德 ● Khalīl b. Maḥmūd
871 / 1467	● 易卜拉欣・賓・瑪赫穆德 ● Ibrāhīm b. Maḥmūd
884 / 1479	● 阿里・賓・易卜拉欣 ● ʻAlī b. Ibrāhīm ● 首次統治。
889 / 1484	● 穆罕默德・阿敏・賓・易卜拉欣 ● Muḥammad Amīn b. Ibrāhīm ● 首次統治。
890 / 1485	● 阿里・賓・易卜拉欣 ● ʻAlī b. Ibrāhīm ● 第二次統治。

892 / 1487	●穆罕默德・阿敏・賓・易卜拉欣 ● Muḥammad Amīn b. Ibrāhīm ●第二次統治。
900 / 1495	●瑪穆各・賓・伊巴各 ● Mamūq b. Ibaq ●西伯利亞韃靼人的汗王。
901 / 1496	●阿布杜─拉提夫・賓・易卜拉欣 ● 'Abd al-Laṭīf b. Ibrāhīm
907 − 924 / 1502 − 1518	●穆罕默德・阿敏・賓・易卜拉欣 ● Muḥammad Amīn b. Ibrāhīm ●第三次統治。

二、來自外部支系的汗王

年份	統治者名稱／重要事件
925 / 1519	●阿里・賓・賽伊德・奧里亞爾 ● Shāh 'Alī b. Sayyid Awliyār ●來自嘎希莫夫汗國，首次統治。
927 / 1521	●剎希卜・哥萊（一世）・賓・孟里一世 ● Ṣāḥib Giray (I) b.Mengli I ●來自克里米亞汗國。
930 / 1524	●剎法俄・哥萊・賓・法特赫 ● Ṣafā' Giray b. Fatḥ ●來自克里米亞汗國，首次統治。
937 / 1531	●賈恩・阿里・賓・賽伊德・奧里亞爾 ● Jān 'Alī b. Sayyid Awliyār ●來自嘎希莫夫汗國。

939 / 1533	●剎法俄・哥萊・賓・法特赫 ● Ṣafā' Giray b. Fatḥ ●第二次統治。
953 / 1546	●阿里・賓・賽伊德・奧里亞爾 ● Shāh 'Alī b. Sayyid Awliyār ●第二次統治。
953 / 1546	●剎法俄・哥萊・賓・法特赫 ● Ṣafā' Giray b. Fatḥ ●第三次統治。
956 / 1549	●歐帖米胥・賓・薩法・哥萊 ● Ötemish b. Ṣafā' Giray ●來自克里米亞汗國，蘇允比克（Süyün Bike）的攝政。
958 / 1551	●阿里・賓・賽伊德・奧里亞爾 ● Shāh 'Alī b. Sayyid Awliyār ●第三次統治。
959 / 1552	●亞迪嘎爾・穆罕默德・賓・嘎希姆 ● Yādigār Muḥammad b. Qāsim ●來自阿斯特拉汗國。
959 / 1552	●**被俄羅斯征服。**

卡贊汗國是由拙赤後代所建立的汗國之一。金帳汗國衰微之際，托各塔米胥的孫子烏魯格・穆罕默德（Ulugh Muḥammad）在後來的俄羅斯東部崛起，而他的兒子瑪赫穆德於849 / 1445年，從地方的親王阿里—別克（'Alī Beg，可能是保加爾人後裔〔Bulghār〕）手中奪取卡

贊城（Kazan）。有血緣連繫的嘎希莫夫汗國也在這時期逐漸崛起（見編號138）。卡贊汗國跨越窩瓦盆地中部，靠近窩瓦河與卡馬河（Kama river）流域匯集處，南邊則鄰近阿斯特拉汗國（見編號136）。由此可見，自從保加爾王國建立以來，一直到西元十世紀初，卡贊汗國的領地皆深深受到伊斯蘭文化的影響。卡贊汗國的地理位置賦予了它絕對的商業重要性，同時也是奴隸交易中心。

卡贊汗國的歷史始終和西邊的莫斯科侯國息息相關，而莫斯科侯國在受到金帳汗國及其繼承者長達兩世紀的限制後，再次確立自己的權力。從一開始，俄羅斯侯國的親王便不斷介入卡贊汗國的內部紛爭。烏魯格・穆罕默德的氏族滅亡後，俄羅斯侯國更大肆介入。汗國最後的三十年間，多位統治者甚至來自於成吉思汗氏族之外的人選，而汗國內部的派系鬥爭不斷，一派支持俄羅斯侯國介入，另一派則是希望透過聯合克里米亞韃靼與諾蓋的汗國，維持卡贊汗國的獨立自主權。終於，959 / 1552年時，俄羅斯沙皇伊凡四世的軍隊掠奪卡贊地區，俄羅斯侯國於是進行一系列有計畫的佔領與殖民行動。為數眾多的韃靼穆斯林在此地統治並居住長達好幾世紀，而汗國剩餘的一小部分，則在俄羅斯政權之下成立韃靼自治區。

●參考資料

* Lane-People，第240頁附有世系表； Zambaur, 249 and Table S.
* *İA* 'Kazan'(Reşid. Rahmati Arat)，附有世系表；*EI* [2] 'Ḳāzān' (W. Barthold and A. Bennigsen).
* Azade-Ayşe Rorlich, *The Volga Tatars. A Profile in National Resilience*, Stanford CA 1986, 3-33.

138.

嘎希莫夫汗國（The Khāns of Qāsimov）

- 約伊曆 856～1092 年
- 約西曆 1452～1681 年
- 利阿贊地區（Ryazan）至莫斯科的東南部

一、卡贊支系的汗王

年份	統治者名稱／重要事件
約 856 / 約 1452	●嘎希姆・賓・烏魯格・穆罕默德 ● Qāsim b. Ulugh Muḥammad
873 － 891 / 1469 － 1486	●達尼亞爾・賓・嘎希姆 ● Dāniyār b. Qāsim

二、克里米亞支系的汗王

年份	統治者名稱／重要事件
891 / 1486	●努爾・道拉特・哥萊・賓・哈吉一世 ● Nūr Dawlat Giray b. Ḥājjī I
約 905 / 約 1500	●薩提勒干・賓・努爾・道拉特 ● Satïlghan b. Nūr Dawlat
912 / 1506	●賈內・賓・努爾・道拉特 ● Jānay b. Nūr Dawlat

三、阿斯特拉汗支系的汗王

年份	統治者名稱／重要事件
918 / 1512	●奧里亞爾・賓・巴赫提亞爾・蘇勒壇・賓・居丘克・穆罕默德 ● Sayyid Awliyār b. Bakhtiyār Sulṭān b. Küchük Muḥammad
922 / 1516	●阿里・賓・賽伊德・奧里亞爾 ● Shāh ʻAlī b. Sayyid Awliyār ●首次統治。
925 － 938 / 1519 － 1532	●賈恩・阿里・賓・賽伊德・奧里亞爾 ● Jān ʻAlī b. Sayyid Awliyār
944 － 958 / 1537 － 1551	●阿里・賓・賽伊德・奧里亞爾 ● Shāh ʻAlī b. Sayyid Awliyār ●第二次統治。
959 / 1552	●阿里 ● Shāh ʻAlī ●第三次統治。
974 / 1567	●薩因・布拉特・賓・比克・布拉特（西米歐恩・貝克布拉托維奇） ● Sayïn Bulāt b. Bik Bulāt (Simeon Bekbulatovich) ●逝於1025 / 1616年。
981 － 1008 / 1573 － 1600	●穆斯塔法・阿里・賓・阿各・柯貝克 ● Muṣṭafā ʻAlī b. Aq Köbek

四、卡札赫汗王（Kazakh Khān）

年份	統治者名稱／重要事件
1008 － 1019 / 1600 － 1610	●烏拉茲・穆罕默德 ●Uraz Muḥammad
1019 － 1023 / 1610 － 1614	●**嘎希莫夫地區無統治者。**

五、西伯利亞支系的汗王

年份	統治者名稱／重要事件
1023 / 1614	●阿爾斯蘭（阿勒普・阿爾斯蘭）・賓・阿里・賓・庫丘姆 ●Arslan or Alp Arslan b. 'Alī b. Kuchum
1036 / 1627	●布爾漢・賓・阿爾斯蘭（瓦希里） ●Sayyid Burhān b. Arslan (Vassili)
1090 － 1092 / 1679 － 1681	●法蒂瑪・蘇勒壇・比克 ●Fāṭima Sultān Bike ●阿爾斯蘭之寡妻。
1092 / 1681	●**被俄羅斯人併吞。**

嘎希莫夫汗國是拙赤與拔都遠房繼承者的其中一支，由卡贊的統治氏族成員嘎希姆（Qāsim）所建立。嘎希姆曾經逃亡到莫斯科尋求庇護，當時的大公瓦希里一世（Vassili I）將戈羅傑茨鎮（Gorodets，又作

Gorodok Meshchevskiy）交給他統治。此地隨後根據嘎希姆的名字命名，成為莫斯科東南方奧卡河畔（Oka river）的嘎希莫夫城。於是嘎希莫夫成為汗國的中心，而嘎希莫夫汗國也被形容成是「歷史瑰寶」，但在當時存續了兩個世紀，卻仍然是小型汗國，邊界也模糊不清。汗王在俄羅斯擁有沙皇（Tzar）和大公（Tsarevitch）的封號，而事實上他們也是大公和皇帝的封侯。嘎希莫夫時常成為成吉思汗後裔中異議份子的庇護地，在不同時期也分別由幾個拙赤氏族的成員所統治。隨後，有些嘎希莫夫當地的統治氏族成為基督教徒，並為俄羅斯沙皇服務，汗國最後順理成章地成為俄羅斯帝國的一部分。

● 參考資料

* Lane-Poole, 234-5，第 240 頁附有世系表 ; Zambaur, 249 and Table S.

* *İA* 'Kasım hanlığı'(Reşid. Rahmati Arat); *EI* [2] 'Ḳāsimov' (A. Bennigsen).

第十四章

蒙古政權後的波斯

Persia after the Mongols

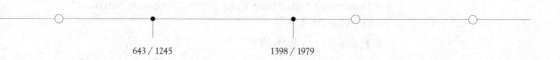

643 / 1245

1398 / 1979

139.

卡爾特朝（The Karts or Kurts）

- 伊曆 643 ～ 791 年
- 西曆 1245 ～ 1389 年
- 呼羅珊東部與阿富汗北部

年份	統治者名稱／重要事件
643 / 1245	●夏姆斯丁一世，穆罕默德・賓・阿比─巴克爾・魯昆丁・賓・歐斯曼・瑪爾嘎尼 ●Muḥammad b. Abī Bakr Rukn al-Dīn b. ʻUthmān Marghānī, Shams al-Dīn I ●於676 / 1278 年遭殺害。
676 / 1277	●魯昆丁（夏姆斯丁）二世・賓・穆罕默德・夏姆斯丁一世 ●Rukn al-Dīn or Shams al-Dīn II b. Muḥammad Shams al-Dīn I ●逝於705 / 1305 年。
694 / 1295	●法赫爾丁・賓・魯昆丁（夏姆斯丁二世） ●Fakhr al-Dīn b. Rukn al-Dīn or Shams al-Dīn II
707 / 1308	●吉亞斯丁一世・賓・魯昆丁（夏姆斯丁）二世 ●Ghiyāth al-Dīn I b. Rukn al-Dīn or Shams al-Dīn II
729 / 1329	●夏姆斯丁三世・賓・吉亞斯丁一世 ●Shams al-Dīn III b. Ghiyāth al-Dīn I
730 / 1330	●哈非茲・賓・吉亞斯丁一世 ●Ḥāfiẓ b. Ghiyāth al-Dīn I
◇732 / 1332	●穆儀茲丁，皮爾・胡笙・穆罕默德・賓・吉亞斯丁一世 ●Pīr Ḥusayn Muḥammad b. Ghiyāth al-Dīn I, Muʻizz al-Dīn

◇772 － 791 / 1370 － 1389	●吉亞斯丁二世，皮爾・阿里・賓・皮爾胡笙・穆罕默德・穆儀茲丁 ● Pīr ʻAlī b. Pīr Ḥusayn Muḥammad Muʻizz al-Dīn, Ghiyāth al-Dīn II
791 / 1389	●**被帖木兒併吞**。

卡爾特朝（這應該是個伊朗名字，但意義不明）為一支阿富汗支系，源於古爾朝（Ghūr）的襄薩巴尼氏族後裔（Shansabānīs，見編號159）；其創立者夏姆斯丁一世・穆罕默德（Shams al-Dīn I Muḥammad）與古爾朝的公主通婚，使得卡爾特朝統治者能在某種程度上自稱為古爾朝的後裔，同時統治古爾朝初期的政權中心——赫拉特（Herat）與古爾朝領土內的要塞。

入侵的蒙古人准許夏姆斯丁一世・穆罕默德以附庸統領的身分，保有原來的領土，並讓他們定居在中心地帶的赫拉特和古爾朝領地中偏遠的山區等地。整體而言，卡爾特朝是伊兒汗王（Il Khān）的忠實盟友。阿布—薩義德（Abū Saʻīd）去世後，伊兒汗國在呼羅珊的勢力衰退，給了穆儀茲丁・皮爾・胡笙・穆罕默德（Muʻizz al-Dīn Pīr Ḥusayn Muḥammad）擴張領土的機會，此時卡爾特政權的勢力已經擴及呼羅珊西部和薩爾巴達爾朝（Sarbadārid，見編號143）的疆域，達到前所未有的顛峰。然而，帖木兒（Tīmūr）崛起制衡了卡爾特政權，而向帖木兒納貢的吉亞斯丁二世・皮爾・阿里（Ghiyāth al-Dīn II Pīr ʻAlī）逝世之後，帖木兒便順勢將卡爾特朝的領地併入他的版圖中。

●參考資料

* Lane-Poole, 252; Zambaur, 256-7; Album, 50.

* *EI* [2] 'Kart' (T. W Haig and B. Spuler); *EIr* 'Āl-e Kart' (B. Spuler).

* B. Spuler, *Die Mongolen in Iran. Politik, Verwaltung und Kultur der Ilchanzeit 1220-1350*, 4th edn, 129-33.

* L. G. Potter, *The Kart Dynasty of Heart. Religion and Politics in medieval Iran*, PH.D diss.,Columbia University, New York 1992, unpubl. (UMI Dissertation Services, Ann Arbour).

140.

穆查法爾朝（The Muẓaffarids）

- 伊曆 713 ～ 795 年
- 西曆 1314 ～ 1393 年
- 波斯南部與西部

年份	統治者名稱／重要事件
◇713 / 1314	●穆巴里茲丁，穆罕默德・賓・穆查法爾・夏拉夫丁 ●Muḥammad b. Muẓaffar Sharaf al-Dīn, Mubāriz al-Dīn ●逝於 765 / 1363 年。
◇759 / 1358	●阿布─法瓦里斯・賈瑪勒丁，休賈俄・賓・穆罕默德・穆巴里茲丁 ●Shāh-i Shujā‘ b. Muḥammad Mubāriz al-Dīn, Abu ’l-Fawāris Jamāl al-Dīn ●首次統治。
◇765 / 1364	●古特卜丁，瑪赫穆德・賓・穆罕默德・穆巴里茲丁 ●Shāh Maḥmūd b. Muḥammad Mubāriz al-Dīn, Quṭb al-Dīn ●逝於 776 / 1375 年。
767 / 1366	●休賈俄 ●Shāh-i Shujā‘ ●第二次統治。
◇786 / 1384	●穆賈希德丁，宰因・阿比丁・阿里・賓・休賈俄 ●Zayn al-‘Ābidīn ‘Alī b. Shāh-i Shujā‘, Mujāhid al-Dīn
789 / 1387	●雅赫亞・賓・穆查法爾・賓・穆罕默德・穆巴里茲丁 ●Shāh Yaḥyā b. Shāh Muẓaffar b. Muḥammad Mubāriz al-Dīn ●統治須拉子城（Shīrāz），帖木兒的封臣。

	●伊瑪德丁，阿赫瑪德・賓・穆罕默德・穆巴里茲丁 ● Sulṭān Aḥmad b. Muḥammad Mubāriz al-Dīn, ‘Imād al-Dīn ●統治奇爾曼（Kirmān），帖木兒的封臣。 ●蘇丹・阿布—易斯哈格・賓・蘇勒壇・烏維斯・夏赫・休賈俄◇ ● Sulṭān Abū Isḥaq b. Sulṭān Uways b. Shāh-i Shujā‘ ●統治希拉賈恩（Sīrajān），帖木兒的封臣。
◇793 － 795 / 1391 － 1393	●曼蘇爾・賓・穆查法爾 ● Shāh Manṣūr b. Shāh Muẓaffar
795 / 1393	●**被帖木兒朝征服。**
810 － 1407 前或 812 － 1409	●蘇勒壇・穆俄塔希姆・賓・宰因・阿比丁 ● Sulṭān Mu‘taṣim b. Zayn al-‘Ābidīn ●企圖佔領伊斯法罕（Iṣfahān）。

穆查法爾朝有些許呼羅珊的阿拉伯人血統，伊兒汗國瓦解時，他們在奇爾曼（Kirman）、法爾斯地區（Fars）與非阿拉伯的伊拉克地區（‘Iraq-i ‘Ajam，又稱吉巴勒〔Jibāl〕）等地崛起。夏拉夫丁・穆查法爾（Sharaf al-Dīn Muẓaffar）為蒙古人服務，並被伊兒汗王合贊（Ghazan）指派擔任波斯南部千人軍隊和警力的總指揮。他的兒子穆巴里茲丁・穆罕默德（Mubāriz al-Dīn Muḥammad）是朝代的第二位創立者。以亞茲德（Yazd）為基地，穆巴里茲丁趁著阿布—薩義德逝世而導致的混亂局面，在與因朱俄朝（Inju’id，見編號141）的阿布—易斯哈格（Abū Isḥāq）的漫長戰役中，將領土擴張至法爾斯地區。透過與奇

爾曼最後一位古特魯汗國（Qutlughkhānids，見編號105）統治者女兒聯姻，他成功取得該地區的統治權。到了758 / 1356年，穆巴里茲丁無疑已經是法爾斯和伊拉克地區的統治者，並嘗試進攻亞塞拜然，佔領了塔布里茲（Tabrīz），卻無法持續統治該城。穆巴里茲丁最終遭兒子夏赫・休賈俄（Shāh-i Shujā'）罷黜，但夏赫・休賈俄又捲入了與任職伊斯法罕（Iṣfahān）總督的兄弟夏赫・瑪赫穆德（Shāh Maḥmūd）的紛爭當中，直到瑪赫穆德去世為止。夏赫・瑪赫穆德曾經尋求穆查法爾朝的昔日宿敵賈拉伊爾朝（Jalāyirids，見編號142）協助，而當瑪赫穆德在伊斯法罕的統治權確立時，休賈俄卻率領遠征軍攻佔亞塞拜然地區，對抗賈拉伊爾朝的胡笙・賓・烏維斯（Ḥusayn b. Uways）。帖木兒威勢在此時席捲波斯地區，而夏赫・休賈俄很快便向這位征服者臣服。然而，他的繼承者卻沒有那麼謹慎；夏赫・休賈俄於786 / 1384年去世之前，已經將奇爾曼和法爾斯等領土分配給他的家人，之後造成權位爭奪的致命局勢。法爾斯地區的宰因・阿比丁・阿里（Zayn al-'Ābidīn 'Alī）率先向帖木兒投降，而帖木兒則是在其收稅者於伊斯法罕的一場人民起義中遇害後，舉兵侵擾該地。當帖木兒在795 / 1393年決心消滅波斯西部的獨立勢力時，最後一位穆查法爾朝統治者夏赫・曼蘇爾（Shāh Manṣūr）統治著整個法爾斯和伊拉克地區；夏赫・曼蘇爾在戰役中遭到刺殺，絕大多數的穆查法爾人亦遭殺害。

儘管穆查法爾朝統治時期氏族內部紛爭不斷，他們仍大力贊助如詩人哈非茲（Ḥāfiẓ）與神學家阿杜德丁・伊吉（'Aḍud al-Dīn Ījī）等著名的人物；也因此，穆查法爾朝對於文化發展的貢獻，遠遠超越了他們在政治領域的平庸表現。

● 參考資料

* Justi, 460; Lane-Poole, 249-50; Zambaur, 254; Album, 48-9.

* *EI* ² 'Muẓaffarids', 'Shāh-i Shudjā'' (P. Jackson).

* H. R Roemer, 'The Jalayirids, Muẓaffarids and Sarbadās', in *The Cambridge History of Iran*. VI. *The Timurid and Safavid Periods*, Cambridge 1986,11-16, 59-64.

141.

因朱俄朝（The Inju'ids）

- 約伊曆 725 ～ 754 年
- 約西曆 1325 ～ 1353 年
- 法爾斯地區

年份	統治者名稱／重要事件
約 725 / 約 1325	●夏拉夫丁，瑪赫穆德・夏赫・因朱俄 ● Maḥmūd Shāh Inju, Sharaf al-Dīn
736 / 1336	●賈拉勒丁，瑪斯伍德・夏赫・賓・瑪赫穆德・夏赫 ● Mas'ūd Shāh b. Maḥmūd Shāh, Jalāl al-Dīn ●其勢力遭到吉亞斯丁・卡伊・忽斯勞・賓・瑪赫穆德・夏赫（Ghiyāth al-Dīn Kay Khusraw b. Maḥmūd Shāh）挑戰，直到 739 / 1338 年。
739 / 1339	●夏姆斯丁，穆罕默德・賓・瑪赫穆德・夏赫 ● Muḥammad b. Maḥmūd Shāh, Shams al-Dīn ●於 740 / 1340 年遭殺害。
◇743 － 754 / 1343 － 1353	●賈瑪勒丁，阿布—易斯哈格・賓・瑪赫穆德・夏赫 ● Abū Isḥāq b. Maḥmūd Shāh, Jamāl al-Dīn ●於 758 / 1357 年遇害。
754 / 1353	●**穆查法爾朝佔領須拉子城。**

因朱俄朝是一個短暫的支系，其創立者夏拉夫丁・瑪赫穆德

（Sharaf al-Dīn Maḥmūd）奉伊兒汗王俄勒傑圖（Öljeytü）之命，前往法爾斯掌管王室領地，這些領地的突厥與蒙古語為「injü」，該朝因此被稱為「因朱俄」。阿布─薩義德統治時期，瑪赫穆德鞏固了他在須拉子（Shiraz）的權力，成為法爾斯地區實質獨立的統治者，但新上任的伊兒汗國統治者阿爾帕・克俄云（Arpa Ke'ün，見編號133）隨後將瑪赫穆德處決。瑪赫穆德的幾個兒子互相爭奪法爾斯的統治權，而當最後一位統治者賈瑪勒丁・阿布─易斯哈格（Jamāl al-Dīn Abū Isḥāq）企圖將勢力延伸至亞茲德與奇爾曼地區時，便與穆查法爾朝（見編號140）正面衝突。穆查法爾朝於754 / 1353年佔領須拉子城，逃亡的阿布─易斯哈格則迅速遭到殺害。

●參考資料

* Sachau, 28 no.73, Zambaur, 255; Album, 48.
* *EI* ² 'Indjū' (J. A. Boyle).
* B. Spuler, *Die Mongolen in Iran*, 4th edn, 122.

142.

賈拉伊爾朝（The Jalāyirids）

- 伊曆 740 ～ 835 年
- 西曆 1340 ～ 1432 年
- 伊拉克、庫德斯坦（Kurdistan）和亞塞拜然

年份	統治者名稱／重要事件
◇740 / 1340	●塔吉丁，哈珊・布祖爾格・賓・胡笙 ● Shaykh Ḥasan-i Buzurg b. Ḥusayn, Tāj al-Dīn
◇757 / 1356	●烏維斯一世・賓・哈珊・布祖爾格 ● Shaykh Uways I b. Ḥasan-i Buzurg
◇776 / 1374	●賈拉勒丁，胡笙一世・賓—謝赫・烏維斯一世 ● Ḥusayn I b. Shaykh Uways I, Jalāl al-Dīn
◇784 / 1382	●吉亞斯丁，阿赫瑪德・賓—謝赫・烏維斯一世 ● Sulṭān Aḥmad b. Shaykh Uways I, Ghiyāth al-Dīn ●於 813 / 1410 年遭殺害。
784 － 785 / 1382 － 1383	●巴雅濟德・賓—謝赫・烏維斯一世 ● Bāyazīd b. Shaykh Uways I ●統治中心為庫德斯坦。
813 / 1410	●瓦拉德・賓・阿里・賓—謝赫・烏維斯一世 ● Shāh Walad b. ‘Alī b. Shaykh Uways I
814 / 1411	●瑪赫穆德・賓・瓦拉德 ● Maḥmūd b. Shāh Walad ●首次統治，由坦杜王后（Tandu Khātūn）監督。
◇814 / 1411	●烏維斯二世・賓・瓦拉德 ● Uways II b. Shāh Walad

◇824 / 1421	● 穆罕默德・賓・瓦拉德 ● Muḥammad b. Shāh Walad
824 / 1421	● 瑪赫穆德・賓・瓦拉德 ● Maḥmūd b. Shāh Walad ● 第二次統治。
◇828 − 835 / 1425 − 1432	● 胡笙二世・賓・阿拉俄—道拉・賓・蘇勒壇・阿赫瑪德 ● Ḥusayn II b. ʻAlā al-Dawla b. Sulṭān Aḥmad
835 / 1432	● **黑羊汗國（Qara Qoyunlu）統治伊拉克南部。**

賈拉伊爾朝為伊兒汗國繼承者之一，繼承伊拉克與亞塞拜然地區的統治。賈拉伊爾部族原先似乎是追隨旭烈兀（Hülegü）的蒙古部族，朝代建立者哈珊・布祖爾格（Ḥasan-i Buzurg，「Buzurg」意為「偉大的」，這是為了區別他的競爭者——丘潘朝〔Chopanid〕統領氏族的哈珊・庫奇克〔Ḥasan-i Kūchik〕，「Kūchik」意為「卑微的」），起初為伊兒汗國阿布—薩義德統治時的安那托利亞（Anatolia）總督。布祖爾格最終佔領了丘潘朝領地，巴格達成為他的政權中心；但直到747 / 1346年為止，布祖爾格仍然持續承認幾位伊兒汗國的虛位君主，而他的兒子謝赫・烏維斯（Shaykh Uways）則開始握有完整的主權。

謝赫・烏維斯原先承認金帳汗國（Golden Horde，見編號134）擁有亞塞拜然的統治權，然而761 / 1360年時，烏維斯出兵征服該地。他同時也在對抗穆查法爾朝（見編號140）同時，主張自己握有法爾斯地區的統治權，但烏維斯的繼承者卻必須面對在迪亞巴克爾（Diyār

Bakr）崛起的黑羊汗國（Qara Qoyunlu，見編號145）突厥勢力，以及經由高加索地區入侵亞塞拜然的金帳汗國。當帖木兒的軍隊出現在波斯北部與伊拉克時，烏維斯之子阿赫瑪德蘇丹（Sulṭān Aḥmad）奮力抵抗，最後不得不和敘利亞的傭兵政權（Mamlūk）一併流亡，在807 / 1405年帖木兒死後，才終於返回他的首都巴格達，並永久定居那裡。而帖木兒朝（Tīmūrid）入侵所帶來的衝擊大大削弱了賈拉伊爾朝的勢力，亞塞拜然很快落入黑羊汗國手中，首都巴格達也於814 / 1411年淪陷。唯有在伊拉克南部地區，如瓦西特（Wāsiṭ）、巴斯拉（Baṣra）和舒須塔爾（Shushtar）等地，地位較低的賈拉伊爾朝親王才能以帖木兒朝夏赫・魯赫（Shāh Rukh）的封臣存續，直到835 / 1432年，胡笙二世（Ḥusayn II）在希拉（Ḥilla）慘遭殺害。

從他們命名的偏好可以看出，賈拉伊爾朝很可能是什葉派，儘管相關的證據並不明確。賈拉伊爾朝在巴格達與塔布里茲的統治和贊助，具有相當的文化重要性，特別是在建築與纖細畫（miniature）的領域。可惜的是，這些傳統文化在帖木兒朝統治者的破壞與驅逐下完全消失。

●參考資料

* Lane-Poole, 246-8; Zambaur, 253; Album, 49.

* *EI* ² ‘D̲jalāyir, D̲jalāyirid’ (J. M. Smith Jr).

* H.R Roemer, in *The Cambridge Histiry of Iran*, VI, 5-10,64-7.

143.

薩爾巴達爾朝（The Sarbadārids）

- 伊曆 737 ～ 788 年
- 西曆 1337 ～ 1386 年
- 呼羅珊西部

年份	統治者名稱／重要事件
737 / 1332	●阿布杜—拉查各・賓・法德勒拉 ●‘Abd al-Razzāq b. Faḍl Allāh
738 / 1338	●瓦吉赫丁，瑪斯伍德・賓・法德爾拉 ●Mas‘ūd b. Faḍl Allāh, Wajīh al-Dīn
743 / 1343	●穆罕默德・艾・鐵木爾 ●Muḥammad Ay Temür ●逝於 747 / 1346 年。
◇748 / 1347	●赫瓦嘉・塔吉丁，阿里・賓・夏姆斯丁・齊休密 ●‘Alī b. Shams al-Dīn Chishumī, Khwāja Tāj al-Dīn
◇752 / 1351	●雅赫亞・卡拉維 ●Yaḥyā Karāwī ●於 759 / 1357 年遭殺害。 ●進入混亂時期，多方爭奪勢力： ●魯特夫拉・賓・瑪斯伍德・瓦吉赫丁 ●Luṭf Allāh b. Mas‘ūd Wajīh al-Dīn ●阿米爾・瓦里 ●Amīr Walī ●統治阿斯塔拉巴德（Astrābād）。

	●海達爾・嘎薩卜 ●Ḥaydar Qaṣṣāb ●哈珊・達姆嘎尼 ●Ḥasan Dāmghānī ●於763 / 1362年遇害。
◇763 / 1362	●赫瓦嘉・阿里・賓・穆艾亞德 ●Khwāja ʻAlī b. Mu'ayyad ●首次統治。
778 / 1376	●魯昆丁 ●Rukn al-Dīn
781 － 788 / 1379 － 1386	●赫瓦嘉・阿里・賓・穆艾亞德 ●Khwāja ʻAlī b. Mu'ayyad ●第二次統治。
788 / 1386	●**領土由幾名帖木兒後裔將領瓜分。**

在伊兒汗國（見編號133）的阿布─薩義德逝世、勢力衰微，至帖木兒朝崛起期間，薩爾巴達爾朝（其名詞意思約可解釋為「魯莽者」）統治著呼羅珊的貝哈各（Bayhaq，又稱Sabzawār）地區。薩爾巴達爾朝並非「強盜國家」或是千禧救贖運動（millenarian）的什葉派運動份子，他們所代表的，是呼羅珊西部的人民在蒙古統治波斯之後，維護當地秩序和安全的企圖；因此，就某方面而言，後起而短暫的薩爾巴達爾朝，與呼羅珊東部卡爾特侯國（見編號139）的情形十分相像。

薩爾巴達爾朝的運動始於737 / 1332年，原為對抗來自成吉思汗後裔（Chingizid）托蓋・鐵木爾（Toqay Temür）的經濟壓迫。這場反叛運動很快與當地的什葉派宗教領袖建立聯盟，但關係並不穩固。754 / 1353 年，薩爾巴達爾勢力成功推翻並刺殺托蓋・鐵木爾（他是成吉思汗後裔最後一位繼承者）。薩爾巴達爾朝運動的內部領導者不斷更替，且時常彼此競爭。在最後一位領導者赫瓦嘉・阿里（Khwāja ʻAlī）的統治下，明訂採納什葉派教義，但阿里同時也臣服於帖木兒。阿里於 788 / 1386 年逝世後，薩爾巴達爾朝的土地由幾位效忠於帖木兒朝的統領所瓜分。

●參考資料

* Lane-Poole, 251; Zambaur, 258; Album, 50.
* *EI* ² ʻSarbadārids' (C. P. Melville).
* J. Masson Smith Jr, *The History of the Sarbadār Dynasty 1336-1381 A.D. and its Sources*, The Hague 1970，第 52 ～ 54 頁附有列表，並探討薩爾巴達爾朝將領混亂的年表，並比較文獻間矛盾的資訊。
* A. H. Morton, ʻThe history of the Sarbadārs inthe light of new numismatic evidence', *NC*, 7th series, 16 (1976), 255-8.
* H. R. Roemer, in *The Cambridge Histiry of Iran*, VI, 16-39.

144.

帖木兒朝（The Tīmūrids）

- 伊曆 771 ～ 913 年
- 西曆 1370 ～ 1507 年
- 河中區與波斯

一、撒馬爾干統治者

年份	統治者名稱／重要事件
◇771 / 1370	●居列肯，帖木兒・賓・塔拉蓋・巴爾拉斯 ●Tīmūr-i Lang (Tamerlane) b. Taraghay Barlas, Küreken
◇807 － 809 / 1405 － 1407	●皮爾・穆罕默德・賓・賈漢吉爾・賓・帖木兒 ●Pīr Muḥammad b. Jahāngīr b. Tīmūr ●統治中心為坎達哈爾（Kandahar，又作 Qandahār）。
◇807 － 811 / 1405 － 1409	●哈利勒・蘇丹・賓・米蘭・夏赫・賓・帖木兒 ●Khalīl Sulṭān b. Mīrān Shāh b. Tīmūr ●統治中心為撒馬爾干（Samarkand），逝於814 / 1411 年。
◇807 － 811 / 1405 － 1409	●魯赫・賓・帖木兒 ●Shāh Rukh b. Tīmūr ●僅統治呼羅珊地區。
◇811 / 1409	●魯赫 ●Shāh Rukh ●統治中心為河中區、東部、波斯中部和西部。
◇850 / 1447	●烏魯格―別克・賓・魯赫 ●Ulugh Beg b. Shāh Rukh ●統治中心為河中區與呼羅珊。

◇853 / 1449	●阿布杜—拉提夫・賓・烏魯格—別克 ●'Abd al-Laṭīf b. Ulugh Beg ●統治中心為河中區。
◇854 / 1450	●阿布達拉・賓・易卜拉欣・賓・魯赫 ●'Abdallāh b. Ibrāhīm b. Shāh Rukh ●統治中心為河中區。
◇855 / 1451	●阿布—薩義德・賓・穆罕默德・賓・米蘭・夏赫 ●Abū Sa'īd b. Muḥammad b. Mīrān Shāh ●統治河中區、波斯東部、中部和西部，遠至非阿拉伯的伊拉克地區（'Irāq-i 'Ajam）。
◇873 / 1469	●蘇丹・阿赫瑪德・賓・阿比—薩義德 ●Sulṭān Aḥmad b. Abī Sa'īd ●統治中心為河中區。
◇899 / 1494	●瑪赫穆德・賓・阿比—薩義德 ●Maḥmūd b. Abī Sa'īd ●統治中心為河中區。
900 － 906 / 1495 － 1500	●貝松古爾・賓・瑪赫穆德 ●Baysonqur b. Maḥmūd ●瑪斯伍德・賓・瑪赫穆德 ●Mas'ūd b. Maḥmūd ●阿里・賓・瑪赫穆德 ●Alī b. Maḥmūd ●三人的統治中心皆位於河中區。
906 / 1500	**●俄茲別克（Özbeg）征服河中區與費爾干納（Farghāna）。**

二、烏魯格—別克逝世後的呼羅珊統治者

年份	統治者名稱／重要事件
◇851 / 1447	●阿布—嘎希姆，巴布爾・賓・貝松古爾 ●Bābur b. Baysonqur, Abu ’l-Qāsim
◇861 / 1457	●瑪赫穆德・賓・巴布爾 ●Shāh Maḥmūd b. Bābur
◇861 / 1457	●易卜拉欣・賓・阿拉俄—道拉・賓・貝松古爾 ●Ibrāhīm b. ‘Alā’ al-Dawla b. Baysonqur
◇863 / 1459	●阿布—薩義德・賓・穆罕默德・賓・米蘭・夏赫 ●Abū Sa‘īd b. Muḥammad b. Mīrān Shāh
◇873 / 1469	●胡笙・賓・曼蘇爾・賓・貝嘎拉・賓・歐瑪爾—謝赫・賓・帖木兒 ●Ḥusayn b. Manṣūr b. Bayqara b. ‘Umar Shaykh b. Tīmūr’ ●首次統治。
◇875 / 1470	●亞德加爾・穆罕默德・賓・蘇勒壇・穆罕默德・賓・貝松古爾 ●Yādgār Muḥammad b. Sulṭān Muḥammad b. Baysonqur ●受赫拉特城的白羊汗國的烏尊・哈珊（Uzun Ḥasan）保護，於875 / 1470年遭殺害。
◇875 / 1470	●胡笙・賓・曼蘇爾・賓・貝嘎拉 ●Ḥusayn b. Manṣūr b. Bayqara ●第二次統治。
911 / 1506 （兩人共治）	●巴迪俄・札曼・賓・胡笙 ●Badī‘ al-Zamān b. Ḥusayn ●逝於923 / 1517年。 ●穆查法爾・胡笙・賓・胡笙 ●Muẓaffar Ḥusayn b. Ḥusayn
913 / 1507	●**俄茲別克征服赫拉特。**

三、帖木兒之後波斯西部與伊朗的統治者

年份	統治者名稱／重要事件
795 / 1393	●賈拉勒丁，米蘭・夏赫・賓・帖木兒 ●Mīrān Shān b. Tīmūr, Jalāl al-Dīn ●非阿拉伯的伊拉克地區與亞塞拜然的總督，806 / 1404 統治中心為非阿拉伯的伊拉克地區，於 810 / 1408 年遭殺害。
807 － 812 / 1404 － 1409	●皮爾・穆罕默德・賓・歐瑪爾—謝赫・賓・帖木兒 ●Pīr Muḥammad b. ʻUmar Shaykh b. Tīmūr ●統治法爾斯地區。
807 － 812 / 1404 － 1409	●魯斯塔姆・賓・歐瑪爾—謝赫 ●Rustam b. ʻUmar Shaykh ●統治非阿拉伯的伊拉克南部。
812 / 1409	●哈利勒・蘇丹・賓・米蘭・夏赫 ●Khalīl Sulṭān b. Mīrān Shāh ●統治拉伊城（Rayy），逝於 814 / 1411 年。
812 / 1409	●貝嘎拉・賓・歐瑪爾—謝赫 ●Bayqara b. ʻUmar Shaykh ●統治法爾斯。
815 － 817 / 1412 － 1414	●伊斯坎達爾・賓・歐瑪爾—謝赫 ●Iskandar b. ʻUmar Shaykh ●統治法爾斯與非阿拉伯的伊拉克。
817 / 1414	●夏赫・魯赫・賓・帖木兒 ●Shāh Rukh b. Tīmūr ●統一波斯西部、中部與河中區、呼羅珊的領土。

帖木兒出身突厥突厥化蒙古人的巴爾拉斯部族（Barlas），而這個部族在察合台汗國（Chaghatayid，見編號132）統治期間已經游牧化。儘管帖木兒的後裔很可能曾經自稱成吉思汗的後裔，但帖木兒本人卻從未如此宣稱，並相當滿足於阿拉伯—伊斯蘭的頭銜「統領」（Amīr），而非突厥的「汗王」（Khān）稱號。然而，他確實曾透過與成吉思汗後裔公主聯姻，取得「güregen」（又作küregen）的頭銜，意為「駙馬」（royal son-in-law）。帖木兒在中亞、西亞和南亞建立軍事帝國，但他真正感興趣的地區是古代伊斯蘭或印度文化密集之地，而非內亞（Inner Asia）的草原和山脈，這也使他與先前的蒙古草原征服者有所區別，他最終為自己建造了首都撒馬爾干（Samarkand）。雖然帖木兒本身沒有特定的宗教信仰，他卻發現伊斯蘭的宗教意識型態可以有效協助他在高加索和印度等地區的征服。

帖木兒崛起於分裂的河中區（Transoxania），當時河中區正受到西邊察合台勢力衰微的連帶影響，而在蒙古斯坦（Mogholistan）欲重新建立汗國的行動亦屢屢失敗。不過，人們仍普遍認同蒙古政權的合法性，因此當帖木兒首度掌權時，他便在河中區扶植成吉思汗後裔的魁儡汗王，其中包括大汗窩闊台（Ögeday）的後裔索尤爾阿特米胥（Soyurghatmïsh）和他的兒子。

他初期發起的戰役位於花剌子模（Khwārazm）與呼羅珊，隨後他開始積極進攻波斯。從797 / 1395年開始的「五年戰爭」期間，法爾斯地區的穆查法爾政權遭受摧殘，而賈拉伊爾朝的阿赫瑪德．賓—謝赫．烏維斯也被驅逐出伊拉克。帖木兒在北方邊界並不穩固，他在草原上的競爭對手則是白帳汗國的托革塔姆胥汗王（Toqtamïsh），當時他是整個俄羅斯南部欽察草原（Qïpchaq steppe）和西伯利亞（Siberia）西南部的最高統領（見編號134）。帖木兒於是在797 / 1395年入侵欽察，直搗阿斯特拉罕（Astrakhan）和莫斯科大侯國（Muscovy）等地。不過他的征戰主要是針對伊斯蘭的中心地區，而這些侵略行動大大影響了當地的政治結構。800 / 1398至800 / 1399年間，帖木兒揮軍進攻印度，入侵德里，加速圖魯革支系（Tughluqids，見編號160之3）的滅亡，並在十五世紀時刺激了許多獨立自治區的崛起，如焦恩普爾（Jawnpūr）、古嘉拉特（Gujarāt）、馬勒瓦（Mālwa）與罕地須（Khāndesh）等地（見第十六章）。在西邊，805 / 1402年，帖木兒在安卡拉（Ankara）打敗蘇丹巴雅濟德一世（Bāyazīd I），等於恢復了許多先前併入歐斯曼帝國版圖的安那托利亞小侯國（見第十二章），並維持數十年。

帖木兒正準備要進攻中國時，不幸身亡，而在他死前已經將領土分配給他的子孫。根據草原習俗，帝國領土並非最高統治者的個人財產，而是由統治氏族的所有男性成員所共有，亦即將土地均分給帖木兒帝國的眾多親王，而若沒有明確的繼承指示，競爭者將瓜分領地並導致領土破碎。除了上述所列出的三支帖木兒後裔支系，尚有一些統治氏族的成員各自擁有不同程度的獨立主權，抑或在不同地區擔任帖木兒朝的附庸，甚至遠至裡海省份、奇爾曼、喀布爾（Kabul）與位於阿富汗東部的坎達哈爾（Kandahar）等地。在當時，即使擁有帖木兒朝舊首都撒馬爾干的統治權，在政權中是權力的象徵，也不會讓統治者享有最高地位；帖木兒朝晚期的最高統治者胡笙・賓・曼蘇爾・貝嘎拉（Ḥusayn b. Manṣūr Bayqara）統治的就是赫拉特，而不是撒馬爾干。

帖木兒朝對周遭其他勢力的威脅逐漸消除，晚期的帖木兒後裔最後淪為呼羅珊和河中區的地方統治者，其無暇顧及的西邊土地則由崛起的突厥政權接手，例如黑羊汗國（見編號145）和白羊汗國（Aq Qoyunlu，見編號146）。起初，波斯西部和伊拉克、呼羅珊和河中區分別有兩個主要朝代，後者首先由帖木兒的兒子夏赫・魯赫（Shāh Rukh）所統一，而他的勢力也隨之延伸到西邊的土地。夏赫・魯赫的曾姪子阿布—薩義德（Abū Sa'īd）是當時最強的君主，與歐斯曼帝國的「征服者」穆罕默德二世（Muḥammad the Conqueror）勢力相當。然而，他無法阻擋烏茲別克人（Özbegs）侵擾烏滸河地區（見編號153），最終導致帖木兒朝政權瓦解；他在872 / 1468年企圖協助黑羊汗國對抗烏尊・哈珊（Uzun Ḥasan）領導的白羊汗國，希望能奪回帖木兒朝過去的西方領土，卻也以失敗收場。

帖木兒朝是最後一個來自草原的重要伊斯蘭朝代。其後崛起的勢力如歐斯曼帝國、薩法維帝國（Ṣafawids）、蒙兀兒帝國（Mughals）等，皆採用了槍砲和更高端的軍事技術，顛覆了先前內亞草原騎兵的大規模入侵模式。河中區與波斯歷史上的帖木兒朝時期為十五世紀，是中古伊斯蘭藝術和文化最輝煌的時期，不乏優秀的波斯和察合台突厥文學學校、建築、繪畫和製書學校，而在胡笙・賓・曼蘇爾・賓・貝嘎拉在赫拉特的宮廷中更出現最後的繁榮光景，詩人賈米（Jāmī）、阿里・胥爾・納瓦伊（'Alī Shīr Nawā'ī），以及畫家比赫扎德（Bihzad）便在此進行創作。

● 參考資料

* Justi, 472-5; Lane-Poole, 265-8; Sachau, 30-1, nos 78-83, Zambaur, 269-70 and Table T; Album, 50-3.

* R.M. Savory, 'The struggle for supremacy in Persia after the death of Tīmūr', *Der Islam*, 40 (1964), 35-54.

* H. R. Roemer, 'Tīmūr in Iran', 'The successors of Tīmūr', in *The Cambridge Histiry of Iran*, VI, 42-146，第146頁附有世系表。

* Beatrice Forbes Manz, *The Rise and Rule of Tamerlane*, Cambridge 1989，第166頁附有世系表。

* Robert C. Grossman, 'A numismatic "King-List" of the Timurids', *Oreintal Numismatic Society Information Sheet* no.27, September 1990.

145.

黑羊汗國（The Qara Qoyunlu）

- 伊曆 752 ～ 874 年
- 西曆 1351 ～ 1469 年
- 安那托利亞東部、亞塞拜然、伊拉克和波斯西部

年份	統治者名稱／重要事件
752 / 1351	●貝拉姆・赫瓦嘉 ●Bayram Khōja ●伊拉克北部和安那托利亞東部的賈拉伊爾朝附庸。
782 / 1380	●嘎拉・穆罕默德・賓・圖雷米胥 ●Qara Muḥammad b. Türemish ●貝拉姆・赫瓦嘉的姪子，784 / 1382 年後自賈拉伊爾朝獨立，於 791 / 1389 年遭殺害。
約 792 / 約 1390	●阿布—納斯爾，嘎拉・優素夫・賓・嘎拉・穆罕默德 ●Qara Yūsuf b. Qara Muḥammad, Abū Naṣr ●首次統治。
802 / 1400	**●帖木兒入侵。**
◇809 / 1406	●嘎拉・優素夫 ●Qara Yūsuf ●第二次統治，逝於 823 / 1420 年。
◇814 － 821 / 1411 － 1418	●皮爾・布達各・賓・嘎拉・優素夫 ●Pīr Budaq b. Qara Yūsuf ●於其父親統治時擔任亞塞拜然總督。

◇823 － 841 / 1420 － 1438	●伊斯坎達爾・賓・嘎拉・優素夫 ●Iskandar b. Qara Yūsuf ●於823 / 1420年遭殺害。
832 － 833 / 1429 － 1430	●阿布—薩義德・賓・嘎拉・優素夫 ●Abū Sa'īd b. Qara Yūsuf ●亞塞拜然地區的帖木兒朝附庸。
◇836 / 1433	●伊斯潘（？）・賓・嘎拉・優素夫 ●Ispan(?) b. Qara Yūsuf ●伊拉克地區的帖木兒朝附庸。
◇837 / 1434	●賈漢・夏赫・賓・嘎拉・優素夫 ●Jahān Shāh b. Qara Yūsuf ●安那托利亞東部的帖木兒朝附庸。
◇843 / 1439	●賈漢・夏赫・賓・嘎拉・優素夫 ●Jahān Shāh b. Qara Yūsuf ●853 / 1449年前為帖木兒朝封侯。
◇872 / 1467	●哈珊・阿里・賓・賈漢・夏赫 ●Ḥasan 'Alī b. Jahān Shāh
◇873 － 874 / 1469	●阿布—優素夫・賓・賈漢・夏赫 ●Abū Yūsuf b. Jahān Shāh ●僅統治法爾斯地區。
874 / 1469	●**被白羊汗國（Aq Qoyunlu）征服。**

黑羊汗國是一個部族聯盟，源於因蒙古入侵而西進的放牧突厥部族，「Qara Qoyunlu」突厥文意為「擁有黑羊的一群人」。黑羊汗國的統

治氏族似乎是根源於烏古斯（Oghuz）的伊瓦部族（Yïwa，又作Iwa），而他們在十四世紀時的統治中心主要位於凡湖（Lake Van）北方和伊拉克北部的摩蘇爾地區（Mosul）。

黑羊汗國聯盟在許多方面都與賈拉伊爾朝十分相似（見編號142），而他們也自認為是賈拉伊爾朝的繼承者。黑羊汗國的傳統和血統可以回溯至成吉思汗後裔。黑羊汗國的前幾任領袖皆為較早的突厥政權的附庸國，直到784 / 1382年，嘎拉．穆罕默德（Qara Muḥammad）自賈拉伊爾朝獨立，在亞塞拜然的塔布里茲和安那托利亞東部紮根。黑羊汗國最偉大的統治者是嘎拉．優素夫（Qara Yūsuf），他因為抵抗帖木兒朝，而必須先逃到歐斯曼帝國尋求庇護，接著再前往傭兵政權統治的敘利亞，終於在809 / 1406年時得以歸返，結束賈拉伊爾朝在亞塞拜然和伊拉克的勢力。從那時起，嘎拉．優素夫便於迪亞巴克爾地區展開與白羊汗國（見編號146）的征戰，抵抗喬治亞人，以及後來高加索地區的夏爾萬王國（Sharwān Shāhs，見編號67之2），並對抗波斯西部的帖木兒朝宗主國。強而有力的夏赫．魯赫死後，賈漢．夏赫（Jahān Shāh）便立刻將他的統治地區擴張至法爾斯、奇爾曼，甚至是歐曼地區（Oman），使得黑羊汗國成為強大的帝國勢力，並自封「汗」（khān）和「蘇丹」（sulṭān）的封號。最後，賈漢．夏赫襲擊白羊汗國令人敬畏的統治者烏尊．哈珊，但卻遭到反擊，並因此喪命。賈漢夏赫之子哈珊．阿里（Ḥasan ʻAlī）無力保住黑羊汗國統治者的身分，於是在873 / 1469年自盡，黑羊汗國所有領土也因而悉數落入白羊汗國的統治者手中。

黑羊汗國聯盟的建立，是發生在突厥統治中東北部（從安那托利亞到呼羅珊）中央地帶的中歇期，也就是從伊兒汗國衰微乃至歐斯曼帝國、薩法維朝和烏茲別克人崛起的期間。從朝代組成的種族來看，亞塞拜然以及法爾斯部分地區，在種族和語言方面皆十足突厥化，不過突厥統治仍加速了這個過程。至於黑羊汗國所信仰的宗教，儘管部分汗國晚期的統治者擁有什葉派的名號，汗國所使用的錢幣上偶爾也會出現帶有什葉派特色的銘刻文字，不過，雖然當時突厥穆斯林大多認同什葉派，並沒有足夠證據顯示黑羊汗國直接受到什葉派影響。

●參考資料

* Lane-Poole, 253; Zambaur, 257; Album, 53.
* *İA* 'Kara-Koyunlular' (Faruk Sümer)，附有詳細的世系表；*EI* ² 'Ḳarā-Ḳoyunlu'(F. Sümer)，附有詳細的世系表。
* R. M. Savory, 'The struggle for supremacy in Persia after the death of Tīmūr', 35-50.
* Faruk Sümer, *Kara-Koyunlular (başlangiştan Cihan-Şah'a kadar)*, I, Ankara 1967.
* H. R. Roemer, 'The Türkmen dynasties' in *The Cambridge Histiry of Iran*, VI, 150-74.

146.

白羊汗國（The Aq Qoyunlu）

- 伊曆 798 ～ 914 年
- 西曆 1396 ～ 1508 年
- 迪亞巴克爾、安那托利亞東部、亞塞拜然，以及後來的波斯西部、法爾斯和奇爾曼

年份	統治者名稱／重要事件
約 761 / 約 1360	●法赫爾丁，古特魯・賓・杜爾・阿里・賓・帕赫拉萬 ●Qutlugh b. Ṭūr ‘Alī b. Pahlawān, Fakhr al-Dīn
791 / 1389	●阿赫瑪德・賓・古特魯 ●Aḥmad b. Qutlugh ●白羊汗國聯盟的虛位領袖，直到805 / 1403 年。
◇805 / 1403	●法赫爾丁，嘎拉・優魯各・歐斯曼・賓・古特魯 ●Qara Yoluq ‘Uthmān b. Qutlugh, Fakhr al-Dīn ●798 / 1396 年起，擔任白羊汗國實際領袖。
◇839 / 1435	●賈拉勒丁，阿里・賓・嘎拉・歐斯曼 ●‘Alī b. Qara ‘Uthmān, Jalāl al-Dīn ●與兄弟哈姆查（Ḥamza）和雅俄固卜（Ya‘qūb）內鬥。
◇841 / 1438	●努爾丁，哈姆查・嘎拉・賓・歐斯曼 ●Ḥamza b. Qara ‘Uthmān, Nūr al-Dīn ●與雅俄固卜和賈俄法爾・賓・雅俄固卜（Ja‘far b. Ya‘qūb）內鬥。
◇848 / 1444	●穆儀茲丁，賈漢吉爾・賓・阿里 ●Jahāngīr b. ‘Alī, Mu‘izz al-Dīn

855 － 856 / 1451 － 1452	●基利吉・阿爾斯蘭・賓・阿赫瑪德・賓・古特魯 ● Qïlïch Arslan b. Aḥmad b. Qutlugh ●統治中心為安那托利亞東部。
◇861 / 1457	●阿布—納斯爾，烏尊・哈珊・賓・阿里 ● Uzun Ḥasan b. ʻAlī, Abu ʼl-Naṣr
◇882 / 1478	●阿布—法特赫，哈利勒・賓・烏尊・哈珊 ● Sulṭān Khalīl b. Uzun Ḥasan, Abu ʼl-Fatḥ
◇883 / 1478	●阿布—穆查法爾，雅俄固卜・賓・烏尊・哈珊 ● Yaʻqūb b. Uzun Ḥasan, Abu ʼl-Muẓaffar
◇896 / 1490	●阿布—法特赫，貝松古爾・賓・雅俄固卜 ● Baysonqur b. Yaʻqūb, Abu ʼl-Fatḥ ●和瑪希赫・米爾查・賓・烏尊，哈珊（Masīḥ Mīrzā b. Uzun Ḥasan）爭權，於896 / 1491年遭殺害。
◇898 / 1493	●阿布—穆查法爾，魯斯塔姆・賓・瑪斯伍德・賓・烏尊・哈珊 ● Rustam b. Maqṣūd b. Uzun Ḥasan, Abu ʼl-Muẓaffar
◇902 / 1497	●阿布—納斯爾，阿赫瑪德・葛伍德・賓・烏古爾魯・穆罕默德・賓・烏尊・哈珊 ● Aḥmad Gövde b. Ughurlu Muḥammad b. Uzun Ḥasan, Abu ʼl-Naṣr
◇903 / 1497	●阿布—穆查法爾，阿勒萬德・賓・優素夫・賓・烏尊・哈珊 ● Alwand b. Yūsuf b. Uzun Ḥasan, Abu ʼl-Muẓaffar ●統治中心為迪亞巴克爾（Diyār Bakr），接著轉往亞塞拜然，直到908 / 1502年，逝於910 / 1504年。
◇903 / 1497	●阿布—瑪卡里姆，穆罕瑪迪・賓・優素夫・賓・烏尊・哈珊 ● Muḥammadī b. Yūsuf b. Uzun Ḥasan, Abu ʼl-Makārim ●統治中心為伊拉克和波斯南部，於905 / 1500年遭殺害。

◇905 – 914 / 1500 – 1508	●阿布—穆查法爾，蘇勒壇・穆拉德・賓・雅俄固卜・賓・烏尊・哈珊 ● Sulṭān Murād b. Ya'qūb b. Uzun Ḥasan, Abu 'l-Muẓaffar ●統治法爾斯和奇爾曼地區，直到914 / 1508年，逝於920 / 1514年。
◇910 – 914 / 1504 – 1508	●宰恩・阿比丁・賓・阿赫瑪德・賓・烏古爾魯・穆罕默德 ● Zayn al-'Ābidīn b. Aḥmad b. Ughurlu Muḥammad ●統治迪亞巴克爾。
914 / 1508	●**被薩法維朝人征服。**

白羊汗國是以迪亞巴克爾為中心的突厥游牧聯盟，其名「Aq Qoyunlu」意為「那些擁有白羊的人」，他們的統治階層則來自巴尤恩杜爾（Bayundur）的遠古烏古斯部族。十四世紀中葉，他們便已侵擾特列比松（Trebizond）的拜占庭帝國（Byzantine）領土，並且強迫希臘統治者和他們聯姻結盟。藉由753 / 1352年的突厥和拜占庭聯姻，嘎拉・優魯各・歐斯曼（Qara Yoluq 'Uthmān）崛起並創造白羊汗國繁盛景象，而他們和拜占庭勢力之間的密切關係也持續將近一世紀之久。白羊汗國採取和敵對的黑羊汗國（見編號145）不同的策略，他們臣服於帖木兒朝，嘎拉・歐斯曼替帖木兒朝蘇丹擊敗了統治安卡拉的歐斯曼蘇丹巴雅濟德一世，也因此受封為迪亞巴克爾的統治者。白羊汗國的東進擴張行動，首先遭到賈拉伊爾朝的阻撓（見編號142），接著是來自黑羊汗國的阻礙。不過，白羊汗國的軍事暨政治天才烏尊・哈珊，最終還是在872 / 1467年打敗了賈漢・夏赫，並將許多黑羊汗國的居下

部族併入他的汗國。白羊汗國打敗帖木兒朝的阿布—薩義德後，烏尊・哈珊將他的統治勢力範圍延伸至呼羅珊，以及南方的伊拉克和波斯灣沿岸等地區。

然而，烏尊・哈珊在西邊的主要敵人還是歐斯曼帝國，當時後者正忙於除去安那托利亞地區殘存的突厥政權（見第十二章），以積極東進。烏尊・哈珊和嘎拉曼朝（Qaramānids，見編號124）因為有反對歐斯曼帝國的共同目標而結盟。烏尊因為他出身拜占庭帝國的妻子黛絲碧娜（Despina），而與當時特列比松的統治者有姻親關係，因此他也試圖保護特列比松，使其免於遭受來自「征服者」穆罕默德二世的入侵。此時，白羊汗國儼然已成為具有國際影響力的統治勢力。868 / 1464年起，汗國和歐斯曼帝國的威尼斯敵軍建立外交關係，而來自威尼斯的軍隊和彈藥補給，則經由安那托利亞南部運送到白羊汗國。然而，烏尊・哈珊的騎兵無法打敗878 / 1473年歐斯曼帝國在特爾坎（Tercan，又作Terjān）的火力，白羊汗國因此徹底被歐斯曼帝國擊潰。烏尊的兒子雅俄固卜（Ya'qūb）接任後，持續與歐斯曼帝國奮戰，但白羊汗國最終仍舊落入了內部分裂和繼承紛爭的局面。嘎拉曼政權亦受到歐斯曼人掌控，而儘管烏尊・哈珊和薩法維亞道團（Ṣafawiyya）的領袖導師朱內德（Shaykh Junayd，見編號148）之間有姻親關係，什葉派的宣教運動仍舊在安那托利亞東部的順尼派白羊汗國突厥追隨者之中傳播。906 / 1501年，薩法維朝的伊斯瑪儀一世（Ismā'īl I）擊敗阿勒萬德（Alwand），而最後一位白羊汗國統治者穆拉德蘇丹（Sulṭān Murād）被迫逃亡至歐斯曼帝國。至此，白羊汗國的政權徹底瓦解，但在諸如烏尊・哈珊的首都塔布里茲等地，留下了卓越的文化與文學贊助傳統。

● 參考資料

* Lane-Poole, 254; Zambaur, 258-9; Album, 53-4.
* *İA* 'Aḳ Ḳoyunlular' (M.H. Yınanç)，附有世系表 ; *EI* [2] 'Aḳ Ḳoyunlular' (V. Minorsky).
* R. M. Savory, 'The struggle for supremacy in Persia after the death of Tīmūr', 50-65.
* John E. Woods, *The Aqquyunlu. Clan, Confederation, Empire. A Study in 15th / 9th Century Turko-Iranian Politics*, Minneapolis and Chicago 1976，附錄 C 為世系表。
* H. R. Roemer, in *The Cambridge Histiry of Iran*, VI, 147-88.

147.

穆夏俄夏俄朝（The Musha‘sha‘ids）

- 伊曆 839 ～ 1342 年
- 西曆 1435 ～ 1924 年
- 位於波斯西南部的阿拉比斯坦（‘Arabistān）

年份	統治者名稱／重要事件
839 / 1435	●穆罕默德・賓・法拉赫・賓・海巴特拉 ●Sayyid Muḥammad b. Falāḥ b. Haybat Allāh ●末世引導者（Mahdī）或第十二名伊瑪目（Imam）的代理人（walī），逝於 870 / 1466 年，第一統治時期。
857 － 861 / 1453 － 1457	●蘇丹・阿里・賓・穆罕默德 ●Sayyid Sulṭān ‘Alī b. Muḥammad ●擔任其父親的代理人。
861 / 1457	●穆罕默德・賓・法拉赫 ●Sayyid Muḥammad b. Falāḥ ●第二統治時期。
870 / 1466	●蘇勒壇・穆赫辛・賓・穆罕默德 ●Sayyid Sulṭān Muḥsin b. Muḥammad ●逝於 905 / 1500 年或約 914 / 1508 年。
◇?	●法拉赫・賓・穆赫辛 ●Sayyid Falāḥ b. Muḥsin ●逝於 920 / 1514 年。
920 / 1514	●休賈俄丁，巴德蘭・賓・法拉赫 ●Sayyid Badrān b. Falāḥ, Shujā‘ al-Dīn ●988 / 1580 年後逝世。

約 988 / 約 1580	● 薩賈德・賓・巴德蘭 ● Sayyid Sajjād b. Badrān
992 / 1584 前	● 阿里・賓・薩賈德 ● Sayyid ‘Alī b. Sajjād
992 / 1584	● 尊布爾・阿里・賓・阿里 ● Sayyid Zunbūr ‘Alī b. ‘Alī ● 統治呼濟斯坦（Khūzistan）直到998 / 1590 年。
995 / 1587	● 穆巴拉克・賓・（阿布杜—）穆塔立卜・賓・巴德蘭 ● Sayyid Mubārak b. (‘Abd al-) Muṭṭalib b. Badrān ● 統治中心為胡維查（Ḥuwayza），另有汗王的封號。
1025 / 1616	● 納席爾・賓・穆巴拉克 ● Sayyid Nāṣir b. Mubārak
1025 / 1616	● 拉胥德・賓・薩里姆・賓・穆塔立卜 ● Sayyid Rāshid b. Salīm b. Muṭṭalib ● 即位後不久便遭殺害。
1030 / 1621	● 曼蘇爾・賓・穆塔立卜 ● Sayyid Manṣūr b. Muṭṭalib ● 首次統治。
1033 / 1624	● 穆罕默德・賓・穆巴拉克 ● Sayyid Muḥammad b. Mubārak
1042 / 1632 後	● 曼蘇爾 ● Sayyid Manṣūr ● 第二次統治。
1053 / 1643	● 巴拉卡・賓・曼蘇爾 ● Sayyid Baraka b. Manṣūr

1060 / 1650	●阿里・賓・哈拉夫・賓・穆塔立卜 ● Sayyid ‘Alī b. Khalaf b. Muṭṭalib ●逝於1092 / 1681年。
1097 / 1686	●海達爾（？阿布達拉）・賓・哈拉夫 ● Sayyid Ḥaydar (? or ‘Abdallāh) b. Khalaf
1097 / 1686	●法拉賈拉・賓・阿里 ● Sayyid Faraj Allāh b. ‘Alī
1112 / 1700	●阿里 ● Sayyid ‘Alī ●法拉賈拉的姪子，首次統治。
1114 / 1707	●阿布達拉・賓・法拉賈拉 ● Sayyid ‘Abdallāh b. Faraj Allāh
1127 / 1715	●阿里 ● Sayyid ‘Alī ●第二次統治。
1132 / 1720	●穆罕默德・賓・阿布達拉 ● Sayyid Muḥammad b ‘Abdallāh
1150 / 1737	●法拉賈拉 ● Sayyid Faraj Allāh ●統治中心在道拉各（Dawraq），直至1160 / 1747年。
1060 / 1747	●穆塔立卜・賓・穆罕默德 ● Sayyid Muṭṭalib b. Muḥammad ●統治中心為胡維查，於1176 / 1762年遭殺害。
?	●毛拉・朱達拉 ● Sayyid Mawlā Jūd Allāh ●穆塔立卜的表兄弟。

?	●毛拉・伊斯瑪儀 ●Sayyid Mawlā Ismāʻīl
約 1193 / 約 1779	●毛拉・穆赫辛・賓・朱達拉 ●Sayyid Mawlā Muḥsin b. Jūd Allāh
?	●毛拉・穆罕默德・賓・朱達拉 ●Sayyid Mawlā Muḥammad b. Jūd Allāh
1212 後 / 1797 後	●毛拉・穆塔立卜・賓・穆罕默德 ●Sayyid Mawlā Muṭṭalib b. Muḥammad
?	●毛拉・阿布杜─阿里 ●Sayyid Mawlā ʻAbd al-ʻAlī
1257 / 1841	●毛拉・法拉賈拉 ●Sayyid Mawlā Faraj Allāh ●呼濟斯坦總督。
1289 / 1872	●毛拉・穆罕默德・賓・納斯剌拉 ●Sayyid Mawlā Muḥammad b. Naṣr Allāh
1298 / 1881	●毛拉・穆塔立卜・賓・納斯剌拉 ●Sayyid Mawlā Muṭṭalib b. Naṣr Allāh ●約於 1312 / 1895 年後統治迪茲夫勒城（Dizfūl）。
約 1305 / 約 1888	●毛拉・納斯剌拉 ●Sayyid Mawlā Naṣr Allāh ●統治中心為胡維查。
?	●毛拉・阿布杜─阿里 ●Sayyid Mawlā ʻAbd al-ʻAlī ●統治至 1328 / 1910 年。
1328 － 1342 / 1910 － 1924	●哈茲阿勒 ●Shaykh Khazʻal ●來自穆罕馬拉（Muḥammara），穆夏俄夏俄朝在胡維查指派的統治者。

1342 / 1924	●里達汗（Riḍā Khān）恢復阿布杜—阿里胡維查導師的身分。

穆夏俄夏俄朝人的運動始於十五世紀的呼濟斯坦（Khūzistān）南部，也就是後來人們所稱的阿拉比斯坦（‘Arabistān）。儘管這個位於波斯灣（Persian Gulf）海角的地區種族是以阿拉伯裔為主，但卻逐漸發展出典型波斯極端什葉派救贖運動（millenarian movement）；而穆夏俄夏俄朝在長達五百年的統治期間，政治上也與波斯統治者有較深的連結，和伊拉克的統治者（後來事實上是歐斯曼帝國）則較為疏遠。賽伊德・穆罕默德・賓・法拉赫（Sayyid Muḥammad b. Falāḥ）宣稱自己是世人所期待的伊瑪目（Imām）之代理（ḥijāb）的出現（ẓuhūr），以此對抗伊拉克黑羊汗國（見編號145）的統治者；「穆夏俄夏俄」（Musha‘sha‘）這個名字似乎帶有照明論（illuminationism）的概念（「shu‘ā‘」為「光芒」之意），照明論在什葉派中是相當明顯的動力，而日後在薩法維朝統治的波斯地區發展。

十五世紀時，穆夏俄夏俄朝是以胡維查（Ḥuwayza，又作Ḥawīza）為中心的地方獨立統治者，而此時也是該勢力宗教政治運動的高峰。920 / 1514年，薩法維朝的夏赫・伊斯瑪儀一世（Shāh Ismā‘īl，見編號148）將勢力延伸至呼濟斯坦，穆夏俄夏俄人被迫投降，並於後來的幾世紀中，以總督（wālī）的身分效忠波斯君主。十九世紀末，穆夏俄夏俄朝的在地勢力因穆罕瑪拉（Muḥammara）統治者卡勒卜阿拉伯部族（Banū Kalb）崛起而衰微；儘管如此，穆夏俄夏俄勢力仍舊在當地維持政權，直到里達・夏赫・巴列維（Riḍā Shāh Pahlawī）的時代為止（見編號152）。

●參考資料

* Album, 54.

* *EI* [2] ‘Mu<u>sh</u>a‘<u>sh</u>a‘’ (P. Luft).

* W. Caskel, ‘Ein Mahdī des 15. Jahrhunderts. Saijid Muḥammad ibn Falāḥ und seine Nachkommen’, *Islamica*, 4 (1931), 48-93，第 75 頁附有世系表。

* idem, ‘Die Wālī’s von Ḥuwēzeh’, *Islamica*, 6 (1934), 415-34，第 424 ～ 432 頁附有世系表。

148.

薩法維朝（The Ṣafawids）

- 伊曆 907 ～ 1135 年
- 西曆 1501 ～ 1722 年（後續並無實權，存續至 1179 / 1765 年。）
- 波斯

年份	統治者名稱／重要事件
◇907 / 1501	●阿布─穆查法爾，伊斯瑪儀一世・賓・海達爾・賓・朱內德 ●Ismā'īl I b. Ḥaydar b. Junayd, Abu 'l- Muẓaffar
◇930 / 1524	●塔赫瑪斯普一世・賓・伊斯瑪儀一世 ●Ṭahmāsp I b. Ismā'īl I
◇984 / 1576	●伊斯瑪儀二世・賓・塔赫瑪斯普一世 ●Ismā'īl II b. Ṭahmāsp I
◇985 / 1578	●穆罕默德・胡達班達・賓・塔赫瑪斯普一世 ●Muḥammad Khudābanda b. Ṭahmāsp I ●逝於1003 / 1595 或1004 / 1596 年。
◇995 / 1587	●阿巴斯一世・賓・穆罕默德・胡達班達 ●'Abbās I b. Muḥammad Khudābanda
◇1038 / 1629	●薩姆・米爾查・賓・剎非・米爾查，剎非一世 ●Ṣafī I, Sām Mīrzā b. Ṣafī Mīrzā
◇1052 / 1642	●穆罕默德・米爾查・賓・剎非一世，阿巴斯二世 ●'Abbās II, Sulṭān Muḥammad Mīrzā b. Ṣafī I
◇1077 / 1666	●剎非二世・賓・阿巴斯二世 ●Ṣafī II b. 'Abbās II ●1078 / 1668 年以蘇萊曼一世（Sulaymān I）之名重新登基。

◇1105 / 1694	●穆拉，胡笙一世・賓・蘇萊曼一世 ●Ḥusayn I b. Sulaymān I, Mullā
1135 / 1722	●**阿富汗人入侵。**
◇1135 / 1722	●塔赫瑪斯普二世・賓・胡笙一世 ●Ṭahmāsp II b. Ḥusayn I ●於1135 / 1740年遭殺害。
◇1145 / 1732	●阿巴斯三世・賓・塔赫瑪斯普二世 ●'Abbās III b. Ṭahmāsp II ●於1153 / 1740年遭殺害。
1148 / 1736	●**納迪爾・夏赫・阿夫夏爾** ●**Nādir Shāh Afshār**
1161 / 1748	●**魯赫** ●**Shāh Rukh** ●**阿夫夏爾的後裔，首次統治。**
◇1163 / 1750	●穆罕默德，蘇萊曼二世 ●Sulaymān II, Sayyid Muḥammad ●蘇萊曼一世之孫，在馬須哈德（Mashhad）登基。
1163 / 1750	●**魯赫** ●**Shāh Rukh** ●**第二次統治，中心在呼羅珊。**
◇1163 － 1179 / 1750 － 1765	●阿布―圖拉卜，伊斯瑪儀三世・賓・賽伊德・穆爾塔達 ●Ismā'īl III b. Sayyid Murtaḍā, Abū Turāb ●贊德朝（Zands）在伊斯法罕的傀儡統治者，逝於1187 / 1773年。

薩法維朝人的出身並不清楚，甚至至少含括十六世紀前半葉的「官方」薩法維朝系譜與早期的歷史紀錄，也無法解釋薩法維朝的起源。然而，薩法維朝相當可能來自波斯的庫德斯坦（Kurdistan）；操突厥語者，薩法維政權似乎是後蒙古時代突厥勢力再起的一部分。薩法維氏族是蘇非薩法維亞道團的領導者，以亞塞拜然的阿爾達比勒（Ardabīl）為中心，最初奉行順尼派；十五世紀中葉，道團領袖導師朱內德除握有信仰權力之外，發起了一場爭奪世俗權力的戰役。在安那托利亞和亞塞拜然等地突厥異端與什葉派的影響下，薩法維亞也逐漸成為什葉派道團。

薩法維朝最初幾位統治者的政治野心使他們敵對其他位於安那托利亞東部、伊拉克和波斯的突厥勢力。905 / 1501 年，伊斯瑪儀一世戰勝了白羊汗國（見編號146），掌控亞塞拜然地區，並在接下來的十年間，將整個波斯地區納入統治範圍，也因此建立了薩法維朝的神權政治。伊斯瑪儀以及他的繼承者，不僅宣稱自己透過第七位伊瑪目穆薩・卡濟姆（Mūsā al-Kāẓim）而與阿里有直系血緣關係，至少從伊斯瑪儀創作的詩歌當中，亦可看出他自稱在極端什葉派（ghulāt）的神學傳統中具有神聖地位。他們的突厥部族追隨者，也就是所謂的「紅頭巾人」（Qïzïl Bash，因為他們穿戴紅色頭巾），於是也和伊斯瑪儀在信仰和政治方面結盟。最後什葉伊斯蘭成為薩法維政權的官方宗教，在薩法維朝之前，主要宗教向來是以順尼派為主。由於鞏固了什葉派的勢力，薩法維朝因而在波斯歷史上成為相當重要的一段時期；在過程中，波斯取得了新的團結契機與國家地位，使她憑藉國家向心力與完整的波斯領土存續至今。

軍事方面，早期的薩法維朝必須面對來自於順尼派鄰國的強烈敵意，也就是西邊的歐斯曼帝國，以及東北方的烏茲別克汗國。東北邊境的統治者們只能憑藉自己的力量維持權力，而赫拉特、馬須哈德（Mashhad）、薩拉赫斯（Sarakhs）等城市的統治權也多次易手；而歐斯曼突厥人入侵、掠奪物資和奴隸的情況，則是一直持續到西元十九世紀。歐斯曼帝國的軍事實力於十六世紀時達到顛峰，尤其是危險的威脅。920 / 1514 年時，歐斯曼蘇丹塞里姆一世（Selīm I）在查勒迪蘭（Chāldirān）打敗薩法維朝人，對歐斯曼帝國而言，這象徵著軍事後勤與卓越火力的勝利（薩法維朝和埃及的傭兵政權一樣，很晚才採用炮術和手槍），同時也摧毀了薩法維朝的支持者對於政權神聖不可侵地位的信念。之後不久，庫德斯坦、迪亞巴克爾和巴格達落入歐斯曼帝國手中，而亞塞拜然也時常遭受侵略；其後，薩法維朝首都從脆弱的塔布里茲，遷移至嘎茲溫（Qazwīn），更晚期又遷至伊斯法罕。

阿巴斯一世（'Abbās I）可媲美於近代幾位偉大的統治者，諸如英國伊莉莎白一世（Elizabeth I）、西班牙菲利普二世（Philip II）與俄羅斯伊凡四世（Ivan IV，「兇殘的伊凡」）、蒙兀兒帝國（Mughal）的阿克巴爾（Akbar）等；在阿巴斯一世統治期間，薩法維朝的軍事力量、文化和文明達到顛峰，而他的傑出貢獻部分可見於伊斯法罕輝煌的建築。在他任內，歐斯曼帝國的勢力自亞塞拜然撤出，波斯對於高加索地區和波斯灣的掌控隨著時間增強。薩法維朝和歐洲建立外交關係（雖然對抗歐斯曼帝國的薩法維朝與歐洲聯盟從未真正實現），商業與文化的聯繫也日益成長。為了制衡「紅頭巾人」的影響力，阿巴斯一世招募了喬治亞（Georgian）與切爾克斯（Circassian）等地的歸順者，成為奴隸護衛隊，並傾向於支持效忠他本人、而非部族酋長的突厥部族（這些人被稱為「國王的擁戴者」〔Shāh seven〕）。

阿巴斯二世（‘Abbās II）於1077 / 1666年去世後，接任的統治者能力明顯日漸衰弱。薩法維政權偶爾延伸至遙遠的阿富汗東部，但當地的順尼派強烈反對什葉派國王的政策，因此薩法維朝在阿富汗的總督米爾・烏維斯（Mīr Uways）在十八世紀初宣布獨立。1135 / 1722年，總督的兒子瑪赫穆德（Maḥmūd）入侵波斯，薩法維朝抵抗失敗，而直到納迪爾・夏赫・阿夫夏爾（Nādir Shāh Afshār，見編號149）崛起為止的數年間，波斯大部分地區為吉勒查伊（Ghilzay）的阿富汗人所佔領。波斯接下來的掌權者，偶爾會提名薩法維後裔或其爭奪權力者為魁儡君主，然而塔赫瑪斯普二世（Ṭahmāsp II）逝世後，薩法維勢力則不再握有實質統治權。

●參考資料

* Justi, 479; Lane-Poole,255-9; Zambaur,261-2; Album,54-7.
* *EI* [2] ‘Ṣafawids. 1. Dynastic, political and military history’ (R.M. Savory).
* J. R. Perry, ‘The last Ṣafavids,1722-1773’, Iran, *JBIPS*, 9 (1971), 59-69
* Roger Savory, *Iran under the Safavids*, Cambridge 1980.
* H. R. Roemer, ‘The Safavid period’, in *The Cambridge History of Iran*, VI,189-350.

149.

阿夫夏爾朝（The Afshārids）

- 伊曆 1148 ～ 1210 年
- 西曆 1736 ～ 1796 年
- 波斯

年份	統治者名稱／重要事件
◇1148 / 1736	●納迪爾・夏赫・阿夫夏爾，納德爾・古里・賓・伊瑪目・古里，塔赫瑪斯普・古里 ●Nadr Qulī b. Imām Qulī, Ṭahmāsp Qulī, Nādir Shāh Afshar ●自 1144 / 1732 年起，擔任塔赫瑪斯普二世的攝政。
◇1160 / 1747	●阿迪勒・夏赫，阿里・古里・賓・穆罕默德・易卜拉欣・賓・伊瑪目・古里 ●ʻAlī Qulī b. Muḥammad Ibrāhīm b. Imām Qulī, ʻĀdil Shāh ●於 1160 / 1747 年遭殺害。
◇1161 / 1748	●易卜拉欣・賓・穆罕默德・易卜拉欣 ●Ibrāhīm b. Muḥammad Ibrāhīm ●統治中心為波斯中部與西部。
◇1163 / 1750	●魯赫・賓・里達・古里・賓・納迪爾・夏赫 ●Shāh Rukh b. Riḍā Qulī b. Nādir Shāh ●統治中心為呼羅珊，首次統治，於 1163 / 1750 年遭罷黜。
◇1163 / 1750	●魯赫 ●Shāh Rukh ●第二次統治。
1168 – 1210 / 1755 – 1796	●魯赫 ●Shāh Rukh ●三度統治，起初為阿富汗杜蘭（Durrānī）人的魁儡。

1210 / 1796	●**嘎賈爾人（Qājārs）繼任。**
1210－1218 / 1796－1803	●納迪爾・米爾查・賓・魯赫 ●Nādir Mīrzā b. Shāh Rukh ●馬須哈德的掌權者。

阿夫夏爾（Afshār）是定居呼羅珊北部的突厥部族，納德爾（Nadr）（或納迪爾〔Nādir〕）為其首長；他們日後也在呼羅珊北部建立起據點與國庫，也就是嘎勒阿特—納迪里（Qal'at-I Nādirī）。薩法維朝衰微期間，大多數的波斯領土已經掌握在吉勒查伊人手中，而薩法維朝早期所建立的一統波斯國家，也岌岌可危。納迪爾的貢獻是暫時恢復了波斯領土的完整性，但他也因此付出代價，讓國家的財政和經濟陷入衰退狀態。納迪爾透過效忠於虛位的薩法維朝國王塔赫瑪斯普二世，提升自己的權力地位（因此他採用「塔赫瑪斯普的奴隸」〔Ṭahmāsp Qulī〕為名）。他開始有組織地將阿富汗入侵者驅趕出波斯，並終於在1140 / 1727年達成這個目標，而薩法維國王也賦予他呼羅珊、奇爾曼、錫斯坦（Sistan）和馬贊達蘭（Māzandarān）等地的總督權位。納迪爾一個人掌控幅員如此廣大的領土，決策行為開始變得像個獨立統治者，並且開始鑄造自己的錢幣。他將注意力轉向外來敵軍，將歐斯曼帝國逐出亞塞拜然和庫德斯坦，並入侵高加索，遠至達吉斯坦（Dāghistān）。塔赫瑪斯普國王後來和歐斯曼帝國與俄羅斯等國簽訂對波斯不利的條約，這為納迪爾提供了罷黜國王的契機。他提拔另一位薩法維朝的親王成為魁儡統治者，一直到1148 / 1736年，他自己宣布成為國王為止。於此同

時，納迪爾似乎亟欲解決自古以來存在於波斯和歐斯曼帝國之間的什葉與順尼派敵對狀態，因而宣布不再以什葉伊斯蘭的十二伊瑪目派（Twelver Shī‘ism）為官方宗教，轉而以什葉派中較小的支派為主要信仰，該派別的領袖為第六位伊瑪目賈俄法爾・剎迪各（Ja‘far al-Ṣādiq）。但實際上，納迪爾協調的舉動並未成功拉攏任何陣營，也無益於緩和與歐斯曼帝國間的緊張情勢。

納迪爾以持續不斷的戰爭為代價，於1151 / 1738至1152 / 1739年間在印度的戰役中告捷，而蒙兀兒帝國的君主穆罕默德・夏赫（Muḥammad Shāh，見編號175）不得不割讓所有印度河（Indus）北邊與西邊的省份，並納貢龐大金額；納迪爾也因此宣布波斯人民三年免於賦稅。1154 / 1741年曾有人企圖暗殺納迪爾，而他懷疑自己的兒子里達・古里（Riḍā Qulī）也是共謀者之一，納迪爾的性格愈來愈暴戾，政策也愈發殘酷且反覆無常。在他的苛政下，幾個賦稅省份的人民群起反抗，終於在1160 / 1747年，一群阿夫夏爾與嘎賈爾（Qājār）部族的突厥領袖將他謀殺。納迪爾的兩名姪子短暫掌控政權，接著他雙目失明的孫子夏赫・魯赫（Shāh Rukh）成為呼羅珊地區的魁儡軍事將領，直到阿嘎・穆罕默德・嘎賈爾（Agha Muḥammad Qājār，見編號151）於1210 / 1796年，將勢力範圍由波斯北部向東拓展，消滅當地阿夫夏爾朝僅存的勢力。

●參考資料

* Lane-Poole, 257-9; Zambaur, 261; Album, 57-8.

* *EI* ² ‘Nādir Shāh Afshar’ (J. R. Perry).

* Peter Avery, ‘Nādir Shāh and the Afsharid legacy’ in *The Cambridge History of Iran. VII. From Nādir Shah to the Islamic Republic*, Cambridge 1991, 3-62.

150.

贊德朝（The Zands）

- 伊曆 1164 ～ 1209 年
- 西曆 1751 ～ 1794 年
- 呼羅珊以外的波斯

年份	統治者名稱／重要事件
◇1164 / 1751	●穆罕默德・卡里姆汗・賓・伊納革汗 ●Muḥammad Karīm Khān b. Inaq Khān ●擔任薩法維朝伊斯瑪儀三世（Ismāʻīl III）的代理人（wakīl）或攝政。
◇1193 / 1779	●阿布—法特赫・賓・穆罕默德・卡里姆 ●Abu ʼl-Fatḥ b. Muḥammad Karīm ●穆罕默德・阿里・賓・穆罕默德・卡里姆 ●Muḥammad ʻAlī b. Muḥammad Karīm ●兩人皆為須拉子的虛位統治者。
◇1193 / 1779	●穆罕默德・剎迪各・賓・伊納革 ●Muḥammad Ṣādiq b. Inaq ●統治中心為須拉子。
◇1195 / 1781	●阿里・穆拉德・賓・阿拉・穆拉德（蓋達爾汗） ●ʻAlī Murād b. Allāh Murād or Qaydar Khān ●統治中心為伊斯法罕。
◇1199 / 1785	●賈俄法爾・賓・穆罕默德・剎迪各 ●Jaʻfar b. Muḥammad Ṣādiq ●首先統治中心為伊斯法罕，後轉往須拉子。

◇1204 – 1209 / 1789 – 1794	●魯特夫・阿里・賓・賈俄法爾 ●Luṭf ʿAlī b. Jaʿfar ●統治中心為須拉子。
1209 / 1794	●**嘎賈爾人接續統治。**

在納迪爾・夏赫身亡所導致混亂局面中，幾位軍隊首領在波斯的省份取得權力。納迪爾的阿富汗將領阿赫瑪德・阿布達利（Aḥmad Abdālī）在坎達哈爾建立重要的阿富汗國家，其領土包括納迪爾在印度西北部所征服的地區（見編號175）。在呼羅珊，阿夫夏爾朝的夏赫・魯赫維持他魁儡地方總督不穩固的地位，嘎賈爾朝統治裡海區域省份（見編號151），而納迪爾的另一位阿富汗將領阿札德（Āzād）則在亞塞拜然建立自己的據地。波斯南部的主要勢力首先掌握在巴赫提亞爾（Bakhtiyār）後裔領袖阿里・瑪爾丹（ʿAlī Mardān）手中，當時他已經握有伊斯法罕，並於1163 / 1751年，在當地擁立無實際作為的薩法維統治者伊斯瑪儀三世（Ismāʿīlī，見編號148）。阿里・瑪爾丹的上校兼將領（sardār）是穆罕默德・卡里姆・贊德（Muḥammad Karīm Zand），他來自於札格羅斯山脈（Zagros Mountains）中部的魯爾人（Lurs）小部族；阿里遭到謀殺之後，穆罕默德・卡里姆企圖成為波斯南部的獨一統治者。

在卡里姆明確取得呼羅珊以外的大多數波斯地區以前，他仍然必須與嘎賈爾朝的穆罕默德・哈珊汗（Muḥammad Ḥasan Khān）長期征戰。穆罕默德・卡里姆從未為自封「國王」（Shāh）的頭銜，他以伊斯瑪儀三世的攝政（wakīl al-dawla）身分，統治著須拉子城。穆罕默德・卡里姆仁慈而溫和，統治將近三十年，須拉子在他的賢明統治下蓬勃發展；值得一提的是，卡里姆政權相當鼓勵經由波斯灣布夏爾港（Bushire，又作Būshahr），發展與英國之間的貿易關係。可是卡里姆逝世後，贊德政權內部的繼承紛爭一觸即發，最後由阿里・穆拉德（'Alī Murād）奪得政權，但他上位不久後即去世。在賈俄法爾（Ja'far）統治期間，與贊德朝敵對的嘎賈爾朝勢力不斷成長，直到贊德朝不得不投降並拱手讓出伊斯法罕的所有權。贊德朝最後一任統治者魯特夫・阿里汗（Luṭf 'Alī Khān）頗受人民歡迎，也是一名能幹的將領，他所領導軍隊抵抗嘎賈爾朝，贏得短暫的戰績。然而1209 / 1794年，魯特夫・阿里於奇爾曼成為阿嘎・穆罕默德・嘎賈爾的俘虜，並遭殘忍殺害；於是，自從納迪爾・夏赫和薩法維朝的顛峰時期以來，波斯整體國土首度在單一君主的統治之下，成為大一統國家。

● 參考資料

* Lane-Poole, 260, 262; Zambaur, 261, 264; Album, 58-9.

* John R. Perry, *Karim Khan Zand. A History of Iran, 1747-1779*, Chicago and London 1979，第296頁附有世系表。

* idem, 'The Zand dynasty', in *The Cambridge History of Iran*, VII, 63-103, and Gavin R. G. Hambly, 'Āghā Muḥammad Khān and the establishment of the Qājār dynasty', in ibid., 104-26，第961頁附有世系表。

151.

嘎賈爾朝（The Qājārs）

- 伊曆 1193 ～ 1344 年
- 西曆 1779 ～ 1925 年
- 波斯

年份	統治者名稱／重要事件
	●古爾干（Gurgān）和馬贊達蘭（Māzandarān）的部族領袖： ●法特赫・阿里汗 ●Fatḥ ʻAlī Khān ●於 1139 / 1726 年遭殺害。 ●穆罕默德・哈珊・賓・法特赫・阿里 ●Muḥammad Ḥasan b. Fatḥ ʻAlī ●於 1172 / 1759 年遭殺害。 ●賈漢蘇茲，胡笙・古里・賓・穆罕默德・胡笙 ●Ḥusayn Qulī b. Muḥammad Ḥusayn, Jahānsūz ●逝於 1191 / 1777 年。
◇1193 / 1779	●阿嘎・穆罕默德・賓・穆罕默德・哈珊 ●Agha Muḥammad b. Muḥammad Ḥasan ●波斯北部和中部的統治者，1209 / 1794 年後亦統治波斯南部，1210 / 1796 年後亦統治呼羅珊。
◇1212 / 1797	●巴巴汗，法特赫・阿里・賓・胡笙・古里 ●Fatḥ ʻAlī b. Ḥusayn Qulī, Bābā Khān
◇1250 / 1834	●穆罕默德・賓・阿巴斯・米爾查・賓・法特赫・阿里 ●Muḥammad b. ʻAbbās Mīrzā b. Fatḥ ʻAlī

◇1264 / 1848	●納席爾丁・賓・穆罕默德 ● Nāṣir al-Dīn b. Muḥammad
◇1313 / 1896	●穆查法爾丁・賓・納席爾丁 ● Muẓaffar al-Dīn b. Nāṣir al-Dīn
◇1324 / 1907	●穆罕默德・阿里・賓・穆查法爾丁 ● Muḥammad ʻAlī b. Muẓaffar al-Dīn ●逝於1343 / 1925年。
◇1327 – 1344 / 1909 – 1925	●阿赫瑪德・賓・穆罕默德・阿里 ● Aḥmad b. Muḥammad ʻAlī ●逝於1347 / 1929年
1344 / 1925	**●巴列維朝（Pahlawīs）建立。**

自蒙古人統治時期開始，嘎賈爾突厥部族很可能就已經定居在裡海沿岸的阿斯塔拉巴德（Astarābād）地區；其後，他們成為支持薩法維朝初期政權的七個主要突厥部族之一，也屬於「紅頭巾人」部族。隨著薩法維帝國在十八世紀早期瓦解，嘎賈爾人介入波斯內政的程度逐漸超越地方統治者。嘎賈爾部族的古雍魯氏族（Qoyunlu clan）酋長，為了要佔領納迪爾・夏赫的西部領土而將勢力範圍擴張至波斯北部，然而一直到1209 / 1794年，阿嘎・穆罕默德才真正戰勝贊德朝（見編號150）；之後不久，波斯恢復了宗主國的地位，並把喬治亞納為附庸，儘管時間相當短暫，而最後的阿夫夏爾勢力也從呼羅珊消失（見編號149）。阿嘎・穆罕默德相當令人畏懼，他的暴行有部分無疑起因於他年幼時曾遭納迪爾的姪子阿迪勒・夏赫（ʻĀdil Shah）閹割，他最後成

為嘎賈爾朝的創建者，而波斯在他的統治之下邁向現代化，並在國際的國家體制中，取得重要的策略和經濟角色。在這位嘎賈爾朝第一任君主的統治下，先前重要性不高的德黑蘭（Tehran，又作Ṭihrān）於1200 / 1786年成為朝代首都；如此一來，各個生活層面便開始往政權中心集中，並成為現代波斯社會的特徵之一。

嘎賈爾朝與歐洲建交可以追溯至法特赫・阿里（Fatḥ ʻAlī）統治時期。當時波斯因為位於通往東方的路線上，具有戰略價值的位置，英國與拿破崙的法國皆欲討好波斯政權。因為波斯備受西方關注，也促使波斯軍隊引進歐洲的技術和訓練方式。當時的波斯非常需要這些技術，因為俄羅斯帝國正進軍高加索和中亞等地區，對波斯造成持續的威脅；而根據1243 / 1828年所簽訂、喪權辱國的土庫曼查伊條約（Treaty of Turkmanchay），波斯必須宣布放棄所有亞美尼亞東部和高加索地區的領土，並且必須協助俄羅斯以商業手段進入波斯。嘎賈爾朝始終不願放棄納迪爾領軍的薩法維朝所征服的東部領土，而他們和阿富汗之間的爭端也一直持續至十九世紀晚期（見編號180）。

透過歐洲勢力和精明的國王納席爾丁（Nāṣir al-Dīn）之間的相互競爭，地理環境較為單一的波斯，遠比與他們截然不同的歐斯曼帝國更能維持領土的完整性。然而，戰爭和王室的大筆開銷讓波斯陷入龐大的外債危機，因此大幅增加了歐洲債權國的經濟箝制。在穆查法爾丁（Muẓaffar al-Dīn）的統治下，興起了另一波群眾運動，爭取適當程度的政治寬容並制定憲法，同時要求政府在1906年前兌現。嘎賈爾政權的聲望和權勢至此明顯式微。儘管在一次世界大戰期間，波斯維持著政治中立的立場，但歐斯曼、俄羅斯和英國仍大肆爭奪波斯領地。在戰爭即將結束之際，不同的地方反叛軍和分裂運動風起雲湧，也讓里達汗這般堅定果決的軍隊領袖，能夠輕易帶領國民議會於1925年罷黜嘎賈爾朝統治者（見編號152）。

● 參考資料

* Lane-Poole, 260; Zambaur, 261-3; Album, 59-61.
* *EI*[2] 'Ḳādjār' (A.K.S Lambton).
* Gavin R. G. Hambly, 'Āghā Muḥammad Khān and the establishment of the Qājār dynasty', idem 'Iran during the reigns of Fatḥ 'Alī Shāh and Muḥammad Shāh', and Nikki Keddie and Mehrdad Amanat, 'Iran under later Qājārs, 1848-1922',in *The Cambridge History of Iran*, VII, 104-212，第962頁附有世系表。

152.

巴列維朝（The Pahlawīs）

- 伊曆 1344 ～ 1398 年
- 西曆 1925 ～ 1979 年
- 波斯

年份	統治者名稱／重要事件
◇1344 / 1925	●里達・賓・阿巴斯・阿里 ●Riḍā b. 'Abbās 'Alī ●逝於 1365 / 1944 年。
◇1360 – 1398 / 1941 – 1979	●穆罕默德・賓・里達 ●Muḥammad b. Riḍā ●逝於 1399 / 1980 年。
1398 / 1979	●**伊斯蘭共和國（Islamic Republic）建立。**

里達汗原為一名波斯軍隊士兵，曾經參與西元1921年的政變，這場政變促使嘎賈爾人（見編號151）逐漸被驅趕出境。西元1925年十二月，國民議會（Majlis）票選里達汗為接任阿赫瑪德・嘎賈爾（Aḥmad Qājār）的國王（Shāh），阿赫瑪德實際上在兩年前便已先行離境；而里達則早已採納波斯遠古光輝的「巴列維」（Pahlawī）為家族姓氏。

里達長達十六年的統治，在許多方面都和中東以及歐洲其他軍事獨裁政權十分相似（例如土耳其共和國的「突厥之父」穆斯塔法・凱末爾〔Muṣṭafā Kemāl Atatürk〕）。他的目標是要將國家現代化，讓國家得以站穩，抵抗外來壓力；這點牽涉到中央集權化，以及波斯社會諸多層面的官僚化。里達統治期間，波斯在工業化大幅進步，開始發展現代溝通技術，並引進現代、世俗化的教育和法律體系；然而這一切都是以個體的自主與自由為代價。里達國王因為在二次世界大戰初期支持德國，導致他在英國與俄羅斯雙方的壓力下遭到罷黜，並由他的兒子穆罕默德（Muḥammad）繼位。穆罕默德希望持續採用父親的政策，但卻和議會意見相左，民族主義者和共產主義者都不認同他的立場。不過，波斯因為石油收益高漲，而成功完成教育和土地改革政策。然而，西元1975年後，下跌的石油價格為波斯帶來了通貨膨脹和經濟困難等問題。廣大的反對勢力開始利用國內普遍出現的不滿聲浪，其中包括什葉派的神職人員；而重病的國王不願以軍力對抗自己的人民，於是便於西元1979年一月退位流亡。自此，巴列維君主政體便由伊斯蘭共和國（Islamic Republic）所取代，而共和政權基本上敵視巴列維朝曾試圖推行的所有政策。

●參考資料

* *EI* [2] 'Muḥammad Riḍā Shāh Pahlawī' (R. M. Savory), 'Riḍā Shāh' (G. R. G. Hambly).

* Gavin R. G. Hambly, 'The Pahlavī autocracy: Rizā Shāh, 1921-1941', idem, 'The Pahlavī autocracy: Muḥammad Rizā Shāh, 1941-1979', in *The Cambridge History of Iran*, VII, 213-93.

第十五章

蒙古政權後的中亞

Central Asia after the Mongols

906 / 1500

1339 / 1920

153.

胥班朝（The Shībānids〔Shaybānids〕or Abu 'l-Khayrids）

- 伊曆 906 ～ 1007 年
- 西曆 1500 ～ 1599 年
- 河中區與阿富汗北部

年份	統治者名稱／重要事件
約 842 – 872 / 約 1438 – 1468	●阿布—亥爾・賓・道拉特—謝赫・賓・易卜拉欣 ● Abu 'l-Khayr b. Dawlat Shaykh b. Ibrāhīm ●西伯利亞的圖拉（Tura，又作 Tiumen）的汗王，之後亦成為花剌子模北部的統治者。
◇906 / 1500	●夏迪一別克・俄茲別克，穆罕默德・胥班尼・賓・布達各・賓・阿比—亥爾，阿布—法特赫 ● Muḥammad Shībānī b. Shāh Budaq b. Abī 'l-Khayr, Abu 'l-Fatḥ, Shāh Beg Özbeg ●河中區的征服者，於 916 / 1510 年遭殺害。
◇918 / 1512	●柯居昆朱・穆罕默德・賓・阿比—亥爾 ● Köchkunju Muḥammad b. Abī 'l-Khayr
◇937 / 1531	●穆查法爾丁，阿布—薩義德・賓・柯居昆朱 ● Abū Sa'īd b. Köchkunju, Muẓaffar al-Dīn
◇940 / 1534	●阿布—嘎濟，伍貝達拉・賓・瑪赫穆德・賓・布達各 ● 'Ubaydallāh b. Maḥmūd b. Shāh Budaq, Abu 'l-Ghāzī
◇946 / 1539	●阿布達拉一世・賓・柯居昆朱 ● 'Abdallāh I b. Köchkunju

◇947 / 1540	●阿布杜—拉提夫・賓・柯居昆朱 ● ʻAbd al-Laṭīf b. Köchkunju
◇959 / 1552	●納烏魯茲・阿赫瑪德（巴拉各）・賓・順朱各・賓・阿比—亥爾 ● Nawrūz Aḥmad or Baraq b. Sunjuq b. Abī ʼl-Khayr
◇963 / 1556	●皮爾・穆罕默德一世・賓・賈尼—別克 ● Pīr Muḥammad I b. Jānī Beg ●阿布—亥爾之曾孫。
◇968 / 1561	●伊斯坎達爾・賓・賈尼—別克 ● Iskandar b. Jānī Beg
◇991 / 1583	●阿布達拉二世・賓・伊斯坎達爾 ● ʻAbdallāh II b. Iskandar
◇1006 / 1598	●阿布杜—穆俄敏・賓・阿布達拉二世 ● ʻAbd al-Muʼmin b. ʻAbdallāh II
◇1006 － 1007 / 1598 － 1599	●皮爾・穆罕默德二世・賓・蘇萊曼・賓・賈尼—別克 ● Pīr Muḥammad II b. Sulaymān b. Jānī Beg
1007 / 1599	**●托蓋・鐵木爾朝（Toqay Temürids〔Janids〕，阿斯特拉汗王的後裔）繼承布哈拉（Bukhārā）。**

當托革塔姆胥（Toqtamīsh）帶領白帳汗國（White Horde）西進，並在南俄羅斯（South Russia）與金帳汗國（Golden Horde）結盟，西伯利亞西部落入拙赤（Jochi）小兒子胥班（Shïban）的子嗣手中。這些後裔後來創建了胥班朝（「Shībānids」這個朝代名可以阿拉伯化為

「Shaybānids」〔謝班朝〕，可能是希望暗示他們與遠古的阿拉伯部族巴克爾的謝班氏族〔Shaybān of Bakr〕有關，但實際上並無關連）。胥班朝的其中一個支系，以圖拉（Tura，又作Tümen、Tiumen）的汗王身分，持續統治西伯利亞，直到十六世紀晚期政權遭到消滅。不過，大部分的胥班部族移居至河中區，並在當地取得「烏茲別克人」（Özbegs）的名字（這個名稱推測應是源自於金帳汗國著名的汗王穆罕默德・俄茲別克〔Muḥammad Özbeg，於713 / 1313至742 / 1341年間在任〕，見編號134），並且成為現今烏茲別克共和國（Uzbek Republic）大多數原居民的祖先。

阿布—亥爾（Abu 'l-Khayr）佔領了花剌子模（Khwārazm）北部，但並未成功入侵河中區的帖木兒朝（Tīmūrids，見編號144）。不過，他的孫子穆罕默德（Muḥammad）在906 / 1500年以前，便已成功征服河中區帖木兒朝的最後勢力，並短暫佔領呼羅珊地區。其後，此地由薩法維朝的國王伊斯瑪儀（Shāh Ismā'īl Ṣafawī）重新奪回政權（見編號148）。不過在十六世紀的多數時期，正統順尼派的胥班朝和波斯什葉派的薩法維朝仍一直處於戰爭狀態，而其他如歐斯曼朝（Ottoman）與印度蒙兀兒朝（Mughal）等順尼派帝國，也始終覬覦這兩個朝代的聯盟勢力。胥班汗國事實上是一個鬆散的氏族聯邦，地位最高的汗王將其有影響力的封地分配給次級的成員。這些封地以巴勒赫（Balkh）、布哈拉（Bukhara）、塔什干（Tashkent）和撒馬爾干（Samarkand）等地為中心，而這些中心也在其封主地位提高、成為至高統治者之時，紛紛成為汗國的首都。

胥班朝的勢力於阿布達拉二世・賓・伊斯坎達爾（'Abdallāh II b. Iskandar）在位期間達到顛峰，實際統治長達四十年，並讓河中區的文化與商業快速發展。胥班朝此一氏族統治到1007 / 1599年，而最後一位統治者皮爾・穆罕默德二世（Pīr Muḥammad II）則因為爭奪河中區統治權，遭對手巴基・穆罕默德・賓・賈尼・穆罕默德（Bāqī Muḥammad b. Jānī Muḥammad）殺害，後者為拙赤之子窩爾達（Orda）的後裔，也和昔班朝的母系有關。巴基・穆罕默德的氏族，亦即托蓋・鐵木爾朝（Toqay Temürids），於是在布哈拉地區掌權（見編號154）。

昔班朝的旁支阿拉卜夏赫支系（'Arabshāhids），於此期間統治花剌子模地區。他們是阿拉卜夏赫・賓・普拉德（'Arabshāh b. Pūlād）的後裔，而普拉德（Pūlād）則是阿布—亥爾的曾祖父。他們之中的伊勒巴爾斯・賓・布列克（Ilbars b. Büreke）於917 / 1511年成為于爾根奇（Ürgench）的汗王。阿拉卜夏赫支系很快掌控了整個花剌子模地帶，最遠南至呼羅珊北部。大約在1008 / 1600年時，某些汗王將首都遷至希瓦（Khiva，又作Khīwa），並將汗國也改名為希瓦，統治持續至二十世紀初。而阿拉卜夏赫支系則似乎於十七世紀末或十八世紀初期結束統治。

●參考資料

* Lane-Poole, 238-40, 270-3; Zambaur, 270-1, 274-5; Album, 62-3.

* *EI* ² '<u>Sh</u>aibānī <u>Kh</u>ān'(W. Barthold), *EI* ² '<u>Sh</u>ībānīds' (R. D. McChesney); *EIr* 'Arabšāhī' (Y. Bregel), 'Central Asia. VI. In the 10th-12th / 16th-18th centuries' (Robert D. McChesney)，附有阿布—亥爾支系表。

* W. Barthold, *Histoire des Turcs d'Asie Centrale*, Paris 1945, 184-8.

* N. M. Lowick, 'Shaybānīd silver coins', *NC*, 7th series 6 (1966), 251-330，第255～256頁附有世系表和統治者列表。

154.

托蓋・鐵木爾朝（The Toqay Temürids or Jānids or Ashtarkhānids）

- 伊曆 1007 ～ 1160 年
- 西曆 1599 ～ 1747 年
- 河中區與阿富汗北部

年份	統治者名稱／重要事件
◇1007 / 1599	●賈尼・穆罕默德・賓・亞爾・穆罕默德 ●Jānī Muḥammad b. Yār Muḥammad
◇1012 / 1603	●巴基・穆罕默德・賓・賈尼・穆罕默德 ●Bāqī Muḥammad b. Jānī Muḥammad
◇1014 / 1605	●瓦里・穆罕默德・賓・賈尼・穆罕默德 ●Walī Muḥammad b. Jānī Muḥammad
◇1020 / 1611	●伊瑪目・古里・賓・丁・穆罕默德・賓・賈尼・穆罕默德 ●Imām Qulī b. Dīn Muḥammad b. Jānī Muḥammad ●為河中區的大汗，納者爾・穆罕默德・賓・丁・穆罕默德（Nadhr Muḥammad b. Dīn Muḥammad）則為巴勒赫（Balkh）的小汗王。
◇1051 / 1641	●納者爾・穆罕默德 ●Nadhr Muḥammad ●統治重新統一的汗國，1055 / 1645 至 1061 / 1651 年僅統治巴勒赫。
◇1055 / 1645	●阿布杜—阿濟茲・賓・納者爾・穆罕默德 ●‘Abd al-‘Azīz b. Nadhr Muḥammad ●河中區的汗王，1061 / 1651 年後成為大汗，蘇布罕・古里・賓・納者爾・穆罕默德（Ṣubḥān Qulī b. Nadhr Muḥammad）為巴勒赫的汗王。

◇1092 / 1681	●蘇布罕・古里重新統一汗國。
1114 / 1702	●伍貝達拉・賓・蘇布罕・古里 ●'Ubaydallāh b. Ṣubḥān Qulī
◇1123 － 1160 / 1711 － 1147	●阿布—法伊德・賓・蘇布罕・古里 ●Abu 'l-Fayḍ b. Ṣubḥān Qulī
1160 / 1747	●**政權實質轉移至滿吉特氏族（Mangïts）。**
1160 －約 1163 / 1747 －約 1751	●阿布杜—穆俄敏・賓・阿比—法伊德 ●'Abd al-Mu'min b. Abi'l-Fayḍ ●滿濟茲政權下的虛位汗王。
1164 － 1165 / 1751 － 1752	●伍貝達拉・賓・阿比—法伊德 ●'Ubaydallāh b. Abi'l-Fayḍ ●滿濟茲政權下的虛位汗王。
◇1172 / 1758 後	●阿布—嘎濟・賓・阿布杜—穆俄敏 ●Abu 'l-Ghāzī b. 'Abd al-Mu'min ●滿濟茲政權下的虛位汗王，1203 / 1789 年後迅速遭到罷黜。

托蓋・鐵木爾朝的某一派勢力殺死了胥班朝最後一位君主皮爾・穆罕默德（見編號153）。這一派勢力由賈尼・穆罕默德所領導，他是阿斯特拉罕（Astrakhan）統治氏族親王的後裔（見編號131）（該氏族因此取得了阿胥塔爾汗朝〔Ashtarkhānids〕之名，當時他們已經統治河中區以及烏滸河上游沿岸地區），並在河中區與巴勒赫的烏茲別克統領的默許下，成為汗國的統治者，因為烏茲別克統領們認為他們是成吉思

汗後裔（Chingizid）的合格統治者。胥班朝的賈尼—別克氏族（Jānī Begid）勢力因此遭到排擠。正如先前的政權，封地又重新分配給新統治氏族的每位親王；然而十七世紀兩次大規模的擴張行動中，雙汗國體系成形，一個是位於河中區的大汗王，另一個則是以巴勒赫為基地的小汗王，兩人為兄弟。布哈拉地區的汗王則必須維護他們的權力，抵抗內部群體的壓力，如來自哈薩克族（Qazaqs）的威脅，以及外來的勢力，例如花剌子模地區的阿拉卜朝等（見編號153）。十七世紀中葉時，在阿布—嘎濟（Abu 'l-Ghāzī）和兒子阿努夏・穆罕默德（Anūsha Muḥammad）的領導下，這個政權相當具有行動力和侵略性，而巴勒赫地區的統治者則與薩法維朝和蒙兀兒朝關係密切。

在那之後，強勢的烏茲別克首領崛起，加上哈薩克人的侵略，導致河中區的秩序與榮景急遽衰退。最後一位具有勢力和影響力的托蓋・鐵木爾朝統治者蘇布罕・古里（Ṣubḥān Qulī）逝世後，布哈拉實質的政治權力逐漸落入汗王的總理大臣（Atalïq）穆罕默德・哈基姆・比伊・滿吉特（Muḥammad Ḥakīm Biy Mangït）和他的兒子手中。而在滿吉特的統治下，布哈拉最後的汗王支系崛起（見編號155）。不過，在阿布—法伊德・賓・蘇布罕・古里（Abu'l-Fayḍ b. Ṣubḥān Qulī）的時代之後（即1160 / 1747年後），滿吉特朝至少保留了兩名賈尼氏族的魁儡汗王，而這樣的虛位君主似乎持續統治布哈拉直到十八世紀末。

●參考資料

* Lane-Poole, 274-5; Zambaur, 273; Album,63.

* *EI* ² 'Djānids'(B. Spuler); *EIr* 'Central Asia. VI. In the 10th-12th / 16th-18th centuries' (Robert D. McChesney). 'VII. In the 12th-13th / 18th-19th centuries' (Y. Bregel).

* Hélène Carrère d'Encausse, *Islam and the Russian Empire. Reform and Revolution in Central Asia*, London 1988，第193頁附有布哈拉的統治者列表。

155.

滿吉特朝（The Mangïts）

- 伊曆 1166 ～ 1339 年
- 西曆 1753 ～ 1920 年
- 布哈拉汗國

年份	統治者名稱／重要事件
1160 / 1747	●穆罕默德・拉希姆・阿塔立各・賓・穆罕默德・哈基姆・比伊 ●Muḥammad Raḥīm Atalïq b. Muḥammad Ḥakīm Biy ●起初是虛位汗王，1166 / 1753 年後成為唯一領導者與將領，1170 / 1756 年成為汗王。
◇1172 / 1758	●達尼亞勒・比伊・阿塔立各・賓・穆罕默德 ●Dāniyāl Biy Atalïq b. Muḥammad ●穆罕默德・拉希姆的叔叔，原先是姪子法迪勒・托拉（Fāḍil Tora）的攝政，接著成為虛位的托蓋・鐵木爾朝汗王。
◇1199 / 1785	●阿米爾・瑪俄蘇姆，穆拉德・賓・達尼亞勒・比伊 ●Shāh Murād b. Dāniyāl Biy, Amīr-i Ma‘ṣūm
◇1215 / 1800	●海達爾・托拉・賓・穆拉德 ●Sayyid Ḥaydar Tora b. Shāh Murād
◇1242 / 1826	●胡笙・賓・海達爾・托拉 ●Sayyid Ḥusayn b. Ḥaydar Tora
1242 / 1827	●歐瑪爾・賓・海達爾・托拉 ●‘Umar b. Ḥaydar Tora
◇1242 / 1827	●納斯剌拉・賓・海達爾・托拉 ●Naṣr Allāh b. Ḥaydar Tora

◇1277 / 1860	●穆查法爾丁・賓・納斯剌拉 ● Muẓaffar al-Dīn b. Naṣr Allāh
◇1303 / 1886	●阿布杜—阿哈德・賓・穆查法爾丁 ● ʻAbd al-Aḥad b. Muẓaffar al-Dīn
◇1328 – 1339 / 1910 – 1920	●阿里姆汗・賓・阿布杜—阿哈德 ● Sayyid ʻĀlim Khān b. ʻAbd al-Aḥad
1339 / 1920	●**政權遭到推翻**。

布哈拉的滿吉特朝源於同名的烏茲別克部族，在托蓋・鐵木爾朝時，成為具有影響力的朝代（見編號154）。十八世紀初，胡達亞爾・比伊・滿吉特（Khudāyār Biy Mangït）成為阿布—法伊德汗的大臣，而其子穆罕默德・哈基姆和孫子穆罕默德・拉希姆（Muḥammad Raḥīm）也接續繼位。其氏族很快成為布哈拉真正的統治者，儘管直到十八世紀末葉為止，他們始終持續扶植托蓋・鐵木爾朝的成員為其魁儡君主。穆拉德（Murād）終止了這種情形，並且成為握有全權的統領（Amīr）；穆拉德之後所有接任的統治者都採用這個頭銜，顯示他們自認為是伊斯蘭最卓越的君主，而非突厥草原傳統的汗王。

十九世紀中亞最重大的歷史事件，乃帝俄（Imperial Russia）的領土和軍事擴張。穆查法爾丁（Muẓaffar al-Dīn）統領遭俄羅斯帝國擊潰，喪失了部分領土，也失去了實質的獨立主權（1285 / 1868 年）。汗國在縮減的邊界內存續，俄羅斯只介入汗國少部分的內政事務，因此統領們仍然獨裁而善變，宗教階級也同樣狂熱且無知。西元1920年九月，統領政權遭到推翻，「布哈拉人民共和國」（People's Republic of

Bukhara）成立，卻迅速被強烈主張布爾什維克主義（Bolshevism）政權所取代；最後一位統治者阿里姆汗（'Ālim Khān）則被流放並逃亡至喀布爾（Kabul）。

● 參考資料

* Lane-Poole, 276-7; Zambaur, 273-4; Album, 63.
* *EI* [2] 'Mangits' (Y. Bregel); *EIr* 'Central Asia. VII. In the 12th-13th / 18th-19th centuries' (Y. Bregel).
* Hélène Carrère d'Encausse, *Islam and the Russian Empire*，第193頁附有統治者列表。
* Edward A. Allworth, *Central Asia: 130 Years of Russian Dominance*, 3rd edn, Durham NC and London.

156.

昆格拉特朝（The Qungrats or Ïnaqids）

- 伊曆 1184 ～ 1338 年
- 西曆 1770 ～ 1920 年
- 希瓦（Khiva，又作 Khīwa）汗國

年份	統治者名稱／重要事件
1184 / 1770	●穆罕默德・阿敏 ●Muḥammad Amīn ●為成吉思汗後裔哈薩克魁儡汗王的代理人（Ïnaq）。
1204 / 1790	●阿瓦茲・賓・穆罕默德・阿敏 ●‘Awaẓ b. Muḥammad Amīn ●代理人。
1218 / 1803	●埃爾圖哲爾・賓・阿瓦茲 ●Eltüzer b. ‘Awaẓ ●代理人，1219 / 1804 年成為汗王。
◇1221 / 1806	●穆罕默德・拉希姆・賓・阿瓦茲 ●Muḥammad Raḥīm b. ‘Awaẓ
◇1240 / 1825	●阿拉・古里・賓・穆罕默德・拉希姆 ●Allāh Qulī b. Muḥammad Raḥīm
1258 / 1842	●拉希姆・古里・賓・阿拉・古里 ●Raḥīm Qulī b. Allāh Qulī
◇1261 / 1845	●阿布—嘎濟，穆罕默德・阿敏・賓・阿拉・古里 ●Muḥammad Amīn b. Allāh Qulī, Abu ’l-Ghāzī ●又稱梅德敏（Medemīn）。

1271 / 1855	●阿布達拉・賓・伍貝達拉 ● ʻAbdallāh b. ʻUbaydallāh ●阿瓦茲的曾孫。
1272 / 1856	●古特魯・穆拉德・賓・伍貝達拉 ● Qutlugh Murād b. ʻUbaydallāh
◇1272 / 1856	●穆罕默德・巴哈杜爾・賓・穆罕默德・拉希姆 ● Sayyid Muḥammad Bahādur b. Muḥammad Raḥīm
◇1281 / 1864	●穆罕默德・拉希姆・賓・賽伊德・穆罕默德・巴哈杜爾 ● Sayyid Muḥammad Raḥīm b. Sayyid Muḥammad Bahādur
1328 / 1910	●伊斯凡迪亞爾・賓・賽伊德・穆罕默德・拉希姆 ● Isfandiyār b. Sayyid Muḥammad Raḥīm
◇1336 － 1338 / 1918 － 1920	●薩義德・阿布達拉 ● Saʻīd ʻAbdallāh
1338 / 1920	●**汗國遭推翻。**

到了十八世紀中葉，掌控花剌子模古老省份的希瓦汗國，出現兩個兩個成吉思汗後裔哈薩克、具有權勢的氏族爭奪權力。1176 / 1763年，烏茲別克的古恩格拉特部族（Qungrat）領袖穆罕默德・阿敏（Muḥammad Amīn Ïnaq，「Ïnaq」是個古老的頭銜，指的是「受〔統治者〕信任的諫言者、代理人」，當時此稱號也被賦予各個部族酋長），成為當地所有烏茲別克部族酋長的領導者。穆罕默德・阿敏身為希瓦汗國的總理大臣，鎮壓了約穆德（Yomud）突厥部族，並成為實質上的

統治者，擁立哈薩克的成吉思汗後裔君主成為魁儡汗王。阿敏和兒子阿瓦茲（‘Awaẓ）並未採用汗王的頭銜，但到了埃爾圖哲爾・賓・阿瓦茲（Eltüzer b. ‘Awaẓ）在位時，他自認勢力已經足夠強大，因此除去了成吉思汗後裔的魁儡汗王，並自封汗王，在希瓦終於建立起一個全新的統治政權。至於其他兩個中亞地區的汗國，由於對烏茲別克及其他部族勢力的依賴程度降低，並使用專屬於汗王個人的保衛軍力，於是汗王能夠在當時執行更加專制的統治。希瓦汗王一度得以將勢力擴張至遙遠南方的木鹿（Merv，又作Marw）；汗國持續侵略呼羅珊北部的波斯領土，並且向北擴張至哈薩克草原（Qazaq Steppe）。

然而，汗王們完全無法抵抗來自帝俄的壓力。1290 / 1873 年，一支俄羅斯軍隊輕易地佔領了希瓦，而並在領土大幅縮減的汗國上實行嚴苛的和平條約。帝俄並未干涉希瓦汗國的內政，但汗王仍舊無法擁有獨立地位；比起在布哈拉的汗王，希瓦汗國的汗王權力受限許多。西元1920年四月，最後一位希瓦統治者薩義德・阿布達拉（Sa‘īd ‘Abdallāh）遭罷黜，「希瓦人民共和國」宣布成立，一年後被主張布爾什維克主義的政權所取代。

●參考資料

* Lane-Poole, 278-9; Zambaur,275-6; Album, 64.
* *EI* 2 ‘Khīwa’ (W. Barthold and M. M. Brill), Suppl. ‘Ïnaḳ’ (Y. Bregel); *EIr* ‘Central Asia. VII. In the 12th-13th / 18th-19th centuries’ (Y. Bregel).
* Edward A. Allworth, *Central Asia: 130 Years of Russian Dominance*, 3rd edn.

157.

敏朝（The Mings）

- 伊曆 1213 ～ 1293 年
- 西曆 1798 ～ 1876 年
- 浩罕（Khokand，又作 Khoqand）汗國

年份	統治者名稱／重要事件
1213 / 1789	●阿里姆・賓・納爾布塔・比伊 ●‘Ālim b. Nārbūta Biy
◇1225 / 1810	●穆罕默德・歐瑪爾・賓・納爾布塔・比伊 ●Muḥammad ‘Umar b. Nārbūta Biy
◇1238 / 1822	●穆罕默德・阿里・賓・納爾布塔・比伊 ●Muḥammad ‘Alī b. Nārbūta Biy
1258 / 1842	●胥爾・阿里・賓・哈吉・比伊 ●Shīr ‘Alī b. Ḥājjī Biy
◇1261 / 1845	●穆拉德・賓・阿里姆 ●Murād b. ‘Alīm
1261 / 1845	●穆罕默德・胡達亞爾・賓・胥爾・阿里 ●Muḥammad Khudāyār b. Shīr ‘Alī ●首次統治。
◇1274 / 1858	●瑪拉・賓・胥爾・阿里 ●Mallā b. Shīr ‘Alī
◇1278 / 1862	●穆拉德 ●Shāh Murād ●瑪拉的姪子。

1278 / 1862	●穆罕默德・胡達亞爾 ●Muḥammad Khudāyār ●第二次統治。
◇1280 / 1863	●蘇勒壇（蘇勒壇〔米爾〕）・賽伊德・賓・瑪拉 ●Sayyid Sulṭān or Sulṭān (Mīr) Sayyid b. Mallā
◇1281 / 1865	●穆罕默德・胡達亞爾 ●Muḥammad Khudāyār ●第三次統治。
1292－1293 / 1875－1876	●納斯爾丁・賓・胡達亞爾◇ ●Naṣr al-Dīn b. Khudāyār ●易斯哈格・瑪拉（穆罕默德・普拉德）◇ ●Isḥāq Mallā or Muḥammad Pülād ●兩人競逐權力。
1293 / 1876	●**被俄羅斯鎮壓入侵。**

十八世紀晚期，除了以布哈拉和希瓦為根據地的兩大汗國外（見編號155之6），烏茲別克地區的第三個汗國在費爾干納（Farghāna）敏部族（Ming）首領的領導下崛起。一般歷史上在討論這個統治氏族的興起，通常會追溯至夏赫・魯赫・阿塔立各（Shāh Rukh Atalïq，約逝於1121 / 1709至1133 / 1721年間）。他的兒子阿布杜—卡里姆・比伊（'Abd al-Karīm Biy）於1153 / 1740年創建浩罕城（Khokand），隨後成為該國首都。夏赫・魯赫的孫子納爾布塔（Nārbūta）統一費爾干納，因此他的兒子兼繼承者阿里姆（'Ālim）便冠上汗王頭銜，正式創立了

敏朝。他的兄弟與繼承者穆罕默德・歐瑪爾（Muḥammad ‘Umar）更進一步在鑄造的錢幣上自封「信仰者的領導人」（amīr al-mu’minīn）。自從塔什干淪陷以來，敏朝人很快地在1224 / 1809年掌控了幅員遼闊、具有重要戰略與商業地位的領土，並且持續向北拓展至哈薩克草原，橫跨天山山脈到東突厥斯坦，汗王們在當地所謂的「六城」掌控了關稅，一直到帕米爾高原（Pamirs）等區域。浩罕汗國的領土因而要比其他兩個汗國的領土更加廣闊，雖然人口上可能沒有更多。

如另外兩個汗國，浩罕汗國也飽受內部部族和其他外部諸多紛爭，並曾一度短暫地被布哈拉政權佔領。汗國也遭受帝俄領土擴張的威脅。1282 / 1865年，塔什干被入侵，俄羅斯強迫於浩罕汗國實施商業條約。1292 / 1875年，內部的反叛勢力將俄羅斯軍隊引進汗國。隔年年初，汗國遭到鎮壓，領土被併入突厥斯坦的一般行政管理區，成為費爾干納省。

●參考資料

* Lane-Poole, 280; Zambaur, 276; Album,64.

* *EI* [2] ‘Khoḳand’ (W. Barthold and C. E. Bosworth); *EIr* ‘Central Asia. VII. In the 12th-13th / 18th-19th centuries’ (Y. Bregel).

* Edward A. Allworth, *Central Asia: 120 Years of Russian Rule*, 3rd edn.

第十六章

阿富汗與南亞

Afghanistan and the Indian Subcontinent

366 / 977

1393 / 1973

158.

嘎茲納朝（The Ghaznawids）

- 伊曆 366 ～ 582 年
- 西曆 977 ～ 1186 年
- 阿富汗、呼羅珊、巴魯其斯坦（Baluchistan）以及印度西北部地區

年份	統治者名稱／重要事件
◇366 / 977	●阿布—曼蘇爾・納席爾丁・瓦道拉，賽布克提金・賓・嘎拉・貝吉克姆 ●Sebüktigin b. Qara Bechkem, Abū Manṣūr Nāṣir al-Dīn wa ’l-Dawla ●薩曼朝（Samanids）嘎茲納的總督。
◇387 / 997	●伊斯瑪儀・賓・賽布克提金 ●Ismā‘īl b. Sebüktigin
◇388 / 998	●雅敏—道拉・瓦阿敏・米拉，瑪赫穆德・賓・賽布克提金，阿布—嘎希姆・塞夫—道拉 ●Maḥmūd b. Sebüktigin, Abū ’l-Qāsim Sayf al-Dawla, Yamīn al-Dawla wa-Amīn al-Milla
◇421 / 1030	●阿布—阿赫瑪德・賈拉勒—道拉，穆罕默德・賓・瑪赫穆德 ●Muḥammad b. Maḥmūd, Abū Aḥmad Jalāl al-Dawla ●首次統治。
◇421 / 1031	●阿布—薩義德・胥哈卜—道拉，瑪斯伍德一世・賓・瑪赫穆德 ●Mas‘ūd I b. Maḥmūd, Abū Sa‘īd Shihāb al-Dawla
432 / 1040	●穆罕默德・賓・瑪赫穆德 ●Muḥammad b. Maḥmūd ●第二次統治。

◇432 / 1041	●阿布—法特赫・胥哈卜—道拉，毛杜德・賓・瑪斯伍德 ●Mawdūd b. Mas‘ūd, Abu ’l-Fatḥ Shihāb al-Dawla
? 440 / 1048	●阿布—賈俄法爾，瑪斯伍德二世・賓・毛杜德 ●Mas‘ūd II b. Mawdūd, Abū Ja‘far
? 440 / 1048	●阿布—哈珊・巴哈俄—道拉，阿里・賓・瑪斯伍德 ●‘Alī b. Mas‘ūd, Abu ’l-Ḥasan Bahā’ al-Dawla
◇? 440 / 1049	●阿布—曼蘇爾・儀茲—道拉・瓦宰因・米拉，阿布杜—拉胥德・賓・瑪赫穆德 ●‘Abd al-Rashīd b. Maḥmūd, Abū Manṣūr ‘Izz al-Dawla wa-Zayn al-Milla
◇**443 / 1052**	●**嘎茲納的奴隸將領基瓦姆—道拉，阿布—薩義德・多里勒（Abū Sa‘ īd Ṭoghrïl, Qiwām al-Dawla）篡位。**
◇443 / 1052	●阿布—休賈俄・賈瑪勒—道拉・瓦卡瑪勒・米拉，法魯赫查德・賓・瑪斯伍德一世 ●Farukhzād b. Mas‘ūd I, Abū Shujā‘ Jamāl al-Dawla wa-Kamāl al-Milla
◇451 / 1059	●阿布—穆查法爾・札希爾—道拉・瓦納席爾・米拉，易卜拉欣・賓・瑪斯伍德 ●Ibrāhīm b. Mas‘ūd, Abū ’l-Muẓaffar Ẓahīr al-Dawla wa-Nāṣir al-Milla
◇492 / 1099	●阿布—薩俄德・阿布—穆魯克・阿拉俄—道拉・瓦丁，瑪斯伍德三世・賓・易卜拉欣 ●Mas‘ūd III b. Ibrāhīm, Abū Sa‘d Abu ’l-Mulūk ‘Alā’ al-Dawla wa ’l-Dīn
508 / 1115	●卡瑪勒—道拉，胥爾查德・賓・瑪斯伍德三世，阿杜德—道拉 ●Shīrzād b. Mas‘ūd III, ‘Aḍud al-Dawla, Kamāl al-Dawla
◇509 / 1116	●蘇勒壇—道拉，阿爾斯蘭（阿爾斯蘭・夏赫）・賓・瑪斯伍德三世 ●Malik Arslan or Arslan Shāh b. Mas‘ūd III, Sulṭān al-Dawla

510 / 1117	●**塞爾柱帝國佔領嘎茲納。**
◇511 / 1117	●阿布─穆查法爾・雅敏─道拉・瓦阿敏・米拉，巴赫拉姆・夏赫・賓・瑪斯伍德三世 ●Bahrām Shāh b. Mas'ūd III, Abu 'l-Muẓaffar Yamīn al-Dawla wa-Amīn al-Milla ●首次統治。
545 / 1150	●**古爾朝人（Ghūrids）佔領嘎茲納。**
547 / 1152 或其後	●巴赫拉姆・夏赫・賓・瑪斯伍德三世 ●Bahrām Shāh b. Mas'ūd III ●第二次統治。
◇? 552 / 1157	●穆儀茲─道拉，忽斯勞・夏赫・賓・巴赫拉姆・夏赫 ●Khusraw Shāh b. Bahrām Shāh, Mu'izz al-Dawla ●後來僅統治印度西北部。
◇555 − 582 / 1160 − 1186	●阿布─穆查法爾・塔吉─道拉，忽斯勞・瑪立克・賓・忽斯勞・夏赫 ●Khusraw Malik b. Khusraw Shāh, Abu 'l-Muẓaffar Tāj al-Dawla ●統治中心在印度西北部，於587 / 1191 年遭殺害。
582 / 1186	●**古爾朝征服嘎茲納。**

薩曼朝統領（Sāmānid Amīr）阿布杜─瑪立克（'Abd al-Malik，見編號83）於350 / 961 年去世後，薩曼朝軍隊在呼羅珊地區（Khurasan）的突厥奴隸將領阿勒普提金（Alptigin），企圖擁立對自己有利的布哈拉（Bukhara）權位繼承人。他的嘗試最後失敗，因此必須與部分軍隊撤

退至嘎茲納（Ghazna），也就是今天的阿富汗東部。在薩曼帝國的邊緣地帶，面對印度次大陸的異教徒，一群突厥將領追隨著阿勒普提金，以薩曼朝的名義統治該地，直到賽布克提金（Sebüktigin）於366 / 977年掌權。在他的統治之下，建立了嘎茲納朝為尋求財富與奴隸而掠奪印度平原的傳統，然而，真正達成政權獨立的是賽布克提金之子瑪赫穆德（Maḥmūd）。瑪赫穆德在東伊斯蘭世界以「異教徒打擊者」（hammer of the infidels）之名統治，他滲透印度恆河（Ganges）流域，南抵穆特拉（Muttra，又作Mat'hurā）、卡瑙吉（Kanawj）以及卡提阿瓦半島（Kathiawar，又作Kātīāwār peninsula），並破壞索姆納特（Somnath，又作Sūmanāt）當地偶像崇拜的著名廟宇。在北方，瑪赫穆德將烏滸河（Oxus）設為北部邊界，抵抗敵對的喀喇汗國（Qarakhānids，見編號90）勢力，並併吞花剌子模（Khwārazm）。瑪赫穆德也奪取了先前屬於薩曼朝領土的呼羅珊，並於末年領軍大肆入侵波斯北部和西部地區，推翻布伊朝（Būyid，見編號75之1）。

因此，瑪赫穆德逝世時的政權是自剎法爾朝（Ṣaffārids，見編號84）以來，東伊斯蘭世界領土最廣闊、勢力最強大的朝代，而他的軍隊也是那個時代最有戰鬥力的。嘎茲納朝採納波斯的行政體系和文化，而摒棄了原有的突厥草原背景，大幅融入波斯—伊斯蘭（Perso-Islamic）傳統。然而，在瑪赫穆德之子瑪斯伍德一世（Mas'ūd I）的統治下，基本上由瑪赫穆得一手創建的嘎茲納朝，無法在西部抵抗塞爾柱勢力（Seljuq，見編號91），因此這些外來入侵者奪取了花剌子模、呼羅珊與波斯北部等地區。十一世紀中葉絕大部分的時期，嘎茲納朝為了錫斯坦（Sistan）與阿富汗西部等地的主權，與塞爾柱帝國交戰。451 / 1059年，易卜拉欣・賓・瑪斯伍德（Ibrāhīm b. Mas'ūd）即位，嘎茲納朝和塞爾柱帝國達成暫時協議，於是維持和平狀態超過半個世紀。

儘管後來嘎茲納朝的領土縮減至僅剩阿富汗東部、巴魯其斯坦（Baluchistan）與印度西北部，依然具有一定的勢力及影響力。雖然嘎茲納朝必須接納印度文明，但十二世紀時的蘇丹宮廷卻也成為輝煌的波斯文化中心，其中有蘇非密契主義（mystical）波斯詩人薩那伊（Sanā'ī）等博學之士。十二世紀初，嘎茲納朝的巴赫拉姆・夏赫（Bahrām Shāh）向塞爾柱帝國納貢，因為蘇丹珊賈爾（Sanjar）曾協助他保住王位。巴赫拉姆統治末期，首都嘎茲納遭到來自古爾朝（Ghūrids），別號「世界縱火者」的阿拉俄丁・胡笙（'Alā' al-Dīn Ḥusayn）恐怖襲擊（見編號159）。古爾朝的崛起實際上削弱了嘎茲納朝最後的勢力，而他們的統治後來也僅侷限於旁遮普地區（Punjab，又作Panjāb），直到古爾朝的穆儀茲丁・穆罕默德（Mu'izz al-Dīn Muḥammad）在582 / 1186年時將其消滅。

●參考資料

* Justi, 444; Lane-Poole, 285-90; Zambaur, 282-3; Album, 36-7.
* *EI* [2] 'Ghaznawids' (B. Spuler); *EIr* 'Ghaznavids' (C. E. Bosworth).
* C. E. Bosworth, 'The titulature of the early Ghaznavids', *Oriens*, 15 (1962), 210-33.
* idem, *The Ghaznavids. Their Empire in Afghanistan and Eastern Iran 994: 1040*, Edinburgh 1963.
* idem, 'The early Ghaznavids', in *The Cambridge History of Iran*, IV, 162-97.
* idem, *The later Ghaznavids: Splendour and Decay. The Dynasty in Afghanistan and Northern India 1040-1189*, Edinburgh 1977.

159.

古爾朝（The Ghūrids）

- 伊曆五世紀初～ 612 年
- 西曆十一世紀初～ 1215 年
- 古爾（Ghūr）、呼羅珊與印度西北部

一、古爾與嘎茲納的主要支系

年份	統治者名稱／重要事件
?	●穆罕默德・賓・蘇里・襄薩巴尼 ●Muḥammad b. Sūrī Shansabānī ●古爾的首領。
401 / 1011 至 420 年代 / 1030 年代	●阿布—阿里・賓・穆罕默德 ●Abū ‘Ali b. Muḥammad ●嘎茲納朝附庸。
?	●阿巴斯・賓・胥茲 ●‘Abbās b. Shīth
451 / 1059 後	●穆罕默德・賓・阿巴斯 ●Muḥammad b. ‘Abbās
?	●古特卜丁，哈珊・賓・穆罕默德 ●Ḥasan b Muḥammad, Quṭb al-Dīn
493 / 1100	●阿布—穆魯克・伊茲丁，胡笙一世・賓・哈珊 ●Ḥusayn I b. Ḥasan, Abu ’l-Mulūk ‘Izz al-Dīn
540 / 1146	●賽伊夫丁，蘇里・賓・胡笙一世 ●Sūrī b. Ḥusayn I, Sayf al’Dīn ●以「瑪立克・吉巴勒」（Malik al-Jibāl）頭銜統治費魯茲庫赫（Fīrūzkūh）。

544 / 1149	●巴哈俄丁，薩姆一世・賓・胡笙一世 ● Sām I b. Ḥusayn I, Bahā' al-Dīn
◇544 / 1149	●阿拉俄丁・賈漢─蘇茲，胡笙二世・賓・胡笙一世 ● Ḥusayn II b. Ḥusayn I, 'Alā' al-Dīn Jahān-sūz
◇556 / 1161	●賽伊夫丁，穆罕默德・賓・胡笙二世 ● Muḥammad b. Ḥusayn II, Sayf al-Dīn
◇558 / 1163	●吉亞斯丁，穆罕默德・賓・薩姆一世・巴哈俄丁，阿布─法特赫・夏姆斯丁 ● Muḥammad b. Sām I Bahā' al-Dīn, Abu 'l-Fatḥ Shams al-Dīn, Ghiyāth al-Dīn ●費魯茲庫赫的大蘇丹。
◇569 － 599 / 1173 － 1203	●穆儀茲丁，穆罕默德・賓・薩姆一世，胥哈卜丁 ● Muḥammad b. Sām I, Shihāb al-Dīn, Mu'izz al-Dīn ●嘎茲納的統治者。
◇599 / 1203	●穆罕默德・賓・薩姆一世 ● Muḥammad b. Sām I ●古爾和印度的大蘇丹。
◇602 / 1206	●吉亞斯丁，瑪赫穆德・賓・穆罕默德・吉亞斯丁 ● Maḥmūd b. Muḥammad Ghiyāth al-Dīn, Ghiyāth al-Dīn
◇602 － 611 / 1205 － 1215	●塔吉丁，伊勒迪茲・穆儀濟 ● Yïldïz Mu'izzī, Tāj al-Dīn ●擔任瑪赫穆德・吉亞斯丁（Maḥmūd Ghiyāth al-Dīn）統治時期的嘎茲納總督。
609 / 1212	●巴哈俄丁，薩姆二世・賓・瑪赫穆德 ● Sām II b. Maḥmūd, Bahā' al-Dīn
610 / 1213	●阿拉俄丁，阿濟茲・賓・胡笙二世 ● Atsïz b. Ḥusayn II, 'Ala' al-Dīn ●花剌子模王國的附庸。

611 – 612 / 1214 – 1215	●阿拉俄丁，穆罕默德・賓・阿里・休賈俄丁・賓・阿里・阿拉俄丁・賓・胡笙一世，迪亞丁 ● Muḥammad b. ʻAlī Shujāʻ al-Dīn b. ʻAlī ʻAlāʼ al-Dīn b. Ḥusayn I, Ḍiyāʼ al-Dīn, ʻAlāʼ al-Dīn ●花剌子模王國的附庸。
612 / 1215	●**被花剌子模人征服。**

二、巴米揚（Bāmiyān）、圖哈里斯坦（Ṭukhāristān）與巴達赫尚（Badakhshān）支系

年份	統治者名稱／重要事件
◇540 / 1145	●法赫爾丁，瑪斯伍德・賓・胡笙一世・伊茲丁 ● Masʻūd b. Ḥusayn I ʻIzz al-Dīn, Fakhr al-Dīn
◇558 / 1163	●夏姆斯丁，穆罕默德・賓・瑪斯伍德・法赫爾丁 ● Muḥammad b. Masʻūd Fakhr al-Dīn, Shams al-Dīn
◇588 / 1192	●巴哈俄丁，薩姆・賓・穆罕默德・夏姆斯丁 ● Sām b. Muḥammad Shams al-Dīn, Bahāʼ al-Dīn
◇602 – 612 / 1206 – 1215	●賈拉勒丁，阿里・賓・薩姆・巴哈俄丁 ● ʻAlī b. Sām Bahāʼ al-Dīn, Jalāl al-Dīn
612 / 1215	●**被花剌子模人征服。**

現今屬於阿富汗範圍的偏遠山區地帶，過去被稱為古爾（Ghūr），該地區對於早期的伊斯蘭地理學家而言一無所知，人們僅僅知道它輸出大量奴隸，也是一個好戰山區民族的家鄉，他們直到十一世紀都信奉異

教。當時，嘎茲納朝（見編號158）入侵古爾，迫使當地的襄薩巴尼支系（Shansabānī）首袖成為嘎茲納朝的封臣；然而在十二世紀早期，嘎茲納朝已經耗盡財富，塞爾柱帝國的影響力開始滲透古爾地區，因此該氏族首位有完整歷史記載的人物伊茲丁・胡笙（'Izz al-Dīn Ḥusayn）便臣服於蘇丹珊賈爾（見編號91之1）。蘇丹巴赫拉姆・夏赫企圖恢復嘎茲納朝的影響力，致使古爾人於545 / 1150年時大舉入侵劫掠，最終奪取了嘎茲納朝所有阿富汗高原的領土。在西方，古爾朝的擴張政策首先受到塞爾柱蘇丹珊賈爾的阻撓，然而塞爾柱帝國在呼羅珊地區勢力式微，讓古爾朝蘇丹有機會在以古爾的費魯茲庫赫（Fīrūzkūh）為中心建立政權，將領土從裡海地區擴張至印度北部，並在此傳承了嘎茲納朝抵抗異教徒的聖戰（jihād）傳統。

這項聖戰成就的共同維護者是兩名兄弟——吉亞斯丁・穆罕默德（Ghiyāth al-Dīn Muḥammad）和穆儀茲丁・穆罕默德（Mu'izz al-Dīn Muḥammad），前者主要在西部征戰，後者則是在印度地區領軍。巴米揚（Bāmiyān）和烏滸河的上游沿岸，則由另一個古爾氏族的分支所統治。吉亞斯丁與花剌子模國王及其宗主國喀喇汗國（Qara Khitay，又名西僚）的君主爭奪呼羅珊地區的所有權（見編號89之4）；吉亞斯丁曾一度入侵花剌子模，並在死前已經掌握了西至比斯塔姆（Bisṭām）的整個呼羅珊地區。

雖然古爾政權似乎沒有足夠人力能夠一統帝國，但與他們敵對的花剌子模勢力卻得以在內亞草原自由運用兵力。穆儀茲丁・穆罕默德於602 / 1206年去世後，帝國因為內部紛爭而瓦解。一群突厥軍人在嘎茲納地區獨立，領導者是塔吉丁・伊勒迪茲（Tāj al-Dīn Yïldïz），費魯茲庫赫和巴米揚的蘇丹也無法將他們驅逐出境。花剌子模國王賈拉勒丁（Jalāl al-Dīn）因而得以趁勢而入，將古爾朝的土地併入自己的版圖中。不過花剌子模國王的統治只維持了很短的時間，東伊斯蘭世界很快便為成吉思汗（Chingiz Khan）的蒙古帝國（見編號131）所征服。穆儀茲丁・穆罕默德的突厥將軍，則繼續支持古爾朝在印度北部所採用的政策與傳統，而古特卜丁・艾巴克（Quṭb al-Dīn Aybak）則在古爾朝末代一位君主的扶植下，擔任拉合爾（Lahore，又作Lāhawur）領袖（見編號160之1）。

古爾朝所鑄造的錢幣特別值得探究，因為穆儀茲丁・穆罕默德為他的印度領土所打造的錢幣上，同時刻有伊斯蘭的清真言（shahāda），並宣告認主獨一（tawḥīd），又鑄有梵文銘文，以及印度女神拉希米（Lakśmi）的畫像。

●參考資料

* Justi, 455-6; Lane-Poole, 291-4; Zambaur, 280-1, 284; Album, 39-40.
* *EI* ² 'Ghūrids' (C. E. Bosworth); *EIr* 'Ghurids' (C. E. Bosworth).
* G. Wiet, in André Maricq and Gaston Wiet, *Le minaret de Djam. La découverte de la capital des sultans ghorides (XIIᵉ-XIIIᵉ siècles)*, Méms DAFA, 16 Paris 1959, 31-54.
* C. E. Bosworth, 'The eastern fringes of the Iranian world: the end of the Ghaznavids and the upsurge of the Ghūrids', in *The Cambridge History of Iran*, IV, 157-66.

160.

德里蘇丹政權（The Delhi Sultans）

- 伊曆 602 ～ 962 年
- 西曆 1206 ～ 1555 年
- 印度北部，偶爾掌控德干（Deccan）北部

一、穆儀茲（Mu‘zzī）或夏姆斯（Shamsī）的奴隸國王

年份	統治者名稱／重要事件
◇602 / 1206	●古特卜丁，艾巴克 ● Aybak, Quṭb al-Dīn ●古爾朝拉合爾地區的印度斯坦（Hindūstān ）瑪立克。
607 / 1210	●阿拉姆・夏赫 ● Ārām Shāh ●可能是艾巴克的門徒或兒子，統治中心為拉合爾（Lahore）。
◇607 / 1211	●夏姆斯丁，伊勒圖特米胥・賓・伊拉姆汗 ● Iltutmish b. Ilam Khān, Shams al-Dīn ●德里的蘇丹。
◇633 / 1236	●魯昆丁，非魯茲・夏赫一世・賓・伊勒圖特米胥 ● Fīrūz Shāh I b. Iltutmish, Rukn al-Dīn
◇634 / 1236	●賈拉拉特丁，拉迪亞・貝古姆・賓・伊勒圖特米胥 ● Raḍiyya Begum b. Iltutmish, Jalālat al-Dīn
◇637 / 1240	●穆儀茲丁，巴赫拉姆・夏赫・賓・伊勒圖特米胥 ● Bahrām Shāh b. Iltutmish, Mu‘izz al-Dīn
◇639 / 1242	●阿拉俄丁，瑪斯伍德・夏赫・賓・非魯茲・夏赫一世 ● Mas‘ūd Shāh b. Fīrūz Shāh I, ‘Alā’ al-Dīn

◇644 / 1246	●納席爾丁，瑪赫穆德・夏赫一世・賓・納席爾丁・賓・伊勒圖特米胥 ●Maḥmud Shāh I b. Nāṣir al-Dīn b. Iltutmish, Nāṣir al-Dīn
◇664 / 1266	●吉亞斯丁，巴勒班，烏魯格汗 ●Balban, Ulugh Khān, Ghiyāth al-Dīn ●曾為前任統治者的總督（nā'ib-i mamlakat）。
◇686 / 1287	●穆儀茲丁，卡伊・古巴者・賓・布格拉汗・賓・巴勒班 ●Kay Qubādh b. Bughra Khān b. Balban, Mu'izz al-Dīn
◇689 / 1290	●夏姆斯丁，卡尤瑪爾斯・賓・穆儀茲丁・卡伊・古巴者 ●Kayūmarth b. Mu'izz al-Dīn Kay Qubādh, Shams al-Dīn

二、哈勒吉支系（Khaljīs）

年份	統治者名稱／重要事件
◇689 / 1290	●賈拉勒丁，非魯茲・夏赫二世・哈勒吉・賓・尤古魯胥 ●Fīrūz Shāh II Khaljī b. Yughrush, Jalāl al-Dīn
◇695 / 1296	●魯昆丁，易卜拉欣・夏赫一世・嘎迪爾汗・賓・非魯茲・夏赫二世 ●Ibrāhīm Shāh I Qadïr Khān b. Fīrūz Shāh II, Rukn al-Dīn
◇695 / 1296	●阿拉俄丁，穆罕默德・夏赫一世・阿里・加爾夏斯普・賓・瑪斯伍德・賓・尤古魯胥 ●Muḥammad Shāh I 'Alī Garshāsp b. Mas'ūd b. Yughrush, 'Alā'al-Dīn
◇715 / 1296	●胥哈卜丁，歐瑪爾・夏赫・賓・穆罕默德・夏赫一世 ●'Umar Shāh b. Muḥammad Shāh I, Shihāb al-Dīn

◇716 － 720 / 1316 － 1320	●古特卜丁，穆巴拉克・夏赫・賓・穆罕默德・夏赫一世 ● Mubārak Shāh b. Muḥammad Shāh I, Quṭb al-Dīn
◇720 / 1320	**●納席爾丁，忽斯勞汗・巴爾瓦里（Khusraw Khān Barwārī, Nāṣir al-Dīn）篡位。**

三、圖魯革支系（Tughluqids）

年份	統治者名稱／重要事件
◇720 / 1320	●吉亞斯丁，圖魯革・夏赫一世・賓・？嘎濟 ● Tughluq Shāh I b. ? Ghāzī, Ghiyāth al-Dīn
◇725 / 1325	●阿布—穆賈希德・烏魯格汗・賈烏納・吉亞斯丁，穆罕默德・夏赫二世・賓・圖魯革・夏赫一世 ● Muḥammad Shāh II b. Tughluq Shāh I, Abu 'l-Mujāhid Ulugh Khān Jawna Ghiyāth al-Dīn
◇752 / 1351	●卡瑪勒丁，非魯茲・夏赫三世・賓・拉賈卜・賓・圖魯革・夏赫一世 ● Fīrūz Shāh III b. Rajab b. Tughluq Shāh I, Kamāl al-Dīn
◇752 / 1351	●吉亞斯丁，瑪赫穆德 ● Maḥmūd, Ghiyāth al-Dīn ●宣稱是穆罕默德・夏赫二世（Muḥammad Shāh II）的兒子，為反叛勢力赫瓦嘉・賈漢・阿赫瑪德・阿亞茲（Khwāja-yi Jahān Aḥmad Ayāz）的魁儡領袖。
789 / 1387	●納席爾丁，穆罕默德・夏赫三世・賓・非魯茲・夏赫三世 ● Muḥammad Shāh III b. Fīrūz Shāh III, Nāṣir al-Dīn ●與其父共同統治。
◇790 / 1388	●吉亞斯丁，圖魯革・夏赫二世・賓・法特赫汗・賓・非魯茲・夏赫三世 ● Tughluq Shāh II b. Fatḥ Khan b. Fīrūz Shāh III, Ghiyāth al-Dīn ●於 791 / 1389 年遇害。

◇? 791 / 1389	●？非魯茲・夏赫・查法爾・賓・非魯茲・夏赫三世 ● ? Fīrūz Shāh Ẓafar b. Fīrūz Shāh III ●可能與下一位統治者為同一人。
◇791 － 793 / 1389 － 1391	●阿布—巴克爾・夏赫・賓・查法爾・賓・非魯茲・夏赫三世 ● Abū Bakr Shāh b. Ẓafar b. Fīrūz Shāh III ●統治中心為德里。
◇791 － 796 / 1389 － 1394	●納席爾丁，穆罕默德・夏赫三世・賓・非魯茲・夏赫三世 ● Muḥammad Shāh III b. Fīrūz Shāh III, Nāṣir al-Dīn ●統治印度一些省份，後統治德里。
◇796 / 1394	●阿拉俄丁，希坎達爾・夏赫一世・賓・穆罕默德三世 ● Sikandar Shāh I b. Muḥammad III, 'Alā' al-Dīn
◇796 / 1394	●納席爾丁，瑪赫穆德・夏赫二世・賓・穆罕默德三世 ● Maḥmūd Shāh II b. Muḥammad III, Nāṣir al-Dīn ●首次統治。
◇797 / 1395	●努斯拉特・夏赫・賓・法特赫汗 ● Nuṣrat Shāh b. Fatḥ Khān ●統治費魯查巴德（Fīrūzābād），逝於801 / 1399年。
804 / 1401	●瑪赫穆德・夏赫二世・賓・穆罕默德三世 ● Maḥmūd Shāh II b. Muḥammad III ●第二次統治。
815 － 817 / 1412 － 1414	●**道拉特汗・羅迪（Dawlat Khān Lōdī）繼任。**

四、賽伊德支系（Sayyids）

年份	統治者名稱／重要事件
817 / 1414	●希德爾汗・賓・蘇萊曼 ● Khiḍr Khān b. Sulaymān ●封號為「至高的旗幟」（Rāyat-i A 'lā）。
◇824 / 1421	●穆儀茲丁，穆巴拉克・夏赫二世・賓・希德爾 ● Mubārak Shāh II b. Khiḍr, Mu'izz al-Dīn
◇837 / 1434	●穆罕默德・夏赫四世・賓・法里德・賓・希德爾 ● Muḥammad Shāh IV b. Farīd b. Khiḍr
◇847 − 855 / 1443 − 1451	●阿拉俄丁，阿拉姆・夏赫・賓・穆罕默德四世 ● 'Ālam Shāh b. Muḥammad IV, 'Alā' al-Dīn ●於855 / 1451 至 883 / 1478 年間統治巴達翁（Badaon，又作Badā'ūn）。

五、羅迪支系（Lōdīs）

年份	統治者名稱／重要事件
◇855 / 1451	●巴赫魯勒・賓・卡拉・賓・巴赫拉姆・羅迪 ● Bahlūl b. Kālā b. Bahrām Lōdī
◇894 / 1489	●希坎達爾二世・尼查姆汗・賓・巴赫魯勒 ● Sikandār II Niẓām Khān b. Bahlūl
◇923 − 932 / 1517 − 1526	●易卜拉欣二世・賓・希坎達爾二世 ● Ibrāhīm II b. Sikandar II
932 / 1526	**●被蒙兀兒朝人征服。**

六、蘇爾支系（Sūrīs）

年份	統治者名稱／重要事件
◇947 / 1540	●法里德丁，胥爾・夏赫・蘇爾・賓・米揚・哈珊 ●Shīr Shāh Sūr b. Miyān Ḥasan, Farīd al-Dīn
◇952 / 1545	●伊斯蘭・夏赫・蘇爾・賓・胥爾・夏赫 ●Islām Shāh Sūr b. Shīr Shāh
◇961 / 1554	●穆罕默德五世・穆巴里茲汗・阿迪勒・夏赫・賓・尼查姆汗・賓・伊斯瑪儀 ●Muḥammad V Mubāriz Khān ʻĀdil Shāh b. Niẓām Khān b. Ismāʻīl
◇961 / 1554	●易卜拉欣汗三世・賓・嘎濟・賓・伊斯瑪儀 ●Ibrāhīm Khān III b. Ghāzī b. Ismāʻīl
◇962 / 1555	●阿赫瑪德汗・希坎達爾・夏赫三世・賓・伊斯瑪儀 ●Aḥmad Khān Sikandar Shāh III b. Ismāʻīl ●統治中心為拉合爾。
962 / 1555	●**被蒙兀兒朝征服。**

印度河下游地區的伊斯蘭最初為伍麥亞朝（Umayyad）哈里發在東部的阿拉伯總督所引進，因為92 / 711年時，將領穆罕默德・賓・嘎希姆・沙嘎非（Muḥammad b. al-Qāsim al-Thaqafī）征服了信地地區（Sind）。伍麥亞朝勢力在此深根長達三個世紀之久，在這段期間內，部分當地的穆斯林社群受到伊斯瑪儀里什葉派（Ismāʻīlī Shīʻī）宣教士的影響，這些宣教士代表法蒂瑪朝（Fāṭimids，見編號27）在伊斯蘭世

界的許多地區積極宣教，範圍從北非至葉門和印度邊陲地區。如同古典時期，同時阿拉伯半島（Arabia）、波斯灣（Persian Gulf）地區與印度半島區（peninsular India）的沿海區域，亦即古嘉拉特（Gujarāt）、孟買（Bombay）和德干（Deccan）沿海等地，也曾有貿易合作。不過，這些零星的合作幾乎沒有影響到印度次大陸絕大部分的內陸地區。

突厥人的嘎茲納朝是首先將完整的穆斯林軍力投入印度北部的朝代，並推翻了當地的強勢政權，例如威辛德（Wayhind）的印度王朝（Hindūshāhīs），致使許多拉吉普特（Rājput）的統治者成為嘎茲納朝的朝貢者；嘎茲納勢力遠播至索姆納特和貝拿勒斯（Benares，又作Banāras、Varanasi）等地，儘管在嘎茲納的軍隊離開後，大多數投降的在地統治者都不顧自己身為納貢者的義務。雖然嘎茲納的瑪赫穆德因為對抗異教徒的印度斯坦（Hindustan）而成為伊斯蘭的英雄，但這名蘇丹顯然並非狂熱的宗教份子，他並未一心讓印度教徒改信或消滅他們（這明顯是不可能的任務）；他在自己的軍隊中運用印度人的部隊，而且加入他的軍隊並不需要成為一名穆斯林。嘎茲納人對於印度的興趣主要在於擴充財政，印度次大陸被視為幾乎取之不盡的奴隸和財庫；不過他們仍舊佔領了旁遮普，使之成為在印度北部擴張穆斯林勢力的永久據點，而直到末期，拉合爾也都是蘇丹的首都（見編號158）。

因此，在十二世紀末與十三世紀初，古爾朝的穆儀茲丁・穆罕默德・古里（Mu'izz al-Dīn Muḥammad Ghūrī）以及他的突厥奴隸軍官征服印度的行動有了跳板。消滅嘎茲納朝的最後勢力後，穆儀茲丁將勢力擴張至恆河平原，攻擊當地的拉吉普特親王，諸如阿傑梅爾（Ajmer）和德里（Delhi，又作Dihlī）的察哈瑪那（Chāhamāna，又稱朝汗國王〔Chawhān king〕），以及貝拿勒斯和卡瑙吉的加哈達瓦拉國王（Gahadavala king）。穆儀茲丁的將領當中，古特卜丁・艾巴克奉命負責討伐印度，而穆儀茲丁本人則在呼羅珊及其他地區征戰。艾巴克緊守古爾朝攻佔的旁遮普與恆河—亞穆納河匯流處（Ganges-Jumna Do'āb），征討遠至古嘉拉特地區。另一位將軍伊赫提亞爾丁・穆罕默德・哈勒吉（Ikhtiyār al-Dīn Muḥammad Khaljī），則是入侵比哈爾（Bihār）和孟加拉（Bengal，又作Bangāla），使拉赫納瓦提（Lakhnawatī，又稱Gawr）成為他的據點，甚至還入侵了阿薩姆地區（Assam，見編號161之1）。因此，印度北部的伊斯蘭正式在古爾朝及其將領的統治下永久深根；當時，建立已久的印度朝代勢力縮減，幾個穆斯林的蘇丹政權逐漸崛起。另一方面，德里蘇丹政權時期及其後，許多在地的印度教徒領袖仍然握有權力，特別是那些遠離突厥—阿富汗（Turko-Afghan）的軍事中心地區，印度教徒也在穆斯林統治者的行政體系和軍隊中扮演重要角色。

穆儀茲丁於602 / 1206年逝世後，艾巴克在拉合爾以代表費魯茲庫赫古爾朝蘇丹的統治者（Malik）身分掌權。此後，古爾朝的嘎茲納和阿富汗地區的省份脫離印度，短暫落入花剌子模王國與後來的蒙古帝國手中。然而，古爾朝的文官體制與軍事組織，依然於印度北部在後繼的穆斯林統治者政權之下存續。艾巴克及其繼承者直到689 / 1290年為止，都被稱為奴隸國王（Slave King），儘管只有其中三位（艾巴克、伊勒圖特米胥〔Iltutmish〕和巴勒班〔Balban〕）出身奴隸，而且也都在掌權之前便獲得解放。這些統治者都不屬於單一分支，而是三個不同的支系。在伊勒圖特米胥的統治下，一支真正獨立的蘇丹政權——信地（Sind）成為德里蘇丹政權的一部分，該地原先掌控在穆儀茲支系（Mu'zzī）將軍納席爾丁・嘎巴洽（Nāṣir al-Dīn Qabācha）手中。伊勒圖特米胥也試圖阻止花剌子模人入侵他的領地，然而蒙古勢力終究在639 / 1241年直搗旁遮普，攻陷拉合爾並最遠進軍至烏奇地區（Uch，又作Uchchh）。接著，一位勢力較弱的蘇丹繼位，導致內部意見分歧，而只有在能幹的攝政巴勒班的治理下，才確立了蘇丹政權的統一，之後他也成為獨立的統治者。巴勒班原先隸屬於突厥軍事奴隸最著名的隊伍之一，也就是伊勒圖特米胥的赤合爾干（Chihilgān，這個字在突厥文中意為「四十」，根據彼得・傑克森博士〔Dr Peter Jackson〕的推測，這個名字是源於他們每個人皆負責管理四十名軍奴）。巴勒班接續了主人的事業，透過改革，為蘇丹政權建立穩固的軍事與政治基礎，並且強化傳統波斯—伊斯蘭系統的政權。

接著，蘇丹政權與伊斯蘭世界其他地區的象徵性連結也隨之加深。伊勒圖特米胥向阿巴斯朝哈里發穆斯坦席爾（al-Mustanṣir）徵求授予頭銜的儀式；而在巴格達最後一位哈里發穆斯塔俄希姆（al-Musta'ṣim）去世後，穆儀茲支系的蘇丹們仍持續將他的名字鑄刻在錢幣上。如此一來，人們便得以認同更廣大的順尼派伊斯蘭世界，並且承認哈里發政權的精神道德領袖地位；這樣的概念存在於大部分的印度伊斯蘭歷史中，反映出伊斯蘭在被印度教的環境包圍下，仍然努力維持身分認同的掙扎。同時，一波波來自花剌子模與波斯的難民潮帶來大量學者與宗教人士，他們在蒙古人入侵之前逃離，並於伊勒圖特米胥和巴勒班統治期間設法抵達印度，豐富了此時期的文化，影響深遠；日後穆罕默德二世・賓・圖魯革（Muḥammad II b. Tughluq）任內也是如此，外來的新血持續為印度穆斯林的宗教生活和文化注入新活力。

689 / 1290年，穆儀茲系蘇丹權位由賈拉勒丁・非魯茲・夏赫二世・哈勒吉（Jalāl al-Dīn Fīrūz Shāh II Khaljī）的支系繼任。哈勒吉支系原先是住在阿富汗東部的突厥人（抑或是不同種族而經突厥化的民族）；很可能是之後的吉勒查伊阿富汗人（Ghilzay Afghan）的祖先。在穆儀茲丁・穆罕默德・古里的統治下，哈勒吉人在入侵印度的行動中具重要地位，而伊赫提亞爾丁・穆罕默德・哈勒吉的特殊貢獻則是在於將伊斯蘭引進印度東部與孟加拉地區（見上文）。對於非魯茲・夏赫二世而言，當時最急迫的工作是要確保能夠徹底阻擋蒙古勢力；然而，在他的任內，大批蒙古人改信伊斯蘭，非魯茲也准許他們定居在德里地區。阿拉俄丁・穆罕默德・夏赫一世（'Alā' al-Dīn Muḥammad Shāh I）無疑是這個朝代令人矚目的人物，他自認為是第二亞歷山大大帝（Alexander the Great），夢想建立龐大帝國。然而事實上，非魯茲必須面對來自察合台汗國（Chaghatayid）蒙古人的威脅，他們曾數次入侵德里；而他的野心主要在於征服印度南部，那是穆斯林勢力尚未抵達的豐饒之地，位於溫吉亞山脈（Vindhya Mountains）南方。695 / 1296年入侵德干西北部亞達瓦人（Yadavas）首都迪歐吉里（Deogīr，又作Devagiri）的攻擊行動，為阿拉俄丁帶來財富，助他贏得蘇丹政權。他在權位穩固後，將更多的軍隊運送到德干最南方。阿拉俄丁・穆罕默德持續使用傳統的頭銜「信仰者領導人的左右手」（Nāṣir Amīr al-Mu'minīn）；他的兒子古特卜丁・穆巴拉克・夏赫一世（Quṭb al-Dīn Mubārak Shāh I）是唯一自封哈里發頭銜「信仰者的領導人」的印度穆斯林統治者。

哈勒吉一系的瓦解發生在忽斯勞汗（Khusraw Khān）脫離伊斯蘭並短暫推翻德里王位之際；忽斯勞汗是改信伊斯蘭的古嘉拉特印度教徒，也是最後一位哈勒吉蘇丹的愛將。突厥—印度人圖魯革・夏赫一世（Tughluq Shāh I），與其子穆罕默德・夏赫二世（Muḥammad Shāh II）重新建立了穆斯林政權，後者於720 / 1320年開啟了圖魯革支系的蘇丹政權，前者則為了恢復蘇丹政權的穩定付出許多努力，於德干地區重建穆斯林的統治。關於穆罕默德・夏赫二世的歷史記載並不多，他是一位具有謀略的將領，但行徑十分古怪，判斷力不佳。他為了維繫蘇丹政權以及戰爭支出而增加稅收，使他成為不受人民歡迎的統治者，然而穆罕默德・夏赫二世依舊決定於727 / 1327年，將首都由德里向南遷至迪瓦吉爾（Deogīr），如今該城已重新命名為道拉塔巴德（Dawlatābād），日後證明遷都是個錯誤的決定。另一方面，他成功驅逐了來自花剌子模成吉思汗後裔的入侵，然而他想要利用成吉思汗後裔弱點（也許是打算和伊兒汗國聯手），以及通過帕米爾高原入侵中亞地區的計畫（關於這方面的資料來源不足），最終並未實現。穆罕默德・夏赫二世也與印度以外的伊斯蘭世界建立外交關係，包括埃及的傭兵政權（見編號31），並爭取位於開羅的阿巴斯朝虛位哈里發（見編號3之3）授銜。他將注意力轉向印度次大陸北部邊境的軍事計畫相當不切實際，弱化了圖魯革朝在德干地區的政權。一個獨立的穆斯林蘇丹政權於是在印度極南方的馬俄巴爾（Maʻbar，又作Madura）崛起（見編號166）。748 / 1347年，阿拉俄丁・哈珊・巴赫曼・夏赫（ʻAlāʼ al-Dīn Ḥasan Bahman Shāh）於德干中部建立巴赫曼朝（Bahmanids，見編號167之1）。在那之後，非魯茲・夏赫三世（Fīrūz Shāh III）於信地省和孟加拉等地重新建立蘇丹政權的權力，但並未將勢力擴張至德干地區。最後幾位的圖格魯支系統治者懦弱無能，帖木兒因而能夠在801 / 1398至1399年入侵，並造成極大的傷害；蘇丹政權的統一也因此瓦解，而數位穆斯林領袖在印度不同的省份中掌握獨立的政權。

不到四十年內，政治勢力便由希德爾汗（Khiḍr Khān）一系所掌控，希德爾汗乃穆勒坦（Multān）的前統領，原先效忠於末代的圖魯革支系，後來則為帖木兒統治此地。希德爾汗代表帖木兒和兒子夏赫，魯赫進行統治，自己採用「至高的旗幟」（Rāyat-i Aʻlā）為封號；也因為他們自稱源於先知後裔（並非屬實），這一支系又稱為「賽伊德支系」（Sayyids）。賽伊德支系實際統治的地區僅限於德里附近的小塊區域，而因為他們最初相當依賴帖木兒朝，因此賽伊德支系在首都並未受到突厥或阿富汗軍人階級的歡迎。855 / 1451年時，希德爾汗支系由巴赫魯勒汗（Bahlūl Khān）的支系所取代，後者乃阿富汗部族羅迪（Lōdī）的酋長，先前則擔任希爾辛德（Sirhind）和拉合爾的總督。巴赫魯勒與圖魯革支系蘇丹的勢力相當，並且為了在印度地區重建穆斯林的威信而做努力；德里地區的政權因而統治了印度中部大部分的地區，而焦恩普爾（Jawnpur，見編號164）的夏爾基（Sharqī）統治者則於881 / 1477年時被推翻。巴赫魯勒之子希坎達爾二世（Sikandar II）則一度成功抵抗拉吉普特親王，並將首都遷至阿格拉城（Agra），因為該地是抵抗這些攻擊行動更為適當的據點。只不過羅迪支系最後的易卜拉欣二世（Ibrāhīm II）挑撥許多他的王室成員和將領，導致其中的幾位引入察合台蒙兀兒朝的巴布爾（Babūr）干擾統治，後入侵喀布爾地區。

巴布爾在德里北方的帕尼帕特（Pānīpat）首度出兵征討勝利，導致932 / 1526年易卜拉欣的死亡，同時也結束了羅迪支系的統治，並且促使蒙兀兒朝政權首次出現在印度。然而這並不代表巴布爾支系已經建立永久政權，因為他的兒子胡瑪雍（Humāyūn）的統治，受到來自胥爾．夏赫．蘇爾（Shīr Shāh Sūr）在印度以十五年時間重建的阿富汗政權干擾。胥爾．夏赫從比哈爾（Bihār）出兵，在卡瑙吉擊敗胡瑪雍，因而推翻了巴布爾所建立的政權。胥爾．夏赫不僅是位優秀的領袖，也引進了重要的財政與土地改革政策。然而因為他早逝，另一個阿富汗人強勢的蘇丹政權在印度建立，阻擋了胡瑪雍再次奪權，而胥爾．夏赫之後短暫統治的繼承者都相當不堪一擊，更加促進了蒙兀兒朝壓倒性的征戰勝利。

● 參考資料

* Justi, 464-5; Lane-Poole, 295-303; Sachau, 32 no. 87 (Khaljīs), 33 no. 93 (Sūrīs); Zambaur, 285-8.

* *EI* [2] 'Dihlī Sultanate' (P. Hardy), 'Hind. IV. History' (J. Burton-Page); 'Khaldjīs' (S. Moinul Haq), 'Lōdīs' (S. M. Imamuddin), 'Sayyids' (K. A. Nizami), 'Sūrīs' (I. H. Siddiqi).

* H. Nelson Wright, *The Coinage and Metrology of the Sulṭāns of Dehlī, Incorporating a Catalogue of the Coins in the Author's Cabinet now in the Dehlī Museum*, Delhi 1936.

* K. S. Lal, *History of the Khaljis A.D. 1290-1320*, revised edn, New Delhi 1980.

* (Agha) Mahdi Husain, *Tughluq Dynasty*, Calcutta 1963.

* Abdu ul-Halim, *History of the Lodi Sultans of Delhi and Agra*, Dacca 1961.

* I. H. Siddiqi, *History of Sher Shah Sur*, Aligarh 1971.

* R. C. Majumdar, A.D. Pusalker and A. K. Majumdar (eds), *The History and Culture of the Indian People. V. The Struggle for Empire*, Bombay 1957, chs 4-5.

* eidem (eds), *VI. The Delhi Sultanate*, Bombay 1960, chs 2-9, 14.

* Majumdar (ed.), *VII. The Mughul Empire*, Bombay 1974, ch. 4.

* Mohammad Habib and Khaliq Aḥmad Nizami (eds), *A Comprehensive History of India. V. The Delhi Sultanat (A.D. 1206-1526)*, Delhi 1970, chs 2-7.

161.

孟加拉的總督與蘇丹政權（The Governors and Sultans of Bengal）

- 伊曆 594 ～ 984 年
- 西曆 1198 ～ 1576 年
- 孟加拉與比哈爾

一、德里蘇丹政權的統領，通常獨立統治

年份	統治者名稱／重要事件
◇594 / 1198	●伊赫提亞爾丁，穆罕默德・巴赫提亞爾・哈勒吉 ●Muḥammad Bakhtiyār Khaljī, Ikhtiyār al-Dīn ●比哈爾與孟加拉的征服者。
603 / 1206	●阿里・瑪爾丹 ●'Alī Mardān ●首次統治。
603 / 1207	●伊茲丁，穆罕默德・胥朗汗 ●Muḥammad Shirān Khān, 'Izz al-Dīn
◇604 / 1208	●胡薩姆丁，伊瓦德 ●'Iwaḍ, Ḥusām al-Dīn ●首次統治。
607 / 1210	●阿里・瑪爾丹 ●'Alī Mardān ●以阿拉俄丁（'Alā' al-Dīn）為頭銜，第二次統治。
◇610 / 1213	●胡薩姆丁，伊瓦德 ●'Iwaḍ, Ḥusām al-Dīn ●統治頭銜為吉亞斯丁（Ghiyāth al-Dīn）。

◇624 / 1227	●「東方之王」，瑪赫穆德・賓・伊勒圖特米胥，納席爾丁 ● Maḥmūd b. Iltutmish, Nāṣir al-Dīn, Malik al-Sharq
626 / 1229	●伊赫提亞爾丁，比爾杰汗・賓・毛杜德 ● Bilge Khan b. Mawdūd, Ikhtiyār al-Dīn ●以道拉特・夏赫（Dawlat Shāh）的身分統治。
629 / 1232	●阿拉俄丁，瑪斯伍德・賈尼 ● Mas'ūd Jānī, 'Alā' al-Dīn ●首次統治。
◇630 / 1233	●賽伊夫丁，艾巴克・希塔伊 ● Aybak Khitā'ī, Sayf al-Dīn
633 / 1236	●阿俄（汗）・艾巴克 ● Ā'or Khan Aybak
633 / 1236	●伊茲丁，多里勒・多干汗 ● Ṭoghrïl Toghan Khān, 'Izz al-Dīn
642 / 1244	●嘎瑪爾丁，鐵木爾・奇朗汗 ● Temür Qirān Khān, Qamar al-Dīn
645 / 1247	●賈拉勒丁，瑪斯伍德・賈尼・賓・瑪斯伍德・賈尼 ● Mas'ūd Jānī b. Mas'ūd Jānī, Jalāl al-Dīn ●首次統治。
◇649 / 1251	●伊赫提亞爾丁，尤茲巴克 ● Yuzbak, Ikhtiyār al-Dīn ●統治頭銜為阿布—穆查法爾・吉亞斯丁（Abu 'l-Muẓaffar Ghiyāth al-Dīn）。
655 / 1257	●伊茲丁，巴勒班・尤茲巴基 ● Balban Yuzbakī, 'Izz al-Dīn ●首次統治。

657 / 1259	●瑪斯伍德・賈尼・賓・瑪斯伍德・賈尼 ● Mas'ūd Jānī b. Mas'ūd Jānī ●第二次統治。
657 / 1259	●巴勒班・尤茲巴基 ● Balban Yuzbakī ●第二次統治。
657 / 1259	●塔吉丁，穆罕默德・阿爾斯蘭汗・珊賈爾 ● Muḥammad Arslan Khān Sanjar, Tāj al-Dīn
663 / 1265	●塔塔爾汗・賓・穆罕默德・阿爾斯蘭 ● Tātār Khān b. Muḥammad Arslan
666 / 1268	●胥爾汗 ● Shīr Khān
670 － 680 / 1272 － 1281	●多里勒 ● Ṭoghrīl ●統治頭銜為穆吉斯丁（Mughīth al-Dīn）。

二、巴勒班支系的總督與獨立統治者

年份	統治者名稱／重要事件
681 / 1282	●納席爾丁，布格拉・賓・巴勒班 ● Bughra b. Balban, Nāṣir al-Dīn
◇690 / 1291	●魯昆丁，卡伊・卡伍斯・賓・布格拉 ● Kay Kāwūs b. Bughra, Rukn al-Dīn
◇701 － 722 / 1302 － 1322	●夏姆斯丁，非魯茲・夏赫 ● Fīrūz Shāh, Shams al-Dīn ●後來僅統治比哈爾地區。

◇約 709 / 約 1309	●賈拉勒丁，瑪赫穆德・賓・非魯茲・夏赫 ●Maḥmūd b. Fīrūz Shāh, Jalāl al-Dīn ●統治中心為孟加拉。
◇約 717 – 718 / 約 1317 – 1318	●胥哈卜丁，布格拉・賓・非魯茲・夏赫 ●Bughra b. Fīrūz Shāh, Shihāb al-Dīn ●統治中心為孟加拉。
◇722 / 1322	●吉亞斯丁，巴哈杜爾・賓・非魯茲・夏赫 ●Bahādur b. Fīrūz Shāh, Ghiyāth al-Dīn ●亦於父親生前擔任該省級統治者，此為他的第一任期。
◇724 / 1324	●納席爾丁，易卜拉欣・賓・非魯茲・夏赫 ●Ibrāhīm b. Fīrūz Shāh, Nāṣir al-Dīn ●拉赫納瓦提（Lakhnawatī）的德里蘇丹，逝於728 / 1328 年後。
◇726 – 739 / 1326 – 1338	●平達爾（比達爾）・嘎迪爾汗 ●Pindar or Bīdar Qadïr Khān ●統治中心為拉赫納瓦提（Lakhnawatī）。
726 – 741 / 1326 – 1340	●伊茲丁，雅赫亞 ●Yaḥya, ʻIzz al-Dīn ●統治中心為沙特嘎翁（Sātgā'on）。
727 – 739 / 1327 – 1339	●塔塔爾汗，巴赫拉姆 ●Bahrām, Tātār Khān ●統治中心為索納爾嘎翁（Sonārgā'on）。
◇727 – 728 / 1327 – 1328	●吉亞斯丁，巴哈杜爾・賓・非魯茲・夏赫 ●Bahādur b. Fīrūz Shāh, Ghiyāth al-Dīn ●與塔塔爾汗聯合統治索納爾嘎翁。
◇739 – 750 / 1339 – 1349	●法赫爾丁，穆巴拉克・夏赫 ●Mubārak Shāh, Fakhr al-Dīn ●統治中心為索納爾嘎翁。

◇740 － 743 / 1339 － 1342	●阿拉俄丁，阿里・穆巴拉克 ●'Ali Mubārak, 'Alā' al-Dīn ●統治中心為拉赫納瓦提。
◇750 － 753 / 1349 － 1352	●伊赫提亞爾丁，嘎濟・夏赫（？）・賓・穆巴拉克・夏赫 ●Ghāzī Shāh (?) b. Mubārak Shāh, Ikhtiyār al-Dīn ●統治中心為索納爾嘎翁，直到該地由伊里亞斯・夏赫（Ilyās Shāh）征服。

三、伊里亞斯支系（Ilyās Shāh）

年份	統治者名稱／重要事件
◇740 / 1339	●夏姆斯丁，伊里亞斯・夏赫 ●Ilyās Shāh, Shams al-Dīn ●最初統治中心為沙特嘎翁。
◇759 / 1358	●希坎達爾・夏赫一世・賓・伊里亞斯・夏赫 ●Sikandar Shāh I b. Ilyās Shāh
◇792 / 1390	●吉亞斯丁，阿俄札姆・夏赫・賓・希坎達爾・夏赫一世 ●A'ẓam Shāh b. Sikandar Shāh I, Ghiyāth al-Dīn
◇813 / 1410	●賽伊夫丁，哈姆查・夏赫・賓・阿俄札姆・夏赫 ●Ḥamza Shāh b. A'ẓam Shāh, Sayf al-Dīn
◇815 / 1412	●賽伊夫丁，巴雅濟德・夏赫・賓・阿俄札姆・夏赫 ●Bāyazīd Shāh b. A'ẓam Shāh, Sayf al-Dīn
◇817 / 1414	●非魯茲・夏赫・賓・巴雅濟德・夏赫 ●Fīrūz Shāh b. Bāyazīd Shāh

四、拉賈・加尼薩支系（Rājā Gaṇeśa〔Ganesh〕）

年份	統治者名稱／重要事件
817 / 1414	●賈都 ●Jadu ●拉賈・加尼薩（Rājā Gaṇeśa）之子，首任統治由其父親攝政。
◇819 / 1416	●拉賈・加尼薩 ●Rājā Gaṇeśa ●以達努吉・瑪爾丹・德瓦（Danūj Mardan Deva）之名統治。
◇821 / 1418	●瑪罕德拉・德瓦 ●Mahendra Deva ●拉賈・加尼薩之子。
◇821 / 1418	●賈都 ●Jadu ●改名為賈拉勒丁，穆罕默德・夏赫（Muḥammad Shāh, Jalāl al-Dīn），第二次統治。
◇836 － 840 / 1433 － 1437	●阿赫瑪德・夏赫・賓・穆罕默德・夏赫 ●Aḥmad Shāh b. Muḥammad Shāh

五、伊里亞斯支系復辟

年份	統治者名稱／重要事件
◇841 / 1437	●阿布—穆查法爾・納席爾丁，瑪赫穆德・夏赫 ●Maḥmūd Shāh, Abu 'l-Muẓaffar Nāṣir al-Dīn ●伊里亞斯・夏赫（Ilyās Shāh）後裔。

◇864 / 1460	●魯昆丁，巴爾巴克・夏赫・賓・瑪赫穆德・夏赫 ●Barbak Shāh b. Maḥmūd Shāh, Rukn al-Dīn
◇879 / 1474	●夏姆斯丁，優素夫・夏赫・賓・巴爾巴克・夏赫 ●Yūsuf Shāh b. Barbak Shāh, Shams al-Dīn
◇886 / 1481	●希坎達爾・夏赫二世・賓・優素夫・夏赫 ●Sikandar Shāh II b. Yūsuf Shāh
◇886 － 892 / 1481 － 1487	●賈拉勒丁，胡笙・法特赫・夏赫・賓・瑪赫穆德・夏赫 ●Ḥusayn Fatḥ Shāh b. Maḥmūd Shāh, Jalāl al-Dīn

六、哈巴胥支系（Ḥabashīs）

年份	統治者名稱／重要事件
◇892 / 1487	●蘇丹・夏赫扎達・巴爾巴克・夏赫 ●Sulṭān Shāhzāda Barbak Shāh
◇892 / 1487	●安迪勒 ●‘Andil ●以阿赫瑪德・非魯茲・夏赫・賽伊夫丁（Aḥmad Fīrūz Shāh Sayf al-Dīn）之名統治。
◇895 / 1490	●納席爾丁，瑪赫穆德・夏赫（？）・賓・阿赫瑪德・非魯茲・夏赫 ●Maḥmūd Shāh (?) b. Aḥmad Fīrūz Shāh, Nāṣir al-Dīn
◇896 － 898 / 1491 － 1493	●迪瓦納 ●Dīwāna ●以穆查法爾・夏姆斯丁（Muẓaffar Shams al-Dīn）之名統治。

七、賽伊德・胡笙支系（Sayyid Ḥusayn Shāh）

年份	統治者名稱／重要事件
◇898 / 1493	●阿拉俄丁，胡笙・夏赫 ●Sayyid Ḥusayn Shāh, 'Alā' al-Dīn
◇925 / 1519	●納席爾丁，努斯拉特・夏赫・賓・胡笙・夏赫 ●Nuṣrat Shāh b. Ḥusayn Shāh, Nāṣir al-Dīn
◇939 / 1533	●阿拉俄丁，非魯茲・夏赫・賓・胡笙・夏赫 ●Fīrūz Shāh b. Ḥusayn Shāh, 'Alā' al-Dīn
◇940 － 944 / 1534 － 1537	●吉亞斯丁，瑪赫穆德・夏赫・賓・胡笙・夏赫 ●Maḥmūd Shāh b. Ḥusayn Shāh, Ghiyāth al-Dīn

八、蘇爾支系（Sūrīs）

年份	統治者名稱／重要事件
944 / 1537	●胥爾・夏赫・蘇爾 ●Shīr Shāh Sūr
947 / 1540	●希德爾汗 ●Khiḍr Khān ●胥爾・夏赫的總督。
◇952 / 1545	●夏姆斯丁，穆罕默德汗・蘇爾 ●Muḥammad Khāh Sūr, Shams al-Dīn ●於960 / 1553 年獨立統治。
◇962 / 1555	●吉亞斯丁，希德爾汗・巴哈杜爾・夏赫・賓・穆罕默德汗・蘇爾 ●Khiḍr Khān Bahādur Shāh b. Muḥammad Khāh Sūr, Ghiyāth al-Dīn

◇968 － 971 / 1561 － 1564	●阿布—穆查法爾・吉亞斯丁，賈拉勒・夏赫・賓・穆罕默德汗・蘇爾 ● Jalāl Shāh b. Muḥammad Khāh Sūr, Abu 'l-Muẓaffar Ghiyāth al-Dīn

九、卡拉蘭支系（Kararānīs）

年份	統治者名稱／重要事件
971 / 1564	●蘇萊曼・卡拉拉尼 ● Sulaymān Kararānī
980 / 1572	●巴雅濟德・卡拉拉尼・賓・蘇萊曼 ● Bāyazīd Kararānī b. Sulaymān
◇980 － 984 / 1572 － 1576	●達伍德・卡拉拉尼・賓・蘇萊曼 ● Dāwūd Kararānī b. Sulaymān
984 / 1576	●**被蒙兀兒朝征服。**

古爾朝穆儀茲丁・穆罕默德的將領穆罕默德・巴赫提亞爾・哈勒吉是征服印度最東邊省份——比哈爾和孟加拉——的功臣。他的入侵範圍遠達圖博（Tibet）旁的山脈，並於比哈爾與孟加拉之間邊界的拉赫納瓦提建立首都。接著，德里蘇丹的總督們將其他的城鎮作為政府中心，如孟加拉西南方的沙特嘎翁（Sātgā'on），以及東部的索納爾嘎翁（Sonārgā'on，接近現今孟加拉的首都達卡〔Dacca，又作Dhākā〕），直到伊里亞斯・夏赫（Ilyās Shāh）將這些城市與獨立的孟加拉蘇丹政

權融合。由於孟加拉本身的資源豐饒，加上距離德里相當遙遠，蘇丹們一直難以直接統治該地，因此中央政府的控制時有時無。十四世紀前半葉，穆斯林軍隊橫渡布拉馬普特拉河（Brahmaputra），進入錫爾赫特（Sylhet，又作Silhet）、阿薩姆（Assam）與位於孟加拉灣（Bay of Begal）的吉大港（Chittagong）。此時，種姓階級底層的印度教徒也逐漸開始改信伊斯蘭，伊斯蘭最終成為孟加拉地區的最大宗教。

穆罕默德・圖魯革統治期間，孟加拉東部的索納爾嘎翁由法赫爾丁・穆巴拉克・夏赫（Fakhr al-Dīn Mubārak Shāh）統治，西部的拉赫納瓦提則由阿拉俄丁・阿里（'Alā' al-Dīn 'Alī）統治，因而有超過兩世紀的時間，孟加拉都是由獨立的蘇丹所統治。在伊里亞斯支系（Ilyāsids）的統治下，伊斯蘭藝術與科學蓬勃發展，統治者也支持孟加拉的紡織業和食品業發展。十五世紀的前十年內，吉亞斯丁・阿俄札姆・夏赫（Ghiyāth al-Dīn A'ẓam Shāh）重新建立與中國地區自古以來的外交和文化關係，同時，吉大港口的發展也反映出孟加拉遠東地區逐漸增加的貿易量。接著，一位孟加拉當地的印度教地主拉賈・加尼薩（Rājā Gaṇeśa）奪權，伊里亞斯支系的政權因此中斷超過二十年；他的兒子後成為穆斯林，以賈拉勒丁・穆罕默德（Jalāl al-Dīn Muḥammad）之名統治，而儘管該氏族有著印度教的根源，他們仍然在統治期間獲得一些穆斯林的支持。而伊里亞斯支系復辟後，「黑非洲宮廷護衛隊」（Ḥabashī）的影響力逐漸增加，直到892 / 1487年，他們的將領——宦官蘇勒壇・夏赫札達（Sulṭān Shāhzāda）殺害了最後一位伊里亞斯支系的統治者，成功奪權。

最後，阿拉俄丁・胡笙・夏赫（Sayyid 'Alā' al-Dīn Ḥusayn Shāh）重新建立了政權，而他的賢明統治恰好出現在黑人宮廷護衛隊所導致的混亂時期之後。他合併了比哈爾，並為焦恩普爾的夏爾基支系統治者提供政治庇護，當時夏爾基支系的政權為德里的羅迪朝所奪（見編號164和160之5），而焦恩普爾的部隊也加入了孟加拉的軍隊。孟加拉方言文學在這幾個世紀中逐漸成長、發展。我們可以從努斯拉特・夏赫・賓・賽伊德・胡笙（Nuṣrat Shāh b. Sayyid Ḥusayn）贊助的《摩訶婆羅多》（*Mahābhārata*）孟加拉文譯本，看出統治者對方言文學的支持。賽伊德・胡笙支系則是被阿富汗首領胥爾・夏赫・蘇爾的急速崛起所終結，這位首領奪取孟加拉的政權，並以此地做為消滅胡瑪雍在印度的蒙兀兒朝勢力的據點（見編號160之6及175）。然而，當蒙兀兒朝在拉合爾重新建立政權，德里與阿富汗遭擊敗，蒙兀兒朝的影響力便開始延伸至孟加拉。比哈爾南部的前統領蘇萊曼・卡拉拉尼（Sulaymān Kararānī），承認阿克巴爾（Akbar）的宗主地位，而984 / 1576年時，孟加拉的政權遭蒙兀兒朝推翻、併吞，成為蒙兀兒朝的省份（ṣūba）之一。

● 參考資料

* Lane-Poole, 305-8; Zambaur, 286, 289.
* *EI*[2] 'Bangāla' (A. H. Dani); 'Hind. IV. History' (J. Burton-Page)
* R. C. Majumdar et al. (eds), *The History and Culture of the Indian People. VI. The Delhi Sultanate*, ch. 10 E.
* M. Habib and K. A. Nizami (eds), *A Comprehensive History of India. V. The Delhi Sultanate (A.D. 1206-1526)*, chs 2 iv and 19.
* Sir Jadu-Nath Sarkar, *The History of Bengal, Muslim Period 1200-1757*, Patna 1973, chs 2-7.
* Mohammad Yusuf Siddiq, *Arabian and Persian Texts of the Islamic Inscriptions of Bengal*, Watertown MA 1991.
* idem, *al-Nuqūsh al-'arabiyya fī 'l-Banghāl wa-atharuhā al-ḥaḍarī*, Beirut 1996.

162.

喀什米爾蘇丹政權（The Sultans of Kashmīr）

- 伊曆 739 ～ 996 年
- 西曆 1339 ～ 1588 年

一、夏赫・米爾・斯瓦提（Shāh Mīr Swātī）支系

年份	統治者名稱／重要事件
739 / 1339	●夏姆斯丁，米爾・斯瓦提 ●Shāh Mīr Swātī, Shams al-Dīn
743 / 1342	●賈姆胥德・賓・米爾 ●Jamshīd b. Shāh Mīr
745 / 1344	●阿拉俄丁，阿里・胥爾・賓・米爾 ●'Alī Shīr b. Shāh Mīr, 'Alā' al-Dīn
755 / 1354	●胥哈卜丁，胥拉夏瑪克・賓・阿里・胥爾 ●Shīrāshāmak b. 'Alī Shīr, Shihāb al-Dīn
775 / 1374	●古特卜丁，辛達勒・賓・阿里・胥爾 ●Hindal b. 'Alī Shīr, Quṭb al-Dīn
792 / 1390	●布特—胥康，希坎達爾・賓・辛達勒 ●Sikandar b. Hindal, But-shikan ●由其母親蘇拉（Sura）擔任攝政，直到795 / 1393 年。
◇813 / 1410	●阿里・米爾汗・賓・希坎達爾 ●'Alī Mīr Khān b. Sikandar ●以阿里國王（'Alī Shāh）之名統治。
◇823 / 1420	●夏赫汗・賓・希坎達爾 ●Shāhī Khān b. Sikandar

	●以蘇丹宰因・阿比丁（Sultan Zayn al-'Ābidīn）之名統治，被稱為「偉大的國王」（Bud Shāh）。
◇875 / 1470	●哈吉汗・賓・宰因・阿比丁 ●Ḥājjī Khān b. Zayn al-'Ābidīn ●以海達爾國王（Ḥaydar Shāh）之名統治。
◇876 / 1472	●哈珊・夏赫・賓・海達爾 ●Ḥasan Shāh b. Ḥaydar
889 / 1484	●穆罕默德・夏赫・賓・哈珊 ●Muḥammad Shāh b. Ḥasan ●首次統治。
◇892 / 1487	●法特赫・夏赫・賓・阿德俄哈姆汗・賓・宰因・阿比丁 ●Fatḥ Shāh b. Ad'ham Khān b. Zayn al-'Ābidīn ●首次統治。
◇904 / 1499	●穆罕默德・賓・哈珊 ●Muḥammad b. Ḥasan ●第二次統治。
910 / 1505	●法特赫・夏赫・賓・阿德俄哈姆汗 ●Fatḥ Shāh b. Ad'ham Khān ●第二次統治。
922 / 1516	●穆罕默德・夏赫・賓・哈珊 ●Muḥammad Shāh b. Ḥasan ●第三次統治。
934 / 1528	●易卜拉欣・夏赫・賓・穆罕默德 ●Ibrāhīm Shāh b. Muḥammad ●首次統治。
935 / 1529	●納祖克（納迪爾）・夏赫・賓・法特赫 ●Nāzūk or Nādir Shāh b. Fatḥ

◇936 / 1530	●穆罕默德・夏赫・賓・哈珊 ● Muḥammad Shāh b. Ḥasan ●第四次統治。
943 / 1537	●夏姆斯丁・賓・穆罕默德 ● Shams al-Dīn b. Muḥammad
947 / 1540	●伊斯瑪儀・夏赫・賓・穆罕默德 ● Ismā'īl Shāh b. Muḥammad ●首次統治。
947 － 958 / 1540 － 1551	**●米爾查・海達爾・杜格拉特** **● Mīrzā Ḥaydar Dughlat** **●蒙兀兒朝胡瑪雍（Mughal Humāyūn）蘇丹的統領。**
958 / 1551	●納祖克・夏赫・賓・易卜拉欣 ● Nāzūk Shāh b. Ibrāhīm ●第二次統治。
◇959 / 1552	●易卜拉欣・夏赫・賓・穆罕默德 ● Ibrāhīm Shāh b. Muḥammad ●第二次統治。
◇962 / 1555	●伊斯瑪儀・夏赫・賓・穆罕默德 ● Ismā'īl Shāh b. Muḥammad ●第二次統治。
964 － 968 / 1557 － 1561	●哈畢卜・夏赫・賓・伊斯瑪儀 ● Ḥabīb Shāh b. Ismā'īl ●被嘎濟汗・洽克（Ghāzī Khān Chak）罷黜。

二、嘎濟汗・洽克（Ghāzī Khān Chak）支系

年份	統治者名稱／重要事件
968 / 1561	●嘎濟汗・洽克 ● Ghāzī Khān Chak ●以穆罕默德・納席爾丁（Muḥammad Nāṣir al-Dīn）之名統治。
971 / 1563	●納席爾丁，胡笙・夏赫 ● Ḥusayn Shāh, Nāṣir al-Dīn ●穆罕默德・嘎濟（Muḥammad Ghāzī）的兄弟。
978 / 1570	●札希爾丁，穆罕默德・阿里・夏赫 ● Muḥammad ʻAlī Shāh, Ẓahīr al-Dīn ●穆罕默德・嘎濟和胡笙的兄弟。
◇987 / 1579	●納席爾丁，優素夫・夏赫・賓・阿里 ● Yūsuf Shāh b. ʻAlī, Nāṣir al-Dīn ● 1000 / 1592 年在比哈爾去世。
994 － 996 / 1586 － 1588	●雅俄固卜・夏赫・賓・優素夫 ● Yaʻqūb Shāh b. Yūsuf ●逝於 1001 / 1593 年。
996 / 1588	●**被蒙兀兒朝征服。**

喀什米爾受高山屏障而與印度北部平原隔離，因為這樣的地理位置，該地區長年得以免於來自穆斯林的入侵掠奪。在大部分的印度北部地區已經受穆斯林政權統治後，喀什米爾的印度教統治者仍維持長年的

統治。嘎茲納的瑪赫穆德（見編號158）曾經二度嘗試由南方入侵喀什米爾地區，卻都受到洛柯特（Lohkot）地區堡壘的阻擋。不過，喀什米爾的印度教統治者也開始聘僱穆斯林的突厥傭兵（Turuśka），而伊斯蘭化也已在此時開始，其影響延續至今，現今喀什米爾的人口大多數為穆斯林。

735 / 1335年，米爾・斯瓦提（Shāh Mīr Swātī）在喀什米爾執政，他是一位穆斯林僱傭兵，很可能有帕坦人（Pathans）的血統，也曾經擔任拉賈・辛哈・德瓦（Rājā Sinha Deva）的大臣。夏姆斯丁（Shams al-Dīn，這是夏赫・米爾所採用的封號）的統治，對於大多數的印度教徒相當溫和寬容。然而，夏姆斯丁的孫子希坎達爾（Sikandar）卻是伊斯蘭狂熱份子，不僅贊助穆斯林學者（'ulamā'），還處決印度教徒、破壞他們的寺廟，因而讓自己冠上了「偶像破壞者」（But-shikan）的稱號。在此之前，庫布拉維道團（Kubrawī）的蘇非導師阿里・哈瑪詹尼（'Alī Hamadhānī）以及許多先知後裔（Sayyids），便已抵達喀什米爾地區。希坎達爾任內，在喀什米爾地區扮演重要宗教與知識分子角色的貝哈基支系（Bayhaqī）的先知後裔，則由德里遷徙至喀什米爾地區。然而，希坎達爾的兒子宰因・阿比丁（Zayn al-'Ābidīn）改變了嚴苛的統治作風，他長久而開明的政權可說是喀什米爾的黃金時期；在他的贊助下，《摩訶婆羅多》以及由卡勒哈納（Kalhaṇa）所撰寫的十二世紀喀什米爾韻文體編年史《拉賈塔朗吉尼》（*Rājataranginī*），紛紛翻譯成為波斯語文。可惜的是，阿比丁的繼承者都不如他，不斷互相殘殺；諸多省份的領袖則趁機利用山區與險峻地勢等優勢，建立實質獨立政權。特別是勢力龐大，由達爾迪斯坦（Dardistān）地區遷徙而來的查克部族（Chak），其領袖擔任夏赫・米爾支系最後幾位統治者的大臣與將領，這幾位末代統治者的勢力皆較衰弱。947 / 1540年，蒙兀兒親王海達爾・杜格拉特（Ḥaydar Dughlat）入侵喀什米爾，並代表親族的胡瑪雍，統治斯里納加爾（Srinagar）長達十多年，直到他在一場叛亂中遇害身亡。查克部族因而重新取得優勢，於968 / 1561 年後以最高統治者的身分掌權，並且模仿蒙兀兒統治者，採用「Pādishāh」（君主）為頭銜；他們的宗教傾向則是偏向於什葉伊斯蘭。然而，最後的兩位查克統治者，則不得不以阿克巴爾的附庸國身分掌權，直到他們終於遭到罷黜，喀什米爾全部地區併入蒙兀兒帝國的版圖。

●參考資料

* Justi, 478; Sachau, 32-3 nos 89 and 90; Zambaur, 293-4.
* *EI* [2] 'Hind. IV. History' (J. Burton-Page), 'Ka<u>sh</u>mīr. I. Before 1947' (Mohibbul Ḥasan), Suppl. 'Čaks' (idem).
* Sir T. W. Haig, 'The chronology and genealogy of the Muḥammadan Kings of Kashmir', *JRAS* (1918), 451-68.
* Mohibbul Hsan, *Kashmir under the Sultans*, Calcutta 1959.
* R. C. Majumdar et al. (eds), *The History and Culture of the Indian People. VI. The Delhi Sultanate*, ch. 13 C.
* M. Habib and K. A. Nizami (eds), *A Comprehensive History of India. V. The Delhi Sultanat (A.D. 1206-1526)*, ch. 9.

163.

古嘉拉特蘇丹政權（The Sultans of Gujarāt）

- 伊曆 806 ～ 980 年
- 西曆 1403 ～ 1573 年
- 印度西部

年份	統治者名稱／重要事件
793 / 1391	●查法爾汗・賓・瓦吉赫・穆魯克 ●Ẓafar Khān b. Wajīh al-Mulk ●以穆查法爾汗（Muẓaffar Khān）為頭銜的總督。
806 / 1403	●塔塔爾汗・賓・穆查法爾 ●Tātār Khān b. Muẓaffar ●自封蘇丹，以穆罕默德・夏赫（一世）（Muḥammad Shāh〔I〕）為頭銜。
810 / 1407	●穆查法爾汗 ●Muẓaffar Khān ●自封蘇丹，以穆查法爾・夏赫（一世）（Muẓaffar Shāh〔I〕）為頭銜。
◇814 / 1411	●胥哈卜丁，阿赫瑪德・夏赫一世・賓・穆罕默德・賓・穆查法爾 ●Aḥmad Shāh I b. Muḥammad b. Muẓaffar, Shihāb al-Dīn
◇846 / 1442	●穆罕默德・夏赫二世・卡里姆・賓・阿赫瑪德 ●Muḥammad Shāh II Karīm b. Aḥmad
◇855 / 1451	●賈拉勒汗・賓・穆罕默德二世 ●Jalāl Khān b. Muḥammad II ●以古特卜丁，阿赫瑪德・夏赫（二世）（Aḥmad Shāh〔II〕, Quṭb al-Dīn）之名繼位。

862 / 1458	●達伍德汗・賓・阿赫瑪德一世 ●Dāwūd Khān b. Aḥmad I
◇862 / 1458	●法特赫汗・賓・穆罕默德二世 ●Fatḥ Khān b. Muḥammad II ●以賽伊夫丁，瑪赫穆德・夏赫一世，貝格拉（Maḥmūd Shāh I, Begŕā, Sayf al-Dīn）之名繼任。
◇917 / 1511	●哈利勒汗・賓・瑪赫穆德 ●Khalīl Khān b. Maḥmūd ●以穆查法爾國王二世（Muẓaffar Shāh II）之名繼任。
932 / 1526	●希坎達爾・賓・穆查法爾二世 ●Sikandar b. Muẓaffar II
932 / 1526	●納席爾汗・賓・穆查法爾二世 ●Nāṣir Khān b. Muẓaffar II ●以瑪赫穆德・夏赫（二世）（Maḥmūd Shāh〔II〕）的之名繼位。
◇932 / 1526	●巴哈杜爾・夏赫・賓・穆查法爾二世 ●Bahādur Shāh b. Muẓaffar II ●首次統治。
941 – 942 / 1535 – 1536	**●被蒙兀兒朝佔領。**
942 – 943 / 1536 – 1537	●巴哈杜爾・夏赫 ●Bahādur Shāh ●第二次統治。
◇943 / 1537	●瑪赫穆德・夏赫三世・賓・拉提夫汗・賓・穆查法爾二世 ●Maḥmūd Shāh III b. Laṭīf Khān b. Muẓaffar II

◇962 / 1554	●阿赫瑪德・夏赫三世 ● Aḥmad Shāh III ●拉迪・穆勒克，阿赫瑪德一世（Aḥmad I, Raḍī 'l-Mulk）的後裔。
◇968 / 1561	●穆查法爾・夏赫三世・賓・？・瑪赫穆德三世 ● Muẓaffar Shāh III b. ? Maḥmūd III ●首次統治。
980 / 1573	●**被蒙兀兒朝征服。**
◇991 / 1583	●穆查法爾・夏赫三世 ● Muẓaffar Shāh III ●短暫的第二次統治，逝於1001 / 1593年。
991 / 1583	●**被蒙兀兒朝永久征服。**

位於印度西部沿岸的中世紀省份古嘉拉特，分為卡屈鹽沼地（Rann of Cutch，又作Kachchh）東方的陸地以及卡提阿瓦半島（peninsula of Kathiawar）。由於古嘉拉特與印度洋的其他沿岸地區商業和海路往來密切，因而特別富裕；儘管嘎茲納的瑪赫穆德在前往索姆納特的途中曾經過此地（見編號158），穆斯林卻遲遲沒有永久征服該地。唯有在697 / 1298年時，阿拉俄丁・穆罕默德・哈勒吉的軍隊擊敗了當地主要的印度教政權——阿納希勒瓦拉城（Anahilwāra）的瓦格拉朝（Vāghelās）。十四世紀時，古嘉拉特城由德里蘇丹所指定的統領統治，直到793 / 1391年，圖魯革支系的穆罕默德三世（Tughluqid Muḥammad III）指派查法爾汗（Ẓafar Khān）為當地統領。隨著圖魯革

支系明顯式微，查法爾汗取得實質獨立權，他和他的兒子皆自稱屬於王室，並採用「Shāh」（國王）為頭銜。查法爾的孫子阿赫瑪德一世（Aḥmad I）鞏固了新蘇丹政權；他在位的大部分期間，忙於對抗古嘉拉特邦與拉吉普塔納（Rājputānā）的印度教國王（Rājā），以及馬勒瓦（Malwa）、罕地須（Khandesh）和德干的穆斯林君主。阿赫瑪德一世為自己建立新首都阿赫瑪達巴德（Aḥmadābād），取代阿納希勒瓦拉。瑪赫穆德・貝格拉（Maḥmūd Begrā）長達五十五年的統治期（862 / 1458至917 / 1511年間）是古嘉拉特的蘇丹政權中最輝煌的一段時期。抵抗印度教親王的戰爭是成功奪得昌帕聶爾（Chāmpānēr）城堡的因素之一，在這場戰役後，昌帕聶爾重新命名為瑪赫穆德阿巴德（Maḥmūdābād），成為蘇丹政權的首都；在瑪赫穆德・貝格拉的統治下，領土確實在併吞馬勒瓦城前達到最大範圍。（見編號165）

瑪赫穆德統治末期，印度西部與南部出現了新的政治因素，那就是葡萄牙勢力。瓦斯科・達伽馬（Vasco da Gama）於西元1498年抵達卡利庫特（Calicut，又作Kalikat）之後，葡萄牙人便開始試圖掌握許多印度洋地區的商業活動，得以越過埃及和古嘉拉特的貿易商。於是在914 / 1508年時，瑪赫穆德便與傭兵政權的蘇丹干蘇赫・加烏里（Qānṣūḥ al-Ghawrī）聯手（見編號31之2），而儘管起初穆斯林海軍勢力在孟買附近戰勝了葡萄牙阿勒密達的多姆・羅倫克（Dom Lourenço de Almeida），葡萄牙人仍從鄰近比賈普爾城（Bījapur）的阿迪勒朝統治者（'Ādil Shāhīs，見編號170）手中，奪取果阿（Goa），而瑪赫穆德則被迫與葡萄牙達成和平協議。古嘉拉特最後一位偉大的蘇丹是瑪赫穆德的孫子巴哈杜爾・夏赫（Bahādur Shāh），他對印度教展開攻擊，同時也征服了馬勒瓦地區，結果卻以失敗告終，將該城和部分領土割讓給蒙兀兒朝的胡瑪雍。葡萄牙人的威脅再起，而儘管他們將迪烏地區

（Diu，又作Diw）讓與葡萄牙，葡萄牙人仍然在943 / 1537年殺害巴哈杜爾・夏赫。古嘉拉特至此已經瓦解，各個支系間的征戰爆發，並分裂成不同的聖裔勢力。就在這令人絕望的局勢中，蒙兀兒帝國的阿克巴爾於980 / 1572至1573年接管古嘉拉特，使之成為帝國的省份之一。古嘉拉特的最後一位蘇丹穆查法爾三世（Muẓaffar III）不斷嘗試收復喪失的領土，直到1001 / 1593年逝世為止。

●參考資料

* Justi, 476; Lane-Poole, 312-14; Zambaur, 296.
* *EI* [2] 'Gudjarāt' (J. Burton-Page), 'Hind. IV. History' (idem).
* G. P. Taylor, 'The coins of the Gujarāt salṭanat', *JBBRAS*, 21 (1903), 278-338，第308頁附有世系表。
* M. S. Commissariat, *History of Gujarat. Including a Survey of its Chief Architectural Monuments and Inscriptions. I. From A.D. 1297-8 to A.D. 1573*, Bombay etc. 1938，第564～565頁附有年表和統治者列表。
* R. C. Majumdar et al. (eds), *The History and Culture of the Indian People. VI. The Delhi Sultanate*, ch. 10 A.
* M. Hadib and K. A. Nizami (eds), *A Comprehensive History of India. V. The Delhi Sultanat (A.D. 1206-1506)*, ch. 11.

164.

焦恩普爾的夏爾基蘇丹政權（The Sharqī Sultans of Jawnpur）

- 伊曆 796 ～ 888 年
- 西曆 1394 ～ 1483 年
- 中印度的東北部

年份	統治者名稱／重要事件
796 / 1394	●赫瓦嘉．賈漢，薩爾瓦爾 ● Malik Sarwar, Khwāja-yi Jahān
◇802 / 1399	●嘎蘭夫勒．穆巴拉克．夏赫 ● Malik Qaranful Mubārak Shāh ●薩爾瓦爾的養子。
◇804 / 1401	●夏姆斯丁，易卜拉欣 ● Ibrāhīm, Shams al-Dīn ●穆巴拉克．夏赫的兄弟。
◇844 / 1440	●瑪赫穆德．夏赫．賓．易卜拉欣 ● Maḥmūd Shāh b. Ibrāhīm
◇862 / 1458	●畢坎汗．賓．瑪赫穆德．夏赫 ● Bhikan Khān b. Maḥmūd Shāh ●以穆罕默德．夏赫（Muḥammad Shāh）之名統治。
◇862 － 888 / 1458 － 1483	●胡笙．夏赫．賓．瑪赫穆德．夏赫 ● Ḥusayn Shāh b. Maḥmūd Shāh ●逝於911 / 1505年。
888 / 1483	●**被德里蘇丹征服。**

焦恩普爾位於貝拿勒斯北方的古姆提河畔（Gumtī river），日後的比哈爾和阿瓦者（Oudh，又作 Awadh）兩省之間，也就是現今的印度北方邦（Uttar Pradesh State）的東部，傳統上這座城市被認為是由圖魯革朝的非魯茲・夏赫三世（Fīrūz Shāh III）於762 / 1359年所建立，以他的表親和贊助者穆罕默德・賓・圖魯革（Muḥammad b. Tughluq）為名，他的其中一個名字是焦納・夏赫（Jawna Shāh，即「Yāvana」，意為「外來者」）。十五世紀時，焦恩普爾成為當時強勢的穆斯林政權中心，位於德里和孟加拉蘇丹兩個政權領土之間，而焦恩普爾的蘇丹則在發展伊斯蘭文化上扮演重要角色，因而該城在日後也以「東方須拉子」（the Shīrāz of the East）聞名。

焦恩普爾朝由瑪立克・薩爾瓦爾（Malik Sarwar）所創建。他是圖魯革支系最後一位統治者瑪赫穆德・夏赫二世（Maḥmūd Shāh II）的奴隸宦官大臣，代表君王於796 / 1394年征服阿瓦者，並於該地擔任實質的領導者，說服蘇丹授予他「東方之王」（Malik al-Sharq）的封號，這也是朝代名稱的來由。[1] 趁著帖木兒入侵印度所造成的混亂局面，薩爾瓦爾的養子穆巴拉克・夏赫（Mubārak Shāh）自認擁有完全獨立的統治權，鑄造屬於自己的錢幣，規定在星期五聚禮講道（khuṭba）的禱詞中只能提及他的姓名。他的兄弟易卜拉欣（Ibrāhīm）是夏爾基朝最偉大的統治者，在他統治的近四十年中，財富與軍力達到顛峰。在焦恩普爾，有一特別精緻的印度穆斯林建築藝術學派蓬勃發展，而易卜拉欣本身是具有文化素養的統治者，相當鼓勵學術和文藝活動。易卜拉欣的

1 編註：「東方之王」的阿拉伯語發音為「瑪立克・夏爾各」，朝代名「夏爾基」則意為「東方的」。

繼任者則捲入與德里地區羅迪支系蘇丹的戰爭，他們入侵瓜里歐爾（Gwalior，又作Gwāliyār），並且成功地攻擊歐里薩邦（Orissa，又作Urīsā）。根據穆斯林編年史所述，此時的焦恩普爾在印度地區面臨最強大的敵軍。最後一位夏爾基蘇丹胡笙・夏赫（Ḥusayn Shāh）曾經一度兵臨德里城牆下，但仍難敵羅迪支系的巴赫魯勒和希坎達爾的軍力。希坎達爾擊敗胡笙，後者逃亡至孟加拉，在孟加拉蘇丹阿拉俄丁・胡笙・夏赫（見編號161之7）賜予他的土地上度過餘生。因此，焦恩普爾便由羅迪支系的蘇丹接手統治，蘇丹蓄意將夏爾基時期所留下的輝煌建築摧毀殆盡。而儘管巴布爾和胡瑪雍皆允許胡笙・夏赫的後裔以蘇丹身分自居，他們仍曾有過收復國土的願望，而到了蒙兀兒朝則更進一步追求領土擴張。

● 參考資料

* Lane-Poole, 309; Zambaur, 292.
* *EI* [2] 'D̲jawanpur' (J. Burton-Page), 'Hind. IV. History' (idem), 'S̲h̲arḳīs' (K. A. Nizami).
* H. M. Whittell, 'The coinage of the Sharqī Kings of Jaunpūr', *JASB*, new series, 18 (1922), Numismatic Suppl., pp. N.10-N.35.
* M. M. Saeed, *The Sharqi Sultanate of Jaunpur: A Political and Culture History, Karachi 1972*，第293～301頁的附錄A討論了有關錢幣的問題，第306～307頁的附錄C附有世系表。
* R. C. Majumdar et al. (eds), *The History and Culture of the Indian People. VI. The Delhi Sultanate*, ch. 10 D.
* M. Habib and K. A. Nizami (eds), *A Comprehensive History of India. V. The Delhi Sultanat (A.D. 1206-1506)*, ch. 8.

165.

馬勒瓦蘇丹政權（The Sultans and Rulers of Mālwa）

- 伊曆 804 ～ 969 年
- 西曆 1402 ～ 1562 年

一、古爾支系（Ghūrīs）

年份	統治者名稱／重要事件
793 / 1391	●迪拉瓦爾汗・哈珊・古里 ●Dilāwar Khān Ḥasan Ghūrī ●德里蘇丹政權的總督。
804 / 1402	●迪拉瓦爾汗 ●Dilāwar Khān ●以阿米德・夏赫・達伍德（‘Amīd Shāh Dāwūd）之名統治。
◇809 / 1406	●阿勒普汗・賓・迪拉瓦爾 ●Alp Khān b. Dilāwar ●以胡襄・夏赫（Hūshang Shāh）之名繼任。
838 / 1435	●嘎茲尼汗・賓・阿勒普 ●Ghaznī Khān b. Alp ●以穆罕默德・夏赫・古里（Muḥammad Shāh Ghūrī）之名繼任。
839 / 1436	●瑪斯伍德汗・賓・穆罕默德 ●Mas‘ūd Khān b. Muḥammad

二、哈勒吉支系（Khaljīs）

年份	統治者名稱／重要事件
◇839 / 1436	●瑪赫穆德汗 ● Maḥmūd Khān ●以瑪赫穆德・夏赫（一世）・哈勒吉（Maḥmūd Shāh〔I〕Khaljī）之名繼位。
◇873 / 1469	●吉亞斯丁・夏赫・賓・瑪赫穆德 ● Ghiyāth al-Dīn Shāh b. Maḥmūd
◇906 － 916 / 1501 － 1510	●阿布杜—嘎迪爾，納席爾丁・夏赫・賓・吉亞斯丁 ● Nāṣir al-Dīn Shāh b. Ghiyāth al-Dīn, ʻAbd al-Qādir
◇917 － 937 / 1511 － 1531	●瑪赫穆德・夏赫二世・賓・納席爾丁 ● Maḥmūd Shāh II b. Nāṣir al-Dīn ●924 / 1518 年後為古嘉拉特（Gujarāt）蘇丹政權的附庸。
937 － 941 / 1531 － 1535	●**被古嘉拉特蘇丹政權佔領。**

三、多位總督與獨立統治者

年份	統治者名稱／重要事件
939 / 1533	●瑪魯汗 ● Mallū Khān ●於939 / 1533 年出任古嘉拉特總督，取得獨立權，改名成為嘎迪爾・夏赫（Qādir Shāh）。
949 / 1542	●夏賈阿特汗 ● Shajāʻat Khān ●德里蘇丹胥爾・夏赫・蘇爾的總督，首次統治。

952 / 1545	●以薩汗 ●'Īsā Khān ●伊斯蘭・夏赫・蘇爾的總督。
961 / 1554	●夏賈阿特汗 ●Shajā'at Khān ●穆罕默德・阿迪勒・夏赫・蘇爾（Muḥammad 'Ādil Shāh Sūr）的統領，第二次統治，於962 / 1555年獨立。
◇962 － 969 / 1555 － 1562	●巴茲・巴哈杜爾，米亞恩・巴雅濟德・賓・夏賈阿特汗 ●Miyān Bāyazīd b. Shajā'at Khān, Bāz Bahādur
969 / 1562	●**被蒙兀兒朝永久征服。**

中世紀印度的馬勒瓦乃中印度（Central India）西部的高原地區，與南部的溫迪亞山脈共同形成三角地帶，範圍和今日中央邦（Madhya Pradesh State）最西部的大部分地區重疊。歷經了與奇托爾（Chitōr）和烏舍尼（Ujjain）等在地的拉吉普特統治者長年且血腥的征戰後，當地的穆斯林統治政權才真正建立。705 / 1305年，德里蘇丹阿拉俄丁・哈勒吉派遣軍隊，成功征服馬勒瓦，因此開始從德里地區派遣統領統治該地。阿富汗統領迪拉瓦爾汗・古里（Dilāwar Khān Ghūrī）在帖木兒入侵印度北部的801 / 1398至801 / 1399年，庇護圖魯革支系逃亡的統治者瑪赫穆德・夏赫二世（Maḥmūd Shāh II）。然而，此時期的外來入侵對德里蘇丹政權所造成的衝擊，導致迪拉瓦爾汗迅即宣布獨立，並且宣稱擁有王室血統。馬勒瓦地區獨立之際，焦恩普爾的夏爾基朝也同時崛

起（見編號164）。馬勒瓦的蘇丹將他們的首都曼度城（Māndū），打造成難以接近且防守嚴密的堡壘，並且在城市中建造大量雄偉的建築物。

古爾朝蘇丹的入侵行動一度遠至印度的歐里薩邦（Orissa），然而他們大多的軍事行動都是為了抵擋鄰近的拉吉普特領導者與穆斯林統治，包括夏爾基朝、古嘉拉特的蘇丹政權、德里地區的賽伊德支系，以及德干地區的巴赫曼朝；在這場對抗穆斯林敵手的戰爭中，古爾朝勢力毫不猶豫與印度教的親王聯手。839 / 1436年，主要大臣瑪赫穆德汗（Maḥmūd Khān）在馬勒瓦地區奪權，並於該地建立起哈勒吉支系（Khaljīs）（同時最後一位古爾朝蘇丹逃亡至古嘉拉特）。這位哈勒吉支系的瑪赫穆德一世是馬勒瓦蘇丹中最強大的統治者，儘管他抵抗奇托爾地區的拉吉普特與巴赫曼朝的戰爭也曾遭逢幾次失敗，仍然大幅開拓疆土。哈勒吉名聲遠播，跨越了印度次大陸地區；開羅阿巴斯朝（'Abbāssids）的虛位君主哈里發穆斯坦吉德（al-Mustanjid，見編號3之3），授予瑪赫穆一世德統治權力，而他也與帖木兒朝（Tīmūrid）負責統治赫拉特城（Herat）的蘇丹阿布—薩義德（Abū Sa'īd，見編號144之1）交換外交使節。然而，瑪赫穆德一世的曾孫瑪赫穆德二世（Maḥmūd II）統治期間，拉吉普特大臣的權力崛起，諸如大臣梅迪尼・拉伊（Mēdini Rā'ī），而穆斯林和印度教徒間的關係也越發緊繃。瑪赫穆德二世曾經一度淪為奇托爾國王（Rājā）的人質，儘管他在馬勒瓦復辟，政權仍於937 / 1531年落入古嘉拉特的巴哈杜爾・夏赫手中（見編號163）。

之後的三十年內，有幾位統領為古嘉拉特與德里蘇丹服務，有些則偶爾試圖取得獨立權，直到最後一位統治者巴茲・巴哈杜爾（Bāz Bahādur）被阿克巴爾擊敗，馬勒瓦被併入蒙兀兒帝國版圖。

● 參考資料

* Justi, 477; Lane-Poople, 310-11; Zambaur,292.

* *EI* [2] 'Hind. IV. History' (J. Burton-Page), 'Mālwā' (T. W. Haig and Riazul Islam).

* L. White King, 'History and coinage of Malwa', *NC*, 4th series, 3 (1903), 356-98，第 359 ～ 360 頁附有世系表和統治者列表，另見 4 (1904), 62-100.

* U. N. Day, *Medieval Malwa: A Political and Cultural History 1401-1557*, Delhi 1965.

* R. C. Majumdar et al. (eds), *The History and Culture of the Indian People. VI. The Delhi Sultanate*, ch. 10 C.

* M. Habib and K. A. Nizami (eds), *A Comprehensive History of India. V. The Delhi Sultanat (A.D. 1206-1526)*, ch. 12.

166.

馬俄巴爾（馬都拉）蘇丹政權（The Sultans of Ma‘bar or Madura）

- 伊曆 734 ～ 779 年
- 西曆 1334 ～ 1377 年
- 德干最南部地區

年份	統治者名稱／重要事件
◇734 / 1334	●賈拉勒丁，夏利夫・阿赫珊 ● Sharīf Aḥsan, Jalāl al-Dīn ●自 723 / 1323 年起擔任總督，隨後獨立。
◇739 / 1338	●阿拉俄丁・烏達伊吉 ● ‘Alā’ al-Dīn Udayji
◇740 / 1339	●古特卜丁，非魯茲・夏赫 ● Fīrūz Shāh, Quṭb al-Dīn ●阿拉俄丁的姪子與女婿。
◇740 / 1339	●吉亞斯丁，穆罕默德・達姆干・夏赫 ● Muḥammad Dāmghān Shāh, Ghiyāth al-Dīn ●夏利夫・阿赫珊的女婿。
◇745 / 1344	●納席爾丁，瑪赫穆德・達姆干・夏赫 ● Maḥmūd Dāmghān Shāh, Nāṣir al-Dīn ●穆罕默德・達姆干・夏赫的姪子與女婿。
◇約 757 / 1356	●阿布—穆查法爾・夏姆斯丁，阿迪勒・夏赫 ● ‘Ādil Shāh, Abu ’l-Muẓffar Shams al-Dīn
◇約 761 / 1360	●法赫爾丁，穆巴拉克・夏赫 ● Mubārak Shāh, Fakhr al-Dīn ●很可能源自巴赫曼統治氏族（Bahmanid）。

◇約 774 － 779 / 約 1372 － 1377	●阿拉俄丁，希坎達爾・夏赫 ●Sikandar Shāh, ‘Alā’ al-Dīn
約 779 / 約 1377	●**被毗奢耶那伽羅朝（Vijayanagara）征服。**

中世紀伊斯蘭地理學者所認知的馬俄巴爾地區，範圍含括了德干高原東南沿海的南部地區，大約是後期所稱之科羅曼德爾海岸（Coromandel）。馬都拉城（Madura）後來成為馬俄巴爾的首都，於723 / 1323 年被德里蘇丹穆罕默德・賓・圖魯革的軍隊征服，而該地區的統領也在若干年後開啟了馬俄巴爾地區蘇丹的獨立政權。743 / 1342 年，摩洛哥裔的旅行家伊本—巴杜達（Ibn Baṭṭūṭa）前往中國途中，曾在德里的圖魯革宮廷停留一段時間，並與馬俄巴爾統治氏族公主結婚。直到十四世紀中期，蘇丹們似乎也已經掌控了德干南端，往西最遠達科欽地區（Cochin）。馬俄巴爾的蘇丹政權總是受到來自於鄰近強大的印度教政權所威脅，特別是在西元1350 年代初開始北方的毗奢耶那伽羅國（Vijayanagara）。毗奢耶那伽羅直到779 / 1377 年，或者在那之後不久，似乎成功擊敗了此地的蘇丹政權。

● 參考資料

* *EI* [2] 'Hind. IV. History' (J. Burton-Page), 'Ma'bar' (A.D. W. Forbes).
* R. C. Majumdar et al. (eds), *The History and Culture of the Indian People. VI. The Delhi Sultanate*, ch. 10 H.II.
* M. Habib and K. A. Nizami (eds), *A Comprehensive History of India. V. The Delhi Sultanat (A.D. 1206-1526)*, ch. 15.
* Haroon Khan Sherwani and P. M. Joshi (eds), *History of Medieval Deccan (1295-1724)*, Hyderabad 1973, I, 57-75.

167.

巴赫曼朝（The Bahmanids）

- 伊曆 748 ～ 934 年
- 西曆 1347 ～ 1528 年
- 德干北部

一、阿赫薩納巴德—古勒巴爾加（Aḥsanābād-Gulbargā）的統治者

年份	統治者名稱／重要事件
746 / 1346	●伊斯瑪儀・穆赫 ●Ismā‘īl Mukh ●以阿布—法特赫・伊斯瑪儀・夏赫・納席爾丁（Abu ’l-Fatḥ Ismā‘īl Shāh Nāṣir al-Dīn）之名成為國王。
◇748 / 1347	●查法爾汗 ●Ẓafar Khan ●以阿布—穆查法爾・哈珊・干古・阿拉俄丁・巴赫曼・夏赫（Abu ’l-Muẓaffar Ḥasan Gangu ‘Alā’ al-Dīn Bahman Shāh）為名成為國王。
◇759 / 1358	●阿布—穆查法爾・查法爾汗，穆罕默德一世・夏赫・賓・哈珊・干古・巴赫曼夏赫 ●Muḥammad I Shāh b. Ḥasan Gangu Bahman Shāh, Abu ’l-Muẓaffar Ẓafar Khān
◇776 / 1375	●阿布—瑪加濟・阿拉俄丁・穆賈希德・夏赫，穆賈希德・賓・穆罕默德一世 ●Mujāhid b. Muḥammad I, Abu ’l-Maghāzī ‘Alā’ al-Dīn Mujāhid Shāh
780 / 1378	●達伍德一世・夏赫 ●Dāwūd I Shāh ●穆賈希德的表親。

◇780 / 1378	●穆罕默德二世・夏赫 ●Muḥammad II Shāh ●哈珊・干古・巴赫曼・夏赫之孫。
◇799 / 1397	●阿布—穆查法爾，吉亞斯丁・塔哈姆坦・賓・穆罕默德二世 ●Ghiyāth al-Dīn Tahamtan b. Muḥammad II, Abu 'l- Muẓaffar
◇799 / 1397	●達伍德二世・夏赫 ●Dāwūd II Shāh ●夏姆斯丁，塔哈姆坦・吉亞斯丁（Tahamtan Ghiyāth al-Dīn, Shams al-Dīn）的繼兄弟。
◇800 / 1397	●非魯茲・夏赫 ●Fīrūz Shāh ●塔吉丁，穆罕默德二世（Muḥammad II, Tāj al-Dīn）的女婿。

二、穆罕瑪達巴德—比達爾（Muḥammadābād-Bīdar）的統治者

年份	統治者名稱／重要事件
◇825 / 1422	●阿赫瑪德一世・夏赫 ●Aḥmad I Shāh ●瓦里・胥哈卜丁，穆罕默德二世（Muḥammad II, Walī Shihāb al-Dīn）的女婿。
◇839 / 1436	●阿布—穆查法爾・阿拉俄丁・查法爾汗，阿赫瑪德二世・賓・阿赫瑪德一世 ●Aḥmad II b. Aḥmad I, Abu 'l- Muẓaffar 'Alā' al-Dīn Ẓafar Khān
◇862 / 1458	●阿布—瑪加濟・阿拉俄丁・札里姆，胡瑪雍・夏赫・賓・阿赫瑪德二世 ●Humāyūn Shāh b. Aḥmad II, Abu 'l- Maghāzī 'Alā' al-Dīn Ẓālim

◇865 / 1461	●阿布—穆查法爾・尼查姆丁，阿赫瑪德三世・夏赫・賓・胡瑪雍 ●Aḥmad III Shāh b. Humāyūn, Abu ’l- Muẓaffar Niẓām al-Dīn
◇867 / 1463	●夏姆斯丁・拉胥卡里，穆罕默德三世・夏赫・賓・胡瑪雍 ●Muḥammad III Shāh b. Humāyūn, Sham al-Dīn Lashkarī
◇887 / 1482	●阿布—瑪加濟・胥哈卜丁，瑪赫穆德・夏赫・賓・穆罕默德三世 ●Maḥmūd Shāh b. Muḥammad III, Abu ’l- Maghāzī Shihāb al-Dīn
924 / 1518	●阿赫瑪德四世・賓・瑪赫穆德 ●Aḥmad IV b. Maḥmūd ●受比達爾大臣阿米爾・阿里・巴里德（Amīr ‘Alī Barīd）控制的虛位蘇丹。
927 / 1520	●阿拉俄丁・賓・阿赫瑪德四世 ●‘Alā’ al-Dīn b. Aḥmad IV ●受比達爾大臣阿米爾・阿里・巴里德控制的虛位蘇丹。
927 / 1521	●瓦里拉・賓・瑪赫穆德 ●Walī Allāh b. Maḥmūd ●受比達爾大臣阿米爾・阿里・巴里德控制的虛位蘇丹。
◇932 － 934 / 1526 － 1528	●卡里姆拉・賓・瑪赫穆德 ●Kalīm Allāh b. Maḥmūd ●受比達爾大臣阿米爾・阿里・巴里德控制的虛位蘇丹，逝於945 / 1538 年。
934 / 1528	**●巴赫曼蘇丹政權崩解，成為德干地區的五個地方蘇丹政權。**

隨著穆罕默德・賓・圖魯革的政權在統治後半期逐漸衰弱，他甫征服的德干地區也逐漸脫離德里政權的掌控。馬俄巴爾極南邊地區的統領宣告獨立，並建立馬俄巴爾或馬都拉政權（見編號166）。而另一位統領哈珊・干古（Ḥasan Gangu）於德干北部所建立的政權，則更具持久影響力。我們無法確知哈珊的血統，只知道他似乎出身寒微；哈珊採用古老的伊朗名字巴赫曼（Bahman，在伊朗的英雄史詩中，這是伊斯凡迪亞爾〔Isfandiyār〕之子的名字），來宣稱自己擁有波斯血統，但事實應並非如此。哈珊在道拉塔巴德反叛成功之後，將首都南遷至古勒巴爾加（Gulbargā），而自此，巴赫曼朝的首都一直維持在古勒巴爾加，超過八十年。

巴赫曼朝的崛起，意謂著強大且侵略性高的穆斯林勢力，如今要與德干南部的兩個主要印度教國家正面交鋒，亦即瓦朗嘎勒國（Warangal）與毗奢耶那伽羅國。接下來超過一個世紀的時間裡，此地區戰火不歇，最後阿赫瑪德・夏赫一世（Aḥmad Shāh I）於830 / 1425年推翻瓦朗嘎勒國，將其併入巴赫曼蘇丹政權；而另一方面，毗奢耶那伽羅國的勢力已經超越馬俄巴爾或馬都拉地區的蘇丹政權（見編號166），而且屹立不搖。

值得注意的是，十四世紀後半葉以降的戰爭中，軍隊開始使用槍砲等武器，因為南印度（South India）與更西部地區有所連繫，而能夠取得關於這些武器的知識。瓦朗嘎勒國被征服之後，阿赫瑪德將首都遷至更中部的比達爾（Bīdar），而他也將征戰向北延伸，對抗古嘉拉特和馬勒瓦的穆斯林統治者。直到十五世紀下半葉為止，巴赫曼蘇丹政權基本上都是一個德干北部的內陸王國；不過，穆罕默德・夏赫三世

（Muḥammad Shāh III）具波斯血統積極的大臣賈漢・瑪赫穆德・加萬（Khwāja-yi Jahān Maḥmūd Gāwān），與古嘉拉特聯手抵抗敵軍，成功侵擾歐里薩地區，將領地的東部界線延伸至孟加拉灣，向西則經過西高止山脈（Western Ghats），到達果阿以及阿拉伯海（Arabian Sea）沿岸地區。

因此，巴赫曼朝幾乎聞名於整個伊斯蘭世界，特別是他們將宮廷發展為重要的學術中心後，更是聲名遠播；而在巴赫曼朝統治下，印度穆斯林的建築藝術也發展出特定的德干風格。巴赫曼朝更是印度次大陸首度與歐斯曼帝國交換外交使節的政權（兩個政權的君主分別為穆罕默德・夏赫三世與「征服者」穆罕默德二世〔Muḥammad II Fātiḥ〕）。巴赫曼朝的軍事力量相當強盛，同時，他們的內政行政體系也頗具效率。政權需要有能力的成員加入，許多突厥人、波斯人、阿拉伯人等因而紛紛進入體制，為蘇丹服務。而正是因為人力輸入，十五世紀時，在地的德干穆斯林（當時被稱為Dakhnīs或Deshīs）與「外來者」（稱為Āfāqīs、Gharībān或Pardeshīs）之間的關係越來越緊張。內部的混亂局勢日漸升高，統治者無能腐敗的程度漸增，這些現象部分起因於這些競爭對手。直到十五世紀末，蘇丹作出了相當不明智的裁決，處死了大臣瑪赫穆德・加萬，之後朝代崩潰的跡象逐漸顯露。最後的四位蘇丹都是在突厥將領阿里・巴里迪（'Alī Barīdī）統治下的魁儡君主；而最後一位蘇丹卡里姆拉（Kalīm Allāh），因尋求蒙兀兒朝巴布爾協助抵抗巴里迪勢力未果，最後不得不放棄政權，逃亡至比賈普爾。

從巴赫曼蘇丹政權的歷史遺跡中，可以看出穆斯林的德干地區曾經出現五個繼承國，統治者全是巴赫曼朝的將領或官員，包括貝拉爾的伊瑪德朝（'Imād Shāhīs of Berār）、比達爾的巴里德朝（Barīd Shāhīs）、比賈普爾的阿迪勒朝（'Ādil Shāhīs）、阿赫瑪德納嘎爾的尼查姆朝（Niẓām Shāhīs of Aḥmadnagar），以及戈勒孔達的古特卜朝（Quṭb Shāhīs of Golconda / Golkondā）（見編號169～173）。十六世紀晚期，尼查姆朝勢力吸收了伊瑪德朝，其他的四個蘇丹政權則持續至十七世紀蒙兀兒朝蘇丹奧朗吉布（Awrangzīb）的時代，在兩次併吞行動下，分別被併入疆土浩大卻歷時短暫的帝國。

● 參考資料

* Justi, 470; Lane-Poole, 316-21; Zambaur, 297-9.
* *EI* [2] 'Bahmanīs' (H. K. Sherwani).
* E. E. Speight, 'The coins of the Bahmani Kings of the Deccan', *IC*, 9 (1935), 268-307.
* Haroon Khan Sherwani, *The Bahmanis of the Deccan: An Objective Study*, Hyderabad-Deccan 1953，第 435 ～ 444 頁附有事件和統治者年表，結尾附有詳細世系表。
* R. C. Majumdar et al. (eds), *The History and Culture of the Indian People. VI. The Delhi Sultanate*, ch. 11.
* M. Habib and K. A. Nizami (eds), *A Comprehensive History of India. V. The Delhi Sultanat (A.D. 1206-1526)*, ch. 14.
* H. K. Sherwani and P. M. Joshi (eds), *History of Medieval Deccan (1295-1724)*, I, 141-222，第 142 頁附有詳細世系表，II, 432-439.

168.

法魯基朝（The Fārūqī Rulers of Khāndesh）

- 約伊曆 784 ～ 1009 年
- 約西曆 1382 ～ 1601 年
- 德干的西北方

年份	統治者名稱／重要事件
約 784 / 約 1382	●拉賈・阿赫瑪德・法魯基・賓・？・赫瓦嘉・賈漢・阿俄札姆・胡瑪雍 ●Malik Rājā Aḥmad Fārūqī b. ? Khwāja-yi Jahān A‘ẓam Humāyūn
◇801 / 1399	●納席爾汗・賓・拉賈・阿赫瑪德 ●Nāṣir Khān b. Rājā Aḥmad
841 / 1437	●米爾查・阿迪勒汗一世・賓・納席爾 ●Mīrzā ‘Ādil Khān I b. Nāṣir
844 / 1441	●米蘭・穆巴拉克汗一世・賓・阿迪勒一世 ●Mīrān Mubārak Khān I b. ‘Ādil I
861 / 1457	●阿迪勒汗二世・艾納・賓・穆巴拉克 ●‘Ādil Khān II ‘Aynā b. Mubārak
907 / 1501	●達伍德汗・賓・穆巴拉克 ●Dāwūd Khān b. Mubārak
914 / 1508	●嘎茲尼汗・賓・達伍德 ●Ghaznī Khān b. Dāwūd
914 / 1508	●阿拉姆汗 ●‘Ālam Khān ●來自阿赫瑪德納嘎爾（Aḥmadnagar）。

914 / 1509	●阿迪勒汗三世・阿拉姆汗・阿俄札姆・胡瑪雍・賓・阿赫珊汗 ● ‘Ādil Khān III ‘Ālam Khān A‘ẓam Humāyūn b. Aḥsan Khān ●納席爾汗兄弟伊夫提哈爾汗・哈珊・賓・拉賈・阿赫瑪德（Iftikhār Khān Ḥasan b. Rājā Aḥmad）後裔。
926 / 1520	●米蘭・穆罕默德・夏赫一世・賓・阿迪勒三世 ● Mīrān Muḥammad Shāh I b. ‘Ādil III
943 / 1537	●阿赫瑪德・夏赫・賓・穆罕默德一世 ● Aḥmad Shāh b. Muḥammad I
943 / 1537	●穆巴拉克・夏赫二世・賓・阿迪勒三世 ● Mubārak Shāh II b. ‘Ādil III
974 / 1566	●米蘭・穆罕默德・夏赫二世・賓・穆巴拉克二世 ● Mīrān Muḥammad Shān II b. Mubārak II
984 / 1576	●拉賈・阿里汗・阿迪勒・夏赫四世 ● Rājā ‘Ali Khān ‘Ādil Shāh IV
1005 － 1009 / 1597 － 1601	●巴哈杜爾・夏赫・賓・阿迪勒・夏赫四世 ● Bahādur Shāh b. ‘Ādil Shāh IV ●逝於1033 / 1624年。
1009 / 1600 － 1601	●**被蒙兀兒朝征服。**

基本上，中世紀伊斯蘭的罕地須是位於納爾巴達河（Narbadā river）南方、德干西北方的地區，橫跨達布蒂河（Tāptī）的中上游流域；它北方的鄰近地區有古嘉拉特和馬勒瓦，南方則有巴赫曼朝及其繼

承者。該地因為法魯基朝統治者而有了「汗王之地」這個名稱；他們更為強大的鄰國並未認可法魯基統治者的「蘇丹」稱號，他們因此採用了地位較低的「汗王」稱號，有時其他勢力也稱之為「仲裁者」（ḥākim）或「總督」（wālī）。在穆斯林征服此地之前，罕地須是由亞達瓦人或曹漢人（Chawhāns）所掌控。

此穆斯林政權的創建者為瑪立克・拉賈・阿赫瑪德（Malik Rājā Aḥmad），他曾經為巴赫曼朝服務，隨後轉移至德里蘇丹非魯茲・夏赫三世的朝廷，後來則由德干北部特定區域的幾位統領指派赴任。在圖魯革支系衰敗而導致混亂局面的數年間，拉賈效法鄰近馬勒瓦統治者迪拉瓦爾汗（見編號165），也宣告政權獨立。因為他宣稱自己是第二任哈里發歐瑪爾・賓・哈塔卜（'Umar b. al-Khaṭṭāb）的後裔，而歐瑪爾的別名為「al-Fārūq」（明辨是非者）（見編號1），於是他的繼任者便以「法魯基」（Fārūqīs）自稱。瑪立克・拉賈之子納席爾汗（Nāṣir Khān），從印度教徒首領手中佔領阿希爾嘎爾（Asīrgaṙh）的堡壘，並在鄰近地區建立了布爾漢普爾城（Burhānpur），成為罕地須統治者的首都。在阿迪勒汗二世（'Ādil Khān II）的統治下，罕地須快速發展；他並未成功擺脫宗主國古嘉拉特的蘇丹，卻成功將勢力向東延伸，對抗岡瓦那大陸（Gondwāna）和賈坎德（Jhārkand）的印度教統治者，而他的輝煌功績也為他贏得了「森林之王」（Shāh-i Jhārkand）的頭銜。

十六世紀初，罕地須地區爆發王位繼承紛爭，導致外來勢力的介入，特別是古嘉拉特的蘇丹、阿赫瑪德納嘎爾的巴赫曼朝繼任者，以及貝拉爾的尼查姆支系（見編號171）。因為人力與經濟資源有限，法魯基朝在強勁的鄰國之間，以靈敏的外交政策，在夾縫中求生。他們在外交上，時常需要與古嘉拉特的蘇丹調解，而米蘭・穆罕默德一世（Mīrān Muḥammad I）甚至一度獲指派為古嘉拉特的繼承人，但他在權位完全鞏固前就逝世。法魯基朝和蒙兀兒帝國的首度衝突發生於962／1555年，十年後，法魯基朝成為阿克巴爾政權的附庸。大約在993／1585年後，來自蒙兀兒帝國的威脅漸增。巴哈杜爾・夏赫（Bahādur Shāh）觸怒了蒙兀兒統治者，而他位於阿希爾嘎爾的堡壘也在1009／1600年時被阿克巴爾佔領，僅存的法魯基統治者則被迫流亡，罕地須遂成為蒙兀兒帝國的省份之一，並一度以阿克巴爾之子達尼亞勒（Dāniyāl）之名，改名為丹德須（Dāndesh）。

● 參考資料

* Justi, 477; Lane-Poole, 315; Zambaur, 295.
* *EI*[2] 'Fārūḳids' (P. Hardy), 'Hind. IV. History' (J. Burton-Page), 'Khāndēsh' (idem).
* T. W. Haig, 'The Faruqi dynasty of Khandesh', *The Indian Antiquary*, 47 (1918), 113-24, 141-9,178-86.
* R. C. Majumdar et al. (eds), *The History and Culture of the Indian People. VI. The Delhi Sultanate*, ch. 10 B.
* M. Habib and K. A. Nizami (eds), *A Comperhensive History of India. V. The Delhi Sultanat (A.D. 1206-1526)*, ch. 11.
* H. K. Sherwani and P. M. Joshi (eds), *History of Medieval Deccan*, I, 491-516，第493頁附有世系表。

169.

巴里德朝（The Barīd Shāhīs）

- 約伊曆 892 ～ 1028 年
- 約西曆 1487 ～ 1619 年
- 比達爾

年份	統治者名稱／重要事件
892 / 1487	●嘎希姆一世・巴里德 ● Qāsim I Barīd ●巴赫曼蘇丹政權的主要大臣。
910 / 1504	●阿米爾・巴里德一世・賓・嘎希姆 ● Amīr Barīd I b. Qāsim ●巴赫曼朝末代的虛位附庸。
950 / 1543	●阿里・賓・阿米爾・巴里德 ● ‘Alī b. Amīr Barīd ●以瑪立克・穆魯克（Malik al-Mulūk）之名宣告獨立。
◇987 / 1579	●易卜拉欣・賓・阿里 ● Ibrāhīm b. ‘Alī
◇? 997 / 1589	●嘎希姆二世 ● Qāsim II
? 1000 / 1592	●米爾查・阿里・賓・嘎希姆二世 ● Mīrzā ‘Alī b. Qāsim II
◇? 1018 / 1609	●阿米爾・巴里德二世 ● Amīr Barīd II
? 1018 – 1028 / 1609 – 1619	●米爾查・瓦里・阿米爾・巴里德三世 ● Mīrzā Walī Amīr Barīd III

1028 / 1619	● **被阿迪勒朝（'Ādil Shāhīs）併吞。**

比達爾位於德干中部、海德拉巴德城（Hyderabad）的西北方，隸屬於現今印度卡爾納塔克邦（Karnataka State）的東北端。嘎希姆・巴里德（Qāsim Barīd）原先是為巴赫曼朝服務的突厥奴隸，十五世紀末時崛起，成為蘇丹政權衰退期的主要勢力之一。巴里德氏族持續承認巴赫曼朝最後幾位有名無實的統治者，直到阿里・巴里德（'Alī Barīd）才宣告擁有獨立權。比達爾的地理位置具有重要的戰略價值，巴赫曼朝在城內建造了精緻的建築，而巴里德朝的統治者也持續這項建設。最後幾位統治者不像德干地區其他的親王，他們始終堅持信奉順尼派，但其權勢在阿里・巴里德逝世後便開始衰微。比賈普爾的阿迪勒朝（見編號170）則於1028 / 1619年時佔領比達爾，結束了巴里德朝在該地的統治；三十七年後，比達爾落入蒙兀兒帝國奧朗吉布蘇丹的手中。

● 參考資料

* Lan-Poole, 318, 321; Zambaur, 298.
* *EI* [2] 'Barīd Shāhīs' (H. K. Sherwani), 'Bīdar' (H. K. Sherwani and J. Burton-Page); 'Hind. IV. History' (Burton-Page).
* Gulam Yazdani, *Bidar: Its History and Monuments*, Oxford 1947, ch. 1.
* H. K. Sherwani and P. M. Joshi (eds), *History of Medieval Deccan (1295-1724)*, I, 289-394，第290頁附有世系表，II, 446-7.
* R. C. Majumdar (ed.), *The History and Culture of the Indian People. VII. The Mughul Empire (1526-1707 A.D.)*, Bombay 1974, ch. 14 V.

170.

阿迪勒朝（The ‘Ādil Shāhīs）

- 約伊曆 895 ～ 1097 年
- 約西曆 1490 ～ 1686 年
- 比賈普爾（Bījapur）

年份	統治者名稱／重要事件
895 / 1490	●優素夫・阿迪勒汗 ●Yūsuf ‘Ādil Khān ●874 / 1470 年前是巴赫曼朝的道拉塔巴德（Dawlatābād）總督。
916 / 1510	●伊斯瑪儀・賓・優素夫 ●Ismā‘īl b. Yūsuf
941 / 1534	●瑪魯・賓・伊斯瑪儀 ●Mallū b. Ismā‘īl
941 / 1535	●易卜拉欣一世・賓・伊斯瑪儀 ●Ibrāhīm I b. Ismā‘īl
◇965 / 1558	●阿里一世・賓・易卜拉欣一世 ●‘Alī I b. Ibrāhīm I
◇987 / 1579	●易卜拉欣二世・賓・塔赫瑪斯普・賓・易卜拉欣一世 ●Ibrāhīm II b. Ṭahmāsp b. Ibrāhīm I
◇1035 / 1626	●穆罕默德・賓・易卜拉欣二世 ●Muḥammad b. Ibrāhīm II
1066 / 1656	●阿里二世・賓・穆罕默德 ●‘Alī II b. Muḥammad

1083 − 1097 / 1672 − 1686	●希坎達爾・賓・阿里 ●Sikandar b. ‘Alī ●逝於1111 / 1700年。
1097 / 1686	**●被蒙兀兒朝征服。**

比賈普爾位於巴赫曼朝蘇丹政權的西部，鄰近現今的卡爾納塔克邦北部邊界。如同伊瑪德朝的創建者達爾亞汗（Daryā Khān，見編號172），優素夫汗（Yūsuf Khān）曾經是巴赫曼朝的將領兼省統領，起初是服務穆罕默德三世的大臣瑪赫穆德・加萬的奴隸（見編號167），後於895 / 1489年宣告獨立。他很可能具有波斯血統，儘管偏袒阿迪勒朝的歷史學家經常聲稱他源於歐斯曼蘇丹後裔，這個說法相當吸引人，但虛構的成分較高。優素夫汗顯然是第一位將什葉伊斯蘭引入南印度（South India）的統治者，什葉派於是成為巴赫曼朝五個繼承國中三個政權的主要信仰。

阿迪勒朝的歷史幾乎就是一場與穆斯林鄰國、印度教毗奢耶那伽羅朝之間永不停歇的戰爭。首都比賈普爾成為學術與藝術中心，而統治者們則紛紛在此建造雄偉建築；當地興盛的波斯文學也加速了南印度多數穆斯林文化波斯化的過程。十七世紀中，比賈普爾受到來自印度中西部好戰的馬拉塔人（Marāthās）的威脅，而自1046 / 1636年起，比賈普爾的統治者不得不承認蒙兀兒帝國的主權；1097 / 1686年，奧朗吉布蘇丹佔據比賈普爾，結束了阿迪勒朝的統治，並將之併入其帝國領土。

●參考資料

* Justi, 470; Lane-Poole, 318, 321; Zambaur, 298-9.
* *EI* [2] 'Ādil-Shāhīs' (P. Hardy), 'Bīdjāpūr' (A. S. Bazmee Ansari), 'Hind. IV. History' (J. Burton-Page).
* H. K. Sherwani and P. M. Joshi (eds), *History of Medieval Deccan (1295-1724)*, I, 289-394，第 290 頁附有世系表，II 441-3.
* R. C. Majumdar (ed.), *The History and Culture of the Indian People. VII. The Mughul Empire*, ch. 14 III.

171.

尼查姆朝（The Niẓām Shāhīs）

- 伊曆 895 ～ 1046 年
- 西曆 1490 ～ 1636 年
- 阿赫瑪德納嘎爾

年份	統治者名稱／重要事件
895 / 1490	●阿赫瑪德・尼查姆・夏赫・巴赫里・賓・提瑪・巴特・尼查姆・穆勒克・哈珊 ●Aḥmad Niẓām Shāh Baḥrī b. Timma Bhatt Niẓām al-Mulk Ḥasan ●巴赫曼朝大臣，後來宣布獨立。
915 / 1509	●布爾漢一世・賓・阿赫瑪德 ●Burhān I b. Aḥmad
961 / 1554	●胡笙一世・賓・布爾漢 ●Ḥusayn I b. Burhān
972 / 1565	●穆爾塔達一世・賓・胡笙一世 ●Murtaḍā I b. Ḥusayn I
997 / 1589	●胡笙二世・賓・穆爾塔達一世 ●Ḥusayn II b. Murtaḍā I
998 / 1590	●伊斯瑪儀・賓・布爾漢二世 ●Ismā‘īl b. Burhān II ●胡笙二世的表兄弟
999 / 1591	●布爾漢二世・賓・胡笙・賓・布爾漢一世 ●Burhān II b. Ḥusayn b. Burhān I
1003 / 1595	●易卜拉欣・賓・布爾漢二世 ●Ibrāhīm b. Burhān II

1004 – 1009 / 1595 – 1600	●巴哈杜爾・賓・易卜拉欣 ●Bahādur b. Ibrāhīm
1009 / 1600	**●蒙兀兒朝佔領阿赫瑪德納嘎爾。**
1009 / 1600	●穆爾塔達二世・賓・阿里・賓・布爾漢一世 ●Murtaḍā II b. ʻAlī b. Burhān I
1019 / 1610	●布爾漢三世 ●Burhān III
1041 – 1043 / 1632 – 1633	●胡笙三世・賓・穆爾塔達二世 ●Ḥusayn III b. Murtaḍā II
1046 / 1636	**●尼查姆朝領土崩解，由蒙兀兒帝國與阿迪勒朝瓜分。**

阿赫瑪德納嘎爾位於孟買東部的德干高原，即今日的馬哈拉須特拉邦（Maharashtra State）。該城市為巴赫曼朝繼承國的首都，由阿赫瑪德・尼查姆（Aḥmad Niẓām）所創建；阿赫瑪德是瑪赫穆德・巴赫曼・夏赫的大臣之子，他以其名字命名該城。阿赫瑪德在巴赫曼朝勢力式微時，在阿赫瑪德納嘎爾宣告獨立。他的兒子布爾漢（Burhān）信奉什葉伊斯蘭，因而與阿迪勒朝和古特卜朝政權組成聯盟，其統治氏族也因而暫時信奉什葉派。十六世紀時，尼查姆朝捲入與穆斯林對手和毗奢耶那伽羅朝的戰爭之中，但到了十六世紀末，朝代開始衰微，政權在短時間內多次易手，於是蒙兀兒朝在1009 / 1600年時佔領了阿赫瑪德納嘎爾。最後一任尼查姆朝統治者受制於非洲黑奴將領瑪立克・阿姆巴爾（Malik ʻAmbar）；在阿姆巴爾賢明的領導下，尼查姆朝的勢力復興，然而他於1035 / 1626年去世，來自蒙兀兒朝的壓力逐漸攀升。

1046 / 1636年，賈漢（Shāh Jahān）蘇丹與阿迪勒朝的穆罕默德（Muḥammad）因警覺馬拉塔人的威脅，瓜分了尼查姆朝的領土。

● 參考資料

* Justi, 471; Lane-Poole, 318, 329; Zambaur, 298-9.
* *EI*[2] 'Hind. IV. History' (J. Burton-Page), 'Niẓām Shāhīs' (Marie H. Martin).
* Radhey Shyam, *The Kingdom of Ahmadnagar*, Varanasi 1966.
* H. K. Sherwani and P. M. Joshi (eds) *History of Medieval Deccan (1295-1724)*, I, 223-77，第225頁附有世系表，II, 439-41.
* R. C. Majumdar (ed.), *The History and Culture of the India People. VII. The Mughul Empire*, ch. 14 II.

172.

伊瑪德朝（The ‘Imād Shāhīs）

- 伊曆 896 ～ 982 年
- 西曆 1491 ～ 1574 年
- 貝拉爾

年份	統治者名稱／重要事件
890 / 1485	●伊瑪德・穆勒克，法特赫拉・達爾亞汗 ●Fatḥ Allāh Daryā Khān, ‘Imād al-Mulk ●自 876 / 1471 年起，為巴赫曼朝的貝拉爾總督。
890 / 1485	●阿拉俄丁・賓・法特赫拉 ●‘Alā’ al-Dīn b. Fatḥ Allāh ●於 896 / 1491 年獲「國王」（Shāh）頭銜。
939 / 1533	●達爾亞・賓・阿拉俄丁 ●Daryā b. ‘Alā’ al-Dīn
969 － 982 / 1562 － 1574	●布爾漢・賓・達爾亞 ●Burhān b. Daryā ●由圖法勒汗・達赫尼（Tufāl Khān Dakhnī）攝政。
982 / 1574	**●被尼查姆朝征服。**

廣大的貝拉爾地區含括了巴赫曼朝蘇丹政權的北部領地，亦即今日馬哈拉須特拉邦最東部的地區。伊瑪德政權的創建者為達爾亞汗，原為印度教徒，後改信伊斯蘭；他曾為巴赫曼朝服務，由巴赫曼朝指派為

貝拉爾地區的統領，在蘇丹政權逐漸衰弱之後，成為在操縱王權的勢力之一。終於，達爾亞汗宣告自己擁有貝拉爾的獨立統治權，並定都於艾里屈普爾（Elichpur）。如同巴里德朝（見編號169），達爾亞汗也是德干地區巴赫曼朝的繼承國中唯一的順尼派勢力。伊瑪德朝獨立後八十多年的歷史當中，與鄰近地區的戰爭不斷，例如與阿迪勒朝、尼查姆朝的征戰。最終尼查姆朝併吞了伊瑪德朝，不過到了十七世紀初，阿克巴爾征服了貝拉爾，使該城成為蒙兀兒朝的領土。

●參考資料

* Lane-Poole, 318, 320; Zambaur, 298.
* *EI* [2] 'Berār' (C. Collin Davies), 'Hind. IV. History' (J. Burton-Page), ''Imād Shāhīs' (A. S. Bazmee Ansari), Suppl. 'Eličpur' (C. E. Bosworth).
* H. K. Sherwani and P. M. Joshi (eds), *History of Medieval Deccan (1295-1724)*, I, 278-87，第 278 頁附有世系表。
* R. C. Majumdar (ed.), *The History and Culture of the Indian People. VII. The Mughul Empire*, ch. 14 IV.

173.

古特卜朝（The Quṭb Shāhīs）

- 伊曆 901 ～ 1098 年
- 西曆 1496 ～ 1687 年
- 戈勒孔達—穆罕瑪德納嘎爾（Golconda-Muḥammadnagar）

年份	統治者名稱／重要事件
901 / 1496	●古特卜・穆勒克，蘇勒壇・古里・哈瓦斯汗・巴哈爾魯 ●Sulṭān Qulī Khawāṣṣ Khān Bahārlu, Quṭb al-Mulk
◇950 / 1543	●亞爾・古里・賈姆胥德・賓・蘇勒壇・古里 ●Yār Qulī Jamshīd b. Sulṭān Qulī
◇957 / 1550	●蘇布罕・賓・賈姆胥德 ●Ṣubḥān b. Jamshīd
◇957 / 1550	●易卜拉欣・賓・蘇勒壇・古里 ●Ibrāhīm b. Sulṭān Qulī
◇988 / 1580	●穆罕默德・古里・賓・易卜拉欣 ●Muḥammad Qulī b. Ibrāhīm
◇1020 / 1612	●穆罕默德・賓・穆罕默德・阿敏・賓・易卜拉欣 ●Muḥammad b. Muḥammad Amīn b. Ibrāhīm
◇1035 / 1626	●阿布達拉・賓・穆罕默德 ●'Abdallāh b. Muḥammad
◇1083 – 1098 / 1672 – 1687	●阿布—哈珊 ●Abu 'l-Ḥasan ●阿布達拉的女婿。
1098 / 1687	●**被蒙兀兒朝征服。**

古特卜朝統治德干的中部至東部地區，大致上是德干地區的帖盧固語（Telugu）區（現今的安者拉邦〔Andhra Pradesh State〕），原先中心位於戈勒孔達的古老山丘要塞，後轉至新城市海德拉巴德，比鄰要塞且由穆罕默德・古里（Muḥammad Qulī）於997 / 1589年所規劃，政權後來也曾遷都至此。

古特卜朝的創立者蘇勒壇・古里（Sulṭān Qulī）是來自波斯西部的突厥人，也是黑羊汗國（Qara Qoyunlu，見編號145）的後裔，在突厥政權滅亡後不久，便遷徙至南印度尋求機運。他成為巴赫曼朝的瑪赫穆德・夏赫重要的大臣之一，也是提朗安者拉（Tilang Andhra，又作Telingana，也就是巴赫曼朝領地的東部、後來古特卜朝的核心地帶）的統領。蘇勒壇・古里雖然擁有自主權力，但他的繼承者更發展出實質的主權。信仰方面，蘇勒壇・古里宣揚他為十二伊瑪目什葉派（Twelver Shī'ism）奉行者，並以薩法維朝（Ṣafawid）的君主伊斯瑪儀一世（Ismā'īl I，見編號148）為精神領袖，古特卜朝宮廷則成為推動波斯文學與文化的重鎮。古特卜朝與其他巴赫曼朝繼承國的征戰不斷，如阿迪勒朝和尼查姆朝（見編號170、171），亦陷入與毗奢耶那伽羅朝的戰爭之中，直到夏赫・賈漢於1045 / 1636年介入，古特卜朝被迫以投降進貢（inqiyād-nāma）承認蒙兀兒朝的宗主權，其中特別禁止公開舉行任何形式的什葉派儀式或慶典。五十餘年後，君王奧朗吉布終止了古特卜朝的半獨立狀態，並將他們的領土納入自己的帝國版圖。

●參考資料

* Justi, 471; Lane-Poole, 318, 321; Zambaur, 298-9.

* *EI* 2 'Golkondā' (H. K. Sherwani), 'Ḥaydarābād. a. City' (J. Burton-Page), 'Hind. IV. History' (idem), 'Ḳuṭb Shāhī' (R. M. Eaton).

* H. K. Sherwani and P. M. Joshi (eds), *History of Medieval Deccan (1295-1724)*, I, 411-90，第 413 頁附有世系表，II. 446-7.

* Haroon Khan Sherwani, *History of the Quṭb Shāhī Dynasty*, New Delhi 1974，結尾附有世系表。

* R. C. Majumdar (ed.), *The History and Culture of the Indian People. VII. The Mughul Empire*, ch. 14 IV.

174.

阿爾袞朝（The Arghūns）

- 伊曆 926 ～ 999 年
- 西曆 1520 ～ 1591 年
- 穆勒坦（Multan）與信地（Sind）

一、朱努恩—別克支系（Dhu'l-Nūn Beg）

年份	統治者名稱／重要事件
約 880 / 約 1475	●朱努恩—別克・阿爾袞 ●Dhu 'l-Nūn Beg Arghūn ●帖木兒朝的坎達哈爾（Kandahar）和俾路支斯坦（Beluchistan）東北部總督。
◇913 / 1507	●夏迪—別克・賓・吉努恩 ●Shādi Beg b. Dhi 'l-Nūn ●胥班朝的坎達哈爾總督。
926 / 1520	●夏迪—別克 ●Shādi Beg ●統治上信地地區，其後統治全省。
930 － 961 / 1524 － 1554	●胡筌・賓・夏迪—別克 ●Shāh Ḥusayn b. Shāh Beg ●逝於963 / 1556 年。

二、穆罕默德・以薩・塔爾汗支系（Muḥammad ʻĪsā Tarkhān）

年份	統治者名稱／重要事件
961 / 1554	●穆罕默德・以薩・塔爾汗・賓・阿布杜─阿里 ●Muḥammad ʻĪsā Tarkhān b. ʻAbd al-ʻAlī ●統治中心為下信地。 ●瑪赫穆德・戈卡勒塔胥 ●Maḥmūd Gokaltāsh ●統治上信地直到982 / 1574 年。
975 / 1567	●穆罕默德・巴基・賓・穆罕默德・以薩 ●Muḥammad Bāqī b. Muḥammad ʻĪsā
993 － 999 / 1585 － 1591	●賈尼─別克・賓・穆罕默德・巴基 ●Jānī Beg b. Muḥammad Bāqī ●逝於1008 / 1599 年。
999 / 1591	**●蒙兀兒朝征服下信地。**

八世紀初，阿拉伯人曾入侵、定居信地與印度河流域，遠至穆勒坦的地區（見編號160）。然而，即使是在嘎茲納朝和古爾朝將勢力範圍延伸至大部分的印度西北部之後，信地依舊維持著相對獨立的狀態，並不受印度穆斯林地區的主要潮流和事件影響。十一世紀時，蘇美拉人（Sumerās）的拉吉普特部族掌控了信地地區，於十四世紀初，受到敵對薩瑪人（Sammās）部族的挑戰。不像蘇美拉人保持自己的信仰，薩瑪人改信伊斯蘭，成為信仰堅貞的穆斯林，並於十四世紀後半葉壯大勢力。隨著圖魯革支系瓦解（見編號160之3）、德里蘇丹政權式微，握

有統治權的薩瑪支族賈姆人（Jāms）得以在下信地（Lower Sind）的首都札塔城（Thattā），掌控整個信地地區，直到十六世紀初。

阿爾袞人乃在伊兒汗國與帖木兒朝政權下，著名的突厥或突厥化蒙古部族。朱努恩—別克・阿爾袞（Dhu'l-Nūn Beg Arghūn）是由赫拉特城蘇丹胡笙・賓・曼蘇爾・賓・貝嘎拉（Ḥusayn b. Manṣūr b. Bayqara，見編號144之2）所指派，統治現今的阿富汗地區東部和南部地區，並旋即在該地取得實質的獨立權。當時，伊朗東部有許多勢力崛起，如胥班朝（Shībānids）和薩法維朝，使得阿爾袞人難以守住在坎達哈爾（Kandahar）的據點，因此夏迪—別克（Shādi Beg）和他的兒子持續進行朱努恩—別克的南向擴張政策，征服穆勒坦地區，打敗了最後的薩瑪君主，進而掌控整個信地地區。961 / 1554年後，阿爾袞朝中歷史較為悠久的塔爾汗支系（Tarkhāns）掌控政權，但阿克巴爾大君隨即將上信地（Upper Sind）併入其勢力範圍，最後也併吞了下信地，因此信地成為蒙兀兒朝穆勒坦省的一部分。

● 參考資料

* *EI* [2] 'Arghūn' (C. Collin Davies), 'Hind. IV. History' (J. Burton-Page), 'Sind. l. History' (T. W. Haig and C. E. Bosworth).
* R. C. Majumdar et al. (eds), *The History and Culture of the Indian People. VI. The Delhi Sultanat*, ch. 10F, G.
* M. Habib and K. A. Nizami (eds), *A Comprehensive History of India. V. The Delhi Sultanat (A.D. 1206-1526)*, ch. 18.

175.

蒙兀兒帝國（The Mughal Emperors）

- 伊曆 932 ～ 1274 年
- 西曆 1526 ～ 1858 年
- 印度地區

年份	統治者名稱／重要事件
◇932 / 1526	●穆罕默德・札希爾丁，巴布爾・賓・歐瑪爾—謝赫 ●Bābur b. ʻUmar Shaykh, Muḥammad Ẓahīr al-Dīn ●於899 / 1494 年統治費爾干納（Farghāna）。
936 － 960 / 1530 － 1553	●卡姆蘭・賓・巴布爾 ●Kāmrān b. Bābur ●統治坎達哈爾，逝於964 / 1557 年。
◇937 / 1530	●納席爾丁，胡瑪雍・賓・巴布爾 ●Humāyūn b. Bābur, Nāṣir al-Dīn ●首次統治。
947 － 962 / 1540 － 1555	**●為德里的蘇爾蘇丹所控制。**
◇962 / 1555	●胡瑪雍 ●Humāyūn ●第二次統治。
◇963 / 1556	●阿布—法特赫・穆罕默德・賈拉勒丁，阿克巴爾一世・賓・胡瑪雍 ●Akbar I b. Humāyūn, Abu ʼl-Fatḥ Muḥammad Jalāl al-Dīn
◇1014 / 1605	●阿布—穆查法爾・穆罕默德・薩里姆・努爾丁，賈漢吉爾・賓・阿克巴爾 ●Jahāngīr b. Akbar, Abu ʼl-Muẓaffar Muḥammad Sālim Nūr al-Dīn

◇1037 / 1627	●達瓦爾・巴赫胥・賓・忽斯勞・賓・賈漢吉爾 ● Dāwar Bakhsh b. Khusraw b. Jahāngīr
◇1037 / 1628	●胥哈卜丁，賈漢一世・忽斯勞・賓・賈漢吉爾 ● Shāh Jahān I Khusraw b. Jahāngīr, Shihāb al-Dīn ●逝於 1076 / 1666 年。
◇1068 / 1657	●穆拉德・巴赫胥・賓・賈漢 ● Murād Bakhsh b. Shāh Jahān ●統治中心為古嘉拉特，於 1072 / 1661 年遭殺害。
◇1068 – 1069 / 1657 – 1659	●休賈俄・賓・賈漢一世 ● Sulṭān or Shāh Shujā‘ b. Shāh Jahān I ●統治中心為孟加拉，於 1071 / 1660 年遭殺害。
1068 – 1069 / 1657 – 1659	●達拉・胥庫赫・賓・賈漢一世 ● Dārā Shikūh b. Shāh Jahān I ●中心位於阿格拉（Agra），於 1069 / 1659 年遭殺害。
◇1068 / 1658	●阿布—穆查法爾・穆罕默德・阿拉姆吉爾一世・穆希丁，奧朗吉布・賓・賈漢一世 ● Awrangzīb b. Shāh Jahān I, Abu ’l-Muẓaffar Muḥammad ‘Ālamgīr I Muḥyī ’l-Dīn
◇1118 / 1707	●阿俄札姆・夏赫・賓・奧朗吉布 ● A‘ẓam Shāh b. Awrangzīb ●統治中心為印度北部。
◇1118 – 1120 / 1707 – 1709	●卡姆・巴赫胥・賓・奧朗吉布 ● Kām Bakhsh b. Awrangzīb ●統治中心為德干地區。
◇1118 / 1707	●穆罕默德・穆阿俄札姆・古特卜丁，阿拉姆一世・巴哈杜爾・賓・奧朗吉布 ● Shāh ‘Ālam I Bahādur b. Awrangzīb, Muḥammad Mu‘aẓẓam Quṭb al-Dīn

◇1124 / 1712	●阿濟姆・夏安・穆罕默德・阿濟姆・賓・阿拉姆一世 ● ‘Aẓīm al-Sha’n Muḥammad ‘Aẓīm b. Shāh ‘Ālam I ●爭奪權力。
◇1124 / 1712	●阿布─法特赫・穆儀茲丁，賈漢達爾・賓・阿拉姆一世 ● Jahāndār b. Shāh ‘Ālam I, Abu ’l-Fatḥ Mu‘izz al-Dīn ●於1125 / 1713年遭殺害。
◇1124 / 1713	●法魯赫─希亞爾・賓・穆罕默德・阿濟姆 ● Farrukh-siyar b. Muḥammad ‘Aẓīm
◇1131 / 1719	●夏姆斯丁，拉非俄・達拉賈特・賓・拉非俄・夏安・賓・阿拉姆一世 ● Rāfi‘ al-Darajāt b. Rāfi‘ al-Sha’n b. Shāh ‘Ālam I, Shams al-Dīn
◇1131 / 1719	●拉非俄─道拉，賈漢二世・賓・拉非俄・夏安 ● Shāh Jahān II b. Rāfi‘ al-Sha’n, Rāfi‘ al-Dawla
◇1131 / 1719	●尼庫─希亞爾・穆罕默德・賓・穆罕默德・阿克巴爾・賓・奧朗吉布 ● Nīkū-siyar Muḥammad b. Muḥammad Akbar b. Awrangzīb
◇1132 － 1133 / 1720	●易卜拉欣・賓・拉非俄・夏安 ● Ibrāhīm b. Rāfi‘ al-Sha’n
◇1131 / 1719	●勞襄・阿赫塔爾・納席爾丁，穆罕默德・夏赫・賓・賈漢・夏赫・賓・阿拉姆一世 ● Muḥammad Shāh b. Jahān Shāh b. Shāh ‘Ālam I, Rawshan Akhtar Nāṣir al-Dīn
◇1161 / 1748	●阿赫瑪德・夏赫・巴哈杜爾・賓・穆罕默德・夏赫 ● Aḥmad Shāh Bahādur b. Muḥammad Shāh
◇1167 / 1754	●阿濟茲丁，阿拉姆吉爾二世・賓・賈漢達爾 ● ‘Ālamgīr II b. Jahāndār, ‘Azīz al-Dīn

◇1173 / 1759	● 賈漢三世・賓・穆罕默德・賓・卡姆・巴赫胥 ● Shāh Jahān III b. Muḥammad b. Kām Bakhsh
◇1173 / 1759	● 阿里・焦哈爾・賈拉勒丁，阿拉姆二世・賓・阿拉姆吉爾二世 ● Shāh ʻĀlam II b. ʻĀlamgīr II, ʻAlī Jawhar Jalāl al-Dīn ● 首次統治。
◇1202 / 1788	● 比達爾・巴赫特・賓・阿赫瑪德・夏赫 ● Bīdār Bakht b. Aḥmad Shāh
◇1203 / 1788	● 阿拉姆二世 ● Shāh ʻĀlam II ● 第二次統治。
◇1221 / 1806	● 阿布—納斯爾・穆罕默德・穆因丁，阿克巴爾二世・賓・阿拉姆二世 ● Akbar II b. Shāh ʻĀlam II, Abū Naṣr Muḥammad Muʻīn al-Dīn
◇1253－1274 / 1837－1858	● 阿布—穆查法爾・穆罕默德・希拉吉丁，巴哈杜爾・夏赫二世・賓・阿克巴爾二世 ● Bahādur Shāh II b. Akbar II, Abu ʼl-Muẓaffar Muḥammad Sirāj al-Dīn ● 逝於1279 / 1862年。
1274 / 1858	● **英國終結蒙兀兒朝統治。**

蒙兀兒帝國的建立者巴布爾是中亞察合台汗國（Chaghatay）的突厥人，其父親在五代以前便從帖木兒家系中分離出來，而母親則是源自成吉思汗的家系。其父歐瑪爾—謝赫・賓・阿比—薩義德（ʻUmar

Shaykh b. Abī Sa‘īd）在中亞費爾干納（Farghāna）統治帖木兒朝的一個小侯國，然而巴布爾發現胥班朝的烏茲別克人（見編號151）勢力逐漸崛起，使他在父親去世後很難在當地鞏固權力。因此，910 / 1514年，巴布爾南進並佔領喀布爾，隨後不久便首度入侵印度，最遠則達印度河流域。巴布爾似乎只有在試圖於中亞家鄉重建勢力失敗後，才會把精力轉移至印度地區，不過德里羅迪蘇丹支系（見編號160之5）宮廷內的不滿聲浪促使他介入。巴布爾於是在932 / 1526年於帕尼帕特的第一場戰役中，打敗了羅迪支系的易卜拉欣二世，隔年則是在阿格拉附近的罕瓦（Khānwa）地區，打敗了拉吉普特的首長聯盟。這些都只是巴布爾征戰勝利的開端。當時蒙兀兒政權尚未穩固，而由胥爾・夏赫・蘇爾（見編號160之6）所領導、來自印度的阿富汗軍事領袖的激烈反動，導致巴布爾之子胡瑪雍從印度北部逃亡至信地、阿富汗和波斯，時間長達十五年。而後因為胥爾・夏赫的繼承者不夠強大，才讓胡瑪雍有機會在962 / 1555年返回印度，重新在德里和阿格拉等地建立起政權。

阿克巴爾大君（Akbar the Great）長達五十年的統治就此展開。蒙兀兒朝對於印度北部與中部的掌握已經相當穩固；在馬勒瓦及獨立的拉吉普特、古嘉拉特和罕地須勢力也已經鞏固。到了984 / 1576年，德里政權再度掌控了孟加拉。西北部邊境是許多入侵者進入印度的通道，蒙兀兒勢力靠著取得喀布爾與坎達哈爾而得以確保此處邊境，儘管坎達哈爾在後來很長一段時間，造成印度與波斯統治者的爭端。在德干地區，巴赫曼朝繼承國北部的親王政權，不是被直接併吞，就是被迫承認阿克巴爾的主權。然而，蒙兀兒帝國的軍事與行政結構直到奧朗吉布蘇丹統治時期才臻於穩固，足以掌控整個德干地區。在奧朗吉布的統治下，除了由馬拉塔人所掌控的印度西部，以及印度半島的最南端，幾乎整個印度都納入蒙兀兒帝國版圖。就外交層面來看，蒙兀兒帝國最初與薩法維朝的友好關係，後取代為與烏茲別克阿布達拉汗二世（‘Abdallāh Khān II，見編號153）的協議，在協議中他們各自劃分了領土。他們和歐斯曼帝國也有外交關係，因為雙方都受到來自阿拉伯半島（Arabia）和印度海附近的葡萄牙海上勢力所威脅；然而，德里和伊斯坦堡（Istanbul）之間的距離過於遙遠，以至於很難建立順尼派大聯盟，也沒有具體的海軍或軍事合作。

無可否認，阿克巴爾是一位偉大的將領和政治家，他同時也是一位廣納各種宗教議題的思想家。他統合的「神聖信仰」（Dīn-i Ilāhī）概念雖然只在朝廷內的菁英份子間流傳，卻也顯示出他對於宗教知識的深厚興趣。在行政以及帝國發展方向等方面，印度教徒都比以往更積極參與。在阿克巴爾的統治下，蒙兀兒帝國的政府結構初步成形，而他也將突厥人、阿富汗人、波斯人和印度教徒等多元種族納入統治階級。這個階級又區分為不同官等（manṣabdār），其成員被指派到不同的官職，負責提供一定數量的人力。官員的部分薪餉則是由受封土地（jāgīr）來支付，官員可獲得該土地的稅收；而不同於其他伊斯蘭地區的封地開墾制度（iqṭā‘, soyurghal），受封土地不得世襲。儘管統治者理論上具不受限制的世俗權力，早期的蒙兀兒統治者至少較為仁慈，而非專制的暴君；無論如何，蒙兀兒帝國因為版圖廣大，難以施行完全的中央集權制，統治者也很難將專制延伸至領土各角落。

阿克巴爾的繼承者賈漢吉爾（Jahāngīr）與夏赫・賈漢，持續強迫邊陲地區服從中央，如梅瓦爾（Mēwāṙ）的拉吉普特統治者、德干的什葉派蘇丹政權、孟加拉沿海的葡萄牙政權等；然而，賈漢將中亞與印度統一在一個龐大的順尼帝國之下的野心，卻以失敗告終，也喪失了權威（1057 / 1647 年）。賈漢於1068 / 1657 年退位時，一場野蠻的繼承之爭隨即在四個兒子之間爆發。在過程中，奧朗吉布二度打敗他的兄弟達拉・胥庫赫（Dārā Shikūh）並處決他，隨後展開長達半世紀的統治。在此之前的數十年，對抗阿克巴爾及其兒子們自由的統治風格的保守派逐漸凝聚勢力，並由影響力日增的納各胥班迪蘇非道團（Naqshbandī Ṣūfī order）所領導。奧朗吉布上任後，積極支持較嚴格的一方；當時受到週遭印度教徒為多數的社會影響，印度穆斯林逐漸發展出鬆散的社會與宗教實踐，奧朗吉布開始抨擊這些做法，並試圖在政權中改革，在十八與十九世紀初，透過德里的夏赫・瓦里拉（Shāh Walī Allāh）、巴雷利（Bareilly）的賽伊德・阿赫瑪德（Sayyid Aḥmad）和他的聖戰者（mujāhidīn），闡明了他的理念。在某種程度上，奧朗吉布的政策是針對印度教所做出的反制，當時的印度教徒在知識和物質層面已經重振勢力；但同時，他也繼續容許印度教徒成為蒙兀兒帝國軍事與行政組織的主要成員。他的軍事力量首先用於鞏固西北邊境，因為要將勢力延伸至帕坦各部族，就必須積極出兵征討。隨後，他開始關注德干地區；殘存的什葉蘇丹政權，如阿迪勒朝與古特卜朝，也都紛紛滅亡，馬拉塔人則是受到箝制；但對馬拉塔人的控制只維持了短暫的時間，而德干地區的穆斯林勢力，自此不曾再達到顛峰。

奧朗吉布於1118 / 1707年去世，蒙兀兒人開始面臨痛苦掙扎的衰微期。接續的一連串統治者皆僅能短暫繼承，導致穆罕默德・夏赫（Muḥammad Shāh）較長期的統治也無法阻止帝國邊陲省份落入馬拉塔人、加特人（Jāts）、錫克教徒（Sikhs）和羅希拉阿富汗人（Rohilla Afghans）手中。納迪爾・夏赫（Nādir Shāh，見編號149）於1151 / 1738至1152 / 1739年間入侵印度，大舉入侵並佔領德里，而接下來阿赫瑪德・夏赫・阿布達利（杜拉尼）（Aḥmad Shāh Abdālī or Durrānī，見編號180之1）的戰爭則造成帝國物質和精神方面的打擊，而無法重振旗鼓。就某方面而言，印度教徒的權勢正在復甦，而英國對於帝國內部和沿海地區的影響也逐漸增加。英國人透過孟加拉，將勢力擴張至阿瓦者（見編號176、178）、印度中部和拉吉普塔納等地，而此時蒙兀兒統治者實際佔有的領土則僅僅小幅超越德里地區，因此他們無力抵抗英國勢力。夏赫・阿拉姆二世（Shāh ʻĀlam II）及其繼承者開始為英國政府服務，而最後一位蒙兀兒帝國統治者則在1274 / 1858年遭到罷黜，並因為共謀一場對抗英國的印度士兵叛變（Sepoy Mutiny），而流亡緬甸仰光（Rangoon）。

●參考資料

* Justi, 472-5; Lane-Poole, 322-9; Zambaur, 300 and Table U.
* *EI* ² 'Mughals. l. History, 11. Numismatics' (J. Burton-Page).
* G. P. Taylor, 'Some dates relating to the Mughal Emperors of India', *JASB*, new series, 3 (1907), Numismatic Suppl., 57-64.
* W. Irvine, *The Later Mughals*, I-II, Calcutta 1921-2, ed. and augmented Jadunath Sarkar, Allahabad 1974.
* R. C. Majumdar (ed.), *The History and Culture of the Indian People. VII. The Mughul Empire*, chs 2-3, 5-8, 10.
* idem (ed.), *VIII. The Maratha Supremacy*, Bombay 1977, ch. 5.
* Ishwari Prasad, *India in the Eighteenth Century*, Allahabad 1973.
* idem, *The Mughal Empire*, Allahabad 1974.
* J. F. Richards, *The New Cambridge History of India, I.5, The Mughal Empire*, Cambridge 1993.

176.

孟加拉納瓦卜政權（The Nawwāb-Viziers and Nawwāb-Nāẓims of Bengal）

- 伊曆 1116 ～ 1274 年
- 西曆 1704 ～ 1858 年
- 孟加拉

年份	統治者名稱／重要事件
1116 / 1704	●賈俄法爾汗・阿拉俄—道拉，穆爾胥德・古里汗 ● Murshid Qulī Khān, Ja'far Khān 'Alā' al-Dawla
1138 / 1725	●休賈俄—道拉，休賈俄汗 ● Shujā' Khān, Shujā' al-Dawla ●穆爾胥德・古里汗之女婿。
1151 / 1739	●阿拉俄—道拉，薩爾法拉茲汗・賓・休賈俄—道拉 ● Sarfarāz Khān b. Shujā ' al-Dawla, 'Alā' al-Dawla
1153 / 1740	●米爾查・穆罕默德・阿里・瑪哈巴特・將・哈胥姆—道拉，阿里維爾迪汗 ● 'Alīwirdī Khān, Mīrzā Muḥammad 'Alī Mahābat Jang Hāshim al-Dawla
1169 / 1756	●希拉吉—道拉，米爾查・瑪赫穆德・賓・宰因丁・阿赫瑪德 ● Mīrzā Maḥmūd b. Zayn al-Dīn Aḥmad, Sirāj al-Dawla ●阿里維爾迪可汗之孫
1170 / 1757	●哈胥姆—道拉，米爾・賈俄法爾・穆罕默德汗・賓・賽伊德・阿赫瑪德・納賈菲 ● Mīr Ja'far Muḥammad Khān b. Sayyid Aḥmad Najafī, Hāshim al-Dawla ●阿里維爾迪汗其妻的姪子，首次統治。

1174 / 1760	●阿里，米爾・嘎希姆 ●Mīr Qāsim, ʻAlī ●米爾・賈俄法爾的女婿，逝於1191 / 1777年。
1177－1178 / 1763－1765	●米爾・賈俄法爾・阿里 ●Mīr Jaʻfar ʻAlī ●第二次統治。
1178 / 1765	**●孟加拉併入英國統治的印度；穆爾胥達巴德（Murshidābād）的大臣成為在地的主要勢力，直至今日。**

孟加拉的納瓦卜支系（Nawwāb），如同海德拉巴德的尼札姆朝（Niẓāms of Hyderabad，見編號178）和阿瓦者的納瓦卜支系（見編號177），皆是崛起自蒙兀兒帝國；直到英國正式接管孟加拉之前（見下段），他們理論上都是德里蘇丹的地方統領。穆爾胥德・古里汗（Murshid Qulī Khān）成為奧朗吉布統治下的孟加拉統領（dīwān），在西孟加拉（West Bengal）建立首都馬赫蘇薩巴德（Makhṣūṣābād），並以他的名字將該城命名為穆爾須達巴德（Murshidābād）；他的後代子孫和他一樣皆為什葉派，以「Nawwāb」（代表、大臣）為頭銜在孟加拉擔任統領。他們嘗試抵擋部分來自馬拉塔人的侵略行動，卻仍舊喪失了歐里薩的領土。

十八世紀中葉，東印度公司（East India Company）從在孟加拉建立貿易據點，進展到在當地正式取得統治權。1170 / 1757年，克萊夫（Clive）在普拉西戰役（Battle of Plassey）中打敗希拉吉—道拉（Sirāj al-Dawla），指派他的親信米爾・賈俄法爾（Mīr Ja'far）擔任孟加拉統治者。1178 / 1764 年，米爾・嘎希姆（Mīr Qāsim）與同陣營的蒙兀兒朝君主夏赫・阿拉姆二世，以及阿瓦者的大臣休賈俄—道拉（Shujā' al-Dawla），在對抗英軍的布克薩爾戰役（Battle of Buxar）中失利。戰爭結束後，阿拉姆被迫將孟加拉、比哈爾與歐里薩等地的稅收上繳英國，而這些地區組成了一個英屬印度（British India）的直轄政府，擁有高於孟買和馬德拉斯（Madras）直轄政府的地位。於是，米爾・賈俄法爾之子瑪哈巴特・將・納吉姆—道拉（Mahābat Jang Najm al-Dawla）及其後裔，僅以地方小官的身分，統治英屬孟加拉（British Bengal）的穆爾須達巴德城。他們起初是印度英國政府的雇傭，在印巴分治（Partition）[1] 後，成為印度聯邦（India Union）政府的官員。

●參考資料

* Zambaur, 301.
* Purna Ch. Majumdar, *The Musnud of Murshidabad (1704-1904). A Synopsis of the History of Murshidabad for the Last Two Centuries*, Murshidabad 1905，第 13 頁附有世系表，第 13 ～ 20 頁附有統治者列表，包含 1178 / 1765 年後的納瓦卜支系。
* R. C. Majumdar (ed.), *The History and Culture of the Indian People. VIII. The Maratha Supremacy*, ch. 10.
* idem (ed.), *IX. British Paramountcy and Indian Renaissance*, Part I, Bombay 1963, ch. 4 E.6.
* P. J. Marshall, *The New Cambridge History of India. II.2. Bengal, the Bridgehead. Eastern India 1740-1828*, Cambridge 1987.

---

1 編註：西元 1947 年，英屬印度因多數的印度教徒與少數的穆斯林對立等因素，分裂為印度聯邦與巴基斯坦自治領（Dominion of Pakistan），後分別獨立為印度共和國與巴基斯坦共和國。

177.

阿瓦者的納瓦卜政權（The Nawwāb-Viziers and Kings of Oudh〔Awadh〕）

- 伊曆 1134 ～ 1272 年
- 西曆 1722 ～ 1856 年
- 印度北部

年份	統治者名稱／重要事件
1134 / 1722	●布爾漢・穆勒克，穆罕默德・阿敏・薩阿達特汗・巴哈杜爾 ●Sayyid Muḥammad Amīn Sa'ādat Khān Bahādur, Burhān al-Mulk
1152 / 1739	●薩夫達爾・將，阿布—曼蘇爾汗 ●Abū Manṣūr Khān, Ṣafdār Jang
◇1167 / 1754	●休賈俄—道拉・賈拉勒丁，海達爾・賓・薩夫達爾・將 ●Ḥaydar b. Ṣafdār Jang, Shujā' al-Dawla Jalāl al-Dīn
◇1189 / 1775	●阿剎夫—道拉・賓・海達爾 ●Āṣaf al-Dawla b. Ḥaydar
1212 / 1797	●瓦齊爾・阿里 ●Wazīr 'Alī ●阿剎夫—道拉的養子，逝於 1232 / 1817 年。
◇1213 / 1798	●薩阿達特・阿里汗・賓・阿剎夫—道拉 ●Sa'ādat 'Alī Khān b. Āṣaf al-Dawla
◇1229 / 1814	●嘎濟丁，海達爾一世・賓・薩阿達特・阿里 ●Ḥaydar I b. Sa'ādat 'Alī, Ghāzī 'l-Dīn ●於 1234 / 1819 年後以國王頭銜統治。

◇1243 / 1827	●海達爾二世・蘇萊曼・賈赫・賓・海達爾一世 ●Ḥaydar II Sulaymān Jāh b. Ḥaydar I
◇1253 / 1837	●穆因丁，穆罕默德・阿里・賓・薩阿達特・阿里 ●Muḥammad ʻAlī b. Saʻādat ʻAlī, Muʻīn al-Dīn
◇1258 / 1842	●阿姆賈德・阿里・舒拉亞・賈赫・賓・穆罕默德・阿里・賓・薩阿達特・阿里 ●Amjad ʻAlī Thurayyā Jāh b. Muḥammad ʻAlī b. Saʻādat ʻAlī
◇1263 － 1272 / 1847 － 1856	●瓦吉德・阿里・賓・阿姆賈德 ●Wājid ʻAlī b. Amjad ●逝於1304 / 1887年。
1272 / 1856	●**被英屬印度政府併吞。**
◇1273 / 1857	●巴爾吉斯・嘎迪爾・賓・瓦吉德・阿里 ●Barjīs Qadīr b. Wājid ʻAlī ●於印度士兵叛變中奪權。

阿瓦者地區為恆河平原（Gangetic plain）的一部分，亦即今日北方邦的中央地帶，同時是印度史詩時代所稱之「馬吉亞・德薩」（Madhya Deśa，意為「中土」，指印度中部）。穆斯林統治時期的主要城市則是陸克瑙（Lucknow，又作Lakhnaw）與康普爾（Cawnpore，又作Kānpur）。

蒙兀兒帝國在君主奧朗吉布1118 / 1707年去世後開始式微，讓統領薩阿達特汗（Saʻādat Khān，他的氏族來自波斯東部的呼羅珊地區）和他的繼承者能夠宣告獨立，儘管直到最後，他們都依然承認蒙兀兒帝國在德里地區有名無實的宗主權。十八世紀時，阿瓦者在英國統治者眼中具有重要的戰略地位，該地能夠阻擋馬拉塔人從西邊和南邊入侵，因此1178／1764年後，東印度公司不顧阿瓦者人的意願，強迫他們與英國據點孟加拉結盟。然而到了十九世紀初，阿瓦者四周已經被英國領土所圍繞，只有北部邊境與尼泊爾（Nepal）接壤。英國政府與阿瓦者於1801年簽訂條約但書，要求阿瓦者人必須維持完整的政府體系，而1272／1856年，統領達爾豪斯勛爵（Lord Dalhousie）便以政府治理無方為由，罷黜瓦吉德・阿里（Wājid ʻAlī），也因此結束了阿瓦者政權。阿瓦者被英國併吞後，引發人民擔憂恐懼，事實上，後來更成為西元1857至1858年印度士兵叛變的主要導火線。

在地方統治者及其朝廷的政權下，阿瓦者（尤其是首都陸克瑙）成為了什葉派、烏爾都（Urdu）文學和印度伊斯蘭建築蓬勃發展之地，而陸克瑙直至今日都是北印度的什葉伊斯蘭重鎮。

●參考資料

* Zambaur, 302.
* *EI* ² ‘Awadh’ (C. Collin Davies), ‘Burhān al-Mulk’ (A. S. Bazmee Ansari), ‘Kānpur’ (C. E. Bosworth), ‘Lakhnaw’ (Abdus Subhan).
* G. P. Taylor, ‘The coins of the Kings of Awadh’, *JASB*, new series, 8 (1912), Numismatic Suppl., 249-74.
* R. C. Majumdar (ed.), *The History and Culture of the Indian People. VIII. The Maratha Supremacy*, ch. 5 (b).
* idem (ed.), *IX. British Paramountcy and Indian Renaissance*, Part I, ch. 4 C.
* R. D. Barnett, *North India between Empires. Awadh, the Mughals and the British 1720-1801*, Berkeley CA 1980.

178.

海德拉巴德的尼札姆朝（The Niẓāms of Hyderabad〔Ḥaydarābād〕）

- 伊曆 1137 ～ 1367 年
- 西曆 1724 ～ 1948 年
- 南印度（South India）

年份	統治者名稱／重要事件
1132 / 1720	●嘎瑪爾丁・尼札姆・穆勒克，欽・基利吉汗 ●Chin Qïlïch Khān, Qamar al-Dīn Niẓām al-Mulk ●德干地區的蒙兀兒朝總督，於 1137 / 1724 年以阿剎夫・賈赫（Āṣaf Jāh）的頭銜獨立。
1161 / 1748	●納席爾・將・賓・尼札姆・穆勒克 ●Nāṣir Jang b. Niẓām al-Mulk
1164 / 1751	●穆查法爾・將 ●Muẓaffar Jang ●尼札姆・穆勒克之女婿。
1165 / 1752	●薩拉巴特・將・賓・尼札姆・穆勒克 ●Ṣalābat Jang b. Niẓām al-Mulk
1175 / 1762	●尼札姆・阿里汗・賓・尼札姆・穆勒克 ●Niẓām ʻAlī Khān b. Niẓām al-Mulk
◇1218 / 1803	●希坎達爾・賈赫・賓・尼札姆・阿里 ●Sikandar Jāh b. Niẓām ʻAlī
◇1244 / 1829	●納席爾─道拉，法爾汗達・阿里汗・賓・希坎達爾 ●Farkhanda ʻAlī Khān b. Sikandar, Nāṣir al-Dawla

◇1273 / 1857	●阿夫達勒—道拉，米爾・瑪赫布卜・阿里一世・賓・法爾汗達・阿里 ● Mīr Maḥbūb ʻAlī I b. Farkhanda ʻAlī, Afḍal al-Dawla
◇1285 / 1869	●米爾・瑪赫布卜・阿里二世・賓・瑪赫布卜・阿里一世 ● Mīr Maḥbūb ʻAlī II b. Maḥbūb ʻAlī I ●由納瓦布・薩拉爾・將（Nawwāb Sālār Jang）攝政，直到1301 / 1884年為止。
◇1329 – 1367 / 1911 – 1948	●米爾・歐斯曼・阿里汗・巴哈杜爾・法特赫・將・賓・米爾・瑪赫布卜・阿里二世 ● Mīr ʻUthmān ʻAlī Khān Bahādur Fatḥ Jang b. Mīr Maḥbūb ʻAlī II
1367 / 1948	●**被印度併吞。**

到了十七世紀末，蒙兀兒人已經將所有南印度蘇丹政權（見編號164～168）的領土納入帝國版圖。所有穆斯林統治的德干地區（除了馬拉塔人的領地之外）如今成為單一且廣闊的省份——德干省，統治者的頭銜是「ṣūbadār」（統領）。

奧朗吉布於1118 / 1707年去世後，蒙兀兒朝政局陷入混亂與衰微中，欽・基利吉汗（Chin Qïlïch Khān）於1132 / 1720年成為德干地區的統領，並迅速在前古特卜朝首都海德拉巴德取得獨立權。蒙兀兒君主穆罕默德・夏赫更進一步賜予他阿剎夫・賈赫（Āṣaf Jāh）的封號，自此成為欽・基利吉汗支系的頭銜，這個支系也以他的尊名尼查姆・穆勒克（Niẓām al-Mulk）命名為尼查姆支系。直到十九世紀初，海德拉巴德的四周皆被英國領土圍繞，也與英國結盟，儘管尼札姆朝持續將蒙兀兒帝國魁儡君主的名字鑄刻在錢幣上，直到蒙兀兒帝國滅亡為止。蒙兀兒帝國一直到最後一位君主於1274 / 1858年滅亡前，其宗主權雖然有名無實，仍受到認可（見編號175），而英國政府的主權則是到西元1926年才被明確承認。西元1947年印巴分治，尼札姆政府雖選擇加入巴基斯坦，但卻於1948年時，被迫併入印度聯邦，尼札姆朝於是結束。

● 參考資料

* Zambaur, 303.
* *EI* 2 'Ḥaydarābād. b. Ḥaydarābād State' (J. Burton-Page).
* R. C. Majumdar (ed.), *The History and Culture of the Indian People. VIII. The Maratha Supremacy*, ch. 12.

179.

邁蘇爾的穆斯林政權（The Muslim Rulers in Mysore〔Mahisur, Maysūr〕）

- 伊曆 1173 ～ 1213 年
- 西曆 1760 ～ 1799 年
- 南印度

年份	統治者名稱／重要事件
◇1173 / 1760	●海達爾・阿里汗・巴哈杜爾・賓・法特赫・穆罕默德 ●Ḥaydar ʻAlī Khān Bahādur b. Fatḥ Muḥammad ●邁蘇爾地區的實質統治者。
◇1197 – 1213 / 1782 – 1799	●提普・蘇勒壇・賓・海達爾・阿里 ●Tīpū Sulṭān b. Ḥaydar ʻAlī ●1210 / 1796 年後邁蘇爾地區的獨一統治者。
1213 / 1799	**●印度拉賈（Hindu Rājā）支系復辟。**

邁蘇爾位於德干的極南方，原先位於印度教的毗奢耶那伽羅國（南印度穆斯林蘇丹政權長久以來的敵對勢力）境內，直到穆斯林勢力於 972 / 1565 年在塔利科塔（Tālīkota）戰勝毗奢耶那伽羅國，而成為穆斯林的領土。毗奢耶那伽羅朝的國王（Rājā）後裔，在邁蘇爾地區建立了拉瑪・拉賈朝（Rāma Rājā dynasty），試圖對抗阿迪勒朝（見編號 170）的勢力，並與蒙兀兒帝國的奧朗吉布簽訂臨時協議。到了十八世

紀中，拉瑪・拉賈朝的穆斯林將軍海達爾・阿里（Ḥaydar ‘Alī）宣稱自己是阿拉伯聖裔，成功驅逐了馬拉塔人並握有實權，使國王成為有名無實的君主，因而聞名。海達爾因為敵視英國政府和海德拉巴德的尼札姆朝，而向法國勢力靠攏；繼承其王位的兒子提普（Tīpū）也延續了海達爾的親法政策，最後罷黜了國王，在首都瑟林加帕塔姆（Seringapatam）接受法國授予的公使地位，被稱為「提普公民」（Citizen Tipu），成為法國共和國的一員。英國與海德拉巴德的勢力於1213／1799年打敗提普，而他也在瑟林加帕塔姆的戰役中身亡。提普在世時，曾狂熱地強迫他多數的印度教徒臣民信奉伊斯蘭，手段包括強制改信和執行男性割禮。他在巴基斯坦的現代聖人傳記（hagiography）中，被推崇為「烈士蘇丹」。在他逝世後，印度教的國王便在英國政府的庇護下，於邁蘇爾復辟。

●參考資料

* *EI* ² ‘Tīpū Sulṭān’ (T. W. Haig), *EI* ² ‘Ḥaydar ‘Alī Khān Bahādur’ (Mohibbul Hasan), ‘Mahisur, Maysūr. l. Geography and history’ (C. E. Bosworth).
* R. C. Majumdar (ed.), *The History and Culture of the Indian People. VIII. The Maratha Supremacy*, chs 12-13.

180.

阿布達利朝與阿富汗王國（The Abdālī or Durrānī Rulers and Kings of Afghanistan）

- 伊曆 1160 ～ 1393 年
- 西曆 1747 ～ 1973 年

一、薩多查伊支系（Sadōzays or Popalzays）

年份	統治者名稱／重要事件
◇1160 / 1747	●阿赫瑪德汗・阿布達利・賓・穆罕默德・札曼汗 ●Aḥmad Khān Abdālī b. Muḥammad Zamān Khān ●統治中心為坎達哈爾與喀布爾。
◇1184 / 1773	●鐵木爾・夏赫・賓・阿赫瑪德 ●Tīmūr Shāh b. Aḥmad ●中心位於赫拉特城，1189 / 1775 年後轉往喀布爾。
◇1207 / 1793	●札曼・夏赫・賓・鐵木爾 ●Zamān Shāh b. Tīmūr ●統治中心為喀布爾和坎達哈爾，1211 / 1797 年後轉往赫拉特城。
◇1215 / 1800	●瑪赫穆德・夏赫・賓・鐵木爾 ●Maḥmūd Shāh b. Tīmūr ●統治中心為喀布爾和坎達哈爾，首次統治。
◇1218 / 1803	●蓋剎爾・賓・札曼・夏赫 ●Qayṣar b. Zamān Shāh ●統治中心為喀布爾和坎達哈爾。
◇1218 / 1803	●休賈俄・穆勒克，休賈俄・賓・鐵木爾 ●Shāh Shujā‘ b. Tīmūr, Shujā‘ al-Mulk

	●統治中心為喀布爾和坎達哈爾，首次統治，於1233 / 1818年後擔任印度英國政府官員。
◇1222－1223 / 1807－1808	●蓋剎爾 ●Qayṣar ●統治中心為喀什米爾。
◇1224 / 1809	●瑪赫穆德・夏赫 ●Maḥmūd Shāh ●統治中心為喀布爾和坎達哈爾，直到1245 / 1829年，則位於赫拉特，第二次統治。
◇1233－1241 / 1818－1826	●內戰時期，與巴拉克查伊支系（Bārakzay）的將領（*sardār*）以及一系列喀布爾的魁儡統治者共掌政權：阿里・夏赫・賓・鐵木爾（'Alī Shāh b. Tīmūr）、哈比卜拉・賓・阿濟姆汗，艾尤布・夏赫・賓・鐵木爾（Ayyūb Shāh b. Tīmūr, Ḥabīb Allāh b. 'Aẓīm Khān）等統治者。
◇1233－1258 / 1818－1842	●卡姆蘭・賓・瑪赫穆德・夏赫 ●Kāmrān b. Maḥmūd Shāh ●統治中心為赫拉特。
◇1241 / 1826	●杜斯特・穆罕默德・賓・帕因達汗・巴拉克查伊 ●Dūst Muḥammad b. Pāyinda Khān Bārakzay ●統治中心為喀布爾，1250 / 1834年後以「統領」（Amīr）頭銜統治，首次統治。
◇1255 / 1839	●休賈俄 ●Shāh Shujā' ●第二次統治，獲英國軍事支持。
◇1258 / 1842	●法特赫・將・賓・休賈俄 ●Fatḥ Jang b. Shāh Shujā' ●統治中心為喀布爾。

二、巴拉克查伊支系（Bārakzay or Muḥammadzays）

年份	統治者名稱／重要事件
◇1259 / 1843	●杜斯特・穆罕默德 ● Dūst Muḥammad ●統治中心為喀布爾，1272 / 1855 年轉往坎達哈爾，1279 / 1863 年轉往赫拉特。
◇1279 / 1863	●胥爾・阿里・賓・杜斯特・穆罕默德 ● Shīr 'Alī b. Dūst Muḥammad ●統治中心為喀布爾，首次統治。
◇1283 / 1866	●穆罕默德・阿夫達勒・賓・杜斯特・穆罕默德 ● Muḥammad Afḍal b. Dūst Muḥammad ●統治中心為喀布爾。
◇1284 / 1867	●穆罕默德・阿俄札姆・賓・杜斯特・穆罕默德 ● Muḥammad A'ẓam b. Dūst Muḥammad ●統治中心為喀布爾。
◇1285 / 1868	●胥爾・阿里 ● Shīr 'Alī ●中心位於喀布爾，第二次統治，逝於 1296 / 1879 年。
◇1295 – 1296 / 1878 – 1879	●穆罕默德・雅俄固卜汗・賓・胥爾・阿里 ● Muḥammad Ya'qūb Khān b. Shīr 'Alī ●擔任其父親之攝政，隨後擔任喀布爾地區統領，直到去世為止。
1296 – 1297 / 1879 – 1880	●**英國佔領阿富汗東部。**
◇1297 / 1880	●阿布杜—拉赫曼・賓・穆罕默德・阿夫達勒 ● 'Abd al-Raḥmān b. Muḥammad Afḍal
◇1319 / 1901	●哈畢卜拉・賓・阿布杜—拉赫曼 ● Ḥabīb Allāh b. 'Abd al-Raḥmān

1337 / 1919	● 納斯剌拉・賓・阿布杜―拉赫曼 ● Naṣr Allāh b. ʻAbd al-Raḥmān ● 逝於 1339 / 1921 年。
◇1337 / 1919	● 阿曼阿拉・賓・哈畢卜拉 ● Amān Allāh b. Ḥabīb Allāh ● 逝於 1379 / 1960 年。
◇1347 / 1929	**● 巴齊查・薩嘎（烏）** **● Bachcha-yi Saqqa(w)** **● 以哈畢卜拉二世（Ḥabīb Allāh II）之名統治，於 1348 / 1929 遭殺害。**
◇1348 / 1929	● 穆罕默德・納迪爾・賓・穆罕默德・優素夫・賓・雅赫亞 ● Muḥammad Nādir b. Muḥammad Yūsuf b. Yaḥyā
◇1352 – 1393 / 1933 – 1973	● 穆罕默德・札希爾・賓・納迪爾 ● Muḥammad Ẓāhir b. Nādir
1393 / 1973	**● 共和政權建立。**

薩法維朝持續衰微的數年間，吉勒查伊阿富汗人在波斯政治中，扮演著領導地位，並於西元1730年代主導且佔領了大部分的波斯地區（見編號148）。儘管納迪爾・夏赫結束了阿富汗人的統治，他仍然徵召大批阿富汗人加入他的軍隊。納迪爾・夏赫的主要將領之一為阿布達利阿富汗部族薩多查伊支系（Sadōzays）的阿赫瑪德汗（Aḥmad Khān）；阿布達利部族原先來自於赫拉特地區，而後納迪爾允許他們定居在坎達哈爾。納迪爾於1160 / 1747年遭暗殺後，阿富汗軍隊宣布阿

赫瑪德為君主（Shāh），阿赫瑪德則自封為「珍珠中的珍珠」（Durr-i Durrān），爾後「杜拉尼」（Durrānī）普遍成為阿布達利朝統治者的名字，也成為阿赫瑪德之後的朝代名。大約從此時開始，在阿赫瑪德建立帝國及征服各地的野心刺激之下，「阿富汗」（Afghanistan）國家的名字與概念成形，並首度出現在文獻與歷史記載中。

阿赫瑪德自認為是納迪爾所征服之東部地區的繼承者，數次入侵印度，與蒙兀兒帝國、馬拉塔人和錫克教徒發生衝突，並於1170 / 1757年入侵德里和阿格拉等地。阿赫瑪德在印度西北部建立了一個偉大帝國，領土包括信地、巴魯其斯坦、大部分的旁遮普和喀什米爾等地。阿赫瑪德於1174 / 1761年第三次的帕尼帕特戰爭中勝利，遏止了馬拉塔人的野心，而更重要的是，他間接讓英國政府能夠以孟加拉為據點、鞏固在印度的勢力。阿赫瑪德在呼羅珊地區建立了攝政政府，權勢高過統治當地的納迪爾後裔、盲眼的夏赫・魯赫（Shāh Rukh，見編號149），儘管在阿赫瑪德之孫札曼・夏赫（Zamān Shāh）的統治下，阿富汗人沒有能力阻止嘎賈爾朝（Qājār）併吞呼羅珊地區並罷黜夏赫・魯赫。十八世紀末年與十九世紀前半葉，不啻為阿布達利朝的災難時期。阿布達利朝因為內部紛爭而分裂，成員以三個主要城市（喀布爾、坎達哈爾和赫拉特）為據點互相爭權，而馬拉塔人和錫克教徒因此得以將阿富汗人驅逐出大部分他們所擁有的印度領土。

同時，阿布達利朝另一個值得注意的支系蓄勢待發，那就是巴拉克查伊支系（Bārakzays，或稱Muḥammadzays）。1233 / 1818年，杜斯特・穆罕默德（Dūst Muḥammad）掌控了喀布爾，並擁立薩多查伊支系的魁儡統治者，他自己則在約十六年後採用了「喀布爾統領」（Amīr of Kabul）為頭銜。隨著印度領土的喪失，阿富汗王國如今領地已大幅縮減，而且大致上都是山區和高原，因此外來勢力若想長期佔領阿富汗十分困難，英國遠征隊在十九世紀時也注意到這一點。因此，阿富汗直到二十世紀都完好如初，成功抵抗波斯征服赫拉特的野心、來自北方俄羅斯帝國的壓力，以及與英軍的兩次戰役。杜斯特・穆罕默德抗拒了入侵印度的誘惑，並於印度士兵叛變時置身事外。第二次的阿富汗—英國戰爭（Afghan-British War）之後，阿布杜—拉赫曼汗（'Abd al-Raḥmān Khān）謹慎地與英國的強大勢力建立關係，這是正確的政策，但魯莽的阿曼阿拉（Amān Allāh）於 1337 / 1919 年時打破了這個政策，激發了第三次的阿富汗—英國戰爭。阿曼阿拉後來針對長久以來、保守傳統主義的伊斯蘭社會，嘗試實施過度草率的現代化政策，導致他退位。另一支系繼承了王位，並一直保有權勢，直到 1393 / 1973 年，最後一位國王的堂親穆罕默德・達伍德・賓・穆罕默德・阿濟茲・賓・穆罕默德・優素夫（Muḥammad Dāwūd b. Muḥammad 'Azīz b. Muḥammad Yūsuf）的共和政權取代了君主政體，這也是共產主義政權接管阿富汗的前奏，阿富汗因而陷入血腥戰爭時期。直至今日，戰火仍在此地持續不休。

● 參考資料

* Lane-Poole, 330-5; Zambaur, 304-5.
* *EI* ² 'Afghānistān. V. History' (M. Longworth Dames).
* M. Longworth Dames, 'The Coins of the Durrānīs', *NC*, 3rd series, 8 (1888), 325-63.
* L. White King, 'History and coinage of the Bārakzai dynasty of Afghānistān', *NC*, 3rd series, 16 (1896), 276-344.
* W. K. Fraser-Tytler, *Afghanistan. A Study of Political Developments in Central and Southern Asia*, 3rd edn, London 1967，第 346 頁附有巴拉克查伊支系的世系表。
* Louis Dupree, *Afghanistan*, Princeton 1973, Parts III-IV.
* Vartan Gregorian, *The Emergence of Modern Afghanistan. Politics of Reform and Modernization, 1880-1946*, Stanford CA 1969.

第十七章

東南亞與印尼

South-East Asia and Indonesia

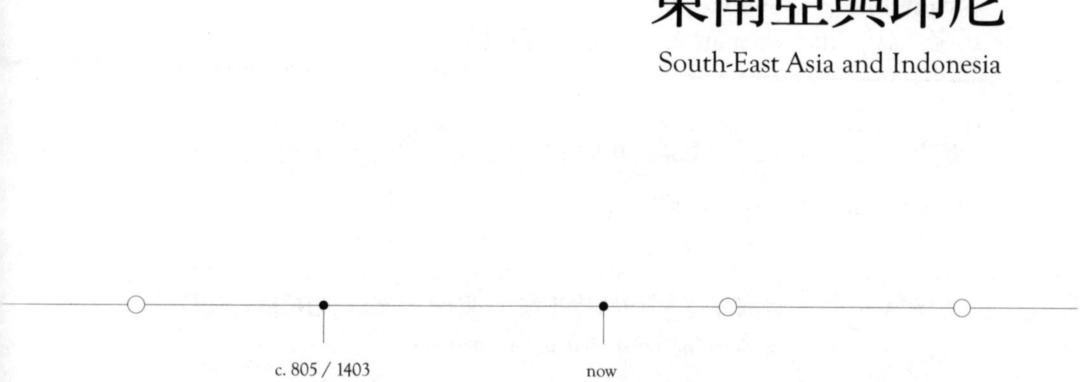

181.

麻六甲政權（The Rulers of Malacca〔Melaka〕）

- 約伊曆 805 ~ 1111 年
- 約西曆 1403 ~ 1699 年
- 馬來半島（Malay peninsula）西南沿海地區

年份	統治者名稱／重要事件
約 805 / 1403	●帕拉梅斯瓦拉 ●Parameśvara
817 / 1414	●梅加特・伊斯坎達爾・夏赫・賓・帕拉梅斯瓦拉 ●Megat Iskandar Shāh b. Parameśvara
827 / 1424	●斯里・瑪哈拉賈・蘇勒壇・穆罕默德・夏赫 ●Śri Maharājā Sultan Muḥammad Shāh ●梅加特・伊斯坎達爾之子。
? 849 / 1445	●斯里・帕拉梅斯瓦拉・德瓦・夏赫，拉賈・易卜拉欣 ●Rājā Ibrāhīm, Śri Parameśvara Deva Shāh ●穆罕默德・夏赫之子。
◇850 / 1446	●穆查法爾・夏赫，拉賈・嘎希姆 ●Rājā Qāsim, Sultan Muẓaffar Shāh ●穆罕默德・夏赫之子。
863 / 1459	●曼蘇爾・夏赫，拉賈・阿布達拉 ●Rājā 'Abdallāh, Sultan Manṣūr Shāh ●穆查法爾・夏赫之子。
882 / 1477	●曼蘇爾・夏赫，阿拉俄丁・里阿亞特 ●Sultan 'Alā' al-Dīn Ri'āyat, Manṣūr Shāh

◇893－934 / 1488－1528	●瑪赫穆德・夏赫・賓・里阿亞特・夏赫 ● Sultan Maḥmūd Shāh b. Ri'āyat Shāh ●首次統治。
◇916 / 1510	●阿赫瑪德・夏赫・賓・瑪赫穆德・夏赫 ● Sultan Aḥmad Shāh b. Maḥmūd Shāh
916－934 / 1510－1528	●瑪赫穆德・夏赫 ● Sultan Maḥmūd Shāh ●第二次統治。
917 / 1511	●**葡萄牙人征服麻六甲**。里奧—林嘎群島（Riau-Lingga archipelago，廖內群島）和馬來半島仍屬於麻六甲政權。
934 / 1528	●阿拉俄丁・賓・瑪赫穆德・夏赫 ● Sultan 'Alā' al-Dīn b. Maḥmūd Shāh ●統治中心為柔佛地區（Johor）。
934 / 1528	●穆查法爾・夏赫・賓・瑪赫穆德・夏赫 ● Sultan Muẓaffar Shāh b. Maḥmūd Shāh ●統治中心為霹靂州（Perak）。

麻六甲政權的起源並不清楚；其朝代很可能在十五世紀前便已經存在，然而多數意見認為，帕拉梅斯瓦拉（Parameśvara，這個名字的字面意義為「親王兼配偶」，因為他是爪哇島〔Java〕滿者伯夷〔Majapahit〕印度教政權王后的丈夫）在十五世紀初創建了麻六甲朝。此後，麻六甲快速成為重要的貿易中心，同時也是海盜據點，統治者針對通過麻六甲海峽的船隻徵收過境稅。帕拉梅斯瓦拉似乎除了印度教的妻子之外，也和蘇門達臘島（Sumatra）北部帕塞政權（Pasè，又作

Pasai）的蘇丹之女聯姻，這個政權自十四世紀起便改信伊斯蘭，而帕拉梅斯瓦拉也因此成為穆斯林。帕拉梅斯瓦拉之後幾位繼承者的名字及其在位期間，部分是取自文字資料，其他部分則來自於他們的墓碑，但都只是約略的年份。到了十五世紀中期，統治者皆延續積極的擴張政策，阻擋暹羅人（Siamese）的攻擊，在馬來半島與通往蘇門達臘的海峽極盡所能地拓展勢力，並與中國明朝建立良好的外交關係。此時的麻六甲不僅已經成為東南亞主要的貿易據點，更是伊斯蘭信仰在該地區主要的傳播中心。因此，馬來半島的地方統治者便成為麻六甲的附庸，並改信伊斯蘭，而婆羅洲（Borneo）北部的汶萊（Brunei，見編號186）則因為與麻六甲的貿易關係而接受伊斯蘭信仰，爪哇島北部沿海地區的幾個港口也是如此。

阿爾布革爾革的阿馮索（Afonso de Albuquerque）統治下的葡萄牙軍入侵，導致帕拉梅斯瓦拉支系終結，麻六甲地區於是在917 / 1511年成為葡萄牙人的殖民地，並成為葡萄牙在東亞的貿易中心。而一支地方的馬來（Malayan）朝代後裔，則在馬來半島南方的一些島嶼延續政權，那就是里奧—林嘎朝（Riau-Lingga，該朝最後一位蘇丹統治至西元1911年，後被納入今日的印尼國土），這些後裔直至現今仍在馬來半島內陸存續，融入柔佛（Johor）、巴杭（Pahang）、丁加奴（Trengganu）等地的蘇丹政權。

●參考資料

* *EI* ² 'Malacca' (Barbara Watson Andaya).
* D. G. E. Hall, *A History of South-East Asia*, 4th edn, London 1981, 221ff., 366ff.，第973頁附有世系表。
* Saran Singh, *The Encyclopaedia of the Coins of Malaysia, Singapore and Brunei 1400-1986*, Kuala Lumpur 1986.

182.

亞齊蘇丹政權（The Sultans of Acheh〔Atjèh, Aceh〕）

- 約伊曆 901 ～ 1321 年
- 約西曆 1496 ～ 1903 年
- 蘇門答臘島北部地區

年份	統治者名稱／重要事件
約 854 / 約 1450	●伊納亞特・夏赫 ●‘Ināyat Shāh
?	●穆查法爾・夏赫 ●Muẓaffar Shāh ●逝於 902 / 1497 年
?	●夏姆斯丁・夏赫 ●Shams al-Dīn Shāh
約 901 / 約 1496	●阿里・穆嘎亞特・夏赫 ●‘Alī Mughāyat Shāh
◇約 936 / 約 1530	●剎拉赫丁・賓・阿里 ●Ṣalāḥ al-Dīn b. ‘Alī
◇約 944 / 約 1537	●阿拉俄丁・嘎哈爾，里阿亞特・夏赫・賓・阿里 ●Ri‘āyat Shāh b. ‘Alī, ‘Alā’ al-Dīn al-Qahhār
◇979 / 1571	●阿里（胡笙）・里阿亞特・夏赫 ●‘Alī or Ḥusayn Ri‘āyat Shāh
987 / 1579	●穆達 ●Sultan Muda
987 / 1579	●斯里・阿拉姆 ●Sultan Śri ‘Ālam

987 / 1579	●宰因・阿比丁 ●Zayn al-'Ābidīn
◇987 / 1579	●阿拉俄丁，曼蘇爾・夏赫 ●Manṣūr Shāh, 'Alā' al-Dīn ●最初於霹靂州登基，阿拉俄丁・里阿亞特・夏赫之女婿。
◇約 994 / 約 1586	●阿里・里阿亞特・夏赫（拉賈・布云） ●'Alī Ri'āyat Shāh or Rājā Buyung
◇約 996 / 約 1588	●阿拉俄丁，里阿亞特・夏赫 ●Ri'āyat Shāh, 'Alā' al-Dīn
1013 / 1604	●阿里・里阿亞特・夏赫（穆達） ●'Alī Ri'āyat Shāh or Sultan Muda
◇1016 / 1607	●伊斯坎達爾・穆達 ●Iskandar Muda ●去世後世人為他冠上「世界之王」（Makota 'Ālam）的封號。
◇1046 / 1636	●伊斯坎達爾二世・阿拉俄丁，穆嘎亞特・夏赫 ●Mughāyat Shāh, Iskandar Thānī 'Alā' al-Dīn
◇1051 / 1641	●塔吉・阿拉姆，剎菲雅特丁・夏赫・賓特・伊斯坎達爾・穆達 ●Ṣafiyyat al-Dīn Shāh bt. Iskadar Muda, Tāj al-'Ālam ●伊斯坎達爾二世的王后、寡妻。
1086 / 1675	●努爾・阿拉姆，娜基雅特丁・夏赫 ●Naqiyyat al-Dīn Shāh, Nūr al-'Ālam ●女王。
◇1089 / 1678	●伊娜雅特，扎基雅特丁・夏赫 ●Zakiyyat al-Dīn Shāh, 'Ināyat ●女王。

◇1099 / 1688	●齊娜特丁・卡瑪拉特・夏赫 ● Zīnat al-Dīn Kamālat Shāh ●女王。
1111 / 1699	●夏利夫・哈胥姆・賈瑪勒丁・巴德爾・阿拉姆 ● Sharīf Hāshim Jamāl al-Dīn Badr al-'Ālam
◇1114 / 1702	●佩爾卡薩・阿拉姆・夏利夫・拉姆圖伊・賓・夏利夫・易卜拉欣 ● Perkasa 'Ālam Sharīf Lamtuy b. Sharīf Ibrāhīm
1115 / 1703	●賈瑪勒・阿拉姆，巴德爾・穆尼爾 ● Badr al-Munīr, Jamāl al-'Ālam
1138 / 1726	●焦哈爾・阿拉姆，阿敏丁・夏赫 ● Amīn al-Dīn Shāh, Jawhar al-'Ālam
1138 / 1726	●夏姆斯・阿拉姆（萬迪・特賓） ● Shams al-'Ālam or Wandi Tĕbing
1139 / 1727	●阿拉俄丁，阿赫瑪德・夏赫（瑪哈拉賈・勒拉・梅拉育） ● Aḥmad Shāh or Maharājā Lela Mĕlayu, 'Alā' al-Dīn
◇1148 / 1735	●阿拉俄丁，賈漢・夏赫（波特朱特・奧克） ● Jahān Shāh or Pòtjut Auk, 'Alā' al-Dīn
1173 − 1195 / 1760 − 1781	●瑪赫穆德・夏赫（段古・拉賈） ● Maḥmūd Shāh or Tuanku Raja
1177 − 1178 / 1764 − 1765	●巴德爾丁 ● Badr al-Dīn
1187 / 1773	●蘇萊曼・夏赫（拉賈・烏達赫納・勒拉） ● Sulaymān Shāh or Raja Udahna Lela
1195 / 1781	●阿拉俄丁，穆罕默德・夏赫（段古・穆罕默德） ● Muḥammad Shāh or Tuanku Muḥammad, 'Alā' al-Dīn

1209 – 1239 / 1795 – 1824	●阿拉俄丁，焦哈爾・阿拉姆・夏赫 ● Jawhar al-ʻĀlam Shāh, ʻAlā' al-Dīn
1230 – 1235 / 1815 – 1820	●夏利夫・賽伊夫・阿拉姆 ● Sharīf Sayf al-ʻĀlam
1239 / 1824	●穆罕默德・夏赫・賓・焦哈爾・阿拉姆・夏赫 ● Muḥammad Shāh b. Jawhar al-ʻĀlam Shāh
◇1252 / 1836	●曼蘇爾・夏赫 ● Manṣūr Shāh
1287 / 1870	●瑪赫穆德・夏赫 ● Maḥmūd Shāh
1291 / 1874	●**荷蘭人佔領首都庫塔拉賈（Kutaraja）。**
1291 – 1321 / 1874 – 1903	●阿拉俄丁，穆罕默德・達伍德・夏赫 ● Muḥammad Dāwūd Shāh, ʻAlā' al-Dīn
1321 / 1903	●**荷蘭人佔領亞齊（Acheh）。**

亞齊位於蘇門達臘島最北部，後成為強盛的穆斯林蘇丹政權中心，時常掌控蘇門達臘島大部分沿岸至南部地區。可以確定的是，由印度西部所傳進的伊斯蘭始於十三世紀。馬可波羅（Marco Polo）造訪此地時，沿著麻六甲海峽，於蘇門達臘島東北沿海地區發現了一個穆斯林城鎮──非爾列克（Ferlec，又作 Pĕrlak）；四十餘年後，摩洛哥裔旅行家伊本─巴杜達（Ibn Baṭṭūṭa）則在當地伊斯蘭港口上岸；而大約自西元1300年開始，許多穆斯林統治者的名號開始為人所知，因為有些君主鑄造的錢幣存續至今。

亞齊的蘇丹政權於十六世紀初建立，並且迅速掌握與古嘉拉特和中國的貿易。在領土擴張階段，該政權與麻六甲地區的葡萄牙人，以及柔佛與非爾列克等馬來國家發生衝突，亞齊蘇丹徵求並獲得來自歐斯曼帝國（Ottoman）統治者的協助。葡萄牙、亞齊與柔佛三國之間的角力關係因此展開，而荷蘭與英國則在十七世紀後加入戰場，使局勢變得更為複雜。直到那時為止，亞齊蘇丹皆持續將大量非爾列克出產的錫礦出口至荷蘭；然而，十七世紀下半葉，亞齊因為部族首領將虛位女性統治者權力架空，而勢力逐漸衰微。即使勢力不若以往，亞齊已然成為印尼群島伊斯蘭的宗教與文化中心，著名學者如哈姆查・梵蘇里（Ḥamza Fanṣūrī，活躍於十六世紀後半葉），則於當地提倡印度蘇非密契主義（Ṣūfī）。

十九世紀時，亞齊蘇丹政權與掌控蘇門達臘南部和中部的荷蘭政府之間關係緊張，主要是起因於環繞蘇門答臘北部水域的亞齊海盜以及奴隸貿易等活動，導致從西元1873至1903年為止，長時間且斥資龐大的游擊戰。亞齊蘇丹政權於戰爭末期瓦解，最後一位統治者流亡境外；不過，直至今日，亞齊統治氏族成員仍然生活在當代的印尼群島地區。

●參考資料

* Zambaur, 308.

* *EI* [2] 'Atjèh' (Th. W. Juynboll and P. Voorhoeve).

* Jan M. Pluvier, *A Handbook and Chart of South-East Asian History*, Kuala Lumpur 1967, 25-7（只包含近期的歷史）。

* T. Ibrahim Alfian, *Mata ugang emas kerajaan-kerajaan di Aceh*, Aceh Museum, Aceh 1977.

* D. G. E. Hall, *A History of South-East Asia*, 4th edn, 367-72, 618-22，第973～974頁附有世系表。

* M. C. Ricklefs, *A History of Modern Indonesia since c. 1300*, 2nd edn, London 1993, 32-6, 133-8.

183.

馬塔拉姆朝（The Rulers of Mataram）

- 約伊曆 983 ～ 1168 年
- 約西曆 1575 ～ 1755 年
- 中爪哇（Central Java）

年份	統治者名稱／重要事件
約 983 / 約 1575	●瑪斯・拿貝希・蘇塔維賈亞・瑟納帕提 ● Mas Ngabehi Sutavijaya Senapati ●奇亞伊・格德・帕瑪納罕（Kjai Gede Pamanahan）之子。
1009 / 1601	●瑪斯・柔朗，帕尼姆巴罕・塞達・克拉波亞克 ● Panembahan Seda Krapyak, Mas Jolang
1022 / 1613	●阿鞏，特亞克拉庫蘇瑪・拿布杜拉赫曼 ● Tjakrakusuma Ngabdurrahman, Sultan Agung ● 1034 / 1625 後，以蘇蘇胡南（Susuhunan）為頭銜統治。
1055 / 1645	●蘇南・特嘎勒汪吉，普拉布・阿曼格庫拉特一世 ● Prabu Amangkurat I, Sunan Tegalwangi
1088 / 1677	●阿曼格庫拉特二世 ● Amangkurat II
1115 / 1703	●蘇南・瑪斯，阿曼格庫拉特三世 ● Amangkurat III, Sunan Mas
1117 / 1705	●蘇南・普格爾，帕庫布瓦納一世 ● Pakubuwana I, Sunan Puger
1131 / 1719	●賈瓦，阿曼格庫拉特四世 ● Amangkurat IV, Jawa

1137 / 1725	●寇姆布勒，帕庫布瓦納二世 ● Pakubuwana II, Kombul
1162－1168 / 1749－1755	●斯瓦爾嘎，帕庫布瓦納三世 ● Pakubuwana III, Swarga
1168 / 1755	**●王國分裂為梭羅（Surakarta）以及日惹（Jogjakarta，又作 Yogyakarta）政權。**

馬塔拉姆朝乃承繼917 / 1511至957 / 1550年間、統治爪哇島中部至北部地區的德瑪克朝（Demak），以及932 / 1526至1228 / 1813年間統治爪哇島最西部的班塔姆朝（Bantam），也是在爪哇地區崛起的第三個穆斯林蘇丹政權。馬塔拉姆朝的中心在今天的梭羅市（Surakarta），由瑟納帕提（Senepati，這個名字的字面意義為「統領」，因為他們最初是巴將〔Pajang〕蘇丹國的將領）的父親所建立。有關瑟納帕提出身的種種傳說，皆試圖將他與較早期的王室氏族（如滿者伯夷）作連結，但這很可能並非屬實。瑟納帕提之孫阿鞏（Sultan Agung）上任後，成為印尼地區最偉大的幾位統治者之一，他佔領了敵對城市如泗水（Surabaya）等地，並擴張勢力遠達馬都拉（Madura）和婆羅洲；西元1625年，他採用頭銜「王室之足」（Susuhunan，意指置於附庸者頭頂上的宗主之足。荷蘭人將此封號翻譯為「皇帝」，但這並非恰當的翻譯，因為該頭銜帶有宗教意涵，與傳說中首度將伊斯蘭引入爪哇島的蘇非聖者〔walī〕有關）。

在巴達維亞（Batavia）的荷蘭人事實上已逐漸在爪哇島加強勢力，並反對統治者阿鞏積極的伊斯蘭政策，其中包括與阿拉伯半島

（Arabia）建立緊密關係，以及復興前爪哇王國滿者伯夷的文化。阿鞏的繼承者們勢力較為衰弱，最終與荷蘭人達成協議；該協議於西元1684年簽訂，使馬塔拉姆朝實際上成為荷蘭東印度公司（Dutch East India Company〔VOC〕）的附庸，當時東印度公司已經掌控了爪哇島西部，將島嶼切割為兩個部分。十八世紀初，荷蘭人捲入馬塔拉姆朝的內部衝突中，也就是所謂的第一次與第二次爪哇權位戰爭（Javanese Wars of Succession，第一次為1116 / 1704至1117 / 1705年間，第二次為1133 / 1721至1134 / 1722年間）。接下來的紛爭則導致了1168 / 1755年馬塔拉姆政權的分裂，而接續的兩個蘇丹政權分別建立於梭羅和日惹（Jogjakarta）（見編號184與185）。

● 參考資料

* *EI*[1] 'Java' (A. W. Nieuwenhuis), 'Surakarta' (C. C. Berg).

* D. G. E. Hall, *A History of South-East Asia*, 4th edn, 303-8, 337-8, 341-2, 346-54, 359-60，第972頁附有世系表。

* M. C. Ricklefs, *A History of Modern Indonesia since c. 1300*, 2nd edn, 39-48, 69-93.

184.

梭羅蘇丹政權（The Susuhunans of Surakarta）

- 伊曆 1168 ～ 1368 年
- 西曆 1755 ～ 1949 年
- 中爪哇

年份	統治者名稱／重要事件
1168 / 1755	●斯瓦爾嘎，帕庫布瓦納三世 ● Pakubuwana III, Swarga ●來自馬塔拉姆。
1202 / 1788	●巴古斯，帕庫布瓦納四世 ● Pakubuwana IV, Bagus
1235 / 1820	●蘇吉赫，帕庫布瓦納五世 ● Pakubuwana V, Sugih
1238 / 1823	●班袞・塔帕，帕庫布瓦納六世 ● Pakubuwana VI, Bangun Tapa
1245 / 1830	●普爾巴亞，帕庫布瓦納七世 ● Pakubuwana VII, Purbaya
1274 / 1858	●安嘎貝希，帕庫布瓦納八世 ● Pakubuwana VIII, Angabehi
1277 / 1861	●班袞・卡達通，帕庫布瓦納九世 ● Pakubuwana IX, Bangun Kadaton
1310 / 1893	●維洽克薩納，帕庫布瓦納十世 ● Pakubuwana X, Wicaksana
1358 / 1939	●帕庫布瓦納十一世 ● Pakubuwana XI

1363 – / 1944 –	● 帕庫布瓦納十二世 ● Pakubuwana XII
1368 / 1949	**● 印尼共和國（Republic of Indonesia）成立。**

在第三次爪哇權位戰爭期間（1162 / 1749 至 1170 / 1757 年），馬塔拉姆政權於 1168 / 1755 年分裂。帕庫布瓦納三世（Pakubuwana III）持續統治東半部領地，以梭羅為首都，他自己與繼承者，則以「王室之足」的頭銜統治，位階比「蘇丹」更高。馬塔拉姆政權下的滿古—納嘎拉國（Mangku-Negara）落入第三位爭權者瑪斯・薩義德（Mas Said）的手中，他在掌權後被稱為滿古納嘎拉（Mangkunegara），他是帕庫布瓦納二世（Pakubuwana II）及其兄弟滿古布米（Mangkubumi）的姪子，滿庫布米當時為日惹蘇丹。這些是當時東印度公司實質附庸國，日後也隸屬於荷蘭政府；然而，梭羅與日惹政權因為互相敵對，而必須要找出彼此和平共處的方式，也必須在爪哇地區通常只承認唯一統治者的政治傳統下，共同統治分裂的領土。當政權之間達成共識後，梭羅和日惹政權便各自掌政，直到十九世紀，於西元 1825 至 1830 年期間所爆發的爪哇戰爭。而到了二十世紀，日本於西元 1942 至 1945 年佔領爪哇，爪哇則於二戰後建立印尼共和國（Indonesian Republic）。長期統治的帕庫布瓦納十二世（Pakubuwana XII），後來持續在當代印尼的梭羅市維持其社會地位。

●參考資料

* *EI* [2] 'Surakarta' (O. Schumann).

* Jan M. Pluvier, *A Handbook and Chart of South-East Asian History*, 29, 31.

* D. G. E. Hall, *A History of South-East Asia*, 4th edn, 359-60, 502ff.，第 972 ～ 973 頁附有世系表。

* M. C. Ricklefs, *A History of Modern Indonesia since c. 1300*, 2nd edn, 94-103, 110-11.

185.

日惹蘇丹政權（The Sultans of Jogjakarta）

- 伊曆 1168 ～ 1368 年
- 西曆 1755 ～ 1949 年
- 爪哇中南部

年份	統治者名稱／重要事件
1168 / 1755	●斯瓦爾嘎，阿布達拉赫曼・滿古布瓦納（哈蒙古布瓦納一世） ● Abdurrahman Mangkubuwana or Hămengkubuwana I, Swarga
1206 / 1792	●瑟布，阿布達拉赫曼・滿古布瓦納（哈蒙古布瓦納二世） ● Abdurrahman Mangkubuwana or Hămengkubuwana II, Sepuh ●首次統治。
1225 / 1810	●拉賈，阿布達拉赫曼・滿古布瓦納（哈蒙古布瓦納三世） ● Abdurrahman Mangkubuwana or Hămengkubuwana III, Rājā ●首次統治。
1226 / 1811	●瑟布，阿布達拉赫曼・滿古布瓦納（哈蒙古布瓦納二世） ● Abdurrahman Mangkubuwana or Hămengkubuwana II, Sepuh ●第二次統治。
1227 / 1812	●拉賈，阿布達拉赫曼・滿古布瓦納（哈蒙古布瓦納三世） ● Abdurrahman Mangkubuwana or Hămengkubuwana III, Rājā ●第二次統治。

1229 / 1814	●瑟達・佩斯亞爾，阿布達拉赫曼・滿古布瓦納（哈蒙古布瓦納四世） ●Abdurrahman Mangkubuwana or Hămengkubuwana IV, Seda Pesiyar
1237 / 1822	●蒙諾勒，阿布達拉赫曼・滿古布瓦納（哈蒙古布瓦納五世） ●Abdurrahman Mangkubuwana or Hămengkubuwana V, Menol ●首次統治。
1241 / 1826	●瑟布，阿布達拉赫曼・滿古布瓦納（哈蒙古布瓦納二世） ●Abdurrahman Mangkubuwana or Hămengkubuwana II, Sepuh ●第三次統治。
1243 / 1828	●蒙諾勒，阿布達拉赫曼・滿古布瓦納（哈蒙古布瓦納五世） ●Abdurrahman Mangkubuwana or Hămengkubuwana V, Menol ●第二次統治。
1271 / 1855	●滿庫布米，阿布達拉赫曼・滿古布瓦納（哈蒙古布瓦納六世） ●Abdurrahman Mangkubuwana or Hămengkubuwana VI, Mangkubumi
1294 / 1877	●安嘎貝希，阿布達拉赫曼・滿古布瓦納（哈蒙古布瓦納七世） ●Abdurrahman Mangkubuwana or Hămengkubuwana VII, Angabehi
1339 / 1921	●阿布達拉赫曼・滿古布瓦納（哈蒙古布瓦納八世） ●Abdurrahman Mangkubuwana or Hămengkubuwana VIII
1358－1408 / 1939－1988	●阿布達拉赫曼・滿古布瓦納（哈蒙古布瓦納九世） ●Abdurrahman Mangkubuwana or Hămengkubuwana IX
1368 / 1949	**●印尼共和國成立。**

1408 – / 1988 –

●阿布達拉赫曼・滿古布瓦納（哈蒙古布瓦納十世）

●Abdurrahman Mangkubuwana or Hămengkubuwana X

1168 / 1755 年，日惹的蘇丹政權分裂自馬塔拉姆朝（見編號183、184）。日惹蘇丹政權與其姊妹國梭羅蘇丹政權的關係有時較為緊繃，兩國的統治者不時希望拉攏荷蘭人以建立關係，十九世紀時則是與英國結盟。西元1825至1830年間在日惹爆發的爪哇戰爭，由日惹蘇丹迪帕納嘎拉（Dipanagara）親王領導，他自封蘇丹，並以伊斯蘭保護者自居。如同梭羅蘇丹國，日惹的蘇丹政權一直存續至今，後來成為印尼共和國的一部分。在二戰之後，荷蘭試圖回復殖民統治，而蘇丹滿古布瓦納九世（Mangkubuwana IX）在對抗荷蘭人的過程中扮演了重要的角色，他也是印尼獨立後的第一批內閣成員；其子滿古布瓦納十世（Mangkubuwana X）繼承其父，至今仍在日惹維持其氏族的社會地位聲望。

●參考資料

* *EI* [1] 'Djokyakarta' (A. W. Nieuwenhuis).

* Jan M. Pluvier, *A Handbook and Chart of South-East Asian History*, 29, 31.

* D. G. E. Hall, *A History of South-East Asia*, 4th edn, 502ff，第 973 頁附有世系表。

* M. C. Ricklefs, *A History of Modern Indonesia since c. 1300*, 2nd edn, 95-104, 109-18.

186.

汶萊蘇丹政權（The Sultans of Brunei）

- 西曆七世紀以後（？）
- 婆羅洲（Borneo）北部

年份	統治者名稱／重要事件
十世紀初 / 十六世紀初	●穆罕默德 ●Muhammad ●屬於邊達哈拉氏族（Bendahara），於920 / 1514年成為穆斯林。
約 927 / 約 1521	●阿赫瑪德 ●Ahmad ●穆罕默德的兄弟。
約 932 / 約 1526	●貝爾卡特，夏利夫・阿里 ●Sharif Ali, Sultan Berkat ●阿赫瑪德的女婿。
?	●蘇萊曼・賓・夏利夫・阿里 ●Sulaiman b. Sharif Ali
?	●波勒奇阿・賓・蘇萊曼 ●Bolkiah b. Sulaiman
?	●阿布杜勒—卡哈爾・賓・波勒奇阿 ●Abdul Kahhar b. Bolkiah ●逝於986 / 1578年。
986 / 1578 在位	●賽伊夫勒—里賈勒・賓・阿布杜勒—卡哈爾 ●Saiful Rijal b. Abdul Kahhar ●約逝於998 / 1590年。

約 998 / 約 1590	● 布魯內・賓・賽伊夫勒・里賈勒 ● Shah Brunei b. Saiful Rijal
約 1008 / 約 1600	● 拉賈・嘎夫爾・賓・布魯內 ● Raja Ghafur b. Shah Brunei ● 由叔父穆罕默德・哈珊（Muhammad Hasan）攝政。
1009 / 1601	● 穆罕默德・哈珊・賓・賽伊夫勒・里賈勒 ● Muhammad Hasan b. Saiful Rijal
1026 / 1617	● 阿布杜勒—賈里魯勒・阿克巴爾・賓・穆罕默德・哈珊 ● Abdul Jalilul Akbar b. Muhammad Hasan ● 死後人稱瑪爾胡姆・圖哈（Marhum Tuha）。
約 1047 / 約 1637	● 阿布杜勒—賈里魯勒・賈巴爾・賓・阿布杜勒—賈里魯勒・阿克巴爾 ● Abdul Jalilul Jabbar b. Abdul Jalilul Akbar
約 1052 / 約 1642	● 哈吉・穆罕默德・阿里・賓・穆罕默德・哈珊 ● Haji Muhammad Ali b. Muhammad Hasan
約 1058 / 約 1648	● 阿布杜勒—哈克・穆賓 ● Abdul Hakk Mubin ● 賽伊夫勒・里賈勒之孫。
1065 / 1655	● 穆希丁 ● Muhyiddin ● 可能於 1058 / 1648 年首度自封蘇丹，約逝於 1081 / 1670 年。
◇ 1081 – 1091 / 1670 – 1680 期間	● 納斯魯丁・胡辛・卡瑪魯丁 ● Nasruddin Husin Kamaluddin
◇約 1091 / 約 1680	● 穆罕默德・阿里烏丁 ● Muhammad Aliuddin ● 胡辛・卡瑪魯丁的女婿。

1101 年至十二世紀中 / 1690 年至十八世紀中	● **叛亂與內戰時期，隨後邊達哈拉朝（Bendaharas）復辟：**
約 1163 / 約 1750	● 歐瑪爾・阿里・賽伊夫丁一世 ● Omar Ali Saifuddin I ● 逝於 1209 / 1795 年。
1194 / 1780	● 穆罕默德・塔朱丁・賓・歐瑪爾・阿里・賽伊夫丁一世 ● Muhammad Tajuddin b. Omar Ali Saifuddin I ● 首次統治。
1206 / 1792	● 穆罕默德・賈瑪魯勒・阿拉姆・賓・穆罕默德・塔朱丁 ● Muhammad Jamalul Alam b. Muhammad Tajuddin
1207 / 1793	● 穆罕默德・塔朱丁 ● Muhammad Tajuddin ● 第二次統治。
1221 / 1806	● 穆罕默德・坎祖勒・阿拉姆・賓・歐瑪爾・阿里・賽伊夫丁一世 ● Muhammad Kanzul Alam b. Omar Ali Saifuddin I
約 1237 / 約 1822	● 拉賈・阿比・賓・穆罕默德・坎祖勒・阿拉姆 ● Raja Api b. Muhammad Kanzul Alam
約 1237 / 約 1822	● 歐瑪爾・阿里・賽伊夫丁二世 ● Omar Ali Saifuddin II ● 拉賈・阿比的姪子。
◇ 1268 / 1852	● 阿布杜—穆敏 ● Abdul Mumin
◇ 1302 – 1324 / 1885 – 1906	● 哈賓姆・賓・歐瑪爾・阿里・賽伊夫丁二世 ● Hashim b. Omar Ali Saifuddin II

1324 / 1906	● **英國特派代表轄區建立。**
1324 / 1906	● 穆罕默德・賈瑪魯勒・阿拉姆・賓・歐瑪爾・阿里・賽伊夫丁二世 ● Muhammad Jamalul Alam b. Omar Ali Saifuddin II
1342 / 1924	● 阿赫瑪德・塔朱丁・賓・穆罕默德・賈瑪魯勒・阿拉姆 ● Ahmad Tajuddin b. Muhammad Jamalul Alam
1369 / 1950	● 阿赫瑪德・塔朱丁（Ahmad Tajuddin）之女
◇1369 / 1950	● 希爾・歐瑪爾・阿里・賽伊夫丁三世・賓・穆罕默德・賈瑪魯勒・阿拉姆 ● Sir Omar Ali Saifuddin III b. Muhammad Jamalul Alam
◇1387 － / 1967 －	● 希爾・哈薩納勒・波勒奇阿・賓・歐瑪爾・阿里・賽伊夫丁 ● Sir Hassanal Bolkiah b. Omar Ali Saifuddin

位於婆羅洲北部沿岸的汶萊乃歷史悠久的蘇丹國，存續至今。根據推斷，早在七世紀時，來自中南半島的移民很可能就已經建立了汶萊政權。中文文獻也有零星記載之後幾世紀的汶萊歷史，因為汶萊與中國的確有貿易關係。現今汶萊的官方說法，汶萊蘇丹國一直以來都是伊斯蘭國家，而其官方系譜與傳統則將早期穆斯林統治者回溯至十四或十五世紀初。事實上，儘管因為與馬來半島、蘇門答臘等地貿易關係，伊斯蘭確實從很久以前進入婆羅洲北部沿岸地區，仍有證據顯示，直到十六世紀早期，汶萊蘇丹國才由當地泛靈信仰改信伊斯蘭。上列統治者的年代表基本上是由羅伯特・尼寇勒（Robert Nicholl）所統整較為簡短的

系譜；而如上述，汶萊官方編年史則是傾向將其系譜往前回溯一百至一百五十年。但是，汶萊的編年史一直要到十八世紀才更為可信。

前幾位汶萊的穆斯林蘇丹，將汶萊建構為大帝國的中心，其範圍含括大部分的婆羅洲、切列比群島（Celebes，今日印尼蘇拉威西島〔Sulawesi〕的舊稱）、蘇祿群島（Sulu archipelago），以及菲律賓群島（Philippines）南部地區。西班牙與葡萄牙探險家在東南亞海域航行時，所遇見的第一個帝國就是汶萊；從麥哲倫（Magellan）開始的西班牙與葡萄亞航海探險家所留下的報導敘述，即是有關汶萊蘇丹國編年史的第一手資料，這些資料當可與有待查證的在地歷史作比對。汶萊蘇丹政權因內部紛爭不斷，以及受到來自歐洲各國的壓力而分裂，其統治權力萎縮至婆羅洲北部。西元1841年，該地區割讓給英國探險家詹姆斯・布魯克爵士（Sir James Brooke），他成為砂勞越（Sarawak）的統治者（Rajah）。西元1877年，汶萊所擁有的婆羅洲東北部地區，因貿易利益而租讓給英國北婆羅洲公司（British North Borneo Company），汶萊政權的領土於是縮減至今天的版圖。西元1888年，汶萊成為英國保護國，而自西元1906年起，英國常駐政府在汶萊建立。二十世紀時，大量的石油和天然氣資源使汶萊致富。西元1973年，汶萊決定退出馬來聯邦（Malaysian Federation）；汶萊蘇丹政權則在英國保護下，成為君主立憲國，而自西元1984年起，汶萊完全獨立成為汶萊伊斯蘭國（Negara Brunei Darussalam）。

汶萊蘇丹國的錢幣（與其他許多印尼的朝代相同）難以作為歷史證據，因為錢幣上往往並未標註製造日期，而統治者頭銜通常也僅以縮寫或粗略的形式呈現，同一個縮寫可能適用於多位統治者。

● 參考資料

* *EI* [2] Suppl. 'Brunei' (O. Schumann).
* D. E. Brown, *Brunei: The Structure and History of a Bornean Malay Sultanate*, Monograph of the Brunei Museum Journal, no. II / 2, Brunei 1970, 130-63.
* Saran Singh, 'The coinage of the Sultanate of Brunei, 1400-1980', *Brunei Museum Journal*, 4: 4 (1980), 38-103，第 45 頁附有世系表。
* idem, *The Encyclopaedia of the Coins of Malaysia, Singapore and Brunei 1400-1986.*
* Sylvia C. Engelen Krausse and Gerald H. Krausse, Brunei, World Bibliographical Series no. 93, Oxford 1988, Introd.，第 xlii ～ xliii 頁附有世系表。
* Robert Nicholl, 'Some problems of Brunei chronology', *Journal of Southeast Asian Studies*, 20 (Singapore 1989), 175-95.

朝代支系一覽表

第一章　哈里發時期 The Caliphs

1. 正統哈里發時期 The Rightly Guided or 'Patriarchal' or 'Orthodox' Caliphs (al-Khulafā' al-Rāshidūn)
2. 伍麥亞朝 The Umayyad Caliphs
   一、蘇夫揚支系 The Sufyānids
   二、瑪爾萬支系 The Marwānids
3. 阿巴斯朝 The 'Abbāsid Caliphs
   一、伊拉克和巴格達的哈里發 The caliphs in Iraq and Baghdad
   二、阿勒坡、哈蘭和敘利亞北部的哈里發 The caliph in Aleppo, Ḥarrān and northern Syria
   三、開羅的哈里發 The caliphs in Cairo

第二章　西班牙地區 Spain

4. 西班牙伍麥亞朝 The Spanish Umayyads
5. 西班牙統領侯國 The Mulūk al-Ṭawā'f or Reyes de Taifas in Spain
   一、馬拉加的哈穆德朝 The Ḥammūdids of Málaga
   二、休達的哈穆德朝 The Ḥammūdids of Ceuta
   三、塞維爾的阿巴德朝 The 'Abbādids of Seville
   四、卡爾莫納的比爾查勒氏族 The Banū Birzāl in Carmona
   五、阿爾柯斯的哈茲倫氏族 The Banū Khazrūn in Arcos
   六、格拉納達的吉爾朝 The Zīrids of Granada
   七、阿爾梅里亞的逑瑪迪赫氏族 The Banū Ṣumādiḥ of Almería
   八、德尼亞與馬猷卡的穆賈希德氏族 The Banū Mujāhid of Denia and Majorca
   九、十一世紀至十二世紀初的馬猷卡統治者 The rulers in Majorca during the eleventh and early twelfth centuries

十、哥多華的賈赫瓦爾朝 The Jahwarids of Cordova

十一、穆拉比特朝—穆哈德朝過渡期的哥多華統治者 The rulers in Cordova of the Almoravid-Almohad interregnum

十二、巴達霍斯的阿夫塔斯朝 The Afṭasids of Badajoz

十三、托雷多的朱努恩朝 The Dhu 'l-Nūnids of Toledo

十四、瓦倫西亞的阿密爾朝 The 'Āmīrds of Valencia

十五、穆拉比特朝—穆哈德朝過渡期的瓦倫西亞統治者 The rulers in Valencia of the Almoravid-Almohad interregnum

十六、薩拉戈薩的圖吉布朝 The Tujībīds of Saragossa

十七、在薩拉戈薩、輝斯卡、圖德拉、列伊達，以及後續的德尼亞、托爾托薩、嘎拉塔尤德的胡德朝 The Hūdids in Saragossa, Huesca, Tudela and Lérida, and, subsequently, Denia, Tortosa and Calatayud

十八、莫夕亞的統治者，包含塔希爾朝與胡德朝 The rulers of Murcia, including the Ṭāhirids and Hūdids

6. 嘎尼亞部族 The Banū Ghāniya

7. 納斯爾朝 The Naṣrids or Banu 'l-Aḥmar

第三章　北非 North Africa

8. 伊德里斯朝 The Idrīsids

9. 魯斯塔姆朝 The Rustamids

10. 米德拉爾朝 The Midrārids

11. 阿格拉布朝 The Aghlabids

12. 卡勒卜朝 The Kalbids

13. 吉爾朝與罕瑪德朝 The Zīrids and Ḥammādids

一、北非的法蒂瑪朝吉爾系總督 Zīrids governors of the Maghrib for the Fāṭimids

二、蓋拉萬的吉爾支系 Zīrids of Kairouan

三、嘎勒阿特—罕瑪德的罕瑪德氏族 Ḥammādids of Qal'at Banī Ḥammād

14. 穆拉比特朝 The Almoravids or al-Murābiṭūn
15. 穆哈德朝 The Almohads or al-Muwaḥḥidūn
16. 馬林朝 The Marīnids
17. 阿布杜—瓦德朝 The ‘Abd al-Wādids or Zayyānids or Ziyānids
18. 哈夫斯朝 The Ḥafṣids
19. 瓦塔斯朝 The Waṭṭāsids
20. 薩俄德朝 The Sa‘dids Sharīfs
21. 阿拉維朝 The ‘Alawid or Filāli Sharīfs
22. 胡笙統領政權 The Ḥusaynid Beys
23. 嘎拉曼里朝 The Qaramānlīs
24. 薩努希道團政權 The Sanūsī Chiefs and Rulers

第四章　埃及與敘利亞 Egypt and Syria

25. 圖倫朝 The Ṭūlūnids
26. 伊赫胥德朝 The Ikhshīdids
27. 法蒂瑪朝 The Fāṭimids
28. 米爾達斯朝 The Mirdāsids
29. 敘利亞尼查里伊斯瑪儀里派（暗殺派）The Chief dā‘īs of the Nizārī Ismā‘īlīs or Assassins in Syria
30. 艾尤布朝 The Ayyūbids
    一、埃及支系 The line in Egypt
    二、大馬士革支系 The line in Damascus
    三、阿勒坡支系 The line in Aleppo
    四、希姆斯支系 The line in Ḥimṣ
    五、哈馬特支系 The line in Ḥamāt
    六、迪亞巴克爾（馬亞法爾勤與辛賈爾山區）支系 The line in Diyār Bakr (Mayyāfāriqīn and Jabal Sinjār)
    七、迪亞巴克爾（希森—凱法、阿密德與阿赫拉特地區）支系 The line in Diyār Bakr (Ḥiṣn Kayfā, Āmid and Akhlāṭ)

八、葉門支系 The line in Yemen
九、巴俄勒巴克、卡拉克、巴尼亞斯、蘇貝巴堡及布斯拉的次要地方政權 The minor branches of the family in Ba‘lbakk, Karak, Bāniyās and Subayba, and Buṣrā
31. 瑪姆魯克傭兵政權 The Mamlūks
一、巴赫里支系 The Baḥrī line
二、布爾吉支系 The Burjī line
32. 黎巴嫩的瑪安統領政權 The Ma‘n Amīrs of Lebanon
33. 黎巴嫩的胥哈卜統領政權 The Shihāb Amīrs of Lebanon
34. 穆罕默德・阿里家族政權 The House of Muḥammad ‘Alī

第五章　塞爾柱突厥政權前的兩河流域 Iraq and Jazīra before the Seljuqs

35. 哈姆丹朝 The Ḥamdānids
一、摩蘇爾與加濟拉支系 The line in Mosul and Jazīra
二、阿勒坡與敘利亞北部支系 The line in Aleppo and northern Syria
36. 瑪茲亞德朝 The Mazyadids
37. 瑪爾萬朝 The Marwānids
38. 伍蓋勒朝 The ‘Uqaylids
一、在吉茲雷、尼希賓以及穆罕默德・賓・穆賽亞卜・伍蓋里的巴拉德地區的支系 The line in Jazīrat Ibn ‘Umar, Niṣībīn and Balad of Muḥammad b. al-Musayyab al-‘Uqaylī
二、在摩蘇爾，後在吉茲雷、尼希賓及巴拉德地區的支系，與穆賽亞卜支系 The line in Mosul and later in Jazīrat Ibn ‘Umar, Niṣībīn and Balad, also of the al-Musayyab line
三、塔克利特的瑪安・賓・穆嘎拉德繼承人支系 The line in Takrīt of Ma‘n b. al-Muqallad's descendants
四、希特支系 The line in Hīt
五、伍克巴拉的瑪安・賓・穆嘎拉德繼承人支系 The line in ‘Ukbarā of Ma‘n b. al-Muqallad's descendants

六、其他在阿那、哈蒂沙以及嘎勒阿特—賈俄巴爾的次要分支The other minor branches at Āna and al-Ḥadītha and at Qal'at Ja'bar
39. 努麥爾朝The Numayrids

第六章　阿拉伯半島The Arabian Peninsula

40. 嘎爾瑪提派的阿布—薩義德．賈納比政權The Carmathian or Qarmaṭī Rulers of the Line of Abū Sa'īd al-Jannābī
41. 葉門的柴迪派伊瑪目政權The Zaydī Imāms of Yemen
一、早期：拉斯支系The early period: the Rassid line
二、較晚期：嘎希姆支系The more recent period: the Qāsimid line
42. 濟亞德朝The Ziyādids
43. 尤俄非爾朝The Yu'firids or Ya'furids
44. 納賈赫朝The Najāḥids
45. 蘇萊赫朝The Ṣulayḥids
46. 祖萊俄朝The Zuray'ids or Banu 'l-Karam
47. 哈姆丹朝The Ḥamdānids
一、哈提姆氏族的第一支系The first line of the Banū Ḥātim
二、古貝卜氏族支系The line of the Banu 'l-Qubayb
三、哈提姆氏族的第二支系The second line of the Banū Ḥātim
48. 瑪赫迪朝The Mahdids
49. 拉蘇勒朝The Rasūlids
50. 塔希爾朝The Ṭāhirids
51. 朱蘭達家族The Āl al-Julandā
52. 穆克拉姆朝The Mukramids
53. 雅俄魯卜朝The Ya'rubids
54. 布—薩義德家族The Āl Bū Sa'īd
一、聯合蘇丹政權The united sultanate
二、歐曼的蘇丹支系The line of sultans in Oman
三、尚西巴的蘇丹支系The line of sultans in Zanzibar

55. 蘇伍德家族The Āl Su‘ūd or Sa‘ūd

56. 奧恩氏族的麥加哈須姆大公The Hāshimite Sharīfs of Mecca From the ‘Awn Family

一、在阿拉伯半島西部的原始支系The original line in Western Arabia

二、第一次世界大戰後，哈須姆部族在肥沃月彎地區國家中的支系The post-First World War branches of the Hāshimite family in the Fertile Cresent countries

（一）敘利亞支系The line in Syria

（二）伊拉克支系The line in Iraq

（三）外約旦以及約旦支系The line in Transjordan and then Jordan

57. 拉胥德家族The Āl Rashīd

第七章　西非 West Africa

58. 凱塔馬利王國The Keita Kings of Mali

59. 松海王國The Kings of Songhay

一、加歐地區的札支系（或稱祖瓦支系）The Zas or Zuwas of Gao

二、希支系（或稱松尼支系）The Sis or Sonnis

三、阿斯奇亞支系The Askiyas

60. 卡涅姆與博爾努政權The Rulers of Kanem and Bornu or Borno

一、卡涅姆的「紅派」（或稱白派）賽伊夫支系（或稱亞贊支系）統治者The ‘red’ (i.e. white) Sayfī (Sefuwa) or Yazanī rulers of Kanem

二、卡涅姆政權的「黑派」統治者The ‘black’ Sultans of Kanem

三、博爾努蘇丹的新支系The new line of Sultans in Bornu, the Mais or rulers

四、博爾努與迪克瓦的卡涅姆卜系統治者（或作酋長）The Kanembu line of Shaykhs of Shehus of Bornu and Dikwa

（一）英國人復權的博爾努酋長The Shehus in Bornu, reinstated by the British

（二）法國人復權的迪克瓦酋長與統治者The Shehus and Mais in Dikwa, reinstated by the French

61. 豪撒的伏拉尼政權 The Fulani Rulers in Hausaland, as Sultans and Caliphs of Sokoto

第八章 東非 East Africa and the Horn of Africa

62. 基勒瓦蘇丹政權 The Sultans of Kilwa
一、須拉濟支系 The Shīrāzī dynasty
二、瑪赫達勒聖裔 The Mahdali Sayyids
63. 帕泰島的納卜罕氏族 The Nabhānī Rulers of Pate
64. 瑪茲魯伊家族 The Mazrui (Mazrū‘ī) Liwalis or Governors of Mombasa
65. 東非的布—薩義德家族 The Āl Bū Sa‘īd in East Africa
66. 哈拉爾蘇丹政權 The Sultans of Harar
一、哈拉爾與奧薩的阿赫瑪德・格蘭支系 The line of Aḥmad Grāñ in Harar and Ausa
二、哈拉爾的阿里・賓・達伍德支系，位於奧薩的獨立政權 The line of ‘Alī b. Dāwūd in Harar, independent of Ausa

第九章 塞爾柱突厥政權前的高加索與波斯西部 The Caucasus and the Western Persian Lands before the Seljuqs

67. 夏爾萬王國 The Sharwān Shāhs
一、第一支王國族系：雅濟德支系 The first line of Yazīdī Shāhs
二、第二支王國族系 The second line of Shāhs
68. 哈胥姆朝 The Hāshimids
69. 朱斯坦朝 The Justānids
70. 薩吉朝 The Sājids
71. 穆薩非爾朝 The Musāfirids or Sallārids
一、亞塞拜然支系 The line in Azerbaijan
二、代拉姆支系 The line in Daylam
72. 拉瓦德朝 The Rawwādids
73. 夏達德朝 The Shaddādids
一、位於甘賈與德凡的主要支系 The main line in Ganja and Dvīn

二、阿尼支系 The line in Ānī

74. 杜拉夫朝 The Dulafids

75. 布伊朝 The Būyids or Buwayhids

一、吉巴勒支系 The line in Jibāl

（一）哈瑪詹與伊斯法罕分支 The branch in Hamadan and Isfahan

（二）拉伊分支 The branch in Rayy

二、法爾斯與呼濟斯坦支系 The line in Fars (Fārs) and Khūzistān

三、奇爾曼支系 Kirman (Kirmān)

四、伊拉克支系 The line in Iraq

五、受到歐曼地方領袖承認的統治者 The rulers of the dynasty acknowledged by local chiefs in Oman

76. 哈薩努伊朝 The Ḥasanūyids or Ḥasanawayhids

77. 阿納茲朝 The ‘Annāzids

78. 卡庫伊朝 The Kākūyids or Kākawayhids

79. 達布伊朝 The Dābūyid Ispahbadhs

80. 巴萬德氏族的將領 The Bāwandid Ispahbadhs

一、卡伍斯支系 The line of Kāwūsiyya

二、伊斯帕赫巴者支系 The line of Ispahbadhiyya

三、金赫瓦爾支系 The line of Kīnkhwāriyya

81. 濟亞爾朝 The Ziyārids

第十章　塞爾柱政權前的波斯東部與中亞 The Eastern Persian Lands, Transoxania and Khwārazm before the Seljuqs

82. 塔希爾朝與穆斯阿卜朝 The Ṭāhirids and Muṣ‘abids

一、呼羅珊總督及其附庸 The governors in Khurasan and its administrative dependencies

二、巴格達和伊拉克軍事總督 The military governors (*Aṣḥāb al-Shurṭa*) in Baghdad and Iraq

83. 薩曼朝 The Sāmānids

84. 剎法爾朝 The Ṣaffārids

一、雷斯支系 The Laythid branch

二、哈拉夫支系 The Khalafid branch

85. 巴尼朱爾朝 Bānījūrids or Abu Dawudids

86. 希姆朱爾朝 The Sīimjūrids

87. 伊里亞斯朝 The Ilyāsids

88. 穆赫塔吉朝 The Muḥtājids

89. 花剌子模王國 The Khwārazm Shāhs

一、卡斯地區的阿夫里格支系 The Afrīghids of Kāth

二、古爾干吉的瑪蒙支系 The Ma'mūnids of Gurgānj

三、嘎茲納朝總督 The Ghaznawid governors

四、阿努胥提金・西赫納支系 The line of Anūshtigin Shiḥna

90. 喀喇汗國 The Qarakhānids

一、聯盟國的可汗 The Great Qaghans of the united kingdom

二、西部王國的可汗 The Great Qaghans of the western kingdom

三、東部王國的可汗 The Great Qaghans of the eastern kingdom

四、費爾干納地區的汗王 The Qaghans in Farghāna

第十一章　塞爾柱政權及其附庸國 The Seljuqs, Their Dependants and the Atabegs

91. 塞爾柱政權 The Seljuqs

一、波斯與伊拉克地區的塞爾柱政權 The Great Seljuqs in Persia and Iraq

二、敘利亞的塞爾柱政權 The Seljuqs of Syria

三、奇爾曼的塞爾柱政權 The Seljuqs of Kirman

92. 柏爾朝 The Börids or Būrids

93. 贊吉朝 The Zangids

一、摩蘇爾與阿勒坡的主要支系 The main line in Mosul and Aleppo

二、大馬士革支系，隨後轉往阿勒坡 The line in Damascus and then Aleppo

三、辛賈爾支系 The line in Sinjār

四、加濟拉支系 The line in Jazīra
五、夏赫拉祖爾支系 The line in Shahrazūr
94. 貝格提金朝 The Begtiginids
95. 魯俄魯俄朝 The Lu'lu'ids
96. 阿爾圖革朝 The Artuqids
一、希森—凱法與阿米德支系 The line in Ḥiṣn Kayfā and Āmid
二、哈爾特佩特支系 The line in Khartpert
三、馬爾丁和馬亞法爾勤支系 The line in Mārdīn and Mayyāfāriqīn
97. 阿爾曼朝 The Shāh-i Armanids
一、佘克曼朝 Sökmenids
二、佘克曼奴隸將領 The Sökmenid slave commanders
98. 阿赫瑪迪勒朝 The Aḥmadīlīs
99. 艾勒迪居茲朝 The Eldigüzids or Ildegizids
100. 巴杜斯潘朝 The Bādūspānids
一、一統侯國的統治者 The rulers of the united principality
二、庫朱爾的統治者 The rulers in Kujūr
三、努爾地區的統治者 The rulers in Nūr
101. 波斯尼查里伊斯瑪儀里派 The Nizārī Ismā'īlīs or Assassins in Persia
102. 哈札爾阿斯普朝 The Hazāraspids
103. 薩魯爾朝 The Salghurids
104. 亞茲德大統領政權 The Atabegs of Yazd
105. 古特魯汗國 The Qutlughkhānids
106. 尼姆魯茲政權 The Maliks of Nīmrūz
一、納斯爾支系 The Naṣrids
二、米赫拉班支系 The Mihrabānids

第十二章　安那托利亞的突厥政權 The Turks in Anatolia

107. 東羅馬地區的塞爾柱政權 The Seljuqs of Rūm

108. 達尼賀面德朝 The Dānishmendids

一、錫瓦斯支系 The line in Sivas

二、馬拉蒂亞與阿勒比斯坦支系 The line in Malatya and Elbistan

109. 蒙居杰克朝 The Mengūjekids

一、埃爾津詹和克馬赫支系 The line in Erzincan and Kemakh

二、迪夫里伊支系 The line in Divriği

110. 薩勒圖革朝 The Saltuqids

111. 嘎拉希朝 The Qarasï (Karasï) Oghullarï

112. 剎魯汗朝 The Ṣarukhān Oghullarï

113. 艾丁朝 The Aydïn Oghullarï

114. 面帖舍朝 The Menteshe Oghullarï

115. 伊南吉朝 The Inanj Oghullarï

116. 杰爾米揚朝 The Germiyān Oghullarï

117. 剎希卜・阿塔朝 The Ṣāḥib Atā Oghullarï

118. 哈密德朝和特克朝 The Ḥamīd Oghullarï and the Tekke Oghullarï

一、埃爾迪爾的哈密德朝 The Ḥamīd Oghullarï line in Eğridir

二、安塔利亞的特克朝 The Tekke Oghullarï line in Antalya

119. 阿拉尼亞統領政權 The Beys of Alanya

120. 阿賀拉夫朝 The Ashraf (Eshref) Oghullarï

121. 江達爾朝 The Jāndār Oghullarï or Isfandiyār (Isfendiyār) Oghullarï

122. 帕爾瓦納朝 The Parwāna Oghullarï

123. 丘班朝 The Chobān Oghullarï

124. 嘎拉曼朝 The Qaramān Oghullarï or Qaramānids

125. 也列特納朝 The Eretna Oghullarï

126. 嘎迪・布爾漢丁政權 The Qāḍī Burhān al-Dīn Oghullarï

127. 塔吉丁朝 The Tāj al-Dīn Oghullarï

128. 拉瑪丹朝 The Ramaḍān Oghullarï

129. 杜勒嘎迪爾朝 The Dulghadïr Oghullarï or Dhu 'l-Qadrids

130. 歐斯曼帝國 The Ottomans or Osmanlis

第十三章　蒙古人與其中亞及東歐的繼承者The Mongols and their Central Asian and Eastern European Successors

131. 中國元朝The Mongol Great Khāns, Descendants of Ögedey and Toluy, Later the Yüan Dynasty of China
132. 察合台汗國The Chaghatayids, Descendants of Chaghatay
133. 伊兒汗國The Il Khānids, Descendants of Qubilay's Brother Hülegü
134. 金帳汗國The Khāns of the Golden Horde, Descendants of Jochi
    一、拔都支系The line of Batu'ids
    二、窩爾達支系The line of Orda
135. 克里米亞哥萊汗國The Giray Khāns of the Crimea, Descendants of Jochi
    一、克里米亞的汗王The Khāns of the Crimea
    二、布賈各的韃靼汗王The Khāns of the Tatars of Bujaq or Bessarabia
136. 阿斯特拉汗國The Khāns of Astrakhan (Astrakhān, Ashtarkhān)
137. 卡贊汗國The Khāns of Kazan (Qāzān)
    一、烏魯格・穆罕默德支系The line of Ulugh Muḥammad
    二、來自外部支系的汗王Khāns from various outside lines
138. 嘎希莫夫汗國The Khāns of Qāsimov
    一、卡贊支系的汗王The Khāns from the line of Kazan
    二、克里米亞支系的汗王The Khāns from the line of the rulers of the Crimea
    三、阿斯特拉汗支系的汗王The Khāns from the line of the rulers of the Astrakhan
    四、卡札赫汗王Kazakh Khān
    五、西伯利亞支系的汗王The Khāns from the line of the rulers of Siberia

第十四章　蒙古政權後的波斯Persia after the Mongols

139. 卡爾特朝The Karts or Kurts

140. 穆查法爾朝 The Muẓaffarids
141. 因朱俄朝 The Inju'ids
142. 賈拉伊爾朝 The Jalāyirids
143. 薩爾巴達爾朝 The Sarbadārids
144. 帖木兒朝 The Tīmūrids
   一、撒馬爾干統治者 The rulers in Samarkand
   二、烏魯格—別克逝世後的呼羅珊統治者 The rulers in Khurasan after Ulugh Beg's death
   三、帖木兒之後波斯西部與伊朗的統治者 The rulers in western Persia and Iraq after Tīmūr
145. 黑羊汗國 The Qara Qoyunlu
146. 白羊汗國 The Aq Qoyunlu
147. 穆夏俄夏俄朝 The Musha'sha'ids
148. 薩法維朝 The Ṣafawids
149. 阿夫夏爾朝 The Afshārids
150. 贊德朝 The Zands
151. 嘎賈爾朝 The Qājārs
152. 巴列維朝 The Pahlawīs

第十五章　蒙古政權後的中亞 Central Asia after the Mongols

153. 胥班朝 The Shïbānids (Shaybānids) or Abu 'l-Khayrids
154. 托蓋・鐵木爾朝 The Toqay Temürids or Jānids or Ashtarkhānids
155. 滿吉特朝 The Mangïts
156. 昆格拉特朝 The Qungrats or Ïnaqids
157. 敏朝 The Mings

第十六章　阿富汗與南亞 Afghanistan and the Indian Subcontinent

158. 嘎茲納朝 The Ghaznawids

159. 古爾朝 The Ghūrids

一、古爾與嘎茲納的主要支系 The main line in Ghūr and then also in Ghazna

二、巴米揚、圖哈里斯坦與巴達赫尚支系 The line in the Bāmiyān, Ṭukhāristān and Badakhshān

160. 德里蘇丹政權 The Delhi Sultans

一、穆儀茲或夏姆斯的奴隸國王 The Mu'zzī and Shamsī Slave Kings

二、哈勒吉支系 The Khaljīs

三、圖魯革支系 The Tughluqids

四、賽伊德支系 The Sayyids

五、羅迪支系 The Lōdīs

六、蘇爾支系 The Sūrīs

161. 孟加拉的總督與蘇丹政權 The Governors and Sultans of Bengal

一、德里蘇丹政權的統領 The governors for the Delhi Sultans

二、巴勒班支系的總督與獨立統治者 The governors, and then independent rulers, of Balban's line

三、伊里亞斯支系 The line of Ilyās Shāh

四、拉賈・加尼薩支系 The line of Rājā Gaṇeśa (Ganesh)

五、伊里亞斯支系復辟 The line of Ilyās Shāh restored

六、哈巴胥支系 The domination of the Ḥabashīs

七、賽伊德・胡笙支系 Sayyid Ḥusayn Shāh

八、蘇爾支系 The Sūrīs

九、卡拉蘭支系 The Kararānīs

162. 喀什米爾蘇丹政權 The Sultans of Kashmīr

一、夏赫・米爾・斯瓦提支系 The line of Shāh Mīr Swātī

二、嘎濟汗・洽克支系 The line of Ghāzī Khān Chak

163. 古嘉拉特蘇丹政權 The Sultans of Gujarāt

164. 焦恩普爾的夏爾基蘇丹政權 The Sharqī Sultans of Jawnpur

165. 馬勒瓦蘇丹政權 The Sultans and Rulers of Mālwa

一、古爾支系 The line of the Ghūrīs

二、哈勒吉支系 The line of the Khaljīs
三、多位總督與獨立統治者 Various governors and independent rulers
166. 馬俄巴爾（馬都拉）蘇丹政權 The Sultans of Ma‘bar or Madura
167. 巴赫曼朝 The Bahmanids
一、阿赫薩納巴德—古勒巴爾加的統治者 The rulers at Aḥsanābād-Gulbargā
二、穆罕瑪達巴德—比達爾的統治者 The rulers in Muḥammadābād-Bīdar
168. 法魯基朝 The Fārūqī Rulers of Khāndesh
169. 巴里德朝 The Barīd Shāhīs
170. 阿迪勒朝 The ‘Ādil Shāhīs
171. 尼查姆朝 The Niẓām Shāhīs
172. 伊瑪德朝 The ‘Imād Shāhīs
173. 古特卜朝 The Quṭb Shāhīs
174. 阿爾袞朝 The Arghūns
一、朱努恩—別克支系 The line of Dhu’l-Nūn Beg
二、穆罕默德・以薩・塔爾汗支系 The line of Muḥammad ‘Īsā Tarkhān
175. 蒙兀兒帝國 The Mughal Emperors
176. 孟加拉的納瓦卜政權 The Nawwāb-Viziers and Nawwāb-Nāẓims of Bengal
177. 阿瓦者的納瓦卜政權 The Nawwāb-Viziers and Kings of Oudh (Awadh)
178. 海德拉巴德的尼札姆朝 The Niẓāms of Hyderabad (Ḥaydarābād)
179. 邁蘇爾的穆斯林政權 The Muslim Rulers in Mysore (Mahisur, Maysūr)
180. 阿布達利朝與阿富汗王國 The Abdālī or Durrānī Rulers and Kings of Afghanistan
一、薩多查伊支系 The Sadōzays or Popalzays

二、巴拉克宰支系 The Bārakzays or Muḥammadzays

第十七章　東南亞與印尼 South-East Asia and Indonesia

181.　麻六甲政權 The Rulers of Malacca (Melaka)
182.　亞齊蘇丹政權 The Sultans of Acheh (Atjèh, Aceh)
183.　馬塔拉姆朝 The Rulers of Mataram
184.　梭羅蘇丹政權 The Susuhunans of Surakarta
185.　日惹蘇丹政權 The Sultans of Jogjakarta
186.　汶萊蘇丹政權 The Sultans of Brunei

阿拉伯文拼音對照表

羅馬拼音	阿拉伯字母
’	أ
b	ب
t	ت
th	ث
j	ج
ḥ	ح
kh	خ
d	د
dh	ذ
r	ر
z	ز
s	س
sh	ش
ṣ	ص

羅馬拼音	阿拉伯字母
ḍ	ض
ṭ	ط
ẓ	ظ
‘	ع
gh	غ
f	ف
q	ق
k	ك
l	ل
m	م
n	ن
h	ه
w	و
y	ي

索引

一、人名

三劃

也速・蒙居（察合台汗國）Yesü Möngke, Chaghatayid 599

也遜・鐵木爾（察合台汗國）Yesün Temür, Chaghatayid 601

也遜・鐵木爾（蒙古大汗）Yesün Temür, Mongol Great Khān 595

四劃

丹嚴・卡斯寇（伏拉尼統治者）Danyen Kasko, Fulani 331

尤俄非爾（尤俄非爾朝）Yu'fir, Yu'firid 260～261

尤茲巴克（統治頭銜為阿布—穆查法爾・吉亞斯丁，孟加拉總督）Yuzbak (ruling title Abu 'l-Muẓaffar Ghiyāth al-Dīn), governor of Bengal 738

比里，易卜拉欣（卡涅姆的統治者）Biri, Ibrāhīm, Sultan of Kanem 319

比里・賓・杜納瑪（卡涅姆的統治者）Biri b. Dunama, Sultan of Kanem 321

比達爾・巴赫特（蒙兀兒帝國）Bīdār Bakht, Mughal 799

比蘇頓（濟亞爾朝）Bīsutūn, Ziyārid 414

比蘇頓（巴杜斯潘朝）Bīsutūn, Bādūspānid 493, 496

夫代勒（基勒瓦的瑪赫達勒聖裔）Fuḍayl, Mahdali Sultan of Kilwa 339

夫拉德・蘇頓（法爾斯的布伊朝）Fūlād Sutūn, Būyid in Fars 392

夫莫・巴卡利・賓・巴瓦納・謝黑（帕泰島的納布罕氏族）Fumo Bakari b. Bwana Shehe, Nabhānī of Pate 345

夫莫・巴卡利・賓・阿赫瑪德（帕泰島的納布罕氏族統治者）Fumo Bakari b. Aḥmad, Nabhānī of Pate 345

夫莫・歐瑪利・賓・阿赫瑪德・賓・謝黑（帕泰島的納布罕氏族統治者）Fumo Omari b. Aḥmad b. Shehe, Nabhānī of Pate 345

夫莫・魯提・基潘加（帕泰島的納布罕氏族統治者）Fumo Luti Kipanga, Nabhānī of Pate 344

夫莫・魯提・賓・謝黑（帕泰島的納布罕氏族統治者）Fumo Luti b. Shehe, Nabhānī of Pate 344

毛杜德（嘎茲納朝）Mawdūd, Ghaznawid 715

毛拉・伊斯瑪儀（穆夏俄夏俄朝）Sayyid Mawlā Ismā'īl, Musha'sha'id 674

毛拉・朱達拉（穆夏俄夏俄朝）Sayyid Mawlā Jūd Allāh, Musha'sha'id 673

毛拉・法拉賈拉（穆夏俄夏俄朝）Sayyid Mawlā Faraj Allāh, Musha'sha'id 674
毛拉・阿布杜—阿里（穆夏俄夏俄朝）Sayyid Mawlā 'Abd al-'Alī, Musha'sha'id 674
毛拉・納斯剌拉（穆夏俄夏俄朝）Sayyid Mawlā Naṣr Allāh, Musha'sha'id 674
毛拉・穆罕默德（穆夏俄夏俄朝）Sayyid Mawlā Muḥammad, Musha'sha'id 674
毛拉・穆罕默德・賓・朱達拉（穆夏俄夏俄朝）Sayyid Mawlā Muḥammad b. Jūd Allāh, Musha'sha'id 674
毛拉・穆罕默德・賓・納斯剌拉（穆夏俄夏俄朝）Sayyid Mawlā Muḥammad b. Naṣr Allāh, Musha'sha'id 674
毛拉・穆塔立卜・賓・納斯剌拉（穆夏俄夏俄朝）Sayyid Mawlā Muṭṭalib b. Naṣr Allāh, Musha'sha'id 674
毛拉・穆塔立卜・賓・穆罕默德（穆夏俄夏俄朝）Sayyid Mawlā Muṭṭalib b. Muḥammad, Musha'sha'id 674
毛拉・穆赫辛（穆夏俄夏俄朝）Sayyid Mawlā Muḥsin, Musha'sha'id 674
巴巴汗，法特赫・阿里（嘎賈爾朝）Fatḥ 'Alī, Bābā Khān, Qājār 688
巴瓦納・瓦濟里，阿赫瑪德（帕泰島的納布罕氏族統治者）Aḥmad Bwana Waziri, Nabhānī of Pate 344
巴瓦納・巴卡利一世、二世（帕泰島的納布罕氏族統治者）Bwana Bakari I and II, Nabhānī of Pate 343
巴瓦納・姆庫・賓・謝黑（帕泰島的納布罕氏族統治者）Bwana Mkuu b. Shehe, Nabhānī of Pate 344
巴瓦納・姆庫一世、二世（帕泰島的納布罕氏族統治者）Bwana Mkuu I and II, Nabhānī of Pate 343～344
巴瓦納・謝黑・賓・阿赫瑪德（帕泰島的納布罕氏族統治者）Bwana Shehe b. Aḥmad, Nabhānī of Pate 345
巴瓦納・謝黑・賓・穆罕默德・巴瓦納・夫莫・瑪迪（帕泰島的納布罕氏族統治者）Bwana Shehe b. Muḥammad Bwana Fumo Madi, Nabhānī of Pate 344
巴布爾（蒙兀兒帝國）Bābur, Mughal 796
巴拉卡（伍蓋勒朝）Baraka, 'Uqaylid 238
巴拉卡（穆夏俄夏俄朝）Sayyid Baraka, Musha'sha'id 672
巴拉各（金帳汗國）Baraq, Golden Horde Khān 614
巴迪俄・札曼（帖木兒朝）Bādī' al-Zamān, Tīmūrid 657
巴迪斯（罕瑪德朝）Bādīs Ḥammādid 115
巴迪斯（蓋拉萬的吉爾朝）Bādīs, Zīrid of Kairouan 113, 115～116
巴哈俄—道拉，哈拉夫（錫斯坦的納斯爾支系統治者）Khalaf, Bahā' al-Dawla,

Naṣrid Malik of Sistan 513
巴哈俄—道拉，塔希爾（錫斯坦的納斯爾支系）Tāhir Bahā' al-Dawla, Naṣrid Malik of Sistan 513
巴哈俄丁・穆罕默德・夏姆斯丁（古爾朝）Muḥammad Shams al-Dīn, Mu'izz al-Dīn, Ghūrid 721
巴哈杜爾（尼查姆朝）Bahādur, Niẓām Shāhī 786
巴哈杜爾・哥萊一世（克里米亞的汗王）Bahādur Giray I, Khān of the Crimea 621
764～765
巴哈杜爾・夏赫（古嘉拉特蘇丹政權）Bahādur Shāh, Sultan of Gujarāt 755, 757～758, 765
巴哈杜爾・夏赫（法魯基朝）Bahādur Shāh, Fārūqī 777, 779
巴哈杜爾・夏赫二世（蒙兀兒帝國）Bah dur Sh h II, Mughal 799
巴胥爾一至三世（胥哈卜統領政權）Bashīr I, II and III, Shihāb Amīrs 218～219
巴烏（來自塔巴里斯坦，巴萬德氏族的伊斯帕赫巴者）Bāw of Ṭabaristān, Bāwandid Ispahbadh 409, 412
巴茲・巴哈杜爾，米亞恩・巴雅濟德（馬勒瓦的統治者）Miyān Bāyazīd, Bāz Bahādur, ruler of Mālwa 764
巴茲・庫爾迪（庫德首領及瑪爾萬朝的建立者）Bādh al-Kurdī, Kurdish chief and founder of the Marwānids 234
巴特伊阿・蝶勒・汪芭拉（阿赫瑪德・格蘭的遺孀，哈拉爾的共同統治者）Bat'iah Dēl Wanbarā, widow of Aḥmad Grāñ, joint ruler of Harar 353
巴基・穆罕默德（托蓋・鐵木爾朝）Bāqī Muḥammad, Toqay Temürid 699～700
巴雅濟德（賈拉伊爾朝）Bāyazīd, Jalāyirid 649
巴雅濟德・卡拉拉尼・賓・蘇萊曼（孟加拉的統治者）Bāyazīd Kararāni b. Sulaymān, ruler of Bengal 745
巴雅濟德（巴耶濟德）一世，「雷霆」（歐斯曼帝國）Bāyazīd, (Bāyezīd) I, Yïldïrïm ('the Lightning shaft'), Ottoman 538, 540, 542, 547, 552, 558, 567, 570, 580, 586, 660, 669
巴雅濟德二世（歐斯曼帝國）Bāyazīd II, Ottoman 581
巴塔—曼德—博里（凱塔馬利王國）Bata-Mande-Bori, Keita of Mali 308
巴齊查・薩嘎（烏）（統治頭銜為哈畢卜拉二世，阿富汗的篡位者）Bachcha-yi Saqqa (w) (ruling title Ḥabīb Allāh II), usurper in Afghanistan 818
巴爾吉斯・嘎迪爾（阿瓦者納瓦卜政權）Barjīs Qadïr, Nawwāb of Oudh 808
巴爾基亞魯各（貝爾克・亞魯各）（波斯及伊拉克的塞爾柱政權）Barkiyāruq (or

Berk Yaquq), Seljuq in Persia and Iraq 459
巴爾嘎什（布—薩義德家族）Barghash, Āl Bū Sa‘īd 350
巴赫拉姆（敘利亞伊斯瑪儀里派社群領袖）Bahrām, leader of the Syrian Ismā‘īlī community 185
巴赫拉姆・夏赫（嘎茲納朝）Bahrām Shāh, Ghaznawid 716, 718, 722
巴赫拉姆・夏赫（蒙居杰克朝）Bahrām Shāh, Mengüjekid 530, 532
巴赫拉姆・夏赫（奇爾曼的塞爾柱政權）Bahrām Shāh, Seljuq of Kirman 463
巴赫特・哥萊（韃靼人的汗）Bakht Giray, Khān of the Tatars 625
巴赫提亞爾（伊拉克的布伊朝）Bakhtiyār, Būyid in Iraq 394
巴赫曼（巴杜斯潘朝）Bahman, Bādūspānid 496
巴赫魯勒（德里蘇丹政權的羅迪支系）Bahlūl, Lōdī 728, 734
巴德爾（哈薩努伊朝）Badr, Ḥasanūyid 399～400
巴德爾（柴迪派伊瑪目）Badr, Zaydī Imām 254
巴德爾—道拉，阿布—阿巴斯（納斯爾支系統治者）Abū ’l-‘Abbās, Badr al-Dawla, Naṣrid Malik 513
巴德爾・穆俄塔迪地（突厥的奴隸軍官）Badr al-Mu‘taḍidī, Turkish slave commander 420
巴德爾丁（亞齊的蘇丹）Badr al-Dīn, Sultan of Acheh 827
巴德爾丁，阿各・順固爾・哈查爾丁納里（佘克曼朝的奴隸將領）Aq Sunqur Hazārdīnārī, Badr al-Dīn, Sökmenid slave commander 486
巴德爾丁，阿迪勒・貝達拉（巴赫里支系的傭兵政權）al-Malik al-‘Ādil Baydarā, Badr al-Dīn, Baḥri Mamlūk 204
巴德爾丁，阿迪勒・薩拉米胥（修雷米胥）（傭兵政權的巴赫里支系）al-Malik al-‘Ādil Salāmish or Süleymish, Badr al-Dīn, Baḥri Mamlūk 204
巴德爾丁，瑪赫穆德（嘎拉曼朝）Maḥmūd, Badr al-Dīn, Qaramān Oghullarï 564
巴德爾丁・魯俄魯俄（大臣，摩蘇爾的統治者）Badr al-Dīn Lu’lu’, vizier, ruler in Mosul 471, 474

五劃

乎胥契赫爾（夏達德朝）Khūshchihr, Shaddādid 385
平達爾（比達爾）・嘎迪爾汗（孟加拉的統治者）Pindar or Bīdar Qadïr Khān, ruler of Bengal 740
加爾夏斯普一世、二世（卡庫伊朝）Garshāsp I and II, Kākūyids 403～404, 508

加爾夏斯普一世、二世（夏爾萬的雅濟德支系）Garshāsp I and II, Yazīdī Sharwān Shāh 363
以薩（艾丁朝）'Īsā, Aydïn Oghullarï 539
以薩（伍蓋勒朝）'Īsā, 'Uqaylid 239
以薩（法蒂瑪朝）'Īsā, Fāṭimid 177
以薩汗（馬勒瓦的總督）'Īsā Khān, governor of Mālwa 764
尼札姆・阿里汗（海德拉巴德的尼札姆朝）Niẓām 'Alī Khān, Niẓām of Hyderabad 810
尼查姆—道拉，瑪赫穆德，多里勒・嘎拉汗（喀喇汗國）Maḥmūd, Ṭoghrïl Qara Khān, Niẓām al-Dawla, Qarakhānid 451
尼查姆丁，易卜拉欣・賓・阿比—巴克爾（阿爾圖革朝）Ibrāhīm b. Abī Bakr, Niẓām al-Dīn, Artuqid 480
尼查姆丁，雅赫亞（錫斯坦的米赫拉班支系）Yaḥyā, Niẓām al-Dīn, Mihrabānid Malik of Sistan 516
尼查爾（法蒂瑪朝）Nizār, Fāṭimid 176, 180
尼庫—希亞爾・穆罕默德（蒙兀兒帝國）Nīkū-siyar Muḥammad, Mughal 798
皮里・穆罕默德（拉瑪丹朝）Pīrī Muḥammad, Ramaḍan Oghullarï 575
皮爾・布達各（黑羊汗國）Pīr Budaq, Qara Qoyunlu 662
皮爾・阿赫瑪德（哈札爾阿斯普朝）Pīr Aḥmad, Hazāraspid 502
皮爾・阿赫瑪德（嘎拉曼朝）Pīr Aḥmad, Qaramān Oghullarï 565～566
皮爾・胡笙・穆罕默德（卡爾特朝）Pīr Ḥusayn Muḥammad, Kart 640～641
皮爾・曼蘇爾（拉瑪丹朝）Pīr Manṣūr, Ramaḍan Oghullarï 575
皮爾・穆罕默德・賓・賈漢吉爾（帖木兒朝）Pīr Muḥammad b. Jahāngīr, Tīmūrid 655
皮爾・穆罕默德・賓・歐瑪爾—謝赫（帖木兒朝）Pīr Muḥammad b. 'Umar Shaykh, Tīmūrid 658
皮爾・穆罕默德一世、二世（胥班朝）Pīr Muḥammad I and II, Shïbānids 697, 699
札希爾（巴格達的阿巴斯朝哈里發）al-Ẓāhir, 'Abbāsid caliph in Baghdad 49
札希爾（法蒂瑪朝）al-Ẓāhir, Fāṭimid 176
札希爾（哈薩努伊朝）Ẓāhir, Ḥasanūyid 399
札希爾・甘紹赫一世（布爾吉支系的傭兵政權）al-Malik al-Ẓāhir Qānṣawh I, Burjī Mamlūk 209
札希爾・提穆爾布嘎（布爾吉支系的傭兵政權）al-Malik al-Ẓāhir Timurbughā, Burjī Mamlūk 209
札希爾・雅赫亞（拉蘇勒朝）al-Malik

al-Ẓāhir Yaḥyā, Rasūlid　277
札希爾—道拉，阿爾圖各（塞爾柱政權指揮官）Artuq, Ẓahīr al-Dawla, Seljuq commander　479
札希爾・嘎濟（阿勒坡的艾尤布朝）al-Malik al-Ẓāhir Ghāzī, Ayyūbid in Aleppo　192
札希爾・瑪吉德丁，以薩（阿爾圖革朝）'Īsā, al-Malik al-Ẓāhir Majd al-Dīn, Artuqid　482
札希爾丁，易卜拉欣（索克曼朝）Ibrāhīm Ẓahīr al-Dīn, Sōkmenid　485
札希爾丁，穆罕默德・阿里・夏赫（喀什米爾蘇丹）Muḥammad 'Alī Shāh, Ẓahīr al-Dīn, Sultan of Kashmīr　751
札曼・夏赫（薩多查伊支系）Zamān Shāh, Sadōzay　815
瓦立德一世、二世（伍麥亞朝哈里發）al-Walīd I and II, Umayyad caliphs　40～42
瓦西格（巴格達的阿巴斯朝哈里發）al-Wāthiq, 'Abbāsid caliph in Baghdad　46
瓦西格一世、二世（開羅的阿巴斯朝哈里發）al-Wāthiq I and II, 'Abbāsid caliph in Cairo　50
瓦吉赫丁，瑪斯伍德（薩爾巴達爾朝）Mas'ūd, Wajīh al-Dīn, Sarbadārid　652
瓦吉德・阿里（阿瓦者納瓦卜政權）Wājid 'Alī, Nawwāb of Oudh　808～809
瓦里・穆罕默德（托蓋・鐵木爾朝）Walī Muḥammad, Toqay Temürid　700
瓦里拉（巴赫曼朝）Walī Allāh, Bahmanid　772
瓦沙卜（努麥爾朝）Waththāb, Numayrid　243～244
瓦希德，阿里（哈姆丹朝）'Alī, al-Waḥīd, Ḥamdānid　272
瓦拉德（賈拉伊爾朝）Shāh Walad, Jalāyirid　649
瓦齊爾・阿里（阿瓦者納瓦卜政權）Wazīr 'Alī, Nawwāb of Oudh　807
瓦赫蘇旦（朱斯坦朝）Wahsūdān, Justānid　372
瓦赫蘇旦（拉瓦德朝）Wahsūdān, Rawwādid　381～382
瓦赫蘇旦（穆薩非爾朝）Wahsūdān, Musāfirid　378, 380
瓦蘇勒・法特赫（米德拉爾朝）Wāsūl al-Fatḥ, Midrārid　104
布卡爾・加爾巴伊（迪克瓦的酋長，後成為博爾努的酋長）Bukar Garbai, Shehu of Dikwa and later Bornu　325
布卡爾（迪克瓦的馬伊）Bukar, Mai of Dikwa　326
布卡爾一世・庫拉（博爾努的卡涅姆卜系）Bukar I Kura, Kanembu Shehu of Bornu　324
布亞・賓・魯昆—道拉・哈珊（哈姆丹及伊斯法罕的布伊朝）Būya b. Rukn al-

Dawla Ḥasan, Būyid in Hamadan and Isfahan 390
布特—胥康，希坎達爾（喀什米爾蘇丹政權）Sikandar, But-shikan, Sultan of Kashmīr 748
布揚（白帳汗國）Buyan, White Horde Khān 612
布揚・古里（察合台汗國）Buyan Quli, Chaghatayid 602
布達各（杜勒嘎迪爾朝）Shāh Budaq, Dulghadïr Oghullarï 577
布爾漢（嘎希莫夫汗國）Sayyid Burhān, Khān of Qāsimov 636
布嘎（托嘎）・鐵木爾（察合台汗國）Buqa (Toqa Temür), Chaghatayid 600
布爾漢（伊瑪德朝）Burhān, 'Imād Shāhī 788
布爾漢一世（尼查姆朝）Burhān I, Niẓām Shāhī 785
布爾漢一至三世（尼查姆朝）Burhān, I, II and III, Niẓām Shāhīs 785～786
布赫特納剎爾・阿里（夏爾萬的雅濟德系國王）Bukhtnaṣṣar 'Alī, Yazīdī Sharwān Shāh 361
布魯內（汶萊的蘇丹）Shāh Brunei, Sultan of Brunei 840
布魯勤二世（罕瑪德朝）Buluggīn II, Ḥammādid 114
布贊（察合台汗國）Buzan, Chaghatayid 601
古巴者（拉瑪丹朝）Qubādh, Ramaḍan Oghullarï 575
古巴者（夏爾萬的雅濟德支系）Qubādh, Yazīdī Sharwān Shāh 361
古胥納斯普（加爾夏斯普二世，夏爾萬的雅濟德系國王）Gushnāsp or Garshāsp II, Yazīdī Sharwān Shāh 363
古特卜・穆勒克，蘇勒壇・古里・哈瓦斯汗・巴哈爾魯（古特卜朝）Sulṭān Qulī Khawāṣṣ Khān Bahārlu, Quṭb al-Mulk, Quṭb Shāhī 790～791
古特卜丁，毛杜德（贊吉朝）Mawdūd Quṭb al-Dīn, Zangid 470
古特卜丁，艾巴克（德里的穆儀茲支系蘇丹）Aybak, Quṭb al-Dīn, Mu'izzī Delhi Sultan 724
古特卜丁，辛達勒（喀什米爾蘇丹政權）Hindal, Quṭb al-Dīn, Sultan of Kashmīr 748
古特卜丁，非魯茲・夏赫（馬俄巴爾的蘇丹）Fīrūz Shāh, Quṭb al-Dīn, Sultan of Ma'bar 767
古特卜丁，哈珊（古爾朝）Ḥasan, Quṭb al-Dīn, Ghūrid 719
古特卜丁，賈漢（古特魯汗國）Shāh Jahān, Quṭb al-Dīn, Qutlughkhānid 511
古特卜丁，瑪赫穆德（穆查法爾朝）Shāh Maḥmūd, Quṭb al-Dīn, Muẓaffarid

643, 645
古特卜丁，穆巴拉克・夏赫（德里的哈勒吉支系蘇丹）Mubārak Shāh, Quṭb al-Dīn, Khaljī Delhi Sultan　726, 733
古特卜丁二世（錫斯坦的米赫拉班支系）Quṭb al-Dīn II, Mihrabānid Malik of Sistan　515
古特卜丁三世（錫斯坦的米赫拉班支系）Quṭb al-Dīn I and III, Mihrabānid Malik of Sistan　515
古特魯・伊南契（艾勒迪居茲朝）Qutlugh Inanch, Eldigüzid　490, 492
古特魯・帖爾肯（古特魯汗國攝政）Qutlugh Terken, Qutlughkhānid regent　510～511
古特魯・穆拉德（昆格拉特朝）Qutlugh Murād, Qungrat　707
古特魯汗（薩魯爾朝）Qutlugh Khān, Salghurid　504, 506
古勒帕（青帳汗國）Qulpa, Batu'id　611
古萊胥（伍蓋勒朝）Quraysh, 'Uqaylid　238
卡尤瑪爾斯，夏姆斯丁（德里蘇丹政權的穆儀茲支系）Kayūmarth Shams al-Dīn, Mu'izzī Delhi Sultan　725
卡尤瑪爾斯・賓・巴赫曼（巴杜斯潘朝）Kayūmarth b. Bahman, Bādūspānid　496
卡尤瑪爾斯・賓・比蘇頓（巴杜斯潘朝）Kayūmarth b. Bīsutūn, Bādūspānid　495
卡伊・卡伍斯（巴杜斯潘朝）Kay Kāwūs, Bādūspānid　493
卡伊・卡伍斯（夏爾萬的雅濟德系國王）Kay Kāwūs, Yazīdī Sharwān Shāh　363
卡伊・卡伍斯（濟亞爾朝）Kay Kāwūs, Ziyārid　415～416
卡伊・古巴者（夏爾萬的雅濟德系國王）Kay Qubādh Yazīdī Sharwān Shāh　363
卡伊・古巴者一至三世（東羅馬地區的塞爾柱政權）Kay Qubādh I, II and III, Seljuqs of Rūm　521～524, 532
卡伊・忽斯勞（巴杜斯潘朝）Kay Khusraw, Bādūspānid　494
卡伊・忽斯勞一至三世（東羅馬地區的塞爾柱政權）Kay Khusraw I, II and III, Seljuqs of Rūm　521～522
卡米勒（阿迪勒・阿赫瑪德）（迪亞巴克爾的艾尤布朝）al-Malik al-Kāmil (al-'Ādil Aḥmad), Ayyūbid in Diyār Bakr　197
卡米勒・哈利勒二世（迪亞巴克爾的艾尤布朝）al-Malik al-Kāmil Khalīl II, Ayyūbid in Diyār Bakr　197
卡米勒一世・穆罕默德（大馬士革和埃及的艾尤布朝）al-Malik al-Kāmil I Muḥammad, Ayyūbid in Damascus and Egypt　188, 190
卡米勒二世、三世（迪亞巴克爾的艾尤布朝）al-Malik al-Kāmil II and III, Ayyūbids in Diyār Bakr　195～196

卡伍斯・賓・阿胥拉夫（巴杜斯潘朝）Kāwūs b. Ashraf, Bādūspānid 495
卡伍斯・賓・卡尤瑪爾斯（巴杜斯潘朝）Kāwūs b. Kayūmarth, Bādūspānid 496
卡西爾（伍蓋勒朝）Kathīr, ʻUqaylid 239
卡里姆・貝爾迪（金帳汗國）Karīm Berdi, Golden Horde Khān 613
卡里姆拉（巴赫曼朝）Kalīm Allāh, Bahmanid 772, 774
卡拉旭烈（察合台汗國）Qara Hülegü, Chaghatayid 599～600
卡姆・巴赫胥（蒙兀兒帝國）Kām Bakhsh, Mughal 797
卡姆蘭（蒙兀兒帝國）Kāmrān, Mughal 796
卡姆蘭（薩多查伊支系）Kāmrān, Sadōzay 816
卡契姆・比里，歐斯曼（卡涅姆的統治者）ʻUthmān, Kachim Biri, Sultan of Kanem 319
卡納法（松海國王）Kanafa, King of Songhay 314
卡富爾・拉比（伊赫胥德朝）Kāfūr al-Lābī, Ikhshīdid 173
卡瑪勒丁，伊斯瑪儀（江達爾朝）Ismāʻīl Kamāl al-Dīn, Jāndār Oghullarī 558
卡瑪勒丁，哈珊（伊斯瑪儀里派的尼查里分支）al-Ḥasan, Kamāl al-Dīn, Nizārī Ismāʻīlī 186
卡瑪勒丁，胡笙（哈密德朝）Ḥusayn, Kamāl al-Dīn, Ḥamīd Oghullarī 550
卡瑪勒丁，非魯茲・夏赫三世（德里的圖魯革支系蘇丹）Fīrūz Shāh III, Kamāl al-Dīn, Tughluqid Delhi Sultan 726
卡圖魯（伏拉尼）Mai Katuru, Fulani 330
卡德・賓・伊德里斯（卡涅姆的統治者）Kade b. Idrīs, Sultan of Kanem 320
卡德・賓・杜納瑪（卡涅姆的統治者）Kade b. Dunama, Sultan of Kanem 319
卡德・賓・歐斯曼（卡涅姆的統治者）Kade b. ʻUthmān, Sultan of Kanem 321

六劃

成吉思汗（蒙古大汗）Chinggis (Chingiz), Mongol Great Khān 446, 455, 590～594, 602, 723, 799
安迪勒（統治頭銜為阿赫瑪德・非魯茲・夏赫・賽伊夫丁，孟加拉的統治者）ʻAndil (ruling title Aḥmad Fīrūz Shāh Sayf al-Dīn), ruler of Bengal 743
旭烈兀（胡拉庫）（伊兒汗國）Hülegü (or Hūlākū), Il Khānid 201, 213, 474, 478, 484, 500, 506, 593, 605～608, 650
亥爾丁・巴巴羅薩 Khayr al-Dīn Barbarossa 141
合贊（察合台汗國）Qazan, Chaghatayid 602, 608

艾尤布・夏赫（薩多查伊支系）Ayyūb Shāh, Sadōzay 816
艾巴克（孟加拉總督）Ā' or Khan Aybak, governor of Bengal 738
艾呂克（拉瑪丹朝）Eylük, Ramaḍan Oghullarï 574
艾金奇・賓・庫奇嘎爾（花剌子模國王）Ekinchi b. Quchqar, Khwārazm Shāh 443
托各塔米胥・哥萊（克里米亞的汗王）Toqtamïsh Giray, Khān of the Crimea 620
托各塔基亞（白帳汗國）Toqtaqiya, White Horde Khān 612
托哈・鐵木爾（伊兒汗國）Togha(y) Temür, Il Khānid 606～607
托勒・布嘎（青帳汗國）Töle Buqa, Batu'id 611
托德・蒙居（青帳汗國）Mengü (Töde Möngke), Batu'id 611
伍貝達拉（巴格達和伊拉克的塔希爾朝）'Ubaydallāh, Ṭāhirid in Baghdad and Iraq 419～421
伍貝達拉・賓・阿比－法伊德（托蓋・鐵木爾朝）'Ubaydallāh b. Abī 'l-Fayḍ, Toqay Temürid 701
伍貝達拉・賓・蘇布罕・古里（托蓋・鐵木爾朝）'Ubaydallāh b. Ṣubḥān Qulī, Toqay Temürid 701
伍梅（阿梅爾、阿瑪爾瑪）（卡涅姆的統治者）Ume or Amer or Amarma, Sultan of Kanem 321
伍魯吉・阿里（突尼斯的突厥征服者）'Ulūj 'Alī, Turkish conqueror of Tunis 141
朱內德（艾丁朝）Junayd, Aydïn Oghullarï 539～540
朱努恩（達尼胥面德朝）Malik Dhu 'l-Nūn, Dānishmendid 527
朱努恩－別克・阿爾袞（坎達哈爾總督及首位阿爾袞朝統治者）Dhu 'l-Nūn Beg Arghūn, governor of Kandahar and first of the Arghūns 793, 795
朱斯坦一世、二世（穆薩非爾朝）Justān I and II, Musāfirids 377, 379
朱斯坦二至四世（朱斯坦朝）Justān II, III and IV, Justānids 372～373
朱嘎爾納因（達尼胥面德朝）Dhu 'l-Qarnayn, Dānishmendid 527
朱蘭達（歐曼的首位伊巴迪派伊瑪目）al-Julandā, first Ibāḍī Imām in Oman 282～283
多干汗，瑪赫穆德・賓・胡笙（喀喇汗國）Maḥmūd b. Ḥusayn, Toghan Khān, Qara-khānid 453
多干汗，穆罕默德（阿赫瑪德）（喀喇汗國）Muḥammad (Aḥmad), Toghan Khān, Qara-khānid 448
多安・夏赫（亞茲德大統領政權）Togha(n) Shāh, Atabeg of Yazd 507～508
多里勒（穆吉斯丁）（孟加拉總督）

Ṭoghrïl, (Mughīth al-Dīn), governor of Bengal 739
多里勒一世—別克・穆罕默德（塞爾柱政權大蘇丹）Ṭoghrïl, (Ṭughril) I Beg Muḥammad, supreme Sultan, Seljuq 458
多里勒二世、三世（波斯及伊拉克的塞爾柱政權）Ṭoghrïl II and III, Seljuqs in Persia and Iraq 460, 491
多里勒・提金，歐瑪爾（喀喇汗國）'Umar, Ṭoghrïl Tigin, Qarakhānid 451
多提金（大馬士革的統治者，後建立柏爾朝）Ṭughtigin, ruler in Damascus 468～469
休賈俄（穆查法爾朝）Shāh-i Shujā', Muẓaffarid 643, 645
休賈俄（薩多查伊支系）Shāh Shujā', Sadōzay 816
休賈俄—道拉，休賈俄汗（孟加拉的納瓦卜政權）Shujā' Khān, Shujā' al-Dawla, Nawwāb of Bengal 804
休賈俄—道拉・賈拉勒丁，海達爾（阿瓦者的納瓦卜政權）Ḥaydar Shujā' al-Dawla Jalāl al-Dīn, Nawwāb of Oudh 807
休賈俄丁，巴德蘭（穆沙俄沙派）Sayyid Badrān, Shujā' al-Dīn, Musha'sha'id 671
休賈俄丁，古特魯（佘克曼朝的奴隸將領）Qutlugh Shujā' al-Dīn, Sökmenid slave commander 486
休賈俄丁，伊南吉—別克（伊南吉朝）Inanj Beg, Shujā' al-Dīn, Inanj Oghullarï 544～545
休賈俄丁，亞赫胥汗（嘎拉希朝）Yakhshï Khān, Shujā' al-Dīn, Qarasï Oghullarï 535
休賈俄丁，歐爾汗（面帖舍朝）Orkhan, Shujā' al-Dīn, Menteshe Oghullarï 541
休賈俄丁，蘇萊曼一世（江達爾朝）Sulaymān I, Shujā' al-Dīn, Jāndār Oghullarī 557
米特阿卜一世、二世（拉胥德家族）Mit'ab I and II, Āl Rashīd 303
米爾・賈俄法爾・穆罕默德汗（孟加拉的納瓦卜政權）Mīr Ja'far Muḥammad Khān, Nawwāb of Bengal 804
米爾・瑪赫布卜・阿里一世、二世（海德拉巴德的尼札姆朝）Mīr Maḥbūb 'Alī I and II, Niẓām of Hyderabad 811
米爾・歐斯曼・阿里汗・巴哈杜爾・法特赫・將（海德拉巴德的尼札姆朝）Mīr 'Uthmān 'Alī Khān Bahādur Fatḥ Jang, Niẓām of Hyderabad 811
米爾查・瓦里・阿米爾・巴里德三世（巴里德朝）Mīrzā Walī Amīr Barīd III, Barīd Shāhī 780
米爾查・阿里（巴里德朝）Mīrzā 'Alī, Barīd Shāhī 780
米爾查・阿迪勒汗一世（法魯基朝）Mīrzā 'Ādil Khān I, Fārūqī 776

米爾查・海達爾・杜格拉特（喀什米爾的蒙兀兒朝親王）Mīrzā Ḥaydar Dughlat, Mughal prince in Kashmīr 750
米爾查・瑪赫穆德（孟加拉的代表）Mīrzā Maḥmūd, Nawwāb of Bengal 804
米赫爾・瑪爾丹（巴萬德氏族的將領）Mihr Mardān, Bāwandid Ispahbadh 409
米德拉爾（蒙塔席爾）（米德拉爾朝）Midrār (al-Muntaṣir), Midrārid 104, 106
米蘭・穆巴拉克汗一世（法魯基朝）Mīrān Mubārak Khān I, Fārūqī 776
米蘭・穆罕默德・夏赫一世、二世（法魯基朝）Mīrān Muḥammad Shāh I and II, Fārūqī 777
吉卜拉伊勒（喀喇汗國）Jibrā'īl, Qarakhānid 449
吉巴勒，蘇里・賓・胡笙一世（古爾朝）Malik al-Jibāl, Sūrī b. Ḥusayn I, Ghūrid 719
吉里（北非的吉爾朝總督）Zīrī, Zīrid governor of the Maghrib 113
吉亞斯・敦亞瓦丁，穆罕默德，塔姆嘎奇（塔卜嘎奇）汗（喀喇汗國）Muḥammad, Tamghach (Tabghach) Khān, Ghiyāth al-Dunyā wa 'l-Dīn, Qarakhānid 450
吉亞斯丁（哈札爾阿斯普朝）Ghiyāth al-Dīn, Hazāraspid 502
吉亞斯丁，巴拉各（察合台汗國）Baraq, Ghiyāth al-Dīn, Chaghatayid 600
吉亞斯丁，巴哈杜爾（孟加拉總督）Bahādur Ghiyāth al-Dīn, ruler of Bengal 740
吉亞斯丁，巴勒班，烏魯格汗（德里的穆儀茲支系蘇丹）Balban, Ulugh Khān, Ghiyāth al-Dīn, Mu'izzī Delhi Sultan 725
吉亞斯丁・卡伊・忽斯勞（因朱俄朝）Ghiyāth al-Dīn Kay Khusraw, Inju'id 647
吉亞斯丁，托各塔（青帳汗國）Toqta, Ghiyāth al-Dīn, Batu'id 611
吉亞斯丁，托各塔米胥（白帳汗國，後屬於金帳汗國）Toqtamïsh, Ghiyāth al-Dīn, White Horde and then Golden Horde Khān 613
吉亞斯丁，阿俄札姆・夏赫（孟加拉的統治者）A'ẓam Shāh Ghiyāth al-Dīn, ruler of Bengal 741, 746
吉亞斯丁，希德爾汗・巴哈杜爾・夏赫（蘇爾支系總督，後成為孟加拉統治者）Khiḍr Khān Bahādur Shāh, Ghiyāth al-Dīn, Sūrī governor and then ruler of Bengal 744
吉亞斯丁，易卜拉欣（江達爾朝）Ibrāhīm Ghiyāth al-Dīn, Jāndār Oghullarī 557
吉亞斯丁・夏赫（德里蘇丹政權的哈勒吉支系）Ghiyāth al-Dīn, Shāh, Khaljī Delhi Sultan 763
吉亞斯丁・塔哈姆坦（巴赫曼朝）

Ghiyāth al-Dīn Tahamtan, Bahmanid 771
吉亞斯丁，圖魯革・夏赫一世、二世（德里的圖魯革支系蘇丹）Tughluq Shāh I and II, Ghiyāth al-Dīn, Tughluqid Delhi Sultans 726
吉亞斯丁，瑪赫穆德（古爾朝）Maḥmūd, Ghiyāth al-Dīn, Ghūrid 720
吉亞斯丁，瑪赫穆德（圖魯革支系）Maḥmūd, Ghiyāth al-Dīn, Tughluqid 726
吉亞斯丁，瑪赫穆德・夏赫（孟加拉的統治者）Maḥmūd Shāh Ghiyāth al-Dīn, ruler of Bengal 744
吉亞斯丁，穆罕默德一世（也列特納朝）Muḥammad I, Ghiyāth al-Dīn, Eretna Oghullarï 568
吉亞斯丁，穆罕默德・俄茲別克（青帳汗國）Muḥammad Özbeg, Ghiyāth al-Dīn, Batu'id 611, 698
吉亞斯丁，穆罕默德・達姆干・夏赫（馬俄巴爾的蘇丹）Muḥammad Dāmghān Shāh, Ghiyāth al-Dīn, Sultan of Ma'bar 767
吉亞斯丁一世、二世（卡爾特朝）Ghiyāth al-Dīn, I and II, Karts 640～641
吉亞斯丁二世・皮爾・阿里（卡爾特朝）Ghiyāth al-Dīn II Pīr 'Alī, Kart 641
吉亞達塔拉・阿拉一至三世（阿格拉布朝）Ziyādat Allāh I, II and III, Aghlabids 107
吉茲勒・阿爾斯蘭・歐斯曼（艾勒迪居茲朝）Qïzïl Arslan 'Uthmān, Eldigüzid 490
吉茲勒・阿赫瑪德（江達爾朝）Qïzïl Aḥmad, Jāndār Oghullarï 558
吉勒（卡涅姆的統治者）Jil, Sultan of Kanem 318～319
吉勒（達布伊氏族的將領）Gīl, Dābūyid Ispahbadh 406
吉蘭・夏赫（濟亞爾朝）Gīlān Shāh, Ziyārid 415～416
伊本─阿胥吉盧拉，阿布達拉・賓・阿里（莫夕亞的統治者）'Abdallāh b. 'Alī, Ibn Ashqīlūla, ruler of Murcia 83
伊本─嘎尼亞，雅赫亞（哥多華的統治者）Yaḥyā, Ibn Ghāniya, ruler in Cordova 76
伊本─嘎尼亞，穆罕默德・賓・阿里・賓・優素夫・瑪斯蘇非（巴利阿里群島的總督）Muḥammad b. 'Alī b. Yūsuf al-Massūfī, Ibn Ghāniya, governor of Balearics 85
伊本─瑪爾達尼胥，希拉勒（瓦倫西亞的統治者）Hilāl, Ibn Mardanīsh, ruler of Valencia 79
伊本─瑪爾達尼胥，阿布─阿布達拉・穆罕默德・賓・薩俄德（別號「狼王」，瓦倫西亞的統治者）Abū 'Abdallāh Muḥammad b. Sa'd, Ibn Mardanīsh, Rey Lobo or Lope, ruler of Valencia 79, 82
伊本─穆俄塔茲・穆爾塔達・蒙塔席夫

（巴格達的阿巴斯朝哈里發）Ibn al-Mu'tazz al-Murtaḍā al-Muntaṣif, 'Abbāsid caliph in Baghdad　47
伊利格汗，納斯爾，提金（喀喇汗國）Nāṣr, Tigin, Ilig Khān, Qarakhānid　452
伊里亞薩（米德拉爾朝）Ilyasa', Midrārid　104
伊里亞薩・賓・穆罕默德（伊里亞斯朝）Ilyasa' b. Muḥammad, Ilyāsid　436～437
伊姆蘭・賓・穆罕默德（祖萊俄朝）'Imrān b. Muḥammad, Zuray'id　269
伊拉各（花剌子模王國的阿夫里格支系）'Irāq, Afrīghid Khwārazm Shāh　440
伊娜雅特，扎基雅特丁・夏赫（亞齊女王）Zakiyyat al-Dīn Shāh, 'Ināyat, Queen of Acheh　826
伊納亞特・哥萊（克里米亞的汗王）'Ināyat Giray, Khān of the Crimea　621
伊納亞特・夏赫（亞齊蘇丹政權）'Ināyat Shāh, Sultan of Acheh　825
伊茲丁，巴拉班（佘克曼朝的奴隸將領）Balabān, 'Izz al-Dīn, Sökmenid slave commander　486
伊茲丁，巴勒班・尤茲巴基（孟加拉總督）Balban Yuzbakī, 'Izz al-Dīn, governor of Bengal　738～739
伊茲丁・卡伊・卡伍斯一世、二世（東羅馬地區的塞爾柱政權）Kay Kāwūs, I and II, 'Izz al-Dīn, Seljuqs of Rūm　521
伊茲丁・卡爾曼（米赫拉班支系）'Izz al-Dīn Karmān, Mihrabānid Malik　515
伊茲丁，多里勒・多干汗（孟加拉總督）Ṭoghrïl Toghan Khān, 'Izz al-Dīn, governor of Bengal　738
伊茲丁，阿赫瑪德・希德爾（阿爾圖革朝）Aḥmad Khiḍr, 'Izz al-Dīn, Artuqid　480
伊茲丁，哈姆查（拉瑪丹朝）Ḥamza 'Izz al-Dīn, Ramaḍān Oghullarï　574
伊茲丁・朗嘎爾（亞茲德大統領政權）Langar, 'Izz al-Dīn, Atabeg of Yazd　507
伊茲丁，雅赫亞（孟加拉的統治者）Yaḥyā 'Izz al-Dīn, ruler of Bengal　740
伊茲丁，曼蘇爾・阿布杜—阿濟茲（布爾吉支系的傭兵政權）al-Malik al-Manṣūr Abd al-'Azīz, 'Izz al-Dīn, Burjī Mamlūk　207
伊茲丁・瑪斯伍德一世、二世（贊吉朝）Mas'ūd, I and II, 'Izz al-Dīn, Zangids　470
伊茲丁，穆罕默德・胥朗汗（孟加拉總督）Muḥammad Shirān Khān, 'Izz al-Dīn, governor of Bengal　737
伊茲丁，穆儀茲・艾巴克・圖爾庫瑪尼（巴赫里支系的傭兵政權）al-Malik al-Mu'izz Aybak al-Turkumānī, 'Izz al-Dīn, Baḥri Mamlūk　203
伊勒・阿爾斯蘭（花剌子模國王）Il Arslan, Khwārazm Shāh　443

伊勒・嘎濟一世、二世（阿爾圖革朝）Il Ghāzī I and II, Artuqids 481
伊勒巴桑（白帳汗國）Ilbasan, White Horde Khān 612
伊斯凡迪亞爾（昆格拉特朝）Isfandiyār, Qungrat 707
伊斯坎達爾（帖木兒朝）Iskandar, Tīmūrid 658
伊斯坎達爾（胥班朝）Iskandar, Shībānid 697
伊斯坎達爾（黑羊汗國）Iskandar, Qara Qoyunlu 663
伊斯坎達爾・賓・卡尤瑪爾斯（巴杜斯潘朝）Iskandar b. Kayūmarth, Bādūspānid 495
伊斯坎達爾・賓・納瑪瓦爾（巴杜斯潘朝）Iskandar b. Nāmāwar, Bādūspānid 494
伊斯坎達爾・穆達（後稱為「世界之王」，亞齊蘇丹政權）Iskandar Muda, posthumously called Makota ʻĀlam (Crown of the World), Sultan of Acheh 826
伊斯坎達爾二世・阿拉俄丁，穆嘎亞特・夏赫（亞齊蘇丹政權）Mughāyat Shāh, Iskandar Thāni ʻAlā' al-Dīn, Sultan of Acheh 826
伊斯法赫薩拉爾（亞茲德大統領政權）Isfahsālār, Atabeg of Yazd 507
伊斯瑪儀（尼查姆朝）Ismāʻīl, Niẓām Shāhī 785
伊斯瑪儀（托雷多的朱努恩朝）Ismāʻīl, Dhu 'l-Nūnid of Toledo 77
伊斯瑪儀（松海的阿斯奇亞支系）Ismāʻīl, Askiya of Songhay 315
伊斯瑪儀（阿迪勒朝）Ismāʻīl, ʻĀdil Shāhī 782
伊斯瑪儀（花剌子模國王）Ismāʻīl, Khwārazm Shāh 442
伊斯瑪儀（基勒瓦的瑪赫達勒聖裔）Ismāʻīl, Mahdali Sultan of Kilwa 338
伊斯瑪儀（嘎茲納朝）Ismāʻīl, Ghaznawid 714
伊斯瑪儀（魯俄魯俄朝）Ismāʻīl, Lu'lu'id 477
伊斯瑪儀（穆薩非爾朝）Ismāʻīl, Musāfirid 377
伊斯瑪儀（贊吉朝）Ismāʻīl, Zangid 471
伊斯瑪儀，艾恩—道拉（達尼胥面德朝）Ismāʻīl ʻAyn al-Dawla, Dānishmendid 527, 529
伊斯瑪儀・阿賈米（伊斯瑪儀里派的尼查里分支）Ismāʻīl al-'Ajamī, Nizārī Ismāʻīlī 185
伊斯瑪儀・帕夏（穆罕默德・阿里家族）Ismāʻīl Pasha, House of Muḥammad ʻAlī 220
伊斯瑪儀・夏赫（喀什米爾蘇丹）Ismāʻīl Shāh, Sultan of Kashmīr 750
伊斯瑪儀・賓・阿赫瑪德一世（薩曼

朝）Ismā'īl b. Aḥmad I, Sāmānid 423
伊斯瑪儀・賓・阿濟茲・多提金（葉門的艾尤布朝）Ismā'īl b. al-'Azīz Tughtigin, Ayyūbid in Yemen 198
伊斯瑪儀・賓・哈非茲（法蒂瑪朝）Ismā'īl b. al-Ḥāfiẓ, Fāṭimid 177
伊斯瑪儀・賓・嘎伊姆（法蒂瑪朝）Ismā'īl b. al-Qā'im, Fāṭimid 176
伊斯瑪儀・穆赫（統治頭銜為阿布─法特赫・伊斯瑪儀・夏赫・納席爾丁，巴赫曼朝）Ismā'īl Mukh (ruling title Abu 'l-Fatḥ Ismā'īl Shāh Nāṣir al-Dīn), Bahmanid 770
伊斯瑪儀一世、二世，阿布─瓦立德（納斯爾朝）Ismā'īl I and II, Abu 'l-Walīd, Naṣrids 88～89
伊斯瑪儀一至三世（薩法維朝）Ismā'īl I, II and III, Ṣafawids 669, 675, 677～679, 685～686, 791
伊斯瑪儀二世・賓・努赫二世（薩曼朝）Ismā'īl II b. Nūḥ II, Sāmānids 424
伊斯潘（黑羊汗國）Ispan, Qara Qoyunlu 663
伊斯蘭・哥萊一至三世（克里米亞的汗王）Islām Giray I, II and III, Khāns of the Crimea 619～621
伊斯蘭・夏赫・蘇爾（德里的蘇爾支系蘇丹）Islām Shāh Sūr, Sūrī Delhi Sultan 729
伊瑪目・古里（托蓋・鐵木爾朝）Imām Qulī, Toqay Temürid 700
伊瑪目・歐瑪爾丁（哈拉爾的蘇丹）Imām 'Umar Dīn, Sultan of Harar 354
伊瑪德─道拉，阿布杜─瑪立克（胡德朝）'Abd al-Malik, 'Imād al-Dawla, Hūdid 81
伊瑪德─道拉，蒙迪爾・賓・阿赫瑪德（胡德朝）al-Mundhir b. Aḥmad, 'Imād al-Dawla, Hūdid 81
伊瑪德・穆勒克，法特赫拉・達爾亞汗（首位伊瑪德朝統治者）Fatḥ Allāh Daryā Khān, 'Imād al- Mulik, first of the 'Imād Shāhīs 788
伊瑪德丁（哈札爾阿斯普朝）'Imād al-Dīn, Hazāraspid 501
伊瑪德丁，朱努恩（達尼胥面德朝）Dhu 'l-Nūn, 'Imād al-Dīn, Dānishmendid 526
伊瑪德丁，阿布─巴克爾（阿爾圖革朝）Abū Bakr, 'Imād al-Dīn, Artuqid 480
伊瑪德丁，阿布─卡利賈爾・瑪爾祖班（布伊朝）Abū Kālījār Marzubān, 'Imād al-Dīn, Būyid 392
伊瑪德丁，剎里赫・伊斯瑪儀（傭兵政權的巴赫里支系）al-Malik al-Ṣāliḥ Ismā'īl, 'Imād al-Dīn, Baḥri Mamlūk 205
伊瑪德丁，夏罕夏赫（贊吉朝）Shāhan-shāh or Shāhānshāh 'Imād al-Dīn, Zangid 472

伊赫提亞爾丁，比爾杰汗（孟加拉總督）Bilge Khan, Ikhtiyār al-Dīn, governor of Bengal 738
伊赫提亞爾丁，嘎濟・夏赫（孟加拉的統治者）Ghāzī Shāh, Ikhtiyār al-Dīn, ruler of Bengal 741
伊赫提亞爾丁，穆罕默德・巴赫提亞爾・哈勒吉（孟加拉及比哈爾的征服者）Muḥammad Bakhtiyār Khaljī, Ikhtiyār al-Dīn, conqueror of Bihār and Bengal 737
伊德里斯・卡塔加爾瑪貝（博爾努的賽伊夫支系統治者）Idrīs Katagarmabe, Sayfī of Bornu 322
伊德里斯・阿勞瑪（博爾努的賽伊夫支系統治者）Idrīs Alawma, Sayfī of Bornu 322
伊德里斯・賓・易卜拉欣・尼卡勒（卡涅姆的統治者）Idrīs b. Ibrāhīm Nikale, Sultan of Kanem 319
伊德里斯・賓・達伍德（卡涅姆的統治者）Idrīs b. Dāwūd, Sultan of Kanem 320
伊德里斯一世（摩洛哥的政權競爭者）Idrīs I, disputant for authority in Morocco 123
伊德里斯一世、二世（伊德里斯朝）Idrīs I and II, Idrīsids 96, 98
伊德里斯一至三世（哈穆德朝）Idrīs I, II and III, Ḥammūdids 70～72
伊德里斯二世（穆哈德朝）Idrīs II, Almohad 123

七劃

貝爾卡特，夏利夫・阿里（汶萊蘇丹政權）Sharif Ali, Sultan Berkat, Sultan of Brunei 839
罕瑪德（罕瑪德朝）Ḥammād, Ḥammādid 114
佘克曼一世、二世（佘克曼朝）Sökmen I and II, Sōkmenids 485
佘克曼一世、二世（阿爾圖革朝）Sökmen I and II, Artuqids 479～481, 483
里達汗（里達・夏赫）（巴列維朝）Riḍā Khān, later Shah, Pahlawī 671, 675～676, 690, 692～693
里德萬（阿勒坡的塞爾柱政權）Riḍwān, Seljuq in Aleppo 461
奇貝克（金帳汗國）Kebek, Golden Horde Khān 613
奇貝克（柯佩克）（察合台汗國）Kebek (Köpek), Chaghatayid 600～601, 603
奇亞・布祖爾格（伊斯瑪儀里派的尼查里分支）Kiyā Buzurg, Nizārī Ismā'īlī 498
奇茲勒・阿爾斯蘭・阿濟茲（阿努胥提金支系的花剌子模國王）Qïzïl Arslan Atsïz, Anūshtiginid Khwārazm Shāh 443
奇爾曼・夏赫（奇爾曼的塞爾柱朝）Kirmān Shāh, Seljuq of Kirman 462
貝拉姆（夏爾萬國王）Bayram, Sharwān

Shāh　364
貝拉姆・赫瓦嘉（黑羊汗國）Bayram Khōja, Qara Qoyunlu　662
貝松古爾（白羊汗國）Baysonqur, Aq Qoyunlu　667
貝松古爾（帖木兒朝）Baysonqur, Tīmūrid　656
貝都（伊兒汗國）Baydu, Il Khānid　605
貝嘎拉（帖木兒朝）Bayqara, Tīmūrid　658
貝爾克（貝拉卡）（青帳汗國）Berke (Baraka), Batu'id　610
貝爾克・亞魯各（波斯及伊拉克的塞爾柱政權）Berk Yaruq (Barkiyāruq), Seljuq in Persia and Iraq　233, 459
杜拉夫（杜拉夫朝）Dulaf, Dulafid　388
杜拜斯一世、二世（瑪茲亞德朝）Dubays I and II, Mazyadids　231～233
杜納瑪・伍梅米・穆罕默德（卡涅姆的統治者）Dunama Umemi Muḥammad, ruler of Kanem　318
杜納瑪・勒非阿米（博爾努的賽伊夫支系統治者）Dunama Lefiami, Sayfī of Bornu　323～324
杜納瑪・嘎納（博爾努的賽伊夫支系統治者）Dunama Gana, Sayfī of Bornu　323
杜納瑪・賓・比里（卡涅姆的統治者）Dunama b. Biri, Sultan of Kanem　321
杜納瑪・賓・易卜拉欣（卡涅姆的統治者）Dunama b. Ibrāhīm, Sultan of Kanem　320
杜納瑪・賓・阿里（博爾努的賽伊夫支系統治者）Dunama b. 'Alī, Sayfī of Bornu　323
杜納瑪・賓・歐瑪爾（卡涅姆的統治者）Dunama b. 'Umar, Sultan of Kanem　320
杜納瑪・穆罕默德（博爾努的賽伊夫支系統治者）Dunama Muḥammad, Sayfī of Bornu　322
杜斯特・穆罕默德（巴拉克查伊支系）Dūst Muḥammad, Bārakzay　817, 819
杜嘎各（大馬士革的塞爾柱政權）Duqaq, Seljuq in Damascus　461, 469
希坎達爾（古嘉拉特蘇丹政權）Sikandar, Sultan of Gujarāt　755
希坎達爾（阿迪勒朝）Sikandar, 'Ādil Shāhī　783
希坎達爾・夏赫一世、二世（孟加拉的統治者）Sikandar Shāh I and II, rulers of Bengal　741, 743
希坎達爾・賈赫（海德拉巴德的尼札姆朝）Sikandar Jāh, Niẓām of Hyderabad　810
希坎達爾二世・尼查姆汗（德里蘇丹政權的洛迪支系）Sikandar II Niẓām Khān, Lōdī Delhi Sultan　728, 735
希姆朱爾・達瓦提（錫斯坦的薩曼朝總督及希姆朱爾朝的創立者）Sīmjūr al-Dawātī, governor for the Sāmānids in Sistan

and founder of the Sīmjūrids　434
希拉勒（哈薩努伊朝）Hilāl, Ḥasanūyid 399
希南（伊斯瑪儀里派的尼查里分支）Sinān, Nizārī Ismā'īlī　186～187
希南丁，希德爾（特克朝）Khiḍr, Sinān al-Dīn, Tekke Oghullarï　551
希南帕夏（歐斯曼帝國軍官）Sinān Pasha 141, 143
希夏姆（伍麥亞朝哈里發）Hishām, Umayyad caliph　41～42, 44, 255
希夏姆（阿拉維朝）Hishām, 'Alawid Sharīf　155
希夏姆（哈姆丹朝）Hishām, Ḥamdānid 271
希夏姆一至三世（西班牙的伍麥亞朝）Hishām I, II and III, Spanish Umayyads 58～60, 69
希德爾（艾丁朝）Khiḍr, Aydïn Oghullarï 539
希德爾（青帳汗國）Khiḍr, Batu'id　611
希德爾（喀喇汗國）Khiḍr, Qarakhānid 449
希德爾─別克（哈密德朝）Khiḍr Beg, Ḥamīd Oghullarï　550
希德爾・夏赫（剎魯汗朝）Khiḍr Shāh, Ṣarukhān Oghullarï　537
希德爾汗（封號為「至高的旗幟」，德里蘇丹政權的賽伊德支系）Khiḍr Khān, Rāyat-i A'lā, Sayyid ruler of Delhi　728, 734
努斯拉特・夏赫（孟加拉的統治者）Nuṣrat Shāh, ruler of Bengal　744, 747
努斯拉特・夏赫（德里的圖魯革支系）Nuṣrat Shāh, Tughluqid　727
努斯拉特・夏赫（德里蘇丹政權的圖魯革支系）Nuṣrat Shāh, Tughluqid　727
努斯拉特丁（剎希卜・阿塔朝）Nuṣrat al-Dīn, Ṣāḥib Atā Oghullarï　548
努斯拉特丁（哈札爾阿斯普朝）Nuṣrat al-Dīn, Hazāraspid　501～502
努斯拉特丁，阿布─巴克爾（艾勒迪居茲朝）Abū Bakr, Nuṣrat al-Dīn, Eldigüzid 490
努斯拉特丁，阿各・順固爾二世（阿爾斯蘭・阿巴）（阿赫瑪迪勒朝）Aq Sunqur II (Arslan Aba), Nuṣrat al-Dīn, Aḥmadīlī　488
努斯拉特丁，阿赫瑪德（剎希卜・阿塔朝　）Aḥmad, Nuṣrat al-Dīn, Ṣāḥib Atā Oghullarï　548
努斯拉特丁，阿赫瑪德（哈札爾阿斯普朝）Aḥmad, Nuṣrat al-Dīn, Hazāraspid　502
努斯拉特丁，哈札爾阿斯普（哈札爾阿斯普朝）Malik Hazārasp, Nuṣrat al-Dīn, Hazāraspid　501
努斯拉特丁，哈珊（剎希卜・阿塔朝）Nuṣrat al-Dīn, Ḥasan, Ṣāḥib Atā Oghullarï

548
努斯拉特丁，穆罕默德（米赫拉班支系）Muḥammad, Nuṣrat al-Dīn, Mihrabānid Malik 515
努爾・阿拉姆，娜基雅特丁・夏赫（亞齊女王）Naqiyyat al-Dīn Shāh, Nūr al-‘Ālam, Queen of Acheh 826
努爾—道拉，阿赫瑪德（哈倫）（喀喇汗國）Aḥmad (Hārūn), Nūr al-Dawla, Qarakhānid 452
努爾—道拉，哈倫（阿赫瑪德）（喀喇汗國）Hārūn (Aḥmad), Nūr al-Dawla, Qarakhānid 452
努爾—道拉，曼蘇爾，阿爾斯蘭汗（喀喇汗國）Manṣūr, Arslan Khān, Nūr al-Dawla, Qarakhānid 447
努爾—道拉・巴拉克（阿勒坡的統治者）Nūr al-Dawla Balak, ruler in Aleppo 461
努爾・道拉特・哥萊（克里米亞的汗王）Nūr Dawlat Giray, Khān of the Crimea 618～619
努爾・道拉特・哥萊（嘎希莫夫汗國）Nūr Dawlat Giray, Khān of Qāsimov 634
努爾丁，伊勒・阿爾斯蘭（贊吉朝）Il Arslan Nūr al-Dīn, Zangid 473
努爾丁，阿爾圖革國王（阿爾圖革朝）Artuq Shāh, Nūr al-Dīn, Artuqid 480
努爾丁，穆罕默德（阿爾圖革朝）Muḥammad Nūr al-Dīn, Artuqid 480
努赫（穆薩非爾朝）Nūḥ, Musāfirid 378
努赫一世、二世（薩曼朝）Nūḥ, I and II, Sāmānid 423～424
阿卜敦・伊本—哈茲倫（阿爾科斯的哈茲倫氏族）‘Abdūn Ibn Khazrūn, Khazrūn of Arcos 73
阿夫里敦（達尼胥面德朝）Afrīdūn, Dānishmendid 527
阿夫拉希亞卜一世、二世（哈札爾阿斯普朝）Afrāsiyāb I and II, Hazāraspid 502
阿夫拉赫（魯斯塔姆朝）Aflaḥ, Rustamid 100
阿夫達勒・阿巴斯（拉蘇勒朝）al-Malik al-Afḍal al-‘Abbās, Rasūlid 276
阿夫達勒・阿里（大馬士革的艾尤布朝）al-Malik al-Afḍal ‘Alī, Ayyūbids in Damascus 189
阿夫達勒・穆罕默德（拉蘇勒朝）al-Malik al-Af al Mu ammad, Ras lid 277
阿夫達勒・穆罕默德（哈馬特的艾尤布朝）al-Malik al-Afḍal Muḥammad, Ayyūbid in Ḥamāt 194
阿巴・穆斯塔法一世、二世（迪克瓦的馬伊）Abba Muṣṭafā I and II, Mais of Dikwa 326
阿巴各（柏爾朝）Abaq, Börid 468～469
阿巴斯（古爾朝）‘Abbās, Ghūrid 719
阿巴斯（雅俄固卜）・賓・穆塔瓦基勒

一世（開羅的阿巴斯朝哈里發）'Abbās (or Ya'qūb) b. al-Mutawakkil I, 'Abbāsid caliph in Cairo 51, 208
阿巴斯・希勒米一世、二世（穆罕默德・阿里家族）'Abbās Ḥilmī I and II, House of Muḥammad 'Alī 220
阿巴斯・穆卡拉姆（祖萊俄朝）al-'Abbās al-Mukarram, Zuray'id 265
阿巴斯一至三世（薩法維朝）'Abbās I, II and III, Ṣafawids 407, 497, 503, 677, 678, 680～681
阿巴嘎（伊兒汗國）Abaqa, Il Khānid 605
阿巴德（塞維爾的阿巴德朝）'Abbād, 'Abbādid of Seville 72
阿布—巴克爾（人稱「誠信者」，正統哈里發）Abū Bakr al-Ṣiddīq 'Rightly-Guided' Caliph 36～37
阿布—巴克爾（巴卡利）（松海國王）Abū Bakr or Bakari, King of Songhay 314
阿布—巴克爾（夏爾萬國王）Abū Bakr, Sharwān Shāh 365
阿布—巴克爾（博爾努的卡涅姆卜系酋長）Abū Bakr, Kanembu Shehu of Bornu 324
阿布—巴克爾（魯斯塔姆朝）Abū Bakr, Rustamid 100
阿布—巴克爾・巴瓦納・果戈（帕泰島的納布罕氏族統治者）Abū Bakr Bwana Gogo, Nabhānī of Pate 343
阿布—巴克爾，巴瓦納・塔姆・姆庫（帕泰島的納布罕氏族統治者）Bwana Tamu Mkuu, Abū Bakr, Nabhānī of Pate 343
阿布—巴克爾，巴瓦納・塔姆・姆塔托（帕泰島的納布罕氏族統治者）Bwana Tamu Mtoto, Abū Bakr, Nabhānī of Pate 343
阿布—巴克爾・伊本—塔希爾，阿赫瑪德（莫夕亞的統治者）Aḥmad, Abū Bakr Ibn Ṭāhir, ruler of Murcia 82
阿布—巴克爾・伊赫胥德，穆罕默德（伊赫胥德朝）Muḥammad, Abū Bakr al-Ikhshīd, Ikhshīdid 173
阿布—巴克爾・阿提各（阿提庫）・賓・歐斯曼（人稱馬伊卡圖魯，伕拉尼統治者）Abū Bakr 'Atīq (Atiku) b. 'Uthmān, called Mai Katuru, Fulani 330
阿布—巴克爾・阿提各（阿提庫・納・拉巴赫）・賓・穆罕默德・貝洛（伕拉尼統治者）Abū Bakr 'Atīq (Atiku na Rabah) b. Muḥammad Bello Fulani 331
阿布—巴克爾・夏赫（德里的圖魯革支系蘇丹）Abū Bakr Shāh, Tughluqid Sultan of Delhi 727
阿布—巴克爾・賓・法里斯（馬林朝）Abū Bakr b. Fāris, Marīnid 128
阿布—巴克爾・賓・阿布杜—哈格一世（馬林朝）Abū Bakr b. 'Abd al-Ḥaqq I,

Marīnid 127
阿布─巴克爾・賓・達伍德（卡涅姆的蘇丹）Abū Bakr b. Dāwūd, Sultan of Kanem 320
阿布─巴克爾・賓・歐瑪爾（穆拉比特朝）Abū Bakr b. ‘Umar, Almoravid 118, 120～121
阿布─巴克爾・賓・穆罕默德（帕泰島的納布罕氏族統治者，840 / 1346）Abū Bakr b. Muḥammad, Nabhānī of Pate (840/1346) 342
阿布─巴克爾・賓・穆罕默德（帕泰島的納布罕氏族統治者，900 / 1495）Abū Bakr b. Muḥammad, Nabhānī of Pate (900 / 1495) 343
阿布─巴克爾・賓・謝胡（伏拉尼統治者）Abū Bakr b. Shehu, Fulani 332
阿布─巴克爾一世、二世（哈夫斯朝）Abū Bakr I and II, Ḥafṣids 139
阿布─巴克爾一世、二世（哈拉爾蘇丹政權）Abū Bakr I and II, Sultans of Harar 355
阿布─卡利賈爾・剎姆剎姆─道拉，瑪爾祖班（布伊朝）Marzubān, Abū Kālījār Ṣamṣām al-Dawla, Būyid 392, 395
阿布─亥爾（圖拉的汗王及花剌子模北部的統治者）Abu ’l-Khayr, khān at Tura and ruler in northern Khwārazm 696, 698
阿布─艾胥，阿赫瑪德・賓・嘎希姆（伊德里斯朝）Aḥmad b. al-Qāsim, Abu ’l-‘Aysh, Idrīsid 97
阿布─阿巴斯・剎法赫，阿布達拉・賓・穆罕默德・伊瑪目（巴格達的阿巴斯朝哈里發）‘Abdallāh b. Muḥammad al-Imām, Abu ’l-‘Abbās al-Saffāh, ‘Abbāsid caliph in Baghdad 45
阿布─阿布達拉（什葉派宣教士）Abū ‘Abdallāh, al-Shī‘ī propagandist 176
阿布─阿布達拉・穆俄塔茲，穆罕默德・賓・穆塔瓦基勒（巴格達的阿巴斯朝哈里發）Muḥammad b. al-Mutawakkil, Abū ‘Abdallāh al-Mu’tazz, ‘Abbāsid caliph in Baghdad 46
阿布─阿里（古爾朝）Abū ‘Alī, Ghūrid 719
阿布─阿里・阿剎姆，哈珊（嘎爾瑪提派統治者）al-Ḥasan, Abū ‘Alī al-‘Aṣam, Carmathian ruler 247
阿布─阿里・魯昆─道拉，哈珊・賓・布亞（布伊朝的吉巴勒支系）Ḥasan b. Būya, Abu ‘Alī Rukn al-Dawla, Būyid in Jibāl 390
阿布─阿拉卜（雅俄魯卜朝）Abu ’l-‘Arab, Ya‘rubid 286
阿布─易卜拉欣・易斯哈格・賓・穆罕默德（嘎尼亞部族的統治者）Abū Ibrāhīm Isḥāq b. Muḥammad, ruler of the Banū Ghāniya 85

阿布—易斯哈格（穆查法爾朝）Sulṭān Abū Isḥāq, Muẓaffarid 644
阿布—易斯哈格・穆俄塔席姆，穆罕默德・賓・拉胥德（巴格達的阿巴斯朝哈里發）Muḥammad b. al-Rashīd, Abū Isḥāq al-Mu'taṣim, 'Abbāsid caliph in Baghdad 46
阿布—法瓦里斯（奇爾曼的布伊朝）Abū 'l-Fawāris, Būyid in Kirman 393
阿布—法伊德（托蓋・鐵木爾朝）Abu 'l-Fayḍ, Toqay Temürid 701～702
阿布—法特赫（伊斯瑪儀里派的尼查里分支）Abu 'l-Fatḥ, Nizārī Ismā'īlī 185
阿布—法特赫（贊德朝）Abu 'l-Fatḥ, Zand 685
阿布—法特赫・吉蘭・納席爾（柴迪派伊瑪目）Abu 'l-Fatḥ al-Daylamī al-Nāṣir, Zaydī Imām 251
阿布—法特赫，穆罕默德・賓・優素夫（喀喇汗國）Muḥammad b. Yūsuf, Abu 'l-Fatḥ, Qarakhānid 452
阿布—哈珊（古特卜朝）Abu 'l-Ḥasan, Quṭb Shāhī 790
阿布—哈珊・札希爾（法蒂瑪朝）Abu 'l-Ḥasan al-Ẓahir, Fāṭimid 176
阿布—哈珊・伊瑪德—道拉，阿里・賓・布亞（布伊朝初期統治者）'Alī b. Būya, Abu 'l-Ḥasan 'Imād al-Dawla, first of the Būyids 390～391
阿布—哈珊（阿布—哈順）・阿里・賓・穆罕默德二世（瓦塔斯朝）'Alī b. Muḥammad II, Abu 'l-Ḥasan or Abū Ḥassūn, Waṭṭāsid 145
阿布—哈珊，阿里・賓・薩俄德（被稱為「哈珊王」，納斯爾朝）'Alī b. Sa'd, Abu 'l-Ḥasan (Muley Hácen), Naṣrid 91
阿布—哈珊・賈納赫—道拉，阿里・賓・穆罕默德（伍蓋勒朝）'Alī b. Muḥammad, Abu 'l-Ḥasan Janāḥ al-Dawla, 'Uqaylid 237
阿布—胡笙・曼蘇爾，嘎希姆・賓・阿里・伊亞尼（柴迪派伊瑪目）al-Qāsim b. 'Alī al-'Iyānī, Abu 'l-Ḥusayn al-Manṣūr, Zaydī Imām 251
阿布—納斯爾・穆爾塔達—道拉，曼蘇爾（哈姆丹朝）Manṣūr, Abū Naṣr Murtaḍā al-Dawla, Ḥamdānid 227
阿布—曼蘇爾（伊斯瑪儀里派的尼查里分支）Abū Manṣūr, Nizārī Ismā'īlī 186
阿布—曼蘇爾（阿納茲朝）Abū Manṣūr, 'Annāzid 402
阿布—曼蘇爾，阿里・賓・亞濟德（夏爾萬的雅濟德系國王）'Alī b. Yazīd, Abū Manṣūr, Yazīdī Sharwān Shāh 361, 369
阿布—曼蘇爾汗（阿瓦者的納瓦卜政權）Abū Manṣūr Khān, Nawwāb of Oudh 807
阿布—傑胥（穆克拉姆朝）Abū 'l-Jaysh, Mukramid 284

阿布—萊亞恩（伍蓋勒朝）Abū 'l-Rayyān, 'Uqaylid 240
阿布—塔立卜，雅赫亞・賓・穆罕默德（柴迪派伊瑪目）Yaḥyā b. Muḥammad, Abū Ṭālib, Zaydī Imām 252
阿布—塔休芬（阿布杜—瓦迪德朝）Abū Tāshufīn, 'Abd al-Wādid 133～135
阿布—塔希爾（哈札爾阿斯普朝）Abū Ṭāhir, Hazāraspid 501
阿布—塔希爾・剎伊格（伊斯瑪儀里派的尼查里分支）Abū Ṭāhir al-Ṣā'igh, Nizārī Ismā'īlī 185
阿布—塔敏・穆斯坦席爾，瑪阿德（法蒂瑪朝）Ma'add, Abū Tamīm al-Mustansīr, Fāṭimid 176, 178～180, 186～187, 235, 244
阿布—賈俄法爾，阿赫瑪德（莫夕亞的統治者）Aḥmad, Abū Ja'far, ruler of Murcia 82
阿布—賈俄法爾・曼蘇爾，阿布達拉・賓・穆罕默德，伊瑪目（巴格達的阿巴斯朝哈里發）'Abdallāh b. Muḥammad, al-Imām, Abū Ja'far al-Manṣur, 'Abbāsid caliph in Baghdad 45
阿布—賈俄法爾・蒙塔席爾・穆罕默德・賓・穆塔瓦基勒（巴格達的阿巴斯朝哈里發）Muḥammad b. al-Mutawakkil, Abū Ja'far al-Muntaṣir, 'Abbāsid caliph in Baghdad 46
阿布—達瓦德，穆罕默德・賓・穆賽亞卜（伍蓋勒朝）Muḥammad b. al-Musayyab, Abu 'l-Dhawwād, 'Uqaylid 237, 240
阿布—嘎希姆，巴布爾（帖木兒朝）Bābur, Abu 'l-Qāsim, Tīmūrid 657
阿布—嘎希姆，薩義德（嘎爾瑪提派統治者）Sa'īd, Abu 'l-Qāsim, Carmathian ruler 246
阿布—嘎希姆・穆各塔迪，阿布達拉・賓・穆罕默德（巴格達的阿巴斯朝哈里發）'Abdallāh b. Muḥammad, Abu 'l-Qāsim al-Muqtadī, 'Abbāsid caliph in Baghdad 48
阿布—嘎拉特（祖萊俄朝）Abu 'l-Ghārāt, Zuray'id 268
阿布—嘎夏姆（伍蓋勒朝）Abū Ghash-shām, 'Uqaylid 239
阿布—嘎納伊姆（伍蓋勒朝）Abu 'l-Ghanā'im, 'Uqaylid 239
阿布—嘎濟（托蓋・鐵木爾朝）Abu 'l-Ghāzī, Toqay Temürid 701～702
阿布—嘎濟，伍貝達拉（胥班朝）'Ubaydallāh Abu 'l-Ghāzi, Shībānid 696
阿布—嘎濟，穆罕默德・阿敏（人稱梅德敏，昆格拉特朝）Muḥammad Amīn, Abu 'l-Ghāzi, called Medemīn, Qungrat 706
阿布—瑪瓦希卜，哈珊・賓・蘇萊曼（基勒瓦的瑪赫達勒聖裔）al-Ḥasan b. Sulaymān Abu 'l-Mawāhib, Mahdali Sultan

of Kilwa 338
阿布—瑪阿里・賽伊夫丁，曼蘇爾・嘎拉溫・阿勒非（巴赫里支系的傭兵政權）al-Malik al-Manṣūr Qalāwūn al-Alfī, Abu 'l-Ma'ālī, Sayf al-Dīn, Baḥri Mamlūk 204
阿布—瑪爾萬，阿布杜—瑪立克・賓・宰丹・納席爾（薩俄德朝）'Abd al-Malik b. Zaydān al-Nāṣir, Abū Marwān, Sa'did Sharīf 150
阿布—穆罕默德（伊斯瑪儀里派的尼查里分支）Abū Muḥammad, Nizārī Ismā'īlī 185
阿布—穆罕默德・嘎立卜，阿布達拉・賓・瑪哈瑪德—謝赫（薩俄德朝）'Abd-allāh b. Maḥammad al-Shaykh, Abū Muḥammad al-Ghālib, Sa'did Sharīf 148
阿布—穆罕默德二世（穆克拉姆朝）Abū Muḥammad II, Mukramid 284
阿布—穆查法爾・吉亞斯丁（伊赫提亞爾丁，尤茲巴克）（孟加拉總督）Abu 'l-Muẓaffar Ghiyāth al-Dīn (Yuzbak, Ikhtiyār al-Dīn), governor of Bengal 738
阿布—穆查法爾・納席爾丁，瑪赫穆德・夏赫（孟加拉的統治者）Maḥmūd Shāh, Abu 'l-Muẓaffar Nāṣir al-Dīn, ruler of Bengal 742
阿布—穆薩・阿敏，穆罕默德・賓・拉胥德（巴格達的阿巴斯朝哈里發）Muḥammad b. al-Rashīd, Abū Mūsā al-Amīn, 'Abbāsid caliph in Baghdad 45
阿布—優素夫（黑羊汗國）Abū Yūsuf, Qara Qoyunlu 663
阿布—優素夫，雅俄固卜（剎法爾朝的雷斯支系）Ya'qūb, Abū Yūsuf, Laythid Ṣaffārid 427
阿布—薩義德（伊兒汗國）Abū Sa'īd, Il Khānid 606
阿布—薩義德（帖木兒朝）Abū Sa'īd, Tīmūrid 656
阿布—薩義德（哈札爾阿斯普朝）Abū Sa'īd, Hazāraspid 502
阿布—薩義德（黑羊汗國）Abū Sa'īd, Qara Qoyunlu 663
阿布—薩義德・札伊姆（阿布杜—瓦迪德朝）Abū Sa'īd al-Za'īm, 'Abd al-Wādid 133
阿布—薩義德，哈珊（嘎爾瑪提派統治者）al-Ḥasan, Abū Sa'īd, Carmathian ruler 246, 248～249
阿布—蘇伍德（祖萊俄朝）Abu 'l-Su'ūd, Zuray'id 268
阿布杜—卡里姆（巴格達的阿巴斯朝哈里發）'Abd al-Karīm, 'Abbāsid caliph in Baghdad 48
阿布杜—卡里姆（阿斯特拉汗國）'Abd al-Karīm, Khān of Astrakhan 628
阿布杜—卡里姆（哈拉爾的蘇丹）'Abd al-Karīm, Sultan of Harar 355, 357

阿布杜—卡哈爾（汶萊蘇丹政權）Abdul Kahhar, Sultan of Brunei 839
阿布杜—瓦希德（阿布杜—瓦德朝）‘Abd al-Wāḥid, ‘Abd al-Wādid 134
阿布杜—瓦希德・賓・伊德里斯一世（穆哈德朝）‘Abd al-Wāḥid b. Idrīs I, Almohad 123
阿布杜—瓦希德・賓・優素夫一世（穆哈德朝）‘Abd al-Wāḥid b. Yūsuf I, Almohad 122
阿布杜—瓦哈卜（魯斯塔姆朝）‘Abd al-Wahhāb, Rustamid 100
阿布杜—阿哈德（滿吉特朝）‘Abd al-Aḥad, Mangït 704
阿布杜—阿濟茲（瓦倫西亞的曼蘇爾）‘Abd al-‘Azīz, al-Manṣūr of Valencia and Almería 74, 82
阿布杜—阿濟茲（托蓋・鐵木爾朝）‘Abd al-‘Aziz, Toqay Temürid 700
阿布杜—阿濟茲（杜拉夫朝）‘Abd al-‘Azīz, Dulafid 388～389
阿布杜—阿濟茲（拉胥德家族）‘Abd al-‘Azīz, Āl Rashīd 303
阿布杜—阿濟茲（阿拉維朝）‘Abd al-‘Azīz, ‘Alawid Sharīf 155
阿布杜—阿濟茲（哈夫斯朝）‘Abd al-‘Azīz, Ḥafṣid 140
阿布杜—阿濟茲（歐斯曼帝國）‘Abd al-‘Azīz, Ottoman 583
阿布杜—阿濟茲一世（蘇伍德家族）‘Abd al-‘Azīz, I, Āl Su’ūd 293
阿布杜—阿濟茲一世、二世（馬林朝）‘Abd al-‘Azīz, I and II, Marīnids 128～129
阿布杜—阿濟茲二世（利雅德的統領、漢志與內志的國王、沙烏地阿拉伯國王）‘Abd al-‘Azīz, II, amīr in Riyāḍ, King of Ḥijāz and Najd and King of Su’ūdī Arabia 295
阿布杜—拉查各（薩爾巴達爾朝）‘Abd al-Razzāq, Sarbadārid 652
阿布杜—拉胥德（嘎茲納朝）‘Abd al-Rashīd, Ghaznawid 715
阿布杜—拉提夫（卡贊汗王）‘Abd al-Laṭīf, Khān of Kazan 631
阿布杜—拉提夫（胥班朝）‘Abd al-Laṭīf, Shībānid 697
阿布杜—拉赫曼（丹嚴・卡斯寇）（伕拉尼統治者）‘Abd al-Raḥmān (Danyen Kasko), Fulani 331
阿布杜—拉赫曼（巴拉克查伊支系）‘Abd al-Raḥmān, Bārakzay 817, 820
阿布杜—拉赫曼（阿拉維朝）‘Abd al-Raḥmān, ‘Alawid Sharīf 155
阿布杜—拉赫曼（阿斯特拉汗國）‘Abd al-Raḥmān, Khān of Astrakhan 628～629
阿布杜—拉赫曼（哈拉爾的蘇丹）‘Abd al-Raḥmān, Sultan of Harar 355

阿布杜—拉赫曼（馬林朝）‘Abd al-Raḥmān, Marīnid　129
阿布杜—拉赫曼（博爾努的卡涅姆卜系）‘Abd al-Raḥmān, Kanembu Shebu of Bornu　324
阿布杜—拉赫曼（魯斯塔姆朝）‘Abd al-Raḥmān, Rustamid　100～102
阿布杜—拉赫曼（蘇伍德家族，利雅德總督）‘Abd al-Raḥmān, governor of Riyāḍ, Āl Su‘ūd　294
阿布杜—拉赫曼一至三世（阿布杜—瓦德朝）‘Abd al-Raḥmān I, II and III, ‘Abd al-Wādids　133～134
阿布杜—拉赫曼一至五世（西班牙的伍麥亞朝）‘Abd al-Raḥmān I-V, Spanish Umayyads　58～63
阿布杜—哈克・穆賓（汶萊蘇丹政權）Abdul Hakk Mubin, Sultan of Brunei　840
阿布杜—哈里姆（馬林朝）‘Abd al-Ḥalīm, Marīnid　128
阿布杜—哈格一世、二世（馬林朝）‘Abd al-Ḥaqq I and II, Marīnids　127, 130～131, 146～147
阿布杜—哈密德一世、二世（歐斯曼帝國）‘Abd al-Ḥamīd I and II, Ottomans　166, 583～584
阿布杜—夏庫爾・穆罕默德一世（哈拉爾的蘇丹）‘Abd al-Shakūr Muḥammad I, Sultan of Harar　355
阿布杜—納比（瑪赫迪朝）‘Abd al-Nabī, Mahdid　274～275
阿布杜—賈利勒（吉勒、瑟勒瑪）（卡涅姆國的統治者）‘Abd al-Jalīl (Jīl) or Selema, ruler of Kanem　318
阿布杜—賈里魯勒・阿克巴爾（後稱為瑪爾胡姆・圖哈，汶萊蘇丹政權）Abdul Jalilul Akbar, posthumously called Marhum Tuha, Sultan of Brunei　840
阿布杜—賈里魯勒・賈巴爾（汶萊蘇丹政權）Abdul Jalilul Jabbar, Sultan of Brunei　840
阿布杜—瑪立克（伍麥亞朝哈里發）‘Abd al-Malik, Umayyad caliph　40, 42
阿布杜—瑪立克（阿拉維朝）‘Abd al-Malik, ‘Alawid Sharīf　154
阿布杜—瑪立克（阿密爾氏族）‘Abd al-Malik, ‘Amirid　78
阿布杜—瑪立克（哥多華的賈赫瓦爾朝）‘Abd al-Malik, Jahwarid of Cordova　76
阿布杜—瑪立克・賓・拉胥卡利（達爾班德的哈胥姆朝）‘Abd al-Malik b. Lashkarī, Hāshimid of Darband　369～370
阿布杜—瑪立克・賓・哈胥姆（達爾班德的哈胥姆朝）‘Abd al-Malik b. Hāshim, Hāshimid of Darband　367
阿布杜—瑪立克・賓・曼蘇爾（達爾班德的哈胥姆朝）‘Abd al-Malik b. Manṣūr, Hāshimid of Darband　369

阿布杜—瑪立克・賓・瑪哈瑪德—謝赫（薩俄德朝）‘Abd al-Malik b. Maḥammad al-Shaykh, Sa’did Sharīf 149
阿布杜—瑪立克一世、二世（薩曼朝）‘Abd al-Malik, I and II, Sāmānids 423～424
阿布杜—瑪吉德（法蒂瑪朝）‘Abd al-Majīd, Fāṭimid 177
阿布杜—瑪吉德一世、二世（歐斯曼帝國）‘Abd al-Majīd I and II, Ottomans 583～584
阿布杜—穆俄敏（托蓋・鐵木爾朝）‘Abd al-Mu’min, Toqay Temürid 701
阿布杜—穆俄敏（哈夫斯朝）‘Abd al-Mu’min, Ḥafṣid 141～142
阿布杜—穆俄敏（胥班朝）‘Abd al-Mu’min, Shïbānid 697
阿布杜—穆俄敏（馬林朝）‘Abd al-Mu’min, Marīnid 128
阿布杜—穆俄敏（喀喇汗國）‘Abd al-Mu’min, Qarakhānid 453
阿布杜—穆俄敏（穆哈德朝）‘Abd al-Mu’min, Almohad 122, 124
阿布杜—穆敏（汶萊蘇丹政權）Abdul Mumin, Sultan of Brunei 842
阿布杜—穆塔立卜（哈須姆大公）‘Abd al-Muṭṭalib, Hāshimite Sharīf 298～299
阿布達拉（尤俄非爾朝）‘Abdallāh, Yu‘firid 261
阿布達拉（巴達霍斯的阿夫塔斯朝）‘Abdallāh, Afṭasid of Badajoz 77
阿布達拉（卡勒卜朝）‘Abdallāh, Kalbid 110
阿布達拉（古特卜朝）‘Abdallāh, Quṭb Shāhī 790
阿布達拉（布—薩義德家族）‘Abdallāh, Āl Bū Sa‘īd 351
阿布達拉（伍貝達拉）・賓・胡笙（法蒂瑪朝）‘Abdallāh (‘Ubaydallāh) b. Ḥusayn, Fāṭimid 176
阿布達拉（米德拉爾朝）‘Abdallāh, Midrārid 105
阿布達拉（西班牙的伍麥亞朝）‘Abdallāh, Spanish Umayyad 58
阿布達拉（阿布達拉希）（伕拉尼統治者）‘Abdallāh (Abdallahi), Fulani 330
阿布達拉（阿拉維朝）‘Abdallāh, ‘Alawid Sharīf 154
阿布達拉（帖木兒朝）‘Abdallāh, Tīmūrid 656
阿布達拉（昆格拉特朝）‘Abdallāh, Qungrat 707
阿布達拉（哈姆丹朝）‘Abdallāh, Ḥamdānid 226
阿布達拉（格拉納達的吉爾朝）‘Abdallāh, Zīrid of Granada 73
阿布達拉（馬林朝）‘Abdallāh, Marīnid 129
阿布達拉（博爾努的賽伊夫支系統治者）

‘Abdallāh, Sayfī of Bornu 318
阿布達拉（穆哈德朝）‘Abdallāh, Almohad 123
阿布達拉（穆夏俄夏俄朝）Sayyid ‘Abdallāh, Musha‘sha‘id 673
阿布達拉（濟亞德朝）‘Abdallāh, Ziyādid 258
阿布達拉・比庫爾（卡涅姆國的統治者）‘Abdallāh Bikur, ruler of Kanem 318
阿布達拉，阿布—法里斯・瓦西格（薩俄德朝）‘Abdallāh, Abū Fāris al-Wāthiq, Sa’did Sharīf 149
阿布達拉・賓・巴沙（花剌子模王國的阿夫里格支系）‘Abdallāh b. T.r.k.s.bātha, Afrīghid Khwārazm 440
阿布達拉・賓・卡德（卡涅姆的統治者）‘Abdallāh b. Kade, Sultan of Kanem 319
阿布達拉・賓・伊亞德（莫夕亞的統治者）‘Abdallāh b. ‘Iyāḍ, ruler of Murcia 82
阿布達拉・賓・阿里（拉胥德家族）‘Abdallāh b. ‘Alī, Āl Rashīd 303～304
阿布達拉・賓・阿胥卡姆（花剌子模王國的阿夫里格支系）‘Abdallāh b. Ashkam, Afrīghid Khwārazm Shāh 440
阿布達拉・賓・阿赫瑪德（瑪茲魯伊家族）‘Abdallāh b. Aḥmad, Mazrū‘ī 348
阿布達拉・賓・拉胥德（巴格達的阿巴斯朝哈里發）‘Abdallāh b. al-Rashīd, ‘Abbāsid caliph in Baghdad 45
阿布達拉・賓・法拉吉・沙格利（莫夕亞的統治者）‘Abdallāh b. Faraj al-Thaghrī, ruler of Murcia 82
阿布達拉・賓・易斯哈格（呼羅珊的塔希爾朝）‘Abdallāh b. Isḥāq, Ṭāhirid of Khurasan 419
阿布達拉・賓・易斯哈格（嘎尼亞部族的統治者）‘Abdallāh b. Isḥāq, ruler of the Banū Ghāniya 85
阿布達拉・賓・哈珊（基勒瓦蘇丹政權的瑪赫達勒支系）‘Abdallāh b. al-Ḥasan, Mahdali Sultan of Kilwa 339
阿布達拉・賓・胡笙（哈須姆氏族大公統領，後來成為外約旦的國王）‘Abdallāh b. Ḥusayn, Amīr and later King of Transjordan, Hāshimite Sharīf 300
阿布達拉・賓・塔希爾一世（呼羅珊的塔希爾朝）‘Abdallāh b. Ṭāhir I, Ṭāhirid of Khurasan 418
阿布達拉・賓・嘎迪爾（巴格達的阿巴斯朝哈里發）‘Abdallāh b. al-Qādir, ‘Abbāsid caliph in Baghdad 48
阿布達拉・賓・歐瑪爾（卡涅姆的統治者）‘Abdallāh b. ‘Umar, Sultan of Kanem 320
阿布達拉・賓・穆克塔非（巴格達的阿巴斯朝哈里發）‘Abdallāh b. al-Muktafī, ‘Abbāsid caliph in Baghdad 47
阿布達拉・賓・穆罕默德（哈須姆大公）

'Abdallāh b. Muḥammad, Hāshimite Sharīf 298
阿布達拉・賓・穆罕默德（嘎尼亞部族的統治者）'Abdallāh b. Muḥammad, ruler of the Banū Ghāniya 85
阿布達拉・賓・穆罕默德（瑪茲魯伊家族）'Abdallāh b. Muḥammad, Mazrū'ī 348
阿布達拉・賓・穆特阿卜二世（拉胥德家族）'Abdallāh b. Mut'ab II, Āl Rashīd 304
阿布達拉・賓・穆斯坦席爾（巴格達的阿巴斯朝哈里發）'Abdallāh b. al-Mustanṣir, 'Abbāsid caliph in Baghdad 49
阿布達拉・賓・優素夫（法蒂瑪朝）'Abdallāh b. Yūsuf, Fāṭimid 177
阿布達拉赫曼・滿古布瓦納（哈蒙古布瓦納）一至十世（日惹蘇丹政權）Abdurrahman Mangkubuwana or Hămengkubuwana I-X, Sultan of Jogjakarta 836～838
阿布達拉・穆爾塔達（馬猷卡的統治者）'Abdallāh al-Murtaḍā, ruler of Majorca 75
阿布達拉一世（阿布杜—瓦德朝）'Abdallāh I, 'Abd al-Wādid 134
阿布達拉一世、二世（阿格拉布朝）'Abdallāh I and II, Aghlabis 107～108
阿布達拉一世、二世（哈拉爾的蘇丹）'Abdallāh I and II, Sultans of Harar 355～356
阿布達拉一世、二世（胥班朝）'Abdallāh I and II, Shïbānids 696～698
阿布達拉一至三世（蘇伍德家族）'Abdallāh I, II and III, Su'ūdīs 293～294
阿布達拉二世（阿布杜—瓦德朝）'Abdallāh II, 'Abd al-Wādid 135
阿瓦茲（昆格拉特朝）'Awaẓ, Qungrat 706, 708
阿各・柯貝克（阿斯特拉汗國）Aq Köbek, Khān of Astrakhan 628
阿各・順固爾一世（阿赫瑪迪勒朝）Aq Sunqur I, Aḥmadīlī 488
阿各・順固爾・布爾蘇基（阿勒坡的統治者）Aq Sunqur al-Bursuqī, ruler in Aleppo 461
阿吉蘭—別克（嘎拉希朝）'Ajlān Beg, Qarasï Oghullarï 535
阿米爾（法蒂瑪朝）al-Āmir, Fāṭimid 177, 180
阿米爾・巴里德一世、二世（巴里德朝）Amīr Barīd I and II, Barīd Shāhīs 780
阿米爾・瓦里（薩爾巴達爾朝）Amīr Walī, Sarbadārid 652
阿米爾，麥蒙，伊本—沙基亞（米德拉爾朝）Maymūn, Ibn Thaqiyya, al-Amīr, Midrārid 104
阿米爾・嘎濟・居密胥提金（達尼胥面德朝）Amīr Ghāzī Gümüshtigin, Dānishmendid 526, 528

阿米爾・瑪俄蘇姆，穆拉德（滿吉特朝）Shāh Murād, Amīr-i Maʻṣūm, Mangït 703～704
阿克巴爾一世、二世（蒙兀兒帝國）Akbar I and II, Mughals 796, 799～802
阿利尤・巴巴（伕拉尼統治者）Aliyu Babba, Fulani 331
阿利尤・卡拉米（伕拉尼統治者）Aliyu Karami, Fulani 331
阿努胥爾萬（濟亞爾朝）Anūshirwān, Ziyārid 415
阿杜德—道拉，古巴者（巴杜斯潘朝）Qubād, ʻAḍud al-Dawla, Bādūspānid 495
阿杜德—道拉，法納・忽斯勞（布伊朝）Fanā Khusraw, ʻAḍud al-Dawla, Būyid 391
阿杜德—道拉，阿赫瑪德・珊賈爾（呼羅珊的統治者及塞爾柱朝大蘇丹）Aḥmad Sanjar, ʻAḍud al-Dawla, ruler in Khurasan and supreme Sultan of the Seljuqs 459
阿杜德—道拉，穆罕默德（胡德朝）Muḥammad ʻAḍud al-Dawla, Hūdid 80
阿杜德丁，穆罕默德（薩魯爾朝）Muḥammad, ʻAḍud al-Dīn, Salghurid 504
阿里（巴格達的阿巴斯朝哈里發）ʻAlī, ʻAbbāsid caliph in Baghdad 46
阿里（卡庫伊朝）ʻAlī, Kākūyid 403
阿里（卡勒卜朝）ʻAlī, Kalbid 110
阿里（卡贊汗王）ʻAlī, Khān of Kazan 630
阿里（卡贊汗王）Shāh ʻAlī, Khān of Kazan 631～632
阿里（伊赫胥德朝）ʻAlī, Ikhshīdid 173
阿里（朱斯坦朝）ʻAlī, Justānid 372
阿里（希姆朱爾朝）ʻAlī, Sīmjūrid 435
阿里（希・瑪・果戈〔瑪赫穆德・達俄歐〕之子，松海國王）ʻAlī, son of Si Ma Gogo or Maḥmūd Da'o, King of Songhay 314
阿里（杜勒嘎迪爾朝）ʻAlī, Dulghadïr Oghullarï 578
阿里（帖木兒朝）ʻAlī, Tīmūrid 656
阿里（法拉賈拉的姪子，穆夏俄夏俄朝）Sayyid ʻAlī nephew of Faraj Allāh, Mushaʻshaʻid 673
阿里（法蒂瑪朝）ʻAlī, Fāṭimid 176
阿里（花剌子模的瑪蒙支系國王）ʻAlī, Ma'mūnid Khwārazm Shāh 441
阿里（哈拉爾的蘇丹）ʻAlī, Sultan of Harar 354, 356
阿里（胡笙）・里阿亞特・夏赫（亞齊蘇丹政權）ʻAlī or Ḥusayn Riʻāyat Shāh, Sultan of Acheh 825
阿里（馬林朝）ʻAlī, Marīnid 128
阿里（嘎尼亞部族的統治者）ʻAlī, ruler of the Banū Ghāniya 85～86
阿里（嘎拉曼朝）ʻAlī, Qaramān Oghullarï 565
阿里（嘎茲納朝）ʻAlī, Ghaznawid 715

阿里（瑪赫迪朝）‘Alī, Mahdid 274～275
阿里（嘎希莫夫汗國）Shāh ‘Alī, Khān of Qāsimov 635
阿里（蓋拉萬的吉爾支系）‘Alī, Zīrid of Kairouan 114
阿里（魯俄魯俄朝）‘Alī, Lu’lu’id 477
阿里（穆克拉姆朝）‘Alī, Mukramid 284
阿里（錫斯坦的納斯爾支系統治者）‘Alī, Naṣrid Malik of Sistan 514
阿里（薩勒圖革朝）‘Alī, Saltuqid 533
阿里・凡納米（博爾努的賽伊夫支系統治者）‘Alī Fannami, Sayfī of Bornu 322
阿里・卡拉姆（阿利尤・卡拉米）（伕拉尼統治者）‘Alī Karām (Aliyu Karami), Fulani 331
阿里・古里（阿夫夏爾朝）‘Alī Qulī, Afshārid 682
阿里・古羅姆（寇隆）（松海國王）‘Alī Golom or Kolon, King of Songhay 313, 316
阿里，米爾・嘎希姆（孟加拉的納瓦卜政權）Mīr Qāsim ‘Alī, Nawwāb of Bengal 805～806
阿里・米爾汗（統治稱號為「阿里國王」，喀什米爾蘇丹）‘Alī Mīr Khān (ruling title ‘Alī Shāh), Sultan of Kashmir 748
阿里・米爾汗・賓・希坎達爾（以阿里・夏赫之名統治，喀什米爾蘇丹）‘Alī Shāh (‘Alī Mīr Khān), Sultan of Kashmīr 748
阿里—別克（伊南吉朝）‘Alī Beg, Inanj Oghullarï 544
阿里・里阿亞特・夏赫（拉賈）・布云（亞齊蘇丹政權）‘Alī Ri‘āyat Shāh (Rājā Buyung), Sultan of Acheh 826
阿里・里阿亞特・夏赫（蘇丹）・穆達（亞齊蘇丹政權）‘Alī Ri‘āyat Shāh (Sultan Muda), Sultan of Acheh 826
阿里・居丘克（貝格提金朝）‘Alī Küchük, Begtiginid 475
阿里・拉胥卡利一世、二世（夏達德朝）‘Alī Lashkarī I and II, Shaddādids 384
阿里・哈利勒（拉）（察合台汗國）‘Alī Khalīl (Allāh), Chaghatayid 601
阿里・宰因・阿比丁（阿拉維朝）‘Alī Zayn al-‘Ābidīn, ‘Alawid Sharīf 155
阿里・宰因・阿比丁（嘎迪・布爾漢丁政權）‘Alī Zayn al-‘Ābidīn, Qādī Burhān al-Dīn Oghullarï 570
阿里・夏赫（薩多查伊支系）‘Alī Shāh, Sadōzay 816
阿里・提金（喀喇汗國）‘Alī Tigin, Qarakhānid 448
阿里・賈拉德（阿赫瑪德・格蘭之子，哈拉爾的共同統治者）‘Alī Jarād, son of Aḥmad Grāñ, joint ruler of Harar 353
阿里・嘎濟・卡努里（博爾努的賽伊夫

支系統治者）‘Alī Ghāzī Kanuri, Sayfī of Bornu　321
阿里・瑪爾丹（孟加拉總督）‘Alī Mardān, governor of Bengal　737
阿里・賓・巴斯哈特（基勒瓦的須拉濟支系蘇丹）‘Alī b. Basḥat, Shīrāzī Sultan of Kilwa　336
阿里・賓・伊德里斯（博爾努的賽伊夫支系統治者）‘Alī b. Idrīs, Sayfī of Bornu　322
阿里・賓・阿比—塔立卜（正統哈里發　）‘Alī b. Abī Ṭālib, ‘Rightly-Guided’ Caliph　36, 38, 41～42, 52, 98, 142, 177～178, 254～255, 679
阿里・賓・阿布杜—穆俄敏（喀喇汗國）‘Alī b. ‘Abd al-Mu’min, Qarakhānid　453
阿里・賓・阿布達拉（哈須姆大公）‘Alī b. ‘Abdallāh, Hāshimite Sharīf　299
阿里・賓・阿爾達胥爾（巴萬德氏族的將領）‘Alī b. Ardashīr, Bāwandid Ispahbadh　411
阿里・賓・阿赫瑪德（蘇萊赫朝）‘Alī b. Aḥmad, Ṣulayḥid　265
阿里・賓・姆斯林（伍蓋勒朝）‘Alī b. Muslim, ‘Uqaylid　238
阿里・賓・易卜拉欣（博爾努的賽伊夫支系統治者）‘Alī b. Ibrāhīm, Sayfī of Bornu　324
阿里・賓・哈拉夫（穆夏俄夏俄朝）Sayyid ‘Alī b. Khalaf, Musha‘sha‘id　673
阿里・賓・哈姆敦（博爾努的賽伊夫支系統治者）‘Alī b. Ḥamdūn, Sayfī of Bornu　323
阿里・賓・哈珊（基勒瓦的瑪赫達勒支系蘇丹）‘Alī b. al-Ḥasan, Mahdali Sultan of Kilwa　339
阿里・賓・哈穆德（布—薩義德家族）‘Alī b. Ḥammūd, Āl Bū Sa‘īd　350
阿里・賓・胡笙（哈須姆大公）‘Alī b. Ḥusayn, Hāshimite Sharīf　299
阿里・賓・胡笙（基勒瓦的須拉濟支系）‘Alī b. al-Ḥusayn, Shīrāzī Sultan of Kilwa　336
阿里・賓・夏赫利亞爾（巴萬德氏族的將領）‘Alī b. Shahriyār, Bāwandid Ispahbadh　411
阿里・賓・柴德（柴迪派伊瑪目）‘Alī b. Zayd, Zaydī Imām　252
阿里・賓・海沙姆（夏爾萬的雅濟德支系國王）‘Alī b. Haytham, Yazīdī Sharwān Shāh　361
阿里・賓・達伍德（基勒瓦的須拉濟支系）‘Alī b. Dāwūd, Shīrāzī Sultan of Kilwa　336～337
阿里・賓・雅濟德（來自夏爾萬，哈胥姆朝）‘Alī b. Yazīd of Sharwān, Hāshimid　369
阿里・賓・瑪斯伍德（錫斯坦的米赫拉

班支系）‘Alī b. Mas‘ūd, Mihrabānid Malik of Sistan　515
阿里・賓・歐斯曼（瑪茲魯伊家族）‘Alī b. ‘Uthmān, Mazrū’ī　347
阿里・賓・魯昆—道拉・哈珊（布伊朝　）‘Alī b. Rukn al-Dawla Ḥasan, Būyid　390～391
阿里・賓・穆罕默德（祖萊俄朝）‘Alī b. Muḥammad, Zuray‘id　268
阿里・賓・穆罕默德（錫斯坦的米赫拉班支系）‘Alī b. Muḥammad, Mihrabānid Malik of Sistan　516
阿里・賓・穆罕默德・蘇萊希（蘇萊赫朝）‘Alī b. Muḥammad al-Ṣulayḥī, Ṣulayḥid　265～266
阿里・賓・穆薩・賓・薩圖各・布格拉汗（喀喇汗國聯盟的共同創立者）‘Alī b. Mūsā b. Satuq Bughra Khān, joint founder of the Qarakhānid confederation　447
阿里・賓・優素夫（瓦塔斯氏族）‘Alī b. Yūsuf, Waṭṭāsid　145
阿里・賓・優素夫（穆拉比特朝）‘Alī b. Yūsuf, Almoravid　86, 118
阿里・賓・薩巴・阿俄茲（祖萊俄朝）‘Alī b. Saba’, al-A‘azz, Zyray‘id　269
阿里・賓・薩賈德（穆夏俄夏俄朝）Sayyid ‘Alī b. Sajjād, Musha’sha’id　672
阿里・賓・薩義德（布—薩義德家族）‘Alī b. Sa‘īd, Āl Bū Sa‘īd　350
阿里・穆拉德阿里・穆拉德（贊德朝）‘Alī Murād, Zand　685, 687
阿里・穆嘎亞特・夏赫（亞齊的蘇丹）‘Alī Mughāyat Shāh, Sultan of Acheh　825
阿里，穆魯克（巴里德朝）‘Alī, Malik al-Mulūk, Barīd Shāhī　780～781
阿里一世、二世（伊德里斯朝）‘Alī I and II, Idrīsids　96
阿里一世、二世（阿迪勒朝）‘Alī I and II, ‘Ādil Shāhīs　782
阿里一世、二世（哈姆丹朝）‘Alī I and II, Ḥamdānids　227
阿里一世、二世（嘎拉曼里朝）‘Alī I and II, Qaramānlīs　163
阿里一世、二世（瑪茲亞德朝）‘Alī I and II, Mazyadids　231～233
阿里一至三世（胡笙統領政權）‘Alī I, II and III, Ḥusaynid Beys　159～160
阿里不哥（蒙古大汗）Ariq Böke, Mongol Great Khān　595, 603
阿里姆（敏朝）‘Ālim, Ming　709～710
阿里姆汗（滿吉特朝）Sayyid ‘Ālim Khān, Mangït　704
阿里維爾迪汗（孟加拉的納瓦卜政權）‘Alīwirdī Khān, Nawwāb of Bengal　804
阿里嘎巴（蒙古大汗）Aragibag (Arigaba), Mongol Great Khān　595
阿姆賈德・阿里・舒拉亞・賈赫（阿瓦者的納瓦卜政權）Amjad ‘Alī Thurayyā

Jāh, Nawwāb of Oudh　808
阿姆爾（馬林朝）‘Amr, Marīnid　127
阿姆爾・賓・雅俄固卜（薩法維朝的雷斯支系）‘Amr b. Ya‘qūb, Laythid Ṣaffārid　428
阿姆爾・賓・雷斯（薩法維朝的雷斯支系）‘Amr b. al-Layth, Laythid Ṣaffārid　425, 427, 429
阿拉・古里（昆格拉特朝）Allāh Qulī, Qungrat　706
阿拉姆・夏赫（德里的穆儀茲支系蘇丹）Ārām Shāh, Mu‘izzī Delhi Sultan　724
阿拉姆一世、二世（蒙兀兒帝國）Shāh ‘Ālam I and II, Mughals　797, 799, 803
阿拉姆丁，瑪安（瑪安統領政權）Ma‘n ‘Alam al-Dīn, Ma‘n Amīr　215
阿拉姆丁，穆賈希德・珊賈爾（傭兵政權的巴赫里支系）al-Malik al-Mujāhid Sanjar, ‘Alam al-Dīn, Baḥri Mamlūk　204
阿拉姆汗（法魯基朝）‘Ālam Khān of Aḥmadnagar, Fārūqī　776
阿拉俄—道拉（亞茲德大統領政權）‘Alā’ al-Dawla, Atabeg of Yazd　507
阿拉俄—道拉，波茲古爾德（杜勒嘎迪爾朝）Bozqurd, ‘Alā’ al-Dawla, Dulghadïr Oghullarï　578
阿拉俄—道拉，薩爾法拉茲汗（孟加拉的納瓦卜政權）Sarfarāz Khān, ‘Alā’ al-Dawla, Nawwāb of Bengal　804
阿拉俄丁（巴赫曼朝）‘Alā’ al-Dīn, Bahmanid　772
阿拉俄丁（伊瑪德朝）‘Alā’ al-Dīn, ‘Imād Shāhī　788
阿拉俄丁（東羅馬地區的塞爾柱政權）‘Alā’ al-Dīn, Seljuq of Rūm　522, 524
阿拉俄丁（麻六甲的統治者）Sultan ‘Alā’ al-Dīn, ruler of Malacca　823
阿拉俄丁（嘎拉曼朝）‘Alā’ al-Dīn, Qaramān Oghullarï　565～567
阿拉俄丁，也列特納（也列特納朝）Eretna, ‘Alā’ al-Dīn, Eretna Oghullarï　568～569
阿拉俄丁，克爾普・阿爾斯蘭（阿赫瑪迪勒朝）Körp Arslan, ‘Alā’ al-Dīn, Aḥmadīlī　488
阿拉俄丁，希坎達爾・夏赫（阿拉俄丁，馬俄巴爾的蘇丹）Sikandar Shāh, ‘Alā’ al-Dīn, Sultan of Ma’bar　768
阿拉俄丁，希坎達爾・夏赫一世（德里蘇丹政權的圖魯各支系）Sikandar Shāh I, ‘Alā’ al-Dīn, Tughluqid Delhi Sultan　727
阿拉俄丁，里阿亞特・夏赫（亞齊蘇丹政權）Ri‘āyat Shāh, ‘Alā’ al-Dīn, Sultan of Acheh　826
阿拉俄丁，阿布—曼蘇爾（瑪立克・夏赫）（薩勒圖革朝）Abū Manṣūr, ‘Alā’ al-Dīn, or Malik Shāh, Saltuqid　533
阿拉俄丁，阿里・胥爾（喀什米爾蘇丹）

‘Alī Shīr, ‘Alā’ al-Dīn, Sultan of Kashmīr 748
阿拉俄丁，阿里・賓・穆罕默德（也列特納朝）‘Alī b. Muḥammad, ‘Alā’ al-Dīn, Eretna Oghullarï 568
阿拉俄丁，阿里・穆巴拉克（孟加拉的統治者）‘Alī Mubārak, ‘Alā’ al-Dīn, ruler of Bengal 741
阿拉俄丁，阿拉姆・夏赫（德里蘇丹政權的賽伊德支系）‘Ālam Shāh, ‘Alā’ al-Dīn, Sayyid ruler in Delhi 728
阿拉俄丁，阿胥拉夫・庫猶克（傭兵政權的巴赫里支系）al-Malik al-Ashraf Kūjūk, ‘Alā’ al-Dīn, Baḥri Mamlūk 205
阿拉俄丁，阿濟茲（古爾朝）Atsïz, ‘Alā’ al-Dīn, Ghūrid 720
阿拉俄丁，胡笙・夏赫（孟加拉的統治者）Sayyid Ḥusayn Shāh, ‘Alā’ al-Dīn, ruler of Bengal 744
阿拉俄丁・烏達伊吉（馬俄巴爾的蘇丹）‘Alā’ al-Dīn Udayji, Sultan of Ma’bar 767
阿拉俄丁，曼蘇爾・夏赫（亞齊的蘇丹）Manṣūr Shāh, ‘Alā’ al-Dīn, Sultan of Acheh 826
阿拉俄丁，瑪斯伍德・夏赫（穆儀茲支系）Mas‘ūd Shāh, ‘Alā’ al-Dīn, Mu‘izzī 724
阿拉俄丁，瑪斯伍德・賈尼（孟加拉總督）Mas‘ūd Jānī, ‘Alā’ al-Dīn, governor of Bengal 738
阿拉俄丁，穆罕默德，迪亞丁（古爾朝）Muḥammad, Ḍiyā’ al-Dīn, ‘Alā’ al-Dīn, Ghūrid 721
阿拉俄丁，穆罕默德・夏赫一世・阿里・加爾夏斯普（德里的哈勒吉支系蘇丹）Muḥammad Shāh I ‘Alī Garshāsp, ‘Alā’ al-Dīn, Khaljī Delhi Sultan 725
阿迪勒（江達爾朝）‘Ādīl, Jāndār Oghullarï 557
阿迪勒・伊瑪德丁，阿里（阿爾圖革朝）‘Alī, al-Malik al-‘Ādil ‘Imād al-Dīn, Artuqid 482
阿迪勒・阿巴斯（雅俄固卜）（阿巴斯朝哈里發及傭兵政權蘇丹）al-Malik al-‘Ādil al-‘Abbās or Ya‘qūb, ‘Abbāsid caliph and Mamlūk sultan 208
阿迪勒・阿布達拉・賈卡姆（傭兵政權的布爾吉支系）al-Malik al-‘Ādil ‘Abdallāh Jakam, Burjī Mamlūk 208
阿迪勒・哥萊（克里米亞的汗王）‘Ādil Giray, Khān of the Crimea 621
阿迪勒・夏赫（馬俄巴爾的蘇丹）‘Ādīl Shāh, Sultan of Ma‘bar 767
阿迪勒，穆罕默德・賓・蘇萊曼（基勒瓦的瑪赫達勒聖裔）Muḥammad b. Sulaymān, al-‘Ādil, Mahdali Sultan of Kilwa 338
阿迪勒一世、二世（大馬士革的艾尤布朝）al-Malik al-‘Ādil I and II, Ayyūbids in

Damascus　190～191
阿迪勒一世、三世、四世（迪亞巴克爾的艾尤布朝）al-Malik al-ʻĀdil I, III and IV, Ayyūbid in Diyār Bakr　195～196
阿迪勒一世・穆罕默德（阿赫瑪德）（埃及及阿勒坡的艾尤布朝）al-Malik al-ʻĀdil I Muḥammad or Aḥmad, Ayyūbid in Aleppo and Egypt　188, 192
阿迪勒二世・阿布―巴克爾（埃及的艾尤布朝）al-Malik al-ʻĀdil II Abū Bakr, Ayyūbid in Egypt　189
阿迪勒五世・蘇萊曼一世（迪亞巴克爾的艾尤布朝）al-Malik al-ʻĀdil V Sulaymān I, Ayyūbid in Diyār Bakr　197
阿迪勒六世・哈拉夫・賓・穆罕默德（迪亞巴克爾的艾尤布朝）al-Malik al-ʻĀdil VI Khalaf b. Muḥammad, Ayyūbid in Diyār Bakr　197
阿迪勒汗二世、三世（法魯基朝）ʻĀdīl Khān II and III, Fārūqīs　776～778
阿迪德（法蒂瑪朝）al-ʻĀḍid Fāṭimid　177, 199
阿俄札姆・夏赫（蒙兀兒帝國）Aʻẓam Shāh, Mughal　797
阿剎夫―道拉（阿瓦者的納瓦卜政權）Āṣaf al-Dawla, Nawwāb of Oudh　807
阿胥拉夫（巴杜斯潘朝）Ashraf, Bādūspānid　495
阿胥拉夫一世・穆薩（迪亞巴克爾及大馬士革的艾尤布朝）al-Malik al-Ashraf I Mūsā, Ayyūbid in Damascus and Diyār Bakr　190, 195
阿胥拉夫二世・阿赫瑪德（迪亞巴克爾的艾尤布朝）al-Malik al-Ashraf II Aḥmad, Ayyūbid in Diyār Bakr　197
阿胥拉夫二世・穆薩（埃及的艾尤布朝）al-Malik al-Ashraf II Mūsā, Ayyūbid in Egypt　189
阿胥拉夫・巴爾斯貝（傭兵政權的布爾吉支系）al-Malik al-Ashraf Barsbay, Burjī Mamlūk　208
阿胥拉夫・甘紹赫二世・嘎烏里（傭兵政權的布爾吉支系）al-Malik al-Ashraf Qānṣawh II al-Ghawrī, Burjī Mamlūk　210
阿胥拉夫・伊納勒・阿拉儀・札希里（傭兵政權的布爾吉支系）al-Malik al-Ashraf Ināl al-ʻAlāʼī al-Ẓāhirī, Burjī Mamlūk　209
阿胥拉夫・伊斯瑪儀一至三世（拉蘇勒朝）al-Malik al-Ashraf Ismāʻīl I, II and III, Rasulids　276～277
阿胥拉夫・夏俄班二世・納席爾丁（傭兵政權的巴赫里支系）al-Malik al-Ashraf Shaʻbān II, Nāṣir al-Dīn, Baḥri Mamlūk　206
阿胥拉夫・將布拉特（傭兵政權的布爾吉支系）al-Malik al-Ashraf Jānbulāṭ, Burjī Mamlūk　209

阿胥拉夫・嘎伊特貝・札希爾（傭兵政權的布爾吉支系）al-Malik al-Ashraf Qāyit Bay al-Ẓāhirī, Burjī Mamlūk 209
阿胥拉夫・圖曼貝二世（傭兵政權的布爾吉支系）al-Malik al-Ashraf Ṭūmān Bay II, Burjī Mamlūk 210
阿胥拉夫・歐瑪爾二世（拉蘇勒朝）al-Malik al-Ashraf ʻUmar II, Rasūlid 276
阿胥拉夫・穆薩（希姆斯的艾尤布朝）al-Malik al-Ashraf Mūsā, Ayyūbid in Ḥimṣ 193
阿胥拉夫・穆薩（傭兵政權的巴赫里支系）al-Malik al-Ashraf Mūsā, Baḥri Mamlūk 203
阿格拉布（阿格拉布朝）al-Aghlab, Aghlabid 107
阿勒屯塔胥・哈吉卜（嘎茲納朝的將領）Altuntash Ḥājib, Ghaznawid commander 442
阿勒吉傑代（察合台汗國）Eljigedey, Chaghatayid 601
阿勒亞曼（松海國王）Alyaman, King of Songhay 313
阿勒普・阿爾斯蘭（東羅馬地區的塞爾柱政權）Alp Arslan, Seljuq of Rūm 520, 523
阿勒普・阿爾斯蘭（塔吉丁朝）Alp Arslan, Tāj al-Dīn Oghullarï 572
阿勒普・阿爾斯蘭（塞爾柱政權）Alp Arslan, Great Seljuq 184, 241, 371, 382, 387, 465, 520, 523
阿勒普・阿爾斯蘭（塞爾柱政權）Alp Arslan, Great Seljuq 184, 241, 371, 382, 387, 458, 461, 465
阿勒普・阿爾斯蘭・阿赫拉斯（阿勒坡的塞爾柱政權）Alp Arslan al-Akhras, Seljuq in Aleppo 461
阿勒普汗（以胡襄・夏赫之名統治，馬勒瓦的蘇丹）Alp Khān (ruling title Hūshang Shāh), Sultan of Mālwa 762
阿勒萬德（白羊汗國）Alwand, Aq Qoyunlu 667, 669
阿敏（巴格達的阿巴斯朝哈里發）al-Amīn, ʻAbbāsid caliph in Baghdad 45
阿曼阿拉（巴拉克查伊支系）Amān Allāh, Bārakzay 818, 820
阿曼格庫拉特一至四世（馬塔拉姆朝）Amangkurat I-IV, rulers of Mataram 830～831
阿提亞（米爾達斯朝）ʻAṭiyya, Mirdāsid 182
阿斯阿德（尤俄非爾朝）Asʻad, Yu’firid 260～261
阿森・布嘎（察合台汗國）Esen Buqa, Chaghatayid 600
阿馮索一世，「威武者」Alfonso I el Batallador 81
阿馮索六世（雷昂與卡斯提亞）Alfonso

VI of León and Castile 69, 78～79, 120
阿儋（布—薩義德家族）‘Azzān, Āl Bū Sa‘īd 290
阿嘎・穆罕默德（嘎賈爾人）Agha Muḥammad, Qājār 684, 687～689
阿爾沙姆赫（花剌子模王國的阿夫里格支系）Arthamūkh, Afrīghid Khwārazm Shāh 440
阿爾帕・克俄云（加翁）（伊兒汗國）Arpa Ke’ün (Gawon), Il Khānid 606, 648
阿爾娃（蘇萊赫朝王后）al-Sayyida Arwā, Ṣulayḥid queen 265～267, 269～270
阿爾袞（伊兒汗國）Arghun, Il Khānid 605～606
阿爾斯蘭（杜勒嘎迪爾朝）Malik Arslan, Dulghadïr Oghullarï 577
阿爾斯蘭（阿勒普・阿爾斯蘭）（嘎希莫夫汗國）Arslan (Alp Arslan), Khān of Qāsimov 636
阿爾斯蘭（阿爾斯蘭・夏赫）（嘎茲納朝）Malik Arslan (or Arslan Shāh), Ghaznawid 715
阿爾斯蘭汗，易卜拉欣・賓・胡笙（喀喇汗國）Ibrāhīm b. Ḥusayn, Arslan Khān, Qarakhānid 453
阿爾斯蘭汗・烏魯格・蘇丹・薩拉廷・努斯拉特・敦亞瓦丁，易卜拉欣（喀喇汗國）Ibrāhīm, Arslan Khān Ulugh Sulṭān al- Salāṭīn Nuṣrat al-Dunyā wa ’l-Dīn, Qarakhānid 450
阿爾斯蘭・哥萊（克里米亞的汗王）Arslan Giray, Khān of the Crimea 624
阿爾斯蘭・夏赫一世、二世（奇爾曼的塞爾柱政權）Arslan Shāh I and II, Seljuqs of Kirman 462～463
阿爾斯蘭・夏赫一世、二世（贊吉朝）Arslan Shāh I and II, Zangids 470, 474
阿爾斯蘭・提金（喀喇汗國）Arslan Tigin, Qarakhānid 448
阿爾斯蘭・提金・穆罕默德（花剌子模國王）Arslan Tigin Muḥammad, Khwārazm Shāh 443
阿爾斯蘭・嘎拉汗・穆艾伊德・阿德勒・艾因—道拉，穆罕默德（喀喇汗國）Muḥammad, Arslan Qara Khān Mu’ayyid al-‘Adl‘Ayn al-Dawla, Qarakhānid 448
阿爾達胥爾・賓・金赫瓦爾（巴萬德氏族的將領）Ardashīr b. Kīnkhwār, Bāwandid Ispahbadh 411
阿爾達胥爾・賓・哈珊（巴萬德氏族的將領）Ardashīr b. Ḥasan, Bāwandid Ispahbadh 411
阿赫希坦一世、二世（夏爾萬的雅濟德支系國王）Akhsitān I and II, Yazīdī Sharwān Shāh 362～363
阿赫瑪杜・拉法耶・賓・歐斯曼（伏拉尼統治者）Ahmadu Rafaye b. ‘Uthmān, Fulani 331

阿赫瑪迪勒・賓・易卜拉欣（拉瓦德朝）Aḥmadīl b. Ibrāhīm, Rawwādid 381～382
阿赫瑪德（巴尼朱爾朝）Aḥmad, Bānījūrid 432
阿赫瑪德（瓦塔斯朝）Aḥmad, Waṭṭāsid 146
阿赫瑪德（白羊汗國）Aḥmad, Aq Qoyunlu 666～667
阿赫瑪德（伊巴迪派伊瑪目）Aḥmad, Imām of the Ibāḍiyya 289
阿赫瑪德（伊拉克及奇爾曼的布伊朝）Aḥmad, Būyid in Iraq and Kirman 393
阿赫瑪德（伊赫胥德朝）Aḥmad, Ikhshīdid 173
阿赫瑪德（米德拉爾朝）Aḥmad, Midrārid 104
阿赫瑪德（杜拉夫朝）Aḥmad, Dulafid 388
阿赫瑪德（汶萊的蘇丹）Ahmad, Sultan of Brunei 839, 842
阿赫瑪德（阿格拉布朝）Aḥmad, Aghlabid 107
阿赫瑪德（阿勒坡、哈蘭及敘利亞北部的阿巴斯朝哈里發）Aḥmad ʻAbbāsid caliph in Aleppo, Ḥarrān and northern Syria 49
阿赫瑪德（呼羅珊的穆赫塔吉朝總督）Aḥmad, Muḥtājid governor of Khurasan 438～439
阿赫瑪德（帖木兒朝）Sulṭān Aḥmad, Tīmūrid 656
阿赫瑪德（花剌子模王國的阿夫里格支系）Aḥmad Afrīghid, Khwārazm Shāh 441
阿赫瑪德（金帳汗國）Shaykh Aḥmad, Golden Horde Khān 614
阿赫瑪德（法蒂瑪朝）Aḥmad, Fāṭimid 177
阿赫瑪德（剎法爾朝的哈拉夫支系）Aḥmad, Khalafid Ṣaffārid 428
阿赫瑪德（剎法爾朝的雷斯支系）Aḥmad, Laythid Ṣaffārid 427
阿赫瑪德（面帖舍朝）Aḥmad, Menteshe Oghullarï 542
阿赫瑪德（基勒瓦的瑪赫達勒聖裔）Aḥmad, Mahdali 338
阿赫瑪德（博爾努的賽伊夫支系統治者）Aḥmad, Sayfī of Bornu 323
阿赫瑪德（雅俄固卜）（佘克曼朝）Aḥmad (Yaʻqūb), Sökmenid 485
阿赫瑪德（雅濟德支系的夏爾萬國王）Aḥmad, Yazīdī Sharwān Shāh 361
阿赫瑪德（嘎賈爾朝）Aḥmad, Qājār 689
阿赫瑪德（嘎爾瑪提派）Aḥmad, Carmathian 246
阿赫瑪德（圖倫朝）Aḥmad, Ṭūlūnid 170～172
阿赫瑪德（瑪茲魯伊家族）Aḥmad, Mazrūʼī 348

阿赫瑪德（瑪爾萬朝）Aḥmad, Marwānid 234～235
阿赫瑪德（蒙居杰克朝）Aḥmad, Mengüjekid 531
阿赫瑪德（錫斯坦的薩曼朝將領）Aḥmad, Sāmānid commander in Sīstān 428
阿赫瑪德（蘇萊赫朝）Aḥmad, Ṣulayḥid 265～266
阿赫瑪德・夫阿德一世、二世（穆罕默德・阿里家族）Aḥmad Fu'ād I and II, House of Muḥammad 'Alī 221
阿赫瑪德・尼亞（錫斯坦的薩曼朝將領）Aḥmad Niyā, Sāmānid commander in Sistan 428
阿赫瑪德・尼查姆・夏赫・巴赫里（巴赫曼朝大臣及首位尼查姆朝統治者，布爾漢一世）Aḥmad Niẓām Shāh Baḥri, minister of the Bahmanids and first Niẓām Shāhī 785～786
阿赫瑪德・吉亞斯丁（賈拉伊爾朝）Sulṭān Aḥmad Ghiyāth al-Dīn, Jalāyirids 649
阿赫瑪德・伊瑪德丁（穆查法爾朝）Sulṭān Aḥmad 'Imād al-Dīn, Muẓaffarid 644
阿赫瑪德・辛巴（帕泰島的納布罕氏族統治者）Aḥmad Simba, Nabhānī of Pate 345
阿赫瑪德・阿巴斯（薩俄德朝）Aḥmad al-'Abbās, Sa'did Sharīf 150
阿赫瑪德・阿俄拉吉（薩俄德朝）Aḥmad al-A'raj, Sa'did Sharīf 148
阿赫瑪德・帖居德（塔庫達爾）（伊兒汗國）Aḥmad Tegüder (Takūdār), Il Khānid 605, 608
阿赫瑪德・夏利夫 Sayyid Aḥmad al-Sharīf 165
阿赫瑪德・夏赫（孟加拉的統治者）Aḥmad Shāh, ruler of Bengal 742
阿赫瑪德・夏赫（法魯基朝）Aḥmad Shāh, Fārūqī 777
阿赫瑪德・夏赫（麻六甲的統治者）Sultan Aḥmad Shāh, ruler of Malacca 823
阿赫瑪德・夏赫（瑪哈拉賈・勒拉・梅拉育）（亞齊蘇丹政權）Aḥmad Shāh or Maharājā Lela Mĕlayu, Sultan of Acheh 827
阿赫瑪德・夏赫・巴哈杜爾（蒙兀兒帝國）Aḥmad Shāh Bahādur, Mughal 798
阿赫瑪德・夏赫一至三世（古嘉拉特的蘇丹）Aḥmad Shāh I, II and III, Sultan of Gujarāt 754, 756
阿赫瑪德・格蘭（哈拉爾的瓦拉什馬蘇丹）Aḥmad Grāñ, Walashma' Sultan in Harar 353, 356
阿赫瑪德・塔朱丁（汶萊蘇丹政權）Ahmad Tajuddin, Sultan of Brunei 842
阿赫瑪德・葛伍德（白羊汗國）Aḥmad

Gövde, Aq Qoyunlu 667
阿赫瑪德・嘎伍爾德（奇爾曼的塞爾柱政權）Aḥmad Qāwurd, Seljuq of Kirman 462
阿赫瑪德・賓・古達姆（錫斯坦的將領）Aḥmad b. Qudām, commander in Sistan 428
阿赫瑪德・賓・札希爾（開羅的阿巴斯朝哈里發）Aḥmad b. al-Ẓāhir, 'Abbāsid caliph in Cairo 49
阿赫瑪德・賓・瓦濟爾・阿布拉姆（哈拉爾的蘇丹）Aḥmad b. al-Wazīr Abrām, Sultans of Harar 354
阿赫瑪德・賓・希德爾（喀喇汗國）Aḥmad b. Khiḍr, Qarakhānid 449
阿赫瑪德・賓・易斯哈格（巴格達的阿巴斯朝哈里發）Aḥmad b. Isḥāq, 'Abbāsid caliph in Baghdad 48
阿赫瑪德・賓・阿比—巴克爾・阿提各（伕拉尼統治者）Aḥmad b. Abī Bakr 'Atīq, Fulani 331
阿赫瑪德・賓・阿比—烏瑪拉（哈夫斯朝篡位者）Aḥmad b. Abī 'Umāra, Ḥafṣid usurper 138
阿赫瑪德・賓・阿布杜—瑪立克（達爾班德的哈胥姆朝）Aḥmad b. Abd al-Malik, Hāshimid of Darband 367
阿赫瑪德・賓・阿克哈勒（卡勒卜朝）Aḥmad b. al-Akḥal, Kalbid 111
阿赫瑪德・賓・阿里（喀喇汗國）Aḥmad b. 'Alī, Qarakhānid 447
阿赫瑪德・賓・哈珊（卡勒卜朝）Aḥmad b. al-Ḥasan, Kalbid 110
阿赫瑪德・賓・哈珊（柴迪派伊瑪目）Aḥmad b. al-Ḥasan, Zaydī Imām 253
阿赫瑪德・賓・哈珊（開羅的阿巴斯朝哈里發）Aḥmad b. al-Ḥasan, 'Abbāsid caliph in Cairo 49
阿赫瑪德・賓・胡笙（柴迪派伊瑪目）Aḥmad b. al-Ḥusayn, Zaydī Imām 252～253
阿赫瑪德・賓・宰丹・納席爾（薩俄德朝）Aḥmad b. Zaydān al-Nāṣir, Sa'did Sharīf 150
阿赫瑪德・賓・雅濟德（來自夏爾萬，哈胥姆朝）Aḥmad b. Yazīd of Sharwān, Hāshimid 368
阿赫瑪德・賓・瑪哈瑪德—謝赫（薩俄德朝）Aḥmad b. Maḥammad al-Shaykh, Sa'did Sharīf 149
阿赫瑪德（阿赫瑪杜・拉法耶）・賓・歐斯曼（伕拉尼統治者）Aḥmad (Ahmadu Rafaye) b. 'Uthmān, Fulani 331
阿赫瑪德・賓・歐瑪爾（帕泰島的納布罕氏族統治者）Aḥmad b. 'Umar, Nabhānī of Pate 342
阿赫瑪德・賓・穆瓦法各（巴格達的阿巴斯朝哈里發）Aḥmad b. al-Muwaffaq,

‘Abbāsid caliph in Baghdad 46
阿赫瑪德・賓・穆各塔迪（巴格達的阿巴斯朝哈里發）Aḥmad b. al-Muqtadī, ‘Abbāsid caliph in Baghdad 48
阿赫瑪德・賓・穆罕默德（巴格達的阿巴斯朝哈里發）Aḥmad b. Muḥammad, ‘Abbāsid caliph in Baghdad 46
阿赫瑪德・賓・穆罕默德（帕泰島的納布罕氏族）Aḥmad b. Muḥammad, Nabhānī of Pate 342
阿赫瑪德・賓・穆勒希姆（瑪安統領政權）Aḥmad b. Mulḥim, Ma‘n Amīr 216～217
阿赫瑪德・賓・穆斯塔克非一世（開羅的阿巴斯朝哈里發）Aḥmad b. al- Mustafkī I, ‘Abbāsid caliph in Cairo 50
阿赫瑪德・賓・穆斯塔迪俄（巴格達的阿巴斯朝哈里發）Aḥmad b. al-Mustaḍī’, ‘Abbāsid caliph in Baghdad 48
阿赫瑪德・賓・穆塔瓦基勒（巴格達的阿巴斯朝哈里發）Aḥmad b. al-Mutawakkil, ‘Abbāsid caliph in Baghdad 46
阿赫瑪德・賓・謝黑・賓・夫莫・魯提（帕泰島的納布罕氏族）Aḥmad b. Shehe b. Fumo Luti, Nabhānī of Pate 344～345
阿赫瑪德・賓・蘇萊曼（帕泰島的納布罕氏族統治者）Aḥmad b. Sulaymān, Nabhānī of Pate 342
阿赫瑪德一世、二世（阿布杜—瓦德朝）Aḥmad I and II, ‘Abd al-Wādids 135～136
阿赫瑪德一世、二世（金帳汗國）Sayyid Aḥmad I and II, Golden Horde Khāns 614～615
阿赫瑪德一世、二世（胡笙統領政權）Aḥmad I and II, Ḥusaynid Beys 160～161
阿赫瑪德一世、二世（胡德朝）Aḥmad I and II, Hūdids 81
阿赫瑪德一世、二世（馬林朝）Aḥmad I and II, Marīnids 129
阿赫瑪德一世、二世（薩曼朝）Aḥmad I and II, Sāmānids 423
阿赫瑪德一至三世（哈夫斯朝）Aḥmad I, II and III, Ḥafṣids 139～141
阿赫瑪德一至三世（哈拉爾的蘇丹）Aḥmad I, II and III, Sultans of Harar 355～356
阿赫瑪德一至三世（歐斯曼帝國）Aḥmad (Aḥmed) I, II and III, Ottomans 582～583
阿赫瑪德一至四世（巴赫曼朝）Aḥmad I-IV, Bahmanid 771～772
阿赫瑪德二世（嘎拉曼里朝）Aḥmad II, Qaramānlī 163
阿赫瑪德汗・希坎達爾・夏赫三世（德里蘇丹政權的蘇爾支系）Aḥmad Khān Sikandar Shāh III, Sūrī Delhi Sultan 729
阿赫瑪德汗・阿布達利（薩多查伊支系）

Aḥmad Khān Abdāli, Sadōzay 815
阿赫瑪德貝一世（嘎拉曼里朝）Aḥmad Bey I, Qaramānlī 163
阿鞏，特亞克拉庫蘇瑪・拿布杜拉赫曼（統治頭銜為蘇蘇胡南，馬塔拉姆朝）Tjakrakusuma Ngabdurrahman, Sultan Agung (ruling title Susuhunan), ruler of Mataram 830
阿魯古（察合台汗國）Alughu, Chaghatayid 599, 603
阿濟姆・夏安・穆罕默德・阿濟姆（蒙兀兒帝國附庸）'Aẓīm al-Sha'n Muḥammad 'Aẓīm, Mughal claimant 798
阿濟茲（罕瑪德氏族）al-'Azīz, Ḥammādid 115
阿濟茲（法蒂瑪朝）al-'Azīz, Fāṭimid 176
阿濟茲（伊茲）（卡爾莫納的比爾查勒氏族）al-'Azīz (al-'Izz), Birzāl of Carmona 73
阿濟茲・多提金（葉門的艾尤布朝）al-Malik al-'Azīz Tughtigin, Ayyūbid in Yemen 198
阿濟茲・賓・卡尤瑪爾斯（巴杜斯潘朝）Sulṭān 'Azīz b. Kayūmarth, Bādūspānid 496
阿濟茲・穆罕默德（阿勒坡的艾尤布朝）al-Malik al-'Azīz Muḥammad, Ayyūbid in Aleppo 192
阿濟茲一世・歐斯曼（埃及的艾尤布朝）al-Malik al-'Azīz I 'Uthmān, Ayyūbid in Egypt 188
阿濟茲丁，阿拉姆吉爾二世（蒙兀兒帝國）'Ālamgīr II, 'Azīz al-Dīn, Mughal 798
阿薩德—道拉，剎里赫・賓・米爾達斯（拉赫巴的米爾達斯朝前任統領）Ṣāliḥ b. Mirdās, Asad al-Dawla, Amīr of Raḥba, Mirdāsid 182～183

八劃

肯切克（察合台汗國）Könchek, Chaghatayid 600～601
孟里・哥萊（克里米亞的汗王）Mengli Giray, Khān of the Crimea 616, 619
坦杜王后 Tandu Khātūn 649
拔都（青帳汗國）Batu, Batu'id 592, 596, 603, 610, 615～616, 636
波勒奇阿（汶萊蘇丹政權）Bolkiah, Sultan of Brunei 842
佩爾卡薩・阿拉姆・夏利夫・拉姆圖伊（亞齊蘇丹政權）Perkasa 'Ālam Sharīf Lamtuy, Sultan of Acheh 827
居丘克・穆罕默德（金帳汗國）Küchük Muḥammad, Golden Horde Khān 614
居聶里—別克（嘎拉曼朝）Güneri Beg, Qaramān Oghullarï 564
姆瓦納・哈蒂嘉（帕泰島的納布罕氏族統治者）Mwana Khadīja, Nabhānī of Pate 344
姆斯林（伍蓋勒朝）Muslim, 'Uqaylid

184, 238, 240～241
帕拉梅斯瓦拉（麻六甲的統治者）Parameśvara, ruler of Malacca 822～824
帕庫布瓦納一至三世（馬塔拉姆朝）Pakubuwana, I, II and III, rulers of Mataram 830～831
帕庫布瓦納三至十二世（梭羅朝）Pakubuwana III-XII, Susuhunans 833～834
帖木兒 Tamerlane or Tīmūr 366, 495, 503, 517, 538, 540, 542, 547, 552, 558, 567, 573, 578, 586, 592, 597, 602～604, 608, 615, 641, 645, 651, 654～655, 658～662, 734, 760, 764
帖克勒（德克勒）（哈札爾阿斯普朝）Tekele or Degele, Hazāraspid 501
帖克勒（德克勒）（薩魯爾朝）Tekele or Degele, Salghurid 504
非魯茲（布伊朝）Fīrūz, Būyid 392
非魯茲・夏赫（巴赫曼朝）Fīrūz Shāh, Bahmanid 771
非魯茲・夏赫・查法爾（德里蘇丹政權的圖魯革支系）Fīrūz Shāh Ẓafar, Tughluqid Delhi Sultan 727
非魯茲・夏赫・賓・巴雅濟德・夏赫（孟加拉的統治者）Fīrūz Shāh b. Bāyazīd Shāh, ruler of Bengal 741
亞吉巴珊（達尼胥面德朝）Malik Yaghïbasan, Dānishmendid 526, 528～529
亞固提（阿爾圖革朝）Yāqūtī, Artuqids 481
亞迪嘎爾・穆罕默德（卡贊汗國）Yādigār Muḥammad, Khān of Kazan 632
亞爾・古里・賈姆胥德（古特卜朝）328 Yār Qulī Jamshīd, Quṭb Shāhī 790
亞赫胥（嘎拉曼朝）Yakhshï, Qaramān Oghullarï 564
亞德加爾・穆罕默德（帖木兒朝）Yādgār Muḥammad, Tīmūrid 657
迪瓦納（統治頭銜為穆查法爾・夏姆斯丁，孟加拉的統治者）Dīwāna (ruling title Muẓaffar Shams al-Dīn), ruler of Bengal 743
迪亞—道拉，阿濟茲・賓・阿布杜—瑪立克（莫夕亞的統治者）al-'Azīz b. 'Abd al-Malik, Ḍiyā' al-Dawla, ruler of Murcia 83
迪亞丁，阿布—穆查法爾・嘎濟（薩勒圖革朝）Abu 'l-Muẓaffar Ghāzī, Ḍiyā' al-Dīn, Saltuqid 533
迪拉瓦爾汗・哈珊・古里（馬勒瓦的蘇丹）Dilāwar Khān Ḥasan Ghūrī, ruler of Mālwa 762
迪烏達德二世（薩吉朝）Dīwdād II, Sājid 375
迪爾克・克勒姆・賓・杜納瑪（卡涅姆的統治者）Dirke Kelem b. Dunama, Sultan of Kanem 319

忽必烈（蒙古大汗）Qubilay, Mongol Great Khān 27, 593～596, 603, 608
忽都篤汗（蒙古大汗）Qoshila Qutuqtu, Mongol Great Khān 596
忽斯勞汗・巴爾瓦里（德里的篡位者）Khusraw Khān Barwārī, usurper in Delhi 726
忽斯勞・非魯茲（布伊朝）Khusraw Fīrūz, Būyid 392, 395
忽斯勞・非魯茲（朱斯坦朝）Khusraw Fīrūz, Justānid 373
忽斯勞・夏赫（朱斯坦朝）Khusraw Shāh, Justānid 373
忽斯勞・瑪立克（嘎茲納朝）Khusraw Malik, Ghaznawid 716
拉比卜・薩各拉比（瓦倫西亞的統治者）Labīb al-Ṣaqlabī, ruler in Valencia 78
拉比赫・賓・法德勒拉（博爾努和迪克瓦的征服者）Rābiḥ b. Faḍl Allāh, conqueror of Bornu and Dikwa 325
拉米努，穆罕默德・阿敏・卡涅米（博爾努的卡涅姆卜系統治者）Muḥammad Amīn al-Kānemī, Shehu Laminu, Kanembu Shehu of Bornu 324, 328
拉米羅二世（亞拉岡王國）Ramiro II of Aragon 81
拉希姆・古里（昆格拉特朝）Raḥīm Qulī, Qungrat 706
拉非俄（伍蓋勒朝）Rāfi‘, ‘Uqaylid 238
拉非俄（拉伊及尼夏普爾的叛軍，哈里發總督）Rāfi’, rebel and caliphal governor in Nishapur and then Rayy 427
拉胥卡利（達爾班德的哈胥姆朝）Lashkarī, Hāshimid of Darband 369
拉胥德（朱蘭達家族）Rashīd, Āl al-Julandā 282～283
拉胥德（阿拉維朝）al-Rāshid, ‘Alawid Sharīf 154, 156
拉迪（巴格達的阿巴斯朝哈里發）al-Rāḍī, ‘Abbāsid caliph in Baghdad 47, 174
拉迪丁，阿布—瑪阿里（伊斯瑪儀里派的尼查里分支）Abu ’l-Ma‘ālī, Raḍī ’l-Dīn, Nizārī Ismā‘īlī 186
拉胥德（穆夏俄夏俄朝）Sayyid Rāshid, Musha‘sha‘id 672
拉夏德・瑪赫迪（「突尼西亞人的國王」）Rashād al-Mahdī, King of the Tunisians 160
拉賈・加尼薩（以達努吉・瑪爾丹・德瓦之名統治，孟加拉的統治者）Rājā Ganeśa (Danūj Mardan Deva), ruler of Bengal 742, 746
拉賈・阿比（汶萊蘇丹政權）Raja Api, Sultan of Brunei 841
拉賈・阿里汗・阿迪勒・夏赫四世（法魯基朝）Rājā ‘Ali Khān ‘Ādil Shāh IV, Fārūqī 777
拉賈・阿赫瑪德・法魯基（法魯基朝）

Malik Rājā Aḥmad Fārūqī, Fārūqī 776, 778
拉賈・嘎夫爾（汶萊蘇丹政權）Raja Ghafur, Sultan of Brunei 840
拉瑪丹—別克（拉瑪丹朝）Ramaḍān Beg, Ramaḍan Oghullarï 574
易卜拉欣（尤俄非爾朝）Ibrāhīm, Yu'firid 260
易卜拉欣（巴里德朝）Ibrāhīm, Barīd Shāhīs 780
易卜拉欣（卡贊汗王）Ibrāhīm, Khān of Kazan 630
易卜拉欣（古特卜朝）Ibrāhīm, Quṭb Shāhī 790
易卜拉欣（尼查姆朝）Ibrāhīm, Niẓām Shāhī 785
易卜拉欣（伍麥亞朝哈里發）Ibrāhīm, Umayyad caliph 41
易卜拉欣（伍蓋勒朝）Ibrāhīm, 'Uqaylid 238
易卜拉欣（希姆朱爾朝）Ibrāhīm, Sīmjūrid 434
易卜拉欣（帖木兒朝）Ibrāhīm, Tīmūrid 657
易卜拉欣（阿夫夏爾朝）Ibrāhīm, Afshārid 682
易卜拉欣（迪克瓦統治者）Ibrāhīm, Shehe of Dikwa 324
易卜拉欣（面帖舍朝）Ibrāhīm, Menteshe Oghullarï 541
易卜拉欣（埃及的總督）Ibrāhīm, Pasha of Egypt 218
易卜拉欣（馬林朝）Ibrāhīm, Marīnid 128
易卜拉欣（基勒瓦的瑪赫達勒聖裔）Ibrāhīm, Mahdali Sultan of Kilwa 339
易卜拉欣（博爾努的卡涅姆卜系統治者）Ibrāhīm, Kanembu Shebu of Bornu 324
易卜拉欣（開羅的阿巴斯朝哈里發）Ibrāhīm, 'Abbāsid caliph in Cairo 50
易卜拉欣（嘎茲納朝）Ibrāhīm, Ghaznawid 715
易卜拉欣（蒙兀兒帝國）Ibrāhīm, Mughal 798
易卜拉欣（歐斯曼帝國）Ibrāhīm, Ottoman 582
易卜拉欣（穆赫塔吉朝）Ibrāhīm, Muḥtājid 438
易卜拉欣・卡巴亞歐（松海國王）Ibrāhīm Kabayao, King of Songhay 314
易卜拉欣・尼卡勒・賓・比里（卡涅姆的統治者）Ibrāhīm Nikale b. Biri, Sultan of Kanem 319
易卜拉欣・夏赫（喀什米爾蘇丹）Ibrāhīm Shāh, Sultan of Kashmīr 749～750
易卜拉欣・賓・伊德里斯（博爾努的賽伊夫支系統治者）Ibrāhīm b. Idrīs, Sayfī of Bornu 322

易卜拉欣・賓・佘克曼一世（阿爾圖革朝）Ibrāhīm b. Sökmen I, Artuqid 479
易卜拉欣・賓・阿比—巴克爾（西吉勒馬薩的穆拉比特朝統治者）Ibrāhīm b. Abī Bakr, Almoravid ruler in Sijilmāsa 118
易卜拉欣（阿布達拉）・賓・阿布達拉（濟亞德朝）Ibrāhīm ('Abdallāh) b. 'Abdallāh, Ziyādid 258
易卜拉欣・賓・阿赫瑪德（哈倫）（喀喇汗國）Ibrāhīm b. Aḥmad (Hārūn), Qarakhānid 452
易卜拉欣・賓・阿赫瑪德（博爾努的賽伊夫支系統治者）Ibrāhīm b. Aḥmad, Sayfī of Bornu 323
易卜拉欣・賓・納斯爾（喀喇汗國）Ibrāhīm b. Naṣr, Qarakhānid 453
易卜拉欣・賓・塔休芬（穆拉比特朝）Ibrāhīm b. Tāshufīn, Almoravid 119
易卜拉欣・賓・瑪赫迪（巴格達的阿巴斯朝哈里發）Ibrāhīm b. al-Mahdī, 'Abbāsid caliph in Baghdad 45
易卜拉欣・賓・歐斯曼（卡涅姆的統治者）Ibrāhīm b. 'Uthmān, Sultan of Kanem 320
易卜拉欣・賓・穆各塔迪爾（巴格達的阿巴斯朝哈里發）Ibrāhīm b. al-Muqtadir, 'Abbāsid caliph in Baghdad 47
易卜拉欣・賓・穆罕默德（尤俄非爾朝）Ibrāhīm b. Muḥammad, Yu'firid 260
易卜拉欣・賓・穆罕默德（喀喇汗國）Ibrāhīm b. Muḥammad, Qarakhānid 451
易卜拉欣・賓・穆罕默德（濟亞德朝）Ibrāhīm b. Muḥammad, Ziyādid 258
易卜拉欣・賓・蘇萊曼（喀喇汗國）Ibrāhīm b. Sulaymān, Qarakhānid 450
易卜拉欣一世、二世（阿迪勒朝）Ibrāhīm I and II, 'Ādil Shāhīs 782
易卜拉欣一世、二世（阿格拉布朝）Ibrāhīm I and II, Aghlabids 107, 109
易卜拉欣一世、二世（哈夫斯朝）Ibrāhīm I and II, Ḥafṣids 138, 140
易卜拉欣一世、二世（夏爾萬的雅濟德系國王）Ibrāhīm I and II, Yazīdī Sharwān Shāh 364
易卜拉欣一世、二世（嘎拉曼朝）Ibrāhīm I and II, Qaramān Oghullarï 564～565, 567
易卜拉欣一世、二世（穆薩非爾朝）Ibrāhīm I and II, Musāfirids 377～378
易卜拉欣一至三世（拉瑪丹朝）Ibrāhīm I, II and III, Ramaḍān Oghullarï 574～576
易卜拉欣二世（德里蘇丹政權的羅迪支系）Ibrāhīm II, Lōdī Delhi Sultan 728, 735
易卜拉欣汗三世（德里的蘇爾支系蘇丹）Ibrāhīm Khān III, Sūrī Delhi Sultan 729
易卜拉欣帕夏（穆罕默德・阿里家族）Ibrāhīm Pasha, House of Muḥammad 'Alī 218, 220

易各巴勒—道拉，阿里（德尼亞及馬猷卡的穆賈希德朝）‘Alī, Iqbāl al-Dawla, Mujāhid of Denia and Majorca 75
易斯哈格（巴格達和伊拉克的塔希爾朝）Isḥāq, Ṭāhirid in Baghdad and Iraq 419
易斯哈格（卡爾莫納的比爾查勒氏族）Isḥāq, Birzāl of Carmona 72
易斯哈格（嘎拉曼朝）Isḥāq, Qaramān Oghullarï 565
易斯哈格（蒙居杰克朝）Isḥāq, Mengüjekid 530～531
易斯哈格（魯俄魯俄朝）Isḥāq, Lu'lu'id 477
易斯哈格（穆拉比特朝）Isḥāq, Almoravid 119, 121
易斯哈格（濟亞德朝）Isḥāq, Ziyādid 258
易斯哈格—別克（伊南吉朝）Isḥāq Beg, Inanj Oghullarï 544
易斯哈格一世、二世（松海的阿斯奇亞支系國王）Isḥāq I and II, Askiyas of Songhay 315
易斯哈格・瑪拉（穆罕默德・普拉德）（敏朝）Isḥāq Mallā or Muḥammad Pūlād, Ming 710
法利布爾茲（夏爾萬的雅濟德系國王）Farīburz, Yazīdī Sharwān Shāh 362, 365
法利布爾茲二世、三世（夏爾萬的雅濟德系國王）Farīburz II and III, Yazīdī Sharwān Shāh 362～363
法利布爾茲・賓・薩拉爾（來自夏爾萬，哈胥姆朝）Farīburz b. Sallār of Sharwān, Hāshimid 369
法利敦一世、二世（夏爾萬的雅濟德系國王）Farīdūn I and II, Yazīdī Sharwān Shāh 362
法里斯（阿納茲朝）Fāris, ‘Annāzid 401
法里斯（馬林朝）Fāris, Marīnid 128
法拉克丁（阿赫瑪迪勒朝）Falak al-Dīn, Aḥmadilī 488
法拉克丁，敦達爾—別克（哈密德朝）Dündār Beg, Falak al-Dīn, Ḥamīd Oghullarï 550
法拉賈拉（穆夏俄夏俄朝）Sayyid Faraj Allāh, Musha‘sha‘id 673
法拉赫（穆夏俄夏俄朝）Sayyid Falāḥ, Musha'sha'id 671
法拉穆爾茲（卡庫伊朝）Farāmurz, Kākūyid 403～404
法迪勒（柴迪派伊瑪目）al-Fāḍil, Zaydī Imām 251
法迪勒・托拉（滿吉特朝）Fāḍil Tora, Mangït 703
法特赫（薩吉朝）Fatḥ, Sājid 375～376
法特赫・阿里汗（嘎賈爾朝）Fatḥ ‘Alī Khān, Qājār 688
法特赫・哥萊一世、二世（克里米亞的汗王）Fatḥ Giray I and II, Khāns of the Crimea 620, 623

法特赫・夏赫（喀什米爾蘇丹政權）Fatḥ Shāh, Sultan of Kashmīr 749
法特赫・將（薩多查伊支系）Fatḥ Jang, Sadōzay 816
法特赫丁，歐瑪爾（贊吉朝）'Umar, Fatḥ al-Dīn, Zangid 472
法特赫汗（以賽伊夫丁，瑪赫穆德・夏赫一世，貝格拉之名統治，古嘉拉特蘇丹政權）Fatḥ Khān (ruling title Maḥmud Shāh I, Begrā, Sayf al-Dīn), Sultan of Gujarāt 755
法提克一至三世（納賈赫朝）Fātik I, II and III, Najāḥids 263～264
法蒂瑪・蘇丹・比克（嘎希莫夫汗國）Fāṭima Sulṭān Bike, Khān of Qāsimov 636
法赫爾—道拉，哈珊・賓・卡伊・忽斯勞（巴萬德氏族的將領）Ḥasan b. Kay Khusraw, Fakhr al-Dawla, Bāwandid Ispahbadh 412
法赫爾—道拉，納瑪瓦爾（巴杜斯潘朝）Nāmāwar, Fakhr al-Dawla, Bādūspānid 494
法赫爾—道拉，納瑪瓦爾・夏赫・嘎濟（巴杜斯潘朝）Nāmāwar Shāh Ghāzī, Fakhr al-Dawla, Bādūspānid 494
法赫爾—道拉，嘎濟（巴杜斯潘朝）Shāh Ghāzī, Fakhr al-Dawla, Bādūspānid 494
法赫爾丁（卡爾特朝）Fakhr al-Dīn, Kart 640
法赫爾丁，古特魯（白羊汗國）Qutlugh, Fakhr al-Dīn, Aq Qoyunlu 666
法赫爾丁，伊里亞斯（剎魯汗朝）Ilyās, Fakhr al-Dīn, Ṣarukhān Oghullarï 537
法赫爾丁，阿赫瑪德（嘎拉曼朝）Aḥmad Fakhr al-Dīn, Qaramān Oghullarï 564
法赫爾丁，曼蘇爾・歐斯曼（布爾吉支系的傭兵政權）al-Malik al-Manṣūr 'Uthmān, Fakhr al-Dīn, Burjī Mamlūk 209
法赫爾丁，嘎希姆（達尼胥面德朝）Qāsim, Fakhr al-Dīn, Dānishmendid 527
法赫爾丁，瑪斯伍德（古爾朝）Mas'ūd, Fakhr al-Dīn, Ghūrid 721
法赫爾丁，穆巴拉克・夏赫（孟加拉的統治者）Mubārak Shāh, Fakhr al-Dīn, ruler of Bengal 740
法赫爾丁，穆巴拉克・夏赫（馬俄巴爾的蘇丹）Mubārak Shāh, Fakhr al-Dīn, Sultan of Ma'bar 767
法赫爾丁二世・賓・寇爾各瑪茲二世（瑪安統領政權）Fakhr al-Dīn II b. Qorqmaz II, Ma'n Amīr 215～216
法赫德（蘇伍德家族）Fahd, Āl Su'ūd 295
法儀茲（法蒂瑪朝）al-Fā'iz, Fāṭimid 177
法德勒（嘎爾瑪提派統治者）al-Fāḍl, Carmathian ruler 246
法德勒・賓・穆各塔迪爾（巴格達的阿

巴斯朝哈里發）al-Fāḍil b. al-Muqtadir, ‘Abbāsid caliph in Baghdad 47
法德勒一至五世（夏達德朝）Faḍl I-V, Shaddādids 384～387
法德勒拉（哈姆丹朝）Faḍl Allāh, Ḥamdānid 226
法德魯亞（法爾斯的庫德族首領）Faḍlūya, Kurdish chief in Fars 392, 503
法魯罕一世、二世（達布伊氏族的將領）Farrukhān I and II, Dābūyid Ispahbadh 406～407
法魯革（穆罕默德・阿里家族）Fārūq, House of Muḥammad ‘Alī 221～222
法魯赫—希亞爾（蒙兀兒帝國）Farrukhsiyar, Mughal 798
法魯赫希亞爾（夏爾萬國王）Farrukhsiyar, Sharwān Shāh 364
法魯赫查德（嘎茲納朝）Farrukhzād, Ghaznawid 715
法魯赫查德一世、二世（夏爾萬的雅濟德系國王）Farrukhzād I and II, Yazīdī Sharwān Shāh 363

九劃

面帖舍—別克（面帖舍朝）Menteshe Beg, Menteshe Oghullarï 541～542
契納卡（伏拉尼）Mai Cinaka, Fulani 331
科索伊（柯賽伊）・姆斯林・達姆（松海國王）Kosoy (or Kosay) Mulim Dam, King of Songhay 313, 316
珊賈爾（呼羅珊的統治者、塞爾柱政權的大蘇丹）Sanjar, ruler in Khurasan and su-preme sultan of the Seljuqs 445, 450, 455, 459, 466, 508, 718, 722
昭慈王后（蒙古攝政王）Töregene Khātūn, Mongol regent 594
柯丘（白帳汗國）Köchü, White Horde Khān 612
柯居昆朱・穆罕默德（昔班朝）Köchkunju Muḥammad, Shïbānid 696
都阿（都瓦）（察合台汗國）Du’a (Duwa), Chaghatayid 600
都阿・鐵木爾（察合台汗國）Du’a Temür, Chaghatayid 601
基利吉・阿爾斯蘭（白羊汗國）Qïlïch Arslan, Aq Qoyunlu 667
基利吉・阿爾斯蘭（阿拉尼亞首領）Qïlïch Arslan, Bey of Alanya 553
基利吉・阿爾斯蘭一至四世（東羅馬地區的塞爾柱政權）Qïlïch Arslan İ-IV, Seljuqs of Rūm 520～524, 528～529
查克利亞（開羅的阿巴斯朝哈里發）Zakariyyā’, ‘Abbāsid caliph in Cairo 50
查克利亞一世、二世（哈夫斯朝）Zakariyyā’, I and II, Ḥafṣids 139, 141～142
查法爾汗（阿布—穆查法爾・哈珊・千古・阿拉俄丁）（巴赫曼朝）Ẓafar Khān,

(Abu 'l-Muẓaffar Ḥasan Gangu 'Alā' al-Dīn), Bahmanid 770
查法爾汗（頭銜為穆查法爾汗，古嘉拉特的總督）Ẓafar Khān, governor of Gurajāt with the title of Muẓaffar Khān 754, 756
查格里—別克・達伍德（呼羅珊的塞爾柱政權統治者）Chaghrī Beg Dāwūd, Seljuq ruler in Khurāsān 458, 464～465
查格里汗，阿里（喀喇汗國）'Alī Chaghrï, Khan, Qarakhānid 450
查爾林・卡瑪爾（巴杜斯潘朝）Zarrīn Kamar, Bādūspānid 493
查爾斯五世 Charles V, Emperor 141, 143
剎夫瓦特丁，帕蒂夏女王（古特魯汗國）Pādishāh Khātūn, Ṣafwat al-Dīn, Qutlughkhānid 511
胥哈卜丁，布格拉（孟加拉的統治者）Bughra, Shibāb al-Dīn, ruler of Bengal 740
胥哈卜丁，阿赫瑪德（拉瑪丹朝）Aḥmad Shihāb al-Dīn, Ramaḍān Oghullarï 574
胥哈卜丁，胥拉夏瑪克（喀什米爾蘇丹政權）Shīrāshāmak, Shihāb al-Dīn, Sultan of Kashmīr 748
胥哈卜丁，納席爾・阿赫瑪德一世（巴赫里支系的傭兵政權）al-Malik al-Nāṣir Aḥmad I, Shihāb al-Dīn, Baḥri Mamlūk 205
胥哈卜丁，瑪赫穆德（錫斯坦的納斯爾支系統治者）Maḥmūd, Shihāb al-Dīn, Naṣrid Malik of Sistan 514
胥哈卜丁，歐瑪爾・夏赫（德里的卡勒吉支系蘇丹）'Umar Shāh, Shihāb al-Dīn, Khaljī Delhi Sultan 725
胥哈卜丁・瑪立克・穆艾亞德・阿赫瑪德三世（布爾吉支系的傭兵政權）al-Malik al-Mu'ayyad Aḥmad III, Shihāb al-Dīn, Burjī Mamlūk 209
胥爾・阿里（巴拉克查伊支系）Shīr 'Alī, Bārakzay 817
胥爾・阿里（敏朝）Shīr 'Alī, Ming 709
胥爾・夏赫・蘇爾（德里的蘇爾支系蘇丹、孟加拉的統治者）Shīr Shāh Sūr, Sūrī Delhi Sultan and ruler in Bengal 729, 735, 744, 747, 763, 800
胥爾汗（孟加拉總督）Shīr Khān, governor of Bengal 739
胥爾查德（嘎茲納朝）Shīrzād, Ghaznawid 715
胥爾濟勒・賓・法納・忽斯勞・阿杜德—道拉（布伊朝）Shīrzīl b. Fanā Khusraw 'Aḍud al-Dawla, Būyid 391, 394
胥爾濟勒・賓・非魯茲・巴哈俄—道拉（布伊朝）Shīrzīl b. Fīrūz Bahā' al-Dawla, Būyid 394
剎卜爾丁（哈拉爾的蘇丹）Ṣabr al-Dīn, Sultan of Harar 354
剎希卜・哥萊（卡贊汗國）Ṣāḥib Giray, Khān of Kazan 631

剎希卜・哥萊一世、二世（克里米亞的汗王）Ṣāḥib Giray I and II, Khāns of the Crimea　619, 625
剎里赫（瑪茲魯伊家族）Ṣāliḥ, Mazrū'ī　347
剎里赫・胥哈卜丁，阿赫瑪德（阿爾圖革朝）Aḥmad al-Malik al-Ṣāliḥ Shihāb al-Dīn, Artuqid　482
剎里赫・夏姆斯丁，瑪赫穆德（阿爾圖革朝）Maḥmūd al-Malik al-Ṣāliḥ, Shams al-Dīn, Artuqid　482
剎里赫・納席爾丁，瑪赫穆德（阿爾圖革朝）Maḥmūd, al-Malik al-Ṣāliḥ Nāṣir al-Dīn, Artuqid　480
剎里赫・穆艾亞德・伊斯瑪儀（哈馬特的艾尤布朝）al-Malik al-Ṣāliḥ, al-Mu'ayyad Ismā'īl, Ayyūbid in Ḥamāt　194
剎里赫一世、二世（大馬士革的艾尤布朝）al-Malik al-Ṣāliḥ, I and II, Ayyūbids in Damascus　190～191
剎里赫二世・艾尤布（迪亞巴克爾和埃及的艾尤布朝）al-Malik al-Ṣāliḥ II Ayyūb, Ayyūbid in Diyār Bakr and Egypt　189
剎里赫三世・阿布—巴克爾（迪亞巴克爾的艾尤布朝）al-Malik al-Ṣāliḥ III Abū Bakr, Ayyūbid in Diyār Bakr　197
剎里赫四世・哈利勒（迪亞巴克爾的艾尤布朝）al-Malik al-Ṣāliḥ IV Khalīl, Ayyūbid in Diyār Bakr　197
剎拉赫大將軍（來自阿爾及爾）Ṣalāḥ Re'īs Pasha of Algiers　136
剎法・哥萊（卡贊汗國）Ṣafā' Giray, Khān of Kazan　631～632
剎法・哥萊（克里米亞的汗王）Ṣafā' Giray, Khān of Kazan　622
剎法赫（巴格達的阿巴斯朝哈里發）al-Saffāh, 'Abbāsid caliph in Baghdad　45, 283
剎非一世、二世（薩法維朝）Ṣafī I and II, Ṣafawids　677～678
剎迪各（哈拉爾的蘇丹）Ṣādiq, Sultan of Harar　354
剎達嘎一世、二世（瑪茲亞德朝）Ṣadaqa I and II, Mazyadids　231～232
剎魯汗—別克（剎魯汗朝）Ṣarukhān Beg, Ṣarukhān Oghullarï　537
胡梅（伍梅）・吉勒米（卡涅姆的亞贊支系首位統治者）Hume or Ume Jilmi, first Yazanī ruler of Kanem　318
胡笙（奇爾曼的塞爾柱朝）Ḥusayn, Seljuq of Kirman　462
胡笙（阿拉維朝）Ḥusayn, 'Alawid Sharīf　155
胡笙（阿爾袞朝）Shāh Ḥusayn, Arghūn　793
胡笙（帖木兒朝）Ḥusayn, Tīmūrid　657
胡笙（哈札爾阿斯普朝）Shāh Ḥusayn, Hazāraspid　502

胡笙（剎希卜・阿塔朝）Ḥusayn, Ṣāḥib, Atā Oghullarï 548
胡笙（剎法爾朝哈拉夫支系的叛軍）Ḥusayn, rebel against Khalafid Ṣaffārids 429
胡笙（哈姆丹朝）al-Ḥusayn, Ḥamdānid 226, 228
胡笙（塔希爾朝）al-Ḥusayn, Ṭāhirid 418
胡笙（滿吉特朝）Sayyid Ḥusayn, Mangït 703
胡笙（穆克拉姆朝）al-Ḥusayn, Mukramid 284
胡笙・卡米勒（穆罕默德・阿里家族）Ḥusayn Kāmil, House of Muḥammad 'Alī 220, 223
胡笙・古里（嘎賈爾朝）Ḥusayn Qulī, Qājār 688
胡笙・夏赫（夏爾基蘇丹政權）Ḥusayn Shāh, Sharqī 759, 761
胡笙・納斯爾（胡笙統領政權）Ḥusayn al-Naṣr, Ḥusaynid Bey 160
胡笙・曼蘇爾（柴迪派伊瑪目）al-Ḥusayn al-Manṣūr, Zaydī Imām 253
胡笙・賓・阿里（先後擔任麥加及漢志大公、漢志國王、哈須姆大公）Ḥusayn b. 'Alī, Sharīf of Mecca and Ḥijāz and King of Ḥijāz, Hāshimite Sharīf 299
胡笙・賓・哈利勒二世（迪亞巴克爾的艾尤布朝）al-Ḥusayn b. Khalīl II, Ayyūbid in Diyār Bakr 197
胡笙・賓・塔拉勒（哈須姆氏族的約旦國王）Ḥusayn b. Ṭalāl, Hāshimite King of Jordan 300, 302
胡笙・賓・嘎希姆（柴迪派伊瑪目）al-Ḥusayn b. al-Qāsim, Zaydī Imām 250～251
胡笙・賓・蘇萊曼（基勒瓦的瑪赫達勒聖裔）al-Ḥusayn b. Sulaymān, Mahdali Sultan of Kilwa 338
胡笙一世（薩法維朝）Ḥusayn I, Safawid 678
胡笙一世、二世（古爾朝）Ḥusayn I and II, Ghūrid 719～720
胡笙一世、二世（拉瓦德朝）Ḥusayn I and II, Rawwādids 381
胡笙一世、二世（胡笙統領政權）al-Ḥusayn I and II, Ḥusaynid Beys 159
胡笙一世、二世（賈拉伊爾朝）Ḥusayn I and II, Jalāyirids 649～651
胡笙一至三世（尼查姆朝）Ḥusayn I, II and III, Niẓām Shāhīs 785～786
胡爾胥德一世、二世（達布伊氏族的將領）Khurshīd I and II, Dābūyid Ispahbadh 406, 408
胡瑪拉維赫（圖倫朝）Khumārawayh, Ṭūlūnid 170～172
胡瑪斯（哈姆丹朝）al-Ḥumās, Ḥamdānid 271

胡瑪雍・夏赫（巴赫曼朝）Humāyūn Shāh, Bahmanid 771
胡襄（夏爾萬的雅濟德系國王）Hūshang, Yazīdī Sharwān Shāh 363
胡薩姆—道拉，阿爾達胥爾（巴杜斯潘朝）Ardashīr Ḥusām al-Dawla, Bādūspānid 494
胡薩姆丁，丘班（丘班朝）Chobān, Ḥusām al-Dīn, Chobān Oghullarï 562
胡薩姆丁，伊瓦德（統治頭銜為吉亞斯丁）（孟加拉總督）'Iwaḍ, Ḥusām al-Dīn, (Ghiyāth al-Dīn), governor of Bengal 737
胡薩姆丁，伊里亞斯（哈密德朝）Ilyās, Ḥusām al-Dīn, Ḥamīd Oghullarï 550
胡薩姆丁，阿勒普・尤魯克（丘班朝）Alp Yürük, Ḥusām al-Dīn, Chobān Oghullarï 562
胡薩姆丁，哈珊（塔吉丁朝）Ḥasan, Ḥusām al-Dīn, Tāj al-Dīn Oghullarï 572
胡薩姆丁，曼蘇爾・拉欽（拉金）・阿胥嘎爾（傭兵政權的巴赫里支系）al-Malik al-Manṣūr Lāchīn or Lājīn al-Ashqar, Ḥusām al-Dīn, Baḥri Mamlūk 205
胡薩姆丁，穆罕默德・雅弗茲（塔吉丁朝）Muḥammad Yavuz, Ḥusām al-Dīn, Tāj al-Dīn Oghullarï 572
胡薩姆丁，優魯克・阿爾斯蘭（阿爾圖革朝）Yülük Arslan, Ḥusām al-Dīn, Artuqid 481
哈卡姆一世、二世（西班牙的伍麥亞朝）al-Ḥakam I and II, Spanish Umayyads 58～59, 62
哈布斯（格拉納達的吉爾朝）Ḥabbūs, Zīrid of Granada 73
哈札爾阿斯普（巴杜斯潘朝）Hazārasp, Bādūspānid 493
哈吉汗（統治頭銜為海達爾國王，喀什米爾蘇丹）Ḥājjī Khān (ruling title Ḥaydar Shāh), Sultan of Kashmīr 749
哈吉・哥萊一世、二世（克里米亞的汗王）Ḥājjī Giray I and II, Khāns of the Crimea 618, 622, 626
哈吉・夏赫（亞茲德大統領政權）Ḥājjī Shāh, Atabeg of Yazd 508
哈吉・穆罕默德・阿里（汶萊的蘇丹）Haji Muhammad Ali, Sultan of Brunei 840
哈迪・伊拉—哈各，雅赫亞（柴迪派伊瑪目）Yaḥyā, al-Hādī ilā 'l-Ḥaqq, Zaydī Imām 250
哈迪，穆薩（巴格達的阿巴斯朝哈里發）al-Hādī, Mūsā, 'Abbāsid caliph in Baghdad 45
哈利勒（卡贊汗王）Khalīl, Khān of Kazan 630
哈利勒，嘎爾斯丁（拉瑪丹朝）Khalīl, Ghars al-Dīn, Ramaḍān Oghullarï 575
哈利勒・蘇丹（帖木兒朝）Khalīl Sulṭān, Tīmūrid 655, 658

哈利勒一世、二世（夏爾萬國王）Khalīl I and II, Sharwān Shāh　364
哈利勒汗（統治頭銜為穆查法爾國王二世，古嘉拉特的蘇丹）Khalīl Khān (ruling title Muẓaffar Shāh II), Sultan of Gujarāt　755
哈利德・賓・阿布杜—阿濟茲（蘇伍德家族）Khālid b. ʻAbd al-ʻAzīz, Āl Suʻūd　295
哈利德・賓・雅濟德（夏爾萬的雅濟德支系先驅）Khālid b. Yazīd, precursor of the Yazīdī Sharwān Shahs　360
哈利德・賓・蘇伍德一世（蘇伍德家族）Khālid b. Suʻūd I, Āl Suʻūd　294
哈利德・賓・蘇萊曼（基勒瓦的須拉濟支系蘇丹）Khālid b. Sulaymān, Shīrāzī Sultan of Kilwa　337
哈利德一世、二世（哈夫斯朝）Khālid I and II, Ḥafṣids　139～140
哈里姆・哥萊（克里米亞的汗王）Ḥalīm Giray, Khān of the Crimea　624
哈里法・賓・巴爾嘎胥（布—薩義德家族）Khalīfa b. Barghash, Āl Bū Saʻīd　350
哈里法・賓・哈魯卜（布—薩義德家族）Khalīfa b. Kharūb, Āl Bū Saʻīd　350
哈里斯（杜拉夫朝）al-Ḥārith, Dulafid　388～389
哈利勒（白羊汗國）Sulṭan Khalīl, Aq Qoyunlu　667
（阿布杜—）哈非茲（阿拉維朝）(ʻAbd) al-Ḥafīẓ, ʻAlawid Sharīf　155
哈姆丹（馬爾丁及摩蘇爾的首領，哈姆丹朝的創始者）Ḥamdān, chief in Mārdīn and Mosul, founder of the Ḥamdānids　226, 228
哈姆查（白羊汗國）Ḥamza, Aq Qoyunlu　666
哈姆查（柴迪派伊瑪目）Ḥamza, Zaydī Imām　251
哈姆查（開羅的阿巴斯朝哈里發）Ḥamza, ʻAbbāsid caliph in Cairo　51
哈姆敦（博爾努的賽伊夫支系）Ḥamdūn, Sayf of Bornu　323
哈拉夫（剎法爾朝的哈拉夫支系）Khalaf, Khalafid Ṣaffārid　428, 430
哈拉夫（哈拉爾的蘇丹）Khalaf, Sultan of Harar　355
哈非茲（卡爾特朝）Ḥāfiẓ, Kart　640
哈非茲（法蒂瑪朝）al-Ḥāfiẓ, Fāṭimid　177
哈珊（巴格達的阿巴斯朝哈里發）al-Ḥasan, ʻAbbāsid caliph in Baghdad　48
哈珊（巴萬德氏族的將領）Ḥasan, Bāwandid Ispahbadh　411～412
哈珊（伊拉克的布伊朝）Ḥasan, Būyid in Iraq　390, 396
哈珊（伍蓋勒朝）al-Ḥasan, ʻUqaylid　237
哈珊（伕拉尼統治者）Ḥasan, Fulani　332
哈珊（努麥爾朝）Ḥasan, Numayrid　243

哈珊（阿布杜—瓦德朝）al-Ḥasan, ʻAbd al-Wādid　136
哈珊（哈夫斯朝）al-Ḥasan, Ḥafṣid　141
哈珊（哈姆丹朝）al-Ḥasan, Ḥamdānid　226, 228
哈珊（柴迪派伊瑪目）al-Ḥasan, Zaydī Imām　251
哈珊（提金）・賓・阿里（喀喇汗國）Ḥasan (Tigin) b. ʻAlī, Qarakhānid　453
哈珊（瑪爾萬朝）al-Ḥasan, Marwānid　234
哈珊（蓋拉萬的吉爾支系）al-Ḥasan, Zīrid of Kairouan　114, 116
哈珊一世、二世（阿拉維朝）al-Ḥasan I and II, ʻAlawid Sharīf　155～156, 158
哈珊二世、三世（伊斯瑪儀里派的尼查里分支）Ḥasan II and III, Nizārī Ismāʻīlī　498, 500
哈珊・阿里（黑羊汗國）Ḥasan ʻAlī, Qara Qoyunlu　663
哈珊・剎巴赫（哈珊）（法蒂瑪朝的代理統治者，隸屬於伊斯瑪儀里派的尼查里分支）Ḥasan-i Ṣabbāḥ (al-Ḥasan), Fāṭimid agent and Nizārī Ismāʻīlī　187, 498～499
哈珊・剎姆剎姆（卡勒卜朝）al-Ḥasan al-Ṣamṣām, Kalbid　111
哈珊・夏赫（喀什米爾蘇丹）Ḥasan Shāh, Sultan of Kashmīr　749
哈珊・達姆嘎尼（薩爾巴達爾朝）Ḥasan Dāmghānī, Sarbadārid　653
哈珊・賓・阿布達拉（卡勒卜朝）al-Ḥasan b. ʻAbdallāh, Kalbid　110
哈珊・賓・阿勒普・阿爾斯蘭（塔吉丁朝）Ḥasan b. Alp Arslan, Tāj al-Dīn Oghullarï　572
哈珊・賓・塔魯特（基勒瓦的瑪赫達勒聖裔）al-Ḥasan b. Ṭālūt, Mahdali Sultan of Kilwa　337
哈珊・賓・達伍德（基勒瓦的須拉濟支系）al-Ḥasan b. Dāwūd, Shīrāzī Sultan of Kilwa　336
哈珊・賓・嘎希姆（伊德里斯朝）al-Ḥasan b. al-Qāsim, Idrīsid　97
哈珊・賓・蘇萊曼（基勒瓦的須拉濟支系）al-Ḥasan b. Sulaymān, Shīrāzī Sultan of Kilwa　336
哈珊・賓・蘇萊曼（基勒瓦的瑪赫達勒聖裔）al-Ḥasan b. Sulaymān, Mahdali Sultan of Kilwa　339
哈胥姆（巴尼朱爾朝）Hāshim, Bānījūrid　432
哈胥姆（汶萊的蘇丹）Hāshim, Sultan of Brunei　842
哈胥姆（哈拉爾的蘇丹）Hāshim, Sultan of Harar　355
哈胥姆（博爾努的卡涅姆卜系統治者）Hāshim, Kanembu Shebu of Bornu　324
哈胥姆・賓・蘇拉嘎・蘇拉米（達爾

班德的總督及哈胥姆朝的初期統治者）Hāshim b. Surāqa al-Sulamī, governor of Darband and first of the Hāshimids 367, 370
哈胥拉姆・阿赫瑪德（拉克茲的統治者）Khashram Aḥmad, ruler of Lakz 368
哈倫（花剌子模國王）Hārūn, Khwārazm Shāh 442
哈倫（哈珊）（喀喇汗國聯盟的共同創立者）Hārūn (Ḥasan), joint founder of the Qarakhānid confederation 447
哈倫（圖倫朝）Hārūn, Ṭūlūnid 170
哈倫・拉胥德（巴格達的阿巴斯朝哈里發）Hārūn al-Rashīd, ʻAbbāsid caliph in Baghdad 45, 108, 372, 389
哈倫・賓・瑪赫迪（巴格達的阿巴斯朝哈里發）Hārūn b. al-Mahdī, ʻAbbāsid caliph in Baghdad 45
哈倫・賓・穆俄塔席姆（巴格達的阿巴斯朝哈里發）Hārūn b. al-Muʻtaṣim, ʻAbbāsid caliph in Baghdad 46
哈茲阿勒（來自穆罕馬拉，穆夏俄夏俄朝）Shaykh Khazʻal of Muḥammara 674
哈基姆（法蒂瑪朝）al-Ḥakim, Fāṭimid 176, 179～180
哈基姆・穆納吉姆（伊斯瑪儀里派的尼查里分支）al-Ḥakim al-Munajjim, Nizārī Ismāʻīlī 185
哈基姆一世（阿勒坡，然後成為開羅阿巴斯朝哈里發）al-Ḥakim I, ʻAbbāsid caliph in Aleppo and then Cairo 49
哈基姆二世（開羅的阿巴斯朝哈里發）al-Ḥakim II, ʻAbbāsid caliph in Cairo 50
哈密斯（伍蓋勒朝）Khamīs, ʻUqaylid 238
哈密德（布—薩義德家族）Ḥāmid, Āl Bū Saʻīd 289, 350
哈密德（哈拉爾的蘇丹）Ḥāmid, Sultan of Harar 355
哈密德—道拉，哈提姆・賓・阿赫瑪德（哈姆丹朝）Ḥātim b. Aḥmad, Ḥāmīd al-Dawla, Ḥamdānid 272
哈畢卜拉一世（巴拉克查伊支系）Ḥabīb Allāh I, Bārakzay 817
哈畢卜・夏赫（喀什米爾蘇丹）Ḥabīb Shāh, Sultan of Kashmīr 750
哈提卜，哈珊・賓・伊斯瑪儀（基勒瓦的瑪赫達勒支系蘇丹）al-Ḥasan b. Ismāʻīl, al-Khaṭib, Mahdali Sultan of Kilwa 339
哈提姆・賓・胡瑪斯（哈姆丹朝）Ḥātim b. al-Ḥumās, Ḥamdānid 271～272
哈提姆・賓・嘎胥姆・哈姆丹尼（哈姆丹朝）Ḥātim b. al-Ghashīm al-Hamdānī, Ḥamdānid 271
哈賈吉・蘇勒壇（古特魯汗國）Ḥajjāj Sulṭān, Qutlughkhānid 510
哈賈姆，哈珊・賓・穆罕默德（伊德里斯朝）al-Ḥasan b. Muḥammad, al-Ḥajjām,

Idrīsid 97
哈穆達帕夏（胡笙統領政權）Ḥam(m)ūda Pasha, Ḥusaynid Bey 159, 161
哈穆德（布—薩義德家族）Ḥammūd, Āl Bū Sa'īd 350
哈薩納勒・波勒奇阿（汶萊蘇丹政權）Hassanal Bolkiah, Sultan of Brunei 842

十劃

唐・約翰 Don John of Austria 141, 143
索尤爾阿特米胥（古特魯汗國）Soyurghatmïsh, Qutlughkh nid 510, 659
高告（松海的阿斯奇亞支系）Kawkaw, Askiya of Songhay 315
特奇胥（阿努胥提金支系的花刺子模國王）Tekish, Anūshtiginid Khwārazm Shāh 443
班達爾（拉胥德家族）Bandar, Āl Rashīd 303
素維尼（布—薩義德家族）Thuwaynī, Āl Bū Sa'īd 290～291
埃爾圖哲爾（昆格拉特朝）Eltüzer, Qungrat 706, 708
祖黑爾・薩各拉比（來自阿爾梅里亞）Zuhayr al-Ṣaqlabī, of Almería 74, 82
祖瑞（祖萊俄朝）Zuray', Zuray'id 268～270
庫沙伊爾・賓・阿赫瑪德（錫斯坦的將領）Kuthayyir b. Aḥmad, commander in Sistan 428
庫瑞・庫拉（卡涅姆的統治者）Kure Kura, Sultan of Kanem 319
庫瑞・嘎納（卡涅姆的統治者）Kure Gana, Sultan of Kanem 319
宰丹（薩俄德朝）Zaydān, Sa'did Sharīf 149
宰因・阿比丁（白羊汗國）Zayn al-'Ābidīn, Aq Qoyunlu 668
宰因・阿比丁（亞齊的蘇丹）Zayn al-'Ābidīn, Sultan of Acheh 826
宰恩丁，阿迪勒・基特布嘎（巴赫里支系的傭兵政權）al-Malik al-'Ādil Kitbughā, Zayn al-Dīn, Baḥri Mamlūk 205
宰恩丁，瑪安（瑪安統領政權）Ma'n Zayn al-Dīn, Ma'n Amīr 215
海山（蒙古大汗）Hai-shan (or Qayshan Gülük), Mongol Great Khān 595
海沙姆・賓・哈利德（夏爾萬的雅濟德系國王）Haytham b. Khālid, Yazīdī Sharwān Shāh 360
海沙姆・賓・穆罕默德（來自夏爾萬，哈胥姆朝）Haytham b. Muḥammad of Sharwān, Hāshimid 367～368
海沙姆・賓・穆罕默德（夏爾萬的雅濟德系國王）Haytham b. Muḥammad, Yazīdī Sharwān Shāh 361, 365
海迷失王后（蒙古攝政）Oghul Ghay-

mish, Mongol regent　594
海達爾（阿斯特拉汗國）Shaykh Ḥaydar, Khān of Astrakhan　628
海達爾（阿布達拉）（穆夏俄夏俄朝）Sayyid Ḥaydar (‘Abdallāh), Musha‘sha‘id　673
海達爾（胥哈卜統領政權）Ḥaydar, Shihāb Amīr　218
海達爾一世、二世（阿瓦者的納瓦卜政權　）Ḥaydar I and II, Nawwābs of Oudh　807～808
海達爾・托拉（滿吉特朝）Sayyid Ḥaydar Tora, Mangït　703
海達爾・阿里汗・巴哈杜爾（邁索雷的統治者）Ḥaydar ‘Alī Khān Bahādur, ruler in Mysore　813～814
海達爾・哥萊（克里米亞的汗王）Ḥaydar Giray, Khān of the Crimea　618
海達爾・嘎薩卜（薩爾巴達爾朝）Ḥaydar Qaṣṣāb, Sarbadārid　653
海達爾國王（哈吉汗）（喀什米爾蘇丹）Ḥaydar Shāh (Ḥājjī Khān), Sultan of Kashmīr　749
烏努朱爾（伊赫胥德朝）Ūnūjūr, Ikhshīdid　173
烏拉其（青帳汗國）Ulaghchi, Batu’id　610
烏拉茲・穆罕默德（嘎希莫夫汗國）Uraz Muḥammad, Khān of Qāsimov　636
烏胥姆基爾（濟亞爾朝）Wushmgīr, Ziyārid　414～415
烏尊・哈珊（白羊汗國）Uzun Ḥasan, Aq Qoyunlu　567, 578, 657, 661, 664, 667～669
烏爾諾（伏拉尼）Mai Wurno, Fulani　330
烏維斯一世（賈拉伊爾朝）Shaykh Uways I, Jalāyirid　649
烏維斯二世（賈拉伊爾朝）Uways II, Jalāyirid　650
烏魯格—別克（帖木兒朝）Ulugh Beg, Tīmūrid　655
烏魯格・穆罕默德（卡贊汗王）Ulugh Muḥammad, Khān of Kazan　630, 632～633
烏魯格・穆罕默德（金帳汗國）Ulugh Muḥammad, Golden Horde Khān　614
烏魯格・蘇丹・薩拉廷，歐斯曼（喀喇汗國）‘Uthmān, Ulugh Sulṭān al-Salāṭīn, Qarakhānid　451
烏魯斯（白帳汗國）Urus, White Horde Khān　612
烏穆爾一世、二世（艾丁朝）Umur I and II, Aydïn Oghullarï　539～540
烏蘇瑪努・丹・弗迪歐（歐斯曼）（伏拉尼統治者）Usumanu dan Fodio (‘Uthmān), Fulani　330
夏利夫・哈胥姆・賈瑪勒丁・巴德

爾・阿拉姆（亞齊的蘇丹）Sharīf Hāshim Jamāl al-Dīn Badr al-'Ālam, Sultan of Acheh 827
夏利夫・賽伊夫・阿拉姆（亞齊的蘇丹）Sharīf Sayf al-'Ālam, Sultan of Acheh 828
夏利夫一世（哈姆丹朝）Sharīf I, Ḥamdānid 227
夏罕夏赫（夏達德朝）Shāhanshāh or Shāhānshāh, Shaddādid 386
夏罕夏赫（夏爾萬的雅濟德系國王）Shāhanshāh or Shāhānshāh, Yazīdī Sharwān Shāh 362
夏罕夏赫（瑪立克・夏赫）（東羅馬地區的塞爾柱政權）Shāhanshāh or Shāhānshāh (Malik Shāh), Seljuq of Rūm 520
夏罕夏赫（蒙居杰克朝）Shāhanshāh or Shāhānshāh, Mengüjekid 531
夏辛・哥萊（克里米亞的汗王）Shāhin Giray, Khān of the Crimea 625
夏奇爾，穆罕默德・賓・瓦蘇勒・法特赫（米德拉爾朝）Muḥammad b. Wāsūl al-Fatḥ, al-Shākir, Midrārid 105～106
夏姆斯・阿拉姆（萬迪・特賓）（亞齊蘇丹政權）Shams al-'Ālam or Wandi Tebing, Sultan of Acheh 827
夏姆斯—道拉（哈瑪詹及伊斯法罕的布伊朝）Shams al-Dawla, Būyid in Hamadan and Isfahan 390
夏姆斯—道拉，穆罕默德（柏爾朝）Muḥammad Shams al-Dawla, Börid 468
夏姆斯・穆魯克，伊斯瑪儀（柏爾朝）Ismā'īl, Shams al-Mulūk, Börid 468
夏姆斯・穆魯克，穆罕默德（巴杜斯潘朝）Muḥammad, Shams al-Mulūk, Bādūspānid 494
夏姆斯丁（伊斯瑪儀里派的尼查里分支）Shams al-Dīn, Nizārī Ismā'īlī 186
夏姆斯丁（喀什米爾蘇丹）Shams al-Dīn, Sultan of Kashmīr 748, 752
夏姆斯丁（嘎拉曼朝）Shams al-Dīn, Qaramān Oghullarï 564
夏姆斯丁，伊里亞斯・夏赫（孟加拉的統治者）Ilyās Shāh, Shams al-Dīn, ruler of Bengal 741, 745
夏姆斯丁，伊勒圖特米胥（德里的穆儀茲支系蘇丹）Iltutmish, Shams al-Dīn, Mu'izzī Delhi Sultan 724, 731～732
夏姆斯丁，伊斯瑪儀（達尼胥面德朝）Malik Ismā'īl, Shams al-Dīn, Dānishmendid 527
夏姆斯丁，艾勒迪居茲（艾勒迪居茲朝）Eldigūz, Shams al-Dīn, Eldigüzid 490～491
夏姆斯丁，米爾・斯瓦提（喀什米爾蘇丹政權）Shāh Mīr Swātī, Shams al-Dīn, Sultan of Kashmīr 748, 752

夏姆斯丁，亞曼（江達爾朝）Yaman, Shams al-Dīn, Jāndār Oghullarī 557～558
夏姆斯丁，帕襄（哈札爾阿斯普朝）Pashang, Shams al-Dīn, Hazāraspid 502
夏姆斯丁，拉非俄・達拉賈特（蒙兀兒帝國）Rāfi' al-Darajāt, Shams al-Dīn, Mughal 798
夏姆斯丁，易卜拉欣（夏爾基蘇丹政權）Ibrāhīm Shams al-Dīn, Sharqī 759
夏姆斯丁，易卜拉欣（達尼胥面德朝）Malik Ibrāhīm, Shams al-Dīn, Dānishmendid 526
夏姆斯丁，阿勒普・阿爾袞（哈札爾阿斯普朝）Alp Arghu(n), Shams al-Dīn, Hazāraspid 501
夏姆斯丁，非魯茲・夏赫（孟加拉的統治者）Fīrūz Shāh, Shams al-Dīn, ruler of Bengal 739
夏姆斯丁・夏赫（亞齊的蘇丹）Shams al-Dīn Shāh, Sultan of Acheh 825
夏姆斯丁，穆罕默德（阿赫瑪德）（錫斯坦的納斯爾支系統治者）Muḥammad (Aḥmad) Shams al-Dīn, Naṣrid Malik of Sistan 513
夏姆斯丁，穆罕默德（剎希卜・阿塔朝）Muḥammad Shams al-Dīn, Ṣāḥib Atā Oghullarī 548
夏姆斯丁，穆罕默德（錫斯坦的米赫拉班支系）Muḥammad, Shams al-Dīn, Mihrabānid Malik of Sistan 513, 516
夏姆斯丁，穆罕默德汗・蘇爾（孟加拉的蘇爾支系統治者）Muḥammad Khān Sūr, Shams al-Dīn, Sūrī ruler of Bengal 744
夏姆斯丁，穆查法爾・優素夫一世（拉蘇勒朝）al-Malik al-Muẓaffar Yūsuf I, Shams al-Dīn, Rasūlid 276
夏姆斯丁，穆賈希德・阿里（葉門的塔希爾朝）al-Malik al-Mujāhid 'Alī, Shams al-Dīn, Ṭāhirid of Yemen 280
夏姆斯丁，優素夫・夏赫（孟加拉的統治者）Yūsuf Shāh, Shams al-Dīn, ruler of Bengal 743
夏姆斯丁二世、三世（卡爾特朝）Shams al-Dīn II and III, Karts 640
夏拉夫—道拉，曼蘇爾（喀喇汗國）Manṣūr Sharaf al-Dawla, Qarakhānid 452
夏拉夫—道拉，蘇萊曼，阿爾斯蘭汗（喀喇汗國）Sulaymān, Arslan Khān, Sharaf al-Dawla, Qarakhānid 451
夏拉夫丁，瑪赫穆德・夏赫・因朱俄（因朱俄朝）Maḥmūd Shāh Inju, Sharaf al-Dīn, Inju'id 647
夏拉夫丁，穆阿俄札姆・以薩（大馬士革的艾尤布朝）al-Malik al-Mu'aẓẓam 'Īsā, Sharaf al-Dīn, Ayyūbids in Damascus 190
夏拉夫・穆魯克・賓・卡伊・忽斯勞（巴萬德氏族的將領）Sharaf al-Mulūk b.

Kay Khusraw, Bāwandid Ispahbadh 412
夏俄班・蘇里（杜勒嘎迪爾朝）Sha‘bān Sūlī, Dulghadïr Oghullarï 577
夏迪一別克（金帳汗國）Shādi Beg, Golden Horde Khān 613
夏迪一別克（阿爾袞朝）Shādi Beg, Arghūn 793, 795
夏烏爾一世、二世（夏達德朝）Shāwur I and II, Shaddādids 384～385, 387
夏畢卜（努梅爾朝）Shabīb, Numayrid 243～244
夏普爾（巴萬德氏族的將領）Shāpūr, Bāwandid Ispahbadh 409
夏賈阿特汗（馬勒瓦的總督）Shajā‘at Khān, governor of Mālwa 763～764
夏賈爾・杜爾（巴赫里支系的傭兵政權）Shajar al-Durr, Baḥri Mamlūk 203
夏達德（夏達德朝）Shaddād, Shaddādid 385
夏漢・阿布—法特赫（錫斯坦的米赫拉班支系）Shāh-i Shāhān Abu ’l-Fatḥ, Mihrabānid Malik of Sistan 515
夏爾溫一世、二世（巴萬德氏族的將領）Sharwīn I and II, Bāwandid Ispahbadhs 409～410
夏赫（易卜拉欣）（夏爾萬王國）Shaykh Shāh or Ibrāhīm, Sharwān 364
夏赫（夏罕夏赫）（東羅馬地區的塞爾柱政權）Malik Shāh (Shāhānshāh), Seljuq of Rūm 520
夏赫（蒙居杰克朝）Malik Shāh, Mengüjekid 531
夏赫—別克・俄茲別克，穆罕默德・胥班尼，阿布—法特赫（河中區的征服者）Muḥammad Shïbānī, Abu’l-Fatḥ, Shāh Beg Özbeg 696
夏赫一至三世（波斯及伊拉克的塞爾柱政權）Malik Shāh I, II and III, Seljuqs in Persia and Iraq 458～460
夏赫巴茲・哥萊（韃靼汗王）Shāhbāz Giray, Khān of the Tatars 625
夏赫扎達・巴爾巴克・夏赫（孟加拉的統治者）Sulṭān Shāhzāda Barbak Shāh, ruler of Bengal 743
夏赫汗（宰因・阿比丁、「偉大的國王」）（喀什米爾的統治者）Shāh Khān (or Bud Shāh or Zayn al-‘Ābidīn), ruler of Kashmīr 749
夏赫汗（喀什米爾的國王，統治頭銜為宰因・阿比丁，人稱「偉大的國王」）Shāhī Khān (ruling title Zayn al-‘Ābidīn), called Bud Shāh (Great King), of Kashmīr 748
夏赫利亞爾一至三世（巴萬德氏族的將領）Shahriyār I, II and III, Bāwandid Ispahbadhs 409～410
夏赫里瓦胥（巴杜斯潘朝）Shahrīwash, Bādūspānid 493

夏赫拉吉姆（巴杜斯潘朝）Shahrāgīm, Bādūspānid 494
夏赫・易斯哈格（奇爾曼的塞爾柱政權）Sulṭān Shāh Isḥāq, Seljuq of Kirman 462
納瓦布・薩拉爾・將（海德拉巴德尼札姆朝的攝政）Nawwāb Sālār Jang, regent for the Niẓām Hyderabad 811
納吉姆丁，伊斯瑪儀（伊斯瑪儀里派的尼查里分支）Ismā'īl, Najm al-Dīn, Nizārī Ismā'īlī 186
納吉姆丁，阿爾匹一世（阿爾圖革朝）Alpï I, Najm al-Dīn, Artuqid 481
納吉姆丁，易斯哈格（哈密德朝）Isḥāq Najm al-Dīn, Ḥamīd Oghullarï 550
納吉姆丁・哈迪・伊拉—哈各，雅赫亞（柴迪派伊瑪目）Yaḥyā, Najm al-Dīn al-Hādī ilā 'l-Ḥaqq, Zaydī Imām 252
納吉姆丁，嘎濟一世、二世（阿爾圖革朝）Ghāzī I and II, Najm al-Dīn, Artuqids 481～482
納者爾・穆罕默德（托蓋・鐵木爾朝）Nadhr Muḥammad, Toqay Temürid 700
納迪爾・米爾查（阿夫夏爾朝）Nādir Mīrzā, Afshārid 683
納迪爾・夏赫・阿夫夏爾（薩法維朝）Nādir Shāh Afshār, Ṣafawid 678
納迪爾・夏赫・阿夫夏爾，納德爾・古里（阿夫夏爾朝）Nadr Qulī, Nādir Shāh Afshār, Afshārid 681～682
納席爾（巴格達的阿巴斯朝哈里發）al-Nāṣir, 'Abbāsid caliph in Baghdad 48, 54
納席爾（罕瑪德氏族）al-Nāṣir, Ḥammādid 114
納席爾（哈拉爾的蘇丹）Nāṣir, Sultan of Harar 353
納席爾（瑪茲魯伊家族）Nāṣir, Mazrū'ī 347
納席爾（穆夏俄夏俄朝）Sayyid Nāṣir, Musha'sha'id 672
納席爾・艾尤布（葉門的艾尤布朝）al-Malik al-Nāṣir Ayyūb, Ayyūbid in Yemen 198
納席爾，阿里（休達的哈穆德朝）'Alī al-Nāṣir, Ḥammūdid of Ceuta 71
納席爾，阿里・伊本—哈穆德（西班牙的伍麥亞朝）'Alī Ibn Ḥammūd, al-Nāṣir, Spanish Umayyad 59
納席爾，阿里・賓・哈穆德（馬拉加的哈穆德朝）'Alī b. Ḥammūd, al-Nāṣir, Ḥammūdid of Málaga 70
納席爾，阿赫瑪德（柴迪派伊瑪目）Aḥmad, al-Nāṣir, Zaydī Imām 250
納席爾・阿赫瑪德・賓・伊斯瑪儀一世（拉蘇勒朝）al-Malik al-Nāṣir Aḥmad b. Ismā'īl I, Rasūlid 277
納席爾・阿赫瑪德・賓・雅赫亞（拉蘇勒朝）al-Malik al-Nāṣir Aḥmad b. Yaḥyā, Rasūlid 277

納席爾・哈各，哈倫（哈珊）（喀喇汗國）Hārūn (Ḥasan), Nāṣir al-Haqq, Qarakhānid 451
納席爾・基立吉・阿爾斯蘭（哈馬特的艾尤布朝）al-Malik al-Nāṣir Qilij Arslan, Ayyūbid in Ḥamāt 194
納席爾・將（海德拉巴德的尼札姆朝）Nāṣir Jang, Niẓām of Hyderabad 810
納席爾—道拉，法爾汗達・阿里汗（海德拉巴德的尼札姆朝）Farkhanda ‘Alī Khān, Nāṣir al-Dawla, Niẓām of Hyderabad 810
納席爾—道拉，夏赫利亞爾・賓・亞茲達基爾德（巴萬德氏族的將領）Shahriyār b. Yazdagird, Nāṣir al-Dawla, Bāwandid Ispahbadh 412
納席爾—道拉，納斯爾，夏拉夫丁（巴杜斯潘朝）Nāṣr, Sharaf al-Dīn, Nāṣir al-Dawla, Bādūspānid 493
納席爾—道拉，穆巴胥須爾（馬猷卡的統治者）Mubashshir, Nāṣir al-Dawla, ruler of Majorca 75
納席爾—道拉（東方與中國之王），優素夫，嘎迪爾汗（喀喇汗國）Yūsuf, Qadīr Khān, Nāṣir al-Dawla Malik al-Mashriq wa ’l-Ṣīn, Qarakhānid 448
納席爾・敦亞瓦丁，巴拉各・哈吉卜（古特魯汗國）Baraq Ḥājib, Nāṣir al-Dunya wa ’l-Dīn, Qutlughkhānid 510
納席爾・穆罕默德四世（傭兵政權的布爾吉支系）al-Malik al-Nāṣir Muḥammad IV, Burjī Mamlūk 209
納席爾・穆罕默德・納席爾丁（傭兵政權的哈馬特統治者）al-Nāṣir Muḥammad Nāsir al-Dīn, Mamlūk ruler of Ḥamāt 194
納席爾一世、二世・優素夫（阿勒坡、大馬士革及埃及的艾尤布朝）al-Malik al-Nāṣir I and II Yūsuf, Ayyūbid in Aleppo, Damascus and Egypt 188, 191～192
納席爾一世・薩拉丁（迪亞巴克爾的艾尤布朝）al-Malik al-Nāṣir I Ṣalāḥ al-Dīn (Saladin), Ayyūbid in Diyār Bakr 195
納席爾丁（嘎賈爾朝）Nāṣir al-Dīn, Qājār 689～690
納席爾丁，布格拉（孟加拉的統治者）Bughra, Nāṣir al-Dīn, ruler of Bengal 739
納席爾丁，易卜拉欣（孟加拉的統治者）Ibrāhīm, Nāṣir al-Dīn, ruler of Bengal 740
納席爾丁，剎里赫・穆罕默德三世（傭兵政權的布爾吉支系）al-Malik al-Ṣāliḥ Muḥammad III, Nāṣir al-Dīn, Burjī Mamlūk 208
納席爾丁，哈珊（巴赫里支系的傭兵政權）al-Ḥasan, Nāṣir al-Dīn, Baḥri Mamlūk 206
納席爾丁，胡笙・夏赫（喀什米爾蘇丹）Ḥusayn Shāh Nāṣir al-Dīn, Sultan of Kashmīr 751

納席爾丁，胡瑪雍（蒙兀兒帝國）Humāyūn, Nāṣir al-Dīn, Mughal 796
納席爾丁，納席爾・穆罕默德一世（傭兵政權的巴赫里支系）al-Malik al-Nāṣir Muḥammad I, Nāṣir al-Dīn, Baḥri Mamlūk 204
納席爾丁・夏赫（馬勒瓦的蘇丹）Nāṣir al-Dīn Shāh, Sultan of Mālwa 763
納席爾丁，夏赫里亞爾（巴杜斯潘朝）Shahriyār, Nāṣir al-Dīn, Bādūspānid 494
納席爾丁，納席爾・法拉吉（傭兵政權的布爾吉支系）al-Malik al-Nāṣir Faraj, Nāṣir al-Dīn, Burjī Mamlūk 207
納席爾丁，納席爾・哈珊（傭兵政權的巴赫里支系）al-Malik al-Nāṣir al-Ḥasan, Nāṣir al-Dīn, Baḥri Mamlūk 206
納席爾丁，瑪赫穆德・夏赫（孟加拉的統治者）Maḥmūd Shāh, Nāṣir al-Dīn, ruler of Bengal 743
納席爾丁，瑪赫穆德・夏赫一世（德里蘇丹政權的圖魯革支系）Maḥmūd Shāh I, Nāṣir al-Dīn, Tughluqid Sultan of Delhi 725
納席爾丁，瑪赫穆德・達姆干・夏赫（馬俄巴爾的蘇丹）Maḥmūd Dāmghān Shāh, Nāṣir al-Dīn, Sultan of Ma'bar 767
納席爾丁，穆罕默德（錫斯坦的米赫拉班支系）Muḥammad, Nāṣir al-Dīn, Mihrabānid Malik of Sistan 515
納席爾丁・穆罕默德・夏赫三世（德里蘇丹政權的圖魯革支系）Muḥammad Shāh III, Nāṣir al-Dīn,
納席爾丁，穆罕默德・賓・伊斯瑪儀（達尼胥面德朝）Muḥammad b. Ismā'īl, Nāṣir al-Dīn, Dānishmendid 527
納席爾丁，薩義德・巴拉卡（伯克）汗（傭兵政權的巴赫里支系）al-Malik al-Sa'īd Baraka or Berke Khān, Nāṣir al-Dīn, Baḥri Mamlūk 204
納席爾二世・達伍德（大馬士革的艾尤布朝）al-Malik al-Nāṣir II Dāwūd, Ayyūbids in Damascus 190
納席爾汗（古嘉拉特的蘇丹）Nāṣir Khān, Sultan of Gujarāt 755
納席爾汗（法魯基朝）Nāṣir Khān, Fārūqī 776, 778
納烏爾・瓦爾德（哈札爾阿斯普朝）Nawr al-Ward, Hazāraspid 502
納烏魯茲・阿赫瑪德（巴拉各）（胥班朝）Nawrūz Aḥmad or Baraq, Shībānid 697
納祖克（納迪爾）・夏赫（喀什米爾蘇丹政權）Nāzūk or Nādir Shāh, Sultan of Kashmīr 749
納斯剌拉（巴拉克查伊支系）Naṣr Allāh, Bārakzay 818
納斯剌拉（滿吉特朝）Naṣr Allāh, Mangït 703
納斯爾（伍蓋勒朝）Naṣr, 'Uqaylid 239

納斯爾（納斯爾朝）Naṣr, Naṣrid 88
納斯爾（瑪爾萬朝）Nāṣr, Marwānid 234, 236
納斯爾・賓・阿赫瑪德（錫斯坦的納斯爾支系統治者）Nāṣr, b. Aḥmad, Naṣrid Malik of Sistan 513
納斯爾・賓・易卜拉欣（喀喇汗國）Nāṣr b. Ibrāhīm, Qarakhānid 449
納斯爾・賓・哈拉夫（錫斯坦的納斯爾支系統治者）Nāṣr b. Khalaf, Naṣrid Malik of Sistan 513
納斯爾・賓・穆罕默德（喀喇汗國）Nāṣr b. Muḥammad, Qarakhānid 449
納斯爾一世、二世（米爾達斯朝）Nāṣr I and II, Mirdāsids 182～183
納斯爾一世、二世（薩曼朝）Nāṣr I and II, Sāmānids 423, 436
納斯爾丁（敏朝）Nāṣr al-Dīn, Ming 710
納斯魯丁・胡辛・卡瑪魯丁（汶萊蘇丹政權）Nasruddin Husin Kamaluddin, Sultan of Brunei 840

十一劃

基瓦姆—道拉，阿布—薩義德・多里勒（嘎茲納朝的奴隸將領）Abū Sa'id Ṭoghrïl, Qiwām al-Dawla, slave commander of the Ghaznawids 715
畢坎汗（統治頭銜為穆罕默德・夏赫，夏爾基蘇丹政權）Bhikan Khān (ruling title Muḥammad Shāh), Sharqī 759
莫阿圖肯（成吉思汗之子）Mö'etüken, son of Chingiz Khah 599～600
強胥（察合台汗國）Changshi, Chaghatayid 601
紹齊（阿拉尼亞首領）Sawchï, Bey of Alanya 553
寇爾各瑪茲一世、二世（瑪安統領政權）Qorqmaz I and II, Ma'n Amīrs 215
脫歡・鐵木爾（蒙古大汗）Toghan Temür, Mongol Great Khān 596
麥蒙・賓・阿赫瑪德（達爾班德的哈胥姆朝）Maymūn b. Aḥmad, Hāshimid of Darband 368
麥蒙・賓・曼蘇爾（達爾班德的哈胥姆朝）Maymūn b. Manṣūr, Hāshimid of Darband 370
梅內里克（衣索比亞君主）Menelik, Emperor of Ethiopia 356～357
梅加特・伊斯坎達爾・夏赫（麻六甲的統治者）Megat Iskandar Shāh, ruler of Malacca 822
梅赫美德（穆罕默德）一世（歐斯曼帝國）Meḥemmed see Muḥammad, Ottomans 580
曼薩・瓦提（凱塔馬利王國）Mansā Wātī, Keita of Mali 208
曼薩・坎巴（剛巴、嘎薩）（凱塔馬利王國）Mansā Kamba or Qanba or Qāsā,

Keita of Mali　309
曼薩・阿布—巴克爾一世、二世（凱塔馬利王國）Mansā Abū Bakr I and II, Keitas of Mali　308～309
曼薩・哈里法（凱塔馬利王國）Mansā Khalīfa, Keita of Mali　308
曼薩・烏里（烏勒）（凱塔馬利王國）Mansā Ulī or Ule, Keita of Mali　308
曼薩・高烏（古）（凱塔馬利王國）Mansā Gaw or Qū, Keita of Mali　309
曼薩・瑪甘一至三世（凱塔馬利王國）Mansā Maghan I, II and III, Keitas of Mali　309～310
曼薩・瑪里・迪亞塔（瑪里・賈塔二世）（凱塔馬利王國）Mansā Mari Dyāta or Mārī Jāṭa II, Keita of Mali　309
曼薩・瑪瑪杜（穆罕默德）（凱塔馬利王國）Mansā Mamadu or Muḥammad, Keita of Mali　309
曼薩・穆薩一、二世（凱塔馬利王國）Mansā Mūsā I and II, Keitas of Mali　309, 311
曼薩・蘇萊曼（凱塔馬利王國）Mansā Sulaymān, Keita of Mali　309
曼蘇爾（北非的吉爾朝總督）al-Manṣūr, Zīrid governor of the Maghrib　113～114
曼蘇爾（伍蓋勒朝）al-Manṣūr, ʻUqaylid　239
曼蘇爾（罕瑪德氏族）al-Manṣūr, Ḥammādid　114
曼蘇爾（花剌子模王國的阿夫里格支系）Manṣūr, Afrīghid Khwārazm Shāh　440
曼蘇爾（胥哈卜統領政權）Manṣūr, Shihāb Amīr　218
曼蘇爾（納賈赫朝）al-Manṣūr, Najāḥid　263～264
曼蘇爾（瑪茲亞德朝）Manṣūr, Mazyadid　231
曼蘇爾（瑪爾萬朝）Manṣūr, Marwānid　234, 236
曼蘇爾（穆查法爾朝）Shāh Manṣūr, Muẓaffarid　644～645
曼蘇爾（穆夏俄夏俄朝）Sayyid Manṣūr, Mushaʻshaʻid　672
曼蘇爾（穆赫塔吉朝）Manṣūr, Muḥtājid　438
曼蘇爾，阿布—巴克爾（阿密爾朝）Abū Bakr, al-Manṣūr, ʻĀmirid　79
曼蘇爾，阿布杜—阿濟茲（阿密爾朝）ʻAbd al-ʻAzīz, al-Manṣūr, ʻĀmirid　78
曼蘇爾，阿布達拉（柴迪派伊瑪目）ʻAbdallāh, al Manṣur, Zaydī Imām　252
曼蘇爾・阿布達拉（拉蘇勒朝）al-Malik al-Manṣūr ʻAbdallāh, Rasūlid　277
曼蘇爾，阿里（柴迪派伊瑪目）ʻAlī al-Manṣūr, Zaydī Imām　253
曼蘇爾・阿里一世、二世（傭兵政權的巴赫里支系）al-Malik al-Manṣūr ʻAlī I

and II, Baḥri Mamlūk 203, 206
曼蘇爾・易卜拉欣（希姆斯的艾尤布朝）al-Malik al-Manṣūr Ibrāhīm, Ayyūbids in Ḥimṣ 193
曼蘇爾，哈姆丁（哥多華的統治者）Ḥamdīn, al-Manṣūr, ruler in Cordova 76
曼蘇爾・胡薩姆丁，阿赫瑪德（阿爾圖革朝）Aḥmad, al-Malik al-Manṣūr Ḥusām al-Dīn, Artuqid 482
曼蘇爾・夏赫（亞齊的蘇丹）Manṣūr Shāh, Sultan of Acheh 826, 828
曼蘇爾・夏赫，拉賈・阿布達拉（麻六甲的統治者）Rājā 'Abdallāh, Sultan Manṣūr Shāh, ruler of Malacca 822
曼蘇爾・夏赫，阿拉俄丁・里阿亞特（麻六甲的統治者）Sultan 'Alā' al-Dīn Ri'āyat, Manṣūr Shāh, ruler of Malacca 822
曼蘇爾・納席爾丁，阿爾圖革・阿爾斯蘭（阿爾圖革朝）Artuq Arslan, al-Malik al-Manṣūr Nāṣir al-Dīn, Artuqid 481
曼蘇爾・賓・札希爾（巴格達的阿巴斯朝哈里發）al-Manṣūr b. al-Ẓāhir, 'Abbāsid caliph in Baghdad 49
曼蘇爾・賓・阿比—阿密爾（人稱「勝利者」，西班牙的首席內侍大臣）al-Manṣūr b. Abī 'Āmir, Almanzor, Ḥājib in Spain 62
曼蘇爾・賓・阿布杜—瑪立克（達爾班德的哈胥姆朝）Manṣūr b. 'Abd al-Malik, Hāshimid of Darband 369
曼蘇爾・賓・阿濟茲（法蒂瑪朝）al-Manṣūr b. al-'Azīz, Fāṭimid 176
曼蘇爾・賓・麥蒙（達爾班德的哈胥姆朝）Manṣūr b. Maymūn, Hāshimid of Darband 368～369
曼蘇爾・賓・穆斯塔俄里（法蒂瑪朝）al-Manṣūr b. al-Musta'lī, Fāṭimid 177
曼蘇爾・賓・穆斯塔爾胥德（巴格達的阿巴斯朝哈里發）al-Manṣūr b. al-Mustarshid, 'Abbāsid caliph in Baghdad 48
曼蘇爾，嘎希姆（柴迪派伊瑪目）al-Qāsim al-Manṣūr, Zaydī Imām 253
曼蘇爾・歐瑪爾一世（拉蘇勒朝）al-Malik al-Manṣūr 'Umar I, Rasūlid 276
曼蘇爾・穆罕默德（埃及的艾尤布朝）al-Malik al-Manṣūr Muḥammad, Ayyūbid in Egypt 188
曼蘇爾，穆罕默德・賓・貝格提姆爾（佘克曼朝的奴隸將領）Muḥammad b. Begtimur, al-Malik al-Manṣūr, Sökmenid slave commander 486
曼蘇爾・薩巴（蘇萊赫朝）al-Manṣūr Saba', Ṣulayḥid 265
曼蘇爾一世、二世（薩曼朝）Manṣūr I and II, Sāmānids 424
曼蘇爾一世、二世・穆罕默德（哈馬特的艾尤布朝）al-Malik al-Manṣūr I and II

Muḥammad, Ayyūbids in Ḥamāt　194

十二劃
欽・基利吉汗（統治的頭銜為阿剎夫・賈赫，海德拉巴德的尼札姆朝）Chin Qïlïch Khān (ruling title Āṣaf Jāh), Niẓām of Hyderabad　810～811
尊布爾・阿里（穆夏俄夏俄朝）Sayyid Zunbūr ʻAlī, Mushaʻshaʻid　672
貴由（蒙古大汗）Güyük, Mongol Great Khān　594, 596
斐迪南二世（亞拉岡王國）Ferdinand II of Aragon　135
順固爾（薩魯爾朝）Sunqur, Salghurid　504～505
普拉德（波洛德）汗（金帳汗國）Pūlād (Bolod) Khān, Golden Horde Khān　613
敦達爾（拉瑪丹朝）Dündār, Ramaḍan Oghullarï　574
黑蘭・薩各拉比（來自阿爾梅里亞）Khayrān al-Ṣaqlabī, of Almería　74, 82
提尼—別克（青帳汗國）Tīnī Beg, Batu'id　611
提普・蘇丹（邁蘇爾的統治者）Tīpū Sulṭān, ruler in Mysore　813
斯里・阿拉姆（亞齊蘇丹政權）Sultan Sri ʻĀlam, Sultan of Acheh　825
斯里・瑪哈拉賈・蘇丹・穆罕默德・夏赫（麻六甲的統治者）Śri Maharājā Sultan Muḥammad Shāh, ruler of Malacca　822
傑亞胥（納賈赫朝）Jayyāsh, Najāḥids　263
傑胥（圖倫朝）Jaysh, Ṭūlūnid　170
斯里・帕拉梅斯瓦拉・德瓦・夏赫，拉賈・易卜拉欣（麻六甲的統治者）Rājā Ibrāhīm, Śri Paramśvara Deva Shāh, ruler of Malacca　822
道拉特・比爾迪・哥萊（克里米亞的汗王）Dawlat Birdi Giray (Kerey), Khān of the Crimea　618
道拉特汗・羅迪（德里蘇丹）Dawlat Khān Lōdī, Delhi Sultan　727
道拉特・貝爾迪（金帳汗國）Dawlat Berdi, Golden Horde Khān　614
道拉特・哥萊一至四世（克里米亞的汗王）Dawlat Giray I-IV, Khāns of the Crimea　622～625
焦哈爾（法蒂瑪朝統領）Jawhar, Fāṭimid general　173, 178
焦哈爾・阿拉姆，阿敏丁・夏赫（亞齊蘇丹政權）Amīn al-Dīn Shāh, Jawhar al-'Ālam, Sultan of Acheh　827
焦哈爾・阿拉姆・夏赫（亞齊蘇丹政權）Jawhar al-'Ālam Shāh, Sultan of Acheh　828
焦哈爾・穆俄茲札米（蘇萊赫朝的攝政）Jawhar al-Muʻaẓẓamī, Ṣulayḥid regent

269
費瑟勒（布─薩義德家族）Fayṣal, Āl Bū Sa‘īd 290
費瑟勒一世、二世（蘇伍德家族）Fayṣal I and II, Su’ūdīs 293～297
費瑟勒一世・賓・胡笙・賓・阿里（大敘利亞的國王，後成為伊拉克國王）Fayṣal I b. Ḥusayn b. ‘Alī, King of Greater Syria and subsequently of Iraq 299～300
費瑟勒二世・賓・嘎濟（伊拉克的哈須姆氏族國王）Fayṣal II b. Ghāzī, Hāshimite King of Iraq 300
達尼亞勒・比伊・阿塔立各（滿吉特朝）Dāniyāl Biy Atalïq, Mangït 703
達尼亞爾（嘎希莫夫汗國）Dāniyār, Khān of Qāsimov 634
達尼胥面德吉（察合台汗國）Dānishmendji, Chaghatayid 602
達布亞・賓・高巴拉（達布伊氏族的將領）Dābūya b. Gāwbāra, Dābūyid Ispahbadh 406
達瓦爾・巴赫胥（蒙兀兒帝國）Dāwar Bakhsh, Mughal 797
達伍德（巴尼朱爾朝）Dāwūd, Bānījūrid 432
達伍德（松海的阿斯奇亞支系）Dāwūd, Askiya of Songhay 315, 317
達伍德（波斯與伊拉克地區的塞爾柱政權）Dāwūd, Seljuq in Persia and Iraq 460
達伍德（基勒瓦的瑪赫達勒聖裔）Dāwūd, Mahdali Sultan of Kilwa 337～338
達伍德（開羅的阿巴斯朝哈里發）Dāwūd, ‘Abbāsid caliph in Cairo 51
達伍德・卡拉拉尼・賓・蘇萊曼（孟加拉的統治者）Dāwūd Kararāni b. Sulaymān, ruler of Bengal 745
達伍德・賓・易卜拉欣・尼卡勒（卡涅姆的統治者）Dāwūd b. Ibrāhīm Nikale, Sultan of Kanem 319
達伍德・賓・阿里（基勒瓦的須拉濟支系蘇丹）Dāwūd b. ‘Alī, Shīrāzī Sultan of Kilwa 336
達伍德・賓・蘇萊曼（基勒瓦的須拉濟支系蘇丹，525/1131）Dāwūd b. Sulaymān, Shīrāzī Sultan of Kilwa (525/1131) 336
達伍德・賓・蘇萊曼（基勒瓦的須拉濟支系蘇丹，585/1189）Dāwūd b. Sulaymān, Shīrāzī Sultan of Kilwa (585/1189) 337
達伍德一世、二世（阿爾圖革朝）Dāwūd, I and II, Artuqids 482
達伍德一世、二世（蒙居杰克朝）Dāwūd I and II, Mengüjekids 530, 532
達伍德一世、二世・夏赫（巴赫曼朝）Dāwūd I and II Shāh, Bahmanids 770～771
達伍德汗（古嘉拉特蘇丹政權）Dāwūd Khān, Sultan of Gujarāt 755
達伍德汗（法魯基朝）Dāwūd Khān,

Fārūqī 776
達拉（巴萬德氏族的將領）Dārā, Bāwandid Ispahbadh 410
達拉（濟亞爾朝）Dārā, Ziyārid 415
達拉・胥庫赫（蒙兀兒帝國）Dārā Shikūh, Mughal 797, 802
達哈比，阿赫瑪德・賓・伊斯瑪儀（阿拉維朝）Aḥmad b. Ismā'īl al-Dhahabī, 'Alawid Sharīf 154
達爾亞（伊瑪德朝）Daryā, 'Imād Shāhī 788
達爾維胥（拉瑪丹朝）Darwīsh, Ramaḍān Oghullarï 575
達爾維胥・阿里（阿斯特拉汗國）Darwīsh, 'Alī, Khān of Astrakhan 629
達德布魯茲密赫爾・賓・法魯罕一世（達布伊氏族的將領）Dādburzmihr b. Farrukhān I, Dābūyid Ispahbadh 406
雅各尚（魯斯塔姆朝）Yaqẓān, Rustamid 101
雅俄固卜（白羊汗國）Ya'qūb, Aq Qoyunlu 667, 669
雅俄固卜（馬林朝）Ya'qūb, Marīnid 127, 130
雅俄固卜（喀喇汗國）Ya'qūb, Qarakhānid 449
雅俄固卜（魯斯塔姆朝）Ya'qūb, Rustamid 100～101
雅俄固卜（穆哈德朝）Ya'qūb, Almohad 122
雅俄固卜・夏赫（喀什米爾蘇丹）Ya'qūb Shāh, Sultan of Kashmīr 751
雅俄固卜・賓・穆塔瓦基勒一世、二世（開羅的阿巴斯朝哈里發）Ya'qūb b. al-Mutawakkil I and II, 'Abbāsid caliphs in Cairo 51
雅俄固卜一世、二世（杰爾米揚朝）Ya'qūb I and II, Germiyān Oghullarï 546～547
雅俄魯卜（雅俄魯卜朝）Ya'rub, Ya'rubid 286
雅格穆拉珊（阿布杜—瓦德朝）Yaghmurāsan, 'Abd al-Wādid 133, 136
雅格穆爾奇（阿斯特拉汗國）Yaghmurchi, Khān of Astrakhan 628
雅敏丁，巴赫拉姆・夏赫（錫斯坦的納斯爾支系）Bahrām Shāh Yamīn al-Dīn, Naṣrid Malik of Sistan 514
雅赫亞（巴達霍斯的阿夫塔斯朝）Yaḥyā, Afṭasid of Badajoz 77
雅赫亞（朱努恩朝，瓦倫西亞的魁儡統治者）Dhu 'l-Nūnid Yaḥyā, puppet ruler of Valencia 79
雅赫亞（罕瑪德氏族）Yaḥyā, Ḥammādid 115
雅赫亞（圖吉布氏族）Yaḥyā, Tujībid 80
雅赫亞（蓋拉萬的吉爾支系）Yaḥyā, Zīrid of Kairouan 114

雅赫亞（穆哈德朝）Yaḥyā, Almohad　123
雅赫亞（穆查法爾朝）Shāh Yaḥya, Muẓaffarid　643
雅赫亞・卡拉維（薩爾巴達爾朝）Yaḥyā Karāwī, Sarbadārid　652
雅赫亞・賓・易卜拉欣・古達利（賈達利）（穆拉比特朝）Yaḥyā b. Ibrāhīm al-Gudālī or al-Jaddālī, Almoravid　118～119
雅赫亞・賓・阿赫瑪德（柴迪派伊瑪目）Yaḥyā b. Aḥmad, Zaydī Imām　250
雅赫亞・賓・歐瑪爾・蘭姆圖尼（穆拉比特朝）Yaḥyā b. 'Umar al-Lamtūnī, Almoravid　118
雅赫亞一世、二世（瓦塔斯朝）Yaḥyā I and II, Waṭṭāsids　145
雅赫亞一世、二世（托雷多的朱努恩朝）Yaḥyā I and II, Dhu 'l-Nūnids of Telodo　78
雅赫亞一世、二世（哈穆德朝）Yaḥyā I and II, Ḥammūdids　70～71
雅赫亞一至四世（伊德里斯朝）Yaḥyā I, II, III and IV, Idrīsids　96～98
雅赫亞一至四世（哈夫斯朝）Yaḥyā I, II, III and IV, Ḥafṣids　138, 140, 142
雅儀胥（托雷多的朱努恩朝）Ya'īsh, Dhu 'l-Nūnid of Toledo　77
雅濟德（阿拉維朝）Yazīd, 'Alawid Sharīf　155
雅濟德・賓・阿赫瑪德（夏爾萬的雅濟德系國王）Yazīd b. Aḥmad, Yazīdī Sharwān Shāh　361, 368
雅濟德・賓・瑪茲亞德・謝巴尼（亞美尼亞總督，夏爾萬國王的先驅）Yazīd b. Mazyad al-Shaybānī, governor of Armenia, precursor of the Sharwān Shāhs　360, 365
雅濟德一至三世（伍麥亞朝哈里發）Yazīd I, II and III, Umayyad caliphs　40～41

十三劃

路各曼（伊兒汗國）Luqmān, Il Khānid　606
葛克柏里（貝格提金朝）Gökbori, Begtiginid　475
愛育黎拔力八達（布揚圖）（蒙古大汗）Ayurparibhadra (Ayurbarwada) or Buyantu, Mongol Great Khān　595
瑟勒瑪（卡涅姆的統治者）Selema, Sultan of Kanem　318～319
葉勒姆費爾登（？賈巴爾・貝爾迪）（顎爾達支系）Yeremferden (? Jabbār Berdi), line of Orda　612
雷斯（剎法爾朝的雷斯支系）al-Layth, Laythid Ṣaffārid　427
雷斯（面帖舍朝）Layth, Menteshe Oghullarï　542
塞里姆（拉瑪丹朝）Selīm, Ramaḍan Oghullarï　575

塞里姆（薩里姆）一世，「堅定不懈者」（歐斯曼帝國）Selīm (Salīm) I, Tavuz (‘the Grim’) Ottoman 55, 213, 576, 578, 581, 586, 680
塞里姆（薩里姆）二世、三世（歐斯曼帝國）Selīm (Salīm) II and III, Ottomans 221, 582～583
塞爾柱（薩魯爾朝）Seljuq Shāh, Salghurid 504
奧里亞爾（嘎希莫夫汗國）Sayyid Awliyār, Khān of Qāsimov 635
奧哈德・艾尤布（迪亞巴克爾的艾尤布朝）al-Malik al-Awḥad Ayyūb, Ayyūbid in Diyār Bakr 195
奧恩・拉非各（哈須姆大公）‘Awn al-Rafīq, Hāshimite Sharīf 299
奧朗吉布（蒙兀兒帝國）Awrangzīb, Mughal 775, 781, 783, 791, 797, 800, 802, 805, 808, 811, 813
塔力古（察合台汗國）Taliqu, Chaghatayid 600
塔伊（巴格達的阿巴斯朝哈里發）al-Ṭā’i‘, ‘Abbāsid caliph in Baghdad 48
塔休芬（馬林朝）Tāshufīn, Marīnid 128
塔休芬（穆拉比特朝）Tāshufīn, Almoravid 118
塔吉・阿拉姆，莎菲雅特丁・夏赫（亞齊的王后）Ṣafiyyat al-Dīn Shāh, Tāj al-‘Ālam, Queen of Acheh 826
塔吉—道拉（巴杜斯潘朝）Tāj al-Dawla, Bādūspānid 495
塔吉—道拉，亞茲達基爾德・賓・夏赫里亞爾（巴萬德氏族的將領）Yazdagrid b. Shahriyār, Tāj al-Dawla, Bāwandid Ispahbadh 412
塔吉—道拉，賈俄法爾（卡勒卜朝）Ja‘far Tāj al-Dawla, Kalbid 110
塔吉—道拉，濟亞爾（巴杜斯潘朝）Ziyār, Tāj al-Dawla, Bādūspānid 494
塔吉丁（塔吉丁朝）Tāj al-Dīn, Oghullarï 572
塔吉丁，伊勒迪茲・穆儀濟（古爾朝的總督）Yïldïz Mu‘izzī, Tāj al-Dīn, governor of the Ghūrids 720, 722
塔吉丁・阿赫瑪德（面帖舍朝）Tāj al-Dīn Aḥmad, Menteshe Oghullarï 541
塔吉丁，易卜拉欣（江達爾朝）Ibrāhīm Tāj al-Dīn, Jāndār Oghullarī 558
塔吉丁，哈珊・布祖爾格（賈拉伊爾朝）Shaykh Ḥasan-i Buzurg, Tāj al-Dīn, Jalāyirids 607, 649～650
塔吉丁，曼蘇爾・阿布杜—瓦哈卜（葉門的塔希爾朝）al-Malik al-Manṣūr ‘Abd al-Wahhāb, Tāj al-Dīn, Ṭāhirid of Yemen 280
塔吉丁，穆罕默德・阿爾斯蘭汗・珊賈爾（孟加拉總督）Muḥammad Arslan Khān Sanjar, Tāj al-Dīn, governor of Bengal 739

塔吉丁一世（錫斯坦的米赫拉班支系）Tāj al-Dīn I, Mihrabānid Malik of Sistan 513
塔吉丁三世，哈爾卜（錫斯坦的納斯爾支系）Ḥarb, Tāj al-Dīn III, Naṣrid Malik of Sistan 514
塔吉丁四世，努斯拉特（納斯爾）（錫斯坦的納斯爾支系）Nuṣrat (Naṣr), Tāj al-Dīn IV, Naṣrid Malik of Sistan 514
塔吉丁四世，努斯拉特（納斯爾）（錫斯坦的納斯爾支系統治者）Nuṣrat (Nāṣr), Tāj al-Dīn IV, Naṣrid Malik of Sistan 514
塔希爾（剎法爾朝的雷斯支系）Tāhir, Laythid Ṣaffārid 428
塔希爾（剎法爾朝哈拉夫支系攝政）Ṭāhir, Khalafid Ṣaffārid regent 428
塔希爾（哈薩努伊朝）Ṭāhir, Ḥasanūyid 399～400
塔希爾一世、二世（呼羅珊的塔希爾朝）Ṭāhir I and II, Ṭāhirid of Khurasan 418
塔姆巴里（伕拉尼統治者）Tambari, Fulani 332
塔姆嘎奇（塔卜嘎奇）・布格拉汗，易卜拉欣（喀喇汗國）Ibrāhīm, Tamghach (Tabghach) Bughra Khān, Qarakhānid 448
塔姆嘎奇（塔卜嘎奇）汗，易卜拉欣（536 / 1141，喀喇汗國）Ibrāhīm Tamghach (Tabghach) Khān (536/1141), Qarakhānid 450
塔拉勒（拉胥德家族）Ṭalāl, Āl Rashīd 303
塔拉勒（約旦的哈須姆氏族國王）Ṭalāl, Hāshimite King of Jordan 300
塔勒哈（呼羅珊的塔希爾朝）Ṭalḥa, Ṭāhirid of Khurasam 418, 420
塔勒哈・賓・阿巴斯・瓦濟爾（哈拉爾蘇丹政權）Ṭalḥa b. ‘Abbās al-Wazīr, Sultan of Harar 353
塔勒哈・賓・阿布達拉（哈拉爾蘇丹政權）Ṭalḥa b. ‘Abdallāh, Sultan of Harar 355
塔敏（格拉納達的吉爾朝）Tamīm, Zīrid of Granada 74
塔敏（蓋拉萬的吉爾支系）Tamīm, Zīrid of Kairouan 114
塔塔爾汗（穆罕默德・夏赫一世）（古嘉拉特蘇丹政權）Tātār Khān, (Muḥammad Shāh (I)), Sultan of Gujarāt 754
塔塔爾汗，巴赫拉姆（孟加拉的統治者）Bahrām Tātār Khān, ruler of Bengal 740
塔赫瑪斯普一世、二世（薩法維朝）Ṭahmāsp I and II, Ṣafawids 677～678, 681, 683
塔魯特・賓・胡笙（基勒瓦的瑪赫達勒聖裔）Ṭālūt b. al-Ḥusayn, Mahdali Sultan of Kilwa 338
塔魯特・賓・蘇萊曼（基勒瓦的須拉濟

支系）Ṭālūt b. Sulaymān, Shīrāzī Sultan of Kilwa　337
賈內（嘎希莫夫汗國）Jānay, Khān of Qāsimov　634
賈尼─別克（阿爾袞朝）Jānī Beg, Arghūn　794
賈尼─別克（青帳汗國）Jambek (Jānī Beg), Batu'id　620～621
賈尼─別克・哥萊（克里米亞的汗王）Jānī Beg Giray, Khān of the Crimea　621
賈尼・穆罕默德（托蓋・鐵木爾朝）Jānī Muḥammad, Toqay Temürid　700～701
賈希爾（卡勒卜朝）Jāhir, Kalbid　110
賈拉拉特丁，拉迪亞・貝古姆（德里的穆儀茲系王后）Raḍiyya Begum, Jalālat al-Dīn, Mu'izzī Queen in Delhi　724
賈姆胥德（布─薩義德家族）Jamshīd, Āl Bū Sa'īd　351
賈姆胥德（喀什米爾蘇丹政權）Jamshīd, Sultan of Kashmīr　748
賈拉勒・夏赫（孟加拉的蘇爾支系統治者）Jalāl Shāh, Sūrī ruler of Bengal　745
賈拉勒─道拉，伊斯坎達爾・賓・濟亞爾（巴杜斯潘朝）Iskandar b. Ziyār, Jalāl al-Dawla, Bādūspānid　494
賈拉勒・敦亞瓦丁，哈珊（喀喇汗國）Ḥasan, Jalāl al-Dunyā wa 'l-Dīn, Qarakhānid　450
賈拉勒・敦亞瓦丁，胡笙（喀喇汗國）Ḥusayn, Jalāl al-Dunyā wa 'l-Dīn, Qarakhānid　453
賈拉勒・敦亞瓦丁，嘎迪爾・汗（喀喇汗國）Qadïr Khān, Jalāl al-Dunyā wa 'l-Dīn, Qarakhānid　453
賈拉勒・敦亞瓦丁，瑪赫穆德，夏赫（阿努胥提金支系的花剌子模國王）Maḥmūd, Jalāl al-Dunyā wa 'l-Dīn, Sultān Shāh, Anūshtiginid Khwārazm Shāh　443
賈拉勒丁（金帳汗國）Jalāl al-Dīn, Golden Horde Khān　613
賈拉勒丁，巴雅濟德・柯特呂姆（江達爾朝）Bāyazīd Kötörüm, Jalāl al-Dīn, Jāndār Oghullarī　557
賈拉勒丁，米蘭・夏赫（帖木兒朝）Mīrān Shāh, Jalāl al-Dīn, Tīmūrid　658
賈拉勒丁，阿里（古爾朝）'Alī, Jalāl al-Dīn, Ghūrid　721
賈拉勒丁，阿里（白羊汗國）'Alī, Jalāl al-Dīn, Aq Qoyunlu　666
賈拉勒丁，非魯茲・夏赫二世・哈勒吉（德里的哈勒吉支系蘇丹）Fīrūz Shāh II Khaljī, Jalāl al-Dīn, Khaljī Delhi Sultan　725, 732
賈拉勒丁，胡笙・法特赫・夏赫（孟加拉的統治者）Ḥusayn Fatḥ Shāh, Jalāl al-Dīn, ruler of Bengal　743
賈拉勒丁，夏利夫・阿赫珊（馬俄巴爾的總督，後成為蘇丹）Sharīf Aḥsan, Jalāl

al-Dīn, governor and later Sultan of Ma'bar 767
賈拉勒丁，瑪斯伍德・夏赫（因朱俄朝）Mas'ūd Shāh, Jalāl al-Dīn, Inju'id 647
賈拉勒丁，瑪斯伍德・賈尼（孟加拉總督）Mas'ūd Jānī, Jalāl al-Dīn, governor of Bengal 738
賈拉勒丁，瑪赫穆德（孟加拉的統治者）Maḥmūd, Jalāl al-Dīn, ruler of Bengal 740
賈拉勒丁，瑪赫穆德（錫斯坦的米赫拉班支系）Maḥmūd, Jalāl al-Dīn, Mihrabānid Malik of Sistan 515
賈拉勒丁，瑪赫穆德（贊吉朝）Maḥmūd, Jalāl al-Dīn, Zangid 472
賈拉勒丁，蒙居比爾提（阿努胥提金支系的花剌子模國王）Mengübirti, Jalāl al-Dīn, Anūshtiginid Khwārazm Shāh 443, 484, 492
賈拉勒汗（統治頭銜為古特卜丁，阿赫瑪德・夏赫二世，古嘉拉特蘇丹政權）Jalāl Khān (ruling title Aḥmad Shāh (II), Quṭb al-Dīn), Sultan of Gujarāt 754
賈俄法爾（巴萬德氏族的將領）Ja'far, Bāwandid Ispahbadh 409
賈俄法爾（白羊汗國）Ja'far, Aq Qoyunlu 666
賈俄法爾（柴迪派伊瑪目）Ja'far, Zaydī Imām 251
賈俄法爾（贊德朝）Ja'far, Zand 685, 687
賈俄法爾・賓・穆罕默德（卡勒卜朝）Ja'far b. Muḥammad, Kalbid 110
賈俄法爾・賓・穆俄塔迪德（巴格達的阿巴斯朝哈里發）Ja'far b. al-Mu'taḍid, 'Abbāsid caliph in Baghdad 46, 171
賈俄法爾・賓・穆俄塔席姆（巴格達的阿巴斯朝哈里發）Ja'far b. al-Mu'taṣim, 'Abbāsid caliph in Baghdad 46
賈恩・阿里（卡贊汗國）Jān 'Alī, Khān of Kazan 631
賈恩・阿里（嘎希莫夫汗國）Jān 'Alī, Khān of Qāsimov 635
賈都（後改名為賈拉勒丁，穆罕默德・夏赫，孟加拉的統治者）Jadu, later Muḥammad Shāh, Jalāl al-Dīn, ruler of Bengal 742
賈漢一至三世（蒙兀兒帝國）Shāh Jahān I, II and III, Mughals 797～799
賈漢吉爾（白羊汗國）Jahāngīr, Aq Qoyunlu 666
賈漢吉爾（蒙兀兒帝國）Jahāngīr, Mughal 796, 801
賈漢吉爾・賓・卡伍斯（巴杜斯潘朝）Jahāngīr b. Kāwūs, Bādūspānid 495～496
賈漢吉爾・賓・阿濟茲（巴杜斯潘朝）Jahāngīr b. 'Azīz, Bādūspānid 496
賈漢吉爾・賓・穆罕默德（巴杜斯潘朝）Jahāngīr b. Muḥammad, Bādūspānid 496

賈漢・帕赫拉萬・穆罕默德（艾勒迪居茲朝）Jahān Pahlawān Muḥammad, Eldigüzid 490
賈漢・夏赫（波特朱特・奧克）（亞齊蘇丹政權）Jahān Shāh (Pótjut Auk), Sultan of Acheh 827
賈漢・夏赫（黑羊汗國）Jahān Shāh, Qara Qoyunlu 664, 668
賈漢達爾（蒙兀兒帝國）Jahāndār, Mughal 798
賈瑪勒・阿拉姆，巴德爾・穆尼爾（亞齊蘇丹政權）Badr al-Munīr, Jamāl al-'Ālam, Sultan of Acheh 827
賈瑪勒丁，阿布—易斯哈格（因朱俄朝）Abū Isḥāq, Jamāl al-Dīn, Inju'id 647
賈瑪勒丁，阿濟茲・優素夫（布爾吉支系的傭兵政權）al-Malik al-'Azīz Yūsuf, Jamāl al-Dīn, Burjī Mamlūk 209
賈赫瓦爾（哥多華的賈赫瓦爾朝）Jahwar, Jahwarid of Cordova 75

十四劃

察合台（察合台汗國）Chaghatay, Chaghatayid 591～592, 599, 600, 602～603, 659
碩德八剌・格堅汗（蒙古大汗）Shidebala (or Suddhipala Gege'en or Gegen), Mongol Great Khān 595
窩爾達（白帳汗國）Orda, White Horde Khān 592, 612, 615, 629, 699
窩闊台（蒙古大汗）Ögedey, Mongol Great Khān 506, 592～594, 596, 607, 616, 659
齊里姆・哥萊（克里米亞的汗王）Qīrīm Giray, Khāns of the Crimea 624
齊姆泰（白帳汗國）Chimtay, White Horde Khān 612
蓋剎爾（薩多查伊支系）Qayṣar, Sadōzay 815～816
蓋哈圖（伊兒汗國）Gaykhatu, Il Khānid 605
赫瓦嘉・阿里（伊斯瑪儀里派的尼查里分支）Khwāja 'Alī, Nizārī Ismā'īlī 653～654
赫瓦嘉・塔吉丁，阿里（薩爾巴達爾朝）'Alī, Khwāja Tāj al-Dīn, Sarbadārid 652
赫瓦嘉・賈漢，薩爾瓦爾（夏爾基蘇丹政權）Malik Sarwar, Khwāja-yi Jahān, Sharqī 759～760
赫瓦嘉・賈漢・阿赫瑪德・阿亞茲（圖魯革支系的反叛勢力）Khwāja-yi Jahān Aḥmad Ayāz, Tughluqid rebel 726
圖各・鐵木爾（蒙古大汗）Jijaghatu Toq Temür, Mongol Great Khān 595, 596
圖拉瑞（伏拉尼）Mai Turare, Fulani 332
圖法勒汗・達赫尼（伊瑪德朝攝政）Tufāl Khān Dakhnī, 'Imād Shāhī regent 788
圖突胥一世、二世（塞爾柱政權）Tutush I and II, Seljuqs 461, 469

圖爾基（布—薩義德家族）Turkī, Āl Bū Sa‘īd 290
圖爾基（蘇伍德家族）Turkī, Āl Su‘ūd 293, 304
圖魯革・鐵木爾（察合台汗國）Tughluq Temür, Chaghatayid
圖蘭・夏赫一世、二世（奇爾曼的塞爾柱政權）Tūrān Shāh I and II, Seljuqs of Kirman 462～463
蒙居（蒙古大汗）Möngke (Mengü) Mongol Great Khān 593～594, 596～597, 603, 607
蒙居・鐵木爾（青帳汗國）Mengü (Möngke) Temür, Batu’id 610
蒙居・鐵木爾（薩魯爾朝）Mengü Temür, Salghurid 505～506
蒙居杰克・阿赫瑪德（蒙居杰克朝）Mengüjek Aḥmad, Mengüjekid 530
蒙迪爾（西班牙伍麥亞朝）al-Mundhir, Spanish Umayyad 58
蒙迪爾・賓・蘇萊曼（胡德朝）al-Mundhir b. Sulaymān, Hūdid 81
蒙迪爾一世、二世（圖吉布朝）al-Mundhir I and II, Tujībids 80
蒙塔席爾（巴格達的阿巴斯朝哈里發）al-Muntaṣir, ‘Abbāsid caliph in Baghdad 46
蒙塔席爾（米德拉爾）（米德拉爾朝）al-Muntaṣir (Midrār), Midrārid 104
蒙塔席爾，穆罕默德・賓・伊德里斯二世（伊德里斯朝）Muḥammad b. Idrīs II, al-Muntaṣir, Idrīsid 96, 98
蒙塔席爾，薩姆固（米德拉爾朝）Samgū, al-Muntaṣir, Midrārid 105
嘎布斯（布—薩義德家族）Qābūs, Āl Bū Sa‘īd 290, 292
嘎布斯（濟亞爾朝）Qābūs, Ziyārid 414, 416
嘎瓦姆（努麥爾朝）Qawām, Numayrid 243
嘎瓦姆—道拉，穆罕默德，布格拉汗（喀喇汗國）Muḥammad, Bughra Khān, Qawām al-Dawla, Qarakhānid 451
嘎立卜，阿布達拉・賓・瑪哈瑪德—謝赫・瑪蒙（薩俄德朝）‘Abdallāh b. Maḥammad al-Shaykh al-Ma’mūn, al-Ghālib, Sa‘did Sharīf 149
嘎伊姆（巴格達的阿巴斯朝哈里發）al-Qā’im, ‘Abbāsid caliph in Baghdad 48
嘎伊姆（法蒂瑪朝）al-Qā’im, Fāṭimid 176
嘎伊姆（開羅的阿巴斯朝哈里發）al-Qā’im ‘Abbāsid caliph in Cairo 51
嘎伊德（罕瑪德氏族）al-Qā’id, Ḥammādid 114, 116
嘎利卜（伍蓋勒朝）Gharīb, ‘Uqaylid 239
嘎希姆（吉巴勒的總督、杜拉夫朝初期統治者）al-Qāsim, governor of Jibāl and

first of the Dulafids 388
嘎希姆（嘎希莫夫汗國）Qāsim, Khān of Qāsimov 634, 636～637
嘎希姆（嘎薩依）・賓・賽伊德・阿赫瑪德（阿斯特拉汗國）Qāsim (Qasay) b. Sayyid Aḥmad, Khān of Astrakhan 628
嘎希姆・甘努恩・賓・穆罕默德（伊德里斯朝）al-Qāsim Gannūn b. Muḥammad, Idrīsid 97
嘎希姆・瑪赫迪（柴迪派伊瑪目）al-Qāsim al-Mahdī, Zaydī Imām 254
嘎希姆・賓・易卜拉欣・哈珊尼・拉希（柴迪派伊瑪目）al-Qāsim b. Ibrāhīm al-Ḥasanī al-Rassī, Zaydī Imām 250
嘎希姆・賓・瑪赫穆德（阿斯特拉汗國）Qāsim b. Maḥmūd, Khān of Astrakhan 628
嘎希姆一世・巴里德（巴赫曼蘇丹政權的主要大臣）Qāsim I Bārid, chief minister of the Bahmanid Sultan 780
嘎希姆二世（巴里德朝）Qāsim, II, Barīd Shāhī 780
嘎希爾（巴格達的阿巴斯朝哈里發）al-Qāhir, ʻAbbāsid caliph in Baghdad 47
嘎希爾・納席爾丁，瑪赫穆德（贊吉朝）Maḥmūd, al-Malik al-Qāhir Nāṣir al-Dīn, Zangid 471
嘎希爾・穆罕默德（希姆斯的艾尤布朝）al-Malik al-Qāhir Muḥammad, Ayyūbid in Ḥimṣ 193
嘎拉希—別克（嘎拉希朝）Qarasï Beg, Qarasï Oghullarï 535
嘎拉・阿爾斯蘭・賓・達伍德（阿爾圖革朝）Qara Arslan b. Dawūd, Artuqid 479
嘎拉・阿爾斯蘭・賓・嘎濟（阿爾圖革朝）Qara Arslan b. Ghāzī, Artuqid 482
嘎拉曼（阿拉尼亞首領）Qaramān, Bey of Alanya 553
嘎拉曼（面帖舍朝）Qaramān, Menteshe Oghullarï 541
嘎拉曼（嘎拉曼朝）Qaramān, Qaramān Oghullarï 564, 566
嘎拉賈・賓・杜勒嘎迪爾（杜勒嘎迪爾朝的創立者）Qaraja b. Dulghadir, founder of Dulghadir Oghullarï 577～578
嘎拉・穆罕默德（黑羊汗國）Qara Muḥammad, Qara Qoyunlu 662, 664
嘎拉・優素夫，阿布—納斯爾（黑羊汗國）Qara Yūsuf, Abū Naṣr, Qara Qoyunlu 484, 662, 664
嘎林一世、二世（巴萬德氏族的將領）Qārin I and II, Bāwandid Ispahbadh 410
嘎迪・布爾漢丁 Qāḍī Burhān al-Dīn 568～570, 573
嘎迪，曼蘇爾（瓦倫西亞的統治者）Manṣūr, Qāḍī, ruler of Valencia 79
嘎迪，歐斯曼（阿密爾朝）ʻUthmān al-Qāḍī, ʻĀmirid 79

嘎迪爾（巴格達的阿巴斯朝哈里發）al-Qādir, ʻAbbāsid caliph in Baghdad 48
嘎迪爾汗，阿赫瑪德（喀喇汗國）Aḥmad, Qadïr Khān, Qarakhānid 449
嘎迪爾・塔姆嘎奇（塔卜嘎奇）汗，蘇萊曼（喀喇汗國）Sulaymān, Qadïr Tamghach or Tabghach Khān, Qarakhānid 449
嘎茲尼汗（以穆罕默德・夏赫・古里之名統治，馬勒瓦的蘇丹）Ghaznī Khān (Muḥammad Shāh Ghūrī), Sultan of Mālwa 762
嘎茲尼汗（法魯基朝）Ghaznī Khān, Fārūqī 776
嘎茲尼汗（馬勒瓦的蘇丹）Ghaznī Khān, Sultan of Mālwa 762
嘎普蘭・哥萊一世、二世（克里米亞的汗王）Qaplan Giray I and II, Khāns of the Crimea 622～624
嘎爾斯丁，哈利勒（杜勒嘎迪爾朝）Khalīl, Ghars al-Dīn, Dulghadïr Oghullarï 577
嘎瑪爾丁，鐵木爾・奇朗汗（孟加拉總督）Temür Qirān Khān, Qamar al-Dīn, governor of Bengal 738
嘎濟（卡涅姆的統治者）Ghāzī, Sultan of Kanem 321
嘎濟（伊拉克的哈須姆氏族國王）Ghāzī, Hāshimite King of Iraq 300
嘎濟（夏爾萬國王）Ghāzī, Sharwān Shāh 364
嘎濟・切勒比（帕爾瓦納朝）Ghāzī Chelebi, Parwāna Oghullarï 560
嘎濟・哥萊一至三世（克里米亞的汗王）Ghāzī Giray I, II and III, Khāns of the Crimea 619～620, 622
嘎濟・魯斯塔姆（巴萬德氏族的將領）Shāh Ghāzī Rustam, Bāwandid Ispahbadh 411, 413
嘎濟，歐斯曼一世（歐斯曼帝國）ʻUthmān (ʻOthmān) I Ghāzī, Ottoman 580
嘎濟汗・洽克（統治頭銜為穆罕默德・納席爾丁，喀什米爾蘇丹政權）Ghāzī Khān Chak (ruling title Muḥammad Nāṣir al-Dīn), Sultan of Kashmīr 751
嘎蘭夫勒・穆巴拉克・夏赫（夏爾基蘇丹政權）Malik Qaranful Mubārak Shāh, Sharqī 759
瑪尼（努麥爾朝）Manīʻ, Numayrid 243
瑪立克（統治江德地區的花剌子模國王）Shāh Malik of Jand, Khwārazm Shāh 442
瑪各蘇德・哥萊（克里米亞的汗王）Maqṣūd Giray, Khān of the Crimea 624～625
瑪吉德（布—薩義德家族）Majīd, Āl Bū Saʻīd 350
瑪吉德丁（巴德爾丁），瑪赫穆德（阿拉尼亞首領）Maḥmūd, Majd al-Dīn (Badr al-Dīn), Bey of Alanya 553

瑪吉德丁（伊斯瑪儀里派的尼查里分支）Majd al-Dīn, Nizārī Ismā‘īlī　186
瑪安（阿爾梅里亞的蘇瑪迪氏族）Ma‘n, of the Banū Ṣumādiḥ of Almería　74
瑪安（哈姆丹朝）Ma‘n, Ḥamdānid　271～272
瑪努契赫爾（夏達德朝）Manūchihr, Shaddādid　385
瑪努契赫爾（濟亞爾朝）Manūchihr, Ziyārid　414
瑪努契赫爾一至三世（夏爾萬的亞濟德支系）Manūchihr I, II and III, Yazīdī Sharwān Shāh　361～362
瑪坎（代拉姆的將領）Mākān, Daylamī commander　436
瑪希赫・米爾查（白羊汗國）Masīḥ Mīrzā, Aq Qoyunlu　667
瑪罕德拉・德瓦（孟加拉的統治者）Mahendra Deva, ruler of Bengal　742
瑪里・順・迪亞塔（瑪里・賈塔）一世（凱塔馬利王國）Mari Sun Dyāta (Mārī Jāṭa) I, Keita of Mali　308～309, 311
瑪姆蘭（穆罕默德）一世、二世（拉瓦德朝）Mamlān or Muḥammad I and II, Rawwādids　381～382
瑪拉（敏朝）Mallā, Ming　709
瑪拉格・阿達姆（哈拉爾的蘇丹）Malāq Ādam, Sultan of Harar　354
瑪納札爾（朱斯坦朝）Manādhar, Justānid　373
瑪茲亞爾（巴萬德氏族的將領）Māzyār, Bāwandid Ispahbadh　410
瑪斯・柔朗，帕尼姆巴罕・塞達・克拉普亞克（馬塔拉姆朝）Panembahan Seda Krapyak, Mas Jolang, ruler of Mataram　830
瑪斯・拿貝希・蘇塔維賈亞・瑟納帕提（馬塔拉姆朝）Mas Ngabehi Sutavijaya Senapati, ruler of Mataram　830～831
瑪斯伍德（帖木兒朝）Mas‘ūd, Tīmūrid　656
瑪斯伍德（拉蘇勒朝）al-Malik al-Mas‘ūd, Rasūlid　277～278
瑪斯伍德（波斯及伊拉克的塞爾柱朝）Mas‘ūd, Seljuq in Persia and Iraq　460
瑪斯伍德（面帖舍朝）Mas‘ūd, Menteshe Oghullarï　541
瑪斯伍德（祖萊俄朝）al-Mas‘ūd, Zuray‘id　268～270
瑪斯伍德（瑪茲魯伊家族）Mas‘ūd, Mazrū’ī　347
瑪斯伍德・瑪立克・札希爾（贊吉朝）Mas‘ūd, al-Malik al-Ẓāhir, Zangid　472
瑪斯伍德・賓・哈珊（喀喇汗國）Mas‘ūd b. Ḥasan, Qarakhānid　450
瑪斯伍德・賓・穆罕默德（喀喇汗國）Mas‘ūd b. Muḥammad, Qarakhānid　449
瑪斯伍德・魯昆丁，毛杜德（阿爾圖革

朝）Mawdūd, al-Malik al-Mas'ūd Rukn al-Dīn, Artuqid 480
瑪斯伍德・優素夫（葉門的艾尤布朝）al-Malik al-Mas'ūd Yūsuf, Ayyūbid in Yemen 198
瑪斯伍德一至三世（東羅馬地區的塞爾柱政權）Mas'ūd I, II and III, Seljuqs of Rūm 520, 522～524
瑪斯伍德一至三世（嘎茲納朝）Mas'ūd I, II and III, Ghaznawid 714～715, 717
瑪斯伍德汗（馬勒瓦的蘇丹）Mas'ūd Khān, Sultan of Mālwa 762
瑪斯塔・賓・穆罕默德・阿敏・基阿利（迪克瓦的馬伊）Masta b. Muḥammad Amīn Kiari, Mai of Dikwa 326
瑪斯塔・賓・謝胡・山達・曼達拉瑪（迪克瓦的馬伊）Masta b. Shehu Sanda Mandarama, Mai of Dikwa 326
瑪嘎一世（凱塔馬利王國）Maghā I, Keita of Mali 309
瑪爾祖班（朱斯坦朝）Marzubān, Justānid 372, 374
瑪爾祖班（夏達德朝）Marzubān, Shaddādid 384
瑪爾祖班・賓・阿比—休賈俄・蘇勒壇—道拉（布伊朝）Marzubān b. Abī Shujā' Sulṭān al-Dawla, Būyid 392
瑪爾祖班一世、二世（穆薩非爾朝）Marzubān I and II, Musāfirids 377～378
瑪爾萬一世（伍麥亞朝哈里發）Marwān I, Umayyad Caliph 40, 42
瑪爾萬二世（別號「捲髮驢子」，伍麥亞朝哈里發）Marwān II, al-Ḥimār, Umayyad Caliph 41
瑪爾達維吉（濟亞爾朝）Mardāwīj, Ziyārid 395～396, 414～415
瑪瑪女王（薩勒圖革朝）Māmā Khātūn, Saltuqid 533
瑪蒙（巴格達的阿巴斯朝哈里發）al-Ma'mūn, 'Abbāsid caliph in Baghdad 45, 53, 255, 259, 420, 424
瑪蒙，嘎希姆（休達及馬拉加的哈穆德朝 ）al-Qāsim al-Ma'mūn, Ḥammūdid of Ceuta and Málaga 70～71
瑪蒙，嘎希姆・伊本—哈穆德（西班牙伍麥亞朝）al-Qāsim Ibn Ḥammūd, al-Ma'-mūn, Spanish Umayyad 59
瑪蒙一世、二世（花剌子模瑪蒙支系國王）Ma'mūn I and II, Ma'mūnids Khwārazm Shāhs 441
瑪赫迪（巴格達的阿巴斯朝哈里發）al-Mahdī, 'Abbāsid caliph in Baghdad 45
瑪赫迪（朱斯坦朝）Mahdī, Justānid 373
瑪赫迪（法蒂瑪朝）al-Mahdī, Fāṭimid 176
瑪赫迪（瑪赫迪朝）Mahdī, Mahdid 274
瑪赫迪，阿巴斯（柴迪派伊瑪目）al-'Abbās, al-Mahdī, Zaydī Imām 253

瑪赫迪，阿布達拉（柴迪派伊瑪目）'Abdallāh al-Mahdī, Zaydī Imām 254
瑪赫迪，胡笙（柴迪派伊瑪目）al-Ḥusayn al-Mahdī, Zaydī Imām 251
瑪赫迪・穆提俄，阿赫瑪德（柴迪派伊瑪目）Aḥmad al-Mahdī al-Mūṭi', Zaydī Imām 252
瑪赫穆德（米爾達斯朝）Maḥmūd, Mirdāsid 182～183
瑪赫穆德（帖木兒朝）Maḥmūd, Tīmūrid 656
瑪赫穆德（帖木兒朝）Shāh Maḥmūd, Tīmūrid 657
瑪赫穆德（柏爾朝）Maḥmūd, Börid 468
瑪赫穆德（胡笙統領政權）Maḥmūd, Ḥusaynid Bey 159
瑪赫穆德（夏達德朝）Maḥmūd, Shaddādid 385
瑪赫穆德（夏爾萬的亞濟德支系）Maḥmūd, Yazīdī Sharwān Shāh 364
瑪赫穆德（特克朝）Maḥmūd, Tekke Oghullarï 551
瑪赫穆德（塔吉丁朝）Maḥmūd, Tāj al-Dīn Oghullarï 572
瑪赫穆德（賈拉伊爾朝）Maḥmūd, Jalāyirid 649～650
瑪赫穆德（嘎茲納朝）Maḥmūd, Ghaznawid 714, 717
瑪赫穆德（瑪赫穆達克）（卡贊汗國）Maḥmūd (Maḥmūdak), Khān of Kazan 630
瑪赫穆德（錫斯坦的米赫拉班支系）Sulṭān Maḥmūd, Mihrabānid Malik of Sistan 516
瑪赫穆德・戈卡勒塔胥（阿爾袞朝）Maḥmūd Gokaltāsh, Arghūn 794
瑪赫穆德・合贊一世（伊兒汗國）Maḥmūd Ghazan (Ghāzān) I, Il Khānid 606
瑪赫穆德，納席爾丁（丘班朝）Maḥmūd Nāṣir al-Dīn, Chobān Oghullarï 562
瑪赫穆德・夏赫（巴赫曼朝）Maḥmūd Shāh, Bahmanid 772
瑪赫穆德・夏赫（亞茲德大統領政權）Maḥmūd Shāh, Atabeg of Yazd 507
瑪赫穆德・夏赫（亞齊的蘇丹，1287 / 1870）Maḥmūd Shāh, Sultan of Acheh (1287 / 1870) 828
瑪赫穆德・夏赫（段古・拉賈）（亞齊蘇丹政權）(Tuanku Raja), Sultan of Acheh 827
瑪赫穆德・夏赫（夏爾基蘇丹政權）Maḥmūd Shāh, Sharqī 759
瑪赫穆德・夏赫（麻六甲的統治者）Sultan Maḥmūd Shāh, ruler of Malacca 823
瑪赫穆德・夏赫（薩多查伊支系）Maḥmūd Shāh, Sadōzay 815～816

瑪赫穆德・夏赫一至三世（古嘉拉特蘇丹政權）Maḥmūd Shāh I, II and III, Sultan of Gujarāt 755
瑪赫穆德・夏赫二世（馬勒瓦的哈勒吉支系蘇丹）Maḥmūd Shāh II, Khaljī Sultan of Mālwa 763～764
瑪赫穆德・賓・阿赫瑪德（原為花剌子模國王之附庸，後成為喀喇汗國統治者屈出律的附庸）Maḥmūd b. Aḥmad, vassal of the Khwārazm Shāh and then of Küchlüg, Qarakhānid 453
瑪赫穆德・賓・達伍德（拉瑪丹朝）Maḥmūd b. Dāwūd, Ramaḍān Oghullarï 575
瑪赫穆德・賓・贊吉（阿勒坡及大馬士革的贊吉朝）Maḥmūd b. Zangī, Zangid ruler in Aleppo and then Damascus 469, 471
瑪赫穆德一世、二世（波斯及伊拉克地區的塞爾柱政權）Maḥmūd I and II, Seljuqs in Persia and Iraq 459
瑪赫穆德一世、二世（歐斯曼帝國）Maḥmūd I and II, Ottomans 583, 587
瑪赫穆德汗（統治頭銜為瑪赫穆德・夏赫〔一世〕・哈勒吉，馬勒瓦的蘇丹）Maḥmūd Khān (ruling title Maḥmūd Shāh (I) Khaljī), Sultan of Mālwa 763, 765
瑪魯（阿迪勒朝）Mallū, ʻĀdil Shāhī 782
瑪魯汗（馬勒瓦的統治者）Mallū Khān, governor of Mālwa 763
瑪穆各（卡贊汗國）Mamūq, Khān of Kazan 631

十五劃

德米爾汗（嘎拉希朝）Demir Khān, Qarasï Oghullarï 535
摩亞薩・阿赫瑪德（伏拉尼統治者）Moyasa Ahmadu, Fulani 331
魯昆一道拉，卡伊・忽斯勞・賓・亞茲達基爾德（巴萬德氏族的將領）Kay Khusraw b. Yazdagird, Rukn al-Dawla, Bāwandid Ispahbadh 412
魯昆一道拉，達伍德（阿爾圖革朝）Dāwūd, Rukn al-Dawla, Artuqid 479
魯昆丁（夏姆斯丁）二世（卡爾特朝）Rukn al-Dīn or Shams al-Dīn II, Kart 640
魯昆丁（薩爾巴達爾朝）Rukn al-Dīn, Sarbadārid 653
魯昆丁，卡伊・卡伍斯（孟加拉的統治者）Kay Kāwūs, Rukn al-Dīn, ruler of Bengal 739
魯昆丁，札希爾・貝巴爾斯一世・本杜各達利（傭兵政權的巴赫里支系）al-Malik al-Ẓāhir, Baybars I al-Bunduqdārī, Rukn al-Dīn, Baḥri Mamlūk 204
魯昆丁，易卜拉欣・夏赫一世・嘎迪爾汗（德里的哈勒吉支系蘇丹）Ibrāhīm Shāh I Qadïr Khān, Rukn al-Dīn, Khaljī

Delhi Sultan 725
魯昆丁，非魯茲・夏赫一世（德里蘇丹政權的穆儀茲支系）Fīrūz Shāh I, Rukn al-Dīn, Mu'izzī Delhi Sultan 724
魯昆丁，瑪赫穆德（錫斯坦的納斯爾支系統治者）Maḥmūd Rukn al-Dīn, Naṣrid Malik of Sistan 514
魯昆丁，赫悟爾夏赫（伊斯瑪儀里派的尼查里分支）Khwurshāh, Rukn al-Dīn, Nizārī Ismā'īlī 499
魯昆丁，穆查法爾・貝巴爾斯二世・賈胥納奇爾（布爾吉突厥人，巴赫里支系的傭兵政權）al-Malik al-Muzaffar Baybars II al-Jāshnakīr, Rukn al-Dīn (Burjī), Baḥri Mamlūk 205
魯昆丁，薩姆（亞茲德大統領政權）Sām, Rukn al-Dīn, Atabeg of Yazd 507～508
魯俄魯俄（阿勒坡和敘利亞北部的哈姆丹朝攝政）Lu'lu', regent in Aleppo and northern Syria for the Ḥamdānids 227, 229
魯俄魯俄（魯俄魯俄朝）Lu'lu', Lu'lu'id Atabeg 477
魯特夫拉（薩爾巴達爾朝）Luṭf Allāh, Sarbadārid 652
魯特夫・阿里（贊德朝）Luṭf 'Alī, Zand 686～687
魯特菲（阿拉尼亞首領）Luṭfī, Bey of Alanya 553
魯斯塔姆（白羊汗國）Rustam, Aq Qoyunlu 667
魯斯塔姆（帖木兒朝）Rustam, Tīmūrid 658
魯斯塔姆一至三世（巴萬德氏族的將領）Rustam I, II and III, Bāwandid Ispahbadhs 410～411
魯斯塔姆・賓・法赫爾—道拉・阿里（拉伊的布伊朝）Rustam b. Fakhr al-Dawla 'Alī, Būyid in Rayy 391
歐齊娜王后（察合台汗國）Orqina Khātūn, Chaghatayid 599
輝斯卡 Huesca 66, 80
魯赫（帖木兒朝）Shāh Rukh, Tīmūrid 655, 658, 661
魯赫（阿夫夏爾朝）Shāh Rukh, Afshārid 682, 684
魯赫（夏爾萬國王）Shāh Rukh, Sharwān Shāh 364
歐帖米胥（卡贊汗國）Ötemish, Khān of Kazan 632
歐斯曼（哈夫斯朝）'Uthmān, Ḥafṣid 140, 143
歐斯曼（哈拉爾的蘇丹）'Uthmān, Sultan of Harar 353
歐斯曼（胡笙統領政權）'Uthmān, Ḥusaynid Bey 159
歐斯曼（烏蘇瑪努・丹・弗迪歐）（伏拉尼統治者）'Uthmān (Usumanu dan Fo-

dio), Fulani　330
歐斯曼一世、二世（阿布杜—瓦德朝）'Uthmān I and II, 'Abd al-Wādids　133
歐斯曼一至三世（馬林朝）'Uthmān I, II and III, Marīnids　127～129, 131, 146
歐斯曼二世、三世（歐斯曼帝國）'Uthmān ('Othmān) II and III, Ottoman　582～583
歐斯曼三世・賓・穆斯塔法二世（歐斯曼帝國）'Uthmān III b. Muṣṭafā II, Ottoman　583
歐斯曼・切勒比（特克朝）'Othmān (or 'Uthmān), Chelebi, Tekke Oghullarï　551～552
歐斯曼・比里（卡涅姆的統治者）'Uthmān Biri, ruler of Kanem　318
歐斯曼・卡里努穆瓦（卡涅姆的統治者）'Uthmān Kalinumuwa, Sultan of Kanem　320
歐斯曼・吉弗（松海國王）'Uthmān Gifo, King of Songhay　314
歐斯曼・夏赫（錫斯坦的納斯爾支系統治者）'Uthmān Shāh, Naṣrid Malik of Sistan　514
歐斯曼・瑪安（瑪安統領政權）'Uthmān Ma'n, Ma'n Amīr　215
歐斯曼・賓・卡德（卡涅姆的統治者）'Uthmān b. Kade, Sultan of Kanem　321
歐斯曼・賓・伊德里斯（卡涅姆的統治者，767 / 1366）'Uthmān b. Idrīs, Sultan of Kanem (767/1366)　320
歐斯曼・賓・伊德里斯（卡涅姆的統治者，792 / 1390）'Uthmān b. Idrīs, Sultan of Kanem (792/1390)　320
歐斯曼・賓・阿凡（正統哈里發）'Uthmān b. 'Affān, 'Rightly-Guided' Caliph　36, 38, 41～42
歐斯曼・賓・達伍德（卡涅姆的統治者）'Uthmān b. Dāwūd, Sultan of Kanem　320
歐爾汗（剎魯汗朝）Orkhan, Ṣarukhān Oghullarï　537
歐爾汗（歐斯曼帝國）Orkhan, Ottoman　580
歐瑪爾（巴達霍斯的阿夫塔斯朝）'Umar, Afṭasid of Badajoz　77
歐瑪爾（杜拉夫朝）'Umar, Dulafid　388
歐瑪爾（帕泰島的納布罕氏族）'Umar, Nabhānī of Pate　342
歐瑪爾（拉瑪丹朝）'Umar, Ramaḍan Oghullarï　575
歐瑪爾（烏瑪魯）（伏拉尼統治者）'Umar (Umaru), Fulani　331
歐瑪爾（博爾努的卡涅姆卜系酋長）'Umar, Kanembu Shehu of Bornu　324
歐瑪爾（開羅的阿巴斯朝哈里發）'Umar, 'Abbāsid caliph in Cairo　50
歐瑪爾（達爾班德的哈賀姆朝）'Umar, Hāshimid of Darband　367

歐瑪爾（滿吉特朝）‘Umar, Mangït　703
歐瑪爾（穆哈德朝）‘Umar, Almohad　123
歐瑪爾・山達・庫拉（迪克瓦及博爾努的統治者）‘Umar Sanda Kura, Shehu of Dikwa and Bornu　325
歐瑪爾・山達・基阿利米（迪克瓦及博爾努的統治者）‘Umar Sanda Kiarimi, Shehu of Dikwa and later Bornu　325～326
歐瑪爾・山達・曼達拉瑪（迪克瓦的統治者）‘Umar Sanda Mandarama, Shehu of Dikwa　325～326
歐瑪爾・阿巴・亞瑞瑪（迪克瓦的馬伊）‘Umar Abba Yarema, Mai of Dikwa　326
歐瑪爾・阿里・賽伊夫丁一至三世（汶萊的蘇丹）Omar Ali Saifuddin I, II and III, Sultans of Brunei　841～842
歐瑪爾・賓・伊德里斯（卡涅姆的統治者）‘Umar b. Idrīs, Sultan of Kanem　320
歐瑪爾・賓・伊德里斯（博爾努的賽伊夫支系）‘Umar b. Idrīs, Sayfī of Bornu　322
歐瑪爾・賓・阿布達拉（卡涅姆的統治者）‘Umar b. ‘Abdallāh, Sultan of Kanem　321
歐瑪爾一世、二世（哈夫斯朝）‘Umar I and II, Ḥafṣids　138～139
歐瑪爾一世・賓・哈塔卜（人稱「明辨是非者」，正統哈里發）‘Umar I b. al-Khaṭṭāb, al Fārūq, ‘Rightly-Guided’ Caliph　36～37, 778
歐瑪爾二世（伍麥亞朝哈里發）‘Umar (II), Umayyad Caliph　41

十六劃

錫瑪勒（米爾達斯朝）Thimāl, Mirdāsid　182～184
穆巴里茲丁，伊斯凡迪亞爾（伊斯芬迪亞爾）（江達爾朝）Isfandiyār (Isfendiyār), Mubāriz al-Dīn, Jāndār Oghullarï　557～558
穆巴里茲丁，穆罕默德（阿胥拉夫朝）Muḥammad, Mubāriz al-Dīn, Ashraf Oghullarï　555
穆巴里茲丁，穆罕默德（特克朝）Muḥammad Mubāriz al-Dīn, Tekke Oghullarï　551
穆巴里茲丁，穆罕默德（穆查法爾朝）Muḥammad, Mubāriz al-Dīn, Muẓaffarid　643
穆巴里茲丁・嘎濟，穆罕默德－別克（艾丁朝）Muḥammad Beg, Mubāriz al-Dīn Ghāzī, Aydïn Oghullarï　539
穆巴拉克（古特魯汗國）Mubārak, Qutlughkhānid　510
穆巴拉克（穆夏俄夏俄朝）Sayyid Mubārak, Musha‘sha‘id　672
穆巴拉克・夏赫（察合台汗國）Mubārak Shāh, Chaghatayid　600, 603
穆巴拉克・夏赫二世（法魯基朝）

Mubārak Shāh, II, Fārūqī 777
穆巴拉克・赫瓦嘉（白帳汗國）Mubārak Khwāja, White Horde Khān 612
穆巴拉克・薩各拉比（瓦倫西亞的統治者 ）Mubārak al-Ṣaqlabī, ruler in Valencia 78
穆瓦希德・阿布達拉（迪亞巴克爾的艾尤布朝）al-Malik al-Muwaḥḥid ʻAbdallāh, Ayyūbid in Diyār Bakr 196
穆各塔非（巴格達的阿巴斯朝哈里發）al-Muqtafī, ʻAbbāsid caliph in Baghdad 48, 54
穆各塔迪（巴格達的阿巴斯朝哈里發）al-Muqtadī, ʻAbbāsid caliph in Baghdad 48
穆各塔迪爾（巴格達的阿巴斯朝哈里發）al-Muqtadir, ʻAbbāsid caliph in Baghdad 46～47
穆吉斯・敦亞瓦丁，穆罕默德一世（奇爾曼的塞爾柱政權）Muḥammad I, Mughīth al-Dunyā wa 'l-Din, Seljuq of Kirman 462
穆因丁，穆罕默德（帕爾瓦納朝）Muḥammad Muʻīn al-Dīn, Parwāna Oghullarï 560
穆因丁，穆罕默德・阿里（阿瓦者的納瓦卜政權）Muḥammad ʻAlī, Muʻīn al-Dīn, Nawwāb of Oudh 808
穆艾亞德，嘎希姆（柴迪派伊瑪目）al-Qāsim al-Mu'ayyad, Zaydī Imām 253
穆艾亞德・胡笙（拉蘇勒朝）al-Malik al-Mu'ayyad al-Ḥusayn, Rasūlid 277
穆艾亞德・達伍德（拉蘇勒朝）al-Malik al-Mu'ayyad Dāwūd, Rasūlid 276
穆克塔非（巴格達的阿巴斯朝哈里發）al-Muktafī, ʻAbbāsid caliph in Baghdad 46
穆希丁（汶萊蘇丹政權）Muhyiddin, Sultan of Brunei 840
穆希丁，瓦爾丹魯茲（亞茲德大統領政權 ）Wardānrūz, Muḥyī 'l-Dīn, Atabeg of Yazd 507
穆希・敦亞瓦丁，多里勒・夏赫（奇爾曼的塞爾柱政權）Ṭoghrïl Shāh, Muḥyī 'l-Dunyā wa 'l-Dīn, Seljuq of Kirman 462
穆罕瑪迪（白羊汗國）Muḥammadī, Aq Qoyunlu 667
穆罕默德（巴尼朱爾朝）Muḥammad, Bānījūrid 432
穆罕默德（巴列維朝）Muḥammad Pahlawī 692～693
穆罕默德（巴杜斯潘朝）Sulṭān Muḥammad, Bādūspānid 496
穆罕默德（巴萬德氏族的將領）Muḥammad, Bāwandid Ispahbadh 411
穆罕默德（巴達霍斯的阿夫塔斯朝）Muḥammad, Afṭasid of Badajoz 77
穆罕默德（卡庫伊朝）Muḥammad, Kākūyid 403～404

穆罕默德（卡涅姆的統治者，853 / 1449）Muḥammad, Sultan of Kanem (853 / 1449) 321
穆罕默德（卡爾莫納的比爾查勒氏族）Muḥammad, Birzāl of Carmona 72
穆罕默德（古特卜朝）Muḥammad, Quṭb Shāhī 790
穆罕默德（伊里亞斯朝）Muḥammad, Ilyāsid 436
穆罕默德（伊兒汗國）Muḥammad, Il Khānid 606
穆罕默德（法蒂瑪朝）Muḥammad, Fāṭimid 176
穆罕默德（花剌子模國王）Muḥammad, Khwārazm Shāh 443
穆罕默德（阿納茲朝）Muḥammad, ʻAnnāzid 401
穆罕默德（阿爾柯斯的哈茲倫氏族）Muḥammad, Khazrūn of Arcos 73
穆罕默德（阿爾梅里亞的蘇瑪迪氏族）Muḥammad of the Banū Ṣumādiḥ of Almería 74
穆罕默德（剎法爾朝的雷斯支系）Muḥammad, Laythid Ṣaffārid 427
穆罕默德（哈須姆大公）Muḥammad, Hāshimite Sharīf 298
穆罕默德（迪爾伊亞的統領，蘇伍德家族）Muḥammad, Amīr of Dirʻiyya, Āl Suʻūd 293
穆罕默德（面帖舍朝）Muḥammad, Menteshe Oghullarï 541
穆罕默德（哥多華的賈赫瓦爾朝）Muḥammad, Jahwarid of Cordova 76
穆罕默德（夏達德朝）Muḥammad, Shaddādid 384
穆罕默德（馬姆蘭）一世、二世（拉瓦德朝）Muḥammad (Mamlān) I and II, Rawwādids 381～382
穆罕默德（基勒瓦的須拉濟支系）Muḥammad, Shīrāzī Sultan of Kilwa 336, 338～339
穆罕默德（開羅的阿巴斯朝哈里發）Muḥammad, ʻAbbāsid caliph in Cairo 50
穆罕默德（雅俄魯卜朝）Muḥammad, Yaʻrubid 287
穆罕默德（賈拉伊爾朝）Muḥammad, Jalāyirid 650
穆罕默德（嘎拉曼朝）Muḥammad, Qaramānī 564～565
穆罕默德（嘎茲納朝）Muḥammad, Ghaznawid 714
穆罕默德（嘎賈爾朝）Muḥammad, Qājār 688～689
穆罕默德（察合台汗國）Muḥammad, Chaghatayid 601
穆罕默德（瑪茲亞德朝）Muḥammad, Mazyadid 231
穆罕默德（瑪蒙支系的花剌子模國王）

Muḥammad, Ma'mūnid, Khwārazm Shāh 441
穆罕默德（魯斯塔姆朝）Muḥammad, Rustamid 100
穆罕默德（穆赫塔吉朝的呼羅珊總督）Muḥammad, Muḥtāhid governor of Khurasan 438
穆罕默德（穆赫塔吉朝的洽嘎尼揚統領）Muḥammad Amīr of Chaghāniyān, Muḥtājid 438
穆罕默德（薩吉朝）Muḥammad, Sājid 375～376
穆罕默德（贊吉朝）Muḥammad, Zangid 472
穆罕默德（邊達哈拉氏族，汶萊蘇丹政權）Muhammad of the Bendahara family, Sultan of Brunei 839
穆罕默德，巴瓦納・夫莫・瑪迪（帕泰島的納布罕氏族統治者）Bwana Fumo Madi, Muḥammad, Nabhānī of Pate 344
穆罕默德・巴哈杜爾（昆格拉特朝）Sayyid Muḥammad Bahādur, Qungrat 707
穆罕默德・巴基（阿爾袞朝）Muḥammad Bāqī, Arghūn 794
穆罕默德，古特卜丁一世（錫斯坦的米赫拉班支系）Muḥammad, Quṭb al-Dīn I, Mihrabānid Malik of Sistan 515
穆罕默德・以薩・塔爾汗（阿爾袞朝）Muḥammad 'Īsā Tarkhān, Arghūn 794
穆罕默德・加歐（高告）（松海的阿斯奇亞支系）Muḥammad Gao or Kawkaw, Askiya of Songhay 315
穆罕默德・卡里姆汗（贊德朝）Muḥammad Karīm Khān, Zand 685
穆罕默德・古里（古特卜朝）Muḥammad Qulī, Quṭb Shāhī 790～791
穆罕默德・札希爾（巴拉克查伊支系）Muḥammad Ẓāhir, Bārakzay 818
穆罕默德・瓦立德（薩俄德朝）Muḥammad al-Walīd, Sa'did Sharīf 150
穆罕默德・艾・鐵木爾（薩爾巴達爾朝）Muḥammad Ay Temür, Sarbadārid 652
穆罕默德・伊本—哈茲倫（阿爾柯斯的哈茲倫氏族）Muḥammad Ibn Khazrūn, Khazrūn of Arcos 73
穆罕默德・伊本—胡德（莫夕亞的統治者）Muḥammad Ibn Hūd, ruler of Murcia 82
穆罕默德・伊茲丁・納席爾（柴迪派伊瑪目）Muḥammad 'Izz al-Dīn al-Nāṣir, Zaydī Imām 252
穆罕默德・伊德里斯 Sayyid Muḥammad Idrīs 165
穆罕默德・吉亞斯丁（古爾朝）Muḥammad Ghiyāth al-Dīn, Ghūrid 720, 722
穆罕默德—別克（伊南吉朝）Muḥammad Beg, Inanj Oghullarï 544
穆罕默德・坎祖勒・阿拉姆（汶萊蘇丹

政權）Muhammad Kanzul Alam, Sultan of Brunei　841
穆罕默德，杜納瑪・迪巴勒米（卡涅姆的統治者）Dunama Dibalemi, Muḥammad, ruler of Kanem　318
穆罕默德・貝洛（人稱馬伊烏爾諾）（伕拉尼統治者）Muḥammad Bello, called Mai Wurno, Fulani　330, 333
穆罕默德・貝爾迪─別克（青帳汗國）Muḥammad Berdi Beg, Batu'id　611
穆罕默德・阿夫達勒（巴拉克查伊支系）Muḥammad Afḍal, Bārakzay　817
穆罕默德・阿里（敏朝）Muḥammad 'Alī, Ming　709
穆罕默德・阿里（嘎賈爾朝）Muḥammad 'Alī, Qājār　689
穆罕默德・阿里（贊德朝）Muḥammad 'Alī, Zand　685
穆罕默德・阿里帕夏 Muḥammad 'Alī Pasha　220
穆罕默德・阿里烏丁（汶萊蘇丹政權）Muhammad Aliuddin, Sultan of Brunei　841
穆罕默德・阿俄札姆（巴拉克查伊支系）Muḥammad A'ẓam, Bārakzay　817
穆罕默德・阿勒普・阿爾斯蘭（波斯及伊拉克的塞爾柱政權）Muḥammad Alp Arslan, Seljuq in Persia and Iraq　458
穆罕默德・阿敏（卡贊汗王）Muḥammad Amīn, Khān of Kazan　630～631
穆罕默德・阿敏・基阿利（博爾努的卡涅姆卜支系）Muḥammad Amīn Kiari, Kanembu Shehu of Bornu　325
穆罕默德・阿敏・薩阿達特汗・巴哈杜爾（阿瓦者的納瓦卜政權）Sayyid Muḥammad Amīn Sa'ādat Khān Bahādur, Nawwāb of Oudh　807～808
穆罕默德・拉希姆（昆格拉特朝）Muḥammad Raḥīm, Qungrat　706
穆罕默德・拉希姆（昆格拉特朝）Sayyid Muḥammad Raḥīm, Qungrat　707
穆罕默德・拉希姆・阿塔立各（滿吉特朝）Muḥammad Raḥīm Atalïq, Mangït　703
穆罕默德・剎迪各（贊德朝）Muḥammad Ṣādiq, Zand　685
穆罕默德・哈珊（汶萊的蘇丹）Muhammad Hasan, Sultan of Brunei　840
穆罕默德・哈珊（汶萊的攝政）Muhammad Hasan, regent of Brunei　840
穆罕默德・哈珊（嘎賈爾朝）Muhammad Hasan, Qājār　688
穆罕默德・哈密德丁・曼蘇爾（柴迪派伊瑪目）Muḥammad Ḥamīd al-Dīn al-Manṣūr, Zaydī Imām　254
穆罕默德・柏拉各（青帳汗國）Muḥammad Bolaq, Batu'id　611
穆罕默德・查赫夏丹（杰爾米揚朝）Muḥammad Chakhshadān, Germiyān Oghu-

llarï 546
穆罕默德・胡達邦達・俄勒傑圖（伍萊圖）（伊兒汗國）Muḥammad Khudābanda Öljeytü (Uljāytū), Il Khānid 512, 606, 609, 648
穆罕默德・胡達亞爾（敏朝）Muḥammad Khudāyār, Ming 709～710
穆罕默德・胡達班達（薩法維朝）Muḥammad Khudābanda, Ṣafawid 677
穆罕默德・哥萊一至四世（克里米亞的汗王）Muḥammad Giray I-IV, Khāns of the Crimea 619～621
穆罕默德・埃爾加瑪（博爾努的賽伊夫支系）Muḥammad Ergama, Sayf of Bornu 323
穆罕默德・夏姆斯丁（古爾朝）Muḥammad Shams al-Dīn, Ghūrid 721
穆罕默德，夏姆斯丁（因朱俄朝）Muḥammad, Shams al-Dīn, Inju'id 647
穆罕默德・夏姆斯丁一世（卡爾特朝）Muḥammad Shams al-Dīn I, Kart 640
穆罕默德・夏赫（奇爾曼的塞爾柱政權）Muḥammad Shāh, Seljuq of Kirman 463
穆罕默德・夏赫（段古・穆罕默德）（亞齊蘇丹政權）Muḥammad Shāh, (Tuanku Muḥammad), Sultan of Acheh 827
穆罕默德・夏赫（喀什米爾蘇丹）Muḥammad Shāh, Sultan of Kashmīr 749～750
穆罕默德・夏赫（蒙兀兒帝國）Muḥammad Shāh, Mughal 684, 798, 802
穆罕默德・夏赫一世、二世（古嘉拉特蘇丹政權）Muḥammad Shāh I and II, Sultans of Gujarāt 754
穆罕默德・夏赫二世、三世（德里蘇丹政權的圖魯革支系）Muḥammad Shāh II and III, Tughluqid Delhi Sultans 726～727
穆罕默德・夏赫四世（德里蘇丹政權的賽伊德支系）Muḥammad Shāh IV, Sayyid ruler of Delhi 728
穆罕默德・夏赫・賓・焦哈爾・阿拉姆・夏赫（亞齊的蘇丹）Muḥammad Shāh b. Jawhar al-'Ālam Shāh, Sultan of Acheh 828
穆罕默德・夏赫・蘇丹（古特魯汗國）Muḥammad Shāh Sulṭān, Qutlughkhānid 511
穆罕默德・恩吉勒魯瑪（博爾努的賽伊夫支系統治者）Muḥammad Ngileruma, Sayfī of Bornu 323
穆罕默德・納迪爾（巴拉克查伊支系）Muḥammad Nādir, Bārakzay 818
穆罕默德・納席爾丁（杜勒嘎迪爾朝）Muḥammad Nāṣir al-Dīn, Dulghadïr Oghullarï 577
穆罕默德・納席爾丁（嘎濟汗・洽克）（喀什米爾的蘇丹）Muḥammad Nāṣir al-

Dīn (Ghāzī Khān Chak), Sultan of Kashmīr 750～751
穆罕默德・納席爾・哈迪・瑪赫迪（柴迪派伊瑪目）Muḥammad al-Nāṣir al-Hādi al-Mahdī, Zaydī Imām 253
穆罕默德・納烏魯茲—別克（青帳汗國）Muḥammad Nawrūz Beg, Batu'id 611
穆罕默德・陶非各（穆罕默德・阿里家族）Muḥammad Tawfīq, House of Muḥammad 'Alī 220
穆罕默德・雅俄固卜汗（巴拉克查伊支系 ）Muḥammad Ya'qūb Khān, Bārakzay 817
穆罕默德・塔朱丁（汶萊蘇丹政權）Muhammad Tajuddin, Sultan of Brunei 841
穆罕默德・塔希爾一世、二世（伏拉尼統治者）Muḥammad Ṭāhir I and II, Fulani 331
穆罕默德・賈瑪魯勒・阿拉姆・賓・歐瑪爾・阿里・賽伊夫丁二世（汶萊蘇丹政權）Muhammad Jamalul Alam b. Omar Ali Saifuddin II, Sultan of Brunei 842
穆罕默德・賈瑪魯勒・阿拉姆・賓・穆罕默德・塔朱丁（汶萊蘇丹政權）Muhammad Jamalul Alam, b. Muhammad Tajuddin, Sultan of Brunei 841
穆罕默德・賈薩（哈拉爾的蘇丹）Muḥammad Jāsā, Sultan of Harar 354
穆罕默德・達伍德・夏赫（亞齊蘇丹政權 ）Muḥammad Dāwūd Shāh, Sultan of Acheh 828
穆罕默德・圖瑞（松海的阿斯奇亞支系）Muḥammad Ture, Askiya of Songhay 314～316
穆罕默德・瑪茲魯姆（基勒瓦的瑪赫達勒聖裔）Muḥammad al-Maẓlūm, Mahdali Sultan of Kilwa 338
穆罕默德・瑪赫迪 Sayyid Muḥammad al-Mahdi 165
穆罕默德・賓・？・哈米頓（古特魯汗國 ）Muḥammad b. ? Khamītūn, Qutlugh-khānid 510
穆罕默德・賓・尤俄非爾（尤俄非爾朝）Muḥammad b. Yu'fir, Yu'firid 260
穆罕默德・賓・卡德（卡涅姆的統治者）Muḥammad b. Kade, Sultan of Kanem 321
穆罕默德・賓・瓦西格（巴格達的阿巴斯朝哈里發）Muḥammad b. al-Wāthiq, 'Abbāsid caliph in Baghdad 46
穆罕默德・賓・伊拉各（花剌子模王國的阿夫里格支系）Muḥammad b. 'Irāq, Afrīghid Khwārazm Shāh 440
穆罕默德・賓・伊德里斯（卡涅姆的統治者）Muḥammad b. Idrīs, Sultan of Kanem 320, 322
穆罕默德・賓・伊德里斯（博爾努的賽伊夫支系統治者，931 / 1525）Muḥammad

b. Idrīs, Sayfī of Bornu (931/1525)　322
穆罕默德・賓・伊德里斯（博爾努的賽伊夫支系統治者，約1012 / 1603）Muḥammad b. Idrīs, Sayfī of Bornu (c.1012 / c.1603)　322
穆罕默德・賓・伍貝達拉（巴格達和伊拉克的塔希爾朝）Muḥammad b. 'Ubaydallāh, Ṭāhirid of Baghdad and Iraq　420
穆罕默德・賓・亞濟德（亞濟德支系的夏爾萬國王）Muḥammad b. Yazīd, Yazīdī Sharwān Shāh　361
穆罕默德・賓・拉非俄（伍蓋勒朝）Muḥammad b. Rāfi', 'Uqaylid　239
穆罕默德・賓・易卜拉欣二世（阿迪勒朝）Muḥammad b. Ibrāhīm II, 'Ādil Shāhīs　782
穆罕默德・賓・易斯哈格（呼羅珊的塔希爾朝）Muḥammad b. Isḥāq, Ṭāhirid of Khurasan　419
穆罕默德・賓・法拉赫（穆夏俄夏俄朝）Sayyid Muḥammad b. Falāḥ, Musha'sha'id　671
穆罕默德・賓・阿巴斯（古爾朝）Muḥammad b. 'Abbās, Ghūrid　719
穆罕默德・賓・阿比―巴克爾（帕泰島的納布罕氏族統治者，875 / 1470）Muḥammad b. Abī Bakr, Nabhānī of Pate (875 / 1470)　343
穆罕默德・賓・阿比―巴克爾（帕泰島的納布罕氏族統治者，973 / 1565）Muḥammad b. Abī Bakr, Nabhānī of Pate (973 / 1565)　343
穆罕默德・賓・阿比―賈俄法爾・穆罕默德（莫夕亞的統治者）Muḥammad b. Abī Ja'far Muḥammad, ruler of Murcia　83
穆罕默德・賓・阿比―嘎拉特（祖萊俄朝）Muḥammad b. Abi'l-Ghārāt, Zuray'id　268～269
穆罕默德・賓・阿布達拉（卡涅姆的統治者）Muḥammad b. 'Abdallāh, Sultan of Kanem　319
穆罕默德・賓・阿布達拉（呼羅珊的塔希爾朝）Muḥammad b. 'Abdallāh, Ṭāhirid of Khurasam　419
穆罕默德・賓・阿布達拉（拉胥德家族）Muḥammad b. 'Abdallāh, Āl Rashīd　303, 305
穆罕默德・賓・阿布達拉（穆夏俄夏俄朝）Sayyid Muḥammad b. 'Abdallāh, Musha'sha'id　673
穆罕默德・賓・阿布達拉・伊本―拉胥德（來自哈伊勒，利雅德的征服者）Muḥammad b. 'Abdallāh Ibn Rashīd of Ḥā'il , conqueror of Riyāḍ　294
穆罕默德・賓・阿米爾・嘎濟（達尼胥面德朝）Muḥammad b. Amīr Ghāzī, Dānishmendid　526
穆罕默德・賓・阿里（人稱「偉大的薩

努斯」）Great Sanūsi, the, Sayyid Muḥammad b. ‘Alī　165～166
穆罕默德・賓・阿里（薩努希道團的創立者，人稱「偉大的薩努希」）Sayyid Muḥammad b. ‘Alī, founder of Sanūsiyya dervish order, the ‘Great Sanūsi’　165～166
穆罕默德・賓・阿拉法（阿拉維朝）Muḥammad b. ‘Arafa, ‘Alawid Sharīf　156
穆罕默德・賓・阿赫瑪德（帕泰島的納布罕氏族統治者）Muḥammad b. Aḥmad, Nabhānī of Pate　342
穆罕默德・賓・阿赫瑪德（花剌子模王國的阿夫里格支系）Muḥammad b. Aḥmad, Afrīghid Khwārazm Shāh　441
穆罕默德・賓・阿赫瑪德（夏爾萬的亞濟德系國王）Muḥammad b. Aḥmad, Yazīdī Sharwān Shāh　361
穆罕默德・賓・阿赫瑪德（達爾班德的哈胥姆朝）Muḥammad b. Aḥmad, Hāshimid of Darband　368
穆罕默德・賓・阿赫瑪德・伊本─塔希爾（莫夕亞的統治者）Muḥammad b. Aḥmad Ibn Ṭāhir, ruler of Murcia　82
穆罕默德・賓・阿赫瑪德・阿提各（人稱馬伊圖拉瑞，伕拉尼統治者）Muḥammad b. Aḥmad ‘Atīq, called Mai Turare, Fulani　332
穆罕默德・賓・哈利德（亞美尼亞總督、夏爾萬的初期統治者）Muḥammad b. Khālid, governor of Armenia, precursor of Sharwān　360
穆罕默德・賓・哈胥姆（達爾班德的哈胥姆朝）Muḥammad b. Hāshim, Hāshimid of Darband　367
穆罕默德・賓・胡笙・拉瓦迪（拉瓦德朝）Muḥammad b. Ḥusay al-Rawwādī, Rawwādid　381
穆罕默德・賓・海沙姆（夏爾萬的亞濟德系國王）Muḥammad b. Haytham, Yazīdī Sharwān Shāh　360
穆罕默德・賓・納席爾（巴格達的阿巴斯朝哈里發）Muḥammad b. al-Nāṣir, ‘Abbāsid caliph in Baghdad　49
穆罕默德・賓・納席爾（哈拉爾的蘇丹）Muḥammad b. Nāsir, Sultan of Harar　354
穆罕默德・賓・納斯爾（喀喇汗國）Muḥammad b. Naṣr, Qarakhānid　453
穆罕默德・賓・基瓦卜（基勒瓦的瑪赫達勒蘇丹政權的篡位者）Muḥammad b. Kiwāb, usurper of Mahdali Sultanate of Kilwa　339
穆罕默德・賓・曼蘇爾（巴格達的阿巴斯朝哈里發）Muḥammad b. al-Manṣūr, ‘Abbāsid caliph in Baghdad　45
穆罕默德・賓・麥蒙（米德拉爾朝）Muḥammad b. Maymūn, Midrārid　104
穆罕默德・賓・雅俄固卜（穆哈德朝）Muḥammad b. Ya‘qūb, Almohad　122

穆罕默德・賓・塔拉勒（拉胥德家族）Muḥammad b. Ṭalāl, Āl Rashīd 304
穆罕默德・賓・賈俄法爾（柴迪派伊瑪目）Muḥammad b. Ja'far, Zaydī Imām 251
穆罕默德・賓・圖瑪特（穆哈德朝）Muḥammad b. Tūmart, Almohad 122
穆罕默德・賓・歐斯曼（瑪茲魯伊家族）Muḥammad b. 'Uthmān, Mazrū'ī 347
穆罕默德・賓・歐瑪爾（帕泰島的納布罕氏族統治者）Muḥammad b. 'Umar, Nabhānī of Pate 342
穆罕默德・賓・穆巴拉克（穆夏俄夏俄朝）Sayyid Muḥammad b. Mubārak, Musha'sha'id 672
穆罕默德・賓・穆罕默德（人稱塔姆巴里，伏拉尼統治者）Muḥammad b. Muḥammad, called Tambari, Fulani 332
穆罕默德・賓・穆罕默德（卡涅姆的統治者）Muḥammad b. Muḥammad, Sultan of Kanem 321
穆罕默德・賓・穆罕默德（莫夕亞的統治者）Muḥammad b. Muḥammad, ruler of Murcia 83
穆罕默德・賓・穆俄塔迪德（巴格達的阿巴斯朝哈里發）Muḥammad b. al-Mu'taḍid, 'Abbāsid caliph in Baghdad 47
穆罕默德・賓・穆斯塔茲希爾（巴格達的阿巴斯朝哈里發）Muḥammad b. al-Mustaẓhir, 'Abbāsid caliph in Baghdad 48
穆罕默德・賓・穆賽亞卜・伍蓋里（伍蓋勒朝）Muḥammad b. al-Musayyab al-'Uqaylī, 'Uqaylid 237
穆罕默德・賓・穆薩非爾（穆薩非爾朝的創立者）Muḥammad b. Musāfir, founder of the Musāfirids 377, 379
穆罕默德・賓・優素夫・伊本—胡德（莫夕亞的統治者）Muḥammad b. Yūsuf Ibn Hūd, ruler of Murcia 83
穆罕默德・賓・濟亞德（濟亞德朝）Muḥammad b. Ziyād, Ziyādid 258～259
穆罕默德・賓・薩姆一世（古爾及印度的古爾朝大蘇丹）Muḥammad b. Sām I, supreme sultan in Ghūr and India, Ghūrid 720
穆罕默德・賓・薩俄德（別號「狼王」，莫夕亞的統治者）Muḥammad b. Sa'd, Rey Lobo or Lope, ruler of Murcia 79
穆罕默德・賓・薩俄德（納斯爾朝）Muḥammad b. Sa'd, Naṣrid 91
穆罕默德・賓・薩義德・瑪阿米利（瑪茲魯伊家族）Muḥammad b. Sa'īd al-Ma'āmirī, Mazrū'ī 347
穆罕默德・賓・薩魯（米德拉爾朝）Muḥammad b. Sārū, Midrārid 104
穆罕默德・賓・蘇伍德二世（蘇伍德家族）Muḥammad b. Su'ūd II, Āl Su'ūd 294
穆罕默德・賓・蘇里・襄薩巴尼（古爾朝）Muḥammad b. Sūrī Shansabānī, Ghūrid

719
穆罕默德・賓・蘇萊曼（帕泰島的納布罕氏族統治者）Muḥammad b. Sulaymān, Nabhānī of Pate　342
穆罕默德・歐瑪爾（敏朝）Muḥammad ‘Umar, Ming　709, 711
穆罕默德・穆艾亞德（柴迪派伊瑪目）Muḥammad al-Mu’ayyad, Zaydī Imām　253
穆罕默德・穆塔瓦基勒（柴迪派伊瑪目）Muḥammad al-Mutawakkil, Zaydī Imām　253
穆罕默德・穆爾塔達（柴迪派伊瑪目）Muḥammad al-Murtaḍā, Zaydī Imām　250
穆罕默德・賽伊夫丁（古爾朝）Muḥammad Sayf al-Dīn, Ghūrid　720
穆罕默德—謝赫・阿斯嘎爾（薩吉爾）（薩俄德朝）Muḥammad al-Shaykh al-Aṣghar or al-Ṣaghīr, Sa‘did Sharīf　150
穆罕默德—謝赫・瑪蒙（薩俄德朝）Muḥammad al-Shaykh al-Ma’mūn, Sa‘did Sharīf　149
穆罕默德—謝赫・賓・穆罕默德・瑪赫迪（薩俄德朝）Muḥammad al-Shaykh b. Muḥammad al-Mahdi, Sa‘did Sharīf　148
穆罕默德・薩義德帕夏（穆罕默德・阿里家族）Muḥammad Sa‘īd Pasha, House of Muḥammad ‘Alī　220
穆罕默德，蘇萊曼二世（薩法維朝）Sulaymān II, Sayyid Muḥammad, Safawid　678
穆罕默德一世、二世（希姆朱爾朝）Muḥammad I and II, Sīmjūrids　434～435
穆罕默德一世、二世（拉瑪丹朝）Muḥammad I and II, Ramaḍān Oghullarï　574～575
穆罕默德一世、二世（阿格拉布朝）Muḥammad I and II, Aghlabids　107
穆罕默德一世、二世（馬拉加的哈穆德朝）Muḥammad I and II, Ḥammūdid of Málaga　71
穆罕默德一世、二世（塞維爾的阿巴德朝）Muḥammad I and II, ‘Abbādids of Seville　72
穆罕默德一世、二世（嘎拉曼朝）Muḥammad I and II, Qaramān Oghullarï　564～565
穆罕默德一世、二世（薩俄德朝）Muḥammad I and II, Sa‘did Sharīfs　148
穆罕默德一世・切勒比（歐斯曼帝國）Muḥammad I Chelebi, Ottoman　580
穆罕默德一世・塔帕爾（波斯及伊拉克的塞爾柱政權）Muḥammad I Tapar, Seljuq in Persia and Iraq　459
穆罕默德一至八世（阿布杜—瓦德朝）Muḥammad I-VIII, ‘Abd al-Wādids　133～135
穆罕默德一至八世（胡笙統領政權）

Muḥammad I - VIII, Ḥusaynid Beys　159～160
穆罕默德一至十二世（納斯爾朝）Muḥammad I-XII, Naṣrids　88～93
穆罕默德一至三世（瓦塔斯朝）Muḥammad I, II and III, Waṭṭāsids　145～146
穆罕默德一至三世（伊斯瑪儀里派的尼查里分支）Muḥammad I, II and III, Nizārī Ismā'īlī　498～499
穆罕默德一至三世（西班牙伍麥亞朝）Muḥammad I, II and III, Spanish Umayyads　58～60
穆罕默德一至三世・夏赫（巴赫曼朝）Muḥammad I, II and III Shāh, Bahmanids　770～773, 774
穆罕默德一至五世（阿拉維朝）Muḥammad I-V, Alawid Sharīfs　154～156
穆罕默德一至五世（馬林朝）Muḥammad I-V, Marīnids　127～129
穆罕默德一至六世（哈夫斯朝）Muḥammad I-VI, Ḥafṣids　138～141
穆罕默德二世（波斯及伊拉克的塞爾柱政權）Muḥammad II, Seljuq in Persia and Iraq　460
穆罕默德二世（哈拉爾的蘇丹）Muḥammad II, Sultan of Harar　356
穆罕默德二世，「征服者」（歐斯曼帝國）Muḥammad II Fātiḥ ('the Conqueror'), Ottoman　581, 586
穆罕默德二世・切勒比（也列特納朝）Muḥammad II Chelebi, Eretna Oghullarï　568
穆罕默德二世・邊坎（松海的阿斯奇亞支系）Muḥammad II Benkan, Askiya of Songhay　315
穆罕默德十二世（納斯爾朝）Boabdil, Muḥammad XII, Naṣrid　91～93
穆罕默德三世（松海的阿斯奇亞支系）Muḥammad III, Askiyas of Songhay　315
穆罕默德三至六世（歐斯曼帝國）Muḥammad III-VI, Ottomans　582～584
穆罕默德五世・穆巴里茲汗・阿迪勒・夏赫（德里蘇丹政權的蘇爾支系）Muḥammad V Mubāriz Khān 'Ādil Shāh, Sūrī Delhi Sultan　729
穆拉德（白羊汗國）Sultan Murād, Aq Qoyunlu　668～669
穆拉德（拔都支系）Murād, Batu'id　611
穆拉德（敏朝）Murād, Ming　709
穆拉德（敏朝）Shāh Murād, Ming　709
穆拉德・巴赫胥（蒙兀兒帝國）Murād Bakhsh, Mughal　797
穆拉德・阿爾斯蘭（伊南吉朝）Murād Arslan, Inanj Oghullarï　544
穆拉德・哥萊（克里米亞的汗王）Murād Giray, Khān of the Crimea　622
穆拉德一至五世（歐斯曼帝國）Murād I-V, Ottomans　580～583

穆阿俄札姆・圖蘭・夏赫（大馬士革、迪亞巴克爾、埃及及葉門的艾尤布朝）al-Malik al-Mu‘aẓẓam Tūrān Shāh, Ayyūbids in Damascus, Diyār Bakr, Egypt and Yemen 189, 191, 196, 198
穆阿俄札姆・穆罕默德・賓・薩巴（祖萊俄朝）Muḥammad b. Saba', al-Mu'aẓẓam, Zuray‘id 269
穆阿俄札姆・穆儀茲丁，瑪赫穆德（贊吉朝）Maḥmūd, al-Malik al-Mu‘aẓẓam Mu‘izz al-Dīn, Zangid 472
穆阿俄札姆・蘇萊曼（葉門的艾尤布朝）al-Malik al-Mu‘aẓẓam Sulaymān, Ayyūbid in Yemen 198
穆阿達勒（剎法爾朝的雷斯支系）al-Mu‘addal, Laythid Ṣaffārid 428
穆阿維亞一世、二世（伍麥亞朝哈里發）Mu‘āwiya I and II, Umayyad caliphs 40～42
穆阿德・阿赫瑪杜（伏拉尼統治者）Mu‘ādh Aḥmadu, Fulani 331
穆俄尼斯・哈迪姆（突厥奴隸將領）Mu'nis al-Khādim, Turkish slave commander 420
穆俄塔米德（巴格達的阿巴斯朝哈里發）al-Mu‘tamid, ‘Abbāsid caliph in Baghdad 46
穆俄塔希姆（穆查法爾朝）Sulṭān Mu‘taṣim, Muẓaffarid 644
穆俄塔里，雅赫亞（西班牙的伍麥亞朝）Yaḥyā al-Mu‘talī, Spanish Umayyad 60
穆俄塔迪德（巴格達的阿巴斯朝哈里發）al-Mu‘taḍid, ‘Abbāsid caliph in Baghdad 46
穆俄塔迪德一世、二世（開羅的阿巴斯朝哈里發）al-Mu‘taḍid, I and II, ‘Abbāsid caliph in Cairo 50～51
穆俄塔席姆（巴格達的阿巴斯朝哈里發）al-Mu‘taṣim, ‘Abbāsid caliph in Baghdad 46
穆俄塔席姆（開羅的阿巴斯朝哈里發）al-Mu‘taṣim, ‘Abbāsid caliph in Cairo 50
穆俄塔茲（巴格達的阿巴斯朝哈里發）al-Mu‘tazz, ‘Abbāsid caliph in Baghdad 46
穆哈吉卜丁，瑪斯伍德（帕爾瓦納朝）Mas‘ūd, Muhadhdhib al-Dīn, Parwāna Oghullarï 560
穆哈勒希勒（阿納茲朝）Muhalhil, ‘Annāzid 401
穆哈勒希勒（瑪茲亞德朝）Muhalhil, Mazyadid 232～233
穆查法爾（伊斯瑪儀里派的尼查里分支）Muẓaffar, Nizārī Ismā‘īlī 186
穆查法爾（蘇萊赫朝）al-Muẓaffar, Ṣulayḥid 265
穆查法爾，阿布達拉（圖吉布氏族）‘Abdallāh, al-Muẓaffar, Tujībid 80
穆查法爾一世・歐瑪爾（哈馬特的艾尤

布朝）al-Malik al-Muẓaffar I ‘Umar, Ayyūbid in Ḥamāt 193
穆查法爾丁（休賈俄丁），伊里亞斯（面帖舍朝）Ilyās, Muẓaffar al-Dīn or Shujā‘ al-Dīn, Menteshe Oghullarï 541
穆查法爾丁（嘎賈爾朝）Muẓaffar al-Dīn, Qājār 689
穆查法爾丁（滿吉特朝）Muẓaffar al-Dīn, Mangït 704
穆查法爾丁，艾比熙王后（薩魯爾朝）Ābish Khātūn, Muẓaffar al-Dīn, Salghurid 505
穆查法爾丁，易斯哈格・切勒比（剎魯汗朝）Isḥāq Chelebi, Muẓaffar al-Dīn, Ṣarukhān Oghullarï 537
穆查法爾丁，阿布—薩義德（胥班朝）Abū Sa‘īd Muẓaffar al-Dīn, Shïbānid 696
穆查法爾丁，俄茲別克（艾勒迪居茲朝）Özbeg, Muẓaffar al-Dīn, Eldigüzid 491～492
穆查法爾丁，穆罕默德（薩魯爾朝）Muḥammad, Muẓaffar al-Dīn, Salghurid 504
穆查法爾丁，優魯克・阿爾斯蘭（丘班朝）Yülük Arslan, Muẓaffar al-Dīn, Chobān Oghullarï 562
穆查法爾二世、三世・瑪赫穆德（哈馬特的艾尤布朝）al-Malik al-Muẓaffar II and III Maḥmūd, Ayyūbid in Ḥamāt 194
穆查法爾汗（古嘉拉特的蘇丹）Muẓaffar Khān, Sultan of Gujarāt 754
穆查法爾・阿赫瑪德二世（傭兵政權的布爾吉支系）al-Malik al-Muẓaffar Aḥmad II, Burjī Mamlūk 208
穆查法爾・胡笙（帖木兒朝）Muẓaffar Ḥusayn, Tīmūrid 657
穆查法爾・夏赫（亞齊的蘇丹）Muẓaffar Shāh, Sultan of Acheh 825
穆查法爾・夏赫（麻六甲統治者）Sultan Muẓaffar Shāh, ruler of Malacca 822～823
穆查法爾・夏赫，拉賈・嘎希姆（麻六甲的統治者）Rājā Qāsim, Sultan Muẓaffar Shāh, ruler of Malacca 822
穆查法爾・夏赫一至三世（古嘉拉特蘇丹政權）Muẓaffar Shāh I, II and III, Sultans of Gujarāt 754～756
穆查法爾・納席爾，巴迪斯（格拉納達的吉爾朝）Bādīs, al-Muẓaffar al-Nāṣir, Zīrid of Granada 73
穆查法爾・將（海德拉巴德的尼札姆朝）Muẓaffar Jang, Niẓām of Hyderabad 810
穆查法爾・嘎濟（迪亞巴克爾的艾尤布朝）al-Malik al-Muẓaffar Ghāzī, Ayyūbid in Diyār Bakr 195
穆查法爾・優素夫二世（拉蘇勒朝）al-Muẓaffar Yūsuf II, Rasūlid 277
穆查法爾・薩各拉比（瓦倫西亞的統治

者）Muẓaffar al-Ṣaqlabī, ruler in Valencia 78
穆夏里（蘇伍德家族）Mushārī, Āl Su'ūd 293
穆勒希姆（胥哈卜統領政權）Mulḥim, Shihāb Amīr 218～219
穆勒希姆・賓・優努斯（瑪安統領政權）Mulḥim b. Yūnus, Ma'n Amīr 216
穆提俄（巴格達的阿巴斯朝哈里發）al-Muṭī', 'Abbāsid caliph in Baghdad 47
穆斯坦吉德（巴格達的阿巴斯朝哈里發）al-Mustanjid, 'Abbāsid caliph in Baghdad 48
穆斯坦吉德（開羅的阿巴斯朝哈里發）al-Mustanjid, 'Abbāsid caliph in Cairo 51
穆斯坦席爾（巴格達的阿巴斯朝哈里發）al-Mustanṣir, 'Abbāsid caliph in Baghdad 49
穆斯坦席爾（法蒂瑪朝）al-Mustanṣir, Fāṭimid 176, 178～180
穆斯坦席爾（開羅的阿巴斯朝哈里發）al-Mustanṣir, 'Abbāsid caliph in Cairo 49
穆斯坦席爾，哈珊（休達的哈穆德朝）Ḥasan, al-Mustanṣir, Ḥammūdid of Ceuta 71
穆斯坦席爾，哈珊（馬拉加的哈穆德朝）al-Ḥasan, al-Mustanṣir, Ḥammūdid of Málaga 70
穆斯阿卜（伍蓋勒朝）Muṣ'ab, 'Uqaylid 237
穆斯塔因（巴格達的阿巴斯朝哈里發）al-Must'īn, 'Abbāsid caliph in Baghdad 46
穆斯塔因（開羅的阿巴斯朝哈里發及蘇丹）al-Must'īn, 'Abbāsid caliph in Cairo and sultan 51
穆斯塔克非（巴格達的阿巴斯朝哈里發）al-Mustakfī, 'Abbāsid caliph in Baghdad 47
穆斯塔克非一世、二世（開羅的阿巴斯朝哈里發）al-Mustakfī I and II, 'Abbāsid caliph in Cairo 49, 51
穆斯塔姆希克（開羅的阿巴斯朝哈里發）al-Mustamsik, 'Abbāsid caliph in Cairo 51
穆斯塔法（胡笙統領政權）Muṣṭafā, Ḥusaynid Bey 159
穆斯塔法・切勒比（歐斯曼帝國）Muṣṭafā Chelebi, Ottoman 581
穆斯塔法・阿里（嘎希莫夫汗國）Muṣṭafā 'Alī, Khān of Qāsimov 635
穆斯塔法・凱末爾 Muṣṭafā Kemāl 301, 584, 588, 693
穆斯塔法・穆查法爾丁（哈密德朝）Muṣṭafā, Muẓaffar al-Dīn, Ḥamīd Oghullarï 550
穆斯塔法一至四世（歐斯曼帝國）Muṣṭafā I-IV, Ottomans 582～583
穆斯塔迪俄（巴格達的阿巴斯朝哈里發）al-Mustaḍi', 'Abbāsid caliph in Baghdad 48
穆斯塔迪俄，穆罕默德（阿拉維朝）

Muḥammad, al-Mustaḍī', 'Alawid Sharīf 155
穆斯塔俄里（法蒂瑪朝）al-Musta'lī, Fāṭimid 177, 180
穆斯塔俄希姆（巴格達的阿巴斯朝哈里發）al-Musta'ṣīm, 'Abbāsid caliph in Baghdad 49, 607, 732
穆斯塔茲希爾（巴格達的阿巴斯朝哈里發）al-Mustaẓhir, 'Abbāsid caliph in Baghdad 48
穆斯塔爾胥德（巴格達的阿巴斯朝哈里發）al-Mustarshid, 'Abbāsid caliph in Baghdad 48, 55 , 233, 528
穆塔瓦基勒（巴格達的阿巴斯朝哈里發）al-Mutawakkil, 'Abbāsid caliph in Baghdad 46
穆塔瓦基勒，阿赫瑪德（柴迪派伊瑪目）Aḥmad, al-Mutawakkil, Zaydī Imām 252, 255, 264, 272
穆塔瓦基勒，雅赫亞（柴迪派伊瑪目）Yaḥyā al-Mutawakkil, Zaydī Imām 254
穆塔瓦基勒，嘎希姆（柴迪派伊瑪目）al-Qāsim al-Mutawwakil, Zaydī Imām 253
穆塔瓦基勒，穆罕默德・雅赫亞（柴迪派伊瑪目）Muḥammad Yaḥya, al-Mutawakkil, Zaydī Imām 254
穆塔瓦基勒一至三世（開羅的阿巴斯朝哈里發）al-Mutawakkil I, II and III, 'Abbāsid caliph in Cairo 50～52, 55
穆塔立卜（穆夏俄夏俄朝）Sayyid Muṭṭalib, Musha'sha'id 672
穆塔因（努麥爾朝）Muṭa'in, Numayrid 243
穆塔阿卜（米特阿卜）一世、二世（拉胥德家族）Mut'ab (Mit'ab) I and II, Āl Rashīd 303
穆塔威，穆罕默德・賓・費瑟勒一世（蘇伍德家族的利雅德附庸總督）Muḥammad b. Fayṣal I, al-Muṭawwi', vassal governor of Riyāḍ, Āl Su'ūd 295
穆塔基（巴格達的阿巴斯朝哈里發）al-Muttaqī, 'Abbāsid caliph in Baghdad 47
穆賈希德（巴赫曼朝）Mujāhid, Bahmanid 770
穆賈希德（莫夕亞的統治者）Mujāhid, ruler of Murcia 82
穆賈希德（穆賈希德氏族）Mujāhid, Mujāhid 75
穆賈希德・阿里（拉蘇勒朝）al-Malik al-Mujāhid 'Alī, Rasūlid 276
穆賈希德・胥爾庫赫二世（希姆斯的艾尤布朝）al-Malik al-Mujāhid Shīkūh II, Ayyūbid in Ḥimṣ 193
穆賈希德・嘎濟（達尼胥面德朝）Malik Mujāhid Ghāzī, Dānishmendid 526
穆賈希德丁，宰因・阿比丁・阿里（穆查法爾朝）Zayn al-'Ābidīn 'Alī, Mujāhid

al-Dīn, Muẓaffarid 643, 645
穆嘎拉姆・阿斯嘎爾（蘇萊赫朝）al-Mukarram al-Aṣghar, Ṣulayḥid 265
穆嘎拉德（伍蓋勒朝）al-Muqallad, ʻUqaylid
穆爾胥德・古里汗（孟加拉的納瓦卜政權）Murshid Qulī Khān, Nawwāb of Bengal 804
穆爾塔達（金帳汗國）Murtaḍā, Golden Horde Khān 615
穆爾塔達一世、二世（尼查姆朝）Murtaḍā I and II, Niẓām Shāhīs 785～786
穆赫辛（罕瑪德氏族）Muḥsin, Ḥammādid 114
穆赫塔迪（巴格達的阿巴斯朝哈里發）al-Muhtadī, ʻAbbāsid caliph in Baghdad 46
穆儀茲（法蒂瑪朝）al-Muʻizz, Fāṭimid 176
穆儀茲（蓋拉萬的吉爾朝）al-Muʻizz, Zīrid of Kairouan 113
穆儀茲—道拉，忽斯勞・夏赫（嘎茲納朝）Khusraw Shāh, Muʻizz al-Dawla, Ghaznawid 716
穆儀茲—道拉，阿赫瑪德（阿爾梅里亞的蘇瑪迪氏族）Aḥmad Muʻizz al-Dawla, of the Banū Ṣumādiḥ of Almería 74
穆儀茲丁，巴赫拉姆・夏赫（德里蘇丹政權的穆儀茲支系）Bahrām Shāh Muʻizz al-Dīn, Muʻizzī Delhi Sultan 724
穆儀茲丁，卡伊・古巴者（德里的穆儀茲支系蘇丹）Kay Qubādh, Muʻizz al-Dīn, Muʻizzī Delhi Sultan 725
穆儀茲丁，珊賈爾・夏赫（贊吉朝）Sanjar Shāh, Muʻizz al-Dīn, Zangid 472
穆儀茲丁，穆巴拉克・夏赫二世（德里蘇丹政權的賽伊德支系）Mubārak Shāh II, Muʻizz al-Dīn, Sayyid ruler in Delhi 728
穆薩（伊兒汗國）Mūsā, Il Khānid 606
穆薩（艾丁朝）Mūsā, Aydïn Oghullarï 539
穆薩（松海的阿斯奇亞支系）Mūsā, Askiya of Songhay 314
穆薩（面帖舍朝）Mūsā, Menteshe Oghullarï 541
穆薩（夏達德朝）Mūsā, Shaddādid 384
穆薩（馬林朝）Mūsā, Marīnid 129
穆薩・切勒比（歐斯曼帝國）Mūsā Chelebi, Ottoman 581
穆薩一至三世（阿布杜—瓦德朝）Mūsā I, II and III, ʻAbd al-Wādids 133～135
穆薩非爾（穆薩非爾朝）Musāfir, Musāfirid 379
穆薩・哈迪（巴格達的阿巴斯朝哈里發）Mūsā, al-Hādī, ʻAbbāsid caliph in Baghdad 45
穆薩・賓・阿比—阿菲亞（摩洛哥的法蒂瑪朝總督）Mūsā b. Abī ʼl-Āfiya, Fāṭimid

governor of Morocco 97, 99

十七劃
黛法・哈屯（阿勒坡的艾尤布朝攝政）Ḍayfa Khātūn, Ayyūbid regent in Aleppo 192
謝班（圖倫朝）Shaybān, Ṭūlūnid 170
濟亞德・賓・易卜拉欣（濟亞德朝）Ziyād b. Ibrāhīm, Ziyādid 258
濟亞德・賓・易斯哈格（濟亞德朝）Ziyād b. Isḥāq, Ziyādid 258
優努斯（特克朝）Yūnus, Tekke Oghullarï 551
優努斯・瑪安（瑪安統領政權）Yūnus Ma‘n, Ma‘n Amīr 215
優素夫（巴格達的阿巴斯朝哈里發）Yūsuf, ‘Abbāsid caliph in Baghdad 48
優素夫（卡勒卜朝）Yūsuf, Kalbid 110
優素夫（貝格提金朝）Yūsuf, Begtiginid 475
優素夫（阿拉尼亞首領）Yūsuf, Bey of Alanya 553
優素夫（阿拉維朝）Yūsuf, ‘Alawid Sharīf 155
優素夫（哈拉爾的蘇丹）Yūsuf, Sultan of Harar 355
優素夫（胥哈卜統領政權）Yūsuf, Shihāb Amīr 218～219
優素夫（柴迪派伊瑪目）Yūsuf, Zaydī Imām 251
優素夫（馬林朝）Yūsuf, Marīnid 127
優素夫（開羅的阿巴斯朝哈里發）Yūsuf, ‘Abbāsid caliph in Cairo 51
優素夫（嘎拉曼里朝）Yūsuf, Qaramānlī 163
優素夫（魯斯塔姆朝）Yūsuf, Rustamid 100
優素夫（穆拉比特朝）Yūsuf, Almoravid 118, 120～121
優素夫（薩吉朝）Yūsuf, Sājid 375
優素夫・布魯勤一世（北非的吉爾朝總督）Yūsuf Buluggīn I, Zīrid governor of the Maghrib 113
優素夫・阿布—雅俄固卜（嘎爾瑪提派統治者）Yūsuf Abū Ya‘qūb, Carmathian ruler 246～247
優素夫・阿迪勒汗（道拉塔巴德的總督）Yūsuf ‘Ādil Khān, governor of Dawlatābād 782
優素夫・夏赫（亞茲德的大將領）Yūsuf Shāh, Atabeg of Yazd 508
優素夫・夏赫（喀什米爾蘇丹）Yūsuf Shāh, Sultan of Kashmīr 751
優素夫・夏赫一世、二世（哈札爾阿斯普朝）Yūsuf Shāh I and II, Hazāraspid 502
優素夫・賓・穆罕默德（喀喇汗國）Yūsuf b. Muḥammad, Qarakhānid 452
優素夫・穆俄塔敏（胡德朝）Yūsuf al-

Mu'tamin, Hūdid 81
優素夫一世、二世（阿布杜—瓦德朝）Yūsuf I and II, 'Abd al-Wādids 134
優素夫一世、二世（穆哈德朝）Yūsuf I and II, Almohads 122
優素夫一到五世（納斯爾朝）Yūsuf I-V, Naṣrids 89～90, 93
賽布克提金（嘎茲納的薩曼朝總督）Sebüktigin, governor in Ghazna for the Sāmānids 714, 717
賽伊夫（蒙巴薩的總督）Sayf, governor of Mombasa 347
賽伊夫・伊斯蘭，阿赫瑪德（柴迪派伊瑪目）Aḥmad, Sayf al-Islām, Zaydī Imām 254
賽伊夫—道拉（哈姆丹朝）Sayf al-Dawla, Ḥamdānid 227～229
賽伊夫—道拉（格拉納達的吉爾朝）Sayf al-Dawla, Zīrid of Granada 73
賽伊夫—道拉，阿赫瑪德三世（胡德朝）Aḥmad III, Sayf al-Dawla, Hūdid 81
賽伊夫一世、二世（雅俄魯卜朝）Sayf I and II, Ya'rubid 286～287
賽伊夫丁，巴雅濟德・夏赫（孟加拉的統治者）Bāyazīd Shāh, Sayf al-Dīn, ruler of Bengal 741
賽伊夫丁，卡米勒・夏俄班一世（傭兵政權的巴赫里支系）al-Malik al-Kāmil Sha'bān I, Sayf al-Dīn, Baḥri Mamlūk 206
賽伊夫丁，卡米勒・順固爾・阿胥嘎爾（傭兵政權的巴赫里支系）al-Malik al-Kāmil Sunqur al-Ashqar, Sayf al-Dīn, Baḥri Mamlūk 204
賽伊夫丁，札希爾・巴爾固各・雅勒卜嘎維（傭兵政權）al-Malik al-Ẓāhir Barqūq al-Yalbughāwī, Sayf al-Dīn, Mamlūk 207
賽伊夫丁，札希爾・亞勒貝（傭兵政權的布爾吉支系）al-Malik al-Ẓāhir Yalbay, Sayf al-Dīn, Burjī Mamlūk 209
賽伊夫丁，札希爾・恰各瑪各（賈各瑪各）（傭兵政權的布爾吉支系）al-Malik al-Ẓāhir Chaqmaq or Jaqmaq, Sayf al-Dīn, Burjī Mamlūk 209
賽伊夫丁，札希爾・胡胥嘎達姆（傭兵政權的布爾吉支系）al-Malik al-Ẓāhir, Khushqadam, Sayf al-Dīn, Burjī Mamlūk 209
賽伊夫丁，札希爾・塔塔爾（傭兵政權的布爾吉支系）al-Malik al-Ẓāhir Ṭāṭār, Sayf al-Dīn, Burjī Mamlūk 208
賽伊夫丁，艾巴克・希塔伊（孟加拉總督）Aybak Khitā'ī, Sayf al-Dīn, governor of Bengal 738
賽伊夫丁，貝格提姆爾（佘克曼朝的奴隸將領）Begtimur, Sayf al-Dīn, Sökmenid slave commander 485
賽伊夫丁，阿迪勒・圖曼貝一世（傭兵政權的布爾吉支系）al-Malik al-'Ādil

Ṭūmān Bay I, Sayf al-Dīn, Burjī Mamlūk 210
賽伊夫丁，哈姆查・夏赫（孟加拉的統治者）Ḥamza Shāh, Sayf al-Dīn, ruler of Bengal 741
賽伊夫丁，曼蘇爾・阿布—巴克爾（傭兵政權的巴赫里支系）al-Malik al-Manṣūr Abū Bakr, Sayf al-Dīn, Baḥri Mamlūk 205
賽伊夫丁，嘎濟一世、二世（贊吉朝）Ghāzī I and II, Sayf al-Dīn, Zangids 470, 473
賽伊夫丁，穆艾亞德—謝赫・瑪赫穆迪・札希里（傭兵政權的布爾吉支系）al-Malik al-Mu'ayyad Shaykh al-Maḥmūdī al-Ẓāhirī, Sayf al-Dīn, Burjī Mamlūk 208
賽伊夫丁，穆查法爾・古圖茲・穆儀齊（傭兵政權的巴赫里支系）al-Malik al-Muzaffar Qutuz al-Mu'izzī, Sayf al-Dīn, Baḥri Mamlūk 203
賽伊夫丁，蘇里（古爾朝）Sūrī, Sayf al-Dīn, Ghūrid 719
賽伊夫丁，蘇萊曼一世（阿胥拉夫朝）Sulaymān I, Sayf al-Dīn, Ashraf Oghullarï 555
賽伊夫勒・里賈勒（汶萊蘇丹政權）Saiful Rijal, Sultan of Brunei 839

十八劃

聶居貝（察合台汗國）Negübey (Nīkpāy), Chaghatayid 600
薩卜哈特（基勒瓦的瑪赫達勒聖裔）Sabḥat, Mahdali Sultan of Kilwa 339
薩巴俄・賓・阿比—蘇伍德（祖萊俄朝）Saba' b. Abī 'l-Su'ūd, Zuray'id 268～270
薩巴庫拉（薩庫拉）（凱塔氏族的馬利王國）Sabakura or Sākūra, Keita of Mali 308
薩比各（米爾達斯朝）Sābiq, Mirdāsid 183～184
薩布爾・薩各拉比（巴達霍斯的總督）Sābūr al-Ṣaqlabī, governor of Badajoz 77
薩因・布拉特（嘎希莫夫汗國）Sayïn Bulāt, Khān of Qāsimov 635
薩希布嘎（？薩里格・布嘎）（白帳汗國）Sāsibuqa (? Sarïgh Buqa), White Horde Khān 612
薩里姆（布—薩義德家族）Salīm, Āl Bū Sa'īd 289
薩里姆（塞里姆）一世，「堅定不懈者」（歐斯曼帝國）Salīm (Selīm) I, Tavuz ('the Grim') Ottoman 55, 213, 576, 578, 581, 586, 680
薩里姆（塞里姆）二世、三世（歐斯曼帝國）Salīm (Selīm) II and III, Ottomans 221, 582～583
薩里姆（瑪茲魯伊家族）Salīm, Mazrū'ī 348
薩里姆丁，穆巴拉克（伊斯瑪儀里派的

尼查里分支）Mubārak, Ṣārim al-Dīn, Nizārī Ismā'īlī　186
薩里姆二世、三世（歐斯曼帝國）Salīm II and III, Ottoman　582～583
薩里姆・哥萊一至三世（克里米亞的汗王）Salīm Giray I, II and III, Khāns of the Crimea　621～624
薩阿達特・阿里汗（阿瓦者的納瓦卜政權）Sa'ādat 'Alī Khān, Nawwāb of Oudh　807
薩阿達特・哥萊一至三世（克里米亞的汗王）Sa'ādat Giray I, II and III, Khāns of the Crimea　619, 622～623
薩姆一世、二世（古爾朝）Sām I and II, Ghūrids　720
薩姆・賓・穆罕默德・夏姆斯丁（古爾朝）Sām b. Muḥammad Shams al-Dīn, Ghūrid　721
薩拉丁（拉蘇勒朝）Ṣalāḥ al-Dīn, Rasūlid　277
薩拉丁，札非爾・阿密爾二世（葉門的塔希爾朝）al-Malik al-Ẓāfir 'Āmir II, Ṣalāḥ al-Dīn, Ṭāhirid of Yemen　280
薩拉丁，阿胥拉夫・哈利勒（傭兵政權的巴赫里支系）al-Malik al-Ashraf Khalīl, Ṣalāḥ al-Dīn, Baḥri Mamlūk　204
薩拉丁，剎里赫（曼蘇爾・哈吉二世）（傭兵政權的巴赫里支系）al-Malik al-Ṣāliḥ (al-Manṣūr Ḥājjī II), Ṣalāḥ al-Dīn, Baḥri Mamlūk　207
薩拉丁，剎里赫（傭兵政權的巴赫里支系）al-Malik al-Ṣāliḥ, Ṣalāḥ al-Dīn, Baḥri Mamlūk　206
薩拉丁，曼蘇爾・穆罕默德二世（傭兵政權的巴赫里支系）al-Malik al-Manṣūr Muḥammad II, Ṣalāḥ al-Dīn, Baḥri Mamlūk　206
薩拉丁，穆查法爾哈吉一世、二世（傭兵政權的巴赫里支系）al-Malik al-Muzaffar Ḥājjī I and II, Ṣalāḥ al-Dīn, Baḥri Mamlūk　206～207
薩拉丁・優素夫（薩拉丁）（艾尤布朝）Ṣalāḥ al-Dīn Yūsuf (Saladin), Ayyubid　125, 177, 188, 199～200, 471, 474
薩拉巴特・將（海德拉巴德的尼札姆朝）Ṣalābat Jang, Niẓām of Hyderabad　810
薩拉爾（夏爾萬的亞濟德支系）Sallār, Yazīdī Sharwān Shāh　362
薩拉瑪特・哥萊一世、二世（克里米亞的汗王）Salāmat Giray I and II, Khāns of the Crimea　620, 623
薩俄迪（阿納茲朝）Sa'dī, 'Annāzid　401
薩俄德—道拉，圖斯（巴杜斯潘朝）Ṭūs, Sa'd al-Dawla, Bādūspānid　495
薩俄德一世、二世（薩魯爾朝）Sa'd I and II, Salghurids　504～506
薩俄德丁（哈拉爾的蘇丹）Sa'd al-Dīn, Sultan of Harar　354

薩烏提金（塞爾柱政權將領）Sāwtigin, Seljuq commander　370～371, 385, 387
薩勒曼・納里（松海國王）Salmān Nari, King of Songhay　313
薩勒圖革一世、二世（薩勒圖革朝）Saltuq I and II, Saltuqids　533～534
薩敏，伊斯瑪儀（阿拉維朝）Ismā‘īl al-Samīn, ‘Alawid Sharīf　154
薩提勒干（嘎希莫夫汗國）Satïlghan, Khān of Qāsimov　634
薩賈德（穆夏俄夏俄朝）Sayyid Sajjād, Musha‘sha‘id　672
薩義德（布—薩義德家族）Sa‘īd, Āl Bū Sa‘īd　350～351
薩義德（朱蘭達家族）Sa‘īd, Āl al-Julandā　282～283
薩義德（阿布杜—瓦德朝）Sa‘īd, ‘Abd al-Wādid　134
薩義德（哈姆丹朝）Sa‘īd, Ḥamdānid　227
薩義德（基勒瓦的瑪赫達勒支系蘇丹）Sa‘īd, Mahdali Sultan of Kilwa　339
薩義德（瑪爾萬朝）Sa‘īd, Marwānid 234, 236
薩義德・阿布達拉（昆格拉特朝）Sa‘īd ‘Abdallāh, Qungrat　707～708
薩義德・阿赫瓦勒（納賈赫朝）Sa‘īd al-Aḥwal, Najāḥid　263
薩義德・賓・伊德里斯（卡涅姆的統治者）Sa‘īd, b. Idrīs, Sultan of Kanem　320
薩義德・賓・阿赫瑪德（布—薩義德家族）Sa‘īd, b. Aḥmad, Āl Bū Sa‘īd　289
薩義德・賓・泰穆爾（布—薩義德家族）Sa‘īd b. Taymūr, Bū Sa‘īd　290, 292
薩義德・賓・蘇勒壇（布—薩義德家族）Sa‘īd, b. Sulṭān, Bū Sa‘īd　289
薩瑪阿—道拉（哈瑪詹和伊斯法罕的布伊朝）Samā’ al-Dawla, Būyid in Hamadan and Isfahan　291
薩爾塔各（青帳汗國）Sartaq, Batu’id 610
薩爾萬（伍蓋勒朝）Tharwān, ‘Uqaylid 239
薩魯爾・夏赫（亞茲德大統領政權）Salghur Shāh, Atabeg of Yazd　507

十九劃

贊吉（薩魯爾朝）Zangi, Salghurid　504
贊吉一至三世（贊吉朝）Zangī I, II and III, Zangids　470～473

二十劃

蘇布罕（古特卜朝）Ṣubḥān, Quṭb Shāhī 790
蘇布罕・古里（托蓋・鐵木爾朝）Ṣubḥān Qulī, Toqay Temürid　700～702
蘇瓦爾（杜勒嘎迪爾朝）Shāh Suwār, Dulghadïr Oghullarï　577
蘇伍德一世、二世（拉胥德家族）Su‘ūd

I and II, Āl Rashīd　304
蘇伍德一至三世（蘇伍德家族）Su'ūd I, II and III, Su'ūdīs　293～295
蘇拉法王后（馬拉加和盧因・迪茲的阿赫瑪迪勒朝統治者）Sulāfa Khātūn, ruler of Marāgha and Rū'īn Diz, Aḥmadīlī　488～489
蘇俄達（阿納茲朝）Su'dā, 'Annāzid　401
蘇南・特嘎勒汪吉，普拉布・阿曼格庫拉特一世（馬塔拉姆朝）Prabu Amangkurat I, Sunan Te-galwangi, ruler of Mataram　830
蘇勒壇（布—薩義德家族）Sulṭān, Āl Bū Sa'īd　289
蘇勒壇（拉胥德家族）Sulṭān, Āl Rashīd　304
蘇勒壇（夏達德朝）Sulṭān, Shaddādid　386
蘇勒壇（雅俄魯卜朝伊瑪目的敵對者）Sulṭān, rival to Ya'rubid Imāms　287
蘇勒壇・阿里（穆夏俄夏俄朝）Sayyid Sulṭān 'Alī, Musha'sha'id　671
蘇勒壇—道拉，阿布—休賈俄（法爾斯、胡齊斯坦、伊拉克及歐曼的布伊朝）Abū Shujā', Sulṭān al-Dawla, Būyid in Fars, Khūzistān, Iraq and Oman　392
蘇勒壇・穆赫辛（穆夏俄夏俄朝）Sayyid Sulṭān Muḥsin, Musha'sha'id　671
蘇勒壇（蘇勒壇〔米爾〕）・賽伊德（敏朝）Sayyid Sulṭān or Sulṭān (Mīr) Sayyid, Ming　710
蘇勒壇一世、二世（雅俄魯卜朝）Sulṭān I and II, Ya'rubids　286
蘇萊曼（巴格達和伊拉克的塔希爾朝）Sulaymān, Ṭāhirid in Baghdad and Iraq　419
蘇萊曼（伍麥亞朝哈里發）Sulaymān, Umayyad caliph　41
蘇萊曼（朱蘭達家族）Sulaymān, Āl al-Julandā　282～283
蘇萊曼（杜勒嘎迪爾朝）Sulaymān, Dulghadïr Oghullarï　577
蘇萊曼（汶萊的蘇丹）Sulaiman, Sultan of Brunei　839
蘇萊曼（帕泰島的納布罕氏族統治者）Sulaymān, Nabhānī of Pate　342
蘇萊曼（阿拉維朝）Sulaymān, 'Alawid Sharīf　155
蘇萊曼（馬林朝）Sulaymān, Marīnid　127
蘇萊曼（基勒瓦的須拉濟支系，523 / 1129）Sulaymān, Shīrāzī Sultan of Kilwa (523/1129)　336
蘇萊曼（嘎拉希朝）Sulaymān, Qarasï Oghullarï　535
蘇萊曼（嘎拉曼朝）Sulaymān, Qaramān Oghullarï　565
蘇萊曼（瑪茲魯伊家族）Sulaymān,

Mazrū'ī 348
蘇萊曼·卡拉拉尼(孟加拉的統治者)Sulaymān Kararānī, ruler of Bengal 745, 747
蘇萊曼·阿布—塔希爾(嘎爾瑪提派統治者)Sulaymān Abū Ṭāhir, Carmathian ruler 246
蘇萊曼·夏赫(拉賈·烏達赫納·勒拉)(亞齊蘇丹政權)Raja Udahna Lela or Sulaymān Shāh, Sultan of Acheh 827
蘇萊曼·夏赫(杰爾米揚朝)Sulaymān Shāh, Germiyān Oghullarï 546
蘇萊曼·夏赫(波斯及伊拉克的塞爾柱政權)Sulaymān Shāh, Seljuq in Persia and Iraq 460
蘇萊曼·塔吉—道拉(胡德朝)Sulaymān Tāj al-Dawla, Hūdid 80
蘇萊曼·達瑪(丹迪)(松海國王)Sulaymān Dama or Dandi, King of Songhay 314
蘇萊曼·賓·哈珊(基勒瓦的瑪赫達勒聖裔)Sulaymān, b. al-Ḥasan, Mahdali Sultan of Kilwa 337
蘇萊曼·賓·哈珊·賓·達伍德(基勒瓦的須拉濟支系)Sulaymān b. al-Ḥasan b. Dāwūd, Shīrāzī Sultan of Kilwa 337
蘇萊曼·賓·哈基姆一世(開羅的阿巴斯朝哈里發)Sulaymān b. al-Ḥākim I, 'Abbāsid caliph in Cairo 49
蘇萊曼·賓·胡笙(基勒瓦的瑪赫達勒聖裔)Sulaymān b. al-Ḥusayn, Mahdali Sultan of Kilwa 338
蘇萊曼·賓·達伍德(基勒瓦的瑪赫達勒聖裔)Sulaymān b. Dāwūd, Mahdali Sultan of Kilwa 338
蘇萊曼·賓·穆罕默德(基勒瓦的瑪赫達勒聖裔)Sulaymān b. Muḥammad, Mahdali Sultan of Kilwa 338
蘇萊曼·賓·穆罕默德·伊本—胡德·朱達米(胡德朝)Sulaymān b. Muḥammad Ibn Hūd al-Judhāmī, Hūdid 80
蘇萊曼·賓·穆塔瓦基勒一世(開羅的阿巴斯朝哈里發)Sulaymān b. al-Mutawakkil I, 'Abbāsid caliph in Cairo 51
蘇萊曼·穆斯塔因(西班牙伍麥亞朝)Sulaymān al-Musta'īn, Spanish Umayyad 59
蘇萊曼一世、二世(蒙居杰克朝)Sulaymān I and II, Mengüjekids 531
蘇萊曼一至三世(歐斯曼帝國)Sulaymān (Süleymān) I, II and III, Ottomans 581～582
蘇萊曼二世(東羅馬地區的塞爾柱政權)Sulaymān I and II, Seljuqs of Rūm 521
蘇萊曼二世,「立法者」及「偉大統治者」(歐斯曼帝國)Sulaymān II Qānūnī ('the Lawgiver' and 'the Magnificent'), Ottoman 582, 586

蘇萊曼二世・夏赫（江達爾朝）Sulaymān II Shāh, Jāndār Oghullarī 557
蘇萊曼二世・夏赫（阿胥拉夫朝）Sulaymān II Shāh, Ashraf Oghullarï 555
蘇萊曼二世・賓・哈利勒二世（迪亞巴克爾的艾尤布朝）Sulaymān II b. Khalīl II, Ayyūbid in Diyār Bakr 197
蘇爾哈卜一世、二世（巴萬德氏族的將領）Surkhāb I and II, Bāwandid Ispahbadhs 409
蘇爾哈卜・賓・巴德爾（阿納茲朝）Surkhāb b. Badr, 'Annāzid 402
蘇爾哈卜・賓・阿納茲（阿納茲朝）Surkhāb b. 'Annāz, 'Annāzid 402
蘇爾哈卜・賓・穆罕默德（阿納茲朝）Surkhāb b. Muḥammad, 'Annāzid 401

二十一劃

鐵木爾（金帳汗國）Temür, Golden Horde Khān 613
鐵木爾（察合台汗國）Shāh Temür, Chaghatayid 602
鐵木爾・古特魯（金帳汗國）Temür Qutlugh, Golden Horde Khān 613
鐵木爾・夏赫（薩多查伊支系）Tīmūr Shāh, Sadōzay 815
鐵木爾・塔胥（阿爾圖革朝）Temür Tash, Artuqids 481
鐵木爾・塔胥（埃爾迪爾的伊兒汗國總督）Temür Tash, Il Khānid governor of Eğridir 550, 555～556, 568
鐵木爾・瑪立克（白帳汗國）Temür Malik, White Horde Khān 612
鐵穆耳（蒙古大汗）Temür Öljeytü, Mongol Great Khān 595

二十二劃

懿璘質班（蒙古大汗）Irinchinbal (Rinchenpal), Mongol Great Khān 596

二、朝代、部族支系名等

四劃

尤俄非爾朝 Yu'firids (or Ya'furids) 259～261
元朝（中國的蒙古大汗）Yüan dynasty, the Mongol Great Khans in China 593～594, 596～597
日惹蘇丹政權 sultans of Jogjakarta 836, 838
巴尼朱爾朝 Bānījūrids 432～433
巴列維朝 Pahlawīs 689, 692～693
巴杜斯潘朝 Bādūspānids 407, 493, 497
巴里德朝 Barīd Shāhīs 774, 780～781, 789
巴拉克查伊支系（穆罕默德宰支系）Bārakzays (Muḥammadzays) 816～817,

819～820
巴勒班支系（孟加拉的統治者）Balban, line of rulers in Bengal 739
巴萬德氏族的將領Bāwandid Ispahbadhs 407, 409, 412～413, 497
巴赫里支系（傭兵政權）Baḥrīs Mamlūk 203, 214
巴赫曼朝Bahmanids 734, 765, 770, 773～774, 777～778, 780～783, 785～786, 788～789, 791, 800

五劃

札（祖瓦）支系（松海王國）Zas (Zuwas), Kings of Songhay 313
正統哈里發'Orthodox' or Rightly-Guided caliphs 36～38
丘班朝Chobān Oghullarï 562, 568, 607～608
瓦塔斯朝Waṭṭāsids 130～131, 137, 145～147, 151
甘賈與德凡支系（夏達德朝）line of Shaddādids in Ganja and Dvīn 384
柏爾朝Börids (Burids) 466, 468～469, 473
白羊汗國Aq Qoyunlu 197, 201, 517, 567, 569～570, 578, 657, 660～661, 663～664, 666, 668～669, 679
白帳汗國（窩爾達的支系）White Horde (line of Orda) 592, 612, 615, 629, 659, 697
尼札姆朝（位於海德拉巴德）Niẓāms of Hyderabad 805, 810, 812, 814
尼查里伊斯瑪儀里派Nizārī Ismā'īlīs 185～187, 373, 416, 498～499
尼查姆朝Niẓām Shāhīs 785～789, 791
布—薩義德家族Āl Bū Sa'īd 287, 289～292, 340, 348, 350～351
布伊朝Būyids (Buwayhids) 199, 226～228, 231～232, 235, 240, 242, 284～285, 374, 378, 380, 382, 390, 395～397, 400, 402, 404, 413～416, 425, 436～437, 464
布爾吉支系（傭兵政權）Burjī Mamlūks 207
古貝卜氏族Banū 'l-Qubayb 271
古特魯汗國Qutlughkhānids 510, 645
古特卜朝Quṭb Shāhīs 775, 786, 790～791, 802, 811
古爾支系（馬勒瓦蘇丹）Ghūrī, line of Mālwa Sultans 762
古爾朝Ghūrids 445, 517, 641, 716, 718～719, 722～724, 730～731, 745, 765, 794
卡拉姆氏族Banū 'l-Karam 268～269
卡拉蘭支系Kararānīs 745
卡涅姆卜支系（博爾努與迪克瓦的政權）Kanembu line of Shaykhs or Shehus of Bornu and Dikwa 324, 328
卡涅姆帝國的「黑派」統治者'Black' sultans of Kanem 319

卡庫伊朝Kākūyids (Kākawayhids)　391, 402～404, 508
卡勒卜朝Kalbids　109～112
卡爾特朝Karts (Kurts)　640～641

六劃

成吉思汗後裔Chingizids　590, 637, 654, 659, 664, 702, 706～708, 734
因朱俄朝Inju'ids　644, 647
也列特納朝Eretna Oghullarï　568～570
伕拉尼統治者Fulanis　328, 330, 332～333
江達爾朝Jāndār Oghullarï or Isfaniyār Oghullarï　557～558, 560～563, 567
托蓋・鐵木爾朝Toqay Temürids　697, 699～704
吉爾朝Zīrids　66, 68, 71, 73, 111, 113, 116
伍麥亞朝哈里發Umayyad caliphs　36, 38, 40, 42～44, 53, 55, 80, 327, 429, 729
伍蓋勒朝'Uqaylids　183, 227, 232, 235, 237, 240～241, 244, 465
西班牙伍麥亞朝（後伍麥亞朝）Spanish Umayyads　42, 44, 58, 62～64, 68～69, 99, 102, 106
西班牙統領侯國Mulūk al-Ṭawā'if (Reyes da Taifas), in Spain　60, 63～64, 69, 99, 106, 112, 115, 120, 124
艾丁朝Aydïn Oghullarï　538～540, 547
艾尤布朝Ayyūbids　125, 177, 179～180, 187～188, 194, 198～201, 203, 210, 212, 214, 252, 256, 267, 269～270, 272, 274～275, 278, 471～472, 474, 476, 478, 480, 484, 486
米赫拉班支系（尼姆魯茲政權）Mihrabānids, line of Maliks of Nīmrūz　515～518
米爾達斯朝Mirdāsids　182～184, 241
米德拉爾朝Midrārids　102, 104～106, 151
朱努恩—別克支系（阿爾袞朝）Dhu 'l-Nūn Beg, line of Arghūns　793
朱努恩朝Dhu 'l-Nūnids　67～68, 77, 79
朱斯坦朝Justānids　372, 374, 379
朱蘭達家族Āl al-Julandā　282
伊兒汗國Il Khānids　196, 201, 213, 405, 407, 411, 413, 503, 505～506, 508～509, 511, 517, 525, 547, 555, 558, 562～563, 566, 568, 573, 584, 593, 603, 605, 607～609, 616, 641, 644, 648, 650, 653, 664, 734, 795
伊里亞斯支系（孟加拉蘇丹）Ilyās Shāh, line of Bengal Sultans　741～742, 746
伊里亞斯朝Ilyāsids　436～437
伊南吉朝Inanj Oghullarï　544
伊赫胥德朝Ikhshīdids　173, 178, 228
伊瑪德朝'Imād Shāhīs　774, 783, 788～789
伊德里斯朝Idrīsids　68, 96～99, 102, 145, 167, 178

七劃
貝格提金朝 Begtiginids　475～476
努麥爾朝 Numayrids　243～244
罕瑪德氏族 Ḥammādids　114, 116
希姆朱爾朝 Sīmjūrids　434～435
希（桑尼）支系（松海王國）Sis (Sonnis), Kings of Songhay　313
杜拉夫朝 Dulafids　388
杜勒嘎迪爾朝 Dulghadïr Oghullarï (Dhu 'l-Qadrids)　576～579
阿夫里格支系（花剌子模國王）Afrīghids, line of Khwārazm Shāhs　440, 444
阿夫夏爾朝 Afshārids　682, 684, 686
阿巴斯朝 ʿAbbāsids　41～43, 45, 53～55, 98, 102, 106, 108～109, 116, 120, 170～171, 174, 178～179, 184, 208, 212, 228, 233, 235, 241, 244, 248, 255, 259, 261, 264, 278, 282～283, 367, 370, 372, 374～376, 382, 389, 395～396, 406, 408, 412, 420, 424～425, 430, 433, 436, 446, 464, 466, 469, 475～476, 478, 500, 511, 528, 585, 607, 732, 734, 765
阿夫塔斯朝 Afṭasids　65, 68～69, 77～78
阿布—薩義德 賈納比支系（嘎爾瑪提派）line of Abū Saʿīd al-Jannābī, or Carmathians　246, 248
阿布杜—瓦德朝 ʿAbd al-Wādids　123, 131, 133, 137, 142
阿布達利朝 Abdālīs　815, 819
阿瓦者的納瓦卜政權 Nawwāb-Viziers and Kings of Oudh　805～807
阿密爾朝 ʿĀmirids　64, 68, 74, 78
阿里 賓 達伍德支系（位於哈拉爾的統治者）line of ʿAlī b. Dāwūd in Harar　354
阿努胥提金・西赫納支系（花剌子模國王）Anūshtigin Shiḥna, line of Khwārazm Shāhs　442
阿迪勒朝 ʿĀdil Shāhīs　757, 774, 781～783, 786～787, 789, 791, 802, 813
阿拉維朝 ʿAlawid Sharīf　154, 157
阿胥拉夫朝 Ashraf Oghullarï　555
阿格拉布朝 Aghlabids　102, 107～109, 111, 178
阿納茲朝 ʿAnnāzids　399, 401～402
阿斯奇亞支系（松海王國）Askiyas, Kings of Songhay　314
阿爾袞朝 Arghūns　793, 795
阿爾曼朝 Shāh-i Armanids　485, 534
阿爾圖革朝 Artuqids　473, 479, 483～484, 486
阿赫瑪迪勒朝 Aḥmadīlīs　488, 491～492
阿赫瑪德 格蘭支系（位於哈拉爾與奧薩的統治者）line of Aḥmad Grāñ in Harar and Ausa　353

八劃
帖木兒朝 Tīmūrids　446, 497, 502, 517, 580, 604, 644, 651, 653～655, 660～661,

663～664, 668～669, 698, 734, 765, 793, 795, 800
孟加拉的納瓦卜政權 Nawwāb-Viziers and Nawwāb-Nāẓims of Bengal　804～805
杰爾米揚朝 Germiyān Oghullarï　540, 542, 544～549, 567
花剌子模國王 Khwārazm Shāhs　200, 413, 440, 442～446, 451, 453, 455, 505, 517, 591, 720～723, 731
昆格拉特朝 Qungrats (Inaqids)　706
敏朝 Mings　709, 711
青帳汗國 Batu'ids (Blue Horde)　592, 610, 612, 615～616
金帳汗國 Golden Horde　524, 592, 608, 610, 612, 615～616, 618, 626, 629, 632～633, 650～651, 697～698
帕爾瓦納朝 Parwāna Oghullarï　560
逑瑪迪赫家族 Banū Ṣumādiḥ　64～65, 74
法蒂瑪朝 Fāṭimids　53, 62, 97～99, 101～102, 106, 108～109, 111, 113, 115～116, 173～174, 176, 178～180, 182～184, 186, 199, 227～229, 235, 241～242, 244, 247～249, 261, 266, 269～270, 272, 397, 465, 469, 474, 483, 498～499, 729
法魯基朝 Fārūqīs　776, 778～779
亞茲德的大將領 Atabegs of Yazd　507～509
亞齊蘇丹政權 Sultans of Acheh　825, 829
亞贊支系（卡涅姆的統治者）Yazanīs, rulers of Kanem　318
拉瓦德朝 Rawwādids　381～382
拉胥德家族 Āl Rashīd　294～295, 297, 303～305
拉斯支系（葉門的柴迪派伊瑪目）Rassid, line of Zaydī Imāms, in Yemen　250
拉賈・加尼薩支系（孟加拉蘇丹）Rājā Ganesh, line of Bengal sultans　742
拉瑪丹朝 Ramaḍān Oghullarï　574, 576
拉蘇勒朝 Rasūlids　198, 252, 255, 276～279, 281

九劃

胥哈卜統領政權 Shihāb Amīrs　216～219
胥班朝 Shïbānids (Shaybānids)　592, 604, 696～699, 701～702, 793, 795, 800～801
胡笙統領政權 Ḥusaynid Beys　159
胡德朝 Hūdids　65～69, 75, 80～82, 84, 120
剎希卜・阿塔朝 Ṣāḥib Atā Oghullarï　544, 548～549
剎法爾朝 Ṣaffārids　53, 418～421, 425, 427, 429～430, 516
剎魯汗朝 Ṣarukhān Oghullarï　537～538, 540
哈巴胥支系（孟加拉統治者）Ḥabashīs, rulers in Bengal　743
哈夫斯朝 Ḥafṣids　123, 131, 138, 142～144, 327

哈札爾阿斯普朝Hazāraspids 501, 503, 508
哈拉夫支系（剎法爾朝）Khalafids, line of Ṣaffārids 428, 430
哈姆丹朝（位於加濟拉與敘利亞）Ḥamdānids, in Jazīra and Syria 174, 183, 226, 228～229, 234～235, 240, 244
哈姆丹朝（位於葉門）Ḥamdānids, in Yemen 252, 271, 396
哈拉爾蘇丹政權sultans of Harar 353
哈胥姆朝（位於達爾班德）Hāshimids of Darband 367, 370
哈茲倫氏族Banū Khazrūn 65, 73, 106
哈勒吉支系（馬勒瓦蘇丹）Khaljīs, line of Mālwa Sultans 763, 765
哈勒吉支系（德里蘇丹政權）Khaljīs, line of Delhi Sultans 725, 732
哈密德朝Ḥamīd Oghullarï 542, 548, 550, 552, 556
哈須姆大公Hāshimite Sharīfs 298, 301
哈提姆氏族Banū Ḥātim 271～272
哈穆德朝Ḥammūdids 64, 70～72
哈薩努伊朝Ḥasanūyids (Ḥasanawayhids) 399～400

十劃

佘克曼朝Sökmenids 485, 486
特克朝Tekke Oghullarï 550～552
柴迪派伊瑪目（位於葉門）Zaydī Imāms in Yemen 250～251, 256, 260～261, 264, 266, 272, 278, 281, 413
哥萊朝Giray Khāns 615, 626～627
祖萊俄朝Zuray‘ids 268, 270
艾勒迪居茲朝Eldigüzids 466～467, 488～492
烏魯格・穆罕默德支系line of Ulugh Muḥammad 630, 633
馬伊政權（博爾努與迪克瓦）Mais of Bornu and Dikwa
馬林朝Marīnids 92～93, 123, 127, 130～131, 133, 136～137, 139～140, 142～143, 145～147, 311
馬勒瓦的蘇丹Mālwa Sultans 762, 764～765
馬塔拉姆朝rulers of Mataram 830～832, 838
納卜罕氏族（帕泰島的統治者）Nabhānīs, rulers of Pate 287, 342, 345～346
納斯爾支系（尼姆魯茲政權）Naṣrids, line of Maliks of Nīmrūz 513, 516～517
納斯爾朝（位於格拉納達）Naṣrids of Granada 88, 92～93, 130, 136
納賈赫朝Najaḥids 258～259, 263～264, 266, 275
夏姆斯的奴隸國王Shamsī Slave Kings of Delhi 724
夏達德朝Shaddādids 384, 386
夏赫・米爾・斯瓦提支系（喀什米爾蘇

丹）Shāh Mīr Swātī, line of Kashmir Sultans 748
夏爾基蘇丹政權 Sharqī Sultans 759
夏爾萬國王 Sharwān Shāhs 360, 365, 366, 370～371, 382, 664

十一劃

麻六甲統治者 rulers of Malacca 822～823
基勒瓦蘇丹政權 Sultans of Kilwa 336
窩爾達支系 line of Orda (White Horde and then Golden Horde) 612
面帖舍朝 Menteshe Oghullarï 541～542
梭羅蘇丹政權 Susuhunans of Surakarta 833

十二劃

黑羊汗國 Qara Qoyunlu 482, 484, 650～651, 660～665, 668～669, 675, 791
須拉濟支系（基勒瓦蘇丹政權）Shīrāzī sultans of Kilwa 336, 340
雅俄魯卜朝 Ya'rubids 286～287, 290～291
雷斯支系（剎法爾朝）Laythids, line of Ṣaffārids 427, 430
喀喇汗國 Qarakhānids (Ilig Khāns) 425, 447, 454～456, 464～465, 511, 717, 722
凱塔國王（位於馬利）Keita kings of Mali 308, 311
達布伊朝 Dābūyid Ispahbadhs 406～408, 497
達尼胥面德朝 Dānishmendids 526, 528～529, 531, 536

十三劃

塔吉丁朝 Tāj al-Dīn Oghullarï 572
傭兵政權 Mamlūks 55, 186～187, 189, 191～194, 201, 203, 210～214, 280～281, 301, 311, 478, 553, 554, 564, 566, 570, 576, 578, 586, 607～608, 616, 651, 664, 680, 734, 757
奧恩氏族 'Awn family 298, 301
塞爾柱人、塞爾柱朝、塞爾柱政權 Seljuqs 54, 179, 184, 199～200, 232～236, 238～239, 241～242, 244, 248, 278, 370～371, 374, 380～382, 385, 387, 393, 395～397, 401～404, 407, 413, 416, 437, 442, 445～446, 450, 455, 458～467, 469, 473, 479, 480, 483～484, 486, 489, 491～492, 497, 499, 503～505, 508, 517, 520, 523～525, 527～534, 542, 545, 547～548, 551, 554～555, 560, 562, 566, 584, 586, 716～718, 722
賈拉伊爾朝 Jalāyirids 607～608, 645, 649～651, 659, 662, 664, 669
賈赫瓦爾朝 Jahwarids 65, 75
塔希爾朝（位於西班牙）Ṭāhirids of Spain 66, 82

塔希爾朝（位於呼羅珊、巴格達和伊拉克　）Ṭāhirids of Khurasan and in Baghdad and Iraq　53, 418, 420～421, 425, 429～430
塔希爾朝（位於葉門）Ṭāhirids of Yemen　277, 279～281

十四劃

察合台汗國Chaghatayids　593, 597, 599, 602～604, 608, 659, 733, 799
滿吉特朝Mangïts　701～704
圖吉布氏族Tujībids　61, 67, 80
圖倫朝Ṭūlūnids　53, 170～171
圖魯革支系（德里蘇丹政權）Tughluqids, line of Delhi Sultans　660, 726, 733～735, 756, 760, 764, 778, 794
蒙兀兒帝國Mughal Emperors　661, 680, 684, 753, 758, 765, 775, 779, 781, 783, 786, 796, 799～803, 805, 808～809, 812～813, 819
蒙古人Mongols　49, 54～55, 211～213, 411, 443, 446, 452, 474, 478, 497, 499, 505～506, 508, 511, 517, 524, 532, 560, 590～591, 597, 607, 641, 644, 659, 733
蒙居杰克朝Mengüjekids　530～532
瑪安統領政權Ma'n amīrs　215～217, 219, 266, 269
瑪茲亞德朝Mazyadids　231～233, 240～241
瑪茲魯伊家族Mazruis (Mazrū'īs)　347～349
瑪蒙支系（花剌子模國王）Ma'mūnids, line of Khwārazm Shāhs　441, 444～445
瑪赫迪朝Mahdids　264, 272, 274～275
瑪赫達勒聖裔（基勒瓦蘇丹政權）Mahdali Sayyids, Sultans of Kilwa　337, 340
瑪爾萬支系（伍麥亞朝哈里發支系）Marwānids, line of Umayyad califs　40
瑪爾萬朝（位於迪亞巴克爾）Marwānids, in Diyār Bakr　227, 234～236, 244
瑪穆魯克傭兵政權Mamlūks　55, 186～187, 189, 191～194, 201, 203, 210～214, 280～281, 301, 311, 478, 553, 554, 564, 566, 570, 576, 578, 586, 607～608, 616, 651, 664, 680, 734, 757
嘎尼亞部族Banū Ghāniya　65, 85～86, 121, 125
嘎希姆支系（位於葉門的柴迪派伊瑪目支系）Qāsimids, line of Zaydī Imāms in Yemen　253
嘎迪・布爾漢丁朝Qāḍī Burhān al-Dīn Oghullarï　570
嘎拉希朝Qarasï (Karasï) Oghullarï　535～536, 538
嘎拉曼朝Qaramānlīs　213, 546～547, 553～554, 556, 564, 566～567, 570, 576, 578, 586, 669
嘎拉曼朝Qaramān Oghullarï (Qaramānids)

213, 546～547, 553～554, 556, 564, 566～567, 570, 576, 578, 586, 669
嘎茲納朝Ghaznawids 374, 380, 391, 404, 415～416, 424～425, 429～430, 441～442, 445, 454～455, 464～465, 516～517, 714, 717～719, 722, 730, 794
嘎賈爾朝Qājārs 686～688, 690～691, 819
嘎爾瑪提派Qarmaṭīs (Carmathians) 183, 246～248, 255, 261, 266
嘎濟汗・洽克支系（喀什米爾蘇丹）Ghāzī Shāh Chak, line of Kashmir Sultans 751

十五劃

德里蘇丹政權Delhi Sultans 724, 731, 737, 762, 764
歐斯曼帝國Ottomans (Osmanlis) 52, 55, 136～137, 143, 152, 157, 161～164, 166, 210, 212～214, 216, 218～219, 222～223, 254, 256, 296～297, 301, 305, 365～366, 525, 535～542, 545～547, 550～554, 557～558, 565～567, 569～570, 572～573, 575～576, 578, 580, 584～588, 616, 625～627, 660～661, 664, 669, 675, 680, 683～684, 690, 698, 774, 801, 829
魯俄魯俄朝Lu'lu'ids 475～477
魯斯塔姆朝Rustamids 100～102, 106

十六劃

穆克拉姆朝Mukramids 284～285
穆罕默德・以薩・塔爾汗支系（阿爾袞朝）Muḥammad Īsā Tarkhān, line of Arghūns 794
穆罕默德 阿里家族House of Muḥammad 'Alī 220
穆拉比特朝Almoravids (al-Murābiṭūn) 63～64, 69, 72, 74～77, 79, 81～82, 85～86, 118, 120～121, 124, 130, 151
穆查法爾朝Muẓaffarids 503, 508～509, 512, 607, 643～645, 647～648, 651
穆哈德朝Almohads (al-Muwaḥḥidūn) 69, 76, 79, 83, 85～86, 92, 114～117, 119, 122～123, 125～126, 130, 136, 142
穆夏俄夏俄朝Musha'sha'ids 671, 674～675
穆斯阿卜朝（巴格達和伊拉克的塔希爾朝支系）Muṣ'abids, line of Ṭāhirids in Baghdad and Iraq 418, 421
穆賈希德氏族Banū Mujahid 65～66, 75
穆赫塔吉朝Muḥtājids 438～439
穆儀茲的奴隸國王Mu'izzī Slave Kings of Delhi 724
穆薩非爾朝（或薩拉爾朝）Musāfirids (Sallārids) 374, 377, 379, 386

十七劃

濟亞爾朝Ziyārids 395～396, 413～414,

416
濟亞德朝Ziyādids 258～259, 264
賽伊夫支系（卡涅姆與博爾努的統治者）Sayfī (Sefuwa) rulers of Kanem and Bornu 321, 324
賽伊德・胡笙支系（孟加拉統治者）line of Sayyid Ḥusayn Shāh, in Bengal 744
賽伊德支系（德里的統治者）Sayyids, rulers in Delhi 728, 734, 765

十八劃

薩吉朝Sājids 53, 375
薩努希道團領袖Sanūsīs 165～167
薩多查伊支系Sadōzays (Popalzays) 815, 818～819
薩法維朝Ṣafawids 287, 366, 407, 496, 503, 516～518, 586, 664, 668～669, 675, 677, 679～681, 683, 685, 687, 689～690, 698, 702, 717, 791, 795, 801, 818
薩俄德朝Sa‘did Sharīfs 146, 148, 152, 317
薩魯爾朝Salghurids 466, 503～506
薩曼朝Sāmānids 53, 396, 415, 423～426, 428～430, 433～437, 439, 445, 454, 464, 714, 716～717
薩勒圖革朝Saltuqids 531, 533～534
薩爾巴達爾朝Sarbadārids 607, 641, 652～654

十九劃

羅迪支系（德里蘇丹）Lōdīs, line of Delhi Sultans 728, 734～735, 747, 761, 800
贊吉朝Zangids 179, 199, 210, 466, 468, 469, 470, 473～476, 478, 483
贊德朝Zands 685, 687, 689

二十劃

蘇夫揚支系（伍麥亞朝）Sufyānids, line of Umayyad caliphs 40
蘇伍德家族Āl Su‘ūd (Su‘ūd) 292～293, 295～297, 301, 304～305
蘇萊赫朝Ṣulayḥids 255, 263～270, 272
蘇爾支系（孟加拉的統治者）Sūrīs, rulers in Bengal 744
蘇爾支系（德里蘇丹）Sūrīs, line of Delhi Sultans 729

三、地名

二劃

塞米瑞奇Semirechye 447, 451～452, 454～455, 591～592, 599, 604

三劃

山阿Ṣa‘da (Ṣan‘ā’) 250, 252, 254～256, 259～261, 265～266, 271～273, 278, 281
大馬士革Damascus 28, 42, 53, 174, 179,

184, 188, 189, 195, 200, 204, 210, 212, 296, 461, 465, 468～469, 471

四劃

厄立特里亞 Eritrea　580
內 志 Najd　37, 291, 293, 296～297, 301, 303, 305
孔亞 Konya　465, 467, 520, 523～524, 532, 555, 566, 584
爪哇 Java　32, 823～824, 830～834, 836, 838
中 國 China　278, 455, 511, 590～594, 596～597, 608～609, 660, 746, 748, 824, 829, 842
日惹 Jogjakarta　831～832, 834, 836, 838
古爾干 Gurgān　396, 414, ～416, 606, 688
比哈爾 Bihār　731, 735, 737, 739, 745～747, 751, 760, 806
比達爾 Bīdar　771～774, 780～781
比賈普爾 Bījapur　757, 774, 781～783
比勒契斯 Vilches　68
巴尼亞斯 Bāniyās　198
巴利阿里群島 Balearic Islands　64～65, 85～86, 121, 125
巴米揚 Bāmiyān　721～722
巴拉德地區 Balad　237
巴拉沙古恩 Balāsāghūn　451, 455
巴俄勒巴克 Ba'lbakk　198, 202
巴勒赫 Balkh　424, 432, 698, 700～702
巴達赫尚 Badakhshān　19, 721
巴達霍斯 Badajoz　65, 68, 77, 120
巴爾幹 Balkans　580, 585, 587
巴魯其斯坦 Baluchistan　714, 718, 819
巴薩 Baza　65

五劃

德尼茲利 Deñizli　544～545
尼希賓 Niṣībīn　235, 237
卡拉克 Karak　198
以拉各 Īlāq　451
瓦倫西亞 Valencia　68～69, 74, 78～79, 82～83, 124
札畢德 Zabīd　258～259, 263～264, 274～275, 278, 281
甘比亞 Gambia　308
甘賈 Ganja　384, 386～387
外約旦 Transjordan　300, 302
外高加索地區 Transcaucasia　360, 365, 371, 376, 387, 465～466, 492, 607
布哈拉 Bukhara　19, 171, 425, 436, 448, 454, 697～699, 702, 704, 708, 710～711
布斯拉 Buṣrā　198
札尼克 Canik (Jānīk)　572～573
加歐 Gao　152, 313, 316～317
加濟拉 Jazīra　171, 188, 200, 226, 228～229, 232, 237, 240, 242, 244, 420, 465～466, 470, 472～474, 477～478, 486, 524
古希斯坦 Quhisān　434, 435, 517

古嘉拉特Gujarāt　180, 660, 730～731, 733, 756～758, 763, 765, 773～774, 777, 797, 800, 829
古爾Ghūr　719～722
古爾干吉Gurgānj　441, 444
卡涅姆國Kanem　327
卡拉吉Karaj　388～389
卡斯Kāth　440, 444
卡斯塔穆努Kastamonu (Qasṭamūnī) 557～558, 562～563
卡贊Kazan　626, 633, 636
卡爾莫納Carmona　65, 72

六劃

伍克巴拉 'Ukbarā　239
米各拉納al-Miqrāna　280
列伊達Lérida　66, 80
代拉姆Daylam　54, 255, 372～374, 377～380, 396, 404, 407, 415, 437, 464, 494, 499
西亞美尼亞Little Armenia　574, 578
衣索比亞Ethiopia　222
休達Ceuta　63～65, 68, 71, 84, 92, 94, 115, 131, 157
吉巴勒Jibāl　226, 388～390, 396, 403～404, 460, 490～491, 644
吉蘭Gīlān　406～407, 409～410, 415, 497
印尼（群島）Indonesia　9, 16～18, 28, 32～33, 821, 829, 831
印度India　16～17, 21, 28, 31, 33, 43, 54～55, 179～180, 214, 278, 291, 429, 446, 591, 609, 659, 660, 684, 686, 714, 716～720, 722～724, 727, 730～735, 745, 747, 751, 754, 756, 757, 759, 760～761, 764～765, 773～774, 781, 783, 791, 794, 796～797, 800～803, 805, 807～810, 813, 819～820, 828
朱─吉卜拉　Dhū Jibla　265～266
朱班Juban　280
安那托利亞Anatolia　6, 15～16, 43, 53, 164, 179, 200, 216, 235, 242, 382, 446, 465～467, 473, 483, 485～486, 519～520, 523～526, 528, 530, 532～535, 537, 539～542, 544～548, 550, 553, 555, 564, 566～568, 570, 573, 577～578, 580, 584～586, 605, 607, 616, 650, 660, 662～664, 666, 667, 669, 679
安塔利亞Antalya　551～552
托雷多Toledo　61, 67～69, 77, 120
托爾托薩Tortosa　67, 68, 80～81
伊夫里奇亞Ifrīqiya　86
伊拉克Iraq　37～38, 42～43, 45, 53～54, 102, 171, 180, 183, 187, 199, 228, 231～232, 235, 237, 240～242, 246～248, 259, 266, 283, 296～297, 300, 302, 379, 390, 393, 396～397, 402, 407, 418～419, 421, 429, 458～459, 465～466, 475～476, 478, 491, 580, 605, 607, 644～645, 649～651, 656, 658～660, 662～664, 668～669, 679

伊爾比勒Irbil　473, 475～476
西西里Sicily　33, 107～112, 116, 142～143, 178, 214
西伯利亞Siberia　19, 590, 592, 610, 612, 615, 631, 636, 660, 696, 697, 698
西班牙Spain　1, 16, 22, 28～29, 42～44, 53, 57～58, 60～64, 68～69, 81, 86, 92～93, 98～99, 102, 106, 112, 117～118, 120～126, 130～131, 142～143, 151～152, 157, 843

七劃

利比亞Libya　86, 98, 125, 164～165, 167, 327
克里米亞Crimea　524, 562, 587, 615～616, 618, 625～627, 629, 633～634
希森—凱法Ḥiṣn Kayfā　196, 201～202, 236, 479～480, 483～484
貝拉爾Berār　774, 778, 788～789
汶萊Brunei　17, 824, 839, 842～843
辛賈爾Sinjār　195, 471, 473, 477
努爾Nūr　496～497
嘎勒阿特—罕瑪德Qal'at Banī Ḥammad　114, 116
希瓦Khiva (Khīwa)　699, 706, 708, 710
希拉Ḥilla　231～233, 240
希姆斯Ḥimṣ　193, 229
希特Hīt　232, 239
阿尼Ānī　385, 387
阿瓦者Oudh (Awadh)　760, 807
阿米德Āmid　235～236, 241, 479, 480, 483～484
阿拉比斯坦'Arabistān　671, 675
阿拉穆特Alamūt　187, 373, 379～380, 413, 498～500, 508
阿勒坡Aleppo　49, 55, 179, 182～184, 190～192, 199, 208, 212～213, 227, 229, 241, 244, 461, 465, 469～471, 473
阿富汗Afghanistan　8, 16～17, 25, 424, 427, 445, 465～466, 591, 606, 640～641, 660, 681, 683, 686, 690, 696, 700, 713～714, 718, 721～722, 731～732, 747, 764, 795, 800, 817, 820
阿須拉夫堡Ḥiṣn al-Ashrāf　68
阿斯特拉罕Astrakhan　660, 701
阿赫拉特地區Akhlāt　196, 485
阿赫瑪德納嘎爾Aḥmadnagar　774, 776, 778, 785～786
阿爾及利亞Algeria　86, 98, 100～102, 107, 109, 113, 120, 130, 133, 136～138, 164, 166, 580, 587
阿爾加維的聖塔 瑪麗亞Santa Maria de Algarve　67
阿爾科斯Arcos　65, 106
阿爾梅里亞Almería　64, 68, 74, 82, 92
阿爾赫西拉斯Algeciras　63～64, 68, 71, 84, 99
阿爾蓬特Alpuente　65, 68

阿爾蘭Arrān　360, 490～491
阿穆勒Āmul　411, 413

八劃

河中地區Transoxania　43, 53
奈及利亞Nigeria　121, 327～328, 330, 333
迪夫里伊Divriği　530～532
奔巴島Pemba　291, 347～348, 351
孟加拉Bengal　21, 31, 33, 731～732, 734, 737, 740, 745～747, 760～761, 797, 800～801, 803～806, 809, 819
尚西巴Zanzibar　289～291, 340, 346, 348, 350～351
花剌子模Khwārazm　43, 425, 442, 444～446, 464～465, 484, 514, 591～592, 603, 610, 615, 659, 696, 698～699, 702, 707, 717, 722, 732, 734
肯亞Kenya　342, 345
坦尚尼亞Tanzania　336, 340
帕泰島Pate　342, 345～346, 348～349
波斯Persia　4, 5, 7, 16, 27, 37, 42～44, 53～54, 157, 180, 187, 199, 240, 284, 287, 340, 359, 365, 373～375, 379, 382, 386, 390, 395～397, 404, 407, 413, 415, 417, 424～425, 427, 429～430, 435, 442～443, 445, 455, 458～459, 464～466, 491～492, 498～500, 503, 505, 508, 591, 593, 603, 605, 607～609, 639, 643～645, 651, 653, 655～656, 658～662, 664, 668, 671, 675, 677, 679～690, 692, 717, 732, 791, 800, 808, 818
法爾斯地區Fars (Fārs)　248, 285, 291, 391～392, 396～397, 404, 464, 503～506, 512, 644～645, 647～648, 651, 658～659, 663～666, 668
的黎波里塔尼亞Tripolitania　101～102, 163～164, 167
和闐Khotan　451, 465
非里姆Firrīm　409, 412
非洲之角Horn of Africa　16, 356
奇里細亞Cilicia　524, 528, 574, 576. 608
奇爾曼Kirman (Kirmān)　393, 396, 436～437, 462, 465, 505, 510～512, 644～645, 648, 660, 664, 666, 668, 683, 687
呼濟斯坦Khūzistān　376, 391, 396, 672, 674～675
呼羅珊Khurasan (Khurāsān)　44, 396, 408, 416, 418～421, 423～425, 429～430, 434～435, 438～439, 443～445, 450, 458～459, 464～467, 475, 483, 591, 606, 640～641, 644, 652～653, 655, 657～658, 660, 664, 669, 678, 682～686, 688～689, 698～699, 708, 714, 716, 717, 719, 722, 731, 808, 819
拉伊Rayy　372, 380, 391, 396, 404, 427, 658
拉嘎達Raqqa　182, 241

拉薩赫拉La Sahla　67
亞　丁Aden　265～266, 268～270, 272, 275, 277～279, 281
亞美尼亞Armenia　43, 213, 235, 360, 365, 376, 379～380, 384, 386, 387, 478, 486, 491, 574, 578, 597, 690
亞茲德Yazd　403～405, 507～509, 644, 648
亞塞拜然Azerbaijan (Ādharbāyjān)　360, 375～382, 386, 460, 488～492, 586, 608, 645, 649～651, 658, 662～664, 666～667, 679～680, 683, 686
亞齊Acheh (Atjèh, Aceh)　828, 829

九劃

約旦Jordan　300, 302
信地Sind　43, 179, 729, 731, 734, 793～795, 800, 819
洽嘎尼揚Chaghāniyān　438～439
突尼西亞Tunisia　86, 98, 101～102, 113, 116, 138, 143, 159, 161～162
突厥斯坦Turkestan　17, 447, 455, 568, 592, 599, 603～604, 711
迪克瓦Dikwa　324, 328
迪亞巴克爾Diyār Bakr　188, 190, 195～196, 200～201, 213, 227, 234～236, 241～242, 474, 479, 483, 486, 524, 651, 664, 666～669, 680
哈拉爾Harar　32, 353～354, 356～357
哈恩Jaén　66, 92
哈馬特Ḥamāt　193～194, 201
哈蒂沙 al-Ḥadītha　240
哈爾特佩特Khartpert　479～480, 483
哈蘭Harrān　49, 243～244, 475

十劃

涅夫拉Niebla　67, 69
高加索Caucasus　4, 15, 43, 211, 359, 360, 365, 371, 376, 386, 387, 465～466, 492, 607～608, 651, 659, 664, 680, 683, 690
哥多華Cordova　61～62, 65, 69, 75～76, 92, 99, 124～125
浩罕Khokand (Khoqand)　709～711
格拉納達Granada　28, 68, 66, 71, 73, 83, 88, 92～93, 115, 123, 130, 136, 147
索科托Sokoto　330, 332～333
海德拉巴德Hyderabad (Haydarābād) 781, 791, 805, 810～811, 814
烏克蘭Ukraine　17, 618, 626
烏茲根德Uzgend　452, 465
庫朱爾Kujūr　495, 497
庫德斯坦Kurdistan　235, 399～404, 466, 473～474, 649, 679～680, 683
夏須Shāsh　451
夏赫拉祖爾Shahrazūr　399, 401, 472, 474, 476
夏爾萬Sharwān　360～362, 365～371, 491

埃及Egypt　2, 22～23, 37～38, 43, 52～55, 97～98, 109, 111, 115～116, 125, 157, 166～167, 169～174, 176, 178, 179, 180, 188, 190～191, 199～201, 203, 210～214, 218, 220～223, 266, 280～281, 292, 294, 296, 301, 311, 327, 478, 554, 566, 569, 586～587, 607, 616, 680, 734, 757
阿勒比斯坦Elbistan　527, 528, 578
埃爾迪爾Eğridir　550～551
埃爾津詹Erzincan　530～532, 569
埃爾祖魯姆Erzurum　533～534
馬利Mali　121, 152, 308, 310～311, 313
馬拉加Marāgha　63, 66, 68, 70～71, 74, 84, 92, 99, 381～382, 488～489, 491, 608
馬來半島 Malay peninsula　822～823, 843
馬亞法爾勤Mayyāfāriqīn　195, 201, 235～236, 481, 483～484, 486
馬拉蒂亞Malatya　520, 527～529, 531, 547
馬俄巴爾（馬都拉）Ma'bar (Madura) 734, 76～768, 831
馬斯喀特Muscat　287, 289, 291, 351
馬塔拉姆Mataram　830, 833
馬勒瓦Mālwa　660, 757, 762, 764～765, 773, 777～778, 800
馬猷卡Mojorca　65～66, 75, 85～86
馬爾丁Mārdīn　226, 479, 481, 483～484

十一劃

麻六甲Malacca (Melaka)　822～824, 828～829
麥加Mecca　23, 42～44, 52, 119, 142, 166, 213, 248, 279, 296, 298～299, 301～302, 316
敘利亞Syria　2, 37～38, 42, 49, 53, 169～174, 176, 178～180, 182～185, 187～188, 199, 200～201, 203, 210, 212～214, 216, 219, 226～229, 235, 237, 241～242, 244, 246～249, 278, 296, 299, 301～302, 305, 458, 461, 465, 466, 468, 470, 473～476, 478, 483, 499, 566, 569, 576, 586, 607～608, 616, 651, 664
基勒瓦Kilwa　17, 27, 291, 336, 340, 348
梭羅Surakarta　831～832, 834
利阿贊Ryazan　616, 634
婆羅洲Borneo　16, 824, 831, 842～843
梅迪納塞利Medinaceli　66
梅爾托拉Mértola　66, 69, 124
莫夕亞Murcia　66, 68～69, 82, 92
莫隆Morón　66
莫斯科Moscow　15, 615, 626, 634, 637, 660
莫維多Murviedro　66

十二劃

幾內亞Guinea　308, 311
提哈瑪Tihāma　259, 264, 266, 274, 276,

278, 280, 281
黑海沿岸Black Sea coastland 557～558, 560, 567, 626
焦恩普爾Jawnpur 660, 735, 746～747, 759～761, 764
隆達Ronda 67
費爾干納Farghāna 174, 423～425, 433, 447～448, 450～452, 455, 656, 710～711, 796, 800
欽察草原Qïpchaq steppe 592, 610, 612, 615～616, 660
博爾努Bornu (Borno) 318, 321, 324～329
雅濟迪亞Yazīdiyya 360
喀什米爾Kashmīr 748, 751～753, 816, 819
喀什噶爾Kāshghar 451, 454, 455, 465, 604

十三劃

葉門Yemen 31, 37, 179～180, 188, 198, 200～202, 248, 250, 252～256, 258～261, 263～276, 278, 280～281, 382, 465, 730
賈納德Janad 260～261
達爾班德Darband 365, 367, 370～371, 380
奧薩Ausa 353～354, 356
塞內加爾Senegal 16, 119, 121, 152, 308
塞古拉Segura 67
塞維爾Seville 61, 67～68, 71～72, 82, 92～93, 124～125
塔巴里斯坦Ṭabaristān 396, 406～415
塔布里茲Tabriz (Tabrīz) 19, 380～382, 608～609, 645, 651, 664, 669, 680
塔伊茲Ta‘izz 275～276, 278
塔克利特Takrīt 238
塔拉斯Talas 451
塔哈爾特Tahert 100, 178
塔魯姆Tārum 374, 377, 378～380

十四劃

窩瓦河地區Volga 444, 630
漢志Ḥijāz 98, 166～167, 255, 266, 283, 293, 295, 297～299, 301, 305
蓋拉萬Kairouan 101, 109, 113, 116, 162
圖哈里斯坦Ṭukhāristan 432～433, 721
克馬赫Kemakh 530～532
豪撒Hausaland 28, 330
圖德拉Tudela 61, 67, 80～81
蒙巴薩Mombasa 346～348
蒙古Mongolia 590～594
嘎希莫夫Qāsimov (Goradets Meshehevskiy) 616, 633～634, 636～637
嘎拉特拉瓦Calatrava 65
嘎拉塔尤德Calatayud 65, 80
嘎茲納Ghazna 715～720, 722, 731

十五劃

黎巴嫩Lebanon　215～219
撒馬爾干Samarkand　19, 423～424, 448, 450, 453, 455, 655, 659～660, 698
歐 曼Oman ('Umān)　37, 248, 282～287, 289～292, 345, 348, 351, 395～396, 664
輝勒瓦Huelva　66
魯德巴爾－夏赫魯德河谷Rūdbār-Shāh Rūd valleys　372～373
摩洛哥Morocco　60, 69, 92～93, 96～99, 101～102, 104～105, 116～121, 123～126, 130～131, 137, 142, 145～148, 150～152, 154, 156～158, 311
摩蘇爾Mosul　171, 199, 226～228, 232, 235, 237, 240～241, 469～471, 473～478, 664
德干高原Deccan　768, 786
德凡Dvīn　384, 386
德尼亞Denia　65, 75, 80～82

十六劃

穆勒坦Multan　734, 793～795
錫瓦斯Sivas　524, 526, 528～529, 569～570, 573
錫 斯 坦Sistan　53, 421, 425, 427～430, 434～435, 508, 513, 516～518, 683, 717
錫爾維斯Silves　67
錫諾普Sinop　557～558, 560～561, 568
盧因・迪茲Rū'īn Diz　488～489
盧利斯坦Luristān　401～402
盧揚Rūyān　406
盧斯塔克al-Rustāq　286
盧斯塔姆達爾Rustamdār　493

十七劃

邁蘇爾Mysore (Mahisur, Maysūr)　813～814

十八劃

薩米蘭Samīrān　377～379
薩里Sārī　406～407, 410
薩拉戈薩Saragossa　61, 67～69, 80～81, 120～121
薩魯吉Sarūj　243～244

二十劃

蘇 丹Sudan　152, 165～167, 222, 313～314, 316, 318, 332
蘇貝巴堡Subayba　198
蘇門達臘Sumatra　823～824, 828～829

歷史，

世界史

伊斯蘭朝代簡史
七世紀至二十世紀的穆斯林政權

作者	艾德蒙德・博斯沃茲（C. Edmund Bosworth）
譯者	張人弘、池思親
發行人	王春申
編輯指導	林明昌
營業部兼任 編輯部經理	高　珊
主編	王窈姿
責任編輯	黃楷君
封面設計	吳郁婷
校對	林佩諭、方昱和、戴妙珍
印務	陳基榮
出版發行	臺灣商務印書館股份有限公司
地址	23150 新北市新店區復興路43號8樓
電話	(02) 8667-3712　傳真：(02) 8667-3709
讀者服務專線	0800056196
郵撥	0000165-1
E-mail	ecptw@cptw.com.tw
網路書店網址	www.cptw.com.tw
網路書店臉書	facebook.com.tw/ecptwdoing
臉書	facebook.com.tw/ecptw
部落格	blog.yam.com/ecptw

局版北市業字第 993 號
初版一刷：2016年 9 月
定價：新台幣1000元

ISBN 978-957-05-3050-6

伊斯蘭朝代簡史：七世紀至二十世紀的
穆斯林政權
艾德蒙德・博斯沃茲（C. Edmund
Bosworth）著；張人弘、池思親譯
初版一刷. -- 新北市：臺灣商務出版發行
2016.09
面； 公分. --（歷史：09）
譯自：The New Islamic Dynasties: A
Chronological and Genealogical Manual
ISBN 978-957-05-3050-6
1.中東史 2.伊斯蘭教

735.01
105008028